2018年度国家出版基金资助项目

中国生态工业系统与循环经济发展战略研究

（中卷）

主编　王静康

天津出版传媒集团
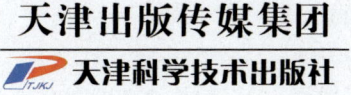
天津科学技术出版社

图书在版编目(CIP)数据

中国生态工业系统与循环经济发展战略研究 / 王静康主编. -- 天津：天津科学技术出版社，2018.9
 ISBN 978-7-5576-5786-4

Ⅰ.①中… Ⅱ.①王… Ⅲ.①生态工业-循环经济-经济发展战略-研究-中国 Ⅳ.①F424.1

中国版本图书馆 CIP 数据核字(2018)第 228301 号

中国生态工业系统与循环经济发展战略研究
ZHONGGUO SHENGTAI GONGYE XITONG YU XUNHUAN JINGJI FAZHAN ZHANLÜE YANJIU

策划编辑：	蔡 颢　李啟华　孟祥刚
责任编辑：	刘 颖　布亚楠　吴 顿　侯 萍　刘 磊
	张建锋　傅雪莹　王朝闻　韩 瑞
责任印制：	兰 毅
出　　版：	天津出版传媒集团
	天津科学技术出版社
地　　址：	天津市西康路 35 号
邮　　编：	300051
电　　话：	(022) 23332372
网　　址：	www.tjkjcbs.com.cn
发　　行：	新华书店经销
印　　刷：	北京盛通印刷股份有限公司

开本 889×1194　1/16　印张 133　插页 6　字数 3 500 000
2018 年 9 月第 1 版第 1 次印刷
定价：800.00 元(共三卷)

作者简介

王静康，中国工程院院士，天津市授衔专家，我国化学工业领域著名专家，中国化学工程工业结晶技术的开拓者和奠基人之一，现任国家工业结晶工程技术研究中心名誉主任，国家结晶科学与工程国际联合研究中心主任，国家工业结晶技术研究推广中心主任，天津大学教授、博士生导师。其攻关成果多次被列入国家重大科技成果推广计划。她带领团队连续承担并完成了国家下达的重大科技攻关及科技支撑计划项目，以及省部级攻关和"产学研"合作项目，国家及地方基金资助项目等110项。王静康教授在我国循环经济和绿色化工研究方面有突出的贡献。2015年主持了建设生态城市和绿色工业园区国际研讨会。发表的论文有《可持续发展与现代化工科学》《绿色化学科学与工程及生态工业园区建设进展》《绿色化学化工与和谐社会的发展》等，获国内外相关领域专家高度评价。

李正名，中国工程院院士，南开大学讲席教授、博士生导师，有机化学与农药化学家。1953年获美国欧斯金大学学士学位，1956年获南开大学化学系硕士学位。曾任南开大学元素有机化学研究所所长、国家重点实验室主任、化学学院副院长、农药国家工程研究中心主任、国家自然科学基金委化学部有机化学组组长、教育部长江学者化学化工评审组组长、中国工程院化工冶金材料学部常委、天津市科学技术协会副主席等职。长期从事有机合成、农药化学、生物活性分子设计及构效规律研究。承担国家"六五"到"十三五"期间国家科技攻关、国家"863计划"、国家"973计划"、国家自然科学重点基金等项目，获得良好成绩，均通过国家验收。曾获全国科技大会奖、国家自然科学二等奖、国家科技进步一等奖、国家技术发明二等奖、化工部科技进步一等奖等20项国家与部级奖项。还获中国农药工业协会杰出成就奖、建国60周年中国农药工业突出贡献奖、日本农药学会外国科学家奖、国家有突出贡献中青年专家、天津市劳动模范等23项个人奖项。

王志，天津大学化工学院教授，天津市膜科学与海水淡化技术重点实验室主任。长期研究用于海水淡化及气体分离的膜与膜过程，主持或作为骨干参加国家自然科学基金、国家海洋公益性行业科研专项、国家"863计划"、国家"973计划"、天津市科技支撑计划等重点项目30余项，担任国际期刊《膜科学》编委，在《自然材料》《德国应用化学》《先进材料》等国际知名期刊发表论文170余篇，被引用3000余次。

冯亚青，天津大学化工学院教授、博士生导师。1993年获奥地利维也纳技术大学博士学位，长期从事精细化工领域教学、科研工作。获国家教学成果一等奖2项，教育部高等学校科学研究优秀成果科技进步一等奖1项、二等奖1项。获全国三八红旗手称号、全国女职工建功立业岗位标兵称号、第六届中国十大女杰提名奖、第四届国家教学名师奖。

陶建华，天津大学力学系教授、博士生导师，第八、九、十届全国政协委员。1981—1982年赴荷兰和丹麦留学。在国内最早用数值模拟为60余项国内外重大海岸、海洋工程服务。20世纪90年代后承担了以渤海为背景的重大课题研究，如：国家"863计划"渤海项目、世界银行全球环境基金资助项目"渤海水资源、水环境战略研究"和国家科技支撑计划"天津人工岸线的污染控制"等。1999年任天津大学环境科学与工程研究院院长。2003年获原国家环保总局和香港"地球之友"颁发的"地球奖"，2006年出版专著《水波的数值模拟》。

袁希钢，天津大学教授，天津大学化学工程研究所所长，化学工程联合国家重点实验室天津大学分室主任。1982年毕业于天津大学化工系，获学士学位；1986年和1988年在法国图卢兹国立理工学院（INPT）化学工程学院分别获硕士和博士学位。中国系统工程学会过程系统工程专业委员会副主任委员，英国化学工程师学会会士，欧洲化学工程联合会流体分离委员会委员。在国内外出版学术专著4部。专长：化学工程、化工传质与分离工程、化工过程系统工程。

编者名单

主　编

王静康　天津大学化工学院

副主编

李正名　南开大学化学学院

王　志　天津大学化工学院

冯亚青　天津大学化工学院

陶建华　天津大学机械工程学院

袁希钢　天津大学化工学院

编　委（按姓氏笔画排列）

上　卷

王国庆　天津大学管理与经济学部

王静康　天津大学化工学院

冯亚青　天津大学化工学院

冯亚凯　天津大学化工学院

司省厂　天津大学管理与经济学部

刘　翔　天津大学环境学院

刘金兰　天津财经大学

闫喜龙　天津大学化工学院

李祥高　天津大学化工学院

张　宝　天津大学化工学院

张时佳　天津大学环境学院

张诺诺　三峡大学材料与化工学院

陈立功　天津大学化工学院

陈志坚　天津大学化工学院

周　艳　天津大学药学院

周逍雅　天津大学管理与经济学部
贾启君　天津大学材料学院
晏佳莹　三峡大学材料与化工学院
殷可欣　天津大学管理与经济学部
龚俊波　天津大学化工学院
鲁逸人　天津大学环境学院

中　卷

王　侃　天津商业大学管理学院
刘长根　天津大学机械工程学院
袁希钢　天津大学化工学院
袁德奎　天津大学机械工程学院
聂红涛　天津大学海洋科学与技术学院
陶建华　天津大学机械工程学院

下　卷

王　志　天津大学化工学院
王宇新　天津大学化工学院
王纪孝　天津大学化工学院
王海英　南开大学化学学院
毛国柱　天津大学环境科学与工程学院
白宏涛　南开大学环境科学与工程学院
乔志华　天津工业大学化学与化工学院
李正名　南开大学化学学院
李保安　天津大学化工学院
张　文　天津大学化工学院
赵　颂　天津大学化工学院
贾晓强　天津大学化工学院
黄　俊　天津大学环境科学与工程学院
解利昕　天津大学化工学院

序

生态工业系统是推进传统产业生态转型和结构重组的重要方法，它的完善和发展对帮助我国推进绿色发展、建立健全绿色低碳循环发展的经济体系有重要的促进作用，对我国把握新一轮科技革命和产业变革的机遇，走好新时代新型工业化道路具有十分重要的意义。

作为新中国工业结晶技术的奠基人之一，天津大学王静康院士一直非常关注国家生态工业系统与循环经济发展战略研究，希望通过科学、创新的研究方法，设计出符合中国国情的生态工业系统，进而更好地推进生态文明建设。为此，王静康院士与李正名院士、冯亚青教授、袁希钢教授、王志教授、陶建华教授共同努力，完成了《中国生态工业系统与循环经济发展战略研究》这本著作，并获得了2018年度国家出版基金的支持。著作按照国家"十三五"规划中对工业结构升级与布局优化研究的要求，进一步明确了生态工业系统和循环经济的概念，明晰了现代生态工业园的规划设计方法，聚焦海岸带生态工业系统和沿海城市循环经济发展并开展了相关研究，值得高校师生、科技工作者和产学研合作团队等学习参考。

这本著作凝聚了多位科学家的智慧和心血，希望广大读者在汲取科学知识的同时，学习他们勇立潮头、引领创新的科学精神并发扬光大，为建设富强民主文明和谐美丽的社会主义现代化强国贡献力量。

是为序。

钟登华

天津大学校长

前　言

国家"十三五"规划指出,绿色是永续发展的必要条件和人民对美好生活追求的重要体现。必须坚持节约资源和保护环境的基本国策,坚持可持续发展。而生态工业系统的建立是绿色发展的重要标志,生态工业园则是实现生态工业体系的重要途径,也是我国可持续发展的必经之路。同时,发展生态工业园是"一带一路"建设的重要组成部分。环境保护部、外交部、国家发展改革委和商务部联合发布了《关于推进绿色"一带一路"建设的指导意见》,意见提出,鼓励环保企业开拓沿线国家市场,引导优势环保产业集群式"走出去",借鉴我国的国家生态工业示范园区建设标准,探索与沿线国家共建生态环保园区的创新合作模式。生态工业园区"走出去"有利于促进中国与"一带一路"沿线国家之间的政策沟通、设施联通、贸易畅通、资金融通、民心相通,是建设"一带一路"、构建人类命运共同体的重要路径。

生态工业园区以生态工业理论为指导,着力于园区内生态链和生态网的建设,最大限度地提高资源利用率,遵循的是"回收—再利用—设计—生产"的循环经济模式。它仿照自然生态系统物质循环方式,使上游生产过程中产生的废物成为下游生产的原料,达到相互间资源的最优化配置。

我国从1999年开始积极推进绿色低碳发展,全力进行生态工业园区的建设。在中央和各级政府的大力支持下,截至2017年,我国通过验收批准的生态工业园为48家,正在建设的达到了45家。这些生态工业园区中的企业通过各系统之间中间产品、产品和废物的相互交换,使园区内的资源得到最佳配置、废物得到有效利用、环境污染降低到较低水平,改善了生态环境。实践证明,生态工业园区在推进绿色发展、循环发展、低碳发展中取得了明显成效,是未来我国工业发展的必经之路。《中国生态工业系统与循环经济发展战略研究》一书正是在这样的背景下应运而生的,一经提出就得到了广大同道、专家们的大力支持与协助,特别荣幸的是,本书邀请到中国工程院院士,天津大学党委副书记、校长钟登华教授为本书作序。

本书分为上、中、下三卷,分别对生态工业系统的基本概念,生态工业园的规划、建设、设计,中国典型海岸带生态工业系统发展现状、现状评估和压力分析,海岸带工业园区对海洋生态环境的影响,海岸带流域的污染控制、水质改善方法和策略,以及我国工业循环经济发展的总体思路与政策措施,规划环境影响评价等进行了详细深入的阐述。全书由浅入深,包罗万象,其内容既可供生态工业系统的建设者深入学习,又可供生态环境领域学者了解工业园周边环境特别是海岸带生态环境现状,以及控制污染和保护生态环境的方法策略。本书内容充实,涵盖领域广泛,对国内外研究、实践中的经典案例和成果进行了详尽的阐述与点评,为读者进一步学习和研究提供了良好的指引,相信能对每位生态工业和循环经济相关领域的研究者和实践者提供全方位的指导与帮助。

在本书的筹备和编写过程中,我们获得了大量来自各领域专家的建议和指导,正是他们的无私帮助,保证了本书的顺利完成,我向他们表示由衷的感谢。同时,感谢各位副主编、编委的辛勤工作,感谢天津科学技术出版社编辑们的不懈努力,并由衷地感谢为本书出版付出辛勤劳动的每一位参与者!

本书涉及的知识领域广泛,专业性强,为本书的编写工作增加了难度。虽然编者始终谨慎落笔,仔细求证,但由于水平有限,书中难免存在疏漏和错误,望广大读者予以批评和指正。

王静康

2018 年 8 月

目 录

上 卷

第一篇 生态工业系统 ··· 1

第一章 生态工业系统的基本概念 ··· 3
第一节 工业生态学原理 ·· 3
第二节 生态工业系统的特点、分类 ·· 6
第三节 生态工业系统的标志及评价指标 ·· 7
第四节 生态工业系统的发展状况 ·· 10
第五节 生态工业系统建设 ·· 13

第二章 国外生态工业园研究 ··· 16
第一节 概述 ··· 16
第二节 美国生态工业园 ·· 23
第三节 加拿大生态工业园 ·· 28
第四节 丹麦生态工业园 ·· 30
第五节 日本生态工业园 ·· 32
第六节 其他国家的生态工业园 ·· 38
第七节 结论 ··· 45

第三章 国内生态工业示范园区 ··· 48
第一节 概述 ··· 48
第二节 国家生态工业示范园区的规划 ·· 52
第三节 国家生态工业示范园区管理办法 ·· 55
第四节 部分生态工业示范园区的进展 ·· 64

参考文献 ··· 73

第二篇 地理、资源环境与生态工业系统 ··· 77

第一章 地理环境与生态工业系统 ··· 79
第一节 地理环境对生态工业系统的要求 ·· 79
第二节 水环境与生态工业系统 ·· 143

第三节　土地环境与生态工业系统 ························· 162
　　　第四节　大气环境与生态工业系统 ························· 187
　　　第五节　社会环境与生态工业系统 ························· 224
　第二章　资源环境与生态工业系统 ····························· 243
　　　第一节　资源环境对生态工业系统的要求 ················· 243
　　　第二节　石油资源与生态工业系统 ························· 251
　　　第三节　海洋资源与生态工业系统 ························· 262
　　　第四节　矿产资源与生态工业系统 ························· 268
　　　第五节　再生资源与生态工业系统 ························· 278
　第三章　中国资源环境与生态工业系统的案例 ················· 294
　　　第一节　华东资源环境与生态工业系统的案例 ··········· 297
　　　第二节　华南资源环境与生态工业系统的案例 ··········· 306
　　　第三节　华北资源环境与生态工业系统的案例 ··········· 329
　　　第四节　西北资源环境与生态工业系统的案例 ··········· 354
　第四章　天津滨海新区资源环境与生态工业系统 ············· 366
　　　第一节　南港工业区 ····································· 367
　　　第二节　空港经济区 ····································· 375
　　　第三节　临港经济区 ····································· 383
　　　第四节　化工生态园区 ··································· 392
　　　第五节　其他生态工业园区 ······························· 399
　参考文献 ··· 407

第三篇　生态工业系统中的企业 ································· 415

第一章　概述 ··· 417
　　　第一节　生态工业系统在国家发展战略中的定位 ········· 417
　　　第二节　企业在生态工业系统中的要求 ··················· 427
　　　第三节　生态工业系统中企业的定位与作用 ············· 433
　　　第四节　我国生态工业系统中的企业现状 ··············· 436

第二章　生态工业系统中的企业分类 ··························· 447
　　　第一节　生态工业系统中的各类型企业简介 ············· 447
　　　第二节　产业链中企业之间的关系分析 ··················· 448

第三章　国外生态工业系统与化工企业 ······················· 451
　　　第一节　美国化工生态园区 ······························· 451
　　　第二节　日本化工生态园区 ······························· 454
　　　第三节　欧盟化工生态园区 ······························· 456

第四章　中国生态工业系统与化工企业 ······················· 459
　　　第一节　万州盐气化工园区 ······························· 461

第二节 江苏化工园区 ································ 461
第三节 南阳化工园区 ································ 463
第四节 天津南港工业区 ······························ 464
第五节 贵港国家生态产业园区 ·························· 465
第六节 鲁北化工生态产业园区 ·························· 466

参考文献 ·· 467

第四篇 生态工业园建设与设计 ································ 471

第一章 生态工业园规划 ································ 473
第一节 概述 ····································· 473
第二节 生态工业园区建设必要性分析 ······················ 474
第三节 生态工业园区建设总体设计 ······················· 474
第四节 园区主导行业生态工业发展规划 ···················· 476
第五节 资源循环利用和污染控制规划 ······················ 477
第六节 重点支撑项目及其投资与效益分析 ··················· 479
第七节 生态工业园区建设保障措施 ······················· 480

第二章 生态工业园建设评价 ····························· 483
第一节 经济指标 ··································· 483
第二节 生态环境指标 ································ 485
第三节 生态网络指标 ································ 487
第四节 管理指标 ··································· 488
第五节 环境保护指标 ································ 490
第六节 信息公开指标 ································ 494

第三章 生态工业园建设展望 ····························· 495
第一节 欧盟生态工业园区发展趋势 ······················· 497
第二节 日本生态工业园区建设现状及展望 ··················· 501
第三节 美国生态工业园区建设现状及展望 ··················· 505
第四节 韩国生态工业园区建设现状及展望 ··················· 509
第五节 中国生态工业园区的发展趋势及展望 ·················· 513

参考文献 ·· 515

第五篇 绿色化学科学与工程类生态工业园区规划系统工程 ············· 517

第一章 概述 ······································ 519
第二章 绿色化学科学与工程进程 ·························· 531
第三章 绿色化学科学与工程类生态工业园区发展动态 ·············· 543

第四章　国内绿色化学科学与工程类生态工业园区建设进展 ········· 585
第五章　结论 ··········· 613
参考文献 ··········· 614

附录 ··········· 615

附录一　中华人民共和国国民经济和社会发展第十三个五年规划纲要 ··········· 617
附录二　京津冀协同发展规划纲要 ··········· 678
附录三　国家创新驱动发展战略纲要 ··········· 683
附录四　中华人民共和国安全生产法 ··········· 692
附录五　关于加快推进生态文明建设的意见 ··········· 715
附录六　中华人民共和国大气污染防治法 ··········· 724
附录七　生态环境监测网络建设方案 ··········· 737
附录八　河北雄安新区规划纲要 ··········· 740
附录九　中华人民共和国清洁生产促进法 ··········· 756

中　卷

第六篇　中国典型海岸带的生态工业系统 ··········· 761

第一章　概述 ··········· 763
####　　第一节　海岸带的定义和特征 ··········· 763
####　　第二节　海岸带的重要性 ··········· 765
第二章　国内外海岸带流域治理与海洋环境保护研究进展 ··········· 767
####　　第一节　国外海岸带管理和保护研究进展 ··········· 767
####　　第二节　国内海岸带管理和保护研究进展 ··········· 769
第三章　海岸带开发对海洋生态环境的影响 ··········· 771
####　　第一节　人类对海岸带的开发利用 ··········· 771
####　　第二节　人类活动对海岸带环境的影响 ··········· 772
第四章　我国海岸带开发现状 ··········· 775
####　　第一节　我国海岸带资源开发 ··········· 775
####　　第二节　我国海岸带资源开发面临的问题 ··········· 776
第五章　渤海海岸带生态工业系统建设的必要性 ··········· 781
####　　第一节　渤海海岸带生态工业系统建设的重要意义 ··········· 781
####　　第二节　人类活动对渤海的影响 ··········· 782

参考文献 ··· 784

第七篇　渤海湾天津海岸带生态环境现状评估和压力分析 ········· 787

第一章　环渤海区域自然环境和社会经济概况 ························· 789
第一节　自然环境概况 ·· 789
第二节　社会经济概况 ·· 790
第三节　自然资源概况及其开发利用 ··· 797
第四节　人类活动对渤海湾的环境压力 ······································· 799

第二章　海域非污染损害变化趋势分析及评价 ························· 801
第一节　非污染损害影响因子变化趋势分析 ································ 801
第二节　非污染损害导致的生境及生态变化分析 ························· 810
第三节　小结 ··· 816

第三章　海域污染损害变化趋势分析及评价 ····························· 817

第四章　天津近岸海域污染时空特征总体分析 ························· 836
第一节　调查区域与数据 ·· 836
第二节　天津近岸海域污染状况评价 ··· 836
第三节　天津近岸海域水环境时间变化特征 ································ 839
第四节　天津近岸海域水环境空间分布特征 ································ 842
第五节　小结 ··· 844

第五章　天津近岸海域生态环境评价 ·· 845
第一节　海岸带生态环境指标体系选择 ······································· 845
第二节　海岸带生态环境评估技术方法 ······································· 848
第三节　海岸带生态环境评价结果 ·· 854

　　参考文献 ··· 868

第八篇　渤海湾天津海岸带社会经济环境协调状况分析 ············· 869

第一章　海岸带综合管理模型研究进展 ···································· 871
第一节　海岸带管理模型研究进展 ·· 871
第二节　海岸带管理模型分类 ··· 872

第二章　典型海岸带环境—生态—经济系统模型 ······················· 875
第一节　概述 ··· 875
第二节　污染负荷模型 ·· 876
第三节　水动力学模型 ·· 883
第四节　水质响应模型 ·· 889
第五节　经济计量模型 ·· 894
第六节　资源利用模型 ·· 896

第三章　天津城区子系统生态健康评价 ... 906
第一节　生态系统健康评价方法研究 ... 906
第二节　天津城市生态系统指标体系 ... 911
第三节　天津城区子系统健康综合分析 ... 913
第四节　结论与讨论 ... 918

第四章　天津近岸海域子系统生态健康评价 ... 919
第一节　天津近岸海域环境质量状况 ... 919
第二节　天津近岸海域子系统指标体系构建 ... 920
第三节　数据来源 ... 922
第四节　结果与分析 ... 923
第五节　结论与讨论 ... 929

第五章　天津区域生态系统健康协同发展研究 ... 930
第一节　模型介绍 ... 930
第二节　天津区域生态系统健康协同发展评价 ... 932

参考文献 ... 934

第九篇　渤海湾天津人工岸线的污染控制、水质改善方法和策略 ... 937

第一章　渤海湾典型海岸带污染现状调查和控制规划分析 ... 939
第二章　天津近海水交换特性及其对污染物分布的影响 ... 944
第三章　天津近海排污总量控制优化 ... 948
参考文献 ... 981

第十篇　国外典型海域的生态环境保护研究前沿和管理 ... 983

第一章　美国切萨皮克湾环境保护与公众参与 ... 985
第一节　切萨皮克湾简介 ... 985
第二节　切萨皮克湾的四大污染问题 ... 986
第三节　切萨皮克湾水域环境与生态保护的基本做法 ... 989
第四节　美国海洋保护区项目 ... 991
第五节　美国建立海洋保护区的依据 ... 992
第六节　美国海洋保护区的管理和国际交流 ... 994
第七节　结论和建议 ... 994

第二章　日本濑户内海环境污染和修复 ... 997
第三章　欧洲北海环境污染、治理和管理 ... 1004

前文续：
第七节　海岸带生态功能模型 ... 899
第八节　生境修复效益模型 ... 904

第一节　北海环境概况 1004
　　第二节　《应对北海油污合作协议》 1005
　　第三节　《防止倾倒废物和其他物质污染海洋公约》 1006
　　第四节　《防止陆源物质污染海洋公约》 1007
　　第五节　《保护东北大西洋海洋环境公约》 1008
　　第六节　欧盟《海洋战略框架指令》 1008
　　第七节　欧盟《水框架指令》 1012
　第四章　欧洲芬兰湾海洋环境保护与管理 1015
　　第一节　芬兰湾海洋环境特征 1015
　　第二节　芬兰湾海洋环境保护面临的主要挑战 1015
　　第三节　芬兰湾的海洋环境保护和管理措施 1017
　参考文献 1020

第十一篇　我国近岸海洋生态环境保护研究前沿与管理对生态工业系统的影响 1023

　第一章　概述 1025
　　第一节　国际海洋环境保护立法概述 1025
　　第二节　国际海洋环境保护立法发展 1026
　第二章　国际海洋环境保护对我国海洋环境法规的影响 1029
　　第一节　我国海洋环境保护法律体系 1029
　　第二节　国际公约对我国《海洋环境保护法》的影响 1030
　第三章　发达国家的海水标准和基准体系 1033
　　第一节　海水水质标准和海水水质基准的概念 1033
　　第二节　日本海洋环境质量标准体系 1033
　　第三节　美国海水水质基准及标准体系 1035
　第四章　我国现行海水水质标准存在的问题 1036
　　第一节　我国海水水质标准存在的问题 1036
　　第二节　国外经验启示和对策分析 1038
　第五章　渤海典型海岸带生态工业系统的建设路径 1041
　　第一节　渤海海岸带的产业规划布局与循环经济发展 1041
　　第二节　管理体制与法律法规建设 1042
　　第三节　监测体系与基础研究 1043
　　第四节　试点与示范 1044
　参考文献 1045

第十二篇　现代物流与综合运输基础在生态工业系统中的作用与现状 1047

第一章 概述
第一节 引言 ································ 1049
第二节 现代物流的演化过程 ············· 1051
第三节 现代物流的主要内容 ············· 1057

第二章 现代物流技术
第一节 流动技术 ···························· 1065
第二节 节点技术 ···························· 1077
第三节 辅助技术 ···························· 1089

第三章 现代物流经济
第一节 经济分析 ···························· 1105
第二节 产业政策 ···························· 1121

第四章 现代物流系统
第一节 物流系统分析 ······················ 1127
第二节 物流应用系统 ······················ 1134

第五章 现代物流管理
第一节 现代采购管理 ······················ 1167
第二节 仓储配送管理 ······················ 1188
第三节 供应链管理 ·························· 1210

第六章 综合运输基础
第一节 运输基础与运载概述 ············· 1231
第二节 合理运载与综合运输 ············· 1245
第三节 运载工具的技术性能 ············· 1256
第四节 运载方式的分析 ···················· 1285
第五节 货物运输组织与管理 ············· 1298

参考文献 ··· 1315

附录 ··· 1317
附录一 中华人民共和国海洋环境保护法 ··· 1319
附录二 海水水质标准 ··························· 1329

下 卷

第十三篇 循环经济总论 ························ 1335
第一章 循环经济定义
第一节 循环经济产生与发展的背景 ······ 1337
第二节 循环经济的内涵 ······················ 1343
第三节 循环经济的理论框架和基本原理 ··· 1346

第四节　循环经济相关理论 ... 1356

第二章　循环经济发展模式 ... 1371
第一节　企业内部的循环经济模式 ... 1371
第二节　工业园区模式 ... 1376
第三节　循环型社会模式 ... 1391

第三章　循环经济与工业生态 ... 1407
第一节　工业生态的内涵与特点 ... 1407
第二节　工业生态系统分析技术 ... 1409
第三节　循环经济理论与工业生态技术研究 ... 1416

参考文献 ... 1423

第十四篇　世界典型国家循环经济发展状况 ... 1425

第一章　北美洲循环经济发展状况 ... 1427
第一节　美国循环经济发展状况 ... 1427
第二节　加拿大循环经济发展状况 ... 1433
第三节　墨西哥循环经济发展状况 ... 1442

第二章　亚洲循环经济发展状况 ... 1446
第一节　日本循环经济发展状况 ... 1446
第二节　以色列循环经济发展状况 ... 1453
第三节　中国循环经济发展状况 ... 1457
第四节　新加坡循环经济发展状况 ... 1466

第三章　欧洲循环经济发展状况 ... 1470
第一节　俄罗斯循环经济发展状况 ... 1470
第二节　德国循环经济发展状况 ... 1479
第三节　法国循环经济发展状况 ... 1497

第四章　大洋洲循环经济发展状况 ... 1500
第一节　澳大利亚循环经济发展状况 ... 1500
第二节　新西兰循环经济发展状况 ... 1508

参考文献 ... 1511

第十五篇　世界典型沿海城市循环经济发展状况 ... 1515

第一章　大西洋沿岸城市循环经济发展状况 ... 1517
第一节　纽约循环经济发展状况 ... 1517
第二节　鹿特丹循环经济发展状况 ... 1530
第三节　巴黎循环经济发展状况 ... 1543

第二章　印度洋沿岸城市循环经济发展状况 1558
第一节　德班循环经济发展状况 1558
第二节　孟买循环经济发展状况 1570
第三节　吉布提循环经济发展状况 1582
第四节　珀斯循环经济发展状况 1590
第五节　科伦坡循环经济发展状况 1603

第三章　太平洋沿岸城市循环经济发展状况 1611
第一节　休斯敦循环经济发展状况 1611
第二节　洛杉矶循环经济发展状况 1622
第三节　东京循环经济发展状况 1634

参考文献 1649

第十六篇　中国循环经济发展状况 1653

第一章　东部城市循环经济发展状况 1655
第一节　大连市循环经济发展状况 1655
第二节　日照市循环经济发展状况 1661
第三节　上海市循环经济发展状况 1668
第四节　苏州市循环经济发展状况 1677
第五节　舟山市循环经济发展状况 1685
第六节　天津市循环经济发展状况 1692

第二章　中部城市循环经济发展状况 1700
第一节　武汉市循环经济发展状况 1700
第二节　长沙市循环经济发展状况 1710
第三节　界首市循环经济发展状况 1717
第四节　娄底市循环经济发展状况 1729

第三章　西部城市循环经济发展状况 1741
第一节　成都市循环经济发展状况 1741
第二节　贵阳市循环经济发展状况 1748
第三节　青海柴达木地区循环经济发展状况 1755

参考文献 1765

第十七篇　中国工业循环经济发展的总体思路与政策措施 1767

第一章　发展循环经济的总体思路 1769
第一节　发展循环经济的指导思想、主要原则和近期目标 1769
第二节　发展循环经济的基本途径和重点 1771
第三节　发展循环经济的主要措施 1772

第二章 工业循环经济发展机构 ... 1777
第一节 政策法规 ... 1777
第二节 发展协会 ... 1788
第三节 研究机构 ... 1793

第三章 工业循环经济发展专项领域 ... 1795
第一节 产业循环经济发展 ... 1795
第二节 园区循环化发展 ... 1805
第三节 资源再生利用发展 ... 1808
第四节 再制造产业发展 ... 1812

第四章 雄安新区循环经济发展研究 ... 1822

参考文献 ... 1827

第十八篇 规划环境的影响与评价 ... 1829

第一章 规划环境影响评价概述 ... 1831
第一节 规划环境影响评价 ... 1831
第二节 规划环境影响评价工作程序 ... 1834

第二章 中国规划环境影响评价实践 ... 1835
第一节 规划环境影响评价法律规章 ... 1835
第二节 规划环境影响评价理论研究进展 ... 1841
第三节 规划环境影响评价实践进展 ... 1844

第三章 规划环境影响评价技术方法研究 ... 1851
第一节 规划环境影响评价技术方法研究应用现状 ... 1851
第二节 规划环境影响评价的具体方法及应用 ... 1853
第三节 专项规划环境影响评价方法应用 ... 1869

第四章 规划环境影响评价主要技术方法的应用 ... 1886
第一节 指标体系分析方法在规划环境影响评价中的应用 ... 1886
第二节 情景分析法在城市发展规划能源评价中的应用 ... 1915
第三节 系统动力学在水资源承载力研究中的应用 ... 1922
第四节 第二代法规空气质量模型在规划环境影响评价中的应用 ... 1934
第五节 噪声地图法在规划环境影响评价中的应用 ... 1944
第六节 生态学评价方法在规划环境影响评价中的应用 ... 1950
第七节 循环经济分析方法在规划环境影响评价中的应用 ... 1962
第八节 费用效益分析方法在规划环境影响评价中的应用 ... 1970
第九节 低碳分析方法在规划环境影响评价中的应用 ... 1977

第五章 规划环境影响评价技术方法应用案例——以天津滨海新区规划环境影响评价为例 ... 1988

第一节　评价技术路线 …… 1988
　　第二节　评价内容和思路 …… 1990
　　第三节　主要评价方法应用 …… 1992
第六章　规划环境影响评价有效性研究 …… 2008
　　第一节　规划环境影响评价有效性内涵 …… 2008
　　第二节　规划环境影响评价有效性研究 …… 2008
　　第三节　规划环境影响评价有效性评估标准 …… 2010
　　第四节　规划环境影响评价有效性评估方法与框架 …… 2011
　　第五节　规划环境影响评价有效性案例分析 …… 2013
　　第六节　结论 …… 2019
第七章　中国规划环境影响评价的问题与展望 …… 2020
　　第一节　规划环境影响评价开展中的主要问题 …… 2020
　　第二节　规划环境影响评价发展方向 …… 2022
第八章　工业生态系统监督保障——以天津滨海新区为例 …… 2025
　　第一节　工业生态系统监督保障概述 …… 2025
　　第二节　国内外先进工业园区经验 …… 2031
　　第三节　滨海新区工业生态系统发展分析 …… 2037
　　第四节　滨海新区工业生态系统监督保障建议 …… 2044
参考文献 …… 2051

附录 …… 2057
　附录一　中华人民共和国环境影响评价法 …… 2059
　附录二　中华人民共和国环境噪声污染防治法 …… 2064
　索引 …… 2069

第六篇

中国典型海岸带的生态工业系统

第一章　概　　述

第一节　海岸带的定义和特征

海岸带为海洋和陆地相接的地带，是自然界水圈、岩石圈、大气圈和生物圈相互作用最频繁、最活跃之处，兼有海、陆两种不同属性的独特环境特征。当前，对海岸带的定义及范围仍存在着一些争议，地貌学家所提出的海岸带是狭义的海岸带，是指位于低潮位和高潮位之间的潮间带。1995年，国际地圈—生物圈计划(IGBP)提出了海岸带的新含义，即大陆侧的上限是200 m等高线，海洋侧的下限是大陆架的边缘，大致与−20 m等深线相当。我国海岸带和海涂资源综合调查规定，海岸带的陆界为自岸线向大陆延伸10 km处，海岸带的海界为自岸线向海洋延伸至水深15 m处。美国海岸带管理法规中规定，海岸带的陆侧边界为受海洋直接影响的沿海陆地，海岸带的海侧边界为美国领海的外界。总之，海岸带尚无全球一致的定义，这与全球海岸的复杂性有关(图6-1-1)。

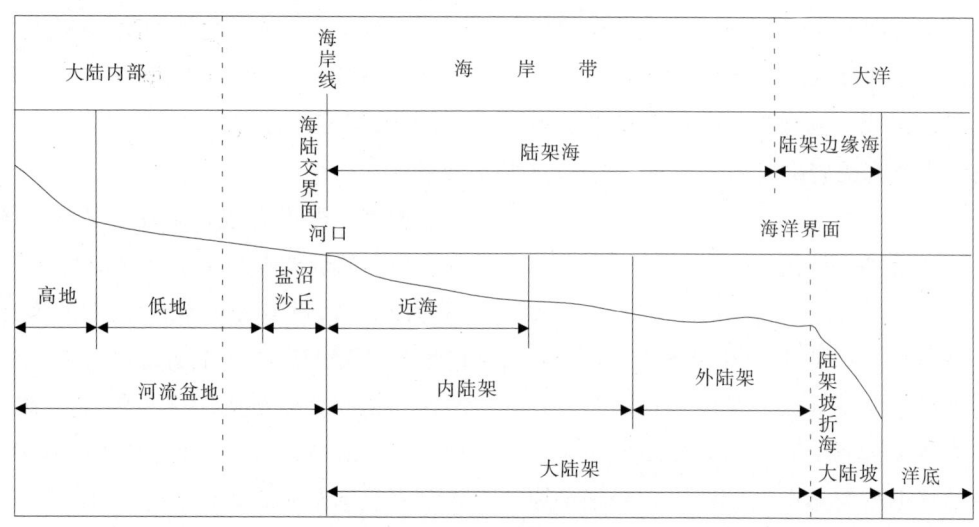

图6-1-1　海岸带的一般概念图

海岸带按照海岸特征,可以分为基岩海岸带、平原海岸带、生物海岸带和人工海岸带,特点如下。

一、基岩海岸带

由坚硬岩石组成的海岸称为基岩海岸,特征是:岸线曲折、岬湾相间,深入陆地的港湾众多,岸滩狭窄;大量的沿岸岛屿常在沿岸和港口一带形成水深流急的通道,使许多港口和深水岸段受到一定程度的掩护;岸滩狭窄、坡度陡、水深大,许多岸段 5~10 m 等深线逼近岸边。因此,有许多基岩海岸及其相邻港湾可用作大、中型港址。基岩海岸带可分为海蚀地貌类型和海积地貌类型。

基岩海岸在我国的山东半岛、辽东半岛及浙、闽、粤、桂、琼等省区广为分布。基岩海岸最为壮观的景象是海上奔腾而来的巨浪在悬崖峭壁上撞出冲天水柱,发出阵阵轰鸣。

我国的基岩海岸多由花岗岩、玄武岩、石英岩、石灰岩等各种不同山岩组成。辽东半岛突出于渤海及黄海中间,此处基岩海岸多由石英岩组成。山东半岛插入黄海中,多为花岗岩形成的基岩海岸。杭州湾以南浙东、闽北等地的基岩海岸多由火成岩组成。闽南、广东、海南的基岩海岸多由花岗岩及玄武岩组成。

二、平原海岸带

特点:岸线平直、地势平坦、海滩沙洲广阔,缺乏天然港湾,岸外无基岩岛屿。我国有长达 2 000 km 的平原海岸,主要集中在渤海西岸及黄海西岸的江苏沿海这两处。此外,在松辽平原的外围以及浙江、福建、广东的一些河口与海湾顶部,平原海岸也有小面积的分布。

平原海岸又可分为三角洲海岸、淤泥质海岸和砂砾质海岸。

1.三角洲海岸

河流与海洋共同作用形成的一种平原海岸。我国不少河流的输沙量很大,河口三角洲发育得很好,如长江三角洲、黄河三角洲和珠江三角洲等。

2.淤泥质海岸

主要分布在渤海的辽东湾、渤海湾和莱州湾以及长江三角洲以北的苏北平原。

3.砂砾质海岸

由颗粒较粗的砂砾组成的平原海岸。特征是:岸滩组成物质以砂、砾为主,岸滩较窄,坡度较陡;堆积地貌类型多,常伴有沿岸沙坝、潮汐通道和潟湖,有一定的水深和掩护条件。

三、生物海岸带

我国南方热带、亚热带地区,生物对海岸的塑造有时起着重要作用,形成特殊的海岸类型,即珊瑚礁海岸和红树林海岸。许多死亡的造礁珊瑚骨骼与一些贝壳和石灰质藻类胶结在一起,形成大块具有孔隙的钙质岩体,像礁石一样坚硬,因而被称为珊瑚礁。在浅水形成的近岸珊瑚礁,构成了风光绚丽的珊瑚礁海岸。红树林海岸则是由耐盐的红树林植物与淤泥质潮滩组合而成的海岸。红树林植物的葱郁树冠、特殊的根系,以及林间的枯枝落叶,既抑制风暴潮对海岸侵蚀,又阻滞涨落潮水流,促使泥沙堆积,岸滩淤涨。

珊瑚礁海岸类型主要有:岸礁、堡礁和环礁。中国的珊瑚礁海岸主要分布在南海诸岛、海南岛沿海、雷州半岛南部沿海、澎湖列岛和台湾南部及其邻近岛屿。①南海诸岛由东沙、中沙、西沙和南沙群岛组成,这些岛屿大多为环礁类型。②海南岛和雷州半岛沿海的珊瑚礁为岸礁,礁平台宽度从几百米至几千米不等,平台表面有许多浪蚀沟槽和蜂窝状孔穴,大多为侵蚀型珊瑚礁。③澎湖列岛是中国珊瑚礁的北界,在该群岛的每座岛屿周围大多发育有岸礁和堡礁。此外,台湾南部沿海及其附近的绿岛、兰屿等地也有岸礁发育。

红树林海岸主要分布在广东、广西、海南沿

海,在福建和台湾南部沿海也有分布。它们大多生长在海湾和潟湖中,尤以海南岛的红树林最为繁茂,共计有红树林植物11科18种,而台湾和福建仅有6种。中国红树林生长的北界可达北纬27°20′左右的沙埕港。红树林海岸的特点:分布在低平的堆积海滩上,主要是在背风浪而且正在向海伸展的淤泥质海滩上。红树林在护岸保滩、促淤助涨、降低沿岸泥沙流容量、维持深水航道等方面都有积极意义。

四、人工海岸带

随着海岸和近岸海域的开发利用,人工海岸线增加、自然海岸线缩减的问题越来越引起人们的关注,相关的报道和评论也屡屡见诸报端。保护和科学管理稀缺的自然岸线资源成为当务之急。然而,关于如何界定区分自然岸线和人工岸线,尚没有统一的、公认的标准,在管理和学术研究层面尚存在很多争论。

一般来说,自然岸线是由海陆相互作用形成的岸线,如粉砂淤泥质岸线、基岩岸线和生物岸线等,强调其自然过程,可以理解为不受人为活动影响的海陆相互作用过程中形成的海岸线,也就是完全保持海岸自然风貌和地理单元特性的海岸。而人工岸线是由永久性人工建筑物组成的岸线,如防波堤、防潮堤、护坡、挡浪墙、码头、防潮闸、道路等挡水(潮)建筑物组成的岸线。

区分自然岸线和人工岸线的主要标志,并不是海岸是否存在人工构筑物,而是海岸的自然过程和生态功能是否得到有效的维护或者加强,而海岸的自然过程和生态功能则具体体现在是否存在自然的岸滩。也就是说,是否基本保留原始的岸滩和水下岸坡,是维持原始海岸过程和发挥海岸生态功能的物质基础,也应该是界定自然岸线与人工岸线的基本判据。因此,自然岸线应该是天然的岸滩基本得到保留、原始的岸滩动态平衡未受到人工构筑物明显影响的海岸线。与之相对应的,判断是否为人工岸线也应该有两个必要条件:一是填海形成土地使原始岸线位置有了明显改变,二是由于填海形成的堤坝、护坡等人工构筑物使原始的岸滩减少或丧失。我国人工海岸最典型的代表是渤海湾沿岸。2000—2010年,渤海湾岸线发生了剧烈的变化,岸线总长度增加约427 km,大多为新增的人工岸线,而自然岸线变化微弱。新增人工岸线又大多是向海一侧的扩张,岸线扩张所造成的陆域面积净增长达到937 km^2。主要增长点包括沾化和无棣的沿海地区、曹妃甸工业区、天津滨海新区以及黄骅港、滨州港、东营港等。2002年以前的陆域增长和岸线变化主要是围垦养殖用地的扩张造成的,如黄河口西侧的沾化和无棣的沿海地区。2002年以后人工岸线增长主要是工业园区和港口的建设造成的。

第二节　海岸带的重要性

海岸带自古以来就是人类赖以生存和进行生产活动的重要场所,是沿海国家对外交往的门户,又是国防前哨。因此,它在沿海国家中的位置非常重要。随着社会的发展,海岸带逐渐成为当今世界的经济、文化和科学荟萃之地。由于海岸带具有海陆两种属性,有得天独厚的优势,这就使得其在政治、经济、国防、环境等方面都具有独特的地位。

一、海岸带是国家政治的敏感带

从广义的海岸带概念讲,海岸带外界"向海延至大陆架边缘"。如果采用"自然延伸原则"与邻国进行海域划界谈判,必然使相关国家产生一定的冲突。因此,正确处理好海岸带(海域)划界问题至关重要。

二、海岸带是国民经济的活跃带

由于海岸带具有海陆双方的优势,既有丰富的资源,又有交通海内外的便利条件,是海陆系统优势的集合体,因此,海岸带在发展经济中会产生边缘效应、枢纽效应、依托效应、扩延效应等。

虽然海岸带的面积仅占地球陆地面积的10%,但生活在海岸带区域的人口占世界总人口的60%。我国大陆海岸线长约18 000 km,另外还有约14 000 km 的岛屿岸线,沿海有14个省、市、自治区和特别行政区。由于我国沿海省、市、区有海岸带这一优越的区位条件和高度发达的科技水平,因此沿海地区的经济在整体上处于我国领先地位,人口高度聚集。沿海省、市、区的土地面积虽然只占全国土地面积的13.6%,人口却占全国总人口的43%。数据显示:2015年全国海洋生产总值为64 669亿元,占国内生产总值的9.6%,其中环渤海地区海洋生产总值占全国海洋生产总值的36.2%。

三、海岸带是自然界的缓冲带

海岸带是海陆的相互作用带,是地球上四大圈层相互作用最活跃的地带。这种作用既惠泽人类的生存环境及人类本身,又会给人类和生存环境带来致命的危害。以环境而言,海岸带有多种多样的自然综合体,如海滩、岩滩、潮滩、潟湖、珊瑚礁、红树林、湿地等,由于有这些自然综合体存在,海岸带的优势大大加强。例如,湿地、潟湖的初级生产力极强,从而使沿岸海陆域生物多样性极高,经济价值极大。又如,沿岸海域水动力活跃,各类沉积物松散,大大有利于环境自净。再如,海岸的湿地、红树林、珊瑚礁,可以调节和减缓海洋和陆地的多种灾害,从而保护沿岸区人们的生命和财产。

四、海岸带是生态环境的脆弱带

由于海岸带受多种因素控制,而且各因素间关系非常密切,因此,改变任何一种因素都有可能引起海岸某些特征发生变化,从而使海岸带发生变化。例如,珊瑚礁海岸的珊瑚礁被挖掉,如在海南,这一行为的结果是海岸带产生一系列变化。直观的变化就是产生海岸侵蚀,沿海的土地减少,沿岸的工程被毁,村庄被迫搬迁等。再如,某些潟湖,如海南的小海潟湖,河流改道、湖内围垦等工程的实施,使潟湖纳潮量大大减少,导致一个原来生态环境良好、比较有名的地方港干涸。口门由原来的约200 m,减至30 m左右,水深大为减少,海水交换率很低,致使该潟湖几乎废弃。

第二章 国内外海岸带流域治理与海洋环境保护研究进展

严峻的现实使人们清醒地认识到必须及时采取措施对海岸带生态环境加以保护。否则,海洋的生态效应将不断降低,海岸带的功能将逐步丧失,最终蕴含着丰富资源的汪洋大海将变成一片死海,那时人类不得不饮下自己酿成的苦酒。

进行海岸带综合管理的目的在于提出典型海岸带生境修复整体方案与依托区域经济协调发展的综合管理方案和对策,确定体现可持续发展思想的社会经济发展模式和采取的政策、措施、行动、计划等,为政府提供决策支持,实现海岸带生态环境、社会效益和经济效益的统一。

第一节 国外海岸带管理和保护研究进展

国外对于海岸带开发利用的研究,多从海岸带的综合管理角度出发。海岸带综合管理被认为是解决海岸带经济发展与环境破坏之间矛盾的有效手段。海岸带综合管理是一种综合的管理理论和具体的管理行为,它对海岸带的可持续发展做出科学合理的决策。实施海岸带地区的综合管理,能够维护海岸带的使用权益,合理开发海岸带资源,保护海岸带环境,最终实现海岸带地区的协调发展。

1973年,联合国经济及社会理事会评价了海岸带在国家发展中的作用,认为海岸带是一项"宝贵的国家财富",明确指出,对这一地带的"正确管理与开发"是国家发展计划的重要组成部分。

1982年,联合国经济及社会理事会编辑出版了《海岸带管理与开发》一书。该书以40多个沿海国家为例,论述了海岸带管理与开发的理论与政策问题,并提出一些用于管理方面的技术标准和措施。

20世纪90年代是海岸带综合管理发展的蓬勃时期。1991年,英国对北海做了"海岸近海5年科学计划"的研究,从自然环境的角度探讨了海岸带的基本科学问题。1992年6月,联合国在巴西里约热内卢召开环境与发展大会,会议提出了《21世纪议程》和可持续发展的思想,其中第十七章专门针对海洋提出保证海岸资源和环境的综合管理和可持续发展。海洋的可持续发展主要包括海洋区(包括专属经济区)的综合管理和可持续发展、保护海洋环境、海洋生物资源的可持续利用和保护、海洋环境管理和气候变化方面的重大不确定性因素、区域合作和岛屿的可持续发展等内容。第十七章强调了制定综合的政策与决策以促进海洋利用的平衡,要防止、减少和控制海洋环境的退化以保持和加强海洋的生命支持和生产能力,要将海洋的环境保护纳入有关的总体环境、社会、经济发展政策并采取预防方针以避免海洋环境退化、减少不利影响,要制定经济办法鼓励清洁生产技术的应用并不断提高沿海地区居民的生活质量和水平。

1993年,世界海岸大会提出了海岸带综合管理的概念,使世界海岸带管理方面的研究更前进了一步。

1996年,国际知名的海岸带管理专家,美国学者约翰·克拉克出版了《海岸带管理手册》一书。该书全面总结了30多个不同类型沿海国家海岸带管理的经验、教训,提出了海岸带综合管理的原则、方针、步骤及其不同的管理体制,全面论述了不同类型沿海国家海岸带综合管理面临的挑战和实际问题。

2000年之后,海岸带综合管理进入一个新阶段,可持续发展的观念越来越深入人心。2002年,联合国可持续发展世界首脑会议在南非约翰内斯堡举行,可持续发展成为海岸带综合管理追求的共同目标,海岸带的研究方法也呈现多样化的发展方向。同年7月,"海岸带综合管理指标的运用"的国际研讨会在加拿大渥太华召开,确定评价了海岸带综合管理各种不同类型的指标。2003年,美国国家海洋和大气管理局完成国家海岸带管理效果测度指标体系,提出基于产出模式的效果评价,这是海岸带开发利用的定量化发展。同一时期的学术研究有:Ira Didenkulova(2003)以案例为基础,提出如何有效防治海岸带的侵蚀;Alar Rosentau(2005)对波罗的海做了研究,建立自然资源的公众参与模型,并做了评价工作;Hendra(2005)总结了海岸带管理、综合管理水平、实施主体和监测主体等概念,并做了案例研究。同时,海岸带相关研究的书籍(Beatley,2002;Field,2002等)、国际会议论文集(Green,2003;Long,2003;Dolch,2005等)和国际期刊(《海洋与海岸带管理》《海岸管理》《海岸工程》《海岸研究杂志》《沿岸保护杂志》《国际海洋与沿岸法杂志》《海洋与海岸带法律杂志》等)也相继出版,对促进海岸带综合管理和可持续发展的学科交叉研究起到重要的作用,标志着海岸带的研究走向成熟。

国外在海岸带综合管理(ICZM)领域的研究比我国先进,许多国家如欧洲、拉丁美洲的一些国家的专家、管理者对海岸带综合管理的管理机制、国际合作、公众参与、保护措施、资源开发利用等不同方面进行了有益的尝试、研究和探索。但在海岸带综合管理中,从海岸带生态经济系统的角度研究海岸带生境修复与经济协调发展的成果较少,尤其是海岸带综合管理模型、评估指标体系、技术方法和管理方法方面更少。总之,海岸带生境修复的综合管理是实施海岸带可持续发展的必由之路,也是国际上海岸带管理研究的热点。欧洲共同体在20世纪70年代采取积极的环境保护措施,控制陆域向海岸带的污染物排放,建立海岸的自然区,保护野生动物,用行政法规保护低潮线以下的海岸带资源。1992年,我国正式签署《关于特别是作为水禽栖息地的国际重要湿地公约》。截至2016年4月,已有169个国家参与此公约。此外,全球有约达2 000处湿地被列入《国际重要湿地名录》。海洋与海岸湿地、内陆湿地、人工湿地同属国际公约中湿地的三大生境类型。

美国有75%的人口居住在离海岸80 km以内的区域,社会经济活动给近岸海域生态造成了巨大的压力。美国于1972年通过了《海岸带管理法》(CZMA),该法规是在美国许多海岸及近海环境质量下降的情况下出台的。这些情况主要表现为生境退化、渔业产量下降、滨海湿地快速消失。美国《海岸带管理法》提出的基本政策旨在保存、保护、开发美国海岸带的资源并使之恢复与增殖,鼓励保护重要的自然资源以确保海岸经济适当的发展,制订和实施符合国家标准规定的海岸带管理计划。20世纪90年代,美国纽约长岛湾的主要污染控制指标是溶解氧。为了有效提高长岛湾的溶解氧含量,恢复并维护鱼和底栖生物的栖息地,美国纽约州和康涅狄格州政府所采取的主要措施是实施进入长岛湾的河流的流域环境管理,一是提高流域城市污水处理厂的脱氮除磷效率和标准,二是重点严格控制土地开发过程中产生的氮、磷面污染源,实施的效果十分明显。

在20世纪60年代日本经济高速增长时期,沿海地区的各种鱼类及贝类的生境和产卵场丧失殆尽,严重时从沿海水域捕捞的海产品都受到重金属、合成有机物的污染。这种状况延续了整个20世纪70年代,水污染成为一个重要的社会问题。1973年,日本政府颁布《濑户内海环境保护临时措施法》，开始治理濑户内海，3年以后化学耗氧量减少了一半，环境污染得到有效缓解。

澳大利亚政府认为海岸带是国家最重要的地区。澳大利亚全国总人口的86%(约1800万人)生活在海岸带。澳大利亚的海岸带管理面临的主要问题包括：①风景旅游区污水和其他点源污染物的控制；②潮间带生物人类采捕的影响；③各类生境(特别是湿地)的维护；④保护区建立和管理；⑤压舱水排放带来的外来物种；⑥非点源污染。

过去的几十年中，海岸侵蚀和人类活动的加剧等，导致海岸带生境的快速退化，其生态功能严重受损，造成了巨大的经济损失，对社会产生了极大的不良影响。人们逐渐意识到必须采取有效的措施对受损生境进行修复。早在20世纪二三十年代，美国提出了生境修复的概念。美国生态修复协会(SER)，开展了一些国家层面上的生境修复和重建的大型计划。其中，美国国家环境保护局(EPA)于1987年开始了国家河口计划(NEP)，其目的是保护河口环境，重建河口良性生态系统。该计划对生境修复(特别是湿地修复)进行了有益的探讨，得到了许多经验。美国国家海洋和大气管理局设有生境修复中心，该中心提出了修复海岸和河口生境的国家策略，为海岸和河口生境修复提供了一个框架，提出了生境修复的综合方案，梅恩湾海岸带生境修复是比较成功的例子。此外，美国国家环境保护局还于1986年开始了湿地行动计划。英国环境、食品及农村事务部于1994年开展了生境计划，进行了近海沿岸盐沼的修复与重建。这类重大计划的实施，极大地推动了海岸带生境修复技术的研究、发展和应用。

第二节　国内海岸带管理和保护研究进展

国内的海岸带开发利用研究起步较晚，大致是从20世纪80年代开始的。研究内容主要包括了海岸带科技支撑平台的建设，海岸带资源开发与环境保护，地理信息技术系统在海岸带研究中的应用，海岸带的管理、政策和法律等。

较早讨论海岸带管理的学者是任美锷。1984年，他在《自然资源》杂志上发表了《海岸带管理的内容和程序》一文。他在该文中首先提出了"海岸带是一个多领域、多要素、多层次的自然经济综合体"，因此，开发管理也是"多单位、多系统、多方面"的多元说。之后，众多研究者相继发表了一系列关于海岸带管理方面的论文。

到1997年，鹿守本出版了《海洋管理通论》一书。他站在海洋综合管理的角度，将海岸带管理作为海洋综合管理的一项重要任务，他特别指出"海岸带区滋生了几乎海洋开发全部产业，因此，海岸带是人类开发利用海洋的矛盾冲突交汇点""因此，海岸带是保护和管理的重要区域"。他在该书的有关章节中，论述了有关海岸带的管理问题。

2001年，鹿守本和艾万铸出版了海岸带管理方面的专著——《海岸带综合管理——体制和运行机制研究》一书。该书除了介绍国外海岸带管理情况之外，对中国海岸带管理现状、存在的问题及如何走向提出他们的看法和意见，并更详细地论述了"海岸带综合管理"的概念。他们引用了1993年世界海岸大会相关文献中关于海岸带综合管理的定义。海岸带综合管理"是一种政府行为，包括为保证海岸带的开发和管理与环境保护目标相结合，并吸引有关各方参与制定所必要的法律和机构框架"。海岸带综合管理的目的是最大限度获得海岸带所提供的利益，并尽可能减少各项活动之间的冲突和有害影响。海岸带综合管理是一个确定海岸带开发和管理之目标的分析过程。海岸带综合管理应确保制定目标、规划及实施过程尽可能广泛地吸引各利益集团参与，在不同的利益中寻求最佳的折中方案，并在国家海岸带综合利用方面实现一种平衡。为了加深对海岸带综合管理的认识，他们从七个方面做了进一步的说明，并在该书中对我国海岸带综合管理的现状和存在的问题做了深入的分析，提出了完善我国海岸带管理的措施和建议。他们特别强调了设置管理机构和进行海岸带立法的重要性。鹿守本在序中指出，"海岸带是一个特殊领域，海岸带的开发利用与保护有其特殊的关系应要调整。虽然有其他相关法的调整，若没有专门适用的法律制度，仍难以切实管理好海岸带的各类活动"。

恽才兴和蒋兴伟，除了从上述各方面论述了海岸带管理的问题外，还专门概述了海岸带管理的技术与方法。这些论述都在其《海岸带可持续发展与综合管理》一书中做了阐述。

管华诗和王曙光等人为培养海洋管理人才，编写了我国第一本《海洋管理概论》教材。此书对海岸带管理也做了一定的介绍。

为了适应我国海岸带综合管理的需要，杨金森等人先后出版了《海岸带管理指南》和《海岸带和海洋生态经济管理》等专著，这些著作的出版对我国海岸带综合管理事业的推动都起了很大作用。

国内过去在环境方面的管理系统往往仅局限于某一方面，管理模型在建模框架、概念模型、管理模型的理论、管理模型建立的方法、实现管理模型的管理系统等多个方面应要继续研究和完善，尤其在海岸带生态经济系统的作用机理、因子之间的驱动关系等领域急需研究，以便使管理模型在我国海岸带管理中发挥更大的作用。

在海岸带生态调查和环境保护方面，我国于20世纪50年代中期进行了黄渤海海区、东海舟山和海南岛等代表性地区的潮间带生态调查。1980—1987年进行了全国海岸带和滩涂资源综合调查，为海岸带生境修复积累了丰富的第一手资料。进入20世纪90年代，我国在海岸带研究方面进行了多方面的研究，如海岸带生态农业、海岸带生物技术、海岸带开发及综合管理模式等，逐步深入理论研究，注重技术突破，并开始考虑公众参与。

总的来说，我国在海岸带生境方面的研究有了一定的基础，但在海岸带生境退化的诊断、监测、修复与重建的工程技术研究方面尚处于起步阶段。

第三章 海岸带开发对海洋生态环境的影响

海岸带区域资源丰富，既是海产品，诸如鱼、虾、贝类等的产地，又通常蕴含丰富的石油、天然气资源，同时还为海洋化工产品的生产提供原料。鉴于其独特的地理位置，不仅许多区域被开发为旅游度假的胜地，众多大型港口也坐落于此。可以说，世界各国的海岸带区域都是其经济发达区域。但是，随着近年来人口的流入、经济的发展及人民生活水平的提高，人类对海洋资源的开发强度加大，污染物排放量猛增，海岸带资源和环境都面临着巨大的压力。一项研究表明，世界51%的海岸受到中度或重度的开发活动带来的威胁。

海岸带面临的压力主要表现在以下几个方面：人口增长和对海岸带需求提高导致的土地利用方式的变化；城市化、工业发展、农业和海洋生物养殖导致自然生物栖息地的消失，部分物种濒临灭绝；入海口和海岸带水体污染导致的海洋富营养化和海产品中毒；海洋资源过度的和不合理的开发致使生物多样性和种群数量下降，陆地沉降和地下水盐渍化；海洋风险事件的发生，包括因自然过程加快和海水水位上涨带来的海水侵蚀，导致土地资源损失、生态系统特性改变，甚至海洋生物的死亡。

第一节 人类对海岸带的开发利用

人类对海岸带的开发利用经历了很长的历史阶段，主要的开发利用方式如下。

一、海涂开发

利用海涂发展水产养殖业为沿海各国所重视。一些海岸带由于河流挟带泥沙入海，每年海涂都会自然增长。如中国的大河每年入海泥沙约20亿t，大部分沉积在河口海岸，一些岸段的岸线每年可向外延伸数十米。许多海洋国家还围海造地，扩充海岸带土地资源，荷兰从13世纪开始围垦海涂，至今总面积达7 100 km²，占全国陆地面积的1/5。

二、港口建设

海岸带开发利用的一个重要方面是建造港口，发展海运事业。随着各国经济的发展，海港数量和吞吐量迅速增加。

三、渔业捕捞

海岸河口水域饵料丰富，是大量鱼类生长和繁殖的场所，海岸带的渔业生产在海洋捕捞业中占有重要地位。如美国海洋渔业生产有70%是在海岸带进行的。

四、海盐工业

在海岸带开辟盐场提取海盐,是人类食盐的主要来源,海盐也是重要的化工原料。此外,一些工业发达国家从海水中提取碘、钠、镁、溴等重要元素和铀、锶等稀有元素,发展工业生产。

五、矿产资源

开发利用海岸带的石油、天然气资源是目前世界上正在发展的重要产业。海岸带还蕴藏大量可供开采的煤、铁、钨、锡矿等。

六、可再生能源

海岸带蕴藏潮汐能、盐差能、波浪能等可再生海洋能。据初步计算,全世界海洋潮汐能约10亿 kW,主要集中在浅海区。中国沿海潮汐能蕴藏量约为1亿 kW。海岸带在水利建设和国防建设中也占有重要地位,并且是建立海滨和海上旅游、疗养区的理想场所。

第二节　人类活动对海岸带环境的影响

一、海岸带污染加重,环境质量急剧下降

人类活动产生的污水,随着经济活动活跃而不断增加,虽然有些污水经过治理才排海,但仍有大量污水未经处理而直接排海,引起近海水质不断恶化。海岸带开发大面积的养殖池塘,由于投放饵料不合理,池塘水质恶劣,直接入海后造成近岸海域水体富营养化,使渔业产量降低,生物多样性受到破坏。近年来,随着工业、城市建设、旅游业、水产养殖业、种植业的迅速发展和人口的增加,工业废水和生活废水及其所含的大量污染物,特别是有机物污染物和氮、磷,使海域的富营养化程度不断加重,赤潮频率不断增加。

据统计,在20世纪90年代,我国陆源入海污水的数量约为50亿 t,到了1998年达到了100亿 t 左右,其中,沿海企业的工业污水约占40%。由于排海污水增多,有害物质入海量也有所增加。这些污水入海,首先使海岸带景观遭到破坏,其次严重破坏了海域的(特别是近岸带的)生态系统,使许多生物绝迹,使海岸带某些水域变为海上"荒漠"。

二、过度开发,资源衰退

海岸带近海渔场是我国的重要渔捞区,如辽东湾渔场、黄河口渔场、烟威渔场、苏北渔场、舟山渔场等均是我国的重要渔场,曾以产小黄花、大黄花、带鱼、中国对虾等高质品种为主。20世纪50年代以来,对海洋生物的长期过度捕捞,严重影响了海洋生物的生态环境,破坏了主要传统资源,改变了沿海海域鱼类资源的基本结构,出现鱼类体长组成小型化、生殖群体低龄化现象。许多鱼的产量大大降低,如带鱼、小黄花等,主要原因是捕捞船只越来越多,网具孔径越来越小,使得许多品种大量减少,品质下降。

虽然经过多年的休渔期,减少近海捕捞,增加远洋捕捞,我国渔场有所恢复,但成效有限。

三、过度围海造地,降低了海域的功能

我国自古以来就有围海造田的传统,如泉州湾在唐朝时就开始了围海造田。而这种情况,在以粮为主的年代达到了顶点,改革开放以来也没有减弱的趋势。例如,胶州湾的面积由1935

年的 559 km², 减到 2000 年的 375 km², 海湾面积减少 33%, 其中 95% 以上是用于围海造地。湛江湾的面积从 20 世纪 50 年代初到 90 年代初, 40 年间减少了 148.11 km², 海湾面积减少 1/3。汕头湾从 20 世纪 50 年代初开始围海, 到 1979 年, 海湾面积由原来的 126 km² 减到 75 km², 海湾面积减小了 40.5%。泉州湾及其附近海域, 1949 年至 1990 年围海造地 141 处, 共 15.07 万亩, 约 100 km²。其中位于泉州湾内的较大工程就有"五一围""七一围""城东围""陈棣围"等合计 47 360 亩, 共约 31.6 km², 约占泉州湾面积的 1/4。杭州湾围海造田全国驰名, 自 1949 年以来围海造田达 100 万亩, 约 666.7 km²。

沿海围垦筑堤后, 破坏了原来的流场, 改变了原有的地貌形态和底质分布, 使局部生态环境恶化, 影响海洋生物的生长和生存。如辽宁东沟围垦筑堤后, 原来泥沙纵向搬运优势被横向搬运所代替, 在建堤前的淤泥粉砂表面覆盖了一层 0.2 m 厚的细砂堆积带。底质环境粗化的结果, 导致栖息蟹类的死亡或迁移。

港湾内连年围垦, 不断缩小水域面积, 减少纳潮量, 加速潮汐通道的淤积变化, 给航道带来一定影响。

过度围垦也使湿地面积缩小, 生物种类减少。由于近年来人类活动的增加, 海岸带湿地面积大幅度减少, 生态功能退化。渤海沿海滩涂湿地主要分布在辽东湾、滦河口、海河口、黄河口、莱州湾。因围海造田和发展养虾业而大规模围垦滩涂湿地, 造成滩涂湿地资源严重减少, 而且大大降低了滩涂湿地调节气候、储水分洪以及抵御风暴、护堤保田的能力。

渤海近岸自然湿地, 特别是辽河三角洲和黄河三角洲盐沼—芦苇—草地—鸟类生态系统, 在很长时间内因人类违背自然规律和经济规律, 大搞毁苇开垦, 结果芦苇资源被破坏, 使海岸带湿地生态系统遭到严重破坏。

四、河口建闸和海岸砂石料的过量开采

河口建闸对生态环境、生物资源破坏较大。建闸后, 鱼类上溯洄游的通道被切断, 冲淡水和营养物来源减少乃至基本失去, 鱼类被迫迁移, 致使水产产量锐减。

河口建闸后, 径流被切断, 纳潮量减少, 闸的下游发生严重淤积, 部分中小港口失去原有的功能。

因沿海的经济建设需要, 常在海岸带地区进行大规模的砂石料开采活动, 若处理不当, 则会破坏海岸动态平衡, 加剧岸滩蚀退。如旅顺柏岚子砾石堤连年过量开采, 堤身不断萎缩, 岸线逼陆, 1949 年以来堤岸民房被迫内迁三次。

五、过度开发引发了大量海洋灾害

海岸带是灾害频发带, 在这一带发生的灾害造成的经济损失越来越大。20 世纪 50 年代的灾害损失约为 1 亿元(当时价, 下同); 60 年代 1 亿~2 亿元; 70 年代 2 亿~4 亿元; 80 年代约 5 亿元。到了 20 世纪 90 年代, 灾害损失猛增, 1992 年 102 亿元; 1994 年 170 亿元。1997 年因 9711 号风暴潮导致灾害损失达 500 亿元。

灾害损失的增加, 一方面说明了这些年来灾害可能比过去的多、比过去的强, 但更重要的一方面说明海岸带及其附近经济发达程度早已今非昔比, 经济越发达, 灾害损失越大, 这是很正常的现象。

海岸带内发生的灾害多数是由自然因素引起的, 但也有不少是因开发过度或开发不当引起的。如赤潮, 有些类型(如近岸、河口内湾型赤潮)与水体富营养化有关。又如, 养殖区型赤潮, 主要是由养殖区内过剩饵料积累和养殖区内高浓度的氮和磷, 导致养殖环境二次污染。再如, 海岸侵蚀, 有的是由自然因素引起的, 如海平面上升、河流泥沙的减少。但在很多情况下, 是由人为因素引起的, 如海滩、河道采砂, 不恰当的海岸工程, 河流上的水利工程等。另外, 发生在海岸带地区的海水入侵、土地盐渍化、地面沉降等灾害均与人类经济活动有关。

上述情况都说明, 海岸带的过度开发或不

科学的开发均会引起不同程度的海岸带灾害。人们本想在海岸带中获取更多,由于开发行为失当反而贻害更大,概述几点如下。

1)自然岸线愈来愈少,人工岸线和开发岸线愈来愈多,不利于海岸带各种过程的正常进行。

2)海岸线愈来愈短,海岛也逐渐减少,海湾面积越来越小。

3)生态环境退化,甚至恶化,使海岸带生产力急剧下降。

4)引发多种人为的海岸带灾害。

第四章　我国海岸带开发现状

第一节　我国海岸带资源开发

我国是一个大陆国家，也是一个海洋国家。从辽宁省的鸭绿江口，到广西壮族自治区的北仑河口，是一条长约18 000 km、蜿蜒曲折的海岸带。据1980—1986年全国海岸带和海涂资源综合调查资料显示，我国海岸带总面积约35万 km²，横跨温带、亚热带、热带三个气候带，穿越渤海、黄海、东海、南海四个海区，地理环境复杂，资源丰富。充分合理地开发利用这些资源，对于我国的经济发展，将起到十分重要的作用。

我国沿海地区，自古以来就有渔盐之利、舟楫之便。1949年以后，党和政府十分重视海洋开发事业。20世纪70年代以来，从中央到地方各有关部门，都为海洋开发做了大量工作。1964年成立的国家海洋局，担负起我国海洋资源与环境的调查监测任务，取得了丰富的科学资料。1986年，国务院成立"国务院海洋资源研究开发保护领导小组"，进一步加强我国海洋资源的研究、开发与保护工作。后来，国务院又明确国家海洋局是管理海洋事务的职能部门，实行对海洋的综合管理。在党中央、国务院的领导与关怀下，我国海洋开发事业蓬勃发展，取得了巨大的社会效益和经济效益。自20世纪60年代起，沿海石油、天然气的勘探开发开始起步，并不断发展。在海洋能利用方面，也取得很大进展。其他方面，如滨海旅游、海水利用以及滨海农牧业开发方面，都取得显著成效。

我国海岸带的开发与研究某种程度上取得了许多成就，但是总体开发利用程度还比较低，在该领域研究还相对十分薄弱，研究的系统集成水平不高，与国际接轨尚有一定的差距。海岸带地区是海洋经济发展的主要空间载体，海洋渔业、海洋油气业、海洋盐业、海洋化工、海洋生物、海洋能源、海洋船舶、海洋工程、滨海旅游等海洋产业的主要物质生产和消费都集中于海岸带地区。我国是海洋大国，大陆海岸线长约18 000 km，海洋生物、港口资源、石油天然气、海底矿产、可再生能源、滨海旅游等资源丰富，开发潜力巨大。其中，海洋生物2万多种，海洋鱼类3 000多种，海洋石油240亿 t，天然气14万亿 m³，海洋可再生能源6.3亿 kW，深水港址60多处，滩涂面积380万 hm²，滨海旅游景点1 500多处。

但是，我国海洋产业结构层次低，内部结构不合理，产业结构比例有待调整优化。2010年，我国海洋产业的第一、第二、第三产业的比值为50.5:23.5:26，我国沿海产业地区为44.3:28.5:27.2，我国的第一产业比重太大，近年虽有下降的趋势，但我国经济结构还是呈现一三二的产业结构。海洋产业的产品附加值低，科技含量不高，海洋资源开发利用强度小，海洋产业产值不到世界海洋总产值的2%，这与我国拥有的海洋资源量极不相符，海洋经济的潜力还没有发挥出来。

在我国的海洋产业发展规划和布局中，各

产业关联和产业间的集群协调性较弱,主导产业不明确。我国远洋运输量仅是日本的1/6,港口密度是日本的1/17,近海每平方千米的捕捞量是日本的1/4,远洋捕捞量是日本的1/40,差距极为明显。海洋产业的基础设施和科技水平较为落后,新型的海洋产业发展缓慢,许多海洋高新技术及产品的产业化程度较低,一直处于试验研究和待开发阶段,海洋科技贡献度仅为30%,距世界发达国家有较大差距。

我国海岸带开发利用主要集中在环渤海地区、长江三角洲地区和珠江三角洲地区。我国大陆海岸线长约18 000 km,如果包括数千个岛屿,海岸线总长约32 000 km,有着丰富的海岸带资源。2010年,我国环渤海地区海洋生产总值为1.3万亿元,长江三角洲地区为1.2万亿元,珠江三角洲地区为8 000多亿元,三个地区占了我国海岸带海洋生产总值的87%以上。我国海岸带资源种类丰富多样,海岸带资源开发利用拥有便利的区位优势,海岸带开发利用强度不断增强,海岸带地区的人口压力不断增加,出现了海岸带资源开发过度、资源浪费严重、生态环境遭到破坏等问题。另外,我国海洋经济发展的宏观调控工作尚未形成有效的机制,海洋产业还未摆脱资源消耗型的格局,这些问题的背后是我国在海岸带和海洋资源的开发利用过程中存在的矛盾问题,海洋经济的整体效益较差,落后于发达国家的海洋经济水平。

第二节 我国海岸带资源开发面临的问题

一、近海水质污染

我国沿海海岸带地区的工农业生产、交通运输、日常生活污水排放等行为,使大量的重金属和合成有机化合物进入海域。其中,含铅、汞、镉、铜等元素以及含有卤素的碳氢化合物不能被分解,最先被藻类、鱼类、贝类等吸收,进入食物链当中。由于其具有脂溶性,很难被生物排出,逐渐累积下来。食用这些藻类、鱼类和贝类将对处于食物链顶端的人类饮食安全造成很大的危害。2015年,我国管辖海域冬季、春季、夏季和秋季四个航次的海水质量监测表明:近岸局部海域海水环境污染依然严重,近岸以外海域海水质量良好。冬季、春季、夏季和秋季,劣于第四类海水水质标准的海域面积分别为67 150 km²、51 740 km²、40 020 km²和63 230 km²,分别占我国管辖海域面积的2.2%、1.7%、1.3%和2.1%(表6-4-1)。污染海域主要分布在辽东湾、渤海湾、莱州湾、江苏沿岸、长江口、杭州湾、浙江沿岸、珠江口等近岸海域,主要污染要素为无机氮、活性磷酸盐和石油类。

表6-4-1 2015年我国管辖海域未达到第一类海水水质标准的各类海域面积

海区	季节	第二类水质海域面积/km²	第三类水质海域面积/km²	第四类水质海域面积/km²	劣于第四类水质海域面积/km²	合计/km²
渤海	冬季	23 160	10 300	6 430	7 200	47 090
	春季	12 910	8 540	5 090	4 680	31 220
	夏季	12 010	8 090	4 750	4 060	28 910
	秋季	24 810	5 490	3 910	7 330	41 540

续表

海区	季节	第二类水质海域面积/km²	第三类水质海域面积/km²	第四类水质海域面积/km²	劣于第四类水质海域面积/km²	合计/km²
黄海	冬季	23 600	7 750	4 730	6 110	42 190
	春季	13 900	8 490	5 940	8 190	36 520
	夏季	15 570	9 490	8 020	4 680	37 760
	秋季	19 750	6 450	8 930	8 660	43 790
东海	冬季	19 180	13 290	19 750	50 520	102 740
	春季	21 400	11 430	10 330	33 980	77 140
	夏季	22 050	9 410	9 000	26 670	67 130
	秋季	16 080	14 480	12 880	40 770	84 210
南海	冬季	6 500	8 690	1 380	3 320	19 890
	春季	5 870	6 130	1 850	4 890	18 740
	夏季	4 490	9 910	1 800	4 610	20 810
	秋季	6 330	9 740	3 650	6 470	26 190
全海域	冬季	72 440	40 030	32 290	67 150	211 910
	春季	54 080	34 590	23 210	51 740	163 620
	夏季	54 120	36 900	23 570	40 020	154 610
	秋季	66 970	36 160	29 370	63 230	195 730

另外，含有大量有机物的废水和污水排入海洋，造成近海海域的海水富营养化污染，尤其是水体交换能力差的近岸海域，过量的污染物导致耗氧藻类的大量繁殖，发生赤潮。实施监测的河口、海湾、滩涂湿地、珊瑚礁、红树林和海草床等海洋生态系统中，处于健康、亚健康和不健康状态的海洋生态系统分别占14%、76%和10%。2015年，我国管辖海域共发现赤潮35次，累计面积约2 809 km²。东海发现赤潮次数最多，为15次；渤海赤潮累计面积最大，为1 522 km²。赤潮高发期主要集中在5—6月。2015年5—8月，黄海沿岸海域发生浒苔绿潮。5月，浒苔绿潮主要分布于江苏沿岸海域，首先在江苏射阳、如东海域发现零星漂浮浒苔，逐渐向北漂移并不断扩大，最大分布面积为42 000 km²，最大覆盖面积为166 km²。6月，漂浮浒苔进入山东黄海沿岸海域，继续向北漂移并迅速扩大，影响至山东海阳、乳山及荣成南部等沿岸海域，最大分布面积约为52 700 km²。7月初漂浮浒苔覆盖面积达到最大，约为594 km²，而后漂浮浒苔范围开始逐渐缩小，至8月中旬，在山东黄海沿岸海域未发现漂浮浒苔。2015年，黄海沿岸海域浒苔绿潮分布面积是近5年来最大的，较近5年平均值增加了48%；最大覆盖面积比近5年平均值略大。

二、海岸带湿地减少和渔业资源衰退

海岸带的湿地包括滨海各种沼泽、滩涂、低潮时水深不超过6 m的浅海区、河流、湖泊、水库、稻田等。湿地具有不可代替的重要功能，为地球上20%以上的物种提供了生存环境，享有"地球之肾"的美誉。滨海湿地是世界上生产力最高的系统之一，但也是受威胁最严重的系统之一。由于沿海地区经济社会的发展，海岸带的湿地不断转为滩涂养殖、盐业用地和城市用地，加上城市化的过程对滨海湿地的污染，滨海湿地功能明显退化，导致湿地环境破坏，生物多样性降低。据统计，20世纪50年代以来，中国损失海岸带湿地约219万hm²，红树林面积减少73%，珊瑚礁被破坏80%，特别是围海造地和滩涂养殖,不仅严重破坏海岸带湿地的自然景观,导致许多具有经济性的鱼、虾、蟹、贝类的繁衍场所消失,许多濒危植物绝迹,也大大降低了湿地调节气候、抵御风暴潮和保护海陆岸等功能。

渔业是海岸带典型的公共资源。随着海洋捕捞能力的提高,海洋捕捞远远超过渔业资源的最佳捕捞量,特别是近海作业的小型船只,破坏了近海产卵场。另外,由于陆域产业的污染、外来物种的入侵、油船的泄漏,导致了渔业再生资源的衰退。自20世纪70年代起,中国的渔业资源进入衰退期。据统计,黄海渔场已有16种主要经济鱼类、7种甲壳类和3种贝类资源濒临枯竭,东海区的大黄鱼、小黄鱼、带鱼、乌贼,除了带鱼能维持一定产量,其他已形不成鱼汛。

三、海岸带自然灾害频发

海岸带由于特殊的地理位置,是海洋作用于陆地的直接地域,海岸带的生态环境是异常脆弱的,自然灾害较多。我国海岸带的特点是内外力作用强烈,对内外力入侵的抵抗能力较低,自然灾害发生频繁,是我国的三大灾害带之一。高建国以万元/km² 损失为指标,计算了我国1949—1990年气象、海洋、洪水、地震、地质、农业、林业等灾害的经济损失。结果表明,我国沿海地带是全国受灾最严重的地区,灾害经济损失指标的10万元/km² 等值线,从辽宁丹东到南部广东广州,基本上可接连成带,构成我国沿海灾害带。

海岸侵蚀和堆积是我国海岸带常见的自然灾害之一。海岸带经常发生空间迁移,呈现不稳定的特征。经常性的海岸侵蚀和堆积作用是海岸带空间迁移的直接原因。海岸侵蚀的结果,造成海岸带不断后移。后移速率与波浪能量和海滩物质组成有关。波浪能量越大,海滩物质越疏松,海岸受侵蚀后退的速度就越快。我国砂质海滩的侵蚀是很普遍的。海岸堆积则相反,海岸带的堆积作用使海岸不断向远海方向推进。这种堆积作用在河口地带表现最为显著。河口的冲积作用使海岸朝海洋方向推进,导致海湾面积减少,海岸带可利用资源减少。

台风和风暴潮也是海岸带常见的自然灾害之一,并且是我国海岸带最严重的自然灾害。我国位于太平洋西岸,受热带气旋影响较多,加上近海大陆架水域较浅,台风和风暴潮灾害十分严重。台风和风暴潮往往导致暴雨、海水暴涨、堤岸决口、田地受淹、房屋倒塌、人员伤亡严重。我国是世界上受台风和风暴潮灾害最严重的国家之一,平均每年登陆的台风有七八个,以浙江、广东沿海为主。随着海岸带经济社会的发展,台风和风暴潮造成的损失在加重,成为海岸带开发利用强度的一大制约因素。

我国海岸带发生的地震较多。我国海岸带大多处于欧亚大陆板块和太平洋板块的交界地带,受两大板块的相互挤压,基底呈北—北东向深、大断裂发育,新构造运动活跃,其俯冲带的太平洋前沿,岩浆活动、火山活动和地震海啸活动都很活跃,如1604年泉州的8级地震,1605年海口的7.5级地震,1668年郯城的8.5级地震,1975年海城的7.3级地震。

我国海岸带全年各月都有暴雨发生,夏秋季多,冬春季少。我国海岸带濒临太平洋,首当其冲地受到夏季风的影响,加之我国海岸带大部分处于中纬度地区,南北气流交绥、天气系统活动频繁,易于强降水天气过程的发生。台风的登陆和风暴潮的影响,加重了强降水天气过程的程度。暴雨频率和强度以广东和海南岸段最大,广西、浙江、江苏、上海、辽宁次之,福建、山东、河北、天津较小。暴雨使海岸带地区洼地积水,产生内涝,大范围的高强度暴雨容易造成山洪暴发,引起江河水位猛涨,导致堤坝决口、农田受淹、交通设施受毁,给我国海岸带的经济建设和人民生命财产带来严重损失。

我国北方海岸带处于各大河流的入海口海域,海水盐度低,冬季受西伯利亚南下强冷空气的影响,每年冬季都出现不同程度的海冰现象。海冰对人类的海上活动和海岸带国民经济建设构成一定威胁。海冰的破坏力相当大,海冰灾害是海岸带开发的一大障碍,必须予以足够的重视。我国海岸带海冰灾害的减灾与防灾对策应该是增强船舶和结构物的抗冰能力，尽可能使海上设施避开海冰的作用，并制定完备的海冰预警系统及对作业海区进行全面的海冰监测和预报。

2010年，我国累计发生风暴潮132次，各类海岸带自然灾害(侵蚀堆积、台风及风暴潮、地震、暴雨及海冰等)造成直接经济损失132.76亿元，死亡(含失踪)137人。2010年度海岸带自然灾害损失主要由风暴潮和海冰造成，其中1003号台风"灿都"导致广东省和广西壮族自治区沿海受灾，直接经济损失达32.15亿元，死亡(含失踪)5人；1013号台风"鲇鱼"造成福建省直接经济损失26.22亿元；海冰灾害造成辽宁省直接经济损失34.86亿元，山东省直接经济损失26.76亿元。

四、我国海岸带综合管理落后

海岸带综合管理是海洋经济发展到一定程度的必然需求，它主要通过行政、法律、经济、科技和教育的手段，在各行业专项海洋管理的基础上，对海洋开发活动逐步进行全面的组织、指导、协调、控制与监督，以保证社会经济持续、快速、稳定、良性的发展和海洋资源的持续利用。海岸带地区是海陆系统相连接、交叉与融合的地带，海岸带资源开发利用和产业发展与公众的居住生活等多方面密切相关，任意一种海岸带资源的开发利用都有可能对其他海岸带资源开发利用产生不同程度的影响。由于沿海地区涉海行业众多，资源有限，各行业之间必然存在利益之争，例如，非依赖水产业占据赖水功能岸线和空间，这种矛盾激化就会造成严重后果。

随着社会经济迅速发展，各地区逐步加大了对海洋资源开发利用的力度，同时在海洋资源的开发利用及管理方面也遇到了许多矛盾和问题。这些错综复杂的矛盾和问题，单凭某个部门的力量、行业或专项管理是不可能妥善解决的。一些海岸带管理现状(如厦门市)已经证明，在计划经济体制下，历史形成的分割式的海洋管理模式已滞后于市场经济的发展，已不能适应新形势的需要。因此，加强海岸带综合管理已十分必要和迫切。

目前，我国海岸带的管理比较分散，基本上是以相关部门管理为主。这种管理形式虽然可以对海岸带发展起到一定作用，但未考虑海岸带的特征，未把海岸带作为一个综合的系统看待。特别是海岸带的管理机构之间缺乏协调，海岸带管理法规之间存在冲突，存在人为管理的真空、重复或冲突，形成了多头管理的局面，再加上地方各部门之间的海岸带相关权益纷争，往往造成海岸带管理的缺失。

在海岸带的立法方面，由于受到海岸带部门管理体制的限制，立法程序和质量上受到一定影响。我国海洋法律制度目前还不健全，尚未形成比较完整的海洋法规体系。海岸带的立法对我国海岸带管理事业非常必要，但有时为了顾及多方面的利益，海岸带的立法往往背离初衷，各部门在涉及权益时争取管辖，在无利可图时互相推诿。我国的海岸带管理法由于受管理体制的制约，至今未纳入立法程序的相关步骤。

在海岸带的执法方面，各部门的职能交叉浪费了国家有限的财力和物力，增加了执法成本，降低了政府管理和运行效率，严重影响了执法质量。我国海关、边防、海监、海事、渔政、环保等部门自成体系，执法交叉，各部门分别投入人力、物力、财力进行相关人员队伍、组织机构、执法工具、工作场所的建设，造成了投入的浪费，影响执法装备和技术水平的提高。海上执法要投入大量的经费做保障，目前，我国的海上执法体系投入高、效率低、浪费严重，这一现象有待改变。

海岸带资源长期的无偿使用，加剧了行业间的矛盾。另外，在我国海岸带的部门组织上，海岸带相关管理部门层次较低，缺乏权威性，难以协调在海岸带开发利用过程中存在的矛盾和冲突，职责相对比较缺乏，中央海岸带相关管理机构与地方机构之间缺乏有机联系，管理机构模式也不尽相同，多样的机构形式也造成了部门之间存在较大的职能差距。

鉴于海岸带资源本身性质的特殊性，在开发利用过程中应加强管理，日益健全相关的法律法规，形成较完善的海洋法规体系，分清楚海域的功能划分，建立海洋管理的长期财政支持等协调机制，树立从管理要效益的观念，同时也建立起海岸带管理的决策支持系统，增强国民的海洋意识，使得海岸带的开发管理随着各种法规的执行，个人和部门的决策便逐渐被政府的决策所取代，从而达到依法进行海洋管理的目的。

第五章 渤海海岸带生态工业系统建设的必要性

第一节 渤海海岸带生态工业系统建设的重要意义

一、渤海海洋生态安全是京津冀协同发展的重要组成部分

实施京津冀协同发展,是党中央、国务院站在国家全局高度做出的一项重大战略决策,对于我国经济社会全面协调可持续发展具有重要的推动和促进作用。京津冀地区是我国参与国际竞争和现代化建设的重要支撑地区,是继珠三角地区、长三角地区之后第三个高度现代化大都市区和产业聚集区。在环渤海经济圈中,天津、大连、秦皇岛等在内的60多个大小港口星罗棋布,以港口为依托的临港产业发展迅速,原油、钢材、平板玻璃产量占全国总产量的30%,原盐、微型电子计算机产量占全国总产量的1/2以上。这里既有相对发达的农村,又有一批在全国举足轻重的大中城市;既有加工贸易发达的沿海地区,又有重工业和军事工业发达的内陆地区;既有全国办得比较成功的开发区,又有全国著名的高新技术园区,具有其他经济区所不可比拟的综合优势。因此,环渤海经济圈(尤其是京津冀协同发展)对增强我国整体经济实力十分重要。京津冀虽然发展基础不同、发展阶段不同,但都面临着生态环境恶化、资源和环境承载力下降等问题,这些都要京津冀共同面对并合力解决。京津冀三方共同面临着建设环渤海重化工产业带和经济增长极的任务。

渤海是我国唯一的内海,由于面积大、海峡口的潮汐落差小,海内外的水交换能力差。渤海湾是渤海最西部的半封闭的浅水淤泥质海湾,平均水深10 m左右,水体交换能力较弱,自净能力差,所接纳的污染物难以交换到渤海中部或外海,生态环境破坏后的恢复周期特别漫长。长期以来,渤海湾承受着巨大的陆源排污压力,根据国家海洋局北海分局发布的《2012年北海区海洋环境公报》显示,渤海湾已是渤海地区水质最差的区域,符合第一类海水水质标准的面积占比最低,超第四类海水水质标准的面积占比最高。渤海污染主要来自于石油开发、沿海化工、大型港口船舶、围填海工程,以及生活和农业的污染物。渤海的生态环境问题已成为制约环渤海地区经济社会发展的瓶颈。因此,渤海的生态环境安全是京津冀一体化发展的重要组成部分。

二、环渤海工业园区云集,开展渤海及渤海湾海洋生态安全及其综合治理研究意义重大

2006年,我国开展了化学工业与石油化工大排查行动。结果显示,7 555个化学工业与石油化工建设项目中,81%布设在江河水域、沿海、人口密集区等环境敏感区域。环渤海经济圈处于经济快速发展时期,海洋GDP占比普遍较高,

渤海湾周边尤其突出。《2014年天津市滨海新区国民经济和社会发展统计公报》显示,产业结构中,滨海新区的工业产值占地区生产总值的63.1%,而石油化工产业占工业的半壁江山。这一地区还有胜利油田、大港油田、唐山曹妃甸工业区、沧州临港化工园区、东营胜利工业园、石油大学工业园等。这些项目大多属于重污染、高风险项目,其特点是排放的污染物种类多,治理难度加大。

尤其在生产过程中大量使用的易燃、易爆、有毒及强腐蚀性材料,在储存、运输、经营及废弃处置等过程中也易发生事故,一旦发生溢油、危险化学品泄漏等突发性污染事故,会对海洋、地下水及大气环境造成灾难性影响。2015年,"8·12"天津港爆炸事件以极其惨重的代价再一次给人们敲响了警钟。

化工企业众多,用水量和排放的工业废水量也大。《2012年北海区海洋环境公报》显示,曹妃甸局部海域海水活性磷酸盐浓度超第四类海水水质标准;石油类、锌、总汞超第一类海水水质标准;沉积物铬和铜含量超第一类海洋沉积物质量标准。而沧州渤海新区,局部海域海水无机氮、活性磷酸盐、铅和总汞浓度超第一类海水水质标准,沉积物铬含量超第一类海洋沉积物质量标准。

生态环境关系海洋生物乃至人类安全。海水水质变差严重破坏鱼类产卵场和海洋生物生存环境。渤海现在没有一种鱼类、贝类或螃蟹能够形成规模裙带,并出现海水中污染物超标导致海鲜"中毒"问题。根据原环保部与农业部2010年发布的《中国渔业生态环境状况公报》显示,秦皇岛近海重要经济鱼类产卵索饵场中,石油类物质平均含量最高(0.073 mg/L),其中最大值超标5.2倍。这些持久性的有机污染物危害很大,有强烈的致癌、致畸、致突变作用。这些污染物不仅对海洋生物产生负面影响,也会间接危害人类健康。

在渤海污染治理上,部门割据现象严重,无法形成综合治理的合力。渤海为山东、天津、河北、辽宁多省市共管,各个省市没有达成共识,治理方案不一致。因此,渤海(特别是渤海湾)生态环境安全和综合治理是京津冀协同发展的重要和紧迫的议题。

第二节 人类活动对渤海的影响

一、大规模围海造地和高强度开发对渤海造成长期影响

1. 围海造地工程方面

以渤海湾为例,其中最大的围海造地工程是始于1994年的天津滨海新区和始于2002年的唐山曹妃甸。根据2005年和2016年的卫星遥感图测算,10年间天津滨海新区围填海新增加陆域面积约265.5 km²,曹妃甸新增陆域面积约242.6 km²,渤海湾西南的沧州渤海新区围填该地区至少117 km²的沿海滩涂。围海造地会对海洋生态环境带来长期影响,它改变海洋渔业资源的生存空间和洄游路线,改变水动力和潮汐运动规律,使局部海水富营养化问题突显。"没有了湿地,就像一个人身上没有了肾。"海洋对人类的生态服务,在很大程度上是通过滨海湿地来实现的。曾经的渤海湾滩涂资源十分丰富,仅天津市滩涂面积就达587 km²。根据卫星图显示,1984—2016年,渤海湾人工岸线急剧增加,而滩涂面积急剧减少。天津市滩涂面积损失殆尽。

2. 高强度开发方面

经过多年发展,环渤海地区因接近石油产地、海运便利等优势,布局了大量的钢铁、冶金、石化、造纸工业和港口物流基地,曹妃甸、天津

滨海新区、葫芦岛市、营口等重点发展的都是石化工业。因此，在环渤海地区，一方面是脆弱的生态环境，另一方面是巨大的工业化压力，社会公共政策的选择空间极为有限。

二、陆源污染和溢油污染对渤海造成双重影响

1.陆源污染方面

根据权威监测数据，近年来环渤海区域经济快速发展、人口日益密集，渤海污染形势已极为严峻。2017年6月发布的《2016年北海区海洋环境公报》显示，渤海近岸以外海域海水质量状况良好，近岸海域海水环境污染依然严重。冬季、春季、夏季和秋季劣四类水质海域各季平均面积为4 235 km^2，约占渤海总面积5.5%，主要分布在辽东湾、莱州湾和渤海湾近岸海域。2016年夏季，渤海达到海洋功能区水质要求的海域面积较2015年明显增加，但渤海湾仍有35%的海域未达到海洋功能区水质要求。2016年监测结果表明，渤海沿岸90个陆源入海排污口达标排放比例为47%，94%的入海排污口邻近海域环境质量无法满足所在海洋功能区的环境保护要求。

2.溢油污染方面

因渤海油田和航运业发达，2006年2月至7月，受渤海油轮事故和海上油田盗油的原油泄漏所致，山东长岛和河北秦皇岛附近海域相继发生原油污染。一年后，在2007年渤海海域溢油应急演习新闻发布会上，交通部海事局告诉人们，目前每天有400多艘油轮航行在渤海上，从某种程度上讲，潜在的溢油风险还是比较大的。2011年6月，中海油与美国康菲公司的合作项目——蓬莱19-3油田发生溢油事故。渤海溢油对养殖、旅游、生态等造成严重影响，累计造成5 500 km^{2}海面遭受污染。2016年8月18日，新华社发布现场调查新闻："重磅！环渤海污染已触目惊心，地方政府各自为政、相互推诿"，这引起了社会的高度关注。

三、渤海海域生态环境整体形势堪忧

2001—2016年《中国海洋环境状况公报》均显示，辽河、海河、黄河三大河口生态系统均处于亚健康状态。渤海湾海域海水环境受无机氮污染较重，普遍超第一类海水水质标准，部分站位超第四类海水水质标准；浮游生物和底栖生物密度偏高，鱼卵、仔鱼密度偏低。部分海洋生物体内镉、铅残留水平超第一类海洋生物质量标准；生态系统持续处于亚健康状态。陆源污染、过度捕捞等因素是影响渤海生态系统健康状态的主要原因。海域污染造成重大的渔业损失，产卵场、索饵场、越冬场和洄游通道破坏退化严重，重要经济渔业资源减少近60种。赤潮、海水入侵和海岸侵蚀等海洋生态灾害风险攀升，2010年以来，渤海年均赤潮发生面积超过2 200 km^2，主要河口和海湾生态系统持续处于亚健康和不健康状态。

渤海渔业"透支"严重。2013年以后，海水水质逐年恶化，而海水质量是海洋渔业的生命线，比如，亚硝酸盐指标主要影响虾、螃蟹肝脏，稍微高一点儿就可导致死亡。部分海域已难以形成有经济价值的鱼汛。根据辽宁省海洋渔业厅提供的数据，辽东湾原有各种鱼类约155种，2015年仅剩92种，下降了40.6%。辽东湾已经难以形成有经济价值的鱼汛，鱼类资源仅是20世纪80年代7%~8%的水平。为了减少海水水质对养殖业的影响，一些地方政府近年来引导渔民发展工厂化养殖方式来规避污染风险。"水质7—8月最差，10月份以后最好。在水质最好的月份取海水，水质不好时就补充地下水，COD高的时候往养殖池充氧"，但这样的方法成本高，做不到大面积推广。

参 考 文 献

[1] LAKSHMI A, RAJAGOPALAN R. Socio-economic implications of coastal zone degradation and their mitigation: a case study from coastal villages in India [J]. Ocean & coastal management, 2000,43(8/9):749-762.

[2] ARKEMA K K, ABRAMSON S C, DEWSBURY B M. Marine ecosystem-based management: from characterization to implementation[J]. Frontiers in ecology and the environment, 2006, 4(10): 525-532.

[3] BERBEROGLU S. Sustainable management for the eastern Mediterranean coast of Turkey [J]. Environmental management,2003,31(3): 442-451.

[4] BIDONE E D, LACERDA L D. The use of DPSIR framework to evaluate sustainability in coastal areas. Case study: Guanabara Bay basin, Rio de Janeiro, Brazil [J]. Regional environmental change, 2004, 4(1):5-16.

[5] BOESCH D F. Scientific requirements for ecosystem-based management in the restoration of Chesapeake Bay and Coastal Louisiana [J]. Ecological engineering, 2006, 26(1): 6-26.

[6] BOWEN R E, RILEY C. Socio-economic indicators and integrated coastal management [J]. Ocean & coastal management, 2003, 46 (3/4): 299-312.

[7] BRICKER S B, FERREIRA J G, SIMAS T. An integrated methodology for assessment of estuarine trophic status[J]. Ecological modelling, 2003, 169(1): 39-60.

[8] CAO W Z, WONG M H. Current status of coastal zone issues and management in China: a review [J]. Environment international, 2007, 33(7): 985-992.

[9] CHEN J Y, CHEN S L. Estuarine and coastal challenges in china[J]. Chinese journal of Oceanology and Limnology, 2002, 20 (2): 174-181.

[10] CICIN-SAIN B, BELFIORE S. Linking marine protected areas to integrated coastal and ocean management: a review of theory and practice [J]. Ocean & coastal management, 2005, 48(11/12): 847-868.

[11] OFIARA D D. Assessment of economic losses from marine pollution: an introduction to economic principles and methods[J]. Marine pollution bulletin, 2001,42(9):709-725.

[12] KEMP W M, BOYNTON W R, AODLF J E, et al. Eutrophication of Chesapeake Bay: historical trends and ecological interactions [J]. Marine ecology progress series, 2005, 303: 1-29.

[13] JENSEN M E, BOURGERON P S. A guidebook for integrated ecological assessments [M]. New York: Springer, 2001.

[14] PEACHEY R B J. Tributyltin and polycyclic aromatic hydrocarbon levels in Mobile Bay, Alabama: a review[J]. Marine pollution bulletin, 2003, 46(11): 1365-1371.

[15] TURNER R K. Integrating natural and socio-economic science in coastal management [J]. Journal of marine systems,2000,25(3/4):

447-460.

[16] WESTMACOTT S. Developing decision support systems for integrated coastal management in the tropics: Is the ICM decision-making environment too complex for the development of a useable and useful DSS? [J]. Journal of environmental management, 2001, 62(1):55-74.

[17] 王志远, 蒋铁民. 渤黄海区域海洋管理[M]. 北京:海洋出版社, 2003.

[18] 克拉克. 海岸带管理手册[M]. 吴克勤, 杨德全, 盖明举, 译. 北京:海洋出版社, 2000.

第七篇

渤海湾天津海岸带生态环境现状评估和压力分析

第一章 环渤海区域自然环境和社会经济概况

第一节 自然环境概况

渤海是中国东北部的一个近封闭状内陆海，为辽东半岛南端老铁山与山东半岛蓬莱角连线的以西水域，沿岸环绕着辽宁、河北、天津和山东等四个省市。渤海所跨经纬度西起117°32′E，东至122°08′E；南始37°07′N，北至40°55′N；东北—西南向长约3 780 km，其中陆地岸线约3 020 km，海域面积约7.7万km²，占中国领海总面积的1.63%。

海河流域位于东经112°—120°、北纬35°—43°之间，东临渤海，南界黄河，西靠太行山，北依蒙古高原。地跨8省（包括自治区和直辖市），包括北京、天津两市全部，河北省绝大部分，山西省东部，河南省、山东省北部，以及内蒙古自治区和辽宁省一小部分，总面积31.8万km²，其中山地和高原面积18.94万km²，占60%；平原面积12.86万km²，占40%。

海河流域按省三级区划分，全流域共划分为35个分区，其中，北京市包括北三河山区、永定河册田水库至三家店区间、北四河下游平原、大清河山区、大清河淀西平原；天津市包括北三河山区、北四河下游平原、大清河淀东平原；河北省包括滦河山区、滦河平原及冀东沿海诸河、北三河山区（蓟运河、潮白河、北运河）、永定河册田水库至三家店区间、北四河下游平原、大清河山区、大清河淀西平原、大清河淀东平原、子牙河山区、子牙河平原、漳卫河山区、漳卫河平原、黑龙港及运东平原、徒骇马颊河平原；山西省包括永定河册田水库以上、永定河册田水库至三家店区间、大清河山区、子牙河山区、漳卫河山区；河南省包括漳卫河山区、漳卫河平原、徒骇马颊河平原；山东省包括徒骇马颊河平原；内蒙古自治区包括滦河山区、永定河册田水库以上、永定河册田水库至三家店区间；辽宁省包括滦河山区。

海河流域按水资源二级分区和三级分区可划分为4个二级分区，十几个三级分区。4个二级分区分别为滦河及冀东沿海、海河北系、海河南系、徒骇马颊河。三级分区是在4个二级分区的基础上进一步细分，其中滦河及冀东沿海分为滦河山区、滦河平原及冀东沿海诸河2个三级分区；海河北系分为北三河（蓟运河、潮白河、北运河）山区、永定河册田水库以上、永定河册田水库至三家店区间、北四河（蓟运河、潮白河、北运河、永定河）下游平原4个三级分区；海河南系分为大清河山区、大清河淀（白洋淀）西平原、大清淀东平原、子牙河山区、子牙河平原、漳卫河山区、漳卫河平原、黑龙港及运东平原8个三级分区；徒骇马颊河二级分区与三级分区相同。

1.地形地貌

海河流域的北部和西部为山地和高原，东部和东南部为广阔平原。山地和高原为18.94万km³，占总流域面积的60%；平原为12.86万km²，占40%。流域内，北有燕山，西北有军都山，西有五台山、太行山，海拔高度一般在1 000 m上下，最高的五台山主峰达3 058 m。这些山脉环抱着平原，形成一道道高耸的屏障。山地与平原近于直接交接，丘陵过渡区甚短。按成因，平原可分为山前冲积、洪积倾斜平原，中部冲积湖积平原和滨海冲积海积平原。平原地势自北、西、西南三个方向向渤海湾倾斜。渤海湾三面环陆，是一个半封闭的内海海湾，与外海水交换周期长。海湾作为典型的淤泥质缓坡海岸，波浪潮流作用下污染物沿岸输移趋势明显，而且渤海湾又是渤海中的滞缓区，水体交换能力较弱，不易于陆源污染物的迁移和扩散。

2.气候特点

海河流域属于温带半湿润、半干旱大陆性季风气候区，冬季盛行北风和西北风，夏季多东南风，春季干旱多风沙。全流域多年平均降水量539 mm，是我国东部沿海降水最少的地区。降水时空分布呈明显的地带性、季节性和年际差异。夏季暴雨集中，冬春雨雪稀少，具有春旱、秋涝、晚秋又旱的特点。年降水还存在连丰或连枯的变化规律。流域年平均气温1.5~14 ℃，年平均相对湿度50%~70%，年平均无霜期150~220天，年平均日照时数2 500~3 000 h。年平均陆面蒸发量470 mm，水面蒸发量1 100 mm。一年四季分明，寒暖适中，日照充足，适宜许多植物生长。

第二节　社会经济概况

一、海河流域及其海岸带区域行政区划和人口分布

海河流域内有北京、天津两个直辖市，还有石家庄、唐山、秦皇岛、廊坊、张家口、承德、保定、邯郸、邢台、沧州、衡水、大同、朔州、忻州、阳泉、长治、安阳、新乡、焦作、鹤壁、濮阳、德州、聊城、滨州等26座大中城市，是我国的政治、经济和文化中心地区。2004年，海河流域总人口13 258万人，其中城镇人口4 810万人，城镇化率36%，人口密度414人/km²。海河流域人口分布按行政区和三级区划分见表7-1-1。

表7-1-1　2004年海河流域人口分布情况

行政区	三级分区	人口/万人		
		总人口	其中：	
			城镇人口	非农业人口
海河流域合计		13 258	4 810	3 581
北京	北三河山区	110	44	28
	永定河册田水库至三家店区间	60	32	20
	北四河下游平原	1 220	1 066	665
	大清河山区	39	15	13
	大清河淀西平原	75	40	35
天津	北三河山区	23	20	2
	北四河下游平原	273	58	55
	大清河淀东平原	728	587	496

续表

行政区	三级分区	人口/万人		
		总人口	其中: 城镇人口	非农业人口
河北	滦河山区	425	89	77
	滦河平原及冀东沿海诸河	592	229	219
	北三河山区	242	60	12
	永定河册田水库至三家店区间	319	118	97
	北四河下游平原	263	86	64
	大清河山区	204	17	8
	大清河淀西平原	1 020	241	157
	大清河淀东平原	530	94	57
	子牙河山区	370	84	31
	子牙河平原	1 352	502	424
	漳卫河山区	52	5	3
	漳卫河平原	156	6	6
	黑龙港及运东平原	1 155	191	144
	徒骇马颊河平原	23	0	0
山西	永定河册田水库以上	383	191	143
	永定河册田水库至三家店区间	59	10	7
	大清河山区	22	2	3
	子牙河山区	347	133	99
	漳卫河山区	349	118	75
河南	漳卫河山区	312	97	107
	漳卫河平原	730	264	187
	徒骇马颊河平原	175	58	45
山东	徒骇马颊河平原	1 523	331	287
内蒙古	滦河山区	18	5	3
	永定河册田水库以上	31	7	6
	永定河册田水库至三家店区间	56	8	3
辽宁	滦河山区	22	2	3

海河流域环渤海地区有 5 个城市,共辖 125 个县(区、市),2003 年总人口约 2 952 万人,约占同年全国总人口数的 2.3%。辖区平均人口密度为 535 人/km², 为全国平均人口密度的 3 倍多(表 7-1-2)。其中天津的人口密度为环渤海辖区城市之首。

表 7-1-2　2003 年海河流域环渤海五市人口统计

地区	全市人口/万人	非农业人口/万人	人口自然增长率/‰	人口密度/(人/km²)
唐山	706.28	223.54	3.31	524
秦皇岛	273.29	113.09	2.47	363
沧州	680.17	153.03	6.20	484
天津	926	549.74	1.50	777
滨州	366.15	86.91	3.61	388
合计	2 951.89	1 126.31	3.20	535

二、海河流域及其海岸带区域经济发展状况

海河流域是我国经济较发达地区和重要的工业基地和高新技术产业基地,在国家经济发展中具有重要战略地位。海河流域的工业门类齐全,技术水平较高,主要行业有冶金、电力、化工、机械、电子、煤炭等,这些行业形成了以京津唐以及京广、京沪铁路沿线城市为中心的工业生产布局。20世纪90年代以来,以电子信息、生物技术、新能源、新材料为代表的高新技术产业发展迅速,已在海河流域经济中占有重要地位。2004年,高新技术产业产值约占海河流域工业产值的10%,其中北京、天津的高新技术产业产值比例超过20%,这些产值主要来源于北京中关村、天津开发区等高新技术产业基地。陆海空交通便利,有以北京为中心枢纽的京广、京山、京九、京沪、京原等铁路干线,有天津、秦皇岛、唐山、黄骅等重要的海运港口,还有以京津塘、京沪、京深、京沈等高速公路为骨干的公路网。煤炭、石油、天然气、铁矿等自然资源丰富。

2004年海河流域国内生产总值(GDP)为20 057亿元,其中工业总产值约16 682.5亿元,工业增加值约4 771.4亿元,农业总产值约2 654.6亿元。2004年海河流域国内生产总值情况见表7-1-3。

表7-1-3 2004年海河流域国内生产总值情况

行政区	三级分区	GDP/亿元 当年价	农业总产值/万元 当年价	工业总产值/万元 当年价 合计	其中:火电	工业增加值/万元 当年价 合计	其中:火电
	海河流域合计	20 057	26 545 848	166 825 209	3 398 164	47 713 790	1 656 854
北京	北三河山区	67	246 719	682 769	0	183 432	0
	永定河册田水库至三家店区间	59	98 597	379 328	0	101 910	0
	北四河下游平原	4 114	1 444 753	23 951 004	433 000	6 434 660	173 200
	大清河山区	164	34 986	1 734 570	0	466 008	0
	大清河淀西平原	131	126 745	994 529	0	267 189	0
天津	北三河山区	38	49 000	66 000	0	21 800	0
	北四河下游平原	394	1 005 300	6 266 600	46 890	1 085 500	26 100
	大清河淀东平原	2 500	508 700	24 474 800	61 010	6 365 500	33 900
河北	滦河山区	465	704 818	3 664 833	312 936	1 102 090	187 412
	滦河平原及冀东沿海诸河	981	1 701 424	12 584 415	222 537	3 525 782	122 958
	北三河山区	401	564 663	1 557 552	0	533 058	0
	永定河册田水库至三家店区间	241	261 075	3 399 848	283 295	822 633	158 005
	北四河下游平原	454	1 302 509	4 107 238	64 163	1 387 105	32 402
	大清河山区	127	586 435	1 041 098	2 159	407 075	1 090
	大清河淀西平原	1 190	2 349 147	8 941 687	50 286	2 599 037	6 902
	大清河淀东平原	633	1 077 509	5 330 042	0	1 972 415	0
	子牙河山区	374	805 943	5 167 905	526 204	1 388 950	272 386
	子牙河平原	2 063	3 235 984	21 117 596	387 691	5 655 933	177 009
	漳卫河山区	74	81 862	466 364	27 359	137 559	6 992
	漳卫河平原	87	341 126	343 791	0	107 554	0
	黑龙港及运东平原	1 104	2 230 219	10 129 911	10 018	2 739 691	5 060

续表

行政区	三级分区	GDP/亿元 当年价	农业总产值/万元 当年价	工业总产值/万元 当年价 合计	其中:火电	工业增加值/万元 当年价 合计	其中:火电
	徒骇马颊河平原	13	58 285	42 786	0	20 391	0
山西	永定河册田水库以上	452	393 687	1 902 399	145 137	729 831	54 913
	永定河册田水库至三家店区间	24	47 408	47 282	0	18 769	0
	大清河山区	6	19 215	12 416	55	4018	18
	子牙河山区	309	244 561	2 299 990	85 101	759 204	26 974
	漳卫河山区	300	401 002	1 731 454	63 314	586 144	21 700
河南	漳卫河山区	395	476 055	3 012 870	189 548	989 428	102 580
	漳卫河平原	736	1 427 991	6 078 189	159 474	1 881 884	85 552
	徒骇马颊河平原	241	389 211	1 875 459	29 178	816 346	11 464
山东	徒骇马颊河平原	1 823	4 174 625	13 173 438	199 947	4 510 563	110 080
内蒙古	滦河山区	18	40 431	7 675	0	3 844	0
	永定河册田水库以上	36	48 175	168 720	98 862	67 433	40 157
	永定河册田水库至三家店区间	35	41 124	38 751	0	12 334	0
辽宁	滦河山区	8	26 564	31 900	0	8 720	0

环渤海地区是指环绕渤海全部及黄海的部分沿岸地区所组成的广大经济区域，是中国北部沿海的黄金海岸，在中国对外开放的沿海发展战略中,占重要地位。它具有交通发达、大中城市密集、科技人才集中及煤、铁、石油等资源丰富的优势。

党的十四大报告中曾提出要加快环渤海地区的开发、开放,将这一地区列为全国开放开发的重点区域之一,国家有关部门也正式确立"环渤海经济圈"的概念,并对其进行了单独的区域规划。区域间的经济合作、横向联合、优势互补为环渤海地区开拓了广阔的发展空间。天津滨海新区也被纳入国家总体发展战略布局。天津滨海新区建设的功能定位是:立足天津、依托京津冀、服务环渤海、辐射"三北"、面向东北亚,努力建设成为高水平的现代制造和研发转化基地、北方航运中心和国际物流中心、宜居的生态城区。

环渤海地区如今已成为中国北方经济发展的"引擎",被经济学家誉为继珠江三角洲、长江三角洲之后的中国经济第三个"增长极"。

2003年海河流域环渤海五市国内生产总值情况见表7-1-4。

表7-1-4 2003年海河流域环渤海五市国内生产总值情况

地区	国内生产总值/亿元	GDP增长率/%	各产业在GDP的比重/%		
			第一产业	第二产业	第三产业
唐山	1 295.322	13.3	14.96	55.2	29.84
秦皇岛	387.030 1	12.1	10.05	39.66	50.29
沧州	628.861 5	12.1	14.93	52.35	32.72
天津	2 447.66	14.8	3.66	50.88	45.46
滨州	406.5	16.7	17.91	52.14	29.95
全国	11 7251.9	11.5	14.6	52.2	33.2

从表 7-1-4 的数据可以看出：

1) 海河流域环渤海五市 2003 年的GDP 增长率都高于全国 11.5%的平均水平。

2) 从 GDP 构成上看，第一产业的比重低于其他产业。这反映出海河流域渤海辖区经济结构所具有的特征，即农业经济(第一产业)处于相对次要的地位，而工业经济(第二产业)和其他经济(第三产业)的 GDP 比重较高。

3) 海河流域自 20 世纪 90 年代以来，以电子信息、生物技术、新能源、新材料为代表的高新技术产业发展迅速，在流域经济中的比重逐年增大。

三、农林牧渔业发展状况

海河流域是我国粮食生产基地之一。海河流域 2004 年耕地面积为 15 693 万亩（约 10.46 万 km^2），主要粮食作物有小麦、大麦、玉米、高粱、水稻、豆类等，经济作物以棉花、油料、麻类、甜菜、烟叶为主。2004 年有效灌溉面积约 11 100 万亩(约 7.4 万 km^2)，占耕地面积的 70%左右。农田实灌面积 10 163 万亩（约 6.78 万 km^2），占耕地面积的 65%。2004 年粮食总产量为 4 851 万 t(表 7-1-5)。

海河流域沿海地区具有发展渔业生产和滩涂养殖的有利条件。20 世纪 90 年代以来，农业生产结构发生变化。在粮食增产的同时，油料、果品、水产品、肉、禽蛋、鲜奶等林牧渔业产品取得了较大的增长，大中城市周边的传统农业逐步向为城市服务的高附加值现代农业发展。

表 7-1-5 2004 年海河流域农林牧渔业情况表

行政区	三级分区	耕地面积/万亩	播种面积/万亩			农田有效灌溉面积/万亩	粮食产量/万t	农田实灌面积/万亩				林牧渔用水面积/万亩				牲畜/万头		
			粮食作物	经济作物	合计			水田	水浇地	菜田	合计	林果地灌溉	草场灌溉	鱼塘补水		大牲畜	小牲畜	合计
	海河流域合计	15 693	16 761	5 838	22 599	11 103	4 851	305	8 866	992	10 163	825	14	119		1 680	7 579	9 259
北京	北三河山区	32	50	24	74	41	6	1	29	5	35	43	0	0		5	51	56
	永定河册田水库至三家店区间	25	42	20	62	30	4	1	14	6	21	12	0	0		2	16	18
	北四河下游平原	260	315	153	468	362	51	18	267	60	345	68	0	10		15	263	278
	大清河山区	10	18	9	27	13	2	0	11	1	12	5	0	0		1	16	17
	大清河淀西平原	28	38	19	57	39	7	2	32	3	37	12	0	1		1	24	25
天津	北三河山区	24	18	5	23	13	9	1	9	2	12	4	0	1		2	13	15
	北四河下游平原	389	375	193	568	327	94	18	203	68	289	27	0	22		23	163	186
	大清河淀东平原	210	126	83	209	190	22	24	84	24	132	25	0	24		7	43	50
河北	滦河山区	764	536	122	658	240	112	41	93	23	157	58	0	0		80	369	449
	滦河平原及冀东沿海诸河	644	595	279	874	532	198	109	295	72	476	55	0	1		68	261	329
	北三河山区	274	285	90	375	158	82	9	110	16	135	17	0	0		45	174	219
	永定河册田水库至三家店区间	558	441	147	588	255	91	14	182	14	210	21	0	0		32	188	220
	北四河下游平原	420	443	171	614	332	97	7	233	54	294	25	0	0		56	238	294
	大清河山区	202	406	75	481	217	62	2	190	12	204	21	0	0		41	318	359
	大清河淀西平原	1 052	1 234	371	1 605	947	476	6	857	76	939	39	0	3		72	589	661
	大清河淀东平原	976	963	278	1 241	620	239	0	515	61	576	57	1	0		46	314	360
	子牙河山区	374	561	107	668	280	83	0	228	16	244	19	0	5		77	265	342

续表

行政区	三级分区	耕地面积/万亩	播种面积/万亩			农田有效灌溉面积/万亩	粮食产量/万t	农田实灌面积/万亩				林牧渔用水面积/万亩			牲畜/万头		
			粮食作物	经济作物	合计			水田	水浇地	菜田	合计	林果地灌溉	草场灌溉	鱼塘补水	大牲畜	小牲畜	合计
	子牙河平原	1 434	1 776	522	2 298	1 284	668	1	1 159	96	1 256	60	0	6	134	764	898
	漳卫河山区	39	82	9	91	29	11	1	20	2	23	1	0	0	6	29	35
	漳卫河平原	204	277	75	352	176	98	0	162	7	169	2	0	0	15	161	176
	黑龙港及运东平原	2 030	2 305	674	2 979	1 454	624	0	1 316	46	1 362	68	0	8	247	789	1 036
	徒骇马颊河平原	35	45	22	67	34	12	0	30	0	30	1	0	0	5	27	32
山西	永定河册田水库以上	649	544	213	757	282	108	0	233	14	247	5	1	1	46	200	246
	永定河册田水库至三家店区间	155	90	30	120	52	32	0	40	0	40	1	0	0	7	50	57
	大清河山区	53	44	8	52	13	8	0	4	3	7	0	0	0	3	14	17
	子牙河山区	481	403	89	492	191	127	4	153	6	163	7	1	1	53	247	300
	漳卫河山区	458	457	84	541	114	162	1	70	8	79	5	1	3	44	224	268
河南	漳卫河山区	248	369	79	448	208	90	1	172	6	179	4	0	1	17	125	142
	漳卫河平原	684	855	313	1 168	556	336	22	484	12	518	17	0	3	39	383	422
	徒骇马颊河平原	159	200	93	293	134	87	1	131	2	134	10	0	1	14	92	106
山东	徒骇马颊河平原	2 326	2 616	1 396	4 012	1 905	796	21	1 505	265	1 791	134	5	28	457	1 081	1 538
内蒙古	滦河山区	112	64	60	124	17	12	0	9	8	17	0	5	0	6	45	51
	永定河册田水库以上	82	85	10	95	20	15	0	8	1	9	0	0	0	4	13	17
	永定河册田水库至三家店区间	277	82	11	93	22	28	0	11	2	13	0	0	0	6	20	26
辽宁	滦河山区	25	21	4	25	16	2	0	7	1	8	3	0	0	4	10	14

注：1 亩 ≈ 666.67 m²

第三节 自然资源概况及其开发利用

一、港口资源

渤海具有大量基岩港湾岸段，水深较大，宜建港岸段70余处，部分岸段可建万吨级深水大港。已建成和在建港66处，其中渔港48处，因此，渤海成为我国港口密度最高的地区。重点港口有大连港、秦皇岛港、天津港、烟台港、营口港等，吞吐量占全国主要港口的45%以上。据统计，渤海可利用海岸线长度为300 km，可建万吨级以上深水大港岸段20余处。其中与海河流域有关的重点港口如下。

1. 天津港

天津港是我国北方第一个亿吨大港，主航道水深已达21 m，拥有各类泊位150多个。

天津港已陆续建成10万吨级、15万吨级、20万吨级及25万吨级航道，设计了不同水深和航道底宽。

天津港2000—2006年货物吞吐量见图7-1-1。天津港2000—2006年集装箱吞吐量见图7-1-2。

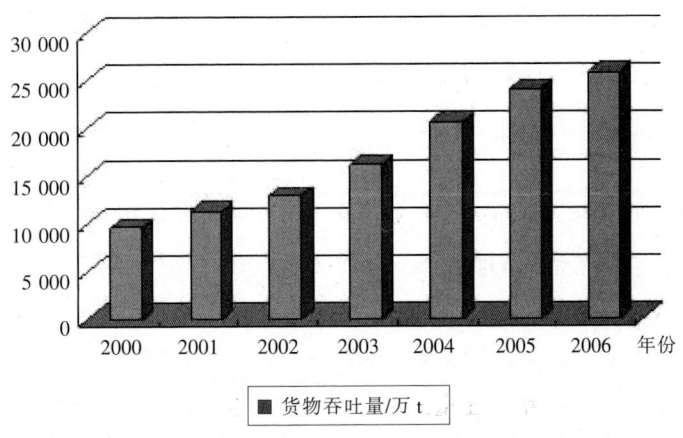

图7-1-1　2000—2006年天津港货物吞吐量

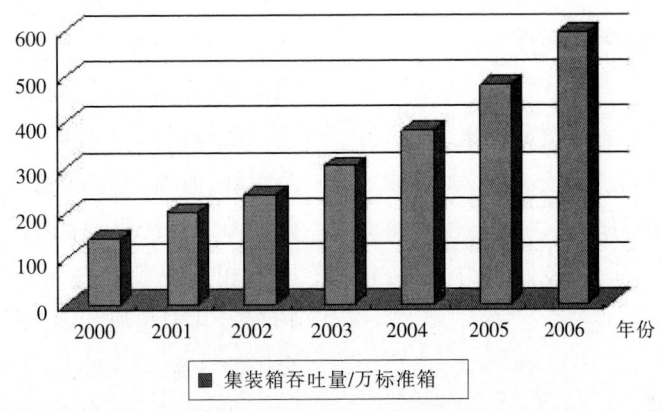

图7-1-2　2000—2006年天津港集装箱吞吐量

2. 黄骅港

黄骅港2005年完成货物吞吐量6 781万t，跻身全国十大港口行列。2006年的货物吞吐量达8 065.6万t，其中煤炭8 002万t，杂货类63.6万t。黄骅港是冀中南及晋、陕、内蒙古西部、鲁西北等地区最便捷的出海通道。工程分三期建设,一期建成两个5万吨级和一个3.5万吨级泊位,年吞吐量3 500万t;二期建设一个10万吨级泊位和两个5万吨级泊位,年吞吐量达到7 000万t;三期建设达到年吞吐量1亿t。黄骅港已成为集煤炭、原油、成品油、杂货、化工制品等运输为一体的中国北方综合性枢纽大港。

3. 曹妃甸港

曹妃甸毗邻京津冀城市群,建港条件得天独厚,是渤海唯一无须开挖航道和港池即可建设25万吨级以上大型深水泊位的天然港址。在环渤海经济圈内,曹妃甸港口在物流费用、产品交易、能源供给方面具有明显的成本优势。仅以华北地区的钢铁企业为例,每年要进口矿石约1 000万t。用20万吨级船舶将这些矿石从巴西、秘鲁运到我国,要比用5万吨级船舶运送节省费用5 000万美元上下。根据规划,这里要建成进口矿石、煤炭、原油和天然气的专业化、现代化港口,最终形成5亿t的年吞吐能力。

4. 山东港口

山东在渤海沿海具有不同类型的海岸,港口资源丰富,自然环境优良。沿海市地拥有大小港口18余处,码头岸线长度约24 km,泊位80多个,万吨级以上泊位12个。码头类型多数为商客两用,并兼有渔港功能。2003年吞吐量约为25 589万t;2006年吞吐量约为4.6亿t。

二、石油、天然气资源

渤海湾区域石油、天然气资源富集,是我国第二大产油区。油气资源主要分布在滨海、陆域和近海大陆架。区内拥有华北、大港、胜利油田的全部和中原油田的一部分,蕴藏量约15亿t,年开采量3 600万t。

三、海盐资源

渤海盐度高,蒸降比一般大于3,滩涂广阔,坡度小,有卤水资源,适于盐业发展。渤海沿岸共有16个盐田区,盐场面积约1 600 km²,可开发利用的盐田面积2 500 km²,是我国最大的盐业生产基地。全国的四大海盐产区中,渤海的辽东湾、长芦、莱州湾占了其中三个。莱州湾沿岸地下卤水总储量达74亿m³,含盐量达8亿t以上。

四、矿产资源

本区域矿产资源丰富,种类繁多,煤、铁、铝等蕴藏量在全国均名列前茅。特别是煤,据不完全统计,蕴藏量达2 026亿t,约占全国的45%,年开发量2.8亿t,约占全国的20%。

五、生物资源

1. 生物资源

渤海有生物数百种,其中浮游植物120余种,浮游动物100多种,潮间带底栖植物100多种,潮间带底栖动物140多种,潮下带浅海底栖动物200多种。

2. 海洋渔业资源

渤海海域的渔业鱼类为5科27种,拥有对虾、海参、鲍鱼等海珍品。渤海海域均为捕捞区,历史上捕捞的种类,如季节性捕捞的小黄鱼、带鱼、对虾、鳓鱼、蓝点马鲛、鲈鱼等在我国极负盛名,分布在辽东湾、莱州湾、渤海湾的毛虾、三疣梭子蟹、海蜇等也具有较高产量。

渤海沿岸主要养殖品种为海带、紫菜、贝类及对虾、海参、鲍鱼等海珍品。近年人工养虾、养蟹、滩涂浅海贝类底播增殖及对虾放流增殖已形成相当规模。海水可养殖总面积占全国的46.7%,其中浅海和港湾养殖面积接近甚至超过全国的一半。

1994—1998年渤海海洋水产发展情况见表7-1-6。

表 7-1-6　1994—1998 年渤海海洋水产发展情况

项目	1994	1995	1996	1997	1998
海洋捕捞产量/t	905 315	954 020	1 271 860	1 290 771	1 618 361
海水养殖产量/t	399 770	526 975	546 150	752 335	733 178
海水养殖面积/hm²	153 559	250 069	215 522	174 861	233 674
水产业总产值/万元	760 463	1 209 747	1 444 208	1 403 023	1 660 746

六、景观及旅游资源

渤海周边地区景观和旅游资源极为丰富，具有"滩、海、景、特、稀、古"等特点，沿岸自然风光优美，景色气候宜人，岛屿千姿百态，名胜古迹引人入胜，是集山海风光与文化古迹于一体的旅游胜地。全区比较著名的有北戴河滨海旅游区、山海关旅游区、笔架山旅游区、兴城旅游区等。

第四节　人类活动对渤海湾的环境压力

渤海资源环境面临严峻的形势。渤海平均水深 18 m，水体交换能力差，自净能力和纳污能力比较低，由于渤海地区和海洋产业的不断发展，出现对渤海的无序开发和大量污染物与废水的排放，使渤海发生了显著的变化。人类活动对生态环境产生许多影响，如富营养化和赤潮、生态失衡、生境破坏和生物多样性降低、生物资源衰退。

一、入海水量的减少

由于海河流域水资源利用率为我国各流域之首，入海水量逐年减少，导致近岸海域盐度提高，使对虾等海洋生物的产卵场消失殆尽（特别是河北和天津岸线），生物多样性大幅度降低。

二、入海污染物通量的增加

由于海河流域及环渤海地区为我国的第三大经济圈，改革开放以来，经济发展迅速，工业排污量大幅度上涨，农业化肥施用量成倍增加，城市化率大幅度提高，导致流域的污染物排放量大幅度提高。21 世纪初，每年从天津、河北和北京进入渤海湾的污水总量约为 15 亿 m³，进而使入海污染物通量比 20 世纪 90 年代有了大幅度增加，导致近岸海域水质下降，出现赤潮暴发等生态灾难。近些年来，只是由于入海水量的大幅度降低，污染物入海通量的增加幅度才得以受到限制。

三、海岸带开发活动对海洋生境的影响

改革开放以来，港口建设、大规模岸边养殖、筑堤、围垦和石油开采等活动导致海岸线发生较大变化，对海岸生物产生较大影响，造成生境及生态系统的较大改变。

四、海洋捕捞对渔业资源的影响

20 世纪 70 年代，沿海渔业队盲目发展捕捞船只和网具，捕捞量和捕捞强度超过了资源更新能力，使资源得不到恢复，致使许多经济鱼类产量逐年下降。这种重捕轻养的现象，破坏了海

洋生物资源的生态平衡,导致了主要经济鱼类,尤其是底层鱼类资源的减少,致使传统的经济鱼类形不成鱼汛。20世纪80年代,渔业资源进一步恶化,海洋捕获量明显下降。总之,目前天津海域主要经济鱼类资源已严重衰退,原有四大鱼汛不复存在。目前的禁渔措施及增殖放养的规模尚不能达到生态恢复的目的。

第二章 海域非污染损害变化趋势分析及评价

第一节 非污染损害影响因子变化趋势分析

海洋非污染损害影响因子包括入海水量、入海沙量、海岸带开发与人类活动等，这些非污染损害对海洋生态系统的危害和造成的损失并不亚于污染对海洋生态的损害。

一、入海水量

（一）海河流域主要地区径流量及入海水量

海河流域地跨八个省市，多年平均年径流量 216.42 亿 m^3。2003 年河流天然径流量 130.80 亿 m^3，水资源总量 320.18 亿 m^3（表 7-2-1）。2004 年海河流域年水量 137.91 亿 m^3，入海水量 37.05 亿 m^3，主要河流（不包括沿海小河）入海水量约为 32.0 亿 m^3，其中汛期（6—9 月）约为 22.23 亿 m^3，非汛期约为 9.77 亿 m^3（表 7-2-2、表 7-2-3）。

海河流域主要有天津段、河北段和山东段三个辖区，以下为各辖区所对应的主要入海河流情况。

1. 天津段

天津市水资源分区的入海水量年际变化较大，不同年代的天津市年平均入海水量详见表 7-2-4。1950—2004 年渤海湾天津岸段的入海水量见图 7-2-1，其中 2003 年为 4.97 亿 m^3，2004 年为 9.23 亿 m^3。图 7-2-1 显示了 20 世纪 50 年代以来，入海水量整体上呈锐减趋势。

由于缺乏对入境水量的调蓄条件，丰水年的入境水量构成了入海水量的主要来源。

表 7-2-1 2003 年海河流域分区河流情况

分区	计算面积/km^2	年降水量/亿 m^3	天然径流量/亿 m^3	水资源总量/亿 m^3
滦河	54 530	290.21	19.01	36.34
北三河山区	21 630	109.60	7.79	15.91
永定河山区	45 179	197.59	9.38	22.21
北四河平原	16 617	85.67	4.21	16.23
大清河	45 439	224.50	10.94	33.54
子牙河	46 328	270.14	14.52	44.49
漳卫河	34 862	282.42	34.65	59.25
黑龙港及运东	22 444	152.51	3.35	24.42
徒骇马颊河	33 012	250.26	26.95	67.79

续表

分区	计算面积/km²	年降水量/亿 m³	天然径流量/亿 m³	水资源总量/亿 m³
流域总计	320 041	1 862.90	130.80	320.18
北京	16 800	76.10	6.06	18.40
天津	11 920	69.85	6.15	10.60
河北	171 624	965.62	43.85	145.26
山西	59 133	338.25	32.28	46.31
山东	30 942	232.61	25.69	63.37
河南	15 336	125.01	13.25	32.04
内蒙古	12 576	46.99	2.68	3.36
辽宁	1 710	8.47	0.84	0.84

表 7-2-2 2004 年海河流域入渤海水量统计

入海河流	入渤海断面	汛期水量/亿 m³	非汛期水量/亿 m³
滦河	滦县	0.262 2	0.898 3
陡河	唐山	0	0
北四河	屈家店闸	0.049 6	0.059 0
	东堤头闸	0.410 0	0.065 6
	金钟河闸	0	0.052 2
	宁车沽闸	0.156 8	0.608 1
	新防潮闸	2.152 2	0.202 6
海河	海河闸	1.336 0	1.431 5
独流减河	工农兵闸	0	0.447 6
子牙新河	周官屯	1.232 0	0.780 4
北排水河	窯庄子	0	0
沧浪渠	窦庄子	0.001 5	0
南排水河	肖家楼	0	0
漳卫新河	庆云	3.140 0	3.950 0
马颊河	大道王	0.300 0	0.080 0
徒骇河	堡集闸	13.190 0	1.190 0
合计		22.230 3	9.765 3

注：北四河包括永定河、北运河、潮白河、蓟运河。

表 7-2-3　2004 年海河流域分区地表水资源量统计

序号	分区	计算面积/ km^2	年水量/ 亿 m^3	年径流深/ mm	上年水量/ 亿 m^3	多年平均水量/ 亿 m^3	与上年比较/%	与多年平均比较/%	入境水量/ 亿 m^3	出境水量/ 亿 m^3	入海水量/ 亿 m^3
一	滦河及冀东沿海	54 530	21.95	40.25	19.01	52.87	15.5	−58.5	1.63	5.71	1.53
1	滦河山区	44 070	16.33	37.05	15.46	42.72	5.6	−61.8	1.63	5.71	0
2	滦河平原及冀东沿海诸河	10 460	5.62	53.73	3.55	10.15	58.3	−44.6	—	—	1.53
二	海河北系	83 426	26.32	31.55	21.38	50.29	23.1	−47.7	18.78	13.26	4.63
1	北三河山区（蓟、潮、北）	21 630	10.73	49.62	7.79	22.67	37.7	−52.7	7.48	3.24	0
2	永定河册田水库以上	19 182	4.90	25.53	4.95	6.34	−1.0	−22.7	—	0.34	0
3	永定河册田水库至三家店区间	25 997	4.49	17.25	4.43	8.91	1.4	−49.6	3.44	1.89	0
4	北四河下游平原	16 617	6.20	37.35	4.21	12.37	47.3	−49.9	7.86	7.79	4.63
三	海河南系	149 073	69.69	46.75	63.46	99.23	9.8	−29.8	37.18	31.81	9.33
1	大清河山区	18 807	14.06	74.78	6.86	23.54	105.0	−40.3	3.86	15.99	0
2	大清河淀西平原	12 323	0.16	1.26	0.12	1.85	33.3	−91.4	—	1.54	0
3	大清河淀东平原	14 309	5.61	39.21	3.96	7.29	41.7	−23.0	5.90	0	4.60
4	子牙河山区	30 943	19.74	63.79	14.27	28.23	38.3	−30.1	6.40	0	0
5	子牙河平原	15 385	0.30	1.95	0.25	1.12	20.0	−73.2	—	—	0
6	漳卫河山区	25 326	21.84	86.24	29.75	25.28	−26.6	−13.6	6.14	13.15	0
7	漳卫河平原	9 536	4.55	47.70	4.90	6.09	−7.1	−25.3	14.88	—	0
8	黑龙港及运东平原	22 444	3.43	15.28	3.35	5.83	2.4	−41.2	—	1.13	4.73
四	徒骇马颊河	33 012	19.95	60.42	26.95	14.03	−26.0	42.2	2.82	0	21.56
	流域总计	320 041	137.91	43.09	130.80	216.42	5.4	−36.3	60.41	50.78	37.05
	北京	16 800	8.16	48.57	6.06	17.72	34.7	−54.0	6.32	9.14	0
	天津	11 920	9.79	82.13	6.15	10.65	59.2	−8.1	18.00	0.34	9.23
	河北	171 624	59.35	34.58	43.85	115.70	35.3	−48.7	28.22	10.10	6.26
	山西	59 133	24.95	42.20	32.28	35.87	−22.7	−30.4	0.55	15.99	0
	山东	30 942	19.18	61.99	25.69	13.52	−25.3	41.9	2.82	0	21.56
	河南	15 336	12.96	84.50	13.25	16.81	−2.2	−22.9	4.50	13.03	0
	内蒙古	12 576	2.67	21.23	2.68	4.00	−0.4	−33.3	0	1.60	0
	辽宁	1 710	0.85	49.71	0.84	2.15	1.2	−60.5	0	0.58	0

表 7-2-4　天津市不同年代年平均入海水量

年代	全市合计/亿 m³	海河北系/亿 m³	海河南系/亿 m³
1950—1959	148.94	54.77	94.17
1960—1969	80.82	24.30	56.52
1970—1979	44.39	26.68	17.71
1980—1989	26.03	7.77	18.26
1990—1999	19.87	12.88	6.99

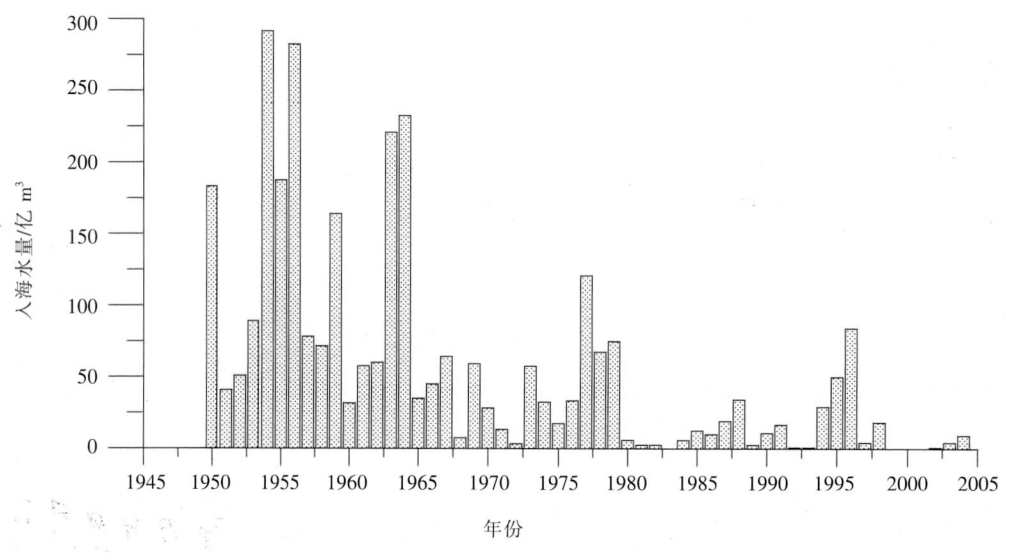

图 7-2-1　渤海湾西岸天津岸段入海水量(1950—2004)

渤海湾天津岸段的入海河流，主要经海河口、北塘口和独流减河口入海，从三个河口的入海水量(图 7-2-2)及其统计结果(表 7-2-5)可看出，不仅入海水量呈锐减趋势，20 世纪 70 年代以后，不少河流入海水量基本上是汛期径流，非汛期断流。

进一步采用 Kendall 秩相关检验法分析天津岸段入海水量和输沙量的趋势性，并采用 Mann-Kendall 统计检验法对其突变特征进行了分析。结果表明，天津岸段入海水量、海河口入海水量自 1960 年以来呈持续下降趋势，且入海水量的骤减(突变)发生于 1967 年。

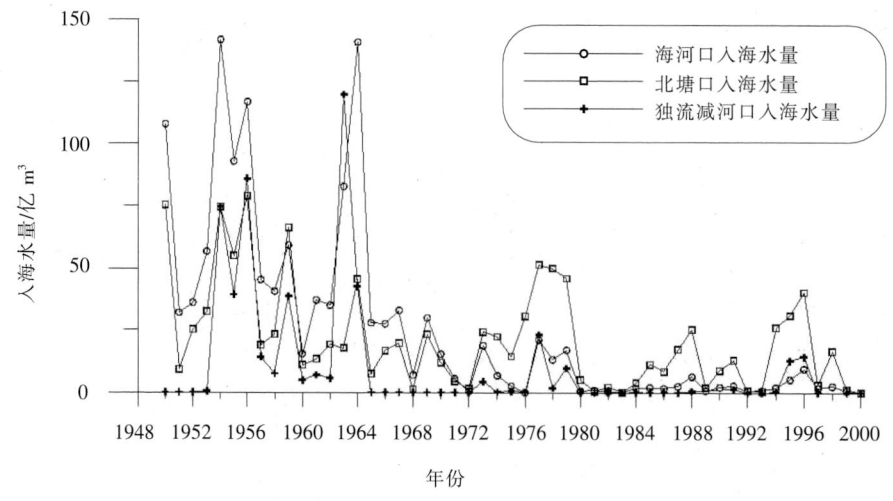

图 7-2-2　海河口、北塘口和独流减河口的入海水量(1950—2000)

表 7-2-5　海河口、北塘口和独流减河口的入海水量统计结果

年代	海河口				北塘口				独流减河口			
	合计/亿 m^3	汛期/亿 m^3	非汛期/亿 m^3	汛期/合计 %	合计/亿 m^3	汛期/亿 m^3	非汛期/亿 m^3	汛期/合计 %	合计/亿 m^3	汛期/亿 m^3	非汛期/亿 m^3	汛期/合计 %
1950—1959	729.92	—	—	—	459.98	—	—	—	261.03	—	—	—
1960—1969	216.62	125.94	90.68	58.1	175.49	—	—	—	180.1	—	—	—
1970—1979	100.91	85.9	15.01	85.1	257.34	—	—	—	39.99	38.04	1.95	95.1
1980—1989	17.03	13.5	3.53	79.3	75.96	58.11	17.85	76.5	0.68	0.68	0	100.0
1990—1999	28.36	21.43	6.93	75.6	141.67	117.09	24.58	82.6	29	21.6	7.4	74.5

2.河北段

入海水量的年代变化呈减少的趋势，从 20 世纪 50 年代的年平均入海水量 86.4 亿 m^3，衰减到 20 世纪 80 年代的 11.0 亿 m^3，衰减幅度达 87%。进入 20 世纪 90 年代，滦河流域 1994—1996 年为连续丰水年，三年入海总量达 131.9 亿 m^3；1996 年海河南系为丰水年，年入海水量为 26.0 亿 m^3，致使 20 世纪 90 年代入海水量略有增加，比 20 世纪 80 年代增加 1.2 倍，但仍低于 20 世纪 70 年代。河北省不同年代年平均入海水量见图 7-2-3、表 7-2-6。

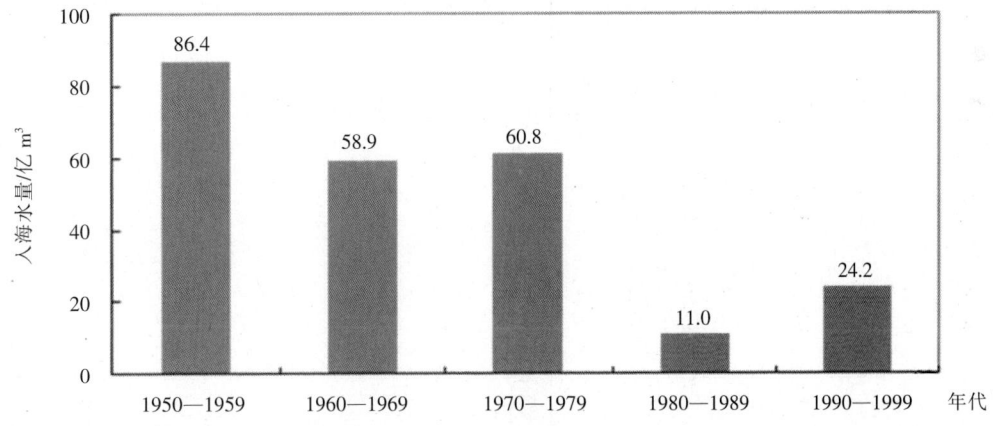

图 7-2-3　河北省不同年代年平均入海水量

表 7-2-6 河北省主要入海河流不同年代年平均入海水量

年代	冀东沿海/亿 m³				滦河/亿 m³	海河/亿 m³						运东平原/亿 m³				合计/亿 m³
	石河	洋河	陡河	其他	小计		子牙新河	北排河	捷地减河	南排河	漳卫新河	小计	沧浪渠	宣惠河	其他	小计	
1950—1959	1.56	1.81	1.06	2.82	7.25	69.10	—	—	4.65	—	4.34	8.99	0.20	—	0.90	1.10	86.4
1960—1969	1.52	0.91	1.20	3.82	7.45	35.20	3.88	0.71	2.76	2.63	3.12	13.10	0.50	0.42	2.26	3.18	58.9
1970—1979	1.46	1.71	0.66	3.60	7.43	37.20	3.25	1.33	0.94	3.90	3.10	12.52	0.58	1.31	1.77	3.66	60.8
1980—1989	0.47	0.4	0.37	1.27	2.51	7.31	0.20	—	0.02	0.15	0.20	0.57	0.13	0.09	0.35	0.57	11.0
1990—1999	0.58	0.69	0.98	0.95	3.20	17.80	1.52	0.09	0.02	0.12	1.04	2.79	0.11	0.11	0.23	0.45	24.2
最大值	1.56	1.81	1.20	3.82	—	69.10	3.88	1.33	4.65	3.90	4.34	—	0.58	1.31	2.26	—	—
最小值	0.47	0.4	0.37	0.95	—	7.31	0.20	0.09	0.02	0.12	0.20	—	0.11	0.09	0.23	—	—

注：1960—1969年平均值因各河资料系列不一致，平均值采用各河有资料年份计算。

3.山东段

海河流域山东段主要入海河流在徒骇马颊河流域,其2001—2004年入海水量见表7-2-7。

表7-2-7 2001—2004年山东省(徒骇马颊河)入海水量

年份	平均降水量/mm	多年平均降水量/mm	降水总量/亿 m³	入海水量/亿 m³
2001	420		131.6	0.6
2002	307.9	543.05	98.06	0.22
2003	785.8		250.27	12.56
2004	658.5		209.7	21.56

(二)海河流域总体入海水量的变化趋势

在20世纪50年代初期,水资源开发较少,入海水量基本处于自然状态。随着用水量逐年增加和降水量减少,近几十年来入海水量越来越少,特别是枯水年减少得更为严重。海河流域1956—2004年的入海统计数据见图7-2-4,多年平均入海水量107亿 m³,占多年平均水资源量372亿 m³的28.8%,占多年平均地表径流量264亿 m³的40.5%。根据1988—1998年海河流域汛期(6—9月)逐月入海水量的系列统计,80.8%的入海水量集中在汛期,只有19.2%的入海水量分布在非汛期。根据2004年海河流域主要河流入海水量情况,76.9%的入海水量在汛期,为25.9亿 m³,23.1%的入海水量在非汛期。

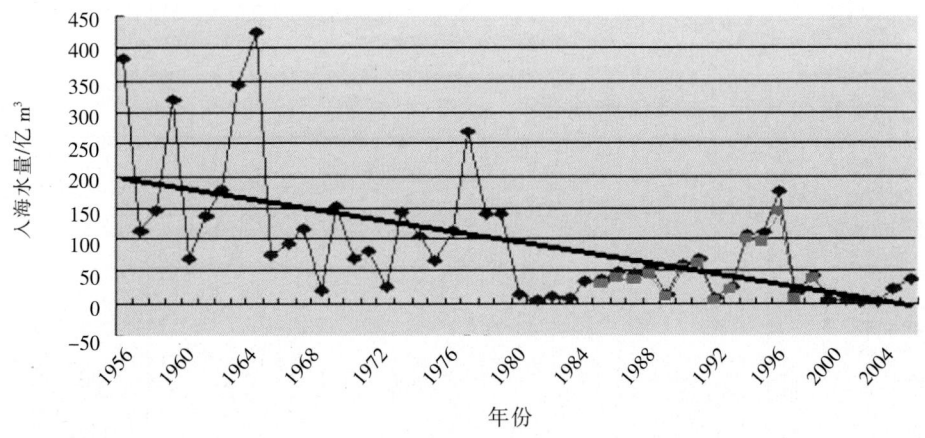

图7-2-4 1956—2004年海河流域入海水量变化趋势

根据1998—2004年的《海河流域水资源公报》公布的海河流域入海水量数据(表7-2-8)可以看到,1998年的降水量接近多年平均降水量,但入海水量较多年平均入海水量减少约30%,2003—2004年降水量也接近多年平均,但两年的入海水量较1998年的入海水量有所减少,说明入海淡水量进一步被陆域占用。在偏枯的1999—2002年,平均入海水量仅2.81亿 m³,比黄河引水量还要小(表7-2-9),说明实际的海河流域基本处于入海水量为负的状态(占用黄河入海水量),特别是在渤海湾中部的天津及河北岸线。如果再考虑海水淡化、高盐制淡尾水入海,可以认为,渤海湾的天津—沧州岸线在多年平均尺度上也基本处于淡水负径流状态,海湾盐度进入抬升阶段。

表 7-2-8　1998—2004 年海河流域入海水量特征值

年份	入海水量/亿 m³	流域降水量/mm	流域降水总量/亿 m³	降水偏差/%	入海径流系数/%
1998	54.10	551.0	1 752.7	0.80	3.09
1999	4.50	385.0	1 224.5	−29.7	0.37
2000	4.10	490.0	1 559.3	−10.0	0.26
2001	0.82	416.0	1 324.8	−24.0	0.06
2002	1.83	400.4	1 273.8	−26.9	0.14
2003	21.80	582.10	1 862.96	6.4	1.17
2004	37.05	538.20	1 722.44	−1.6	2.15

注：多年平均降水量 547 mm，多年平均入海水量 77 亿 m³。

表 7-2-9　2000—2004 年海河流域黄河引水量

年份	黄河引水量/亿 m³
2000—2001	4.00
2002	6.03
2003	9.25
2004	9.01

二、入海沙量

随着河流入海水量的减少，河流的输沙量也相应减少。特别是海河，在 20 世纪 70 年代以后几乎既无水也无泥沙入海（图 7-2-5）。

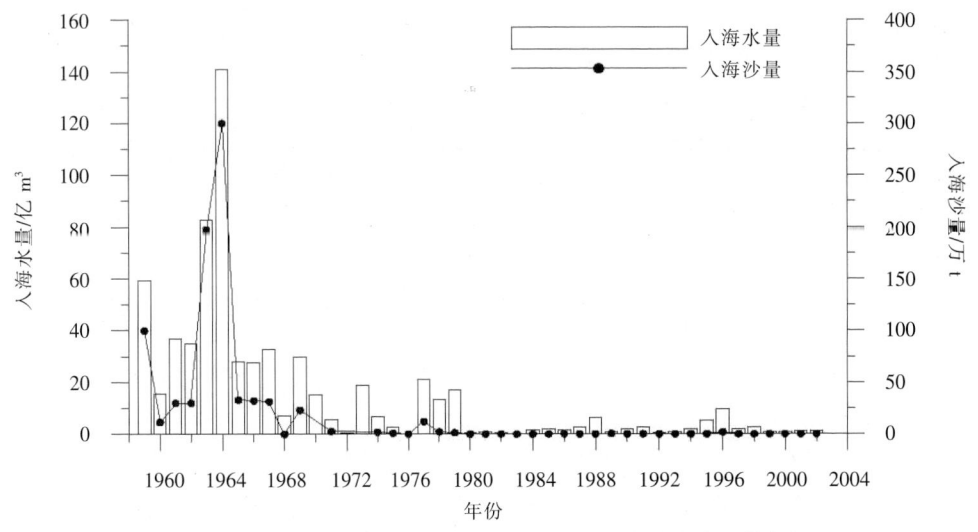

图 7-2-5　1956—2004 年海河入海沙量和入海水量的趋势变化

入海水量、入海沙量的减少有其气候背景。近年来，降水量的大小在一定程度上控制着入海水量的大小。在人类活动方面，影响入海水量和输沙量的主要因素是水利工程建设和沿河取水。以防洪、蓄水、灌溉等为目的建立了大、中、小型水库多座。此外，在各条河流的入海口都建设了防潮闸。这些水利设施虽然增强了对天然径流的调蓄能力，但这些水利工程对上游来水进行层层拦蓄，使得下游河道来水和来沙大大减少。

三、海岸带开发与人类活动

从 1954 年到 2000 年，近 50 年的时期内，超过一半的滩涂转成了低功能景观类型。

海岸潟湖是海岸带自然资源丰富的地带，潟湖生态系统是沿岸生态体系的重要组成部分。目前，在人类活动影响下，潟湖在不同程度上改变了其自然演变规律，甚至人类活动直接决定潟湖的发展方向及存在或陆化消亡。

此外，由人类活动引起的海岸侵蚀、海水入侵、滨海湿地萎缩、海岸带污染和环境恶化等现象已经引起人们的深思。

四、过度捕捞

由于现代捕捞方式的产生，渔业捕捞量增长很快，海洋捕捞量1956—1959年平均为22.07万t，1979年为32.2万t，1998年为161.8万t；1998年的捕捞量已经增加到1956年的7倍左右、1979年的5倍左右（表7-2-10、图7-2-6）。在渤海地区，捕捞渔船数量大幅度增加，1989年渔船数为64 100只，1993年渔船数为78 500只，1997年渔船数为87 300只，在1989—1997的几年内，渔船的数量增加了36%（图7-2-7）。捕捞能力的提高，渤海海域的渔业捕捞量的增加，导致鱼类多样性降低，高经济价值的渔获量减少，渔业资源衰退。

表 7-2-10 渤海捕捞量的年份变化

年份	1956	1979	1994	1995	1996	1997	1998
捕捞量/×10³ t	221	322	905	954	1 271	1 290	1 618

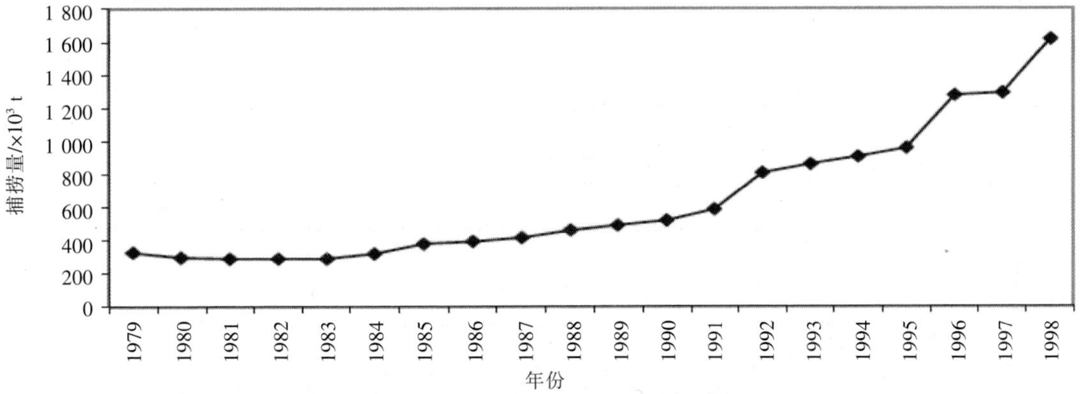

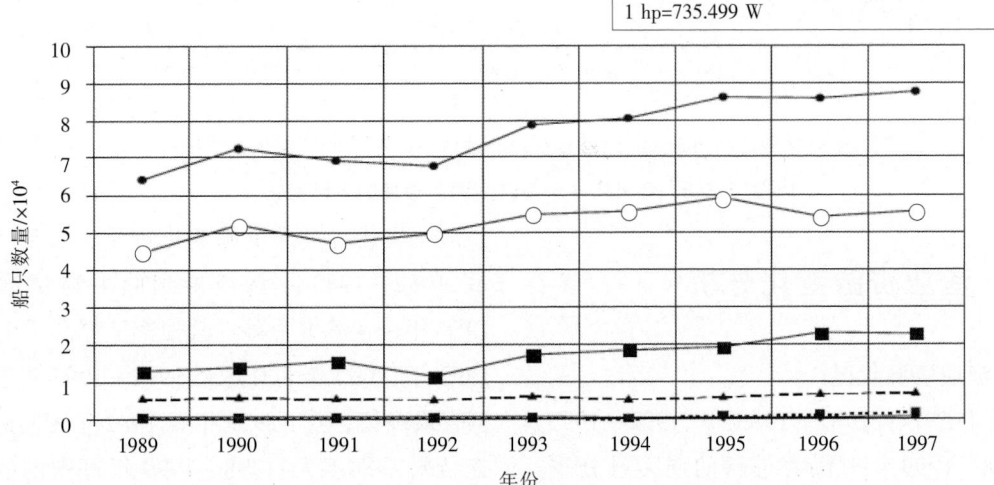

图 7-2-6 1979—1998年渤海的渔业捕捞量

图 7-2-7 1989—1997年捕捞船只的变化情况

第二节 非污染损害导致的生境及生态变化分析

一、盐度变化分析

相关研究结果显示,渤海盐度呈明显上升趋势;渤海空间结构发生根本性的变化,渤海内区盐度已高于海峡口区盐度,1958年8月,老黄河口外海表层的低盐区已被高盐区替代;渤海湾盐度变化最大,是渤海盐度升高最大的海区;基于不同年代平均淡水收支分析,降水量变化对渤海盐度升高的贡献为14%,蒸发的贡献为11%,黄河入海水量的贡献为75%,其他河口入海水量的变化对渤海盐度升高的贡献不显著,因此认为黄河入海水量持续锐减是渤海盐度升高的主导原因之一(图7-2-8)。

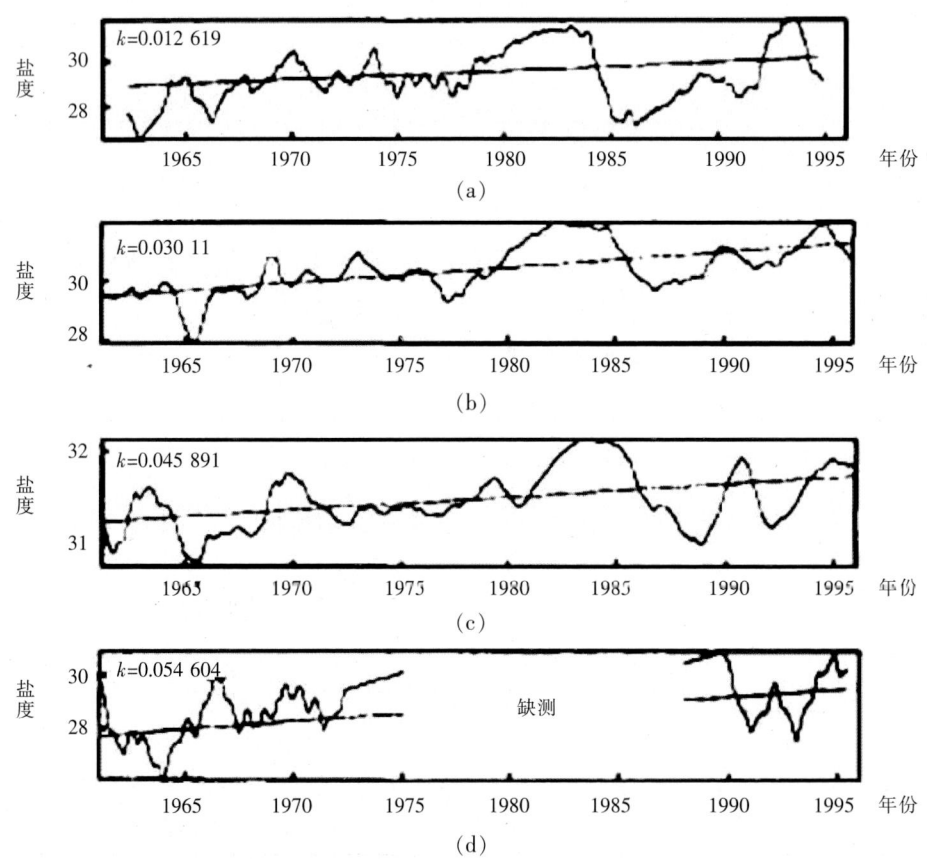

(a) 北塘城;(b) 葫芦岛;(c) 秦皇岛;(d) 塘沽。k 为盐度的平均年变化率

图 7-2-8 环渤海 4 个海洋观测站盐度的年际变化

二、渔业资源变化分析

(一) 渔业资源状况

根据 1959 年、1982—1983 年、1992—1993 年和 1998—1999 年对渤海进行的周年或分季度底拖网调查数据,金显仕等人研究了渤海主要渔业生物种类的资源变化特征。图 7-2-9 显示,1982—1983 年调查得到的生物量远低于 1959 年,但除 8 月外,其他季节都高于 1992—1993 年;1992 年 8 月达到 1992—1993 年生物量调查最高值,但与 1959 年和 1982 年相同时间调查结果差别不大;1998—1999 年每季度的生物量为历次调查最低值,且下降幅度很大。

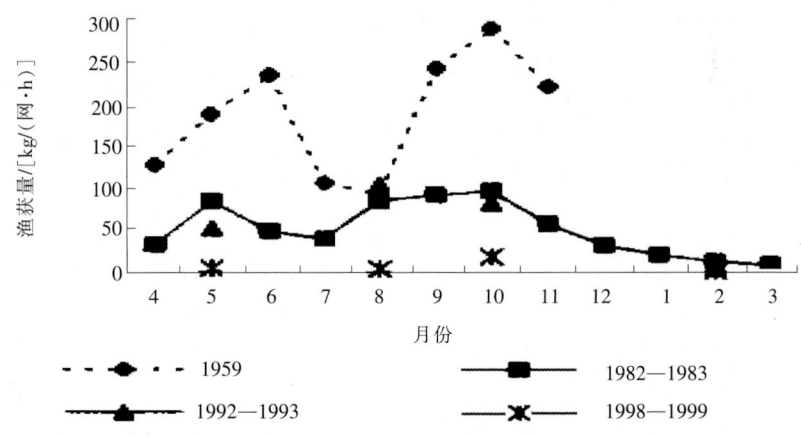

图 7-2-9　渤海底拖网调查平均渔获量的变化

从各生态类型生物量变动来看,底层鱼类下降幅度最大,其次为无脊椎动物,中上层鱼类在 1959—1992 年呈上升趋势。1998—1999 年调查结果表明,各生态类型渔业资源都呈大幅度下降趋势(图 7-2-10)。

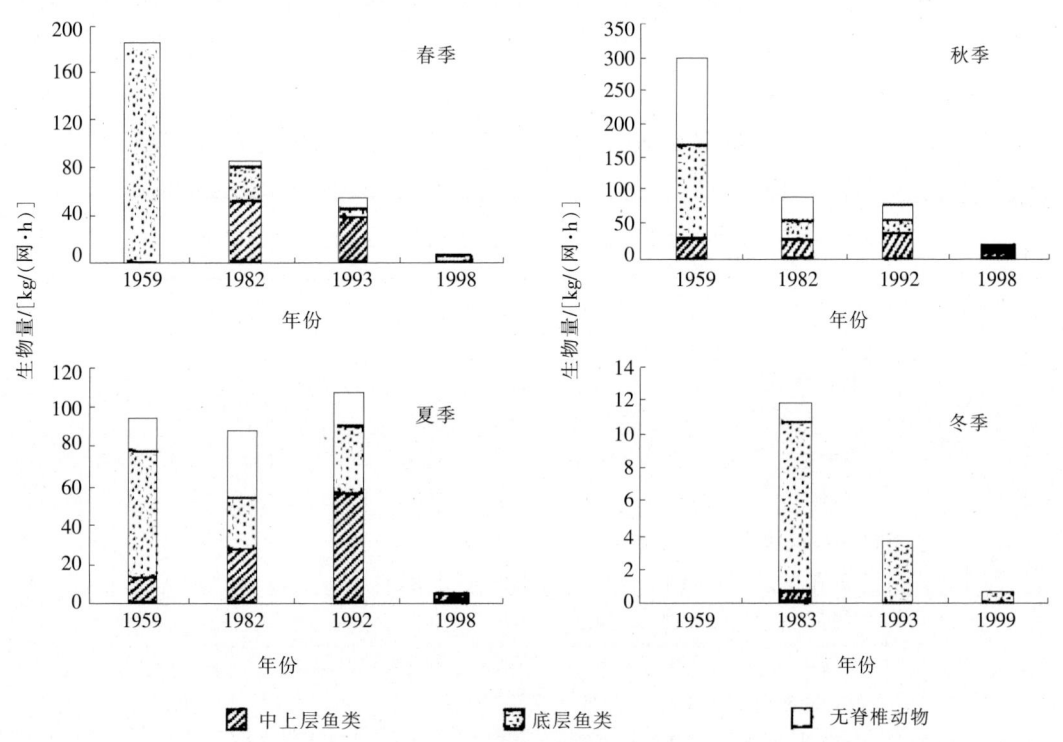

图 7-2-10　渤海渔业资源生物量的年际变化

按渤海渔业生物种类的经济价值可划分为优质、一般、次级和低质 4 大类。表 7-2-11 显示,1992—1993 年渤海渔业资源的优质种类在总生物量的比例除夏季外,均在 8% 以下,冬春季分别仅为 2.9% 和 2.7%;低质类生物量的比例都比 1982—1983 年相同季节有大幅度的增加,春季更是从 31.7% 增加到 82.5%。

表 7-2-11 渤海渔业资源生物量经济结构的变化

经济价值	春				夏				秋				冬			
	1982		1993		1982		1992		1982		1992		1983		1993	
	种类数	重量占比/%	种类数	重量占比/%	种类数	重量占比/%	种类数	重量占比/%	种类数	重量占比/%	种类数	重量占比/%	种类数	重量占比/%	种类数	重量占比/%
优质类	20	12.4	15	2.7	22	30.0	19	16.5	24	35.9	23	7.9	5	33.3	3	2.9
一般类	17	3.8	16	1.6	23	6.6	20	15.5	23	8.2	22	21.1	12	23.5	9	28.8
次级类	24	52.1	19	13.2	21	52.8	22	23.5	17	40.2	22	30.5	12	31.6	13	48.4
低质类	26	31.7	23	82.5	19	10.6	21	44.5	19	15.7	24	40.5	10	11.6	9	19.9

表 7-2-12 和表 7-2-13 分别显示了从 1959 年到 1998 年,渤海渔业的优势种发生了很大的变化,以及渤海高经济种类的渔获量锐减。渤海渔业资源优势种在 20 世纪 80 年代已由低质的小型中上层鱼类替代了 20 世纪五六十年代具较高经济价值的小黄鱼和带鱼等底层鱼类,且这些小型中上层种类也在不断被替代。表 7-2-14 中 1982—1983 年和 1992—1993 年的结果显示:1982—1983 年的鱼类平均种类数是 52.50,而 1992—1993 年是 44.25,下降了约 16%;多样性从 2.48 下降到 1.87;渔获量中中层鱼类和底层鱼类的比例从 1.68 上升到 3.97,这意味着经济价值高的底层鱼类资源下降而经济价值低的中层鱼类在渔获量中的比例增加。

表 7-2-12 按相对重要性指标排列的优势种及其占总渔获量的百分比

种类	春		夏		秋		冬
	I_{RI}	%	I_{RI}	%	I_{RI}	%	%
1959 年							
带鱼	—	45.1	—	31.5	—	38.9	—
小黄鱼	—	40.0	—	16.8	—	13.4	—
对虾	—	—	—	7.0	—	13.2	—
1982—1983 年							
黄鲫	45.4	32.6	12.3	17.5	31.0	13.8	—
鳀鱼	43.2	24.1	6.6	2.7	—	—	—
枪乌贼	13.0	1.9	57.2	21.7	29.2	7.2	—
黑鳃梅童	4.9	1.3	—	—	—	—	6.2
口虾蛄	4.2	2.3	8.5	6.2	4.4	3.6	—
黄姑鱼	3.3	8.2	—	—	—	—	—
小黄鱼	—	—	22.5	10.6	6.3	4.8	—
蓝点马鲛	—	—	7.8	7.1	—	—	—
鳐类	—	—	—	—	—	—	28.9
梭鱼	—	—	—	—	—	—	15.8
黄盖鲽	—	—	—	—	—	—	6.1
三疣梭子蟹	—	—	—	—	17.3	20.0	—
鹰爪虾	—	—	—	—	11.5	3.3	—

续表

种类	春 I_{RI}	%	夏 I_{RI}	%	秋 I_{RI}	%	冬 %
1992—1993年							
鳀鱼	115.5	66.0	41.6	23.0	39.8	20.4	—
枪乌贼	20.4	8.0	—	—	35.9	11.1	—
黄鲫	5.5	3.8	20.0	13.5	17.9	9.7	—
口虾蛄	5.1	3.7	9.3	5.8	11.1	7.8	—
赤鼻棱鳀	3.6	2.3	7.1	4.7	—	—	—
孔鳐	2.5	3.9	—	—	—	—	—
小黄鱼	—	—	36.4	12.4	—	—	—
斑鰶	—	12.0	9.8	8.5	10.6	—	—
棘头梅童	—	—	—	—	8.2	5.5	16.5
鳐类	—	—	—	—	—	—	56.0
细纹狮子鱼	—	—	—	—	—	—	10.5
1998年							
口虾蛄	44.7	23.8	—	—	—	—	—
赤鼻棱鳀	39.9	20.5	7.5	7.7	4.7	1.6	—
黄鲫	23.6	15.2	19.0	14.0	42.1	19.5	—
鳀鱼	13.2	12.3	—	—	—	—	—
小带鱼	10.5	5.3	9.6	5.4	—	—	—
脊腹褐虾	4.0	1.0	—	—	—	—	—
枪乌贼	—	—	4.8	2.6	8.7	2.8	—
蓝点马鲛	—	—	53.9	42.1	—	—	—
银鲳	—	—	16.0	12.7	16.5	12.0	—
斑鰶	—	—	—	53.0	31.6	—	—
细纹狮子鱼	—	—	—	—	—	—	67.7
矛尾复鰕虎鱼	—	—	—	—	—	—	10.6
三疣梭子蟹	—	—	—	—	6.3	6.6	—

表 7-2-13 1959—1998 年渤海高经济种类的渔获量变化情况

高经济种类	渔获量变化情况/[kg/(网·h)]			
	1959	1982—1983	1992—1993	1998
小黄鱼	51.0	7.2	5.7	0.4
小带鱼	50.7	0.8	0.1	0.08
黄鲫	8.2	18.0	8.0	—
日本鳀	—	6.8	25.0	0.2
斑鰶	—	—	6.5	1.6
赤鼻棱鳀	—	—	2.6	7.2
蓝点马鲛	—	3.8	0.2	0.8
对虾	25.2	0.9	0.4	—
口虾蛄	—	3.7	4.8	0.5
三疣梭子蟹	3.7	9.2	2.9	0.4
总计	138.8	50.4	56.2	11.18

表 7-2-14　1932—1983 年和 1992—1993 年渤海鱼类的多样性和生物量情况

项目	1982—1983 春	1992—1993 春	1982—1983 夏	1992—1993 夏	1982—1983 秋	1992—1993 秋	1982—1983 冬	1992—1993 冬	1982—1983 平均	1992—1993 平均
种类数	61.00	43.00	61.00	54.00	64.00	61.00	24.00	19.00	52.50	44.25
多样性指数	2.14	1.16	2.56	2.40	2.98	2.04	2.22	1.47	2.48	1.87
平均指数	0.52	0.31	0.62	0.60	0.72	0.59	0.70	0.50	0.64	0.50
底层温度/℃	11.50	10.30	22.70	21.90	20.10	18.00	1.00	1.90	13.83	13.03
中层鱼类生物量/t	94 006	81 520	53 634	78 655	53 844	70 210	1 996	23	50 870	57 602
底层鱼类生物量/t	28 770	5 599	37 379	30 722	38 801	18 755	15 865	2 994	30 204	14 518
中层鱼类生物量+底层鱼类生物量/t	122 776	87 119	91 013	109 377	92 645	88 965	17 861	3 017	81 074	72 120
中层鱼类生物量/底层鱼类生物量	3.27	14.56	1.43	2.56	1.39	3.74	0.13	0.01	1.68	3.97

总之,渤海渔业种类和生物多样性降低,渔业资源量不断下降,高经济价值的鱼类已被低经济价值鱼类所替。渤海优势种生物量和种类组成的变化是生态系统退化的一个主要特征,种类组成变为那些更适合新的和恶劣的环境条件,即生命周期短的选择性种类,这些种类个体变小,寿命变短。

(二)渔业资源变化分析

天津市是海河流域中径流入渤海湾的重要城市,图7-2-11显示了1985—1998年海河流域径流量与天津市渔获量的关系。由图可见以下信息。

1)1988—1998年天津市渔获量存在较大的三次波动:

1991年渔获量为最高值30 740 t;

1992年渔获量仅为17 642 t,为十几年以来的最低值;

1993—1997年渔获量虽然呈波动上升的趋势,但是整体趋势相比1991年以前仍然下降。

2)天津市渔获量不仅存在着年际变化,而且也存在着明显的年代变化。

3)海河流域年际流量的长期变化趋势与天津渔获量的年际变化趋势基本吻合。

4)海河流域径流量变化影响渤海近岸海域的渔业资源。海河流域径流量大的年份,其渔业资源量也相应高,反之则低。这主要是因为海河流域入海径流在渤海海域形成了一定范围的冲淡水,在鱼类繁殖期给渔场注入丰富的营养盐和饵料。

但近年来大量的增殖放流,导致渔获量的大幅度提升,以及径流量的大量减少和产卵场缩小,径流量与渔获量的关系已经不是很明显了。

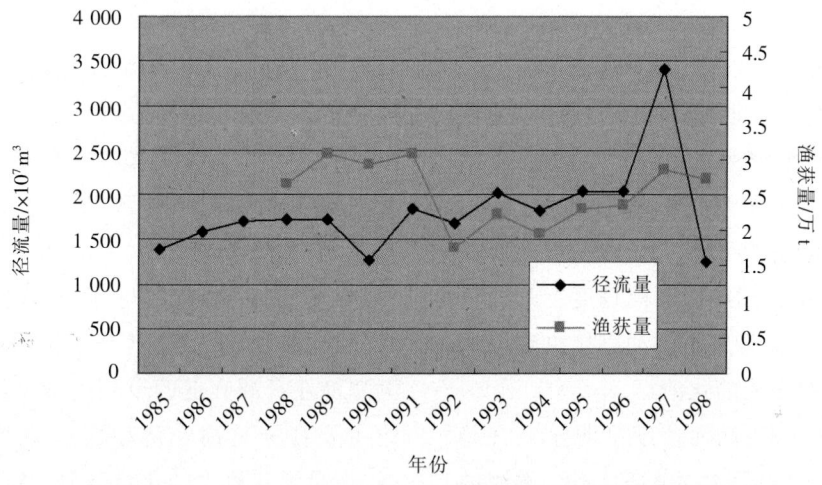

图7-2-11 1985—1998年海河流域径流量与天津市渔获量的关系

近年来,渤海渔业资源衰退,衰减的主要特征是高经济型底层鱼类的资源量大减,在总渔获量中的比重下降,优势种或主要捕捞对象小型化和低价值化。

20世纪小黄鱼资源动态大致可以分为三个阶段:资源兴盛期(1949年—20世纪50年代末),种类的补充和延续均属良好;资源衰退期(20世纪60年代初—70年代初),渔获量趋于下降;资源枯竭期(20世纪70年代中期以后)。渤海小黄鱼渔获量从1956—1961年的1.3万t降到20世纪80年代的50 t左右,过度捕捞是导致小黄鱼、带鱼资源衰退的主要原因。此外,河流径流量锐减和入海陆源污染物导致的小黄鱼的繁殖地和栖息地生态环境日趋恶化,也是其资源衰退的原因。1996—2001年的调查结果显示,由于人类的增殖放流,渤海海域小黄鱼的优势度指数上升,资源密度增加,捕捞量回升(表7-2-15),但是趋于低龄化、小型化。

综合以上分析,过度捕捞、入海水量的减少、盐度的升高和环境污染是造成渤海渔业资源衰退的重要因素。

表 7-2-15　1996—2001 年渤海海域小黄鱼的捕捞量

年份	小黄鱼捕捞量/t				
	河北	辽宁	山东	天津	合计
1996	25	6 484.1	17 978.91	—	24 488.01
1997	—	9 401	15 075.29	—	24 476.29
1998	3 165	16 019.5	18 604.16	—	37 788.66
1999	3 640	26 470.5	23 957.94	115	54 183.44
2000	7 956	30 200.8	28 067.37	799	67 023.17
2001	8 109	31 919.3	25 929.63	398	66 355.93

第三节　小　　结

1) 20 世纪 60 年代以来，入海水量整体上呈锐减趋势；随着河流入海水量的减少，河流的输沙量也相应减少。特别是海河，在 20 世纪 70 年代以后几乎既无水也无泥沙入海。

2) 在人类活动影响下，超过一半的滩涂转成为低功能景观类型，潟湖在不同程度上改变了其自然演变规律，甚至人类活动直接决定了潟湖的发展方向及存在或陆化消亡。

3) 半个世纪以来，渤海盐度呈明显上升趋势；渤海空间结构发生了根本性的变化，渤海内区盐度已高于海峡口区盐度，1958 年 8 月老黄河口外海表层的低盐区已被高盐区替代；渤海湾盐度变化最大，是渤海盐度升高最大的海区；不同年代平均淡水收支分析认为，黄河入海水量持续锐减是导致渤海盐度升高的主导原因之一。

4) 渤海渔业种类和多样性降低。过度捕捞、入海水量的减少、盐度升高和环境污染是造成渤海渔业资源衰退的重要因素；渔业资源衰减的主要特征是高经济型底层鱼类的资源量大减，在总渔获量中的比重下降，优势种或主要捕捞对象小型化、低龄化和低值化。

第三章 海域污染损害变化趋势分析及评价

一、流域污染物排放量

海河流域排污口主要集中在人口较多、工业发达的大中城市。2003年,海河全流域入河污水量共约41.52亿t,化学需氧量(COD)入河量为149.08万t、氨氮入河量为13.18万t(表7-3-1),其中河北省污染物入河量占流域比例较大。

2004年,海河全流域入河污水量共24.78亿t,其中滦河及冀东沿海入河污水量为0.48亿t,海河北系入河污水量为7.59亿t,海河南系入河污水量为11.86亿t,徒骇马颊河入河污水量为4.85亿t(表7-3-2)。

表7-3-1 2003年海河流域入河排污口污染物调查情况统计

省级行政区	入河排污口				
	污水入河量/万t	COD入河量/万t	占流域比例	氨氮入河量/万t	占流域比例
流域总计	415 233	149.08	—	13.18	—
北京	60 751	12.76	8.56%	0.89	6.75%
天津	45 638	33.59	22.53%	0.89	6.75%
河北	163 940	58.93	39.53%	6.02	45.68%
山西	38 284	4.61	3.09%	1.29	9.79%
河南	60 263	17.46	11.71%	1.23	9.33%
山东	45 662	21.64	14.52%	2.85	21.62%
内蒙古	695	0.09	0.06%	0.01	0.08%

表 7-3-2 2004 年海河流域入河污水量统计

分区	入河污水量/亿 t
1.滦河及冀东沿海	0.48
滦河山区	0.01
滦河平原及冀东沿海诸河	0.47
2.海河北系	7.59
北三河山区(蓟、潮、北)	0.32
永定河册田水库以上	0.79
永定河册田水库至三家店区间	0.24
北四河下游平原	6.23
3.海河南系	11.86
大清河山区	0.32
大清河淀西平原	0.80
大清河淀东平原	0.52
子牙河山区	2.67
子牙河平原	0.73
漳卫河山区	2.21
漳卫河平原	4.31
黑龙港及运东平原	0.31
4.徒骇马颊河	4.85
流域总计	24.78

(一)点源污染物

海河流域 1995 年 COD 排放量为 290.6 万 t，到 2000 年底，海河流域削减了 132.9 万 t 的 COD 排放量，削减率为 45.7%，2000 年实际 COD 排放量为 157.7 万 t，其中天津、山东两省市完成 2000 年规划目标。海河流域 2000 年污染物排放最多的区域分别是漳卫南运河规划区、北三河及永定新河规划区、子牙河规划区、滦河及冀东沿海规划区，这 4 区 COD 排放量占全流域排放总量的 62.5%(表 7-3-3)。

由于海河流域点源污染物在 2003 年没有实际调查的数据资料，所以按照入河量与入河系数之间的关系计算点源污染物。海河流域大中城市污染源较集中，污水入河系数较一般城市偏大。经计算得出海河流域 2003 年点源污水排放量约为 50.55 亿 t、COD 排放量为 180.88 万 t、氨氮排放量为 16.12 万 t(表 7-3-4)。2004 年点源污水排放量约为 48.85 亿 t、COD 排放量为 175.38 万 t、氨氮排放量为 15.51 万 t(表 7-3-5)。

表 7-3-3 2000 年海河流域污染物排放量

规划区名称	污水产生量/亿 t	污水入河量/亿 t	COD 排放量/万 t	COD 入河量/万 t	氨氮排放量/万 t	氨氮入河量/万 t
滦河及冀东沿海规划区	5.9	4.4	18.3	10.2	2.4	1.8
北三河及永定新河规划区	11.5	9.4	24	18.8	4.3	3.6
永定河规划区	3.2	2.4	10.9	7.7	1.8	1.3
大清河规划区	4.4	3.3	12.1	8.6	1.6	1.2
子牙河规划区	8.6	6.3	24.5	14.4	3.5	2.6
漳卫南运河规划区	11.7	8.4	31.7	19.5	5.8	3.8
徒骇马颊河规划区	3.9	2.6	12.5	8.1	1.9	1.4
海河干流规划区	6.1	4.8	14.2	11.1	4	3.2
黑龙港及运东规划区	1.6	1.2	9.5	6.6	0.8	0.6
合计	56.9	42.8	157.7	105	26.1	19.5

表 7-3-4 2003 年海河流域点源污染物排放量

省级行政区	点源					
	污水排放量/万 t	占流域比例	COD 排放量/万 t	占流域比例	氨氮排放量/万 t	占流域比例
流域总计	505 510	—	180.88	—	16.12	—
北京	72 322	14.31%	15.19	8.40%	1.07	6.64%
天津	53 067	10.50%	39.06	21.59%	1.03	6.39%
河北	207 519	41.05%	74.60	41.24%	7.62	47.27%
山西	46 126	9.12%	5.56	3.07%	1.55	9.62%
河南	71 486	14.14%	20.70	11.44%	1.46	9.06%
山东	54 165	10.71%	25.67	14.19%	3.38	20.97%
内蒙古	825	0.16%	0.10	0.06%	0.01	0.06%

表 7-3-5 2004 年海河流域点源污染物排放量

省级行政区	点源		
	污水排放量/万 t	COD 排放量/万 t	氨氮排放量/万 t
流域总计	488 509	175.38	15.51
北京	71 472	15.01	1.05
天津	53 692	39.52	1.05
河北	192 870	69.33	7.08
山西	45 040	5.43	1.51
河南	70 898	20.53	1.45
山东	53 719	25.46	3.36
内蒙古	818	0.10	0.01

(二) 非点源污染物

1. 化肥及农药施用量

农田化肥的流失是非点源氮、磷的主要来源之一。根据1998年出版的《中国农业年鉴》，有关省市的农田施肥量统计结果见表7-3-6，其中天津市化肥用量最大。天津市2000—2004年的化肥和农药施用量见表7-3-7。

从表7-3-7可以看出，2000年至2003年天津市在化肥和农药施用量方面，在国家和天津市政府的有效控制下，化肥施用量的增长趋势减缓，对非点源入海量消减贡献显著；农药的施用量也有了显著的降低，但是2004年化肥施用量和农药施用量显著增加，整体的情况呈波动趋势。

从整体而言，化肥施用量尚未通过增长的高峰平台，但随着农田面积的减少、城市化率的提高，进一步的增长可能性不大。

表7-3-6　1997年海河流域主要行政区化肥用量

省级行政区	城市	氮肥/t	磷肥/t	复合肥/t
天津	天津	123 051.2	27 185.7	51 509.8
河北	唐山	14 796.9	4 240.3	5 460.3
	秦皇岛	24 202.5	6 935.7	8 931.1
	沧州	4 058.4	1 163.0	1 497.6
山东	滨州	30 496.0	8 665.6	17 473.8
	合计	196 605	48 190.3	84 872.6

表7-3-7　2000—2004年天津市化肥和农药施用量

年份	化肥施用量/万t	农药施用量/t
2000	16.6	3 604
2001	17.3	2 807
2002	17.6	2 532
2003	17.8	2 547
2004	22.85	3 032.3

2. 流域非点源污染物产生总量

2000年，海河全流域产生的非点源污染中，COD为727.24万t，氨氮为41.28万t，总氮为210.61万t，总磷为80.72万t，其中包括城镇地表径流、化肥使用、农村生活污水及固体废弃物、水土流失、畜禽养殖污水产生的非点源污染。海河流域所跨的省市中，河北省产生的污染物占流域比例最大，在50%以上（表7-3-8）。

表 7-3-8　2000 年海河流域非点源污染调查情况统计

省级行政区	非点源 城镇地表径流、化肥使用、农村生活污水及固体废弃物、水土流失、畜禽养殖污水							
	COD/万 t	占流域比例	氨氮/万 t	占流域比例	总氮/万 t	占流域比例	总磷/万 t	占流域比例
流域总计	727.24	—	41.28	—	210.61	—	80.72	—
北京	24.32	3.34%	1.79	4.34%	7.14	3.39%	2.50	3.10%
天津	32.74	4.50%	0.33	0.80%	6.26	2.97%	1.72	2.13%
河北	444.73	61.15%	32.07	77.69%	129.81	61.64%	44.53	55.17%
山西	55.64	7.65%	3.89	9.42%	15.77	7.49%	5.85	7.25%
河南	31.22	4.29%	1.02	2.47%	13.12	6.23%	10.64	13.18%
山东	133.35	18.34%	2.06	4.99%	36.73	17.44%	14.16	17.54%
内蒙古	5.24	0.72%	0.12	0.29%	1.78	0.85%	1.32	1.64%

(三) 污染负荷比例

海河流域 2000 年点源与非点源产生污染物的负荷比例关系见表 7-3-9。从表中可以看出,非点源污染物排放量占优势,其中非点源总磷占比最大,超过 90%。

表 7-3-9　2000 年海河流域点源、非点源污染负荷及比例

污染物种类	COD	氨氮	总氮	总磷
点源/万 t	157.7	26.2	47.16	7.86
非点源/万 t	727.24	41.28	210.61	80.72
总负荷/万 t	884.94	67.48	257.77	88.58
点源比例	18%	39%	18%	9%
非点源比例	82%	61%	82%	91%

注:表中总氮的点源排放量根据氨氮的 1.8 倍估计,总磷的点源排放量根据氨氮的 30% 估计。

二、污染物入海通量变化趋势分析

(一) 污染源构成

海河流域规划区所接纳的污染物除部分农灌消耗外,最终汇入渤海湾,造成海域环境污染。渤海湾接纳的 COD 主要来自两个特大城市,即北京和天津,并且渤海湾天津近岸海域污染比较严重(表 7-3-10)。

海河流域各地区污水来源及比例存在巨大差异,主要省市工业废水和生活污水的比例及污染物构成见表 7-3-11,由此可以看出工业污染仍占主导地位。

表 7-3-10　1995 年海河流域入海直排口污水排放情况

辖区	地区	COD/万 t	石油类/t	氰化物/t	砷/t	汞/t	镉/t	六价铬/t	铅/t	污水排放量/亿 t
天津	天津	8.944	1 239	4.05	3.43	0.71	0.38	2.42	3.78	9.98
河北	唐山	4.7	187.91	10.8	1.26	—	0.018	1.08	0.11	—
	秦皇岛	6.19	25.99	18.6	0.01	—	—	0.02	—	6.2
	沧州	5.3	1 750.95	2.9	4.25	0.023	—	2.97	—	—
山东	滨州	11.3	—	0.622	—	—	—	—	—	0.386

表 7-3-11　1995 年海河流域主要省市工业废水和生活污水的比例及污染物构成

辖区	工业废水/亿 t	生活污水/亿 t	合计/亿 t	生活污水所占比例/%	工业 COD/万 t	生活 COD/万 t	合计/万 t	生活 COD 所占比例/%
天津	4.4	3.3	7.7	42.9	28.4	11.2	39.6	28.3
河北	16.3	3.7	20.0	18.5	91.6	8.9	100.5	8.9
山东	3.6	1.2	4.8	25.0	44.7	4.5	49.2	9.1

(二) 污染物入海通量估算公式

由于缺乏水质及流量的分月数据，采用近似公式计算各种污染物的年入海通量：

$$T_i = \sum_{j=1}^{n} c_{ij} \times Q_j$$

式中：c_{ij} 为污染物 i 在污染源 j 处的年平均浓度；Q_j 为污染源 j 的年入海水量。

对于非点源占优的污染物，上式计算的年通量偏小；对于点源占优的污染物，上式计算的年通量偏大。

(三) 海河流域污染物入海通量分析

1. 各辖区污染物入海通量

(1) 天津段

表 7-3-12 给出 1985—1998 年渤海湾西岸天津段的入海污染物总量。以 COD 的入海通量表征有机污染物的入海通量。从 1985—1998 年这 14 年的污染物入海通量来看，有机污染物的入海通量在 1985—1995 年比较稳定，一直维持在 20 万 t 左右。1996—1998 年入海通量整体上呈增加趋势，到 1998 年达到约 40 万 t。

以无机磷和无机氮表征营养盐入海通量。1985—1998 年营养盐的年通量整体上呈逐渐增加的趋势，其中以 1995 年的入海通量最大。营养盐的年通量与入海水量的变化有较高的相关性，皮尔森相关系数达到 0.6 以上。1995 年和 1996 年营养盐年通量处于较高的水平，与这两年入海水量较大有关，说明营养盐年通量的变化主要是受入海水量的影响。

表 7-3-12 1985—1998 年天津市入海污染物总量

年度	COD/t	无机磷/t	无机氮/t	汞/t	铜/t	铅/t	镉/t	锌/t	铬(六价)/t	砷/t	六六六/t	油/t	氟化物/t	氰化物/t	酚/t	入海水量/亿 m³
1985	225 666	1 612.8	18 395.04	0.212 8	0.965	0.5224	—	4.858	1.494	7.794	—	3 465.8	—	29.58	596.86	10.655
1986	226 759	—	5 714.2	1.13	0.89	—	2.32	—	—	—	—	346.78	—	49.53	303.7	12.1
1987	218 718	467.87	6 274.17	0.26	6.03	—	—	25.49	—	—	5.41	729.17	656.22	0.066	0.02	18.5
1988	269 190	513.55	21 428.81	0.12	20.55	—	5.28	140.56	—	—	11.36	2 051.87	949.67	2.27	微量	27.9
1989	158 641	226.91	5 540.88	0.01	54.71	75.05	5.28	65	—	—	9.57	1 022.75	102.75	0.15	微量	5.9
1990	209 436	736.37	10 250.44	0.88	45.92	98.77	10.82	138.05	—	—	16.5	1 830.28	246.94	2.61	微量	16
1991	192 968	829.13	13 497.11	0.453	52.55	91.39	7.6	926.38	—	—	—	344.59	—	—	—	18.44
1992	206 509	518.6	10 288.83	0.399	22.76	32.48	2.9	253.16	—	—	—	4 511.2	—	—	—	7.08
1993	153 456	1 027.6	12 912.11	0.277	33.03	99.23	19.09	126.56	—	—	—	1 912.2	—	—	—	5.49
1994	221 495	1 108.6	22 797.9	0.56	69.94	113.94	15.39	304.56	—	—	—	2 039.2	—	2.3	1.8	33.74
1995	224 368	2 369.7	36 306.2	0.96	359.66	48.85	0.64	530.76	—	—	—	2 658.9	—	8.92	4.12	51.47
1996	271 789	1 868.17	19 609.11	1.72	—	12.87	0.54	—	3.73	10.8	—	3 702.76	—	0.62	—	64.33
1997	265 784	772.97	22 823.56	0.32	—	5.9	0.19	—	2.05	4.28	—	2 628.85	—	3.44	—	10.47
1998	401 132	1 328.47	29 820.26	0.21	—	6.64	0.38	—	—	—	—	6 459.365	—	5.69	—	24.83

相比较而言,重金属的排放量较小,且年际差异很大。1985 年以来的平均入海量由大到小依次为锌、铜、铅、镉、汞。从 1985—1998 年重金属入海通量看,铅、镉、锌的入海通量在 20 世纪 80 年代末(1988—1989)至 20 世纪 90 年代中期(1994—1996)显著高于 20 世纪 80 年代中期和 20 世纪 90 年代末期。汞和铜的入海通量与入海水量有较好的相关关系,它们在 1995 年有较大的入海通量。

2004 年,天津市主要排污口及排放污染物浓度情况见表 7-3-13。天津市有南排污河、北排污河和永定新河三大排污河。2004 年,三大排污河共排放污水量约 3.96 亿 t,化学耗氧量约 9.2 万 t(表 7-3-14)。

表 7-3-13 2004 年天津市入渤海水质污染物动态统计表

排污单元名称	排污口名称	排污口位置	污染物浓度/(mg/L)			
			COD$_{Cr}$	氨氮	总氮	总磷
海河	大闸	塘沽区	113.04	8.38	11.073	0.44
独流减河	工农兵防潮闸	大港区	568.4	3.84	100.86	0.056
大沽排污河	东大沽泵站	塘沽区	249.36	40.43	54.9	2.6
永定新河	塘汉公路桥	塘沽区	192.48	25.74	31.85	1.63
潮白新河	宁车沽	塘沽区	81	3.17	8.26	1.44
蓟运河	防潮闸	汉沽区	—	1.73	—	—
北排明渠	北排明渠口	开发区	73.91	1.96	—	1.29

表 7-3-14 2004 年天津市区污水量及化学耗氧量

排污河流	来源	污水量/t	化学耗氧量/t	排污河排放去向
南排污河	纪庄子污水厂	94 795 185	5 309	
	纪庄子	45 089 194	16 348	
	咸阳路	78 397 747	33 619	渤海湾
	双林	25 232 068	13 207	
	小计	243 514 194	68 483	
北排污河	东郊污水厂	131 914 434	9 762	
	赵沽里	—	—	
	张贵庄	—	—	渤海湾
	小计	131 914 434	9 762	
永定新河	北仓	11 729 212	8 351	
	电冰箱厂	2 377 681	2 817	
	北韩公路	6 240 000	2 572	渤海湾
	小计	20 346 893	13 740	
合计		395 775 521	91 985	

(2)河北段

河北省 2002 年入河污染物总量为 44.29 万 t,以有机类污染物为主。其中 COD 入河量最大,为 39.42 万 t,占污染物入河总量的 89.0%;其次为氨氮,年入河 4.43 万 t,占 10.0%;总氰化物年入河约 0.012 万 t,挥发酚约 0.02 万 t,硫化物约 0.40 万 t(表 7-3-15)。

表 7-3-15　2002 年河北省各水系入河污染负荷量汇总表

水系	排污口/个	入河污水量/亿 t	污染物质量						
			COD/万 t	氨氮/万 t	总氰化物/t	挥发酚/t	硫化物/t	总磷/t	合计/万 t
漳卫南运河	11	0.20	0.44	0.04	14.37	0.13	20.33	—	0.48
子牙河	296	5.75	21.63	1.93	44.39	98.53	2 577.10	0.69	23.83
大清河	97	0.71	2.55	1.33	3.10	8.96	225.26	1.72	3.90
永定河	70	1.08	2.77	0.51	7.61	18.56	377.30	—	3.32
北三河	48	0.29	0.44	0.02	0.11	0.16	26.32	—	0.46
滦河	125	0.61	5.21	0.07	0.32	14.71	386.65	48.80	5.33
冀东沿海	154	2.87	6.27	0.53	51.26	55.16	420.50	—	6.85
内陆河	7	0.01	0.11	0.002	0.02	0.04	2.04	—	0.11
合计	808	11.52	39.42	4.43	121.18	196.25	4 035.50	51.21	44.29

根据《海河流域水资源公报》,2002 年滦河及冀东沿海入海水量为 0.16 亿 m³,北四河平原为 0.27 亿 m³,大清河为 1.07 亿 m³,黑龙港及运东水系为 0.11 亿 m³。2002 年河北岸线入海污染负荷量见表 7-3-16。

表 7-3-16　2002 年河北岸线入海污染负荷量估算表

入海污水量/亿 t	污染物质量						
	COD/万 t	氨氮/万 t	总氰化物/t	挥发酚/t	硫化物/t	总磷/t	合计/万 t
6.9	23.64	2.658	72.72	117.78	2 421.3	30.72	26.56

(3) 山东段

山东省滨州地区 1998 年入海污染物总量为 22.02 万 t,以有机类污染物为主。其中 COD 入海量最大,为 21.07 万 t,占污染物入海总量的 95.69%;其次为氮,年入海 0.83 万 t,占 3.77%;氰化物年入海 14.13 t,石油类年入海 362.1 t(表 7-3-17)。

表 7-3-17　1998 年山东省滨州地区各污染源入渤海通量

入海排污源名称	污染源类型	入海污水总量/亿 t	污染物入海量					
			氮/万 t	磷/t	COD/万 t	石油类/t	氰化物/t	合计/万 t
徒骇河	入海河口	19.60	0.63	751.0	11.10	190.0	13.70	11.83
潮河	入海河口	4.13	0.16	21.9	7.56	140.0	—	7.74
鲁北企业集团	直排口	0.02	—	—	0.06	12.5	—	0.06
马颊河	入海河口	2.13	0.02	6.0	1.38	9.7	—	1.40
德惠新河	入海河口	1.32	0.02	4.3	0.20	7.4	0.32	0.22
漳卫新河	入海河口	0.27	—	—	0.77	2.5	0.11	0.77
合计		27.47	0.83	783.2	21.07	362.1	14.13	22.02

2. 主要入海口污染物入海通量

选用资料较为丰富的 1985 年和 1995 年,计算来自各污染源的污染物入海通量,各主要入海直排口、混排口、市政口的入海通量,结果分别见表 7-3-18 和表 7-3-19。

表 7-3-18 1985年各入海口污染物入海通量

污染源类型	入海污染源名称	COD/t	BOD/t	无机氮/t	无机磷/t	砷/t	汞/t	铬/t	铜/t	锌/t	铅/t	酚/t	氰化物/t
入海河口	海河	1 285.20	1 025.44	3 742.72	0	0.42	0.02	0	0.83	4.35	0	319.60	1.90
	蓟运河	0	0	251.06	0	0.54	0.01	0	—	—	—	0	0
	潮白新河	4 564.16	0	11.15	0	0.04	0	0.07	—	—	—	5.05	0.15
	青静黄河	1 232.16	—	4.76	—	—	—	1.69	—	—	—	2.58	0.16
混合排污河	北京排污河	14 056.96	2 162.40	1 964.11	456.96	1.09	0.03	0	—	—	—	0	1.77
	汉沽污水库	70 653.36	—	723.52	0	0.71	0.04	0	—	—	—	0	0
	北塘排污河	56 941.84	34 860.88	4 146.10	573.92	1.33	0.03	0.20	—	—	—	149.06	14.48
	沧浪渠	7 042.08	—	135.73	—	—	—	0.20	—	—	—	9.11	0.19
	黑猪河	39 698.40	4 025.60	1 747.06	16.73	—	—	0	0.82	2.49	3.13	—	0.20
市政排水口	大沽排污河	83 007.60	38 692.00	1 857.76	384.88	2.23	0.07	0.02	—	—	—	77.93	5.09
	天津港务局	—	—	0	—	—	—	—	—	—	—	—	0
企业直排口	天津碱厂	4 477.12	—	65 824.00	—	—	—	—	—	—	—	17.82	49.37
	新港船厂	7 766.96	—	0	—	—	—	—	3.75	140.00	9.07	0.38	0
	大港油田炼油厂	—	—	0	—	—	—	—	—	—	—	—	0
海上污染源	船舶	—	—	0	—	—	—	—	—	—	—	—	0
	海上平台	—	—	0	—	—	—	—	—	—	—	—	0

表 7-3-19　1995 年各入海口污染物入海通量

污染源类型	入海污染源名称	COD/t	无机氮/t	无机磷/t	石油类/t	汞/t	镉/t	铬/t	铅/t	锌/t	铜/t
入海河口	海河	4 045	8 772	151.9	561.2	0.05	0.02	—	0.42	41.29	15.88
	蓟运河	17 803	2 456	584.1	60.7	0.47	—	2.43	—	—	—
	潮白新河	8 732	13 370	610	828	0.11	0.03	—	0.86	87.73	17.82
	独流减河	5 410	1902	558.3	1027	—	0.16	16.68	0.95	301.6	295.2
混合排污口	北京排污河	6 736	66.6	10.3	10.1	0.2	0.2	—	40.24	1.11	10.06
	汉沽污水库	389.7	13.1	10	0.3	0.01	—	0.02	—	—	—
	北塘排污河	73 763	5856	301.7	767.5	0.05	0.04	—	2.27	35.34	11.87
	渔民村	335.7	14.2	12.8	28.4	—	—	—	—	—	—
	二道沟	124.8	40.2	4.6	0.5	—	—	0.09	—	—	—
市政排水口	大沽排污河	89 134	3 021	112.6	740.6	0.06	0.01	—	0.17	57.2	5.48
	北仓泵站	14 973	507.8	9.9	573.5	0.02	0.18	—	3.94	4.14	3.35
	北排明渠	2 239	73.3	3.5	53.5	—	—	—	—	2.3	—
	天津港务局	255.2	—	—	3.7	—	—	—	—	—	—
企业直排口	天津碱厂	416.7	215	—	3.5	—	—	0.05	—	—	—
	新港船厂	10.2	—	—	0.4	—	—	—	—	0.04	—
	渤海石油公司排污口	1.5	—	—	0.2	—	—	—	—	—	—

由表 7-3-18、表 7-3-19 可知，北塘排污河、大沽排污河是天津海岸带主要污染源，主要污染物有 COD、无机氮、无机磷、石油类以及汞、镉、铅、砷、锌等。

3. 污水入海流达率估算

$$污水入海流达率 = \frac{污水入海量}{污水排放量}$$

由于污水入海量资料欠缺，以入海水量代替污水入海量。从表 7-3-20 的 2000—2004 年的数据来看，入海水量在通常情况下小于流域污水排放量，2000—2002 年入海水量较小，考虑到海河流域部分污水直排，因此以《海河流域水资源公报》入海水量近似污水入海水量计算污水入海流达率偏小。而 2003 年及 2004 年入海水量较大，考虑到南水北调增加的径流入海，以《海河流域水资源公报》入海水量近似污水入海量计算污水入海流达率偏大。表中数据只能估算污水流达率取值范围，具体数据有待进一步完善。

表 7-3-20　2000—2004 海河流域污水量与入海水量对比

年份	海河流域污水排放量/亿 t	《海河流域水资源公报》入海水量/亿 t	流域降水量/mm	流域降水总量/亿 m³	入海径流系数/%	污水入海流达率/%
2000	54	4.1	490.0	1 559.3	0.26	7.59
2001	51	0.82	416.0	1 324.8	0.06	1.61
2002	53.6	1.83	400.4	1 273.8	0.14	3.41
2003	51.07	21.8	582.10	1 862.96	1.17	42.69
2004	48	37.05	538.20	1 722.44	2.15	77.19
平均	51.53	13.12	485.34	1 548.66	0.85	25.46

4. 污染物入海流达率估算

$$污染物入海流达率 = \frac{污染物入海量}{污染物排放量}$$

污染物的排放量应该包括点源及非点源，由于海河流域比较特殊，入海水量大部分年份小于流域污水排放量，因此上游点源进入下游农田，而下游农田的非点源（N、P、COD 等）再流出下游河道，点源与非点源的关系不容易统计。因此，污染物入海流达率中污染物排放量仍以点源排放量计算，计算出来的污染物入海流达率隐含非点源的贡献（表 7-3-21）。

表 7-3-21　2000—2004 年（除 2001 年）海河流域污染物年入海流达率估算表

年份	COD 入海流达率/%	氨氮入海流达率/%	COD 排放量/万 t	COD 入海量/万 t	氨氮排放量/万 t	氨氮入海量/万 t
2000	32.00	32.40	157.70	50.46	26.20	8.49
2002	30.00	30.00	113.20	33.96	12.00	3.60
2003	54.00	53.70	113.40	61.24	10.80	5.80
2004	72.00	71.76	191.94	138.20	13.10	9.40
平均	49.26	43.92	144.06	70.97	15.53	6.82

(四) 渤海三湾污染物入海通量分析

依据王修林等所做的大量工作以及相关文献，对渤海（包括渤海湾、辽东湾和莱州湾三个海湾）的污染物入海通量进行了综合分析，综合考虑了陆源、海水养殖和大气沉降排放等多种来源。

1. 溶解态无机氮(DIN)入海通量

渤海中,DIN 入海通量由 20 世纪 70 年代末的 $25×10^4$ t/a 左右逐渐增加,到 20 世纪 90 年代初期增值最大,可达 $45×10^4$ t/a 左右,之后大幅度降低,到 21 世纪初为 $30×10^4$ t/a 左右,后又有所增加,2005 年为 $35×10^4$ t/a 左右。即自 20 世纪 70 年代末至 21 世纪初,渤海 DIN 入海通量整体上表现出先增加、后降低、再增加的"N"形变化趋势(图 7-3-1)。

综合分析表明:渤海中的排海 DIN 主要来源于黄河和辽河流域,两者合计高达 72%左右;渤海中的 DIN 入海通量主要取决于以入海河流为主的陆源排放。

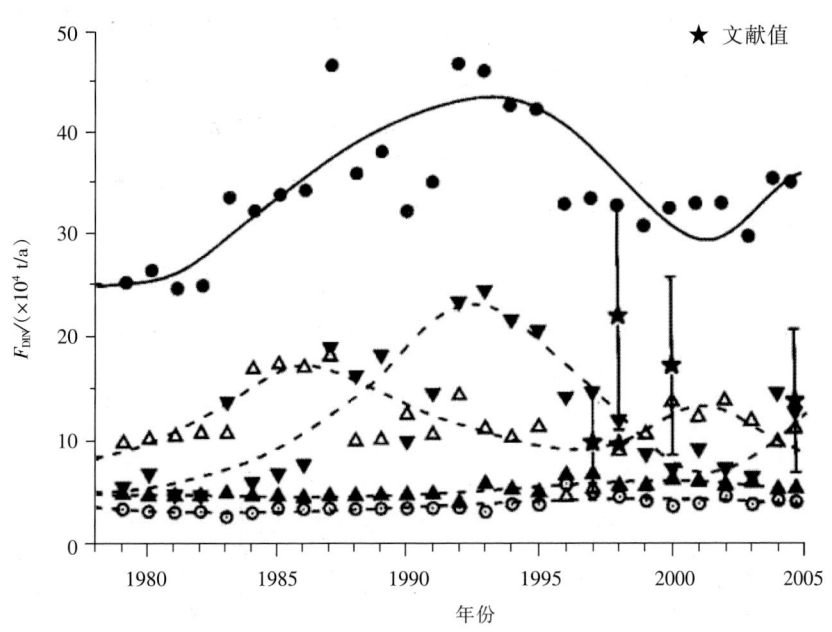

图 7-3-1 自 20 世纪 70 年代末至 21 世纪初,海河(○)、滦河(▲)、黄河(▼)、辽河(△)流域 DIN 排海通量和渤海中 DIN 入海通量(●)变化趋势

2. 总溶解态磷(TDP)入海通量

渤海中,TDP 入海通量由 20 世纪 70 年代末的 $1.6×10^4$ t/a 左右逐渐增加到 20 世纪 90 年代初的 $3.0×10^4$ t/a 左右,然后缓慢降低,2005 年为 $2.4×10^4$ t/a 左右。即自 20 世纪 70 年代末至 21 世纪初,渤海 TDP 入海通量整体上表现出先逐渐增加、再缓慢降低的倒"U"形变化趋势(图 7-3-2)。

综合分析表明:渤海中的排海磷营养盐主要来源于黄河和辽河流域,两者合计高达 78%左右;渤海中的磷营养盐入海通量主要取决于以入海河流为主的陆源排放,而对滦河流域,大气沉降也有重要贡献。

3. 化学需氧量(COD)入海通量

渤海中,COD 入海通量由 20 世纪 70 年代末的 $110×10^4$ t/a 左右逐渐增加到 20 世纪 90 年代后期的 $170×10^4$ t/a 左右,然后逐渐降低,2005 年为 $120×10^4$ t/a 左右。即自 20 世纪 70 年代末至 21 世纪初,渤海 COD 入海通量整体上表现出先增加、后降低的倒"U"形变化趋势(图 7-3-3)。

综合分析表明:渤海中的排海 COD 主要来源于黄河和滦河流域,两者合计达 61%左右;渤海中的 COD 入海通量主要取决于以入海河流为主的陆源排放。

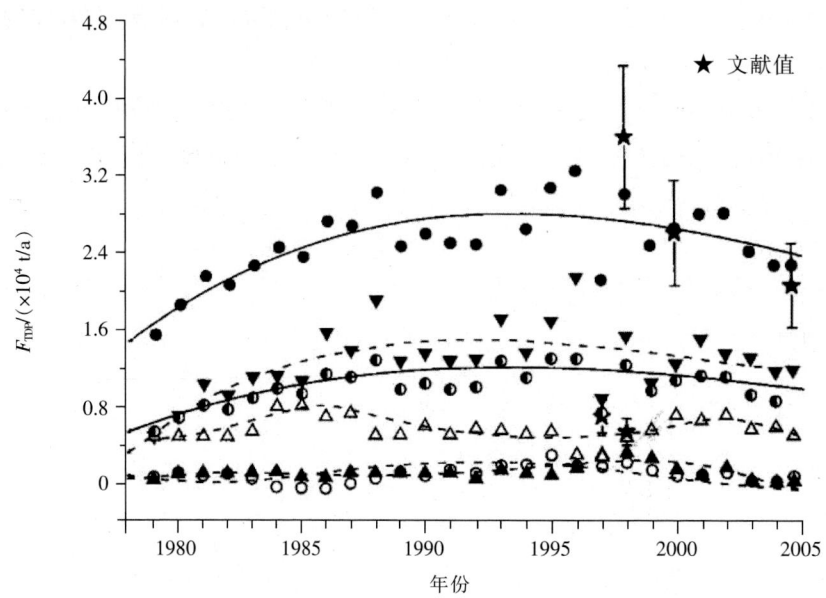

图 7-3-2　自 20 世纪 70 年代末至 21 世纪初，海河（○）、滦河（▲）、黄河（▼）、辽河（△）流域 TDP 排海通量，渤海中 TDP 入海通量（●）和 PO_4-P（◐）入海通量变化趋势

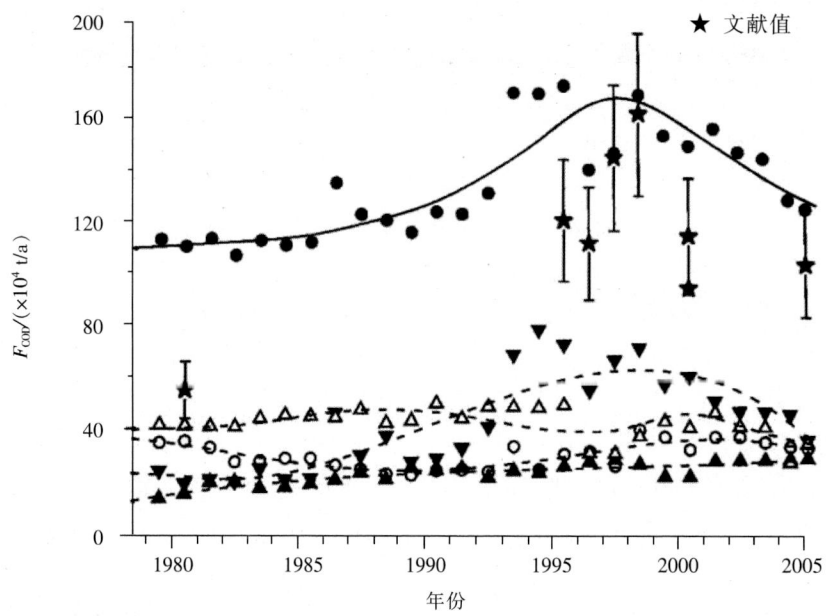

图 7-3-3　自 20 世纪 70 年代末至 21 世纪初，海河（○）、滦河（▲）、黄河（▼）、辽河（△）流域 COD 排海通量和渤海中 COD 入海通量（●）变化趋势

4. 石油烃入海通量

渤海中，石油烃入海通量由 20 世纪 70 年代末的 $1.6×10^4$ t/a 左右逐渐降低到 20 世纪 80 年代中期的 $1.2×10^4$ t/a 左右，然后逐渐增加到 20 世纪 90 年代后期的 $1.8×10^4$ t/a 左右，之后逐渐降低，2005 年为 $1.2×10^4$ t/a 左右。即自 20 世纪 70 年代末至 21 世纪初，渤海石油烃入海通量整体上表现出先降低、后增加、再降低的倒"N"形变化趋势（图 7-3-4）。

综合分析表明：渤海中石油烃入海通量主要取决于以入海河流为主的陆源排放。

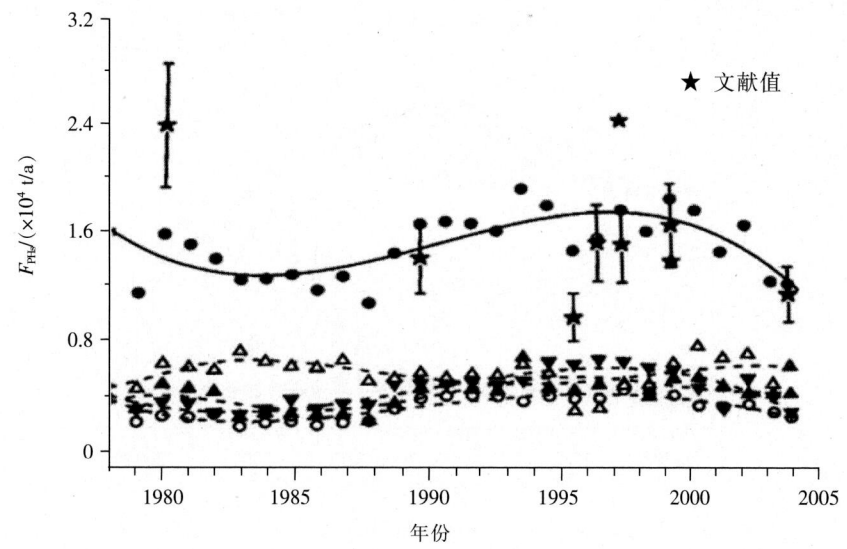

图 7-3-4 自 20 世纪 70 年代末至 21 世纪初，海河（○）、滦河（▲）、黄河（▼）、辽河（△）流域石油烃排海通量和渤海中石油烃入海通量（●）变化趋势

5.重金属入海通量

渤海中 Hg 入海通量由 20 世纪 70 年代末的 1.0×10^4 t/a 左右逐渐增加到 20 世纪 90 年代初的 1.5×10^4 t/a 左右，之后逐渐降低，2005 年为 0.9×10^4 t/a 左右。渤海中 Pb 入海通量由 20 世纪 70 年代末的 0.7×10^4 t/a 左右逐渐增加到 20 世纪 90 年代中期的 1.2×10^4 t/a 左右，之后逐渐降低，2005 年为 0.7×10^4 t/a 左右。渤海中 Cd 入海通量由 20 世纪 70 年代末的 0.8×10^4 t/a 左右逐渐增加到 20 世纪 90 年代初的 1.2×10^4 t/a 左右，之后逐渐降低，2005 年为 0.8×10^4 t/a 左右。即自 20 世纪 70 年代末至 21 世纪初，渤海中 Hg、Pb、Cd 入海通量整体上都表现出先增加、后降低的倒"U"形变化趋势（图 7-3-5、图 7-3-6、图 7-3-7）。

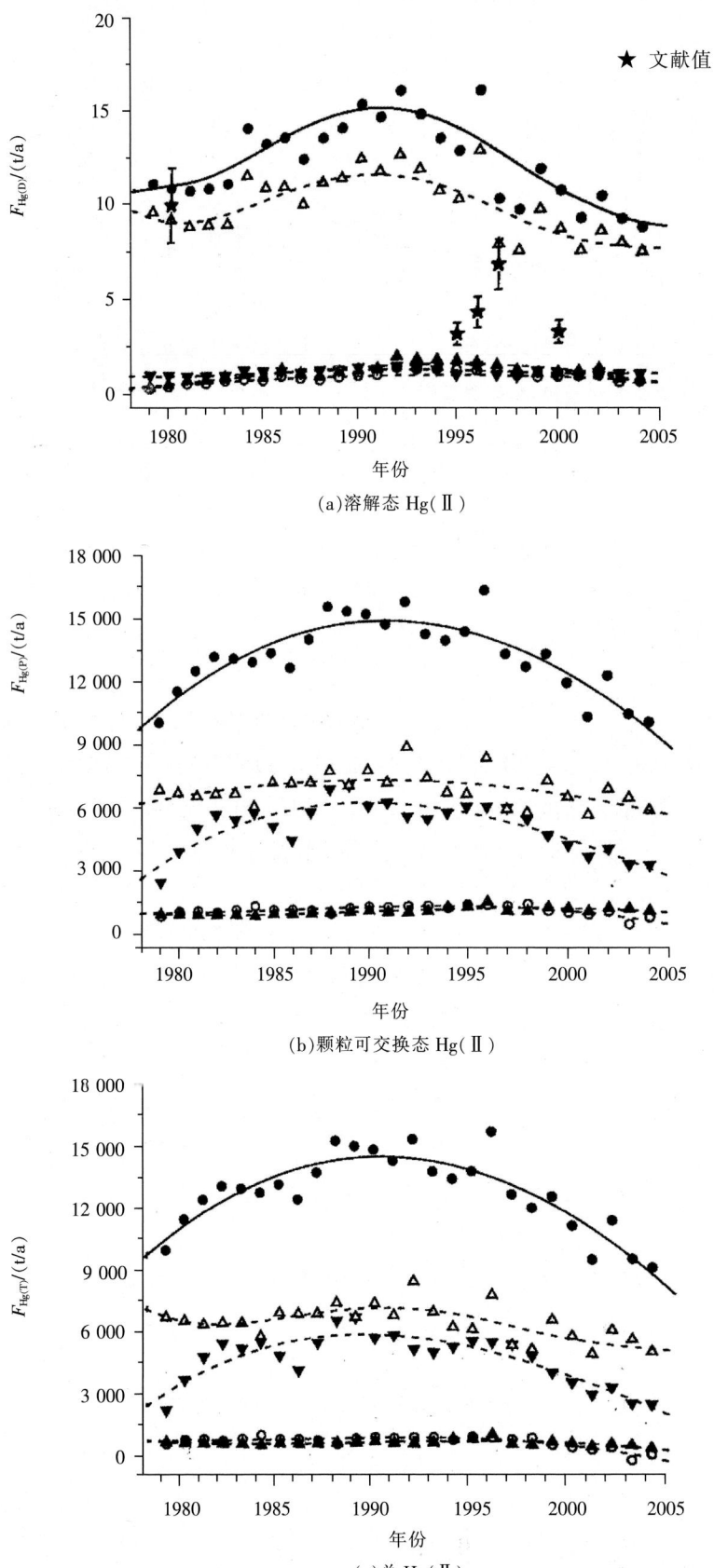

图 7-3-5 自 20 世纪 70 年代末至 21 世纪初,对于溶解态 Hg(a)、颗粒可交换态 Hg(b)和总 Hg(c),海河(○)、滦河(▲)、黄河(▼)、辽河(△)流域排海通量和渤海入海通量(●)变化趋势

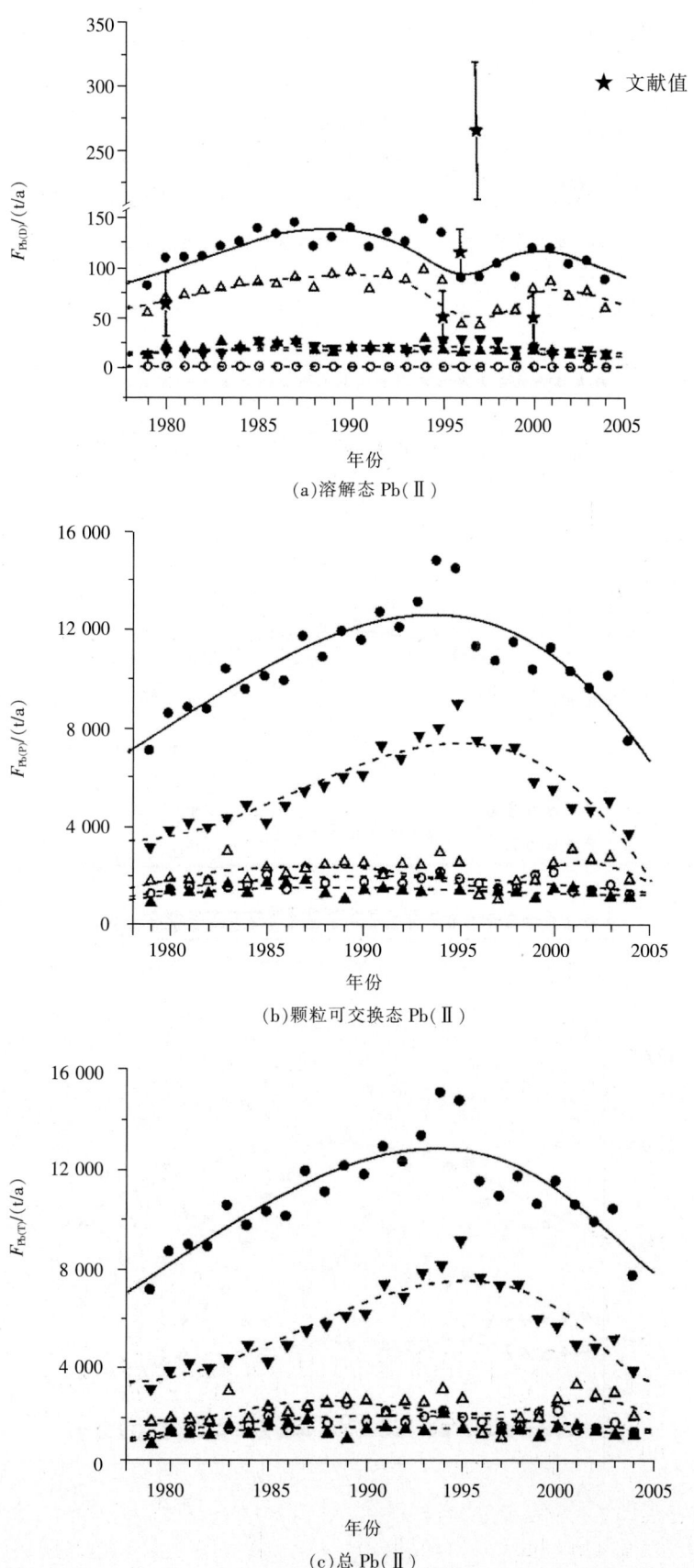

图 7-3-6　自 20 世纪 70 年代末至 21 世纪初,对于溶解态 Pb(a)、颗粒可交换态 Pb(b)和总 Pb(c),海河(○)、滦河(▲)、黄河(▼)、辽河(△)流域排海通量和渤海入海通量(●)变化趋势

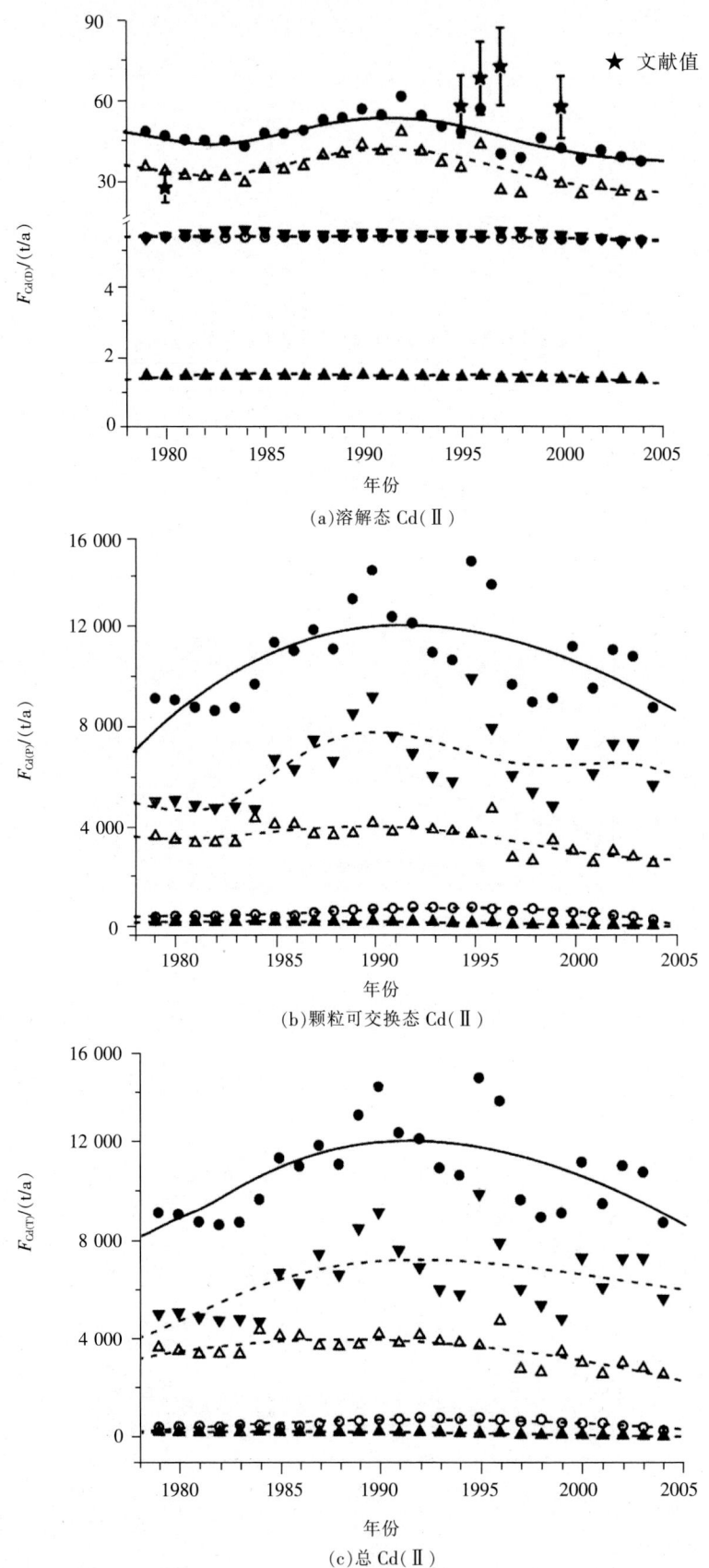

图 7-3-7 自 20 世纪 70 年代末至 21 世纪初,对于溶解态 Cd(a)、颗粒可交换态 Cd(b)和总 Cd(c),海河(○)、滦河(▲)、黄河(▼)、辽河(△)流域排海通量和渤海入海通量(●)变化趋势

(五) 入海通量小结

渤海污染物入海通量主要取决于以入海河流为主的陆源排放。综合王修林等人的研究成果：渤海污染物入海通量呈现不同的趋势，渤海DIN入海通量整体上表现出先增加、后降低、再增加的"N"形变化趋势；渤海TDP入海通量整体上表现出先逐渐增加、再缓慢降低的倒"U"形变化趋势；渤海COD入海通量整体上表现出先增加、后降低的倒"U"形变化趋势；渤海石油烃入海通量整体上表现出先降低、后增加、再降低的倒"N"形变化趋势；渤海Hg、Pb、Cd入海通量整体上都表现出先增加、后降低的倒"U"形变化趋势。以上研究成果是基于渤海四大入海河口资料进行的分析，在一定程度上进行了概化，难免存在一些误差，尤其是渤海湾天津岸线，存在大量污水直排口，要收集更多的资料来完善。

第四章 天津近岸海域污染时空特征总体分析

天津市位于渤海之滨，是环渤海地区的经济中心。如今环渤海地区已成为我国北方经济发展的"引擎"，被经济学家誉为继珠江三角洲、长江三角洲之后中国经济的第三个"增长极"。随着经济的发展、人口的急剧增长和工业的快速发展，人类活动向天津近岸海域排放的污染物逐年增加。而且天津海岸属堆积型粉砂淤泥质海岸，这种淤泥质海岸因附近河流携带污染物入海而不同程度受到污染。天津近岸海域有水动力条件较弱、水体交换能力较差的特点，致使海水难以交换到渤海中部或外海，自净能力差。另外，粉砂淤泥质的海底底质使得沉积物有较强的吸附作用，容易使污染物富集，从而造成滩涂和海域的严重污染，生态环境恶化。

第一节 调查区域与数据

研究区域为天津近岸 10 m 等深线向陆一侧的海域，范围是东经 117°32′2″—118°2′55″，北纬 38°32′21″—39°14′7″。数据来源于 1995—2010 年对天津海域的大范围水质调查，其采样站位的空间位置由于围海造地活动的开展而在不同年份略有调整，主要调整方式为近岸采样站位随陆地扩张而外移，但基本遍布于整个研究区域。调查时间为每年的 5 月、8 月和 10 月，近似对应入海径流的枯水期、丰水期和平水期，调查项目包括海水水体中的 $\rho(NH_3-N)$、$\rho(NO_3-N)$、$\rho(NO_2-N)$、$\rho(PO_4-P)$ 和 $\rho(COD_{Mn})$ 等，各水质因子分析测定方法依照《海洋调查规范》(GB/T 12763.4-1991，2007 年后使用 GB/T 12763.4-2007)进行。

第二节 天津近岸海域污染状况评价

监测数据按照年份和季节被分为 48 个监测时段，用以计算每个监测时段环境因子的均值。近年来，由于大规模围海造地活动，天津海域岸线有所变动，监测站位的空间位置也随之进行了调整。为了消除监测站位空间位置变化所带来的影响，使各个监测时段污染状况之间的对比分析更加合理，以水深为权重计算每个监测时段环境因子的均值公式如下，结果见图 7-4-1。

$$\bar{x}_r = \frac{\sum_{i=0}^{m} x_{ri} h_{ri}}{\sum_{i=0}^{m} h_{ri}}$$

式中：r 为监测时段($r=1,2,3,\cdots,47,48$)；

$\bar{x}_r$ 为 r 监测时段时相应环境因子的均值；

m 为相应监测时段的监测站位数；

x_{ri} 为监测站位 i 处监测时段 r 时环境因子 x 的监测值；

h_{ri} 为监测站位 i 处的水深。

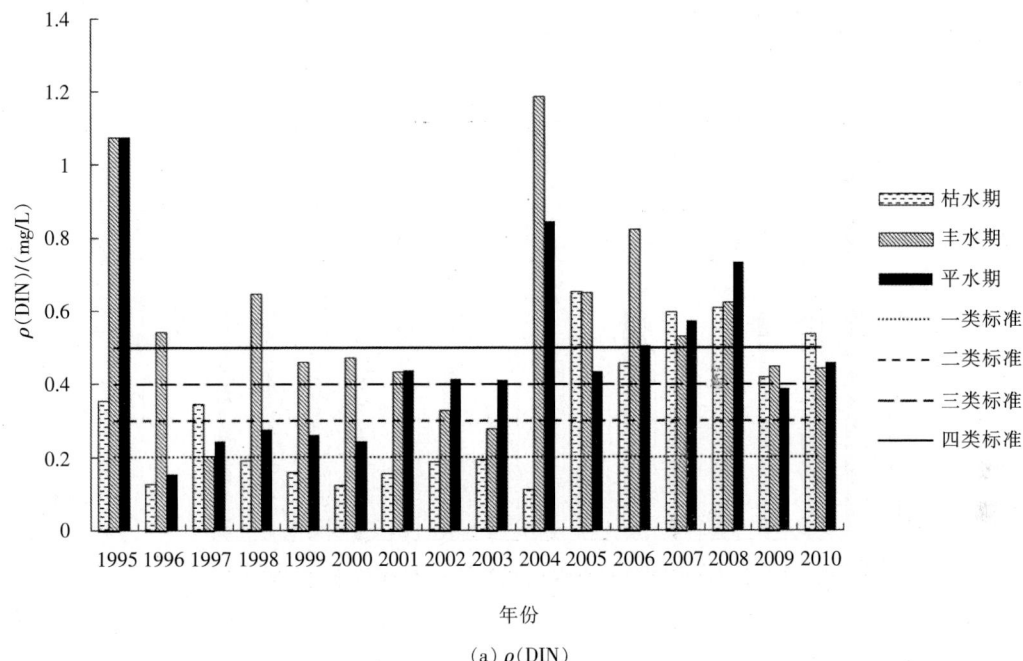

(a) $\rho(\text{DIN})$

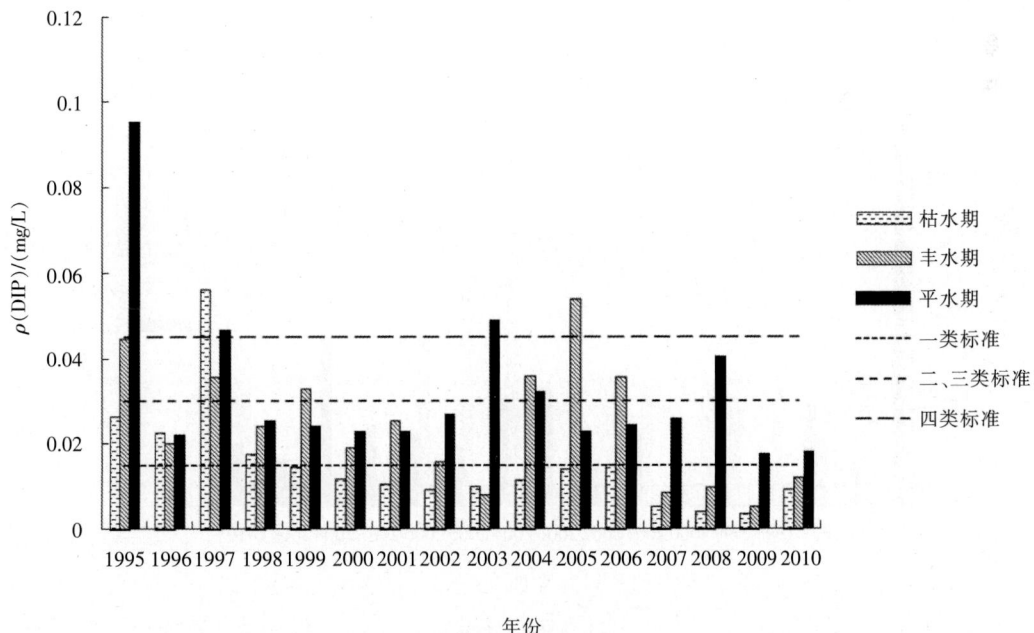

(b) $\rho(\text{DIP})$

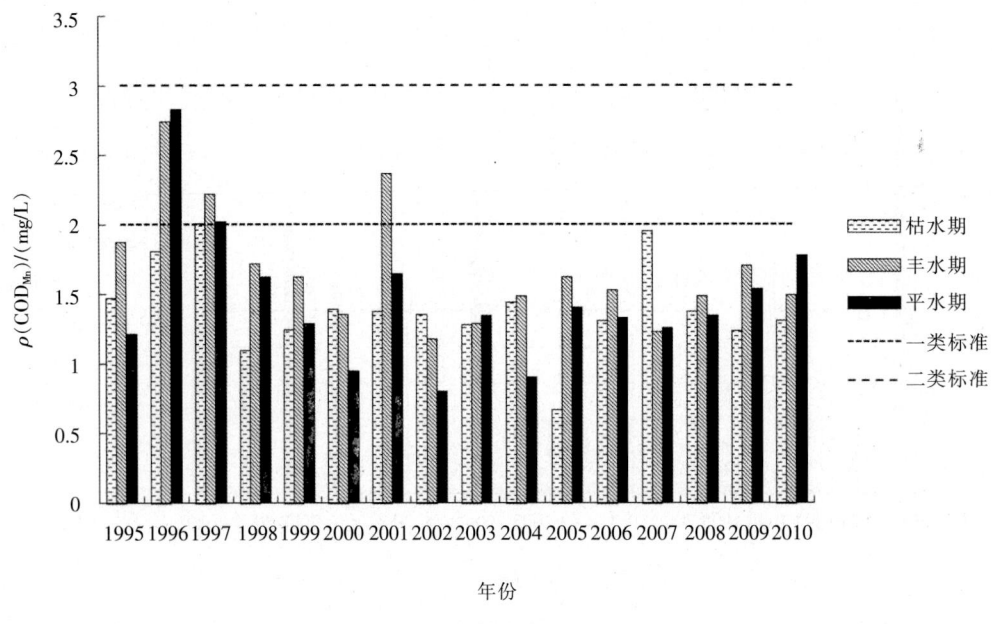

(c) $\rho(COD_{Mn})$

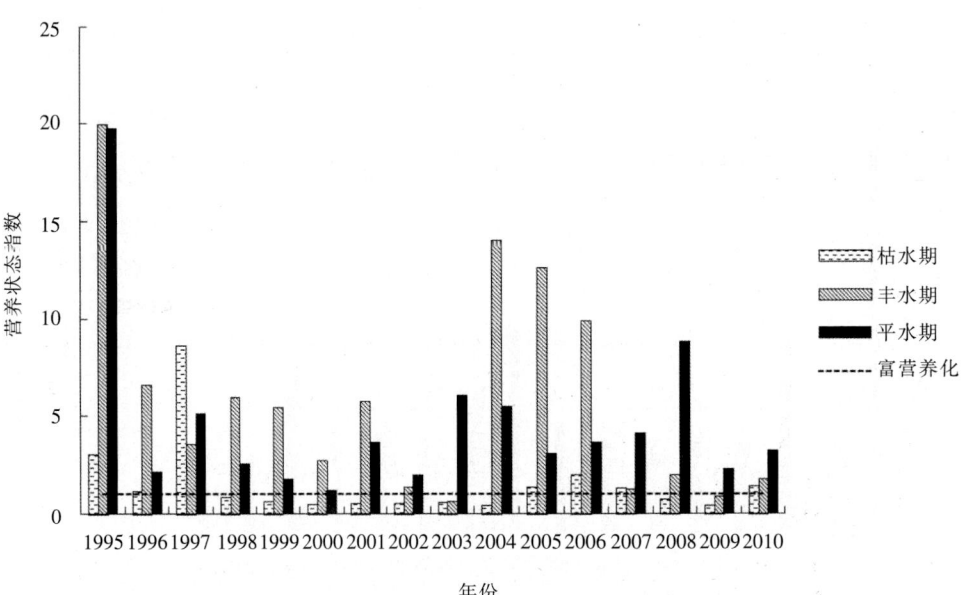

(d) 营养状态指数

图 7-4-1　1995—2010 年不同季节天津近岸海域环境状况

图 7-4-1 表明有 37 个监测时段的营养状态指数 E 超过了 1,占总体的 77.1%,表明大多数时期天津近岸海域都处于富营养化状态,水体富营养化形势严峻。与之相关的环境因子中,$\rho(DIN)$ 有 29 个监测时段超过了四类或者劣四类水质的标准,占总监测时段的 60.4%,特别是 1995 年、2004 年的丰水期和平水期 $\rho(DIN)$ 的平均值都超过了四类水质标准的两倍;$\rho(DIP)$ 有 12 个监测时段超过了四类或者劣四类的水质标准,占总体的 25%;$\rho(COD_{Mn})$ 在 87.5% 的监测时段含量符合一类水质标准。这说明各环境因子的污染程度差异明显,氮污染最为严重,磷污染次之,有机物污染较为轻微。

从季节分布来看,绝大多数(81.8%)营养状态指数 $E<1$ 的监测时段都出现在枯水期;枯水期的平均营养状态指数为 1.49,而丰水期为 5.9,平水期为 4.69,此数据表明富营养化的季节差异非常明显,丰水期的富营养化程度高于平水期和枯水期,枯水期的营养状态较为良好。相关环境因子中,高浓度值大部分出现在丰水期,而低值则集中于枯水期。具体而言,$\rho(DIN)$ 的平均值在枯水期、丰水期和平水期分别为 0.33 mg/L、0.57 mg/L 和 0.45 mg/L,$\rho(DIP)$ 为 0.015 mg/L、0.028 mg/L 和 0.030 mg/L,$\rho(COD_{Mn})$ 为 1.39 mg/L、1.68 mg/L 和 1.46 mg/L,环境因子的季节差异性明显。

第三节 天津近岸海域水环境时间变化特征

一、时间变化趋势分析方法

Mann-Kendall 趋势检验(M-K 方法)是一种非参数的统计趋势检验方法。与使用参数检验的方法相比,此方法所选样本无须遵从既定的分布,不受少数异常值的干扰,非常适用于类型和顺序变量,并且已经成功地在水文、气象等领域的时间序列分析中得到应用。因此,本书采用 M-K 方法来分析天津近岸海域污染物含量的时间变化趋势。设 n 个污染物要素样本的时间序列为 $\{X_r\}, r=1,2,3,\cdots,n$,定义统计量

$$UF_k = \begin{cases} \dfrac{S_k - E(S_k)}{\sqrt{Var(S_k)}}, & 2 \leq k \leq n \\ 0, & k=1 \end{cases}$$

$$S_k = \sum_{i=1}^{k} \sum_{j=1}^{i-1} m_{ij}, \quad m_{ij} = \begin{cases} 1, x_i > x_j \\ 0, x_i \leq x_j \end{cases}$$

$$E(S_k) = \frac{k(k-1)}{4}$$

$$Var(S_k) = \frac{k(k-1)(2k+5)}{72}$$

式中:S_k 为第 i 时刻数值大于 j 时刻数据个数的累计数;

$E(S_k)$ 为累计数 S_k 的均值;

$Var(S_k)$ 为累计数 S_k 的方差;

UF_k 为 S_k 进行标准正态分布转换的结果。

UF_k 是按时间序列 x 计算出的统计量序列,当 $UF_k > 0$ 时表明污染物要素序列在 k 时刻处呈上升趋势,当 $UF_k < 0$ 时则为下降趋势。给出显著水平 $U_{0.05} = \pm 1.96$,当 $|UF_k| > 1.96$ 时,表明序列在 k 时刻处存在显著的变化趋势。

二、水环境时间变化趋势分析结果

由图 7-4-2 可知,在 1997—2008 年,天津近岸海域中营养状态指数和相关环境因子的 UF 绝对值都有超过 1.96 的情况发生,表明在此期间天津近岸海域中富营养化状态和相关环境因子在时间上有显著的变化。同时,入海水流量经历先快速下降、后逐渐回升的过程。受此影响,环境因子和营养状态指数也大体呈现初期下降、后期回升的态势,而各个环境因子根据污染特性的不同,在趋势细节上有所差异。

$\rho(DIN)$ 年均值的 UF 序列在 1997—2002 年

小于 0，表明 $\rho(DIN)$ 在入海水量减少的情况下呈现下降趋势，但是 UF 序列总体呈现"W"形的趋势，即每年下降趋势的显著程度有所差异；在 2003 年后，年均值的 UF 序列超过了 0，表明年均值序列在该时期内由下降趋势转为了上升趋势，并且随着时间的增长上升趋势越来越明显；2005 年后 UF 值甚至超过 1.96，达到显著水平，表明该海域的无机氮污染有持续加重的趋势。$\rho(DIN)$ 各季节均值的 UF 序列变化趋势相互比较接近，都经历了先下降后上升并最终达到显著增长的趋势转变过程，其中平水期转为上升趋势的速度最快，并始终保持最明显的上升趋势，因此本海域平水期的氮污染要格外引起注意，见图 7-4-2(a)。$\rho(DIN)$ 的趋势变化与入海水量趋势变化大体相同，入海水量的回升可能是 $\rho(DIN)$ 快速增长的重要原因。近年来，海岸带的大规模开发使天津海域海岸线发生了巨大变化，减少了近岸区域的纳潮量，减弱了水体的自净能力，增加了陆源污染物的滞留时间，也可能是 $\rho(DIN)$ 快速增长的另一原因。

$\rho(DIP)$ 年均值的 UF 序列始终小于 0，表明 $\rho(DIP)$ 基本处于下降趋势；UF 序列的波动性比较强，表明下降的显著程度有所差异。$\rho(DIP)$ 季节均值 2003 年前与入海水量的变化趋势相同，但是 2005 年后尽管入海水量持续回升，丰水期和平水期 $\rho(DIP)$ 的上升态势反而在减弱，枯水期的 $\rho(DIP)$ 甚至处于显著下降趋势，这可能是由天津近岸海域水体中磷的来源特性以及天津近岸海域 2003 年开始的大规模围海造地活动所引起的。在渤海湾中，底泥是水体中磷的重要来源，而天津近岸海域围海造地活动吹填了沿海滩涂及近岸浅水区淤泥，直接减少底泥对水体中 $\rho(DIP)$ 的影响，从而在一定程度上改善了天津近岸海域磷污染状况，缓解了入海水量回升对 $\rho(DIP)$ 的影响。同时，枯水期在 3 个季节中入海水量最低，因而水体磷污染改善也最为明显，围海造地活动大规模开展后，下降趋势愈发显著，见图 7-4-2(b)。

$\rho(COD_{Mn})$ 年均值和季节均值的 UF 序列全部小于 0，并且从 2000 年左右开始，大部分时期都呈现出显著下降趋势，因此与 $\rho(DIN)$ 和 $\rho(DIP)$ 相比，$\rho(COD_{Mn})$ 的下降趋势更为突出。$\rho(COD_{Mn})$ 的年均值和季节均值的变化趋势基本一致，2000 年前都与入海水量下降趋势同步，但是 2000 年后，COD 的回升速度远远低于入海水量的回升速度。$\rho(COD_{Mn})$ 与入海水量回升速度的不一致性可能归因于 2001 开始实行的渤海碧海行动计划。渤海碧海行动计划的实施使天津地区的城市污水处理率从 1997 年的 50% 提高到 2003 年的 80%，COD 的入海总量削减了 20 t/a，入海 COD 总量的减少促使天津近岸海域 $\rho(COD_{Mn})$ 显著下降，极大地改善了天津近岸海域的有机污染状况，见图 7-4-2(c)。

从图 7-4-2(d) 中可以看出，营养状态指数年均值的 UF 统计量都小于 0，表明天津近岸海域的水体富营养化程度有了一定程度的改善；同时，营养状态指数的变化与水量的变化大体相同，表明入海水量依然对天津近岸海域水体的富营养化有重要影响。受入海水量的影响，3 个季节的富营养化在 2000 年左右进入了回升过程，枯水期回升最慢，平水期回升最快，因此要特别关注平水期的水体富营养化。

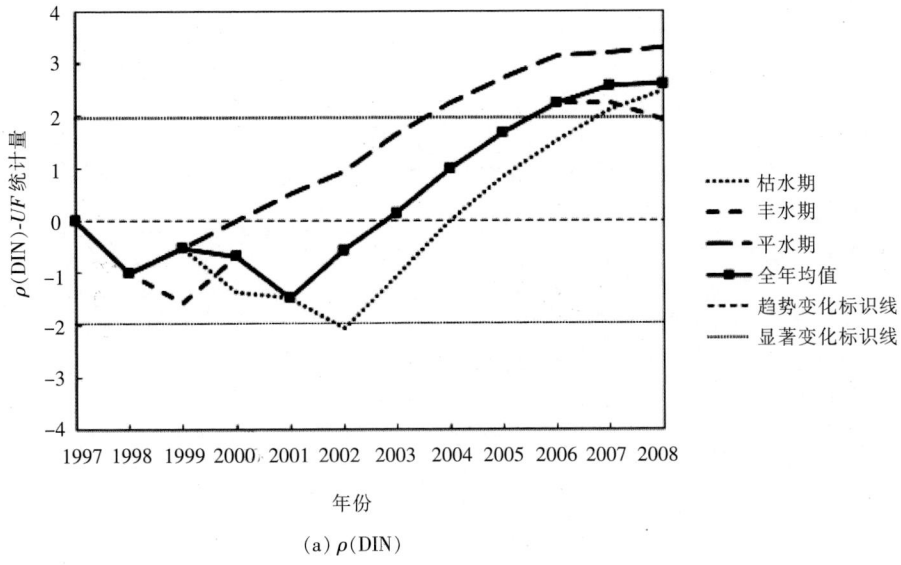

(a) $\rho(\mathrm{DIN})$

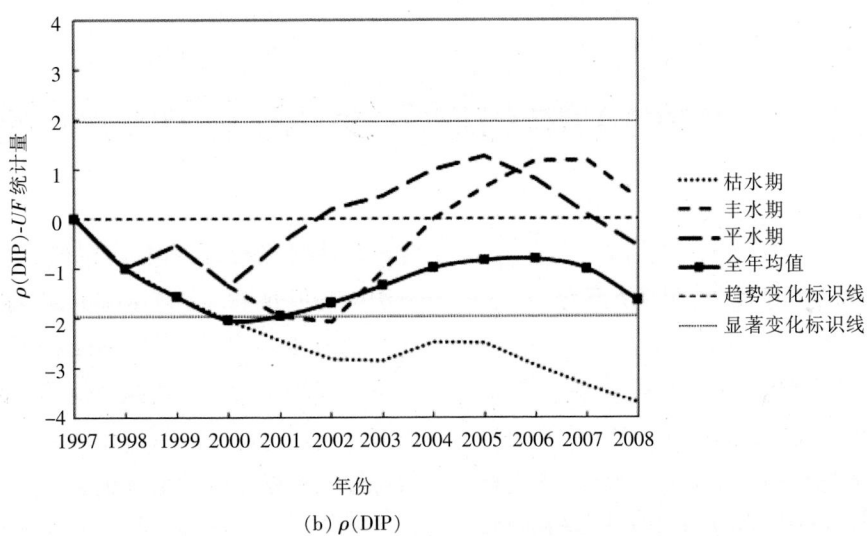

(b) $\rho(\mathrm{DIP})$

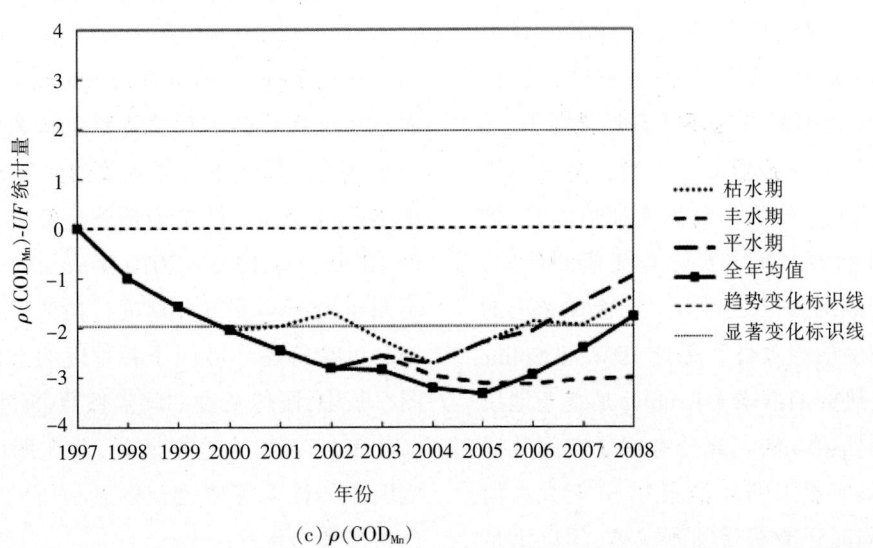

(c) $\rho(\mathrm{COD_{Mn}})$

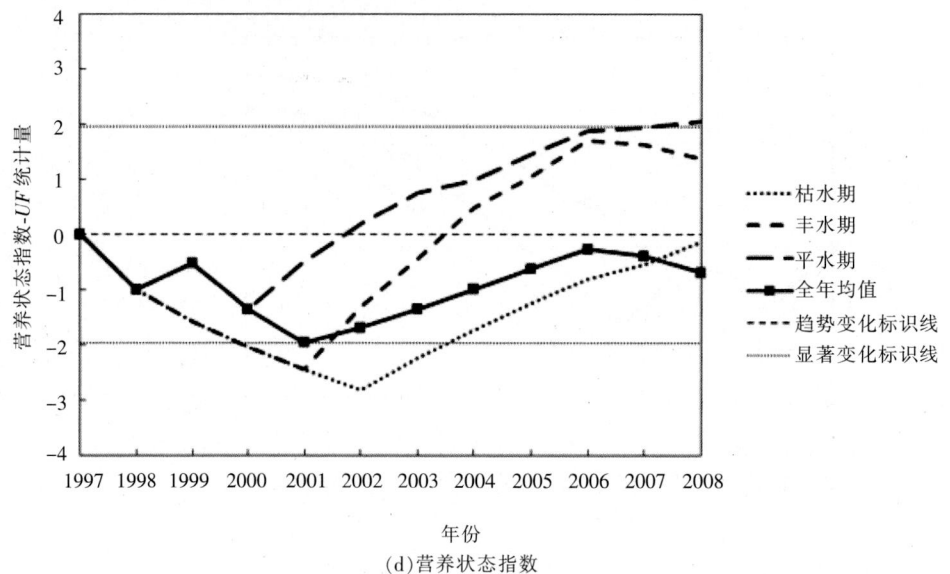

(d) 营养状态指数

图 7-4-2　天津近岸海域相关环境因子和营养状态指数年际 M-K 趋势检验结果

第四节　天津近岸海域水环境空间分布特征

一、空间分布特征分析方法

监测数据是海洋环境研究中重要的数据源，然而受时间、资金等多方面限制，系统而全面的海洋环境实测数据很难获取。因此，在进行海洋环境空间分析时，多采用空间插值来弥补数据不足所带来的分析上的困难。

目前常用的空间插值算法有克里格插值（Kriging）、反距离加权插值（IDW）和样条插值（Spline）等。由于 IDW 方法不具备外推能力，无法保证整个天津海域插值的可靠性，并易产生牛眼效应，而 Spline 作为一种高次插值算法，插值结果的值可能大大超出实际监测值的区间，并且海洋中各监测站位之间不一定像样条上的各点那样有高度的相关性，因此 IDW 和 Spline 无法满足本文研究的需求。Kriging 是基于地质统计学理论的插值方法，充分考虑了空间数据分布的特征，具有很强的外推能力，并能大大消除牛眼效应，同时还能获得预测误差，用以满足本文研究的需要。在实际应用中，王立华在对海洋环境质量进行评价时，详细比较了三种插值方法的插值效果，发现 Kriging 的球形模型对营养盐的数据拟合较好，Kriging 的通用线性模型对所测环境要素的平均拟合最好。因此，本书选用 Kriging 方法对天津近岸海域的营养盐和有机污染监测数据进行插值分析。

二、空间特征分析结果

采用 Kriging 插值方法来研究天津近岸海域海水相关环境因子和营养状态指数的整体空间分布状况。所用半变异函数模型为 Spherical，搜索半径可变，内插单元预测运算点的数目指定为 12 个。对 1995—2010 年表层海水数据按照不同年份不同季节分别进行插值后，按季节平均，可获得各环境因子各季度的空间分布趋势图。其中，图像灰度的间隔按照《海水水质标准》（GB 3097-1997）进行划分，并在图中标示各环境因子的浓度等值线，以显示环境因子的空间分布趋势变化。

根据环境因子的空间分布趋势变化可知，

天津近岸海域营养盐和有机污染物的空间分布既有很强的相似性，也表现出一定的差异性。相似性主要体现在污染物的空间分布呈现由近岸向远海区域逐步减少的趋势，并且污染的高值都出现在河流的入海口附近，这说明陆源排放对营养盐和有机污染物的重要影响；差异性主要是指趋势变化的细节上，表明其他因素对营养盐和有机污染物的空间分布也有一定影响。

$\rho(DIN)$和$\rho(DIP)$的分布除呈现由近岸到远海随距离衰减的特征外，还表现出一定的带状分布和北高南低特征。带状分布是由于营养盐污染物在输移扩散的过程中受到地形和潮流的作用，输运方向平行于岸线，使滩涂和近岸的海域受到严重污染。而南北差异特征主要是由于大沽排污河在天津近岸中部海域入海，同时北塘排污河和北京排污河也通过永定新河进入天津近岸北部海域，这就造成北部海域氮磷的入海量高于南部。对$\rho(DIN)$和$\rho(DIP)$的空间分布形态比较后发现，$\rho(DIN)$的带状分布特征强于$\rho(DIP)$，$\rho(DIP)$北高南低的分布形态则比$\rho(DIN)$更为明显。这可能归结于以下原因：①入海河流中与泥沙相结合的吸附态磷浓度远大于溶解态磷的浓度，磷主要是以吸附态磷的形态进入近岸海域，这就造成磷随潮汐扩散的能力弱于氮，$\rho(DIP)$的带状分布特征弱于$\rho(DIN)$；②沉积物对水体中磷的蓄积作用远大于对氮的蓄积作用，而粒级越小的沉积物对磷的饱和吸附量越大，蓄积能力越强，黏粒的饱和吸附量是粗砂的6~7倍。天津近岸北部海域的沉积物以砂质粉砂为主，南部海域以黏土质粉砂为主，导致南部海域沉积物的富集能力要远远强于北部区域，这就很有可能造成海水中$\rho(DIP)$强烈的南北差异。

整个天津海域的$\rho(COD_{Mn})$在不同季节都符合一类水质标准；在空间分布上，平水期$\rho(COD_{Mn})$呈现近岸高、远海低的规律，枯水期和丰水期整个海域的$\rho(COD_{Mn})$差异不大，且空间分布存在远海含量局部高于近岸含量的现象，呈现与$\rho(DIN)$和$\rho(DIP)$不同的空间分布特性。

营养状态指数的空间分布同样遵循着近岸向远海区域逐步减少的规律，并且显现了一定程度的南北差异，但没有像$\rho(COD_{Mn})$所呈现的高值区域出现在远海的情况，这表明营养状态指数的空间分布主要是受污染较为严重的$\rho(DIN)$和$\rho(DIP)$影响，而受污染较轻的$\rho(COD_{Mn})$的影响较小。

比较营养状态指数的季节差异性，可以发现赤潮敏感期是丰水期和平水期，枯水期大多数海域没有富营养化现象出现。在枯水期，由于受到入海水量的减少和春季浮游植物大量繁殖对营养盐消耗的影响，大部分海域的水质都符合一类水质标准，只有永定新河入海口处$\rho(DIN)$超标，使天津海域北部部分区域处于富营养化状态，因此，在枯水期应重点控制永定新河的氮负荷。在丰水期，天津海域所有河流入海口区域的$\rho(DIN)$都属于劣四类水质，永定新河的入海口区域$\rho(DIP)$处于四类水质，而所有河流的入海口区域的$\rho(COD_{Mn})$都符合一类水质标准。为了控制丰水期的水体的富营养化程度，在丰水期应该对所有入海河流的氮负荷进行重点削减，同时对永定新河的$\rho(DIP)$进行控制。在平水期，永定新河、独流减河和子牙新河的入海口区域$\rho(DIN)$达到四类水质标准，且影响范围巨大，$\rho(DIP)$的高值主要出现在永定新河的入海口，而在整个海域$\rho(COD_{Mn})$仍然符合一类水质标准，在平水期要重点控制永定新河、独流减河和子牙新河的氮负荷，同时对永定新河的$\rho(DIP)$进行重点削减。

第五节 小 结

天津近岸海域以氮磷污染为主,有机物污染较轻,富营养化形势不容乐观。在枯、丰、平3个季节污染物含量差异性明显,丰水期时的$\rho(DIN)$与$\rho(COD_{Mn})$远远高于枯水期和平水期;平水期和丰水期的$\rho(DIP)$相似,而明显高于枯水期;富营养化程度的季节变化与$\rho(DIN)$和$\rho(COD_{Mn})$情形相同。

环境因子和营养状态指数的年际变化受入海水量影响较大,基本呈现前期下降趋势、后期回升的态势,每个环境因子和营养状态指数的趋势细节有所差异。$\rho(DIN)$前期有所下降,后期显著上升,表明该海域的无机氮污染有持续恶化的趋势,要提高警惕;$\rho(DIP)$前期处于下降趋势,但是由于围海造地固化底泥减少了底泥中磷的释放,后期的上升趋势有所回落;$\rho(COD_{Mn})$长期处于显著下降的趋势;富营养化趋势与入海水量的趋势基本同步,初期快速下降,中期缓慢回升,在后期恢复上升趋势,要进行有效防治。

天津近岸海域的相关环境因子和营养状态指数基本呈现近岸高、远海低的特征,表明受陆源排放影响严重;在具体的分布形态上,$\rho(DIN)$和$\rho(DIP)$都展现出一定的带状分布和南北差异,其中$\rho(DIN)$带状分布更明显,$\rho(DIP)$北高南低形态更突出,$\rho(COD_{Mn})$空间分布规律性相对较弱,这些细节的差异可能是受潮流、地形、沉积物和其他因素的影响。

对渤海湾天津近岸海域富营养化的控制,要在丰水期重点削减所有入海河流的氮负荷和永定新河的磷负荷,在平水期重点控制永定新河、独流减河、子牙新河的氮负荷和永定新河的磷负荷。

第五章 天津近岸海域生态环境评价

第一节 海岸带生态环境指标体系选择

根据海岸带经济与环境协调发展的内涵和复杂系统的特征，在分解成社会经济和生态环境系统的基础上设计了一套海岸带生态环境学评估指标体系。该指标体系一方面可以清晰地反映海岸带协调发展复杂系统的结构和内容，另一方面为海岸带协调发展提供了一种综合评价的手段。

一、生态环境评估指标体系确立的原则和功能

在大多数系统评估及分析问题中，主要问题不在于评估指标缺少导致的系统评价困难，而是指标过于繁多，致使无法正确选择，由此大大增加了资料收集、整理和评价分析的难度。针对不同的系统工程问题，合适的指标确立原则，能够为建立一套合理、有效的评估指标体系提供帮助。通过对资源可持续利用，生态安全评价和可持续发展等领域中最为常见，采用频率较高的原则加以借鉴、筛选和综合，确立以下的原则作为建立典型海岸带生态环境评估指标体系的原则和标准。

(一)政策相关性

指标的选择应该反映生境修复与社会经济协调发展的内涵和目标，合理地回答决策者、管理者和投资商的问题。

(二)精简性

指标体系用途的概念易于理解，使得对于海岸带生态环境系统信息的描述更为清晰明了,方便管理者的管理和公众的参与。

(三)代表性

所选指标应该充分反映海岸带生态环境系统状态的实际情况，而不应出现严重的系统信息偏谬和缺失。

(四)有效性

数据的采集必须能够通过科学的测量和统计方法进行，以使得指标反映的海岸带生态环境系统信息无论对于专业还是非专业人士均是可信的。

(五)敏感性

指标必须对于海岸带生态环境系统的变化反应灵敏，使管理者能够及时准确地发现系统变化情况，以便采取切实有效的应对措施。

(六)时空序列性

指标可以通过时间和空间的序列数据表示，能够反映海岸带生态环境系统的时空演化趋势。

(七)数据成本

以合理的成本(包括时间和资金)获取高质量的数据,对于一些费时或耗资巨大的指标,应考虑采用相关分析等方法选用其他指标代替。

(八)综合信息能力

指标要有较强的集成能力，通过较少的指

标就能够基本准确地反映海岸带生境修复的程度，以及生境修复与社会经济发展的协调程度。

（九）存量和流量兼顾

复杂系统中的存量和流量概念也是确立海岸带生态环境学评估指标要考虑的一个方面，其中存量用于描述海岸带生态环境系统的状态，即通常所说的状态因子。流量代表存量的流入和流出，用于反映海岸带生态环境系统中各子系统的相互作用关系，为控制因子。选择指标时，应充分考虑控制因子的选择，以保证修复措施和社会经济发展规划具有可操作性。

二、生态环境评估指标体系的层次结构

依据评估指标体系确立的原则，并结合典型海岸带生态环境系统结构和功能的分析，可以得出反映典型海岸带的生境修复和社会经济发展协调程度的初步生态环境评估指标体系，该指标体系包括总体层、系统层、状态—控制层、变量要素层。

总体层：表达典型海岸带的生境修复和社会经济发展协调程度，代表不同社会经济发展背景和生境修复方案下海岸带生态环境系统的总体态势和修复效果。

系统层：根据典型海岸带生态环境系统内部的逻辑关系划分为自然环境子系统、社会经济子系统和生态资源子系统。

状态—控制层：由反映典型海岸带生态环境系统层中的每一个子系统行为的关系结构组成。在对系统进行现状分析时，它们表现为静态的，随着社会经济发展规划和生境修复措施的调整，呈现出动态变化的特征。

变量要素层：由一系列指标或指数构成，用于反映状态因子的行为、关系及对变化情况给予度量。

三、影响海岸带生态环境的自然因素和人为因素

海岸带生态环境的影响源可以分为自然因素和人为因素两大方面。表 7-5-1 列出了海岸带生态环境的主要影响源。在这里主要考虑人为因素对海岸带生态环境造成的影响。

表 7-5-1　海岸带生态环境影响源分析

	影响源		对生态环境影响方式
自然因素	气候条件变化		海平面上升
	自然灾害		水文条件及水环境状况改变
			海岸线变迁
人为因素	社会发展	人口因素	人口数量的增加和消费水平的提高对海洋资源的需求量增大；生活垃圾的排放量增加
		城市化水平	基础设施建设对土地需求量增加，破坏生态系统平衡，改变区域水文特性等
	海岸带活动	工业发展	资源需求量增加；工业废物、废水量的增加使得环境压力加重
		农业发展	土地利用方式改变；化肥农药的使用造成环境水体污染
		渔业、养殖业发展	过度捕捞造成资源衰竭，不加控制的养殖业发展导致产品品质下降；养殖废水对浅海水质造成影响
		港口建设	增加土地占用面积；航道疏浚造成水体悬浮物增加
		矿业开采	石油、天然气开发引起溢油污染
		盐田开发	造成土地盐渍化

四、生态环境系统结构分析

海岸带是海洋与陆地相互作用的地带。海岸带生态环境系统是相对草原、森林、湖泊等生态系统来说更复杂的生态系统。它的复杂性不仅来自于海岸带生态环境系统内部关系的复杂性，更来自于其空间复杂性，即海岸带跨越干湿两侧，导致海域和陆域之间产生联系带来的复杂性。要搞清复杂系统的内部结构，首先要对大系统进行归纳和简化。这里根据渤海湾典型海岸带的具体情况以及海岸带管理目标的要求，将海岸带生态环境系统划分为环境系统和社会经济系统两个子系统。

图 7-5-1 是渤海湾典型海岸带生态环境系统结构和功能分析图。环境系统主要考虑水环境和底质环境，社会经济系统由社会和经济两个下级子系统构成。这两个子系统是互相影响、互相制约并相互作用的整体。

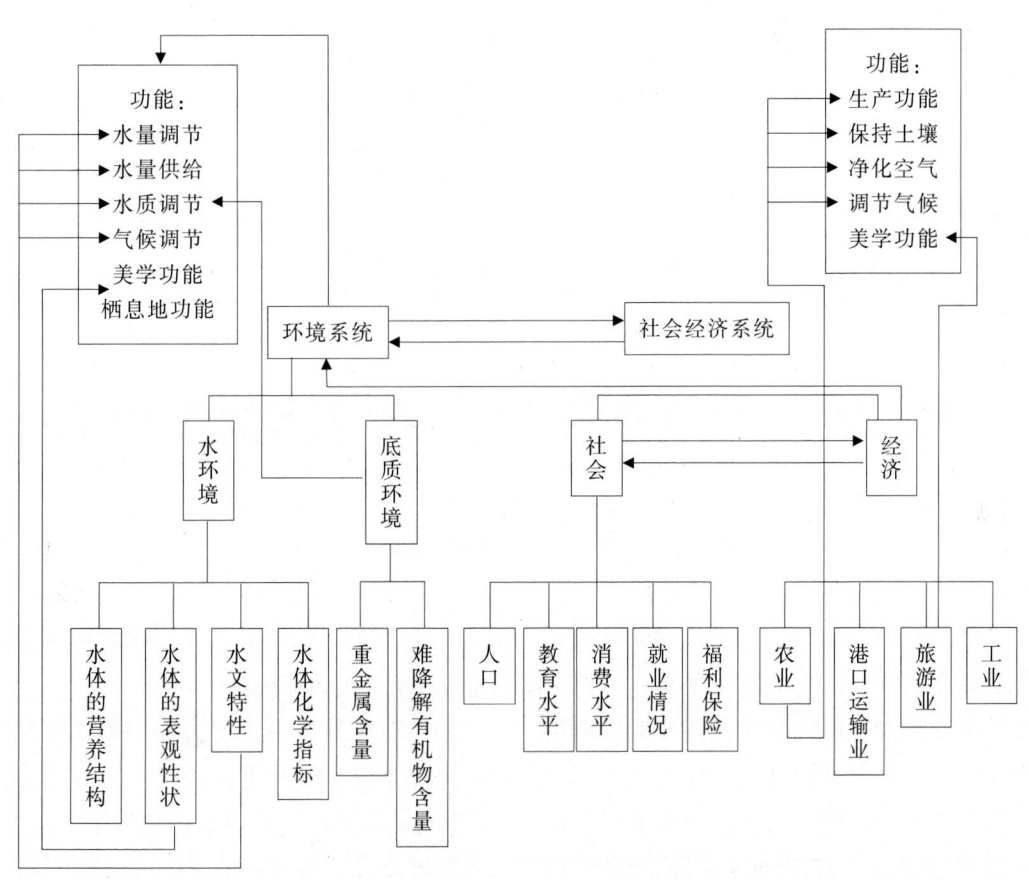

图 7-5-1　渤海湾典型海岸带生态环境系统结构和功能分析图

五、海岸带生态环境评估指标体系

根据以上建立海岸带生态环境评估指标体系的原则，以及海岸带生态环境系统的结构、功能分析结果，综合多级关联的生态环境系统评估指标，可建立如图 7-5-2 所示的以渤海湾海岸带环境和社会经济可持续发展为目标的生态环境评估指标体系。

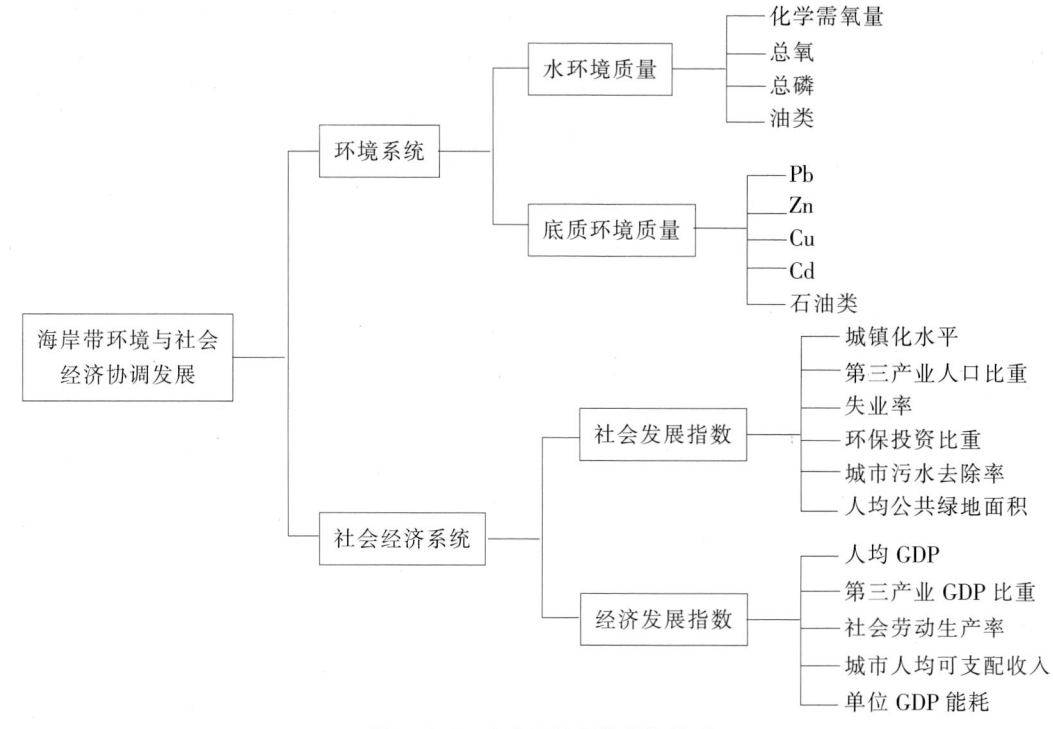

图 7-5-2　生态环境评估指标体系

第二节　海岸带生态环境评估技术方法

海岸带生境与经济协调发展这样一个区域复合系统，结构复杂、层次多变，子系统之间既有相互作用，又有相互输入和输出。某些层次、某些元素以及某些子系统的改变可能导致整个系统由优到劣或由劣到优的变化。海岸带协调发展评价要运用综合评价方法，从众多指标中提出那些最敏感的、便于度量且内涵丰富的信息，并用它们来衡量海岸带地区的发展程度、协调程度。

一、空间变异性分析方法

人类对于海岸带的开发活动存在时空上的非均衡性，加之海岸带区域的地理系统、水动力学特性复杂且不断发展变化，导致海岸带的生态环境系统在空间分布上存在很大的变异性。在进行海岸带生境修复的前期，建立系统空间变异性分析模型，依据不同测站的实测水质资料，对海岸带生态环境开展空间变异性分析，充分了解不同区域的污染特征和变化规律，可为进一步开展海岸带生态环境的修复与管理提供数据支持和决策信息。

空间变异性分析方法利用系统分析中的因子分析方法，研究生态环境指标的相关系数矩阵，将大量存在一定相关性的生态环境指标，综合压缩成几个在统计意义上相互正交的独立主因子。这样既保留了原始监测数据的差异信息，又消除了原始监测数据维数过高和信息分散的问题。之后用聚类分析方法对原始监测数据在主因子上的得分数据集进行系统聚类，从而得出海岸带生态环境的空间变异性分类描述。图 7-5-3 为海岸带生态环境系统空间变异性分析方法的工作流程图。

主因子分析是把原来多个生态环境指标转化为少数几个综合主因子的统计方法。它通过把指标体系所提供的监测结果间的差异集中起来,形成数量较少的新的综合主因子,使监测结果在主因子间的差异尽可能大;与此同时,在统计意义上这些主因子彼此又是正交和独立的,把这些新的主因子作为划分区域生态环境状况空间变异性的新的数据集,从而克服了海岸带生态环境监测数据维数过高和信息分散的困难,使得对监测信息的分析更为有效,结果也更加合理。

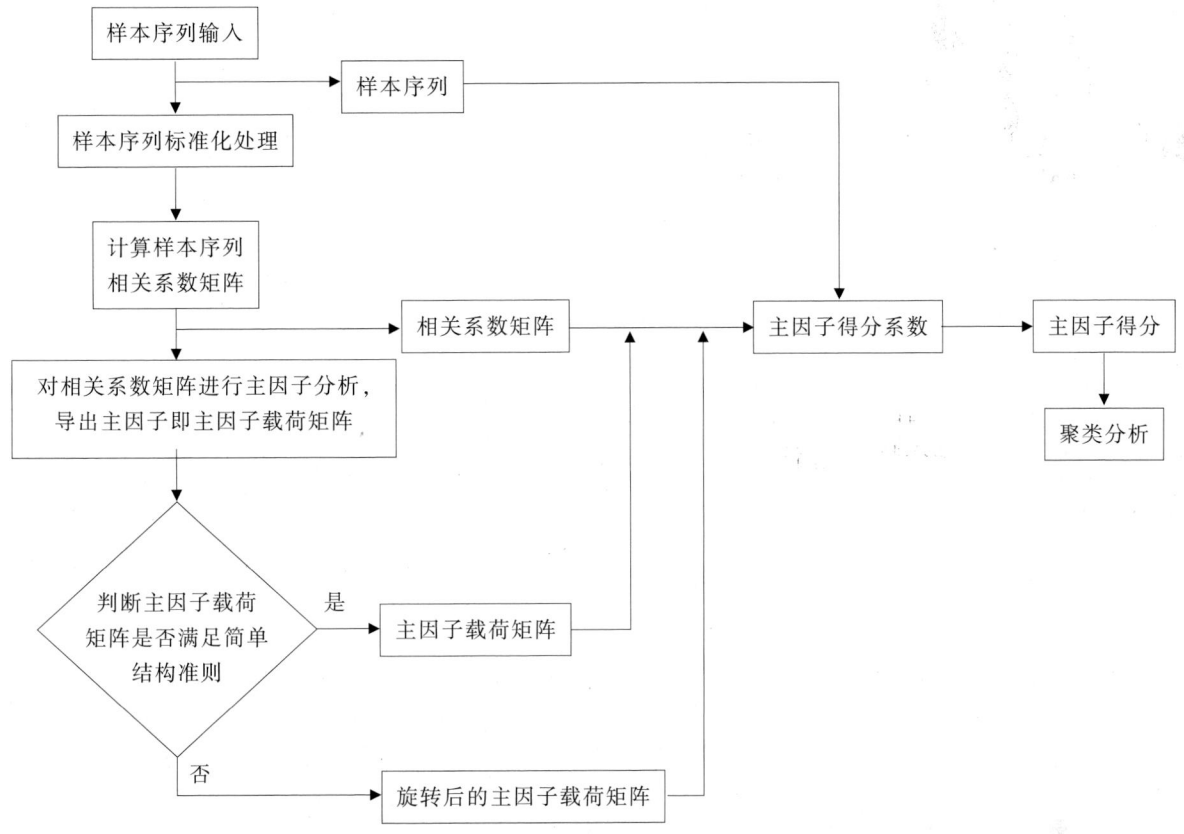

图 7-5-3　海岸带生态环境系统空间变异性分析方法的工作流程图

(一)建立相关系数矩阵

假定描述生态环境状况有 p 个指标:$x_1, x_2, \cdots, x_p$,在 n 维空间分布的监测站位中这 p 个指标监测的结果组成了用于生态环境空间变异性分析的原始数据矩阵 X:

$$X = \begin{bmatrix} x_{11} & x_{12} & \cdots & x_{1p} \\ x_{21} & x_{22} & \cdots & x_{2p} \\ \vdots & \vdots & \vdots & \vdots \\ x_{n1} & x_{n2} & \cdots & x_{np} \end{bmatrix}$$

在实际的情况中,不同的监测指标量纲不同,数量级差悬殊,为此,首先要对数据采用 Z-Scores(中心化方法)进行标准化处理,使原始数据消除量纲,合并数量级:

$$Z = (z_{ij})_{n \times p} \quad (i=1,2,\cdots,n; j=1,2,\cdots,p)$$

$$z_{ij} = (x_{ij} - \overline{x}_j)/s_j$$

式中:$\overline{x}_j = \dfrac{1}{n}\sum\limits_{i=1}^{n} x_{ij}$,为第 j 个指标的平均值;

$s_j = \sqrt{\dfrac{1}{n-1}\sum\limits_{i=1}^{n}(x_{ij}-\overline{x}_j)^2}$,为第 j 个指标的标准差;

z_{ij} 为第 i 个监测站位上第 j 个指标标准化的数值;

x_{ij} 为实测值。

对标准化后的原始数据矩阵 Z 进行处理求解协方差矩阵,此时的协方差矩阵即为各指标的相关系数矩阵 R:

$$R = (r_{ij})_{n \times p} = \begin{bmatrix} 1 & r_{12} & \cdots & r_{1p} \\ r_{21} & 1 & \cdots & r_{2p} \\ \vdots & \vdots & \vdots & \vdots \\ r_{n1} & r_{n2} & \cdots & 1 \end{bmatrix}$$

式中：$r_{ij}=\dfrac{1}{n-1}\sum\limits_{k=1}^{n}z_{ik}\cdot z_{jk}$

$$=\dfrac{\sum\limits_{k=1}^{n}(x_{ik}-\overline{x}_i)(x_{jk}-\overline{x}_j)}{\sqrt{\sum\limits_{k=1}^{n}(x_{ik}-\overline{x}_i)^2\sum\limits_{k=1}^{n}(x_{jk}-\overline{x}_j)^2}}$$

（二）采用主因子分析导出主因子

主因子分析的主要任务是：找出监测结果中的公共因子和起特殊作用的因子，删去不重要的因子。方法是从特征方程的特征值入手，计算各特征值的贡献率和累计贡献率。

根据统计检验的要求，当相关系数矩阵前 q 个特征值的累计贡献率大于75%时，可以考虑忽略其他特征根，即当因子特征值的累计贡献率超过75%时的因子个数为主因子数。用公式表示时，可令 $Q=75\%$，则主因子个数 q 应满足：$\dfrac{1}{p}\sum\limits_{k=1}^{q-1}\lambda_k \leq Q \leq \dfrac{1}{p}\sum\limits_{k=1}^{q}\lambda_k$，而其余的 $p-q$ 个因子可删去，由此有：

$$Z=\begin{bmatrix}\sqrt{\lambda_1}u_{11} & \sqrt{\lambda_2}u_{12} & \cdots & \sqrt{\lambda_q}u_{1q}\\ \sqrt{\lambda_1}u_{21} & \sqrt{\lambda_2}u_{22} & \cdots & \sqrt{\lambda_q}u_{2q}\\ \vdots & \vdots & & \vdots\\ \sqrt{\lambda_1}u_{p1} & \sqrt{\lambda_2}u_{p2} & \cdots & \sqrt{\lambda_q}u_{pq}\end{bmatrix}\cdot\begin{bmatrix}f_1\\ f_2\\ \vdots\\ f_q\end{bmatrix}$$

$$+\begin{bmatrix}\sqrt{\lambda_{q+1}}u_{1q+1} & \sqrt{\lambda_{q+2}}u_{1q+2} & \cdots & \sqrt{\lambda_p}u_{1p}\\ \sqrt{\lambda_{q+1}}u_{2q+1} & \sqrt{\lambda_{q+2}}u_{2q+2} & \cdots & \sqrt{\lambda_p}u_{2p}\\ \vdots & \vdots & & \vdots\\ \sqrt{\lambda_{q+1}}u_{pq+1} & \sqrt{\lambda_{q+2}}u_{pq+2} & \cdots & \sqrt{\lambda_p}u_{pp}\end{bmatrix}\begin{bmatrix}f_{q+1}\\ f_{q+2}\\ \vdots\\ f_p\end{bmatrix}$$

所以有 $Z=AF+\varepsilon$，AF 是 q 个主因子所能解释的部分，A 为因子载荷系数矩阵，F 为主因子矩阵，ε 为残余部分，是无法再分解的因子，其 ε_i 对应的 x_i 为特殊因子矩阵。

如果此时所得的因子载荷矩阵不满足衡量因子解优劣的瑟斯顿简单结构准则（即：每一公因子只对少数几个原始变量具有高载荷，且每一变量只在少数几个公因子上具有显著的载荷），则要对其加以变换使其结构简化，便于解释每个主因子的物理意义。

为了达到这样的目的，一般途径是对 A 矩阵施以方差最大平方旋转，通过将各个因子轴做适当的旋转，使得正交变换后的因子载荷矩阵 B（$B=AT$）中各列元素平方的方差之和 V 达到最大，即

$$V=V_1+V_2+\cdots+V_q=\dfrac{1}{p^2}\sum\limits_{j=1}^{q}\left[p\sum\limits_{i=1}^{p}\left(\dfrac{b_{ij}^2}{h_i^2}\right)^2-\left(\sum\limits_{i=1}^{p}\dfrac{b_{ij}^2}{h_i^2}\right)^2\right]$$

式中：q 为因子数；

p 为变量个数；

h_i^2 为第 i 个变量的公因子方差；

b_{ij}^2 为因子载荷。

当 $|V_N-V_{N-1}|$ 小于旋转收敛误差（一般取 10^{-6}）时，则 V 值收敛到极大而停止旋转，至此可以得到方差极大旋转因子载荷矩阵：

$$B=AT$$

式中：B 为旋转后的因子载荷矩阵；

A 为初始因子载荷矩阵；

T 为正交变换矩阵。

（三）主因子得分的计算

通过最终的正交因子载荷矩阵，可以分析出主因子对原始监测结果的影响。而主因子得分则是主因子在各监测站位取值，它反映了综合后的主因子对原始变量的依赖情况。主因子得分具有如下特点：由于每个主因子代表一定的生态环境的成因，因此可以通过主因子得分来分析其对不同监测站位的影响；主因子的个数往往要比依赖的指标少得多，可以使数据矩阵大大简化；在正交因子的情况下，因子之间是彼此无关的，在研究各个因子得分时，彼此间不会产生相互影响。

因子得分的计算采用回归估计法，忽略特殊因子的作用，将公因子 f_k 表示为变量 z_i 的组合：

$$f_k=c_{k1}z_1+c_{k2}z_2+\cdots+c_{kp}z_m$$

式中：k 为因子得分函数中方程的个数。

根据多元回归方程理论，用估计量 $\hat{f}_k$ 求上式中 c_{kj} 并对 f_k 进行估计，应用正规方程：

$$\begin{cases} r_{11}c_{k1}+r_{12}c_{k2}+\cdots+r_{1p}c_{kp}=l_{1k} \\ r_{21}c_{k1}+r_{22}c_{k2}+\cdots+r_{2p}c_{kp}=l_{2k} \\ \cdots \\ r_{p1}c_{k1}+r_{p2}c_{k2}+\cdots+r_{pp}c_{kp}=l_{pk} \end{cases}$$

式中：l_{ik} 为指标 i 与公因子 f_k 的相关系数，因为因子之间彼此无关，故而 $l_{ik}=b_{ik}$，$(r_{ij})_{p\times p}=\boldsymbol{R}$ 是变量间相关矩阵，故上式有解：

$$(c_{k1},c_{k2},\cdots,c_{kp})=\begin{bmatrix} r_{11} & r_{12} & \cdots & r_{1p} \\ r_{21} & r_{22} & \cdots & r_{2p} \\ \vdots & \vdots & \vdots & \vdots \\ r_{p1} & r_{p2} & \cdots & r_{pp} \end{bmatrix}^{-1}\begin{bmatrix} b_{1k} \\ b_{2k} \\ \vdots \\ b_{kk} \end{bmatrix}$$

进一步可以得出主因子得分计算公式：

$$\hat{\boldsymbol{F}}=\boldsymbol{B}^{\mathrm{T}}\boldsymbol{R}^{-1}\boldsymbol{Z}$$

式中：$\boldsymbol{B}^{\mathrm{T}}$ 为主因子载荷矩阵的转置；

$\boldsymbol{R}^{-1}$ 为各指标相关矩阵的逆阵；

$\boldsymbol{Z}$ 为标准化后的原始数据矩阵。

（四）聚类分析

在得出主因子在各个监测站位得分的基础上，采用系统聚类分析中的瓦尔德法，对由因子分析法得到的因子得分数据集进行聚类分析，由此确定海岸带生态环境系统的空间变异性规律。瓦尔德法的主要步骤可归纳如下。

1. 因子得分数据集的标准化

为了防止"大数吃小数"的现象，要通过标准化变化使得每列数据的平均值为0，方差为1。

2. 距离系数的计算

对于标准化后的因子得分，根据欧氏公式计算得到 n 个站位监测结果两两之间的距离系数，从而得到一个 $n\times n$ 阶的欧氏系数距离矩阵。

$$D_{ij}=\sqrt{\sum_{k=1}^{q}(x_{ik}-x_{jk})^2} \quad (i,j=1,2,\cdots,n)$$

根据每归类一次的类间距离递推公式：

$$D_{ir}=\frac{n_i+n_p}{n_r+n_i}D_{ip}+\frac{n_i+n_q}{n_r+n_i}D_{iq}-\frac{n_i}{n_r+n_i}D_{pq}$$

式中：D_{ir} 为类 G_i 与类 G_r 之间的距离；

D_{ip} 为类 G_i 与类 G_p 之间的距离；

D_{iq} 为类 G_i 与类 G_q 之间的距离；

D_{pq} 为类 G_p 与类 G_q 之间的距离；

n_p、n_q、n_r、n_i 分别为类 G_p、G_q、G_r、G_i 所含监测站位个数，$n_r=n_p+n_q$。

从中找出最小的元素（即两次平方和增加量最小的元素）对应的两类合并，计算新的类，直到几个亲疏性质接近的样品归为一类，从而得出聚类分析的谱系图。

二、生态环境系统多级灰色关联评价方法

根据评价区的范围、要评价的内容和目标，采用系统分析方法将评价系统分为整体层次、群体层次和指标层次。整体层次用来反映系统的综合状况。群体层次用来从不同方面描述系统状况，将群体层次进一步细化形成指标层次。生态环境系统评价方法可分为单因子评价和综合评价。单因子评价方法简单，但是对于复杂的生态环境系统，无法给出一个综合全面的评价结果。这给管理者的决策、和公众间的交流以及综合管理带来不便，故考虑对整个系统进行综合评价。然而对于由多因子构成的复杂系统，各因子在综合评价中的重要性又不尽相同，在此引入权重的概念，以体现不同因子在综合评价结果中的地位。对于有大量样本信息的系统，采用主成分分析法客观赋权，可以避免主观因素的干扰。

多级灰色关联评价方法用灰色综合评价指数作为评价指标，因此评价结果的准确度要优于传统模糊评价法直接用最大从属度作为评价结果的准确度。而且这种评价方法的结果具有连续性，能更好地反映系统状况，特别是对于情况变化不太大的系统，更容易看出其变化趋势。再者，此方法根据大量的实测数据确定权重，大大减少了人为主观因素的影响，使确定的权重更为确切。因此本研究主要采用多级灰色关联评价方法对天津近岸海域进行综合评价，其计算流程见图7-5-4。

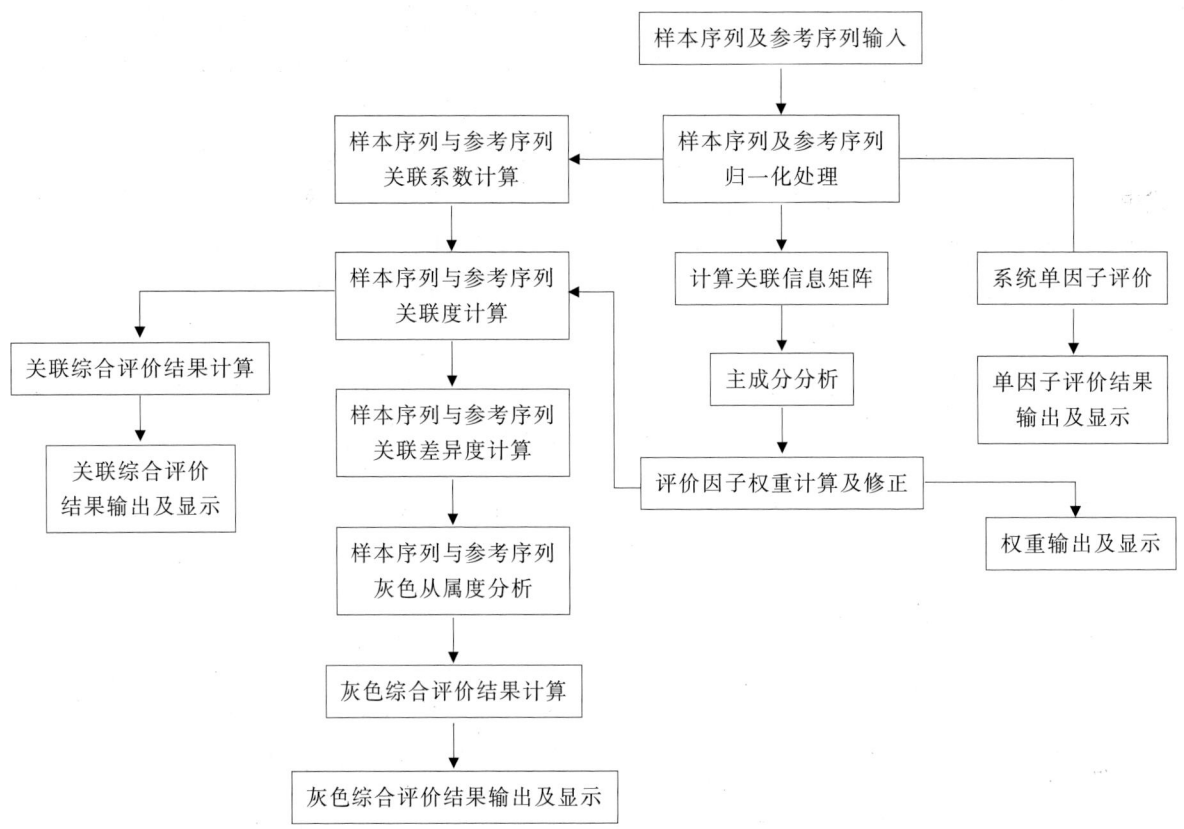

图 7-5-4　生态环境系统多级灰色关联评价流程图

(一) 单因子评价方法

1）由于各个评价因子的量纲和计量方法各异，为了便于计算，首先分别对样本矩阵和标准矩阵进行归一。

标准矩阵归一化方法为：

对于数值越大情况越严重的指标，用下面的公式：

$$b_{ti}=(s_{ci}-s_{ti})/(s_{ci}-s_{1i})$$

对于数值越小情况越严重的指标，用下面的公式：

$$b_{ti}=(s_{ti}-s_{ci})/(s_{1i}-s_{ci})$$

特殊的，对水质评价中的pH值，用下面的公式：

$$b_{ti}=\begin{cases}1 & 6.5\leqslant s_{ti}\leqslant 8.5\\0 & s_{ti}<6.5 \text{ 或 } s_{ti}>8.5\end{cases}$$

实测矩阵归一化方法为：

对于数值越大情况越严重的指标，用下面的公式：

$$a_{ji}=\begin{cases}1 & x_{ji}\leqslant s_{1i}\\(s_{ci}-x_{ji})/(s_{ci}-s_{1i}) & s_{1i}<x_{ji}<s_{ci}\\0 & x_{ji}\geqslant s_{ci}\end{cases}$$

对于数值越小情况越严重的指标，用下面的公式：

$$a_{ji}=\begin{cases}1 & x_{ji}\geqslant s_{1i}\\(x_{ji}-s_{ci})/(s_{1i}-s_{ci}) & s_{1i}>x_{ji}>s_{ci}\\0 & x_{ji}\leqslant s_{ci}\end{cases}$$

对于pH值，用下面的公式：

$$a_{ji}=\begin{cases}1 & 6.5\leqslant x_{ji}\leqslant 8.5\\0 & x_{ji}<6.5 \text{ 或 } x_{ji}>8.5\end{cases}$$

经上述运算得到归一化后的样本矩阵 $\boldsymbol{A}_{n\times m}=(a_{ji})_{n\times m}$ 和标准矩阵 $\boldsymbol{B}_{c\times m}=(b_{ti})_{c\times m}$。其中 n 为样本点的个数；m 为指标的个数；c 为标准的级别数。

2）利用下式可以将单因子级别 s_{ji} 与归一化后的样本矩阵 $\boldsymbol{A}_{n\times m}$ 中单因子测值建立函数关系，从而可获得单因子与评价级别的映射关系。

$$s_{ji}=c-(c-1)a_{ji}, a_{ji}\in[0,1.0], s_{ji}\in[1,c]$$

(二)系统综合评价

单因子评价方法相对简单，对于复杂的生态环境系统，无法给出一个综合全面的评价结果。这给管理者的决策、和公众间的交流以及综合管理带来诸多不便，所以应对整个系统进行综合评价。然而对于由多因子构成的复杂系统，各因子在综合评价中的重要性又不尽相同，故引入权重的概念，以体现不同因子在综合评价结果中的地位。对于有大量样本信息的系统，采用主成分分析法客观赋权，可以避免主观因素带来的干扰。

1.主成分分析法用于权重分配

(1)计算关联信息矩阵

$$\boldsymbol{\Gamma}_{m\times m}=(\boldsymbol{G}^{\mathrm{T}})_{m\times n}\times \boldsymbol{G}_{n\times m}+\boldsymbol{I}_{m\times m}$$

其中，$\boldsymbol{G}_{n\times m}$是1与$\boldsymbol{A}_{n\times m}$之差的样本信息矩阵，即：

$$\boldsymbol{G}_{n\times m}=\begin{bmatrix} 1-a_{11} & 1-a_{12} & \cdots & 1-a_{1m} \\ 1-a_{21} & 1-a_{22} & \cdots & 1-a_{2m} \\ \vdots & \vdots & & \vdots \\ 1-a_{n1} & 1-a_{n2} & \cdots & 1-a_{nm} \end{bmatrix}$$

(2)进行主成分信息的提取

导出关联信息矩阵$\boldsymbol{\Gamma}_{m\times m}$的特征值$\lambda_i$及对应的特征向量矩阵$\boldsymbol{Q}=(q_1,q_2,\cdots,q_m)$。记$\boldsymbol{D}_{m\times m}$为主因子载荷矩阵，$\boldsymbol{D}_{m\times m}=\boldsymbol{Q}\boldsymbol{\Lambda}^{\frac{1}{2}}$，其中

$$\boldsymbol{\Lambda}^{\frac{1}{2}}=\begin{bmatrix} \sqrt{\lambda_1} & & & 0 \\ & \sqrt{\lambda_2} & & \\ & & \ddots & \\ 0 & & & \sqrt{\lambda_m} \end{bmatrix}$$

计算关联信息矩阵$\boldsymbol{\Gamma}_{m\times m}$的特征值$\lambda_i$的方差贡献$E_i$：

$$E_i=\frac{\lambda_i}{\sum_{i=1}^{m}\lambda_i}\times 100\%$$

(3)进行原始因子集权重的计算

利用关联信息矩阵$\boldsymbol{\Gamma}_{m\times m}$和主因子载荷矩阵建立回归方程，求得系数向量$\overline{\alpha_j}$的解为：

$$\overline{\alpha_j}=\boldsymbol{\Gamma}_{m\times m}^{-1}d_j$$

将$\overline{\alpha_j}$与特征值的方差贡献进行线性组合，即得到第i个因子的权重值：

$$\overline{w_i}=\sum_{j=1}^{m}|\alpha_{ij}|E_j \quad (i=1,2,\cdots,m)$$

将上面得到的权重值归一化即得到最终的权重向量$\boldsymbol{W}=(w_1,w_2,\cdots,w_m)$。

2.系统多级灰色关联评价方法

在求得系统的单因子评价结果和权重分配后，接下来对系统状况进行多级灰色关联评价。记样本向量与标准向量中第i个指标的绝对差为：

$$\Delta_t(i)=|a_{ji}-b_{ti}|$$

则可选用下面两个公式之一计算样本向量与标准向量第i个指标的关联系数$\xi_i(a_j,b_t)$：

$$\xi_i(a_j,b_t)=\frac{\min_t\min_i\Delta_t(i)+\rho\max_t\max_i\Delta_t(i)}{\Delta_t(i)+\rho\max_t\max_i\Delta_t(i)}$$

$$\xi_i(a_j,b_t)=\frac{1-\Delta_t(i)}{1+\Delta_t(i)}$$

式中：ρ为分辨系数，$0<\rho<1$，一般ρ取0.5。

将权重与关联系数用下式组合计算即可得到参考序列与被比较序列的关联度：

$$\gamma_{jt}(a_j,b_t)=\sum_{i=1}^{m}w_i\xi_i(a_j,b_t)$$

引入关联差异度$\overline{\gamma_{jt}}(a_j,b_t)$以反映被比较序列和各参考序列之间的差异程度。$\overline{\gamma_{jt}}(a_j,b_t)$的数值越小，说明样本与第$t$级标准越相似。

$$\overline{\gamma_{jt}}(a_j,b_t)=1-\gamma_{jt}(a_j,b_t)$$

用以被比较序列和各参考序列之间的灰色从属度u_{jt}为权的加权关联差异度来表征被比较序列和参考序列总体的差异程度，即：

$$d(a_j,b_t)=u_{jt}\overline{\gamma_{jt}}(a_j,b_t)$$

为了综合确定与参考序列最接近的系统级别，构造目标函数，全体被比较序列和参考序列的加权关联差异度平方和最小，从而解得：

$$u_{jt}=\frac{1}{\sum_{k=1}^{c}\left[\frac{\overline{\gamma_{jt}}}{\overline{\gamma_{jk}}}\right]^2} \quad (t=1,2,\cdots,c)$$

进一步构造标准级别向量 $S^T=(1,2,\cdots,c)$，进而可得系统评价的数值介于 1 和 c 之间的灰色综合指数 $GC(j)$：

$$GC(j)=(u_{jt})S^T=\sum_{t=1}^{c} tu_{jt}$$

第三节 海岸带生态环境评价结果

结合上文介绍的海岸带生态环境评估指标体系和评价方法，对渤海湾海岸带环境经济系统现状进行分析评价，为构建渤海湾生境修复与经济协调发展方案提供必要的基础依据。

一、水环境系统的多级灰色关联评价

(一)渤海湾近岸海域各污染因子权重变化

为了分析导致渤海湾近岸海域水环境污染的主要原因，图 7-5-5 列出 2006 年 8 月至 2010 年 8 月各水质因子权重的变化。从图中明显可见，无机氮(DIN)的权重最大，基本上在 45%以上；活性磷酸盐(DIP)的权重次之，大致为 30%；而化学需氧量(COD)的权重最小，基本维持在 20%左右。根据主成分分析法的原理，权重越大则污染越严重，因此无机氮是渤海湾水环境质量下降、水体处于超载状态的最主要影响因子，而 COD 的影响最小。

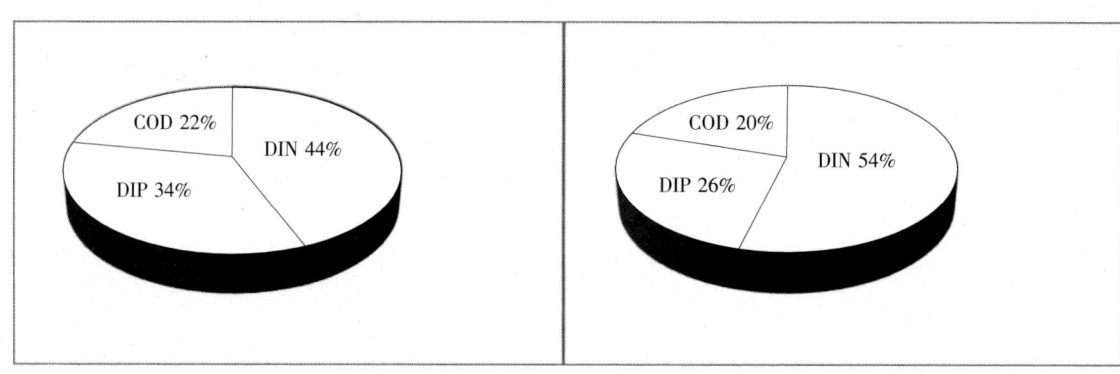

(a)2006 年 8 月　　　　　　　(b)2007 年 8 月

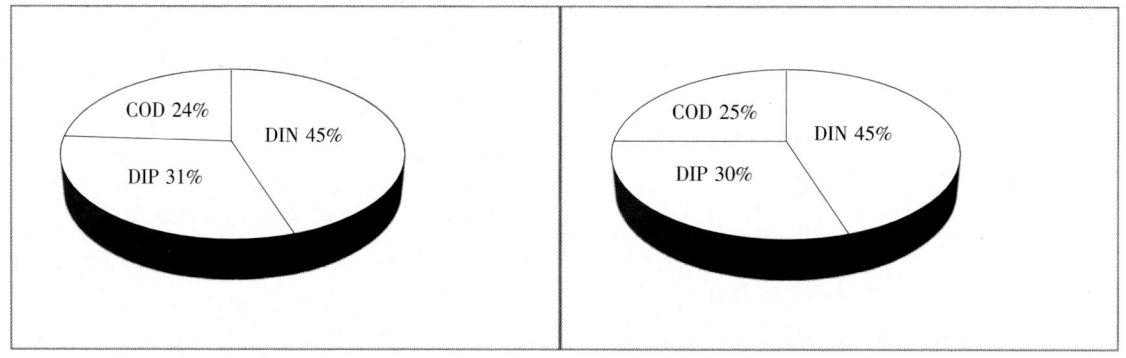

(c) 2008 年 8 月　　　　　　　(d)2009 年 8 月

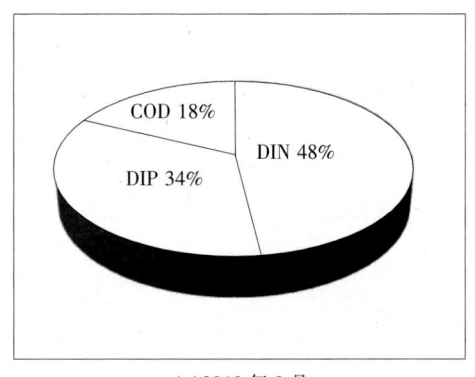

(e) 2010 年 8 月

图 7-5-5　2006 年 8 月—2010 年 8 月各水质因子权重变化

(二) 渤海湾近岸海域水环境的综合评价

根据《天津市海洋功能区划》中对天津近岸海域不同用水区水质的要求以及区域地理位置,将渤海湾水环境评价区划分为 4 个子区域,分别为:汉沽农渔业区、滨海旅游娱乐区、天津港北港港口航运区和天津东南部农渔业区,评价标准选用《海水水质标准》(GB 3097-1997)(表 7-5-2)。

表 7-5-2　海水水质标准

水质级别	化学需氧量/ (mg/L)	无机氮/ (mg/L)	活性磷酸盐/ (mg/L)
第一类	2.0	0.20	0.015
第二类	3.0	0.30	0.030
第三类	4.0	0.40	0.030
第四类	5.0	0.50	0.045

采用多级灰色关联的评价方法对渤海湾近岸海域水环境进行综合评价。评价选择耗氧有机物(以 COD 计)、无机氮、活性磷酸盐和油类四项水质指标,评价数据来自 2006 年至 2010 年渤海湾近岸海域枯水期(5 月)、丰水期(8 月)和平水期(10 月)海洋局监测数据。评价区的范围为东经 118°08′以西、北纬 38°32′以北的渤海湾湾内区域。

表 7-5-3 和图 7-5-6(a)~(d) 显示了 2006 年至 2010 年渤海湾近岸海域水环境质量变化情况。从图中可以看出,在四个功能区中,天津港北港港口航运区的水质状况一般能达到水质要求,滨海旅游娱乐区除 2008 年 8 月、10 月和 2010 年的 8 月以外基本上都能达到水质要求,而汉沽农渔业区和天津东南部农渔业区则没有达到水质要求,因此,有关部门在制定污染控制政策时,要着重对渔业区加强管理,对旅游区也要提高警惕。

表 7-5-3　2006—2010 年不同海域综合水质级别评价结果

时间	汉沽农渔业区 (渔业区 1)	滨海旅游娱乐区 (旅游区)	天津港北港港口航运区 (航运区)	天津东南部农渔业区 (渔业区 2)
2006-08	3.566 27	2.609 45	2.690 66	2.417 765
2007-05	2.448 53	2.817 32	2.800 68	2.741 648
2007-08	2.672 64	1.981 38	2.672 64	2.494 12
2007-10	2.339 75	2.525 93	2.477 1	3.053 358

续表

时间	汉沽农渔业区（渔业区1）	滨海旅游娱乐区（旅游区）	天津港北港港口航运区（航运区）	天津东南部农渔业区（渔业区2）
2008-05	2.869 64	2.835 09	2.835 09	2.545 96
2008-08	2.655 82	3.535 95	2.314 51	2.102 872
2008-10	3.746 46	3.739 95	2.969 02	2.409 884
2009-05	2.604 01	2.650 12	1.005 7	1.998 402
2009-08	2.313 82	2.673 86	3.129 37	1.522 49
2009-10	2.047 56	2.804 51	2.322 93	1.868 664
2010-05	2.753 68	2.739 9	2.738 44	2.446 586
2010-08	2.689 11	3.554 05	2.593 12	1.838 364
2010-10	1.234 52	2.610 87	2.363 62	2.409 924
要求级别	1	3	4	1

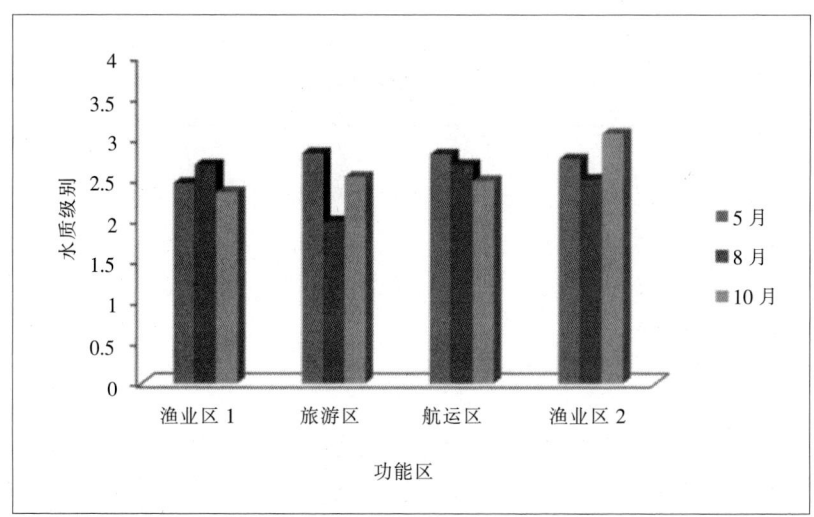

(a) 2007年水质变化

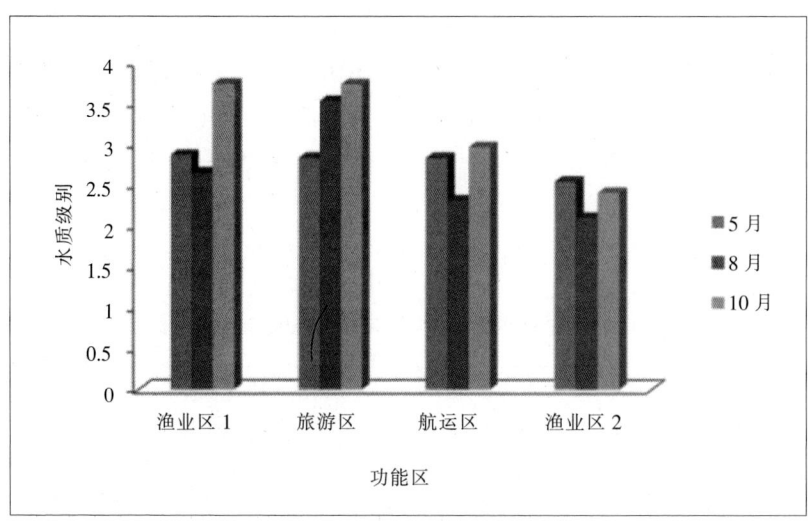

(b) 2008年水质变化

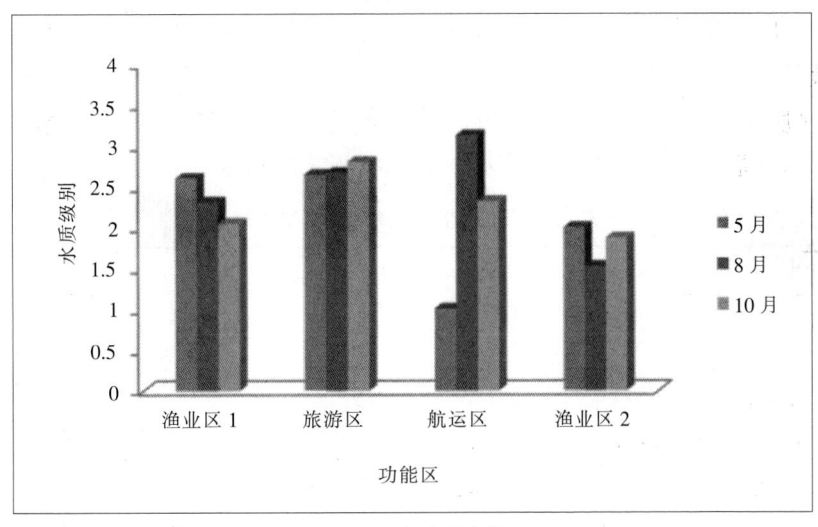

(c) 2009 年水质变化

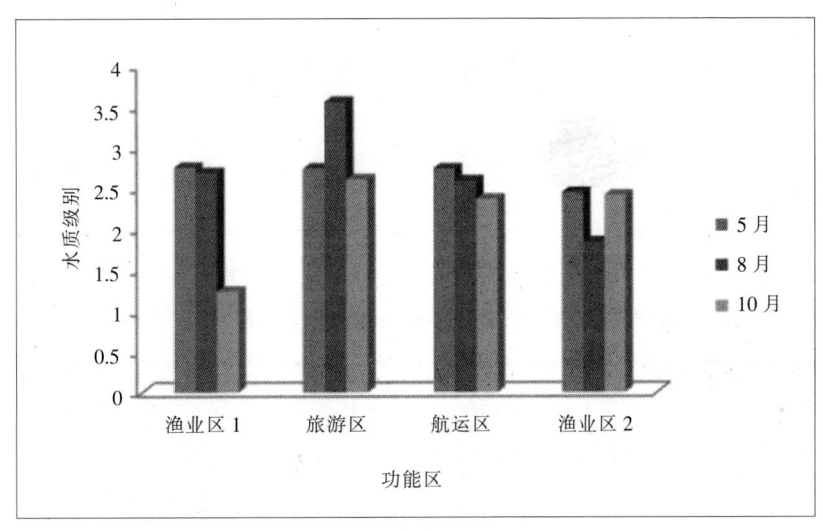

(d) 2010 年水质变化

图 7-5-6　2007—2010 年渤海湾近岸海域不同功能区水质变化

从空间变化来看，滨海旅游娱乐区和天津港北港港口航运区的水质相对于渔业区较差；从季节变化上来说，总体上 8 月份的水环境相对 5 月和 10 月较差；而从年际变化来看，2009 年和 2010 年的水质好于 2007 年和 2008 年，这有可能是围海造地掩盖了近岸部分污染较重的底泥，在一定时间段内改善了水质。

二、天津市近岸海域水质空间变异性分析

在进行海岸带生境修复的前期，建立系统空间变异性分析模型，依据不同测站的实测水质资料对天津渤海湾海岸带区域的污染状况开展空间变异性分析，可以找出区域水环境污染的分布特征和变化规律，以此作为对海洋功能区的划分与水环境综合评价结果的补充和验证，同时为进一步开展海岸带生态环境的修复与管理提供数据支持和决策信息。

(一) 2012 年 5 月渤海湾近岸海域水质空间变异性分析

2012 年 5 月份进行了一次渤海湾大面观测，测试的指标包括溶解氧(DO)、pH 值、盐(S)、硅酸盐(Si)、磷酸盐(PO_4)、亚硝氮(NO_2-N)、硝氮(NO_3-N)、氨氮(NH_3-N)和化学需氧量(COD)等，共覆盖 33 个站位。

以此 33 个水质观测站位作为水环境研究单元，分别代表着各自所在的网格区域，这 33 个站位的 7 项水质指标就构成一个 33×7 阶的原始数据矩阵，即开展水环境空间变异性分析的基础数据。以原始数据为基础，可以得出 7 项水质指标的相关系数矩阵（表 7-5-4）及相关系数矩阵特征根的方差贡献率（PT）和累计贡献率（PCT）（表 7-5-5）。

表 7-5-4　水质指标的相关系数矩阵

	DO	pH 值	S	Si	PO_4	DIN	COD
DO	1	0.043	0.168	0.276	−0.085	−0.156	−0.592
pH 值	0.043	1	0.374	−0.467	−0.399	−0.131	0.123
S	0.168	0.374	1	−0.506	−0.342	−0.662	−0.161
Si	0.276	−0.467	−0.506	1	0.309	0.438	−0.169
PO_4	−0.085	−0.399	−0.342	0.309	1	0.163	−0.173
DIN	−0.156	−0.131	−0.662	0.438	0.163	1	0.267
COD	−0.592	0.123	−0.161	−0.169	−0.173	0.267	1

表 7-5-5　相关系数矩阵特征根的方差贡献率和累计贡献率

	1	2	3	4	5	6	7
PT	0.364 6	0.261 4	0.146 7	0.091 7	0.056	0.041 1	0.038 5
PCT	0.365	0.626	0.773	0.864	0.920	0.962	1.000

方差极大化正交旋转主因子载荷矩阵反映了各主因子与水环境指标的密切程度（表 7-5-6）。选取载荷矩阵中载荷绝对值较大（≥0.8）的为代表，由此可以将 7 个水质指标归为 4 个主因子，每个主因子由多个水质指标组合而成。主因子 1 的贡献率约为 36.5%，为最突出的一个因子，主要集中了 S、Si 和 DIN 等 3 项水质指标，其中 S 在因子正轴方向上具有高负荷，DIN 和 Si 在负轴方向上具有高负荷，这个主因子主要代表了入海水量对海洋环境的影响，以及氮污染与硅污染；主因子 2 的贡献率为 26.14%，包括了 DO 和 COD，其中 DO 在因子负轴方向上具有高负荷，而 COD 在正轴方向上具有高负荷，代表有机物污染的程度和溶解氧的浓度；主因子 3 的贡献率为 14.67%，主要代表磷污染的特征，它在正轴方向上具有高负荷；主因子 4 主要代表 pH 值，pH 值在正轴方向上有高负荷。

进一步可求得 33 个站位在主因子上的得分（表 7-5-7），从方差极大化正交旋转主因子载荷矩阵和主因子得分可以看出，33 个站位在主因子上的得分能够反映水环境污染的空间分布状况和程度，由此运用聚类分析瓦尔德法可以将 33 个站位分为 4 个变化空间亚类（A、B、C 和 D，表 7-5-8）。

表 7-5-6　方差极大化正交旋转主因子载荷矩阵因子表

水质指标	主因子			
	1	2	3	4
DO	−0.004 8	−0.917 4	−0.176 6	0.024 3
pH 值	0.116 7	−0.011 1	−0.211 6	0.942 9
S	0.811 4	−0.147 1	−0.225 7	0.246 9
Si	−0.640 5	−0.377 2	0.040 5	−0.504
PO_4	−0.175	−0.034 1	0.935 1	−0.204 4
DIN	−0.913 4	0.156 4	0.032 5	0.051 4
COD	−0.213 3	0.831	−0.276 7	0.080 3

表 7-5-7　33 个水质监测站位的主因子得分

监测站位	主因子 1	主因子 2	主因子 3	主因子 4	监测站位	主因子 1	主因子 2	主因子 3	主因子 4
A_1	0.98	−0.4	−0.68	−1.06	C_5	−1.38	0.12	2.03	0.4
A_2	1.48	−0.68	−0.31	−0.5	C_6	−0.14	0.18	1.85	−1.03
A_3	−0.77	−0.51	−0.33	0.46	C_7	0.7	−0.46	0.7	−0.93
A_4	−0.3	0.1	−0.11	−0.35	D_1	−7.85	−4.11	0.41	4.42
A_5	−0.26	−0.87	−0.03	0.2	D_2	−9.31	−3.95	−0.27	6.44
A_6	0.27	0.44	0.23	−0.41	D_3	−1.12	−0.83	2.59	−6.23
A_7	1.99	1.44	−0.37	−0.11	D_4	−0.66	0.23	6	−9.06
B_1	0.7	0.74	0.53	1.73	D_5	−1.31	2.3	9.51	−6.44
B_2	−0.04	1.14	0.27	0.88	D_6	−0.6	0.47	3.65	0.66
B_3	0.3	1.14	0.13	−0.15	D_7	0.54	0.05	−6.58	22.97
B_4	0.56	0.64	0.17	−0.19	D_8	0.51	−2.36	−5.83	15.31
B_5	1.1	−0.82	0.32	−0.41	E_1	−5.28	−3.71	0.33	0.79
B_6	1.29	−0.28	0.15	−1.15	E_2	−8.63	−4.8	0.5	2.24
C_1	−3	5.11	7.72	−1.09	E_3	−11.1	−0.27	0.77	6.8
C_2	−1.55	2.17	7.78	1	E_4	−8.34	−3.99	1.34	8.53
C_3	−0.49	1.31	4.14	0.8	E_5	0.15	−4.24	−10.95	12.35
C_4	−1.19	1.14	3.84	0.46					

表 7-5-8　监测站位聚类分析结果

类别号	测点号
A	A_1、A_2、A_3、A_4、A_5、A_6、A_7、B_1、B_2、B_3、B_4、B_5、B_6、C_3、C_4、C_5、C_6、C_7、D_6
B	C_1、C_2、D_3、D_4、D_5
C	D_1、D_2、E_1、E_2、E_3、E_4
D	D_7、D_8、E_5

从 33 个站位的主因子得分矩阵及其聚类分析结果可以看出，A 空间亚类包括 A_1、A_2、A_3、A_4、A_5、A_6、A_7、B_1、B_2、B_3、B_4、B_5、B_6、C_3、C_4、C_5、C_6、C_7 和 D_6 等 19 个站位，这些站位的主因子得分都比较均衡，无高值出现，表明 A 空间亚类没有特别突出的污染因子；B 空间亚类包括 C_1、C_2、D_3、D_4 和 D_5 等 5 个站位，其主因子 3 在正轴方向上出现明显高值，表明有明显的磷污染特征；C 空间亚类包括 D_1、D_2、E_1、E_2、E_3 和 E_4 等 6 个站位，其主因子 1 在负轴方向上出现明显高值，表明有明显的氮和硅污染特征；D 空间亚类包括 D_7、D_8 和 E_5 等 3 个站位，其主因子 4 在正轴方向上出现了明显高值，表明 pH 值与其他站位有明显差异。

利用多级灰色关联评价对 2012 年 5 月的 33 个站位进行水质评价，以获取每个站位的水质信息（表 7-5-9）。从表中可知，A 空间亚类的水质整体处于轻微污染程度，而 B、C 和 D 空间亚类整体处于中度污染程度。

综合上述分析结果可知，2012 年 5 月的渤海湾水质有明显的空间分布趋势，在远海区的 A 空间亚类水质污染比较轻微，而在近岸海域 B、C 和 D 空间亚类污染比较严重；同时，在不同的区域，主要的污染因子也有所不同，B 空间亚类主要是磷污染比较突出，C 空间亚类具有氮和硅污染特征，而 D 空间亚类中的站位 pH 值与其他亚类的站位有明显区别。

表 7-5-9 33 个站位多级灰色关联评价结果

站位	水质评价结果	站位	水质评价结果	站位	水质评价结果
A_1	1.101	B_5	1.101	D_3	2.404
A_2	1.479	B_6	1.101	D_4	2.398
A_3	1.101	C_1	2.435	D_5	2.447
A_4	1.101	C_2	2.306	D_6	2.428
A_5	1.101	C_3	1.443	D_7	3.039
A_6	1.425	C_4	2.136	D_8	2.600
A_7	1.184	C_5	2.365	E_1	2.372
B_1	1.101	C_6	2.053	E_2	2.427
B_2	1.101	C_7	1.784	E_3	2.312
B_3	1.101	D_1	2.433	E_4	2.339
B_4	1.101	D_2	2.373	E_5	2.378

(二) 2007 年 8 月渤海湾近岸海域水质空间变异性分析

以 2007 年 8 月 30 个水质监测站位作为水环境研究单元,分别代表着各自的网格区域,这 30 个站位的 9 项水质指标就构成一个 30×9 阶的原始数据矩阵,它是开展水环境空间变异性分析的基础数据,以原始数据为基础,可以得出 9 项水质指标的相关系数矩阵(表 7-5-10)及相关系数矩阵特征根的方差贡献率(PT)和累计贡献率(PCT)(表 7-5-11)。

表 7-5-10 2007 年 8 月水质指标的相关系数矩阵

	S	DO	NH_3-N	NO_3-N	NO_2-N	P	Si	Oil	pH 值
S	1	0.569	−0.424	−0.272	−0.59	−0.886	−0.898	−0.368	0.902
DO	0.569	1	−0.413	−0.143	−0.781	−0.523	−0.654	−0.203	0.633
NH_3-N	−0.424	−0.413	1	−0.538	0.203	0.315	0.361	0.193	−0.414
NO_3-N	−0.272	−0.143	−0.538	1	0.388	0.318	0.295	0.02	−0.241
NO_2-N	−0.59	−0.781	0.203	0.388	1	0.593	0.707	0.234	−0.574
P	−0.886	−0.523	0.315	0.318	0.593	1	0.918	0.425	−0.912
Si	−0.898	−0.654	0.361	0.295	0.707	0.918	1	0.407	−0.936
Oil	−0.368	−0.203	0.193	0.02	0.234	0.425	0.407	1	−0.372
pH 值	0.902	0.633	−0.414	−0.241	−0.574	−0.912	−0.936	−0.372	1

表 7-5-11 2007 年 8 月相关系数矩阵特征根的方差贡献率和累计贡献率

	1	2	3	4	5	6	7	8	9
PT	0.574 3	0.176 8	0.104 3	0.076 3	0.023 7	0.021 7	0.011 1	0.007 7	0.004 2
PCT	0.574	0.751	0.855	0.932	0.955	0.977	0.988	0.996	1.000

由表 7-5-11 可以看出,前 3 个因子的累计贡献率达到 85% 以上,表明根据前 3 个因子能够获取原始数据变化 85% 以上的信息,故取前 3 个因子作为主因子,计算主因子载荷矩阵并加以方差极大化正交旋转,旋转后的主因子载荷矩阵见表 7-5-12。

表 7-5-12　2007 年 8 月方差极大化正交旋转主因子载荷矩阵因子表

水质指标	主因子		
	1	2	3
S	−0.854 93	0.043 526	−0.357 11
DO	−0.847 83	0.154 281	0.189 601
NH_3-N	0.403 836	−0.857 06	0.069 871
NO_3-N	0.343 885	0.890 547	−0.000 16
NO_2-N	0.849 302	0.146 23	−0.105 9
P	0.827 816	0.056 456	0.444 406
Si	0.906 365	0.010 655	0.344 29
Oil	0.119 773	−0.049 41	0.865 986
pH 值	−0.873 66	0.062 179	−0.353 18

方差极大化正交旋转主因子载荷矩阵反映了各主因子与水环境指标的密切程度。选取载荷矩阵中载荷绝对值较大(≥0.8)的为代表,由此可以将 9 个水质指标归为 3 个主因子,每个主因子由多个水质指标组成。主因子 1 的贡献率为 57.43%,为最突出的一个因子,主要集中了 S、DO、NO_2-N、P、Si 和 pH 值等几项水质指标,其中 S、DO 和 pH 值在因子负轴方向上具有高负荷,NO_2-N、P 和 Si 在正轴方向上具有高负荷,这个主因子主要代表入海水量对海洋环境的影响;主因子 2 的贡献率为 17.68%,包括 NH_3-N 和 NO_3-N,其中 NH_3-N 在因子负轴方向上具有高负荷,而 NO_3-N 在正轴方向上具有高负荷,代表氮元素被氧化后的最终形态,是氮污染的主要代表;主因子 3 的贡献率为 10.43%,主要代表油类的污染特征,它在正轴方向上具有高负荷。

进一步可求得 30 个站位在主因子上的得分(表 7-5-13),从方差极大化正交旋转主因子载荷矩阵和主因子得分可以看出,30 个站位在主因子上的得分能够反映水环境污染的空间分布状况和程度,由此运用聚类分析瓦尔德法可以将 30 个站位分为 5 个变化空间亚类(A、B、C、D 和 E,表 7-5-14)。

表 7-5-13　2007 年 8 月 30 个水质监测站位的主因子得分

监测站位	主因子			监测站位	主因子		
	1	2	3		1	2	3
1	−0.14	0.02	−1.2	16	−0.15	0.07	−0.87
2	−0.99	0.02	0.32	17	−0.37	0.31	−0.6
3	−1.71	0.17	1.61	18	−0.35	−0.21	−0.85
4	−0.75	0.04	−0.64	19	0.39	−1.07	0.07
5	−0.13	0.1	−0.58	20	0.23	−3.62	2.56
6	−0.18	0.04	−0.9	21	−0.34	5.17	−5.94
7	1.12	0.63	−2.36	22	−0.28	4.51	−2.75
8	0.41	−0.1	−0.53	23	0.01	1.05	3.2
9	0.27	0.03	−0.55	24	0.03	0.35	−0.94
10	−0.59	0.05	−0.08	25	0.32	6.45	−5.83
11	−0.84	0.12	−0.65	26	−0.24	5.09	−0.07
12	−0.59	0.12	−0.41	27	0.2	4.33	21.38

续表

监测站位	主因子			监测站位	主因子		
	1	2	3		1	2	3
13	0.64	0.58	−0.27	28	−0.54	0.83	−4.4
14	0.32	0.19	−0.17	29	−0.34	−1.37	−4.43
15	0.69	0.02	−0.37	30	−0.31	−0.89	−1.82

表 7-5-14 2007 年 8 月监测站位聚类分析结果

类别号	测点号
A	7、8、9、13、14、15、19、20
B	5、6、16、17、18、23、24、28、29、30
C	1、2、3、4、10、11、12
D	21、22、25、26
E	27

下面具体分析 30 个站位所代表的研究区域水环境空间变化特性。A 空间亚类包括 7、8、9、13、14、15、19 和 20 等 8 个水环境单元，其特点为主因子 1 在正轴方向上出现明显高值，表明该区为 NO_2-N、P、Si 等营养盐污染较为严重的区域；B 空间亚类包括 5、6、16、17、18、23、24、28、29 和 30 等 10 个水环境单元，此区域为中度污染；C 空间亚类包括 1、2、3、4、10、11 和 12 等 7 个水环境单元，此区域为中度污染；D 空间亚类包括 21、22、25 和 26 等 4 个水环境单元，其特点为主因子 2 特别突出，表明此类空间属氮污染典型区域；E 空间亚类只有 27 一个水环境单元，其特点是主因子 3 值特别大，表明此站位油类污染较为严重。

通过对 2007 年 8 月渤海湾海洋环境监测数据的空间变异性分析可知（表 7-5-15），渤海湾西部海洋环境受入海径流的影响非常明显，在河流的入海口存在严重的污染，并随着向远海的推进而逐渐减弱；永定新河、海河和独流减河是主要的污染河流，子牙新河的污染较为轻微；永定新河的氮污染非常明显，同时，在 27 号站位有严重的油污染，要引起人们关注。

表 7-5-15 监测站位的污染特征

类别	监测站位	主要污染指标	污染状况
A	7、8、9、13、14、15、19、20	NO_2-N、P、Si	严重污染
B	5、6、16、17、18、23、24、28、29、30	NO_2-N、P、Si、NH_3-N、NO_3-N	中度污染
C	1、2、3、4、10、11、12	NH_3-N、NO_3-N	中度污染
D	21、22、25、26	NH_3-N、NO_3-N	严重污染
E	27	Oil	中度污染

（三）历史资料对比

随着天津市东移工业布局和滨海新区经济的高速发展，海洋经济也在快速发展，成为天津市国民经济新的增长点，2003 年大规模围海造地也给天津市的海洋环境增加了很大的压力。通过上述的空间变异性方法对 2003 年 8 月和 2007 年 5 月天津市渤海近岸海域水质监测资料进行分析，并与 2007 年 8 月和 2012 年 5 月的空间变异性分析结果进行对比，得到海洋环境空间特征对海岸带开发活动的响应。

通过对比空间变异性模型聚类结果在不同年份、不同季节的差异可以发现，2007 年 8 月的水质状况劣于2003年8月的水质状况,表现为污染范围扩大、污染程度加重等,而2012年5月的水质状况又比2007年5月更为恶劣,在南部区域表现更为明显。这表明随着海岸带的大规模开发,渤海湾近岸的水质一直在恶化,必须采取有效措施对此趋势进行限制,维护生态、社会和经济的协调发展。

同时,2007年8月的渤海湾水质状况要远远恶劣于同年5月,表明水质污染具有明显的季节性变化,在制定水污染防治措施时要对此加以考虑。

通过上述的空间变异性方法对历年天津市渤海近岸海域水质监测资料进行分析并归纳总结,得出水环境的部分分布特征,可以对海洋功能区的划分与水环境综合评价结果进行一定的补充和验证。

三、水质功能区环境承载力分析

为了进一步探讨不同水质功能区的纳污能力,可用下式分析不同功能区的水环境承载力:

$$k=\frac{(-1)(p-q)}{q}$$

式中:p 为水环境质量实际值;

q 为水环境质量需求值。

k 值反映了一定时期一定区域的水环境对该区域社会发展和人们各种需求在质量方面的满足程度。k 值为正说明尚有一定的承载力,为负说明目前该区域水环境已处于超载状态。

图7-5-7(a)~(d)反映了不同功能区水环境年际承载力的变化情况。

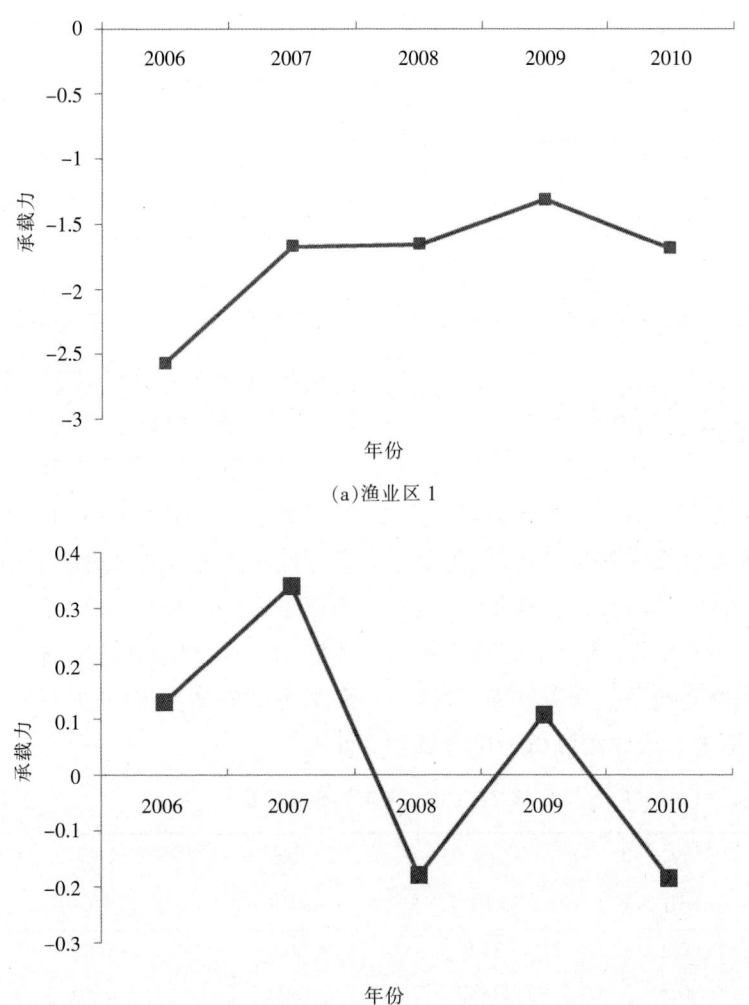

(a) 渔业区1

(b) 旅游区

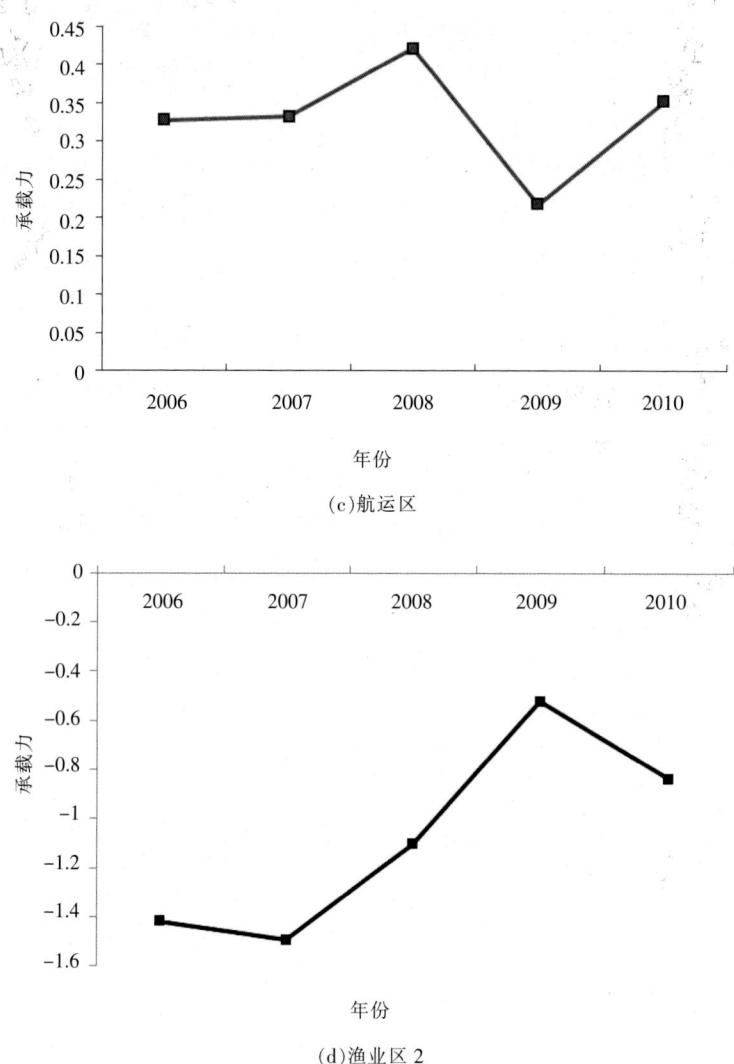

(c)航运区

(d)渔业区 2

图 7-5-7　2006 年 8 月—2010 年 8 月不同功能区水环境承载力变化情况

四、底质环境现状评价

关于沉积物质量评价,发展了多种方法,主要包括化学、生态和毒理学方法以及化学、生态和毒理学相结合的方法,如对比度和阈值、元素富集系数法、地质积累指数法、潜在生态危害指数法,等等。在沉积物环境质量评价方面,国内外尚无统一的评价标准。天津渤海湾近岸海域底质环境的污染主要来源于重金属和油类,在港口和排污口附近一般底质污染比较严重。鉴于底质资料有限,仅有 2002 年 6 月、2002 年 10 月、2003 年 4 月、2006 年 8 月和 2007 年 8 月近岸海域的底质调查数据,因此根据以《海洋沉积物质量》(GB 18668-2002)为参考标准的资料,选择 Hg、Cu、Pb、Cd 和石油类五项指标分析渤海湾海域底质状况。表 7-5-16 是相应的评价标准。

表 7-5-16　海洋沉积物质量

类别	Hg ($\times 10^{-6}$)	Cu ($\times 10^{-6}$)	Pb ($\times 10^{-6}$)	Cd ($\times 10^{-6}$)	石油类 ($\times 10^{-6}$)
第一类	0.2	35.0	60.0	0.50	500.0
第二类	0.5	100.0	130.0	1.50	1 000.0
第三类	1.0	200.0	250.0	5.00	1 500.0

表 7-5-17 是单因子和多级灰色关联评价结果。从评价结果可以看出,渤海湾近岸海域的底质污染并不严重,并且呈逐年变好的趋势。污染比较严重的重金属是镉(Cd),其中 2002 年 10 月份近岸海域底质的 Cd 超标比较严重。渤海湾表层沉积物普遍具有潜在生态危害性的重金属污染元素是 Cd,尤其是潮间带沉积物 Cd 具有很强的生态危害性。渤海湾潮间带重金属普遍具有潜在生态危害性,大沽口、独流减河口潮间带沉积物重金属具有强生态危害性,而颗粒物较细的歧口潮间带沉积物重金属则具有很强的生态危害性。

从 2003 年 4 月开始到 2007 年,底质都处于一类水质状态,表明渤海湾近岸海域底质明显好转。2003 年天津近海开始大规模的围海造地活动,主要方式是将近海浅滩和港区航道的淤泥直接吹填,减少了近海高污染的淤泥,这可能是底质明显好转的一个直接原因。

表 7-5-17 渤海湾底质分析结果

时间	单因子指数					灰色综合评价指数
	Hg	Cu	Pb	Cd	石油类	
2002-06	1.63	1.11	1.00	1.83	1.00	1.410 35
2002-10	1.00	1.00	1.00	3.00	1.00	1.309 66
2003-04	1.00	1.00	1.00	1.00	1.00	1.00
2006-08	1.00	1.00	1.00	1.00	1.00	1.00
2007-08	1.00	1.00	1.00	1.00	1.00	1.00

五、生态环境评价

参考不同的水体富营养化等级划分标准的研究,采用如表 7-5-18 的水体富营养化分级标准,用 1、2、3 分别代表寡营养型、中营养型和富营养型,将测点值与标准进行比较,确定单因子评价指数。

表 7-5-18 水体富营养化分级标准

污染程度	丰度指数/($\times 10^4$ 个/L)	叶绿素 a/(mg/m^3)	多样性指数	均匀性指数
寡营养型	<30	<1.9	>3	0.5~0.8
中营养型	30~100	1.9~10.9	1~3	0.3~0.5
富营养型	>100	>10.9	<1	0~0.3

(一)单指标因子的时空变化

1.叶绿素 a 的时空变化

丰水期叶绿素 a 的平均浓度为 6.77 mg/m^3,变化幅度为 2.45~17.20 mg/m^3。平水期叶绿素 a 的平均浓度为 4.03 mg/m^3,变化幅度为 1.39~13.60 mg/m^3。枯水期叶绿素 a 的平均浓度为 6.83 mg/m^3,变化幅度为 2.22~20.80 mg/m^3。北部和南部叶绿素 a 的浓度值较高,而中部叶绿素 a 浓度值较低。叶绿素 a 的高浓度值主要出现在近岸海域。这可能是因为受陆源污染物的影响,北部海域从北塘和大沽口注入了大量来自北京和天津的污水,而南部海域则可能是由于歧口近年来不断增加的污水所致。平水期叶绿素 a 浓度较低,而丰水期和枯水期浓度较高,这可能是因为平水期温度较低,浮游植物的生长受到抑制。

2.浮游植物多样性指数的时空变化

丰水期浮游植物多样性指数的平均值为 2.25,变化幅度为 0.62~3.31。平水期浮游植物多样性指数的平均值为 2.21,变化幅度为 1.38~2.87。枯水期浮游植物多样性指数的平均值为

1.43，变化幅度为0.37~2.89。丰水期和平水期北部多样性指数较低，可能是因为北部海域受陆源污染物影响严重所致。枯水期南部海域多样性指数很低，可能是受南部养殖废水和春季大量施肥影响所致。

3.浮游植物均匀性指数的时空变化

丰水期浮游植物均匀性指数的平均值为0.68，变化幅度为0.21~0.89。平水期浮游植物均匀度指数的平均值为0.66，变化幅度为0.46~0.91。枯水期浮游植物均匀性指数的平均值为0.50，变化幅度为0.14~0.87。同多样性指数分布类似，枯水期南部海域均匀性指数很低，原因与多样性指数可能类似。

4.浮游动物丰度指数的时空变化

丰水期浮游动物丰度指数的平均值为1.22，变化幅度为0.92~1.78。平水期浮游动物丰度指数的平均值为1.84，变化幅度为1.24~2.55。枯水期浮游动物丰度指数的平均值为1.23，变化幅度为0.87~1.81。评价表明，浮游动物丰度指数在丰水期、平水期、枯水期的值均较低，大多数站位全年丰度指数均小于2.0。这说明，水质污染已经影响到水环境的生态稳定性。

5.浮游动物多样性指数的时空变化

丰水期浮游动物多样性指数的平均值为1.49，变化幅度为0.89~1.80。平水期浮游动物多样性指数的平均值为2.11，变化幅度为1.78~3.02。枯水期浮游动物多样性指数的平均值为1.70，变化幅度为0.66~2.11。大部分站位多样性指数为1.0~2.0，时间和空间差异不大。

6.浮游动物均匀性指数的时空变化

丰水期浮游动物均匀性指数的平均值为0.62，变化幅度为0.46~0.87。平水期浮游动物均匀性指数的平均值为0.77，变化幅度为0.59~0.88。枯水期浮游动物均匀性指数的平均值为0.70，变化幅度为0.29~0.91。

7.大型底栖动物丰度指数的时空变化

丰水期大型底栖动物丰度指数的平均值为2.73，变化幅度为1.76~4.53。平水期大型底栖动物丰度指数的平均值为3.66，变化幅度为1.98~5.78。枯水期大型底栖动物丰度指数的平均值为5.02，变化幅度为3.72~7.28。枯水期丰度指数值比较高，这可能是因为春季正值大型底栖动物生长发育季节。

(二)综合评价结果与分析

丰水期综合评价结果表明，北部和南部海域污染较中部严重。平水期综合评价结果表明，北部海域为中至重度污染，而中南部海域大部分为轻度污染。枯水期综合评价结果表明，南部海域严重污染，这可能是由春季养殖废水的大量增加和农田施肥的激增引起的。从全年评价结果来看，北部海域污染严重，南部次之，中部最小，这说明海域主要受陆源污染物影响。从图7-5-8可以看出，渤海湾海岸带大部分海域已经受到不同程度的污染，清洁海域几乎没有。中至重度污染海域在丰水期、平水期和枯水期三个时期分别占55%、33%、55%，其中仅重度污染海域这三个时期就分别占到了22%、11%、33%。

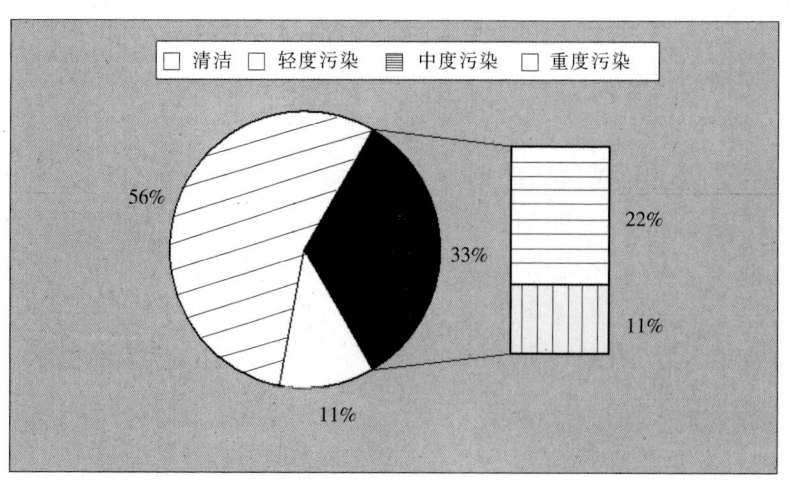

(a)平水期海域污染情况

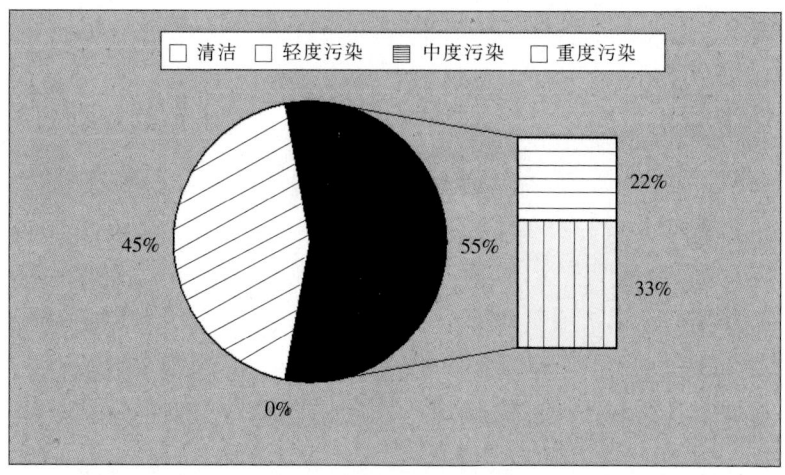

(b) 枯水期海域污染情况

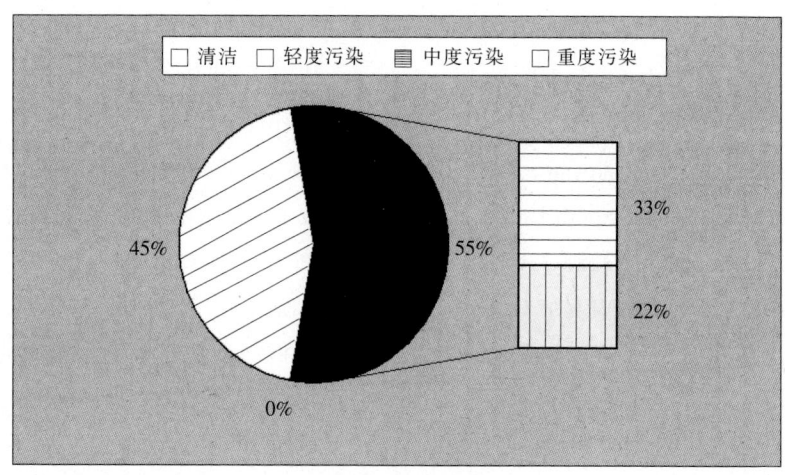

(c) 丰水期海域污染情况

图 7-5-8　渤海湾海岸带海域污染综合评价图

参考文献

[1] SUN Jian, TAO Jianhua. Relation matrix of water exchange for sea bays and its application[J]. China ocean engineering, 2006, 20(4): 529-544.

[2] KAHYA E, KALAYCI S. Trend analysis of streamflow in Turkey[J]. Journal of hydrology, 2004, 289 (1/4): 128-144.

[3] CHANG H. Spatial analysis of water quality trends in the Han River basin, South Korea[J]. Water research, 2008, 42(13): 3285-3304.

[4] GERSTENGARBE F W, WERNER P C. Estimation of the beginning and end of recurrent events within a climate regime [J]. Climate research, 1999, 11(2): 97-107.

[5] KITSIOU D, COCCOSSIS H, KARYDIS M. Multi-dimensional evaluation and ranking of coastal areas using GIS and multiple criteria choice methods[J]. Science of the total environment, 2002, 284(1/3): 1-17.

[6] MONESTIEZ P, DUBROCA L, BONNIN E, et al. Geostatistical modelling of spatial distribution of Balaenoptera physalus in the Northwestern Mediterranean Sea from sparse count data and heterogeneous observation efforts[J]. Ecological modelling, 2006, 193(3/4): 615-628.

[7] 王立华, 李继龙, 葛常水, 等. 利用GIS技术进行海洋环境质量评价的研究[J]. 海洋环境科学, 2003, 22(4): 44-48.

[8] 孙涛, 陶建华. 波浪作用下渤海湾近岸海域污染物的输移扩散规律[J]. 海洋与湖沼, 2004, 35(2): 110-119.

[9] 陈如海, 詹良通, 陈云敏, 等. 西溪湿地底泥氮、磷和有机质含量竖向分布规律[J]. 中国环境科学, 2010, 30(4): 493-498.

[10] BARDGETT R D, ANDERSON J M, BEHAN-PELLETIER V, et al. The influence of soil biodiversity on hydrological pathways and the transfer of materials between terrestrial and aquatic ecosystems[J]. Ecosystems, 2001, 4(5): 421-429.

[11] 戚晓红, 刘素美, 张经, 等. 东海赤潮高发区沉积物中营养盐再生速率的研究[J]. 应用生态学报, 2003, 14(7): 1112-1116.

[12] 王而力, 王嗣淇. 西辽河不同粒级沉积物对磷的吸附特征[J]. 中国环境科学, 2012, 32(6): 1054-1061.

[13] 王红莉. 海岸带生境与经济协调发展管理模型研究[D]. 天津: 天津大学, 2005.

[14] 张坤民, 温宗国, 杜斌, 等. 生态城市评估与指标体系[M]. 北京: 化学工业出版社, 2003.

[15] 杨京平, 卢剑波. 生态安全的系统分析[M]. 北京: 化学工业出版社, 2002.

[16] 王修林, 李克强. 渤海主要化学污染物海洋环境容量[M]. 北京: 科学出版社, 2006.

[17] 李清雪. 海湾浮游生物及氮营养盐生态水动力学模拟[D]. 天津: 天津大学, 2000: 28-33.

[18] 夏军. 区域水环境及生态环境质量评价: 多级关联评估理论与应用[M]. 武汉: 武汉水利电力大学出版社, 1999: 26-42.

第八篇

渤海湾天津海岸带社会经济环境协调状况分析

第一章 海岸带综合管理模型研究进展

第一节 海岸带管理模型研究进展

世界各地的海岸带类型各异，海岸带开发利用形式不同，使得各自海岸带区域的主要问题和突出矛盾也不尽相同。同时，各国对海岸带保护的要求、标准、政策和管理体制也各不相同。因此，各国建立的海岸带管理模型的侧重点也不同。目前，国外许多国家和地区都针对各自海岸带开发利用中的主要问题启动了海岸带综合管理计划。根据管理的目标来看，主要包括海岸带资源的可持续利用、生态环境保护和污染控制、自然灾害防御、生物多样性保持和海岸带的最佳多样化利用这五个方面。其中具有代表性的海岸带综合管理计划如下。

1984年，英国提出提高资源环境承载力备择方案的ECCO（Evolution of Capital Creation Options）模型。它确定了与人口增长密切相关的国民经济系统对资源的需求以及和生态环境协调发展的方法，反映了人口、资源、环境和发展之间的相互关系。这种方法已被联合国环境规划署（United Nations Environment Program, UNEP）认可，并在肯尼亚、埃及、英国等国家实施应用，取得了良好的效果。

荷兰风暴潮灾害严重，为此荷兰于1958年启动了著名的"三角洲计划"，计划在三角洲地区的4个主要潮汐通道及更靠陆地方向的江心岛之间建造防潮大坝，以减少风暴潮的威胁。随后针对"三角洲工程"所带来的生态环境问题对计划加以修改，增加了防灾和生态环境保护的协调性。

比利时等毗邻欧洲北海的几个国家于1992—1996年完成"国家海洋科学促进计划"，旨在调查北海生态系统的物理、化学及生物等各方面的复杂变迁情况，深入研究了人类活动对海洋生态系统的直接与间接影响，根据北海生态系统变迁对社会和经济的影响，制定了具体的海洋保护政策。

日本为了提高海岸带的开发管理水平，以资源管理为导向，创造和扶植"海上牧场"以促进水产业的发展，积极开发可改善生态环境的技术，研究建立保护区及改善港湾水质的方法。正在逐步完成的重要任务包括在建立和维护生态环境过程中的信息收集、信息研究，以及筹备建立环境项目评价数据库等。

澳大利亚采取各州负责约5 km河口流域的管理办法，并制定海洋管理项目，主要是通过对海洋公园的管理来保护海洋资源，但没有系统有效的海岸带与海洋管理计划。

美国国家航空和航天管理局（National Aeronautics and Space Administration, NASA）于1997年启动了LCLUC（Land Cover/Land Use Change）研究计划。该研究计划汇集了世界各国的生态、水环境、地理信息进行研究，通过遥感技术手段研究土地利用、植被、生态系统的景观结构在时间上和空间上的变化，并着重研究这些变化的社会经济发展原因及其对区域环境、经济发展乃至全球气候变化的影响及后果，研究的范围涵盖中国的珠江三角洲生态系统、津巴布韦的荒漠生态系统以及危地马拉的森林保护区等。

在我国，众多学者也开展了海岸带生态环境问题的研究和讨论。杭州湾海域制定了"海上溢油快速反应决策系统"，指导开展溢油突发事件的处理工作，并进一步实施污水排江心工程，改善了近岸海域的环境状况。深圳、香港两地进行了污水处理改善工程，将污水进行远海、深海排放。为保护生态环境资源，建立了海洋公园和海岸保护区，开展了人工鱼礁计划。海洋科技方面，建立了较为全面的数学模型，以评估深圳、香港地区各类发展项目对海洋的累积影响，为海洋经济的发展提供决策支持。

这些研究工作在对海岸带综合管理（Integral Coastal Zone Management, ICZM）的管理机制、国际合作、公众参与、保护措施、资源开发利用等不同方面进行了有益的尝试、研究和探索。但在海岸带综合管理中，从海岸带生态经济系统的角度研究海岸带生境修复与经济协调发展的成果较少。

第二节　海岸带管理模型分类

对于海岸带这一复杂、开放式的生态经济系统，要实现一个长时间的实地实验研究，以保障其生态经济系统的稳定和良性发展，要耗费大量人力和物力资源，甚至根本无法实施。因此，建立一个与之匹配的海岸带综合管理模型和管理信息系统，研究海岸带生态经济系统内部各因素的相互作用以及外部环境的影响关系，是进行海岸带综合管理的有效手段。

按照模型尺度，可以将模型分为宏观模型和微观模型；按照模型所涉及的学科领域，主要分为经济计量模型、环境预测分析模型和生态预测分析模型；按照模型采用的技术方法划分，主要有概念模型、仿真—数学模型及空间分析模型三类。下面从技术方法角度分别加以简述。

一、概念模型

概念模型属于宏观模型的范畴，是实现其他模型的基础。概念模型的主要目标是明确系统中各个子系统及各子系统内部要素之间的相互作用，为管理决策者提供一个解决问题的理念和思路。

概念模型的建立主要在系统结构框图、系统结构矩阵和系统多层次指标体系的基础上完成。现有的一些概念模型从不同角度提出了其对海岸带管理的认识，有的概念模型通过建立海岸带使用结构图，从海岸带使用的影响分析和规划管理的角度确立海岸带使用的可持续发展管理模型；有的则从海岸带区域不同产业部门的污染控制角度，定性确定主要污染源，分析给出合理有效的污染负荷控制和分配策略；有的从滨海区域的城镇化发展水平出发，分析人口增长、城镇化水平提高对海岸带生态经济系统的影响途径和规律。

概念模型中最有影响力的模型为联合国经济合作与发展组织于1993年开发的压力—状态—影响—反应模型（Press-Status-Impact-Response）。此模型将多种会给海岸带生态环境和自然资源带来巨大压力和影响的人类活动（如土地利用、水资源调配、经济发展及人口变化等）与海岸带生态环境、资源系统状况以及人类对保护和修复海岸带生态环境、资源所采取的策略联系起来，形成一个回路结构。压力指标用来反映对海岸带环境质量造成直接影响的活动；状态指标用来描述观察到的环境变迁或可持续发展功能的变化等；影响指标是指由环境状态改变引起的社会利益的变化值；反应指标用来反映对系统的变化社会做出的反应，它主要受状态和影响指标的变化驱动。

由于考虑的因素众多且较为全面，这一概念模型的实际实施需要多个学科领域的知识和经验，以致从概念模型上发展起来的可用于解决实际问题的管理模型还很少。

二、仿真—数学模型

仿真—数学模型是以概念模型为基础，利用多种数学手段定量描述海岸带生态、经济间相互作用关系的一类模型。这类模型主要包括系统动力学模型、潮流—水质模型等确定性模型和人工神经网络模型、灰色系统预测模型、专家系统模型和模糊逻辑模型等非确定性模型。

系统动力学模型是以复杂、动态变化的海岸带生态经济系统为研究对象，通过系统内部的信息反馈机制建立模拟社会、经济和海域生境状况的相应各子系统的结构、功能和行为模式，来揭示整个海岸带生态经济系统的动态变化行为，为海岸带生态经济的可持续发展提供依据。

潮流—水质模型是用于描述海岸带近岸海域潮流和水质的时空变化和分布的数学模型。它是根据质量守恒和牛顿第二定律等基本原理建立起来的，对于模型的维数、时空的分辨率以及潮间带动边界的处理都要根据所研究的具体问题和该区域的水文地貌特征而进行选择。主要采用二维浅水潮流—水质模型来模拟研究围海造地、浅海养殖和海洋排污等人类活动对海岸带区域水环境状况的影响。

确定性数学建模在生态经济领域遇到的主要障碍，来自问题的非确定性和高度的模糊性对模型的影响，使十分复杂的海岸带生态经济系统进一步增加了数学描述的困难。为此，不确定性模型被引入到海岸带生态经济系统的建模中来。

人工神经网络模型是一种通过模拟人脑神经系统的组织方式构成的信息处理系统，它是模拟人脑智能的一条重要途径，具有人脑那样的自适应、自组织和自学习的能力。人工神经网络模型是由大量简单神经元广泛连接而成的复杂网络，具有并行分布的信息处理结构，通过对非线性函数的复合逼近输入和输出之间的映射。它无须设计任何数学模型，只靠过去的经验来学习，通过神经元的模拟、记忆和联想处理各种模糊的、非线性的、含有噪声的数据，采用自适应的模式识别方法进行预测分析。

人工神经网络的算法包括 Hebb、Delta、Kohonen 和 BP 算法等。其中 BP 算法是一种多层次反馈型网络结构，它由 Rumelhart 等人于 1986 年提出，也是目前被采用得最多的人工神经网络模型。其学习过程由正向传播和反向传播组成。在正向传播中，样本信号通过 Sigmoid 函数的作用逐层向前传播，每一层神经元的状态只影响到下一层神经元的状态。若在输出层不能得到期望的输出信号，则修改各层神经元的权值，同时使输出信号的误差沿原路返回。这样经过反复传播最终使信号误差达到要求的范围。

人工神经网络用于生态经济系统建模的基本思路是：首先，系统分析生态经济系统的结构，确定主要状态变量及其主要影响因素；其次，根据人工神经网络建模原理，利用已知的原始数据，让人工神经网络先学习；然后，再用已知的输入因子来计算输出因子，检查预测值与实际值之间的拟合效果。满意时，建模才算完成；否则，重新对模型进行调整，直到取得满意的预测结果为止。

灰色系统预测模型的本质是将含有不确定性因素的系统视为灰色系统，通过对已知数据序列进行指数形式的曲线拟合，然后将此曲线进行延伸，由此对未知的数据做出预测。此预测模型比较适用于中短期的序列预测。

专家系统模型主要是一种知识信息处理系统。它依靠大量的有关物理海洋、海洋生态、海洋经济等方面的知识来确定海岸带生态经济问题的求解途径，而不是基于数学模型来编制计算程序。它主要利用专家知识来推理求解问题，制定管理方案。

模糊逻辑模型是应用模糊集理论的模拟预测控制方法。它主要是通过模拟人的思维方式中的模糊性，来模拟预测难以建立常规数学模型的过程。模糊控制是一种对系统的宏观预测方法，最大特征是将专家的预测分析经验表示成语言控制规则，然后用这些规则去控制系统。因此，模糊逻辑模型适用于复杂的、非线性系统的模拟预测。与专家系统模型相似，模糊逻辑模型的建立也要基于规则的控制规律。两者的区别在于，专家系统模型中的规则及概念属于一般集合，性质上非此即彼，无须进行模糊运算；模糊逻辑模型的规则和概念属于模糊集合，要进行模糊运算。

三、空间分析模型

空间分析模型是在遥感技术和地理信息系统技术发展的基础上产生的。它以海岸带生态经济系统为基础，通过把人口、资源、经济及生态环境等大量具有空间性质的数据，按其空间位置或地理坐标输入计算机，建立具有点、线、面属性的地理空间数据库，进行存储更新、查询检索、显示、打印及绘图输出，结合相应的评价和预测分析模型，进一步实施海岸带生态经济系统的空间分析。

现有的海岸带空间分析模型主要集中应用在以下几个方面：①海岸带土地资源管理；②海岸带自然资源管理；③海岸带生态环境管理；④海岸带功能区划管理。这类模型需要研究区域大量数字化信息的支持。然而，许多海岸带综合管理研究起步较晚，原始资料积累很少，往往限制了这类模型的应用。

第二章 典型海岸带环境—生态—经济系统模型

第一节 概 述

海岸带环境经济管理具有复杂的决策环境，要对海岸带区域的环境、生态及经济系统的发展演化趋势做出合理预测和分析，才能够对区域发展策略的制定和调整给予有力支持。对海岸带可持续利用的准则要求人类对资源的获取、提取或利用不能超过在同一时期内可能产生或者再生的数量，即要求人类在追求经济利益的同时，必须兼顾环境和自然资源的承载力。因此，建立海岸带综合管理模型，保护海岸带资源和环境，并促进其可持续发展，首先要对海岸带生态经济系统的结构、功能和影响因素进行综合分析，考察海岸带社会经济系统、生态系统和环境系统之间能量流、物质流的传递过程和情况。

在明确海岸带生态经济系统范围的基础上，根据系统的边界性将生态经济系统以不同角度划分为社会经济系统、环境系统和生态资源系统三个子系统。这三个系统互相联系、互相影响、互相制约，构成一个有机整体。图 8-2-1 为典型海岸带生境修复与经济协调发展模型整体结构图，它反映了各子系统之间的相互联系方式，下面进行简述。

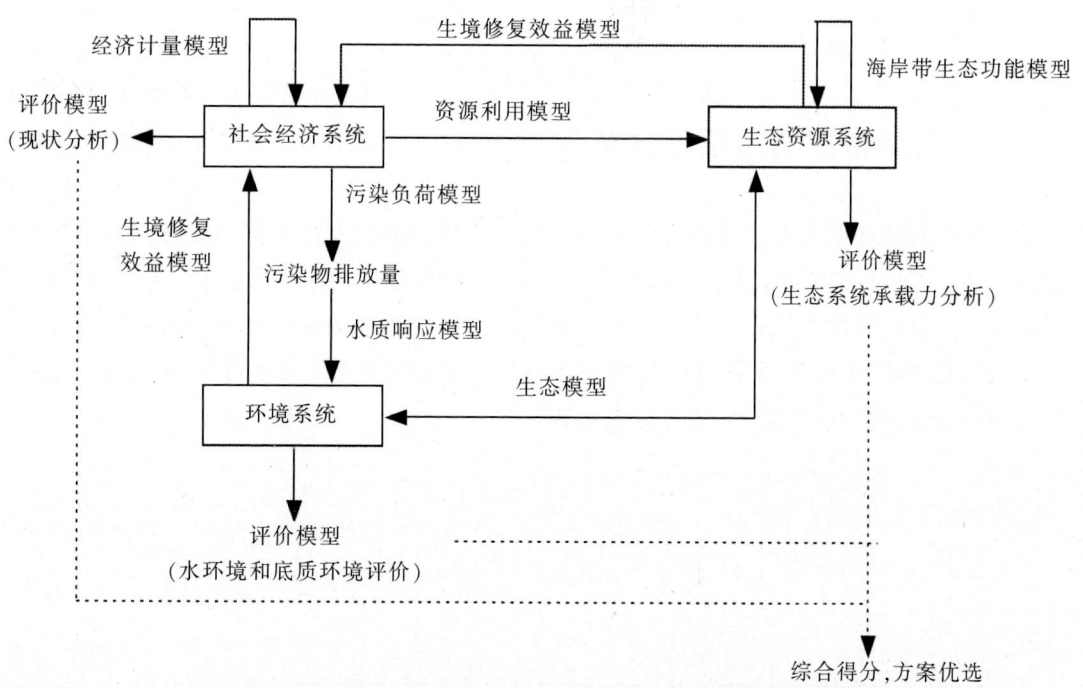

图 8-2-1 典型海岸带生境修复与经济协调发展模型整体结构图

一、社会经济系统—环境系统

城市人口的发展和经济规模、效益的逐年攀升，在带动社会经济系统自身发展的同时，也加大了污染物的排放量，从而导致作为污染物受纳水体的海洋水质的恶化。因此，有必要建立污染负荷模型反映社会经济发展对污染物排放量的驱动关系，进而采用水质响应模型建立污染源排放强度和水体浓度的关系，模拟水环境状况。环境的恶化会制约经济的发展，要对环境进行治理修复，可以用生境修复效益模型来描述。

二、社会经济系统—生态资源系统

社会经济的发展必然伴随着资源的消耗。这里既包括诸如水资源这样的可再生资源，也包括像石油、天然气那样的不可再生资源等。建立资源利用模型可以反映资源消耗对社会经济发展的响应关系；同时，对生态环境的修复与补偿也要经过模型进行量化并转嫁到社会经济系统上，可以采用生境修复效益模型等来描述。

三、环境系统—生态资源系统

环境质量的好坏与生态资源系统有着直接的关系。环境的恶化必然导致生态资源数量和质量的下降；同时，生态资源又可以改善环境。生态模型用于反映环境系统和生态资源系统之间的相互关系。由于生态模型的建立涉及的内容和工作量较大，且需要大量监测资料进行验证，故生态模型的建立目前还有待深化和改进，本书暂不涉及。

四、评价模型

根据建立的系统分析和评价模型对不同发展模式下的海岸带环境经济系统做出综合评价分析，为海岸带社会经济的发展和生态环境的保护提供决策信息和数据支持。

第二节　污染负荷模型

一、海岸带主要污染源分析

从污染源的尺度上看，可以将海岸带的污染源分为点源和非点源两大类。一般来说，点源污染的产生量在年内分配比较均匀。非点源污染是指可溶解的或固体污染物从非特定的地点，在降水和径流冲刷作用下，通过径流过程汇入受纳水体（如河流、湖泊、水库、海湾等）引起的水体污染。通常将集中排放的工业废水和城市生活污水作为点源污染，其他的均视为非点源污染。考虑到旅游业污水亦主要来自旅游人口的生活用水，所以也归为点源污染。农业（这里专指种植业）、畜禽养殖业以及浅海养殖业产生的污染归为非点源污染（图8-2-2）。

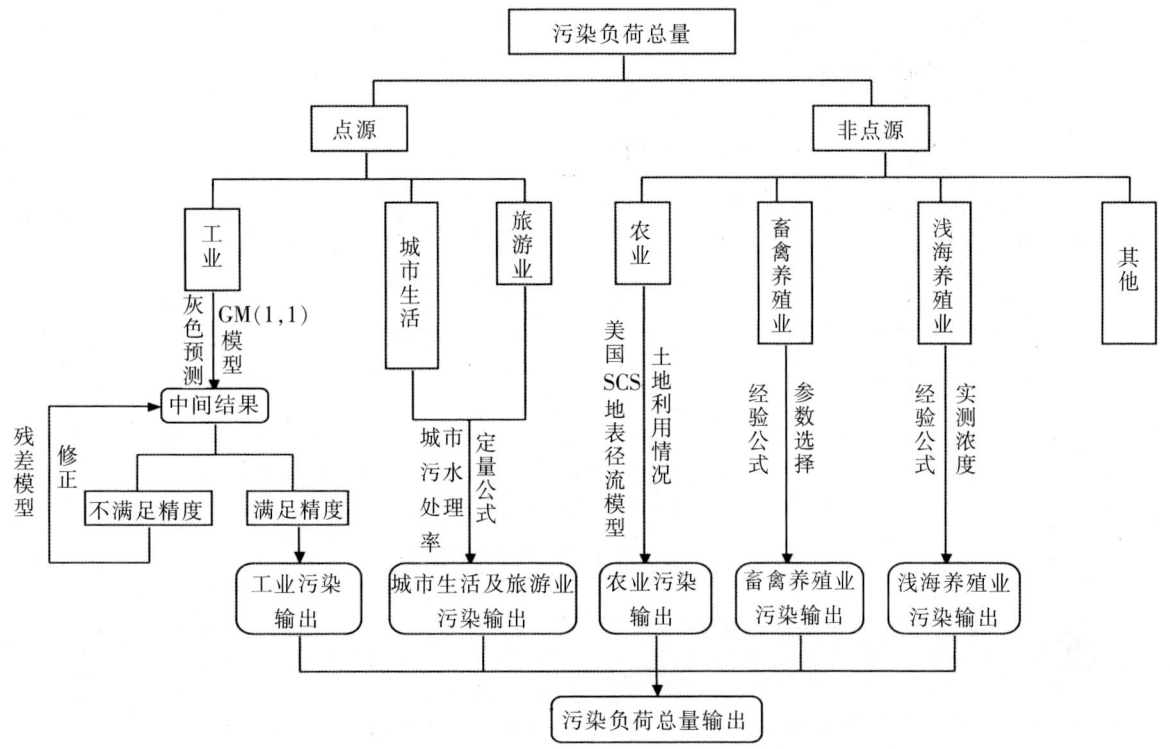

图 8-2-2　污染负荷模型流程图

二、海岸带污染负荷预测方法

在城市污染负荷总量中，点源污染的比重相对较大。而工业废水和城市生活污水是点源污染的重要来源。在污染负荷总量中，有 80% 以上的耗氧有机物、氮和磷来自于工业废水和城市生活污水。因此，这两部分应是污染负荷预测的重点。基于近年来沿海旅游业发展迅速，带动来津旅游人口增加，因此有必要把旅游业污染考虑在内。同时，非点源污染在污染负荷总量中也有一定比重，农业、畜禽养殖业和浅海养殖业产生的污染通过径流入海，对近岸海域水环境质量造成很大影响。上述几项构成了污染负荷模型的主要内容。非点源污染中还应包括大气沉降、城市地表径流等诸多方面，但是这些在污染负荷总量中的比重很小，因此忽略不计。

基于不同行业污染的产生形式、排放形式及影响因素不同，文中对不同行业污染负荷采取不同的估算与预测方法（包括灰色预测、统计回归、经验公式法），或将几种方法综合使用以期达到合理满意的预测结果。

（一）工业废水排放量估算与预测

工业废水排放量预测基本思路是：通过近十年的工业废水排放量和工业总产值可计算出万元产值工业废水排放量。以此作为基础序列，计算预测年份的万元产值工业废水排放量。通过经济增长率可以推算预测年份的工业总产值，据此可以估算出预测年份的工业废水排放量。通过统计资料估算工业废水中各污染物含量，便可以计算出预测年份各污染物排放量（图 8-2-3）。

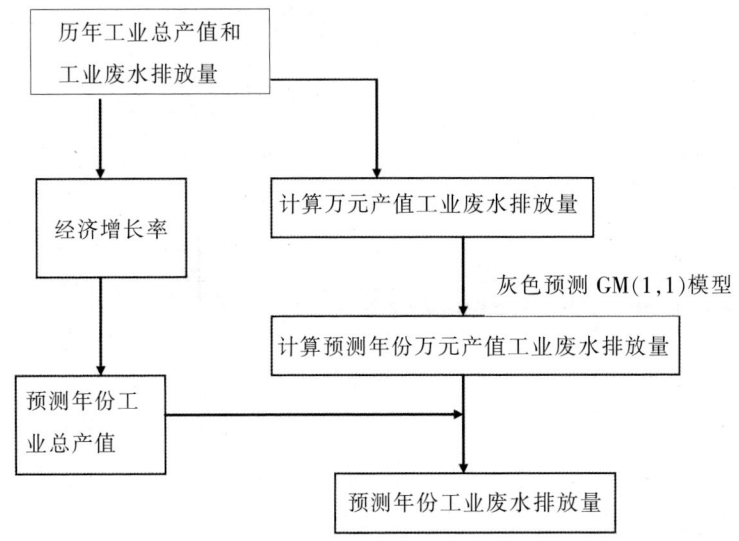

图 8-2-3 工业废水排放量预测流程图

万元产值工业废水排放量是建模最基本的数据。然而,影响万元产值工业废水排放量的因素众多(如经济增长率、工业废水去除率、用水方式等)。同时也可以看到,随着科技的进步以及环保投资的加大,万元产值工业废水排放量在年际呈下降趋势,年内基本表现为确数。这使得万元产值工业废水排放量呈现灰因白果的特点。因此,采用灰色预测 GM(1,1)模型对万元产值工业废水排放量进行预测。灰色预测 GM(1,1)模型是基于少数据的模型,它以灰因白果率、差异信息原理、平射原理为基础,在数据有限的条件下,模仿微分方程建立具有部分微分方程性质的模型。因此,适用于环境系统这种关系复杂且数据量少的系统建模。在得到预测年份的万元产值工业废水排放量后,根据由经济增长率推算的预测年份工业总产值便可得到预测年份的工业废水排放量。

灰色建模是以灰色模块概念为基础的。"模块"是指经过一定的方式处理后的时间序列,这种处理的目的在于:为建模提供中间信息,并将原有随机序列的随机性加以弱化。

首先,将历年万元产值工业废水排放量组成原始数列,记为:

$$x^{(0)}=[x^{(0)}(1),x^{(0)}(2),\cdots,x^{(0)}(n)]$$

将原始数列做一次累加生成运算,得到数列:

$$x^{(1)}(k)=\sum_{n=1}^{k}x^{(0)}(n)$$

以 $x^{(1)}$ 建立常微分方程:

$$\frac{dx^{(1)}}{dt}+ax^{(1)}=u$$

式中:a,u 为参数向量 $\hat{a}$ 的元素,即:

$$\hat{a}=\begin{bmatrix} a \\ u \end{bmatrix}=(\boldsymbol{B}^{\mathrm{T}}\boldsymbol{B})^{-1}\boldsymbol{B}^{\mathrm{T}}\boldsymbol{Y}_N$$

$$\boldsymbol{B}=\begin{bmatrix} -\frac{1}{2}[x^{(1)}(1)+x^{(1)}(2)] & 1 \\ \vdots & \vdots \\ -\frac{1}{2}[x^{(1)}(n-1)+x^{(1)}(n)] & 1 \end{bmatrix},$$

$$\boldsymbol{Y}_N=[x^{(0)}(2),x^{(0)}(3),\cdots,x^{(0)}(n)]^{\mathrm{T}}$$

上述方程的解为:

$$\hat{x}^{(1)}(k+1)=\left[x^{(0)}(1)-\frac{u}{a}\right]e^{-ak}+\frac{u}{a}$$

将灰色生成序列还原,有:

$$\hat{x}^{(0)}(k+1)=\hat{x}^{(1)}(k+1)-\hat{x}^{(1)}(k)$$

$$=(1-e^a)\left[x^{(0)}(1)-\frac{u}{a}\right]e^{-ak}$$

$$(k=0,1,\cdots,n-1)$$

定义残差为 $q^{(0)}(k)=\left|x^{(0)}(k)-\hat{x}^{(0)}(k)\right|$,为验证模型精度,对模型做如下检验:

$$C=S_1/S_2$$

$$P=\left\{\left|q^{(0)}(t)-\overline{q}^{(0)}\right|<0.674\ 5S_2\right\}$$

式中:C 为均方差比值,对于给定的 $C_0>0$,当 $C<C_0$ 时,称模型为均方差比合格模型;

S_1 为残差的均方差；

S_2 为原始数据的均方差；

P 为小误差概率，对于给定的 $P_0>0$，当 $P>P_0$ 时，称模型为小误差概率合格模型；

$\overline{q}^{(0)}$ 为残差均值。

根据精度检验等级参照表，至少满足 $P>0.8$，$C<0.5$ 时模型方能满足精度要求。此外，还要用下式对计算结果进行相对误差检验：

$$\varepsilon(k+1)=\frac{x^{(0)}(k+1)-\hat{x}^{(0)}(k+1)}{x^{(0)}(k+1)}\times 100\%$$

若该值偏大，可进一步引入残差模型以削减误差。残差模型一般在 GM(1,1) 模型的精度不符合要求时采用，其基本思想就是用残差序列建立 GM(1,1) 模型对原来的模型进行修正以提高精度。建立残差模型的目的是使时间序列中靠近现在的预测误差减小。残差的个数可以根据需要和精度调整，一般从原始数列的倒数四五个开始选取。

按照同上方法可求得 $\hat{q}^{(1)}(k+1)$，取 $\hat{q}^{(0)}(k+1)=\hat{q}^{(1)}(k+1)'$，$\hat{x}^{(0)}(k+1)=\hat{x}^{(1)}(k+1)'$，得修正后的 $\hat{x}^{(0)}(k+1)$：

$$\hat{x}^{(0)}(k+1)=(-a)\left[x^{(0)}(1)-\frac{u}{a}\right]e^{-ak}\pm\zeta(k-i)(-a')\left[q^{(0)}(1)'-\frac{u'}{a'}\right]e^{-a'(k-i)}$$

式中：$\zeta(k-i)=\begin{cases}1,k\geq i\\0,k<i\end{cases}$。若 $x^{(0)}(n)-\hat{x}^{(0)}(n)>0$，取负号；否则取正号。

根据表 8-2-1 中所列公式可计算出工业废水排放量。根据历年《天津市环境状况公报》中关于工业废水中各污染物含量的统计资料，可估算出各污染物在工业废水中的比例，进而可推算出各污染物的排放量。

表 8-2-1　污染负荷估算公式

行业	相关公式	变量含义
工业	$q_{in}=V_0\cdot(1+r_{in})^{m_1}\cdot V_{in}$	q_{in}：预测年份工业废水排放量/万 t； V_0：基准年份的工业产值/亿元； r_{in}：经济增长率/%； m_1：预测年份与基准年份的时间差，$m_1=n-n_{01}$，n 为预测年份； V_{in}：由 GM(1,1) 模型计算出的预测年份万元产值工业废水排放量/(t/万元)
城市生活	$q_d=p_0\cdot(1+r_d)^{m_2}\cdot b_0\cdot\eta\cdot(1-\alpha_d)\cdot 365\cdot 10^{-3}$	q_d：预测年份城市生活污水排放量/万 t； p_0：基准年份的城市用水人口/万人； r_d：城市人口增长率/%； m_2：预测年份与基准年份的时间差，$m_2=n-n_{02}$； b_0：人均生活日用水量，天津取 140 L/(人·d)； η：污染物排放系数，天津取 0.9； α_d：城市生活污水处理率
旅游业	$q_t=p_t\cdot b_0\cdot\eta\cdot(1-\alpha_d)\cdot 10^{-3}$	q_t：预测年份旅游业污水排放量/万 t； p_t：预测年份的折算旅游人口数，可通过线性统计方法获得/万人
农业	$q_c(i)=\sum_{j=1}^{m}Q(j)\cdot C_{np}(i)\cdot S(j)$ $i=1,2,\cdots,n$	$q_c(i)$：第 i 种污染物的排放量/万 t； $Q(j)$：第 j 种土地利用类型的地表年径流量/mm； $C_{np}(i)$：第 i 种污染物的非点源浓度/(mg/L)； $S(j)$：第 j 种土地利用类型的土地面积/m²

行业	相关公式	变量含义
畜禽养殖业	$q_a(i)=\sum_{j=1}^{m}\{n(j)\cdot[k_1(i,j)\cdot\beta_1(i,j)+k_2(i,j)\cdot\beta_2(i,j)]\}$ $i=1,2,\cdots,n$	$q_a(i)$:第i种污染物的排放量/万 t; $n(j)$:第j种畜禽的养殖头数/万头; $k_1(i,j),k_2(i,j)$:分别为单位第j种畜禽粪便和尿中第i种污染物的排放量/kg; $\beta_1(i,j),\beta_2(i,j)$:分别为单位第$j$种畜禽粪便和尿中第$i$种污染物的流失率/%
浅海养殖业	$q_f(i)=\sum_{j=1}^{m}V(j)\cdot n(j)\cdot c(i,j)$ $i=1,2,\cdots,n$	$q_f(i)$:第i种污染物的排放量/万 t; $V(j)$:第j个养殖池的容积/m³; $n(j)$:第j个养殖池的年换水次数; $c(i,j)$:第j个养殖池中第i种污染物的浓度/(mg/L)

(二) 城市生活污水排放量估算与预测

城市生活污水排放量的主要影响因子是用水人口。据长期的城市生活污水排放量看,用水量和排水量基本呈线性关系。故此部分采取经验公式估算的方法。即参考《城市居民生活用水量标准》(表 8-2-2)制定人均用水定额;根据城市具体情况并参考《室外排水设计规范》选择合适的排放系数(排水量与用水量之比,表 8-2-3);最后根据预测年份人口进行估算。

由表 8-2-1 中所列公式可计算出城市生活污水排放量。根据历年《天津市环境状况公报》中关于生活污水中各污染物含量的统计资料,可估算出各污染物在生活污水中的比例,进而可推算出各污染物的排放量。

表 8-2-2 我国城市居民生活用水量标准

人均生活日用水量/[L/(人·d)]	适用范围
80~135	黑龙江、吉林、辽宁、内蒙古
85~140	北京、天津、河北、山东、河南、山西、陕西、宁夏、甘肃
120 180	上海、江苏、浙江、福建、江西、湖北、湖南、安徽
150~220	广西、广东、海南
100~140	重庆、四川、贵州、云南
75~125	新疆、西藏、青海

注:人均生活日用水量 = $\dfrac{\text{生活用水量}\times10^7}{\text{常住人口数}\times365}$ [L/(人·d)]

表 8-2-3 天津市城市排、用水量比

年份	城市生活用水量/亿 t	城市生活排水量/亿 t	排水量和用水量之比
1998	4.85	4.525 3	0.933
1999	5.57	4.655 1	0.836

(三) 旅游业污水排放量估算与预测(图8-2-4)

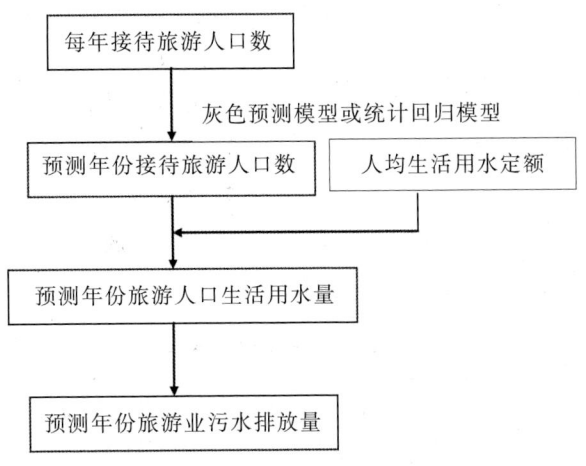

图 8-2-4　旅游业污水排放量预测流程图

旅游业产生的污染主要考虑旅游人口带来的生活污染，所以旅游业污水排放量的估算基本与城市生活污水相同。主要区别在于旅游人口居住天数不尽相同。因此，应先根据历年统计数据将旅游人口数折算为人均居住 1 天相当的人数。即旅游人数和平均居住天数的乘积等于人均居住 1 天相当的旅游人口数。

(四) 农业污染物排放量估算

农业非点源对水环境的污染主要来自化肥和农药的冲刷与径流。其中化肥主要以氮肥为主，农药主要以含磷农药为主。氮肥和有机磷农药进入土壤后，部分被农作物吸收，部分残留在土壤中，剩下的将随降雨径流和农田沥水最终进入海洋。因此，农业非点源污染主要是氮和磷的污染，少部分为耗氧有机物给水体带来的污染。

农业污染负荷的产生与降雨量、土地利用类型及土壤的含水性均有关系。首先，选用目前比较简单、适用范围广、精度也相对较高的美国 SCS 地表径流公式计算地表年径流量 Q：

$$Q=(P-I_a)^2/(P+S'-I_a)\,(P \geqslant I_a)$$
$$S'=(25\,400/CN)-254$$

式中：I_a 为初损量，一般取 $I_a=0.2S'$；

P 为年均降雨量；

S' 为土壤滞留系数；

CN 为反映雨前流域特征的无量纲参数，可根据前五日雨量、渗透情况及区域土壤的特点确定此值。

在求得不同土地利用类型的年径流量后，再乘以径流中的污染物平均浓度，即可得出不同污染物的排放量。平均浓度一般为暴雨时的实测资料，因此不易获取。因此可参考相关文献中非点源与点源浓度比 $\alpha(i)$，将入海口污染物浓度作为点源浓度进行估算。

$$C_{np}(i)=\alpha(i) \cdot C_p(i)$$

式中：$C_{np}(i)$ 为第 i 种污染物的非点源浓度；

$C_p(i)$ 为第 i 种污染物的点源浓度。

(五) 畜禽养殖业污染物排放量估算

畜禽养殖业污染物主要来源于动物粪便中氮、磷营养物随降雨径流进入水体。因此，畜禽养殖业产生的污染负荷与养殖头数、种类及不同污染物的水体流失率有关，可根据表 8-2-1 中公式进行计算，公式中参数值可参考文献确定。

(六) 浅海养殖业污染物排放量估算

浅海养殖业的污染负荷排放量主要与养殖池的容积、年换水次数及排水中各污染物浓度有关，根据以上三个因素计算污染物排放量，有关公式见表 8-2-1。

三、海岸带污染负荷预测模型的验证

海岸带污染负荷预测模型建立后，将进一步对模型的准确性加以验证。由于污染负荷估算与预测的结果准确与否将直接对水质的预测情况产生影响，因此只有经过验证后的模型才能用于海岸带未来污染负荷排放量的预测中。

验证采用的数据是《天津市统计年鉴》中1995—2003年有关社会经济的资料。其中万元产值工业废水排放量以1993年为基准年，其余以1995年为基准年进行验证。模型中主要参数的率定结果见表8-2-4。用经过残差模型修正后的GM(1,1)模型对万元产值工业废水排放量进行预测，并与实际值进行比较(表8-2-5)。经比较可知，个别年份相对误差偏大，但多年平均相对误差较小，预测结果比较客观。

采用上述模型，进一步对近些年来天津市污水排放量进行了估算与比较。图8-2-5至图8-2-7分别是工业废水排放量、耗氧有机物排放量和油类排放量的比较结果。

表 8-2-4　模型主要参数率定

参数名称	r_{in}	n_0	p_0/万人	r_d	b_0/[L/(人·d)]	η	α_d
取值	11.5%	1995	944.741	0.83%	140	0.9	55.0%

表 8-2-5　万元产值工业废水排放量灰色预测

年份	$x^{(0)}$	$\hat{x}^{(0)}$	ε
1993	15.155	15.155	0
1994	11.962	10.989	-8.13%
1995	10.457	10.086	-3.55%
1996	8.568	8.866	3.48%
1997	7.113	8.137	14.4%
1998	7.542	7.469	-0.97%
1999	6.731	7.258	7.83%
2000	6.594	6.778	2.79%
2001	7.227	6.362	-11.97%
2002	5.907	6.010	1.74%

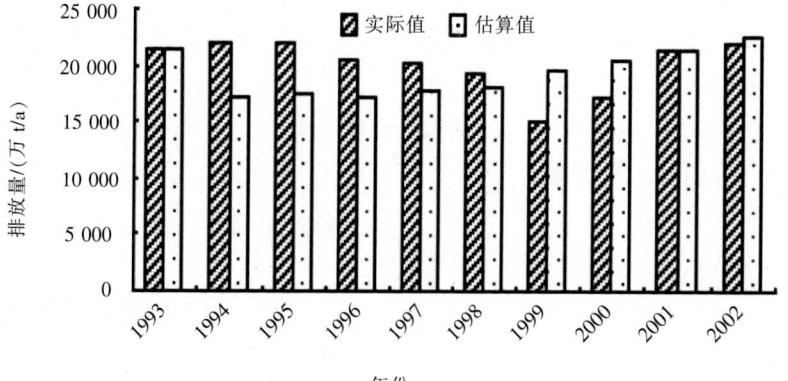

图 8-2-5　工业废水排放量比较

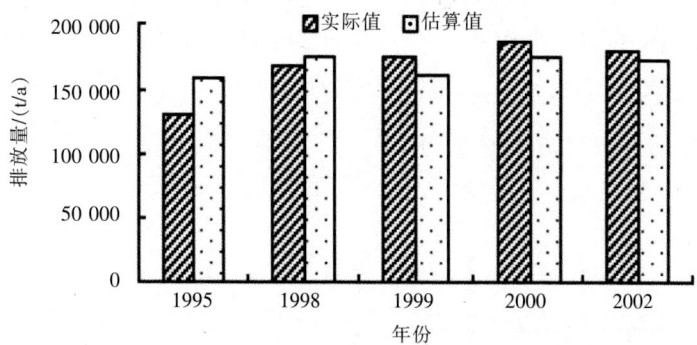

图 8-2-6　耗氧有机物(以 COD 计)排放量比较

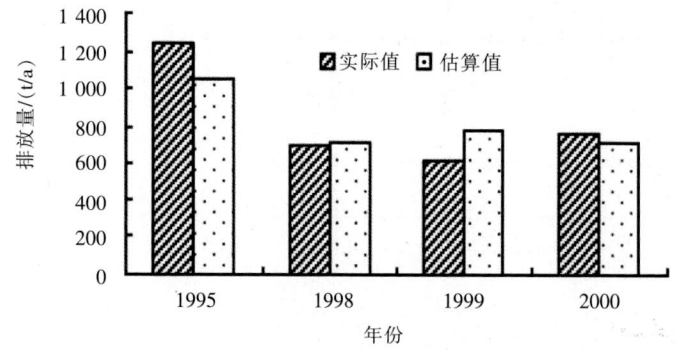

图 8-2-7　油类排放量比较

第三节　水动力学模型

要了解海岸带近岸海域水环境状况，就要建立相应的进行水环境预测的数学模型来获取海湾的潮流运动特性及在其作用下污染物的迁移扩散行为，而水动力学模型是进行海岸带开发活动水环境影响预测的基础。

一、平面二维潮流水动力学模型

(一) 基本控制方程

平面二维潮流运动在引潮力、柯氏力、风应力等力的作用下的基本方程为：

$$\frac{\partial \eta}{\partial t}+\frac{\partial (uH)}{\partial x}+\frac{\partial (vH)}{\partial x}=0$$

$$\frac{\partial u}{\partial t}+u\frac{\partial u}{\partial x}+v\frac{\partial u}{\partial y}=fv-g\frac{\partial \eta}{\partial x}+\frac{\rho_a}{\rho H}C_w W_x \sqrt{W_x^2+W_y^2}$$
$$-\frac{gu\sqrt{u^2+v^2}}{C_z^2 H}+\varepsilon\left(\frac{\partial^2 u}{\partial x^2}+\frac{\partial^2 u}{\partial y^2}\right)$$

$$\frac{\partial v}{\partial t}+u\frac{\partial v}{\partial x}+v\frac{\partial v}{\partial y}=-fu-g\frac{\partial \eta}{\partial y}+\frac{\rho_a}{\rho H}C_w W_y \sqrt{W_x^2+W_y^2}$$
$$-\frac{gv\sqrt{u^2+v^2}}{C_z^2 H}+\varepsilon\left(\frac{\partial^2 v}{\partial x^2}+\frac{\partial^2 v}{\partial y^2}\right)$$

式中：u,v 分别为 x,y 方向上的垂线平均流速；

η 为表面水位；

H 为总水深；

f 为柯氏力系数，$f=2\omega\sin\varphi$，φ 为研究区域所处的纬度；

C_w 为无因次风应力系数；

ρ_a 为大气密度；

ρ 为海水密度；

C_z 为谢才系数；

ε 为紊动黏滞系数。

(二) 数值计算方法

计算时，上述方程组的初边值定解条件为：

初始条件为 $u|_{t=0}=0, v|_{t=0}=0, \eta|_{t=0}=0$。计算区域的边界分为水—陆边界（闭边界）和水—水边界（开边界）两种。对于水—陆边界，假设其满足 $\partial u/\partial \vec{n}=0, \partial v/\partial \vec{n}=0$，即沿闭边界的外法向流量通量为零。水—水边界由已知的流量或水位资料给出。

求解时，在计算区域上布置矩形交错网格（图8-2-8），对方程组采用交替方向分步全隐式的 ADI 格式进行差分离散，其求解思路在一个时间步长 Δt 内分两步计算上述基本控制方程。

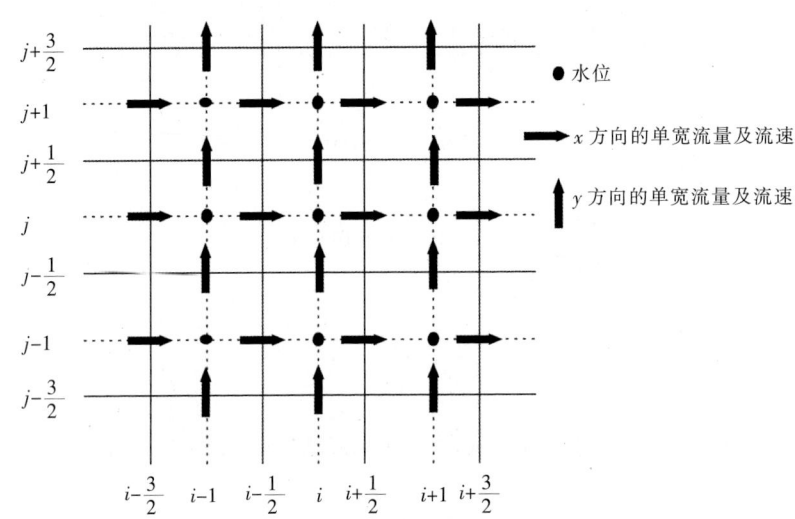

图 8-2-8　交错网格示意图

首先将 x 方向动量方程与连续方程联立，对微分方程中的时间偏导项采用向前差分，空间偏导项采用中心差分，隐式求解 $\eta^{n+\frac{1}{2}}, u^{n+1}$。

$$\frac{\eta_{i,j}^{n+\frac{1}{2}}-\eta_{i,j}^{n}}{\frac{1}{2}\Delta t}+\frac{(\overline{H}_{i+\frac{1}{2},j}^{n})u_{i+\frac{1}{2},j}^{n+1}-(\overline{H}_{i-\frac{1}{2},j}^{n})u_{i-\frac{1}{2},j}^{n+1}}{\Delta x}+\frac{(\overline{H}_{i,j+\frac{1}{2}}^{n})v_{i,j+\frac{1}{2}}^{n+1}-(\overline{H}_{i,j-\frac{1}{2}}^{n})v_{i,j-\frac{1}{2}}^{n+1}}{\Delta y}=0$$

$$\frac{u_{i+\frac{1}{2},j}^{n+1}-u_{i+\frac{1}{2},j}^{n}}{\Delta t}+\frac{(\overline{u}_{i+1,j}^{n}-2\overline{u}_{i+\frac{1}{2},j}^{n}+\overline{u}_{i,j}^{n})u_{i+\frac{1}{2},j}^{n}}{2\Delta x}+\frac{(\overline{u}_{i+\frac{1}{2},j+\frac{1}{2}}^{n}-\overline{u}_{i+\frac{1}{2},j-\frac{1}{2}}^{n})v_{i+\frac{1}{2},j}^{n}}{\Delta y}$$

$$=f\overline{\overline{v}}_{i+\frac{1}{2},j}^{n}-g\frac{\left(\eta_{i+1,j}^{n+\frac{1}{2}}+\eta_{i+1,j}^{n-\frac{1}{2}}-\eta_{i,j}^{n+\frac{1}{2}}-\eta_{i,j}^{n-\frac{1}{2}}\right)}{2\Delta x}+\frac{\rho_{a}}{\rho H_{i+\frac{1}{2},j}^{n}}C_{w}W^{2}\cos\varphi$$

$$-\frac{g\left(u_{i+\frac{1}{2},j}^{n+1}+u_{i+\frac{1}{2},j}^{n}\right)\sqrt{\left(u_{i+\frac{1}{2},j}^{n}\right)^{2}+\left(v_{i+\frac{1}{2},j}^{n}\right)^{2}}}{2C_{Zi+\frac{1}{2},j}^{2}H_{i+\frac{1}{2},j}^{n}}+\frac{\varepsilon\left(u_{i+\frac{3}{2},j}^{n}-2u_{i+\frac{1}{2},j}^{n}+u_{i-\frac{1}{2},j}^{n}\right)}{(\Delta x)^{2}}$$

$$+\frac{\varepsilon\left(u_{i+\frac{1}{2},j+1}^{n}-2u_{i+\frac{1}{2},j}^{n}+u_{i+\frac{1}{2},j-1}^{n}\right)}{(\Delta y)^{2}}$$

式中：$\overline{H}_{i+\frac{1}{2},j}^{n}=\frac{1}{2}\left(H_{i+\frac{1}{2},j+1}^{n}+H_{i+\frac{1}{2},j-1}^{n}\right)$；　　$\overline{H}_{i-\frac{1}{2},j}^{n}=\frac{1}{2}\left(H_{i-\frac{1}{2},j+1}^{n}+H_{i-\frac{1}{2},j-1}^{n}\right)$；

$$\overline{H}^n_{i,j+\frac{1}{2}} = \frac{1}{2}\left(H^n_{i+\frac{1}{2},j+\frac{1}{2}} + H^n_{i-\frac{1}{2},j+\frac{1}{2}}\right);$$

$$\overline{H}^n_{i,j-\frac{1}{2}} = \frac{1}{2}\left(H^n_{i+\frac{1}{2},j-\frac{1}{2}} + H^n_{i-\frac{1}{2},j-\frac{1}{2}}\right);$$

$$\overline{u}^n_{i+1,j} = \frac{1}{2}\left(u^n_{i+\frac{1}{2},j} + u^n_{i+\frac{3}{2},j}\right);$$

$$\overline{u}^n_{i,j} = \frac{1}{2}\left(u^n_{i+\frac{1}{2},j} + u^n_{i-\frac{1}{2},j}\right);$$

$$\overline{u}^n_{i+\frac{1}{2},j+\frac{1}{2}} = \frac{1}{2}\left(u^n_{i+\frac{1}{2},j+1} + u^n_{i+\frac{1}{2},j}\right);$$

$$\overline{u}^n_{i+\frac{1}{2},j-\frac{1}{2}} = \frac{1}{2}\left(u^n_{i+\frac{1}{2},j} + u^n_{i+\frac{1}{2},j-1}\right);$$

$$\overline{\overline{v}}^n_{i+\frac{1}{2},j} = \frac{1}{4}\left(v^n_{i,j+\frac{1}{2}} + v^n_{i,j-\frac{1}{2}} + v^n_{i+1,j} + v^n_{i-1,j}\right).$$

经整理后可写成如下形式：

$$\begin{cases} a_i'\eta^{n+\frac{1}{2}}_{i,j} + b_i'u^{n+1}_{i+\frac{1}{2},j} + c_i'\eta^{n+\frac{1}{2}}_{i+1,j} = d_i' \\ -a_i u^{n+1}_{i-\frac{1}{2},j} + b_i\eta^{n+1}_{i,j} + c_i u^{n+1}_{i+\frac{1}{2},j} = d_i \end{cases}$$

上二式可用追赶法求解。

同理，在后半步长内，将 y 方向动量方程与连续方程联立可隐式求解 η^{n+1}, v^{n+1}。

$$\begin{cases} a_i'\eta^{n+1}_{i,j} + b_i'v^{n+1}_{i,j+\frac{1}{2}} + c_i'\eta^{n+1}_{i,j+1} = d_i' \\ -a_i v^{n+1}_{i,j-\frac{1}{2}} + b_i\eta^{n+1}_{i,j} + c_i v^{n+1}_{i,j+\frac{1}{2}} = d_i \end{cases}$$

上述格式的稳定条件为：$\Delta t \leq \dfrac{\Delta x}{\sqrt{2gH_{\max}}}$。

（三）潮滩动边界处理

研究海岸带时，不可避免的是潮间带区域，该区域不仅在整个研究区域中具有相当的比例，并且会随着潮水的涨落时而露出水面，时而被淹没在水下，在实际模拟时要采用合适的处理潮滩动边界问题的方法。本模型选用窄缝法处理潮滩动边界。窄缝法的基本思想是假设在干河床处各空间步长内存在一很窄的细缝，缝内的水和干河床网格周围水相连，则相当于把计算边界设在干河床网格的窄缝中，成为具有一定水深的固定边界。

在窄缝法中，窄缝宽度的定义是关键因素。定义出各步长内单位宽度的窄缝宽度为：

$$f(Z) = \begin{cases} \varepsilon + (1-\varepsilon)e^{\alpha(Z-Z_b)} & (Z \leq Z_b) \\ 1.0 & (Z > Z_b) \end{cases}$$

式中：$f(Z)$ 为单位宽度的窄缝宽度；

Z 为缝内计算点的高程；

Z_b 为网格高程；

ε 为窄缝系数，一般取 0.02~0.05；

α 为参数，决定窄缝随深度变窄的快慢，一般取 $\alpha > 2.0$。

图 8-2-9 为所定义窄缝的示意图。图中 Z_0 为假定的窄缝底部高程，一般低于可能出现的最低水位；Z_s 为水面高程。

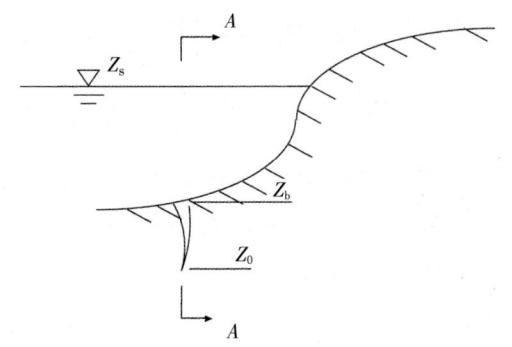
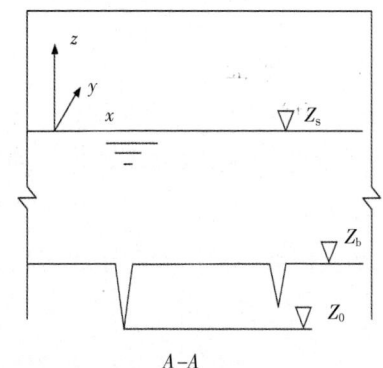

图 8-2-9 窄缝示意图

在窄缝内，过水面积可通过积分求得。设计算网格的空间步长为 Δx、Δy，则垂直于 x 轴的过水面积计算如下。

当 $Z_s \leq Z_b$ 时：

$$A(Z) = \int_{Z_0}^{Z_s} f(\zeta)\Delta y \, d\zeta$$

$$= \Delta y\left\{\varepsilon(Z_s - Z_0) + \frac{1-\varepsilon}{\alpha}e^{\alpha(Z_0 - Z_b)}\left[e^{\alpha(Z_s - Z_0)} - 1\right]\right\}$$

当 $Z_s > Z_b$ 时：

$$A(Z) = \int_{Z_0}^{Z_s} f(\zeta)\Delta y d\zeta$$

$$= \Delta y \left\{ \varepsilon(Z_b - Z_0) + \frac{1-\varepsilon}{\alpha}[1 - e^{\alpha(Z_0 - Z_b)}] + (Z_s - Z_b) \right\}$$

同理可以得到垂直于 y 轴的过水面积的公式。

在窄缝法中，计算过程中水深采用化引水深进行计算。化引水深的表达式为：

$$h_x = \frac{A_x}{\Delta y} = \begin{cases} \varepsilon(Z_s - Z_0) + \frac{1-\varepsilon}{\alpha} e^{\alpha(Z_0 - Z_b)}[e^{\alpha(Z_s - Z_0)} - 1] & (Z_s \leq Z_b) \\ (Z_s - Z_b) + \varepsilon(Z_b - Z_0) + \frac{1-\varepsilon}{\alpha}[1 - e^{\alpha(Z_0 - Z_b)}] & (Z_s > Z_b) \end{cases}$$

同理，$h_y = \frac{A_y}{\Delta x}$。在计算中，经过修改过的水深均采用化引水深进行计算。

在计算中，水力半径 R_x、R_y 的计算式为：

$$R_x = \frac{A_x}{\chi}, R_y = \frac{A_y}{\chi}$$

式中：χ 为湿周，可沿窄缝积分得到。因为湿周的计算比较复杂，所以在计算中一般采用化引水深来代替水力半径。

根据连续原理，考虑了窄缝之后的水流连续方程式可写为：

$$F(Z)\left(\frac{\partial \eta}{\partial t}\right) + \frac{\partial HU_x}{\partial x} + \frac{\partial HU_y}{\partial y} = 0$$

式中：Z 为水位；

H 为化引水深。

二、模型验证

（一）M_2 分潮验证

应用水动力学模型对渤海的 M_2 分潮进行模拟。水动力学模型的参数设置如下：空间步长为 $0.05° \times 0.05°$；时间步长为 $T_{M_2}/200$（$T_{M_2} = 12.42$ h，为 M_2 分潮的潮周期）；动量方程修正系数 $\beta = 1$；地球自转的角频率为 $\omega = 2\pi/(24 \times 3\,600) = 7.27 \times 10^{-5}$ r/s；纬度 $\phi = 38.5°$；曼宁系数 $n = 0.017$；海水密度 $\rho = 1\,025$ kg/m³；空气密度 $\rho_a = 1.29$ kg/m³；重力加速度 $g = 9.8$ m/s²。初始水位流速均设为零；闭边界处流速为零，开边界处指定水位。开边界的水位由大连港和烟台港两个验潮站的 M_2 分潮的水位插值而得。

计算 5 个潮周期后初始状态的影响已经消除，潮波达到稳定状态。对计算出的每个点水位的时间序列进行调和分析得到 M_2 分潮的同潮时线和等振幅线。对计算出的潮流速度分布图在一个周期内每隔 $T_{M_2}/10$ 存储一次，然后组合，可得到 M_2 分潮潮流椭圆图。

由 M_2 分潮的同潮时线和等振幅线可知，M_2 分潮有两个无潮点：一个位于秦皇岛外海，另一个位于黄河口附近。无潮点的位置与黄祖珂等人结果一致。M_2 分潮的模拟结果与观测结果由 15 个站位的调和常数来比较（表 8-2-6）。潮流的大小与旋转方向也与前人结果相吻合。由以上校验可知，此水动力学模型可以较准确地模拟渤海的 M_2 分潮，为水质模型的应用提供可靠的水动力学数据。

表 8-2-6 15 个站位的 M_2 分潮调和常数模拟结果与观测结果比较

站名	位置		振幅/cm			相位		
	东经	北纬	模拟值	观测值	误差	模拟值	观测值	误差
塘沽	117.72°	39.00°	117	117	0	93°	91°	2°
大口河	117.85°	38.25°	112	112	0	111°	109°	2°
洼拉沟	118.25°	38.13°	88	84	4	117°	127°	−10°

续表

站名	位置		振幅/cm			相位		
	东经	北纬	模拟值	观测值	误差	模拟值	观测值	误差
曹妃甸	118.52°	38.95°	71	73	−2	69°	74°	−5°
大清河	118.87°	39.17°	50	46	4	42°	56°	−14°
秦皇岛	119.62°	39.92°	17	11	6	323°	311°	12°
龙口	120.32°	37.65°	38	40	−2	329°	316°	13°
娘娘庙	120.33°	40.18°	16	25	−9	169°	162°	7°
蓬莱	120.73°	37.83°	49	53	−4	294°	292°	2°
葫芦岛	120.98°	40.72°	96	96	0	152°	150°	2°
西长岛	121.23°	39.38°	44	47	−3	29°	29°	0°
长山岛	121.67°	39.30°	58	65	−7	15°	24°	−9°
太平角	121.83°	40.03°	96	89	7	117°	111°	6°
营口	122.15°	40.63°	135	126	9	139°	143°	−4°
鲅鱼圈	122.10°	40.30°	125	120	5	131°	125°	6°

(二) 实测资料验证

采用上述平面二维潮流水动力学模型模拟了渤海湾 1993 年 8 月的流场，并将 1993 年海上实测流速资料与数值模拟进行比较，验证平面二维潮流水动力学模型 (图 8-2-10)。

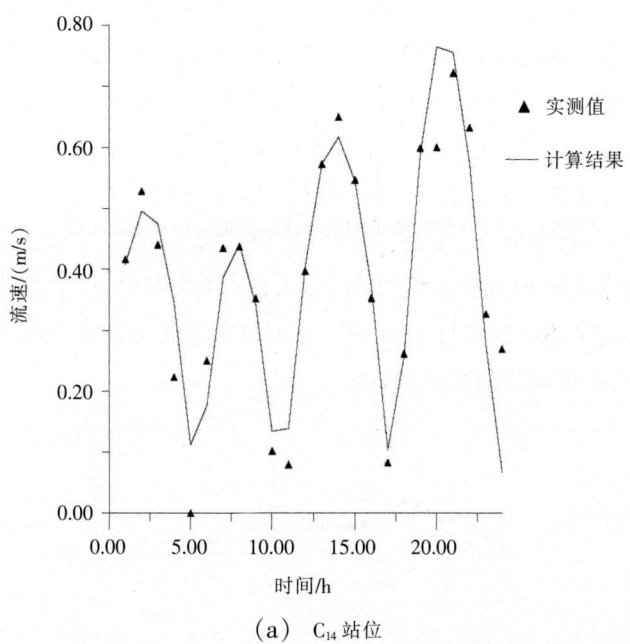

(a) C_{14} 站位

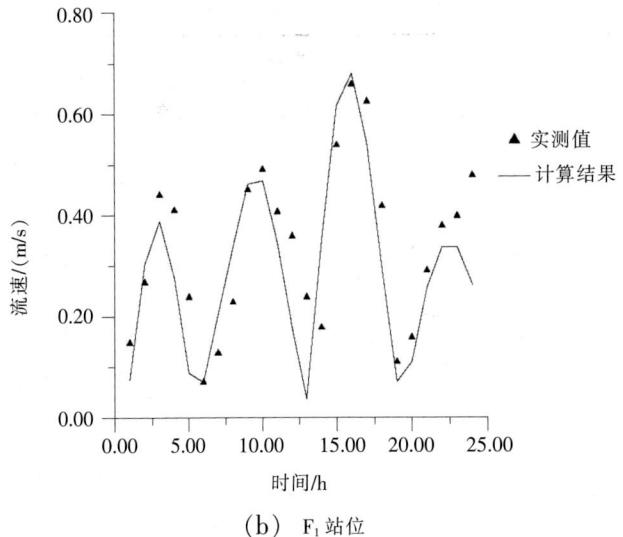

(b) F_1 站位

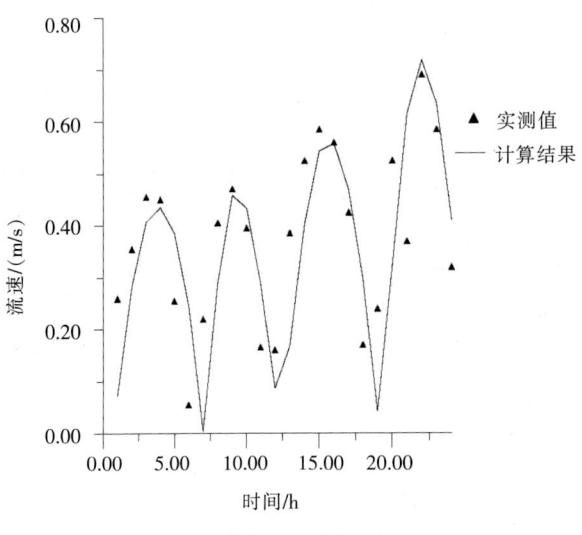

(c) E_{14} 站位

图 8-2-10 流速验证站的流速实测值与计算结果比较

采用上述平面二维潮流水动力学模型对渤海湾 2003 年 7 月的流场进行模拟,并将 2003 年 7 月海上实测流速资料与数值模拟加以比较。图 8-2-11 为 B_2 站位监测水深、流速、流速方向和对应的模拟值的比较结果。

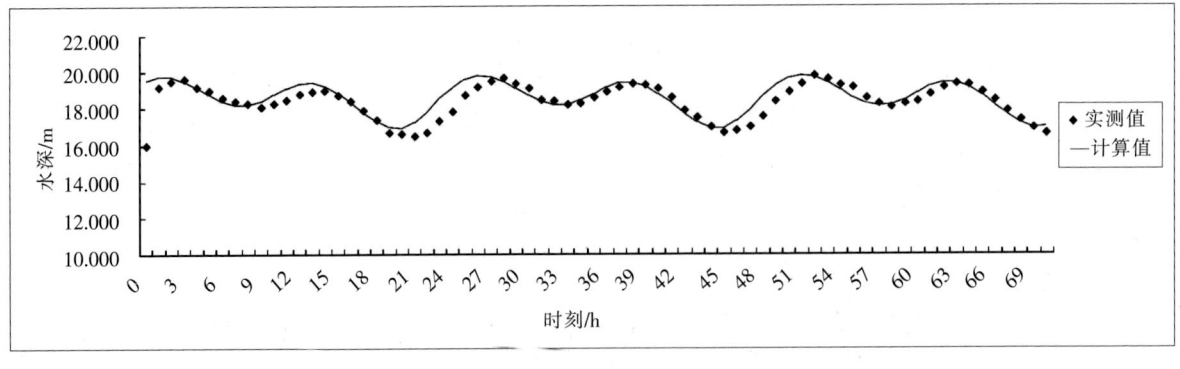

(a) B_2 站位水深实测值和计算值比较

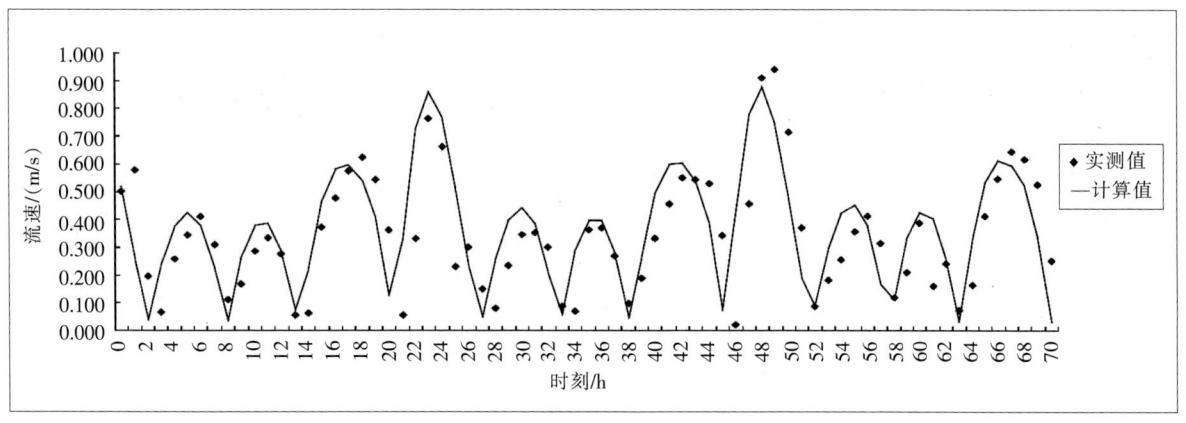

(b) B_2 站位流速实测值和计算值比较

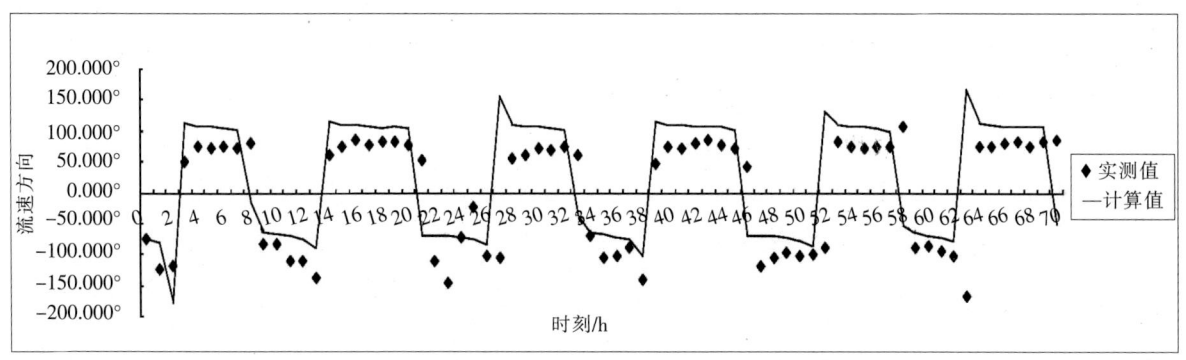

(c) B_2 站位流速方向实测值和计算值比较

图 8-2-11　B_2 站位水深、流速、流速方向实测值和计算值比较

第四节　水质响应模型

一、平面二维水质模型

对于平面二维的水质迁移转化模型的基本控制方程为：

$$\frac{\partial HC}{\partial t}+\frac{\partial uHC}{\partial x}+\frac{\partial vHC}{\partial y}$$
$$=\frac{\partial}{\partial x}\left(E_xH\frac{\partial C}{\partial x}\right)+\frac{\partial}{\partial y}\left(E_yH\frac{\partial C}{\partial y}\right)+Q_{\text{int}}+Q_{\text{ext}}$$

式中：C 为污染物浓度；

H 为总水深；

E_x,E_y 分别为 x,y 方向的污染物综合扩散系数；

Q_{int} 为由化学和生物作用引起的内源污染物质量，一般认为其符合一级动力学反应：$\frac{\partial C}{\partial t}=-C_d\cdot C$，$C_d$ 为降解率，$Q_{\text{int}}=-C_dH\frac{\partial C}{\partial t}$；

Q_{ext} 为单位时间排入海水的外源污染物质量。

模型计算的初始条件可以通过水质状况的现场监测资料给出，即 $C(x,y)|_{t=0}=C_0(x,y)$。水—陆边界条件为：$\partial C/\partial\vec{n}=0$，$\vec{n}$ 为沿闭边界的外法向方向。水—水边界条件为：涨潮入流时，$C(x,y)=C_{\text{out}}$，C_{out} 为外海污染物浓度；落潮出流时，$\partial C/\partial t+(\vec{U}\cdot\vec{n})\partial C/\partial n=0$，$\vec{U}$ 为流速矢量。模型具体计算方法与水动力学模型相似，这里不再复述。

二、水质模型验证

(一) 二维点源对流扩散验证

一个初始点源放在域中位置 (x_0, y_0) 处，$C(x,y,0)=K\delta(x-x_0)\delta(y-y_0)$ 可以离散成：

$$C(x,y,t)=\frac{K}{\sqrt{4\pi K_x t}\cdot\sqrt{4\pi K_y t}}\exp\left[-\frac{(x-x_0-Ut)^2}{4K_x t}-\frac{(y-y_0-Vt)^2}{4K_y t}\right]$$

式中：(x_0, y_0) 为点源的位置；

K 为比例因子。

要考察的区域取 10 000 m×10 000 m，初始点源放在域中心位置，取均匀水平速度 $U=V=0.5$ m/s，空间步长为 $\Delta x=\Delta y=5\,000$ m，时间步长

$$C_{m,n}(0)=\begin{cases}\dfrac{K}{\Delta x\Delta y} & (m,n)=(m_0,n_0)\\ 0 & (m,n)\neq(m_0,n_0)\end{cases}$$

式中：(m,n) 为划分的网格节点；

(m_0, n_0) 为对应 (x_0, y_0) 的网格节点。

对于无限区域，经过时间 t 后浓度的解析解为：

为 $\Delta t=50$ s，另外 $K_x=K_y=10\,000$ m²/s，计算时计算域要足够大使边界处理方便。36 000 s后浓度分布见图 8-2-12(a)、(b)和图 8-2-13(a)、(b)。其中(a)是解析解结果，(b)是数值解结果。可以看出数值解结果与解析解结果符合。

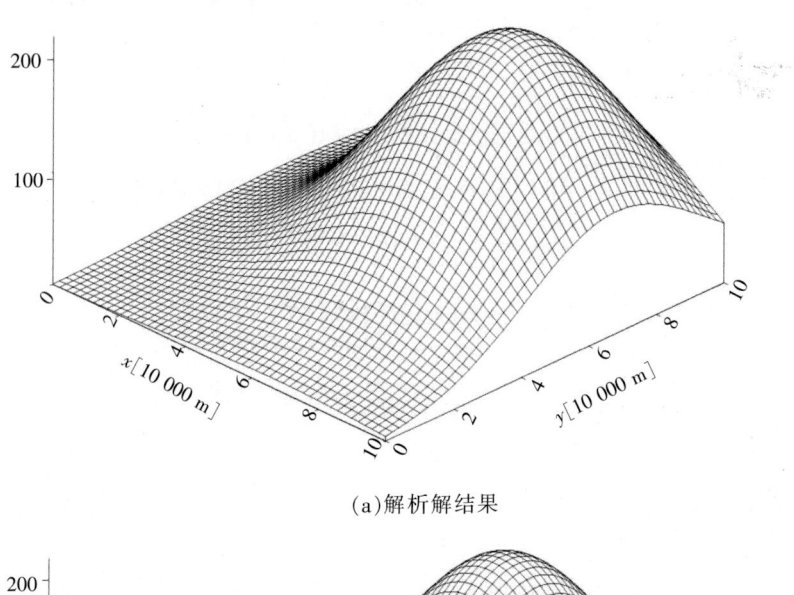

(a) 解析解结果

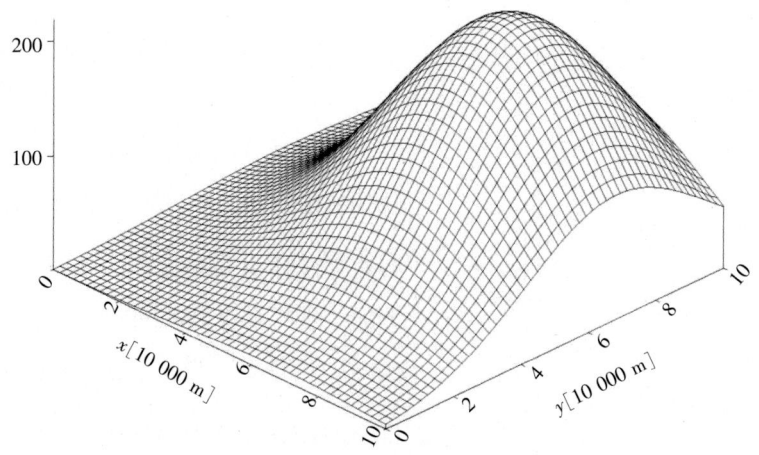

(b) 数值解结果

图 8-2-12　36 000 s后点源扩散的浓度分布的三维立体图

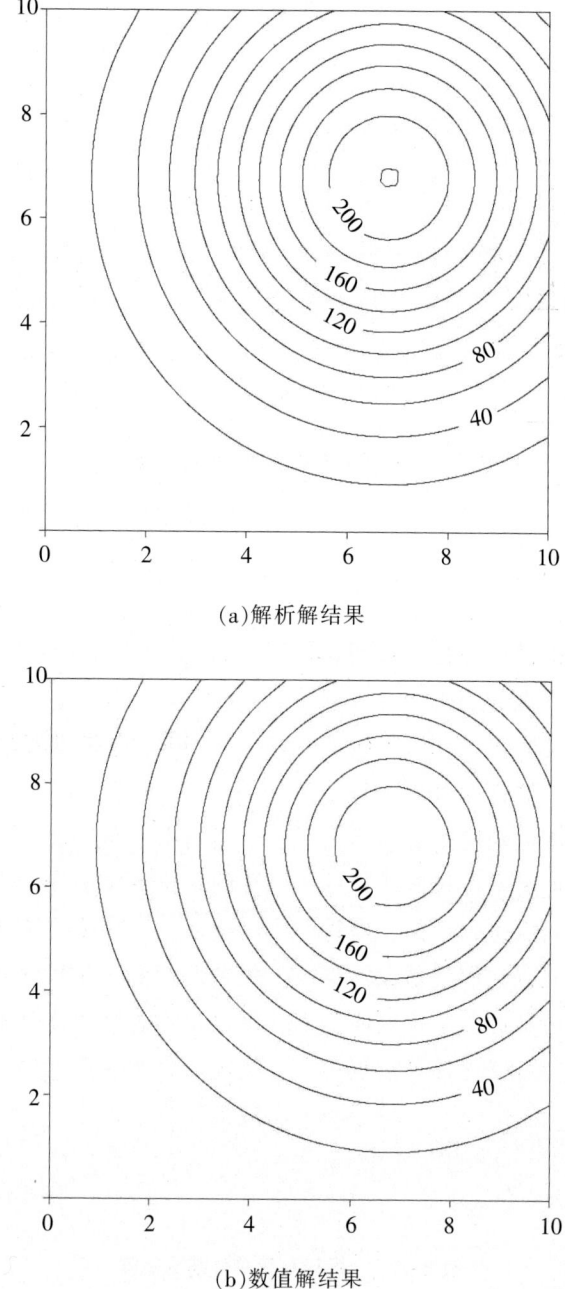

图 8-2-13 36 000 s 后点源扩散的浓度分布的等值线图

(二)实测资料验证

采用上述平面二维潮流水质模型对渤海湾 2004 年的浓度场进行模拟,由于资料所限,只有 2004 年污染物的年排放通量,输入浓度边界时采用年均值,以总氮为例,模型模拟值与实测年份的 6 月、8 月和 10 月监测值比较结果如图 8-2-14 所示。

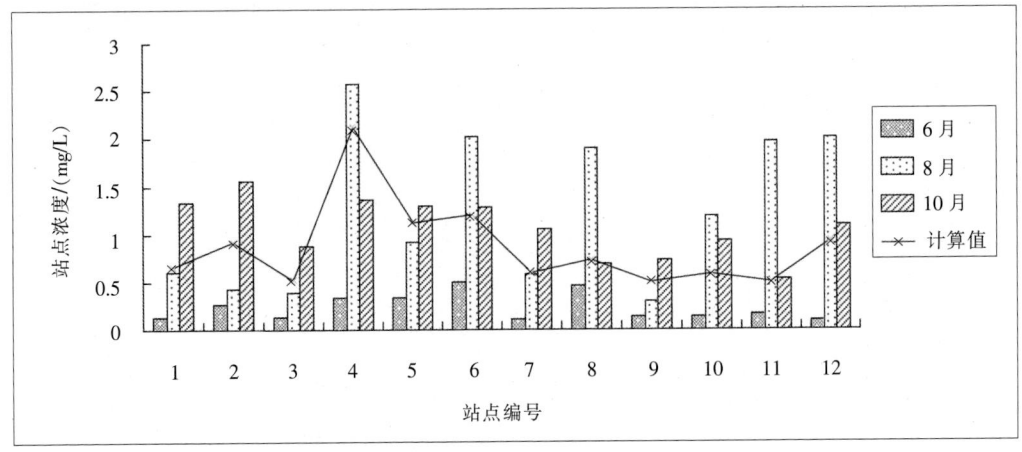

图 8-2-14　2004 年站点监测值与计算值比较

三、水质响应模型

在对海岸带污染源和排污口进行充分调查的基础上,以 1 t/d 的污染负荷作为平面二维潮流水动力学模型和水质模型的输入,求一年后整个水域的流场和浓度场,这样就可得到每个污染源的单位响应矩阵。单位响应矩阵是指污染物在可降解的情况下,恒定单位排放污染源形成的浓度场会在一定时间后达到平衡,即得到整个水质场中各点的浓度,它们就是该污染源的单位响应。最后将各污染源的单位响应和污染负荷做相乘叠加运算即可。此计算过程可以用下式表示:

$$(WQ_{ji})_{n \times m} = \sum_{k=1}^{l} u_{jk} \cdot Q_{ki}$$

式中:WQ_{ji} 为第 j 个水质功能区第 i 项指标的浓度($j=1,2,\cdots,n$;$i=1,2,\cdots,m$);
u_{jk} 为单位响应矩阵,k 为污染源的个数;
Q_{ki} 为第 k 个污染源第 i 项污染物的排放量。

四、水质响应模型验证

利用平面二维水流水质模型求出每个污染源的单位响应矩阵。依据上面所得污染负荷预测结果,将其按由统计资料所得的排放比例分配到北塘和大沽两个主要污染物排放口上,就可以得到渤海湾整个海域的各污染物浓度分布情况。表 8-2-7 列出不同海水功能区的单位响应矩阵。

表 8-2-7　污染负荷单位响应矩阵

位置		COD/(mg/L)	N/(mg/L)	P/(mg/L)	Oil/(mg/L)
北塘口	排污区	0.008 078 3	0.011 008	0.008 955 1	0.011 886
	排污口外海	0.001 142 9	0.002 818	0.001 568	0.003 434
	养殖 1	0.001 635 7	0.003 857	0.002 219 4	0.004 633
	养殖 2	0.000 193 5	0.000 817	0.000 318 8	0.001 114
	盐田 1	0.001 602 6	0.004 161	0.002 272 7	0.005 05
	盐田 2	0.000 192	0.000 885	0.000 329 4	0.001 217

续表

位置		COD/(mg/L)	N/(mg/L)	P/(mg/L)	Oil/(mg/L)
大沽口	排污区	0.002 398 1	0.003 619	0.002 743 3	0.004 019
	排污口外海	0.000 518 4	0.001 251	0.000 698 8	0.001 535
	养殖 1	0.000 327 5	0.001 022	0.000 488 3	0.001 306
	养殖 2	0.000 381	0.000 952	0.000 515 2	0.001 187
	盐田 1	0.000 244 8	0.000 939	0.000 399 2	0.001 233
	盐田 2	0.000 795 4	0.001 796	0.001 053	0.002 16

注：表格中结果是 1 t/d 的污染负荷排入海域，不同水质功能区对其的响应情况。

在用上述单位响应矩阵前，根据 2002 年监测数据对模型加以验证。首先，估算出 2002 年污染物排放量，然后根据天津市排污情况，将污染负荷总量以 3:7 的比例分配到北塘和大沽两个排污口，与各自的单位响应矩阵做相乘叠加，得到不同功能区对污染负荷的响应浓度，记为 ΔC。以 2001 年各功能区的实测浓度做背景浓度，记为 C_0。由于背景浓度一年后经对流、扩散和自身降解作用浓度会有所降低，因此，加入背景浓度降解系数 k 进行修正，即 $C_0' = kC_0$。于是有 2002 年的实测浓度 C_i 等于修正后的背景浓度 C_0' 与响应浓度 ΔC 之和。表 8-2-8 列出对单位响应矩阵的检验结果。

由表 8-2-8 看出，活性磷酸盐和油类的预测结果相对较好，COD 和无机氮的计算平均相对误差较大。其中排污区计算值与实测值偏差较大，主要原因在于排污区测点的位置距排污口相对较远，而计算取的是此区域的浓度均值，将排放点源包括在内导致整体浓度偏高，计算相对误差较大。同时，数值模拟时采用的是年平均浓度作为输入边界，实测值是枯水期、平水期、丰水期测量均值，不同季节污染物浓度变化很大，监测情况也对结果有一定的影响。但是对于将水质对污染物排放量的响应用于未来年份的水质预测中，这样的结果基本能够满足精度的要求。

表 8-2-8　单位响应矩阵估算 2002 年渤海湾水质情况

区域	COD/(mg/L)		N/(mg/L)		P/(mg/L)		Oil/(mg/L)	
	实测值	计算值	实测值	计算值	实测值	计算值	实测值	计算值
排污区	0.92	1.488 092	0.439 7	0.474 86	0.026 3	0.036 999	0.093 3	0.055 839
排污区外海	1.29	0.992 91	0.933 2	0.495 985	0.050 8	0.049 075	0.1	0.092 121
养殖区 1	0.64	0.940 419	0.182	0.252 921	0.034	0.035 023	0.035	0.027 285
养殖区 2	0.64	0.471 605	0.325	0.167 442	0.027 8	0.019 47	0.151	0.144 045
盐田区 1	0.89	0.894 591	0.137	0.413 561	0.037 5	0.042 961	0.065 8	0.056 014
盐田区 2	0.88	0.794 666	0.484	0.273 262	0.031	0.022 642	0.051 8	0.043 949

第五节 经济计量模型

建立经济计量模型的目的是描述社会经济系统内部状态变量对控制变量的响应关系。此模型以海岸带不同产业部门的经济增长率和人口增长率作为输入变量，主要利用数理统计的方法求得反映海岸带区域社会经济状况的主要状态因子。图8-2-15是经济计量模型的总体结构图。

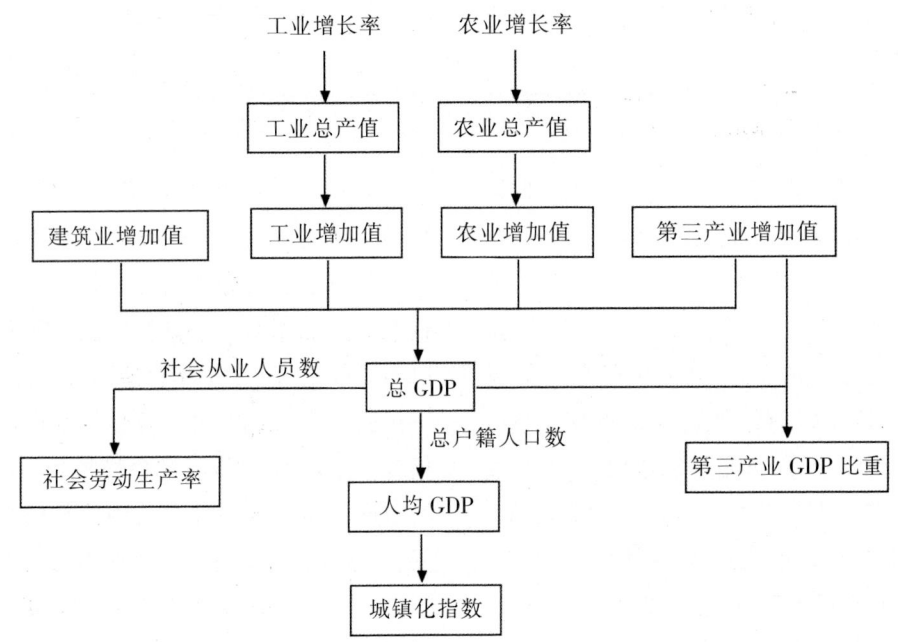

图 8-2-15 社会经济系统经济计量模型结构图

一、人均GDP的推求

国内生产总值（GDP）从生产角度来说是各部门的增加值之和。根据工业增长率可预测指定年份的工业总产值，根据相关分析结果建立工业总产值和工业增加值之间的线性关系。用同样的方法推算农业增加值，采用趋势外推法预测建筑业和第三产业增加值。将上述四项相加即可得到总GDP。总GDP除以总户籍人口数，即可得到人均GDP。天津市人均GDP为：

$$A_{GDP} = \frac{y_{总}}{894.67(1+r_{ph})^{n-1995}} \times 10\,000$$

$$= \frac{59.173(1+r_a)^{n-1995}+463.717(1+r_{in})^{n-1995}+87.886(n-1995)+385.15}{894.67(1+r_{ph})^{n-1995}} \times 10\,000$$

式中：A_{GDP} 为人均GDP；

r_a 为农业增长率；

r_{in} 为工业增长率；

r_{ph} 为户籍人口增长率；

n 为预测年份。

表8-2-9是1995—2004年天津市人均GDP的统计值与估算值的比较。

表 8-2-9　1995—2004 年天津市人均 GDP 统计值与估算值比较

年份	1995	1996	1997	1998	1999	2000	2001	2002	2003	2004
统计值/元	10 281	12 263	13 739	14 808	15 976	17 993	20 154	22 380	26 532	31 550
估算值/元	10 149	11 758	13 432	15 182	17 017	18 948	20 988	23 151	25 452	27 908
相对误差/%	−1.284	−4.118	−2.235	2.526	6.516	5.308	4.138	3.445	−4.071	−11.544

二、城镇化指数的推求

城镇化指数指的是城镇人口在户籍总人口的比重。因此，城镇化指数可以直接根据定义推求。表 8-2-10 是 1995—2002 年天津市城镇化指数统计值与估算值的比较。

$$y = \frac{\text{城镇人口(非农业人口)}}{\text{户籍总人口}} \times 100\%$$

$$= \frac{59.173(1+r_{\text{pf}})^{n-1995}}{894.67(1+r_{\text{ph}})^{n-1995}} \times 100\%$$

式中：r_{pf} 为非农业人口增长率。

表 8-2-10　1995—2002 年天津市城镇化指数统计值与估算值比较

年份	1995	1996	1997	1998	1999	2000	2001	2002
统计值/%	56.77	57.12	57.27	57.6	58.09	58.39	58.56	58.88
估算值/%	56.77	57.02	57.27	57.52	57.78	58.03	58.25	58.54
相对误差/%	0	−0.175	0	−0.139	−0.534	−0.617	−0.529	−0.577

三、社会劳动生产率的推求

社会劳动生产率（Social Labor Productivity）是指全社会从业人员平均每人创造的国内生产总值。它综合反映社会经济活动中劳动消耗的经济效益。社会从业人员总数按照常住人口中社会从业人员的比重估算。于是有：

$$\text{社会劳动生产率} = \frac{59.173(1+r_{\text{a}})^{n-1995} + 463.717(1+r_{\text{in}})^{n-1995} + 87.886(n-1995) + 385.15}{941.83(1+r_{\text{pc}})^{n-1995} \cdot 0.487}$$

式中：r_{pc} 为常住人口增长率。

表 8-2-11 是 1995—2004 年天津市社会劳动生产率统计值与估算值的比较。

表 8-2-11　1995—2004 年天津市社会劳动生产率统计值与估算值比较

年份	1995	1996	1997	1998	1999	2000	2001	2002	2003	2004
统计值/元	17 808	21 474	24 064	26 302	28 537	33 670	37 681	41 639	47 909	55 298
估算值/元	18 021	20 952	24 022	27 248	30 652	34 523	38 077	42 152	46 508	51 180
相对误差/%	1.196	−2.431	−0.175	3.597	7.411	2.533	1.051	1.232	−2.924	−7.447

四、第三产业 GDP 比重的推算

第三产业 GDP 比重可直接根据定义进行计算。即：

$$\text{第三产业 GDP 比重} = \frac{\text{第三产业增加值}}{\text{总 GDP}} \times 100\%$$

$$= \frac{83.931n - 167\,091}{59.173(1+r_{\text{a}})^{n-1995} + 463.717(1+r_{\text{in}})^{n-1995} + 87.886(n-1995) + 385.15} \times 100\%$$

表 8-2-12 是 1995—2004 天津市第三产业 GDP 比重统计值与估算值的比较。

表 8-2-12 1995—2004 年天津市第三产业 GDP 比重统计值与估算值比较

年份	1995	1996	1997	1998	1999	2000	2001	2002	2003	2004
统计值/%	38.760	40.696	42.255	45.073	46.006	45.484	46.569	47.059	45.460	43.297
估算值/%	38.693	41.190	42.810	43.797	44.308	44.449	44.293	43.895	43.297	42.531
相对误差/%	-0.173	1.214	1.313	-2.831	-3.691	-2.276	-4.887	-6.723	-4.758	-1.769

第六节 资源利用模型

建立资源利用模型的目的是描述资源系统的状态变量对社会经济系统控制变量的响应关系。这里的资源主要指水资源。此模型同样以海岸带不同产业部门的经济增长率和人口增长率作为输入变量，采用结合灰色预测、统计回归的方法，反映社会经济发展对水资源的需求情况。

一、水资源利用模型

典型海岸带生境修复与经济协调发展管理模型考虑的是经济发展与生态环境之间的关系。天津市是典型海岸带城市，又是严重缺水城市，农业用水量仅占总量的 14%，市政生活用水和生产用水占到总用水量的 86%。在此，主要考虑市政生活和生产用水量，即市政供水能力。

市政生活用水量的估算采用人均用水定额法。人均生活用水量随着社会和经济的发展会发生较大的变化。因此，根据天津市 1995—2003 年生活用水量的统计数据，推算人均生活日用水定额，并将此作为灰色序列预测未来年份的生活日用水定额。然后根据未来年份人口预测结果估算生活用水量。

以下是人均生活日用水量的灰色预测模型，表 8-2-13 是 1995—2003 年天津市人均生活日用水定额统计值与估算值的比较。

$$\hat{x}^{(0)}(t)=(1-e^a)\left[x^{(0)}(1)-\frac{u}{a}\right]e^{-at}$$

$$(t=0,1,\cdots,n-1)$$

经计算 $a=-3.115\times10^{-2}, u=68.477$

于是有：$\hat{x}^{(0)}(t)=7.533e^{-3.003\,1t}$ $(t=0,1,\cdots,n-1)$

表 8-2-13 1995—2003 年天津市人均生活日用水定额统计值与估算值比较

年份	1995	1996	1997	1998	1999	2000	2001	2002	2003
统计值/[L/(人·d)]	69.017	69.268	73.855	80.031	81.523	77.509	82.820	87.955	88.723
估算值/[L/(人·d)]	69.017	71.738	74.008	76.350	78.766	81.258	83.829	86.481	89.218
相对误差/%	0	3.566	0.207	-4.599	-3.382	4.837	1.218	-1.676	0.558

生产用水量是指工矿企业在生产过程中，用于制造、加工、冷却、净化、洗涤等方面的用水，其中也包括工矿企业内部职工的生活用水。生产用水量采用与工业废水排放量相似的方法，计算万元产值生产用水量，组成灰色预测序列，根据预测年份的工业产值进行生产用水量估算。生产用水量预测由以下公式推出：

$$Q=\theta d$$

式中：Q 为预测年生产用水量；

θ 为预测年工业产值；

d 为预测年万元产值生产用水量。

表 8-2-14 是 1998—2003 年天津市工业万元产值生产用水量统计值与估算值比较。

表 8-2-14 1998—2003 年天津市工业万元产值生产用水量统计值与估算值比较

年份	1998	1999	2000	2001	2002	2003
统计值/(m³/万元)	11.985	9.586	8.347	9.674	8.037	8.025
估算值/(m³/万元)	11.985	9.428	9.067	8.720	8.386	8.065
相对误差/%	0	−1.648	8.626	−9.861	4.342	0.498

对一个系统而言，随着时间的推移，未来的一些扰动因素将不断地对系统产生影响。因此，用 GM(1,1) 模型进行中长期预测时，真正有实际意义、精度较高的预测值是最近的几个数据。因此，可先用已知数列建立的 GM(1,1) 模型预测一个值，然后把这个预测值补加到已知数列中，同时去掉最早期的一个数据，保持数列等维。接着再建立 GM(1,1) 模型，预测下一个数据，并补加到数列中，同时去掉最早期的一个数据，直到完成预测目标为止。

二、土地资源利用模型

参考土地管理法及统计年鉴中关于土地分类的基本框架，结合海岸带管理模型确定土地资源的分类(图 8-2-16)。

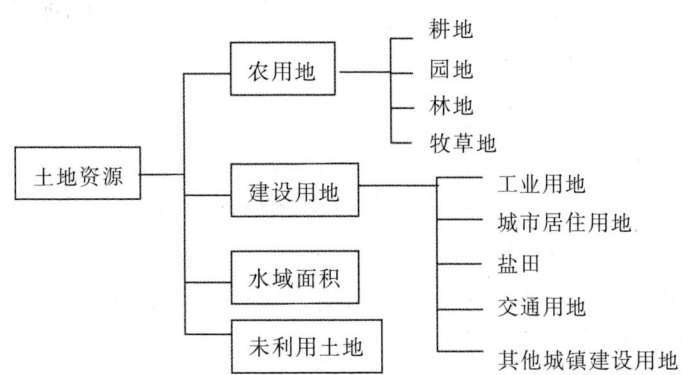

图 8-2-16 土地资源分类示意图

(一) 农用地

耕地面积根据 1995—2002 年统计数据，采用耕地年递减率，利用下式估算：

$$y = 4892.84 \cdot (1-r)^{n-1995}$$

根据 1995—2002 年统计数据，由于天津市园地、林地和牧草地面积变化不大，因此分别取 1995 年至 2002 年的均值即可。

(二) 建设用地

1. 工业用地

首先预测出未来年份的工业总产值，然后根据天津市历年统计数据建立工业固定资产和工业总产值之间的关系，用天津市一定时期的工业总产值和工业固定资产的统计数据对上式进行检验。综合上面两式可求得预测年份的工业固定资产，最终求得预测年份工业占地面积(图 8-2-17)。

表 8-2-15 为 1995—2002 年天津市工业占地统计值与估算值的比较。

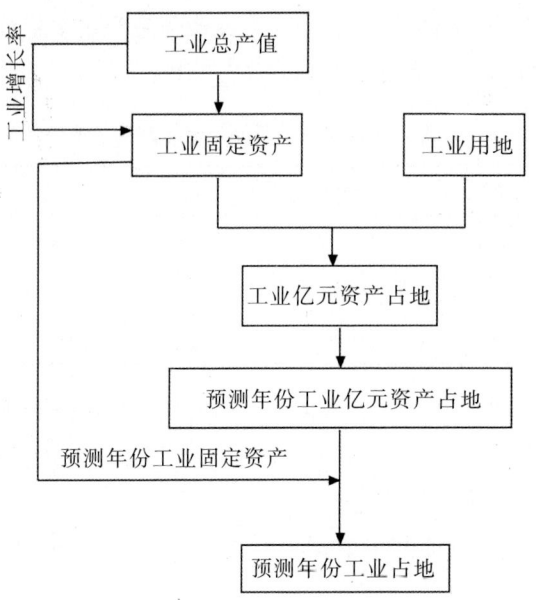

图 8-2-17　工业占地面积估算流程图

表 8-2-15　1995—2002 年天津市工业占地统计值与估算值比较

年份	1995	1996	1997	1998	1999	2000	2001	2002
统计值/km²	8 470	9 192	9 228	8 436	8 600	8 620	9 586	10 648
估算值/km²	8 515.3	8 568.3	8 706.9	8 868.0	9 053.1	9 263.9	9 502.0	9 769.4
相对误差/%	0.535	−6.785	−5.647	5.121	5.269	7.470	−0.876	−8.251

2.城市居住用地

城市居住用地指的是住宅用地、共建用地、道路用地和公共绿地等四项用地的总称。其中住宅用地指的是住宅建筑基底占地及其周围合理间距内的用地(含宅间绿地和宅间小路等)的总称。针对上述对城市居住用地的定义,结合海岸带管理模型,建立城市居住用地预测模型(图 8-2-18)。

表 8-2-16 为 1995—2002 年天津市城市居住用地统计值与估算值的比较。

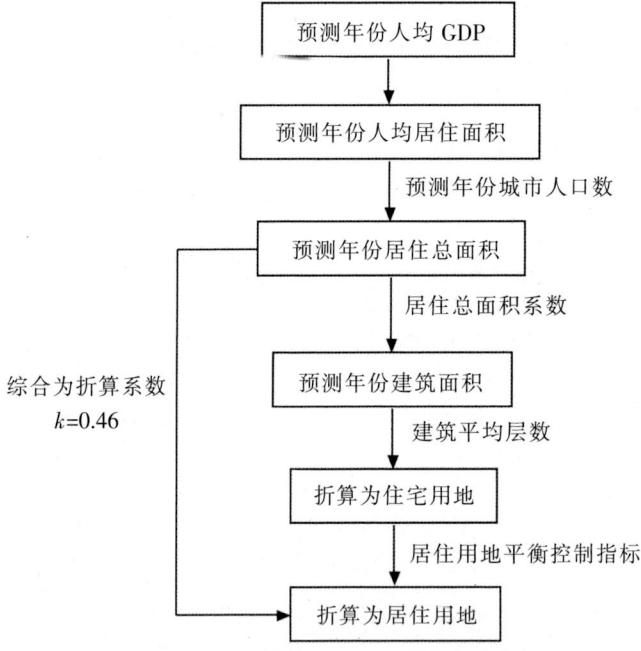

图 8-2-18　城市居住用地面积估算流程图

表 8-2-16　1995—2002 年天津市城市居住用地统计值与估算值比较

年份	1995	1996	1997	1998	1999	2000	2001	2002
统计值/km²	77.60	94.73	96.96	91.14	93.40	93.40	108.89	116.86
估算值/km²	82.30	86.82	90.14	92.69	95.33	99.11	102.90	106.61
相对误差/%	6.057	−8.350	−7.033	1.701	2.067	6.113	−5.501	−8.771

盐田、交通用地、其他城镇建设用地取 2000—2002 年均值。

(三) 水域面积

水域面积综合一定时期的统计数据,采用均值进行估算,以 1997—2001 年水域面积均值 3 147 km² 进行估算。

(四) 未利用土地

$$S_{未}=S_{总}-S_{农}-S_{建设}-S_{水}$$

其中,天津市土地总面积为 11 979.7 km²,水域面积为 3 147 km²。

第七节　海岸带生态功能模型

天津海岸带是典型的淤泥质海岸带,人们对海岸带的开发利用力度较强。填海造地和滩涂利用不仅会改变水动力环境、增加污染负荷,而且可能对海岸带的生态功能产生巨大的影响。下面选取了天津海岸带四个主要的生态功能——稳定海岸线功能、沉积功能、营养物和有机碳交换功能、野生动物栖息地功能模型进行分析。

一、稳定海岸线功能模型

(一) 稳定海岸线功能定义

稳定海岸线功能是指海岸带抗拒由于海平面上升而引起的海岸线侵蚀和下沉的能力。大型潮间带湿地植物削弱了海浪的能量,减缓了水流运动,悬浮物质沉淀在湿地底层,经植物根系的固定作用,使海岸线变得稳定。

(二) 影响稳定海岸线功能的因素分析

1.湿地植被的摩擦阻力

潮间湿地削弱波能是摩擦阻力的作用,这种摩擦阻力与植被、表面障碍物或微地形、湿地宽度等有关。植物就像灵活的隔板一样削弱波能,阻挡海水,也可以截留树叶、树枝、烂木等大小不同的有机残骸,被截留的残骸引起附加的拖曳使水流速度变得更小。

2.海风引起的波浪

波浪气候受浪区距离、海岸线的几何形状、风速和风期、沉积物粒径大小、水深、船航行的临近程度等因素的影响。Keddy 提出相对暴露指数(REI)的计算,包括风速、风期、浪区距离的估计。相对暴露指数(REI)与沉积物粒径大小有很大的关系。REI 在生物学上很有意义,它提供了一种定量的方法用来探索波能和沉积类型、植被群落成分、浅海底动物群落、海草床结构的关系。

3.航船引起的波浪

船舶航行造成的海岸线侵蚀取决于船舶产生的波浪大小、航行频率和其与海岸线的距离。船舶产生的波浪的高度主要取决于船速,其他诸如船体的设计、吃水深度和水深也会有较小的影响。

4.湿地宽度

波能的减少直接和湿地的宽度有关。与狭窄的湿地相比,宽的湿地能更有效地削弱波能,因为随着浪头穿过湿地表面向陆地移动,波能逐渐变小,湿地越宽,波能消减越多。湿地的宽度一般取决于地区的地质构造特点、潮汐范围和海岸线的坡度。Knutson 等人在湿地进行的波浪消减试验证明,波能的减少与湿地宽度的关系是非线性的。

5.地下植物

地下植物的根和茎在沉淀物的稳定性上也发挥了重要的作用,尤其是在冬天地上的植物显著减少的时候,地下植物成为主要的固定沉积物者。但地下标本的收集和处理需要大量的时间,因此,这个就不作为模型变量因子,但是如果时间和资源允许,就应该加以考虑。

(三)模型因子的确定

1.海岸线坡度(V_{SLOPE})

相对于浅水区域,波浪通过较深的水域会产生较大冲击能量,并在岸上产生较高的浪,对潮间带湿地的稳定性影响较大。而深水区一般可作为航道,船舶的行驶又增加了波浪产生的频率。因此,临近深水的海岸线比临近浅水的海岸线受到的波浪侵蚀作用要大。假定坡度很大的潮间带湿地或者临近深水的潮间带湿地有比较低的稳定性,此模型估算了大坡度海岸线和船舶航行引起的海岸线侵蚀程度,实际上,它是一个关于海岸线到航线距离的函数:

$$V_{SLOPE}=f(D)$$

式中:D 为海岸线到航线的平均距离。

2.平均湿地宽度(V_{WIDTH})

这个变量描述了海水经过的潮间带湿地的距离(从海岸线起计算)。与狭窄的湿地相比,宽阔的湿地在削弱波能的影响上更有效,因为随着浪头穿过湿地表面向陆地移动,波能逐渐变小。

平均湿地宽度 V_{WIDTH} 的测量方法如下:从海岸线到湿地与其他地类分界线之间画一系列相等间隔的基本垂直于海岸线的横线段,估算每条线段的长度,可以求出湿地的平均宽度(图8-2-19)。

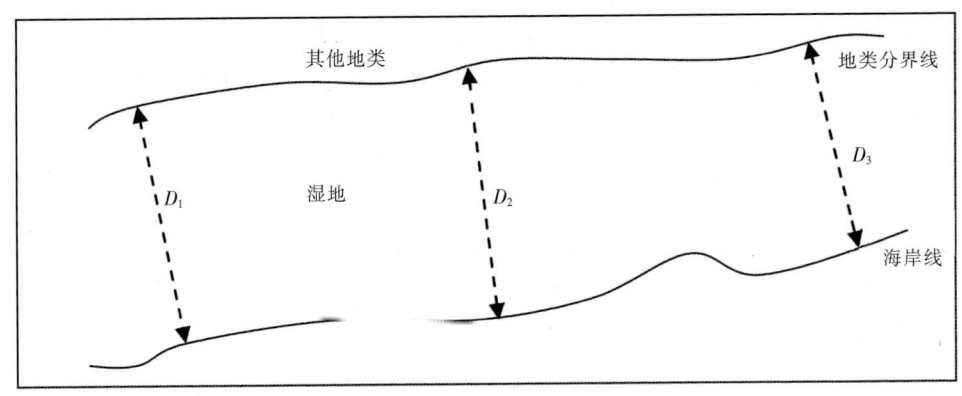

图 8-2-19 平均湿地宽度的确定方法

$$V_{WIDTH}=\frac{1}{n}\sum_{i=1}^{n}D_i$$

式中:D_i 为第 i 条线段的长度;

n 为线段条数。

3.土壤质地(V_{SOIL})

土壤粒径分布也影响着湿地的侵蚀。例如,黏土有很好的黏性,有较强的抵抗侵蚀能力。可直接测定或从资料中确定湿地主要的土壤质地,然后建立函数关系:

$$V_{SOIL}=f(STRU)$$

式中:$STRU$ 为土壤质地特征,为定性值。

4.表面糙率(V_{ROUGH})

这个变量描述了湿地植被对潮汐水动力学的作用。植被对波能有缓冲作用,减慢了水的运动,有利于物质沉积下来增加和稳定海岸线。糙率系数表征了对水流的阻力。植物的密度、粗细、高度都会影响湿地的糙率,湿地内部的微地貌也可能影响糙率。用下面的公式确定海岸带湿地的表面糙率:

$$V_{ROUGH}=n_{BASE}+n_{TOPO}+n_{VEG}$$

式中:n_{BASE} 为湿地表面的裸土糙率;

n_{TOPO} 为湿地表面的地形糙率;

n_{VEG} 为湿地表面的植被糙率。

(四)稳定海岸线功能模型

稳定海岸线功能的模型如下：

$$F_{STAB}=(V_{SLOPE}+V_{WIDTH}+V_{SOIL}+V_{ROUGH})/4$$

在这个模型里，潮间带湿地稳定海岸线和削弱波能的能力是以这四个特性为基础的，这些变量假定是同等重要的，因此这几个变量以算术平均数求得湿地稳定海岸线的功能指数。

二、沉积功能模型

(一)沉积功能定义

沉积功能是指海岸带湿地对水体中有机和无机颗粒的截留和沉积的功能，主要是物理过程，定量表示为单位时间单位面积上增长的沉积物高度[mm/(m²·a)]。

(二)沉积功能的基本原理

潮汐湿地通过积聚沉淀物在垂直向增厚和水平向扩展。如果沉积能力下降，或者增厚速率不足以平衡海平面上升或暴风雨引起的侵蚀，那么湿地流失就会发生。因此，潮汐湿地保持足够的沉积速率对维持高动态度的海岸线是非常重要的。

(三)影响沉积功能的因素分析

潮汐湿地在海岸带保持它水平和垂直的位置，是通过两个过程来实现的：①矿物质和有机沉淀物的增加；②由于海平面上升和下沉影响导致的海岸线浸没。沿着海岸线，湿地表面相对于平均海平面的垂直位置是由沉淀物的补给量和潮汐泛滥的频率决定的。当湿地表面被淹没，沉积过程就发生了，悬浮物沉淀在湿地表面。大多数物质沉淀在较低的湿地，并沿着小的潮汐流形成天然堤，主要的增长过程是泥炭块的积聚。如果增长的速率足够快，边缘湿地将在水平方向上增加，同时在垂直方向上增厚，以弥补岸线侵蚀，从而维持它的地域范围。

湿地的沉淀物有多种来源，包括陆地的排污、陆地侵蚀或岸线沉积、风的搬运、海水溅泼和沿海漂流。湿地沉积物的矿物部分包括沙、泥和黏土成分；有机物部分包括植物碎屑物质、海底微型和大型无脊椎动物、有机膜和动物的排泄物。在湿地平面下沉和海平面上升时，潮汐湿地沉积物的增加对于维持湿地的位置十分重要，但是由于缺少快速准确的方法和适应的技术来测量，因此在这个模型里就不能直接测量沉积物的增长这个变量。

潮汐湿地的沉积受许多因素影响，包括海拔、淹没时间、悬浮固体浓度、植被阻力和邻近水源。这些因素没有主次之分，它们相互作用控制着湿地的沉积速率。低海拔、高浓度悬浮物、低含量有机成分会产生较高的沉积效果。

沉积物与潮汐特征的相关性会影响湿地增长。不同地点的潮汐特性不同，颗粒的流速达到一定大时，会产生沉淀滞后。沉淀滞后是指颗粒具有继续随水流移动的趋势，超过了悬浮位置，沉淀于悬浮位置点之后。颗粒流动达到一个临界速度后，会留在原来的地方，这就产生了冲刷滞后现象，这是一个很重要的过程。潮汐速度的不对称、退潮长度的不同、潮位相的不同，这些因素都会影响沉淀物增长，因为这些因素会影响淹没的时间和水流速度。

(四)模型因子的确定

1.表面糙率(V_{ROUGH})

湿地植被和微地形的缓冲作用阻碍了表面水的流动，使悬浮颗粒不再悬浮。天然的大型植物的根茎稳定沉积物，减少了再次悬浮的可能性和搬运作用。此项因子与稳定海岸线功能模型中表面糙率因子相同。

2.水文条件(V_{HYDRO})

湿地表面被淹没时间的长度会影响沉淀速率。颗粒不再悬浮的概率随着淹没持续时间的增长而增加。要精确地测定淹没频率和淹没的持续时间，则要安装水位测量装置，在土壤积水期可以通过海拔高度和潮汐数据进行估计。

大多数情况下都缺乏每个地点潮汐频率和持续时间的数据。在精确的水文数据无法快速地收集的情况下，湿地区域是否是自由开放的潮汐湿地成为模型关键的变量因子。湿地与潮水的交换通道过于狭窄，或有一些阻碍物，会使正常的潮汐受到限制，那么沉淀物输入的概率

相应降低。因此,沉积功能模型可以用水文条件的函数来表达:

$$V_{HYDRO}=f(HYDRO)$$

式中:$HYDRO$ 为水文条件,即潮汐水的自由开放状态,定性描述。

(五) 沉积功能模型

海岸带的沉积功能模型如下:

$$F_{SEDI}=(V_{ROUGH} \times V_{HYDRO})^{\frac{1}{2}}$$

用一个几何平均数来表示两个变量作用的平均效果,表明如果一个变量的值降为 0,整个模型的值将为 0。举例而言,如果没有潮汐作用,就不会有由潮汐行为引起的沉淀物的搬运,就没有此项功能;同样,如果水文条件 $V_{HYDRO}= 0$,那么这个计算的 F_{SEDI} 也为 0。

三、营养物和有机碳交换功能模型

(一) 营养物和有机碳交换功能定义

这个作用描述了潮汐湿地通过潮汐过程的沉积和侵蚀,进行营养物和有机碳的输入与输出的能力。物质的变化形式和时间是有一定规律的:进入的是无机物,出来的是有机物;春天吸收,秋天释放。这个作用定量表示为单位时间单位面积上被转化的溶解碳和颗粒碳或营养物的质量 $[g/(m^2 \cdot a)]$。

(二) 营养物和有机碳交换功能的基本原理

地表水或地下水中的营养物,对保持潮汐湿地高水平的第一生产力特征是非常重要的。大量的植物性物质可以以多种形式为湿地系统的消费或积累提供有机碳,也可以输出到邻近的河口或临近海域。系统是输入还是输出营养物和有机碳,取决于具体的地理特征、季节、湿地年龄和其他因素。

(三) 影响营养物和有机碳交换功能的因素分析

1.营养物交换的影响因素分析

营养物可以通过降水、地表径流、地下径流和潮汐作用而进入湿地,一旦进入湿地,营养物就沉积在底部,被颗粒吸附或者被吸收和固定在一些维管植物的组织内。营养物可能被合成,也可能被微生物群体转化。

营养物交换的影响因素包括淹没时间、植被结构、湿地年龄等。淹没时间是指表面水在湿地表面的停留时间,在这一段停留时间里,营养物可渗透到植物根部,通过水体和覆盖在沉淀物、植物和垃圾表面的微生物薄膜接触。植被结构是指湿地表面天然植被的结构特点。湿地年龄的影响表现为:发展比较好的老的湿地具有颗粒细、营养丰富的特征,这样的系统往往是向河口输出营养物;相反,新形成的湿地是粗糙的沙质土壤,一般缺少很好的营养源,没有和土壤有机物质联系的结合位置,经常发生纯粹的营养物输入。

2.有机碳交换的影响因素分析

潮汐湿地有机碳的输出是以溶解有机碳(DOC)和颗粒有机碳(POC)的形式向近岸水域输出的。在湿地的潮汐交换评价的过程中,溶解有机碳和颗粒有机碳是很好的指示剂。此项因子表征了该地区生物和水力学的特点,包含了岩屑颗粒的产生、悬浮、去除、捕获以及溶解为有机碳的过程。目前还没考虑也没必要考虑分解速率、植物种类间季节性变化、同一植物的不同部分变化、暴风雨等影响因素。

(四) 模型因子的确定

在潮汐湿地系统中,营养物的循环和有机碳的交换,是通过物理、化学和生物的因素进行调解的。其他影响营养物循环和有机碳交换的因素有的不好理解而且不好直接获得数据,因此选取了可以实际测量的模型因子。

1.水文条件(V_{HYDRO})

在特定地区潮水泛滥持续的时间,可能改变湿地的营养物循环和有机碳交换的模式。此项因子与沉积功能模型中的水文条件因子相同。

2.植被结构(V_{VEGSTR})

植物衰老和腐烂时释放矿物质、营养物和其他化合物,为细菌和真菌的生长提供了培养基,这是一个非常重要的有机碳源,这个有机碳源可能被输出到邻近的生态系统中。植被结构因子可以用平均高度和覆盖百分比的加权组合来表达。可以用具有代表性的植物样方测量来获得一种植物的平均高度和覆盖百分比,样方大小根据湿地大小来定。

植被结构因子表达式如下:

$$V_{\text{VEGSTR}}=\sum_{i=1}^{n} H_i P_i$$

式中:H_i 为第 i 种植物的平均高度;

P_i 为第 i 种植物的覆盖度;

n 为每个样方内存在的植物种类数。

(五)营养物和有机碳交换功能模型

海岸带的营养物和有机碳交换功能模型如下:

$$F_{\text{EXCH}}=(V_{\text{HYDRO}} \times V_{\text{VEGSTR}})^{\frac{1}{2}}$$

区域的水文条件变量和植被结构指数是同等重要的,二者以几何平均数的形式组合在一起,其中任何变量为 0,都会导致 F_{EXCH} 为 0(如果区域没有被淹没,不管有多大的生物量,都不可能有交换;同样,没有生物量,不论泛滥的条件多么合适,都不可能有调节湿地的交换)。

四、野生动物栖息地功能模型

(一)野生动物栖息地功能定义

湿地的野生动物栖息地功能是指湿地具有为本土和外来鸟类、爬行类和哺乳类动物提供生存环境的能力。这个功能的定量表示是单位面积上鸟类、爬行类和哺乳类动物的数量。

(二)野生动物栖息地功能的基本原理

不同的鸟类、哺乳类和爬行类动物,包括许多濒危动物种类,利用潮间带湿地作为它们永久的或暂时的栖息地。在潮汐湿地,许多野生动物是很重要的消费者,它们可能是湿地和附近陆地或水生生态系统食物链中很关键的一环。

(三)影响野生动物栖息地功能的因素分析

野生动物栖息地功能代表鸟类、爬行类和哺乳类动物的一般潮间带湿地的生境质量。由于生境的巨大可变性,不可能找到一个现存的具体的生境模型或者一个生境质量的度量方法。

野生动物利用的情况千差万别,一些物种可能在湿地中度过一生,一些则季节性地迁徙到这里进行繁殖或哺育后代,还有一些只是偶尔把湿地作为它们迁徙过程中的中途停留点。由于不同种类有不同的生活区域,在湿地不同的部分取食,有的鸟类喜欢在开放的海岸线的边缘活动,有的鸟类则更喜欢沿小溪和池塘的浅水活动,因此,要确定生物体利用湿地的关键因素十分复杂。此模型把所有的鸟类、爬行类和哺乳类动物看作一组,系统地确定控制因素。

物种数量的增减与研究区面积直接相关,因此湿地斑块面积也和湿地物种的数目有直接关系。湿地的斑块形状和斑块面积,对受到边缘效应影响的物种是十分重要的。一块单独的湿地在功能上是和它周围的生境相联系的,它可以演变成和相邻生境相似的类型,这对一些可移动的野生物种来说十分重要。

人类对湿地的开发活动最直接的表现,就是使大的湿地斑块破碎并利用,转成非生境类型。这导致两个结果:一个结果是斑块数量增加,原来面积大的斑块破碎成几个或几十个小斑块,个数是增加的;另一个结果是斑块面积减小,减小的部分转成了非生境类型。在一个固定范围的一块完整的湿地区域内,如果湿地斑块个数增加,则表明此斑块破碎,新生成的非生境斑块阻碍了野生动物的活动,对野生动物生存是不利的;在斑块个数不变的情况下,湿地斑块面积减小,显然也不利于野生动物的生存。因此,可以用单位面积的湿地斑块个数这个因子来体现出这种不利作用。

(四)模型因子的确定

野生动物栖息地功能模型确定了与生境质量有关的因素,量化了生境质量。这些因素包括斑块面积、斑块形状、生境连通性、斑块间距离等,在很大程度上反映了由人类导致的生境退化。模型包含三个主要因子,这些因子典型地反映了由生境退化导致的环境变化。

1. 有效湿地斑块总面积(V_{SIZE})

这个因子描述了有效湿地斑块的大小,是一种动物日常活动的整个区域,包括生活的核心湿地斑块和廊道以及与廊道相连的其他生境斑块。选取整个湿地作为变量对象,原因是野生动物会利用整个湿地联合体,而不是被某些工程边界限制或阻止。一个单一的生境斑块几乎不能满足一个特定的野生动物种类全年的需要,每年动物的活动范围可能构成一个大的生境区,这就是各种生境斑块的集合体。尤其是对于食肉的野生动物来说,它们需要大的活动范围以避免其食物不足。另外,当野生动物在繁殖或分散时,它们必须进入附近动物的活动范围内。随着有效湿地斑块面积的减小,栖息地功能也随之减弱。

斑块的形状间接地反映了对野生动物的活动的影响。天然湿地斑块,形状应该是无规律或不规则的,边界也不是十分明显的,在自然情况下,动物可以比较容易地穿越这些边界,到达另一个湿地斑块。而在人类活动的影响下,一些作为野生动物生境的湿地斑块被开发成规则几何形状(如矩形、圆形),使野生动物的活动轨迹受到限制,且边界也被修筑得十分明显,几乎完全阻碍了野生动物的移动。

考虑到这两个因素的综合效应,有效湿地斑块总面积因子可以用下式表达:

$$V_{SIZE}=\sum_{i=1}^{n} A_i C_i$$

式中:A_i 为 i 类型湿地斑块面积;
C_i 为 i 类型湿地斑块形状系数;
n 为湿地斑块类型个数。

2. 单位面积湿地斑块个数(V_{NUM})

此因子表达了湿地斑块的破碎化,斑块面积的减小或斑块数量的增加,都会导致较大的单位面积湿地斑块个数,V_{NUM} 越高,相对应的分值越低,对野生动物的生存越不利,表达式如下:

$$V_{NUM}=\frac{N}{A}$$

式中:N 为海岸带湿地斑块个数;
A 为海岸带湿地斑块总面积。

3. 植被覆盖率(V_{COVER})

野生动物要有植物群落来保证捕食、筑巢和避难,植物的减少最终导致肉食动物的食物——食草性野生动物种类减少。植被覆盖率的降低对生境提供避难场所和动物筑巢的能力也会有不利的影响。因此,植被覆盖率是反映湿地生境质量的一个重要因素。这项因子可以直接测量。

(五)野生动物栖息地功能模型

海岸带的野生动物栖息地功能模型如下:

$$F_{HABI}=(2V_{SIZE}+V_{NUM}+V_{COVER})/4$$

由于海岸带植物群落具有相对的一致性,如植物群落结构缺乏多样性和连续性,故野动物生境的价值主要由斑块面积和其他地形斑块特点决定,因此,在计算功能指数时,有效湿地斑块总面积 V_{SIZE} 的比重比其他变量大。

第八节 生境修复效益模型

海岸带生态环境的破坏,一方面是人类对近岸海域的过度开发利用,在利用海岸带资源的时候没充分考虑海岸带生态环境的保护;另一方面是没有注重上游陆源的治理,海岸带地区社会经济迅速发展的同时,将产生的大量污染物排入近岸海域,造成近岸海域污染问题越来越严重。因而海岸带生态环境的保护和恢复,也要从上游陆源污染的整治和近岸海域的生境修复来考虑。建立生境修复效益模型的目的就是描述通过各种措施的实施,对海岸带生境的改善和保护,模型结构如图 8-2-20。

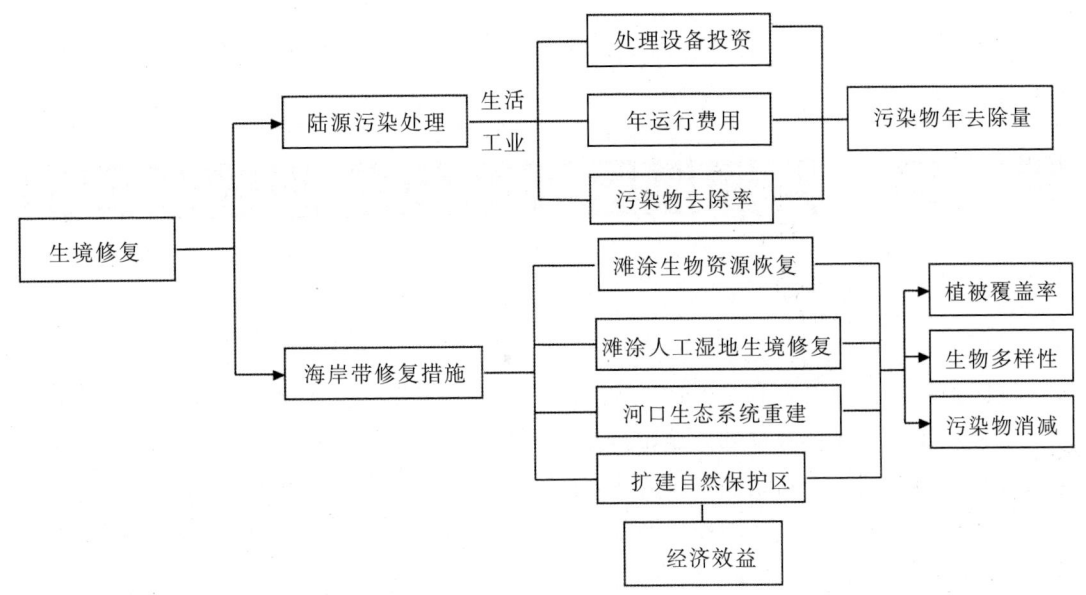

图 8-2-20　生境修复效益模型框图

上游陆源的整治,以污染处理投资来表示,主要考虑居民生活污水和工业废水的治理,要引进设备、进行设备运行维护等,以下式进行计算:

$$RPLE = R_i \times Invest_i \quad (i=1,2)$$

式中:$RPLE$ 为污染物去除总量;

R_1 为单位投资生活污水污染物去除量;

$Invest_1$ 为生活污水治理投资额;

R_2 为单位投资工业废水污染物去除量;

$Invest_2$ 为工业废水治理投资额。

第三章 天津城区子系统生态健康评价

天津城区子系统的健康发展是保证天津滨海区域生态系统健康的前提和基础。城市生态系统是由自然子系统、社会子系统和经济子系统构成的复杂生态系统，系统的结构、功能多样，物质循环和能量流动非常复杂。构建简单、明了、科学的指标体系是成功评价城市生态系统健康的前提和基础。目前，指标体系是根据研究需要构建的，有根据压力—状态—响应构建的，有根据自然子系统—社会子系统—经济子系统构建的，还有根据组织—结构—活力—恢复力—生态系统服务功能—人类健康构建的。本章在借鉴学者们提出的城市生态系统健康评价的基础上，构建了天津城市生态系统健康评价的指标体系，用来评价天津城市生态系统的健康状况和生态系统健康发展趋势。

第一节 生态系统健康评价方法研究

生态系统健康常用的评价模型包括：模糊综合评价模型、灰关联评价模型、属性识别综合评价模型、能值分析法、神经网络综合评价模型等。这几种评价模型在环境质量评价、大气污染评价、水质评价中都有应用。本文选择在生态系统健康评价方面应用比较多的模糊综合评价模型、灰关联评价模型和属性识别综合评价模型，用以比较这三种模型的适用条件，以及这三种评价模型的优缺点。

一、生态系统健康评价模型

(一) 模糊综合评价模型

模糊概念是边界不清晰、外延不明确的概念。为了从数学角度把模糊概念说清楚，1965年，美国学者查德引入模糊集合。由于评价因素的复杂性、评价对象的层次性、评价标准中存在的模糊性、评价影响因素的模糊性或不确定性以及定性指标难以定量化等一系列问题，让人难以用绝对的"非此即彼"来准确地描述客观现实，经常存在着"亦此亦彼"的模糊现象，其描述也多用自然语言来表达。自然语言最大的特点是它的模糊性，而这种模糊性很难用经典数学模型加以统一量度。建立在模糊集合基础上的模糊综合评价方法，用多个指标对被评价事物隶属等级状况进行综合性评价，并划分出被评价事物的变化区间，这样一方面可以顾及对象的层次性，使得评价标准、影响因素的模糊性得以体现；另一方面在评价中又可以充分发挥人的经验，使评价结果更客观，更符合实际情况。模糊综合评价可以做到定性和定量因素相结合，扩大信息量，使评价精度得以提高，评价结果可信。模糊综合评价模型用隶属度理论将定性化的问题定量化，是一种基于模糊数学的综合评价模型。模糊综合评价的步骤是：计算各样本指标值相对于各级标准的隶属度，获取隶属度矩阵；求各评价指标的权重，用隶属度矩阵与权重矩阵相乘，得到样本指标相对于各级标准的隶属程度；最后，根据最大隶属度原则，得出各样本所处的健康级别。模糊综合评价的优点是能够解决具有模糊性的问题，缺点是取大取小算子损失了大批中间值的信息，得出的综合评价结果可靠性较差，得出的计算结果趋于均一化。

(二) 灰关联评价模型

灰关联分析法的基本原理和思想为：根据数据序列之间的几何特征相似程度来判断两者的相互关系。灰关联分析具有以下特点：①要求的样本量较小，有3个以上的样本就可以计算；②数据的分布没有过多要求；③计算量较小，只做四则运算；④能得到序关系和关系矩阵；⑤这些关系是以趋势分析为原理的，即以定性分析为前提，故不会出现与定性分析结果不一致的量化关系。

在复杂多变的生态系统这个大系统中，要评价生态系统健康状况，对所有的影响生态系统健康的指标进行监测和计算是不可能做到的，因此，要通过部分监测数据来综合评价生态系统健康状况。利用现场实际监测到的数据，只能反映生态系统健康的部分有限的信息，灰关联评价模型是基于这种"部分信息已知，部分信息未知"的研究对象提出的，把实际监测数据看成是白色的，把未知的没有监测到的数据看成黑色的，介于两者之间的看成是灰色的。灰关联分析法正是针对数据少、信息贫乏的不确定性问题提出的，可以用数学方法较好地解决生态系统健康评价中信息匮乏的问题。

灰关联评价关注的不是监测数据本身的大小，而是数据大小代表的序关系。灰关联评价模型实际上是先获取序列间的差异信息，建立差异信息矩阵，再计算差异信息的灰关联度，从而确定因素间的序关系。灰关联评价法是将研究对象及影响因素的因子值视为一条线上的点，与待识别对象及影响因素的因子值所绘制的曲线进行比较，比较它们之间的贴近度，并分别量化，计算出研究对象与待识别对象各影响因素之间的贴近程度的关联度，通过比较各关联度来判断待识别对象对研究对象的影响程度。利用灰关联评价法评判生态系统健康，优点是不仅能表示出生态系统的健康状态，而且还可以根据评价对象的关联度，对比评价对象之间的健康状态。灰关联评价模型广泛应用于水环境、大气环境、土壤环境以及各类农作物质量评价中，在生态环境评价中也有应用。模型计算如下。

1. 评价指标的无量纲化处理

假设有 n 个研究对象，m 个研究指标，则它们的监测数据构成一个 $n×m$ 的矩阵，记作 A：

$$A=(a_{ij})_{n×m} \quad i=1,2,3,\cdots,n;j=1,2,3,\cdots,m$$

无量纲化后的指标值记作 r_{ij}，无量纲化后的矩阵记作 R：

$$R=(r_{ij})_{n×m}$$

式中：$r_{ij}=\begin{cases}\dfrac{a_{ij}}{\max a_{ij}}, \text{其中第} j \text{个指标为收益型指标}\\ \dfrac{\min a_{ij}}{a_{ij}}, \text{其中第} j \text{个指标是成本型指标}\end{cases}$

2. 指标的参考序列

$R_i(k)=[r_i(1),r_i(2),\cdots,r_i(n)], k=1,2,3,\cdots,n$。

记指标向量与指标参考向量的绝对差为：

$$\Delta_k(j)=|r_{ij}-r_i(k)|$$

3. 计算关联系数

$$\varepsilon_i[\Delta_k(j)]=\frac{\min\limits_{i}\min\limits_{k}\Delta_k(j)+\rho\max\limits_{i}\max\limits_{k}\Delta_k(j)}{\Delta_k(j)+\rho\max\limits_{i}\max\limits_{k}\Delta_k(j)}$$

式中：ρ 为分辨系数，$\rho\in(0,1)$，一般 ρ 取 0.5。

4. 计算关联度

$$\gamma\Delta_k(j)=\sum_{j=1}^{m}\omega_j\varepsilon_i[\Delta_k(j)]$$

(三) 属性识别综合评价模型

属性理论是以属性作为集合，对事物或自然现象属性的定性描述进行定量化研究的数学理论。属性集是一个抽象集，其相等、包含等关系由属性本身的含义决定，与数据没有关系。属性测度包含的意义更广。概率为零的事件不一定是不可能事件，属性测度也一样，属性测度为零，并不见得是空集，属性测度要满足可加性。属性识别综合评价模型能够解决具有序关系和信息不确定的问题，给出合理的置信度准则和排序的评分准则，可使评价结果合理，分辨率更高,既可以评价生态系统健康的优劣程度,也可以得出生态系统健康水平等级。目前,属性识别综合评价模型在湖泊富营养化、大气环境质量评价等评价中都有应用。属性识别综合评价模型考虑生态系统信息的未确知性,生态系统健康评价适用性强;与模糊综合评价模型比较,克服了模糊综合评价中取大取小算子造成的信息损失,分级较清楚,评价也比较合理。模糊综合评价中一般是按照最大隶属度原则,识别样本值与各级标准值之间从属度来判断样本所属类别,在样本对各级标准的从属度的值较小时,有时不能做出正确抉择。属性识别综合评价模型关注了评价空间的有序性,用置信度识别准则和排序评分准则,有效地解决了从属度准则带来的不精确化问题,评价结果的分辨率更高、更合理、更精细。

1.已知指标分类标准的属性识别综合模型

假设有 n 个样本,每个样本有 m 个指标,其实际监测值为 x_{ij},监测值可以构成一个 $n \times m$ 的矩阵,记作 R:

$$R = (x_{ij})_{n \times m}$$

设 F 为 X 上某类属性空间,$(C_1, C_2, \cdots, C_k)$ 为属性空间 F 的有序分割类,且 $C_1 > C_2 > \cdots > C_k$,分类标准矩阵可表示为:

$$\begin{matrix} & C_1 & C_2 & \cdots & C_k \\ I_1 & a_{11} & a_{12} & \cdots & a_{1k} \\ I_2 & a_{21} & a_{22} & \cdots & a_{2k} \\ \vdots & \vdots & \vdots & \vdots & \vdots \\ I_m & a_{m1} & a_{m2} & \cdots & a_{mk} \end{matrix}$$

其中,a_{jk} 满足 $a_{j1} > a_{j2} > \cdots > a_{jk}$,或者 $a_{j1} < a_{j2} < \cdots < a_{jk}$。

2.属性测度的计算

属性测度的计算是属性综合评价的关键,目前,有根据梯形分布和三角形分布构成属性测度的测度函数。假设 $a_{ijk} \sim a_{ijk+1}$ 是第 i 个样本中第 j 个指标第 k 级评价分类标准的取值范围,计算第 i 个样本第 j 个指标值 x_{ij} 属于 C_k 的属性测度 $L_{ijk} = L(x_{ij} \in C_k)$。假设 $a_{j1} < a_{j2} < \cdots < a_{jk}$。

当 $x_{ij} \leq a_{j1}$ 时,取 $L_{ij1} = 1, L_{ij2} = \cdots = L_{ijk} = 0$。

当 $x_{ij} \geq a_{jk}$ 时,取 $L_{ijk} = 1, L_{ij1} = \cdots = L_{ijk-1} = 0$。

当 $a_{jl} \leq x_{ij} \leq a_{jl+1}$ 时,取

$$L_{ijl} = \frac{a_{jl+1} - x_{ij}}{a_{jl+1} - a_{jl}}, L_{ijl+1} = \frac{x_{ij} - a_{jl}}{a_{jl+1} - a_{jl}}。$$

$L_{ijk} = 0$,当 $k < 1$ 或 $k > l+1$。

3.确定指标权重

在此模型中权重对评价结果的影响非常大,因此权重的计算非常关键。常用的权重计算方法有主观赋权和客观赋权,不论采取何种赋权方法,权重必须满足下列条件:

$$(w_1, w_2, \cdots, w_m), w_j \geq 0, \sum_{j=1}^{m} w_j = 1$$

4.计算多指标总综合属性测度

$$L_{ik} = L(x_i \in C_k) = \sum_{j=1}^{m} w_j L_{ijk}, 1 \leq i \leq n, 1 \leq k \leq K。$$

5.识别和比较分析

按照置信度准则,对置信度 K,计算

$$k_i = \min\left\{k: \sum_{l=1}^{k} L_{x_i}(C_l) \geq K, 1 \leq k \leq K\right\},$$ 则认为 $x_i \in C_{k_i}$。

对生态系统的健康度排序,就要对综合属性测度向量 L_{x_i} 进行排序。由于属性集之间有强弱关系,可以用分值表示属性集的强弱关系,强属性集的分值比弱属性集的分值大。按照评分准则计算:

$$q_{x_i} = \sum_{l=1}^{k} n_l L_{x_i}(C_l)$$

根据 q_{x_i} 大小可以对 x_i 进行比较和排序。

生态系统健康的评价的空间是有序的,有序空间的识别和排序不适合用"最大隶属度"原则。

(四)三种评价模型的比较

上述三种评价生态系统健康的模型,从数学原理和适用性上看,对生态系统健康的评价是有效的,但是各有侧重点,如表8-3-1。

表 8-3-1 三种评价模型的综合比较

比较项目	模糊综合评价模型	灰关联评价模型	属性识别综合评价模型
理论基础	模糊数学中的模糊集、隶属函数	根据评价对象与评价标准之间的几何形状来判断	属性数学中的属性集和属性测度
运算不同	隶属函数并不要求满足可加性	关联系数和关联度	属性测度满足可加性
计分方式不同	一票一记原则	—	一票一分原则
在生态系统健康评价中的优点	针对概念模糊、边界不清的模糊问题提出的,较适合生态系统健康的评价问题,能够评价生态系统健康所处等级	1.能对少数据、贫信息的对象进行研究 2.能够解决具有序关系的问题,不太关注数据本身的大小,更关心的是数据的序关系 3.能进行不同评价对象之间的比较	1.应用置信度原则判断健康等级,克服最大隶属度的缺陷 2.能进行不同研究对象之间的健康水平的比较 3.能解决有序分割类的识别问题,能够达到比较细微的分类程度,识别正确率高
在评价过程中存在的不足和缺点	取大取小算子,损失大量信息,在判断过程中,应用最大隶属度原则,判断结果不够准确,会出现评价结果失真、失效、跳跃、均化现象;只能评价生态系统的健康等级,不能进行评价对象之间健康水平的比较	评价结果会出现均一化的现象	属性函数不太好确定,由于属性测度的分布规律不清楚,目前以线性分布为例计算,结果的准确性不能保证

二、权重的计算方法

从模糊综合评价模型到属性识别综合评价模型,无论哪种评价模型,都涉及权重的计算,权重的计算是多元决策的核心问题。目前,权重的计算方法很多,常用的方法包括主观赋权法和客观赋权法,主观赋权法包括德尔菲法、层次分析法等,客观赋权法有单指标计算权重法、主成分分析法、熵权法、基尼系数赋权法、均方差法等。其中德尔菲法和层次分析法是通过专家的经验构造判断矩阵,在此过程中,由于受专家经验、知识的影响,用这两种方法计算的权重具有主观性强的特点,但主要优势是不需要大量的监测数据。客观赋权法能够弥补主观赋权法的缺陷,能充分应用指标数据提供的信息,客观反映指标的权重(表 8-3-2)。

表 8-3-2　权重计算方法的优缺点比较

权重计算方法	优点	缺点
单指标计算权重法	可以反映样本指标超标程度对指标权重的影响	过分突出单个指标的超标情况，会出现评价与实际情况不符的现象
均方差法	能反映评价指标与评价指标均值之间的差异	不能反映评价对象之间的差异性
层次分析法	具有实用、层次清晰、操作简单、不要求监测数据来支持等优点	易受专家学者的知识和经验的影响，具有较强的主观性
主成分分析法	强调评价指标之间的内在联系，实际评价因子随机性所带来的不确定性及异常值的影响大大减弱	不能反映评价对象之间的差异性
熵权法	能反映样本之间的差异性	要对数据进行归一化处理

1. 层次分析法

层次分析模型是美国运筹学家、匹兹堡大学教授萨蒂于20世纪70年代初，应用网络系统理论和多目标综合法，求解层次权重的决策分析方法。此方法是评价者对复杂评价对象的评价思维过程数学化的过程，突出人的思维过程在判断决策中的重要性，是定性和定量结合的评价方法。具有层次清晰、分析简单、操作灵活的优点，在解决多目标、多层次、无固定结构的复杂问题上有明显优势。目前，各个领域都有应用，特别是在安全科学和环境科学领域应用广泛。在海洋生态健康评价和城市生态健康评价中也常用到这种方法。

一般来讲，此方法是根据指标间相互作用和隶属关系，构建一个多层次结构分析模型，主要是将评价对象层次化，即将生态系统健康评价中的各个因子根据作用和地位的异同建立起递阶结构。一般根据研究内容和研究需要，可分为目标层、准则层、因素层和指标层。当然，所分的递阶层数可根据研究问题的复杂性和分析的详尽程度选择，不受约束。每个层支配的元素数不宜多于9个。根据某一层中同一指标支配下的指标两两比较，得到判断矩阵，计算判断矩阵的特征值、特征向量，确定评价指标的权重。计算的一般步骤如下：

1) 构造判断矩阵。

$A=(a_{ij})_{n\times n}$，判断矩阵是正反矩阵，故判断矩阵的每个指标要满足正反性，即

$$\begin{cases} a_{ij}>0 \\ a_{ij}=1 \\ a_{ij}=\dfrac{1}{a_{ji}}(i\neq j) \end{cases} \quad (i=1,2,\cdots,n; j=1,2,\cdots,m)$$

标度用1~9及其倒数。标度定义如表8-3-3。

表 8-3-3　判断矩阵标度定义

标度	定义
1	两个元素比较，具有同等重要性
3	两个元素比较，前者比后者稍微重要
5	两个元素比较，前者比后者明显重要
7	两个元素比较，前者比后者强烈重要
9	两个元素比较，前者比后者极端重要
2,4,6,8	表示上面相邻判断的中间值
倒数	若因子i与因子j的重要性之比为a_{ij}，则因子j与因子i重要性之比为$a_{ji}=1/a_{ij}$

2) 由判断矩阵计算被比较元素对于该准则的相对权重，并进行判断矩阵的一致性检验。

一致性指标CI:

$$CI=\frac{\lambda_{\max}-n}{n-1}$$

式中：$\lambda_{\max}$为判断矩阵的最大特征值。

查找平均随机一致性指标RI，如表8-3-4。

表 8-3-4　平均随机一致性指标

n	1	2	3	4	5	6	7	8	9	10	11	12	13	14
RI	0	0	0.52	0.89	1.12	1.24	1.36	1.41	1.46	1.49	1.52	1.54	1.56	1.58

计算一致性比例 CR：

$$CR=\frac{CI}{RI}$$

当 $CR<0.10$ 时，判断矩阵的一致性可接受，否则对判断矩阵须修正。

3）计算各层次对于系统的总排序权重，并进行排序。

4）获得各层次对于目标层的排序。

层次分析法确定权重的优点是不用太多的监测数据的支持，但是这种方法受人为因素的影响比较严重，具有较强的主观意识，在指标体系的构建、判断矩阵的生成上，受学者、专家知识和经验的影响较大，有时候评价结果不能客观真实地反映生态系统健康状况。

2. 熵权法

熵在热力学中是对系统状态的无序性的度量。在信息论中，信息是对系统的有序性进行度量，而熵是对系统的无序性进行度量，两者的符号恰好相反，但是绝对值相同。系统的信息熵越大，表明系统的信息值的变异越大，提供的信息也就越多，权重也就越大；相反，则权重越小。

对于某项指标，指标值间的差异越大，表明该指标在综合评价中所起的作用越大，如差异为零，表明该指标在综合评价中不起作用。其计算步骤如下。

1）原始数据标准化，得到标准化矩阵 $\boldsymbol{B}=(r_{ij})_{n\times m}$

$$r_i=\frac{x_i-x_{\min}}{x_{\max}-x_{\min}}$$

式中：x_i 为指标的实际值；

$x_{\max}$、$x_{\min}$ 为同指标下不同样本中最满意者或最不满意者（越大越满意或越小越满意）。

2）计算标准化矩阵样本 j 第 i 项指标的比重 f_{ij}，即

$$f_{ij}=\frac{r_{ij}}{\sum_{i=1}^{n}r_{ij}}$$

3）计算样本 j 中第 i 项指标的信息熵值 e_i，即

$$e_i=-K\sum_{i=1}^{n}f_{ij}\ln f_{ij}$$

式中：$K=1/\ln n$。

当 $f_{ij}=0$ 时，$f_{ij}\ln f_{ij}=0$，则指标权重

$$W_i=\frac{1-e_i}{\sum_{i=1}^{n}(1-e_i)}$$

本文主要就生态系统健康评价指标的选取原则、指标体系的构建方法，以及生态系统健康的评价方法进行研究，分析了模糊综合评价模型、灰关联评价模型和属性识别综合评价模型的优缺点。这3种模型在生态系统健康的评价中都有应用，模糊综合评价模型可以评价边界不清、评价标准模糊的生态系统健康问题，能够评价出生态系统的健康级别，缺点是取大取小算子损失大量信息，只能够评价生态系统所属的健康等级，不能进行不同评价对象之间的健康比较；灰关联评价模型是根据评价对象与评价标准之间序关系的几何形状来评价生态系统健康，不需要大量的数据信息，只要有3个以上的数据就能够进行评价，能进行不同评价对象之间的比较，缺点是计算结果趋于均一化；属性识别综合评价模型不仅能够评价生态系统健康所处的健康等级，还能进行不同对象之间健康水平的比较，缺点是属性测度函数不好确定。

第二节 天津城市生态系统指标体系

一、指标体系构建

城市生态系统是一个动态模糊系统，在时间和空间上是不断演变和发展的，描述和表征生态系统的属性有些是可测可得的，更多的数据是难以定量化的，是一些带有"模糊性的"定性化描述。在开展生态系统健康评价时，必然涉

及生态系统指标体系的构建，不同学者根据研究需要和研究对象的不同，选取适合各自研究目的的指标体系。本文在构建指标体系时，选取最权威、应用最多的 Repport 指标体系框架，包括活力、组织结构、恢复力、服务功能维持、管理选择、外部输入的减少和人群健康的影响等指标，其中最重要的指标是活力、组织结构、恢复力、服务功能维持。本文根据这一框架体系，构建天津城区子系统指标体系和指标标准值，如表 8-3-5。

表 8-3-5 天津城区子系统指标体系和指标标准值

评价要素	评价指标	初级指标	病态	不健康	亚健康	健康	很健康
活力	经济水平	GDP 平均增长率/%	2	6	9	10	13
		人均 GDP/万元	0.7	3	5	10	20
		实际利用外资/亿美元	10	40	60	90	100
		城市居民人均可支配收入/万元	0.4	0.8	1.2	1.6	2
		海洋产业在 GDP 比重/%	5	10	15	20	30
	经济效率	单位 GDP 能耗/(t 标准煤/万元)	0.5	0.4	0.3	0.2	0.1
组织结构	经济结构	第三产业比重/%	30	40	50	60	80
		进出口总额增长率/%	15	12	8	5	3
		财政教育支出/%	2	3.5	4	4.5	5
		财政科技支出/%	1	3	5	7	9
	社会结构	市中心区人口密度/(万人/km²)	3	2.5	2	1.5	1.1
		老龄人口比重/%	12	8	6	4	3
		第三产业从业人员比重/%	20	30	45	60	70
		万人专业技术人员数/人	350	400	450	550	700
	自然结构	自然保护区覆盖率/%	3	5	8	10	12
		人均公共绿地面积/(m²/人)	4	7	10	16	20
		建成区绿化覆盖率/%	20	25	30	40	50
恢复力	废物处理能力	环境噪声达标区覆盖率/%	70	80	90	95	100
		工业废水排放达标率/%	70	80	90	95	100
		生活污水处理率/%	20	40	60	80	90
		生活垃圾无害化处理率/%	40	50	70	90	100
	物质循环利用率	工业固废综合利用率/%	30	50	70	90	100
	环保投资	环保投入在 GDP 比重/%	1	1.5	2	3	5
服务功能维持		恩格尔系数/%	50	40	35	30	25
		城镇登记失业率/%	3	2.5	2	1.2	0.5
		每千人拥有医院床位/张	2	3.5	5	7	7.5
		每万人拥有公共交通车辆/标台	5	10	20	30	40
		用气普及率/%	70	90	95	98	100
		人均城市道路面积/(m²/人)	6	10	15	20	28
		饮用水源水质达标率/%	50	80	90	95	100
		城市区域环境噪声平均值/dB	85	70	50	45	40
		道路交通噪声平均值/dB	95	80	65	55	50
人群健康		人均期望寿命/岁	65	68	76	78	80
		人口自然增长率/%	9.8	8	6.5	3	0.7
		万人拥有大学生数/人	50	150	300	450	600

对天津城区子系统生态系统健康进行评价，本文中有些指标参考了相关学者关于城市生态系统可持续发展和城市环境质量评价方面的标准，有些指标参照了国家相关部门制定的环境保护标准，还有些指标参考了生态城市、园林城市、环保模范城市目标值或规划值，国际发

达城市建设标准值,全国最高、最低或现状值等。本文参照学者们对城市生态系统健康研究的结果,将天津城区子系统的健康标准分为5个等级:很健康、健康、亚健康、不健康、病态。各指标的健康标准如表8-3-6。

表8-3-6 健康等级划分及描述

等级	状态描述
很健康	城区生态系统结构完整,受到的干扰和胁迫对健康的影响程度低,有较强的自我维持和发展能力,能持续稳定地为人类提供服务功能
健康	城区生态系统结构较完整,受到的干扰和胁迫对健康的影响程度较低,有自我维持和发展能力,能持续稳定地为人类提供服务功能
亚健康	城区生态系统结构有变化,干扰和胁迫对健康的影响程度较高,尚能自我维持,提供服务功能的能力减弱
不健康	城区生态系统结构被破坏,受到强烈的干扰和胁迫,无法进行自我维持,恢复力很弱,提供服务功能的能力严重不足
病态	城区生态系统的结构被严重破坏,残缺不全,受到严重胁迫和干扰,生态系统很难逆转,无法提供服务功能,环境问题非常突出

二、数据来源及处理

评价城市生态系统健康时,所用到的大部分数据来自于《天津市统计年鉴》(1998—2012),部分指标的数据来自于《中国海洋统计年鉴》。对部分缺少数据,采用相近年份的数据替代,个别数据在统计年鉴中没有直接给出,但可通过简单的计算得知。

第三节 天津城区子系统健康综合分析

根据属性测度模型,计算天津城市生态系统健康的属性测度和健康等级、得分,如图8-3-1和表8-3-7所示。

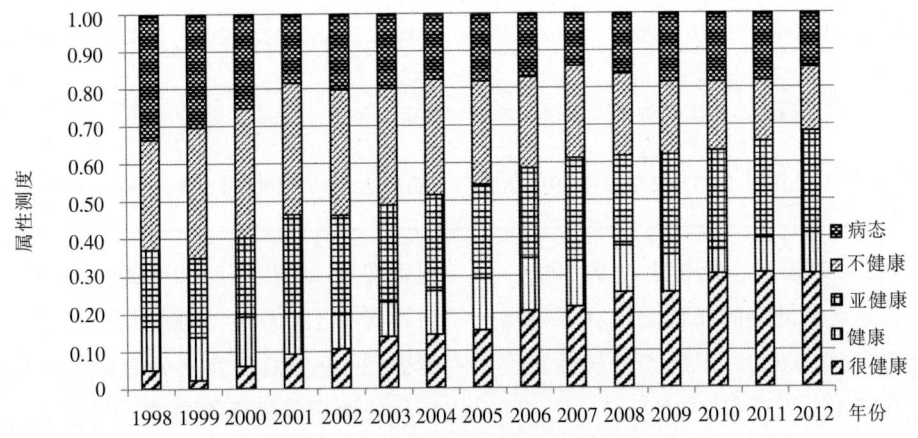

图8-3-1 多指标综合属性测度计算结果

表 8-3-7　天津城市生态系统健康等级和得分

年份	1998	1999	2000	2001	2002	2003	2004	2005	2006	2007	2008	2009	2010	2011	2012
健康等级	不健康	不健康	不健康	不健康	不健康	不健康	不健康	不健康	不健康	亚健康	亚健康	亚健康	亚健康	亚健康	亚健康
健康得分	2.25	2.206	2.406	2.573	2.56	2.658	2.746	2.806	2.968	3.028	3.087	3.046	3.119	3.178	3.252

从图 8-3-1 可以看出，总体上天津城市生态系统很健康、健康、亚健康的属性测度不断变化，其中很健康的属性测度增幅明显，健康和亚健康的属性测度增幅不显著，不健康和病态的属性测度呈减小趋势。

从表 8-3-7 可得，1998—2012 年，整体上天津城市生态系统健康处于由不健康向亚健康的好转趋势，2006—2007 年处于由不健康到亚健康的过渡期，1998—2006 年处于不健康状态，2007—2012 年处于亚健康状态。在 2006 年出现过渡的主要原因是在 2006 年 3 月，国务院决定将天津市定为北方经济中心、国际港口城市和生态城市，这一决定有力地推动了天津经济社会的发展，天津城市生态系统的健康状况得以进一步的改善。之后，随着天津滨海新区的建成和发展，天津经济进入快速发展的阶段，城市生态系统健康测度进一步加大。

一、活力要素分析（图 8-3-2、表 8-3-8）

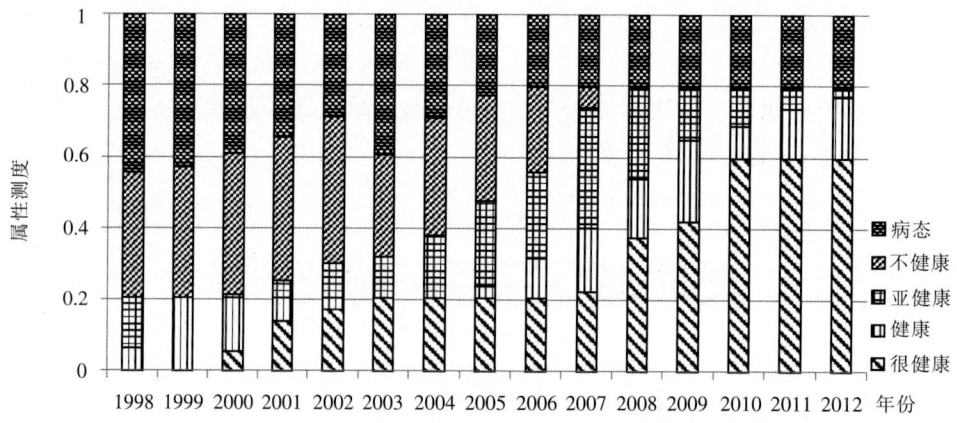

图 8-3-2　天津城市生态系统活力要素属性测度

表 8-3-8　天津城市生态系统活力要素健康等级和得分

年份	1998	1999	2000	2001	2002	2003	2004	2005	2006	2007	2008	2009	2010	2011	2012
健康等级	病态	病态	不健康	不健康	不健康	不健康	不健康	不健康	不健康	亚健康	亚健康	健康	健康	健康	很健康
健康得分	1.823	1.982	2.083	2.252	2.252	2.391	2.337	2.503	2.693	3.160	3.504	3.504	3.878	3.926	3.957

从图 8-3-2 可以看出，整体上，从 1998—2012 年，活力要素很健康的属性测度在不断增大，其值由 0 增大到 0.600。而病态的属性测度呈下降趋势，由 0.445 下降到 0.205。

从表 8-3-8 可知，活力要素经历了由病态到不健康到亚健康再到健康，最后到很健康的发展趋势。其中，1998 年、1999 年活力要素所处健康等级为病态；2000—2006 年所处健康等级为不健康；2007 年、2008 年所处健康等级为亚健康；2009—2011 年所处健康等级为健康；2012 年所处健康等级为很健康。

支持活力要素的指标包括 GDP 平均增长率、人均 GDP、实际利用外资、城市居民人均可支配收入、海洋产业在 GDP 比重、单位 GDP 能耗。在我国经济快速增长和低能耗工业发展等大的环境背景推动下,天津城市生态系统活力要素的健康水平不断提高,健康等级不断提升,到2012年,活力要素的健康等级达到很健康的状态。截至2012年,虽然GDP平均增长速度会稍微减小,人均GDP已经达到很健康的水平,但是活力要素还是能保持很健康的状态,健康得分还有增大的空间。因为随着低能耗、高产出工业的进一步发展,单位GDP能耗、人居可支配收入还有向很健康标准值靠近的余地。今后的政策制定中可以进一步加大产业结构调整,走低能耗、高产出的工业发展道路。

二、组织结构要素分析(图8-3-3、表8-3-9)

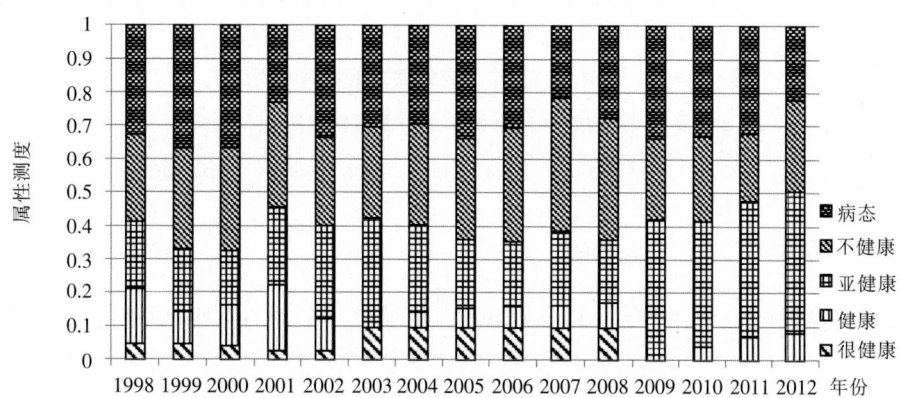

图8-3-3 天津城市生态系统组织结构要素属性测度

表8-3-9 天津城市生态系统组织结构要素健康等级和得分

年份	1998	1999	2000	2001	2002	2003	2004	2005	2006	2007	2008	2009	2010	2011	2012
健康等级	不健康	不健康	不健康	不健康	不健康	不健康	不健康	不健康	不健康	不健康	不健康	不健康	不健康	不健康	不健康
健康得分	2.343	2.150	2.158	2.472	2.213	2.213	2.343	2.270	2.299	2.429	2.347	2.098	2.123	2.222	2.365

从图8-3-3可以看出,组织结构要素的很健康和健康的属性测度很小,其中,1998—2012年很健康的属性测度最大值仅为0.095,甚至在2009年以后很健康的属性测度为0,亚健康、不健康和病态的属性测度较大,其中,2008年以前亚健康的属性测度变化不显著,到2009年,亚健康的属性测度显著增大。

从表8-3-9可知,1998—2012年,天津城市生态系统组织结构要素的健康等级为不健康。

组织结构要素中包含的指标有第三产业比重、进出口总额增长率、财政教育支出、财政科技支出、市中心区人口密度、老龄人口比重、第三产业从业人员比重、万人专业技术人员数、自然保护区覆盖率、人均公共绿地面积和建成区绿化覆盖率。截至2012年,在天津市统计的这些指标值中,只有人均公共绿地面积和建成区绿化覆盖率达到亚健康标准,其他指标均处于病态或不健康的标准值区间范围内。在今后的发展中,天津市应继续加大产业结构调整、加大财政教育和科技支出,还应该加大专业技术人员的培养力度,进行科技创新,吸引市中心区的人口向滨海新区等地转移,以降低市中心人口过多带来的环境压力。

三、恢复力要素分析(图8-3-4、表8-3-10)

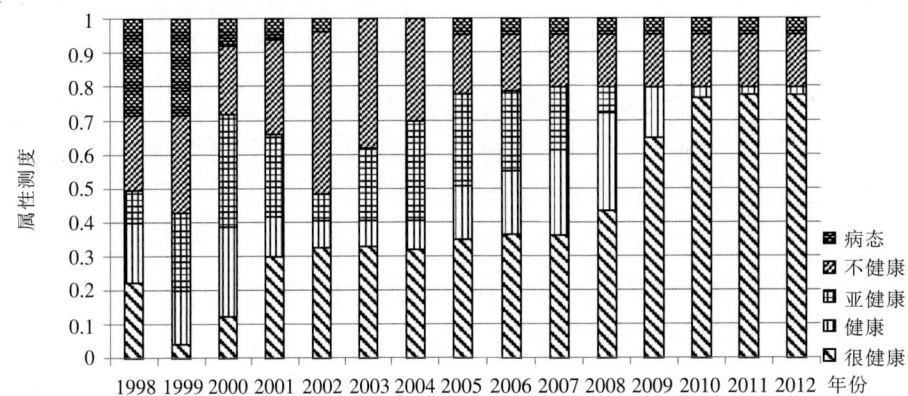

图 8-3-4 天津城市生态系统恢复力要素属性测度

表 8-3-10 天津城市生态系统恢复力要素健康等级和得分

年份	1998	1999	2000	2001	2002	2003	2004	2005	2006	2007	2008	2009	2010	2011	2012
健康等级	不健康	不健康	亚健康	亚健康	不健康	亚健康	亚健康	亚健康	亚健康	健康	健康	很健康	很健康	很健康	很健康
健康得分	2.827	2.381	3.144	3.316	3.177	3.351	3.586	3.586	3.653	3.724	3.904	4.194	4.309	4.320	4.318

从图 8-3-4 可以看出,整体上,1998—2012年,恢复力要素很健康的属性测度逐年增大,到 2012 年增大到 0.773。健康和亚健康的属性测度经历先增大后减小再增大再减小的趋势,不健康的趋势是先增大后减小,再保持基本不变,病态的属性测度是先减小后增大的趋势。

从表 8-3-10 可以看出,1998 年、1999 年、2002 年,恢复力要素所属的健康等级为不健康,2000 年、2001 年、2003 年、2004 年、2005 年、2006 年所属等级为亚健康,2007 年、2008 年所属等级为健康,2009—2012 年所属等级达到很健康。

属于恢复力要素的指标有环境噪声达标区覆盖率、工业废水排放达标率、生活污水处理率、生活垃圾无害化处理率、工业固废综合利用率等。随着环保投入的增加和废水垃圾处理水平的提高,上述指标除环境噪声达标区覆盖率外,其他指标从1998年到2012年逐年提高,向很健康在推进。在今后的发展中,应该继续加大环保投资力度,提高工业废水、生活污水、生活垃圾和工业废固处理率,同时在环境噪声的控制上下功夫,以便提高环境噪声达标区覆盖率。

四、服务功能维持要素分析(图 8-3-5、表 8-3-11)

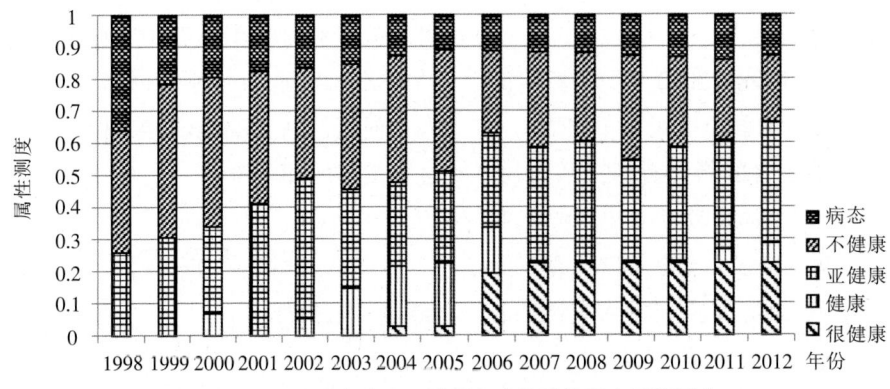

图 8-3-5 天津城市生态系统服务功能维持要素属性测度

表 8-3-11　天津城市生态系统服务功能维持要素健康等级和得分

年份	1998	1999	2000	2001	2002	2003	2004	2005	2006	2007	2008	2009	2010	2011	2012
健康等级	不健康	不健康	不健康	不健康	不健康	不健康	不健康	不健康	亚健康	不健康	亚健康	不健康	不健康	亚健康	亚健康
健康得分	1.900	2.090	2.212	2.237	2.377	2.447	2.593	2.652	3.050	2.916	2.932	2.862	2.902	2.960	3.046

从图 8-3-5 可以看出，2004 年之前，服务功能维持要素很健康的属性测度为 0，2004—2012 年很健康的属性测度在逐年增大，2012 年增大至 0.223。亚健康和不健康的属性测度比较大，病态的属性测度从 1998 年表现为先减小后增大的趋势，增大的趋势不明显。

从表 8-3-11 可知，除了 2006 年、2008 年、2011 年和 2012 年，服务功能维持要素的健康等级处于亚健康外，其他年份所处的健康等级均为不健康。

服务功能维持要素的指标有恩格尔系数、城镇登记失业率、每千人拥有医院床位、每万人拥有公共交通车辆、用气普及率、人均城市道路面积、城市区域环境噪声平均值、道路交通噪声平均值等。截至 2012 年，恩格尔系数、每千人拥有医院床位、每万人拥有公共交通车辆、城市区域环境噪声平均值、道路交通噪声平均值指标均未达到亚健康等级的标准值。在今后的天津城市发展过程中，可以从改善居民消费结构、增加医院床位数和公共交通车辆数、减小城市环境噪声方面做努力，使天津城市尽可能发挥更多的服务功能。

五、人群健康要素分析（图 8-3-6、表 8-3-12）

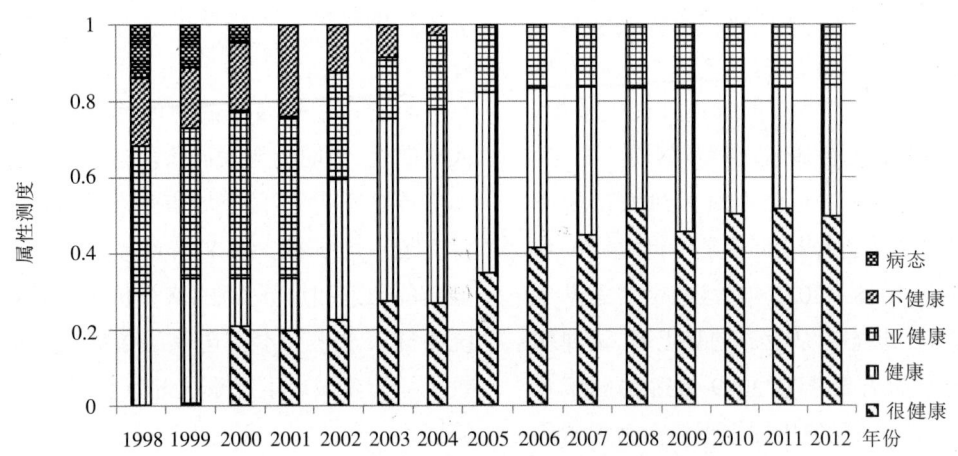

图 8-3-6　天津城市生态系统人群健康要素属性测度

表 8-3-12　天津城市生态系统人群健康要素健康等级和得分

年份	1998	1999	2000	2001	2002	2003	2004	2005	2006	2007	2008	2009	2010	2011	2012
健康等级	亚健康	亚健康	亚健康	亚健康	亚健康	健康	健康	健康	健康	健康	健康	健康	健康	健康	健康
健康得分	2.837	2.957	3.273	3.290	3.695	3.945	4.019	4.170	4.247	4.282	4.347	4.289	4.339	4.352	4.338

从图 8-3-6 可知，总体上，1998—2012 年，人群健康要素很健康的属性测度在逐年增大，健康的属性测度为先增大后减小，而后又保持基本不变的趋势，亚健康、不健康和病态的属性测度呈现减小的趋势，其中病态和不健康的属性测度减小到 0，亚健康的属性测度减小到 0.16。

从表 8-3-12 可知，1998—2002 年，人群健康要素所属的健康等级为亚健康，2003—2012 年，所属等级为健康。

人群健康要素的指标有人均期望寿命、人口自然增长率和万人拥有大学生人数。随着人类生活水平和医疗水平的不断提高，人们的期望寿命也在不断增加，天津市人均期望寿命从1998年的74.26岁增加到2012年的81.9岁，与标准值相比，已经达到很健康的水平。到2012年为止，万人拥有大学生人数只是达到亚健康的标准值，在今后的发展中继续扩大高校招生，以提高人群健康要素。人口自然增长率是人群健康要素的重要因素，到2012年，人口自然增长率已经达到健康的水平。

第四节 结论与讨论

1) 影响城市生态系统健康的因素很多，单纯评价整个生态系统的健康状况，能大体了解整个天津城区生态系统某一个时间段的健康状态，但是无法找到影响生态系统健康的胁迫因素。应用属性测度模型评价各个要素的健康状态和健康得分情况，便于找出对天津城区生态系统产生影响的胁迫因子，也能对不同年份间生态系统健康程度进行比较。

2) 1998—2006年，天津城市生态系统处于不健康状态，2007—2012年，天津城市生态系统处于亚健康状态，生态系统健康得分逐年增加，说明城市生态系统的健康状况逐年好转。

3) 计算结果表明，总体上对天津城市生态系统健康起主要胁迫作用的要素是组织结构和服务功能维持，1998—2012年，这两个要素基本上处于不健康的状态。从发展趋势上看，天津城市生态系统的活力要素在2009年达到健康状态，到2012年，达到很健康的水平。活力要素的健康得分逐年递增，说明天津市城市生态系统活力状况在逐年改善。恢复力要素在2007年进入健康状态，2009年达到很健康，并且健康的得分逐年增大，说明2009年后天津城市生态系统恢复力在不断增强。1998—2002年，人群健康要素处于亚健康状态，2003—2012年，人群健康要素处于健康状态，人群健康的得分整体上处于增大趋势，说明整体上，随着生活条件和医疗卫生条件的提高，天津城市居民的健康状况逐年好转。

4) 城市生态系统健康评价具有社会属性和人文属性，不同社会发展阶段选取的健康评价指标应该有所变化。关于城市生态系统健康的评价没有统一的标准，本文借鉴关于城市生态系统健康的构建和计算方法，来评价天津城市生态系统的健康水平。本文选取的指标是否能全面有效表征天津城市生态系统健康状态，有待进一步验证。

第四章 天津近岸海域子系统生态健康评价

天津近岸海域水质已经受到污染，海洋的生态系统健康受到人类生产生活的威胁，天津近岸海域子系统健康发展是天津滨海区域生态系统健康的基础。为评价天津近岸海域海洋生态系统健康状态和健康发展水平，构建天津近岸海域海洋生态系统健康指标体系，用属性识别综合评价模型评价天津近岸海域子系统生态健康水平以及健康发展趋势，找出天津近岸海域子系统生态健康评价因子，是本章的主要研究内容。

第一节 天津近岸海域环境质量状况

2013年《天津海洋质量公报》显示，2013年天津近岸海域海水环境状况整体较2012年有所好转。春季、夏季劣四类水质海域面积减少，秋季劣四类水质海域面积增加。春季(5月)水质状况较差，主要污染物为无机氮；秋季(10月)主要污染物为无机氮和活性磷酸盐。劣于第四类海水水质标准的海域主要分布在汉沽、塘沽邻近海域及大港区牙新河河口邻近海域，这些海域共发生3次赤潮，均为无毒赤潮，主要发生在6月和7月，共计21天，累计发生面积约为304 km²。

天津近岸海域受人类生产生活影响严重，海域生态系统健康状况受到严重威胁。王云秀等人采用水色通道提取处理技术和影像分析技术处理卫星遥感数据，研究1998—2007年春季渤海湾的污染情况。研究结果表明：1999年开始渤海湾污染面积较大，2002年污染尤其严重，2005年、2006年污染面积更大，2007年污染情况有所改善，污染源是排污口的排污、垃圾废料的倾倒和船舶的溢油等。徐晓甫用监测数据研究了1995—2010年渤海湾富营养化情况，结果表明：无机氮和活性磷酸盐为渤海湾近岸海域的主要污染物；活性磷酸盐、化学需氧量和营养状态指数的主要年际变化表现为下降趋势，无机氮的年际变化表现为先下降后显著上升的趋势；在空间分布上，无机氮、活性磷酸盐、化学需氧量呈现出近岸高、远岸低的特点，其中无机氮、活性磷酸盐的质量浓度均呈现明显的带状分布，并且基本为北高南低。安斐利用模糊综合评价法研究了2003—2005年渤海湾海域水质的营养状况，结果表明：富营养化严重区域均为近岸港口、排污口和海湾南部的养殖区，并指出陆源污染输入和海水养殖污染是渤海湾近岸海域水体富营养化的主要影响因素。穆迪利用地理信息系统结合NQI指数法研究了2007年渤海湾天津近岸海域的富营养化程度，结果表明：富营养化程度最严重的区域为北塘和大沽排污口附近、天津港港区附近。赵海萍研究了2011年5月、2012年5月和11月，渤海湾叶绿素a的时空分布特点，结果表明：2011年5月叶绿素a质量浓度的空间分布是由西向东逐渐降低，近岸高于外海，南部海域高于北部海域；2012年5月叶绿素a质量浓度的空间分布表现为近岸高于外海，南部海域高于北部海域；2012年11月叶绿素a质量浓度在东西断面上的空间分布表现为近岸高于外海，但是在南北断面上有变化,东经117.8°以西的海域中北部海域的叶绿素a的含量高于南部的,东经117.8°以东的海域中为南部高于北部。

以上研究在一定程度上反映天津近岸海域的环境质量状况,为评价天津近岸海域海洋生态系统的健康状况,还要综合更多的指标,并且要建立合理的指标体系,这样才能较全面合理地反映天津近岸海域海洋生态系统的整体健康状态,找出海洋生态系健康的胁迫因素。本文构建了多指标的评价体系,以期更全面地评价天津近岸海域海洋生态系统的健康状况。

第二节　天津近岸海域子系统指标体系构建

一、指标体系的构建

天津近岸海域子系统指标体系的构建可根据2005年5月国家海洋局颁布的《近岸海洋生态健康评价指南》开展,张秋丰在分析和总结天津近岸海域海洋生态状况调查结果的基础上,利用生态健康评价方法,首次对天津近岸海域的海洋生态健康状况进行评价与分析,得出天津近岸海域海洋生态系统处于亚健康状态的结论。秦昌波建立了包括滩涂景观子系统、水环境子系统和社会经济子系统在内的海岸带生态系统健康评价指标体系,并利用此评价体系评价天津海岸带生态系统的健康状况;评价中使用灰色关联度法,并引入灰色离散度加以改进。本节从海洋环境指标、海洋生态指标、海洋物理指标三个方面构建天津近岸海域海洋生态系统健康指标体系,构建的框架如图8-4-1。

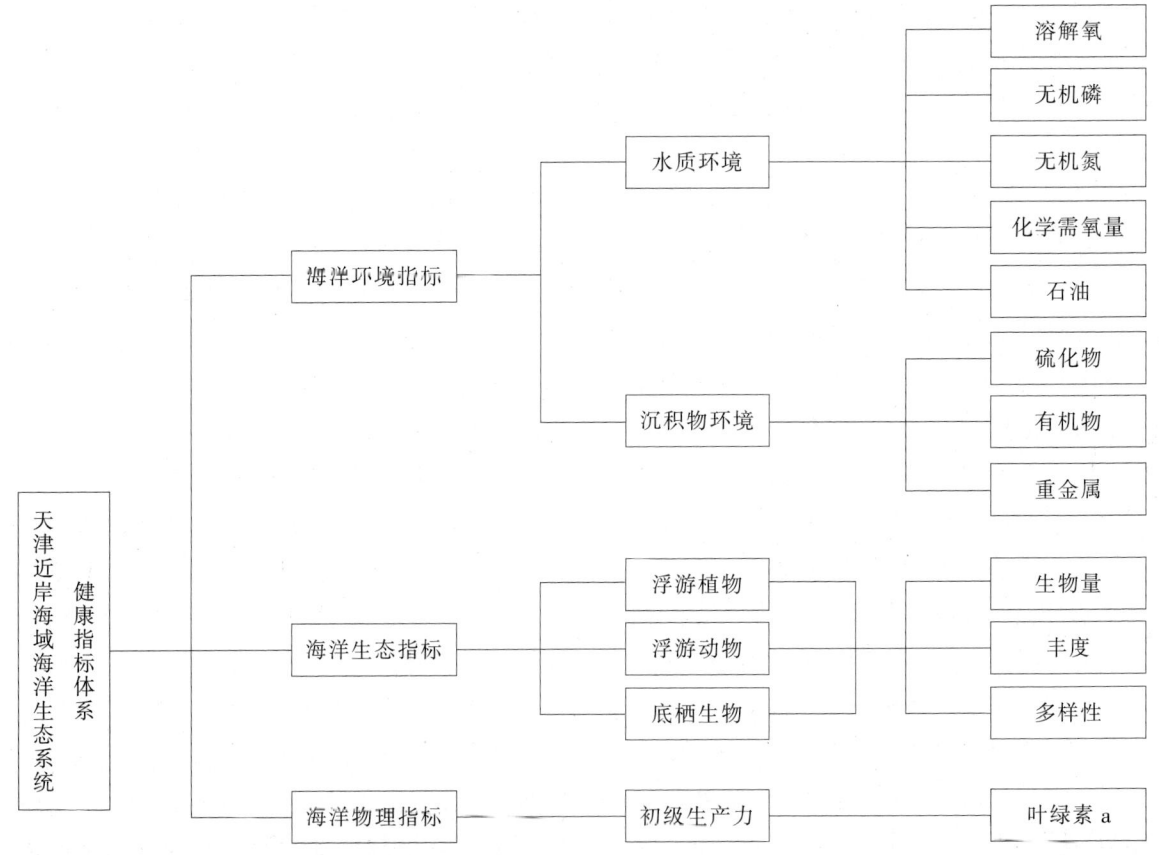

图8-4-1　天津近岸海域海洋生态系统健康指标体系

其中，海洋环境指标包含水质环境和沉积物环境，水质环境又从水体中的溶解氧(DO)、活性磷酸盐(PO_4-P)、无机氮、化学需氧量和石油这5项指标进行评价，沉积物环境从沉积物中的硫化物、有机物、重金属物进行评价；海洋生态指标主要从海洋中浮游植物、浮游动物和底栖生物的生物量、丰度和多样性方面研究；海洋物理指标主要指海洋的初级生产力，即用海洋中叶绿素a的含量来表示。对于上述个别指标给予如下解释。

溶解氧：海水中的溶解氧除了受水体表面与大气界面交换的影响外，还受海洋表层浮游植物、浮游动物和底栖生物的呼吸作用的影响。海洋水体中溶解氧的分布受大气中氧分压、海水温度、盐度、化学过程、生物过程以及水动力因素影响显著。

无机氮：海洋中溶解态的无机氮有硝酸盐、亚硝酸盐、铵盐，这三种无机氮能够被海洋植物通过不同的途径吸收利用，是海洋生物体内蛋白质和氨基酸的重要组成成分。

石油：石油类物质超标会对海洋水生生物产生巨大危害，过量的石油烃会导致水生生物死亡。海水中石油主要来自于溢油、倾废、排污和地下油类的泄漏。

有机物：有机物的矿化消耗大量氧气，释放氮、磷、硫等营养盐，造成水体缺氧、水质富营养化；产生CO_2、CH_4等温室气体和形成使大气臭氧层破坏的卤代有机化合物；有机物可吸附、络合水体和沉积物中的重金属和有毒化合物，控制重金属和有毒化合物的迁移转化。

海洋生物的多样性指数：代表海洋生态系统组织结构的多样性。多样性指数越大，生态系统中物种的种类越多，生态系统的物质和能量循环流动的路径越复杂，生态系统的稳定性就越强。一旦其中一条路径被破坏，对生态系统的物质循环、信息传递和能量流动的影响就会减小。

浮游植物：浮游植物是海洋生态系统的初级生产者，处于能量金字塔的最底层，浮游植物的多少直接决定植食性浮游动物的数量，进而影响整个海洋生态系统动物的数量，决定海洋生态系统的稳定性。

浮游动物：浮游动物是海洋生态系统中的次级生产者，对海洋生态系统的结构和功能的调节起至关重要的作用。

底栖生物：底栖生物是生活在海洋底层的生物，具有流动性小、生活史短、能分解有机物等特点。在海洋生态系统的物质循环中起重要作用，在海洋环境质量和海洋生态健康评价中，底栖生物通常被用来作为指示物种。

二、指标标准的确定

2005年5月，国家海洋局第一次正式发布《近岸海洋生态健康评价指南》(HY/T 087-2005)，其中海湾和河口生态健康指标包括5类：水环境指标、沉积物指标、生物残毒指标、栖息地指标和生物指标。本文参照李晴新、席磊关于近岸海洋生态系统健康评价的标准，指标体系中海水水质指标标准按照国家《海水水质标准》(GB 3097-1997)执行，沉积物指标标准按照《海洋沉积物质量》(GB 18668-2002)执行。同时，参考国内外已有的水质标准，确定水质、沉积物和生态系统结构指标的评价标准，见表8-4-1。

表 8-4-1 天津近岸海域海洋生态系统健康评价指标标准

项目		具体指标	单位	生态系统健康评价标准			
				健康	亚健康	不健康	病态
海洋环境指标	海水的理化指标	溶解氧	mg/L	8	6	4	3
		无机磷	mg/L	0.008	0.015	0.03	0.045
		无机氮	mg/L	0.1	0.2	0.03	0.05
		化学需氧量	mg/L	1	2	4	5
		油类	mg/L	0.025	0.05	0.3	0.5
		有机碳	mg/L	1.5	3	3	3
	沉积物环境	汞	mg/kg	0.1	0.2	0.5	1
		铜	mg/kg	17.5	35	100	200
		铅	mg/kg	30	60	130	250
		镉	mg/kg	0.25	0.5	1.5	5
		砷	mg/kg	10	20	65	93
		有机碳	%	0.5	1	2	3
海洋生态指标	种群密度	浮游植物密度	×10^5 个/m^3	20	10	2	
		浮游动物密度	个/m^3	5000	2500	500	
		底栖生物密度	个/m^3	30	20	10	
	生物量	浮游动物生物量	mg/m^3	400	300	200	
		底栖生物量	mg/m^3	10	5	2.5	
	多样性	浮游植物多样性	—	3	2	1	0.5
		浮游动物多样性	—	3	2	1	0.5
		底栖生物多样性	—	3	2	1	0.5
海洋物理指标	初级生产力	叶绿素 a	mg/kg	20	10	2	2

第三节 数 据 来 源

海水的理化指标和海洋物理指标数据来源于1998—2012年,每年5月、8月、10月对渤海湾近岸海域的12个站位12个水质指标开展的监测调查,调查范围为 38.34°N—39.20°N、117.37°E—118.21°E 的区域。海洋生态指标和沉积物数据来源于文献,海洋生态指标和沉积物数据的获取比较困难,评价时只获得9年的数据。基于这些数据,本文首先评价了1998—2012年海洋水质健康水平,然后选择1998—2001年、2002—2003年、2005—2012年的数据研究天津近岸沉积物中的重金属健康状况和沉积物的总体健康水平,最后选择2003年、2005—2012年的数据研究天津近岸海域海洋生态系统健康状况。

第四节 结果与分析

一、天津近岸海域水质富营养化评价

用 1972 年冈市友提出的营养指数方程,计算 1998—2012 年天津近岸海域富营养化指数,计算公式为:

$$E=[c(\text{COD})\times c(\text{DIN})\times c(\text{DIP})\times 10^6]/4\,500$$

式中:E 为富营养化指数;

$c(\text{COD})$、$c(\text{DIN})$、$c(\text{DIP})$ 分别为化学需氧量浓度、溶解无机氮浓度、溶解无机磷浓度,单位均为 mg/L。

如果 $E \geqslant 1$,则表明出现富营养化的特征。

营养指数等级标准根据天津近岸海域的特点和国家《海洋水质标准》(GB 3097-1997)进行划分,最终确定的营养指数等级标准如表 8-4-2。

表 8-4-2 营养指数等级标准

营养等级	Ⅰ	Ⅱ	Ⅲ	Ⅳ
水质标准	1	2	3	4
营养指数区间	1.0~1.3	1.3~6.0	6.0~16	≥16
状态描述	中度营养	富营养	极富营养	超富营养

从计算出的富营养化指数来看,在 1998—2012 年,只有 2001 年、2008 年为极富营养化和超富营养化状态,其他年份都处于富营养化状态。从富营养化指数的变化趋势来看,波动性不大(图 8-4-2)。

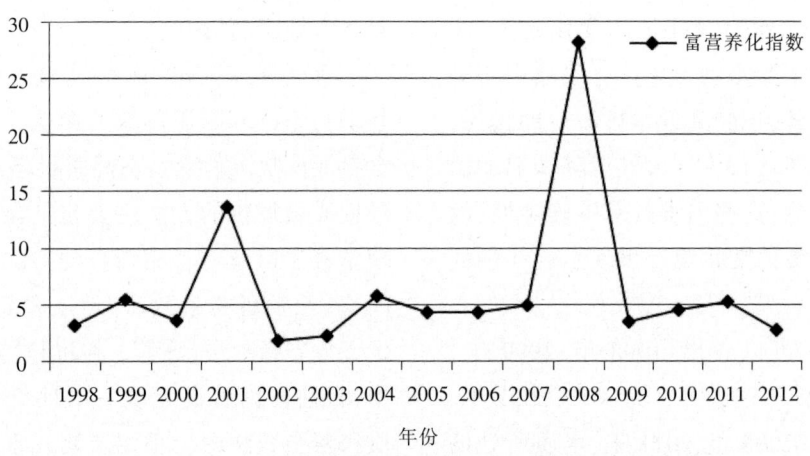

图 8-4-2 天津近岸海域海洋水质富营养化指数

二、天津近岸海域海洋水质健康结果与分析

根据属性测度模型,计算出天津近岸海域海洋水质健康的属性测度、健康等级和得分,如图 8-4-3 和表 8-4-3。

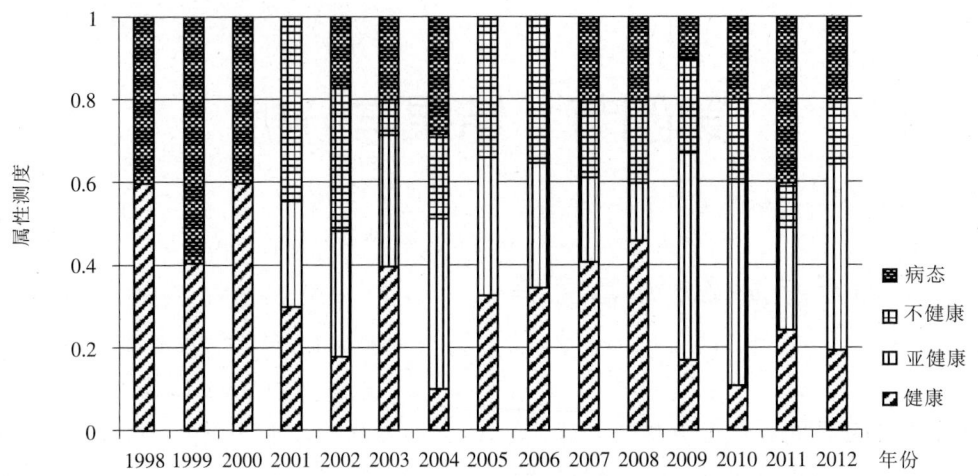

图 8-4-3　天津近岸海域海洋水质健康属性测度

表 8-4-3　天津近岸海域海洋水质健康等级和得分

年份	1998	1999	2000	2001	2002	2003	2004	2005	2006	2007	2008	2009	2010	2011	2012
健康等级	病态	病态	病态	不健康	不健康	亚健康	不健康	亚健康	亚健康	亚健康	不健康	亚健康	亚健康	不健康	亚健康
健康得分	2.793	2.207	2.793	2.852	2.484	2.904	2.325	2.984	2.990	2.814	2.852	2.734	2.506	2.329	2.634

从图 8-4-3 可知,整体上,健康的属性测度波动性强,2000 年健康的属性测度比较大,达到 0.597,2004 年健康的属性测度最小,为 0.098。1999 年,病态的属性测度最大,达到 0.597,说明该年份水质健康状况最差。1998—2012 年,水质健康属性测度等级没有规律性的变化趋势,主要原因是水体除了受水动力条件、底质中污染因子释放的影响外,还受到近岸排污口的排污、人类开发海岸带活动行为、大气沉降和船舶溢油等多种因素影响,这些因素具有不确定性,故水质健康属性测度的变化没有表现出规律性的变化。

从表 8-4-3 可以看出,1998 年、1999 年、2000 年,水质所处的健康等级为病态,2001 年、2002 年、2004 年、2008 年、2011 年,水质所处的健康等级为不健康,2003 年、2005 年、2006 年、2007 年、2009 年、2010 年、2012 年,水质的健康等级为亚健康;从整体上看,天津近岸海域海洋水质健康均没有达到健康的水平,其中,1998 年、1999 年、2000 年,水质所处健康等级为病态,说明在这些年份存在严重胁迫水质健康的因素。从监测数据来看,无机氮、活性磷酸盐是对海洋水质健康造成影响的主要胁迫因子。

三、沉积物环境健康评价

(一) 生态危害指数法评价沉积物中重金属对生态健康的影响

重金属在沉积物中的分布主要受海湾河口水动力条件和陆源排放的影响,海湾重金属的含量能反映沉积物生态健康状况。目前,沉积物环境质量评价的方法主要包括化学、生态和毒理学方法以及三者相结合的方法,如对比度和阈值、元素富集系数法、地质积累指数法、潜在生态危害指数法,等等。在沉积物环境质量评价中,目前国内外尚无统一的评价标准,例如,地质积累指数法中,采用所测元素的平均地球化学背景值(即全球页岩元素的平均含量)为评价标准,但是这种方法忽略了全球的地质差异,以及所测元素的生物毒性效应,容易产生较大误差。因此,本文选择潜在生态危害指数法对渤海湾沉积物中重金属环境质量进行评价。

沉积物中重金属的潜在生态危害指数法是 1980 年由瑞典科学家 Hakanson 提出的,此方法评价海洋沉积物生态健康的优势在于,对重金属的毒性、重金属在沉积物中的迁移转化规律和重金属的敏感程度进行综合研究。在这一评价模型中,重金属的危害途径主要是水—沉积物—小型水生生物—鱼—人体。

潜在生态危害指数为 RI,有

$$RI = \sum_{i=1}^{n} E_r^i$$

$$E_r^i = T_r^i \times C_f^i$$

式中:E_r^i 为重金属 i 的潜在生态危害系数;

T_r^i 为重金属 i 的毒性系数,反映重金属的毒性水平和生物对重金属污染的敏感程度;

C_f^i 为重金属 i 的富集系数。

富集系数可定量地表示沉积物中重金属的富集程度,可通过公式计算得

$$C_f^i = \frac{C_s^i}{C_n^i}$$

式中:C_s^i 为沉积物中重金属 i 的实测值;

C_n^i 为重金属 i 的参照值。

沉积物的污染程度为

$$C_d = \sum_{i=1}^{m} C_f^i$$

参考相关文献选取渤海湾的环境背景值和毒性系数(表8-4-4)。

表 8-4-4　重金属的环境背景值和毒性系数

重金属种类	铜	锌	镉	铅	汞	砷
环境背景值	25.86	75	0.136	16.63	0.05	2
毒性系数	5	1	30	5	40	10

计算结果如图 8-4-4、图 8-4-5、图 8-4-6、图 8-4-7。

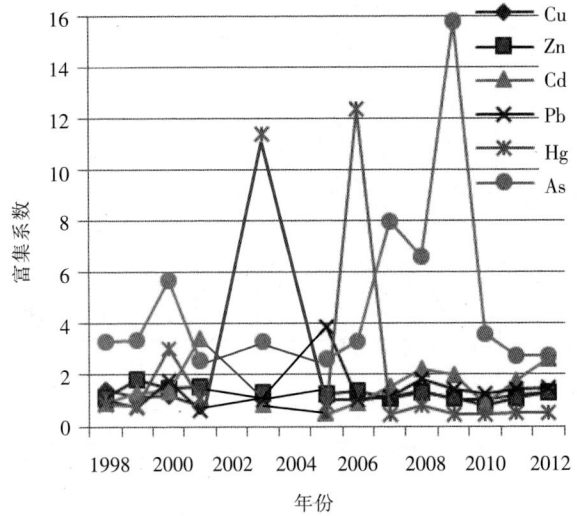

图 8-4-4　单因子污染物富集系数

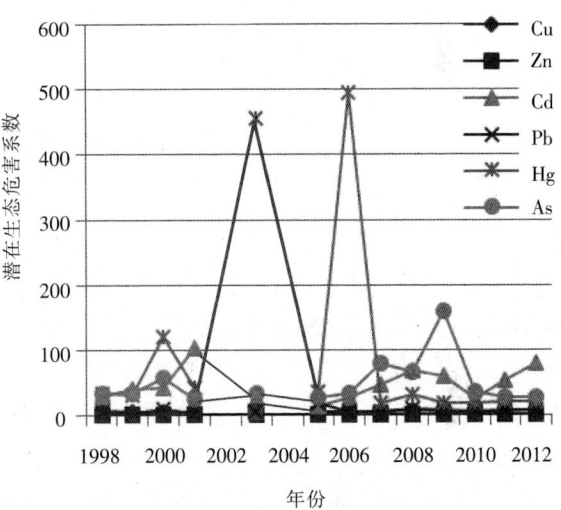

图 8-4-5　单因子污染物潜在生态危害系数

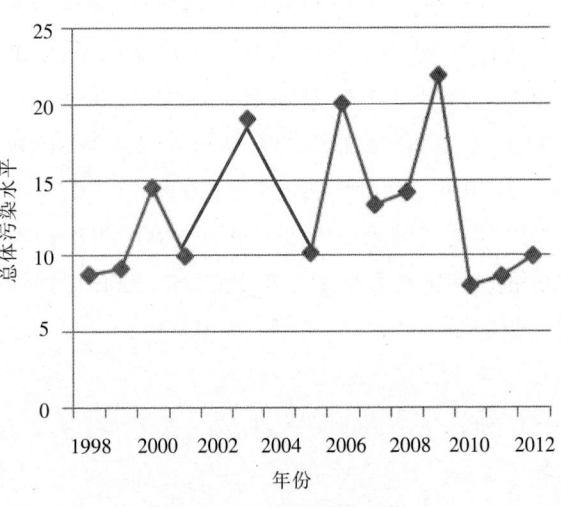

图 8-4-6　总体污染水平

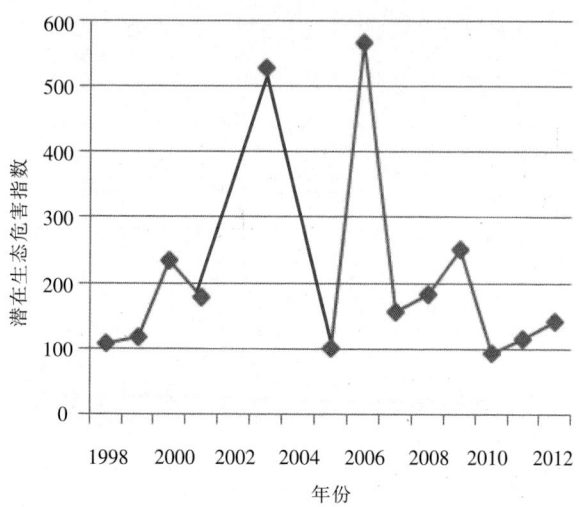

图 8-4-7 重金属总的潜在生态危害指数

从富集系数（C_f^i）上看，Cu、Zn 在 1998—2012 年都达到了健康等级水平，说明 Cu、Zn 在天津近岸海域虽然有富集现象，但相对富集不多。Cd 在 2001 年达到不健康的等级水平，1998 年、2003 年、2005 年、2006 年、2010 年达到很健康的等级水平，其他年份达到健康的等级水平，说明 Cd 在 2001 年有较多的沉积，其他年份富集较少。除 2005 年 Pb 大量富集外，其他年份的富集不严重。Hg 在 2003 年、2006 年达到病态等级的水平，2000 年处于健康的等级水平，其他年份都处于很健康的等级水平。Hg 在渤海湾的富集不严重，而 Hg 易挥发，有时候虽然沉积物中的富集较少，但对生态系统健康的危害仍可能很大。

从单因子污染物潜在生态危害系数（E_r^i）上看，Cu、Zn、Pb 在 1998—2012 年均达到很健康的等级水平，Cd 在 1998 年、2003 年、2005 年、2006 年、2010 年达到很健康的等级水平，1999 年、2000 年、2007 年、2008 年、2009 年、2011 年、2012 年达到健康的等级水平，在 2001 年达到不健康的等级水平。Hg 除在 2003 年、2006 年达到病态的水平外，其他年份都处于很健康的等级水平。As 在 2000 年、2007 年、2008 年为不健康的等级水平，2009 年为病态的等级水平，其他年份处于很健康的等级水平。

从总体污染水平（C_d）来看，1998 年、1999 年、2000 年、2001 年、2005 年、2007 年、2008 年、2010 年、2011 年、2012 年达到健康的等级水平，2003 年、2006 年、2009 年达到不健康的等级水平。

从总的潜在生态危害指数（RI）来看，1998 年、1999 年、2005 年、2010 年、2011 年、2012 年达到很健康的高水平等级，2000 年、2001 年、2007 年、2008 年、2009 年达到健康的水平等级，2003 年、2006 年达到不健康的水平等级。

评价海洋沉积物环境中重金属的沉积对生态环境的影响时，不仅要分析其富集系数，还要对总的潜在生态危害指数进行分析，因为总的潜在生态危害指数综合了重金属的富集、重金属的毒性系数和对生物的毒性的敏感性。

（二）天津近岸海域沉积物生态健康综合评价

从图 8-4-8 中沉积物生态健康属性测度上看，2000 年病态的属性测度为 0.860，其他年份健康的属性测度都超过了 0.600。沉积物生态健康属性测度一直保持较高的值。

由表 8-4-5 看出，只有 2000 年，沉积物生态健康等级为病态，其他年份所处的健康等级均为健康。在选取的评价年份中，2000 年沉积物生态健康水平最低，健康得分只有 1.421，其他年份的健康得分都达到 3.000 以上。以上数据说明，整体上渤海湾沉积物生态环境处于健康状态。为了防止走"先污染、后治理"的粗放型发展道路，天津应在今后的陆源排放标准中加入重金属的排放标准，尽早使重金属的量和危害程度控制在人类可接受的范围内。

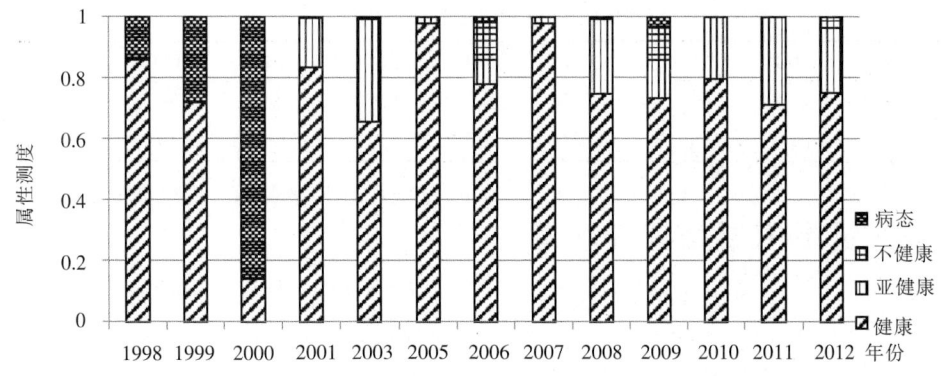

图 8-4-8 天津近岸海域沉积物生态健康属性测度

表 8-4-5 天津近岸海域沉积物生态健康等级和得分

年份	1998	1999	2000	2001	2003	2005	2006	2007	2008	2009	2010	2011	2012
健康等级	健康	健康	病态	健康	健康	健康	健康	健康	健康	健康	健康	健康	健康
健康得分	3.579	3.152	1.421	3.830	3.646	3.978	3.615	3.978	3.737	3.553	3.793	3.711	3.711

四、天津近岸海域海洋生态环境健康评价

周然等的研究表明，渤海湾底栖生物种类数与1983年(122种)相比，种类数明显下降,至2004年,渤海湾底栖生物的种类仍呈现下降趋势,2005年后逐步回升,2011年虽然达到111种,但是与1983年相比还有差距。底栖生物发生变化的原因主要是生境的变化,近年来随着京津冀地区在渤海湾排污量的增加,渤海湾近岸海域动植物群落发生变化,物种的多样性减少,耐污优势种相继出现。

从图8-4-9可知,2003—2012年,海洋生态环境健康、亚健康、不健康的属性测度在整体上呈上升趋势,病态的属性测度处于下降趋势,说明海洋生态健康有好转的趋势。

从表8-4-6可知,2003—2005年,天津近岸海域海洋生态环境所处的健康等级是病态,2006—2012年,所处的健康等级是亚健康。

在少受或未受人类扰动的海洋生态系统中,浮游动植物的种类多样性应该比较丰富,由于竞争和捕食,生物密度和生物量在合理的范围内。目前,天津近岸海域海洋生态物种多样性减少,浮游动植物丰度和密度减小。出现这一情况最直接的原因是,人类向海洋倾废和排污,引起动植物赖以生存的水质环境的严重退化,导致种群群落结构发生变化,表现为一些耐污种群存活下来,并且很快成为优势种,优势种形成初期,数量剧增,随着时间的推移,由于捕食竞争,优势种的数量开始下降,最后趋于稳定,就形成海洋生物种类多样性减少的局面,致使海洋生态健康受损。

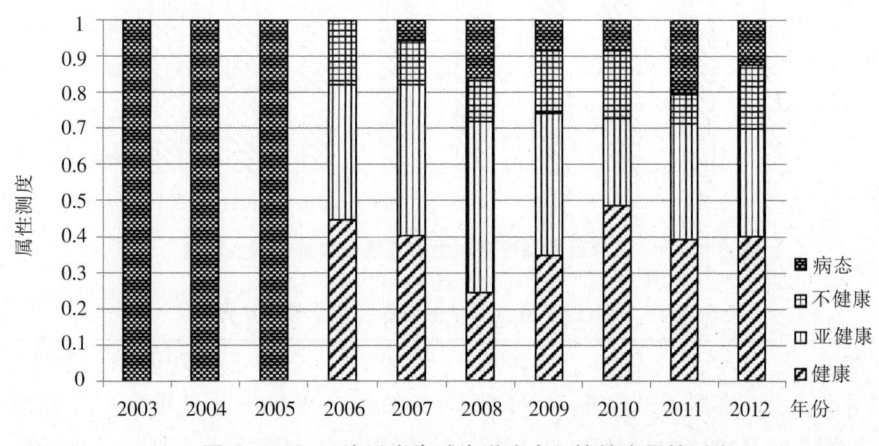

图 8-4-9 天津近岸海域海洋生态环境健康属性测度

表 8-4-6　天津近岸海域海洋生态环境健康等级和得分

年份	2003	2004	2005	2006	2007	2008	2009	2010	2011	2012
健康等级	病态	病态	病态	亚健康	亚健康	亚健康	亚健康	亚健康	亚健康	亚健康
健康得分	1.000	1.000	1.000	3.270	3.167	2.804	3.006	3.129	2.897	2.975

五、天津近岸海域物理环境健康状况评价

此处选择叶绿素 a 作为评价天津近岸海域海洋物理环境的指标。叶绿素 a 的年度变化趋势如图 8-4-10。

由图 8-4-10 可以看出，叶绿素 a 的变化趋势是先增大后减小。

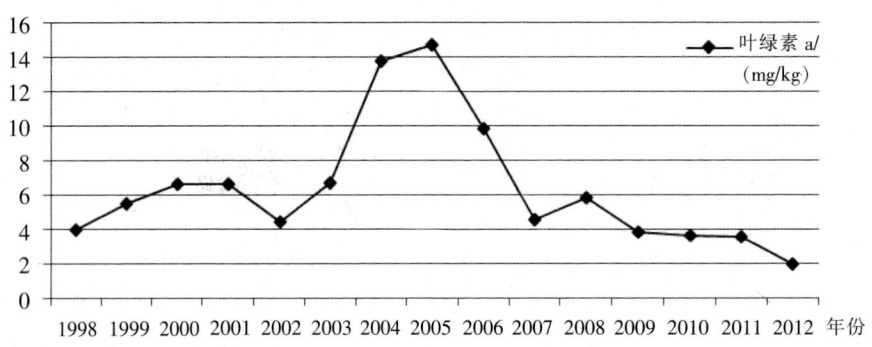

图 8-4-10　1998—2012 年天津近岸海域叶绿素 a 含量变化

六、天津近岸海域海洋生态系统健康综合评价

由于获得的数据有限，此处以 2003 年和 2005—2012 年的数据为依据，综合评价 2003 年和 2005—2012 年，天津近岸海域海洋生态系统健康状况。

从图 8-4-11 可知，总体上，健康、亚健康的属性测度呈上升趋势，病态的属性测度呈下降趋势。

从表 8-4-7 可知，2003 年，天津近岸海域海洋生态系统健康所处的等级为病态，2005—2012 年，天津近岸海域海洋生态系统健康所处的等级为亚健康，总体上，天津近岸海域海洋生态系统健康状况在不断改善。

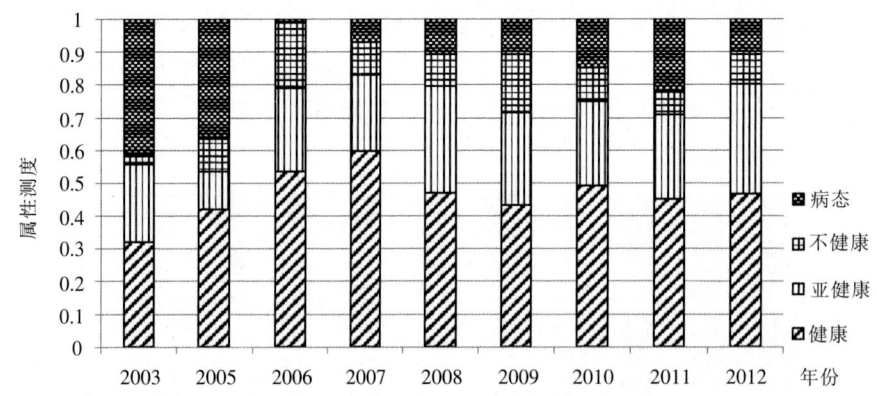

图 8-4-11　天津近岸海域海洋生态系统健康综合属性测度

表 8-4-7　天津近岸海域海洋生态系统健康等级和得分

年份	2003	2005	2006	2007	2008	2009	2010	2011	2012
健康等级	病态	亚健康	亚健康	亚健康	亚健康	亚健康	亚健康	亚健康	亚健康
健康得分	2.462	2.590	3.317	3.357	3.160	3.051	3.093	2.955	3.174

综合看出，胁迫天津近岸海域海洋生态健康的主要因素是海洋水质和海洋生态，沉积物环境对海洋生态健康的影响程度不显著。

第五节　结论与讨论

1）1998—2012年，总体上天津近岸海域水质处于富营养化状态，1998—2000年，天津近岸海域水质处于病态，2001年、2002年、2004年、2008年、2011年，天津近岸海域水质处于不健康状态，2003年、2005—2007年、2009年、2010年、2012年，天津近岸海域水质处于亚健康状态。总体上，对天津近岸海域水质健康造成胁迫的主要因素是无机氮和活性磷酸盐。水质健康受到威胁的主要原因是陆源排放、人类的倾废、大气沉降和船舶溢油等，其中最主要的还是人类造成的水质污染。在今后天津的发展过程中，不能只追求经济的快速发展，更应该把经济、社会、环境协调可持续发展作为发展的目标，寻求一条既有利于天津城市经济社会发展，又不会产生超出海洋生态系统承受范围的环境压力的道路。

2）2000年，天津近岸海域沉积物环境处于病态，1998—2012年的其他年份，处于健康状态。总体上，天津近岸海域沉积物尚处于健康状态，但重金属对人类健康的危害非常大，为了防止走"先污染，后治理"的道路，在今后的排污标准中应该制定严格的重金属的排放标准，以防患于未然。

3）2003—2012年，海洋生态环境健康、亚健康、不健康的属性测度在整体上处于上升趋势，病态的属性测度处于下降趋势，说明海洋生态健康有好转的趋势。2003—2005年，天津近岸海域所处的健康等级是病态，2006—2012年的健康等级是亚健康。造成海洋生态环境变化的主要原因是海洋生物赖以生存的水质环境的变化和人类的捕捞造成近岸海域海洋生物食物链的变化，导致近岸海域海洋生物的多样性和种类的变化，使得近岸海域海洋生态健康受到威胁。

4）2003年，天津近岸海域海洋生态系统健康的等级为病态，2005—2012年，天津近岸海域海洋生态系统健康所处的等级为亚健康，总体上，天津近岸海域海洋生态系统健康状况在不断改善。胁迫天津近岸海域海洋生态健康的主要因素是海洋水质、海洋生态以及海洋物理要素，沉积物环境对海洋生态健康的影响程度不显著。今后的发展要找到天津社会经济发展和近岸海域海洋生态系统健康发展的平衡点，使得人类对海洋的干扰处于海洋生态系统能承受的范围之内。

第五章 天津区域生态系统健康协同发展研究

生态系统的协调可持续发展要求各子系统之间要有整体提高、全局优化、共同发展的协调发展模式。对子系统之间的协同发展进行评价，可以为生态系统管理提供理论依据。城区子系统和近岸海域子系统协同健康发展是保证近岸生态系统健康的前提和基础。

第一节 模型介绍

一、协同发展的度量

设城区子系统的健康评价值为 $F_t(S_1)$，近岸海域子系统的健康评价值为 $F_t(S_2)$，要使这两个子系统 S_1、S_2 协同健康发展，则要使 $F_t(S_1)$、$F_t(S_2)$ 之间的离差最小，也就是离差系数 C_v 越小，系统越协调。

$$C_v(t)=\frac{|F_t(S_1)-F_t(S_2)|}{\frac{1}{2}[F_t(S_1)+F_t(S_2)]}=2\sqrt{1-\frac{4F_t(S_1)F_t(S_2)}{[F_t(S_1)+F_t(S_2)]^2}}$$

因为 $F_t(S_1)>0, F_t(S_2)>0$，故 $C_v(t)$ 达到最小值的充分必要条件是：

$$h(t)=\frac{4F_t(S_1)F_t(S_2)}{[F_t(S_1)+F_t(S_2)]^2}\to\max$$

定义 S_1、S_2 在 t 时刻的协同度 $H(t)$ 为：

$$H(t)=\left\{\frac{4F_t(S_1)F_t(S_2)}{[F_t(S_1)+F_t(S_2)]^2}\right\}^k$$

式中：k 为辨别系数，且 $k\geq 2$。

在数学上，$H(t)$ 的最小值为 0，最大值为 1。当且仅当 $F_t(S_1)=F_t(S_2)$ 时，两系统的健康状况最协调，协同度 $H(t)$ 达到最大值，即 $H(t)=1$。但是当 $F_t(S_1)=F_t(S_2)=0.1$ 和 $F_t(S_1)=F_t(S_2)=0.5$，$H(t)$ 都达到了最大值 1，说明两个子系统之间的协同度很好，但是无法判断这两个子系统的协同发展水平。为了反映两子系统的健康协同发展水平，定义协同发展度 $HD(t)$，可以反映 S_1、S_2 两个子系统在 t 时刻的协同发展水平。$HD(t)$ 的表达式为：

$$HD(t)=\left[H(t)\times F_t^\alpha(S_1)\times F_t^\beta(S_2)\right]^{\frac{1}{2}}$$

式中：α、β 为待定系数，$\alpha+\beta=1$。

$\alpha\leq HD(t)\leq 1$。在 t 时刻，当两个子系统 S_1、S_2 的健康综合评价值 $F_t(S_1)$、$F_t(S_2)$ 接近并且越大时，即两子系统的发展水平越协调且越高时，协同发展度越接近 1，当且仅当 $F_t(S_1)=F_t(S_2)=1$ 时，$HD(t)=1$。

二、协同发展趋势分析

协同发展度仅仅反映 S_1、S_2 在 t 时刻的协同发展水平，为了反映两子系统 S_1、S_2 在某一时间段内和相对时刻的协同健康发展趋势，定义协同健康发展指数 $\varepsilon_1(t)$ 和 $\varepsilon_2(t)$。在 $[t_1,t_n]$ 这段时间内，系统的协同健康发展度为 $\varepsilon_1(t_1,t_n)$。

$$\varepsilon(t_1,t_n)=\frac{1}{t_1-t_n+1}\sum_{i=1}^n HD(t_n),\ 0\leq\varepsilon_1(t_1,t_n)\leq 1$$

当 $\varepsilon_1(t_1,t_n)<\varepsilon_1(t_1,t_{n-1})$ 时，两子系统的健康协同发展水平整体上处于衰退状态。

当 $\varepsilon_1(t_1,t_n)=\varepsilon_1(t_1,t_{n-1})$ 时,两子系统的健康协同发展水平整体上处于平稳状态。

当 $\varepsilon_1(t_1,t_n)>\varepsilon_1(t_1,t_{n-1})$ 时,两子系统的健康协同发展水平整体上处于增长状态。

定义两子系统 S_1、S_2 在 t_n 时刻的协同健康发展状态水平的环比增长速率为 $\varepsilon_2(t_n)$,表达式为:

$$\varepsilon_2(t_n)=\left[\frac{HD(t_n)}{HD(t_{n-1})}-1\right]\times 100\%$$

在 t_n 时刻,如果 $\varepsilon_2(t_n)<0$,则两子系统协同健康发展水平处于衰弱状态。如果 $\varepsilon_2(t_n)=0$,则两子系统协同健康发展水平处于平稳状态。如果 $\varepsilon_2(t_n)>0$,则两子系统协同健康发展水平处于增长状态。

三、协同健康发展水平标准

根据相关研究,从八大类划分协同健康发展度,根据数值由小到大依次为无法控制、严重失调、中度失调、轻度失调、基本协调、较好协调、良好协调和优良协调。再根据两个生态系统健康指数确定生态系统之间的健康发展状态。当 $F_t(S_1)<F_t(S_2)$ 时,S_1 滞后于 S_2;当 $F_t(S_1)=F_t(S_2)$ 时,S_1 和 S_2 同步发展;当 $F_t(S_1)>F_t(S_2)$ 时,S_1 超前于 S_2。具体标准如表 8-5-1。

表 8-5-1 区域子系统生态系统协同健康发展评价标准

$HD(t)$的大小	等级	$F_t(S_1)$ 与 $F_t(S_2)$ 的关系	协同健康发展状态
0~0.29	无法控制	$F_t(S_1)<F_t(S_2)$	无法控制且 S_1 滞后于 S_2
		$F_t(S_1)=F_t(S_2)$	无法控制且 S_1 与 S_2 同步发展
		$F_t(S_1)>F_t(S_2)$	无法控制且 S_1 超前于 S_2
0.3~0.39	严重失调	$F_t(S_1)<F_t(S_2)$	严重失调且 S_1 滞后于 S_2
		$F_t(S_1)=F_t(S_2)$	严重失调且 S_1 与 S_2 同步发展
		$F_t(S_1)>F_t(S_2)$	严重失调且 S_1 超前于 S_2
0.4~0.49	中度失调	$F_t(S_1)<F_t(S_2)$	中度失调且 S_1 滞后于 S_2
		$F_t(S_1)=F_t(S_2)$	中度失调且 S_1 与 S_2 同步发展
		$F_t(S_1)>F_t(S_2)$	中度失调且 S_1 超前于 S_2
0.5~0.59	轻度失调	$F_t(S_1)<F_t(S_2)$	轻度失调且 S_1 滞后于 S_2
		$F_t(S_1)=F_t(S_2)$	轻度失调且 S_1 与 S_2 同步发展
		$F_t(S_1)>F_t(S_2)$	轻度失调且 S_1 超前于 S_2
0.6~0.69	基本协调	$F_t(S_1)<F_t(S_2)$	基本协调且 S_1 滞后于 S_2
		$F_t(S_1)=F_t(S_2)$	基本协调且 S_1 与 S_2 同步发展
		$F_t(S_1)>F_t(S_2)$	基本协调且 S_1 超前于 S_2
0.7~0.79	较好协调	$F_t(S_1)<F_t(S_2)$	较好协调且 S_1 滞后于 S_2
		$F_t(S_1)=F_t(S_2)$	较好协调且 S_1 与 S_2 同步发展
		$F_t(S_1)>F_t(S_2)$	较好协调且 S_1 超前于 S_2
0.8~0.89	良好协调	$F_t(S_1)<F_t(S_2)$	良好协调且 S_1 滞后于 S_2
		$F_t(S_1)=F_t(S_2)$	良好协调且 S_1 与 S_2 同步发展
		$F_t(S_1)>F_t(S_2)$	良好协调且 S_1 超前于 S_2
0.9~1.00	优良协调	$F_t(S_1)<F_t(S_2)$	优良协调且 S_1 滞后于 S_2
		$F_t(S_1)=F_t(S_2)$	优良协调且 S_1 与 S_2 同步发展
		$F_t(S_1)>F_t(S_2)$	优良协调且 S_1 超前于 S_2

第二节 天津区域生态系统健康协同发展评价

由第一节介绍的模型计算的结果如表8-5-2, 图8-5-1。

表 8-5-2 天津近岸海域子系统和城区子系统协同健康发展状况

年份	2003	2005	2006	2007	2008	2009	2010	2011	2012
$F(S_1)$	0.471	0.563	0.622	0.643	0.667	0.647	0.682	0.729	0.781
$F(S_2)$	0.590	0.565	0.504	0.458	0.460	0.445	0.567	0.675	0.567
C_V	0.224	0.003	0.208	0.337	0.368	0.370	0.184	0.077	0.317
$H(t)$	0.892	1.000	0.906	0.772	0.733	0.731	0.926	0.987	0.795
$HD(t)$	0.686	0.751	0.712	0.647	0.637	0.626	0.759	0.832	0.728
ε_1	0	0.479	0.366	0.272	0.214	0.181	0.173	0.177	0.156
ε_2	—	-0.087	0.054	0.101	0.016	0.017	-0.175	-0.087	0.143
S_1 和 S_2 协同发展状态	基本协调	较好协调	较好协调	基本协调	基本协调	基本协调	基本协调	良好协调	较好协调
	城区子系统健康滞后于近岸海域子系统健康	城区子系统健康超前于近岸海域子系统健康							
S_1 和 S_2 协同健康发展趋势	—	衰弱状态	增长状态	增长状态	增长状态	增长状态	增长状态	衰弱状态	增长状态

注:表中 $F(S_1)$ 代表天津城区子系统生态健康指数, $F(S_2)$ 代表天津近岸海域子系统生态健康指数。

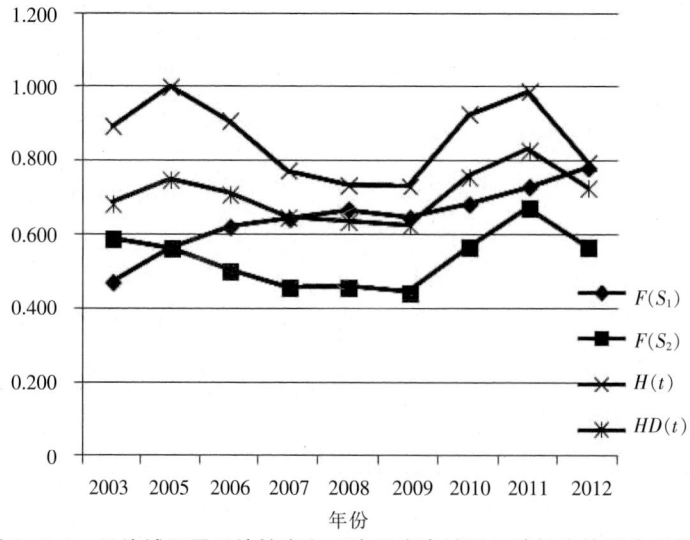

图 8-5-1 天津城区子系统健康和天津近岸海域子系统健康协同发展趋势

由表 8-5-2 和图 8-5-1 可知,天津城区子系统健康指数值在 2003—2008 年呈现指数增长趋势,在 2009—2012 年,呈现线性增长趋势。天津城区子系统健康指数之所以呈现近似指数增长的趋势是因为在全国经济快速发展的背景下,天津市的经济也得以快速发展,同时在2006年3月,国务院常务会议审议并通过《天津市城市总体规划（2005—2020年）》,决心在未来的15年将天津市发展成国际港口城市、北方经济中心和生态城市,在国家政策的大力扶持和天津自身经济社会快速发展的背景下,天津城区子系统健康指数呈指数增长趋势。2009年后之所以呈线性增长的趋势,主要是随着2009年天津滨海新区中新生态城的建成和发展,天津市在基础设施建设方面下功夫,天津市进入经济快速发展通道,带动天津城区子系统健康的发展。天津近岸海域子系统健康指数值呈现出先减小后增大再减小的趋势。近岸海域子系统健康指数先减小的主要原因可能是城市经济社会的发展以牺牲近岸海域海洋生态健康为代价,使得天津近岸海域海洋生态健康受到威胁,后增大主要可能是天津市意识到城市发展对近岸海域造成的威胁,因而制定减排措施,努力提高生活和工业污水处理技术,最终使海洋生态健康得以改善。

从协同健康发展水平上看,2003年、2007年、2008年、2009年、2010年两个子系统处于基本协调的状态,2005年、2006年、2012年两子系统处于较好协调的状态,2011年两子系统处于良好协调的状态。2003年、2005年天津城区子系统健康滞后于天津近岸海域子系统健康,2006—2012年,天津城区子系统健康超前于天津近岸海域子系统健康。从协同健康发展趋势来看,两子系统的协同发展水平总体上处于增长状态,从年份上来看,2005年、2010年、2011年处于衰弱状态,2006—2009年、2012年处于增长状态。

参 考 文 献

[1] CHEN Q W, MYNETT A. A robust fuzzy logic approach to modelling algae biomass [J]. Journal of hydraulics research, 2004, 42(3): 303-309.

[2] RECKNAGEL F, BOBBIN J, WHIGHAM P A, et al. Comparative application of artificial neural networks and genetic algorithms for multivariate time-series modelling of algal blooms in freshwater lakes[J]. Journal of hydroinformatics, 2002, 4(2): 125-133.

[3] NIE H T, TAO J H. Eco-environment status of the Bohai Bay and the impact of coastal exploitation[J]. Marine science bulletin, 2009, 11(2):81-96.

[4] 陈上及,姚湜予. 中国近海海洋水文气候区划:Ⅱ. 聚类分析和模糊聚类软划分[J]. 海洋学报,1995(3): 1-8.

[5] 金显仕,唐启升. 渤海渔业资源结构、数量分布及其变化[J]. 中国水产科学, 1998(3): 19-25.

[6] 李峰,韩广智. 渤海滨州沿岸各入海河口污染指标的主组元分析[J]. 海洋环境科学, 1995(4): 46-50.

[7] 李祚泳,张欣莉,丁晶. 水质污染损害指数评价的普适公式[J]. 水科学进展, 2001, 12(2): 160-164.

[8] 刘素娟,陶建华,赵海萍. 渤海湾浮游植物的多样性分析[J]. 河北工程大学学报(自然科学版), 2007, 24(1):74-77.

[9] 穆迪. 渤海湾营养盐对浮游生态动力学特性影响研究[D]. 天津:天津大学, 2011.

[10] 聂红涛. 近岸海域水环境综合管理中的若干基础问题研究及应用[D]. 天津:天津大学, 2010.

[11] 王红莉,姜国强,陶建华. 渤海湾水环境系统多级灰关联评价[J]. 海洋技术, 2004, 23(4):48-52,57.

[12] 向先全. 基于水信息技术的渤海湾水生态环境特性及模拟研究[D]. 天津:天津大学, 2011.

[13] 徐晓甫,聂红涛,袁德奎,等. 天津近海富营养化及环境因子的时空变化特征[J]. 环境科学研究, 2013(4):396-402.

[14] 徐晓甫. 天津近岸海域生态环境特性及其空间决策支持系统研究[D]. 天津:天津大学, 2013.

[15] 中华人民共和国国家海洋局. 近岸海洋生态健康评价指南 HY/T 087—2005 [S]. 北京:中国标准出版社, 2008.

[16] 鹿守本,艾万铸. 海岸带综合管理:体制和运行机制研究 [M]. 北京:海洋出版社, 2001.

[17] 姜忆湄,李加林,马仁锋,等. 基于"多规合一"的海岸带综合管控研究[J]. 中国土地科学, 2018, 32(2): 34-39.

[18] 刘春玲,王永,姚翔龙,等. 天津滨海新区重点海岸带土地生态景观综合分析与评价[J]. 第四纪研究, 2018, 38(2): 505-511.

[19] 王小丹,谢海澜,柳富田,等. 基于GIS的海岸带环境地质管理信息系统的设计与实现:以河北省曹妃甸地区为例[J]. 地质调查与研究, 2015, 38(3):227-232.

[20] 阚文静,范德江,张秋丰,等. 渤海湾天津近岸海域水质特征及评价[J]. 海洋湖沼通

报, 2016 (1): 25-29.

[21] 徐彩瑶, 濮励杰, 朱明. 沿海滩涂围垦对生态环境的影响研究进展 [J]. 生态学报, 2018, 38(3):1148-1162.

[22] 赵海萍, 李清雪, 陶建华. 渤海湾表层水质时空变化及污染源识别[J]. 水力发电学报, 2016, 35 (10):21-30.

[23] 宋南奇, 王诺, 吴暖, 等. 基于GIS的我国渤海1952—2016年赤潮时空分布 [J]. 中国环境科学, 2018, 38(3): 1142-1148.

[24] 郑礼, 戴颖. "十二五"时期天津经济发展综述[J]. 天津经济, 2015(8): 5-8.

[25] 李虹, 张希源. 区域生态创新协同度及其影响因素研究[J]. 中国人口·资源与环境, 2016, 26(6): 43-51.

[26] 李博, 史钊源, 韩增林, 等. 环渤海地区人海经济系统环境适应性时空差异及影响因素[J]. 地理学报, 2018, 73(6): 1121-1132.

第九篇

渤海湾天津人工岸线的污染控制、水质改善方法和策略

第一章　渤海湾典型海岸带污染现状调查和控制规划分析

一、天津海岸带自然环境特征和社会经济特征

(一) 地理区位

天津市位于北纬 38°34′—40°15′、东经 116°43′—118°04′之间，地处华北平原东北部，环渤海地区的中心地带，与北京市和河北省接壤。全市总面积 11 919.7 km²，南北长 189 km，东西宽 117 km，海岸线长 152.8 km，是我国北方最大的港口城市。

(二) 河流水系

流经天津市的一级河道有 19 条，河道总长度为 1 095.1 km，二级河道有 79 条，总长为 1 363.4 km，分属海河流域的北三河水系、永定河水系、大清河水系、海河干流水系、黑龙港运东水系和漳卫南运河水系，还有子牙新河、独流减河、马厂减河、永定新河、潮白新河、还乡新河 6 条人工河道，总长度 284.1 km。全市共有大型水库 3 座、中型水库 12 座、小型水库 60 座、水系干流闸坝 13 座，境内水库总库容 27.15 亿 m³。

引滦入津输水系统为天津市主要饮用水输水河道，海河贯穿市中心，兼有蓄水、行运、排洪、游览及工业用水等多种功能，在经济发展和人民生活中有极为重要的地位。

(三) 经济发展概况

据初步核算，并经国家统计局评估审定，天津市 2010 年实现国内生产总值(GDP) 9 108.83 亿元，按可比价格计算比 2009 年增长 17.4%，全市人均生产总值突破 1 万美元。"十一五"期间，全市地区生产总值年均增长 16%。地方一般预算财政收入达到 1 068.81 亿元，年均增长 26.4%，在全市生产总值的比重达到 11.8%。全社会固定资产投资五年累计完成 1.9 万亿元，年均增长 32.7%。

"十一五"期间，天津市工业生产继续在高平台上实现高增长，总体规模不断壮大，工业生产增长较快。2010 年，全市工业增加值完成 4 410.70 亿元，增长 20.8%，拉动全市经济增长 11.1 个百分点，贡献率达到 63.5%。工业总产值突破 17 000 亿元，达到 17 016.01 亿元，增长 31.4%；其中规模以上工业总产值 16 660.64 亿元，增长 31.7%。在规模以上工业总产值中，轻工业 2 712.40 亿元，增长 23.6%；重工业 13 948.24 亿元，增长 33.4%。

工业结构进一步优化。航空航天、石油化工、装备制造、电子信息、生物医药、新能源新材料、轻纺和国防等八大优势产业完成工业总产值 15 268.58 亿元，在全市规模以上工业的比重为 91.6%，比 2009 年提高 0.9 个百分点。高新技术产业产值完成 5 100.84 亿元，占规模以上工业的 30.6%，提高 0.6 个百分点。新产品产值完成 5 019.25 亿元，增长 30.2%。

农业生产保持稳定。2010 年全市农业总产值完成 319.01 亿元，比 2009 年增长 3.5%。其中种植业产值 167.23 亿元，增长 4.6%；林业产值 2.18 亿元，增长 3.1%；畜牧业产值 89.94 亿元，增长 2.4%；渔业产值 50.2 亿元，增长 2.2%；农林牧渔服务业产值 9.46 亿元，增长 2.8%。

二、天津入海污染负荷现状调查

本次调查对象为渤海湾天津海域。渤海湾天津海域在地域上归属滨海新区，分为原汉沽、

塘沽和大港三个行政区域。

(一) 汉沽沿岸入海污染源

汉沽,天津滨海新区重要组成部分,位于天津东部滨海地区,西距天津市中心区60 km,南濒渤海湾,北接宁河,辖区面积441.5 km²。

汉沽辖中新天津生态城、中心渔港、滨海旅游区、泰达汉沽现代产业园区等功能区。汉沽是我国重要的化学工业基地之一,已形成以海洋化工为主,多门类综合发展的工业体系。此处重要的污染源有天化、中心渔场、航母公园等工厂企业和机构。有30多个闸涵,其中大多数全年只有2次开启,用于夏秋雨水多的时候排淡水,起到泄洪作用。也有几条闸涵汇聚少量生活污水,进行排污。

本区域的工业污水以及生活污水主要通过市政管道汇聚,经蓟运河,最终与永定新河汇合后流入渤海湾。

(二) 塘沽沿岸入海污染源

塘沽位于天津市东部,是天津滨海新区的中心区。塘沽东濒渤海,西邻东丽、津南,南接大港,北抵汉沽与宁河,区域面积790.2 km²。潮白河、永定新河、蓟运河、金钟河、北京排污河等汇集到北塘口入渤海湾,海河以及大沽河从塘沽境内经大沽沙航道注入渤海湾。塘沽是天津市重要的工业基地,故此地污染排放量也相对比较集中。

塘沽的两大排污口北塘口和大沽排污河口是天津最大的排污口,污染物排放量占到天津总污染排放量的80%左右。

(三) 大港沿岸入海污染源

大港是天津市滨海新区的重要组成部分,是以石油和石油化工为主体产业的新型滨海城区。它地处天津市东南,东临渤海湾、塘沽,南与河北省黄骅市接壤,西与静海为邻,北与津南、西青两区交界。

此处有两个比较重大的或潜在的污染源。①与河北交界的北四河流域。由北向南包括荒地河、青静黄河、子牙河、北排河。这几条河上游流经河北几个工业基地,污染相对比较严重。②天津南港工业区。根据规划,南港将建成为重要的化工产业基地,定位于以世界级重化工业为核心的具有持续竞争力的工业区域。

三、天津入海污染负荷特征分析

(一) 天津市陆源污染物排放特征

天津市陆源污染排放相对比较集中,主要分布在北塘口和大沽沙航道口。污染物总量占到天津污染物排放总量的80%左右。

天津市陆源污染主要是氮、磷超标,化学需氧量早些年污染较为严重,随着治理技术的提高和减排措施的加强,化学需氧量超标程度降低,大部分海域呈现下降趋势。

(二) 主要入海河流入海污染物排放特征

根据《天津市908专项近岸海域海洋化学调查》与《天津市908专项物理海洋调查》的成果,将主要河流入海污染物排放特征按照枯水期和丰水期进行对比分析如下。

1. 北塘口

丰水期航次,北塘口水体中主要污染要素氨氮、BOD_5和油类含量都有大幅度提高,三者升幅分别达到348%、456%和138%,可知丰水期航次水体中携带大量污染物输入邻近海域。据2004年不完全统计,北塘口年径流量为4.78×10^8 m³。大量污染物入海使得河口邻近海域水体中无机氮、活性磷酸盐、COD和BOD_5等污染指数与2006年枯水期相比有明显升高,水体富营养化现状呈现迅速恶化趋势;水体中Pb与DO的污染状况在丰水期时有所减轻。总体说来,由于陆源排污输入的影响,丰水期水体污染状况比枯水期形势严峻。

2. 海河口和大沽排污河口

海河口水体中主要污染物COD、BOD_5含量呈下降趋势,BOD_5含量降幅较大,达44.8%,COD含量虽有降低,但水体含量仍高达551.2 mg/L,而氨氮则呈进一步升高的趋势,丰水期航次达到了8.2 mg/L。据2004年不完全统计,海河口年径流量为2.77×10^8 m³。大沽排污河口水体中主要污染物BOD_5、氨氮和油类含量有所降低,COD含量进一步升高达873.2 mg/L,BOD_5含量虽有降低，但水体中含量仍高达19.76 mg/L，枯水期时为33.98 mg/L。据2004年不完全统计，大沽排污河口年径流量为2.16×10^8 m³。海河口和大沽排污河口大量陆源污水进入海洋，对海河口邻近海域水质造成严重污染，使得海河口邻近海域水体中无机氮污染指数大幅度升高，升幅达到了145%，呈现迅速恶化的趋势。与此同时，水体中活性磷酸盐呈现升高的趋势，DO污染状况则有所缓和，丰水期时不再是区域污染要素，其他监测项目污染指数变化相对稳定，变化不太明显。

3.子牙新河口

子牙新河口水体中主要污染物为COD、BOD_5和氨氮，与枯水期相比，丰水期COD、BOD_5含量有所降低，而氨氮呈现明显增加趋势，含量为9.12 mg/L。据2004年不完全统计，子牙新河口年径流量为1.23×10^8 m³。大量陆源污染物进入海洋，对河口邻近海域水质造成污染。不论是丰水期还是枯水期，水体中无机氮都是区域首要污染要素，但污染程度比枯水期呈现迅速加剧的态势；活性磷酸盐、BOD_5等随着陆源输入的增加也成为区域水体中的污染要素。与2006年枯水期航次相比，重金属Pb和DO污染状况得到一定缓解，DO含量已经恢复正常。

4.独流减河口

COD、BOD_5和油类是独流减河口丰水期、枯水期水体中的主要污染物，COD含量变化幅度不大，硝酸盐氮、BOD_5和油类含量比枯水期航次增加明显，硝酸盐氮含量为0.429 mg/L。据2004年不完全统计，独流减河口年径流量为0.45×10^8 m³。与海河口和北塘口高径流量高污染物含量相比，独流减河口陆源排污输入对河口邻近海域水体污染程度稍轻一些；邻近海域水体中，无机氮依然是区域水体中的主要污染要素。与2006年枯水期相比，丰水期水体中油类含量升高，整体平均含量超一类海水水质；COD、BOD_5等项目污染指数有一定的升高，但尚未对区域水体造成污染。

5.北排水河口

北排水河口丰水期、枯水期水体中主要污染物为COD和BOD_5，COD呈迅速下降趋势，降幅为98.2%，而BOD_5含量则呈现迅猛增加态势，增幅高达696%，达到21.82mg/L，高含量陆源污染物进入河口邻近海域，对河口邻近海域水体造成严重污染。与2006年枯水期航次相比，除重金属Pb和DO有所降低，丰水期水体中其他各污染要素基本上都呈现迅速上升的趋势，其中无机氮、活性磷酸盐、COD、BOD_5污染指数大幅度升高，升幅达到了666%，呈现出迅猛恶化的趋势。重金属Pb含量的回落不再对区域水体造成污染，但重金属Cu含量增幅明显，导致区域水体重金属Cu污染，陆源输入成为区域污染的主要因素。

(三)主要入海排污河排污口排放特征

天津市沿渤海湾排污口按照类型主要分为：河流入海口、工业直排口、市政排污口和一些人口集聚地生活直排口。入海排污河主要集中在几个大河的入海口，包括海河、大沽河、永定新河、北排河等河口。

海河、大沽河、永定新河等大河在夏秋季节因为降水增加而加大排水量，使污染物浓度降低。

汉沽的许多小的排污口除了夏秋雨季以外，常年处于关闭状态，不进行排水，只有在雨季进行泄洪，同时将污染物带入海。

大港的几条大河上游流经河北省重要的工业区，污染相对比较严重。

四、天津海洋经济发展和污染控制规划调查

(一)天津海洋经济发展规划

天津市作为中国北方最大的沿海开放城市和中央直辖市，海洋经济和海洋事业已成为城市总体发展战略的重要组成部分，在全市经济社会发展中具有非常重要的地位。到2015年，天津市海洋经济和海洋事业发展总体目标是：海洋事业全面协调发展，奠定建设海洋强市的基础，实现海洋经济发展方式实质转变，海洋自主创新能力明显提高，海洋文化建设有效加强。

海洋环境保护和生态、海域科学利用、海洋防灾减灾、海洋法制建设和海洋管理业务支撑等综合管理水平有较大提高，基本建成北方国际航运中心、国际物流中心、国家海洋科技研发与转化基地、国家战略性新兴海洋产业基地和国家海洋事业发展基地。

按照天津市"双城双港、相向拓展、一轴两带、南北生态"和滨海新区"一核双港三片区"的布局要求，形成"一带五区两场三点"的海洋空间发展布局。

1.一带——沿海蓝色海洋经济带

在滨海新区的海岸带地区形成海洋产业集聚、海洋环境生态良好、海洋特色鲜明的海洋经济地带。

2.五区——五大海洋产业集聚区

1）南港工业区，规划控制面积 200 km²，其中使用海域 124 km²。打造世界级重化工业基地、我国北方石化产品枢纽基地和国家循环经济示范区，重点发展石油化工、现代冶金和港口物流等产业。

2）临港经济区，规划控制面积 130 km²，全部使用海域。打造北方装备制造为主导的生态型工业区，重点发展港口机械、造修船、交通运输装备、海洋工程装备等海洋装备制造业。

3）天津港主体港区，规划控制面积 100 km²，其中使用海域 53 km²。打造货物能源储运、商品进出口保税加工和综合性的国际物流基地，重点发展海洋运输、国际贸易、现代物流、保税仓储、分拨配送及与之配套的中介服务业。

4）滨海旅游区，规划控制面积 100 km²，其中使用海域 71 km²。打造国际国内旅游目的地和高品位的海滨休闲旅游区，重点发展主题公园、休闲总部、博物馆和游艇总会等功能。

5）中心渔港，规划控制面积 18 km²，其中使用海域 8 km²。打造北方规模最大的水产品集散中心和游艇产业中心，重点发展水产品加工、集散、物流和游艇制造、展示、维修、销售等产业。

3.两场——两块海洋渔场

汉沽北部海域和大港南部海域。重点通过人工放流、设立人工渔礁和建立海洋特别保护区等措施，恢复海洋生态环境，增加海洋经济鱼类。

4.三点——三个海洋事业基地

在塘沽国家级海洋高新区构建产、学、研相结合的海洋技术创新及产业化基地。在海洋文化公园构建以国家海洋博物馆为核心的海洋文化基地。在渤海监测监视管理基地构建集海洋综合管理业务支撑、海洋技术研发转化、海洋国际交流与合作的海洋事业综合发展基地。

（二）天津污染控制总体目标

《天津市环保局"十二五"规划》中对天津市"十二五"期间主要污染物控制指标提出如下具体要求：

1）化学需氧量比 2010 年减少 8.6%（其中工业和生活减少 9.2%）。

2）氨氮比 2010 年减少 10.5%（其中工业和生活减少 10.4%）。

3）二氧化硫排放总量比 2010 年减少 9.4%。

4）氮氧化物排放总量比 2010 年减少 15.2%。

（三）天津近海海域环境质量控制规划

1.滩涂开发利用规划

天津市海洋资源总体上开发密度较大，经济效益较高，2006 年天津市海洋经济总值为 1 675.5 亿元（不包括国内旅游收入），天津市单位岸线经济产出 10.94 亿元/km，位居全国第一，在资源利用效率上具有优势。

总体上，岸线资源的开发最为活跃，向陆一侧的岸线基本开发利用，向海一侧也使用了近 50%，而零米线以外的大面积海域却还没有得到有效的开发利用。据统计，2007 年天津市海域使用总面积约 238.4 km²，其中以港口、航道为主的交通运输用海面积最大，为 161.2 km²；其次为填海项目用海面积 45.3 km²；渔业用海面积 15.7 km²；排污倾废用海面积 8.2 km²；旅游娱乐用海面积 0.7 km²；特殊用海面积 5.7 km²；工矿用海面积 1.6 km²。

2.天津市海洋水质功能区划

天津市管理使用海域划分为 10 个一级类型，27 个二级类型，共计 121 个功能区。天津市管理使用海域均为重点海域，其主要功能是港口、油气、围海造地、增养殖、旅游、海水综合利用、海洋自然保护等。

1）港口航运区（包括4个二级类型，19个功能区）。港口航运区主要位于塘沽邻近海域，主要功能区有：北疆港区、南疆港区、东疆港区、海河港区、临港工业港区、临港产业港区、北塘港区、主航道、北航道、闸东航道、海河航道、大沽沙航道区、中心渔港航道、临港产业航道区、大沽口锚地、一号锚地、临港工业区锚地。

2）渔业资源利用和养护区（包括4个二级类型，19个功能区）。重点功能区有：大神堂渔港、蔡家堡渔港、北塘渔港、东沽渔港、新马棚口渔港、天津中心渔港、汉沽大神堂青蛤、多毛类资源恢复增殖区、汉沽浅海贝类资源恢复增殖区、大港贝类资源恢复增殖区。

3）矿产资源利用区（包括2个二级类型，9个功能区）。渤海海域蕴藏着丰富的石油和天然气资源，渤海油田是我国第一个海上油气田，石油产量不断增长，渤西天然气也已上岸利用，发展石油化工工业具有比较雄厚的资源保障。重点是位于塘沽和大港临近海域的油气区，主要功能区有：新港油气区、马东油气区、白东油气区、歧东油气区、张东油气开发区。

4）旅游区（包括2个二级类型，9个功能区）。天津市有丰富的旅游资源，旅游产业是天津市的新兴产业，具有一定的开发潜力。重点功能区有：大沽炮台旅游区、八卦滩滨海旅游区、北塘旅游区。

5）海水资源利用区（包括3个二级类型，15个功能区）。海水资源利用区重点是位于汉沽、塘沽和大港的盐田区。天津市有丰富的海洋化学资源，海水盐度高，宜于制盐，并可提取钾、锂、溴、硝等90多种化工原料，著名长芦海晶盐场，原盐生产能力居全国同行业第三位。主要功能区有：长芦汉沽盐场、长芦海晶集团公司盐田区、北疆电厂取水口区、大港电厂取水口区等。

6）工程用海区（包括5个二级类型，23个功能区）。依托海洋石油、海洋化工两大优势产业的发展，建设世界一流的临港石化、海洋化工基地。主要功能区是位于塘沽邻近海域的围海造地区，包括临港工业区、临港产业区和青坨子填海造地区。

7）海洋保护区（包括3个二级类型，8个功能区）。重点功能区有：汉沽浅海生态系海洋特别保护区、青坨子贝壳堤、大港滨海湿地海洋特别保护区。

8）特殊利用区（包括2个二级类型，12个功能区）。

9）保留区（包括1个二级类型，3个功能区）。

10）其他功能区（包括1个二级类型，4个功能区）。

五、小结

调查表明，渤海湾天津沿岸污染物排放已经得到一定的控制，但形势依旧严峻，大量陆源污染随径流进入海洋对河口邻近海域水质造成严重污染；受汛期影响，丰水期入海负荷量较大，对近岸海域影响更为严重。天津市陆源污染排放相对比较集中，主要经由北塘口和大沽口排放入海，无机氮依然是区域水体中的主要污染要素。

第二章 天津近海水交换特性及其对污染物分布的影响

一、天津近岸海域水交换区域的划分

(一)水交换区域的划分原则

为了更好地研究天津沿岸各区域水体相互之间的影响,要对近岸及渤海湾海域进行区域划分,然后再采用数值模拟的方法进行研究。在划分区域时,主要考虑以下几个原则。

1)从行政区域上,包括原汉沽、塘沽、大港三个行政区域。沿岸北至涧河入海口,南至北排河河口,将沿岸的 9 大主要排放口考虑在内。尽量在划分沿岸主要区域时将排放口均匀分配在所划分的区域之内,这样便于分析不同排放口所处的排污区域之间的相互影响。

2)在考虑排放口的同时,应考虑沿岸及海区功能区域分布的情况,对于临港工业区、南港工业区、北塘口等形成区域产业综合园区的地域,应划分成不同区域,分别予以研究。

3)考虑渤海湾中部海域的余环流情况,合理划分辅助研究的区域,尽量使区域划分空间尺度和方位恰当,使研究结果能充分体现渤海湾内环流对天津近岸海域水体交换的影响。

(二)近岸海域水交换区域划分

根据流场与余流场特性,以及沿岸功能区的不同功能,将天津沿岸划分成 5 个主要研究区域和 4 个辅助研究区域,总共 9 个区域。5 个主要研究区域为:天津沿岸北部区域 1(北塘河口及沿岸工业区)、中北部区域 2(海河和永定新河入海口)、中北部区域 3 (临港工业区和产业区)、中部区域 4(南港工业区)、天津沿岸南部区域 5(子牙新河和北排河排放口)。4 个辅助研究区域为:渤海湾中北部区域6、中部区域 7、南部区域 8,以及渤海湾东部及湾口区域 9。根据 9 个区保守物质迁移扩散数值模拟结果,讨论其水交换特性。

二、天津近岸海域水交换的数值模拟

(一)水交换矩阵的定义及物理意义

研究面积较大或地形复杂的海域的水交换问题,可将其分为若干海区,研究各区域之间的水交换相互关系。

如图 9-2-1 为一矩形海湾,分为 A_1、A_2、A_3、A_4 四个海区,将研究的初始时刻设为 t_0。若在某特征时刻 t_1 ($t_1>t_0$),A_1 海区内来自 A_1、A_2、A_3、A_4 四海区以及外海的水体体积分别为 V_{11}、V_{12}、V_{13}、V_{14}、V_{out}。

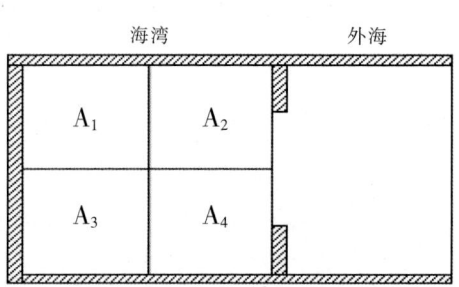

图 9-2-1 矩形海湾分区示意图

此时海区 A_1 中来自各海区的海水权重 r_{11}、r_{12}、r_{13}、r_{14} 可表示为

$$r_{11}=\frac{V_{11}}{V_1}$$

$$r_{12}=\frac{V_{12}}{V_1}$$

$$r_{13}=\frac{V_{13}}{V_1}$$

$$r_{14}=\frac{V_{14}}{V_1}$$

式中：V_1 为海区 A_1 内总的水体体积；

r_{11}、r_{12}、r_{13}、r_{14} 分别代表来自区域 1、2、3、4 的水体分别在研究区域也就是区域 $1(A_1)$ 的水体比例。

A_1 内海水的构成可由行向量 $(r_{11},r_{12},r_{13},r_{14})$ 来表示。同理，对于 A_2、A_3、A_4 三个海区可分别选取特征时刻 t_2、t_3、t_4，得到行向量 $(r_{21},r_{22},r_{23},r_{24})$、$(r_{31},r_{32},r_{33},r_{34})$、$(r_{41},r_{42},r_{43},r_{44})$。将四个行向量组装到一起，得到关联矩阵 $\boldsymbol{R}$，即

$$\boldsymbol{R}=\begin{bmatrix} r_{11} & r_{12} & r_{13} & r_{14} \\ r_{21} & r_{22} & r_{23} & r_{24} \\ r_{31} & r_{32} & r_{33} & r_{34} \\ r_{41} & r_{42} & r_{43} & r_{44} \end{bmatrix}$$

此矩阵表示四个海区间水交换的关系。特征时刻可以组成列向量：

$$\boldsymbol{\tau}=\begin{bmatrix} t_1 \\ t_2 \\ t_3 \\ t_4 \end{bmatrix}$$

其中，t_1、t_2、t_3、t_4 分别为关联矩阵 $\boldsymbol{R}$ 在各海区 (A_1,A_2,A_3,A_4) 的特征时刻。若取各海区特征时间相同，即 $t_1=t_2=t_3=t_4$，则称关联矩阵 $\boldsymbol{R}$ 为同步的，否则称其为异步的。

基于水交换关联矩阵的概念，根据水动力和水质数值模拟的结果对各区域之间水交换的特性进行分析。

水交换关联矩阵可由水动力和水质数学模型的计算结果统计得出。

(二)天津近海水交换特性分析

数值模拟的计算从 2010 年 1 月 1 日至 2010 年 12 月 31 日。根据计算结果，具体分析如下。

5 个主区域以外的海水随着时间增加，所占区域内水的比例增大，而区域 1、区域 2、区域 3 中，5 个主区域所占水的比例逐渐减少；区域 4 和区域 5 在 90 天前 5 个主区域所占海水逐渐减少，主区域外海水逐渐流入，但是在 90 天以后区域 4 和区域 5 中 5 个主区域的水体所占比例反而再次增加，这是由于渤海湾环流影响，流出 5 个主区域中的水体再次环流回到区域内的结果。

值得注意的是，区域 1 和区域 2 中，来自于区域 4 和区域 5 中的水体比例极少，并且随着时间没有明显变化，这意味着地理位置靠南的区域 4 和区域 5 的水体如果被污染，影响到区域 1 和区域 2 的可能性比较小。这是由于渤海湾沿岸水体沿逆时针环流流动所造成的结果。

区域 5 中水体的流出最为迅速，大概在 10 天(20 个潮周期)左右时，来自自身区域水体和其他区域中的水体就已经流出区域近 99%；而在 180 天(360 个潮周期)后，流出区域外的水体由于环流作用又重新流回区域 5 内，但是量十分有限；由此可以看出，沿岸靠近南部的区域 5，与外界水体交换作用较好，如果被排放的污染物污染，也可以较快地和大量外界水体交换，达到降低所在区域被长期和严重污染的风险。

区域 1 和区域 2 在前 30 天内主要水体来自区域 6 的海水，而之后至 90 天左右，区域 7 和区域 9 以及外部海水开始进入区域 1 和区域 2，在 90 天以后，区域 9 外部的海水逐渐增多，直至一年。外部海水是占区域 1 和区域 2 的最主要部分，大约 80%。值得注意的是，在此一年期变化的过程中间，区域 1 和区域 2 中，来自其他主区域(3、4、5)的水体所占比例极少，几乎不到 3%，而且渤海湾南部的区域 8 水体也是很少，不及 2%。由此可以看出，区域 1 和区域 2 中水体水交换作用主要是和区域 6、区域 7 以及外海之间进行。也就是说，区域 1、区域 2、区域 6、区域 7 以及区域 9 组成一个渤海湾水交换的相对独立的循环区域。此部分水体间相互影响明显，而区域 3、区域 4、区域 5 以及渤海湾南部区

域8水体对本循环区域影响不大。继而可以想象，在区域3、区域4、区域5以及渤海湾南部区域8排放的污染物对于区域1、区域2的影响甚微。

区域4中水体组成变化与区域1、区域2正相反，30天左右时渤海湾南部区域8成为区域4中海水的主体成分，占65%，而来自区域1、区域2以及渤海湾北部区域6中的海水极少，几乎为0。5个主区域中，区域4和区域5中的海水占最大比例，两者之和近似占据22%，而区域3中的水体则占很小一部分，约4%。

区域5在30天左右时，水体主要来自区域7和区域8，来自5个主体区域的水体比例极小，而渤海湾南部的区域8则占据绝大部分，达90%以上，渤海湾中部区域7和渤海湾南部的区域8水体之和所占比例更是近似99%。可以看出，区域5位于天津临近海域最南部，水体交换能力较强，30天后，包括自身在内的5个主区域就已经全部交换出去，短时间内降低污染物浓度效果最佳。而从90天以及180天左右的水体比例也可以看出，5个主区域的海水比例在30天全部流出之后反而再次增加，在180天时5个主区域水体和所占区域5水体比例约为10%。造成这种现象的原因是由于渤海湾环流作用的结果，使已经流出的水体再次回到区域5。在180天后，随着外部海域海水的逐渐进入，来自5个主区域水体所占比例逐渐降低，最后趋于和区域4相似的水体组成。由此可以看出，区域4、区域5、渤海湾中部区域7、渤海湾南部区域8，以及渤海湾东部区域9组成另一个水体循环区域。区域1和区域2水体对于此区域4、区域5水体影响比较小。

最后，位于主区域中部的区域3水体组成变化最为复杂，30天左右时，5个主区域水体占主要部分，由此可见，短期内相比其他4个主区域，区域3中的水体更容易受到其他主区域水体污染物的影响。30天之后，随着与其他区域海水交换的进行，区域3水体的主要来源中来自区域6的水体逐渐增大，主区域1~5的水体逐渐流出。90天以后，随着外部海水的逐渐进入，外海水所占比例增大，最终趋于稳定。

三、基于水交换特性的天津近海排污布局建议

由之前水交换特性的分析，可以得出以下结论。

1）区域1、区域2、区域6、区域7及外海区域9组成一个相对独立的循环区域。此部分水体间相互影响明显，而区域3、区域4、区域5及渤海湾南部区域8水体对该循环区域影响不大。继而可以推断：在区域3、区域4、区域5以及渤海湾南部区域8排放的污染物对于区域1和区域2的影响甚微。

2）区域4、区域5、渤海湾中部区域7、渤海湾南部区域8，以及渤海湾东部区域9组成另一个相对独立的水体循环区域。从区域1和区域2流入区域4和区域5的水体比较少。

3）区域3是与外界水体交换作用最差的区域。排放至区域1、区域2、区域3和区域4的污染物很容易影响到区域3，而且在一段时间内不易通过与渤海湾水体交换降低污染浓度。

换言之，如果区域1（北塘河口及沿岸工业区）和区域2（海河和永定新河入海口）排放大量污染物，渤海湾中北部区域受到的影响会较大，这部分水体会相继被污染；而区域4（南港工业区）和区域5（子牙新河和北排河排放口）及渤海湾中南部区域受到的污染影响较小。来自区域4（南港工业区）和区域5（子牙新河和北排河排放口）的污染水体，会迅速影响渤海湾中南部区域，但是几乎不会影响临港工业区、海河和永定新河入海口及其邻近的渤海湾北部区域。来自区域3（临港工业区和产业区）的污染水体，影响作用范围较为广泛，而且由于处于渤海上下环流之间，此区域水体会流向渤海湾南北各部分区域。

根据天津海洋功能区划，中南部海域有养殖区和捕捞区，所以临港工业区、南港工业区、子牙河、青静黄河及北排河的污染物排放量和种类应该严格按照一类水质标准进行控制。

北部区域的北塘河、海河、永定新河等天津

主要的排放污染物的河流，由于污水来自多条河流和多处产业区的污染排放的汇集，原本的排放量就很大，污染物种类多，大量削减污染物排放或全面控制所有种类的污染物排放达标不是很现实。可以根据当地具体排污种类，筛选重要的污染物作为环境优先污染物，实现污染物优先检测与控制。其中，毒性大、扩散范围广、危害严重的污染物优先监测控制。而对于难降解、具有生物积累性或"三致"(致癌、致畸、致突变)作用以及对人体环境构成潜在威胁的有毒污染物，要优先监测和尽早制订有效可行的排放计划。

第三章 天津近海排污总量控制优化

陆源排放是近岸海域水环境污染恶化的重要原因之一。因此,控制沿海地区污染物入海总量是治理海域环境、改善海域水质的重要方式。总量控制是把所研究的水域作为一个整体,将污染源的排放与水体的环境标准相结合,既保证实现水体的环境目标,又充分利用目标水域的水环境容量,也利于环保部门对所辖区域的有效管理。在管理方式上具有针对性和灵活性的特点,可为今后的排污许可证的实施和排污权交易的顺利进行奠定基础。

本研究以水动力、水质数学模型和规划模型为基本工具,从功能区划的要求和入海污染物总量控制的角度来探讨渤海湾沿岸环境容量总量的控制和削减入海污染物排放的问题。另外,根据渤海湾水交换的特点,对排放口位置进行优化,在尽可能保证经济效益的同时,改善渤海湾近岸海域的生态环境。

一、天津近海排污总量控制优化总体思想

随着社会经济的迅速发展,越来越多的工业废水和生活污水排放入海,再加上高强度的海岸带开发和陆源的排污,使得海洋环境污染越来越严重。近岸海域污染物总量控制就是指通过限制各污染源的污染物排放量,将排入某一特定海域的污染物总量控制或削减到某一水平之下,从而使该海域环境质量达到功能区的水质要求。

容量总量控制是指在某个环境单元内,以达到其环境质量标准的要求为目标,对所有污染源造成的排污总量或者对环境单元容纳的污染物总量进行控制。其特点是把污染控制管理目标与水质目标紧密联系在一起,从环境质量要求出发,运用环境质量模型计算方法,直接推算受纳水体的纳污总量。然后通过优化分配方法将其分配到陆上污染控制区及污染源,确定出切实可行的总量控制方案。它适用于确定总量控制的最终目标,也可作为总量控制阶段性目标可行性分析的依据。

进行环境容量总量控制研究,首先,确定海域水体的控制目标,可根据海洋水质功能分区布局的要求来确定;其次,调查海域的污染源,即确定控制对象;再次,应用水动力学模型和水质模型计算海域水质对各污染源的响应;最后,应用总量控制规划模型,以水质目标为约束条件,以最有效的利用环境容量为目标,求解各主要污染源可分配的污染物排放总量。此外,还将优化结果进行模拟验证,以保证目标的最终实现。具体步骤如下。

1)按照各现状排放口位置以及主要几条大的河流位置,对各排放口的排污量进行调查分析,将一些排污量较小的排放口的排放量归并入邻近的大排放口,从而确定影响海域水质的重要排放口。

2)按照国务院批准的海洋功能区划和中华人民共和国《海水水质标准》限定各个区域的污染物浓度达标标准值。

3)建立污染源与水质浓度场的响应关系,即计算渤海湾沿岸各排放口及毗邻海域点源响应浓度场,即背景浓度场。

4)按照功能区划和实际情况,将区域划分为若干独立环境单元,建立独立环境单元与排放口的浓度响应关系,得出响应浓度场。

5）按照容量控制原则，以水质目标为约束条件，以最有效的利用环境容量为目标求解各排放口最大的排污量。

6）按照优化后的各大排放口的排放量进行模拟验证，以确保最终优化结果的正确。

二、天津沿海污染物入海的主要排放口的选择

（一）污染物入海主要排放口选择的原则

天津沿岸排放口数量达数十个之多，规模大小不一，通过详细调查历史记录并现场考察了天津沿岸各排放口，根据排放口的位置和排放量等特征，对排放口的排放量进行适当的归并，确定有代表性的9个主要排放口，用于数值模拟和分析。排污量的归并首先考虑排放口的区域位置，兼顾各个区域的污染物排放要求；其次，考虑自然因素，将排放口分配在主要大河河口；最后，考虑功能区水质的要求，将排放口设定在合理的地方。

（二）现状排量统计分析

水量数据主要来自天津市水文水资源勘测管理中心，同时还有以前完成的项目，例如，GEF项目以及永定新河项目等。浓度数据由天津市环保局提供；天津市水务局提供了几个主要排放口的总量数据；天津市海洋局提供了《天津市908专项物理海洋调查》等相关数据。

经过整理、分析，得出9大排放口的年平均污染物排放量，如表9-3-1所示。

表9-3-1　9大排放口的年平均污染物排放量

	大神堂/t	中心渔港/t	永定新河/t	天津港/t	海河/t	独流减河/t	南港/t	子牙新河/t	北排河/t	总量/t
COD	2 469.00	1 646.00	37 120.80	4 115.00	94 559.20	2 957.86	0	14 221.66	7 510.48	164 600.00
N	203.14	210.67	3 821.28	376.19	8 818.72	120.45	0	1 064.55	1 185.00	15 800.00
P	45.10	22.55	580.36	49.61	1 295.84	2.20	0	323.95	25.64	2 345.25

经过分析得出：污染物主要的排放口集中在永定新河河口和海河入海口，两个排放口年总的排放量占到天津沿海排放总量的80%左右。

三、天津近岸海域污染物总量控制水体单元划分

（一）水体单元划分

水体单元的划分非常重要，一方面要达到体现污染管理控制的目标，一方面也必须实用和使计算方便快捷。此处环境单元的划分原则是实用、面积适中、计算方便。水体单元的划分是将5 m等深线以内区域作为混合区。

本项目按照功能区划的要求，将水质功能区划分为15个不规则的水体单元。

（二）水体控制单元环境质量标准

依据水体单元所处的功能区要求和国家标准的《海水水质标准》对环境单元的水质进行限制。水质要求级别以及COD、无机氮和活性磷酸盐的浓度限制值如表9-3-2所示。

表 9-3-2　水体单元所要求的水质级别及各种污染物的浓度限制值

水体单元	水质级别	COD 浓度限制值/(mg/L)	无机氮浓度限制值/(mg/L)	活性磷酸盐浓度限制值/(mg/L)
1	3	4	0.4	0.03
2	4	5	0.5	0.045
3	2	3	0.3	0.03
4	3	4	0.4	0.03
5	4	5	0.5	0.045
6	4	5	0.5	0.045
7	4	5	0.5	0.045
8	4	5	0.5	0.045
9	2	3	0.3	0.03
10	2	3	0.3	0.03
11	4	5	0.5	0.045
12	2	3	0.3	0.03
13	2	3	0.3	0.03
14	2	3	0.3	0.03
15	2	3	0.3	0.03

四、现状排污下的天津近海水质状况分析

(一)污染物空间分布分析

从现场调查结果以及从各个官方机构获得的资料可以得出,天津沿岸污水排放相对比较集中,经主要的污水处理厂处理后排入渤海湾。其排放有如下空间特征。

1)北部沿岸污染物排放量相对较少,排放时间也相对比较集中。

2)沿岸污染物排放主要集中在永定新河入海口以及海河和大沽河的入海口,占据排放总量的 80% 左右。

3)南港尚在建设中,故污水向南部排放。

4)南部的荒地河、青静黄河以及北排河有较多的污水排放。

(二)海域水质达标状况分析

1.现状平均排放量下的总达标面积变化

基于现状排放量,利用选定的排放口进行现状排放量基础上的水质模拟,模拟时间选择为 2009—2010 年共 24 个月,得到现状排放量基础上 COD、无机氮和活性磷酸盐在整个统计区的面积达标率随时间变化图,如图 9-3-1 所示。

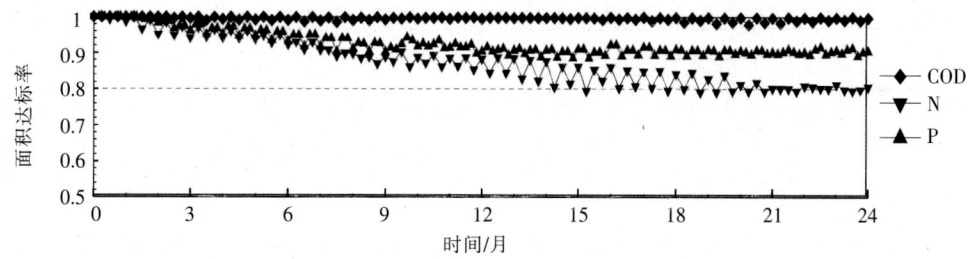

图9-3-1 现状排污情况下功能区各污染物的面积达标率随时间(月)变化图

从图 9-3-1 中可以看出来,从面积达标率角度,COD 基本达标;无机氮超标相对比较严重,氮在全区的区域总面积达标率只有 80% 左右,严重地影响周围植物的生长;磷元素达标率基本降到 90% 以下,超标相对较轻。两种主要的营养元素浓度超标将直接导致周围赤潮的发生。

2.现状平均排放量下的关键水体单元的选取和达标情况分析

由于各个水体单元所处的位置不同,水交换程度不同,距离排放口的远近不同,以及水质要求不同,各水体单元达标程度也不同。

其中单元 3、单元 4、单元 5、单元 12 和单元 13 这五个水体单元由于距离排放口近、水质要求较高、处于功能区的交界处等原因,相对比较容易超标,选为关键水体单元。这几个水体单元的浓度达标率随时间变化如图 9-3-2、图 9-3-3 和图 9-3-4 所示。

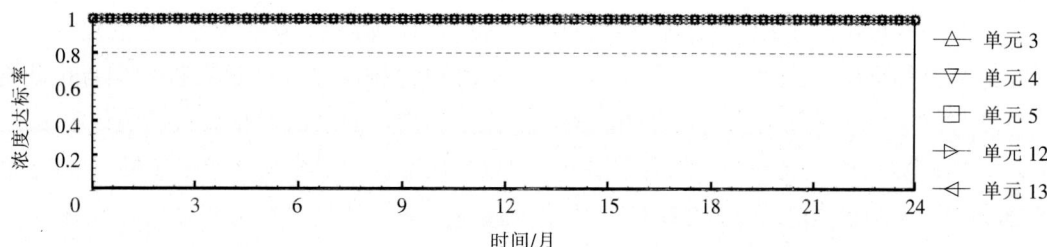

图 9-3-2 现状排污情况下关键水体单元的 COD 浓度达标率随时间变化图

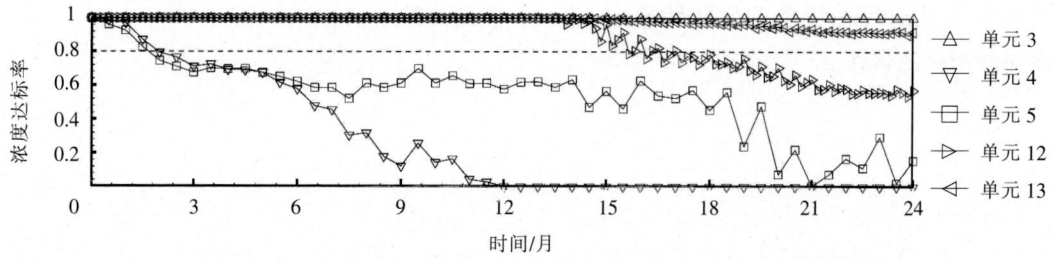

图 9-3-3 现状排污情况下关键水体单元的无机氮浓度达标率随时间变化图

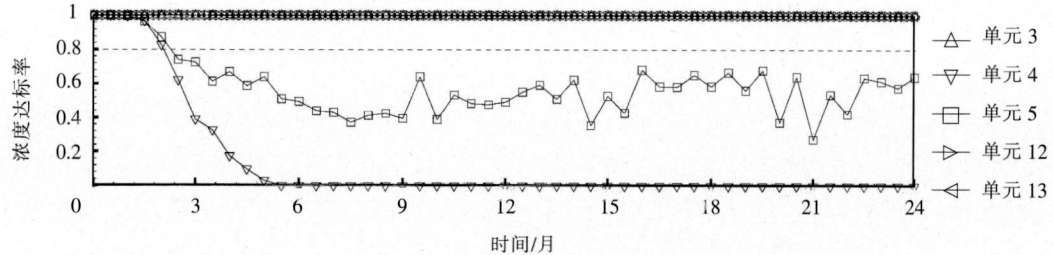

图 9-3-4 现状排污情况下关键水体单元的活性磷酸盐浓度达标率随时间变化图

从图中可以看出，COD 这几个关键水体单元达标率高；无机氮这几个水体单元都有不同程度的超标，尤其水体单元4和单元5超标非常严重；对于活性磷酸盐，水体单元4和单元5超标也相对比较严重，尤其是水体单元4。

3. 现状平均排放量下的海域浓度等值线分布

COD 从整体上达到水质要求的目标，只有在永定新河入海口有轻微的超标。无机氮超标较为严重，东南部渔业区东北角处超标，整个汉沽农渔业区完全超标，永定新河河口水体单元5处几乎完全超标。活性磷酸盐相对无机氮超标稍轻，汉沽农渔业区以及航运区都有较大部分超标。

(三) 现状排放情形下各水体控制单元纳污量分析

现状排放情形下，各污染物的水体单元纳污量与水体单元环境容量对比，如图9-3-5、图9-3-6和图9-3-7所示。

COD：从图9-3-5中可以看出，水体单元总体纳污量基本在允许纳污量范围内，只有个别单元，例如水体单元4和水体单元5稍有超标。

无机氮：从图9-3-6中可以看出，无机氮的水体单元纳污量超标较严重，尤其几个位于渔业区的水体单元纳污总量严重超环境容量，直接影响到渔业区的运作。

活性磷酸盐：从图9-3-7中可以看出，活性磷酸盐的水体单元纳污量超标与无机氮相比较轻，但也相当严重。其中位于农渔业区的水体单元超标严重，是影响渔业生产的重要因素。

赤潮的发生，主要与区域氮、磷浓度超标有关。氮、磷是海洋浮游植物必需的营养元素，也是引起水体富营养化的重要因素，它们是浮游植物生长的营养盐限制因子。区域氮、磷浓度超标，就会导致植物集中生长、大量繁殖，以致最终生物大量死亡，因此而发生赤潮。由于氮、磷排放一直居高不下，甚至有增长的趋势，故此区域内污染物的浓度必须严格限制，要降到海水水质要求的级别以内才能避免赤潮的发生。

从水体单元的现状纳污和水体单元环境容量分析，可以得出无机氮和活性磷酸盐对农渔业区的生产有严重的影响，是限制渔业生产的限制性因素，必须加以治理。一方面要限制污染物的整体排放量，降低氮、磷总的输入量；一方面可以对排放口的位置和排量进行优化配置，充分利用不同区域对排放口的响应程度的不同以及功能区划对水质要求的不同，使氮、磷的浓度不再集中地显现在一些区域，尽最大可能地提高达标率。这样可以在保证一定环境容量的基础上，尽最大可能地提高氮、磷的达标率，进而提高经济效益。

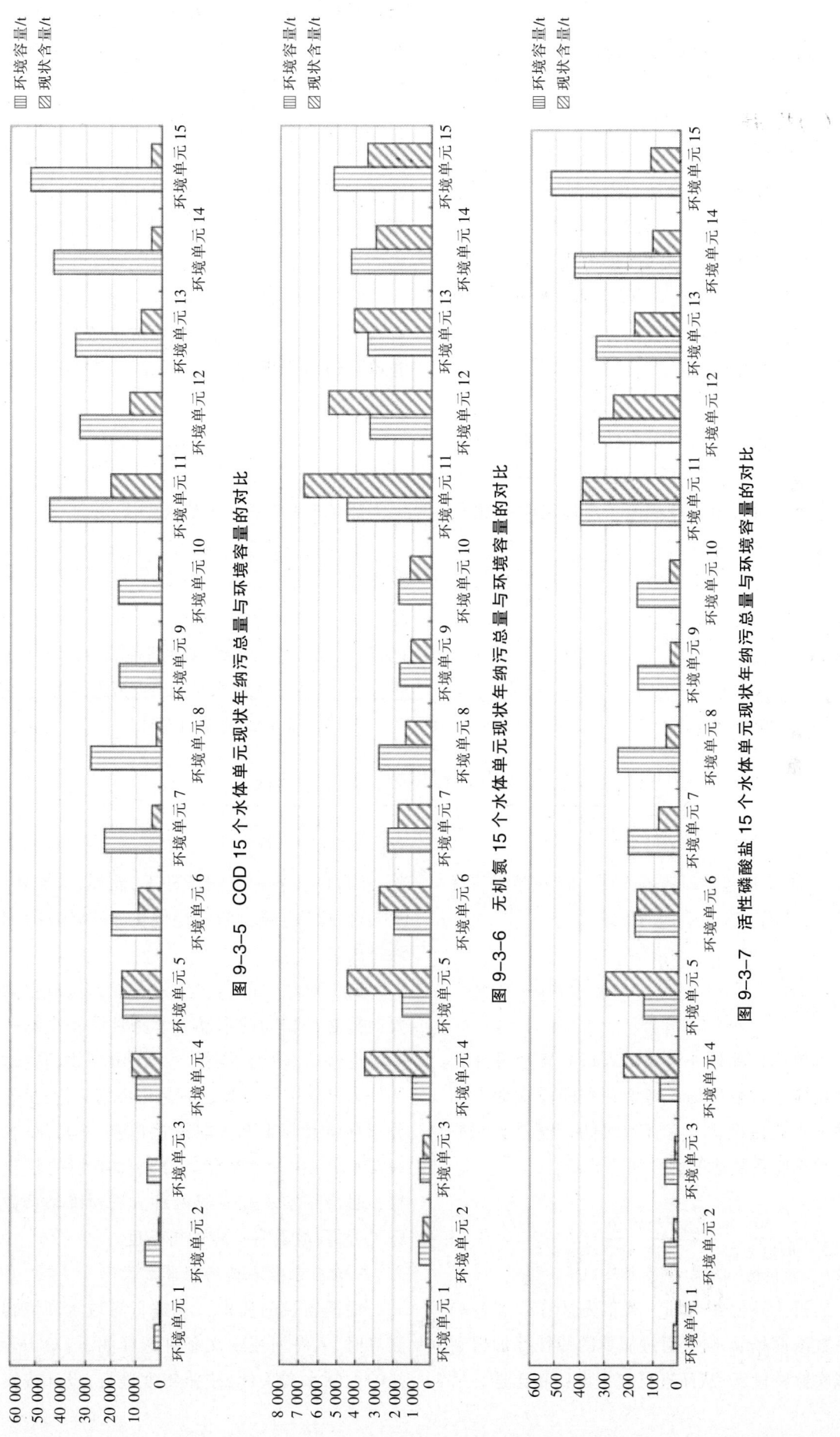

图 9-3-5　COD 15 个水体单元现状年纳污总量与环境容量的对比

图 9-3-6　无机氮 15 个水体单元现状年纳污总量与环境容量的对比

图 9-3-7　活性磷酸盐 15 个水体单元现状年纳污总量与环境容量的对比

五、排污量优化配置

(一) 排污量优化配置方法

1. 水质响应模型

海域水质状况受多种因素的影响，包括排放口的位置和排放强度、海域的自净能力（主要为物理自净能力）等，这些因素构成一个复杂的相互作用系统。水质响应模型，即以水动力学模型和水质模型为基础，模拟海域水质对各个污染源的响应变化。

在水动力条件不变情况下，海域水体污染物浓度场仅取决于排放源的性质（污染源点的空间位置、排放强度和化学组成等），可通过用于描述海岸带近岸海域潮流、水质时空变化分布的数学模型——潮流水质模型计算出响应系数 $a_{(x,y,i)}$，并用简单的函数关系来描述源强与平衡浓度场之间的关系，即：

$$C_{(x,y,i)} = a_{(x,y,i)} \cdot S_i$$

式中：S_i 为第 i 点污染源的单位时间排放量；$C_{(x,y,i)}$ 为在第 i 点源单独作用下所形成的海域点 (x,y) 的平衡浓度值；$a_{(x,y,i)}$ 为在第 i 点源单独作用下的海域点 (x,y) 的响应系数，它表征了平衡浓度场与源强之间的响应关系。

根据上式，假定 $S_i=1$，则 $C_{(x,y,i)}=a_{(x,y,i)}$。因此，单位污染物排放量形成的平衡浓度场就是响应系数场，并且在特定海域内，水动力环境不变条件下，固定的排放源形成的响应系数场是固定的。

根据叠加原理，在多个污染源共同作用下，海域空间点 (x,y) 处的污染物浓度可由各个污染源单独作用下所形成的该点的污染物浓度之和表示，即：

$$C_{(x,y)} = \sum_{i=1}^{n} C_{(x,y,i)} = \sum_{i=1}^{n} a_{(x,y,i)} \cdot S_i$$

2. 响应系数浓度场计算方法

本处响应系数浓度场是指，在单一、单位外源项作用下得到的污染物浓度场。响应系数浓度场可用于叠加生成模拟实际的污染物浓度场和（通过最优化方法）计算得到各种条件下的允许排放量。下面以天津大学水质模型进行简单介绍。

天津大学水质模型可写作：

$$\underbrace{\frac{\partial(H\phi)}{\partial t}}_{\text{时间变化项}} + \underbrace{\nabla_h \cdot (\vec{p}\phi)}_{\text{对流项}} = \underbrace{\nabla_h \cdot (H[D] \cdot \nabla_h \phi)}_{\text{扩散项}} + \underbrace{(-K_\phi H\phi)}_{\text{降解项}} + \underbrace{S_m \phi_m}_{\text{河流输入项}}$$

其中，外部源项包括河流输入项。将外部源项写作单一、单位外源项叠加的形式：

$$\underbrace{S_m \phi_m}_{\text{河流输入项}} = \sum_{j=0}^{n} \underbrace{Q_j}_{\substack{\text{外源}\\\text{强度}}} \cdot \underbrace{S_j}_{\substack{\text{单一}\\\text{单位}\\\text{外源}}} \quad (j=0,1,2,\cdots,n)$$

将单一、单位外源项带入水质模型可计算得到响应系数浓度场。考虑到在同样水动力条件下水质模型微分方程的线性，模拟实际浓度场和响应系数浓度场有如下关系：

$$\underbrace{\phi}_{\substack{\text{模拟实际}\\\text{浓度场}}} = \sum_{j=0}^{n} \underbrace{Q_j}_{\substack{\text{外源}\\\text{强度}}} \cdot \underbrace{\phi_j}_{\substack{\text{响应系数}\\\text{浓度场}}}$$

通过上述介绍可知，若事先计算得到各响应系数浓度场 ϕ_j，则可通过简单的线性叠加得到模拟实际浓度场，从而进行方案设计和比选。另外，还可以在各种限制条件下，比如，水文环境、社会经济环境等，通过最优化方法计算得到允许排放量。

要提出注意的是，上述叠加方法成立的重要前提是，相同的水动力学条件和污染物一级降解近似。本处水质模拟以 2010 年渤海湾水文条件为背景进行计算。所选污染指标中，虽然部分指标将参与生态等非线性过程，但污染物一级降解可在一定程度上反映污染物的转化过程，且应用实验和实测两种方法对降解系数进行了分析，故具有一定的可信度。

3. 响应系数浓度场计算方案

根据项目的要求，在进行海域水环境容量测算时，入海河流水文条件选择如下：对于营养盐的控制水文条件，按照年度进行，设计按实际年平均排放量来进行。

按水质评价标准,本项目选取的污染指标包括无机氮、活性磷酸盐、化学需氧量,其中氮超标普遍而且严重,是影响海域水环境质量的主要污染指标。

(二) 各排放口浓度响应场计算与分析

点源浓度场计算中,源强单位为 kg/s,响应浓度场单位为 mg/L。COD、无机氮和活性磷酸盐的点源响应因降解规律的变化有所不同。

排口 1 位于大神堂。从空间整体上来看,响应浓度场呈现出从排放口附近向外逐渐递减的趋势,即在排放口附近,浓度较高,等值线分布较密集;在距口门较远的海域,浓度较低,等值线分布较稀疏。

其余排放口与排口 1 类似,不再赘述。

(三) 水体控制单元与各排放口的响应关系

点源浓度场计算中,源强单位为 kg/s,响应浓度场单位为 mg/L。得到各环境单元对各大排放口的响应浓度关系,COD 响应系数如表 9-3-3 所示,无机氮响应系数如表 9-3-4 所示,活性磷酸盐响应系数如表 9-3-5 所示。

表 9-3-3 COD 各环境单元对各排放口的响应系数

	排口 1	排口 2	排口 3	排口 4	排口 5	排口 6	排口 7	排口 8	排口 9
环境单元 1	0.027 272	0.026 751	0.010 859	0.025 841	0.040 548	0.888 085	0.194 876	0.065 139	0.084 254
环境单元 2	0.044 717	0.044 072	0.018 383	0.053 008	0.097 713	1.07 618	0.075 222	0.050 844	0.065 619
环境单元 3	0.015 394	0.015 033	0.005 976	0.012 876	0.018 283	0.256 712	0.247 601	0.093 575	0.120 823
环境单元 4	0.09 834	0.184 604	0.616 767	0.740 107	0.668 198	0.23 929	0.03 623	0.028 123	0.036 419
环境单元 5	0.101 797	0.102 039	0.693 172	0.883 889	0.740 155	0.262 776	0.039 608	0.030 719	0.039 754
环境单元 6	0.126 667	0.127 377	0.067 728	0.307 385	0.47 349	0.274 046	0.043 548	0.033 949	0.043 917
环境单元 7	0.096 456	0.095 797	0.040 434	0.09 136	0.120 291	0.144 321	0.058 193	0.047 551	0.061 365
环境单元 8	0.040 008	0.039 223	0.015 902	0.032 423	0.04 182	0.226 437	0.087 029	0.069 797	0.089 888
环境单元 9	0.010 841	0.010 548	0.004 129	0.008 238	0.0 107	0.094 072	0.171 156	0.114 327	0.146 739
环境单元 10	0.00 999	0.009 703	0.003 782	0.007 255	0.008 955	0.050 695	0.162 299	0.126 213	0.161 836
环境单元 11	0.197 703	0.20 325	0.099 167	0.317 483	0.426 559	0.173 101	0.033 831	0.026 893	0.034 861
环境单元 12	0.155 066	0.154 993	0.06 633	0.147 954	0.1 822	0.08 539	0.043 946	0.036 409	0.047 067
环境单元 13	0.100 193	0.0 991	0.04 115	0.081 884	0.095 327	0.050 455	0.060 068	0.050 366	0.064 974
环境单元 14	0.019 262	0.018 718	0.007 397	0.013 727	0.016 032	0.03 703	0.129 371	0.107 729	0.138 496
环境单元 15	0.007 332	0.007 112	0.00 275	0.005 318	0.006 696	0.046 205	0.175 972	0.142 763	0.183 111

表 9-3-4　无机氮各环境单元对各排放口的响应系数

	排口 1	排口 2	排口 3	排口 4	排口 5	排口 6	排口 7	排口 8	排口 9
环境单元 1	0.093 427	0.093 471	0.076 667	0.096 195	0.118 933	1.67 806	0.502 357	0.34 008	0.353 824
环境单元 2	0.136 611	0.137 281	0.116 203	0.162 102	0.218 555	2.02 159	0.325 542	0.282 648	0.294 291
环境单元 3	0.05 664	0.05 641	0.044 797	0.053 468	0.063 577	0.636 487	0.620 164	0.428 217	0.444 356
环境单元 4	0.28 555	0.385 206	1.51 579	1.29 975	1.15 106	0.708 059	0.206 331	0.18 822	0.197 439
环境单元 5	0.282 281	0.287 477	1.55 355	1.42 104	1.18 851	0.727 424	0.213 307	0.194 552	0.20 384
环境单元 6	0.311 559	0.31 855	0.314 654	0.612 535	0.786 461	0.700 022	0.215 701	0.197 178	0.206 395
环境单元 7	0.233 018	0.235 972	0.206 018	0.25 183	0.282 808	0.409 276	0.248 831	0.231 683	0.241 467
环境单元 8	0.112 007	0.112 106	0.093 223	0.107 033	0.119 562	0.532 258	0.343 771	0.317 414	0.329 549
环境单元 9	0.041 186	0.04 088	0.031 694	0.036 591	0.042 401	0.332 632	0.556 759	0.477 082	0.493 569
环境单元 10	0.037 237	0.036 916	0.028 486	0.032 328	0.036 892	0.246 517	0.545 414	0.493 807	0.510 378
环境单元 11	0.442 141	0.459 867	0.443 367	0.692 344	0.803 177	0.544 478	0.184 148	0.169 407	0.178 008
环境单元 12	0.34 739	0.35 398	0.315 091	0.384 208	0.416 978	0.324 999	0.201 001	0.188 047	0.196 687
环境单元 13	0.230 501	0.232 741	0.201 742	0.228 331	0.240 475	0.225 908	0.241 453	0.227 419	0.236 805
环境单元 14	0.057 707	0.057 321	0.045 946	0.050 329	0.054 675	0.1 961	0.440 539	0.413 064	0.427 429
环境单元 15	0.029 889	0.029 598	0.022 501	0.025 856	0.030 057	0.23 614	0.566 095	0.522 049	0.539 221

表 9-3-5　活性磷酸盐各环境单元对各排放口的响应系数

	排口 1	排口 2	排口 3	排口 4	排口 5	排口 6	排口 7	排口 8	排口 9
环境单元 1	0.039 458	0.039 116	0.019 562	0.038 321	0.055 506	1.06 923	0.247 497	0.106 428	0.129 425
环境单元 2	0.062 375	0.062 121	0.031 926	0.073 653	0.122 536	1.29 684	0.115 569	0.084 695	0.102 878
环境单元 3	0.02 271	0.022 413	0.010 955	0.019 753	0.026 422	0.333 872	0.314 583	0.146 604	0.17 793
环境单元 4	0.135 012	0.225 032	0.792 653	0.867 071	0.781 484	0.330 135	0.061 219	0.04 972	0.060 659
环境单元 5	0.137 686	0.13 931	0.866 362	1.00 781	0.846 596	0.35 476	0.065 683	0.053 313	0.064 991
环境单元 6	0.165 319	0.167 849	0.106 112	0.373 324	0.546 228	0.361 231	0.070 415	0.057 383	0.069 917
环境单元 7	0.125 233	0.125 685	0.065 642	0.123 437	0.154 701	0.196 431	0.089 996	0.075 984	0.092 321
环境单元 8	0.054 359	0.053 872	0.02 701	0.046 411	0.057 171	0.289 914	0.131 295	0.109 221	0.132 382
环境单元 9	0.01 608	0.015 814	0.0 076	0.012 882	0.016 134	0.136 869	0.240 582	0.173 803	0.209 967
环境单元 10	0.014 686	0.014 421	0.006 903	0.011 337	0.013 685	0.083 823	0.232 133	0.187 867	0.226 755
环境单元 11	0.250 106	0.259 216	0.153 862	0.397 473	0.512 239	0.24 413	0.056 453	0.046 659	0.056 993
环境单元 12	0.19 658	0.198 548	0.105 247	0.196 203	0.232 891	0.1 294	0.069 351	0.059 157	0.072 028
环境单元 13	0.12 808	0.128 059	0.065 987	0.111 157	0.125 812	0.082 146	0.091 098	0.078 495	0.095 322
环境单元 14	0.02 661	0.026 152	0.012 762	0.020 266	0.023 198	0.064 424	0.186 214	0.159 446	0.192 861
环境单元 15	0.011 053	0.01 084	0.005 138	0.008 525	0.010 501	0.078 387	0.24 838	0.207 822	0.250 849

(四) 排污量优化配置计算方案与达标状况分析

1. COD 排污量优化配置计算方案

COD 在 9 个排放口的现状平均排放量统计结果如表 9-3-6 所示。

水体的总面积达标率和各个关键水体单元的达标率随时间变化图线如图 9-3-8 和图 9-3-9 所示。

表 9-3-6　COD 9 个排放口现状平均排放量统计

		COD/t
排口 1	大神堂	2 469.00
排口 2	中心渔港	1 646.00
排口 3	永定新河	37 120.80
排口 4	天津港	4 115.00
排口 5	海河	94 559.20
排口 6	独流减河	2 957.86
排口 7	南港	0
排口 8	子牙新河	14 221.66
排口 9	北排河	7 510.48
总量		164 600.00

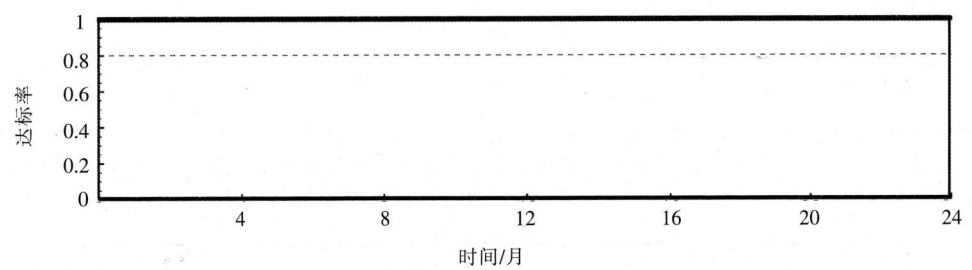

图 9-3-8　COD 总面积达标率随时间变化图

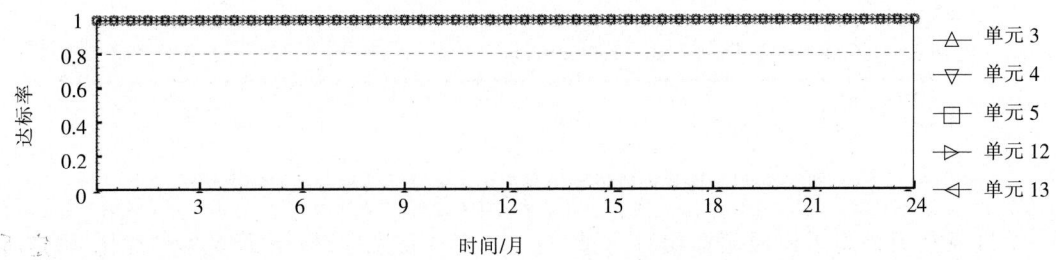

图 9-3-9　COD 关键水体单元达标率随时间变化图

COD 在天津附近海域达标率还是相对不错的,北部北塘口附近、汉沽临近海域稍微有些超标,但超标较轻,这与临近陆源有关。

故此,COD 在天津附近海域排放量达标,是目前控制比较好的一种污染物。

2. 无机氮排污量优化配置计算方案

(1) 现状排放情景

无机氮在 9 个排放口的现状平均排放量统计结果如表 9-3-7 所示。

水体的总面积达标率和各个关键水体单元的达标率随时间变化图线如图 9-3-10 和图 9-3-11 所示。

表 9-3-7　无机氮 9 个排放口现状平均排放量统计

		无机氮/t
排口 1	大神堂	203.14
排口 2	中心渔港	210.67
排口 3	永定新河	3 821.28
排口 4	天津港	376.19
排口 5	海河	8 818.72
排口 6	独流减河	120.45
排口 7	南港	0
排口 8	子牙新河	1 064.55
排口 9	北排河	1 185
总量		15 800

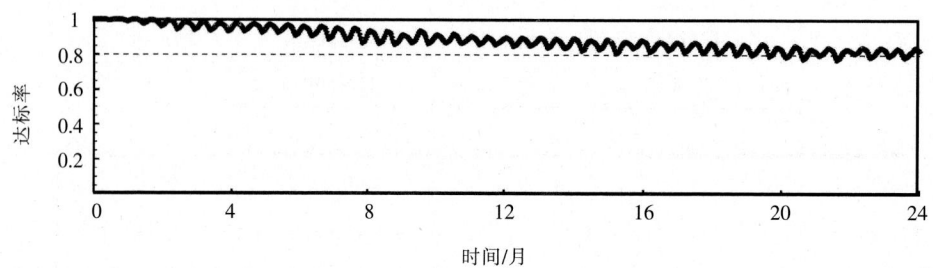

图 9-3-10　现状排放下无机氮总面积达标率随时间变化图

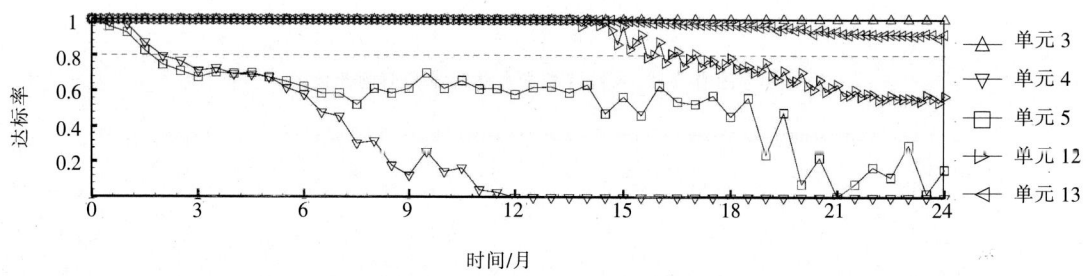

图 9-3-11　现状排放下无机氮关键水体单元达标率随时间变化图

无机氮在天津附近海域超标相对严重，北部汉沽农渔业区以及北塘口附近航运区都严重超标，东南部增殖养殖区的北部也是大面积浓度超标。

(2) 针对现状排放量的优化

首先进行一项最基本的优化，限定所有排放口的排放下限为 0，即最低不排放；排放上限设定为现状。以各个水体单元达标进行优化，优化结果如表 9-3-8 所示。

表 9-3-8 无机氮 9 个排放口最基本优化排放量与现状排放量对比

无机氮	现排放量/t	优化排放量/t	削减百分比
大神堂	203.14	203.14	0
中心渔港	210.67	210.67	0
永定新河	3 821.28	0	100%
天津港	376.19	0	100%
海河	8 818.72	8 194.409	7.08%
独流减河	120.45	120.436	0.01%
南港	0	0	0
子牙新河	1 064.55	1 064.55	0
北排河	1 185	1 185	0
总量	15 800	1 0978.21	30.52%

从结果可以得出：

1）无机氮超标相对严重，为达到水质要求而不改变各个排放口入海口的情况下，最低削减量的排放方案是最大地削减永定新河和天津港的排放量。这是由于这两个排放口濒临水体单元 4，而水体单元 4 所在区域属于汉沽农渔业区和汉沽浅海生态系统海洋特别保护区，这片区域水质要求较高。

2）无机氮若想满足达标排污的要求，在现状不增加各个排放口排放量的基础上，最低的削减量约为 30.5%，这个削减比例很大，实现较困难。

(3) 按"十二五"规划总量减排目标优化

根据"十二五"规划，无机氮的削减目标为 10.5%，在这种削减量下无法实现整个水域的水质达标。为提高达标面积，在"十二五"规定的削减量的基础上，进行优化，得出如下方案。

1）推荐方案 1：永定新河、天津港和海河三河口等比例削减，同时其他排放口保持现状。

优化后各个排放口的排放量与现状排放量的对比如表 9-3-9 所示。

表 9-3-9 "十二五"规划无机氮推荐方案 1 排放量与现状排放量的对比

无机氮	现排放量/t	优化排放量/t	削减百分比
大神堂	203.14	203.14	0
中心渔港	210.67	210.67	0
永定新河	3 821.28	3 334.24	12.75%
天津港	376.19	328.26	12.75%
海河	8 818.72	7 694.75	12.75%
独流减河	120.45	120.45	0
南港	0	0	0
子牙新河	1 064.55	1 064.55	0
北排河	1 185	1 185.00	0
总量	15 800	14 141.06	10.50%

此种情形下水体的总面积达标率和各个关键水体单元的达标率随时间变化图线如图 9-3-12 和图 9-3-13 所示。

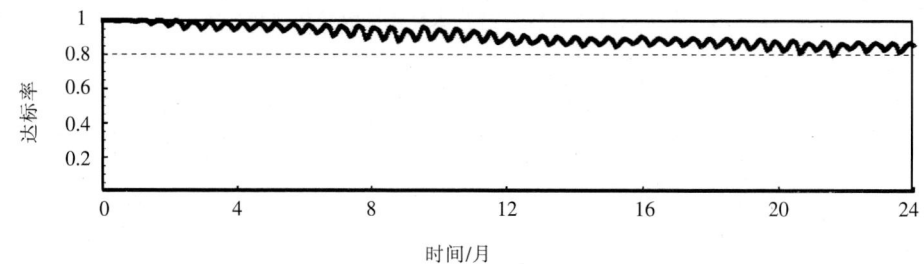

图 9-3-12 "十二五"规划无机氮推荐方案 1 总面积达标率随时间变化图

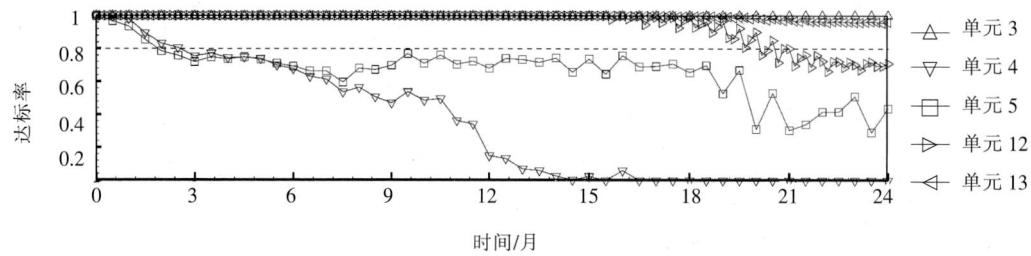

图 9-3-13 "十二五"规划无机氮推荐方案 1 关键水体单元达标率随时间变化图

2)推荐方案 2:各排放口等比例削减,总量削减为现状的 10.5%,优化后各个排放口的排放量与现状排放量的对比如表 9-3-10 所示。

表 9-3-10 "十二五"规划无机氮推荐方案 2 排放量与现状排放量的对比

无机氮	现排放量/t	优化排放量/t	削减百分比
大神堂	203.14	181.81	10.50%
中心渔港	210.67	188.55	10.50%
永定新河	3 821.28	3 420.05	10.50%
天津港	376.19	336.69	10.50%
海河	8 818.72	7 892.75	10.50%
独流减河	120.45	107.80	10.50%
南港	0	0	0
子牙新河	1 064.55	952.77	10.50%
北排河	1 185	1 060.58	10.50%
总量	15 800	14 141	10.50%

此种情形下水体的总面积达标率和各个关键水体单元的达标率随时间变化图线如图 9-3-14 和图 9-3-15 所示。

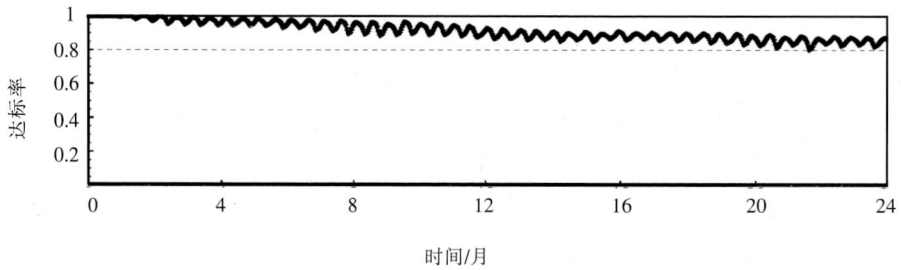

图 9-3-14 "十二五"规划无机氮推荐方案 2 总面积达标率随时间变化图

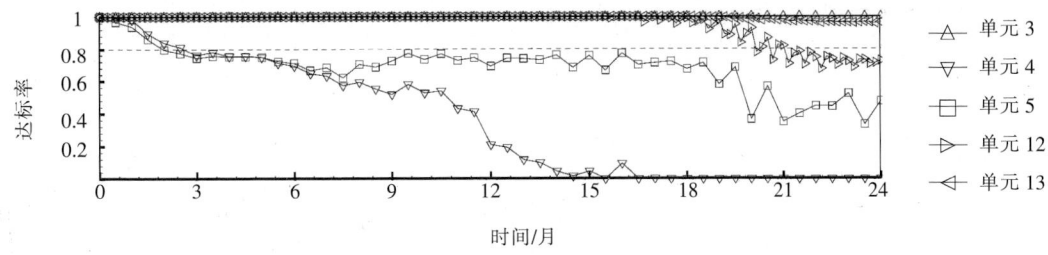

图9-3-15 "十二五"规划无机氮推荐方案2关键水体单元达标率随时间变化图

(4) 按远期规划目标优化

目标是水体的各个功能区都能达到各个功能区水质要求,削减量最小。限制条件是各个水体单元的平均浓度达标。

1) 推荐方案1:对于现状,为了实现各个功能区水质达标的目的,从长远考虑,尽可能削减永定新河、天津港和海河排放口的排放量,这样从根本上解决对水体单元4的威胁。

优化后各个排放口的排放量与现状排放量的对比如表9-3-11所示。

表9-3-11 远期规划无机氮推荐方案1排放量与现状排放量的对比

无机氮	现排放量/t	优化排放量/t	削减百分比
大神堂	203.14	203.14	0
中心渔港	210.67	210.67	0
永定新河	3 821.28	764.24	80.00%
天津港	376.19	75.24	80.00%
海河	8 818.72	7 103.04	19.45%
独流减河	120.45	120.45	0
南港	0	0	0
子牙新河	1 064.55	1 064.55	0
北排河	1 185	1 185	0
总量	15 800	10 726.32	32.11%

此种情形下水体的总面积达标率和各个关键水体单元的达标率随时间变化图线如图9-3-16和图9-3-17所示。

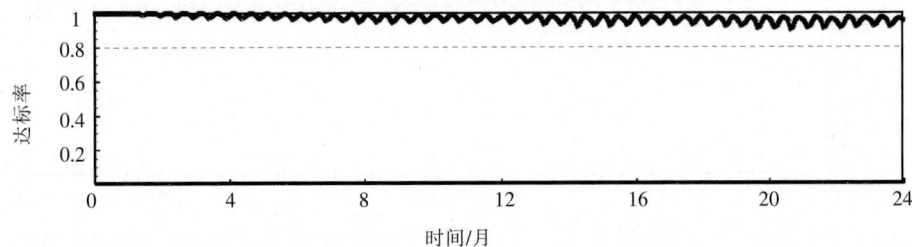

图9-3-16 远期规划无机氮推荐方案1总面积达标率随时间变化图

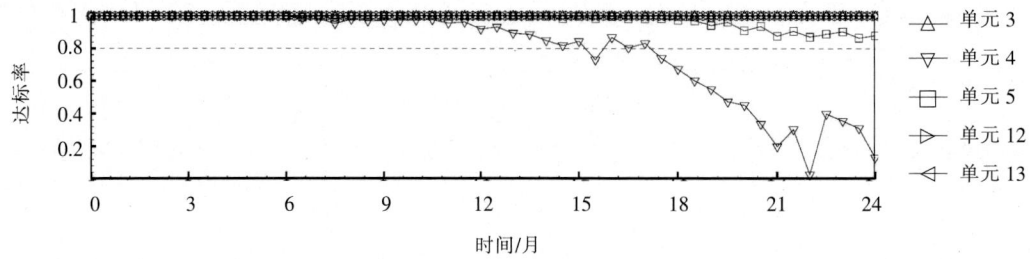

图 9-3-17　远期规划无机氮推荐方案 1 关键水体单元达标率随时间变化图

2)推荐方案 2:考虑现实情况,水体单元 4 是关键的水体单元,这个单元决定各个排放口达标后的最终排放量,而影响水体单元 4 的主要排放口为永定新河、天津港和海河排放口。同时,永定新河和天津港的削减比例不宜过大,为此,设定永定新河排放口、天津港排放口和海河排放口具有相同的削减比例,得到如下结论。

优化后各个排放口的排放量与现状排放量的对比如表 9-3-12 所示。

表 9-3-12　远期规划无机氮推荐方案 2 排放量与现状排放量的对比

无机氮	现排放量/t	优化排放量/t	削减百分比
大神堂	203.14	203.14	0
中心渔港	210.67	210.67	0
永定新河	3 821.28	2 167.56	43.28%
天津港	376.19	213.37	43.28%
海河	8 818.72	5 002.27	43.28%
独流减河	120.45	120.45	0
南港	0	0	0
子牙新河	1 064.55	1 064.56	0
北排河	1 185	1 185	0
总量	15 800	10 167.02	35.65%

此种情形下水体的总面积达标率和各个关键水体单元的达标率随时间变化图线如图 9-3-18 和图 9-3-19 所示。

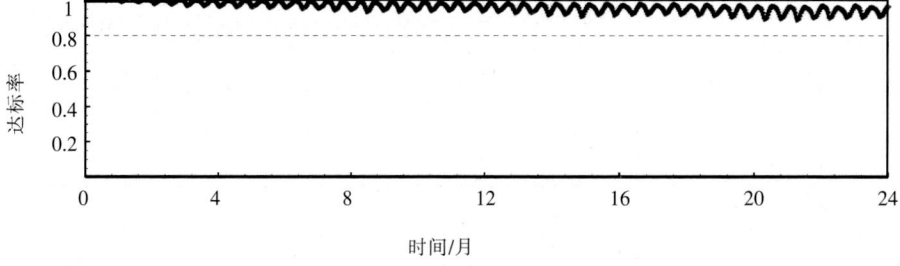

图 9-3-18　远期规划无机氮推荐方案 2 总面积达标率随时间变化图

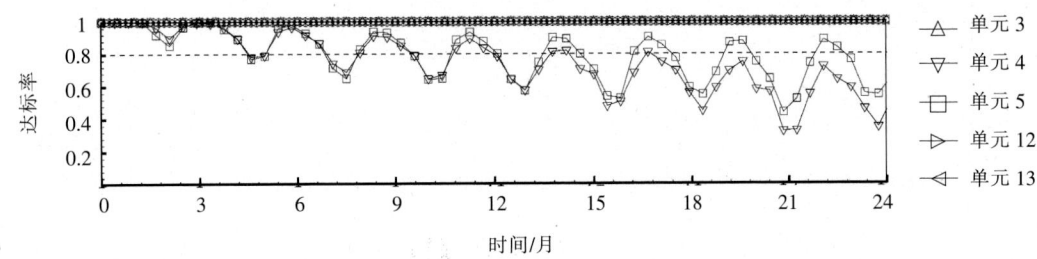

图 9-3-19　远期规划无机氮推荐方案 2 关键水体单元达标率随时间变化图

此种方案的优点是在保证主要排放口工程量相当的前提下,最大可能降低削减比例。

3)推荐方案 3:可以考虑提高环境容量的方案,即考虑将永定新河的排放量分配给北部的大神堂和中心渔港两个排放口。

实现的可能性分析:实地调查中得知,汉沽的污水排放主要是经过市政管道汇聚,通过蓟运河,注入永定新河,最后在永定新河河口入海。永定新河排放口是影响水体单元 4 的关键,而大神堂排放口和中心渔港排放口对水体单元 4 的影响要低很多,故此,本方案考虑将永定新河的排放量部分转移到大神堂排放口和中心渔港排放口。

优化后各个排放口的排放量与现状排放量的对比如表 9-3-13 所示。

表 9-3-13　远期规划无机氮推荐方案 3 排放量与现状排放量的对比

无机氮	现排放量/t	优化排放量/t	削减百分比
大神堂	203.14	588.90	-189.90%
中心渔港	210.67	588.90	-179.54%
永定新河	3 821.28	1 836.78	51.93%
天津港	376.19	226.02	39.92%
海河	8 818.72	5 298.17	39.92%
独流减河	120.45	120.45	0
南港	0	0	0
子牙新河	1 064.55	1 064.55	0
北排河	1 185	1 185	0
总量	15 800	10 908.78	30.96%

此种情形下水体的总面积达标率和各个关键水体单元的达标率随时间变化图线如图 9-3-20 和图 9-3-21 所示。

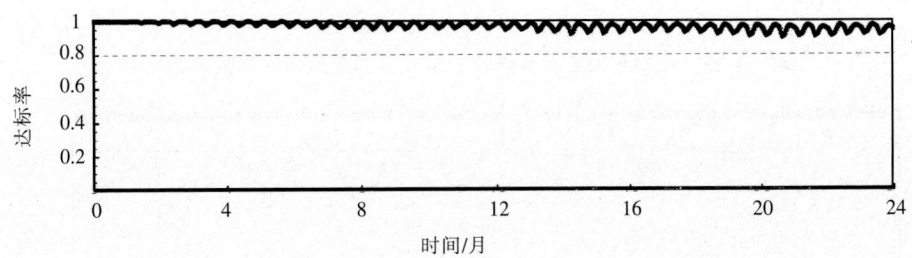

图 9-3-20　远期规划无机氮推荐方案 3 总面积达标率随时间变化图

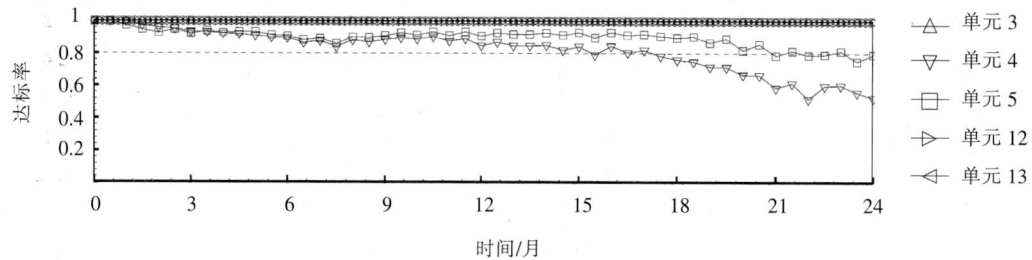

图 9-3-21　远期规划无机氮推荐方案 3 关键水体单元达标率随时间变化图

4) 推荐方案 4:考虑现实情况,设定各个排放口的削减比例相同,此时可以降低永定新河排放口和海河排放口的减排压力,但会加大总量的削减比例。

优化后各个排放口的排放量与现状排放量的对比如表 9-3-14 所示。

表 9-3-14　远期规划无机氮推荐方案 4 排放量与现状排放量的对比

无机氮	现排放量/t	优化排放量/t	削减百分比
大神堂	203.14	121.57	40.15%
中心渔港	210.67	126.08	40.15%
永定新河	3 821.28	2 286.90	40.15%
天津港	376.19	225.14	40.15%
海河	8 818.72	5 277.68	40.15%
独流减河	120.45	72.09	40.15%
南港	0	0	0
子牙新河	1 064.55	637.09	40.15%
北排河	1 185	709.18	40.15%
总量	15 800	9 455.73	40.15%

此种情形下水体的总面积达标率和各个关键水体单元的达标率随时间变化图线如图 9-3-22 和图 9-3-23 所示。

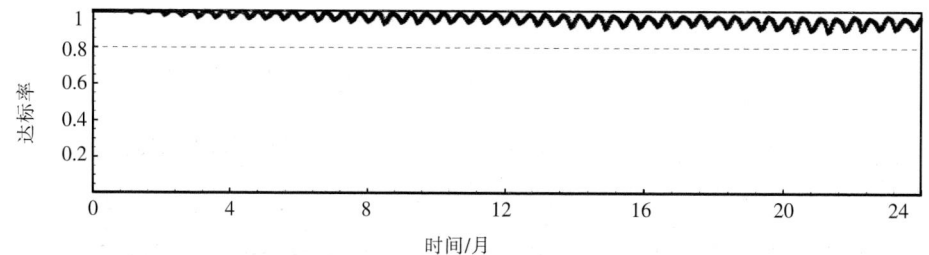

图 9-3-22　远期规划无机氮推荐方案 4 总面积达标率随时间变化图

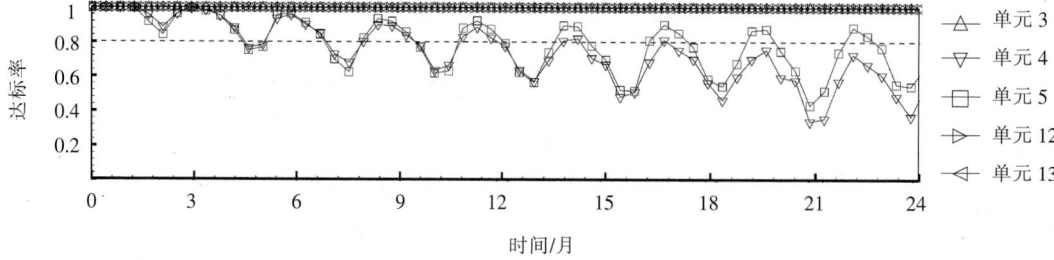

图 9-3-23　远期规划无机氮推荐方案 4 关键水体单元达标率随时间变化图

3. 活性磷酸盐排污量优化配置计算方案
(1) 现状排放情景

活性磷酸盐在 9 个排放口的现状平均排放量统计结果如表 9-3-15 所示。

表 9-3-15　活性磷酸盐 9 个排放口现状平均排放量统计

		活性磷酸盐/t
排口 1	大神堂	45.10
排口 2	中心渔港	22.55
排口 3	永定新河	580.36
排口 4	天津港	49.61
排口 5	海河	1 295.84
排口 6	独流减河	2.20
排口 7	南港	0
排口 8	子牙新河	323.95
排口 9	北排河	25.64
总量		2 345.25

此种情形下水体的总面积达标率和各个关键水体单元的达标率随时间变化图线如图 9-3-24 和图 9-3-25 所示。

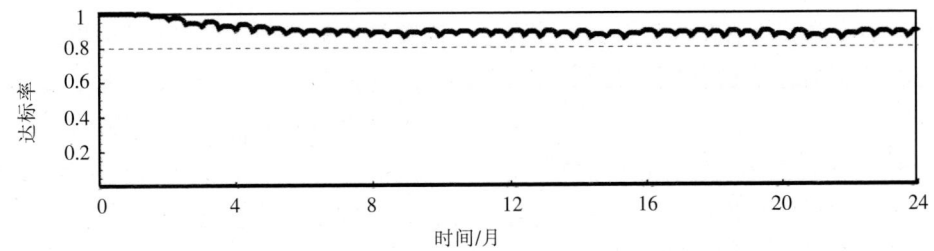

图9-3-24　现状排放量活性磷酸盐总面积达标率随时间变化图

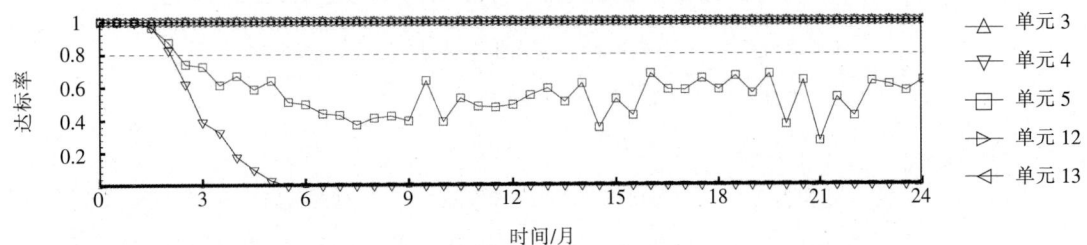

图9-3-25　现状排放量活性磷酸盐关键水体单元达标率随时间变化图

活性磷酸盐在天津附近海域超标相对还是比较严重,北部汉沽农渔业区、大神堂保留区等都严重超标,永定新河河口附近天津港港口航运区也有一大块区域超标。

(2) 针对现状排放量的优化

首先进行最基本的优化,将排放口的排放下限定为 0,即最低不排放;排放上限设定为现状。以各个水体单元达标进行优化,优化结果如表 9-3-16 所示。

表 9-3-16　活性磷酸盐方案优化结果与现状排放量的对比

活性磷酸盐	现排放量/t	优化排放量/t	削减百分比
大神堂	45.10	45.10	0
中心渔港	22.55	22.55	0
永定新河	580.36	0	100%
天津港	49.61	0	100%
海河	1 295.84	1 090.07	15.88%
独流减河	2.20	2.20	0
南港	0	0	0
子牙新河	323.95	323.94	0
北排河	25.64	25.64	0
总量	2 345.25	1 509.50	35.64%

从结果可以得出：

1)活性磷酸盐超标相对严重,为达到水质要求而不改变各个排放口入海口的情况下,最低削减量的排放方案是尽可能地削减永定新河和天津港的排放量。这是由于这两个排放口濒临水体单4,而水体单元4所在区域属于汉沽农渔业区和汉沽浅海生态系统海洋特别保护区,这片区域水质要求较高。

2)活性磷酸盐若想满足达标排污的要求,在现状不增加各个排放口排放量的基础上,最低的削减量约为36%,这个削减力度比较大,实现难度很大。

(3)按"十二五"规划总量减排目标优化

"十二五"规划,活性磷酸盐的削减目标为10%左右,在这种削减量下无法实现整个水域的水质达标,为提高达标面积,在"十二五"规定的削减量的基础上,进行优化,得出如下方案。

1)推荐方案1:永定新河、天津港和海河三河口等比例削减,同时其他排放口保持现状。

优化后各个排放口的排放量与现状排放量的对比如表9-3-17所示。

表 9-3-17　"十二五"规划活性磷酸盐推荐方案1排放量与现状排放量的对比

活性磷酸盐	现排放量/t	优化排放量/t	削减百分比
大神堂	45.10	45.10	0
中心渔港	22.55	22.55	0
永定新河	580.36	509.68	12.18%
天津港	49.61	43.55	12.18%
海河	1 295.84	1 138.04	12.18%
独流减河	2.20	2.20	0
南港	0	0	0
子牙新河	323.95	323.95	0
北排河	25.64	25.64	0
总量	2 345.25	2 110.71	10.00%

此种情形下水体的总面积达标率和各个关键水体单元的达标率随时间变化图线如图9-3-26和图9-3-27所示。

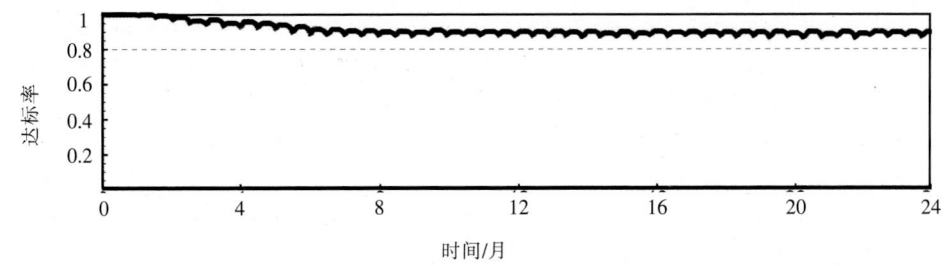

图9-3-26 "十二五"规划活性磷酸盐推荐方案1总面积达标率随时间变化图

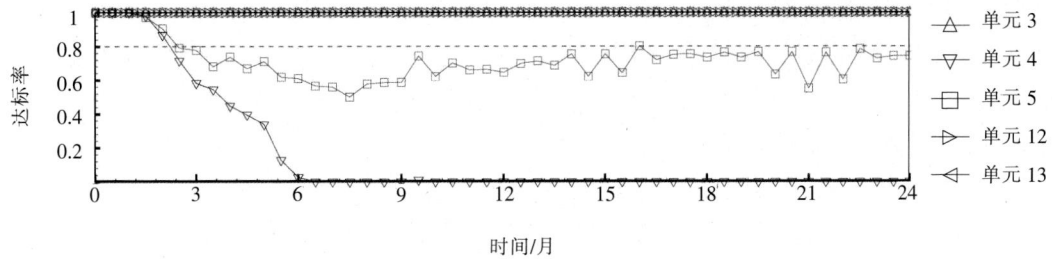

图9-3-27 "十二五"规划活性磷酸盐推荐方案1关键水体单元达标率随时间变化图

2)推荐方案2:各排放口等比例削减,削减为现状的10%后,各个排放口的排放量与现状排放量的对比如表9-3-18所示。

表9-3-18 "十二五"规划活性磷酸盐推荐方案2排放量与现状排放量的对比

活性磷酸盐	现排放量/t	优化排放量/t	削减百分比
大神堂	45.10	40.59	10.00%
中心渔港	22.55	20.30	10.00%
永定新河	580.36	522.32	10.00%
天津港	49.61	44.65	10.00%
海河	1 295.84	1 166.26	10.00%
独流减河	2.20	1.98	10.00%
南港	0	0	0
子牙新河	323.95	291.55	10.00%
北排河	25.64	23.08	10.00%
总量	2 345.25	2 110.73	10.00%

此种情形下水体的总面积达标率和各个关键水体单元的达标率随时间变化图线如图9-3-28和图9-3-29所示。

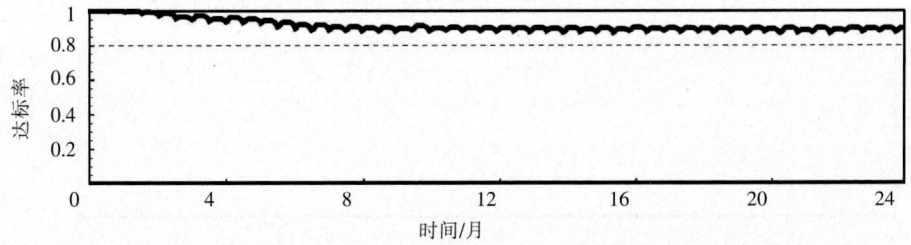

图9-3-28 "十二五"规划活性磷酸盐推荐方案2总面积达标率随时间变化图

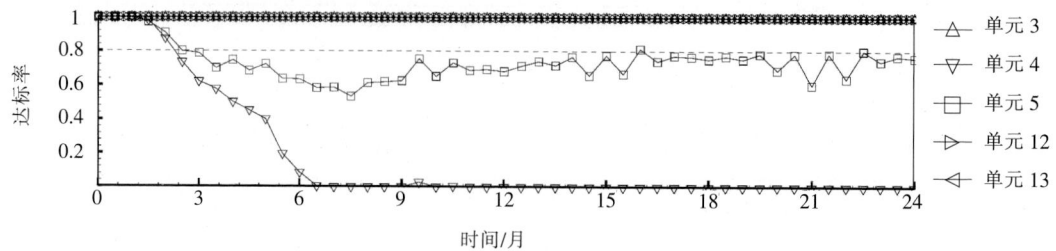

图9-3-29 "十二五"规划活性磷酸盐推荐方案2关键水体单元达标率随时间变化图

(4) 按远期规划目标优化

1) 推荐方案1：对于现状，为了实现各个功能区的水质达标的目的，从长远考虑，应尽可能削减永定新河、天津港和海河排放口的排放量，从而从根本上解决对水体单元4的威胁。

优化后各个排放口的排放量与现状排放量的对比如表9-3-19所示。

表9-3-19 远期规划活性磷酸盐推荐方案1排放量与现状排放量的对比

活性磷酸盐	现排放量/t	优化排放量/t	削减百分比
大神堂	45.10	45.10	0
中心渔港	22.55	22.55	0
永定新河	580.36	116.08	80.00%
天津港	49.61	9.93	80.00%
海河	1 295.84	961.31	25.82%
独流减河	2.20	2.21	0
南港	0	0	0
子牙新河	323.95	323.95	0
北排河	25.64	25.64	0
总量	2 345.25	1 506.77	35.75%

此种情形下水体的总面积达标率和各个关键水体单元的达标率随时间变化图线如图9-3-30和图9-3-31所示。

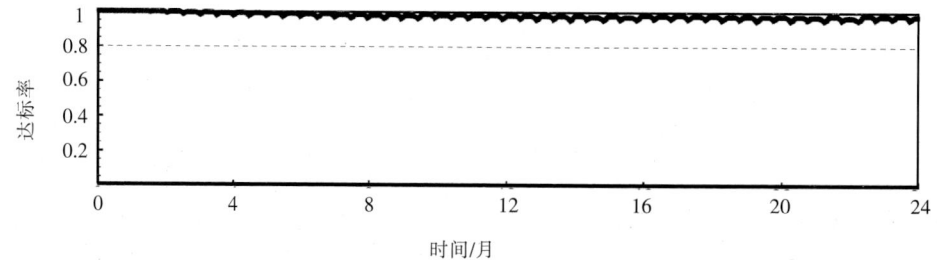

图9-3-30 远期规划活性磷酸盐推荐方案1总面积达标率随时间变化图

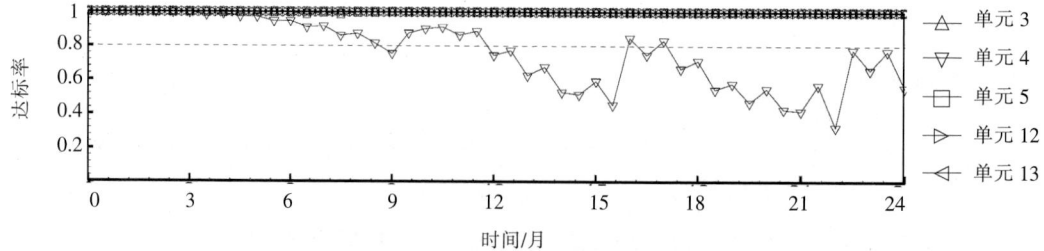

图9-3-31 远期规划活性磷酸盐推荐方案1关键水体单元达标率随时间变化图

2)推荐方案 2:考虑现实情况,水体单元 4 是关键的水体单元,决定各个排放口达标后的最终排放量,而影响水体单元 4 的主要排放口为永定新河、天津港和海河排放口。同时,永定新河和天津港的削减比例不宜过大,为此设定永定新河排放口、天津港排放口和海河排放口具有相同的削减比例,得到如下结论。

优化后各个排放口的排放量与现状排放量的对比如表 9-3-20 所示。

表 9-3-20　远期规划活性磷酸盐推荐方案 2 排放量与现状排放量的对比

活性磷酸盐	现排放量/t	优化排放量/t	削减百分比
大神堂	45.10	45.10	0
中心渔港	22.55	22.55	0
永定新河	580.36	312.62	46.13%
天津港	49.61	26.71	46.13%
海河	1 295.84	698.05	46.13%
独流减河	2.20	2.20	0
南港	0	0	0
子牙新河	323.95	323.95	0
北排河	25.64	25.64	0
总量	2 345.25	1 456.82	37.88%

此种情形下水体的总面积达标率和各个关键水体单元的达标率随时间变化图线如图 9-3-32 和图 9-3-33 所示。

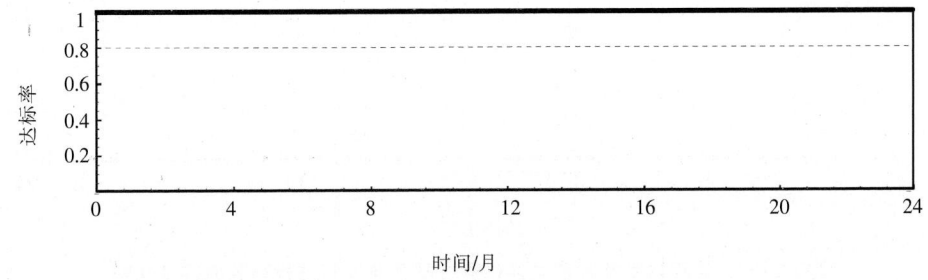

图 9-3-32　远期规划活性磷酸盐推荐方案 2 总面积达标率随时间变化图

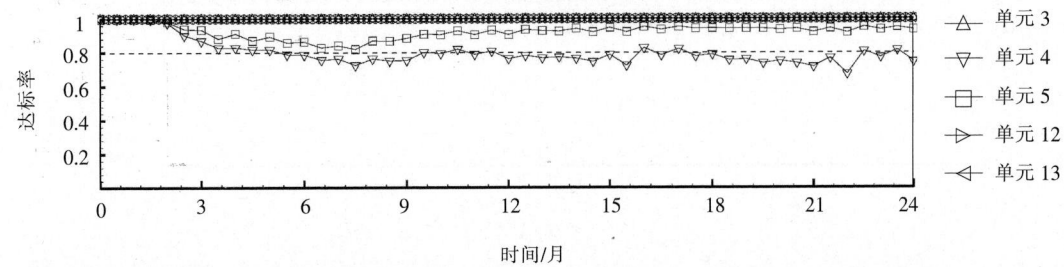

图 9-3-33　远期规划活性磷酸盐推荐方案 2 关键水体单元达标率随时间变化图

此种方案的优点是在保证主要排放口工程量相当的前提下,尽可能地降低削减比例。

3)推荐方案 3:为尽可能降低总的削减比例,可以考虑提高环境容量利用率的方案,即考虑将永定新河的排放量分配给北部的大神堂和中心渔港两个排放口。

实现的可能性分析:实地调查中得知,汉沽的污水排放主要是经过市政管道汇聚,通过蓟运河，注入永定新河，最后在永定新河河口入海。永定新河排放口是影响水体单元4的关键，而大神堂排放口和中心渔港排放口对水体单元4的影响相对来讲要低很多，故此，本方案考虑将永定新河的排放量部分转移到大神堂排放口和中心渔港排放口。

优化后各个排放口的排放量与现状排放量的对比如表9-3-21所示。

表9-3-21　远期规划活性磷酸盐推荐方案3排放量与现状排放量的对比

活性磷酸盐	现排放量/t	优化排放量/t	削减百分比
大神堂	45.10	124.31	−175.63%
中心渔港	22.55	124.31	−451.26%
永定新河	580.36	238.13	58.97%
天津港	49.61	29.58	40.37%
海河	1 295.84	772.73	40.37%
独流减河	2.20	2.21	0
南港	0	0	0
子牙新河	323.95	323.95	0
北排河	25.64	25.64	0
总量	2 345.25	1 640.86	30.03%

此情形下水体的总面积达标率和各个关键水体单元的达标率随时间变化图线如图9-3-34和图9-3-35所示。

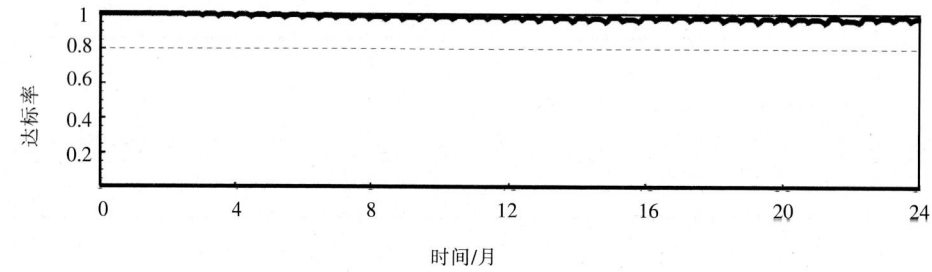

图9-3-34　远期规划活性磷酸盐推荐方案3总面积达标率随时间变化图

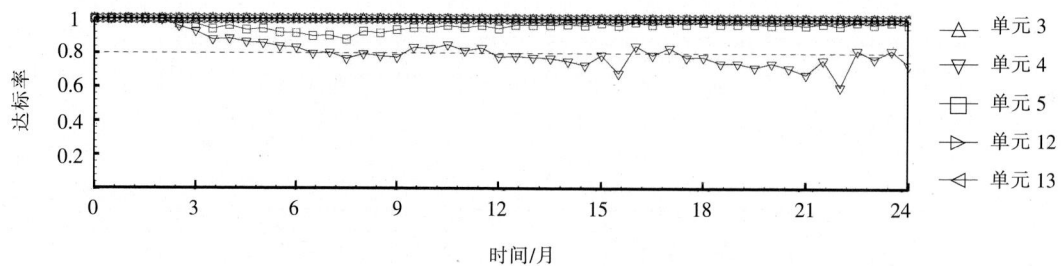

图9-3-35　远期规划活性磷酸盐推荐方案3关键水体单元达标率随时间变化图

4）推荐方案4：考虑现实情况，设定各个排放口的削减比例相同，此时可以降低永定新河排放口和海河排放口的减排压力，但一方面加重总量的削减比例。

优化后各个排放口的排放量与现状排放量的对比如表9-3-22所示。

表 9-3-22　远期规划活性磷酸盐推荐方案 4 排放量与现状排放量的对比

活性磷酸盐	现排放量/t	优化排放量/t	削减百分比
大神堂	45.10	25.54	43.33%
中心渔港	22.55	12.77	43.33%
永定新河	580.36	328.89	43.33%
天津港	49.61	28.10	43.33%
海河	1 295.84	734.35	43.33%
独流减河	2.20	1.26	42.33%
南港	0	0	0
子牙新河	323.95	183.57	43.33%
北排河	25.64	14.54	43.33%
总量	2 345.25	1 329.02	43.33%

此种情形下水体的总面积达标率和各个关键水体单元的达标率随时间变化图线如图 9-3-36 和图 9-3-37 所示。

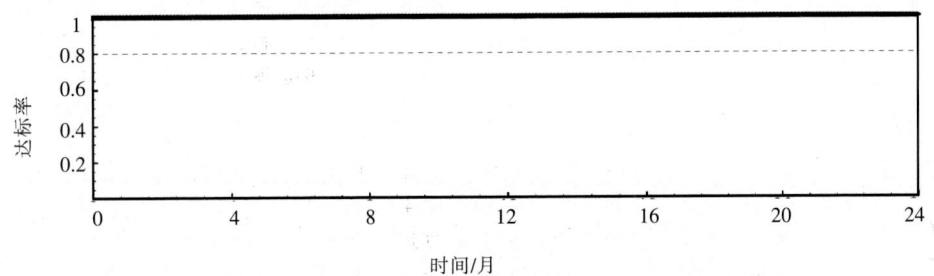

图 9-3-36　远期规划活性磷酸盐推荐方案 4 总面积达标率随时间变化图

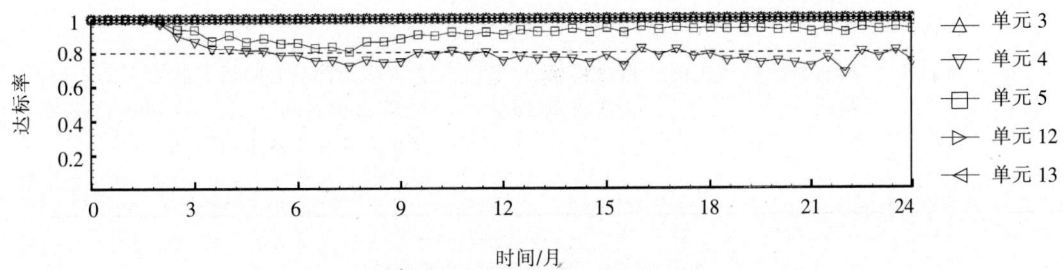

图 9-3-37　远期规划活性磷酸盐推荐方案 4 关键水体单元达标率随时间变化图

4. 小结

各个方案的约束条件、削减比例、优缺点对比等如表 9-3-23 和表 9-3-24 所示。

表 9-3-23 无机氮方案对比

	推荐方案	约束条件	削减比例	达标时间和面积	优点和缺点
"十二五"规划	推荐 1	总量削减10.5%的基础上，永定新河、天津港和海河三个排放口等比例削减，其余不变	三个排放口等比例削减12.75%	总达标面积长时间稳定在85%左右，水体单元4几乎全年超标	优点：总量削减一定的情况下，使水质最好 缺点：未能照顾各个排放口的削减工作量
	推荐 2	总量削减10.5%的基础上，所有排放口等比例削减	所有排放口等比例削减10.5%	总达标面积长时间稳定在83%左右，水体单元4几乎全年超标	优点：保证各个排放口有相同的工作量 缺点：总量同等削减比例下，水质未能达到最好
远期规划	推荐 1	永定新河和天津港排放口总量削减比例为80%	永定新河和天津港排放口削减80%，海河排放口削减19.45%	总面积大部分时间达标率在90%以上，水体单元4和5基本达到80%达标率	优点：削减总量偏小 缺点：永定新河和天津港削减比例过大
	推荐 2	永定新河、天津港和海河三个排放口等比例削减，其余排量不变	三个排放口等比例削减，削减43.28%	总面积大部分时间达标率在90%以上，水体单元4和5基本达到80%达标率	优点：削减总量偏小，工作量分配较均匀 缺点：永定新河、天津港和海河排放口削减比例偏大
	推荐 3	汉沽通过蓟运河排入永定新河的排量通过大神堂和中心渔港两口入海，在此种情况下，天津港和海河排放口等比例削减	两个排放口等比例削减39.92%，中心渔港排放口增加179.54%，大神堂增加189.90%	总面积大部分时间达标率在90%以上，水体单元4和5基本达到80%达标率	优点：充分利用北部的环境容量，削减总量最小 缺点：永定新河、天津港和海河排放口削减比例过大
	推荐 4	所有排放口等比例削减	所有排放口等比例削减40.15%	总面积大部分时间达标率在90%以上，水体单元4和5基本达到80%达标率	优点：同比例削减，各个排放口削减压力相当 缺点：削减总量偏大

表 9-3-24 活性磷酸盐方案对比

	推荐方案	约束条件	削减比例	达标时间和面积	优点和缺点
"十二五"规划	推荐 1	总量削减10%的基础上，永定新河、天津港和海河三个排放口等比例削减，其余不变	三个排放口等比例削减12.18%	总达标面积长时间稳定在90%左右，水体单元4几乎全年超标	优点：总量削减一定的情况下，水质最好 缺点：未能照顾各个排放口的削减工作量
	推荐 2	总量削减10%的基础上，所有排放口等比例削减	所有排放口等比例削减10%	总达标面积长时间稳定在88%左右，水体单元4几乎全年超标	优点：保证各个排放口有相同的工作量 缺点：总量同等削减比例下，水质未能达到最好

续表

	推荐方案	约束条件	削减比例	达标时间和面积	优点和缺点
远期规划	推荐1	永定新河和天津港排放口总量削减比例为80%	永定新河和天津港排放口削减80%，海河排放口削减25.82%	总面积大部分时间达标率大于95%，水体单元4达标率较低，其余基本达标	优点：削减总量偏小 缺点：永定新河和天津港排放口削减比例过大
	推荐2	永定新河、天津港和海河三个排放口等比例削减，其余排量不变	三个排放口等比例削减，削减46.13%	总面积大部分时间达标率在95%以上，水体单元4基本达到80%达标率	优点：削减总量偏小，工作量分配较均匀 缺点：永定新河、天津港、海河排放口削减比例偏大
	推荐3	汉沽通过蓟运河排入永定新河的排量通过大神堂和中心渔港两口入海，在此种情况下，天津港和海河排放口等比例削减	两个排放口等比例削减40.37%，中心渔港排放口增加451.26%，大神堂排放口增加175.63%	总面积大部分时间达标率在95%以上，水体单元4达到80%达标率，水体单元5达到90%达标率	优点：充分利用北部的环境容量，削减总量最小 缺点：永定新河、天津港和海河排放口削减比例过大
	推荐4	所有排放口等比例削减	所有排放口等比例削减43.33%	总面积大部分时间达标率在95%以上，水体单元4基本达到80%达标率	优点：同比例削减，各个排放口削减压力相当 缺点：削减总量偏大

(五) 优化配置方案实施建议

1) 对于COD，由于其污染程度较浅，治理技术已经相当成熟，在此不再做详细叙述。

2) 对于无机氮，由于其污染程度较大，治理难度较难，相关技术不是很成熟，在此提出一些相关减排的建议。

设备技术上，首先，加大对污水处理设备的投入，使各个排放口都达标排放；其次，引进更先进的水处理设备，提高污水处理的水质级别，尽可能地降低排出的污染物浓度。

生活中，充分提高污水的再利用技术，尽可能使污水循环使用。

农业上，控制农业面源污染，解决种植业面源污染问题。

加快城市污水管网改造进度，充分发挥已有的污染治理设施效用。

3) 对于活性磷酸盐，其污染相对无机氮较轻，但是污染程度也相当严重，为此提出一些削减排放的措施。

生活上，倡导使用无磷生活用品，例如，无磷洗衣粉等。加大污水的二次利用力度。

农业上，控制农业面源污染，解决种植业面源污染问题。

(六) 各方案下的水体控制单元达标状况分析

现状排放与推荐方案情形下各污染物的水体单元纳污量与水体单元环境容量对比如图9-3-38和图9-3-39所示。

无机氮：无机氮的现状环境单元纳污量超标较严重，尤其几个位于渔业区的水体单元纳污总量严重超水体单元的环境容量，直接影响渔业区的运作。经过优化，推荐方案的水体纳污量基本达到水体单元纳污量的允许范围。

活性磷酸盐：活性磷酸盐的水体单元纳污量超标与无机氮相比较轻，但也相当严重。其中位于农渔业区的水体单元超标严重，是影响渔业生产的重要因素。

974 | 中国生态工业系统与循环经济发展战略研究

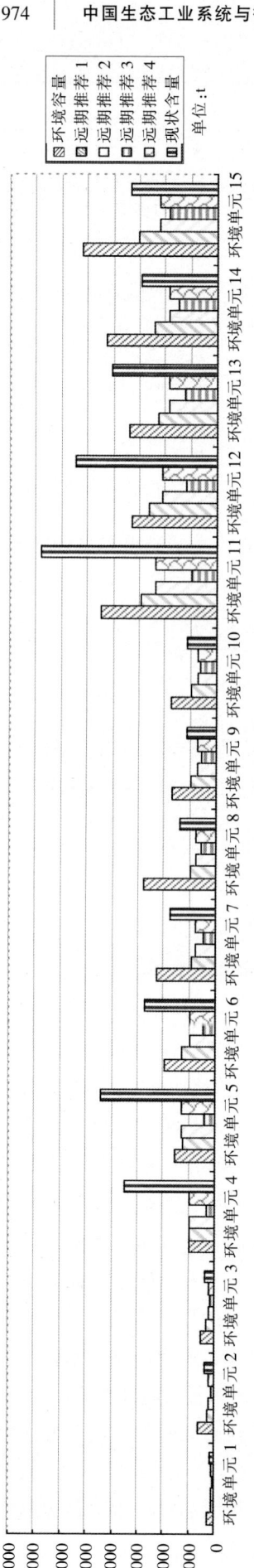

图 9-3-38 无机氮 15 个环境单元远期推荐方案年纳污总量与环境容量的对比

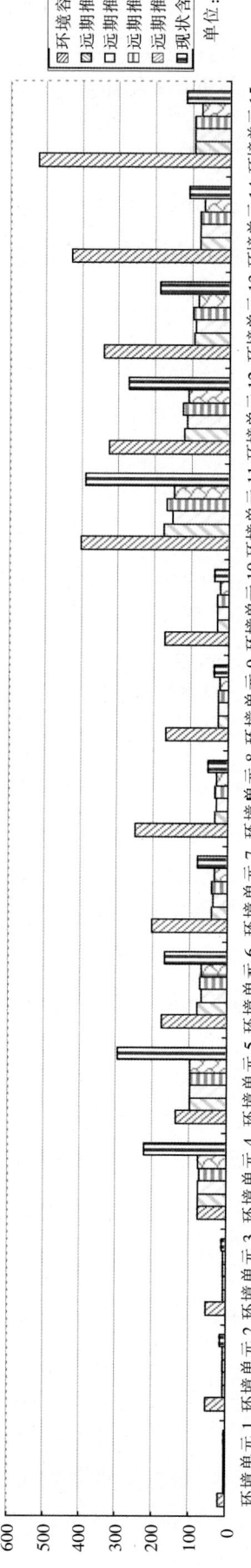

图 9-3-39 活性磷酸盐 15 个环境单元远期推荐方案年纳污总量与环境容量的对比

六、汛期污染物排放对天津近海海域影响的风险分析

(一)天津沿岸入海径流特征分析

1.入海径流年际变化特征分析

渤海地处温带季风气候区，沿岸各入海河流大多流经干旱、半干旱地区，入海河流径流量明显受季风带来的降水量影响，年际径流量变化较为显著。

永定新河和海河作为渤海湾最大的两条入海河流，2003 年至 2011 年各年总入海径流量示于图 9-3-40 和图 9-3-41。由图 9-3-40 和图 9-3-41 可以看出，永定新河年入海径流量在 $2\times10^8 \sim 1.2\times10^9$ m³/a；海河年入海径流量在 $1.5\times10^8 \sim 4.6\times10^8$ m³/a。两河流入海径流量年际变化较大。2003 年至 2011 年，永定新河年均入海径流量为 6.4×10^8 m³/a，海河年均入海径流量为 3.0×10^8 m³/a。

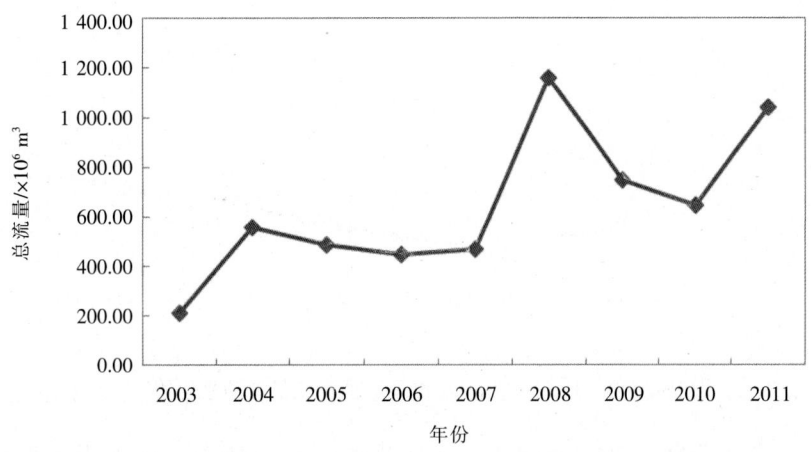

图 9-3-40　2003—2011 年永定新河入海径流量

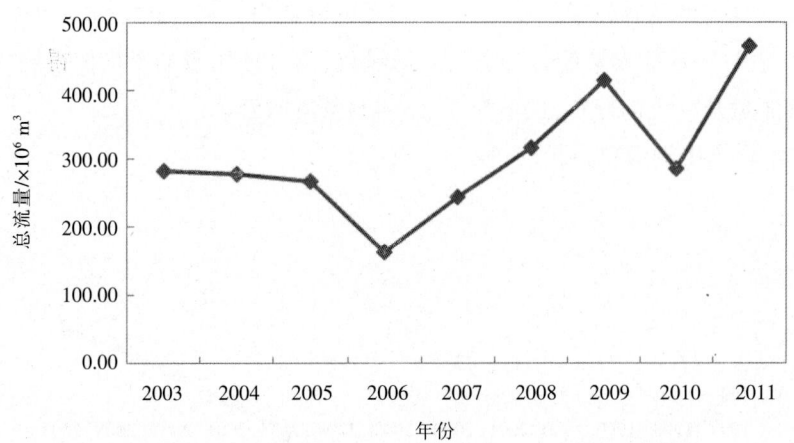

图 9-3-41　2003—2011 年海河入海径流量

利用《天津市水资源公报》给出的入海河流径流量数据(图 9-3-42)，根据特定年份前后各两年所做的滑动平均值列于图 9-3-43。

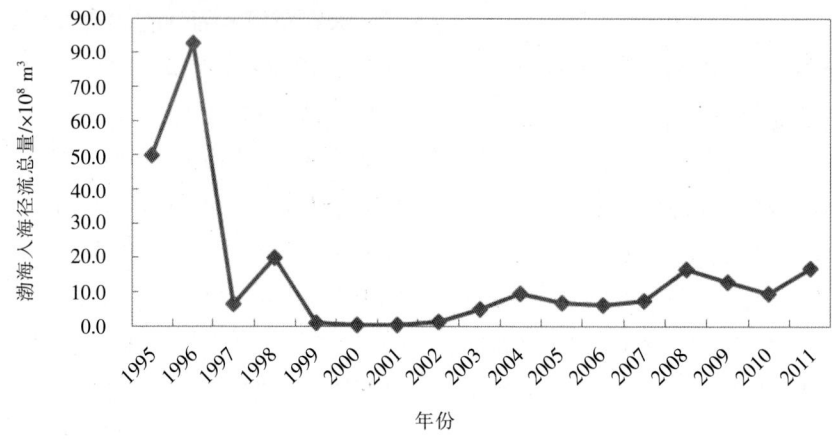

图 9-3-42　1995—2011 年渤海入海径流量

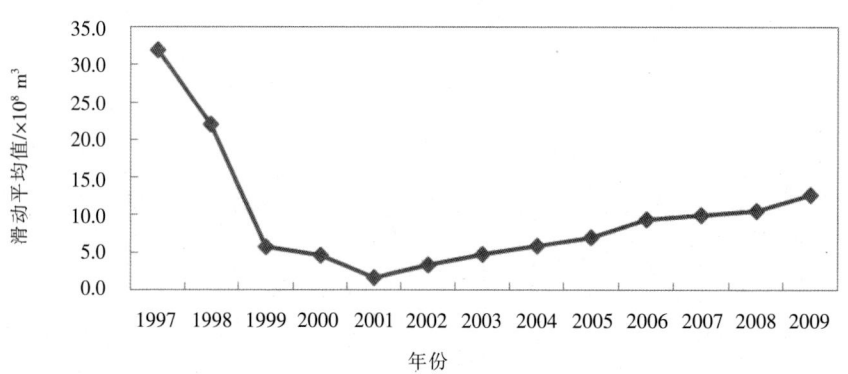

图 9-3-43　1997—2009 年渤海入海径流量滑动平均值

由图 9-3-43 可以看出，2001—2009 年流入渤海的总水量呈现上升趋势，但较 20 世纪 90 年代，水量明显较少，对渤海的稀释作用较弱。

Mann-Kendall 方法是一种非参数统计检验方法。优点是无须样本遵从一定的分布，也不受异常干扰值的影响，计算也比较简单，可以反映统计量的变化趋势。这里用 MK 方法分析了 1997 年到 2009 年水量的 MK 统计量（图 9-3-44），可以看出入海径流量有一个先减小后增大的过程，这与使用滑动平均值得到的结果（图 9-3-43）基本吻合。

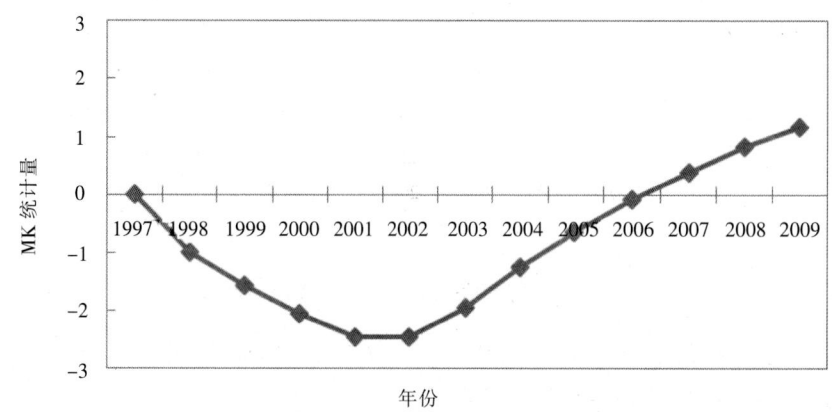

图 9-3-44　1997—2009 年渤海入海河流径流量 MK 统计量

2. 主要入海河口径流量季节变化特征分析

天津沿岸各主要入海河流大部分处于温带大陆性季风气候区，径流量受季风带来的降水影响显著，各主要入海河流的入海径流量呈现明显的夏秋季流量大、冬春季流量小的季节分布特点。2003年至2011年永定新河和海河月平均入海径流量显示，最大峰值一般出现在七月和八月，个别年份出现在九月和十月，永定新河月最大入海径流量可达 $6×10^8 \text{ m}^3$，海河月最大入海径流量达 $1.1×10^8 \text{ m}^3$。冬春季径流量较小，个别月份甚至出现枯水现象，几乎没有入海径流（图9-3-45）。

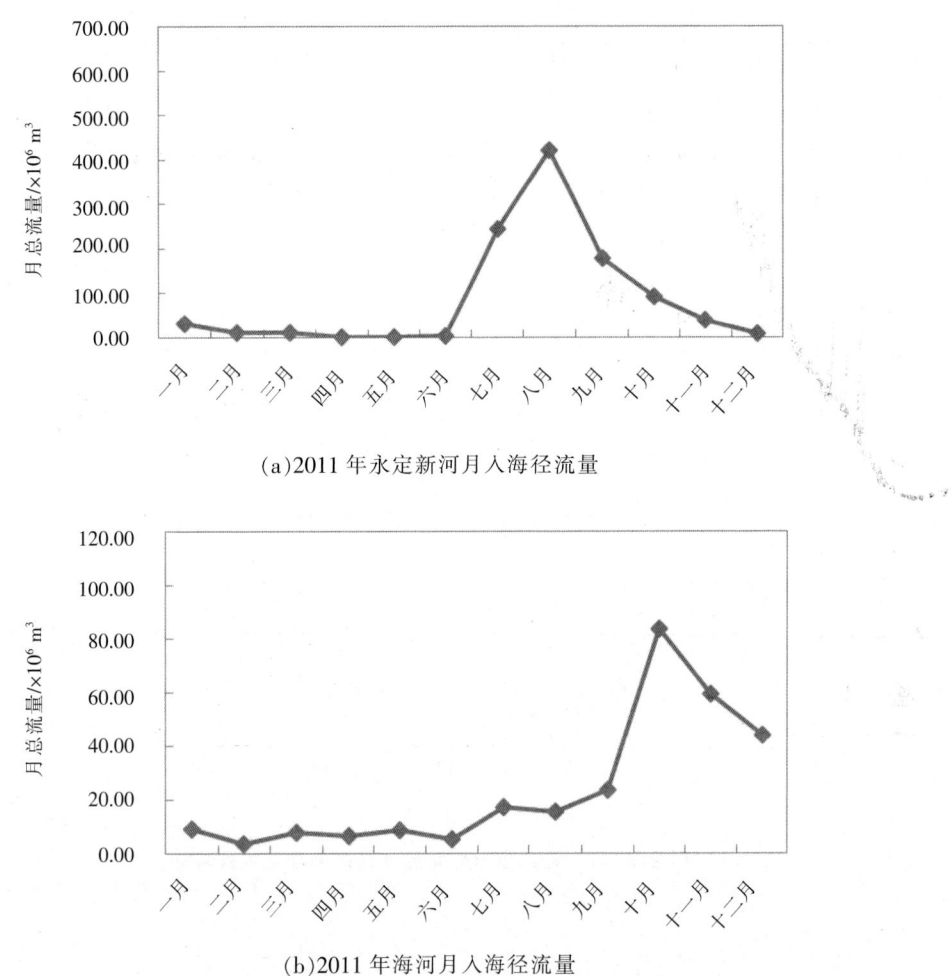

(a) 2011年永定新河月入海径流量

(b) 2011年海河月入海径流量

图9-3-45 2011年天津沿海主要河流月入海径流量

(二) 汛期入海污染物影响计算方案

1. 汛期入海污染量估算

综合各涉海单位获得的数据，分别统计出无机氮和活性磷酸盐的12个月的平均排放量。按照汛期时间特点，将7至10月四个月的排放量的总和作为汛期排放量，将其余八个月的排放总量作为非汛期排放量。分别将无机氮和活性磷酸盐的汛期排放量除以非汛期排放量作为汛期和非汛期的排放量的比值（表9-3-25）。然后分别按照无机氮和活性磷酸盐的比值分配各个排放口的汛期和非汛期的排放量。

表9-3-25 三种污染物汛期、非汛期排放量比

	汛期、非汛期排放量比
COD	2.751 591
无机氮	2.055 832
活性磷酸盐	3.588 585

2. 汛期入海口排污方案

按照汛期开闸间隔时间长短，设计三种方案，分别为：3天开一次闸、7天开一次闸和10天开一次闸，分别讨论三种情形下近岸混合区和远场各个水体单元的水质情况，比较三种方

案的差异。

汛期前的月份按照非汛期的排放量进行排放。3天开一次闸方案,设计为进入汛期后分别按照3天开一次闸的频率进行开闸排污,污染物在12个小时内排放完毕,然后到下一次开闸前不再排放污染物。7天开一次闸和10天开一次闸方案相同,间隔时间分别为7天和10天,污染物也在12个小时排放完毕,此处不再赘述。

3. 各排污方案下的海域影响分析

(1) 近岸混合区

通过模拟得到近岸混合区的浓度等值线图。由图可知,三种方案在脉冲的影响下,浓度等值线有一定的差距,离排放口越近,开闸间隔时间较长的浓度越大。但离排放口一定距离后,浓度等值线差距缩小。

(2) 远场水体单元区

通过模拟得到远场各个水体单元的达标率随时间变化图。

无机氮的几个关键水体单元面积达标率随时间变化图如图9-3-46~9-3-50所示。

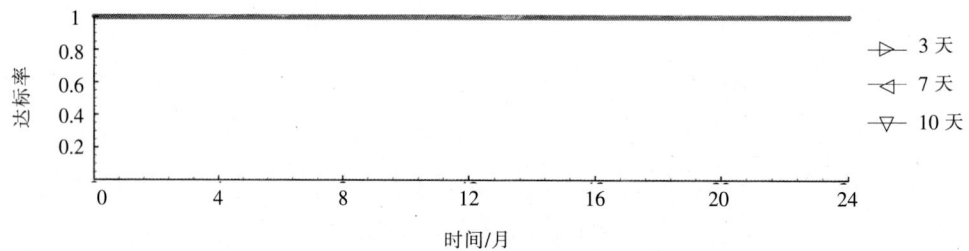

图9-3-46 无机氮水体单元3随时间变化的达标率

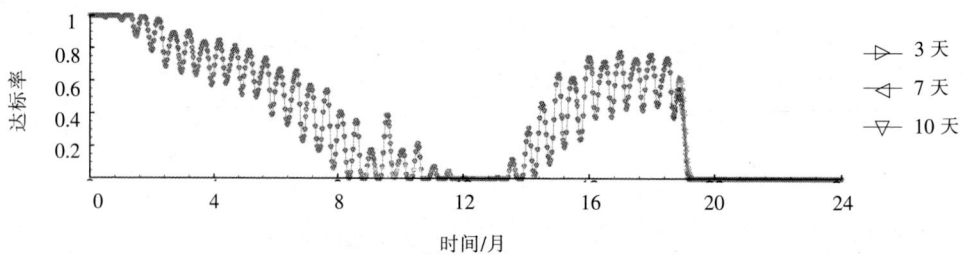

图9-3-47 无机氮水体单元4随时间变化的达标率

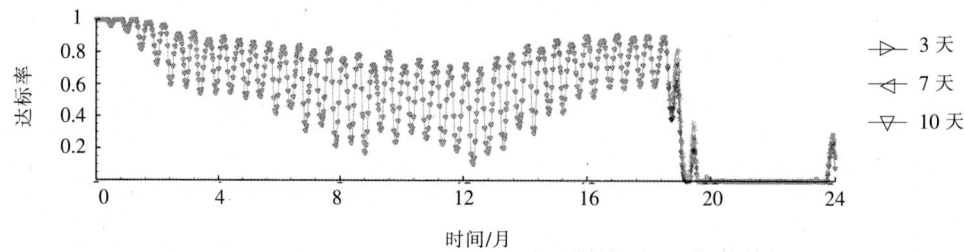

图9-3-48 无机氮水体单元5随时间变化的达标率

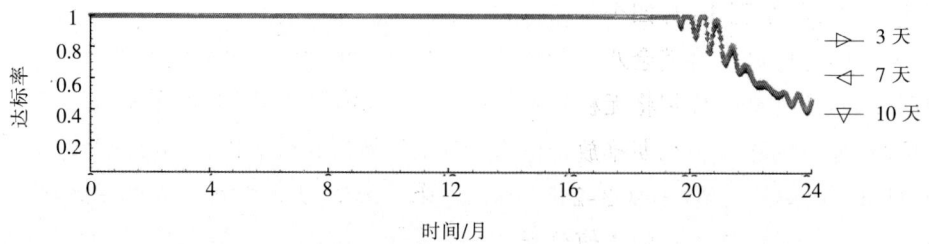

图9-3-49 无机氮水体单元12随时间变化的达标率

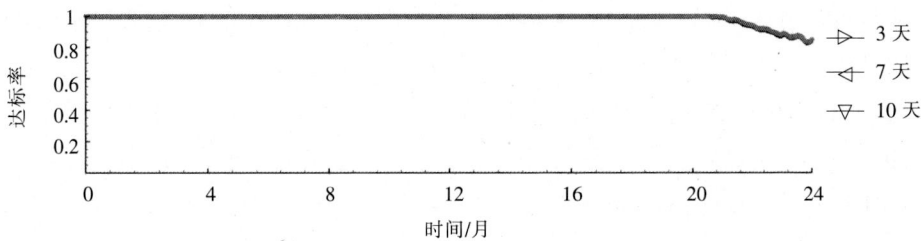

图9-3-50 无机氮水体单元13随时间变化的达标率

活性磷酸盐的几个关键水体单元面积达标率随时间变化图如图9-3-51~9-3-55所示。

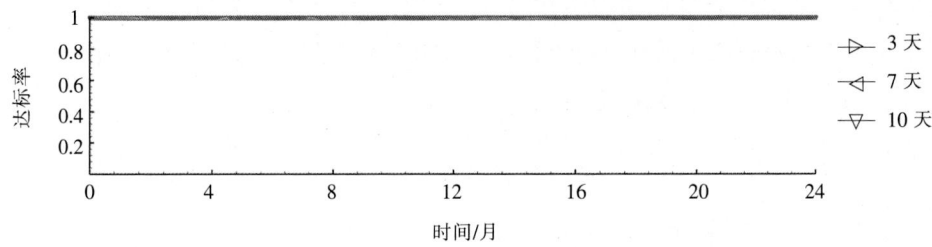

图9-3-51 活性磷酸盐水体单元3随时间变化的达标率

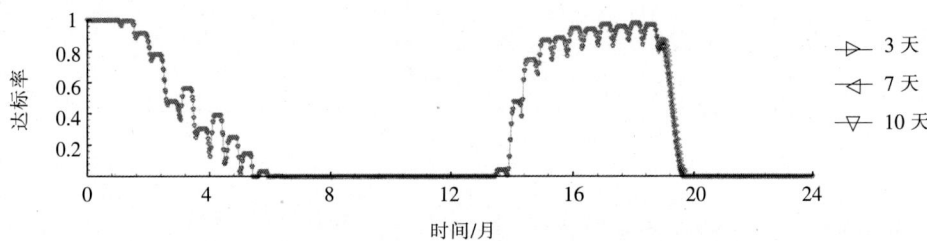

图9-3-52 活性磷酸盐水体单元4随时间变化的达标率

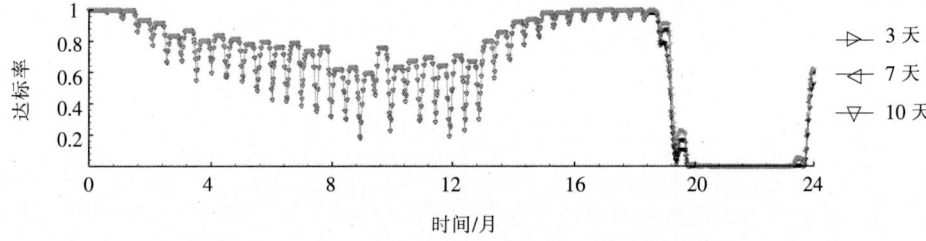

图9-3-53 活性磷酸盐水体单元5随时间变化的达标率

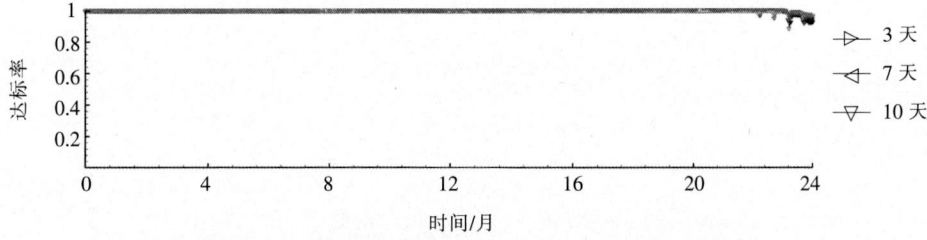

图9-3-54 活性磷酸盐水体单元12随时间变化的达标率

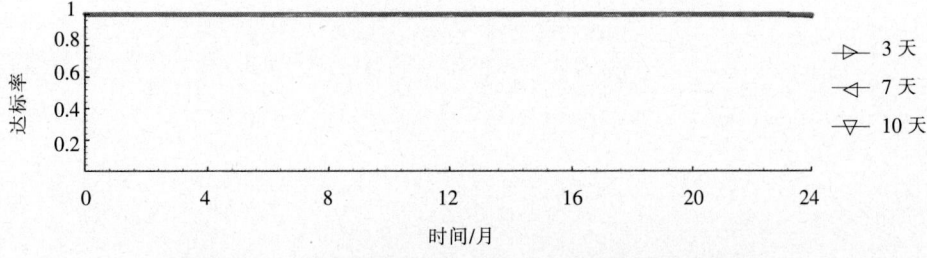

图9-3-55 活性磷酸盐水体单元13随时间变化的达标率

从上述分析可以看出,远场情况下,这几种方案的达标情况基本相同,只有微小的差异。从图中可以看出,在离排放口有一定距离后,排放污染物脉冲的影响已经非常小,各个方案下的水体达标率也几乎相同。故此,3种开闸方式对远场的水质情况影响较小。

通过以上分析可以得出,3天集中排放、7天集中排放和10天集中排放对近岸混合区有一定程度的影响。若要进行相关活动,应考虑排污方式的选择。同时,3种方式对远场的影响差异很小,若相关活动在远场,则不用特别关注3种方式的差别。

4.小结

通过以上分析,可以知道汛期是污染集中排放的季节。污染物的集中排放,会对海域产生一定的污染脉冲,对近岸水域的水质造成一定程度的影响,故此应采取相应的措施,避免在汛期近岸海域进行受污染影响较大的生产作业。同时,污水集中排放对远场的影响程度较小。

参 考 文 献

[1] CHANG Y C, WANG N. Environmental regulations and emissions trading in China[J]. Energy policy, 2010, 38(7): 3356-3364.

[2] DAVIS D, TISDELL C. Recreational scuba-diving and carrying capacity in marine protected areas[J]. Ocean & coastal management, 1995, 26(1): 19-40.

[3] DUARTE P, MENESES R, HAWKINS A J S, et al. Mathematical modelling to assess the carrying capacity for multi-species culture within coastal waters[J]. Ecological modelling, 2003, 168(1/2): 109-143.

[4] BOUFADEL M C, DU K, KAKU V, et al. Lagrangian simulation of oil droplets transport due to regular waves[J]. Environmental modelling & software, 2007, 22(7): 978-986.

[5] SUN J, TAO J H. Relation matrix of water exchange for sea bays and its application[J]. China ocean engineering, 2006, 20(4): 529-544.

[6] TAO J H, LI Q X, FALCONER R A, et al. Modelling and assessment of water quality in a semi-enclosed shallow bay[J]. Journal of hydraulic research, 2001, 39(6): 611-617.

[7] 贝竹园,周晓燕,祝翔宇,等.陆源入海排污口环境监测评价模式的探讨[J].海洋开发与管理,2009,26(2):85-88.

[8] 郭希利,李文岐.总量控制方法类型及分配原则[J].中国环境管理,1997(5):47-48.

[9] 李小宝.大型海湾水交换高效计算方法研究[D].天津:天津大学,2010.

[10] 孙健,陶建华.潮流数值模拟中动边界处理方法研究[J].水动力学研究与进展A辑,2007,22(1):44-52.

[11] 孙健.海湾、近岸海域水交换研究的关联矩阵方法及应用[D].天津:天津大学,2007.

[12] 孙涛,陶建华.波浪作用下渤海湾近岸海域污染物的输移扩散规律[J].海洋与湖沼,2004,35(2):110-119.

[13] 王芳.近岸海域污染物总量控制方法及应用研究[D].天津:天津大学,2008.

[14] 王泽良,陶建华,季民,等.渤海湾中化学需氧量(COD)扩散、降解过程研究[J].海洋通报,2004,23(1):27-31.

[15] 郑东升.基于确定性、非确定性及其耦合模型的渤海湾近岸水生态环境研究[D].天津:天津大学,2013.

第十篇

国外典型海域的生态环境保护研究前沿和管理

第一章　美国切萨皮克湾环境保护与公众参与

第一节　切萨皮克湾简介

一、切萨皮克湾概况

切萨皮克湾(Chesapeake Bay)位于美国东海岸的马里兰州和弗吉尼亚州。整个海湾长314 km,海湾最窄处为5.5 km,最宽处为56 km,水面面积5 720 km², 流域面积16.6万 km², 人口1 500多万。整个海湾流域中包括150多条支流,其中最长也是最主要的河流是萨斯奎汉纳河,切萨皮克湾50%以上的淡水来自此河。

切萨皮克湾流域地区是美国重要的经济发展区和旅游热点地区,主要城市和发达区域包括:华盛顿特区,弗吉尼亚州的诺福克(Norfolk)—汉普顿(Hampton)公路沿线、里士满地区,马里兰州的巴尔的摩,宾夕法尼亚州的哈里斯堡、约克等。这个流域的工业主要有炼钢、造船、皮革加工、化工等。美国东部有5个大的沿海港口,其中巴尔的摩和汉普顿2个大港口位于切萨皮克湾,经这2个港口运送的煤炭,20世纪80年代初已达6 100万 t。切萨皮克湾沿岸的安纳波利斯是马里兰州的首府,号称美国的"帆船之都"。这里每年都举行世界性帆船和机动船交易会。仅据马里兰州1979年的统计,在该州注册登记的主要用于娱乐的机帆船就达12.2万只。整个海湾流域共有1.3万 km的海湾和支流岸线,这些都是野生动植物的栖息和繁衍地,又是重要的大西洋候鸟过冬地区。每年来此旅游参观的人数达数百万。对美国来说,切萨皮克湾地区具有极为重要的商业、生态和娱乐价值。

切萨皮克湾还是美国重要的渔业生产基地之一。由于其地理特点,切萨皮克湾的海产品十分丰富,被誉为"巨大的蛋白质工厂"。在湾内生长的鱼类有295种,贝类45种,各种植物2 700多种。每年有上百万只水禽在切萨皮克湾流域过冬。牡蛎、蓝蟹、软壳蛤蜊、油鲱鱼是切萨皮克湾的主要水产品。每年从切萨皮克湾捕获的鱼产品价值数亿美元。

二、切萨皮克湾历史

切萨皮克湾的形成要追溯到上一个冰河纪。公元前9000年,融化的冰川注入了宾西法尼亚州的萨斯奎汉纳山谷。在那以后的7 000年里,海湾逐渐形成了现在的形状。从那时开始,美洲的原始居民就生活在切萨皮克湾地区,在公元前1000年,他们就学会了耕作。

1607年,殖民者在弗吉尼亚州的詹姆斯河地区建立了第一个新世界殖民地。殖民者当中有一个叫约翰·史密斯的人对切萨皮克湾进行了广泛的探索。约翰·史密斯队长带领14个人和一艘从英格兰带来的小船出发了,一路上他们克服了夏天的风暴、怀有敌意的印第安人和供给不足的困难,到达如今的安那波利斯地区。船员的抱怨和强台风迫使约翰·史密斯让船掉头,沿西海岸往南行驶,然后他们到达波多马克河,并停留几个星期,他们在寻找金矿的同时还要提防印第安人的攻击。约翰·史密斯详细记录了旅行中的所见所闻。他估测了海湾地区的地形和水域,随后绘制了一副详尽而且准确的切萨皮克湾地图。尽管在一年之内很多殖民者相继死于疾病和营养不良,但随着更多的人和补给从英格兰来此,新世界的人口也在稳步增加。在接下去的300年里,人们在切萨皮克湾地区建造房屋,开垦农场,发展商业。这些活动对切萨皮克湾有很大的影响。

三、《切萨皮克湾协议》

由于工业化发展迅速、城市人口不断增加、盲目开发沿海地区等因素,导致大量的污染物质通过江河和大气不断散播,致使切萨皮克湾在20世纪中期的污染情况十分严重。人类活动影响了水体、大气和生态系统,导致切萨皮克湾地区人们生活质量的下降。例如,水质恶化和水生栖息地减少的主要原因是水体的富营养化。不断增加的氮(N)和磷(P)使藻类疯长,耗尽了氧气,阻挡了阳光,并且鱼类死亡与有害费氏藻的毒素有关。这些影响给鱼类和其他水生生物的生存造成压力,可能导致它们死亡。而且藻类疯长会让水体变色,从而不适合进行划船、钓鱼、游泳等娱乐活动,藻类释放到空气中的毒素也会引起人类呼吸系统疾病。

在20世纪中期,居民们发现了一些不好的迹象:由于疾病,切萨皮克湾里的牡蛎大批死去,并且海湾的水质开始恶化。于是在20世纪70年代,国会通过了清洁水法案和清洁空气法案,限制使用某些杀虫剂,禁止向切萨皮克湾内排放有毒化学物质。

1983年,随着第一个《切萨皮克湾协议》的出台,以恢复海湾为目标的更广泛的法律开始实施。这一协议促成了切萨皮克湾项目——马里兰州、宾夕法尼亚州、弗吉尼亚州、哥伦比亚特区,以及美国环境保护机构和切萨皮克湾委员会之间建立了合作伙伴关系。它的首要目标是恢复切萨皮克湾地区的生态资源,直到现在这仍是它的主要职责。

第二节　切萨皮克湾的四大污染问题

1975年至1983年,美国国会拨出2 700万美元专款,由美国环境保护署组织几十个有关单位,对切萨皮克湾环境情况进行调查研究,确认了切萨皮克湾环境中的几个突出问题。切萨皮克湾面临的最严重的污染来自于四个方面,其中最严重的是富营养化,另外三个是沉淀物、空气污染和有毒污染物。

一、富营养化

首要问题是富营养化。营养元素(氮、磷)在自然界的水体、土壤和空气中都会存在。就像化肥中含有的氮和磷有助于植物生长,它们的存在对切萨皮克湾里的植物和浮游生物是至关重要的。

植物和动物组织的生成,氮元素是必不可少的。氮主要被植物和动物用来合成蛋白质。

磷元素是生态系统中的另一关键元素。在溶解的有机物和无机物中,磷元素经常和沉淀颗粒附着在一起。在生物将太阳能转化为可使用的能量过程中,磷是不可或缺的,同时也是浮游生物和细菌在生长和繁殖过程中必备的。有氧气存在时,水体中高含量的磷酸盐会和悬浮颗粒结合,形成的颗粒物会一直沉到切萨皮克湾底部,暂时脱离循环过程。但这些磷酸盐在很长的时间里会成为河底沉淀物的一部分。

(一)营养物质为何会变成切萨皮克湾的污染物

营养物质,如氮和磷是植物和动物生长以及支持一个良好的水生生物系统所必需的。但过多的营养物质将会导致鱼类生病、海藻、赤潮疯长及海水中的含氧量降低。首先,营养物质过量会促使海藻大量繁殖。而海藻死亡后腐烂会掠夺水中的氧,从而剥夺了鱼类和贝壳类所需要的氧。其次,海藻过盛还阻碍阳光进入水中,水下的海草因缺少阳光照射而死亡。以海草为食物或将海草作为掩蔽所的动物会离开或死亡。此外,海藻疯长还会引发赤潮,从而引起鱼类、海草的死亡,也会对扇贝的生长造成不利影响。

(二)营养物质的来源

在自然界,营养物质可存在于土壤、植物和大气中,除自然来源外,还可来自于污水处理站、汽车尾气、酸雨、农业灌溉和居民区。在切萨皮克湾地区,进入生态系统的过量营养物质的来源主要分为两大类:点源和非点源。

点源:一种可以归到一个具体固定场所的污染物来源。营养物质点源污染的主体是废水处理设施。

非点源:一种分散的污染源,不能被归为一个确定的具体的场所或排放管道。例如,用途不同的土地(如农田、饲养场等)产生的径流。除此以外,还有来自空气污染源的营养物质。

(三)减少营养物质污染的措施

2003年,切萨皮克湾项目成员达成一致,采取严格措施减少流入海湾的营养物质,并通过了以下的条款。

氮元素要从2000年的1.29亿kg降到每年不超过0.79亿kg。

磷元素要从2000年的0.87亿kg降到每年不超过0.58亿kg。

农业"最佳管理措施":包括采取有效的方法减少或消除土壤流失、阻挡径流和采用适当的土地施肥率。

动物粪便管理:包括建造粪肥储存站、空地径流控制、排水和营养物质管理。这些措施强调控制、储存、运输和利用动物粪便作为农业肥料。

城市"最佳管理措施":包括沉淀物控制以及降水径流控制。这些措施被广泛应用于工业区、商业区和住宅区,以减少营养物质汇流。

二、沉淀物

(一)什么是沉淀物

沉淀物是悬浮在水体中的黏土、淤泥和细沙颗粒,它们最终会沉到水底。它们都是切萨皮克湾生态系统的自然组成部分,但过量的沉淀物会对海湾的植物和动物产生危害。

在雨季和融雪期间,土壤和其他颗粒从地面流到了水中。土壤侵蚀引起海岸线的波动效应,也使沉淀物流进切萨皮克湾。

沉淀物会使牡蛎和蛤等底栖生物窒息而死;可能携带高浓度的有毒物质;会含有大量营养元素;沉淀物的积累会堵塞航道,对水上交通不利。

(二)减少沉淀物污染的措施

在《切萨皮克湾协议》中,切萨皮克湾委员会成员已经对改善切萨皮克湾沉淀物污染的相关问题达成一致。

农民通过以下方式来减少沉淀物负载。

1)施行土地保护计划。例如,收获季节后,在土地上种植覆盖作物。

2)建造河岸栅栏。

3)在农田的边缘开垦缓冲带。

在城市里,降水径流会加重水体的沉淀物污染。城市社区可以用以下方法控制降水径流。

1)减少密封区域,因为密封区域阻止降水被土壤吸收,让降水流进水道。

2)建造雨水蓄水池,用来阻截、过滤降水径流。

3)种植树林缓冲区,通过植物过滤降水、阻截沉淀物。

三、空气污染

(一)什么是空气污染

一般来说,空气污染是影响人体健康的烟

雾,而且会影响能见度。但是随着认识的深入,现在人们认识到空气污染会造成土地和水体污染,影响切萨皮克湾经济生物资源——鱼、贝壳、两栖动物的健康。30年以来的研究已经证实,空气污染会直接影响切萨皮克湾。

自从20世纪70年代《清洁空气法案》和《清洁水法案》颁布以来,空气污染和水污染一直被认为是不相关的问题。然而,现在人们对于两大环境威胁的联系有了更深刻的认识,释放到空气中的污染物最终会回到地表。有一些因素决定污染物在空气中飘多远,其中包括污染物的组成、气候(风、温度、湿度)、污染源的类型及空气中是否存在其他化学物质。空气传播的污染物会通过降水回到地表,再通过小溪、河流、降水径流、地下水进入切萨皮克湾。

(二)空气污染的来源

空气污染的来源分为人为的和自然发生的,主要有固定和区域污染源、运动物体污染源、农业污染源、自然来源。

固定污染源是不会移动的污染物释放点(化工厂、制造工业区)。通常固定污染源被定义为大型源头,因为它们经常持续释放大量污染物。区域污染源被用来描述坐落于某一区域内的许多小型污染源,它们各自释放的量都不大,但加在一起数量惊人。总体来说每年释放25 t有害气体混合物或10 t单一有害气体的区域被称为区域污染源。

运动物体污染源是那些能在自身动力下运动的机械物体。一般来说,运动物体污染源既包括汽车、火车、船、飞机等交通工具,又包括非交通工具,如割草机、农业和建筑设备等。

农业污染源是指农业活动,包括饲养动物和种植农作物,产生的气体、特殊物质和化合物。例如,圈养的动物产生大量的粪肥,粪肥释放出多种气体,特别是氨气;化肥、除草剂和杀虫剂的使用会导致化学物质的释放。

空气污染的自然来源是指非人类活动引起的污染。例如,火山喷发释放大量的硫化物;森林和草原大火释放的大量污染物;植物释放出的碳水化合物;沙尘暴能卷起大量的灰尘。野生动物也被认为是污染的自然来源之一。比起自然来源,控制人类活动造成的污染更为重要。

(三)空气污染的影响

来自于空气沉降、会对切萨皮克湾造成影响的主要为氮氧化物,它对水体的影响巨大。

氮氧化物是引起酸沉降的主要空气污染物之一,会对水体和陆地生态系统造成不良影响。酸沉降增加了水和土壤的酸性。水体酸性增加将导致水生生物难以生存。土壤酸性增加会导致某些树木生长受影响,抗病能力降低。

四、有毒污染物

(一)什么是有毒污染物

有毒污染物是会危害植物、动物和人体的化学物质。许多化学元素,如锌、铜等,在切萨皮克湾中是自然存在的,不会造成威胁,但有些化学物质会积累,在河底的沉积物、动物组织和水中达到一定的浓度时,就会危害切萨皮克湾的动植物。

科学家已经指出,任何大型水体都不能完全免遭化学物质的污染,但水体中的某些化学物质能影响生物的繁殖和发展,最终将会影响生物资源的生存。化学物质的毒性受很多因素的影响,包括浓度、物质组成结构和是否会在水中长期存在。水体的物理化学性质关系到生物资源暴露在化学物质下的生长阶段,也会影响污染物的毒性。

污染物在一定区域内达到一定的浓度,会对区域中动植物产生严重的危害,因此它们就被称为有毒的。某些污染物在环境中是自然存在的,譬如一些动物能够释放毒素,一些植物也含有毒物做防御用。然而环境中更多的毒物是人类活动产生的,如发电、燃烧废物、生产制造。

(二)有毒污染物的来源

进入切萨皮克湾的有毒污染物来自于自然(如岩石的风化)和人类活动(如生产制造业和车辆废气)。和营养物质一样,进入切萨皮克湾的化学污染物也分为点源和非点源。

点源,如直接将废水排入水道的工厂和废

水处理设施。尽管这些排放点易于管理和监控，但它们并不是切萨皮克湾化学污染物最大的来源。

非点源，如城市降水径流是一大来源，因为它们把城市中的许多废物都带了出来，包括汽车排放的尾气和杀虫剂，最终进入下水道。这类污染难以控制。

(三) 有毒物质如何进入切萨皮克湾

有毒物质污染空气、土壤、水体和动植物，它们经常附着在沉淀物上通过水流的自然运动进入当地水体。雨水也能将有毒物质带进切萨皮克湾，来自于汽车尾气的毒物降落到地面上，被雨水冲到河里。

科学家在切萨皮克湾全流域都发现了化学污染物，但浓度最高的地区集中在城市和工业区，包括伊丽莎白河、安那卡西迪亚河以及巴尔的摩港。

(四) 有毒物质如何影响切萨皮克湾

有毒物质对水和土壤的影响基本是不可见的，然而，它们对生活其中的动植物却是影响深远。有一些化学污染物在切萨皮克湾的鱼和贝壳动物体内长时间积累，这对动植物的健康有极大的危害，也会危害这些物种未来的繁殖和发展。

切萨皮克湾的许多重要物种，如白鲈和条纹鲈，体内含有污染物，以至于当地政府建议人们最好不要食用这些鱼。每个州对于当地水体中的鱼和贝类能否食用都制定了安全标准。

第三节 切萨皮克湾水域环境与生态保护的基本做法

美国对水域环境的保护和治理主要从建立法律框架、形成管理体制、实施具体项目、动员公众参与4个方面来进行。

在州、郡、市层面，大湖流域和湾区各地方政府分别制定了一系列法规来组织落实当地的污染控制与环境保护工作。

一、建立法律框架

由于水域往往涉及多国或多州以及郡、市辖区，为此，美国建立了较为完备的由国际条约、联邦法律、州际协定和州、郡、市法规等构成的水域环境法律框架体系，将环境工作纳入法制轨道。

在州与州或联邦与州层面，1983年，马里兰州、弗吉尼亚州和宾夕法尼亚签署了《切萨皮克湾协议(1983)》，2000年又根据湾区环境与生态保护的新目标，签订了《切萨皮克湾协议(2000)》。同时，为推进《切萨皮克湾协议(2000)》的实施，切萨皮克湾区6个州和华盛顿特区与联邦环境保护署签订了有关控制流入海湾水质的专项《备忘录》。

二、形成管理体制

为了保障水域环境法律法规的充分实施，美国建立了包括决策机构、职能部门和社会组织在内的有效行政和社会管理体制。

在切萨皮克湾区，美国也成立了由马里兰州、弗吉尼亚州和宾夕法尼亚州组成的"切萨皮克湾委员会"，这个委员会是负责湾区的环境目标选择、规划制定和政策协调的主要决策、监管和咨询机构。沿湾区的3个州各派5名议员参加，另外各州再各选派一名市民代表和一名专家参加委员会。

美国联邦的环境保护署是美国的职能部门，下设"切萨皮克湾项目计划办公室"，主要职能是协调联邦、州、地方和产业合作部门，通过具体环境保护与生态建设项目的组织实施,维护与恢复切萨皮克湾区的环境生态体系。

在美国,非政府组织和机构在保护水域环境方面也发挥了极其重要的作用,是可持续发展事业的重要生力军。

三、实施具体行动

在建立法律框架和明确部门职责的基础上,美国通过组织实施一系列环境保护与生态修复计划来对水域污染进行综合治理。

在切萨皮克湾区,"切萨皮克湾委员会"组织实施了《切萨皮克湾计划》和《清洁湾区行动》等具体项目计划。设在美国环境保护署的"切萨皮克湾项目计划办公室"组织实施了4类湾区环境保护与生态修复项目计划。一是"州循环贷款基金",主要以联邦和州的联合贷款方式,解决湾区污水处理厂的技术改造和二次排放标准升级问题;二是"切萨皮克湾实施计划",主要用于联邦补偿州组织的有关污染控制项目的实施;三是"非点源污染控制计划",主要用于农业和城市源污染控制项目的实施;四是"州补偿资金",主要用于各相关州实施《清洁水法》所要开展的环境工程项目。

四、动员公众参与

公众是实施水域环境保护的重要力量。美国政府采取了许多有效的措施来动员公众关注和爱护环境与生态。美国政府和公共机构往往通过期刊、手册、贴画、网站等传媒,公布水环境与生态现状,向公众宣传,市民应发挥水环境的消费者、循环者、住区监督者和健康促进者的作用;非政府机构通过积极开展公共教育和市民指导等项目方式,不断提高公众的环境意识;政府号召工商业界积极与社区协调,按照可持续发展和生态模式运作企业;人们还可以通过诸如"公共咨询委员会"和遍布各地的地方社区组织来参与当地的水环境决策或施加环境政策调整的压力,居民可以利用参加当地的市政会议和社区咨询活动等方式,质询问题,获得有用的信息,并对他们认为当地应作为重点来强调的问题提供反馈。

五、启示及相关政策与措施建议

当前,我国沿海地区的产业布局基本上以装备制造业、石化业、冶金业和现代物流业等四大产业集群为重点,这些产业一般呈现高耗水、大排放、大运量、大占地的特点,产业集聚所带来的环境影响值得重视。环境保护基础设施建设明显滞后于产业开发与城市化进程,沿海区域的生态安全受到威胁。因此,在京津冀协调发展背景下,应当进一步研究有关沿海开发的环境政策与措施建议。

分析美国典型水域的环境政策与措施体系,得出的4个特点值得我们认真研究和借鉴。

一是依法治理环境。有关水域的环境法律和法规建设较为完备,法律条款规定得十分具体,有确切的环境控制目标和实施期限。

二是组织管理体制合理,决策、执行、监测机构分开,职能部门分工明确,相互制约,社会监督有力,确保环境法律法规的实施到位。

三是环境保护与生态修复的规划科学,科学研究扎实充分,组织实施计划的整体性强,具体项目安排落实,资金投入有保障。

四是建立公众与政府的联系通道,公开了环境现状数据,充分调动公众参与环境保护活动,疏解了公众与政府在环境与生态保护政策和措施方面的矛盾,实现了政府的行政行为与公民的自觉维护环境行为的互动、协调、统一。

渤海湾沿海开发的环境政策与措施建议如下。

1)理顺沿海环境与生态保护法律法规,针对沿海开发战略实施的环境保护紧迫需要,建议汇总编撰《沿海环境与生态保护法规典章》,印发沿海各地区、部门、事业单位、工商企业、社区、公民宣传执行。

2)规范和统一沿海环境与生态保护政策与

措施,建议对各地、各部门采取的行政性环境政策措施进行协调和统一,严格按照保护沿海环境与生态的标准和要求规范各项环境政策与措施。

3)完善沿海带环境与生态保护的管理体制,建议设立"沿海环境与生态专业委员会",该组织负责研究提出沿海环境与生态保护规划和政策,进行沿海的环境与生态保护工作。

4)科学规划和组织实施沿海环境与生态保护计划,建议组织专家学者开展沿海环境容量的科学研究工作,研究编制《沿海环境与生态保护实施计划》。

5)建立沿海环境与生态保护的政务公开体系,建议设立"渤海湾环境与生态保护政务公开网站"。

第四节 美国海洋保护区项目

美国有一系列有效的政府机构,可以对海洋保护区进行很好的评估、测量,并对反映上来的数据做出精确的判断。但是仅仅做出决策也是远远不够的,美国的这些机构还开展了一系列的项目,对保护海洋保护区做出了极其重要的贡献,具体如下。

一、国家级的海洋保护区项目

以蒙特雷湾海洋保护区项目为例。蒙特雷湾海洋保护区在美国加利福尼亚州沿岸,它占据约 15 000 km² 的海域,规模超过美国其他州的任何一个保护区。1977 年,加利福尼亚州政府就建议将这个海区建立为国家保护区,但是这个方案引起了环保支持者和实业家之间激烈的争论,长期未得到解决。后来,随着国家保护区的建立,在蒙特雷湾禁止捕捞海洋哺乳类、猎杀鸟类,并禁止滑水运动和比赛,以及禁止飞机在海湾飞行等。

美国还有很多类似蒙特雷湾的国家级海洋保护区项目,有些还是由两个机构共同合作完成的。例如,美国海洋与大气局(NOAA)的海洋与大气研究办公室(OAR)主管美国海洋领域的科学研究项目。此办公室与 NOAA 的国家天气中心、国家海洋服务中心、国家环境卫星数据信息服务中心以及国家海洋渔业服务中心等合作共同开展海洋领域的科研项目。OAR 在 2001 年的预算约为 3.15 亿美元。

OAR 的研究网络包括以下内容。

1)12 个内部研究实验室和 11 个合作研究院所:其中 6 个实验室在科罗拉多州,分别是超高气流实验室、气候诊断中心、气候监测与诊断实验室、环境技术实验室、预报系统实验室以及空间环境中心;还有位于马里兰州的空间资源实验室、位于迈阿密的海洋与气象实验室、位于新泽西州的地球物理流体动力学实验室、位于俄克拉荷马州的国家超级风暴实验室,以及位于华盛顿州的太平洋海洋环境实验室等。这些实验室的研究领域广泛,主要包括厄尔尼诺现象、飓风、龙卷风、海啸、海底火山等。

2)30 个国家海洋资助计划:全美有 200 多个研究院所、大学,以及 3 000 多位科学家、工程师等参加了这些项目。

3)全球计划办公室(OGP):主要管理NOAA的全球气候变化计划。

4)国家海底研究计划(NURP):一个由 6 个区域性的海底研究中心组成的网络,研究方向为如何保护海底。

二、州级的海洋保护区项目

美国不但在联邦的范围内建立了一大批的海洋保护区机构并制定项目来保护海洋,而且在各个州也确定了自己的项目,制定相应的法律对海洋保护做出贡献。

例如,纽约州设立保护区项目是为了保护

长岛南海岸的入海口资源。

此项目致力于：①提高和保持海水质量；②保护海洋保护区的资源；③扩大对海洋保护区的认识，并使公众参与到项目中；④保护和扩大长岛的生态系统。

第五节 美国建立海洋保护区的依据

到目前为止，美国在其周围海域选划了多个国家级海洋自然保护区。这些保护区分布在美国的东、西沿岸，墨西哥湾北部海域及太平洋中萨摩亚土土伊拉岛（美属）附近海域。那么，美国为什么选划这些海域作为海洋自然保护区呢？换言之，美国国家级海洋自然保护区的选划标准是什么呢？

美国国家级海洋自然保护区选划标准有4类，即这些海域必须：

1) 具有自然资源保护价值；
2) 具有人类使用价值或历史文化资源价值；
3) 存在人类活动造成的某种不利影响；
4) 具有一定的管理条件。

一、自然资源保护价值

所谓自然资源保护价值，是指有生命的、能自行增殖和不断更新的海洋资源。它们的特点是通过生物个体和种群的繁殖、发育、生长和新老替代，使资源不断更新，种群不断获得补充，并通过一定的自然调节能力而达到数量上的相对稳定。在有利条件下，种群数量能迅速增加；在不利条件下，不合理的捕捞导致种群数量急剧下降，资源衰落。从理论上讲，海洋生物资源都应当保护，但是，随着海洋开发和利用的不断发展，这是不可能的，代价也是昂贵的。所以只能保护那些具有一定价值的海洋生物自然资源，这些价值指标可以分为下列几种。

1) 此海域是海洋生物地理区划中的代表，如极地海洋生物区系、北太平洋生物区系、南太平洋生物区系等。

2) 此海域生存着海洋生物的种群代表，特别是具有生态群落的多样性，如海峡群岛海洋综合性生态保护区就属这一类。

3) 此海域在海洋生物的初级和次级生产力方面有重要意义。

4) 此海域拥有一定的生物特性或生物种代表性，可分为3种情况。①生态上属于有限的生物种，例如，濒危、珍稀、衰退、地方性的或边缘生物种。②生态上属于重要的生物种，例如，海峡群岛海洋自然保护区，它有世界上种类最多的海洋哺乳动物和海岛种群。③是唯一的生物种结合或生物群体。例如，水下峡谷区往往具有软珊瑚、甲壳类和鱼类的生物群体。此海域对某些物种的维持起着重要的作用，它是海洋生物索食、求偶、繁殖、孵化、发育、休眠或越冬和洄游的重要场所。

5) 此海域拥有特殊的生态结构或生境特征。如沿岸与海洋体系界面、陆架与斜坡界面、软海底与硬海底交错处，或冷水流与暖水流汇合带，这些混合区域往往具有独特的生理和生态特性、高的生物生产力、高的种群密度。

二、人类使用价值或历史文化资源价值

这一类国家级海洋自然保护区的选划标准指标，可分为下列几种。

1) 此海域拥有重要的商业性渔业资源。

2) 此海域除了捕鱼之外，拥有对娱乐活动很重要的生态和美学资源。这些资源增强了人类对自然的欣赏、了解和享受。例如，法拉荣湾国家海洋自然保护区的岩石岸线、浅和清的近海水域和潮间带水湾，拥有丰富的动、植物，吸

引着很多摄影爱好者和对自然研究感兴趣的人。

3) 此海域具有良好的海洋科学研究和资源管理方面的科研价值。例如,格雷斯礁国家海洋自然保护区就是研究海底生态的天然实验室和控制区。

4) 此海域对宣传海洋资源的特殊意义、海洋资源与人类的关系有重要价值,以便提高人们对海洋环境的保护意识。例如,在基·拉戈国家海洋自然保护区,通过使用各种宣传媒介,包括水族馆展览、幻灯片放映和乘玻璃船游览,参观者会置身于各种海洋和沿岸生态环境中,包括蔚蓝色的开阔海洋、形态奇特的珊瑚礁、美丽的海湾,它们会给人们留下深刻的印象,无形中增强人们海洋保护意识。

5) 此海域在历史文化、考古和古生物研究上具有重要价值。此海域拥有与早期人类文化活动或事件有关联的地点、建筑物和物体。例如,莫尼特国家海洋自然保护区,建立的目的仅仅是保护美国南北战争时期沉没的装甲军舰"莫尼特号"的遗骸。

三、人类活动可能造成某种不利影响

这一类国家级海洋自然保护区的选划标准适用于那些现有的和潜在的人类活动可能对海洋自然资源和人类使用价值产生不利影响的海域。使用这一种选划标准时,应当根据这些海域中现有的和潜在的人类活动及其对环境影响的初步评价来确定。

四、具有一定的管理条件

这一类国家级海洋自然保护区选划标准主要考虑与其他管理机构的关系、自然保护区面积的确定、公众进入的便利程度和经济效益指标等。

1) 与其他管理机构的关系。在选划国家级海洋自然保护区时,如果该海域的资源不曾被国家的其他机构所管理,那么只要考虑管理时加强地方机构的管理能力。如果该区的许多资源分别由政府的几个部门管理,选划时则考虑在分散的管理体系上形成一个管理网。一般来说,前者比较容易,后者较难。

2) 海洋自然保护区的面积、保护程度、管理人数的考虑。在一定的财政限度和工作人员数量的限制下,海洋自然保护区的面积和保护程度是两个紧密结合的因素。保护区的面积主要取决于确保被保护资源的有效管理,即在确保有效管理的前提下,保护区的面积宁小勿大。

3) 公众进入保护区的便利程度。公众可以把国家级海洋自然保护区用作游览、休养和渔业等公用场所,如果这与该自然保护区的目标不一致,就应当考虑限制或增加公众对这一特殊海域的进入。

4) 监视和执法的考虑。选划某个海域作为国家级海洋自然保护区,还要考虑该海域被监视和执法的程度,以及负责机构的管理能力,例如,美国海岸警备队和州执法处的执法能力。这种执法和管理能力取决于自然保护区的位置、面积和涉及的资源类型。

5) 经济效益的考虑。将任何海域选划为国家级海洋自然保护区,都存在经济效益问题,有的大量投入资金而收益很小,也有的少量投入资金而收益较大。因此,在选定一个国家级海洋自然保护之前,做到准确计算自然保护区选划方案的经济效益是十分困难的。

第六节　美国海洋保护区的管理和国际交流

一、强化管理

目前，世界上建有上千个海洋类型的自然保护区，但各国建区有先有后，重视程度不一，管理水平也参差不齐。有的国家只宣布成立却放任不管，而有些国家比较重视保护，采取种种措施加强海洋自然保护区的管理，并根据本国的自然条件和发展需求，建立各具特色的海洋自然保护区的管理体制和机构，其目的是海洋自然保护区真正起到保护海洋自然资源和环境的作用。

美国是由商务部负责与政府各有关部门和各州协商，确定选址和拟建区方案后，报总统批准，一旦报批的海洋自然保护区获准，即交由国家海洋与大气局下属的海洋和河口管理处负责实施。目前，该处主管 26 个保护区，包括 4 个珊瑚礁及其生态系统、3 个海洋生物栖息地、1 处沉船区和 18 个河口保护区。各保护区设有管理总部，一般由 5~7 人组成，设负责人 1 名，其余分管监视、监测、科研和宣传教育工作。各管理总部承担制订管理计划、协调和实施计划，并定期向海洋和河口管理处报告等工作。

二、加强国际合作

美国海洋自然保护区建设的国际合作活动，包括双边、多边合作，近年来十分活跃，主要基于以下几点看法。

1)自然资源的保护不受国界限制。例如，污染会随海水和大气影响邻国甚至更远地区，而海洋生物物种的灭绝会损害整个人类生物圈。

2)国际合作有助于促进各国自然保护、保护区建设和科研活动的开展，对各方都有利。

3)发展中国家可通过合作得到外援，发展自然保护事业和保护区建设。

4)有助于自然保护及保护区建设人才的培训，提高专业水平。

第七节　结论和建议

一、我国海洋保护区的现状和问题

海洋生物资源具有重要的现实和潜在的价值，是人类生存与可持续发展的重要物质基础和实现条件。中国海域辽阔，海岸线漫长，海洋环境多样，海洋生物资源在世界上占有重要地位。对海洋开发利用强度日益增大，致使陆源污染不断加剧，我国生物资源和海洋生态环境面临严重威胁。为保护海洋生物资源和特殊生境，我国建立了海洋自然保护区制度，依法把一定面积的海岸、河口、岛屿、湿地或海域划分出来，进行特殊保护和管理。研究和实践证实，建立海洋自然保护区是保护海洋生物资源和海洋自然环境的有效途径。

我国的海洋保护区建设可追溯到 1963 年在渤海海域划定的蛇岛自然保护区(1980 年升级为国家级海洋自然保护区)。经过几十年的建设发展，我国已经建立了包括国家、省、市、县级的海洋自然保护区 108 个，总面积达 769 万 hm^2(不含台湾、香港和澳门)，这些保护区分属海洋、林业、环保、农业、国土等部门管理。依照我国自然保护区分类，我国海洋自然保护区分为6个类型，其中海洋和海岸带生态系统保护区数量最多，共53个，占总数的50%左右，野生动物类保护区面积最大，共620万 hm^2。

但是，我国海洋保护区的建设和管理中还存在很多问题。对于我国自然保护区建设和管理中存在的问题已经有过很多讨论，也达成了相关共识，但针对海洋自然保护区的具体研究和讨论还很少。海洋自然保护区和其他自然保护区面临的问题有很多类似的地方，但是，海洋和陆地有本质的不同，海洋自然保护区所面临的问题有其自身的特殊性。

1)管理体制制约，保护效率低下。管理体制的不畅，不利于各部门协调，保护区难获实权，保护区利益未受足够重视。

2)缺乏协调保护与开发的能力。在过去很长一段时间里，保护区政策都主要关注当地社区生产活动对保护区生态环境的影响，很少考虑保护区的建立给社区带来的社会经济影响。相关政策禁止当地社区有悖于自然保护的传统生产生活方式，但又很少考虑为社区寻找替代发展途径，致使自然保护与社区发展矛盾不断。

3)多数保护区自养能力有限。多数海洋自然保护区都面临运行经费严重不足的困境。国家规定，自然保护区管理及建设所需经费主要来源是地方财政，国家只对国家级自然保护区的建设给予有限的资金补助。因此，对一些经济不发达的地区来说，保护区的运行经费根本无从落实。仅有的经费多数被用于保护区的基础设施建设，投入到科学研究上的资金少之又少，保护区能自主开展的科学研究非常有限，保护区的工作多停留在看护阶段，谈不上进行主动的科学研究。由于缺乏运行经费，加上海洋自然保护区通常远离大陆，条件艰苦，管理成本高，保护区在执法队伍建设和执法装备配备上很难满足执法管理需求，保护区保护的功效因此大打折扣。

4)海洋保护区规划有待改善和落实。具体来说，国家级海洋自然保护区未能覆盖具有生物多样性的关键地区，而某些非关键地区的沿海国家级海洋保护区密布的事实说明，我国保护区的选址和建设存在不足，缺乏从国家层面上综合考虑海洋保护区的总体规划及合理安排有限的保护力量。

二、美国海洋保护区的管理对我国的借鉴

针对我国海洋保护区所面临的问题，结合美国海洋保护区建设和管理的经验，我们提出以下几点建议。

1)调整保护区管理体制。此处可以参照美国的管理机制，即建立一定的国家级和省级机构，并根据各个机构的不同进行分工和制定不同的项目。此外，还应该对现有机构进行改革。寻求协调部门关系的有效机制，尽量消除现有体制的弊端。可行的办法是在国家(或省、直辖市)的层面上组建由海洋、环保、林业等相关主管部门共同参与的领导小组，负责统一指导、协调和管理国家级(或省级)自然保护区。针对海洋自然保护区，由海洋部门负责组织管理在海洋自然保护区范围内的全部海上活动。从长远看，应该改变保护区管理体制，明确由国家海洋局负责管理全部海洋自然保护区及相关事务，彻底解决多部门管理带来的负面影响。

2)明确保护区发展目标。美国有专门的机构对海洋保护区的定义、概念做出全面和准确的阐述，并且也有专门的机构对各个海洋保护区所保护的物种和保护区合理的面积以及保护区的社会职责进行明确的定位。在我国也应该制定相应的措施，对我国的海洋保护区进行明确的定位。所以，我们必须明确海洋自然保护区发展的总目标，明确包括自然保护和社区发展两个方面，该目标必须在政策法规中明确，在管理行动中得以体现。探索和建立将当地群众和地区的经济利益与自然生态保护结合起来的机制。鉴于旅游业在我国的迅速发展，以及生态旅游在国外自然保护区的成功实践，建议加强在海洋自然保护区开展生态旅游的研究，提高对

旅游开发活动的管理能力。通过保护区建设带动周围社区的生态型海水养殖有可能成为带动社区发展的有力途径。

3) 保护区的经费使用原则。美国的联邦法律和各州法律保证海洋保护区得到充足经费的权利，并且联邦和州每年都有拨款，这能保证海洋保护区顺利运作。同时，各个州也从不同渠道筹款使海洋保护区的经费充足，而且各个州的宣传机构和公益机构也定期对海洋保护区进行经济上的支持。各个州还立法要求学校带学生去参观学习，让学生参与到保护区的建设工作中来。这样一方面培养了学生们的环境意识，对学生进行了良好的环境教育，另一方面也给海洋保护区节省了一定的人力资源，打造出一个双赢的局面。

总之，美国的海洋保护区建立的历史已久，在建设和管理海洋保护区的方面积累了很多经验，而中国经历了近 30 年的快速发展，也认识到海洋保护区的重要性，在这方面做出了相当大的努力，并取得了很大的成绩。但是在建设和管理上的经验尚不足，所以我们应该学习国外先进的经验，让我国的海洋保护区事业取得更大的成功。

第二章 日本濑户内海环境污染和修复

一、濑户内海概况

濑户，意即狭窄的海峡，濑户内海，因在诸海峡之内，故得名。日语称 Seto Naikai。此海为地层陷落而成，面积 19 700 km^2，多港湾，一般水深 20~40 m，平均水深 37.3 m，鸣门海峡深达 217 m，易于航行。海中有淡路、小豆、江田等 3 000 多个大小岛屿，以淡路岛为最大。经丰后水道和纪伊水道与菲律宾海和太平洋沟通，西经关门海峡与东海相连，自古航运发达，此地区是日本关西地区和亚洲大陆之间交通线上文化往来的中心。由于四国山地与中国山地的屏障，气候较温暖干燥，年降雨量 1 000~1 400 mm，日照长，此地区在日本气候分区属于濑户内海式气候，温暖少雨，较干燥。海洋生物有 500 多种，包括香鱼、鲨、大白鲨、海参。但赤潮经常肆虐当地。

濑户内海，既无原料和燃料资源，又无较大市场，经济发展全靠水陆运输，它是典型的加工贸易地区。古代和中世纪为日本与中国交往要道，对日本文化发展有重要作用。较大的工业中心和港口有广岛、水岛（钢铁、石油、石油化学联合企业、汽车等）、福山（钢铁）、岩国、大竹（石油化学、化纤）、德山和北四国的松山、新居滨等。农业发展早，海中诸岛和沿岸低地种植水稻，坡地开为梯田，多栽培柑橘等果树。原来盐业发达，现盐田多已废止，改作工业用地。渔业曾经较为发达，因海水污染，现已衰落。除东西交通外，南北跨越本州、四国的大桥已于 1975 年开工兴建。

第二次世界大战后，沿岸新兴的濑户内海工业地域，钢铁、化学、汽车、造船、石油和石油化学大型联合企业发达，有"产业运河"之称，其中主要城市有广岛、下关、冈山、松山、高松等，而沿岸主要部分已划为濑户内海国立公园。

二、濑户内海的污染

跟渤海一样，濑户内海也是半封闭的内海，原本是天然的鱼仓，日本列岛最富足的海湾。但到 20 世纪 40 年代末，日本战败后全力发展经济，工业布局开始向沿海集中，濑户内海沿岸被选为最重要的工业基地，而濑户内海很快成为这些工业部门的共同下水道，工厂把未经处理的工业废水排入内海，这些废水里，铜、铅、汞等重金属含量高得惊人。

1955 年以后，濑户内海的污染日甚一日，原来十几年一次的赤潮，后来发展到一年多次，鱼虾绝迹，1/3 的海底成了臭泥塘。在这个过程中，发生了震惊世界的水俣病。

20 世纪 50 年代初，在日本九州岛南部熊本县的一个叫水俣镇的地方，出现了一些口齿不清、面部发呆、手脚发抖、精神失常的病人，这些病人久治不愈，就会全身弯曲，悲惨死去。这个镇有 4 万居民，几年中先后有 1 万人不同程度地出现此种症状，其后附近其他地方也发现此类症状。经数年调查研究，于 1956 年 8 月由日本熊本国立大学医学院研究报告证实，这是居民长期食用水俣湾中含有汞的海产品所致。

汞也称水银，是常用的温度计里显示刻度的银白色金属，是一种剧毒的重金属，具有较强的挥发性。对于生物的毒性不仅取决于汞的浓度，而且与汞的化学形态以及生物自身的特征有密切关系。一般认为,汞是通过海洋生物体表(皮肤和鳃)的渗透或摄食含汞的食物进入体内的。汞进入海洋的主要途径是工业废水、含汞农药以及含汞废气的沉降。此外,含汞的矿渣和矿浆也是其来源之一。水俣湾为什么会有含汞的海产品呢?这还要从水俣镇的一家工厂谈起。水俣镇有一个合成醋酸工厂,在生产中采用氯化汞和硫酸汞两种化学物质作为催化剂。催化剂在生产过程中仅仅起促进化学反应的作用,最后随废水排入临近的水俣湾内,并且大部分沉淀在湾底的泥里。工厂所选的催化剂氯化汞和硫酸汞本身虽然有毒,但毒性不很强。然而它们在海底泥里能够通过一种叫甲基钴胺素的细菌作用变成毒性十分强烈的甲基汞。甲基汞每年能以1%速率释放出来,对上层海水形成二次污染,长期生活在这里的鱼虾贝类最易被甲基汞所污染。据测定,水俣湾里的海产品含汞量已远远超过安全食用量,居民长期食用此种含汞的海产品,就成为甲基汞的受害者。甲基汞一旦进入人体就会迅速溶解在脂肪里,并且大部分聚集在脑部,黏着在神经细胞上,使细胞中的核糖酸减少,引起细胞分裂死亡。

科学试验证实,人体血液中汞的安全浓度为 $1\ \mu g/10\ mL$,当到达 $5\sim10\ \mu g/10\ mL$ 时,就会出现明显中毒症状。经计算,如果一个人每天食用 $200\ g$ 含汞 $0.5\ mg/kg$ 的鱼,人体所摄入的汞量恰好在此安全范围内。然而,经测定,水俣湾的海产品汞的含量高达每千克几十毫克,已大大超标,此外,人们每天还要搭配其他食品,其中有些也可能含汞,这样全天摄入的总量就超过安全限度标准更多了。

水俣病是直接由汞对海洋环境污染造成的公害,很多地方都出现过类似的污染中毒事件,同时还发现其他一些重金属,如镉、钴、铜、锌、铬等,以及非金属砷,它们的许多化学性质都与汞相近,这不能不引起人们的警惕,而另一种"骨痛病"的发生,经长期跟踪调查研究,最终确认这是重金属镉污染所致。

水俣病震惊了世界。从1970年开始,日本开始着手治理濑户内海,用了长达近30年的时间,才把濑户内海还原成基本清洁的海域。

当年的濑户内海,污染程度远甚于现在的渤海。

三、《濑户内海环境保护特别措施法》

濑户内海是日本国内的一个重要海域,既是优美的风景胜地,又有丰裕的天然资源,同时还有发达的工业,濑户内海沿岸是日本最大的新兴工业地区,成为日本五大工业地带之一。由于濑户内海自身的封闭性,存在海水交换时间长、自净能力差、环境容量低的特点。极低的环境承载力加上工业密布、污染不断的周边状况,致使濑户内海环境严重恶化,水质、底质严重污染,水产资源衰退,赤潮频繁发生,填海造地失控,海上油污损害不断,濑户内海一度被称为"濒死之海"。濑户内海的治理备受日本各界关注。

然而,治理实践却表明,一般性海洋环境立法对于濑户内海的环境治理收效甚微。日本在海洋环境保护方面的传统法律,如1921年《公有水面填埋法》、1956年《海岸法》、1970年《水质污染防治法》和《海洋污染及海上灾害防治法》等均无力解决濑户内海的环境问题,甚至阻止不了其每况愈下的恶化趋势。然而,日本1973年《濑户内海环境保护临时措施法》的颁布及实施却对濑户内海的环境治理起到明显效果,成功地将濑户内海从"濒死"的边缘挽救回来。由于治理效果显著,日本于1978年将该法更改为《濑户内海环境保护特别措施法》(以下简称《特别措施法》),使其成为保护濑户内海环境的永久性法律。《特别措施法》是专门针对濑户内海环境问题治理的区域性法律,从性质上来说是一部特别法。与一般法相比,特别法针对性强、因地制宜,可以做到有的放矢。之所以进行特别立法,是因为濑户内海治理的特殊需要。日本海洋环境保护一般法在濑户内海治理上的乏力,根本原因在于一般法律内容与濑户内海地理环境特点的不相容。如前所述，濑户内海由于自身封闭性而具有环境污染承载力极低的特点，因此主要针对通常具有相当的自净能力和环境承载力的普通海域的一般海洋环境法律的内容难以适应濑户内海治理的特殊需要。正是一般立法在濑户内海环境治理上的无能为力，才使日本不得不制定专门针对濑户内海环境保护问题的《特别措施法》。

该法之所以称为《特别措施法》，是因为针对濑户内海的环境保护，规定了3项特别措施，分别是控制特定设施的设置、防止富营养化引起的危害，以及自然海滨的保护。这3项针对濑户内海特殊环境问题所提出的特别措施构成了该法的主要内容。

1) 控制特定设施的设置是从陆源方面控制和削减污染物的排放总量。例如，对特定设施设置的批准标准、有关特定设施的过渡措施、特定设施构造的变更与继承、与《水质污染防治法》的使用关系等进行了规定，同时为了防止有关化学需氧量的水质污染，规定由内阁总理大臣制定有关削减以化学需氧量表示的污染负荷总量的基本方针。

2) 防止富营养化引起的危害是要求削减磷以及其他指定物质，制定削减的总目标、年度计划、指导方针和对策。

3) 自然海滨的保护针对的是濑户内海自然资源和旅游资源的保护，要求在海滨沙滩、岩礁、海水浴场、赶海区域等设置自然海滨保护区，并规定在自然保护区内新建建筑物、改变土地使用现状、采掘矿物、开采土石及其他活动要进行必要的申报。

这些特别措施不仅针对性极强，而且条文规定十分具体，可操作性很强。例如，为了防止富营养化引起的危害，该法不仅规定了削减向公共水域排放有关磷及其他指定物质，还对削减的总目标、年度目标以及其他物质削减的指导方针做了详细具体的规定，方便具体执行。同时，该法还有明确的责任规定以保证实施，从而使这些措施能够真正落到实处。特别措施进一步体现了"因地制宜、有的放矢"的立法思想。濑户内海自然环境复杂，不仅整体上濑户内海有与其他海域不同的自然属性，就濑户内海内部构造而言，也是由若干海湾和具有不同功能特点的海区构成。这些海湾和海区不仅自然条件不同，污染源也各不相同。《特别措施法》因地制宜，针对不同的自然属性与污染状况采取具体的治理标准，实行不同的具体措施，真正实现了"有的放矢"。

《濑户内海环境保护临时措施法》是由环濑户内海各府、县、市推选出来的国会议员起草，然后直接递交国会审议的。这项法律实施3年，后又延长2年。结果是这项法律对恢复该海域的良好环境起到很大的作用，但濑户内海的环保问题尚未彻底解决，必须子子孙孙坚持做下去，才不会前功尽弃，因此，日本国会通过决议，将《濑户内海环境保护临时措施法》改为永久性的法律，更名为《濑户内海环境保护特别措施法》。

该法规定，企业要设置向公共水域排放污水的设施，必须提前向府、县知事提出申请；府、县知事收到申请后，应立即公布其概要，并将有关书面材料提供公众阅览3周；同时，府、县知事还要将此事通知该环境有关的府、县知事和市、镇、村长，征求他们的意见。在这个过程中，府、县知事可因该设施不符合有关法律规定而随时否决其申请。

日本对各级政府部门的职责都做了明确的分工，如全国的海洋环境保护工作由环境厅协调，海上污染事宜由海上保安厅处理，其他各个省厅、各级地方政府也都要负责对各自管辖海区的污染进行监测。

日本还建立了此海区沿岸13个府、县和5个市的知事、市长参加的环境保护工作会议制度。在防止海洋污染的过程中，这种联席会议发挥着非常重大的作用。

同时，日本大力加强内海环境调查与监视、监测的投资，并多次开展大规模的海洋污染综合调查，对濑户内海的污染现状、治理方法了然于心。通产省成立了防止濑户内海水质污染研究会、海洋生物环境研究所等科研机构，其他许多省厅和地方政府的研究所，以及大学和民间团体也都从事着与防止海洋污染有关的环境科学研究工作。

半官方的濑户内海环境保护协会也扮演了重要角色，民间环保组织更是大量诞生，规模之大居全世界之首。社会各阶层都在宣传保护濑户内海的重要性和必要性。

到1980年初，濑户内海水质已基本恢复到良好状态，海洋渔获量超过20世纪50年代。迄今，该海域和沿岸资源、环境都得到恢复和发展。实践证明，对这种特殊的海域制定特殊的法律是卓有成效的。自《特别措施法》颁布实施以来，濑户内海的环境有了极大的改善：填海造地活动得到扼制，填海造地的面积大大减少，从1973年前的2 000~3 700 hm^{2}下降到2000年的100 hm^2；赤潮发生数减少到20世纪70年代出现次数的1/3，这是被世界海洋环保界公认的濑户内海治理的直接成效；濑户内海的海洋油污染逐年减轻，溢出油发生次数已从1972年的874次，下降到1995年的115次，有了大幅度的减少；恢复了原来受到破坏的海水浴场，到1995年主要海水浴场已经达到51个，每年接待人数超过773万人次；自然保护区增多，到2000年，鸟兽保护区已由1985年的729处，面积47.1万hm^{2}增加至834个，面积52.8万hm^2。

四、濑户内海污染治理具体措施

(一) 指定环境标准水域范围

1970年，日本出台了《水质污染防治法》《废弃物处理法》《海洋污染及海上灾害防治法》等一系列法规。根据《水质污染防治法》规定了工厂及企业排放污水的标准，严格禁止超标排放，指定的环境标准水域达到50处。

(二) 分批制订公害防治计划

为了推进防止公害对策，日本政府分批制定和推广公害防治计划。通过试点推行，逐步积累经验，进而推广到整个区域。分批推广可以有效地节约资源，同时准确发现计划实施过程中存在的问题，及时修正，促使计划更具指导性和可行性。

(三) 加强上下水道的整治

20世纪50年代后期实施的《上水道法》《下水道法》，规定了上水的水质标准和下水的排水标准与放水标准。

有关上水道的净水、下水的处理、工厂用水、排水处理等，从海外引进所需技术，同时在国内针对产业排水，根据业种不同而水质不一的现象，研究开发处理各种水质的多样化技术，并运用于实践。

行政上由都、道、府、县对市、町、村所执行的生活排水政策进行综合调整，指导市、町、村在实践中尝试生活排水政策的合理性，根据需要及时配备生活排水处理设施等。

(四) 严禁向海内排放粪便

为了加强对粪便的卫生处理，对原有粪便处理设施进行整治，修改相关规定。濑户内海的粪便排放量，1965年约4 000 kL/d，1970年减少至3 000 kL/d。从1973年4月1日起采取了全面禁止向濑户内海排放粪便的措施。

(五) 配备回收海面垃圾和废油的设施

日本国土交通省为保证航行船舶的安全，在濑户内海各地配备回收海面浮游垃圾和漏油的海洋环境清洁船，进行海面垃圾回收工作。这些清洁船每年可回收5 000 m^{3}的各种海面垃圾，对保护濑户内海的良好环境起到一定作用。

(六) 加强海洋污染的监控管理

到1972年为止，在整个濑户内海共设700个监测站，各种自动化监测设施可以连续监测海上环境变化的情况。

(七) 开展水质污浊机理的调查研究

濑户内海的地形复杂，潮汐变化多样，因此污浊状况也很复杂。为查明水质污浊的机理，日本通商产业省1971年投资3 890万日元，1972年投资5 900万日元，在广岛县吴市建立了世界最大的濑户内海大型水工模型。1973年又耗资4 130万日元进行机械设备的补充，并投资4 200万日元开展追加调研，获得了能够把握濑户内海广泛海域污浊实况的基础资料。

(八)开发赤潮防治技术

1973年,日本环境厅、水产厅、海上保安厅在通力合作下,投资230万日元进行赤潮的预测、防治技术的开发,对水质污浊和赤潮发生的因果关系进行分析研究。

(九)各级组织积极参与濑户内海污染防治

日本民间组织数量之多,居世界之首。由于濑户内海行政区划较多,民间团体可以有效地弥补行政区划带来的信息闭塞,收集整理广大区域的信息,通过民间组织之间的探讨活动,推动信息的共享,带动濑户内海整个区域的环境保护运动的同步协调。有关濑户内海环保的研究机构有13个,关联团体29个,民间环保组织无数,特别是濑户内海环境保护协会、四国地方环境事务所、濑户内海环境保护联络会等组织在濑户内海污染防治中发挥着重要作用。

(十)设立KJB(Keep Japan Beautiful)濑户环保基金

2007年PMJ株式会社专门设立了KJB(Keep Japan Beautiful)濑户环保基金,目的在于针对各民间团体所进行的濑户内海地域的环境美化和环境保护各项有益活动提供资金支持。

(十一)培育全民海洋环保意识

例如,经常举办海边课堂,组织市民进行亲近海水的体验学习;在学校教育中,引入海洋体验型学习科目等。

濑户内海所属的第六管区海上保安本部,以一般市民(包括孩子)及海事渔业相关人士为对象,经常举办海洋环境保护教室和海洋环境保护培训学习班等,指导启发市民的自觉行动,提高海洋环境保护意识。同时,普及生活排水处理设施的安置,采用高度污水处理方法等,并引导当地居民自觉减少生活、养殖、畜产等带来的负荷。

(十二)形成行政、企业和区域居民一体化合作网

水环境问题并不是短期可以解决的,日本寻求的长期保护模式是,行政作为国家政策实行者,区域居民和居民团体作为环保主体,企业作为合作伙伴来全面保护水环境资源。

五、濑户内海污染治理成功的经验

(一)严格控制陆源污染

按照陆海一体的总体思路,对陆地污染源实行严格的控制,从源头进行治理是濑户内海治理的指导思想。濑户内海的主要污染是陆源污染,尤其是沿海周围的大中型企业,给濑户内海带来了大量的污染。针对这一特点,《特别措施法》规定了严格的企业排污设施控制制度,把影响濑户内海生态环境的各种陆地生产经营活动纳入调整范围,主要包括3个方面内容。

1)切断污染源头,将污染严重的化工厂迁离濑户内海,并大大减少填海造地的面积,将其中的大部分区域规划为国家公园,建立800多个野生动物自然保护区。

2)严格控制企业排污设施设置。企业要向濑户内海排放污染物要经过"三关":首先,要依照总理府令的规定,向府、县知事提出排污设施设置申请,申请书的内容必须包括排污设施种类、构造、使用方法,从特定设施排放的废水或废液的处理方法,外排水量、外排水的污染状态等事项,同时还应附有记载该排污设施环境影响调查结果事前评价事项的书面材料;其次,府、县知事在收到申请书后,要将申请书的内容提供公众阅览3周,与排污设施的设置有利害关系的人可在阅览期间向有关府、县知事提出书面意见;最后,府、县知事还应在规定的期限内征求与该排污设施的设置有关的府、县知事和市、镇、村长的意见。

3)《特别措施法》调整的排污设施设置的企业非常广泛,不但包括濑户内海沿海一带的企业,而且只要是排放污染物最终流入该海域的企业就属于《特别措施法》的调整范围。陆源污染是海洋污染的主要来源,大部分海洋污染物质来自于陆地,海洋环境污染防治,如果"头痛医头,脚痛医脚",仅针对海水污染是远远不够的,必须从源头上予以控制,把好第一关。《特别措施法》通过严格的、具体的法律规定实行对陆

地污染源的控制,为陆源污染控制提供了具体的行为规范,陆源污染因此得到有效控制。而作为一般法的我国《海洋环境保护法》,只有防止陆源污染的一般规定,没有具体的行为规范,无法真正按照陆海一体的思路进行海洋环境治理,这也是《海洋环境保护法》不能有效治理渤海环境污染的重要原因之一。

(二) 政府规划配合法律

日本政府在制定《特别措施法》治理环境的同时,还辅以政府内阁总理大臣制定的《濑户内海环境保护基本计划》与沿海各府、县制定的濑户内海环境保护府、县规划加以具体配合,对该法的有效实施起到了重要作用。

《濑户内海环境保护基本计划》是依据《特别措施法》来制定实施的。在濑户内海的环境保护与治理中,法律起着主导与核心的作用,基本计划则是实现立法目标的主要手段。基本计划虽然不能替代法律,但详细具体的基本计划是实施法律的有效手段。《濑户内海环境保护基本计划》的规定十分具体,包括防止水质污染,保护自然景观、浅滩等19项具体措施。每一项措施针对性非常强,治理的目标明确,计划涵盖了整个区域的规划方向、目标和措施。在《特别措施法》的基础上,辅之以《濑户内海环境保护基本计划》,有利于从法律原则性的规定到具体实施的转化,以及从定性到具体的量化指标的转化。

濑户内海沿海各府、县根据《濑户内海环境保护基本计划》和其管辖海域的情况再制定了针对措施更强的府、县规划,在不违背《特别措施法》与基本计划的前提下因地制宜,具体问题具体分析,充分发挥各府、县对自己管辖区域了解透彻的优势,使《特别措施法》的整治作用发挥到极致。

(三) 高效行政保障实施

日本环保执法管理是由中央和地方政府共同负责完成的。上至中央,下至地方政府都有明确的分工,各司其职,基本上做到了对污染及时发现、及时防治,保证法律法规得以顺利执行。在濑户内海的环境治理中,日本政府各部门之间分工合理、权责明确,具有很高的行政效能。

中央由内阁总理大臣与环境厅统一协调管理,地方由沿海13个府、县知事管理,直接对内阁总理大臣与环境厅长官负责,这样就避免了参与濑户内海治理的行政机关过多,以致出现各自为政的不良局面。

《特别措施法》专门设立了濑户内海环境保护审议会,直接对环境厅长官与内阁总理大臣负责,负责调查审议有关濑户内海环境保护的重要事项。审议会针对濑户内海治理与环境保护展开工作,在濑户内海环境保护基本规划的制定中起主要作用,同时对各府、县规划的制定进行有效监管,使中央与地方的环境保护方针保持一致。

为了更好地进行濑户内海的治理和环保工作,日本政府在该海区沿岸的13个府、县和5个市建立了知事和市长参加的环境保护工作的会议制度,即知事、市长联席会议制度,形成了一种例会式的组织机构。经过这些年来的实践,进一步证实建立这种形式的联席会议制度是一种非常行之有效的措施。在防止海洋污染的过程中,这种联席会议发挥着非常重大的作用。

以健全的管理体系与地方政府联席会议制度为基础的濑户内海环境保护管理机制,是《特别措施法》有效实施的可靠保障。

(四) 充分发挥民众作用

《特别措施法》十分重视社会公众在濑户内海治理中的作用,并采取了一系列措施保障公众的知情与参与。《特别措施法》规定,内阁总理大臣制定或变更基本规划,沿海各府、县制定或变更府、县规划,都应当公之于众;各府、县要将企业设置排污设施的申请书和各种书面材料提供公众阅览3周,与特定设施的设置有利害关系者可以在阅览期内向有关府、县提出书面意见;制定或变更指定物质削减的指导方针,有关府、县知事应将有关情况公布于众。《特别措施法》通过具体的法律规定保障了公众的知情权与参与权,为公众有效参与濑户内海环境保护提供法律依据,公众参与的积极性和热情高涨。

同时,《特别措施法》还注重发挥环保社团

的积极作用。1992年6月,联合国环境与发展会议上通过的《21世纪议程》里就专门强调了环保团体在环境保护方面的重要作用,认为环保团体的真正介入是实现可持续发展的重要条件之一。《特别措施法》中两次提到环保公共团体,从法律的高度赋予环保公共团体参与濑户内海治理的权利。例如,第14条规定,"鉴于濑户内海的污染状况,国家和地方公共团体应该努力促进下水道和废弃物处理设施的完善、污泥疏浚、用于水质监视或测定的设施和设备的完善及其他旨在保护濑户内海水质的必要事业的发展"。通过立法形式肯定环保公共团体的地位与环境治理中的重要作用的做法实为鲜见。在国家法律和政府的支持下,环保公共团体大量诞生,规模之大居全世界之首。最知名的莫过于濑户内海环境保护协会,它在濑户内海的环境整治过程中扮演了重要角色。

(五) 普及提高环保思想

广大民众对濑户内海环境保护重要性的认识和对《特别措施法》的内心认同,是《特别措施法》得以有效实施的重要原因,而这应归功于日本政府在普及环保理念、提高公民环保意识方面所做的努力。

日本政府深刻认识到提高国民环保意识是做好海洋环保工作非常重要的一环。因此,日本政府通过各种措施和手段,进行大量的宣传,从而促使国民自觉协助政府做好环保工作。由于日本社会各阶层都在宣传保护濑户内海的重要性和必要性,这为濑户内海的整治工作打下了良好的群众基础,成为濑户内海整治成功的一条重要原因。为了提高国民的环保意识,鼓励公众参与,日本政府积极开展濑户内海的环保活动,其措施包括以下方面。

1)大力加强普及宣传工作。在濑户内海的沿岸举办各种研讨会、讲演会,开展环保宣传月活动,并印发各种宣传品。

2)加强调查研究。针对沿海居民对濑户内海环境的认识,进行典型事例调查,编写宣传教材,研究今后宣传普及活动及环保教育的具体措施和方法。

3)指导海洋环保工作。对有关濑户内海的各种海洋环保工作进行技术指导,并予以资助。

4)成立必要公益法人组织。例如,1976年成立的濑户内海环境保护协会,旨在通过普及和提高人们对濑户内海环境的认识,开展各种调查研究及其他活动,以利于对濑户内海的环境保护工作。

(六) 平衡协调环发矛盾

在濑户内海环境问题的治理上,《特别措施法》真正找到了环境、资源与发展的"契合点"。环境保护与追求经济发展之间存在着明显的矛盾,不管是对企业特定设施的控制,还是污染物排放总量的削减,都会在一定程度上影响企业与国家的经济效益。但《特别措施法》没有因为片面地追求这种短期利益而忽视濑户内海长远的综合性利益。日本政府正是从这种长远利益出发,尽管企业的经济效益有所下降,但濑户内海丰富的渔业资源与自然景观所带来的旅游收入却是相当可观。

第三章 欧洲北海环境污染、治理和管理

第一节 北海环境概况

北海是大西洋东北部边缘海,位于大不列颠岛、斯堪的纳维亚半岛、日德兰半岛和荷兰与比利时低地之间。北海西以大不列颠岛和奥克尼群岛为界,北为设得兰群岛,东邻挪威和丹麦,南接德国、荷兰、比利时、法国,西南经多佛尔海峡和英吉利海峡通大西洋。北部以开阔水域与大西洋连成一片,东经斯卡格拉克海峡、卡特加特海峡与波罗的海相通。海区南北长965.4 km,东西宽643.6 km,面积57.5 万 km²。位于西欧大陆架上,除靠近斯堪的纳维亚半岛西南端有一平行于岸线的宽28~37 km、水深200~800 m 的海槽外,大部分海区水深不超过 100 m,南部浅于 40 m,英格兰北面外海有很多冰碛物构成的沙洲、浅滩,其中面积达650 km² 的多格浅滩水深仅 15~30 m,是世界著名的浅海之一,同时也是世界著名渔场。

北海位居高纬度,常年盛行西风,又有北大西洋暖流调节,冬季不结冰,夏季气温不高。2月平均气温为 0~5 ℃,8月平均气温为 15~17 ℃。年降水量比较多,北部达 1 000 mm,南部为 600~700 mm,季节分配均匀。属温带海洋性气候。同时,北海又处于极锋南北徘徊位置,气旋活动频繁,尤其冬季(11月—次年3月)经常发生风暴,并可形成高达数米、甚至十几米的风浪,往往使海区南部的荷兰、丹麦、比利时和英国等沿岸地区遭受风暴潮袭击,给人民生命、财产造成危害。

北海近表层海流是气旋型环流,底层则不很规则,在设得兰群岛附近流速较强,中部减弱。北海潮流较大,在开阔海区潮流流速为 1~1.5 m/s,多佛尔海峡为 2.5 m/s,设得兰群岛附近有时达 5 m/s。北海表层水温2月最低,8月最高。受海流特别是北大西洋暖流影响,冬季西北海区水温为 7.5 ℃,而东南海区为 2 ℃;夏季则相反,西北海区为 13 ℃,东南海区为 18 ℃。

北海是浅海,又经常受气旋风暴侵袭,翻滚的波浪把海底的无机盐类卷至上层,为浮游生物繁殖创造了有利条件。北海周边有许多河流汇聚,带来丰富的有机、无机养料和鱼饵。同时,北海环流是由北大西洋暖流与来自北极的寒流交汇形成的,冷暖水流在此交汇,渔产丰富,种类繁多,主要产鲱、鲭、鳕等鱼,为世界四大渔场之一。

北海海底还蕴藏着丰富的石油、天然气资源。英国从 1975 年开始开采北海石油,1984 年原油产量达 1.3 亿 t,成为石油生产国和出口国。由于海区四周城市集中、工厂林立,大量地向北海倾倒和排放废渣和污水,尤其近 20 年来随着北海海底石油、天然气的开采和油轮、油管漏油问题频发,北海受到严重污染,亟待采取有效保护措施。

1964 年《海洋勘探国际委员会公约》协调并推动了北大西洋、波罗的海、北海的海洋研究,并确立保护海洋环境和规范渔业的共同渔业政策。1992 年《保护东北大西洋海洋环境公约》将1972 年《防止船舶与飞行器倾倒废物污染海洋

公约》与1974年《防止陆源物质污染海洋公约》相结合，为东北大西洋海洋及近海环境保护提供了依据，条约还特别强调了重要物种及其生态环境的保护。自1984年起，一系列以保护北海为主题的国际会议达成了6个宣言，合称"北海会议宣言"，这些宣言强调了北海的物种、生态环境保护、污染防治和渔业等问题。

第二节 《应对北海油污合作协议》

北海—东北大西洋区域是世界上石油运输最为频繁的一个海域。每年，在北海港口进出的石油高达8亿t。其中，进出欧盟的油轮，70%均取道北海和大西洋（其余30%经地中海区域）。而进入比利时、荷兰以及德国港口的油轮，则是必须途经暗藏运输风险的狭长河道和海峡。另外，进入挪威蒙斯塔和英国苏伦·沃港口的石油，以及运送至北美港口的石油均要通过油轮而非管道运送，这又增加了区域内发生溢油事故的风险。

1967年3月18日，利比里亚油轮托雷·坎永号在英国锡利群岛附近海域沉没，11.9万t原油倾入大海，浮油漂至法国海岸，造成严重的海洋环境污染，北海多个沿海国受到溢油影响，损失严重。国际社会开始重新审视"海洋是无限的，渔业资源也是无穷无尽的，而容纳废物的能力更是无休无止的"这一观点。对于溢油事故，国际社会以及各国应对措施有限，一般采用淘汰陈旧船舶和航道分离制度。但是这些措施收效甚微，所以突发性溢油事故的应急响应非常重要。而此次事故让北海各国认识到溢油的突发性、扩散性和复杂性，也意识到溢油区域合作的重要性。

为此，比利时、丹麦、法国、德国、荷兰、挪威、瑞典和英国于1969年6月9日在波恩签署了《应对北海油污合作协议》，1969年8月9日生效。作为世界上第一个溢油应急合作协议，它确定了北海国家解决海上溢油的区域合作制度，具有里程碑意义。协议确定了北海区域应急合作的分立模式，即"一种问题，一种规范"，针对海洋环境保护的不同方面而单独予以处理。

由于时间仓促，该协议全文只有10条，而其中仅有6条涉及合作的实质内容，所以关于溢油应急合作的很多细节规定都不够完善。北海区域的应急制度，完全是受突发性溢油事故刺激的结果。这就决定了1969年缔结的《应对北海油污合作协议》视野的局限性。它仅仅考虑了如何解决突发性的油污问题，而忽略了对海洋环境的整体保护。但是，在其后的应急制度构建中，这种针对海洋环境保护的不同方面而单独予以处理的做法，却一直保留了下来。

1983年，该协议第一次修订，即《处理北海油污和其他有害物质合作协议》，欧盟作为缔约方加入。1987年，该协议扩展至监测合作。2001年9月21日，该协议再次修订，此次爱尔兰加入。该协议致力于在科学、技术和业务等方面建立海洋溢油应急合作机制，并不断创新和发展。同时，北海国家还加入了《国际防止船舶造成污染公约》和《国际油污防备、反应和合作公约》等国际公约，并制订本国的溢油应急计划，建立相应的组织机构。

不同于单个国家的溢油应急响应机制，欧洲北海的溢油应急涉及多国合作，这其中包括人员、船只和飞机等的跨境调配。为了做好应急工作中的协调，协议对应急指挥机构做了详细规定。欧洲北海溢油应急响应指挥体系包括岸上操作控制中心和现场战略指挥中心两级指挥机构。岸上操作控制中心由主导方领导，一般位于岸上，负责指导现场战略指挥中心的行动，具有最高级别的指挥权。现场战略指挥中心则负责具体指导主导方和协助方的溢油应急团队。

而对于上述两个指挥中心来说，有两个核心人物是非常关键的，那就是主导方任命的现场战略指挥中心的最高指挥官和缔约方任命本国溢油应急的现场指挥官。指挥官对上级是应急合作行动执行者，对下级是命令的发布者，具有承上启下的作用。其中，缔约方任命的指挥官管理本国的溢油应急团队，听命于主导方任命的最高指挥官。北海溢油应急反应机制中还有一个重要的角色是由缔约方派出的联络官。当联络官发现溢油威胁到自己国家权益时，有权提出相关的管理和技术建议。这样，从最高领导的岸上操作控制中心具体到各国溢油应急团队，同时配合各国委派的联络官，共同组成北海完善的溢油应急合作的组织体系。该体系加强了主导方和协助方的联系，实现了职责明确，更好地协调和配合各层关系，保证了应急响应的高效完成。就指挥体系而言，主导方的地位和作用非常重要，所以协议中明确规定了主导方应当履行的义务，即负责指挥溢油应急，给予协助方行政、业务和后勤支持，分配协助方明确的任务，组织协助方的务实合作和协助方之间的信息公开。此外，当溢油污染的主要范围进入邻国时，主导方应当将控制指挥权交由该国。两国应当互相熟悉溢油污染状况和所采用的应急措施，并充分考虑未来溢油发生的趋势。

受油轮托雷·坎永号事件的冲击，从1969《应对北海油污合作协议》，到之后修订的1983《处理北海油污和其他有害物质合作协议》，欧洲北海区域溢油应急合作机制已逐步建立起来，协议明确规定了缔约方的权利和义务，尤其是主导方的责任，建立了两级应急指挥机构，规范了溢油基金的来源及费用支付制度，以及包含技术、演习、监测在内的一系列具体措施。经过40多年的发展，北海溢油应急合作实现了溢油应急对象的扩展、信息的交流和共享、溢油处理技术的完善、应急资源的整合以及公众参与意识的增强。完善的溢油应急合作机制，有效地减小了油污损害风险，保护了北海海洋生态环境，同时促进了各国的交流与合作。

在缔结了《应对北海油污合作协议》之后，北海各国也注意到海洋环境保护面临的其他问题，如倾倒、陆源污染等。其中，关于海洋倾倒协议的缔结过程，和1969年的《应对北海油污合作协议》几乎如出一辙，都是在事故发生之后才引起相关各方的注意。而且，协议中解决海洋倾倒事故的立法思路，也受到了早期做法的影响。即对特定的海洋环境保护问题，采用特定的海洋环境保护规范予以解决。长期发展下来，这套"一种问题，一种规范"的解决思路，因实用、有效而成为该区域的惯常做法，甚至于在整个东北大西洋区域有意进行综合管理的情形下，仍然保留了应急制度的独立存在。

第三节 《防止倾倒废物和其他物质污染海洋公约》

1971年，英国轮船公司计划在英国南部海域倾倒一批化学毒品，与此同时，荷兰一艘船舶正从鹿特丹港载运650t氯烃废弃物，准备倒在北海北部海区，这两起偶发倾倒事件的出现，顿时引起北海沿岸国家以及冰岛等国人民的强烈抗议，继而激起各界人士的坚决反对，最终这两起倾倒未能实现。以此为契机，这次事件促成了1972年地域范围的《防止船舶与飞行器倾倒废物污染海洋公约》（简称《奥斯陆倾倒公约》）和1972年英国伦敦通过，1975年8月30日生效的全球性《防止倾倒废物和其他物质污染海洋公约》（简称《伦敦倾倒公约》）。1976年，欧洲共同体理事会关于《海洋倾倒的指示建议书》也可以视为一项区域性控制海洋倾倒的国际协定。对关于倾倒区域的控制以及倾倒物质的控制做了明确规定。

《伦敦倾倒公约》的目的在于，防止在海上任意处置易对人类健康造成危害、危害生物资源和海洋生物、破坏舒适环境以及干扰其他海洋合法利用者的废弃物。该公约的基本原则是禁止向海洋倾倒某些特定的废弃物，在倾倒另外一些废弃物前要取得特别的许可，其余的废弃物则要取得一般许可。

该公约注意到海洋污染有许多来源，诸如通过大气、河流、河口、出海口及管道的倾倒和排放，各缔约国有必要采取切实可行的办法防止这类污染，并发展能够减少有害废物数量的产品和处理办法。

我国于 1985 年加入《伦敦倾倒公约》。

第四节 《防止陆源物质污染海洋公约》

在海洋环境污染日益加重的情况下，1972 年通过了防止倾倒废物及其他物质污染海洋的《奥斯陆倾倒公约》，在此基础上，1974 年，通过 14 个西欧国家的积极努力，将禁止倾废范围扩宽至陆上源头和海上开采业，签订了第一个专门针对海洋陆源污染的区域性公约——《防止陆源物质污染海洋公约》。但是，这一公约仅适用于东北大西洋、部分北冰洋以及北冰洋附属海域的部分海区，不包含地中海和波罗的海在内。

《防止陆源物质污染海洋公约》（以下简称《公约》）的主要内容包括以下三方面。

第一，缔约国的义务。《公约》第 4 条第一款规定，"各缔约国保证消除本公约附件一第一部分所列的陆源物质对海域的污染，并保证严格限制本公约附件一第二部分所列的陆源物质对海域的污染"。《公约》附件一的第一部分所列的陆源物质为"不可降解、可能引起在食物链中的危害性富集、可能危害海洋生物的生存而导致海洋生态系统的不正常变化和可能引起严重影响海产品的收获或海洋的其他合法利用的有害物质。这类物质包括有机卤化物、汞和汞的化合物、镉和镉的化合物五种"。由于列于附件一第一部分的有害物质名单中的物质对海洋污染非常严重，《公约》规定各缔约国有义务消除这类陆源物质。《公约》列举的上述五种有害物质名单被称为"黑名单"。《公约》附件一第二部分所列的有害物质名单，包括有机磷、硅和锡的化合物，砷、铅、铜、锅、镍和锌元素以及它们的化合物等，由于这些物质的毒性较"黑名单"物质小或容易经过自然过程而变成无害物质，《公约》规定各国应严格控制，只有在缔约国内的适当机关批准以后才可排放，《公约》所列的这类物质名单被称为"灰名单"。《公约》规定各缔约国应保证消除"黑名单"中的污染物质，并严格控制"灰名单"中的污染物质，得到批准才可排放。第三类是其他污染物质，对其排放没有特别规定，但也必须减少污染。

第二，方案和措施。《公约》第 4 条规定，"为了承担上述义务，各缔约国应当共同或单独实施各种方案和措施，以便消除'黑名单'物质对海洋造成的污染，减轻或适当消除'灰名单'物质对海洋的污染，这种方案和措施应酌情包括有关环境质量、海域的排污、物质和产品的成分和用途、控制的规定或标准等，并应当规定方案和措施的完成期限"。《公约》第 8 条规定，"为了防止海洋陆源污染，各国可以采取比公约的规定更为严格的措施"。

第三，设立委员会。根据《公约》第 15 条至第 18 条的规定，"为了监督公约的实施，公约决定逐步建立一个永久性的观察网以确保对污染的监控，并设立一个由缔约国代表组成的委员会。委员会的主要职责是：①全面监督本公约的实施；②一般地检查本公约适用的区域的海况，采取的控制措施的效力以及采取任何补充措施或不同措施的必要性；③制定旨在消除或减轻陆源物质造成的海洋污染的方案和措施；④收受或审查情报资料，提出各项建议等。各缔约国应该将其按公约的规定所采取的立法和行政管理措施及对海域的监视结果等情况向委员会报告"。

自此《公约》产生后,在联合国环境规划署的协助下,各沿海国家在区域范围内针对海洋陆源污染的防治开展了广泛合作,标志着国际社会对于控制海洋陆源污染已经达成了共识。

第五节 《保护东北大西洋海洋环境公约》

1992年,防止倾倒废物及其他物质污染海洋的《奥斯陆倾倒公约》和《防止陆源物质污染海洋公约》被合并为《保护东北大西洋海洋环境公约》(OSPAR),并予以更新和拓展。此外,1998年通过关于生物多样性和生态系统的新附件,涵盖其他未被描述的可能对海洋环境有害的人类活动。

该公约吸收了"预防原则"和"污染者付费原则"这两个新的概念,扩大了陆源污染物的范围,同时对陆源污染的控制也更为严格。OSPAR将陆源界定为陆上点源、面源或海岸,包括通过隧道、管道或其他同陆地相连的海底设施和通过位于缔约国管辖权之下的海洋区域的人造结构故意处置污染物质的源。

人类在陆上和海上的活动,致使许多人造和天然的化学物质进入了大西洋东北部,其中部分对海洋环境有害。OSPAR提出优先减少和消除包括重金属及其化合物、有机卤化物在内的八大类有毒有害化学物质对东北大西洋的污染,同时决定成立一个委员会,制订一项减少和消除持久、蓄积、有毒的陆源污染物排放的计划,通过不断减少排放和泄露有害物质,保护海域免受污染,从而使海洋环境中的天然物质浓度接近背景值、人造合成物质接近于零。

第六节 欧盟《海洋战略框架指令》

随着经济社会的发展,海洋的地位和作用日益凸显。国际社会越来越关注海洋,沿海各国普遍加强了对海洋权益、资源、环境等的管理。欧盟作为一个政治共同体,陆地边界2/3以上是海岸,40%的人口居住在沿海地区,海洋产业占欧盟GDP的40%,90%的贸易与商业活动依赖海洋。自欧盟成员国数量由25个增加到27个,地理范围也扩展到北至北海、波罗的海,西至大西洋,东南至地中海,并包含了部分黑海海域,同时,拥有22个沿海国家,海岸线总长度超过65 000 km。海洋对于欧盟具有十分重要的意义。欧盟27个成员国彼此之间既有基于海洋生态整体的共同利益,又有竞相开发各自海域的内在竞争,协调难度可想而知。因此,"尽管实施综合海岸带管理的必要性广为认可,但欧洲范围内的反应主要是碎片化的"。直到进入21世纪以来,情况才有实质性改观。

欧盟一直试图建立一套综合、统一的海洋利用与管理体制。《欧盟2005—2009年战略》指出,"要制定综合性海洋政策,在保护海洋环境的同时,使欧盟的海洋经济持续发展。"2006年6月,欧盟颁布《欧盟综合海洋政策绿皮书》,提出今后的方向是加强对涉海工作,加强成员国间的协调,以提高工作效率。欧盟委员会要求各成员国围绕《欧盟综合海洋政策绿皮书》开展为期一年的磋商与讨论。2007年10月,欧盟委员会在各成员国磋商的基础上颁布《欧盟海洋综合政策蓝皮书》,指出分散决策与条块分割管理已经无法适应海洋事业发展的需要,必须采用综合的决策与管理方法。欧盟海洋政策确定的指导海洋工作的原则主要包括：充分发挥各级政府的积极性；鼓励竞争；采用生态方法开展综合管理；依靠科学技术；鼓励利益相关者参与管理与规划等。2008年6月，欧盟又出台《欧盟海洋综合政策实施指南》，提出用战略方法制定国家海洋政策、建立国家公立机构决策管理框架、发挥沿海地区的其他局部地方决策者的作用、利益相关者参与海洋综合政策的决策以及提高区域合作效率。在上述海洋综合政策的指导下，结合欧盟2000年制定的《水框架指令》、1985年制定的《环境影响评价指令》以及2001年《战略环境评价指令》等指令的经验，2008年，欧洲议会和欧洲理事会制定了旨在海洋环境保护方面采取共同行动的框架指令——《海洋战略框架指令》（后称《指令》），为欧盟各国的海洋管理提供了具有法律约束力的统一框架，成为在欧盟层面开展海洋综合管理的法律依据和主要工具，在欧盟海洋政策中占据核心地位。

《指令》的主要目标是在欧盟层面建立一个协调成员国共同行动的综合法律框架，以从整体上保护海洋。作为一个姗姗来迟的法律产物，《指令》充分发挥"后发优势"，既借鉴了美国海岸带综合管理的先进经验，又贯彻了先进的生态系统方法，是当今海洋综合管理立法的典范。

《指令》以经欧盟委员会批准由各国编制和具体实施的"海洋战略"及其"措施方案"为工具，把分散的、原本属于各国主权自由决定的海洋管理活动纳入统一框架，施加共同要求，明确各自任务并建立实施监督机制，在很大程度上促进了欧盟海洋管理的一体化。同时，《指令》以实现"良好环境状态"为目标，以生态系统为基础进行区域划分，要求根据生态变化进行适应性管理，充分运用生态系统方法，成为"世界上第一部基于生态系统方法的海洋综合管理规则"。

一、《海洋战略框架指令》的主要内容

第一部分为导言，阐述了海洋环境中人类对环境造成的威胁，制定《指令》的基础——欧盟已采取的对策以及《指令》采用的生态、政治、法律基础和原则。

第二部分为正文，共分五章。

第一章"总则"主要对《指令》的目的、范围及相关术语做出解释和界定。第1条明确《指令》的目的是为实现"良好环境状态"而建立便于成员国采取措施的制度框架。第2条对《指令》适用的地理空间和事项范围做出界定。第3条对海洋水域、海洋区域、海洋战略、良好环境状况、环境目标、区域合作等关键术语做出界定。第4条将欧盟海域划分为波罗的海、东北大西洋、地中海、黑海四大"海区"及更详细的"亚海区"，并作为成员国履行海洋管理职权所必须考虑的因素。第5条要求各成员国就其海洋水域制定一个整体性海洋战略，并提出具体要求及完成时限。第6条对成员国之间在亚海区、海区、欧盟乃至国际层面的环保合作做出原则性规定。第7条要求各国确定各自实施指令及进行国际合作的主管部门并报送欧盟委员会。

第二章"海洋战略：编制"把编制工作按流程划分为"初步评估""确定良好环境状态""确立环保目标""制定监测方案""通知和委员会评估"五个部分，并做出具体规定。第8条要求成员国根据所在海区或亚海区情况对管辖海域的基本功能和特点、主要压力和影响、经济社会成本等进行初步评估。第9条要求成员国在已有评估基础上，对其海洋水域进行描述，确定一套关于"良好环境状态"的具体指标。第10条要求成员国建立一套针对其海域的全面的环保目标及相关指标，为海洋环境改善提供指导。第11条要求成员国建立和实施协调监测方案，对海洋环境状况保持持续评估。第12条要求成员国将前述文件提交委员会，由委员会对其能否构成满足指令要求的框架做出评估，并考虑与海区或亚海区整体框架的一致性。

第三章"海洋战略：措施方案"要求各国就海洋战略的实施制定措施方案。第13条从10个方面就方案制定做出了规定，要求成员国在前述评估基础上，参照确定的环境目标设计具体措施，并在考虑和整合其他相关立法规定的基础上形

成"措施方案"。方案应以可持续发展为指导,充分考虑对生态系统的影响,协助管理部门以综合的方式追求其目标,在经济、技术上具有可行性、可操作性,并向成员国公开。第14条列出了成员国难以独力解决或短期内难以解决的"例外"情形及其处理步骤。第15条规定了要在共同体层面统一解决的问题的处理方法。第16条就方案的提交、评估及修改做出规定。

第四章是"更新、报告和公众信息"。第17条要求成员国及时更新各自的海洋战略,每6年对战略的基本要素进行检讨和回顾,并及时提交委员会。第18条要求成员国在措施方案公开或更新的3年内向委员会提交中期报告,说明海洋战略的实施情况。第19条要求成员国采取措施,确保公众参与指令执行,在初步环境评估、确定良好环境状态、环保目标、监测方案和措施方案等重要环节公开信息并征求公众意见,保障公众环境信息权。第20条要求委员会在收到所有措施方案两年内发布初次评估报告,之后每6年发布一次跟进报告,说明《指令》的实施状况、效果、问题、疑难解答及改进建议等。第21条要求委员会在2014年之前就海洋保护区建设进展情况进行报告。第22条就《指令》实施的欧盟资助做出了原则性规定。第23条要求欧盟委员会在2023年7月15日前检查指令,做出必要修改。

第五章"最后条款"规定了技术适用、监督管理委员会、文本交流、生效等技术问题。

第三部分由六个附件组成,这六个附件则成为成员国实施《指令》提供了准则和指导,具体附件分别是:附件1,判断"良好环境状况"的定性描述;附件2,主管机构;附件3,指导目录——特征、压力、影响;附件4,指导目录——设定环境目标时应考虑的特性;附件5,监测计划;附件6,措施计划。

二、《海洋战略框架指令》确立了欧盟海洋管理的主要目标

《指令》明确强调了保护海洋环境、保全海洋生态系统的必要性。《指令》声明:"海洋环境作为宝贵的遗产,应该被保护、保全甚至恢复,终极目标应当是维持生物多样性,并建成清洁、健康、多产的多样化、动态化海洋。"为达成这些目标,《指令》提倡不同政策地区对环境加以综合考虑,而《指令》正是更加广泛化、横向化的未来欧盟海洋政策的"环境支柱"。并且,《指令》采用了以生态系统为基础的方法管理人类对海洋环境的利用,对海洋资源和服务的使用必须首先确保保持或达到"良好环境状况",并适用风险预防原则。"良好环境状况"是《指令》采用方法中的一个中心概念,与欧盟2000年出台的《水框架指令》中的"良好地表水状态""良好地下水状态"以及"良好生态状态"的表述类似,欧盟海洋战略框架指令对"良好环境状况"做出了如下说明:"良好环境状况下的海洋水体以其自身条件能够提供清洁、健康、多产的生态多样化和动态化海洋,对海洋环境的利用是可持续的,能够满足当代人和后代人的使用和活动需要。"

三、《海洋战略框架指令》确立了欧盟行动框架

尽管《指令》要求对海洋生态系统提供保护,以使其不被人类活动累积的压力所破坏,但是,《指令》仍然允许当代人和后代人可持续地利用海洋资源和服务。因此,在海洋管理中,一方面应当考虑使用的相对优先,另一方面应考虑养护和保存。为了促进"良好环境状况"的达成,《指令》建立了一个行动框架,只规定各级目标和各项义务,而留待各个成员国单独或合作实现具体细节。例如,成员国可以决定"良好环境状况"的具体特征和实现目标的途径,可以制定和执行战略和措施以促成目标的实现,也可以为海洋环境状态的评定采用不同的方法和标准,但是,成员国的所有行动必须服从欧洲委员的指导和监督。《指令》也指出,"当成员国单独的行动不足以应对发生的状况时,应当在区域层面或欧盟层面采取措施。欧盟确认其海洋区域是作为一个整体的单位实施管理。"目前,已

经有一些海洋区域作为整体加以利用和管理，例如，波罗的海海域、北海海域以及东北大西洋海域。因而，每个成员国制定的国家海洋政策不仅应对其管辖海域负责，还应体现其作为海洋区域成员更为广阔的视角，为国家层面、亚区域层面、区域层面的"良好环境状况"做出努力和贡献。

此外，考虑到多个机构拥有管理职能，《指令》强调了在国家层面、区域层面、欧盟层面和国际层面上采取行动保持一致性和连贯性的需要，在国际层面上还包含了与非欧盟国家的合作问题。同时，《指令》也指出，当不同海洋区域面临的问题发生实质变化时，管理方案必须随之发生改变。除了认识到国家间在不同层面采取行动必须具有一致性的问题，《指令》也强调了与其他保护海洋环境的欧盟政策进行横向协调的必要性，例如，共同渔业政策、共同农业政策、水政策指令以及其他相关的国际协议。从这个意义上讲，《指令》致力于从地方层面到国际层面的海洋利用综合管理，可以看作是先前在划分的基础上采取政策弊端的纠正措施。以海洋环境保护的视角，《指令》对嵌套式的自然系统反应灵敏。在嵌套式自然系统中，较小的地理和生态区域被认为是较大生态系统的功能部分，并且发生于一个区域的情况对其他区域所造成的影响巨大。因此，通过不同层面对嵌套式自然系统进行协调管理是非常必要的。《指令》认为，如同自然系统是嵌套式和交叉式的，管理系统也应当是嵌套和交叉的。目前，不同层面的公约、协议、政策均对这一管理方式有所体现，例如，国际性的《联合国海洋法公约》《生物多样性公约》，地区性的有关地中海、黑海的协议以及欧盟各国国家性海洋战略。

四、《海洋战略框架指令》尝试采用基于生态系统的方法对海洋利用加以管理

《指令》的规定强调，管理措施应当受到地理空间范围的支配，不能因某一个国家甚至是全体欧盟成员国政治或法律管辖权而被限制或扩展。重要的是，《指令》中使用的"区域"是指生态意义上的区域，划分基础不只是政治因素，更是基于对水文学、海洋学以及生物地理特性的考虑。反过来，"区域"或"亚区域"成员国之间的合作更加必要，在特定情况下，甚至需要非欧盟国家的第三方参与才能实现有效管理。

除了对空间范围的考虑，《指令》将海洋环境保护以及可能的海洋生态系统恢复为海洋战略的目标，并明确了对海洋生态系统及其机能实施保护的核心地位。《指令》中的许多概念和原则来自生态系统的管理方法，例如，生物多样性、预防原则、可持续发展原则、生境、关注后代需要等。

此外，《指令》提出的"良好环境状况"的概念并不是固定的，而是随着时间因素（例如，生态系统变化、科学技术发展）的发展不断汲取和采纳新的内容，进而促使对《指令》的战略或措施条款进行修正。定期评估海洋环境、实施监测和设定环境目标也被纳入动态的管理进程。为了实现有效的海洋利用管理，《指令》提倡公众的积极参与。总之，欧盟《海洋战略框架指令》试图建立一个由成员国管理海洋利用的动态进程框架，而不是一套固定不变、条款详细的实质性法规。

在制定《指令》中，欧盟内外不同利益者始终试图影响《指令》的性质和条款。比如，环境团体希望《指令》能够具有强制力，而欧洲理事会与欧洲议会持相反立场，支持更开放、更积极的《指令》。同时，针对《指令》所进行的争论也非常激烈，例如，2006年《指令》草案公布时，实施条款规定"海洋战略的制定和实施应当以达到和保持良好环境状况为目标"，但公布的《指令》最新版本中，在欧洲议会的要求下，改用更为直接的义务性表述——"欧盟成员国应当采取必要的措施以达成和保持海洋环境的良好环境状况"，并为实现上述目标，"制定和实施海洋战略"。更为普遍的是，环境和经济的利益博弈贯穿整个制定和通过过程。这些分歧在《指令》的

实施过程中不可避免。

《指令》还针对实施问题进行了规范,为各成员国设定了目标、行动原则、程序要求和时间安排,并针对指定的海洋水体为成员国设定了职责,根据职责的种类建立了履行时间表,规定了欧盟的监督和协调职责。

除《指令》这一适用于欧盟海洋整体的一般法外,欧盟成员国之间针对跨国海域制定的区域海洋公约也成为欧盟海洋管理的重要依据。目前,欧盟范围内各典型海区都已制定了专门的区域公约,如针对北海的《保护东北大西洋海洋环境公约》、针对波罗的海的《赫尔辛基公约》、针对地中海的《巴塞罗那公约》、针对黑海的《布加勒斯特公约》等。这些公约的主要内容在于打破国家疆域界限确立的海区综合管理体制,根据海区生态系统特点制定有针对性的保护措施和统一行动策略,包括针对多种污染源进行防治、将防治范围拓宽至陆域和流域、进行环境监测和技术合作、执行区域性综合防治计划等。当然,《指令》本身对各国公民并不具有法律效力,要想真正把《指令》的要求转化为对海洋开发活动具有直接约束力的现实规则,各成员国还须根据《指令》及区域海洋公约的要求对国内法律进行立、改、废,这些国内法因而成为欧盟海洋综合管理法律体系的重要组成部分。

第七节　欧盟《水框架指令》

欧盟《水框架指令》是管理和保护水资源较为成功的典范。指令于 2000 年 10 月 23 日由欧洲议会和欧盟理事会颁布,并于 2000 年 12 月 22 日正式实施。这是近几十年来,欧盟在水资源领域颁布实施的最重要的指令。所有欧盟成员国以及准备加入欧盟的国家都必须使本国的水资源管理体系符合《水框架指令》的要求,并引入共同参与的流域管理。

一、欧盟《水框架指令》的主要内容

在欧盟,绝大多数的环境立法都是采用指令的形式。指令属于"软法",即对所达到的具体目标做出明确规定,命令成员国通过各自相应的立法以达到规定的具体目标。至于采取何种方式、方法以达到所要求的结果可由各成员国当局决定。也就是说,虽然指令对每个成员国有法律约束力,但是留给成员国的国家当局以形式和方法的选择权。指令要转化为每个成员国的国家立法,并且相应地构成该国立法的一个部分。

欧盟《水框架指令》共有 26 个条款和 11 个附件,每一条都有比较详细的内容。《水框架指令》的条目包括:目的,定义,流域内部的行政合作与协调,环境目标,流域特性,人类活动的环境影响评价和水利用的经济分析,保护区的登记,为人类饮用而抽取的水,地表水,地下水和保护取水的状况,水服务的费用,点源和面源的结合,采取的项目措施,成员国层面不能解决的问题,流域管理规划,公众信息和咨询,报告制度,控制水污染的战略,预防和控制地下水污染的战略,欧盟委员会的报告,未来欧盟措施规划,指令中的技术更新,管理委员会,废除和转化为成员国的规定,罚则,执行,适用范围,等等。

欧盟《水框架指令》建立了欧洲水资源管理的框架,并对已有的水资源指令做了补充,主要目标如下。

1)防止水资源状况的继续恶化并改善其状态。

2)促进水资源的可持续利用。

3）逐步减少初始污染物并停止初始有毒污染物的排放。

4）逐步减轻地下水污染。

5）减轻洪水与干旱的影响。

此外，《水框架指令》还致力于保护陆地和海洋水。《水框架指令》要求在2015年以前实现欧洲"良好的水状态"。整个欧洲将采用统一的水质标准，地下水资源超采现象将被遏止。此外，水生态系统和相关的陆地生态系统的退化将明显减轻。

《水框架指令》的核心是流域综合管理计划。在2003年12月22日之前，成员国必须对各自的流域（包括地下水、河口和离岸1.852 km之内的海水）进行鉴定，而且落实到"流域管理区"里。所有国家的流域管理区，必须每6年制定一次流域管理规划与行动方案。在2009年12月以前，要完成第1期计划。不过，在2006年12月以前，就要出版一个工作计划及时间表。2007年12月，要提交有关重要水资源管理事务的中期报告。2008年12月，应当提交流域管理规划的初稿。为了确保国内及国际合作，成员国必须做出适当的行政安排，其中包括确定权威管理机构。对于国际流域，流域内相关国家要共同确定流域边界并分配管理任务。它们必须为国际流域管理规划共同努力。如果共同管理难以实现，各国可以分别采取措施，但彼此之间的规划与实施必须相互协调而不能冲突。

关于污染控制，《水框架指令》规定成员国均应采用统一的排放标准，并采用最新的环保技术（针对点源污染）。如果要让承受水体达到水质标准，应当采取更为严格的污染控制措施。另外，欧盟还采取进一步措施减少有害物质的排放，尤其要避免剧毒物质的排放。最后，《水框架指令》还包含一些经济措施。到2010年，家庭、农业和工业都要承担水资源管理的费用，而且采用水价政策鼓励节水。

《水框架指令》的主要期限：2003年欧盟各成员国确定其流域和行政区内水资源保护的任务以及行政主管部门；2004年完成其流域的特征描述、环境影响评估及经济分析；2006年建立环境监测系统；2007年确定流域水资源保护有待解决的主要问题；2008年确定流域管理计划；2009年全面落实流域管理计划；2010年落实有关水价调整政策；2012年全面实施有关管理措施；2015年全面实现水资源保护目标。

总之，欧盟《水框架指令》密切关注水质和生态，但水量问题也未被忽视。首先，减轻洪水与干旱的威胁是欧盟《水框架指令》的目的之一。其次，水量既对地下水又对地表水状况产生影响。对于地下水，"良好的水状态"显然已经包括了"良好的水量状况"。第三，航运、蓄水、调蓄、防洪与排水都是确定"水体已发生明显变化"的理由。最后，欧盟《水框架指令》的经济手段也与水量问题密切相关。因此，欧盟《水框架指令》的有效实施要对水质与水量进行综合分析。

二、欧盟《水框架指令》的执行情况

从前面的介绍可以了解到，2000年底《水框架指令》批准实施后，有很多工作都应该按照时间要求提交方案给欧盟委员会并在各成员国实施。按照条约的规定，欧盟委员会有权对不遵循欧盟法规要求的国家提起监督和诉讼程序。各个国家都不希望因为没有实施《水框架指令》而被送到欧洲法院并被罚款或减少预算。

（一）关于将《水框架指令》转化为成员国国家立法

《水框架指令》第24条要求，在2003年12月22日前，各成员国将《水框架指令》的要求转化为国内的相关法律并将情况通报给欧盟委员会。到2005年初，大部分国家都完成了这项工作，但是还有四个国家没有按时将《水框架指令》的内容写进本国法律，欧盟委员会按照条约和程序要求，正式通知了这四个国家。如果没有正当的理由解释其原因，欧盟委员会有权提起诉讼，将其告到欧洲法院。另外，欧盟委员会对所有按照《水框架指令》应该执行而没有执行的，或者没有执行好的国家，都可以启动其监督和诉讼程序。

(二) 关于在2003年底前确认其河流所在区域的要求

在规定期限前各成员国都送了报告,但是报告质量相差甚远。确认河流所在区域实际上需要各个国家密切的配合,如果工作中没有按照指令及其附件和导则的要求很好完成,各国的数据还达不到相互匹配,很多国际河流就不能形成一个完整的数据库。欧盟委员会环境署向各国通报了这一情况,通报希望各国引起高度重视,否则将按照条约的规定,进入法律诉讼程序。

导致上述问题出现的原因主要有以下四点。第一,欧盟《水框架指令》是一个新的法规。很多国家从来没有按照《水框架指令》要求的方式做过。第二,很多国家有自己的要求并且也完成了类似的工作,但是并不完全和《水框架指令》一致,在短时间里改变整个国家过去的做法难度较大。第三,国家体制不同。一些国家的中央政府在水的管理上历来非常弱,或者原来就是分散管理。比如,比利时每次参加欧盟的会议都会派四个代表,三个区的代表和一个中央政府的代表,他们代表各自管辖的范围来参加会议,中央政府的代表只管辖沿海水域。德国、比利时还有西班牙等国家有非常强的地方自治,在水管理方面中央政府的力量则很薄弱。欧盟委员会环境署已经注意到这一问题,并努力推进中央政府加强水管理的工作。第四,没有统一的信息系统作为成员国共享的平台。

总之,推进《水框架指令》的执行,并非易事,它既需要欧盟的协调、指挥,也需要各欧盟成员国的合作、配合。

第四章　欧洲芬兰湾海洋环境保护与管理

第一节　芬兰湾海洋环境特征

芬兰湾是波罗的海东部的大海湾，位于芬兰、爱沙尼亚之间，伸展至俄罗斯圣彼得堡，地理位置位于温带海洋性气候和亚寒带大陆性的气候之间。冬季部分冰冻，结冰期为3~5个月。芬兰湾形状细长，面积约3万 km²。东西长约400 km，入口处宽 70 km，中部最宽处 130 km。南北长 19~128 km。北岸陡峭、曲折，多岛屿；东、南岸低平。深度和盐度均自东向西逐渐增加。一般深度 20~30 m，海底比整个波罗的海低很多。西端入口处最深，达 115 m。海水含盐量低。

芬兰湾东部末端有大量淡水流入的涅瓦河，造成东西部盐度明显不同。湾西部有准固定的盐跃层位于 60~80 m 深度，湾东部没有固定的盐跃层，那里盐度大体随深度线性增加。

芬兰是欧洲乃至世界上高度发达的国家之一，也是主要的海洋强国之一，在环境保护及可更新能源领域的创新能力方面在全球名列前茅，在 2003 年联合国世界水质评估计划及 2005 年世界经济论坛的环境可持续性指数中亦高居首位。此外，在瑞士达沃斯举行的世界经济论坛发表的题为《2005 年环境可持续发展指数报告》提出，在接受调查的全球 144 个国家和地区中，芬兰的环保状况最好。虽然芬兰在海洋环境保护与管理方面积累了许多经验，但在发展过程中也面临海洋环境保护的新挑战，研究芬兰湾海洋环境保护与管理的各个方面，尤其是成功的经验，对我国海洋保护与管理具有重要的指导和借鉴意义。

第二节　芬兰湾海洋环境保护面临的主要挑战

营养物过度排放造成的海水富营养化，石油和化学品的海上频繁运输造成的泄漏风险增加，以及有害物质在食物链上的堆积对人类和环境的威胁是芬兰湾海洋环境保护亟待解决的关键问题。

一、污染威胁——富营养化

波罗的海包括芬兰湾生态环境最严峻的问题是海水的富营养化。由于以下几个特点，芬兰湾对外来营养盐的输入很敏感：水体体积小、河流流量大、汇水面积巨大、水团更新时间慢（40年）、层化现象明显、环境修复能力先天不足，同时波罗的海地区人类活动频繁，来自毗邻国家的污染负担很重。

20 世纪 90 年代和 21 世纪初，海底营养物尤其是磷的释放，强烈地影响了芬兰湾的环境状况，而且部分抵消了外部营养盐输入的减少。

21世纪前10年,通过一系列强有力的政策调控措施,大的外部输入没有了,芬兰湾朝着(至少暂时)低营养状况发展。然而,芬兰湾的污染相对波罗的海其他地区仍然很严重。

二、溢油和化学品泄漏的风险

溢油是芬兰湾的主要环境风险。芬兰湾海盆狭长,海底地形多样,海水流动路线狭窄,附近遍布海岸和岛屿,一旦溢油,污染物将很快到达海岸和岛屿。在这个狭长又浅、有较大的群岛面积的海域,严重的溢油事故会导致生态系统和资源环境的破坏。在冬天结冰的条件下,因为没有合适的基础设施来观察、预测飘移和扩散以及收集石油,溢油的处理变得很困难,溢油对芬兰湾的动植物和人类的生产生活造成严重影响,而且,一旦溢油到达核电站的取水地区,就会带来更危急的问题。

随着海洋航运的明显增长,因为油轮运输和大的俄罗斯新石油终端的开放,溢油风险的增长还在继续。最近几年,芬兰湾的石油和化学药品的运输量大幅增加,如今,芬兰湾的石油运输量比30年前多7倍。未来会有更多石油与化学品由此区域输送,这提高了石油与化学品在波罗的海海域的泄漏风险。增加的交通率,尤其是石油运输体积的明显增加,提出了对于确保海运安全的新的预防措施的需求。

三、压舱水和船体污垢带来的外来物种

外来物种的入侵被认为是海洋生态系统的主要威胁之一,可导致多样性损失,环境的变化,经济和社会的损失。入侵和定居以后,新物种的根除在实际中不可能的。船运是运送外来物种的有效手段,使得它们克服了自然的扩散障碍。船舶增大和速度的增长引起了外来物种成功入侵数量的增长。在大约两百年间,波罗的海记录了120种外来物种,绝大部分是由船舶压舱水、船舶沉积物或船体污垢无意识引入。波罗的海最繁忙的船运路径经过芬兰湾,在2008年,超过47 500艘船进入该海湾,大部分是运输货物的。这些船都是新入侵物种的潜在载体。虽然芬兰湾的盐度较低,限制了许多物种的定居,但仍有很多物种入侵。

19世纪以来,31种外来物种被记录,其中21种在芬兰湾。这些外来物种明显地改变了它们侵入的栖息地,与当地动物争夺食物和栖息空间,其中一些阻碍发电厂的进水管进水。船体的增大将会带来更多的外来物种,船舶成为全球性外来物种入侵的主要媒介。芬兰湾的逐渐富营养化使生态系统更适宜富营养的、浑浊的港口水体的优势种类生长。

四、有害物质和新型污染

据统计,34%的芬兰湾海底可以被看作沉积物富集区域(软沉积物),这些富集的沉积物包含了海底大多数的有害物质。根据芬兰海洋研究所(1977—2008年)和SYKE海洋中心(2009年)的研究数据,芬兰湾海洋环境中存在的主要传统有害物质包括:痕量金属、二氧(杂)苽、油类、藻毒素和放射性物质。研究发现,芬兰湾青鱼体里含有很高的二氧苽,这是有害化学物质威胁波罗的海生态环境的一个危险信号。

近些年来,观察资料支持芬兰湾传统有害物质的状况有所好转:痕量金属处于稳定的低水平;有机氯的含量有所降低;稳定状态的油含量有所降低;放射性水平降低。但是,也出现了不少新型的污染物质,如全氟辛烷磺酸、全氟辛酸铵、多氯代二苯并呋喃。此外,有害赤潮开始增多(与海水水温升高和富营养化有关),这将会导致海水化学环境状况恶化。

第三节 芬兰湾的海洋环境保护和管理措施

一、通过立法保护海洋环境

芬兰是世界上最早制定环保法的国家。2000年3月，芬兰开始实施新的《环境保护法》，将防止空气污染、消除噪声和环保许可证制度等有关法规汇总在一起，同时修改了节水和垃圾处理等相关法规，加强了对环境的预防性保护。新的《环境保护法》还要求工厂企业采取有效措施节约能源，使用最新技术减少排放物，并明确规定了公民在环保方面应承担的义务。

芬兰非常重视水体的立法保护，1962年，芬兰颁布了第一部《水法》，芬兰各级水资源管理和环保部门依据《水法》，重点对严重污染水源和空气的如造纸、化工和金属工业企业进行综合治理，规定相关企业必须限期建立污水和废液处理系统，逾期没有达标的企业被处以巨额罚款、停产甚至关闭。针对分散区域生活污水防治有专门性立法《关于非下水道管网服务区域生活污水处理政府法令》。在减少海水富营养化方面，芬兰设置了《2005年水保护目标条例》。该条例规定，2005年营养物的排放量将减少到20世纪90年代初排放量的一半。国际合作措施方面，2002年4月26日，根据环境部的一项提议，芬兰政府决定起草并实施国际合作和国内措施以保护波罗的海的生态环境。

2007年底，波罗的海沿岸国家环境部长通过了《保护波罗的海行动计划》，要求相关国家减少将氮、磷等化学物质排放进波罗的海，因为这些有害化学物质的过量排放已经导致该海域的生态系统恶化。波罗的海的保护计划包括若干国际协议、国家行动计划和其他条例。这项计划合并了一些对波罗的海有直接影响的条例，如《2005年水保护目标条例》。与原有条例相比，这项计划在更多的细节上做了规定，并进行了补充，设置了波罗的海的保护目标，形成了一个全面的波罗的海保护计划。该计划的主要对象是芬兰湾、群岛海、奥兰群岛、北部波罗的海本身以及波的尼亚湾水域内的水质及海洋植物群落、动物群落。这个计划的影响范围是芬兰及其毗邻的一些国家。计划的主要目标是减少波罗的海海水富营养化，提高水质，改善波罗的海的海洋植物群落和动物群落的生态环境。限制危险物质的排放量，保护波罗的海的生态系统和人类健康。按照可持续发展的原则使用波罗的海区域自然资源。将石油和化学品的海上运输及大型海上石油港口的运作中存在的泄漏风险最小化，禁止非法将油料排放入海，保护措施将同时在芬兰和邻国进行。通过财政的投入、双边合作以及通过国际组织和协议，这些国家共同以6个方面措施来修复波罗的海的生态环境：①降低海水的富营养化；②减少有害物质的泄漏风险；③减少波罗的海自然资源使用中的不利后果；④保护并增加生物物种的多样化；⑤提高对生态环境的了解；⑥对波罗的海的生态环境进行研究及监控。

此外，为了减少非法的故意倾倒行为，芬兰引入行政法令或其他惩罚条例。增加国际合作，并预备在港口提供能吸收轮船油污的设备。

与法规相辅相成的还有一套行之有效的监督管理机制。芬兰在中央、区域及地方等各层面为全面水质管理设立广泛的制度架构。在中央层面上，环境部负责水资源保护及环境政策，而农林部则负责管理水资源。两个部门亦监督芬兰环境协会的工作。该协会属全国性的咨询机构，设立的目的是提供资讯及解决方案，协助芬兰推行生态上的可持续发展。在区域层面上，芬兰环境部自1995年将过去相互分离的水源保护和空气保护双重环保机构精简合并，组成了13个地区环保中心，负责管理及监察提供用水及污水处理服务的公用事业机构，亦负责在各自管辖区域内就水资源问题进行区域性规划、监察及提供指引，这加强了地区环保机构的综合管理权力；同时，成立由专家组成的芬兰国家环保中心，负责监测全国环境状况，提供环保信息，进行环保科研、宣传和咨询。在地方层面上，各地方当局根据相关法例，负责在各自的行政区内提供用水及污水处理服务。

二、溢油和化学品的泄露响应措施及溢油回收技术、装置的发展

芬兰有15艘政府拥有的舰船，装载着永久性的石油回收系统。舰船沿海岸线合理调配，理论上保证能够在6 h内到达绝大部分地区。营救服务区域的船只能够在2 h到达所有的沿岸水域（在无冰的条件下），这能够满足波罗的海环境保护委员会的要求。

芬兰的北部地区对恢复和清理方法有特殊的要求。技术人员将努力的方向集中在低温和冰冻条件下提高操作的有效性上。在实践中，回收高黏度的石油是基本的要求。清理工作通常在石油的熔点温度下进行，这样，为轻质油设计的表面撇油装置不能胜任。"刷子技术"在低温和重油时是个好的清理方法。"油包水"通过旋转的刷子时，油被刷子拂去，浮油和焦油球被吸附在刷子上，然后将刷子上的油刮干净，接着油被泵入船内的回收箱里。除它的高回收能力，该方法仅收集了很少量的水分，一般小于5%，这是其重要的优点。而且这种技术装配方式多样，既可以被永久地固定在船体内部，又可用挂钩连接在船体外侧的前方或两侧，而且即使被永久地固定下来，也仅占有很少的空间，这样船体在不被用于溢油回收或溢油应急响应时，仍然可以进行其他的正常使用。

三、污水处理厂的建造和污水处理技术的升级

减轻波罗的海的营养物排放负担的最重要的措施有：确保俄罗斯圣彼得堡西南废水处理厂的建造；增加芬兰农业—环境计划中最有效的营养物减少措施；减少社区和分散居民点的营养物排放；进一步减少工业废水中营养物的排放。

增加圣彼得堡水处理工厂的处理能力，并把改进城市下水道网络作为一项辅助措施，是改善芬兰湾海水富营养化的各项措施中最重要的部分。这是芬兰附近地区环境保护的国际合作的工作重点。增加圣彼得堡地区的废水处理深度——这有赖于污水处理技术的升级，这一过程在2008年完成，此后，圣彼得堡的另外17个污水处理厂花了近3年的时间也完成了现代化过程。芬兰为所有水处理厂配备了高质量的除磷设备，并对要限制喜氮藻类植物生长的地区配备高质量的除氮设备。水处理厂的除磷目标是：服务居民数超过1万人的水处理厂的除磷率应为96%以上；服务居民数在1万人以下的水处理厂的除磷率应在92%以上。在对氮敏感的海域，主要是芬兰湾东端地区，应提高社区水处理厂的除氮能力。服务居民数超过1万人的水处理厂的除氮率应在70%以上。水厂处理将通过更新下水道系统等修理和维护措施提高处理效率。内陆水源的水质要求也将纳入保护范围。通过技术升级，芬兰拥有了世界一流的废水处理技术和设备，净化后的水质均达到普通用水标准。

四、对于有害物质排放的管理

约有5 000种有害化学品在芬兰使用。在多数情况下，缺乏对这些有害化学品的监控，且未能有效评估这些有害物质进入水环境可能造成的不利后果。

芬兰政府通过立法或其他措施来限制优先级有害物质的使用和排放。除欧盟对有害化学品按危害程度排序的清单外，芬兰还要求本国拟定一份要密切关注的有害物质的优先顺序及其水平的清单。而且，从1992年9月起，芬兰政府通过实行环保许可证制度，根据芬兰的环境保护法例，任何可导致空气、水源或土壤被污染

的活动均须获得许可证方可进行。

对工厂企业的排放物进行严格限制,促使企业选择最有效的措施控制排污,并在生产过程中随时监测废水、废料和废气中的有害物质含量,以便有害物质的监控得到更多重视,减少来自内陆水源的污染物。工厂企业在设计规划、改造扩建及采用新原料时,必须首先申请并获得有关当局颁发的环保许可证,得到批准后才能投产,芬兰环保部门有权随时获得工业企业废水或废气排放的有关资料,以便对企业进行监督。环境许可证程序还要求收集监视数据作为环境保护立法的依据。通过进一步监测、收集有关有害物质在芬兰的使用情况以及有害物质排放的状况,实现对有害物质进入水环境的过程及水平的更有效监控。

这项制度效果明显,占芬兰全国工业污水总排放量90%的造纸工业的污水已基本得到净化,城市污水的净化处理率也达到了百分之百,空气和水源中的污染物大幅度减少,全国97%的湖泊状况良好。

采取经济手段进行调控是芬兰环保工作的又一特色。一方面,政府在投入大量资金用于环保技术研发和对企业控制污染进行补贴;另一方面,以征收环保税的方式约束生产者和消费者,将各种有害物质对环境造成的危害降到最低限度。芬兰自20世纪90年代初开始征收二氧化碳税,是世界上第一个根据矿物燃料中的碳含量征收能源税的国家。政府利用所征收的环保税进一步开展节能、环保等工作。合理的税收不仅有效地限制排放物对环境造成的污染,同时也有力地推动环保计划的实施。

五、积极发展国际合作,重视公众环境意识的提升和发挥非政府组织和个体的作用

早在1955年,芬兰政府就与苏联进行了科学和技术方面的国际合作。1968年,芬兰加入关注于芬兰湾污染和相关科学调查的联合工作组(1968—1991年),与苏联进行了20多年关于芬兰湾生物学状态和相关研究方面的合作。随着环境意识的增强,芬兰政府1983年设立了环境部,它的职责之一是加强环境合作的执行。

1996年以后,芬兰决定继续加强与爱沙尼亚、俄罗斯间的合作,研究在可操作性和管理支持方面提高水平。2008年世界环境论坛"波罗的海日"在圣彼得堡召开,提出进一步加强三边合作及将合作提高到新的水平。

芬兰非常重视公众环境意识的提升,芬兰公民有着很强的环保意识,这在很大程度上归功于学校长期不懈的环保教育,环保教育已列入基础教育和高中教育的教学大纲。相关的职业和高等教育更是少不了环保内容。农林部也向全国农民发放有关指南,介绍如何使用农药和化肥,怎样采用科学的耕作方法保护农村环境。在芬兰,各政府部门均参与推动环境可持续发展的教育及培训工作。环境部与芬兰环境协会一同制作供教育用途的环境资讯以及支持加强环保意识的活动。近几年,芬兰全国各地还建立起许多环保志愿工作者协会和组织。政府提供了保护波罗的海环境的公民志愿者行动所需的波罗的海信息,并让每个人知道如何更好地保护海洋环境;鼓励非政府组织提供环境保护教育,传播环境保护意识;增加公众对保护波罗的海环境的知识,并确保公众了解的是最新的数据信息;为让普通公众了解波罗的海保护计划,还起草了《波罗的海保护计划摘要》。

参考文献

[1] ANDERSON D M. Approaches to monitoring, control and management of harmful algal blooms (HABs)[J]. Ocean & coastal management, 2009, 52(7): 342-347.

[2] BOESCH D F. Scientific requirements for ecosystem-based management in the restoration of Chesapeake Bay and Coastal Louisiana [J]. Ecological engineering, 2006, 26(1): 6-26.

[3] BRANCH G M, ODENDAAL F. The effects of marine protected areas on the population dynamics of a South African limpet, Cymbula oculus, relative to the influence of wave action[J]. Biological conservation, 2003, 114(2): 255-269.

[4] SHAFER D, BERGSTROM P. An introduction to a special issue on large-scale submerged aquatic vegetation restoration research in the Chesapeake Bay. 2003-2008 [J]. Restoration ecology, 2008, 18(4):481-489.

[5] DAUER D M, RANASINGHE J A, WEISBERG S B. Relationships between benthic community condition, water quality, sediment quality, nutrient loads, and land use patterns in Chesapeake Bay[J]. Estuaries, 2000, 23(1): 80-96.

[6] IMAI I, YAMAGUCHI M, HORI Y. Eutrophication and occurrences of harmful algal blooms in the Seto Inland Sea, Japan [J]. Plankton and benthos research, 2006, 1(2): 71-84.

[7] JANTZ P, GOETZ S, JANTZ C. Urbanization and the loss of resource lands in the Chesapeake Bay watershed[J]. Environmental management, 2005, 36(6): 808-825.

[8] NISHIKAWA T, HORI Y, NAGAI S, et al. Nutrient and phytoplankton dynamics in Harima-Nada, eastern Seto Inland Sea, Japan during a 35-year period from 1973 to 2007[J]. Estuaries and coasts, 2010, 33(2): 417-427.

[9] RICHARDS A, RAGO P J. A case history of effective fishery management: Chesapeake Bay striped bass[J]. North American journal of fisheries management, 1999, 19(2): 356-375.

[10] FARROW S. Marine protected areas: emerging economics[J]. Marine policy,1966,20(6): 439-446.

[11] HEIKKILA T, GERLAK A. The formation of large-scale collaborative resource management institutions: clarifying the roles of stakeholders, science, and institutions [J]. Policy studies journal, 2005, 33(4): 583-612.

[12] TERAWAKI T, YOSHIKAWA K, YOSHIDA G, et al. Ecology and restoration techniques for Sargassum beds in the Seto Inland Sea, Japan[J]. Marine pollution bulletin, 2003, 47(1/6): 198-201.

[13] WRIGHT W G, LINDBERG D R. Direct observation of sex change in the patellacean limpet Lottia gigantea[J]. Journal of the Marine Biological Association of the United Kingdom,1982,62(3): 737-738.

[14] 李海清. 渤海和濑户内海环境立法的比较研究[J]. 海洋环境科学, 2006, 25(2): 78-83.

[15] 李静, 周青, 孙培艳, 等. 欧洲北海溢油应急合作机制初探 [J]. 海洋开发与管理, 2015(6): 81-84, 113.

[16] 李训贵. 环境与可持续发展 [M]. 北京: 高等教育出版社, 2004.

[17] 刘向辉. 美国国土综合整治的典型: 切萨皮克海湾综合整治的成功经验[J]. 海洋开发与管理, 1995(4): 72-80.

[18] 周申蓓, 曲建和, 张双安. 中美湖泊污染综合治理制度比较研究: 以太湖与切萨皮克湾流域为例 [C]//中国科学技术协会. 首届中国湖泊论坛论文集. 南京: 东南大学出版社, 2011: 588-594.

[19] 朱源. 欧洲北海跨国污染防治政策建构与成效[J]. 环境影响评价, 2016 (1): 32-36.

第十一篇

我国近岸海洋生态环境保护研究前沿与管理对生态工业系统的影响

第一章 概 述

第一节 国际海洋环境保护立法概述

国际海洋环境保护的立法活动最早可追溯至1926年召开的华盛顿会议。当时会上曾有提案建议订立国际公约处理海洋船舶油污问题,但公约草案未获通过。1958年订立的《公海公约》第24、25条要求缔约国制定规章,防止因排放油料或倾倒放射性废物而污染海水,但并未承认国家防止海洋污染或保护海洋环境的实质义务,也未对"污染"予以定义;1954年制定《国际防止海上油污公约》,1958年7月26日生效;自1970年起,国际上制定了一系列关于海洋环境保护的国际公约及协定。

规范海洋污染的条约可分为四大类:①国际性公约;②区域性公约;③双边条约;④海洋法公约。

在国际性公约方面,关于船舶污染防治的公约有1954年的《国际防止海上油污公约》,1969年的《国际干预公海油污事故公约》,1973年的《国际防止船舶造成污染公约》及附属的1978年《国际防止船舶造成污染公约议定书》,1969年《国际油污损害民事责任公约》及1971年《设立油污损害赔偿国际基金国际公约》等六项。关于海洋倾废防治则有1972年的《防止倾倒废物和其他物质污染海洋公约》。

在区域性公约方面,则有数量众多的协定来规范地域性海洋污染。事实上,以区域性公约来防治地区层次的海洋污染更为有效。借区域性安排,来弥补全球性国际公约之不足,已被1972年伦敦《防止倾倒废物和其他物质污染海洋公约》所特别强调。制定此类协定之区域,大都为海洋污染严重地区,以地域分类如下。

1)北欧波罗的海——1974年《波罗的海海洋环境保护公约》。

2)欧非间的地中海——1976年《地中海反污染保护公约》、1976年《船舶及航空器倾倒议定书》、1976年《油料和其他有害物质紧急事件议定书》、1980年《陆源性污染议定书》及1982年《特别保护地区议定书》。

3)中东的波斯湾和阿曼湾——1978年《科威特海洋环境保护合作区域公约》及1981年《油料和其他有害物质紧急事件议定书》。

4)中东的红海和亚丁湾——1982年《红海和亚丁湾环境维护区域公约》及同年《油料和其他有害物质紧急事件协定书》。

5)西非——1981年《中西非区域海洋和海岸环境发展暨保护合作公约》及同年《污染紧急事件议定书》。

6)东非——1985年《东非区域海洋和海岸环境保护、管理暨发展公约》及1985年《油料和其他有害物质紧急事件议定书》。

7)亚洲的东南太平洋——1983年《东南太平洋海洋环境和海岸区域保护公约》,1981年、1983年《碳化氢和其他有害物质紧急事件议定书》和1983年《陆源性污染议定书》。

8)南太平洋——1986年《南太平洋区域自

然资源暨环境保护公约》、1986年《船舶及航空器倾倒议定书》和同年《油料和其他有害物质紧急事件议定书》。

9)中南美和西印度群岛的加勒比海——1983年《泛加勒比海区域海洋环境发展与保护公约》及同年《污染紧急事件议定书》。

在欧洲北海和东北大西洋有许多"特别协定"来规范。①油污染来源：1969年《处理北海油料合作协定》和1983年《处理北海油料和其他有害物质合作协定》。②倾倒污染来源：1972年《防止船舶与飞行器倾倒废物污染海洋公约》及1983年《焚化议定书》。③陆源性污染：1974年《防止陆源物质污染海洋公约》及1986年《大气污染议定书》。

在双边条约方面，规范海洋污染的条约也为数甚多，例如，1974年意大利和南斯拉夫签署的《亚得里亚海及沿岸区域海水污染保护合作协定》；1974年加拿大与美国签订的《建立漏油及其他有害物质共同污染意外事故计划协定》等。

最后，在海洋法公约方面，包括1958年的《公海公约》及1982年的《联合国海洋法公约》。

第二节　国际海洋环境保护立法发展

一、初期阶段(20世纪50年代初—20世纪60年代末)

1954年4月26日至5月12日在伦敦召开了由42个国家参加的海洋油污染防治国际会议。会上制定了《国际防止海上油污公约》(以下简称《公约》)，要求倾倒废弃物尽可能远离陆地，一般至少距岸50海里，并建立禁止倾倒废弃物的特别区。《公约》还制定了世界范围内的污染标准。然而《公约》仅限于石油污染，对于其他污染则不适用，而且不适用由于以下原因引起的石油污染：①船舶安全事故；②不可避免的泄漏情况；③清洗或纯化燃油和润滑油产生的残渣废弃物。《公约》的不足之处在于，产生污染的情况纷繁复杂，船舶污染可能会因超出《公约》规定的范围而逃避责任。此外，《公约》规定污染造成的危害必须向船旗国报告，而且只有船旗国可以对它的船舶起诉，且享有执行权。对于禁区以外的泄油实际上不能控制。《公约》是规定保护海洋环境、防止污染的第一个国际性公约。

1954年《国际防止海上油污公约》于1962年、1969年和1971年修订过3次。1962年的修订部分将弃废标准予以严格规定，允许排放油类物质从距岸50海里增加到了100海里。增加了禁止排放的特别区。1969年的修正案重点是禁止船舶正常作业时在海上排放油类物质或油性混合物，除非在某些非常特殊的情况下方可排放。对于油轮以外的其他船舶，除满足下列全部条件外，不得从船上排放油类和油性混合物：①船舶正在航行途中；②油量瞬间排放率不超过每海里60 L；③排放时尽可能远离陆地。至于油轮，除满足下列条件外，不得从船上排放油类或油性混合物：①油轮正在航行途中；②油量瞬间排放率不超过每海里60 L；③在装载航行中，排油总量不超过装油总容积的1/15 000；④油轮距离最近陆地50海里以上。1971年的修正案主要是为了减少油轮触礁搁浅或碰撞所引起的石油污染，而强制限制油轮的大小，这也是第一次将油轮建造标准作为污染控制的一个手段。

1962年的修正案是在政府间海事协商组织(1982年更名为国际海事组织)的一次会议上通过的。1969年和1971年的修正案由政府间海事协商组织的海事安全委员会起草，并经政府间海事协商组织大会通过。按规定，这三个修正案都要经2/3《公约》缔约国批准加入方能生效。因此，1962年修正案经过5年，1969年修正案经过8年才得以生效。而1971年的修正案至1981年只有23个国家批准加入,因此未能生效。《公约》以及后来的三个修正案对船舶污染做了广泛的限制,但它们后来都被1973年政府间海事协商组织的《国际防止船舶造成污染公约》所替代。

1958年日内瓦第一次联合国海洋法会议通过的《公海公约》有关防止海洋环境污染的条款有两项规定。第24条规定:"各国应参酌现行关于防止污染海水之条约规定制定规章,以防止因船舶或管线排放油料或因开发与探测海床及其底土而污染海水。"第25条规定:"①各国应参照主管国际组织所定的标准与规章,采取办法,以防止倾弃放射废料而污染海水;②各国应与主管国际组织合作采取办法,以防止任何活动因使用放射材料或其他有害物剂而污染海水或其上空。"此外,《公海公约》还规定了船旗国的专属管辖权。但《公海公约》没有制定国际污染的最低标准。在《领海及毗连区公约》第17条中规定:"行使无害通过权的外国船舶,应遵守沿海国根据本公约和国际法的其他规则所制定的法律和规章,特别是有关运输和航行的法律和规章。"这里,沿海国享有在其领海内制定法律和规章的权利,并且要遵守公约和国际法的一般规则,特别是有关运输和航行方面的。《大陆架公约》第5条第7款规定:"沿海国有义务在安全区域采取一切适当措施以保护生物资源不受有害物质的损害。"这一规定只限于为开发大陆架而设立的安全区而采取的措施。

此外,有些为其他目的签署的条约,也含有防止海洋污染的内容。例如,1958年的《捕鱼及养护公海生物资源公约》以及1959年的《南极条约》。

在海洋环境保护方面,成立于1959年的政府间海事协商组织起着重要作用。该组织为联合国从事船舶管理的专门机构。1948年3月,联合国在日内瓦召开海事会议,通过了《政府间海事协商组织公约》。此公约经过10年,到1958年有21个国家加入而生效。按照此公约规定,政府间海事协商组织的宗旨和任务是:在解决国际贸易中有关航运技术问题的政府规章和惯例方面,为各国政府提供合作机会;在海上安全航行效率和防止、控制船舶污染海洋方面,鼓励各国普遍采用可行的最高标准,并处理有关的法律问题。该组织在1967年前并没有关心保护海洋环境的问题。1967年"托雷·坎永号"油轮泄漏大量原油入海,引起了该组织对保护和控制海洋环境的重视。至2000年底,该组织制定或负责保管了52个国际公约,涉及海上人命安全、海上避碰、船舶载重线、船舶吨位丈量、防止海洋污染、油污民事责任、公海油污的干预、油污赔偿国际基金、集装箱安全、特种客运、核能船舶、旅客行李运输责任、船员培训和值班标准、海上倾废、渔船安全、海事卫星和海上救援等方面。

二、发展阶段(20世纪60年代末—20世纪70年代末)

在此阶段,国际上通过了大量海洋污染防治公约,包括:

1969年《国际油污损害民事责任公约》;

1969年《国际干预公海油污事故公约》;

1971年《设立油污损害赔偿国际基金国际公约》;

1972年《防止船舶与飞行器倾倒废物污染海洋公约》,此公约主要适用于东北大西洋区域,规定缔约国采取措施,以排除陆源性污染、控制倾废以及关于大陆架和海床作业引起污染的区域控制;

1972年《防止倾倒废物和其他物质污染海洋公约》;

1973年《国际防止船舶造成污染公约》;

1974年《防止陆源物质污染海洋公约》;

1974年《波罗的海海洋环境保护公约》;

1976年《地中海反污染保护公约》;

1978年《国际防止船舶造成污染公约议定书》。

三、成熟期(20世纪80年代以后)

国际海洋环境立法经过20多年的发展,形

成一套以公约、条约、协定、协议为主的法律体系。根据1970年联大决议,海底委员会自1971年起就把海洋环境保护问题作为第三小组委员会审议的项目之一,对海洋环境保护的条款进行实质性讨论和起草条约条款。这方面的工作包括两大项目:①保护海洋环境(包括海床区域);②减轻和防止海洋环境污染(包括海床区域)。审议过程中,争论的焦点是沿海国对其管辖范围内海洋区域的海洋污染案件有无管辖权的问题。广大发展中国家和部分第二世界国家主张沿海国有权根据本国的环境政策,采取一切措施保护海上环境,防止海洋污染。美、苏等国则片面坚持国际统一的防治污染标准,否定沿海国根据本国的环境政策制定防污标准的权利,特别是在处理船舶污染问题上顽固坚持船旗国的管辖权。

1982年最终通过《联合国海洋法公约》。其中第12部分"海洋环境的保护和保全"共有46个条文,专门对海洋环境保护问题做了规定,使国际海洋环境立法趋于完善和成熟。

第二章 国际海洋环境保护对我国海洋环境法规的影响

环境保护是我国的一项基本国策,海洋环境保护作为其重要组成部分,受到我国政府的一贯高度重视。1972年斯德哥尔摩人类环境会议之后,我国相继制定实施了《中华人民共和国环境保护法》和《中华人民共和国海洋环境保护法》。1992年里约热内卢会议之后,我国政府又制定了《中国环境保护21世纪议程》和旨在保护海洋环境、防止陆上活动影响的国家行动方案。在经济建设的过程中,国家加大了海洋环保的法制化进程,与海洋环保相关的法律、法规已达30余部。通过实施一系列的污染防治和生态保护措施,我国在一定程度上减缓了沿海经济建设和海洋产业开发带来的环境压力。

第一节 我国海洋环境保护法律体系

广义上的海洋环境保护法是防止海洋环境污染和生态破坏,保护和改善海洋环境的法律、法规、规章和标准的总称。1979年我国第一部综合性的环境保护基本法《中华人民共和国环境保护法》(后称《环境保护法》)在海洋环境保护方面做了规定。1983年我国实施了《中华人民共和国海洋环境保护法》(后称《海洋环境保护法》),这部法律规范了我国管辖海域及沿海地区的海洋环境保护活动和行为。1999年,根据海洋环保工作实践对该法进行了修订,新增了海洋生态保护等有关内容。2013年第一次修正;2016年第二次修正;2017年第三次修正。此法是我国较早颁布实施的一部环境资源法律,对于切实保护好海洋生态环境,促进海洋合理开发利用和海洋经济持续发展具有重要意义。为贯彻实施《海洋环境保护法》,我国先后颁布实施了《防治船舶污染海洋环境管理条例》《中华人民共和国防止拆船污染环境管理条例》《防治海洋工程建设项目污染损害海洋环境管理条例》《中华人民共和国防治陆源污染物污染损害海洋环境管理条例》《中华人民共和国海洋石油勘探开发环境保护管理条例》等多个配套法规。与海洋环境保护密切相关的一些法律、法规,如《中华人民共和国水污染防治法》《中华人民共和国大气污染防治法》《中华人民共和国固体废物污染环境防治法》《中华人民共和国渔业法》《中华人民共和国环境影响评价法》《中华人民共和国海域使用管理法》《中华人民共和国自然保护区条例》等,也对《海洋环境保护法》的实施起到重要作用。与此同时,我国还制定实施了一系列标准体系,如《海水水质标准》《渔业水质标准》《海洋生物质量标准》《海洋沉积物质量标准》《船舶水污染物排放控制标准》《海洋石油开发工业含油污水排放标准》《污水综合排放标准》《污水海洋处置工程污染控制标准》《全国海洋功能区划》以及《近岸海域环境功能区管理办法》等。这些法律、法规、标准以及一些地方性法规,构成了我国海洋环境保护法律框架体系,为我国海洋环境保护工作提供了切实的法律保障。

《海洋环境保护法》在我国海洋环境保护法

律体系中处于核心地位。《海洋环境保护法》于1982年8月制定，1999年12月修订。修订后的《海洋环境保护法》，内容做出了重大修改，呈现出海洋环境保护管理的分工更加明确，对海洋的生态保护更重视，管理措施的可操作性更强，与国际条约衔接更紧密等特点；确立重点海域污染物总量控制制度、海洋环境标准制度、对严重污染海洋环境的落后工艺和严重污染海洋环境的落后设备的淘汰制度、海洋环境监测和监视信息管理制度、船舶油污保险和油污损害赔偿基金制度等一些新的环境保护管理制度。随后，分别于2013年、2016年、2017年进行修正。

第二节　国际公约对我国《海洋环境保护法》的影响

1982年《海洋环境保护法》制定以来，我国相继被批准加入一些国际公约和议定书，如《联合国海洋法公约》《国际油污损害民事责任公约议定书》《国际干预公海油污事故公约》《干预公海非油类物质污染议定书》《防止倾倒废物和其他物质污染海洋公约》等。尤其是我国被批准加入《联合国海洋法公约》后，我国在国际海洋事务中的权利、义务发生了一些变化。在享有有关公约赋予参加国权益的同时，也必须履行我国的国际承诺。1999年修订后的《海洋环境保护法》对此做出了相应规定。比如，关于此法适用范围、防止来自大气层或者通过大气层造成的海洋环境污染损害、海洋污染事故应急制度、发布可以向海洋倾倒的废弃物名录制度等规定，都是与国际条约接轨的体现。

一、对《海洋环境保护法》的适用范围做了补充

1982年签署的《联合国海洋法公约》于1994年底生效，此后陆续有120多个国家被批准加入了此公约，广泛的适用性，已使它成为当今国际社会最详尽和最权威的海洋行为规则。1982年《联合国海洋法公约》确立专属经济区制度，其中第55条和第56条规定了专属经济区是一国领海以外并邻接领海的一个区域，其范围从测算领海宽度的基线量起，不应超过200海里。1982年《联合国海洋法公约》还发展了1958年《大陆架公约》的大陆架制度规定，第76条明确指出大陆架是沿海国陆地领土在海底的自然延伸，其范围扩展到大陆边缘的海底区域的海床和底土。1982年《联合国海洋法公约》第33条规定了毗连区制度，即毗连区是由沿海国对若干事项行使管辖的一定宽度的区域，这些事项包括防止在沿海国领土或领海内违犯其海关、财政、移民或卫生的法律或规章，并惩治违犯上述法律或规章的行为，该区域的宽度从领海基线量起，不得超过24海里。依据1982年《联合国海洋法公约》的上述规定，1999年修订后的《海洋环境保护法》明确地把专属经济区、大陆架、毗连区纳入此法的适用范围，对原《海洋环境保护法》的适用范围做了补充，第一次完整地对我国法律适用的海域管辖范围进行规范，即明确规定此法适用我国海域管辖范围为：中华人民共和国内水、领海、毗连区、专属经济区、大陆架以及中华人民共和国管辖的其他海域。

二、对造成海洋环境污染的各种来源，做了更严格的规定，在原《海洋环境保护法》的基础上扩大了禁止范围

1982年《联合国海洋法公约》第192条第一次为各国规定了保护和保全海洋环境的一般义务，且要求各国采取必要措施，防止、减少和控制任何来源造成的海洋环境污染，并根据不同的污染来源，在该公约中做了不同的规定。

第一，陆地来源的污染占全部海洋污染的3/4，是海洋的最大污染源，是1982年《联合国海洋法公约》和各国立法普遍规范的一个重要方面。而作为陆源性污染的一种特殊形式——空气污染首次出现在1982年《联合国海洋法公约》中。对此，1999年修订后的《海洋环境保护法》在第四章"关于防治陆源污染物对海洋环境的污染损害"中增加了此内容，第41条规定：国家采取必要措施，防止、减少和控制来自大气层或者通过大气层造成的海洋环境污染损害。

第二，几十年来，我国海洋开发活动在不断发展，特别是1982年《联合国海洋法公约》生效后，随着我国200海里专属经济区及大陆架制度的建立，各种类型的海洋工程建设越来越多，如开发海底隧道、铺设海底电缆、建造人工岛屿、在大陆架上勘探和生产等。这些活动如操作不当，就会对海洋环境造成严重的污染。1982年《联合国海洋法公约》在第60条、第79条中分别规定：在专属经济区建造人工岛屿、设施和结构，沿海国应当考虑到海洋环境保护；在大陆架勘探开发自然资源，沿海国有权采取防止、减少和控制管道造成的污染的合理措施。原《海洋环境保护法》根据当时我国海洋开发活动的状况，仅对防止海洋石油勘探开发对海洋环境的污染做了规范，1999年修订后的《海洋环境保护法》在第五章"防治海岸工程建设项目对海洋环境的污染损害"和第六章"防治海洋工程建设项目对海洋环境的污染损害"中，对这些问题做了详细具体的规定。

第三，在20世纪五六十年代，把陆地活动中所产生的废物倒入海中，是处理废物的普遍方法，一是往海里抛弃废物比较便宜方便，二是陆地上对污染控制越来越严格。倾倒海里的废物有放射性物质、军用物资、变质食物、生活垃圾和工业废料等，这些废物含有各种污染物，其中有些物质还含有剧毒。为此，国际社会于1972年在伦敦签署《防止倾倒废物和其他物质污染海洋公约》(简称《伦敦公约》)。《伦敦公约》把废物分为三类，对于毒害最大的(黑名单)废物禁止倾倒，如高能放射性物质、汞、镉、铀、塑料等；对于毒害较大的(灰名单)废物，倾倒要事先获得特别许可证，如砷、铅、铜、锌等；对于其他废物，倾倒要事先获得一般许可证。《伦敦公约》还规定了缔约国当局在签发特别和一般许可证时应考虑的因素，其中包括废物的特征和成分、倾倒场地的选划、处理方法和倾倒可能产生的影响。我国于1985年加入《伦敦公约》。对此，1999年修订后的《海洋环境保护法》在第七章"防治倾倒废弃物对海洋环境的污染损害"中增加了详细规定，严格规范国内单位和个人向海洋倾倒废物的行为。依据我国1991年加入的《控制危险废物越境转移及其处置巴塞尔公约》，修订后的《海洋环境保护法》第55条对境外的废弃物在我国海域的倾倒做了禁止性规定。

三、明确规定了海洋污染事故应急制度

海上船舶溢油是造成海洋环境污染的重要因素。随着石油运输量的日益增长，船舶溢油事故不断发生，时常造成海域大面积污染。要防治污染，有关国家的合作非常必要。为此，1982年《联合国海洋法公约》第198条规定：当一国获知海洋环境有即将遭受污染损害的迫切危险或已经遭受污染损害的情况时，应立即通知其认为可能受这种损害影响的其他国家以及各主管国际组织。第199条进一步规定：受影响的各国应尽可能合作以消除污染的影响并防止或尽量减少损害，并强调为此目的，各国应共同发展和促进各种应急计划，以应付海洋环境的污染事故。我国参加的国际海事组织在1990年《国际油污防备、反应和合作条约》中对此做了进一步规定，要求缔约国履行义务。为履行国际公约的义务，保护我国海洋环境，1999年修订后的《海洋环境保护法》在第18条对此做了专门规定：国家根据防止海洋环境污染的需要，制定国家重大海上污染事故应急计划。由国家海事局制定的《中国海上船舶溢油应急计划》与修订法同时实施。根据该计

划,我国将尽快建立健全海上溢油应急组织系统和反应队伍,配备相应的设备,一旦发生船舶溢油事故,可迅速做出应急反应,控制和清除溢油,把对海洋的污染程度降至最低。

四、设立了海洋生态保护制度

海洋生态是一个完整的连锁体,它直接影响海洋环境,保护海洋生态与保护海洋环境密不可分。1982年《联合国海洋法公约》关注到此问题,并做了相关的规定。在第194条"防止、减少和控制海洋环境污染的措施"中认为,各缔约国应采取包括保护和保全稀有或脆弱的生态系统,以及衰竭、受威胁或有灭绝危险的物种和其他形式的海洋生物的生存环境等必要的措施;第196条规定,各国应采取一切必要措施以防止、减少和控制由于在其管辖或控制下使用技术而造成的海洋环境污染,或由于故意或偶然在海洋环境某一特定部分引进外来的或新的物种致使海洋环境可能发生重大或有害的变化。

近年来,污染和人为破坏使我国海洋生态系统面临越来越大的压力,特别是我国沿海一些地方破坏海洋生态系统的现象十分严重。为此,在1999年修订后的《海洋环境保护法》中增设了海洋生态保护专章进行详细规范,明确规定沿海地方各级人民政府必须对该行政区近岸海域海洋生态状况负责,对具有重要经济、社会价值,已遭到破坏的海洋生态进行恢复;并对开发利用海洋资源,如利用海水,引进海洋动、植物,海洋养殖、捕捞,开发海岛与周围海域的资源等活动,均做出了必须保护好生态的相应规定。修订后的《海洋环境保护法》第76条还特别规定了对破坏珊瑚礁、红树林等海洋生态系统的处罚,严重者,还要追究其刑事责任。

第三章 发达国家的海水标准和基准体系

第一节 海水水质标准和海水水质基准的概念

环境质量基准，是指环境中有害物质和因素对特定对象(人或其他生物等)不会产生不良或有害影响的最大剂量或浓度，与此相对应的是环境质量标准这一概念。环境质量标准是为保障人群健康、促进生态系统良性循环、实现社会经济发展目标，根据国家的环境政策和法规，在综合考虑本国自然环境特征、在社会经济条件允许和科学技术水平支持的基础上，对环境中有害物质和因素进行的限制性规定。环境质量标准是在一定时期内衡量环境优劣程度的尺度，从某种意义上而言是环境保护的目标值。在保护环境层面上，环境质量标准是衡量环境质量的标尺；在制定环境质量标准的层面上，环境质量基准是环境质量标准的依据和"坐标"，二者的本质区别在于属性不同。环境质量标准兼有社会和自然属性，环境质量标准中是否纳入环境质量现状、社会经济发展和科学技术水平的考量，反映了国家环境政策的意志；环境质量基准只具自然属性，它是有害物质和因素在环境中可以"安全无害"存在的客观度量，反映了污染物与目标受体间的剂量(浓度)—效应关系。

海水水质标准和海水水质基准的关系也是如此。根据海洋环境保护科学专家组的定义，海水水质基准指的是根据海域用途、海洋生态系统、人类健康等要求，在一定时空范围内，各种海洋环境介质中客观上可被允许的污染物浓度或含量的科学指标体系；而海水质量标准则指在海水水质基准的基础上，综合考虑社会、经济、科技发展水平，环境保护需求和国家环境政策等因素，在一定时空范围内，海水中允许的污染物浓度或含量的法定指标体系。

海水水质标准是海水水质基准的科学性与海洋环境管理的功能性之间的纽带，管理部门通过制定海水水质标准，将海水水质基准实用化，与此同时，将国家政策、经济技术等社会属性引入海水水质基准。海水水质标准是社会经济与自然环境相互妥协的结果，这反映在海水水质标准的表述形式上：不同海洋功能区，适用不同的海水水质标准。因此，海水水质标准是一多值体系，同时海水水质标准也要随着国家环境政策的变动和经济技术的发展而变化。

第二节 日本海洋环境质量标准体系

日本海洋环境是日本水环境中的一个组成部分，范围包括河口区、内海—港湾区、沿岸区和近海区。环境质量标准体系结构与日本地表水环境质量标准体系结构一致，只是具体内容不同但有所交叉。监测项目具体分为环境质量标准项目、必要监视项目和必要调查项目三种类型,这三种类型具有不同的监控要求、监控手段、监测频次和控制力度;体现了从防患于未然到由国家严格控制的不同层次的污染物监测管理的需要。

日本环境质量标准项目的增减和限值的修订,已经成为常规工作,根据设定依据,在必要时更新或修订标准项目和标准限值。例如,镉是工业和环境污染物之一,在当今主要研究的污染毒素中居第三位;联合国环境规划署提出12种具有全球性意义的危险性物质,镉被列为首位。日本富山县居民深受镉污染之苦,因矿业开发,重金属镉污染造成的痛痛病是日本的严重公害之一。1971年,首次制定的水质标准健康项目(8项)就将金属镉列为环境质量标准项目。随着社会和科技发展,人类对镉的认识也不断深入,联合国粮农组织和世界卫生组织的食品添加剂联合专家委员会在2006年制定了食品中镉的周容许摄入量;日本的食品安全委员会于2008年制定镉的周容许摄入量为每千克体重7 μg。随着日本国内外一系列关于动物实验、疫病学调查的科研成果的发表,特别是由于环境风险管理理念的形成,日本开始重视环境中长期暴露的低浓度污染物的暴露累积风险。日本在国内也开展了关于镉摄取量与肾近曲小管功能及影响的两种疫病学的调查。2010年,日本将饮用水标准镉的标准值由≤0.01 mg/L修订为≤0.003 mg/L。

一、日本海域生活环境质量标准项目

生活环境项目是指与人类生活密切相关的生存环境、生态环境的监测项目,日本于1971年首次设定,海域的标准项目有pH值、COD、DO、粪大肠菌群和石油类,根据不同的水域类型制定标准值。1993年,为防治海域的富营养化,增设总氮和总磷项目;2003年,从保护水生生物角度出发,增加总锌项目;随着人类对环境激素危害的认识,从保护水生生物角度出发,根据日本化学物质生产、使用状况及公共用水域监测结果,2012年8月增加壬基酚项目,最终构成9个标准项目。

二、日本海域水生生物保护的"必要监视项目"

为保护水生生物,2003年11月,日本制定了保护水生生物的水质环境质量标准。为有效实施综合治理水环境质量,增加了生活环境监测项目,将三氯甲烷、苯酚和甲醛作为必要项目进行监测。

三、日本水浴场水质判定标准

1973年,日本环境厅开始组织地方政府开展水浴场监测,监测项目有粪大肠菌群、COD、透明度及有无油膜。达标与否根据粪大肠菌群数多少和有无油膜判定,COD和透明度因未设定上限值,无法参与评价。为完善水浴场监测评价方法,日本环境省根据调查研究结果,于1997年对水浴场评价指标和方法进行修订,确定了COD和透明度的具体标准限值。对于浴场水质的评价,在环境质量标准项目的健康项目达标的前提下,粪大肠菌群数多少、有无油膜及COD和透明度高低4项参与评价。达标浴场又划分4个等级进行评价。pH值和病原性大肠杆菌O-157作为参考项目实施监测。

在2011年3月,日本宫城县海域发生8.9级大地震并引发破坏性极高的海啸,进而造成福岛核电站发生严重核泄漏事故,为掌握水浴场的放射性物质浓度状况,日本环境省发布文件布置各地政府开展放射性物质监测工作。监测频次为月监测(1次/月);从沿岸到离岸500 m处,水深1~1.5 m的表层和下层水质中的放射性物质浓度为监测对象。监测项目在2011年度和2012年度有所变更,2011年度主要对^{134}Cs、^{137}Cs、^{89}Sr、^{90}Sr、^{131}I开展监测;根据2012年度监测结果,由于^{131}I的半衰期较短,在环境中已经基本消失,因此在 2012 年 6 月调整的新标准中不再含有此项目。新标准的其他项目标准限值有较大改变,主要是参考饮用水水质标准和自来水水质标准的制定值,以及分析 2011 年度的监测结果制定的新标准项目和标准值。

第三节　美国海水水质基准及标准体系

美国拥有世界上体系最完善、科学性最强的水质基准和标准。早在 1965 年,美国就启动了水质基准的基础及应用研究,第一个水质基准由美国国家技术顾问委员会(当时美国环保署尚未成立)于 1968 年发布。1985 年,美国环保署发布《推动保护水生生物及其用途的水质基准指南》,此后分别于 1999 年、2002 年、2004 年、2006 年和 2009 年公布了不断修订的针对保护水生生物和人体健康的《国家推荐的水质基准》。

美国没有全国统一的水质标准,由国家颁布水质基准(包括数据型基准和定性描述基准),各州根据实际情况制定相应的水质标准,包括指定水体的用途、确定不同用途水体的水质标准值、防止水体功能退化及水质综合管理的措施等。美国国家的水质基准是一张水质基准表,各州的水质标准(法规)都有上百页的详细内容。

根据 2009 年美国环保署发布的《国家推荐的水质基准》,其中推荐的保护水生生物的水质基准分为淡水和海水两类,推荐的水质基准涉及 120 种优先控制污染物,47 种非优控污染物,还包括 23 种污染物感官效应水质基准值。1998 年,美国开始制定区域性的营养物质基准,于 2000 年开始发布河流、湖库的营养物质基准制定导则,至今已颁布了 14 个生态区的河流和湖泊的营养物质水质基准。美国制定水质基准所遵循的原则可总结为以下几个方面。

1)颁布水质基准的目标在于防止污染物对重要的经济生物及其他重要物种,如河流湖泊中的鱼类、底栖无脊椎动物和浮游生物造成不可接受的长期和短期的影响。每个污染物的基准都包括两个值:基准连续浓度(CCC),防止低浓度污染物长期作用对水生生物造成慢性毒性效应;基准最大浓度(CMC),防止高浓度的污染物短期作用对水生生物造成的急性毒性效应。

2)充分考虑生物多样性,用于推导基准最大浓度的急性毒性数据,至少覆盖 3 门 8 科的水生生物,具有较好的代表性,能为大多数生物(95%以上)提供适当的保护,以避免"欠保护"。另外,对受试生物的分类单位进行合理的规定,以科为选择受试物种的分类单位,而以属为最终计算基准值的分类单位,避免过多采用同一属(或科)生物试验而影响数据的代表性。

3)引入暴露频次的概念,将水质基准最终表述为:"如果每 3 年某污染物的 4 d 平均浓度超过基准连续浓度的次数不多于 1 次,并且每 3 年某污染物的 1 h 平均浓度超过基准最大浓度的次数不多于 1 次,那么淡水(或海水)水生生物及水体用途将不会受到不可接受的影响。"这个概念充分考虑了水生态系统对偶然暴露的耐受能力和恢复能力,防止了"过度保护"。

第四章 我国现行海水水质标准存在的问题

第一节 我国海水水质标准存在的问题

一、海水水质标准的科学基础薄弱

对于海水水质标准而言,海水水质基准是制定海水水质标准的理论基础和科学依据,是海水水质标准不可或缺的"坐标",决定了海水水质标准本身的科学性和客观性。遗憾的是,水质基准及标准研究,尤其是近海海水水质基准及标准研究在我国极为薄弱,严格说,我国并没有在真正意义上建立相应的水环境质量基准体系。

目前尚缺乏充分的科学数据说明我国现行的水质(包括淡水和海水)标准可以为大多数水生生物提供适当的保护。我国1988年制定的《地表水环境质量标准》和1997年修订实施的《海水水质标准》,主要依据是日本、欧洲等国的水质标准和美国的水生态基准数据,基本上没有我国的水生态毒理学数据,且侧重于鱼类毒性数据。根据已有的调查资料,海洋生境和淡水生境中生物共有28个门,鱼类仅为脊索动物门中的一个纲,其毒性数据不能充分反映水生物种的毒理学敏感性。同一化学物质对不同鱼类的毒性阈值可以相差两个数量级,不同门类间的差异就更大。从生态学的观点来看,不同的生态区域有不同的生物区系,对某个生物区系无害的毒物浓度,也许会对其他区系的生物产生不可逆转的毒性效应。因此,美国环保署在其文件中规定,只能用在北美分布的野生生物作为试验物种来推导保护美国淡水和海洋生态系统的水生态基准值。由于不同科的鱼在生活环境的适应性和要求及对毒物的耐受性上有很大的差异,欧共体在规定评价水生态系统环境状况的标准时,也对不同鱼类水系加以严格的区分。

我国海水水质标准限值根据海域的使用功能和保护目标,将海水水质分为4类,其限值除直接参考发达国家的水质基准或水质标准限值外,在分类定值方面也具较明显的主观判定倾向。表11-4-1对我国《海水水质标准》(GB 3097-1997)与美国《国家推荐的水质基准》(2009版)进行了对比。比较发现,我国汞、镉、六价铬、砷、锌、硒、镍等元素的海水水质标准限值均低于美国的基准连续浓度(CCC);滴滴涕、六六六、马拉硫磷等有机物标准限值均高于美国的CCC;四类海水水质标准限值与美国基准最大浓度(CMC)相比,二者之间的差异更大。通过上述比较,可初步判断我国的海水水质标准中对部分金属要素可能存在"过保护"的问题,而对于有机污染物则可能存在"欠保护"的问题。

二、海水水质标准涵盖要素少,难以满足管理需求

从涵盖的污染物范围和数量来看,我国现行

《海水水质标准》涉及39个指标、33种污染物，为我国海水水质及海洋生物安全提供了有力保证，基本符合当前我国国情。但是，美国的水质基准包括167种污染物，远多于我国海水水质标准所规定的指标。可见，在污染要素的涵盖范围上，我国颁布实施的海水水质标准内容过于单薄，且主要考虑耗氧有机污染物、营养物质和金属污染物，对于已成为全球性环境问题、对水生态质量造成严重破坏的有毒有机污染物关注较少。

随着海洋经济与沿海经济的快速发展以及沿海地区城市化进程的加快，我国近岸海域承受了前所未有的巨大环境压力，尤其是陆源排污压力明显加大，致使近岸生态更加脆弱，重要的海洋功能区受损严重。据统计，我国近岸海域的主要污染物80%以上来自陆源排污，每年上百亿吨的工业和生活污水携带大量有毒有害物质入海，严重影响邻近海洋功能区的功能，并造成近岸海域水质恶化。2007年，国家海洋局对我国部分入海排污口排放的污染物展开调查，结果显示，排海污水中典型持久性有机污染物、环境内分泌干扰物及毒性金属等普遍存在。生物毒性效应实验结果亦表明，经陆源排污口入海的有毒有害物质已对我国近岸海洋环境质量构成潜在威胁。但遗憾的是，对于大多数有毒有害物质，我国现行的《污水综合排放标准》《海水水质标准》均未将其包含在内，导致污染排放控制管理缺失明确的管理目标和控制标准。

表 11-4-1　我国《海水水质标准》(GB 3097-1997)
与美国《国家推荐的水质基准》(US EPA-2009)的限值比较

序号	项目	GB 3097-1997《海水水质标准》/(μg/L)				美国海水水质基准/(μg/L)	
		第一类	第二类	第三类	第四类	CMC	CCC
1	汞≤	0.05	0.2		0.5	1.8	0.94
2	镉≤	1	5	10		40	8.8
3	铅≤	1	5	10	50	210	8.1
4	六价铬≤	5	10	20	50	1 100	50
5	总铬≤	50	100	200	500	—	—
6	砷≤	20	30	50		69	36
7	铜≤	5	10		50	4.8	3.1
8	锌≤	20	50	100	500	90	81
9	硒≤	10	20		50	290	71
10	镍≤	5	10	20	50	74	8.2
11	氰化物≤	5		100	200	1	1
12	石油类≤	50		300	500	—	—
13	六六六≤	1	2	3	5	0.16	—
14	滴滴涕≤	0.05		0.1		0.13	0.01
15	马拉硫磷≤	0.5		1			0.1
16	甲基对硫磷≤	0.5		1		—	—
17	苯并(a)芘≤	0.002 5					

注："—"表示尚无相关基准值。

三、海水水质标准无暴露时间和频次要求，暴露评估难以统一

科学的水质基准应以在一定的暴露浓度中、确定的暴露时间内和一定的暴露频次下三者同时为约束条件才能达到保护水生生物的目的。在超标频次的确定上，应考虑水生生态系统从暴露浓度中恢复的能力，不同生态系统的恢复也有着很大差别，且恢复能力还取决于污染物的类型、暴露浓度和暴露时间以及水生态系统的物理学和生物学特征。有研究表明，生态系统从很小的暴露压力中恢复仅要6周，而从严重的压力中恢复则需要10年或者更长的时间。一般认为，大多数水生生态系统约在3年内能够从一般的暴露浓度（不包括化学品泄漏以及重大溢油事故等引起的高浓度暴露）下恢复。据此，有研究认为，除所关注的目标污染物外，如果水体无其他人为因素的影响，并且暴露浓度高于2倍正常浓度的发生概率较低，每3年1次的暴露对于大多数水体是能够承受的。因此，美国环保署将超标浓度发生的允许频率规定为平均每3年1次。

暴露浓度在时空上也非均匀分布。以营养盐为例，其含量本身存在一定的季节波动性。同时，在不同的水深，营养要素的生物地球化学循环作用也存在较大的垂直分布差异。对于有毒有害物质，可能来源于陆源入海排污口，其浓度也会存在较大的时空差异。但是，我国现行的海水水质标准仅对暴露浓度进行规定，但对暴露时间和暴露频次并未给出相应的规定，这样在开展暴露评估时，因评价者认识的不同，易产生一些偏颇。

四、海水水质标准修订不及时，不能反映海洋环境保护研究的最新成果

从标准修订与更新看，我国《海水水质标准》1982年发布实施，实施近15年后于1997年12月发布修订版，并于1998年实施，到目前为止仅修订一次。而美国的水质基准，自1985年发布保护水生生物水质基准的推导方法后，已完成多次修订。即使如此，在167种污染物的水质基准中，仍有99种优先控制污染物和21种非优先控制污染物，没有给出保护海水水生生物水质基准值；21种优先控制污染物和15种非优先控制污染物，没有给出保护人体健康水质基准值。因此，美国的保护水生生物和人体健康的水质基准也存在大量亟待开展的工作。

第二节　国外经验启示和对策分析

一、启动海水水质基准的系统研究，发布国家级的海洋水质基准指南文件

海水水质基准反映的是海水的自然属性，海水水质基准的定值关键在于确定海水介质中各种污染物浓度、剂量、强度与海洋靶系统（海洋生物、人群和生态系统）响应（或反应）间的定量关系。尽管海水水质基准属自然科学的研究范畴，可完全基于科学实验和客观记录通过科学推导获得，但不具有法律效力。要强调的是，海水水质基准不同于其他自然科学研究范畴的项目，因其具有可为海洋环境保护部门制定具有法律效力的海水水质标准提供最有用科学依据的特殊使命，因此海水水质基准的研究具有很强的科学性、系统性和连续性。海水水质基准研究是一项系统工程，绝非一家单位或者一个实验室可以完成，这项工程应该是集中国家相关研究领域的优势力量共同开展的一项工作，

同时也是一项需坚持不懈的运行来保障的基础性工作。因此,研究构建国家级的海水水质基准体系,发布规范性的国家级指南文件,利于此项工作的全面展开。

自20世纪80年代初以来,美国、欧盟、澳大利亚、新西兰和加拿大等国家和地区的环境管理部门根据各自的水环境污染状况和环境政策,先后发布了各自保护水生生物水质基准的推导文件或技术指南,建立了各自水质基准研究体系。我国的水质基准零星地散落在环科院、中科院生态中心和国家海洋局的国家海洋环境监测中心等实验室,基本处于各自独立探索研发阶段,现有的研究成果以论文发布为主,尚未上升到国家统一组织和规范实施阶段。

总体来看,我国水质基准的研究成果相对较少,缺乏系统性研究,推导保护水生生物和人体健康基准的方法学研究体系亟须完善:包括受试生物的选取、我国海区代表性生物的急慢性毒性实验的开展、毒性数据的收集和筛选准则、统计外推模型的确定、污染物的参考剂量、日安全摄入量的推导等。建立适合我国国情的水质基准推导理论方法体系,颁布我国水质基准推导方法指南是大势所趋。

二、开展毒理学试验工作,建立具有我国海洋生物区系特征的海洋生态毒理学数据库

制约海洋环境质量标准体系改进和完善的主要原因之一,是我国缺乏相应的海洋生态毒理学资料,仅参考美国等国的水生态基准数据来确定我国的水质标准,而未能充分考虑我国水域生态区系的特点,只能是权宜之计,缺乏充分的科学依据。为了更好地保护我国的海洋生物,亟须进一步开展体现我国海洋生物区系特征的毒理学研究,以具我国海洋生物区系特征的不同营养级生物作为目标靶体,全面系统地开展典型和特征污染物的生态毒理学试验,以建立并完善我国的海洋生态毒理学数据库。

三、开展基础性研究,逐步提升我国海水水质基准研究的原创能力

水质基准及标准的原创性研究能力标志着一个国家环境科研的实力。随着保护海洋生物多样性和海洋环境管理工作的进一步强化,亟须开展下述基础性研究工作,以提升我国海水水质基准研究的原创能力。

1) 开展对种群、群落水平或生态系统的微宇宙和中宇宙生态模拟系统的毒理学研究,以更好地表征应激因子作用下物种间通过竞争和食物链相互作用而产生的间接效应。以往的毒理学效应研究主要针对单一物种的毒性测试,种群、群落水平或生态系统的研究结果既可以作为水质基准推导的毒理学数据的补充,亦可对水质基准的推导结果进行验证。开展种群或生态系统在目标污染物作用下的恢复研究,对于确定海水水质基准体系中的超标频次和暴露周期也有重要的作用。

2) 现有的水质基准推导大多未充分考虑污染物的毒理学作用机制,建议在今后的水质基准研究中加以考虑。除部分新型污染物外,大多数化合物的毒理学作用机制相对明确,因此,可通过文献资料收集及实验室研究考察目标污染物的毒理学作用机制,从而在进行水质基准推导时,选取与毒理学作用机制密切相关的毒理学指标,以推导出更科学、可靠的水质基准值。除常规的毒理学研究方法外,开展分子水平上的生物标记物研究,如DNA加合物、金属硫蛋白、EROD酶活性等有助于揭示毒理学作用机制,以避免推导的基准值出现对海洋环境保护的"过保护"和"欠保护"等问题。

3) 当前,水质基准研究大多仍集中于淡水领域,尽管相应的理论与方法也适用于海水环境,但鉴于海水物种毒性数据的有限性、淡水与海水物种的敏感性差异和海水环境的复杂性等因素,海水水质基准研究仍有诸多方面要深入研究,以完善方法学体系,包括盐度、有机质、溶解氧和pH值等环境要素对毒性结果的影响等。

尤其在气候变化的作用下,盐度、温度和pH值的变化,对污染物质的毒性作用过程、机制、毒性效应等产生影响,为海水水质基准带来新挑战。

4)使用单物种和单化合物的实验室毒性试验推导水质基准饱受诟病,因为这样的实验无法诠释现场多重压力作用下的效应。对17种主要人类活动(包括化学污染)的强度和分布特征研究表明,大洋的任何地方都至少有5种人类活动的叠加影响。美国河流调查的结果表明,半数以上的样品中含有至少5种农药。对混合物毒性研究的文献,仅少量研究实际环境中的极少一部分的混合物。研究证明,由单个目标污染物的暴露试验导出的水质基准,可实现对生态系统的保护,但是如果目标污染物A和B表现出加和(或协同①或拮抗②)毒性作用,那如何在水质基准的推导中体现这种复合效应呢?针对多环芳烃的研究显示,具有芳烃受体激动剂的多环芳烃与细胞色素P4501A抑制剂联合作用,可诱导鱼体发育畸形,导致胚胎和仔鱼出现蓝囊综合征,呈现协同的毒性效应。总体上,水质基准的推导中所有的联合作用研究均处于探讨阶段,理想情况是逐一导出每一种混合物的基准值,但实际无法实现。混合物中各个化合物间的相互作用机制是未知的,可采用简单的加和作用模型。但是,若其间是拮抗或者协同作用,那问题就比较复杂了。因此,要降低导出的基准值的不确定性,势必要对污染物的联合效应及其作用机制加以研究。

四、以科学的区域海水水质基准研究为基础修订我国海水水质标准

由于缺乏主要参考依据——完善的海水水质基准技术体系,大多依据世界发达国家的水质基准资料,使得我国制定的现行海水水质标准缺乏科学依据和区域针对性。直接采用国外数据不能客观地反映我国海洋环境质量的真实情况,进而导致我国海洋环境管理无法达到预期的效果。因此,应在开展海洋环境污染过程和生态毒理效应研究的基础上,系统开展符合我国海洋生物区系特征的海水水质基准研究,根据我国现阶段的环境保护目标以及海洋环境质量现状,进行海水水质标准的修改研究工作,为我国海洋环境管理和污染防治提供技术支持,从而达到整体提升我国海洋环境保护科学研究水平和国际地位的目标。

---

① 协同:指毒物联合作用的毒性大于其中各毒物成分单独作用毒性的总和。
② 拮抗:指两种毒物同时输入机体内,一种毒物可以干扰另一种毒物原有的生物学作用,使其效应减弱;或两种毒物相互干扰,使混合后所产生的生物学作用或毒性作用的强度低于两种毒物任何一种单独输入机体内时的强度。

第五章　渤海典型海岸带生态工业系统的建设路径

第一节　渤海海岸带的产业规划布局与循环经济发展

环渤海产业特别是化学工业、重制造业、海上运输和生态渔业，要按照海洋生态环境的承载力进行产业布局，对环海湾整体的经济与生态环境的协调发展进行"顶层设计"。同时，大力推进环渤海沿岸建设，从源头上治理工业污染，实现"更加自觉地推动绿色发展、循环发展、低碳发展，决不以牺牲环境为代价去换取一时的经济增长"这一目标。

由于我国人口和生产要素向沿海地区快速聚集，海岸带和近岸海域的资源环境压力迅速加大。除传统的港口和海洋运输外，现代海洋空间利用正在向海上人造城市、发电站、海洋公园、海上机场、海底隧道和海底仓储的方向发展。部分沿海工程建设扰乱了海洋生态环境的正常状态，破坏了原有海岸带的动态平衡，影响了岸滩的冲淤变化。同时，填海造地的海上回填和疏浚改变了海岸的形态，破坏了海洋生物赖以生存的栖息地，出现了海岸侵蚀、海水倒灌等灾害，导致耕地、植被、道路、堤坝等损毁，以及养殖业、渔业生产受损等生态环境破坏现象。而在经济发展的过程中，循环经济是一种新的经济发展模式，也是生态文明的重要体现。发展循环经济，既是缓解能源资源约束矛盾的根本出路，也是从源头上减少污染、减轻环境压力的治本之策。要把海洋循环经济的发展理念落实到海洋规划编制、政策制定、制度设计和项目决策等关键环节。要鼓励优先发展海洋环保技术，积极开发和推广应用资源节约、资源替代、循环利用和治理污染的先进适用技术，实现资源循环利用，实施海陆同步监督管理，探索"以海限陆"的环保管理新模式，大力发展循环经济，积极推动产业循环式组合、企业循环式生产、资源循环式利用，全面推行清洁生产，重点在煤炭、建材、电力、轻工、化工、冶金等高资源消耗行业推广循环生产方式。比如，在港区产业发展中，按照循环经济的指导思想，对石化及海洋新兴产业实现企业内部的循环，增强临港工业相互间的关联度。利用海水、电厂热能和煤炭等资源实现港区内部的大循环，通过生态环境、基础设施及建立废弃物处理企业和周边环境实现区域循环，推动海洋经济可持续发展。

第二节　管理体制与法律法规建设

在国际上与渤海环境相似的有欧洲的北海和美国的切萨皮克湾,其管理经验是:协调、协同、精细管理、监测、科学预测、公众参与监督。在欧洲的北海,周边有英国、法国、比利时、荷兰、德国等8个发达国家。第二次世界大战后,各国经济发展很快,北海遭受严重污染。20世纪70年代,八国联合订立环保公约,共同实施北海的污染物减排。欧盟成立后,开展对北海的大规模科学研究,实施一系列框架指令,尤其是《城市污水指令》《水框架指令》等。到2020年,不同海域和亚海域要成为健康的海洋生态系统。在美国的切萨皮克湾,周围环绕6个州和华盛顿特区,为治理海湾的水质和生态系统,沿岸各州和环保署联合成立了切萨皮克湾委员会。切萨皮克湾的综合治理效果显著,是美国本土乃至世界的海湾综合治理典范。

对于渤海,具体的管理体制有以下几个方面。

1)创新渤海海域的管理体制试点。建议设置"渤海生态环境综合监督、管理协调委员会"(简称"渤海委员会")。组成人员除政府主管外,聘请专家、人大代表、政协委员、环保人士参加。因渤海面积较大,可以设立辽东湾、莱州湾和渤海湾三个分会。

2)研究生态补偿的整体框架,探索建立生态补偿机制。重点考虑以下两个方面的内容:一方面,上游区域根据对渤海污染的贡献量,应承担相应环境污染治理的责任,同时,国家应将其纳入渤海区域环境治理范围内并进行必要的扶持;另一方面,在环渤海地区研究开展水资源补偿机制试点工作,以促进上游水资源节约后,合理补偿下游生态用水。

3)坚持关口前移,环保、水利、海洋等部门要联合做好相关调查工作,制定总量控制分配方案,强化重点污染源在线监控及近海各市的工业污染事故跟踪监测,着力构建全方位的海洋环保监测网络体系和排污付费体系。加强海洋生态环境保护,逐步建立"点面结合"的海洋环境监测网络。开展陆源入海排污口及邻近海域监测,并保持排污口监测的连续性。

4)提高倾废管理水平,实施海域倾倒区规划。开展海洋倾倒区现状调查与需求预测研究,评价倾倒区的纳污能力,不符合要求的予以关闭。同时,推广疏浚物有益处置技术。通过疏浚泥固化处理示范工程建设,将疏浚泥转化为再生资源,提高疏浚泥的综合利用率,减少疏浚泥的海上倾倒,减轻疏浚泥倾倒对海洋环境造成的压力。

5)强化油气开发区的环境管理。加强在线监测,在海上油气田上设置固定监测站位,在石油平台上设置溢油探测,以监测油气开发区的污染发生及处理状况。建立高风险污染源强制保险制度,实施海洋资源资产化管理,高效利用、优化配置海洋资源。

6)加强对港口、船舶的环境污染监管工作。由于渔港、渔船的环保设施与装备相对落后,人员环保意识不强,应列为监管的重点,加大破坏生态安全行为的惩处力度。同时,也要加强港口城市生活垃圾和废旧物资的回收、加工、利用,提高资源回收和循环利用水平。

第三节 监测体系与基础研究

一、监测体系

将渤海作为一个整体，整合环渤海三省二市的监测资源、技术和人才优势，建立渤海生态环境立体化动态监测、预测和评价系统。不仅要有政府主管部门的监测，还要有供需企业的内部监测，而且要联网。具体建设内容如下。

1）建立立体化动态监测系统。整合现有的岸基、平台、浮标、船载和卫星等监测系统，增设必要的监测站点和指标，构建立体化的动态监测系统。划定沿海化工园区的环境敏感区，例如，海洋保护区、养殖区等，并对其进行重点监测评估。

2）建立完整的海上应急反应机制。增强对海洋环境的应急监测、检测能力，建立完整的海上应急监测体系，完善应急监测的相关标准和方法。针对天津港"8·12"爆炸这类突发事件，要及时建立应急反应机制，包括对事故产生影响的评估以及是否实行进一步的清理计划等。

3）建立动态、开放的数据库。开发多源数据融合技术，规范、整合渤海的各类监测数据（包括各类历史调查数据），建立动态、开放的渤海生态环境基础数据库。其中"开放"包含两方面：一是技术层面的接口开放，二是对相关的研究机构（甚至公众）开放。为防止天津港"8·12"爆炸这类突发事件的发生，还应该针对一些重点区域建立主要的化学品毒性、危害性、使用量、储存量等方面的数据库，提前掌握危险源，进行风险评估。

4）建立实时的预测系统。综合考虑气象、径流、陆源排放、底泥释放、大气沉降和外海交换等因素，融合实时的监测数据，建立渤海的水动力及生态环境多指标、高分辨率预测系统。特别加强对极端天气及突发事件引发的生态环境的预测和预报能力。

5）建立危化品泄漏预警系统。将重化工业区的危化品进行细化分类，按照危化品的不同特性启动相应的模拟引擎，细化泄漏场景设计条件，完善相应预警功能，最大限度地减轻危化品泄漏等突发事件造成的损失。

6）建立动态的综合评价系统。综合分析渤海的历史监测数据，结合环渤海的经济、社会发展状况和规划，构建经济、社会发展和生态环境保护相协调的评价指标体系，建立相应的综合评价模型库。特别注意，应将存在重大环境风险的有毒、有害污染物纳入指标体系。

二、基础研究

开展专项研究，为渤海及渤海湾生态环境保护提供必要的技术支持。

1）融合卫星遥感、现场调查等多源信息的渤海湾化工污染现状评估。收集、整理天津近海水环境数据，并开展现场观测。基于卫星遥感和现场调查多源数据，综合运用多种数据驱动方法，建立渤海湾化工污染物时空分析方法，系统评估渤海湾化工污染物污染现状。

2）典型化工污染物在渤海湾的迁移转化规律研究。污染物在海域中的输移不仅受到潮流、风浪等物理因素的影响，还会受到化学、生物过程的影响。把握污染物在渤海湾的分布状况及其随时空变化的规律，需要大量监测资料，并要通过建立水质模型和生态模型，进行预测分析，同时迁移转化的机理还要通过针对性的物理模型实验进行研究。

3）渤海湾动态环境容量模型。综合比较分析不同尺度的水交换概念，建立科学的海湾水交换表述方法,开发合适的渤海湾水交换量化模式;以此为基础,构建能够反映渤海湾海域时空特性的动态环境容量模型。建立渤海湾水环境动力学物理模型,完善环境水动力学数学模型,模拟分析季风和沿海围填等对渤海湾近岸海域水体交换特征的影响,结合不同区域水体功能要求,评估不同情景下的渤海湾近岸海域典型化工污染物动态环境容量。

4)基于动态环境容量的渤海湾临海化工园区排污控制优化。结合渤海湾近岸海域海岸带开发现状和规划,以估算的渤海湾近岸海域动态环境容量为基础,建立科学的环境容量利用原则,为渤海湾近岸海域临海化工园区排污控制优化提供建议。

第四节 试点与示范

以"京津冀协同保护和治理渤海湾生态环境"为突破口和试点来治理渤海。全面开展渤海的治理是一项巨大的工程,难度较大。渤海湾是渤海三个海湾中最小的海湾,涉及天津、河北并紧邻北京,治理条件较好,有很好的工作基础。2015年,国家发展改革委正式发布《京津冀协同发展生态环境保护规划》,其中指出,"京津冀地区是全国水资源最短缺,大气污染、水污染最严重,资源环境与发展矛盾最为尖锐的地区"。京津冀地区不仅是资源环境与发展矛盾最为尖锐的地区,也是当前全国经济发展最重要的地区。在京津冀协同发展中,生态环境保护被提上重要日程,率先进行渤海湾的生态环境治理,可为全渤海治理总结经验、进行示范。

开展渤海海洋资源保护、海洋环境监测和海洋监察执法工作,建立渤海湾环境和资源管理的协调机制,研究建立渤海环境综合管理的最佳模式,制定渤海湾环境综合管理的行动规划,建立渤海环境的综合监视监测系统,使渤海治理形成一个有机的整体,在省市之间、县与县之间实现渤海资源共享,进行公平与可持续性开发管理。改变多头执法、力量薄弱、效率不高的状况,建立海上执法队伍,形成统一的、现代化的、反应灵敏的执法体系。不断加强海域使用管理,为海洋经济建设提供服务保障。认真贯彻执行海洋功能区划、海域使用权属管理、海域有偿使用三项制度,着力推进海洋开发与保护、管理与服务的统一。

参考文献

[1] BESS R, RALLAPUDI R. Spatial conflicts in New Zealand fisheries: the rights of fishers and protection of the marine environment[J]. Marine policy, 2007, 31(6): 719-729.

[2] BOYES S J, ELLIOTT M. Marine legislation—the ultimate "horrendogram": international law, European directives & national implementation[J]. Marine pollution bulletin, 2014, 86(1/2): 39-47.

[3] EGGERT H, OLSSON B. Valuing multi-attribute marine water quality[J]. Marine policy, 2009, 33(2): 201-206.

[4] FRANK V. The European Community and marine environmental protection in the international law of the sea: implementing global obligations at the regional level[M]. Boston: Martinus Nijhoff Publishers, 2008.

[5] NIE H T, TAO J H. Eco-environment status of the Bohai Bay and the impact of coastal exploitation[J]. Marine science bulletin, 2009, 11(2):81-96.

[6] SHEAVLY S B, REGISTER K M. Marine debris & plastics: environmental concerns, sources, impacts and solutions[J]. Journal of polymers and the environment, 2007, 15(4): 301-305.

[7] VANDERZWAAG D. The precautionary principle and marine environmental protection: slippery shores, rough seas, and rising normative tides[J]. Ocean development & international law, 2002, 33(2): 165-188.

[8] WETZ J J, LIPP E K, GRIFFIN D W, et al. Presence, infectivity, and stability of enteric viruses in seawater: relationship to marine water quality in the Florida Keys[J]. Marine pollution bulletin, 2004, 48(7/8): 698-704.

[9] ZHANG K M, WEN Z G. Review and challenges of policies of environmental protection and sustainable development in China[J]. Journal of environmental management, 2008, 88(4): 1249-1261.

[10] 曹宇峰,孙霞,于灏,等.浅谈渤海海洋环境污染治理与保护对策[J].海洋开发与管理,2014(1): 104-108.

[11] 金亮,曾玉华,赵晟.海洋环境保护中的公众参与问题与对策[J].环境科学与管理,2011,36(12): 1-4.

[12] 刘惠荣,孙彦.海洋环境保护立法的国际比较[J].海洋开发与管理,2006,23(2):71-73.

[13] 鹿守本.海岸带管理模式研究[J].海洋开发与管理,2001,18(1):30-37.

[14] 马彩华,游奎,高金田.濑户内海环境治理对中国的启迪[J].中国海洋大学学报(社会科学版),2008(4): 12-14.

[15] 丘君,赵景柱,邓红兵,等.基于生态系统的海洋管理:原则、实践和建议[J].海洋环境科学,2008,27(1):74-78.

[16] 朱琳.渤海湾的生态环境压力与管理对策研究[D].天津:天津大学,2007.

[17] 罗昆,王雪木.英国海洋与海岸带管理政策研究[J].海洋开发与管理,2018,35(2): 59-62.

[18] 吕晓君,杜蕴慧,宋鹭,等.基于"陆海统

筹"理念的海岸带环境管理思考[J]. 环境保护, 2015, 43(22): 59-61.

[19] 骆永明. 中国海岸带可持续发展中的生态环境问题与海岸科学发展[J]. 中国科学院院刊, 2016, 31(10): 1133-1142.

[20] 关道明, 张志锋, 杨正先, 等. 海洋资源环境承载能力理论与测度方法的探索[J]. 中国科学院院刊, 2016, 31(10): 1241-1247.

[21] 冯银银, 李凡, 吕振波, 等. 关于海洋环境保护信息化建设问题的相关探讨[J]. 自然科学(文摘版), 2016(1): 115-116.

[22] 王丽. 京津冀地区资源开发利用与环境保护研究[J]. 经济研究参考, 2015(2): 47-71.

[23] 陈亮. 我国海洋污染问题、防治现状及对策建议[J]. 环境保护, 2016, 44(5): 65-68.

[24] 李晓璇, 刘大海, 刘芳明. 海洋生态补偿概念内涵研究与制度设计[J]. 海洋环境科学, 2016, 35(6): 948-953.

[25] 高阳, 冯喆, 许学工. 环渤海海洋产业绿色GDP核算[J]. 环境科学研究, 2017, 30(9): 1479-1488.

[26] 许阳. 中国海洋环境治理政策的概览、变迁及演进趋势:基于1982—2015年161项政策文本的实证研究[J]. 中国人口·资源与环境, 2018, 28(1): 165-176.

第十二篇

现代物流与综合运输基础在生态工业系统中的作用与现状

第一章 概 述

第一节 引 言

现代物流是支撑生态园区系统发展的重要基础之一。十九大报告进一步强调了绿色发展的理念，京津冀协同发展、"一带一路"建设也都为滨海新区现代物流的建设和发展提出了新的、更高的要求。围绕新要求，分解新任务，落实新目标，都面临十分艰巨、艰难、艰苦的挑战，因此需要在顶层设计上从更高的视角进行审视，加强体制和机制创新、技术支持创新和运营模式创新。这对及时、深入了解物流发展最新的趋势，对建设和发展生态园区现代物流业，具有十分重要的意义。

例如，港航是现代物流的重要一员，在滨海新区建设中具有举足轻重的作用，对了解港航的演化以及国际化港航发展趋势具有重要价值。随着全球贸易不断加大，港航开始向大型化、标准化、集装化发展，港口业务类别增加，出现临港加工，服务方式升级。20世纪80年代后，互联网的崛起，电子信息技术以几何级数的增长与应用以及全球贸易壁垒的破除，大力推动了全球港航业的高速发展与扩张，港航业务逐渐从传统的装卸搬运服务向综合物流服务转型。为国际航线配货、为大型车船配载、为多客户端配送等新兴业态，逐渐成为港航业中新的营收项目，这些功能至今日仍在拓展与深化。业内通常把拥有这类功能的港口称为第三代港口。服务功能的增加伴随着体量的扩张，港航业尤其是拥有多条国际班轮航线、泊位门类齐全的综合性枢纽港，逐渐对所坐落的城市或区域产生越来越大的影响，"港航兴则城市兴"成为新的发展逻辑。

进入21世纪，物流领域的"供应链革命"不仅将"产、供、销"串成链，还大幅度消减流通领域成本，同时引领全球工业布局的调整。而港航大型化助推了这种调整，并且逐渐摈弃传统工业植根原料地或消费地的模式；在大型综合枢纽港建设临港产业区，可降低供应链成本；随着现代物流体系的不断完善，更"敏捷而精准"的核心价值逐渐形成，并逐步趋于"物流全流程"控制。另一方面，市场需求的不断分层，迫使新的物流服务拥有兼容性、差异化和柔性化的供给模式，它不仅促成了"港际之间""港航之间"的结盟，也促使全球第四代港口的加速形成。在中国沿海，一些国际化的大型枢纽港，也正是在这个潮流中悄然向第四代港口转型。

回顾世界港航的简要发展历程，不难看出，随着港航的转型升级，港航的服务功能在不断增加，港航发展的经济价值与社会价值在不断增值，港航企业在其所属区域的影响力也在不断提升。但是，任何行业的发展，如果不能有效管控，就会带来一些负面影响。如近些年，我国一些港口的快速扩张，使"港—城"矛盾逐渐突显，诸如集疏运瓶颈、交通拥堵、港口扩张与生态平衡的矛盾等，致使治理成本越来越高昂。另外，越来越庞杂的港航系统，导致运营效率出现边际递减效应。这就需要港航发展的决策人、管理者和运营商有新的审视、新的判断和新的变革。

在我国努力追赶国际港航发展水平时,国际政治环境、经济环境以及贸易环境却发生了巨大变化,关税壁垒的突破、关税门槛的降低,先进技术壁垒、环境保护壁垒、社会责任壁垒以及地缘政治联盟壁垒等正在悄然构筑。例如,国际上的贸易战,跳出 WTO 规则的法律官司等,都对我国港航发展形成新的干扰。而世界经济的大幅波动,也对港航发展提出新挑战与新课题。从总的情势进行专业的判断,是否具有配置全球资源的能力,是否拥有"港航竞争"的话语权,是否能参与新型港航标准的制定等将可能成为国际化、综合性枢纽港在进一步转型、升级、调整结构中需要面对的问题。具体分析,港航发展可能有以下几类新趋势。

(1)以"水—水"转运为主要功能的航运中心

这类中心的突出特征是:港口"凸向"大洋,而且要坐落在国际航运的主航线上;而规模的大小则主要取决于主航线上的货运规模和不同时期的货物种类。属于这类中心的有上海、香港、新加坡等港口。这类中心另一个突出的量化特征是"水—水"转运量或吞吐量的比重较高。例如,近几年,上海港的"水—水"转运吞吐量占全港的 40%~45%。从类型上分析,物流标准化的集装箱,不仅推动了装卸搬运的革命,还把为国际班轮航线配货、为大型船舶配载、为多客户端配送作为自身最重要的使命。

(2)以"水—陆"转运为主要功能的港航中心

这类中心的突出特征是:港口"凹向"内陆,是众多国际航线的起点;港口背后的腹地有大规模城市群和多条向内陆延伸的大通道;围绕这类"港航中心"的"港口群"要达到世界级规模的水平。例如,环渤海西岸的"京津冀港口群",2000 年前后的年吞吐量大约在 15 亿 t,与"凸向"大洋的"上海—宁波"港口群的总体量大体相当。由于这类"港航中心"的突出特征是"凹向"内陆,特别适合作为大陆桥的重要起点。如在"一带一路"规划中,京津冀港口群就拥有明显的区位优势。后续要开展的工作就是如何把区位优势转化为竞争优势了。

(3)以"港—航"服务为一体的资源配置中心

这类中心的突出特征是:港航之间、水陆之间、港港之间,甚至是陆空之间和区域之间,构建起新型联盟,形成"虚拟组合"的港航中心;能通过智能化系统实现全球资源的优化配置;能通过物联网和互联网,把市场交易、金融服务、海事服务等提供给分散在全球各个角落的港口以及在全球各条航线上的各类载体。例如,伦敦的航运中心聚集着 1 800 多家港航事务公司或办事机构,大约世界 20% 的船级管理机构;承担着全球 50% 的油轮租赁业务,大约 40% 的散货船业务等。能够配置全球资源是这类中心的突出特征。

除了上述的几个发展类型外,港航系统的节约能源问题、降低碳排放问题、使用清洁燃料问题等,将随着进一步的技术革命,逐步予以解决。综上所述,在国际新环境下,尤其在当下这种错综复杂的环境中,天津要建设北方国际航运核心区,需要在调整、转型与升级方面下创新性的功夫。

2016 年 6 月,天津市政府颁布《天津市建设北方国际航运核心区实施方案》(以下简称《方案》),《方案》强调创新、协调、绿色、开放、共享发展的理念,并通过高端引领、区域联动、生态环保、面向全球、港城和谐的原则,建设核心区。这正是在诸多新技术的支持下,为满足多元化需求以及适应国际上的新环境而谋划的实施方案。将天津建设成为国际枢纽型、绿色安全型和智慧服务型的核心区,让天津的海港与空港成为国际物流网络重要节点,成为我国高水平对外开放平台和京津冀协同发展的重要载体。要实现这个目标,就必须向国际一流看齐,甚至超越国际一流水平。

结合这个实施方案,需要多个维度的调整、多种功能的转型和多项服务的升级。尤其是多维调整,重在率先补足基础性的短板;功能转型,重在发挥整体与综合的优势;服务升级,重在技术的配套与转变理念。更关键的是要用好三个机遇,一是用好"一带一路"国家规划提出的"建六廊六带,形成重要支点与高标准贸易网络"的构想,把天津建成"一带一路"的重要交汇点;二是用好京津冀协同发展中的交通网络优化,力争在京津发展主轴西侧构建一条大通道,同时把天津建成环渤海的综合交通枢纽;三是用好天津自由贸易区之优,促进天津港航体系的"调(结构)、转(型)、升(级)"。

结合这个实施方案,国际航运核心区需要形成5个突出的特征:一是在运营规模上,天津港口应在环渤海区域继续保持领先、在全国保持在第一集团、在全球保持前10位;二是体现国际化综合性枢纽港的运营特征;三是天津的航运核心区应该沿着"内陆沿海"两个扇面去拓展,成为全球港口运营商;四是争取成为新一代港口运营模式的实践者、新标准的制定者、主导港口不断进行技术创新的引领者;五是核心区要力争成为"一带一路"体系中的重要交汇点。

结合这个实施方案,国际航运核心区应突出6个方面的特色:一是借助"一带一路"建设之势,要形成新通道,对接新口岸,繁荣新走廊;二是瞄准京津冀协同之机,完成港口资源整合和布局调整;三是用好自贸区之优,黏合与聚集适合在临港园区发展的制造业,并且要为大流通产业配套;四是形成以天津港口为龙头的供应链及其生态圈,并配置合理的金融支持体系;五是经营门类齐全,集装箱优势较突出的综合性枢纽港;六是要在环渤海区域引领港口群"调、转、升",主导新一代港口运营标准的制定,使核心区完成"规模大"向综合实力强的转变。

体制机制创新、技术支持创新和运营模式创新是生态园区现代物流建设和发展的核心。只要坚持不懈创新,就能够更好地发挥城市港口的核心战略资源优势,建设好北方国际航运核心区,为提升天津市的综合竞争力做出新的贡献。也能为更好地推进京津冀协同发展,参与"一带一路"建设,服务环渤海区域,辐射东北亚地区,从而贡献更多重大的价值。

第二节 现代物流的演化过程

所谓"物流"活动或行为自古有之。只不过是在称谓上,没有像今天这样被概念化和标准化了,而且早期的"物流"行为及所包含的诸多功能,没有像今天这样被科学地整合。所以,"现代物流"恰好是为了完成"基于现代技术的功能整合"这一使命而诞生的。

本节重点介绍现代物流的演化过程、主要内容和在国民(区域)系统中的核心价值。本文将以"远粗近细"的方式叙述传统物流向现代物流的演化过程,并对关键段落或关键事件进行点评;之后概要地分析现代物流的内涵、功能、特征及现代物流所整合的内容,并通过分析现代物流产业,或行业与社会经济的关系以及结合现代物流的特点,归纳现代物流在当今社会经济中的核心价值。这样能够从整体上认识现代物流的本质。

在现代物流成形之前是什么推动着物流的发展?

在远古时期,当人类第一次把多余的食物带回自己的栖息地时,人在行走,"物在移动",最原始的"搬运"行为诞生;当人类第一次把多余的食物保存起来,最原始的"存储"行为诞生;当人类第一次借助河流中顺水流动的树木或竹子搭载捕获的猎物,最原始的"运载"工具诞生;当人类第一次把捕获的猎物圈养在围栏中,最原始的"保管"设施诞生……上面涉及的搬运、存储、运载、保管都是现代物流中的基本元素。

在漫漫的历史进程中,人类发明了独木舟,制作了马车,建起了仓库,人类进入使用设施与工具来完成物品"储运"的时代。用经济的眼光看，最原始的需求，催生了最原始的技术。只不过当时还没有"物流"概念，而是用运输、仓储这样的功能来表示。由于早期区域系统结构的相对简单，以及科学技术不发达、社会生产力的约束，人类生存的基本需求量在很长时期内没有明显增加，需求水平也没有明显提高，所以"储运"行业的发展也十分缓慢，缺少需求刺激的储运技术也长期裹足不前。

而到了近代，有两个重要原因刺激了传统储运业由不断积累的"量变"开始转化为"质变"，并促进了传统储运业的快速发展，这恰好为现代物流的产生奠定了基础，而且成为推动社会发展的重要动力。

一、现代物流的发展背景

从人类史的发展规律来看，各类需求量的不断增加、需求水平的不断提升，刺激相应技术的不断创新，并推动社会生产力的不断提高。传统物流业（以储运为主）也不例外。尤其是到了近代，频繁的、规模化的战争和日益扩大的商贸，成为传统物流业快速发展的重要原因。

应用实例1：最原始的古代战争是双方士兵的拼杀。但随着战争规模的扩大，逐渐演化出在保障己方粮草的同时，毁掉或争夺敌方粮草的战术，并成为兵家必争的另一个战场。这表明，古代军事家已经逐渐意识到军需给养、军事后勤的重要性。

应用实例2：在古代战争中，为了在战争中赢得先机，路径选择是一种重要的手段。在我国著名的"楚汉之争"中，韩信的"明修栈道，暗度陈仓"，就是利用传递虚假信息，在战争的路径上大做文章，并最终通过开辟新的路径大获全胜。

应用实例3：在古代商贸中，最初的陆上运载方式以畜力车（或畜力）为主，我国著名的"丝绸之路"最初以骆驼为主要运载工具进行远程商业贸易交往；而水上运载主要通过河道的治理与制造越来越大的船舶来实现。我国古代开凿的京杭大运河以及郑和下西洋，实际上就是在获得运载技术上的支持后，扩大了商业交往的半径和交易量的体现。

以上三个实例表明，一些古代的军事行为在无意中应用了物流的内在规律；古代的远程商业交往和不断扩大的交易量需要运载工具和物流方法的支持。而且新的技术支持，促使商业交往半径扩大，进一步促进贸易量的增加。但是，在发明机械动力之前，还没有能够驱使"物"快速、大量、高效地"流"转起来的运载工具，致使运载能力十分有限。在"物"慢速、少量、低效率流动时，管理问题相对简单。用现代的眼光回溯，工业革命之前的物流，只是对简单储运功能的优化，并嵌在储运功能中。而商业交往也主要停留在"现场"（集市）"以物换物"的阶段，商流与物流尚未分离。在工业革命时期，机械动力的发明，现代制造业的出现，彻底改变了世界。全世界对"物"的需求呈"井喷"式扩张，而且要求"物"的流转方式多元化、流转效率不断提高。这使得传统的储运方式无法满足实际需求，变革也就成为必然趋势。

二、现代物流的起步阶段

现代物流的起步可以追溯到1765年（蒸汽机的发明），在随后的180年中（截至1945年），不同领域对物流问题的认识，经过不断实践与研究而逐步深入。

1. 工业领域的物流问题

在工业革命初期，作坊式的手工业开始向现代制造业转型，主要是通过专业分工来替代工匠完成全部工艺环节，目的是提高生产效率。因此，专业分工成为工厂设计的核心。随着制造业的发展，工厂设计的内容逐渐归纳为工序划分、生产流程、工艺布局和物料搬运等问题，分析和解决这些带有物流性质的问题，成为制造业物流的起源。

应用实例：20世纪30年代，泰勒的科学管理提出了工厂布置（plant layout）、物料搬运（material handling）和操作方法（operation method）三项内容。其中，工厂布置涵盖工序划分、生产流程和工艺布局等内容；而物料搬运则是在确定条件下的"装、运、搬、卸"问题。这两项内容的研究与应用就是制造业物流的雏形。

2.流通领域的物流问题

20世纪初,一些学者开始注意到流通领域中存在"物流"功能,并认为"物流是与创造需求不同的问题";到了2015年,美国学者阿奇·萧(Arch Shaw)所著的《市场流通中的若干问题》中,首次用physical distribution(简称PD,直译为实物分配)表示物流。美国学者克拉克则将商品的流通功能划分为交换、物流和辅助功能。此时,人们开始意识到商流与物流的分离,更重要的是流通领域开始挖掘"第三利润"(节省原料和技术进步获得第一、二利润)。

应用实例:传统的贸易方式是将产品运到集市上进行交易。由于不知道买家的需求情况,最普遍的问题是,在一天的交易活动结束后,要把没有交易的产品全部运回产地。虽然后来逐渐出现贸易货栈而减少了待交易产品的无效流动,但仓储成本随之上升,而且最终交易产品的流向有些指向原产地,即产生多余的流程。另一方面,商贸物资在储运过程中,因各种原因而造成多次的"装、运、搬、卸",物资损耗比较大。所以在贸易实践中,上下游之间逐渐形成合作关系,通过良好的商誉(信用),依靠产品的样品来实现交易。商流与物流实现分离。

3.军事领域的物流问题

在军事领域,军需给养、路径选择和信息传递等是支持战争的基本元素,也是军事后勤的核心内容。"军事后勤"一词logistics(法语)原意是补充兵源给养、武器弹药的兵站。军事物流的核心,必须在规定的时间内,把规定的军需送到规定的地点,而军事物流的成本则退居其次。

应用实例1:为了满足战争对军事物资的需要,如武器弹药的配置、兵源的补充和粮食药品的补给等,与军事后勤相关的运营管理技术得到广泛应用。例如,通过运筹方法对补给线路进行优化,对兵员进行合理配置,对补给次序进行设计等。

应用实例2:20世纪的两次世界大战,使物流技术与方法在军事领域得到深度开发和广泛应用。二战中的诺曼底登陆就是在"信息战"支持下表现出的"流径"(各种物流通道的总称)选择,它与著名的"明修栈道,暗度陈仓"典故如出一辙。这种选择,使战争的局部区域出现敌我双方军事资源不对等的情况。与古代军事不同的是,现代战争中,现代信息技术成为辅助战争的重要元素。

综上所述,从工业革命开始,及随后的180年里,物流在工业、流通和军事三个不同领域中,得到认识、实践、研究与发展。更重要的是一些系统科学的知识,机械化的"装、运、搬、卸、堆、码"技术,正在快速发展的现代信息手段和现代的储藏控制方法被逐渐应用到物流领域。至此,现代物流的雏形已经基本建立起来。

三、现代物流的成长阶段

现代物流的成长阶段,大约经历了45年(1945—1990)。二战后,军事物流的思想、技术和方法等从军事领域外溢,逐渐被工商业采用,因此,物流一词physical distribution(PD)逐渐被logistics取代。实际上,物流的本质含义也发生了变化。在这一阶段,物流产业或行业"快速成长"是突出的特点,并可以用"1234"来形容现代物流的这种成长。

1.1项显著效果

在二战后大约45年时间里出现的新技术和科学方法对诸如储运这样的行业进行不断改造、整合,并伴随其发展,最显著的效果是大幅度地降低了全社会的物流成本。这样的成果,在欧洲及美国、日本等发达国家和地区尤为明显。

应用实例:在20世纪70年代的石油危机之前,发达国家的平均物流费用占其GDP 20%左右;在石油危机期间,则达到25%左右;经过研发和应用各种适合物流领域的软硬技术,到了20世纪80年代末,则平均下降到15%以下,如美国1990年为11.4%。

2.2个层面整合

在战后的45年中,运筹学、统计学、概率论、系统科学、管理科学与计算机技术的逐步成熟,支持现代物流对社会经济的微观和宏观两个层面进行比较深入的整合。

在微观层面,物流技术与方法的应用,将供应、生产、销售等环节串联起来,逐渐形成上、下游企业一体化的供应链。而且随着实践的积累和研究的深入,供应链的主导权逐渐从上游向下游转移,集中表现为生产主导型开始向流通主导型、销售主导型转移。

应用实例:汽车产品最初由汽车制造商决定产量(确切地说由产能决定),现在已发展到有效客户需求影响汽车产量,并影响整个供应链上所有配件和原材料的产量。也就是说,销售部门的销售信息将直接影响汽车生产计划。但在早期由于信息系统的支持不足,供应链的主导权掌握在生产计划部门,而销售部门尚未参与到运营决策中。

在宏观层面,现代物流的相关技术及其方法在各级政府的发展规划、政策法规中发挥作用,并比较集中地体现在物流枢纽、物流园区的规划、物流基础设施的投资建设、物流网络的逐步完善以及出台的各种导向性政策等方面。

应用实例1:20世纪60年代末,英国政府率先组建物流管理中心,开始灌输综合性的物流理念,并致力于发展综合物流体制和全面规划物资的流通业务。在强调为用户提供综合性服务的思想和模式下,英国政府对物流基础设施的建设起到很大的推动作用,并对建立多功能的综合物流中心予以扶持。这些工作的逐步展开,对整个欧洲都产生了很大影响。

应用实例2:日本的现代物流发展带有亚洲特色,是由政府和民间共同建立健全物流管理体制。从20世纪60年代中期开始,政府倡导建设物流园区,到1990年颁布《物流法》,都对日本物流业的发展起到了极大的推动和保障作用。

以上两个层面的整合是在适宜的时间,以社会期望的服务水准和不断降低的物流成本将"物"配置到指定场所。

3.3 类技术应用

在二战后的45年,现代物流主要应用的三类技术是标准化、自动化和现代管理技术。

一是标准化技术在现代物流领域中的广泛应用。在物流领域中,标准化技术主要体现在尺寸(包括长度、面积、体积等)、工艺、流程和管理等方面。它大大降低了物流流程的时间消耗,提高了物流流程的综合效率。

应用实例:集装箱是国际标准化的典型。从20世纪70年代开始,集装箱行业快速发展,并推动运载工具和工属具的标准化,这使得集装箱的装卸搬运效率大幅度提高,物流成本不断下降。物流流程的安全性和品质得到极大的改善,并提高了物流流程的整体效率。

二是自动化技术在现代物流领域中的广泛应用。在物流领域中,自动化技术使物流流程中的多个环节衔接,由自动的机械设施替代原有的人工操作。这种替代使物流流程效率和整个流转过程的准确率都得到大幅度提高。

应用实例:立体货架配备巷道堆垛机(一种自动堆码、存放、捡取设备)和自动传输带,使仓库库容的利用率大大提高;使装卸、堆码、捡取效率大大提高;使货物进出过程中的"损、差、错"率大大降低,并明显提高了"储控"(存储与控制)质量。

三是现代管理技术在现代物流领域中的广泛应用。在现代管理技术中,运筹理论、系统工程与系统方法的应用,牵引着现代物流快速发展。这使物流领域逐渐从局部的、孤立的管理向整体的、系统的管理过渡。

应用实例:系统分析方法最具有代表性的应用是发现了物流系统中的"二律背反"规律,即当物流系统中各个环节各自追求效率最大化的目标时,系统的整体效率反而无法实现最大化。如运输效率的最大化与仓储效率的最大化很难同时实现。

4.4 条发展主线

在二战后的45年中,物流在不同领域中沿着四条发展主线,逐渐形成了四大物流体系:

一是以大型生产企业,尤其是以制造业为中心,对采购、生产与销售进行深度整合,逐步建立起"采购—生产—销售"的供应链(或供销链)物流系统。

二是以大型运输公司,尤其是以集装箱运输

公司为主,将运输服务转为更加便捷的物流服务,并逐渐延伸出真正意义上的"第三方物流"。

三是以大型仓储业,尤其是以港口和物资部门等经营的仓储业为主,建立起大型的仓库与堆场,形成以集疏运系统为支撑的物流转运中心和以"储"为主的物流中心。

四是以大型批发与零售业为主,建立以"配"为主的物流配送中心。而且配送的范围不断扩大,乃至构建出全球的物流配送系统。

应用实例:中国海尔集团的"流程再造"实际上就是以制造业为中心,对采购、生产与销售进行深度的整合,属于典型的"采购—生产—销售"的供应链物流系统;而沃尔玛是跨国连锁的零售业,背后依靠的是全球化的物流配送系统。

四、现代物流的升级阶段

从20世纪90年代开始,由于计算机、网络和通信等信息技术的成熟,IT行业迅速发展和广泛应用,使得需要信息系统支持的物流领域,获得全面升级的契机;而全球社会经济的发展、理念的更新,为现代物流的科学发展确定方向。

1.信息技术的快速发展与成熟,为现代物流的全面升级提供契机

信息技术强有力的支持使物流企业和企业物流能够不断改善物流流程而提高微观物流活动的效率。另一方面,各级政府提供的公共信息平台的建立,大大解决了物流领域信息不对称的问题,也使建立在这个平台上的物流服务更加透明、公正和有效率。

应用实例:随着信息技术的进步,原料采购、产品制造和流通销售3个在过去相互独立的子系统,可以在共同的信息平台上进行多模式整合,并形成以上、下游关联企业为整合对象,建立在信息共享和战略联盟基础之上的物流信息管理系统。即基于信息系统化的"供应链"物流。整合后的物流信息管理系统,实现上、下游关联企业的纵向一体化管理。到了这个层面,物流活动作为一个有机整体加以管理,以实现整个供应链经营效益的最大化。这只有在信息充分、快速、准确的支持下才能实现。

应用实例:由于信息技术支持建立多适用性的应用平台,这使得不同的物流体系可以进行横向渗透与融合。因此,物流活动呈现由"点"连"线"、由"线"织"面"向网络结构延伸。即物流活动由过去点状的、分散的个别活动,到由点与点连成的线状活动,再到由多个"点—线"构成的网络活动。如电子商务就是现代信息网络平台+现代物流系统。

2.发展理念的不断更新与实践,为现代物流的科学发展确定方向

进入20世纪90年代,大量先进的发展理念和更加科学的系统观念得到更广泛应用,并在多方面获得成功。物流领域的理念同样得到更新,在不断更新的过程中,一批现代物流的理念逐渐建立起来。本文把其中的6个核心理念归纳如下:

以信息化和标准化为基础的效率物流理念;
以完整流程更优化为核心的精益物流理念;
以满足多元化需求为导向的营销物流理念;
以多层次客户满意为宗旨的服务物流理念;
以供应链为联盟参与竞争的系统物流理念;
以经济可持续发展为方向的绿色物流理念。

应用实例:绿色物流理念随着社会的不断发展,内涵也在不断拓展。20世纪70年代,可持续发展概念提出后,物流领域最初关注的有害物的排放,如汽车的CO排放;到了20世纪80—90年代,人们开始广泛关注污染物对大气及其环境的整体影响,如硫化物造成的酸雨;而到21世纪,人们更关注化石能耗对环境的影响,如无毒的CO_2形成的温室效应。

总之,现代信息技术支撑下的物流服务,逐步完成各个环节的升级。而新的发展理念推动了现代物流的科学发展。"敏捷而精准"是物流服务升级后的突出特征。

五、现代物流的发展脉络

前面已对现代物流的不同发展时期进行了粗线条的梳理,其中,不仅有物流功能的增加、

物流内涵的丰富、物流范围的扩大,而且更重要的是现代物流还发展成为一个重要的行业、建立起一套理论体系和形成一个新的学科。把以上所叙述的内容进一步归纳,就可以更清晰地勾勒出现代物流的发展脉络,如表12-1-1。

现代物流的本质是一种新的系统范式、一种新的技术组合和一种新的管理模式。现代物流与传统物流的区别,在于解决储运活动中的具体问题,制定比较简单的解决方案。现代物流不仅对信息化、标准化、集装化等技术进行系统化的整合,还上升到规划层面、决策层面,为企业物流、国际物流、逆向物流、供应链物流、第三方物流、第四方物流甚至是第五方物流等提供解决方案。因此,正确认识现代物流的本质,准确理解现代物流的内涵,系统了解现代物流的内容,是学习与研究现代物流的基础。

表12-1-1 现代物流的发展脉络

	工业领域	军事领域	营销领域
20世纪之前	18世纪手工业开始向制造业转型,工厂设计逐渐涉及工序划分、生产流程、工艺布局和物料搬运等问题,分析这些带有物流性质的问题,成为制造业物流的起源	古代战争的实践、演化与发展,使军需管理、路径选择、信息传递等问题在战争中显得越来越重要。实证表明,一些古代的军事行为在不自觉地应用着物流的内在规律	商业交往的出现、形成与发展,使许多物品成为商品。物与商相结合的"流",在人类的创造下,凸现出来。借助日益发展的交通工具,实现远程的商业交往
建立起步阶段 1900—1945	20世纪30年代,泰勒的科学管理提出了工厂布置、物料搬运和操作方法3项内容。其中,前2项被称为制造业物流的雏形	1905年,物流第一次被称为关于军需与移动的艺术,并用法语logistics(兵站)表示,当时被称为军事后勤。二战中,调度军需的物流技术逐渐成熟并被广泛应用	1915年,营销专家开始研究物流,并用实物分配(physical distribution)表示。从20年代开始,到1935年,认为物流存在于销售中,是物与服务在产销之间体现出的功能
	二战后,运筹学、统计学、概率论、系统科学、管理科学与计算机技术逐步应用于物流		
提速发展阶段 1945—1970	物流分析方法与系统思想的不断结合,物流量化研究不断深入,逐渐应用于物流工程与物流系统。另外,工厂设计的原则与分析方法被逐渐应用到非工业领域,如港口、机场、学校、医院等。工厂设计被设施规划(facility planning)所涵盖	二战结束后,发达国家的军事与物流专家对物流在战争中的应用进行总结,并结合军备的技术革新,对军事后勤补充了新的内容。《后勤学》《后勤管理》等专著是理论总结的重要标志。与此同时,军事物流理论逐渐被应用于其他领域	营销实践进一步发现物流活动贯穿于商品供应、生产、销售的每一个环节。更重要的是发现商品最终价格中约50%与商品流通费用有关。降低物流成本,可以挖掘到"第三"利润。因此,营销领域开始与商品制造业进行物流方面的资源整合
	从20世纪70年代开始,标准化、自动化和现代管理等技术逐渐应用于物流领域,现代物流的整合拉开帷幕		
高速发展阶段 1970—1990	现代物流的发展可以用"1234"来形容,即: 1项显著效果。即:企业财务成本与社会经济成本的节约 2个层面整合。即:微观层面的资源整合和宏观层面的政策整合 3类技术应用。即:标准化技术;集装化技术;管理技术的应用 4条发展主线。即:一是以大型制造业为中心,对采购、生产与营销进行了深度的整合,逐步建立起"采购—生产—销售"的供应链系统;二是以大型运输公司为主,使运输大型化和更加便捷,并逐渐延伸出"第三方物流";三是以大型仓储业为主发展起来的物流中心和集疏运系统;四是以大型批发与零售业为主,建立了以"配"为主的配送中心		
	自20世纪90年代开始,信息技术、通信技术、网络技术的快速发展为现代物流的全面升级提供保证		
全面升级阶段 1990年后	现代物流逐渐由从属地位转变为主导地位,物流系统在区域经济以及供应链中的重要作用凸现出来。一批率先研究与应用物流技术与管理的企业,从中挖掘到"第三利润"。物流产业本身的明显经济后效性,带动了一个产业群,使所在区域的整体经济受益,也使物流逐渐变成一个热门行业 但是应该看到,各国的专家学者对物流的认识还存在比较大的差异,这表明人们对物流的本质特征与内在的发展规律,还没有完全搞清楚。很显然,物流科学尚未成熟		

第三节 现代物流的主要内容

现代物流的定义、解释、归属等有多种。在很长一段时间内，对物流的认识停留在比较浅显的层面上，如运输（包括过去的马车运输）仓储等就是物流，只不过是把传统储运统称为物流；采购是物流；物流就是物的流动，物流就是货物流动；物流只是一种企业行为，它包含于企业管理或工商管理中。近100年来，尤其是近几十年，很多学者从技术、经济、管理和系统科学等视角对物流现象、物流活动、物流行为以及物流所涉及的领域进行研究、分析、诠释，尤其是在信息技术和国际互联网迅速发展并广泛应用后，传统物流发生质的变化，完成向现代物流的转变。那么，什么是现代物流？现代物流又涉及哪些技术、哪些领域？拥有哪些功能？这正是本节要论述的主要内容。

一、定义分析

要想了解现代物流，首先要知道物流是被如何定义的。但是关于物流定义，在全世界范围内，在不同的历史阶段，有多种含义与解释。截至2010年，关于物流的定义，有几十种。这说明人们对物流的认识并没有统一。

物流定义种类繁多，有些物流定义大同小异，有些定义之间存在着比较大的差异。因此有必要选择几个近现代比较有代表性的物流定义进行剖析。

（一）欧洲物流协会的定义

1994年，欧洲物流协会（European Logistics Association，简称ELA）[①]的定义：

物流是在一个系统内对人员及商品的运输、安排及与此相关的支持活动的计划、执行与控制，以达到特定的目的。

在这个定义中，有以下3个问题需要探讨与研究：

一是对物流所处的领域给予"在一个系统内"的界定。由于没有对系统的明确表达，因此也就无法知道该系统的特征与外部环境。这对于物流研究而言，增加了不确定因素，并需要对所研究的系统特征给予描述。

二是将"人员"作为研究对象之一。此研究所带来的问题是把高智能的"人流"也归于物流，由于"人"的流动特征与"物"的流动特征有明显不同，两者放在一起研究，在思路、方法和条件等方面，有着层面上的差异。

三是将实物对象限定在"商品"上。这种限定把物流的研究范畴缩小了，它有可能把消费领域中的消费性流动排除在研究范围之外。例如，居民搬家，文体器材因各种比赛、演出而移动时，显然会有流径选择、中途保护以及时间要求等，却与商品无关。

（二）中国国家标准的定义

进入21世纪，为适应我国物流业发展的需要，原国家内贸局组织专家编写了《物流术语》，并作为国家标准（GB/18354-2001）于2001年4月颁布，同年8月1日实施。《物流术语》对物流概念做出如下表述：

物流（logistics）是指物品从供应地向接收地的实体流动过程。根据实际需要，将运输、储存、装卸、搬运、包装、流通加工、配送、信息处理等基本功能进行有机结合。

中国的定义实质上体现了两层意思：第一层是对物流的定义；第二层是物流的主要功能与内容。但中国的定义同样有值得商榷的地方：

首先在"物品从供应地向接收地的实体流动过程"中，物品只能是实体，所以"实体"二字就

[①] 欧洲物流协会：成立于20世纪80年代，是欧洲历史最悠久、规模最庞大、理念最先进和最具权威性的物流机构联盟。它由30多个国家级物流协会组成，会员几乎覆盖整个欧洲大陆。

显得多余了;其次,"从供应地向接收地"只是一个单向过程,且供应要与生产、销售相关联,又把物流限制在商品的范畴中了;第三,把物流等同于物品流,这比现代物流的研究范畴要小。

(三) 美国物流管理协会的定义

2002年,原美国物流管理协会①(Council of Logistics Management,简称CLM)的定义:

物流是供应链过程的一部分,是对货物、服务及相关信息从起源地到消费地的有效率、有效益的正向和反向流动和储存进行的计划、执行和控制,以满足顾客要求。

原文为:Logistics is that part of the supply chain course that plans, implements, and controls the efficient, effective forward and reverse flow and storage of goods, services, and related information between the point of origin and the point of consumption in order to meet customers' requirements.

原美国物流管理协会的定义同样值得探讨:

定义从一开始就把物流限定在供应链的范畴内。这样的限定带来两方面的问题:

一是需要对供应链定义并界定范畴。

二是供应链范畴外的领域是否还有物流行为?

以上分析表明:从事物流研究的专家学者对物流的认识并没有统一。这样的结果,说明研究物流的专业人员,仍然是在不同的子域和不同的层面上,从不同的视角、用不同的方法去深入地揭示研究对象的特征与本质规律。

(四) 对物流的认识

通过对上述比较典型的物流定义进行综合比较分析发现,需要进行深入研究的问题主要有四个方面:①物流所涉及的领域;②物流的全部价值;③物流的全过程;④物流所包含的内容。

这就需要在更广的领域里、更深的层面上、更多的流体中研究物流。目的是要对物流的本质特征给予清晰的表达。基于此,本节内容对物流的认识为:

物流(matter flow)是人类在涉足的区域中,使目标"物"选择更有价值的广义流动行为和对完整流程的优化,物流由客体流、载体流及相关的信息流等组成,其使命是协调多流之间的平衡;追求的是区域系统的效率与效益。对物流有这样的认识,核心是在三个方面拓展。

1. 在更广的领域里研究物流规律

物流研究主要集中在军事领域、生产领域与流通领域,并以研究经济品的流动为主。而实质上物流行为还贯穿于消费领域,也需要研究非经济品的流动。例如,居民搬家、文体团队的器材搬运、城市生活垃圾处理等消费型流动,显然不能归属于生产与流通领域,同时也与经济品的流动特征有差异。但这些流动同样耗费经济资源,同样有时空转换的要求,而且也有比较大的流动量。因此对这些物流进行深入研究也是十分必要的。

2. 在更深的层面上研究物流价值

近100多年来对物流价值的研究,主要集中在微观与宏观两个层面上的经济价值。但实质上,物流价值还应该包括非经济价值。因此用"价值"而不是"经济价值",可以在更深的层面上研究物流问题。例如,优化流径、流程的经济价值背后还有其社会价值,它们的非经济价值对不同性质的组织甚至是社会结构的变迁都会产生多维度的影响。

3. 在更多的流体中研究物流本质

以往的定义,基本上认为物流是实物(商品或物品)的物理性流动,但实物流动并不能准确地表达物流的本质。例如,实物流动包括客体流和载体流,前者是服务对象,后者是服务工具,两者在实际流动中多项评价指标并不一致。这说明两类流的特征存在差异。

因此,将这两类"流"组合在一起用实物流来表达,对更深入地研究物流本质形成干扰。所以,2002年原美国物流管理协会(即CLM)定义物流时认为,物流由"货物、服务及相关信息"构成。这说明CLM对物流本质有了更深的认识,但仍存

---

① 美国物流管理协会:是全球最有影响的物流专业组织。于2005年1月1日正式更名为美国供应链管理专业协会,协会一直致力于推动物流业的发展,为物流从业人员提供教育的机会和信息。

在没有表达的信息：一是没有将供给方提供的载体流涵盖在定义中；二是仅仅以满足顾客要求为导向，就可能在找到可行解（能满足顾客）后便给予实施，从而忽略了可能的更优解，使物流供给方潜在的节约社会资源的方案无法实施。

这种情况在现实经济中大量存在。例如，某项物流业务可以获取比较高的利润时，企业很少关心解决方案是否是更优解。因此在定义物流时，就不能仅仅以满足顾客要求为导向，还应兼顾社会资源总耗费的节约。以上分析，就物流的定义展开了讨论。而现代物流则把现代最新的、适合物流领域应用的技术、方法、策略、思维范式等应用于物流行业、产业或物流研究之中。最终所形成的，一定是原有任何专业或领域所不能替代的新兴专业或领域。

二、基本功能

根据中国《物流术语》(GB/18354-2001)的物流定义，物流流程主要包括运输、存储、装卸、搬运、包装、流通加工、配送、信息处理等环节。但这些具体环节并不属于真正意义上的物流，对这些具体环节进行系统的归类与概括，现代物流行为大体可以归纳为"移动""储控""整合""配置"等四类基本功能。下面对这四类基本功能展开比较深入的讨论。

(一) 移动选择

能使"物"产生空间"移动"的方式主要有"装、运、搬、卸"四种形式。在物流系统的节点（或称枢纽）内，这四种方式经常会联合使用；而在物流网络的流径上，则以"运"（运输或运载）为主。需要强调的是，"装、运、搬、卸"只是移动"物"的基本手段，自古有之。而在复杂条件或复杂环境下系统地使"装、运、搬、卸"的组合效率提高并提供更安全可靠的整体流程方案，才属于现代物流的研究范畴。

应用实例：在移动"物"的过程中，交通运输行业考虑的是如何提高运输工具技术速度（对工具进行技术创新）及运行速度（改善交通网络）。而现代物流则是研究如何选择最佳路线，如何减少不必要的停顿环节，如何根据外部环境测算最佳的速度组合，最终获得最优的流程，并追求流程的综合效率不断提高，如流程合理耗时与流程成本的最佳平衡。

(二) 储控选择

当"物"停止移动时，它应该被有序地存放在预先选择好的、便于保管的安全地方。这既包括"物"的存储，又包括对"物"的控制。现代物流更侧重利用现代信息技术和管理技术，选择储藏和监控物品的有效方法。因此，"储控"是提高现代物流系统效率的重要环节。

应用实例：仓储管理系统是现代物流系统的重要子系统。它会根据储藏物的品名、种类、保质期、储藏理化特性（如温度、湿度）等，选择控制方法；根据货类分类设计防鼠、防虫、防霉变、防尘、防晒及防污染（有害气体、液体和固体，如放射性材料）等措施。现代物流所追求的"控"，是安全前提下"储"的综合效率。这与传统仓储仅以"储"为核心有本质的不同。

(三) 整合选择

在20世纪70年代之前，"物"的加工过程基本在生产领域内完成。但在市场趋向全球一体化和消费需求多层次化的背景下，一个企业必须对市场（信息）的变化有敏捷的反应。因此，根据客户的需求，对"物"进行拆分、组配、包装等方面的工作，逐渐从生产领域转移到与市场结合更紧密的流通领域，所以最初称为"流通加工"。流通加工的本质是根据不同层次的、多元化的需求，对供给"物"进行按需整合。根据不同对象，选择流通加工方式是现代物流的核心。

应用实例：钢厂生产的薄板，大多以整卷的方式出售。但需要薄板的企业，如冰箱、洗衣机、汽车制造厂等，则需要规格繁多的薄板，所以把裁剪工序交给物流企业去做，可以通过"规模客户群"选择套裁来提高薄板的利用效率。这也是生产企业将非核心（竞争力）业务外包的"双赢"模式。在流通领域中的物流企业，可更敏捷地捕获市场变化的信息，规避单一客户的风险。

(四) 配置选择

现代物流系统具有调控客体流、载体流和信

息流的功能,可以对涉及区域的各类资源进行合理配置,最终可使区域系统整体的有形实体流的总量趋向最小化。如何配置主要涉及宏观层面上的流径调整,物流枢纽或节点的合理布局,以及微观层面上如何选择合理的采购方式,如何选择合理的流径,如何选择多式联运的最佳组合方式,如何为交通工具合理配载(包括合理配置载重量、合理积载)等。如何配置不仅包括规划问题,还包括方案设计和调度优化等问题。

应用实例:如今世界级规模的港口,年吞吐量达到4亿~5亿t,集装箱的年吞吐量达到2 000万TEU(标准箱)以上,最大型的集装箱船可承载约14 000 TEU。如此大型化的港口与船舶,使得港口的集疏过程越来越复杂,需要港口调度系统、港口集疏系统与船舶积载系统等充分配合,而选择配合作业流程,为的就是实现高效率配置。

尽管在更多时候配置功能让前面的三个功能融合在一起,配置选择已越来越重要。随着越来越复杂的物流系统的应用,配置功能将会上升为现代物流系统的主导功能。

三、主要特征

讨论现代物流的主要特征,是相对于传统物流而言的。现代物流集成了当今世界上许多先进的科技成果和管理方法,并逐步将物流系统聚集成为特征突出的、结构复杂的开放系统。从系统整体的视角去考察,现代物流具有以下特征。

(一) 系统结构越来越复杂

传统物流只是将物流最基本的功能进行简单叠加。系统不完备,结构相对简单,是传统物流最突出的特征。随着物流需求的不断分层与多元化,物流系统需要不断应用各种科技方法,将物流的各个基本功能进行更合理的联系,并使各功能趋向更紧密的组合,在不断完善物流功能的同时,也使物流系统的结构越来越复杂。

现代物流系统的复杂性主要表现在:一是不同功能之间并非都是刚性联系,而存在大量柔性联系和随机联系;二是根据不同的物流需求结构形成种类繁多的子系统,这些子系统根据千变万化的需求随机可调。这就需要现代物流系统及其结构具备随机可调性。

应用实例:一些地方发生自然灾害后,救助比较缓慢,物流系统的信息化水平比较低和物流应急系统受系统结构性缺陷的约束,导致物流系统的响应比较慢,流量集疏比较困难,并使得物流系统恢复的时间也比较长。

(二) 组合技术越来越专有

现代物流所特有的组合技术,如智能化仓库(自动化与仓储技术的组合)、单元化托盘(标准化与包装技术的组合)、国际多式联运(集装化与运输技术的组合)等,都是根据社会需求发展起来的。多种技术以及与这些技术相匹配的管理方法等的不断发展,专用化程度越来越高,这些都为开展现代物流提供了保证,也大大提高了各种效率。

应用实例:机械化、自动化传输系统,在制造业中早就存在,传统的立体化仓储也早就出现。但将两者结合起来,并精确计算库容、装卸、出入库、集约化等方面的效率平衡,突出有效控制的智能立体库,则是现代物流所特有的组合技术。

(三) 信息作用越来越重要

信息化在实现现代物流作业一体化、系统化方面发挥着越来越重要的基础性作用。现代物流的本质甚至可理解为:基于现代信息处理技术下的实物流程的择优。信息流把现代物流的各项功能、各个环节有机地、高效率地结合起来,并随时控制物流系统按照预定的目标运行。甚至可以说,没有现代信息技术,就不存在真正意义的现代物流。

应用实例:在信息处理技术尚不发达、没有广泛进入应用领域时,物流流程的选择主要依靠手工计算,这不仅消耗大量的时间、纸张,而且复杂程度比较高的优化方案无法实现。而如今,通过各种处理软件,可以找到更优解。并通过GPS(卫星全球定位系统)实现全球定位;通过EDI(数据交换)技术加密并实现无纸化单证作业;通过扫描(scanning)技术、条码(bard code)技术、无线射频识别(RFID)技术,快速而准确地实现优化方案。

(四) 标准化应用越来越广

物流标准化,尤其是国际标准化是现代物流系统中的一个核心内容。由于现代物流是将越来越多的功能组合在一起,必然需要各种衔接技术或方式。而标准化技术恰好可以在衔接环节中最大限度地提高衔接效率。这也就是现代物流能将传统的运输、仓储、包装等功能或环节有机地整合在一起的重要原因,而且从本质上有别于传统功能。

应用实例:国际多式联运之所以能在近几十年得到广泛运用,是因为集装箱标准化、工属具标准化、托盘标准化等技术被充分运用。在20世纪70年代之前,装卸一个20 t的货箱,需要捆扎、起吊、落位和解除缆绳等环节,最快也要5 min,而当今对于20 t的标准化集装箱,1 h装卸量最高可达70箱。装卸1个标准箱(TEU)不到1 min。

(五) 柔性化比例越来越高

现代物流的柔性化,是以不断分层的物流市场需求为中心或导向,并能做出快速反应,能及时调整作业内容的一项工作。随着市场需求越来越多样化与个性化,物流需求呈现出种类越来越多、订货周期越来越短、批量越来越小、时间性越来越强、频次越来越高、不确定性越来越明显的特点。柔性化的本质,是要在满足需求的同时,有效地控制物流成本。

应用实例:如今的小轿车生产越来越按照客户订单执行,但由于客户的需求是五花八门的,这就要求在轿车的生产线或组装线上,能够根据不同的订单要求同时组装不同颜色、不同配置,甚至是不同规格的轿车。因此,这就需要通过物流技术把过去的刚性生产线及流程改造为柔性化的流水线。

(六) 社会化因素越来越多

经历了100多年的沧桑巨变,现代物流作为一个新兴产业得到充分的发展。以仓储、运输和零售配送为主的企业,逐渐发展为"第三方"物流,这类企业向社会化物流服务转变,并逐渐成为现代物流的主流;制造业物流、军事物流的方法与应用,也逐渐被商业、公共领域所采用,并在国民经济中发挥着重要作用。而且,物流资源社会化,提高了资源的利用率。

应用实例:现代物流是社会化程度比较高的领域。当今世界,绝大多数的产成品,只有比较短的时间是处在完全封闭的生产状态,其余大多数时间都处在流通领域或消费领域。如组装一辆轿车仅需要几分钟时间,在高度专业化生产的今天,每个零部件的生产也只需要几秒到几分钟,所以生产一部轿车所需的时间大部分集中在流通过程。

四、整合趋势

在近现代社会发展进程中,技术领域越来越专业,社会分工越来越精细,但不同学科、不同领域却又在相互交叉、相互融合,向综合化发展。现代物流正是在这样的背景下,将不同学科、不同领域的技术、方法、经验等有机地融合在一起,不断地组合各种技术,不断地衍生自身功能,不断地扩大应用范围。

(一) 技术的整合

前面已经概要地介绍了现代物流的发展脉络。在这一发展脉络中,物流技术的整合是沿着如下两条主要路径展开的。

1. 以制造业为主体的技术整合

在20世纪20年代前后,美国工程师泰勒所推行的科学管理,注重操作法、工厂布置和物料搬运的实验及研究,并通过所积累的实践经验,梳理工厂内部的生产组织与企业内的"物流"问题,最终将这些内容归纳到"工厂设计"之中。定性分析带有物流性质的问题,是这一阶段的主要技术特征。其突出的贡献是将种类繁多的问题进行了归类。

应用实例:20世纪20年代,美国的制造业已经进入大规模生产阶段,而当时制约大规模生产的一个重要因素是物料搬运还在大量使用人工,如何使搬运更有效率,实际上是如何优化搬运流程的问题。当时泰勒主要通过实验的方法寻求最佳方案。

二战结束后(1945年以后),运筹学、统计学、工程数学、系统工程、系统分析与管理科学的相关理论被应用到工厂设计与物流分析中,以数据和定量分析操作法、工厂布置和物料搬运,来代替经验与定性分析是这一阶段的主要技术特征,"设施规划"一词也逐渐替代"工厂设计"。但此时,物流技术还没有独立出来。

应用实例:二战期间,大规模生产飞机、坦克、大炮等军需物资,不仅需要工程技术的支持,对大型设备的组装与流转也需要在工厂设计或设施规划中解决。好的设计方案可以提高组装与流转效率,其中主要解决优化流程时各工序的协调。

20世纪70年代以后,随着计算机技术的应用与普及,工厂物流分析大量地依靠计算机及其辅助程序来进行。从位置配置法(CRAFT)、相互关系法(CORELAP)、自动设计法(ALDEP)、分析评价法(PLANET)等,到仿真研究、柔性问题研究、模糊问题研究,再到柔性制造系统(FMS)、计算机集成制造系统(CIMS)、准时制(JIT),工厂物流系统的研究突破工厂本身,向上扩大到采购领域,向下扩大到销售领域,将供应链建立起来。

应用实例:20世纪70年代以后,计算机被广泛应用,设施规划主要是通过各种海量数据的定量化分析计算来实现,像CIMS、FMS、JIT等,都是通过计算机集成系统和网络化系统来完成产品的制造、零配件的准时供给。

2.以流通业为主体的技术整合

流通业主要是通过不断采用先进的装运搬卸、仓储与流通加工技术,并将这些先进的技术组合在一起,最终实现整合。重要的是这种系统性的整合,在信息技术的支持下,将过去单纯的装、运、搬、卸、储等功能,构建成为拥有配送功能的物流系统和物流网络。这样的结果,使"点"的功能得到强化,使网络中的"流"更为合理。

应用实例:流通业在运载工具的大型化、高速化、搬运设备的自动化、专用化、仓储设备的立体化、智能化,信息处理与传输的多样化、网络化、储运装卸单元标准化、集装化等技术的支持下,并通过物流管理技术的整合,使第三方物流真正走上历史舞台。

以上两条整合路径所包含的技术,在20世纪80年代后进一步相互借鉴、相互融合,把现代物流的技术水平、管理水平推向更高的层面。

(二)行业的整合

从物流的基本功能来看,不难发现,一些大型的制造业、运输业、仓储业、流通加工业、批发零售业以及新兴的电子商务业等,纷纷开展物流业务或加入到现代物流行业中。物流的整合方式不同,大体可以分为实质性整合与虚拟性整合。

1.实质性的整合

实质性整合后的物流企业或行业具有现代物流的某些功能或全部功能。具体表现在实实在在的企业兼并、原有功能水准的提升、应用范围的拓展等。

应用实例:某远洋运输公司,过去只承担货物的海洋运输,功能相对单一。根据业务需求变化逐渐转向国际多式联运,即海陆空配合运输。这需要物流方案的支持,由此衍生出大量的物流业务,如船舶积载、港口集疏、航线配载等。在这样的背景下,此远洋运输公司根据实际的业务需要,实行战略转型,转向以远洋运输为主的现代物流企业。

2.虚拟性的整合

所谓虚拟性整合,是根据客户的实际需要,将不同物流功能的企业,按客户合同要求,进行功能组合。完成合同后,按承担的工作量,进行利润分配。

应用实例:无船承运人,没有运输船舶,但可以承揽水路运输业务。实际上,它在进行虚拟性整合:将运输、装卸、业务处理等整合在一起,并对流程进行优化。

五、核心价值

在人类社会系统(或区域系统)中,人类社会的所有活动,主要由生产、流通和消费领域组成。不论在哪个活动领域,都一定存在"物"的"位置"被改变和可能存在的"物"的"性质"被改变。很显然,前一个行为的集合就是"物"的流动,它贯穿于整个人类社会的活动中,并成为使人类社会系统、国民经济系统能够正常流转的"血液"。

(一)现代物流在宏观系统的地位

一个社会系统或经济系统能否健康流转,很大程度上取决于"血液"的质量与供给状况。当人类社会系统和经济运行系统演化为越来越庞大、越来越复杂的系统时,对"血液"需求的品质、质量及供应方式,都随之改变。现代物流及其科学,实质上就是研究如何更好地提供优质的"血液"。因此,正确认识现代物流与人类社会系统和经济运行系统的关系以及地位与作用,有着十分重要的理论意义与现实意义。

1.现代物流是人类社会系统的核心组成部分

社会系统能够正常运转,必须有向系统"组织"输送血液的"脉络"和使组织正常运转的"血液"。很显然,一个区域内的"流径集"(各种交通运输线路的集合)就是输送"血液"的脉络,而不断运动的"流"实际上是脉络中流动的"血液"。两者共同构建人类社会系统中的"输血"子系统。所以说,现代物流是人类社会系统的核心组成部分。

应用实例:2001年9月11日,美国遭到有史以来最严重的恐怖袭击,恐怖分子劫持了6架客机,其中2架直接撞向世贸大厦。美国政府立刻进行空中管制,在随后的3天内,全国所有的飞机禁飞。这一措施随后产生"牛鞭效应",一批物流企业和制造业相继倒闭。这个实例充分说明,现代物流是人类社会系统中的"血液",系统一旦"缺血",将运转失常。

既然现代物流是人类社会系统的核心组织部分,它必然要承担或肩负保证社会系统正常运转的使命。为了使越来越庞大、越来越复杂的人类社会系统能够正常运转,现代物流应该以尽可能少的能源尤其是化石燃料(即不可再生的能源,如煤炭、石油、天然气等)的消耗,保证系统运转。

一是要实现按照人类社会系统的实际需要供给"血液",即各种实体"流",以保证人类社会系统的正常运转。所以,人类社会系统的"血液",包括各种正向的、逆向的实体"流"。

二是要使待流动的"血液"尽可能地选择更合理的"流径"(不同类型的运输线路的统称),以实现物流流程在已经存在的区域网络中能选择更优化的方案。这实际是对"流径择优"问题的高度概括(不包括流径网络规划不合理的问题)。

三是要尽可能除去待流动"血液"中的无效成分,使流动的"血液"更纯、更有价值,并以优质、节能、有效率的状态源源不断地流向所需要的区域组织中。这实际上是在整个区域系统中,追求更有效果的流动。

2.现代物流是经济系统正常运行的重要基础

由于现代物流(血液)是人类社会系统正常运行的核心组成部分,也就必然成为社会经济系统中不可缺少的元素。因为保证"供血"是经济系统正常运行中十分重要的基础性工作。但要保证"供血",仅依靠"血液"本身是远远不够的。它还需要"供血"系统提供强有力的支持。从这个层面分析,在整个经济系统中,现代物流子系统恰好能担负支撑现代经济系统正常运行的责任。所以说,现代物流是经济系统正常运行的重要基础。

应用实例:以往的区域或城市规划,尤其是早期的规划,多以诸如天然河道、原有道路以及各种形态的土地等静态元素为依据,导致规划实施后,常会出现流径供给不足或供给无法有效解决"流量"峰值需求问题;或者出现投资过于超前,流径效率比较低的问题。在当代,把现代物流的思想和方法融入区域或城市的规划中,会取得更好的效果。因为现代物流把诸如"流量、流速、流向、流时"等动态元素及演化规律与静态元素进行有机的融合,所以可以比较好地解决区域或城市中的峰值"流量"问题。

上述案例表明,区域网络系统需要与现代物流系统进行科学的整合。区域网络系统是一个区域的骨架,其基础作用显而易见。而现代物流的理论与方法可以在优化系统的"骨架"结构方面发挥重要作用,所以,现代物流在经济系统中的基础作用更为突出。

(二)现代物流在经济领域的价值

在经济领域,无论是宏观还是微观方面,经

济循环都在追逐各自利益的最大化。而无论是宏观的经济效益还是微观的财务利润，都是通过计算盈利与成本之间的差额来体现。实现利润或价值的最大化，降低各种消耗都是最基本的原则与方法。

应用实例1：人类在工业革命的初期，主要通过消减原材料的消耗来降低成本，从而获得利润。这种通过节约原料获得利润的方法，逐渐被公认为"第一利润源泉"。但这一"挖掘利润"的过程主要在生产领域实现。经过多年或多轮的市场竞争后，对于单纯依靠节约原料来挖掘第一利润，已经呈现出明显的"边际递减"的趋势。

应用实例2：随着新技术革命的不断深入，科学技术逐渐成为影响成本的重要因素，而且以技术密集为核心的劳动成本占有越来越大的比重。在这种背景下，提高劳动投入的产出效率成为企业的必然选择。这种选择被称为"第二利润源泉"。追逐第二利润方兴未艾，而且是从生产领域向流通领域拓展。

应用实例3："第五项修炼"被美国的彼得·圣吉提出时，决策者、管理者开始进行系统思考。当人们把生产、流通与消费领域作为一个完整的流转系统来思考时，一个新的利润源泉显现出来：这就是用物流方法对宏观的国民经济系统进行整合与改进；对微观的物流流程进行选择与优化，它成为新的利润增长源——"第三利润源泉"。

1. 发展国民经济的第三利润源泉

随着计算机技术和互联网技术的应用与普及，全球经济一体化的进程明显加快。在这一进程中，传统的、按能力和计划的生产方式受到巨大的冲击，取而代之的是按照实际需求制定生产计划。而"按需定制"则由供应、生产、销售、配送等环节协同实现。供应链由此而产生。它使过去每个环节各自追求利益最大化，转变为供应链系统的利益最大化。

应用实例：发达国家的物流费用在GDP的比重小于10%，而中国的物流费用则大于16%，这意味着中国每万亿GDP的物流费用要比发达国家高600亿元。如果按2008年中国的GDP测算，物流成本降低1个百分点，在约30万亿元的GDP中，可以挖掘出约3 000亿元"第三利润"。这说明第三利润的空间十分巨大。

2. 拓展现代服务功能的主要手段

现代物流作为一种服务类型的经济活动，为社会创造的是一种"时空"价值。这种"时空"价值不仅体现在时间上，还体现在空间上。这是因为现代物流通过应用各种新技术，对物流行为及流程进行优化。结果是可以加快流速、缩短流时；协调供求之间的平衡，弥补供求之间的时间差；可以将规模化生产的价值配送到更大的空间领域，甚至可以将广泛分布于全球的供求进行"集疏"，这使同品质的资源价值得到"趋同化"，并促进了全球化的产业结构调整。

应用实例：进入21世纪以来，随着经济全球化、一体化的加速，石油、铁矿石、粮食等大宗物资在全球各个地方的价格越来越接近。这主要是基于信息瞬间的全球发布和现代物流系统可以支持流量大、流速快、流动复杂的流程。

现代物流的价值在于，它已经成为人类社会系统的核心组成部分，支撑着国民经济或经济系统的正常运行；与此同时，它还在自身的运行过程中，为国民经济创造"第三利润"，并成为现代服务业不可或缺的一种形式。

在物流的本质与内涵中，介绍了物流的基本功能、主要特征以及整合趋势；系统剖析了现代物流的核心价值。无论在社会系统中，还是在经济系统中现代物流都占有十分重要的地位，尤其是在社会系统、经济系统越来越庞大、越来越复杂的今天，它既是社会系统的核心组成部分，又是经济系统正常运转的重要基础，更是国民经济系统获得利润的第三源泉。

现代物流业是一个地位在逐步提升，并仍然处在快速发展中的行业和产业，因此所涉及的内容，一定是一个大浪淘沙的过程，一些陈旧的观念、方法和内容将不断被淘汰，而一些新的思想、技术、方法等将不断补充进来。所有这些变化、变革都围绕着如何使物流流程实现更优。因此，深刻认识现代物流的地位、价值，不断思索，与时俱进，是全面理解现代物流发展动态的最好方法。

第二章 现代物流技术

第一节 流动技术

现代物流技术大体可以分为"物"的流动技术、"物"的节点技术和辅助技术三类。"物"的流动技术依赖于各种工具,如集装箱等。集装箱的迅速发展与现代物流具有本质的联系。

从20世纪70年代开始,集装箱逐渐成为全球贸易中的主要载体。随之而产生的是集装箱汽车运载、列车运载、船舶运载和飞机运载。专用的运载工具随之诞生,尤其是集装箱船得到快速发展,并逐渐走向大型化。

到20世纪90年代,国际集装箱班轮一般可承载4 000~5 000个标准箱(TEU),并已出现14 000 TEU国际集装箱班轮。而且以国际集装箱班轮为核心的国际多式联运,成为当代主流的运载方式之一。

一、概述

首先,对"物"的流动技术进行定义。所谓"物"的流动技术是指以各种动力源(包括机械的、人力的、畜力的等各种方式),将目标"物"(运输对象或客体)实现移动的总称。在以下的分析中,将以此定义为基础,并简称为流动技术,或称为"流"技术。

(一)流动技术的基本类型

物流行为的核心之一,是完成目标"物"的移动,所有移动的集合形成了"流"。完成"流动",有不同的技术方式或不同技术方式的组合,如多式联运。下面就对这些不同的流动技术进行归类,并侧重分析需求量大、适用性强、技术含量高的流动方式。

1. *按照流动性质分类*

按照"物"的流动性质进行分类,物的流动可以分为连续流和非连续流(离散流)。然而,不同的流动方式需要借助不同的流动通道和不同的技术手段实现,图12-2-1给予比较充分的说明。

从图12-2-1可以看出,物的流动可以分为两大类。其中,连续流中需求量比较大的有密封通道运输,如石油、天然气、自来水等的运输都是采用这种方式。但相对于连续流,离散流的流量更大。借助水陆空三类通道,利用飞机、船舶、有轨列车、汽车等四种主要的运载工具,完成世界上80%~90%的"物"的移动。这说明离散流动技术的适用性更强。

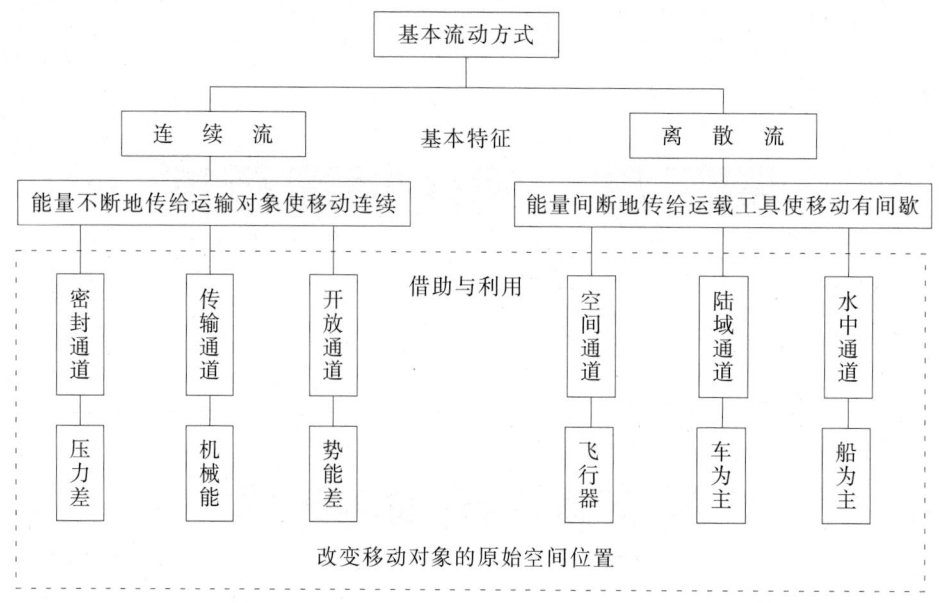

图 12-2-1　基本流动方式分析

应用实例：在离散流中，港口吞吐量是衡量其流量的重要指标。1990年年底，中国全国港口的年总吞吐量为4.8亿t，143万标准箱(TEU)；而到2008年年底，中国全国港口的年总吞吐量为70.2亿t，1.28亿TEU。流量增长很快，说明其适用性广泛。

2.按照流动动作分类

按照"物"的流动动作进行分类，物的流动可以分为装、运、搬、卸四种类型(关于这部分的分析讨论有几种观点：有的认为装卸是一类，搬运是一类；也有观点认为，应对动作加以划分，水平运动的是一类，垂直运动的是一类；还有的观点认为，装卸、搬运是在节点间或枢纽内的短途移动，运输是在网络流径上的长途移动，等等)。

装——无论从何地，只要把"物"放到运载或输送设备上的动作，就称为装载(loading)。最常见的有装车、装船，而且起重机、铲车都能完成装载任务。应强调的是，与"装"的动作相伴随的有堆码(pile and stack)、积载(accumulate)等行为。

运——主要有运载和输送两类，统称为运输(transportation)。一般来说，只要载有"物"的设备或工具处于运动状态，均称为运载(carrying)。目前，主流的运载工具有汽车、有轨列车、船舶、飞机等四种，核心特征是工具本身可以运动；而载有"物"的设备本身处于相对静止状态，输送

对象在自身系统内流动，称为输送(convey)。最常见的输送设备(conveyer或conveyor)有管道输送系统、皮带传输机、滚轴转运系统等。

搬——从严格意义上讲，"搬"的动作应该属于"运"的范畴，但"搬"的动作，绝大多数在比较短的距离内，所以"搬"的技术和要求与"运"的技术与要求有一些差异，如"搬"的动作经常伴随装卸、堆码、拣选等动作。因此，"搬"或搬移(handling)通常只是在比较小的范围内完成"物"的位置改变。

卸——通常，从运载或输送设备上移出"物"的动作，皆称为卸载(unloading)。需要强调的是，"卸"的动作经常会与"装"的动作伴随发生。例如，在码头上，最常见的是卸船、装车同步进行，对于船而言是"卸"的行为，对于车而言是"装"的动作。

实际上，传统的装卸、搬运技术并没有包括运载技术，而且重点放在提高装卸、搬运机械的装卸效率和拓展装卸、搬运机械的适用性方面。而现代物流技术更关心"装、运、搬、卸"等环节之间，如何组合能提高这些作业环节的衔接效率、配合效率，如何能消减多余的流程，最终使物流流程的整体效率得到提高。

应用实例：现代的大型集装箱船、杂货船的积载，是一个相对复杂的系统性问题，需要把装卸效率与船舶积载、港口集疏结合在一起。装卸

需要考虑"岸、船"装卸设备的配合问题,积载需要考虑船舶前后左右的平衡问题,集疏需要考虑"车船"的配合问题。

(二)流动技术的结构分析

流动技术的结构,可以用"2345"来形容:

2——两类流动方式:连续流和非连续流(离散流);

3——三维流动通道:空间通道、水域通道和陆域通道;

4——四种流动形式:空间运载、水域运载、陆域运载与管道传输;

5——五大运输工具:飞机、船舶、有轨列车、汽车等运载工具和密封管道。

将上述内容归纳为表12-2-1。

表12-2-1说明,当不考虑"流"的载体,仅从"流"的形态分析时,流动技术的结构就十分清晰地显现出来。但需要强调的是运载工具不能等同于运输方式。例如,拖拉机运载属于陆上运载方式,但不能等同于汽车运载。很显然,某一运载形式,可能包含多种运载工具。

表12-2-1 流动技术的结构

流的方式	流动通道	流动形式		主要工具
非连续型流动	空间	空间运载		飞机及装卸搬移设备
	水域	水域运载		船舶及装卸搬移设备
	陆域	陆域运载	铁路系统	列车及装卸搬移设备
			公路系统	汽车及装卸搬移设备
连续型流动	水域或陆域	传输		密封管道

(三)流动技术的演化过程

根据表12-2-1所示,涉及"装、运、搬、卸"四个环节的流动技术,大体可以分为两大类应用:一类是负责相对距离比较长的运载,以飞机、船舶、有轨列车与汽车等运载工具为主(鉴于管道技术与其他流动技术比较,有特殊性和特定的适用性,本书不再介绍相关内容);另一类是负责相对距离比较短的装卸搬移,由相应的装卸搬移设备来完成。

1. 运载工具技术的演化过程

在工业革命前,运载技术发展速度相对缓慢,基本属于原始技术的积累阶段。这是一个漫长的阶段,运载工具和运载技术的演化,从人力运载发展到借助畜力——从人力车发展到畜力车(运载工具的诞生)——从陆上运载逐渐延伸到水域——从竹木排筏(raft)发展到独木舟(dugout)、小船(boat)。随着生产、通商、生活以及战争等方面的需要不断扩大,即全社会对改变空间位置的需求迅速扩大,运载规模也随之不断扩张。在这一历史阶段中,人类通过加工技术水平的不断提高,逐渐改善运载工具的性能,并借助风力、水流等,使运载能力得到一定程度的提高。在陆上,畜力及畜力车逐渐占据主导地位;在水域,船只由小到大,并在发明船帆和罗盘针后,实现远洋航行。承载能力相对比较小(与现代相比)、运送速度相对比较慢、运载工具的适用性比较差(环境对其影响比较大)是这个阶段的主要特征。

应用实例:在工业革命前的300—400年中,帆船逐渐成为水域中的主要运载工具。1405年,中国明朝的郑和带船队七下西洋;1492年,欧洲哥伦布带船队实现跨洋航行,是工业革命开始前,航海水平的重要体现。但无论是船舶的航行速度、承载能力还是适航性能等都无法与现代化船舶相比,而且差距十分巨大。

工业革命(以1765年为起点)开始后,在最初的100多年,各类运载工具被相继开发出来;煤炭、石油等能源相继被用来为运载工具提供动力,一系列的发明创造使运载技术逐步实现机械化和电气化。然而真正刺激运载技术飞跃发展的动力是20世纪的两次世界大战。战时的军需要不惜一切代价,这促使各种运载技术获得极快的发展。到1945年,许多运载技术已经十分成熟。随着战后运载技术逐渐从军事领域外溢到工商领域,并由于计算机、信息、标准化以及管理等新技术的不断发展,运载技术的机械化、电气化甚至智能化程度已达到很高水准。运载能力成倍增加、运载速度大幅提高、运载工具的适用范围不断扩大,是这一时期的显著特征。

应用实例:反映运载技术特征的主要指标有最高速度与最大载重量等(对于不同类型的运载工具,由于适用领域不同,技术要求也不同,因此有自己的技术特征值)。大型商船的经济航速达到 25 kn(1 kn=1.852 km/h)左右,最大载重量油轮(oil tanker)已达到 50 万 t 级、集装箱船达到 1.4 万 TEU,载货能力接近 30 万 t;轨道列车的试验速度超过 500 km/h,客运的运营速度达到 350 km/h,货运列车单列最大运载量达到 2.5 万 t;大型飞机的巡航速度在 1 000 km/h 左右,单机承载重量已超过 300 t,最大起飞重量达到 550 t;汽车的技术速度可以达到"音速",而承载能力可以根据待运货物的重量进行特殊设计,最大的单车承载能力已经超过 1 000 t。

2.装卸搬移技术的演化过程

最传统的装卸搬移设备从最简单的"撬棍"开始,遵循力学中最基本的杠杆原理,把最原始的人力扩大了数倍。随后的滑轮、辘轳、绞盘、滑轮组、手拉葫芦、千斤顶等都成为人类早期的装卸搬移工具。这些工具的共同特点是结构相对简单、力或力矩被有限放大、装卸搬移效率比较低。这种状况一直持续到工业革命。

工业革命开始后,装卸搬移设备与运载工具相生相伴。随着运载工具的不断大型化,装卸搬移设备也逐渐大型化;随着运载工具的机械化、自动化程度不断提高,装卸搬移设备的机械化、自动化程度也不断提高。而且装卸搬移机械的种类、规格也越来越多。按基本用途进行分类,大体可分为起重、装载、传输、搬移、卸载和堆码类等设备;按功能特征分类,可分为综合功能和单一功能类;按动力特征分类,可分为电动类、燃油类、液压类等。

应用实例:常见的起重机、叉车、巷道堆码机等是可以执行装卸搬移等综合性作业的设备;在散装码头上配备的翻车机则是功能比较单一的卸载机械;皮带传输机则是功能比较单一的搬移设备;铲车则是功能相对单一的装载机械。

由于装卸搬移都是在小范围内以改变"物"的状态和空间位置为主要内容的活动,并且在实际操作中,经常一起发生,很难按照动作或功能分类。所以对装卸搬移环节最好不要进行单一行为的分析。因此,在物流科学中视装卸搬移为同一类活动。装卸搬移设备是装卸搬移作业的技术载体,它的功能用途和作业效率是衡量其技术水平的重要标志。

应用实例:在一些大型的现代制造业中,存在大量的"装、运、搬、卸"作业,而且正是"装、运、搬、卸"作业把物流活动的各个阶段连接起来。有统计表明,在制造业的全部生产过程中,只有约 5%的时间用于加工,95%的时间则用于"装、运、搬、卸"作业和储存等物流活动。而全部的"装、运、搬、卸"作业过程约占整个流程时间的 50%。

随着现代物流的快速发展和适用领域的不断拓展,装卸搬移设备向着机械化、自动化、智能化和大型化等方向发展。其中制造企业的装卸搬移设备的机械化程度比较高;现代立体仓库、配送中心和物流枢纽的装卸搬移设备,其自动化、智能化水平比较高;港口、机场、铁路货场以及矿山等使用的装卸搬移设备,具有大型化的特征。另一方面,现代化的装卸搬移设备,都追求标准化、多功能、高效率、广适用的目标。

应用实例:起重机械是一种通过垂直升降动作,并附加水平移动动作,来完成"装、运、搬、卸"货物的设备。起重机械被广泛应用于港口、仓库、车站、工厂、建筑工地等各个领域。最简单的起重机械只能执行垂直方向上的动作;一般通用类型的起重机械能执行升降动作和水平动作;而功能最全的起重机械可将吊起的物体送至能达到的三维空间中的任何一点。像龙门吊车、天车等桥式类起重机,都有升降系统和两个维度的平移系统。这样可保证将吊起的货物在所能达到的三维空间内任意移动,以满足具体的作业要求。起重机械的种类很多,按照起重机械的结构特征分类,分为多种类型,如图 12-2-2 所示。

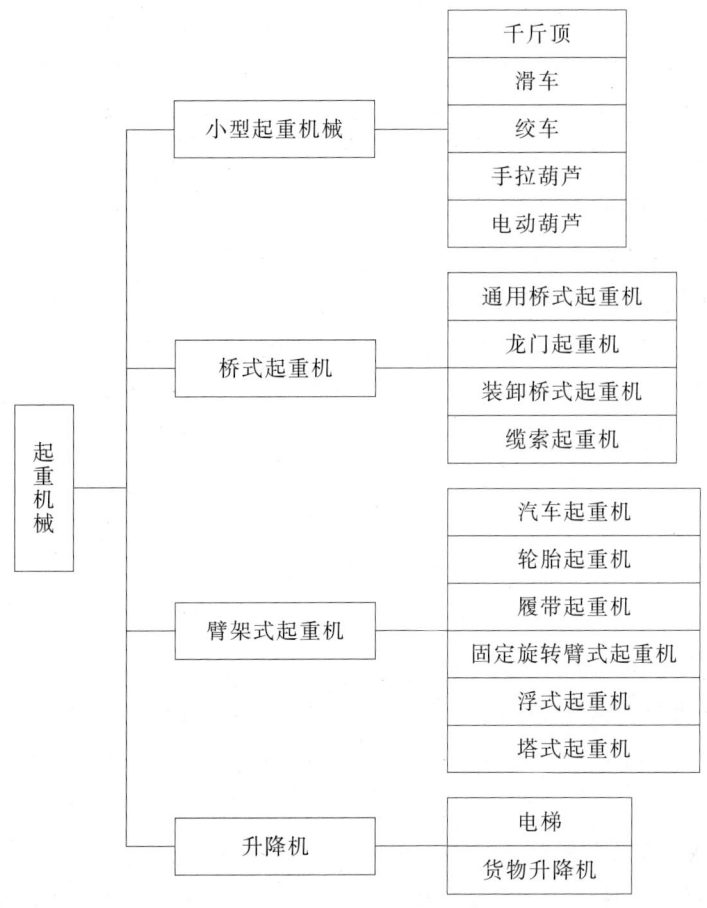

图 12-2-2　起重机械的类型

"装、运、搬、卸"并不是流动技术的全部，但它是流动技术的基础，而真正属于现代物流技术核心的是将"装、运、搬、卸"四个环节进行标准化整合、效率化整合、系统化整合。这既有"装、运、搬、卸"设备的承载能力与实际载重量的科学匹配；又有环节之间的有效衔接与配合；还要为四个环节配置合理空间，更应从物流流程整体去考虑总效率。所以，现代物流意义上的"装、运、搬、卸"已不是传统意义的装卸搬运功能。总之，将"装、运、搬、卸"作为一个整体考虑，并以系统效率作为首要目标，是现代物流中流动技术的核心要义。

对于从事物流及相关工作的人员来说，要想全面认识"流动"技术，最基本的是要了解"装、运、搬、卸"四类工具及其运转过程中的技术特性，主要技术特性由动力性、经济性、安全性等指标，以及适用范围、适用环境等构成；最重要的是掌握"装、运、搬、卸"四类工具的使用特性，主要是如何根据其技术特性进行合理使用，并掌握这四类工具在使用中的技术状况，以及在复杂多变的外部环境中如何及时调整使用方案等；最关键的是熟悉物流系统中各类环节、各类工具之间的配合、衔接技术等。

二、技术特性

"流"技术的特性，主要通过设备的动力性、运营的经济性、运行的安全性等指标进行描述，并由这些指标确定其适用范围及适用环境。下面重点以运载工具为例展开讨论。

(一) 运载的动力性

运载的动力性是反映"装、运、搬、卸"设备及其运载能力的技术指标，它主要由一组动力性指标构成。本书重点介绍三类指标。

1. 最高输出功率

根据物理学概念，最高输出功率系机械在某一瞬时，所能给出的功或力矩的最大值。很显然，功率越大的"装、运、搬、卸"设备，移动载荷的能力越大。在实践中,从事物流管理,尤其是对"装、运、搬、卸"设备进行管理,要注意设备功率与移动载荷的匹配,应使"装、运、搬、卸"设备留有适当的后备功率(即设备按设计制造所留有的剩余能力),但后备功率不应过大,否则会影响"装、运、搬、卸"工具的工作效率。

应用实例:额定吨位为 20 t 的汽车,一般都能承载超过 20 t 的载重量。这主要是由于汽车匹配的发动机在设计时留有一定的后备功率,目的是确保汽车在极端环境下 20 t 载荷的顺利运载。

2.最大输出扭矩

"装、运、搬、卸"设备的最大输出扭矩,是反映克服运动阻力的技术指标。它主要由设备的动力系统决定,是"装、运、搬、卸"设备在设计制造时已固有的技术参数。它也是技术人员、调度人员、管理人员或执行实际操作人员在实际应用中的重要依据。

应用实例:最大输出扭矩决定举重设备的最大举升重量、汽车的最大爬坡能力、船舶的最大推力等,反映的是"装、运、搬、卸"设备在极限状态时的动力输出。有了这样的极限数据,工作人员就可以在限定范围内,有效地控制"装、运、搬、卸"设备的运动状态。

3.最快运行速度

速度指标,是反映"装、运、搬、卸"设备在运动过程中的重要物理量。很显然,"装、运、搬、卸"设备的运行速度越快,没有任何环境约束的运行效率越高。一般来说,大功率的"装、运、搬、卸"设备,是提供高效运行的基础。但在实践中,不能片面追求"装、运、搬、卸"设备的最快速度,因为速度越快,耗能越多。因此在应用中还需充分考虑经济运行速度。

应用实例:最快运行速度,不一定都体现在"装、运、搬、卸"设备自身的运动上,有时候,它可以体现在"装、运、搬、卸"设备的动作上。功率大的"装、运、搬、卸"设备,可以提供大负荷下的快速动作。这也是提高效率的前提。

(二)运营的经济性

对于从事经营生产的"装、运、搬、卸"设备,运营的经济性是考核其技术性能的重要指标。应当强调的是,从"装、运、搬、卸"设备的技术层面来分析经济性,以其在设计制造时已经确定的经济性为基础。本书侧重介绍三个经济性指标。

1.能源消耗

对于"装、运、搬、卸"设备而言,能源消耗在全部运营成本中有较大的比重,所以通常把能源消耗作为独立的经济指标。评价能源的消耗,一是测量单位工作量所消耗的能源或单位能耗所完成的工作量;二是测量单位能耗所排放的 CO_2,这是近几年新增加的评价指标,为的是减少向大气中排放 CO_2,从而降低温室气体的总量。

应用实例:近 100 年,石化能源的高强度使用,使排放到大气中的 CO_2 总量不断增加而形成温室气体,导致地球的平均温度上升了 0.74℃。基于这一严重问题,联合国政府气候变化专门委员会在 1992 年和 1997 年分别达成《联合国气候变化框架公约》和《京都议定书》。与此同时,一些发达国家率先开展相应的研究,并由英国首先提出"低碳经济"概念(即以低能耗、低 CO_2 排放为基础。实质是高效利用能源、开发清洁能源,核心是能源、减少 CO_2 排放技术的创新,以及产业结构的调整和消费模式的根本性转变)。

2.纯运行成本

所谓纯运行成本是指"装、运、搬、卸"设备在生命周期中的全部运行消耗。纯运行成本不包括设备投资和安装费用等。纯运行成本主要包括"装、运、搬、卸"设备的全部能耗、消耗品(如润滑油、易损零部件等)和全部养护维修费用等。不同的"装、运、搬、卸"设备,由于技术结构、材料和使用环境的不同,纯运行成本存在比较大的差异。

应用实例:一种运载工具运行消耗量取决于多个技术因素,像配有柴油发动机的运载工具,由于发动机的能量转换效率高,即燃烧热效率一般比汽油发动机高,因此该运载工具的单位能耗就会相对比较低。这为降低纯运行成本提供了技术上的支撑。

3.性能价格比

任何一种"装、运、搬、卸"设备,只考虑其能源消耗方面的经济性,得到的都是比较片面或者说是不全面的评价。"装、运、搬、卸"设备的性能与相对应的销售价格的比较,即所谓的"性价比",则是反映运营经济性的另一个重要指标。

不同类型的"装、运、搬、卸"设备会有各自的"性价比"体系。但总的来说,都可以用总的投入与总的产出这种财务指标来评价某种设备的"性价比",即

$$性价比 = \frac{总的产出(收入)}{总的投入(价格)}$$

从"性价比"这个指标本身不难看出,此指标能反映某种"装、运、搬、卸"设备的价值。很显然,此指标值越大,其性价比越高。

应用实例:"性价比"有时可以演绎为品质的竞争。在同类的"装、运、搬、卸"设备中,功能差异、价格不同,将使用户面临选择。因为价格低的产品经常会伴有品质相对比较差的情况。这就需要用户去计算哪一款的"性价比"高。

(三) 运行的安全性

任何"装、运、搬、卸"设备,进入运行状态,运行安全最重要。运行安全取决于"装、运、搬、卸"设备的构造、使用中的状态、操作人员的操控和载荷配置的合理性等四个重要方面。从技术层面看,主要是分析由"装、运、搬、卸"设备构造所决定的因素。

1.制动的有效性

"装、运、搬、卸"设备,运行的速度必须能控制。加速依靠动力系统,减速需要制动系统,而且制动是否有效是尤为重要的。不同的"装、运、搬、卸"设备有不同的指标体系来评价制动的有效性。不过共同点,都是可以从制动系统提供最大的减速度、从制动的有效时间等来评价制动的有效性和效能的持续性。

应用实例:高速运行的大型"装、运、搬、卸"设备,制动失灵,会在巨大的惯性作用下,依旧持续高速运行。没有制动或制动的有效性不足,"装、运、搬、卸"设备处于失控状态,危险与发生事故的可能性将大大增加。例如,2008年4月28日,在山东境内T195次列车由于超速行驶、制动失控,与5034次客车相撞,导致72人死亡、416人受伤。

2.转向的灵活性

"装、运、搬、卸"设备运行起来,一遇情况就减速,既不科学也不经济。所以"装、运、搬、卸"设备大多配有转向系统,并与制动系统配合使用以保证设备的运行安全。但必须强调要正确使用、按时保养及调整转向系统,否则仍可能引发运行事故。

应用实例:"装、运、搬、卸"设备的转向系统在设计时经过精确计算,只要正确操纵,使用者就无须多虑。但不正确的操纵,仍可能导致事故发生。像满载货物且高速行驶的汽车,突然急转弯,就可能发生甩货,甚至于侧翻的情况。

3.运行的稳定性

"装、运、搬、卸"设备都需要考虑在不同环境中出现失衡的问题。此问题的核心是设备在运行过程中重心位置是否合理,能否在允许的范围内变化。从理论上讲,"装、运、搬、卸"设备的空载重心在制造完成后就能确定,但在实际使用中,由于"装、运、搬、卸"设备要承载重物,因此重载运行的"装、运、搬、卸"设备,实际重心与空载重心不一定重合,有时会出现较大偏差。这种偏差越大,"装、运、搬、卸"设备的运行稳定性就越差。

应用实例:大型船舶在积载时,很难保证重载船舶的重心与设计重心重合,表现是船的左右舷不平衡,前后吃水有差距。调整船的左右舷平衡和前后吃水差,就需要加"压载水",以此保证船舶行驶的稳定性。当然,这需要多消耗能源。

4.动力的可靠性

对于"装、运、搬、卸"设备而言,动力是运行的基础,动力的可靠性是安全运行的基础。因为大型运载工具除了制动力、转向助力外,动力用来克服环境阻力。对有些"装、运、搬、卸"设备而言,失去动力意味着失去对运行的控制权。

应用实例:对有些运载工具,失去动力意味着灾难。飞机在飞行中突然失去动力,只能在短时间内,依靠惯性滑翔,速度过低就会坠毁;远

洋船舶一旦失去动力只能漂航，很难抵御洋流与飓风。因此，在实际使用中保证动力系统的高可靠性是十分重要的。

三、使用技术

从整体上考虑"装、运、搬、卸"行为的效率，体现的是现代物流效率。这其中，合理使用"装、运、搬、卸"设备，是降低"装、运、搬、卸"成本和物流成本的重要因素。下面从四个方面介绍与评价"装、运、搬、卸"设备的使用技术。

（一）"装、运、搬、卸"设备的合理利用

前面介绍的"装、运、搬、卸"设备的动力性，反映的是设备的工作能力。在实际使用中，"装、运、搬、卸"设备的使用效率，一般难以达到100%，受到诸多因素的影响，因此要合理利用动力，必须要对主要因素进行深入分析。

1.载重利用分析

当"装、运、搬、卸"量等于设备的额定重量时，设备的重载利用达到100%。"装、运、搬、卸"设备的重载利用程度，可用载重利用率来表示。所谓载重利用率，就是实际载重量占设备额定载重量的百分比，即

$$载重利用率 = \frac{实际载重量}{额定载重量} \times 100\%$$

很显然，实际载重量越接近额定载重量，载重利用程度越高，利用效率越好。从载重利用率的定义来分析，载重利用率是一个≤1的效率指标。

应用实例：在近些年的汽车运载实践中，常出现超载超限的行为，载重利用率超过1，则属于违规行为，也对运载工具带来各种损伤与潜在危害，应当杜绝。相反，组织不力，"亏吨"运载，将会导致载重利用率降低。因此，合理配载是十分重要的。

2.里程利用分析

里程利用分析，主要是用来考核运载工具的一种效率分析。运载工具承载货物所运行的里程，通常被称为重载行程，反之被称为空载行程。我们用里程利用率来评价运载工具在里程方面的利用效率。所谓里程利用率，是指重载行程占总行程的百分比，即

$$里程利用率 = \frac{重载行程}{总行程} \times 100\%$$

$$= \frac{重载行程}{(重载+空载)行程} \times 100\%$$

很显然，合理科学地配载，减少空载行程是降低物流成本、提高里程利用率的有效手段。但需要强调的是重载不等于满载。因此，里程利用率无法反映运载工具的载重利用情况。

应用实例：除了运载工具，装卸搬移设备同样也存在流程的有效利用问题，只不过这些设备都是在范围比较小的场地实施装卸搬移作业，再加上特定的作业条件，空载行程一般被忽略而不进行统计。实际上，装卸搬移的流程，很多都可以被优化，以减少或缩短无效流程的距离。如果把装卸搬移作业与堆码作业组合，计算整体效率，效果会更好。

3.综合利用分析

从前面的分析中知道，载重利用率与里程利用率，只能从两个方面反映"装、运、搬、卸"设备的使用效率，都有各自的片面性。在实践中，更多的是考核两者的综合利用情况。

为了能进行综合评价，首先引入周转量的概念。所谓周转量，是指"装、运、搬、卸"设备实际完成的工作量。其数值等于被运重量与被运距离的乘积，即

$$周转量 = \sum(T_i \times S_i)（一般以吨公里为单位，即 t \cdot km）$$

其中，T_i——第 i 次的运量；S_i——第 i 次的运距。

周转量是一个十分重要的统计指标。但它是一个绝对指标，反映的是规模而不是效率。在实践中，有时会将"装、运、搬、卸"作业量换算成周转量。

其次引入实载率的概念。所谓实载率是指在一定的考核期内，考核对象实际完成的周转量占总行程×额定载重量的百分比，即

$$实载率 = \frac{总周转量}{总行程 \times 额定载重量} \times 100\%$$

实载率，实际上是完成的工作量与"装、运、

搬、卸"设备所具有的能力之比。它体现的是设备的综合利用效率。"装、运、搬、卸"工作量经常会折算成周转量。

应用实例：在使用运载工具的过程中，合理提高载重利用率、里程利用率与实载率，都可降低运输成本、提高运载效率。在单运次中，实载率=里程利用率×吨位利用率。这也能很好地说明实载率的综合性。提高实载率的方法有合理选择运载工具、合理配载、合理配送等。

(二)运行时间的合理利用

对于"装、运、搬、卸"等设备而言，不可能像管道运输那样昼夜不间断地持续流动。从理论上讲，"装、运、搬、卸"设备每年可以运行365天，但实际上不可能实现全天候昼夜运行，因为它受到诸多因素的影响。下面将予以简要分析。

1.理论工作日与实际工作日

理论工作日是计算期内某"装、运、搬、卸"设备最多可能工作的天数，它等于计算期内的日历天数。在实践中"装、运、搬、卸"设备都会因维修、作业停歇及气候环境等方面的因素而不能运行。因此设备的实际工作日肯定要少于理论工作日。

所谓实际工作日是计算期内某"装、运、搬、卸"设备实际工作天数。很显然，"装、运、搬、卸"设备的实际工作日要少于理论工作日，但越接近理论工作日，使用效率就越高。因此用实际工作日占理论工作日的百分比来反映"装、运、搬、卸"设备在时间利用方面的总工作效率，即

$$总工作效率=\frac{实际工作日}{理论工作日}\times 100\%$$

总工作效率这个指标，只能以"日"或"天数"为考核单位来反映"装、运、搬、卸"设备的利用效率。但是在一天之内，"装、运、搬、卸"设备使用多长时间则无法体现。所以，总工作效率指标，只是从总体上反映"装、运、搬、卸"设备利用情况的"粗放"型指标。

2.工作时间与实际运行时间

前面所涉及的指标，并不能准确地反映一种"装、运、搬、卸"设备的真实工作效率。因此，有必要将总工作效率的指标进行细化，将统计时间由"日"缩到"小时"。

首先定义可以工作时间。所谓可以工作时间，是指实际工作日的总小时数，即

可以工作时间=实际工作日×24(h)

其次定义实际运行时间。所谓实际运行时间，是指"装、运、搬、卸"设备在执行运营活动过程中，实际工作所耗费的时间，即实际运行时间=实际工作所消耗的时间。

引入可以工作时间和实际运行时间，并用实际运行时间与可以工作时间相比较，可以更准确地反映"装、运、搬、卸"设备的时间利用情况，即

$$运行时间利用系数=\frac{实际运行时间}{可以工作时间}$$

根据定义，实际运行时间不可能超过可以工作时间，所以运行时间利用系数≤1，当此系数越接近1，说明"装、运、搬、卸"设备的运行效率越高。需要说明的是，实际运行时间又可以被分解成正在运行时间与非运行时间。非运行时间主要包括各类等待时间。

对不同类型的"装、运、搬、卸"设备，做效率分析时，会有不同的要求。因此在实践中，有时会对实际运行时间做进一步的细分。

应用实例：图12-2-3是汽车在时间利用方面的细分情况。

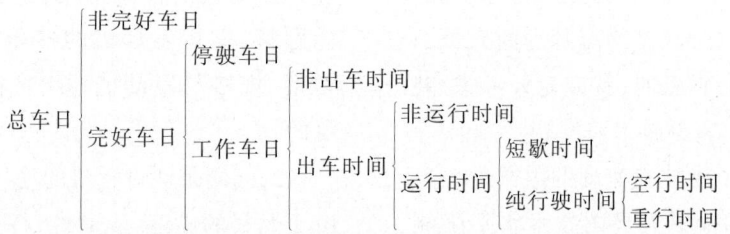

图12-2-3 汽车的时间利用分析

从图12-2-3可以看出,重行时间与总车日所换算成的时间进行比较,能比较准确地反映汽车在时间方面的利用程度或使用效率。

以上分析表明,"装、运、搬、卸"设备的利用时间越多,时间效率就越高。但不能忽略另一个重要的因素,即"装、运、搬、卸"设备的运动速度。因为在完成相同工作量时,速度越慢,时间消耗越长。从这个意义上讲,仅有时间利用指标,还不能全面反映"装、运、搬、卸"的效率。

3.技术(technical)、运营(operational)与送达速度(dilivery speed)

所谓技术速度是指"装、运、搬、卸"设备在良好环境下执行定额载荷(如满载)时可以运行(或动作)的最高速度。通常,技术速度由"装、运、搬、卸"设备自身的动力性决定。不同的"装、运、搬、卸"设备,技术速度有很大的差异。技术速度是决定运行速度和运营速度的基础。从理论上讲,技术速度是"装、运、搬、卸"设备的设计速度,也是设备利用的技术基础。

所谓运营速度是指"装、运、搬、卸"设备的实际行程或动作与运行时间的比值。理论分析表明,"装、运、搬、卸"设备的实际运行(或动作)速度,一般不会超过技术速度,这是因为"装、运、搬、卸"设备的实际动作要根据实际需要来完成,并受到外部环境的诸多制约。

所谓送达速度是指"装、运、搬、卸"设备的实际行程(或动作)与实际工作时间的比值。很显然,在相同环境下,"装、运、搬、卸"设备的送达速度要低于运营速度。因为实际工作时间包括设备的短歇、等候、避让等非运行时间,所以实际工作时间要比同一流程中的运行时间要多。

由以上三种速度的分析中可知:

技术速度的大小由"装、运、搬、卸"设备自身的动力性和构造决定,并且是运行速度和运营速度的基础。因此,从事物流管理的人员,在采购"装、运、搬、卸"设备时,就应充分考虑"装、运、搬、卸"设备所具备的技术速度。

运营速度,除了受技术速度的限制外,还受一定的环境条件和操纵人员的技术水平限制,外部条件好,操纵人员的技术水平高,"装、运、搬、卸"设备的运行速度相对较高。

送达速度,除了受制于技术速度与运行速度外,还受经营、组织与计划等多方面的影响。总之,在实际工作中非运行时间越长,"装、运、搬、卸"设备相对的送达速度就越低,"装、运、搬、卸"设备的工作效率就越低。

在这里需要强调的是,以上只是对单一环节的简单分析。而实际流程是"装、运、搬、卸"多个环节的配合,如何提高运行速度和运营速度就成为相对复杂的物流问题。

应用实例:在实际中,多种"装、运、搬、卸"设备,在多段流程、多种载荷情况下,需要用统计的方法来计算平均送达速度与运营速度,并通过分析影响速度的主要因素,找出提高效率的措施,这是一项复杂而需要经验的物流工作。

(三)主要耗材的合理使用

在"装、运、搬、卸"设备投入使用后,燃料、润滑料以及其他材料等主要"耗材"的损耗取决于设备的一系列技术结构,也取决于使用条件和"装、运、搬、卸"的组织方式。

1.燃料的合理使用

在物流成本和"装、运、搬、卸"成本中,有相当一部分设备使用石化燃料。在这些设备的运行中,燃料耗费在总成本耗费中占有一定的比重。而且在实际使用中,燃料的类型、品质,气候条件以及操作方法等都对燃料的消耗有重要影响。

1)"装、运、搬、卸"设备的动力系统构造决定了所使用的燃料类型与规格范围。如果不按照动力系统的技术特征去选择燃料的类型或规格,不仅会导致燃料不能正常消耗,还可能导致动力系统受到各种损伤。如高压缩比的汽油发动机使用低标号汽油,就会引起发动机的"早燃""爆燃"问题。所以在选择燃料时,必须了解发动机的技术特征,避免因选错燃料而多耗燃料,缩短发动机的使用寿命。因此,燃料类型、规格与发动机技术特征的匹配是十分重要的。

2)气候条件对燃料的使用有比较大的影响。由于燃料的黏度、流动性、挥发性等指标在不同温度、湿度以及不同大气压下会表现出不同的物理特性(如配有柴油发动机的运载工具,室外温度低于0℃时,须选择-10号柴油,这样可减少不必要的燃料消耗和对发动机的损伤),所以在选择燃料时,应根据实际的气候条件或气候条件的变化范围来选择燃料。

3)正确的操作方法是降低燃料消耗的有效手段,每一种"装、运、搬、卸"设备都有最节约燃料的工况,这需要操作人员按照"装、运、搬、卸"设备的使用说明书进行操作,并在反复实践中摸索,找到最佳的操作模式。很多企业的实践表明,正确的操作方法是节约燃料非常重要的一个方面。

2.润滑材料的合理使用

"装、运、搬、卸"设备能长时间高速运转,主要归功于完备的润滑系统和符合要求的润滑材料。润滑材料主要包括润滑油、润滑脂、石墨及各种添加剂(如增黏、降凝、抗磨、防锈等)。一般来说,"装、运、搬、卸"设备各部位的润滑方式,在设计时,就已经做过多次试验,并有严格的规定。在实际使用中,需要注意的是要适时按规定补充或更换润滑材料、定期检查润滑系统的使用情况、根据特殊情况调整润滑材料的使用规格等。

应用实例:按照"装、运、搬、卸"设备在设计时规定的时限或实际使用工时(里程)对设备进行保养、维护,是正确使用设备的重要内容之一。而这类保养、维护中,绝大多数都有更换或添加润滑材料的内容。按需更换和按计划更换是最常用的两种方法。

3.易损易耗材料的合理使用

易损易耗材料大体可分为两类:第一类是液体类耗材,如制动液、液压油及防冻液等;第二类是各种易磨损的零部件,如"装、运、搬、卸"设备中的各类相对运动的配合零件等。对于这些易损易耗材料,正确使用,可大大延长使用寿命。

应用实例:对于汽车轮胎的正确使用,应该是在行驶一定里程或使用一定时间后,对前后左右轮胎进行有规则的位置调换(轮胎换位),这样可以减少轮胎的偏磨,提高轮胎的使用寿命,还可以减少轮胎的动、静平衡系统的变化量。

以上从三个方面分析了主要耗材的使用问题。总之,燃料、润滑材料及易损、易耗材料的合理使用,是降低"装、运、搬、卸"成本及物流成本的重要工作,而且是相对复杂的与"装、运、搬、卸"使用技术密切相关的工作。因此,要做好这项工作,除了要对"装、运、搬、卸"设备的使用技术有充分的了解外,还应在实际中不断积累工作经验,甚至要不断总结各种失误的教训。

(四)"装、运、搬、卸"设备的安全使用

在使用"装、运、搬、卸"设备的过程中,安全永远是第一位的。如果设备在安全方面出了问题,轻则使货物蒙受损失,重则使"装、运、搬、卸"设备报废,甚至危及人身安全。因此,安全使用"装、运、搬、卸"设备,是物流管理中的重中之重。但仅有安全意识还远远不够,更重要的是根据实际涉及的具体内容,掌握不同类型"装、运、搬、卸"设备的使用方法。在实际使用设备的过程中,有四个方面需特别分析并重点掌握。

1."装、运、搬、卸"设备的实际状态

"装、运、搬、卸"设备能否以完好的状态投入运营,是安全运行的关键因素之一。从技术层面分析,"装、运、搬、卸"设备的诸多子系统,都对设备的完好状态产生影响,如制动、转向、供油、润滑、传动、冷却等系统都会影响设备的整体状态。因此,在设备投入运营前,先进行调整与维护,使设备保持在良好的状态是必需的工作。

应用实例:"装、运、搬、卸"设备"带病"工作,是物流领域中长期存在的一种状态,有些管理者总是抱着一种侥幸的心理,调度"带病"的"装、运、搬、卸"设备投入运营,而且也确实会在大多数情况下"平安无事"。这恰恰是"偶然事故"的必然性。

2."装、运、搬、卸"设备的合理配载

对具体的某种"装、运、搬、卸"设备,合理配载涉及5方面的内容。一是防止重量超载、体积超限;二是货物安置要合理,使"装、运、搬、卸"设备的重心在允许的范围内变化;三是防止局部过载,否则会导致"装、运、搬、卸"设备的局部受力过大甚至变形;四是考虑积载货物之间的禁忌,有些货物是不能放在一起进行"装、运、搬、卸"的;五是考虑被"装、运、搬、卸"货物的特殊性,尤其是危险品类的货物要有特殊的配载措施。

应用实例:危险品的"装、运、搬、卸"要做到防火、防潮、防碰撞,防挤、防震、防倒置,防撒、防漏、防静电,防摔、防丢、防调换。因此,从包装或存放容器开始,每一个环节都必须严格把关,对设备、场地、作业时间等都反复检验。

3. "装、运、搬、卸"设备的规范操纵

按规范操纵"装、运、搬、卸"设备,是安全运营的保证,"装、运、搬、卸"设备越大,规范操纵就越重要。不同的设备,规范操纵的内容会有一些差异。

应用实例:防止各种"装、运、搬、卸"设备在操作中发生碰撞,是操作规范的核心内容之一。具体方法有很大的不同,但有些原则相似。因此,严格执行操作规范,是保证"装、运、搬、卸"设备安全运行的关键。

4. "装、运、搬、卸"设备在特殊条件下的安全使用

首先,"装、运、搬、卸"设备在实际使用中,会遇到一些恶劣的运行条件,如高温、低温、风沙等气候。因此,在物流管理中,要预先考虑可能遇到的环境条件,提前制定各种预案。其次,对超限(体积)、超重的物品进行"装、运、搬、卸"时,要提前制定预案、复核方案等,做到万无一失。再次,对刚投入使用或刚完成大修的"装、运、搬、卸"设备,要制定合理的使用方案,防止因过载而造成设备内部的零件损伤。

应用实例:刚投入使用的"装、运、搬、卸"设备,由于相对运动的零件表面较粗糙,如果相对运动速度过快,会导致零件表面的损伤。因此,需要采取一定的保护措施。

安全使用"装、运、搬、卸"设备,需要掌握其应用技术的特征,它是掌握物流管理方法的技术基础,有很强的综合性与实践性。

四、案例

提高"装、运、搬、卸"效率需要什么技术与方法?

通过前文介绍我们已经了解,随着"装、运、搬、卸"设备的不断革新,每个环节都不断地提高作业效率,但彼此之间配合作业又需要哪些技术与方法的支持呢?

在当今的物流行业中,尤其是国际物流领域,集装箱运载处于十分重要的地位。那么集装箱为什么能在近三四十年逐渐成为"装、运、搬、卸"的重要载体?从外表看,它只是一只普普通通的矩形箱子。那么这只普通的箱子,通过什么方式展示它的魔力呢?

很显然,集装箱不是一只普通的箱子,而是根据标准化技术规范设计出的箱子;集装箱的"装、运、搬、卸"也不是普通箱子的"装、运、搬、卸",它是通过标准化的"工属具"完成转换;集装箱的积载也不是普通箱子的积载,而是按照集装化模数进行积载。

从上面的分析不难看出,所涉及的内容都与标准化、集装化有关,而且是得到广泛应用的国际标准化,从"制造、包装、积载"等都按照国际标准进行集装化。这一系列的技术措施,可以提高集装箱的容积利用率和"活箱量"(集装箱的额定载重与实际载重量相适应,通常采用拼箱的方法);提高集装箱的积载效率;提高集装箱的"装、运、搬、卸"效率等。

流动技术是现代物流的核心技术,而流动技术中的"装、运、搬、卸"及各环节之间的配合与协调又是比较重要的组成部分。因此,了解"装、运、搬、卸"设备及技术特性是全面认知现代物流的重要基础;而熟悉"装、运、搬、卸"设备的使用技术,对从事现代物流管理工作,尤其是基础性的物流技术管理工作是十分重要的环节。总之,要从事物流管理工作,需要对流动技术有比较全面的了解。深入到流动技术中去,对提高物流管理水平是很有帮助的。

第二节 节点技术

在现代物流发端之前,"港站"只是装运或接卸货物的场所,或是方便旅客上下运载工具的地方;而"港站"内所配备的"场、库、室"只是为"运"而"储",基本就是为"待运"停留的"人、物"提供场所。早期没有人发现"港站"能为降低社会物流总成本做出贡献,更不可能认识其他功能。

而随着全球区域系统结构的日趋复杂化、国际互联网的全面支持、全球市场交易量的大幅度提升,无论是客流还是货流,流速在不断提高、流量在不断加大、流程在不断拓展、流时在不断缩短。在这种背景下,传统意义下的"港站"所提供的"装、运、搬、卸"和"上、下"的场所,已远远不能满足现代社会的需要,更不能满足现代社会中"多流"(如客体流、载体流、信息流、资金流、服务流)流动的各种需求。这就要求传统的"港站"按照现代社会的流转节奏进行变革,传统的"仓储"也必须为满足社会需要而拓展功能。那么,传统的"港站"实施了哪些变革?传统的"仓储"又进行了哪些功能方面的拓展呢?这些是本节要讨论的内容。

一、概述

首先对节点或"点"进行定义。所谓物流网络中的节点或"点"是指各类(不同或相同形式的)流径的交点处,并能够使目标"物"实现有目的停留的地方。物流活动在本质上由多次"移动—停顿"所组成。在现实中,物流网络是由承担"物"移动的流径和承担"物"停顿的结点或"点"两种基本构件组成。换句话说,流径与结点或"点"相互配置,形成物流网络。物流活动主要在流径中和结点上进行。

根据前面的论述,无论在流径中还是结点上,所有使目标"物"实现移动的活动都包括在流动或"流"中,而实现流动的核心技术是"装、运、搬、卸"活动。相反,在物流系统或物流网络中,除了使目标"物"实现流动的活动外,还有使目标"物"相对静止的活动。它主要集中在节点中。所以本书把围绕节点所产生的非流动技术统称为节点或"点"技术。

(一)"点"的基本活动

实际上,"物"在流径上的活动是依靠在节点内的组织和联系而完成的。没有节点,"物"在流径上的流动必然陷入瘫痪。在物流节点中,除了"装、运、搬、卸"等"动"的活动外,还需要对"物"进行"配置""储控"与"整合"等。这些活动是"点"中的基本活动。

1."配置物"

"配置物"主要是指根据实际需要与优化原则对"物"的集合进行科学合理的搭配,最终要使物流系统中"物"的配置趋向合理化的过程。"配置物"主要包括设计预案、堆码积载、合理配载(包括合理配置载重量、规定放置货物的次序)等。

设计预案,是指对于即将进入节点的"物",物流管理人员要根据"物"的类型、数量、保存期限等要求,预留足够的、符合存放条件的空间,提前设计堆码、积载的具体方案(放哪、放多少、怎么放等),准备相应的装卸、搬移设备等活动。

应用实例:对于多品种、多规格的物品,入库前要根据物品的"件重"、尺寸等准备装卸设备、货架,设备的承载能力要与"件重"相匹配,防止过载;设备连同物品尺寸的回转半径与仓库通道要匹配,保证在有限空间中可以周转;货架的承载负荷要与存放物品相匹配,防止物品堆码后发生货架坍塌的问题。好的预案既需要科学方法,也需要实践经验。

堆码积载,是指与搬运活动相配合的,对进入节点的"物"按预案置放、堆码等活动。在这一环节中,搬、运、堆、码等活动是执行安置预案的过程。但经常会遇到无法落实预案的情况。这就需要相关的管理人员现场修改方案。这需要专业知识和丰富的经验来支持。

应用实例:对安置预案的落实,既是对科学方案的验证,又需要实践经验支持。如何提高置放效率、堆码效率、仓储容积利用率以及积载的稳定性、安全性等,都是堆码积载环节经常遇到的问题。在这一环节,经验占有比较大的权重。

合理配载,是指对即将进出结点的"物",按照安置预案对其进行合理的安排。由于进出结点的物品,经常是多品种、多规格的,其理化特性、比重、体积等方面存在比较大的差异,在需共同积载时,就要进行合理配载。合理配载包括积载重心要合理分布或符合相关技术要求,有效空间合理利用问题,按理化特性严格分类问题,积载进出(或上下)的次序问题等。如何将积载的物品进行组合,才能实现最佳配载是物流的一个核心问题。

应用实例:全球的商业系统已经进入"微利"时代,发达国家日用品的平均分销利润大约只有0.3%。因此,现在全球商业的主流模式是全球采购、订单生产、全球分销、全球配送模式下的连锁经营。这种经营模式的主要获利点,除了微薄的商业利润外,是基于供应链系统支持下的采购利润、分销利润和配送利润。

2."储控物"

"储控物"这类基本活动主要包括监督控制、保养维护、消隐除弊等环节。传统仓储侧重"储",而现代物流在这个环节的核心是"储"与"控"两个关键字。

监督控制,是指对所存"物"的数量、质量、动态特征等进行监控的活动。这一环节,为的是及时了解所储"物"的状态。采用的方法有全天候测量,定时、定点或随机抽检,以及根据测量、抽检结果自动调整或人工调整改变仓储环境,实现对存储"物"的有效控制。

应用实例:对储存挥发性比较强的物品的仓库,要防止空气中挥发性物质含量过高而引起爆炸或污染其他物品,必须配有通风设备;而对存放粮食的仓库而言,需要防火、防潮和防尘等。因此需要配备除湿、除尘、通风等设备。

保养维护,是指对于在存储期间需要进行保养、维护的"物",按照实际需要实施的一系列有针对性的活动。养护活动,实际上是对所存储的特殊"物"采取特殊的控制措施。但它与普通控制不同的是,养护过程可能改变仓储"物"的理化特性。

应用实例:"鲜活"物品,在仓储期间就需要养护。如对于动物,就应根据存储对象的具体要求,提供饲料、水、氧气和通风、控温等养护活动。对于鲜活植物类的存储对象,同样要根据存储对象的具体需要,提供浇水、控温和控制阳光等养护活动。

消隐除弊,是指消除可能的储存隐患和仓储系统的各种缺陷等活动。对于任何储存活动而言,存储对象可能存在某种具体的隐患;对于仓库系统,可能在设备方面或系统结构方面存在某种缺陷。这两类问题的积累,都可能在一定条件下暴发,并可能产生严重的后果。具体存储物的隐患和仓储系统的缺陷有时还有密切的联系,甚至成为因果关系。

应用实例:存储超过湿度标准的粮食,没有及时翻垛、按时晾晒、适时通风等,可能发生霉变;仓库的制冷系统或采暖系统如果分布不合理,就可能导致储存的物品,在有些区域出现冻伤,而在有些区域因温差变化大而变质。

3."整合物"

"整合物"这类基本活动主要包括分拣归类、流通加工、按需组合等环节。核心是按照真实需求提供"准确""有效"的"物"。"整合物",既有对多品种、多规格物品的拆分;也有承接延迟的生产工序;更有对拣选物品按照需要进行组合的功能。

分拣归类,是指对进出节点的"物"按理化特性、客户需求以及节点和运输工具的限制性条件,进行有目的的分拨、拣选、分类、归类等,并按原定目标等待进入其他流程的活动。分拣,实际上包含两类性质的问题:一是将同一类物品按照不同要求,进行不同数量的积载,即分拨作业;二是按照具体要求,从不同规格、不同品种的物品中选取所需要的,即拣选。而多品种物品按新的需求重新搭配,实际上是拣选、分类、重新归类的组合过程。

应用实例:现代物流系统配有各类分拣设备。最主要的有通过红外扫描条码、射频识别(RFID)技术配备分拣传输系统。尤其是 RFID 技术极大地提高了分拣的准确性和分拣效率,使原有的采购、生产、仓储等作业流程的时间大大缩短。

流通加工,是指物品从生产地到使用地的流通过程中,根据需要施加分割整理、组合装配、计量包装、标签贴付、商品检验等作业的总称。目的是弥补生产过程中的柔性不足,有效地满足客户的需要,更好地衔接生产与需求。流通加工已经成为提高商品附加价值、促进商品差别化的重要手段之一,是现代物流领域重要的利润源。

应用实例1:流通加工在全社会流通中发挥越来越重要的作用。它可以提升产品档次(如改善装潢)而充分实现价值。根据近些年的统计分析,流通加工向企业提供的利润,并不亚于从运输和存储中挖掘的利润,它可将产品利润率提高20%~50%。

应用实例2:利润来自分割整理。不同规格的钢板、铜板、铝板来自不同的生产企业,如果让这些企业各自面对需要尺寸的客户,除了要配备价格昂贵的裁剪设备(精度越高、自动化程度越高,价格越贵)外,生产企业很难直接面对众多的中小客户,也很难在规定的时限内聚集到理想的客户群,因此,按照每个客户需要的尺寸进行裁剪,无法避免板材的浪费,规格尺寸越少,浪费越大。而且板材的裁剪并不是生产板材企业的核心业务。将裁剪业务外包,甚至只生产整卷的板材而不开展裁剪业务,是板材企业的发展趋势。那么,流通企业为什么能获得利润?关键是规模化和专业化。规模化可以聚集众多的中小客户,便会产生众多需求,使尺寸规格十分丰富,大大降低了废料产出率;专业化可以提高裁剪精度和速度,从而提高满足客户的服务品质。更重要的是规模化与专业化还可以提高流通加工的效率,降低流通加工的风险。

按需组合,就是根据需要为客户、为运载工具、为系统效率对纷繁复杂的物品进行科学的组合。在现代物流系统中,更加注重组合问题。它既有技术层面的积载配载,也有系统层面的"二律背反"平衡,甚至要实现多目标的系统组合。

应用实例:为运载工具配载,既有防止体积超限或有效容积利用不足方面的组合,也有防止质量超重或"亏吨"方面的组合,更有防止货物"积载"不合理,导致重心分布不合理的组合。这实际是在保证安全、符合规定的条件下追求效率。

(二)"点"的主要功能

实际上,节点的主要功能是帮助"物"完成目标流程。为了实现目标流程,现代物流系统需要拥有衔接协调、吞吐转换、储存保护和价值增值等具体功能。还需要对信息"流"进行处理、对节点技术进行标准化处理等辅助功能。

1.衔接协调

(1)衔接

"流径"之间,尤其是不同性质的"流径"之间,大多通过交通枢纽进行连接;而"流"之间的相互连接,则通过物流节点来实现。交通枢纽将各类"流径"连接成一个网络;而物流节点将各类"流"连接成一个网络。交通网络是"硬"网络,而物流网络是"软+硬"的网络。在物流网络节点上,最基本的功能是把不同性质的"流"衔接起来。

应用实例:与港口、车站、机场相耦合的物流中心都肩负着将不同性质的"流"衔接在一起的功能,如水运转陆运、陆运转空运等。

(2)协调

物流网络节点的另一个基本功能是对物流系统或物流网络中的流量进行协调。物流系统的控制中心和管理设施都集中设置于物流节点之中。实际上物流节点,尤其是枢纽点大都是集决策、指挥、调度、控制、衔接、信息及物品处理为一体的综合设施。物流系统运转的有序性和效率，在很大程度上取决于物流节点的管理功能和水平。

应用实例1：存储可以调节生产和消费之间的差异。因为生产和消费有各自的特点，有些产品的生产是连续的，而消费是不连续的；还有一些产品生产是不连续的，而消费却是连续的。因此，在物流节点中进行储存，就起到了像"蓄水池"一样的调节作用。

应用实例2：存储可以调节运载工具之间运载能力的差异。由于运载工具的运载能力不一样，如海洋船舶的运载能力在万吨级以上；火车的运载能力最多达几千吨；汽车的运载能力则只有几十吨。因此在它们之间直接进行运输衔接，会使装卸、搬运时间过长，降低流转效率。这种运力之间的差异，一般通过物流节点进行调节。

2. 吞吐转换

（1）吞吐

由于大型运载工具承运的货物，只有在极少数情况下才直接面对客户，即所谓"门到门"的物流流程是极少发生的。因此，需要将不同批量的货物在不同等级物流配送中心重新集结、转运。进入交通枢纽或物流中心的货物，被称为"吞"；从交通枢纽或物流中心运出的货物，被称为"吐"。吞吐量的大小反映了一个交通枢纽或物流中心的规模、能力和实际完成量。

应用实例：反映港口规模、能力与实际工作量的指标是吞吐量。如2008年中国港口的总吞吐量为70亿t，反映的就是全国港口实际完成的工作量，也间接地反映了港口的规模与能力。而集装箱吞吐量还反映港口的机械化水平，并间接反映经济腹地的经济水平。

（2）转换

物流节点的另一个功能是完成货物在不同载体之间的转换。而在交通枢纽中，不仅存在货物的转换，还存在运载工具的调度。在实际中，交通枢纽与物流中心往往耦合在一起。但严格讲，物流中心并不具备调度车辆的职能。

应用实例1：在铁路枢纽中，一般都有调度中心。它是控制列车运行的系统，它根据铁路运行图调度列车（包括机车、车皮），将到达的列车调度到计划中的站台进行装卸。而列车到达站台后，装卸作业内容不由调度中心管，调度中心只负责到、发时间。

应用实例2：在标准化、机械化、系统化水平比较低的情况下，"物"在不同运载工具之间转换时，除效率比较低外，还存在转换困难，甚至无法转换的情况。例如，船舶和汽车，如果没有标准化的转换方式，两者之间实现转换需要比较长的中断时间。

3. 存储保护

（1）存储

物流节点最原始、最基本的功能之一是对进入节点的物品进行储存。

应用实例：严格讲，"存"与"储"略有不同。"储"更侧重有计划地集结后备物资；而"存"则侧重最佳流程，在中途等候最佳方案。如国家根据应急或国防需要，让进入节点的物品有目的、计划地停留，就是一种储备行为。

（2）保护

对进入物流节点的物品进行保护，是另一个最原始、最基本的功能。保护的内容主要包括被保护物品不发生损坏、丢失、错误。

应用实例：对于进入物流节点的物品，要根据物品的理化特性，实施诸如防潮、防尘、防虫等措施，以保证物品的理化特性不发生改变；要在进、存、出等环节清点数量，核对品名、规格等，防止物品丢失和规格、型号等方面的"错置"。

4. 价值增值

现代物流能够存在与发展的最充分理由，是能够使所服务的对象实现价值增值。

应用实例：在物流节点内，通过流通加工可以满足多元化的需求和做到"物尽其用"；通过合理包装、拼箱与集装化等处理可以提高积载效率；通过一定的库存来调节和平衡物流网络的流量，可以提高物流网络的工作效率；通过配货与配送，可以实现准时供应。以上这些综合性物流服务都可以使服务对象获得效益与增值利润。使物流业在创造价值的同时，获得相应的利润。

(三)"点"的基本类型

不同的物流节点具有不同的功能,而具有单一功能的物流节点越来越少,现代物流节点的发展趋势是多功能的组合,因而形成不同类型的物流节点。

1.转运型节点

转运型物流节点主要承担"流径"之间的衔接和不同运输方式转换。转运型物流节点一般处于交通干线的交汇点处,铁路货场、水运港口的货运中心等都属于此类节点。转运型节点大体可分为单一型转运站、综合型转运站及特种型转运站三类。

(1)单一型转运站

通常指同一运载方式的相互衔接,进行中转换载的枢纽。例如,汽车货运中转站,在没有铁路线、航道与之相连的情况下,就是比较典型的单一型货物转运站,同时也是功能单一的转运型物流节点。这类节点,有的甚至连仓库都没有。汽车在这种节点上只能装卸货物,不能存储货物,因为不具备存储功能。

(2)综合转运站

是衔接两种或两种以上运输方式,且结构比较复杂、功能比较完善的转运枢纽。如海港,它是衔接船舶、火车与汽车等运输方式的综合性枢纽。为了能使转运站具有更广泛的适应性,这类转运站一般都设有简易仓库,配备大型装卸设备和堆码机械。

(3)专用的转运站

有些种类的货物,由于批量大或在转运过程中有特殊的要求,需要专用的转运站。这样既可取得规模效益,又可提高转运水平,从而实现大幅度提高效率、降低成本、加速运转的目的。特种型转运站主要有粮食转运站、鲜活农副产品转运站、煤炭转运站、水泥转运站、集装箱转运站和危险品转运站等。

2.存储型节点

存储型物流节点以存放货物为主要功能。货物一般会在这类节点上停留相对比较长的时间(与转运型节点比较)。在物流系统中,大多数专用仓库,如储备仓库、营业仓库、配件仓库、贸易货栈等,都属于此种类型的节点。

尽管近代不少发达国家的仓库职能发生了较大的变化,大部分仓库转化成不以储备为主要职能的流通仓库甚至流通中心。但是,现代任何有一定经济规模的国家,为了保证国民经济的正常运行,保证市场商品的正常流转,保证企业经营的正常开展,储备型仓库是不可缺少的。在我国,这种类型的仓库还占主要地位。在各类物流节点中,仓库都是基本的设施。但在储存型物流节点中,仓库是主要的设施。

应用实例:一个国家的各级政府,都要建设一些诸如粮库、应急物资储备库、战备物资储备库等仓库,以应对各种可能发生的意外事件。这类仓库的共同特点为应对"万一"而备。没有意外情况发生时,这类仓库按规定的量进行长期储备。

3.流通型节点

流通型节点以组织物流服务和优化物流系统为主要职能。在现实中,各种物流中心、流通仓库、流通中心、配送中心都属于这类节点。这类节点一般都从事流通加工、拼箱配载与信息处理等活动,可以大幅度提高物流服务对象的原有价值。

应用实例:流通型节点,是我国正在大力发展的一类节点。一般是对转运型或存储型节点进行改造,以增加新的功能。近几年,我国各级政府围绕着港口、机场、交通枢纽等规划了一些物流中心,将"物"的流通与流通载体的交通更紧密地耦合、更充分地协调。

4.综合型节点

在物流系统中,综合型节点是指能实现两种或两种以上主要功能的有机结合,并有完善的设施、能有效衔接和充分协调工艺的集约型节点。这种节点要能适应流动技术的大量化、高速化和复杂化,能适应流动技术更为精密准确的要求。

应用实例:在一个节点中实现多种转化,并使物流流程更简化与更高效,是物流节点的重要发展方向。上海、宁波、香港、深圳、天津、青岛、大连等大型综合型港口城市,都在推动物流节点向综合型节点转变。

(四)"点"的功能拓展

随着物流领域系统化思想的拓展,越来越强调总体的协调、总体更优。而节点恰好处在系统的关键位置上,系统水平往往通过节点给予体现。所以对物流节点的研究已经不仅仅限于诸如衔接协调、吞吐转换、存储保护、价值增值等功能,而是更加注重物流系统内不同节点的功能协调,并使整个物流系统的流转效率趋向更优。

应用实例:全球采购、全部生产外包和全球配送这样的供应链模式,需要有一个全球性的中枢来指挥、控制与协调;还需要由不同级别的配送中心分布到全球的各个关键点上,并借助信息网络系统、金融网络系统和交通网络系统,编织出真正意义上的现代物流系统。

二、设施

节点设施主要分为两大类:动态设施与静态设施。动态设施主要包括"装、运、搬、卸、堆、码、分、拣"等设备和流通加工设备。静态设备主要包括"存储、周转、控制、辅助"等设备。下面侧重介绍每类设施中,被广泛使用的主要设备。

(一)动态设施

在动态设施中,"装、运、搬、卸"设备的作业半径比较大,尤其是运载工具运动能力比较强,有关它们的运动性能,在前面做了比较详细的介绍,此处不再赘述。此处将侧重介绍"装、运、搬、卸、堆、码、分、拣"和流通加工设备的种类与用途。

1."装、运、搬、卸"设备

这类设备主要分为无机械动力和带机械动力两大类,而机械动力设备又分为人工直接操作的搬移设备和智能化、自动化搬移设备。

(1)无机械动力的设备

这类设备结构相对简单、价格相对便宜,被广泛应用于搬移小件物品,如手工千斤顶、手推车等。

应用实例:对于无机械动力的搬移设备,并不受重视,认为这类设备的使用没有多少技术含量,这实际是一种对现代物流的严重误解。从操作层面看,它确实没有多少技术含量。但它是为了配合提高仓库的库容率而配置的,是提高系统效率的有机组成部分。

(2)智能化的自动设备

这类设备结构最为复杂、价格也最为昂贵,但工作效率高、节省劳动力,被广泛应用于工作条件相对较差或需要连续、多批次搬运的情况,如自动传输系统、自动导向车(automatic guided vehicle,简称 AGV)。

应用实例:在一些生产企业,由于工作处在温度比较高、噪声比较大、污染比较重的环境中,不适合用人工搬移或人工操作搬移设备。因此会设计自动传输系统来完成物品的搬移。但需要强调的是,不同规格自动传输系统,对所传输物品的尺寸规格、重量、种类等有明确的要求。所以,一般来说,自动传输系统搬移效率高,但适用范围比较窄。

(3)由人来操控的设备

这类设备是通过人工操作的,且具有机械动力的搬移设备,如叉车、吊车等。这类设备的构造、价格以及工作效率介于前两种设备之间,但适用范围最为广泛。

应用实例:在现代物流的各类节点中,叉车(truck)是应用最为广泛的搬移设备。这主要是因为各种类型的叉车具有广泛的适用性,能够实现"装、卸、搬、运、堆、码、分、拣"等环节的工作。又因为叉车能在有限的空间回转,占用场地少,且操作简单易学。

2."堆、码、分、拣"设备

这类设备的突出特征是对物品进行集中、堆积、码放、集装、分类、拣选等环节的工作,但通常不会为堆、码、分、拣功能独立设计专一化的设备,而是与装卸、搬移、传输等功能结合在一起。因此,就需要看哪些设备具备上述功能。如最常用的"机械手"兼有堆码与搬移功能。

应用实例:当代国际化机场大都配有自动化的堆、码、分、拣系统。每个乘客的行李,在进入系统之前,会贴上含有航班、目的地和乘客信息的条码。行李进入系统后,系统会根据扫描到的信息,将行李送到与乘客相对应航班的行李舱,并根据乘客的目的地,对行李入舱的次序进行编排,先下的乘客的行李放在外侧、上面。乘客下飞机后,到达港的系统,会将行李拣选,并送到乘客走的出空港的通道。这样的系统,大大提高了行李的传输效率和准确率。

3.流通加工设备

流通加工设备大体可以分为专用加工设备和通用加工设备。专用的流通加工设备主要是根据所加工的物品或原料而专门定制的,如用于裁剪钢板、铝板的剪板机;通用的流通加工设备一般能比较广泛地适用不同物品的加工,如包装、拆箱、称重等设备。

应用实例:在流通加工中,最初的工序经常会遇到拆箱、掏箱作业。最终的工序经常需要按照具体要求进行包装,而包装则需要相应的设备,如用于瓶盖类封口的专用设备,用于捆扎的打包机,用于为包装物充氮或抽真空的专业设备等。

(二)静态设施

静态设施主要分为公共设施和专业设备。公共设施主要是指在各类建筑设施中都存在的基本设施;而专业设备主要是指现代物流业或传统仓储业必不可少的设备。

1.公共设施

物流节点中的公共设施主要包括库房、消防、照明、采暖、制冷、动力和控制等系统。

(1)库房系统

主要包括墙体、屋面、地面、梁柱等部分。

应用实例1:库房设计的主要依据有项目要求,如库存容量;地质状况,如不同的地质条件承受的载荷情况对库房设计提出的具体要求。因此,首先在选址时,要对地质情况进行勘探,确定库房基础的形式;其次在设计内部结构时,要充分考虑可能存储的物品类型,确定具体的结构类型,如有效分隔区、仓储区、物品处理区等。

库房系统的种类繁多,分类方法也有多种。

应用实例2:按保管物品分类,库房主要有以下几类。

1)工业库。指为保证生产和销售的连续性,专门存储原料、半成品或成品的仓库。

2)物资库。指为解决季节时差,保证市场供应,而存储季节性物资的综合性仓库。

3)农品库。指为存储"鲜活"农副产品,而专门设计建造的仓库。

4)储备库。指为应对各种自然灾害和意外事件之需,国家修建的储备各种战略物资的仓库。

应用实例3:按保管条件分类,库房主要有两种类型。

1)普通库。用于存放一般性物资,对仓库没有特殊的要求,如一般的金属材料仓库。

2)特种库。用于存储有特殊要求的物品。特种仓库大体分为三类:

一是危险品库,主要用于存储易燃易爆、有毒有害的物品,如汽油、炸药、氰化钾等。

二是保鲜品库,主要用于存储对温湿度有特殊要求的物品,如水果、蔬菜、肉蛋奶等。

三是专用品库,主要用于存储专用型、有特殊需要的物品,如烟草、药品、储备粮等。

(2)消防系统是物流节点中非常重要的公共设施

它包括报警设备、防火设备、灭火设备、消防控制系统、逃生设施等。

应用实例:对于不同结构库房,消防设计方案会有很大的不同,如存储密度大、管理和操作人员较少的立体库房,一般需要配备消防控制室,控制室内设有火警控制器,能接受多种报警信号,甚至它的副显示器设在库房的消防站内,同时自动向消防站报警。

(3)照明系统

为了使库房内的管理、操作和维护人员能正常地进行生产活动,必须要有一套设计合理的照明系统。目的是在保证库房安全的前提条件下,追求作业效率与节能的平衡。

应用实例:库房中开设的窗户多,可减少照明系统在白天的使用,但会增加温度、湿度控制的成本;增加库房自动化存取的程度,可以减少照明系统的使用,但会增加运营成本。基于这些原因,以及仓储活动经常处在变化中,所以在设计中对照明系统进行分区控制,就显得尤为重要。

(4) 采暖系统

主要是为了保证库房内不同位置都能在寒冷季节达到规定的温度。但要达到这样的目标,在设计时要精确计算热量消耗与热量补充的平衡;试验时,要反复测定不同测试点的温差,并通过调整热源点或调整库房的结构,将库房各测试点的温差控制在设计规范允许的范围内。

应用实例:我国物流系统使用的库房,是对传统库房进行改造。但对采暖系统的改造还比较粗放,导致采暖系统耗能比较高,库房的保温效果不好;库房内不同位置的温差比较大,导致一些存储物品的损坏。

(5) 制冷系统

包括建筑结构上密封要严、选用的材料要隔热,并根据需要配备制冷设备、保鲜设备和通风设备等。对制冷系统的要求类似采暖系统,只不过耗能用来制冷。

应用实例:制冷系统除了保证库房的温度在规定的范围内,还要保证库房各个位置的温差要控制在一定范围内,更有为了保鲜,要保证物品的冷冻梯度。如我们俗称的"保鲜速冻"。这些都需要在设计或选择制冷系统时予以充分考虑。

(6) 动力系统

绝大多数库房都需要用电源作为动力。在设计库房时,根据所有设备用电量的总和确定用电容量,要保证有一定的余量,以应对库房的用电峰值。

应用实例:我国动力系统的电压基本为交流,380V/220V,50Hz。配电系统的主要设备有动力配电箱(高、低压开关柜)、电力控制系统和电缆等。对于重要的库房而言,要保证库房的全天候供电。所以选址时,要选择双回路供电,甚至是三回路供电的区域。

(7) 控制系统

现代化的库房一般设有控制系统。控制系统会根据所存物品的具体要求,对库房的温度、湿度、烟尘、清洁程度、霉菌、病虫害等进行控制。

应用实例:现代化的库房控制系统,包括在库房屋顶及侧面安置风机,在顶部和侧面设置通风窗、中央空调、暖气等。对库房温度进行控制;可以通过火灾自动报警器、自动灭火器对库房内超标的烟尘、火灾等自动识别,并报警和实施自动喷淋等。

除了上述系统外,现代化的库房中,还会根据实际需要,设计给排水系统、避雷设施和环境保护设施等。另外,根据库房管理的具体需要,有些库房还设有中央控制室、变电室、办公室、更衣室、工具间等辅助区域。

2. 专业设备

静态的专业设备主要有四大类:站台(platform)、工作台(work table)、存储货架(storage rack)和单元负载设备(unit load equipment)。

(1) 站台

主要用来接收入库物品和发送出库物品。现代库房主要配有普通站台(包括高度可调节的登车桥)、倾斜式站台等。设计库房时,要根据库房用途,预留用做站台的空间。现代库房的站台要与运载工具密切配合,目的是提高运载工具的进出效率和站台的作业效率。

应用实例:站台布局类型主要有两种,在现代制造业中,为生产流水线配置的站台多采用分散型,以减少零配件或产品在车间内的二次搬移;在现代库房中,多采用集中型,为了便于进出库房的物品能集中在特定区域内进行处理。而站台的形式,主要有与汽车尾端衔接式(包括平面结构和锯齿结构两种)和与运载工具侧面衔接式。前者密封性好,后者作业通道宽。

(2) 工作台

主要用来执行拆检、分拣、整理、清点、集装、打包、捆扎等作业。现代库房配备的工作台主要有高度可调式、旋转式等几种。工作台一般要与自动传输系统、搬移设备等密切配合,按照优化流程的原则、人体工学原理以及人机配合原理等设计,目的是保证人工的操作效率、设备的流转效率、库房空间的利用效率等在系统的组合中实现最优。

应用实例:现代存储技术往往忽略对工作台的设计与合理使用。实际上工作台的高低、宽窄,可以影响操作者的作业效率。如工作台过宽,妨碍操作者处理远端的物品;过窄,影响处理过程。

(3)存储货架

主要用来存放物品,使用货架的核心,是为了提高土地的集约利用,增加库房空间的有效利用,降低库房综合能耗到最小以及投资与运营的综合效益最佳化。货架的种类很多,最常见的有固定式货架(fixed rack)、可调式货架(selective rack)和可动式货架(sliding rack)。

应用实例1:在现代存储中,固定式货架仍被广泛使用。因为它具有结构简单、存储空间固定、存储体积规则、货架的稳定性好、承载力大等优点。如当代比较先进的自动存取系统(automatic storage/retrieval system,缩写 AS/RS),多由固定式货架、巷道堆垛机(lane stacker)和自动传输系统(automatic conveyor)组成。这样的系统可以充分压缩巷道空间,提高库容率。另一方面,由于实现自动存取,提高了仓库的安全性和存储的品质。这样的货架高度已经超过 20 m。

应用实例2:可调式货架具有比较广泛的适用性,但承载力相对比较小,不适用于高层货架。如在超市或现代配送中心内,可调式货架被广泛使用。由于配送中心接收的物品种类繁多、尺寸规格也大小不等,为了增加货架的有效利用空间,这类货架可以根据存储的物品调节层高,甚至可以调节宽度。常常根据商品的尺寸进行调节。

应用实例3:可动式货架的最大优势是可以节省库房的空间,提高库容率,但不适用于比较高的货架。因为货架过高,移动起来缺乏稳定性。另一方面,对出入库量比较大的物品,也不适合使用可动式货架。如在文物库房、图书馆以及资料室等地方,大多会采用可动式货架。

(4)单元负载设备

主要是指被逐渐标准化的物流容器。它是实现大规模集装化的基本单元。它主要包括托盘(pallet)、标准化物流周转箱(standardized-logistics circulation box)、集装箱(container)等。使用单元负载设备可以明显提高装卸效率和容积利用率,还可减少"损、差、错"。

应用实例1:托盘是一种标准化的、辅助提高装卸效率的集装器具。托盘结构为有一定厚度、留有插口的矩形扁平垫板。国际标准化托盘主要有 0.8 m×1 m、0.8 m×1.2 m、1 m×1.2 m 三种规格,承载重量一般为 0.5~2 t,材料以木质和铝合金为主,标准积载体积为 1 m^3。

应用实例2:标准化物流周转箱是一种便于直接堆码,有助于提高装卸效率和运载效率,符合物流集装模数尺寸,具有保护功能,可重复使用的容器。如标准化物流周转箱被普遍用于水果、蔬菜、禽蛋、海产品的运输。

应用实例3:集装箱是尺寸数倍于物流集装模数的标准化物流周转箱。国际标准化的集装箱(TEU)的外部尺寸为 6.058 m×2.438 m×2.438 m,内部尺寸为 6.00 m×2.35 m×2.35 m,在国际集装箱系列尺寸(ISO)标准中,属于 1C 系列,标准装载重量为 20 t。集装箱的规格比较多,但以 1A(1TEU×2)和 1C 为主,俗称 20 ft 和 40 ft。集装箱种类也比较多,因此有比较广泛的适用性。

三、枢纽

首先要强调,物流枢纽与交通枢纽并不能完全等同。尽管物流枢纽与交通枢纽在很多方面重合在一起,但核心的功能存在明显差异。通常我们把港口、机场、车站等称为交通枢纽,因为交通枢纽的核心功能是合理调度运载工具,控制的载体流;而物流枢纽,如港口,实际上是水陆物流枢纽,核心功能是对"客、货"进行合理调度与配载。

(一)水陆枢纽

港口是连接水陆的交通枢纽和物流枢纽。交通枢纽的核心功能是对船舶、有轨列车、汽车、装卸机械等进行调度,保证各类运动载体的有效协同和正常运行;而物流枢纽的核心功能是对流动的"客、货"进行组织、调度,实现合理集疏、合理积载、合理配载等优化方案。

1.作用

无论是海港还是内河港口，作用主要有：为船舶提供能安全停靠的码头；为船舶进出港提供航道设施和引航、导航及拖轮顶推等技术服务；为船舶提供补给、修理等后勤服务和生活服务；为船舶避风、抛锚提供水域（主要是为海运船舶提供锚地）；为"客、货"的转运提供上下、等候、装卸、存储等服务。所以，港口也是"客、货"聚散的枢纽。

应用实例：衡量港口规模的重要指标是货物吞吐量，1990年，我国港口的年吞吐量只有4亿t，而到了2008年，我国港口的年吞吐量超过70亿t，是交通枢纽和物流枢纽中吞吐量最大的枢纽。这表明港口在交通和物流领域中的重要性。

2.分类

港口的分类有多种方法。其中，按港口提供的服务功能和规模地位进行分类是主要方法。而根据港口的地理位置进行分类，也是比较常用的方法。

(1)按服务功能分类

主要可以分为商港、渔港、军港、工业港和邮轮母港等。绝大多数提供社会化物流服务的港口基本都是商港；渔港主要为渔船停泊、修补渔网和渔船生产及生活物资补给的港口，如舟山的定海港；军港是供军事舰船停泊、修整和补充军事给养的港口，如清末在山东威海建设的港口；工业港是指供大型企业输入原材料及输出制成品而设置的港口，如上海宝山钢铁总厂码头；邮轮母港是专为游客旅游、消遣和休闲的专用港口。

应用实例1：上海港、宁波港、香港港、广州港、深圳港、天津港、青岛港等都是吞吐量位居我国前列的大型商港，也是世界级的大型港口，吞吐量都位列世界前茅。其中宁波港和上海港2008年位列世界的前两位，年吞吐量都超过5亿t。这意味着需要对对应5亿t的单证处理、货物堆码、船舶积载、航线配载等物流业务。

应用实例2：邮轮母港属于客轮码头，但不是普通意义上的交通客运码头。由于邮轮出行的主要目的不是改变游客的空间位置，而是为了旅游、消遣和休闲，所以邮轮在港口停靠的时间比较长，因此把这类港口称为邮轮母港。2008年我国10多个港口正在建设邮轮母港。

(2)按规模地位分类

大体将港口分为综合性枢纽港、专业性枢纽港和"喂料"港等。综合性枢纽港可以分为国际枢纽港、国家枢纽港等。国际枢纽港，主要用于停泊各国（A类）船舶（无限航区），如我国的香港港、上海港、天津港等。国家枢纽港主要用于停泊国内（B类和C类）船舶（近洋与内河航区）。专业性枢纽港主要是指承担单一物资的港口，如我国的秦皇岛港主要承担煤炭的转运。"喂料"港主要是指一些区域性的支线港口，更多是为枢纽港"集疏"货物。

应用实例：综合性国际枢纽港的重要标志是国际班轮航线多，靠港船舶的密度大、吨位大，吞吐货物种类多，国际货物的吞吐量大和港口设施齐全等，如供船舶等候进港的锚地、深水航道、大型港池、能够承受重大载荷的码头岸线以及大型装卸、存储设备等。

(3)按地理位置分类

主要有海港、河口港、河港等。海港是位于海陆交界点的港口。河口港位于入海河流河口段或河流下游潮区界内，如我国的天津港、上海港，美国的纽约港和德国的汉堡港均属河口港。河港是位于河流沿岸且有河流水文特征的港口，如我国的南京港、徐州港。

3.设施

港口设施主要分为港口水域设施和港口陆域设施。

(1)水域设施

港口水域供船舶进出港、抛锚和"驳过驳"（驳船将不能进港的船舶货物进行接驳或转运等）作业使用。一般的港口水域，需要有足够的水深和面积，水流和缓，以便船舶安全停泊和技术操作。港口水域包括防波堤、锚地、航道与港池等。

应用实例1：港池一般指码头附近的水域。它需要有足够深度与宽广的水域，供船舶停靠。对于海港或与海连通的河口港，为了减少海上风浪与泥沙的影响，保持港内水面的平静，需修筑防波堤。而航道是指船舶进出港使用的通道。为保证安全通航,航道必须有足够的水深与宽度,且弯曲度不能过大,如鹿特丹港最深航道深度为21 m。

应用实例2:锚地是供船舶抛锚候潮(有的港口航道比较浅,船舶要等海水涨潮时乘潮入港)、等候泊位、避风、办理进出口手续、接受船舶检查或过驳装卸等停泊的水域。锚地要有适当的水深,这样船舶即使在较大风浪或潮差时仍能抛锚。

(2)陆域设施

港口陆域用于装卸、堆存和转运货物。港口陆域必须要有适当的高程(防止海浪和海潮侵扰)、布局合理的码头或泊位(供船舶停泊的位置)和满足集疏的纵深腹地(以便在这里布置轨道、路面、堆场、仓库、装卸设备以及各种必要的生产、生活设施)。

应用实例1:通常把码头或泊位的前沿线称为港口的生产岸线,它也是港口水域和陆域的交接线。一个港口的码头岸线总长度是港口规模的重要标志。码头或泊位的布局需要考虑相邻船舶的进出不能相互干扰,同时还要尽量提高码头的装卸效率、货物集疏效率等。

应用实例2:港口的道路系统主要由车站、分区车场、装卸线以及连接各港区的区间线、联络线等组成,是集疏系统的重要组成部分和集疏货物的陆路通道,是港口陆域上的重要设施。它需要根据车辆的技术参数设计回转半径、地面承载力等。

(二)陆路枢纽

陆路枢纽主要有交通枢纽与物流枢纽两大类。交通枢纽侧重调度陆路运载工具,物流枢纽侧重调度货物,但这两类功能在大多数情况下是结合在一起的。这里重点讨论的是物流枢纽的主要功能、布局结构和基本类型等。

1.公铁型枢纽

公铁型物流枢纽基本都是以铁路系统为主导建设的。编组站是公铁型枢纽的主要形式,一般由调车场、货场、调车线、迁出线等组成。对列车车皮进行换挂、编组、调度等是交通枢纽功能;对货物进行集疏、积载、配载等是物流枢纽功能。而实现旅客上下、换乘等主要在客运交通枢纽(俗称火车站)内完成。编组站一定是车站,但车站不一定是编组站。

应用实例:公铁型枢纽所面临的两大难题是实现运载工具之间的无缝衔接问题和枢纽的合理布局问题。运载工具的无缝衔接意味着货物的换装空间、时间趋向无穷小;乘客的换乘距离和换乘时间趋向无穷小。而枢纽的合理布局则意味着系统流程趋向最优化。

2.公路型枢纽

公路型枢纽同样可以分为交通枢纽和物流枢纽。但这两类枢纽的契合程度并不是很高,其原因有管理交通枢纽的部门是交通管理部门(在我国隶属公安部);管理客货运输和路政的部门是交通运输部。所以,通常所说的公路型枢纽多是指物流枢纽。

应用实例:公路型物流枢纽主要由客运站、货场组成。一般包括货栈、停车场(库)、保修厂(站)、加油站及食宿站等。主要办理货运业务、仓储保管、车辆保养修理以及为客户提供相关服务。所以很多人认为过去的货物运输改个名字就是物流,其实这是一种比较浅显的认识。实际上现代物流与传统运输的本质区别,就在于它是基于信息化、标准化、系统化对运输线路、积载、配载的优化。因此,在物流枢纽前台看的是传统的仓储运输,而后台完成的是物流优化。

(三)陆空枢纽

陆空枢纽都设在机场或机场附近。从交通枢纽的意义上讲,陆空枢纽是陆空运载的起点、经停点和终点。完成的是航线设计、使用与监控,调度和指挥的是飞机的正常飞行、安全飞行。而从物流枢纽的意义上讲,是完成客货"空—空""陆—空"的转换,是陆空运载的转接点。

应用实例1:陆空枢纽通常简称为空港,一般由指挥中心、停机坪、跑道、物流中心等组成。空港一般分为国际空港和国内空港,枢纽港和支线港等。我国的空港以每昼夜起飞次数进行分级,如首都国际机场就是国际枢纽港。

虽然在远程运载中,航空的速度优势十分明

显,但航空运载的成本高,一般适合承运相对体积小、比重轻、附加值比较高的物品。因此,陆空物流枢纽和海陆物流枢纽在装备上有很大的不同,再加上物流流量存在数量级上的差别,仓储等设施也有比较大的差异。

应用实例2:陆空物流枢纽的重要发展方向是物流快递。由于物流快递对时间要求比较高,而飞机对机舱的货物配重的要求比较高,再加上用飞机完成快递,枢纽点少,航线长,因此航线配载、空港积载、机舱配重等需要更专业的物流技术来支持。

空港的主要设施与设备包括如下内容。

1) 航站楼,主要指候机楼,是航站区的主体建筑物。航站楼一侧连着停机坪,另一侧与地面交通系统相联系。货运的各种手续在航站楼办理,并进行必要的检查。

2) 目视助航设施,是为了满足驾驶员的目视要求,保证飞机的安全起飞、着陆、滑行,应在跑道、滑行道、停机坪及相关区域内而设置,包括指示标和信号设施、标志、灯光、标记牌和标志物。此外,还要设置表示障碍物及限制使用地区的目视助航设施。

3) 地面活动引导和管制系统,是指由助航设备、设施和程序组成的系统。此系统的主要作用是使航空港能满足安全运行时的地面活动需求,即防止飞机与飞机、飞机与车辆、飞机与障碍物、车辆与障碍物及车辆之间的碰撞等。

4) 地面特种车辆和场务设备,用于为进出港的飞机提供一系列的地面服务,这些服务往往都是由工作人员操纵各种车辆(如牵引车、电源车、加油车、行李车、升降平台、客梯车等)或设备来完成。

航空港的其他设施还包括供油设施、应急救援设施、动力与电信系统、环保设施、旅客服务设施、保安设施、货运区及航空公司区等。

四、案例

立体仓库的设计和物流设施的配置要考虑的因素有以下几个。

本案例的目的是说明现代物流体系下仓库与传统仓库在本质上的不同。那么,现代物流体系下的仓库有哪些重要特征呢?科学设计仓库和科学配置物流设施就是非常重要的方面。

在我国,传统仓库的主要问题(仅就仓库内部的问题而言),在统计指标上就存在缺失,如只统计仓库面积,而没有仓库容积。但仓库库存能力的真正基础是库容量。所以,接下来的问题就是没有评价仓库容积的有效利用程度。这说明传统仓库只是生产、流通产业的附属品,在技术、管理和评价方面都没有进行更深入的研究。传统仓库的另一个主要问题是对仓库结构没有进行深入的研究,如仓库的有效存储容积与通道、进出库作业空间之间,如何根据"货类"形成最佳比例配置和"装、运、搬、卸、堆、码、垛"以及进出作业之间的效率。

根据数学推导计算,没有任何约束条件时,某一预设的仓库容积应该是正方体时,表面面积最小(包括地面)。但仓库容积增大,则意味着仓库的长宽高都要等比例放大。由于受建筑结构和建筑材料的影响,仓库越高,桩的基础越深、柱的截面越大,而且还需要更高的消防要求;同样,仓库越宽,梁的跨度越大,梁的截面也越大,这些建筑结构上的要求,无疑都要增加建设成本,即使采用轻质建筑材料或高强度材料,可以减少梁柱的截面尺寸,但高科技材料的价格同样比普通材料高许多。这是立体仓库设计时需要考虑的第一类因素。

在实际中,仓库的建设受到自然条件、经济条件、技术条件,甚至是货物类别的制约,很难建成理想的正方体。如由于有些类型的仓库需要考虑采光或避光、不同季节的诸多风险以及受热面积或耐寒面积等因素,仓库的形状、位置,仓库出入口的设计等都有所不同。而我国多年来,受经济条件和技术条件的限制,仓库只能发挥存储方面的功能。但现代物流系统中的仓储,对内部更强调对存储对象的各种有效控制;对外部或对整个物流系统而言,更强调对整个系统的贡献,如是否保证物流流程的顺利流转,是否可以降低整个流程的成本。因此,这是现代物流仓储中需要考虑的第二类因素。

由于现代物流系统的整体效率来自标准化，所以现代物流体系下的仓库及仓库物流设施的配置，诸如立体货架、堆码设备、传输设备、单元负载设备等都应符合物流集装模数的分割尺寸，这是有别于传统仓储的突出特征。因此，仓库设施配置的标准化是第三类因素。

现代物流系统突出的特征是追求整体效率，对于现代物流体系下的仓储却要在满足物流系统整体效率的同时追求自身效率，以及自身多种效率的最佳平衡。如仓库容积效率与"装、运、搬、卸、堆、码、垛"等动作效率的最佳平衡。很显然，仓库预留的作业通道或通道空间大，为提高动作效率提供保证，但同时减少了仓库存储容积；反之亦然。再如，立体仓库越高，土地集约利用以及投资等静态效率都会相应提高，但堆码过程中需要克服势能多消耗能量，使动态效率下降，所以需要对静态与动态效率进行测算，找到最佳平衡。因此，追求各种效率的最佳平衡是第四类因素。

从上面的分析不难看出，立体仓库的设计与物流设施的配置，需要考虑的因素比较多。其实，除了以上四类因素外，不同类型的仓库还涉及诸如控制温差、防潮、防虫、防霉变等具体问题。虽然不全是共性问题，但需要根据具体的仓储类型给予足够的重视。

节点技术是现代物流中技术的重要组成部分，从整体看，主要涉及枢纽与设施两类硬件，前者涉及选址、布局、结构以及土地集约利用、投资静态效率等内容；后者涉及仓库内（包括货场、堆场等）的合理配置。最终要看这些硬件的组合是否具有"配置、储控、整合"等功能，以及是否满足现代物流所要求的基本活动。但更重要的是节点技术能否在现代物流系统中，充分发挥"衔接协调、吞吐转换、存储保护、价值增值"等功能，为系统效率做出应有的贡献。

第三节 辅助技术

现代物流迅速发展，得到很多方面技术的支持。

自二战以后，全球的传统储运逐渐向现代物流转型。到了20世纪80年代，这种转型进入高潮。中国则在21世纪初，进入转型的高潮，几乎是一夜之间，原先的运输公司、仓储公司、储运公司都变成了物流公司。那么，这种转变仅仅是名称上的改变吗？还是确实有本质性的变化呢？更有意思的是，物流学科和物流产业或行业把传统的运输、仓储、包装、流通加工等产业纳入自己的领域，而这些产业或行业似乎也乐享其成，这又是为什么呢？

另一个很有趣的现象，制造业一直在为降低原材料消耗而努力，力求使产品变得更小、更薄、更轻，而且取得了理想的效果，但全球的货物周转量却一直呈大幅度增加的趋势，尤其是在我国，如1990年我国港口吞吐量约为4亿t，而到了2008年，则达到约70亿t，翻了4番多。除了全球经济一体化外，运载工具大型化、高速化，可能是普通人或非专业人士最先想到的原因。那么，这其中的奥秘是什么呢？这正是我们本节所要讨论的内容。

一、标准化技术

在完整的物流流程中，每个环节上的物流技术不一定很复杂，而且每个环节内部的作业效率也容易得到提高。但各个环节之间，如果没有标准化技术的串联，流程效率很难提高。所以，物流标准化技术是将若干环节物流技术进行合理串联和科学组合的技术。

(一) 物流标准化的基本功能

标准化是指在经济、技术、科学及管理等社会实践中，对工艺、产品、管理、服务等活动制定、发布和实施统一标准的过程。标准化工作是重要的基础性工作,并有很强的技术性。它对减少物料消耗、节约时间、提高工作效率等有重要意义。

1. 物流标准化的含义

物流标准化是指以物流系统为对象,围绕物流活动制定、发布和实施的技术、业务与管理等方面的标准。物流标准化技术是实现物流系统化的一项重要内容,它不仅能实现物流各环节衔接的一致性,而且是进行科学化物流管理的重要手段。

应用实例:秦始皇在统一六国后,实行了"书同文、车同轨"以及"统一度量衡"等国策,这些都是推动标准化工作的具体措施。其中的"车同轨"就是重要的物流标准化。它要求原先各国之间的道路与交通工具实现国家标准化,它使交通工具与道路之间的配合效率得到提高,运载工具的流转效率提高,最终使全国的运输效率得到很大的提高。

2. 物流标准化的功能

完成一项物流活动,需要物流系统中各个环节、各项技术和各种工艺上的配合。为了能使各物流要素有效配合,需要对物流设施、作业方法、流程工艺等制定统一的标准,并按统一的标准组织物流活动。物流标准化的基本功能是有以下几个方面。

(1) 使物流环节衔接得到统一

这种标准化衔接,规范了物流流程,减少多余的流转环节和辅助工序,加快物流作业的速度。

(2) 使物流系统整体得到优化

随着物流流程的规范,意味着物流系统在流转过程中,大量的流转瓶颈得到消除,最终使物流系统整体的流转更加流畅。

(3) 使物流技术发展得到推动

物流标准化要求运载工具的舱位货箱、装卸搬移设备、仓储设施等按照标准化的技术要求进行改造与创新。

应用实例:在传统储运阶段,由于储运对象及包装没有标准化,就使得装卸搬移过程比较烦琐,一般需要先将货物支垫,然后进行捆扎、穿吊装缆绳、指挥吊装、移出吊装缆绳、将货物固定在运载工具上等;卸载也需要类似的过程。在实施物流标准化以后,标准化的装卸辅助工具(工属具)将标准化的包装箱直接装卸,大大提高了装卸效率。

(二) 物流标准化的基本内容

标准化的物流体系主要包括基础标准、技术标准和业务标准。我们国家的港口、海运、公路执行的是国际标准;铁路系统、航空系统还存在行业标准。

1. 物流基础标准

物流基础标准是在国际标准或国家标准,甚至是行业标准框架下的专业标准,主要涉及专业计量和专业术语两部分。标准体系如图12-2-4所示。

$$\text{物流基础标准}\begin{cases}\text{专业计量}\begin{cases}\text{尺寸标准(长度、面积、体积)}\\\text{重量标准}\end{cases}\\\text{专业术语}\end{cases}$$

图 12-2-4　物流基础标准体系

物流基础标准的一个核心与尺寸有关,这种从基础层面采用国际标准尺寸,被定义为物流基础模数尺寸标准。它是物流系统各标准尺寸的最小公约尺寸。国际标准化组织(ISO)制定的物流基础模数尺寸为 600 mm×400 mm。它是黄金分割(亦称黄金律)的近似值。即把长为 L 的线段,分割为 A、B 两段,并使 $A:L=B:A$,此比值约等于 0.618 时,称为黄金分割。

依据物流基础模数,就可以确定物流模数。物流模数一般以 1 200 mm×1 000 mm 为主,也允许 1 200 mm×800 mm 和 1 200 mm×1 100 mm。物流基础模数与物流模数的配合关系,如图12-2-5所示。

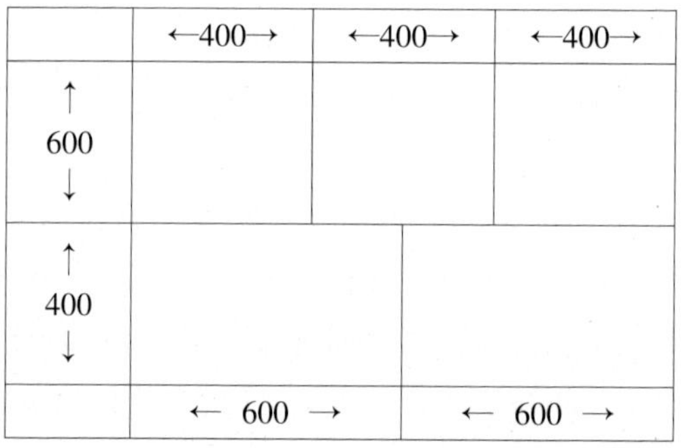

图 12-2-5　物流模数与物流基础模数的配合关系

应用实例：物流集装化以物流模数为基础。依据物流模数确定系列尺寸，再从中筛选，作为定型尺寸。物流模数的系列尺寸可以确定单元负载设备（如托盘）、包装容器、装运搬卸设备、仓储设备、运载工具的箱位、舱位，甚至是流径等系列尺寸。

物流基础标准不仅体现在二维平面上，还体现在三维空间中。体积或容积标准化，推动了集装箱技术的发展。除此之外，重量标准化，为大型运载工具提高积载效率提供支持；标准化物流术语（包括国际标准化缩写），加快了物流在全球的发展。

2. 物流技术标准

物流技术标准是指对物流系统中需要协调统一的技术事项所制定的标准。对于物流技术标准的分类，有不同的方法，比较主流的方法有按照物流载体分类，如物流基础设施标准、物流设备标准等；按技术性质分类，如工艺性、控制性、限制性标准等。本文对后一种分类给予展开论述。

工艺性标准主要涉及各类物流设施在运行方式、操作环节之间的衔接工艺和物流流程等方面的内容；控制性标准主要涉及对各类物流设施运行线路的控制、装卸搬运前后次序的控制，以及作业实施范围等方面的控制等；限制性标准主要涉及对各类物流设备与设施的额定载荷、额定容积，以及工作环境等方面的控制。

应用实例：在自动化巷道堆垛机的动作设计和软件编写过程中，堆码流程一般都是先水平运动再垂直运动；而取货动作则是先垂直运动再水平运动。但在实践中，这种流程效率比较低。所以，现在的流程，只要不是针对比重比较大的物品，多采取水平运动与垂直运动几乎同时开始的方式。这其中微小的时间差异，是程序指令动作的先后次序。

3. 物流业务标准

物流业务标准是指根据物流业务内容、方法、程序和质量要求制定的标准。物流业务标准是对各项物流工作制定的统一要求和规范化制度，主要包括业务流程的标准化、作业程序的标准化、作业方法的标准化、服务质量的标准化等（这部分内容在后面的物流管理中展开论述）。

我国的物流标准化工作还处于发展阶段，一些环节还缺乏统一、规范的标准，这也是制约我国物流水平提高的重要瓶颈之一。加快物流标准化进程，是中国物流业面临的重要课题。

二、信息化技术

现代物流的重要特征是信息流支持实体流，而物流信息化除了依托计算机、通信、网络等技术手段外，还广泛应用电子数据交换、电子订货、仓库管理、供应商管理库存、连续补货计划、销售时点、条码、射频识别、数字地球、激光全息技术以及第三方物流、供应链、配送、运输、快递、分销、国际货代、船代、空运、报关、港口、集装箱等管理信息系统来处理。这些技术或系统的使用可以将物流信息的主要特征给予记录、处理和显示。

由于物流信息具有包含元素多（主要有载体、客体、流量、流向、流时、流速、流程）、时效性强、来源繁杂、开放程度高等特点，所以需要有能够快速处理大量而复杂的信息系统。本节重点介绍几种典型的且在物流活动中广泛使用的物流信息技术。

（一）电子数据交换（EDI）技术

电子数据交换（electronic data interchange，简称EDI），是将物流信息按照结构化标准进行编排、加密等处理，并采用国际互联网传输数据的方式。概括说，EDI技术是通过电子方式，采用标准化格式，利用网络进行结构化数据传输和交换的信息技术。

实际上，EDI制定物流信息交换的标准，是用户之间在进行数据交换时必须共同遵循的交流标准。EDI标准主要有8类，即基础类、代码类、报文类、单证类、管理类、安全类、通信类和应用类。由于应用EDI技术可大量减少纸质单证，所以EDI技术也被称为"无纸贸易"技术。

应用实例：在EDI标准中，报文标准是EDI传送的载体。报文标准是传统业务单证数据的结构化和标准化,而最重要的是实现单证标准化,包括单证格式的标准化、所记载信息标准化以及信息描述的标准化。单证格式的标准化是指按照国际贸易基本单证格式设计各种商务往来的单证样式。我国已有进出口许可证、原产地证书、装箱单、装运声明等单证标准。

EDI 系统由 EDI 软件、通信网络和数据标准化等要素组成。在计算机相应的硬件与软件系统的支持下,EDI 软件将客户的数据信息翻译成 EDI 的标准格式,通信网络传输和交换标准化的数据,接收方按规定的格式与程序自动进行处理。所以,EDI 是一种按规则进行加密的电子邮包。

应用实例:EDI 的开发与使用,是贸易领域的一次革命。其优势在于数据一经录入,可以多次使用,并直接在计算机上自动完成处理,使误差率大幅度降低;可以大量节约时间和人力、物力;大大降低信息处理的成本,提高了工作效率;保证信息传递的安全;可传输发票、订单、单证和各种信用证件等,在制造业、批发业、零售业等也有广阔的发展前景。

我国的 EDI 应用还不普及,通信环境、企事业单位的系统配置以及相关的专业人才状况还有待改善。这些是我国物流信息发展的一个瓶颈。

(二) 电子订货系统 (EOS)

电子订货系统 (electronic ordering system,简称 EOS) 是指可以供用户利用计算机和通信网络进行在线 (online) 订货或订货信息交换的系统。

EOS 的优势是可以在消费者与生产商之间实现供求的瞬间对接。对于生产商而言,可以及时了解动态的需求信息,也可实现物流流程的最小化;对客户而言,可以及时了解生产商的动态产品信息,如价格、品种、规格等。在我国推动 EOS 主要面临供求双方的信用问题、第三方物流的信用问题、订货后流程环节设计及标准化问题。

应用实例:EOS 只是解决供求之间的订货问题,就企业对企业 (B to B) 而言,由于有长期合同或联盟结构,信用问题并不突出;但就企业对消费者 (B to C) 而言,信用问题比较突出。而且不论是 B to B 还是 B to C,当采用第三方物流完成物流流程时,有些物流要素的品质尚有缺陷,如流程的准时性、对客体流的保护、交付环节的标准缺失等。

(三) 仓库管理系统 (WMS)

仓库管理系统 (warehouse management system,简称 WMS),是一个动态的软件管理系统,它能够按照仓储运作规则和运算法则,对存货、统计、出入库、分销配送等信息进行系统化管理,使仓储运营效率实现最大化,能满足有效产出和精确性的要求。

WMS 的主要优点是库存准确,能提供准确的库存记录以及根据要求生成历史数据分析;能根据数据分析,提出合理库存,对合理降低库存、提高仓库周转率提供帮助;能对在仓库管理运营过程中生成的基础资料,如财务账目、出入库单据、相关文档进行高效管理。

应用实例:WMS 除了管理仓库作业的结果记录外,还对仓库作业过程进行指导和规范。可以将仓库每个时刻的各种信息及时反映出来。还可指导操作员按清单接收或发送货物,并自动增减库存数据。不仅仓库使用 WMS,一些配送中心、超市、生产商也在使用。

在我国,WMS 的使用基本还处于发展阶段。我国自主开发的 WMS 主要用于非精细产品的低端仓库,而跨国公司多使用国外开发的 WMS。由于该软件要管理成千上万种物品,纯外文版的软件在使用中受到限制。自主开发和"汉化"需要时间、资金和专业人员。

(四) 供应商管理库存 (VMI)

供应商管理库存 (vendor managed inventory,简称 VMI),是一种以客户需求为导向的库存运作模式。本质上,它是将多级供应问题变成单级库存管理问题。相对于传统补货法,VMI 是以实际库存和实际消费信息,作为补货依据。

VMI 是基于信息化的库存管理模式。通常是由零售商主导并提供仓库,供货商根据系统信息提供的库存变化进行补货。这个系统的最大优势是可以根据消费需求和市场变化,快速地做出反应、更有效地制订计划,并减少"牛鞭效应"带来的库存波动。

应用实例:长期以来,零售商饱受"牛鞭效应"的苦恼,传统的方法是为保证商品连续销售,零售商一直独自管理库存,单独承担库存成本,而产品一直由几家供应商负责供应。但由于市场或需求的波动,不是出现断货,就是商品严重积压,很大的精力放在库存管理上。引入 VMI 后,零售商与供应商形成"供应链战略联盟",实际上是将库存管理外包给"联盟"。这样,零售商可以把自己管理重心放在开发市场、销售管理等方面,凝炼自身的核心竞争力。

(五) 连续补货计划 (CRP)

连续补货计划(continuous replenishment program,简称 CRP),是指利用及时准确的销售时点信息确定已销售的商品数量,根据零售商或批发商的库存信息和预先规定的库存补充程序,确定发货补充数量和配送时间的计划方法。

应用实例:全球商业巨头的补货策略是,对每种商品都制定安全库存标准,当库存低于此标准时,CRP 自动向供应商订货。CRP 还可以根据销售数据,预测销售动向、制定连续补货方案,并兼顾物流成本的测算。

CRP 与传统的补货方式,没有本质上的差异,仍然是零售商管理库存模式。但它的补货是基于销售时点信息,即事实上的需求数据进行补货。而传统补货是基于需求预测数据进行超前补货。但是 CRP 与 VMI 有本质的区别,VMI 是供应商根据销售需求进行补货。

(六) 销售时点 (POS) 系统

销售时点(point of sale,简称 POS)系统,主要是利用自动读取设备读取商品标准条形码上的(品名、规格、单价等)信息,同时存储和输出销售数量、销售时间、销售金额等信息,并通过 POS 的软件系统,按使用目的对信息进行加工处理,再把相关信息通过网络传送到财务、仓库、销售管理中心或供应商的系统中。

POS 系统使信息汇集便捷,各部门甚至是各供应商能同时掌握动态信息,并及时分析信息和采取相应的对策,所以 POS 系统具有"一扫全知道"的特征。POS 系统最初主要用于零售业,后扩大到其他行业,甚至扩展到整个供应链,成为信息共享,提高供应链效率的重要信息手段。

应用实例:利用 POS 系统对商品信息的把握,可以精细到"××厂家生产的××种类××重量的产品",准确把握每一种商品的销售动向,及时了解商品销售的时间分布,充分了解客户的消费倾向、购买规律,是 POS 系统的最大优势。

以上简要介绍了 6 种管理物流信息的软件,除 EDI 软件外,都主要用于商业流通领域。实际上,管理物流信息的软件还有第三方物流、供应链、配送、运输、快递、分销、国际货代、船代、空运、报关、港口、集装箱等。由于这些软件的专业性更强一些,就不在这里逐一介绍了。

以上所介绍的这些软件,除了需要计算机系统软件和硬件的支持外,还需要一系列信息识别技术的支持。所以,后续文中会侧重介绍几种信息识别技术。

三、条形码技术

条形码(bar code)技术,简称条码技术,是应用光电扫描设备,通过识读按规则编排的条码,来确认被识别对象特征的技术。条码技术最早出现在 20 世纪 30 年代末,是在计算机的应用实践中和信息技术基础上产生和发展起来的自动识别技术,它的应用解决了数据录入和数据采集的"瓶颈"问题。但条码技术真正得到迅速发展和广泛的应用,却是在近 20 年由于计算机技术的普及才实现的。它可以快速、准确地自动识别一系列信息,是物流系统得以快速发展的重要辅助技术。

(一) 条码技术原理

条码技术主要包括条码编码原理及规则标准、条码译码技术、光电技术、印刷技术、扫描技术、通信技术、计算机技术等。条码编码采用二进制,由 1 和 0 表示编码的特定组合单元。直观上看,常用的条码是由一组字符组成,如数字 0~

9、字母 A~E 或一些专用符号。条码是一种可以印刷的机器语言,它具有保密性好、差错率低、收集及处理数据省力的特点。作为一种先进的计算机数据自动输入代码,广泛应用于物流、商业和工业领域,是现代使用最普遍的一种自动识别技术。

应用实例:在商业领域,条码已成为商品进入商店的必备条件,商品条码化是企业提高竞争力,实现生产流通环节自动化的前提条件,同时也是制造商适时调整产品结构的技术保障。近年来,我国许多城市已有文件规定,无条码商品不得进入超市。

经济快速发展,迫使人们更加需要自动识别技术,因此对条码技术的研究也越来越深入。条码的种类非常多,也有很多分类方式,最常见的是按维数分,通常分为一维条码和二维条码。

(二)一维条码

一维条码由一组规则排列的"条、空"以及对应的字符组成的标记,表示一定的信息。黑色的"条"对光线反射率较低,白色的"空"对光线反射率较高,如图12-2-6所示。

图 12-2-6 一维条码图例图

条码按照码制编排。一维条码的码制是指条码的"条和空"的排列规则。常用的一维条码的码制包括 EAN 码、39 码、交叉 25 码、UPC码、128 码、93 码及库德巴码(Codabar)等。其中,EAN(European Article Number)码是国际物品编码协会①制定的国际通用的符号体系,它是一种长度固定、无含义的条码,表达的信息全部为数字,主要应用于商品标识。我国作为 EAN 组织的成员国,使用最广泛的是 EAN 码。我们日常购买的商品包装上所印的条码就是 EAN 码。EAN 码

有标准版(EAN-13)和缩短版(EAN-8)两种。只有当标准码尺寸超过总印刷面积的25%时,才允许申报使用缩短码。缩短码的8位数字由7位商品代码和1位校验码构成。

应用实例:通常对于每一种物品,它的编码是唯一的。对于普通一维条码来说,要通过数据库建立条码与商品信息的对应关系。以下是标准版(EAN-13)代码结构,如图12-2-7所示。

12-2-7 标准版(EAN-13)条码结构

在图 12-2-7 的条码结构中,左侧和右侧空白区是无任何符号及信息的白色区域。中间数据字符部分,起始符的作用是阅读器确认此字符存在后开始处理扫描脉冲。数据字符标志一个条码的值,结构与起始符不同,可允许双向扫描。校验码对读入的字符进行运算后检验阅读是否有效,否则不予读入。阅读器确认终止字符存在后停止处理,此次阅读工作结束。

根据 EAN 规范,EAN-13 标准码的 13 位数字有不同含义:最左边 3 位前缀码为国家码,是国际物品编码协会分配给不同国家和地区的编码。中间 7~9 位数字是厂商识别代码,由会员国(地区)的编码机构向厂商分配的唯一标识代码。之后的 3~5 位数字是商品项目代码,由厂商自行编码,是标识商品的代码。在编制商品项目代码时,厂商必须遵守商品编码的基本原则:即对同类商品必须编制相同的商品项目代码;对不同的商品项目必须编制不同的商品项目代码,以保证商品项目与其标志代码一一对应。最右 1 位是校验码,用以校验条码

---

① 国际物品编码协会:成立于1977年,是基于比利时法律规定建立的一个非营利性质的国际组织,致力于建立一套国际通行的全球跨行业的产品、运输单元、资产、位置和服务的标识标准体系和通信标准体系。

代码的正误。

应用实例：国际物品编码协会分配给中国物品编码中心使用的前缀码为690、691、692。其中，前缀码为690、691的代码结构如图12-2-8所示。

前缀码为692的代码结构如图12-2-9所示。

目前，条码技术广泛应用于商业、交通、仓储、邮政、海关、工业生产过程控制、银行、医疗卫生、图书管理、政务、办公自动化等领域，在当今的自动识别技术中占有重要的地位。

应用实例：超市条码系统提高管理效率与准确率，如图12-2-10所示。

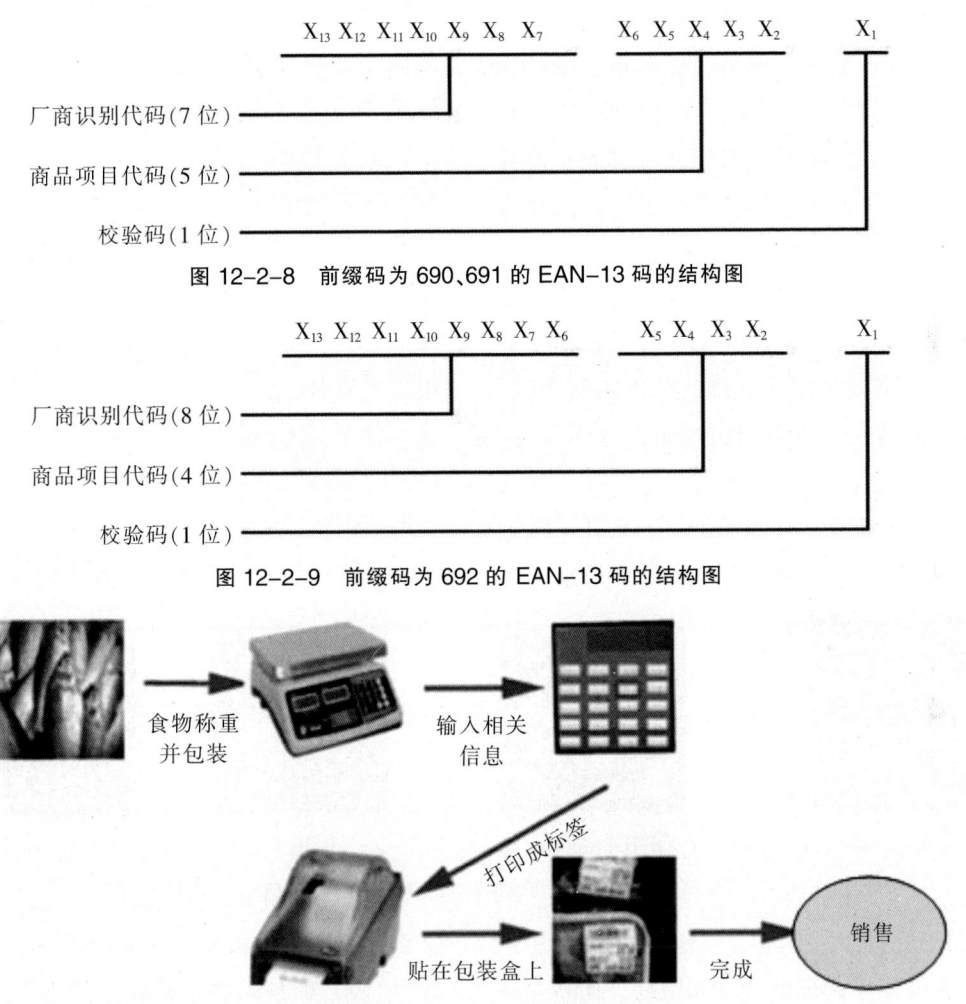

图 12-2-8　前缀码为690、691的EAN-13码的结构图

图 12-2-9　前缀码为692的EAN-13码的结构图

图 12-2-10　超市条码系统

为确保生鲜食品的鲜度，各大超市的生鲜食品物流中心进行统一质检后，称重、分装，透过条码打印机加装时钟卡，将欲打印的格式预先储存在时钟卡上内置的闪存中，输入品名、重量、金额以及保质期，打印机会自动抓取时钟卡上的时间作为生产日期，并将打印有标示内容、生产时间、保质日期的标签贴在外包装明显的地方。

虽然一维条码得到了广泛的应用，但在使用中只能用来识别一维数字编码信息，因此它的用途有限。在这样的背景下，二维条码应运而生。

(三) 二维条码

二维条码简单说就是将一维条码存储信息的方式在二维空间上扩充，使它能够在横、纵两个方位同时表达信息，从而在很小的面积内存储更多的信息，并能够表达汉字和存储图像。

由于一维条码的信息容量很小，它仅仅是对"物品"的标志，而不是对"物品"的描述。故一维条码的使用，不得不依赖数据库的存在。在没有数据库和不便联网的地方，一维条码的使用受到了较大的限制，有时甚至变得毫无意义。而二维条码利用两个维度构成的面积来提高条码的信息密度，其密度是一维条码的几十到几百倍，可以将产品信息全部存储。要查看产品信息，只要用识读设备扫描二维条码即可，不需要事先建立数据库。

二维条码与一维条码比较，特点如下。①存储信息容量更大。一维码一般只能容纳20个字符信息，而二维条码可容纳2 000个字符信息。②识别准确性更高。一维码的译码错误率约为百万分之一，而二维PDF417条码的误码率不超过千万分之一。③编码范围广且可以表示图像数据。如对照片、指纹、掌纹、签字、声音、文字等可数字化的信息进行编码。④保密防伪性好。如采用密码、指纹、软件加密等进行防伪。⑤可在360°范围内全方位读取数据。⑥可用多种阅读设备读取，不需要数据库支持。⑦纠错能力强。因穿孔、污损等使二维条码损毁面积达50%时，仍可正确识读。

应用实例：堆叠式二维条码。它是在一维码编码原理基础上，将多个一维条码在纵向堆

图12-2-11 二维条码(PDF417码)示意图

叠而产生的，如图12-2-11所示。典型的码制有Code 16K、Code 49、PDF417等。

其中PDF417条码是由美国Symbol公司研制，是我国第一个通过国家标准认证的二维条码。它是一种高密度、高信息含量的"便携式数据文件"，是实现证件及卡片等大容量、高可靠性信息自动存储、携带并可用机器自动识读的理想手段。

应用实例：矩阵式二维条码。它是在一个矩形空间通过黑、白像素在矩阵中的不同分布进行编码，如图12-2-12所示。典型的码制有Maxi Code、Data Matrix、QR Code、汉信码等。

(a)Maxi Code　　　(b)Data Matrix　　　(c)QR Code　　　(d)汉信码

图12-2-12 几种常见的矩阵式二维条码

Maxi Code是由美国联合包裹服务公司(UPS)研制的，主要用于包裹的分拣和跟踪。Data Matrix主要应用于电子行业小零件的标识，如Intel的奔腾处理器的背面就印制了这种码。日本研制的QR Code，适用于工业自动化生产线管理等领域。

但以上3种二维条码都是国外的技术。多年来，二维条码的核心技术一直被发达国家垄断，识读设备因此而价格居高不下。鉴于此，我国在"十五"期间加大研发力度，相继开发出"汉信码""矽感码""紫光码""龙贝码"等一批二维条码系统。其中，"汉信码"全部为我国自主开发(标准号为GB/T 21049-2007)，拥有完全自主知识产权，相关标准已于2008年2月1日起实施。

这将大大降低我国应用二维条码技术的系统成本，加快二维条码技术在我国的推广进程，促进我国自动识别技术产业的发展。

应用实例：二维条码在运输行业中的广泛应用。由于在运输业务流程中，涉及供应商→货运代理→货运公司→客户等环节，而且每个环节都牵涉相同信息单据处理。二维条码可以将发货人、收货人、货物清单、运输方式等信息编成一个二维条码，打印在发货单据上，如图12-2-13所示。

这样，在运输业务的各个环节使用二维条码阅读器扫描条码，条码上的信息便可快速又准确地录入计算机管理系统中。

由于二维条码具有储存量大、保密性高、追

图 12-2-13 在发货单上应用二维条码

踪性高、抗损性强、成本便宜等特点,因此广泛适用于各类单证、各种证照、仓储盘点、物品追踪、资料保密等。

应用实例 1:PDF417 在身份证管理的应用。美国国防部已经在军人身份卡上印制 PDF417 码(持卡人姓名、军衔、照片和其他个人信息),卡片损坏(比如枪击)也能阅读,具有高防伪性。我国香港特别行政区的居民身份证也采用 PDF417 码。

应用实例 2:日本研制的 QR Code 码是一种快速响应矩阵码,可高效地表示汉字,其密度与 PDF417 条码相仿。市场上的大部分条码打印机都支持 QR Code 条码,专有的汉字模式也适合我国应用。因此,QR Code 在我国具有良好的应用前景。这也是在我国通过的第二个国家标准的二维条码。

应用实例 3:中国民航总局在全国 127 个机场的民航驾驶证中采用龙贝二维条码。在这个二维码中,装有 24 位全天然彩色面部照片生物装置和安全防伪系统,且信息密度比美国军人身份证高 25 倍,比美国最先进的肯塔基州驾驶证要高 66 倍。

(四) 物流条码

条码除了按维数划分外,还可以按照条码的应用对象分为商品条码和物流条码。商品条码是最终消费品上的单元标识,也是单个商品的唯一标识。物流条码是储运单元(或称贸易单元)的唯一标识,通常标识多个或多种商品的集合,它贴于商品的外包装(又称大包装或运输包装)或负载设备上,以供物流过程中的收发货、运输、装卸、仓储、分拣、配送等环节识别。它适用于物流的现代化管理,服务于物流流程中的各个环节。

应用实例 1:物流条码的信息容量和维护标准与商品条码不同。如一维商品条码多采用 EAN/UPC 码制,由一个 13 位或 8 位数字以及条码符号组成,长度固定,信息容量少,标准统一;而物流条码主要采用 UCC/EAN-128 码制,是可变长度,主要表示货物的体积、重量、生产日期、批号等多种含义和信息,是货运包装的唯一标识,是贸易伙伴根据贸易活动中的共同需求,经过协商统一制定的,条码的内容可适时增减。

应用实例 2:交插 25 条码。这种码制主要用于储运单元的编码,是物流技术中比较常用的一种码制。对于定量储运单元,一般采用 14 位交插 25 条码编码;对于变量储运单元编码,一般增加 6 位交插 25 条码作为附加代码。这种码制是一种连续的、有自校验功能的、"条"和"空"都表示信息的双向条码,且码长不固定。

应用实例 3:128 码制,也称贸易单元 128 条码(GB/T 15425-2014),是我国的一种条码标准。它与国际物品编码协会(EAN)和美国统一代码委员会(UCC)共同编制的 UCC/EAN-128 码是相同的。128 码是一种连续、变长、有含义的高密度码。它可以包含更多的信息,如产地、品名、数量、规格、批号、理化特性、发货地点等,特别适合在国际多式联运、流动技术和国际贸易等领域中使用。

四、射频识别技术

射频识别(radio frequency identification,简称 RFID)技术是一种非接触式的自动识别技术。它利用无线射频信号和空间耦合(电感或电磁耦合)传输特性,对运动的或静止的、含有各种信息的电子标签进行自动识别。

(一)基本组成

最基本的射频识别系统由三部分组成:标签(tag),由电子芯片构成,每个标签具有唯一的电子编码;阅读器(reader),读取(有时还可写入)标签信息的设备,可设计为手持式或固定式;天线(antenna),在标签和读取器之间传递射频信号。除此之外,还需要一套完整的系统(计算机与相关软件),用于数据传输和处理。

(二)工作原理

RFID 的基本工作原理如图 12-2-14 所示。

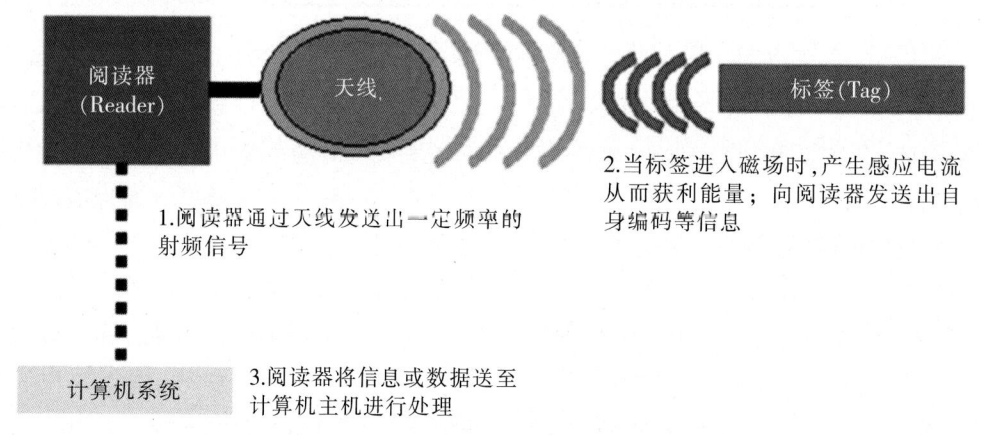

图 12-2-14 RFID 基本工作原理图

阅读器发射电磁波,当附着电子标签的物品(表面或内部)通过其可识别范围时,电子标签将天线发射的微小电磁波能量存储,进而转换成电子芯片所需的电能,并将存储信息以电磁波的方式传送给阅读器。经阅读器确认,并给出后续指令,从而实现自动识别物品或自动收集物品标识信息的功能。

应用实例:IBM 曾播出一个让人印象深刻的广告:一名顾客在超市购物后,并没刷卡或付现金就通过了收银台。当他走到门口,一名工作人员拿来一张清单说:"先生,这是您的账单"。在未来,收银台处的读写器识别了顾客购买物品上的电子标签,配合顾客的电子钱包,轻松地完成整个消费过程。随着 RFID 技术的开发和应用,上述情景一定会在不久的将来成为现实。

(三)电子标签

电子标签是指由 IC 芯片和无线通信天线组成的超微型小标签(模块),也叫射频卡。标签中一般保存有约定格式的电子数据,在实际应用中,无线标签附着在待识别物体表面。接近阅读器时,电子芯片中存储的数据以非接触形式读取,并通过处理器进行信息解读并响应管理。

1. 电子标签的优点

电子标签的识读速度快、可反复读写与修改、识读条件宽松、节省人力成本,还可以批量识别。

应用实例1:电子标签只要被置于读取设备形成的电磁场内就可以被准确识别,而且每秒钟可进行上千次的读取,高效且高度准确。更加适合与各种自动化的处理设备配合使用,同时降低人力成本,甚至可排除因人工采集数据而导致纠错成本。

应用实例2:电子标签可以同时处理许多标签,对一批物品同时识别,可以反复读写、修改数据,可以循环重复使用,并且这种识别不依赖于可见光,因而可以在条码技术无法适应的恶劣环境,如高粉尘污染、野外等环境下使用。

2. 电子标签的分类

电子标签分为主动式和被动式2种。主动式又称有源标签,动力来自内部电池,是典型的可读写设备。使用电池意味着标签的寿命是有限的。被动式又称无源标签,没有内部电池,从阅读器发射的无线电波中获取动力。主动式标签传送距离长,抗噪声能力强,使用相同频率时,数据传输速率更高,但体积较大,价格较高。被动式标签轻便、便宜、寿命长,但它的传送距离短且需要更高功率阅读器,它的灵敏度和定位性能受限于阅读器。存储数据的容量和抗噪声性能都有限。只读标签的信息只能是一次写入,多次读出;而可读写标签的信息可以多次重复写入,多次读出。

应用实例:电子标签还可以与条码技术混合使用,再配以移动计算技术、无线局域网、广域网等,让整个企业的所有现场作业流程与各种企业管理信息系统之间实现无缝连接,让作业现场的每一步操作都处在计算机管理信息系统的管理、监督和控制之下。从而使企业提高作业效率,大幅度提高管理精细度,让整个作业过程实时、透明,还可将企业有线网络系统向外延伸扩展。

五、数字地球技术

数字地球技术是由遥感系统(remote sensing system,简称 RS 或 RSS)、全球卫星定位系统(global positioning system,简称 GPS)、地理信息系统(geographic information system,简称 GIS)等3个系统组成,简称3S系统。它是一个用三维系统提供地球及其空间信息的系统。

(一)遥感系统

RS 系统,一般是通过电磁波或远红外线辐射感知被测物体。由于不同物体对电磁波或红外辐射的吸收不一样,以至 RS 接收系统测到的反射也不一样,再经过计算机比对处理,便可分析出被测物体的性质。由于 RS 技术可以远距离采集信息,且有相当高的分辨率,因此,当今大多通过人造卫星对大气、海洋、资源等30多个行业进行遥测。所以,RS 系统主要用来测量搜集信息。

应用实例:在海洋或未知水域开辟新的航线,多通过 RS 系统对相关水域进行测量,绘制出航线后,交给水运部门,组织人员和船舶进行试航,并对 RS 系统测量的可供航行的航线进行选择和修正。这比当年哥伦布的方法先进、科学。

(二)全球卫星定位系统

GPS 是美国在20世纪70年代研制的,由围绕地球分布的24颗同步人造地球卫星组成,可以与地面进行无线电通信,以及对地球上任何一点进行定位的系统。GPS 是一种全天候工作的系统。通过此系统,地球表面上任意两点之间可以随时进行通信联系。此系统主要用于三维导航、动态跟踪与监控、收发和传递信息,并对移动或固定目标进行精确定位。

应用实例:船舶、飞机和车辆等交通工具上安装 GPS 接收装置后,交通工具的准确地理位置就可以随时被测到。因此,现在已经广泛应用于交通工具上的GPS,用来进行导航,甚至根据提前测量的电子地图,寻找最佳流径,测算最佳路程。

目前,俄罗斯、欧盟与中国都有自己的全球卫星定位系统。应该看到,拥有这样系统的国家就拥有主动权;只依靠租用他国的卫星频道的国家,将受制于人。

(三) 地理信息系统

GIS 是 20 世纪 60 年代迅速发展起来的地理学研究新成果,是多种学科交叉的产物,它以地理空间数据为基础,采用地理模型分析方法,适时地提供多种空间的动态地理信息,是一种为地理研究和决策服务的计算机软件系统。

GIS 的基本功能是将表格型数据转换为计算机上显示的地理图形。显示范围可以从洲际地图到非常详细的街区地图、运输线路,甚至是地下系统等。GIS 的用途十分广泛,一是用于不同系统、不同地点、不同客户之间传递数字化的空间位置信息;二是用于获取、分析和处理动态的、空间的地理信息。因此,GIS 在许多领域,如国防安全、地理测绘、交通运输、能源勘探、环境保护等方面得到广泛的应用。

应用实例:仓库管理人员使用 GIS 地图,只要选择划定一个范围,就可以得到此范围内仓库物资的库存数量、规格、所处的状态等准确信息。这些信息为仓库管理人员提供翔实的分析数据,也为仓库管理工作提供重要依据。

(四) 数字地球技术

以上 3 种技术或系统各有优势,但各有其局限性,所以将这 3 个系统的资源与优势整合在一起,就使处理与使用信息的功能得到拓展。GPS 对要分析的对象进行精确定位,RS 进行测量与搜集信息,GIS 侧重存储信息数据并对数据进行转换和分析,最后再由 GPS 在全球的三维空间内进行精确传递。利用 3S 系统处理信息,快速、准确、范围大。

应用实例:在现代物流的服务中,越来越广泛地使用数字地球技术,如 GIS 物流分析软件集成了车辆路线模型、最短路径模型、网络物流模型和设施定位模型等。尽管这些模型能帮助物流企业选择最佳流程,但由于这些模型是静态模型,而实际"流径"上的动态状况,会影响最佳选择的有效实施。这时,GPS 就可以发挥其对掌握动态信息的能力。

3S 系统对现代物流系统还有许多帮助,如解决在一个起点、多个终点的货物运输中,如何降低物流费用的问题,确定车辆和每辆车的行驶路线等;寻求最有效的分配货物路径,最佳的物流网点布局等;用于确定一个或多个物流设施的位置等。

应用实例:在现代物流系统中,配送中心与物流的"流径"构成物流网络,而配送中心的布局与"流径"又相互关联。因此,在既定区域内设立多少个配送中心,其位置、规模及相互之间的关系等,都可以运用设施定位模型予以解决。

除了以上的例子,3S 系统与其他高新技术的结合,在军事物流等领域得到运用。如在远程识别技术中,利用激光全息技术,可将识别信息(条码、文字和图片等)浓缩在"笔尖"大小的面积上,在恶劣环境中流转的军事物资,只要它的激光全息照片的任何一点被激光器扫到,全部信息都可以获得。这样,就可以利用 3S 系统远程获得信息。

六、RFID 典型应用

因为 RFID 拥有的卓越性能和独特优势,可以说是一次重要的"信息革命",尤其是在识别效率、识别准确性方面十分突出。这使 RFID 的应用领域非常广阔,如物流服务、生产制造、食品安全、交通运输、商业零售、科技国防等。

(一) RFID 系统在国际航空通关中的应用

RFID 在一些发达国家民航空运的各种业务领域有很多应用,如用于机场行李通关系统、快速查验系统、航空包裹识别系统、行李跟踪系统以及机务维修等。

应用实例 1:行李通关系统。旅客行李出现差错或丢失一直是令航空公司和机场感到棘手的问题。号称"超级航空枢纽"的香港国际机场,每年客流量超过 4 000 万人次,机场每年处理的旅客行李数量极为可观。为提高行李处理能力,香港国际机场于 2005 年安装了 RFID 行李分拣系统,不管行李摆放方向如何或者是否叠放,此系统都能够自动扫描贴有电子标签的行李,使行李差错率大为降低,也使香港机场成为全球首个实施"端对端"RFID 行李标签—分拣系统的机场。随后,英航、日航和新航也都将 RFID 电子标签应用到对航空行李和包裹的追踪及管理上,确保旅客托运的行李安全准时送达目的地。北京首都国际机场 3 号航站楼也在 2008 年投入运行了 RFID 技术的行李处理系统。此行李处理系统每小时可分拣和运输行李物品 19 200 件。

应用实例 2:快速查验系统。近几年,台湾推广使用 RFID 电子护照,即在旅客的护照上加装计算机芯片。芯片中存有护照持有人的基本数据,包括姓名、性别、出生日期、出生地、护照发行日期、护照有效日期、护照号码以及持有人的照片等。除基本数据外,芯片上还记录有护照持有人的指纹、掌纹、脸部或眼球虹膜等个人的生物特征。在此基础上,机场海关也安装了 RFID 电子护照的识别系统,实现了旅客的自动通关,同时也提高了海关查验的准确性。

(二) RFID 系统在高速公路收费中的应用

高速公路自动收费系统是 RFID 技术最成功的应用之一,它充分体现了非接触识别的优势。车辆不用停车,在高速通过收费站的同时完成缴费,解决了交通的瓶颈问题,避免拥堵,提高了收费结算效率,同时减少了人力成本。如图 12-2-15 所示。

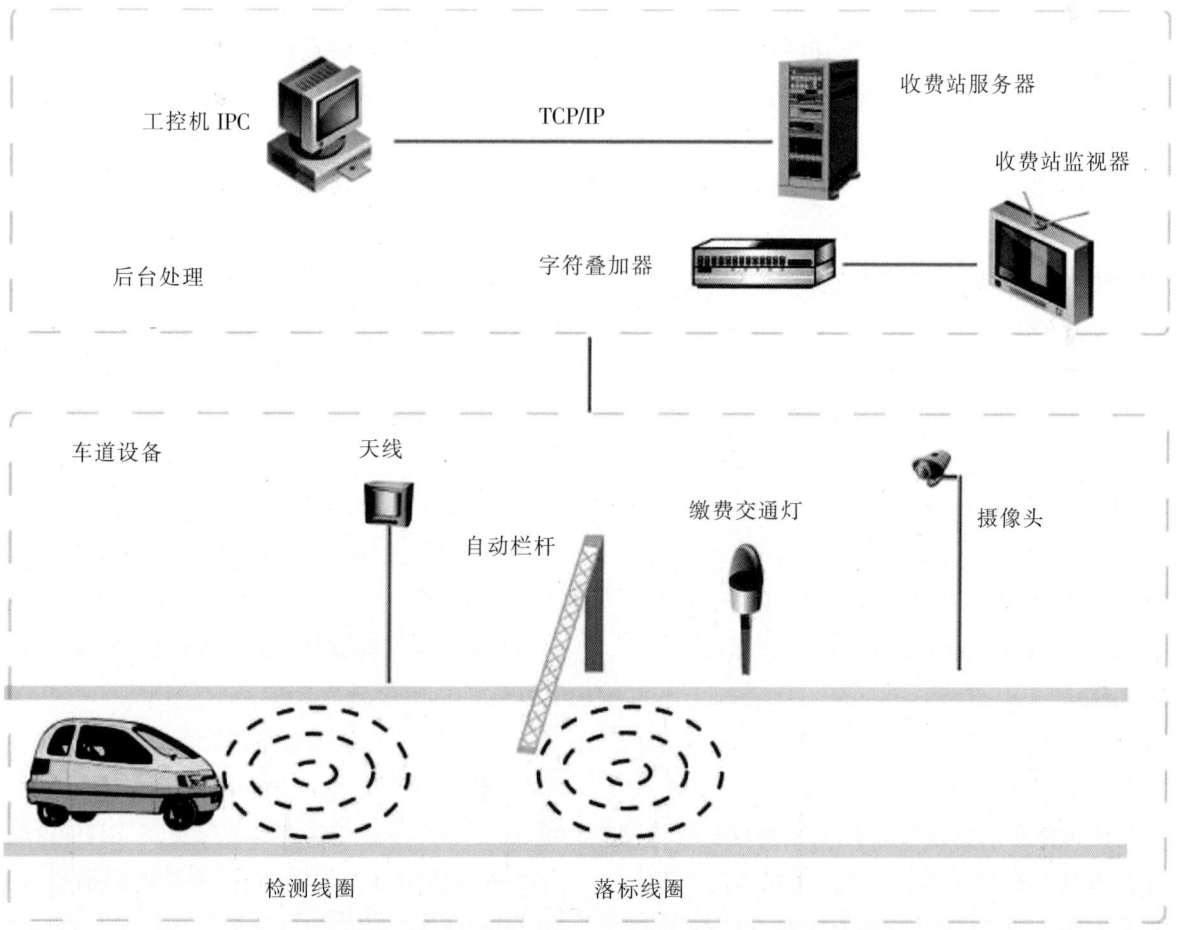

图 12-2-15 应用 RFID 技术的高速公路收费系统

应用实例:1996 年,佛山市政府安装 RFID 系统,用于自动收取路桥费,以提高路桥使用率,缓解交通压力。此系统可以在 0.5 ms 内识别时速为 250 km 的车辆,正确率达 99.95%。随后,上海、广州等地也安装了基于 RFID 的自动收费系统。

(三) RFID 系统在图书馆管理中的应用

RFID 在图书馆管理中的应用,大大提升了原有条形码识别系统的功能,给图书馆的流通服务、书库典藏管理和防盗监测等方面带来了过去无法想象的便利。

应用实例:新杭州图书馆全面启用 RFID 系统,并作为杭州地区公共图书馆大流通(RFID 图书与非 RFID 图书混合大流通)的中心馆,为整个大流通系统服务。新杭州图书馆项目包含各类电子标签 190 万张,RFID 专用设备 72 套,是一次性建成的最大 RFID 图书馆,包括指纹识别、多种标签混合使用、创造性的标签数据格式等诸多技术创新、业务创新都在新杭州图书馆得以实现。由于 RFID 系统的采用,图书馆全面支持第二代身份证、杭州市民卡作为读者证,通过市民卡的信用体系保障,读者能够真正全免费办证(免年费、免押金)。据统计,在新馆开馆最初的 5.5 天里,办证 1.3 万张,借还图书 8 万册;开馆 30 天内就为读者办证 3 万张(在新馆之前,"杭图"50 年共为读者办证 5 万张)。如果没有 RFID 系统,"杭图"将无法应对如此大的读者群体。

(四) RFID 系统在门禁安保中的应用

应用 RFID 这种"射频卡"的门禁安保系统,可以实现一卡多用。比如,工作证、出入证、停车卡、饭店的住宿卡,甚至旅游护照等。目的是识别人员身份、收费、简化出入手续、提高工作效率、安全保护等。只要进出人员佩戴身份证大小的射频卡,经过出入口的阅读器时,人员身份自动被识别,会对非法闯入者报警。安全级别要求高的地方可以结合诸如指纹、掌纹或颜面等特征的识别。

应用实例:1996 年,夏季奥林匹克运动会的安全机构采用"射频卡"结合生物测定学技术,将此作为保安系统中的一种,运动员和官员随身携带含有自己手掌信息的"射频卡",当他们要进入某一安全区,必须将右手搁在扫描器上,只有此人手掌同系统数据库所掌握的信息的三维图像一样,并且同本人携带的"射频卡"上信息一致方可进入。

(五) RFID 系统在各种收费方式中的应用

我国的收费卡多为磁卡、IC 卡,而"射频卡"也开始抢占市场。因为在一些恶劣环境中,磁卡和 IC 卡容易损坏,而"射频卡"不易磨损,不怕静电、消磁,使用起来也方便、快捷。甚至不用打开包,只要在阅读器前一晃就可以完成交费,还能够同时识别几张卡,并行收费。

应用实例:我国许多大城市的公共汽车异常拥挤,用磁卡、IC 卡需要排队刷卡。而如果使用嵌有"射频卡"的电子月票,就无须排队。只要从车门处经过,就完成了自动交费。类似地,会员卡、就餐卡、购物卡、电话卡、储蓄卡等,均可使用"射频卡"。"射频卡"上有内存分区,不同区域有不同的安全级别,可以在不同的环境中使用,互不干扰。未来的发展,会将现在人们所持的各种卡置于一张"射频卡"上,这样手持一张卡就可以在各处使用。

(六) RFID 系统在自动化生产线中的应用

使用 RFID 技术,可以实现对生产流水线的自动监视与控制。带有电子标签的零部件,在何时完成何道工序都被输入管理系统中,甚至可以将测试结果发到生产控制中心。这样的系统,既可以提高生产率,又能改进生产方式,最终达到节约生产成本的目的。

应用实例 1:德国宝马汽车公司在装配流水线上应用了 RFID 系统,生产基于用户(从上万种内部和外部选项中选择诸如汽车颜色、引擎型号、轮胎式样等)定制的汽车。这样一来,流水线就有可能要同时装配上百种汽车。这就需要每个工序的阅读器去识别带有"射频卡"的零部件,解读"卡"中的详细信息,以确保整个装配过程按客户的定制来完成。

应用实例 2:集成电路制造商在芯片制造中采用射频识别技术的自动识别工序来控制系统。由于芯片生产对超净有特殊需要,RFID 就成为非常理想的自动识别系统,而其他识别技术,如条码,在如此苛刻的条件和超净要求下就不适用。在超净车间里,芯片在工序之间移动时,会因各种原因进入废料堆而造成损失。RFID 系统就可以核查废料堆、设备、工序和操作人员。如果其中任何一项数据不对,设备将停止工作,同时向操作人员显示指令。

(七) RFID 系统在仓储管理中的应用

将 RFID 系统用于智能仓库的货物管理,可以高效、准确地管理与仓储、货物流动有关的信息。通常,将阅读器和天线置放在仓库的货物进出通道,当每件贴有电子标签的货物经过时,所有动态信息存储到仓库的中心计算机里,还大大提高了出入库效率。

应用实例:2005 年,深圳某物流企业在国内率先引入 RFID 仓储管理系统。引入 RFID 后,所有入库货物经安装在库房入口的 RFID 扫描后,识读系统将自动读取电子标签中的信息,并将这些信息自动录入管理系统中,系统也自动生成相关的入库信息,剩余工作也完全由 RFID 仓储管理系统自动完成。仓库利用率提高了 50%。

(八) RFID 系统在列车车厢识别中的应用

长期以来,对列车车厢的条码识别,主要采用超声波和雷达测距系统。现在被 RFID 系统取代,"射频卡"一般安在车厢顶部,阅读器安在铁路沿线,这样就可得到车辆的实时信息。通过读到的数据,能够辨别车辆的身份,防止列车车厢遗漏在某个编组站内。

应用实例:铁道部使用的铁路车号自动识别系统(ATIS)是我国最早应用的 RFID 系统,也是应用 RFID 范围最广的系统。早在 20 世纪 90 年代中期,铁道部在中国铁路车号自动识别系统建设中,就采用 RFID 技术来解决"货车自动抄车号"的最佳方案。采用 RFID 技术以后,铁路车辆管理系统实现统计的动态化、自动化,降低了管理成本。据相关报道,使用 RFID 系统后,货运物流每年的直接经济效益达到 3 亿多元。

(九) RFID 系统在食品安全领域中的应用

近年来,由于食品安全问题频繁发生,严重影响人们的身体健康,引起全世界的广泛关注,欧盟、美国等发达国家和地区要求出口到当地的食品必须进行跟踪和追溯。在我国,保障食品安全的任务也迫在眉睫。以 RFID 技术为核心的食品安全追溯系统可广泛应用于农、林、牧、副、渔等各类食品的安全追溯管理,通过采集相关的动态信息并传输到终端管理系统,实现各相关部门对食品企业的监督和管理。

应用实例:2008 年北京奥运会期间,就应用了基于 RFID 技术的食品安全管理系统。将 RFID 应用于奥运会食品的安全保障,是奥运史上的突破。这套系统可以实现食品从源头到最终消费者的监控,如图 12-2-16 所示。此系统以 RFID 电子标签为基本流动数据载体和基本信息单元,采用先进的信息传输技术、计算机网络技术、数据库技术,使奥运食品的管理,成为一个完整的动态实时的人机系统,严格保障奥运食品的安全。

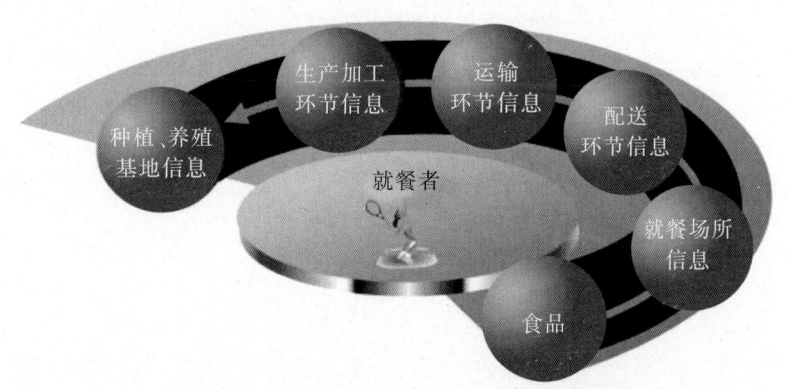

图 12-2-16 奥运食品安全追踪系统流程图

我们可以从下面这段拟人化的文字中体会出 RFID 在奥运食品安全追踪系统的运作情况。

一罐啤酒的自述

作为奥运会的指定啤酒,我的"一举一动"似乎格外引人注目。自诞生之日,我们每个兄弟姐妹的身上都被打上了一个条形码,还被贴上一个带芯片的电子标签。于是,我就拥有了自己的电子身份证。据说,将条形码和电子标签的信息进行相关处理后,我们的行踪就都在食品监管部门的掌控之中了。根据每个奥运餐厅啤酒消费量的需求,我们会被物流公司运到需要我们的地方去。在装有 GPS、GPRS(全球卫星定位与遥感)、GIS 系统和带有 RFID 阅读器的车厢内,温度、湿度传感器会把我们在车厢内的"身体"状况实时传递给食品监管人员。同时,在电脑前就能查看到我们所经过的线路以及装运的全过程。被消费时,我的信息也在第一时间传到信息库里,屏幕上将会清晰地显示:××消费了代号为××号的啤酒。

以上只是 RFID 技术在部分领域中的应用,RFID 还可以用在邮件的处理、动物身份的标识、汽车的防盗系统、运动计时系统以及防伪系统等很多领域。随着关键技术的不断突破、电子标签价格的进一步降低、RFID 产品种类的不断丰富,应用会越来越多,衍生的增值服务也必将越来越广泛。这将是一个广阔的市场。有专家预言,它有可能成为继移动通信技术、互联网技术之后,又一项影响全球经济与人们生活的新技术。

应用于物流领域的标准化技术和信息化技术之所以被称为辅助技术,是因为没有这些技术,物流活动也可以开展,只是效率很低。而现代物流恰恰是获得这些辅助技术的支持后,才真正拥有了品质,拓展了功能,提高了效率。

第三章 现代物流经济

现代物流经济主要研究物流的供求特征、市场结构、产业组织以及政府的物流产业政策等。由于现代物流产业具有特殊性,因此,其经济规律也有其自身的特性。

第一节 经济分析

一、供求分析

作为一个新兴产业,现代物流同样符合经济流转的基本规律,即需求规律、供给规律、供求平衡规律等。但由于服务内容、技术支持和运行模式存在特殊性,因此,现代物流的经济属性有其特殊的规律性和比较显著的特征。

(一)物流需求层次

所谓物流需求,是指物流业的客户或消费者准备、愿意和能够购买的物流服务。物流需求虽然符合一般的需求定理,即对物流的需求随物流服务价格的下降而增加,随价格的上升而减少,但物流需求还受其他直接消费需求的影响,表现为一种特有的"引致需求"。

物流需求的具体体现是消费对象如何通过自身的位置变化,使消费者达到消费目的而获得满足。随着社会的发展与进步,物流消费需求的层次越来越被细分,这种需求层次的细分可以归纳为以下几个方面。

1.实现普通的空间流转

普通的空间流转是运输需求中最基本的需求,只要能完成从起始点到目的地的移动,就能满足最基本的运输需求。但是,尽管是普通的空间移动,依然要面临流径选择、衔接点的选择等具体问题。因此,这些问题就成为最基本的物流需求问题。

由于现代物流的本质是通过优化流程来满足最基本的物流需求,所以流径选择就成为核心问题之一。从理论上讲,假设流径是无差别的,最短流径是必然选择。然而在实际中,流径是存在差异的,这就需要选择最佳流程。它不仅涉及流径的选择,还涉及不同流径以及相应运输方式的匹配、流径之间衔接点的选择等问题。

应用实例:某种直接性消费需求,如购物、旅游、出差等,引发需要改变空间位置的需求,并引发如何改变空间位置的基本物流需求。由于基本物流需求涉及流径选择、运载工具的匹配、衔接点的选择等,所以在运载实施之前,需要完成流程选择。在工业革命之前,由于物流需求大多只涉及单一流径的选择,并不需要复杂的物流技术,所以它基本镶嵌在传统运输功能中。

2.实现快速的空间流转

这一层次物流需求对流转的时间量提出了具体要求。它是在流径选择时,还要考虑时间要求的复合型需求。如何实现快速空间流转的复合型需求,往往需要在流径选择和运输方式选择之间进行权衡,甚至需要多种运载工具相互衔接、相互配合,并且并行着技术上的协调、时间上的协调、流程上的协调等。这使需求问题变得复杂起来。

应用实例：当复合型物流需求变得越来越复杂时，原来镶嵌在运输中的物流功能，开始出现分离，甚至从附属地位上升为主导地位，以满足这类需求。运输业主导运输服务完成服务对象的移动，逐渐转变为物流业主导流程服务完成服务对象的流转。通过仿真模拟，来测算每个流程方案的耗时，成为满足这类需求的主要技术手段。

3.实现低成本的空间流转

实现低成本空间流转这一层次的物流需求，对流转费用提出了限制性要求。这实际上是在流转费用限制内的流程择优问题。对各种流转方案，测算其流转成本，就成为核心工作。现实中，考虑流转成本的物流需求占大多数，但更多的是与流转时间进行权衡。这种权衡，就是基于低成本空间流转约束下的物流需求。

应用实例：世界上低附加值的物资，都把限制流转费用作为流转的主要约束条件。随着流转对象自身价值的提高，或与流转费用的比值不断提高，对流转成本的要求越来越弱。而高附加值的流转对象，往往不太考虑流转费用的约束。

4.实现安全的空间流转

这一层次的物流需求，把安全放在了第一位。实现安全流转，对于货物流动而言，是消除流转中的"损、差、错"；对于需要流转的人来说，是保证人身在完整流程中不受伤害。由于不同流程的安全系数存在差异，因此需要对不同外部条件下的流程进行判断。

应用实例：在不同的外部动态条件下选择流径和选择运载方式，是实现安全流转时常常遇到的问题。尽管在选择时会尽可能地将所有变量考虑进去，但仍不可避免在执行方案时，受到意外因素的干扰。所以，以安全为核心的流程选择，精确预测所有可变参数就成为关键。

5.实现准时的空间流转

这是现代社会流转体系下产生的物流需求。它不是一味追求流转速度快，而是追求流程终结的时刻要准确。这实际是对流程控制提出更高的要求。单从流程成本考虑，实现准时的空间流转会增加流转成本，但是准时的空间流转，恰恰可以大量消除流程中不必要的停留，从而使库存费用、装卸费用大大降低，并使整个社会的流转成本下降。

应用实例：准时制（JIT）是日本丰田株式会社用于汽车制造，来满足降低汽车装配成本的一种方法。它源于"军事后勤"的保障技术。准时制技术的推广，大量削减了汽车零配件的库存，减少了因出入库、装卸搬运而产生的多余流程。

6.减少空间流转的波动

这一层次的物流需求，对于流程而言，主要是减少流转过程中的速度变化，防止流转对象受到剧烈的冲击、颠簸、震荡等。从物理学的基本知识可以知道，平稳的流转是节省能耗的最佳方法，也是减少流转对象在三维空间、6个自由度上运动波动的有效措施。

应用实例：对于消费者自身来说，这类需求表现为舒适性的空间流转。由于4种主要的运载工具基本都能够在三维空间内实现6个自由度上（3个维度上的位移和绕3个维度的旋转）的运动。因此，每个自由度上的运动加速度控制在规定的范围内就成为关键。

7.实现综合的空间流转

前面涉及的6种需求，其中任意两种或多种需求的组合，就是综合物流需求的体现。综合物流需求对物流服务提出更高的要求，本质是多维需求的复杂平衡。

以上对物流需求的分析，如同马斯洛的需求层次分析。只不过物流需求层次是伴随需要有空间流转的需求而"引致"的需求。物流的需求层次可以用图12-3-1来表示。

从图12-3-1可以看出：三角形的下半部分是物流的基本需求，大体可以分为3类6种；而三角形的上半部分则是物流的综合需求，也就是现代社会的流转，需要方便敏捷的流程、多维度的价值增值和服务领域的不断拓展，恰恰是这些物流需求促进现代物流的发展。

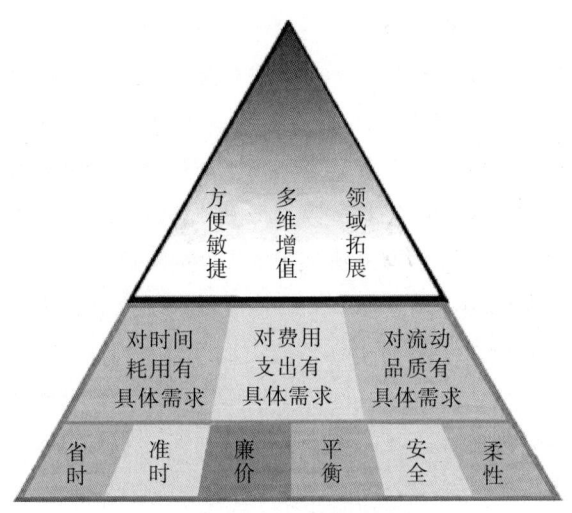

图 12-3-1 物流的需求层次

(二)物流需求要素

物流需求是产生物流活动的第一要素,它包含需要改变空间位置的客体(服务对象)流的子要素或基本要素。这些基本要素主要有以下5个方面。

1.流动数量

需要改变空间位置的客体的重量或体积,是一个可以累加的数量指标。它与运输中的运量属于同一计量单位,但与流量有本质的区别。流量通常是指单位时间内流过的数量。在没有物流载体时,流量无法产生或产生的是没有评价意义的流量。

2.流动时刻

客体需要开始流动的时刻,即任何物流需求都必须提出有明确的起始时间。但是,它与通常所说的流时有本质的区别。流时通常是指一个具体的流程所需要消耗的时间(也有观点认为,流时包括耗时与起始时刻两个含义。所以本书用流动时刻,避免歧义)。

3.流动起止

需要流动客体的起始点和终止点。流动起止点与距离、流程有本质的区别,距离是起止点之间某一流径的长度,只有在流径选择完成后,距离才能计算出来;而流程只有在客体按某一流径完成流动后才真正产生。距离只表明长短,没有方向性;而流程既有长度又有方向。

4.流动属性

需要流动客体(或物质)的理化特性。不同物质的理化特性对物流供给提出不同的、客观性的流转要求。如有毒、有害、易燃、易爆物质,由于它们具有活跃的理化特性并可能带来的危害,因而人们对流程的安全性提出更严格的要求。

5.流动要求

需要流动的客体在流动安全、成本、时间、品质以及价值增值等方面提出的主观需求。这些具体的流动需求,基本就是前面在物流需求层次分析中所涉及的需求,主要包括3类6种基本物流需求和综合性的物流需求。

以上5个物流需求元素,包含了需要流动的物质数量(多少)、时刻(何时)、起止(从哪到哪)、属性(客观的技术要求)、需求层次(主观上的具体流转需求)。这些元素包含了明确而具体的信息,并刺激物流供给的分层演化。这些元素共同集合成物流需求要素。

(三)物流供给类型

所谓物流供给,是物流服务商愿意并能提供的物流服务。尽管物流供给提供的仅仅是一种非实物性的服务,但它的使用价值通过方案选择、流程优化等在物的空间流转中得到体现;而它的价值则通过脑力劳动或劳务,使流转物获得增值。物流供给同样符合供给定理,即物流供给服务随价格上升而增加,随价格下降而减少。

关于物流服务的类型或分类,人们有多种认识。当前主流的观点认为:物流供给分为第一方、第二方、第三方,甚至第四方、第五方物流。

第一方物流被认为是生产企业为自身的生产提供物流服务或物流解决方案。这种物流供给附属于生产流程,物流服务占有的资源多,效率不高,因而逐渐没落。

第二方物流被认为是传统零售商、分销商甚至消费者为自身提供的物流服务或解决方案。对于零售商和分销商而言,商业贸易、市场营销、经营模式选择等是运营的核心,物流服务只是企业运营的附属工作。它同样存在资源占用多、效率不高的问题。

第三方物流被认为是传统的、社会化的储运业把仓储、流通加工、运输配送等功能整合起来而形成的,或是生产企业、流通企业将物流功能分离出来,并进行社会化的结果。由于这两类转型,都能使资源实现社会化,因而提高了利用效率。由于突出了专业性,提高了流程效率,所以第三方物流逐渐被社会所接受。但由于相当一批企业并没有掌握物流的核心要义,因此从事的仍然是传统储运。

第四方物流被认为是具有物流价值的、专门从事优化流程的社会化企业。由于第三方物流企业大多数是以传统储运附加物流功能而生存,仍无法摆脱社会对它们的传统认识,也无法摆脱传统储运的资源占用多、劳动密集型、物流服务的附加值比较低的状况。因此,一些为了占据物流服务高端市场的经营者,开始从事诸如开发优化物流流程软件、设计物流实施方案的纯脑力劳动。这类物流公司并没有任何储运设施,而是在高级写字楼利用模拟软件、仿真软件、优化软件等为客户开发物流服务项目。降低客户的运行成本和流程成本,提高运营效率是这些公司的服务项目。

第五方物流被认为是有政府部门参与的、为物流网络提供优化的社会化企事业单位。从第一方到第四方物流服务,都只能在特定的区域结构中寻找最佳的流程,但物流网络本身不合理,它们却无能为力。因此,当政府有关部门授权或参与其中,政府有关部门就可以在物流网络规划、流径和枢纽的调整等方面行使公共权力。提供这类专业化的优化服务已经突破静态设施能调整的限制,把物流网络作为优化的对象而不仅仅是优化流程的限制性条件。

以上分析了5种类型的物流服务。物流供给的基本功能,就是围绕优化流程而展开的。在此基础上,使物流服务资源不断社会化、不断提高利用效率,日益发挥基于现代信息技术的整合功能,将高端物流服务逐渐从附属在传统储运业的形态中分离出来,由政府有关部门授权或参与其中的物流网络优化,都是物流供给的重要发展趋势。

(四) 物流供给要素

物流供给是实施物流服务的主体与核心要素,它把物流策划方案、物流设施与执行者或操作者结合起来。它主要包含以下物流供给子要素或基本要素。

1. 流动载体

流动载体是指能承载客体(需要流动的数量)并实现流转的工具。这些工具包括装、运、搬、卸等载运工具。物流载体与物流客体共同形成物流流体。(本书认为物流载体是物流供给要素,它隶属于物流流体,所以物流流体已经不是物流系统的基本要素,而是由供求要素合成的子系统或复合元素体)

应用实例:在最普通的汽车运载中,被运的货物(数量)是客体,汽车是载体。当汽车开始运载后,货物(客体)与汽车(载体)成为流体,它拥有速度、流动数量(重量或体积)、流量、流径、流向、流程等特征值。这些特征值描述了汽车的动态。

2. 静态设施

静态设施能支持流体实现流转的网络。这些静态设施主要包括各种类型的流径和能调节网络流量的枢纽。这些流径包括水域、陆域、空域3类通道和航道、航线、公路、铁路、管道等5种主要的运输线路。而枢纽主要包括调度运载工具的交通枢纽、控制管道流量的管道枢纽和调节客体流量的物流枢纽。

应用实例:静态设施的水准是支持一个区域物流服务品质的重要基础。流径的合理分布或调整、枢纽的合理布局或调整源于区域政府部门的规划水平;对静态设施的合理使用与控制,体现的是政府部门对专业型社会资源、公共资源的管理水平。

3. 策划方案

策划方案是指根据客体的具体需求,选择流径、运输工具、衔接地点、积载形式、联运方式,测算流程耗时、费用、安全系数等,并最终从中择优的过程。

应用实例:国际多式联运本身是各种运输方式相互配合完成跨国、跨洋的货物流转,以及全球性的货物流转。在承接国际贸易货物后,先要查询各类国际航运线路上的船期、国际空运航线航班、铁路公路运营商;然后设计国际多式联运方案(包括选择运营商、船期、航班、衔接地点等);根据可能执行的几个方案,测算流转费用(包括运费、仓储费、装卸费、代理费、保险费等)

和流程耗时等；最后，从中择优，确定最终方案。

4. 组织实施

组织实施是根据策划方案的具体要求，落实到执行操作层面的过程。组织实施是物流供给的必要环节，也是所设计的流程能否顺利流转的关键。

应用实例：在具体的组织实施过程中，根据具体的策划方案安排与提供载体、对所选择的流径复核、测算实际运营速度、对操作方案的执行情况进行全程跟踪与了解、遇到问题及时修正等都是组织实施的内容。

5. 资金投入

资金投入是指流体完成空间流转所需要的全部费用。物流供给能否正常运转，完全取决于资金投入水平。不同类型的物流供给，投入大相径庭，所以要根据物流供给类型，规划好资金投入。优化资金投入，本身也需要优化流程的物流思想来实现。

应用实例：现代物流的核心竞争力往往从分析资金投入结构中获得。因为物流流体的能耗、材料消耗有一定比例是用于载体而非客体，所以载体耗费过高就相对缺乏竞争力，尤其是从传统储运转型的物流公司，资金占用量大，投入也大，就需要进行结构优化。

（五）物流供求分析

在物流供求之间同样存在供求平衡问题，同样符合市场经济的基本规律。但由于物流提供的是一种优化流程的服务，所以它有自身的供求特性。其中，最突出的特性是物流供求要素的结合，形成流或流体，如图12-3-2所示。

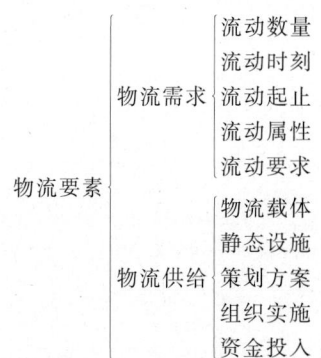

图12-3-2　物流要素分析图

根据前面对物流需求和物流供给要素的分析，物流供求要素在结合的过程中，形成流。但所形成的流未必是优质流。如何判断流的品质，需要有一套科学的评价方法。最终的评价结果，应以物流的效果（也称"流效"）为准则。这种评价结果一定是综合性的。以下就简要地分析流或流体所包含的可以用于评价的指标。

1. 流径是流体选择的路径

通常，流径可以泛指各类运输线路的总和。但在评价时，流径与道路、管道、航线还是有本质上的差别，例如，道路是客观存在，有等级上的差异和状况上的差异；而流径是从客观存在的线路中进行选择。选择就有优劣之分。判断流径选择正确与否需要动态评价，即对每次不同流径的耗时、费用以及安全系数进行综合评价。

2. 流量是某流径上单位时间内流过的数量

流量需要按不同流向进行统计，通常会以某观测断面统计流向不同方向的流量。流量一般分为客体流量和载体流量。客体流量是物流服务对象实际发生的流量，但准确统计比较困难，因为在不同的观测断面，流量都在变化；载体流量近似交通流量，是对运载工具的统计。流量多用来评价流径的利用程度。

3. 流程是流体实际流动的距离

在实际中，任意两点之间的流径一般都不止一条，而不同的流径，则存在流程上的差异。在设计物流方案时，要根据预选的流径计算相应的流程，并选择最佳流程。需要强调的是，最短流程并不一定是最佳流程，因为在现实中，最短流程并不一定耗时最省、运营成本最低。流程的优劣要综合各种因素来评价。

4. 流向是流体的流动方向

流体的流向一般指向流径（在某截面）的两个径向方向。在实际中，同一流径、不同流向上的流量往往不平衡；同一流向、不同时间段的流量往往也不平衡，所以要发挥流径效率，甚至是物流网络的效率。在物流网络上、在不同时间段合理配置不同流向、流量的客体流、载体流，就成为具有科学性、复杂性的问题。

5. 流速是流体的运动速度

在流动安全的前提下，流速越快、流量越大，流动效率也越高。但流动越快,流动的安全系数就会降低。而且流速越快,对于离散流来说,流体与流体之间的安全间隔距离就越大。在设计物流方案时,要科学地选择流速。

(六)物流弹性分析

物流的弹性分析,主要涉及物流需求的价格弹性、物流需求的交叉价格弹性和物流供给的价格弹性。不同物流服务类型的弹性系数有比较大的差异。

1. 物流需求的价格弹性

经济学对需求价格弹性的定义,同样适用于物流需求的价格弹性。物流需求价格弹性系数(E_d)为:

$$E_d = -(\Delta Q/Q)/(\Delta P/P)$$

式中:ΔQ 为需求量的变化量;

Q 为需求量;

ΔP 为价格的变化量;

P 为价格。

应用实例:根据前面对物流需求层次的分析,对应于低层次的物流需求,由于需求单一,且为生产、生活所必需,因此,需求价格弹性比较小;而对应于需要柔性流转的需求层次,价格弹性较大;其余层次的需求价格弹性居中。总体来说,基本物流需求缺乏价格弹性。

2. 物流需求的交叉价格弹性

物流需求的交叉价格弹性,表示的是A类物流需求对B类物流供给价格变化的敏感程度,用公式表示其弹性系数:

$$E_{AB} = (\Delta Q_A/Q_A)/(\Delta P_B/P_B)$$

式中:ΔQ_A 为A类物流需求量的变化量;

Q_A 为A类物流需求量;

ΔP_B 为B类物流价格的变化量;

P_B 为B类物流价格。

由于物流服务的方式有多种,在时间耗用、设施选择、流径选择等方面,可以实现不同的组合;因此,物流成本存在差异,服务内容和功能也存在差异。在服务内容和功能相同的条件下,价格是物流客户选择物流企业的重要因素。因此,虽然基本物流需求的价格弹性较小,但基本物流需求的交叉价格弹性却比较大。

应用实例:在物流服务的体系中,服务方式之间可分为互补性服务和替代性服务。对于互补性服务,提高A类物流服务价格,会减少B类物流需求。如装卸与运输就属于互补性服务,提高任一环节的服务价格,都会减少物流需求量。对于替代性服务,提高A类物流服务价格,B类物流需求会增加,如汽运与空运,当空运价格提高时,汽运量会增加。

由于物流需求的交叉价格弹性比较大,因此会对物流行业发展在正反两个方面产生作用。在相同价格下,物流服务的功能少、质量差就会流失客户;因此,物流企业必须在服务上有所改进。另一方面,由于物流需求的交叉价格弹性比较大,因此在物流服务功能、服务质量相同的情况下,也会引起物流业内的价格战。这是行业主管部门需要重点管理的内容之一。

3. 物流供给的价格弹性

物流供给的价格弹性表示的是物流服务的供给对该服务价格的反应程度,一般用物流供给价格弹性系数来表示,即:

$$E_s = (\Delta Q_S/Q_S)/(\Delta P/P)$$

式中:ΔQ_S 为供给的变化量;

Q_S 为供给量;

ΔP 为价格的变化量;

P 为价格。

应用实例:物流供给分为基础设施与运行设备两部分。当基础设施的利用饱和时,物流供给是缺乏弹性的($E_s<1$);而当基础设施利用率不高时,物流供给的价格弹性比较大($E_s>1$),它可以从物流供给曲线上得到反映。如图12-3-3所示。

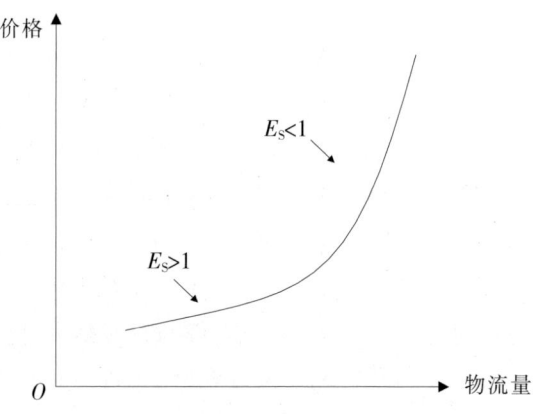

图 12-3-3　物流供给曲线与供给价格弹性

(七) 物流的投入与产出

所谓物流投入，是指物流供给者在物流服务过程中，所使用的是生产要素，它分为固定投入和可变投入。所谓物流产出，是把物流投入转变为物流服务的过程。物流服务与一般生产最大的不同，就是基本不改变被服务对象的性质和形态。它主要提供的是优化流程服务。

1.物流的固定投入

所谓固定投入，是指在所考察的一段时间内不随物流服务量的变化而变化的投入。物流的固定投入分为静态基础设施和可以流动的载体。物流业的静态基础设施投入比较大，而且建设的周期比较长。我国的物流基础设施一直由政府投资建设，如何分摊到不同类型使用者的成本中，是值得深入研究的问题。因此在政策、管理方面仍有很多工作要做，如物流基础设施的建设模式、使用效率、折旧方式等都值得深入研究。

2.物流的可变投入

所谓可变投入，是指在所考察的时期内随物流服务量的变化而变化的投入，如燃料和劳动等。对于一个完全社会化的物流供给商（如第三方物流），最大的优势在于可变投入较少。它不像制造业、批发零售业必须购买原料或产品，因此经营风险比较小。

3.物流的技术系数

按照经济学范畴进行定义，当提供一定量的符合客户需求的物流服务时，各种投入之间科学的配合比例称为物流的技术系数。技术系数影响物流业的生产效率和成本。很显然，不同类型的物流企业有不同的技术系数。

应用实例：仅从物流固定投入与劳动的配合比例来分析，现代物流业的发展趋势明显偏向高资本投入和低劳动投入，即现代物流在逐步完成从粗放经营向集约经营的转变。当然，这种技术系数的改变，不会大幅度延续。一定会有最佳的比例范围，即物流产出的经济区，它是两条脊线与一组等产量线构成的区域。如图12-3-4所示。

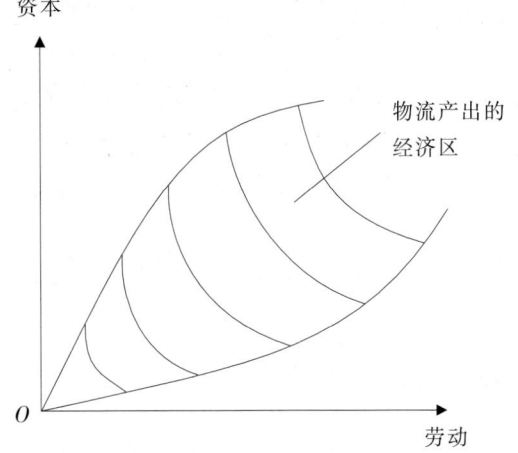

图12-3-4 物流产出的经济区

4.物流的规模收益

所谓物流的规模收益，是指规模变动所引起的物流供给量的变动。当物流需求远大于物流供给且技术系数尚未达到合理的比例时，扩大物流的供给能力，可以使规模收益递增。

应用实例：建造 20 m×20 m×20 m 的立体仓库，容积是 8 000 m³，需要各种材料的面积为 6×20×20=2 400 m²；而建造 40 m×40 m×40 m 的立体仓库，容积为 64 000 m³，是前者的 8 倍，可需要的材料为 6×40×40=9 600 m²，仅是前者的 4 倍。这就是规模收益递增的原因。但是，由于受技术、材料、管理等方面的约束，因此规模收益不可能无限制地递增下去。

当物流的供给规模扩大到一定程度后，物流运营与管理成本大幅增加，同时也会使物流物流系统的响应与效率下降，最终使规模收益进入递减状态。

应用实例：港口吞吐能力过大，可能导致港池、装修设备、后方堆场闲置，致使固定投入的使用效率明显下降，财务成本大幅上升。

二、主要业务

(一) 业务分类

现代物流业务的分类有多种方法。本书按照现代物流服务的常规性和特殊性分类，大体上将现代物流服务分为基本服务型与延伸服务型。具体分类如表12-3-1所示。

表 12-3-1 现代物流业务分类

现代物流业务	基本服务	传统储运	主要包括装卸搬运、堆码存储、集装运输等内容
		流通加工	主要包括拣选拆分、加工装配、整理包装等内容
		信息处理	主要包括制证填单、报关报检、保险理赔等内容
		代理业务	主要包括拼箱配载、订舱理货、监装跟踪等内容
	延伸服务	集成业务	主要从事信息咨询、诊断策划、培训认证等业务
		拓展业务	主要进行开发市场、项目规划、制定战略等业务

(二)业务内容

根据前面的分类,现代物流服务主要分为基本服务和延伸服务,下面对这些服务内容给予展开论述。

1.基本服务

现代物流服务中的基本服务包括传统储运、流通加工、信息处理和代理业务等四类。每类服务都有各自的核心技术和比较突出的特征。

(1)传统储运

传统储运是对"动与静"最基本的概括。在现代物流中,对这类操作,强调操作技术及流程的合理性,侧重评价人机配合的合理性、安全性和配合效率以及库容利用率、流程效率、各种载体的流动效率等。最终还要评价整体的综合效率。

应用实例1:在将货物从某点(仓库、运载工具等)向另一点转移时.①重物的转移方式;②转移速度;③码放方式等都要提前计划好,甚至是设计好的。如重物的转移方式有多种,要根据货物的特性选择。必须要强调的是在转移过程中安全永远是第一位的,效率是第二位的。在安全的前提下,转移的原则应使移动过程的能耗尽可能低,转移效率尽可能高。

应用实例2:装卸速度一般以装卸方式、货物特性为基础,如散粮与袋装粮,就必须选择不同的装卸方式,同样能耗的装卸设备,装载速度是不一样的。散粮的装卸效率一般要比袋装粮的装卸效率高。另外,袋装粮还需要码放,也耽误装卸时间,并使舱(仓)容率下降。

(2)流通加工

现代物流中的"加工"服务,一般是根据客户的具体需要,对物品或商品进行特殊保护,改变形状、尺寸,调整规格等一系列处理过程。随着现代物流的不断发展,在物流领域被加工的物品越来越多,加工的难度不断加大,加工的科技含量不断提升。

应用实例:物流加工服务的本质是改变规模化生产企业的"一对多"(供给对需求)和众多产销企业的"多对多"模式,而实现配送流程的优化、产品利用率的提高,并通过产品的延迟加工而减少经营风险。

(3)信息处理

在现代物流的业务中,信息处理主要涉及费用测算、制证填单、报关报检、保险理赔等业务。由于当代国际物流业务越来越复杂,使得相关的物流信息处理也随之复杂,并增加了处理量。所以需要更多的专业知识和更专业的处理方法,才能提高效率。

应用实例:在现代的国际物流业务中,除了使用大量的标准化的专业术语(基本是英文的缩写形式表示),大量的单证也都采用国际通用的格式,各种处理物流信息的软件也大多使用国际标准化的符号、格式进行输入,并输出国际通用的信息处理结果。

(4)代理业务

在现代物流中,比较典型的代理业务是为货主和承运人代理相关业务。代理业务主要有信息服务、承运服务、拼箱配载、货物监装、调度跟踪等内容。由于现代物流业务的类别越来越多、专业性越来越强,不接触这类业务的客户,很难在短时间内理清业务流程,更难掌握保护自身的合法权益的方法,所以需要有相关的代理人来代理业务。

应用实例:代理业务对于客户而言,主要有查询车次、船期、航班、运价等信息服务;制证填单、代拟合同、代办关税、商检、保险、结算支付及文件审核等手续;代理接货、安排运输方案、订舱(含租船、包机等)、理货、监装、监卸以及理赔等配合流程的辅助服务。

2.延伸服务

现代物流的延伸服务可以概括为集成业务和拓展业务两大类。有部分专家学者把集成业务归入"第四方"物流的核心业务。而拓展业务以物流创新业务为核心,并且政府有关的专业管理部门参与其中,使相关业务有了新的内容。

(1)集成业务

集成业务主要包括信息咨询、诊断策划、培训认证等业务。由于一些客户并不十分了解现代物流的技术与业务流程,因此帮助客户了解相关信息、查找客户的流程缺陷、策划经营方案等,可以更好地为消费者、企业甚至是物流企业解决衔接、优化等问题。

应用实例1:企业或物流企业在经营过程中,会遇到各种问题,有些问题企业可以自己解决,有些问题仅仅依靠企业自身的力量无法解决,因此需要借助外部的力量加以解决,如流程再造、流程风险评估、流程费用控制等都属于诊断服务。

应用实例2:全球经济一体化与市场化,迫使每一个参与其中的物流企业必须按照国际标准进行规范经营。因此,企业在参与国际竞争之前需要进行认证工作。现在,涉及认证的标准比较多,主要有涉及质量体系的 ISO9000 系列;涉及绿色环保的 ISO14000 系列;涉及职业健康安全体系的 OHSAS18000 系列;涉及社会责任认证的 SA8000 系列。

(2)拓展业务

拓展业务主要包括开发市场、项目规划、制定战略等业务。由于这类服务没有可复制的模板,每项工作都需要根据外部条件、区域演化规律、市场变化的速率等进行创新型展开;所以这类拓展业务,具有很强的专业挑战性。

三、产业组织

物流的产业组织是伴随着人们对物流认识的深化而不断演变和发展的。物流产业组织要解决的核心问题就是在一个组织中安排负责物流活动的人员,改善组织结构,更好地相互协调、相互合作,并提高组织的绩效。

(一)现代物流产业的类型

不同类型的物流组织,有不同的研究对象、目的和范畴,并形成与之相适应的分类。从考察的领域和角度的不同进行分类,物流可分为宏观物流和微观物流。

宏观物流是指从社会再生产总体认识和研究物流的总体活动。属于宏观物流的有区域物流、产业或行业的物流、社会物流、国际物流等。宏观物流的主要特征是综合性和全局性。宏观物流研究内容主要包括:物流总体构成,物流与社会的关系、在社会中的地位,物流与经济发展的关系,区域物流系统和国际物流系统的建立和运作等。

微观物流主要是指具体的物流活动。属于微观物流的有企业物流、生产物流、供应物流、回收物流、销售物流、废弃物物流等。微观物流的主要特征是具体性和局部性。微观物流研究的内容包括:分拨系统管理、库存控制、物料搬运、订单处理、工厂和仓库选址、区位分析、采购、包装、退货处理、废弃物处理、运输管理等,研究领域十分广泛。

(二)现代物流产业的主要特征

分析物流产业要从研究物流产业的特征入手。不同行业衍生出的物流,业务类型、流程和内容存在比较大的差异。以下简要介绍三种有代表性的物流产业。

1.制造业物流的主要特征

制造业物流区别于其他产业物流的一个重要特征:工厂是被物流整合与集疏的地点。这个特征决定了制造业物流,既主导物流要素进行不同层面的组合,又受到工厂区位的影响。而影响制造业物流的三个主要因素:一是工厂的位置;

二是工厂的布局;三是工厂的调控能力。

应用实例:工厂位置不合理,物流流程就比较长。直到现在,经常会发生工厂难以按照客户的要求,及时、准确地送交货物的现象。因此,在近20年,许多大型跨国制造企业,一直在调整工厂在全球的布局。靠近原料地、靠近主要消费市场或国际化交通枢纽越来越普遍。

围绕制造业的这种调整,制造业物流凸显两种形式:集散型和输送型。集散型主要是上游企业供给大量的原料及零部件,它主要通过采购管理、库存管理和绩效管理来降低物流成本;输送型主要将制造业的商品直接运给消费者。

应用实例:输送型的交送方式主要有两种:一是直接将商品送交消费者;二是先把商品从工厂运到物流中心暂时保存,然后再从物流中心运送交消费者。对于制造业而言,第二种方法是降低物流成本最有效的方法,可以剪除一些无效流程。

2.批发业物流的主要特征

批发业物流的主要特征是将低频率、大批量的商品进行拆分,并通过高频率、小批量的流转,来不断满足多客户的需求。批发业物流主要是制造商与零售商的中介,在物流信息系统的有力支持下,聚集了越来越多的流通加工。

应用实例1:零售商一般都希望尽可能多地配备商品种类,以满足不同消费者的需求。但出于大多数商店的店铺面积都比较有限,所以零售商一般都希望批发商能适时向其提供小批量、多品种的商品。而对于制造商来说,由于生产批量一般都比较大,所以都希望客户尽可能订购多的商品。也就是说,制造商希望的是大批量的物流。批发商恰恰可以协调制造商与零售商之间的矛盾。它们从制造商那里大量订购商品,通过多次分"流",使大批量物流转化为小批量物流,发挥中介调节作用。

应用实例2:批发业的主要工作是对集中流入的大量商品进行拆分,因而流通加工作业必然要伴随商品拆分而开展,如拆箱、分类、组配、整理、包装、贴标签及条形码等。这些工作除了花费大量的时间外,还需要一些加工设备。这也成为现代物流业的重要特征。

由于零售商的订货周期比较短,所以对批发商来说,在很短的时间内完成商品分类、整理、包装、贴标签等大量烦琐的流通加工工作,的确是一件非常困难的事情。为完成这个任务,具备高效率处理商品功能的物流中心便成为批发业物流的发展方向。

应用实例:由于批发业物流要面对多客户与成千上万的各类出入库商品,所以要想用更低的成本向客户提供更优的物流服务,需要物流信息系统的强有力支持。如果依靠管理者的经验对成千上万的商品进行一件一件的挑选,那将是一件非常困难、效率极低的事情。

3.零售业物流的主要特征

大型超市和便利店的连锁经营,让零售企业建立起零售业物流。零售业物流的主要特征是零售商尤其是大型零售商主导与控制商品的流通,而集中配送是零售物流系统的核心功能。零售业通过建立物流配送中心,进一步重组与拆分批发业物流,并与制造商和批发商共同构建起多层次的物流网络系统。

应用实例1:由于零售商直接面对消费市场,对市场变化反应最敏感,更了解每一种商品的特性,所以对商品的储运要求更熟悉。因此,建立零售业物流系统是现代物流的一个发展趋势。这也成为当今零售业物流的一个重要课题。

应用实例2:由于市场需求的波动,零售商必须及时地调整进货计划和方案,同时要求准确地将商品运到商店。为了防止订货风险,保证及时、准确地把货物供应市场,零售商建立起隶属于自己的物流系统(如VMI)。在系统运行的过程中,防止商品断档常用"交货率"衡量商业物流系统运行的好坏。所谓交货率,是指实际交货金额(或个数)占订货总金额(或总个数)的比例,这是零售商对商品供应管理和控制的重要指标。

应用实例3:如果每个零售商店各自向供货商订货,供货商需要派出大量的货车,分别向各零售商供货;另一方面,各零售商同时花费大量的时间来确认、接收这些商品。而物流配送中心产生的基础,就是将各零售商的订货集中起来,通过配车、配载等工作,分发到各零售商店,这样既减少供货次数,又减轻了零售商店的工作量。

(三)现代物流组织

现代物流组织是伴随着人们对现代物流认识的深化而不断演变和发展的。现代物流组织要解决的主要问题是提高物流系统的综合效率。

1.现代物流组织的内涵

现代物流组织是指从企业发展的全局和物流效率的角度来考虑企业的生产与经营活动,在制造商、供应商、零售商之间,建立一个有效的、系统化的且具有储运、流通加工以及信息处理等功能的组织体制。规划和构造,或再构造与创新一个物流组织的结构,是为实现物流组织的目标而实施的组织设计。

2.现代物流组织的重要性

任何类型的企、事业单位或机构都或多或少地存在物流活动,这就意味着要从一些物流组织(无论是正式的,还是非正式的)获得服务。而服务品质,从根本上说,要取决于物流组织的水平。

应用实例1:现代物流组织能调和传统组织存在的矛盾。传统物流组织围绕生产、运务、销售和财务这四个基本职能部门来组织物流活动。生产部门要求累积订单,以便有充裕的时间来计划原材料的经济采购批量,从而降低生产成本;运务部门的职责是追求送货单位成本最小化;销售部门的首要职责是追求利润最大化,希望迅速送货以支持销售;而财务部门的职责是利用最少的资金,获取最大的利润回报。这些目标存在冲突,会降低物流系统的效率,这种组织结构则使物流活动不连续。由此看来,如果不能协调各部门,就不可能实现物流"成本—服务"的最佳均衡。而现代物流组织则是采用系统的方法来协调不同物流活动之间的矛盾。

应用实例2:现代物流组织有助于企业实现效益的更优。现代物流组织不追求单一物流作业的最佳效率,而是追求物流系统的最佳效率。由于物流系统中单一物流功能之间,存在着"二率背反"现象,几乎不可能同时实现每一项物流作业的最佳。所以现代物流组织,则采用系统的方法,牺牲局部的最佳效率,来追求最佳的系统效率,从而帮助企业实现效益的更优。

应用实例3:现代物流组织可以促进供应链之间的竞争。现代物流组织不追求单一企业的最佳效益,而是追求供应链或结盟企业的最佳效益。在没有供应链的条件下,单一企业总是在追求企业自身的利润最大化,但是由于受外部环境的制约,单一企业不仅无法实现自身的利润最大化,甚至无法实施最优或次优方案。现代物流组织的出现,追求的是供应链或结盟企业的最佳效益,因此,市场竞争不再是企业之间的竞争了,而是供应链或企业联盟之间的竞争。

以上3个实例从三个方面论述了现代物流组织的重要性。还需要说明的是,行业不同,在现代物流组织中的重要程度不同。物流组织取决于企业内物流活动的特点,因为每个企业的物流活动并非都是一样的。另外,物流成本如何产生以及哪里最需要物流服务,也会决定物流机构采取什么样的组织形式。总之,不同行业表现出不同的特点。

应用实例:一些大型制造业不仅涉及采购方案、物料管理、生产绩效,还要考虑产品存储、实物分拨、运输配送等多项物流活动,因此对物流组织相当重视。而那些物流费用在总运营成本中的比重很小的企业则认为物流服务水平对客户来说并不重要,这类企业一般不可能对物流组织给予充分重视。

3.现代物流组织的发展

现代物流的理念随时间的推移在不断改变,数十年来,物流活动的组织机构也在不断演变。物流组织的发展,大体上经历了四个阶段。

(1)物流职能分离阶段

20世纪70年代以前。企业的各种物流活

动、功能基本分散和附属在其他职能中，只局限于便利和支持生产经营活动。没有形成主体性，也没有专门的部门统一指挥各环节物流业务的运行，与物流有关的信息常常被扭曲和延迟，权力界限和责任常常模糊不清，从而导致重复流和时间的浪费。这种极度分离的物流组织形式，效率非常低。

应用实例：传统的物流组织是基于传统职能进行专业化分工。由于传统的物流活动实际分散在各项相关的专业活动中，物流职能直接由营销、财务、生产等部门负责监督管理，主管部门进行协调。如果各部门从各自的利益出发，则很难使物流活动的运行协调一致；企业的整个物流活动缺乏系统性，容易出现约束"流"、扰"流"甚至断"流"的现象。传统的物流组织如图12-3-5 所示。

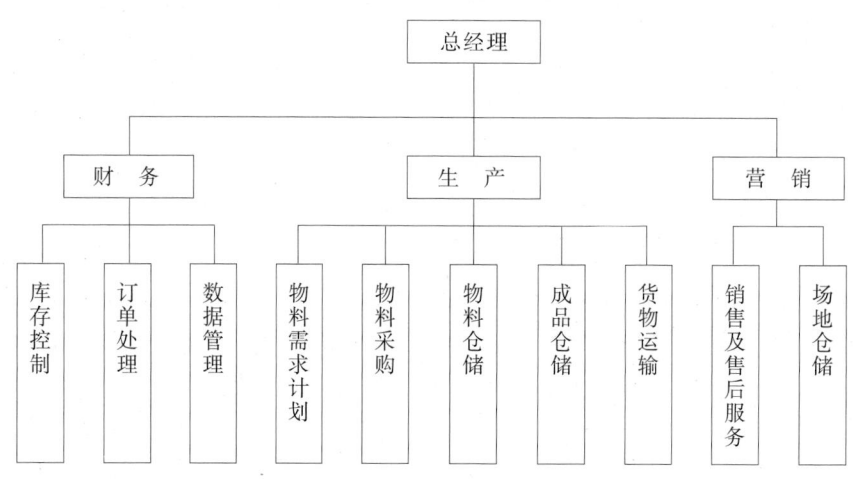

图 12-3-5 传统的物流组织

(2) 物流功能集合阶段

20 世纪 70 年代初期，随着人们对物流认识的不断深化，依据物流功能之间的效益"背反"规律，一些企业将运输活动、库存作业与订单处理过程进行协调。然而，当时的物流组织机构并不完善，许多公司都是通过非正式的手段来平衡各项活动之间的利益。为了能直接协调各项物流活动，企业向正式的组织形式方向发展，如设一名高级经理专管物流活动，这样可以更直接地协调各项物流活动，并不断集合各种专业的物流职能。通过物流组织结构的演进，企业对物流管理带来的收益也有了进一步的了解和认识。

(3) 物流活动全面一体化阶段

到 20 世纪 70 年代末，一些大型的制造业将物流计划和运作职能归入一个专门部门，包括实物供应与分拨。企业越来越普遍的做法是物流活动一体化，并建立协调各项物流活动的且有一定职权范围的组织机构。适时管理、快速反应和压缩时间的管理理念要求对公司内部的所有活动进行准确协调，这些都驱动物流活动的完全一体化的完善。与此同时，更充分地利用共享资源（如车队、仓库、信息等），能产生更大的物流效益。正是物流一体化为企业带来了利益，促使企业在组织结构设置中形成物流一体化组织。

(4) 供应链管理阶段

到 20 世纪 80 年代中期，物流组织不仅包括物流活动的全面一体化，还包括生产过程中的物流活动，即包括原材料采购、生产以及销售的所有物流活动。与前面三个阶段最大的不同就是生产过程中的活动（如生产计划的安排、半成品的库存管理）以及企业内外运输的适时管理计划的协调，都包含在一体化物流管理范围内。

应用实例：我国企业的物流组织多数还处于功能集合发展期，物流专业化技术水平比较低，组织间交易成本也比较高。因此，物流组织结构的创建应从实际出发，根据自身行业的特点、物流规模大小、物流技术环境、市场需求等条件，按照科学的企业组织原理,构建适合自身物流发展的组织结构形式。

4. 现代物流组织的结构

现代物流组织的主要目标是对各项物流活动进行规划、控制和协调。企业内部功能不同,通过不同的物流组织形式进行这种协调活动。物流组织形式常常取决于企业的发展战略、企业组织的传统以及物流活动在企业中的重要性。

某一企业所选择的物流组织形式,通常是企业内部的经营管理而演化发展的结果。在物流组织发展的不同阶段,企业根据自身的规模、战略、技术和生产方式选择符合自身实际的物流组织结构形式,以下介绍几种物流组织结构。

(1) 物流功能集合型的结构模式

在传统物流组织结构模式的基础上,通过职能授权和项目授权的方式,将各部门内物流功能进行整合,使物流活动在组织中凸现出来,以便于各部门进行计划、控制、协调。但是,对于企业的整个物流系统来说,这种功能集合并没有改变物流流程的分散性,物流业务的分割状态仍然没有实质性的变化。物流功能集合型结构模式如图 12-3-6 所示。

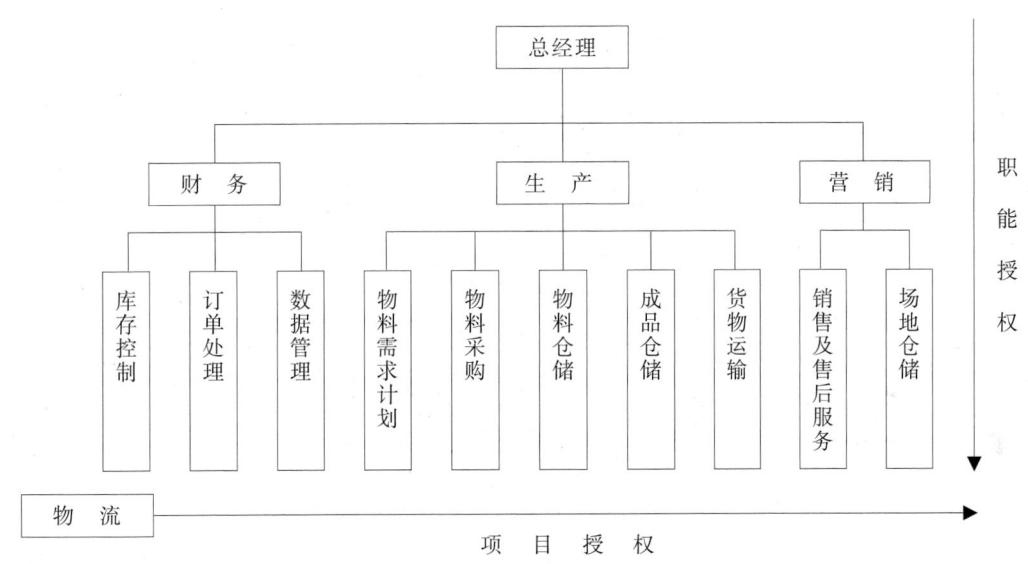

图 12-3-6 物流功能集合型结构模式

(2) 一体化物流组织结构模式

在一体化的物流组织结构模式中,物流部门被提升到更高的级别,权限与其他主要职能部门相同,这有助于保证物流管理与营销、生产和财务受到同等的重视,使物流经理在解决利益冲突时有平等的发言权,这也有利于权利的平衡和企业的整体经济利益。一体化物流组织的绩效因为物流功能的整合和结构的控制而获得前所未有的提高,一体化的物流组织是企业组织不断演进的结果,也是现代物流组织结构不断完善的结果。但一体化进程不仅受物流技术与环境的制约,还会受到组织内部的权利抵制,因此,仍有许多工作要做。一体化物流组织结构模式如图 12-3-7 所示。

(3) 物流功能独立型组织结构模式

在物流功能独立型组织结构模式中,设一名经理主管物流活动,将核心的实物分拨或实物供应功能独立出来,形成与财务、生产、营销平等的专业部门。这使物流的经营职能更加明确,因此能有效地满足企业扩大物流业务量的需要,现代物流组织结构的雏形由此建立起来。但这种结构仍旧沿用传统职能的组织设计思路,职能管理和物流现场作业还不能完全统一,许多具体的物流作业仍分散在生产和营销活动中。物流功能独立型组织结构模式如图 12-3-8 所示。

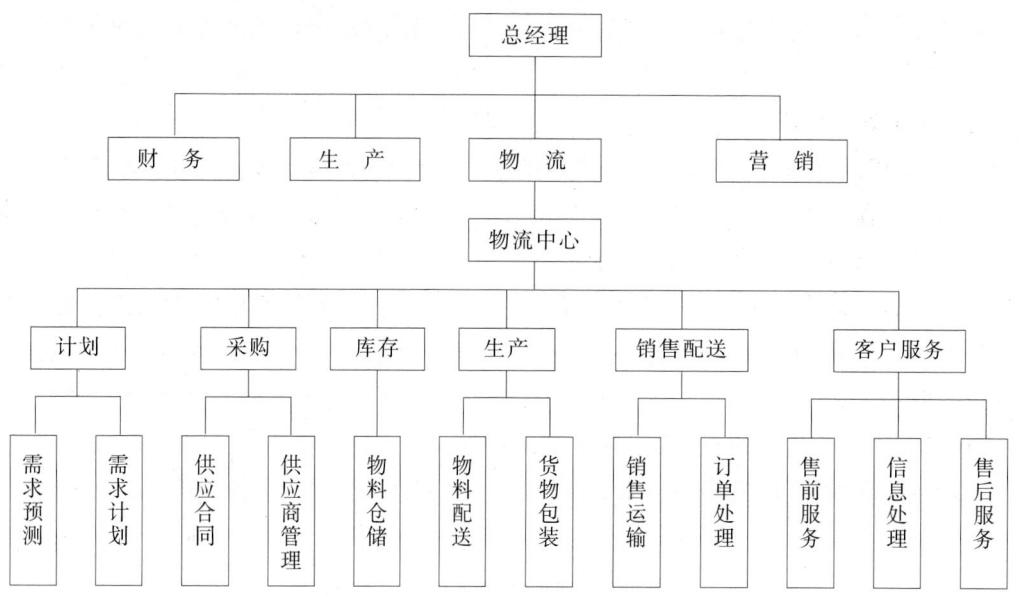

图 12-3-7　一体化物流组织结构模式

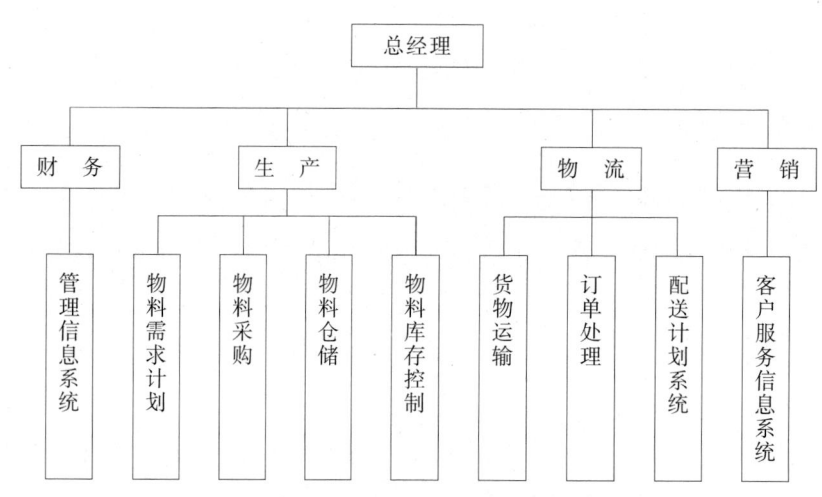

图 12-3-8　物流功能独立型组织结构模式

5.影响物流组织的因素

影响物流组织的因素主要有物流技术、物流规模及企业战略等。

(1)物流技术

物流企业一般涉及技术与组织两类问题。物流技术包括与物流活动全过程相联系的工具、设施、工艺流程等"硬技术";物流组织包括为实现物流活动所需要的管理、控制与评价等"软技术"。这两方面技术的发展都对物流活动的组织提出更高的要求。

(2)物流规模

物流规模从三个方面影响物流组织结构。一是企业的规模越大,组织结构越复杂,组织结构的差异性也越大。二是标准化对组织结构的规范,实行标准化对组织设计提出规范的要求。三是组织结构的合理性。企业必须依自己的规模和业务特点等,在集权与分权的组织结构与设计之间做出合理的选择。

(3)企业战略

物流组织设计必须服从企业战略的需要。企业战略一般分为三个:①基础性战略,包括组织系统、信息系统与基础设施管理等,它们为物流系统的运作提供基础性保证;②功能性战略,包括运输调度、采购供应、仓储控制的策略和方法,这是物流组织设计的基础和依据;③结构性战略,它包括渠道设计和网络分析。结构性战略对组织系统的设计提出具体要求。

应用实例:基于结构性战略,通过渠道设计,提高物流系统的敏捷性和响应时间,来降低物流成本;通过物流库存状况分析、客户服务的调查分析、运输状况和交货状况的分析、物流信息系统分析等,可不断减少物流环节,提高物流系统的效率等。

四、市场结构

按照经济学的划分标准,市场结构主要有完全竞争型、垄断竞争型、寡头垄断型和完全垄断型等四种类型。根据这种划分标准,下面对现代物流市场的结构进行粗略分析。

(一)现代物流市场的结构

在不同的区域、不同的领域和不同的行业内,研究分析物流市场的结构,可以发现四类市场结构同时存在于物流领域中。以下进行简要分析。

1.完全垄断型的物流市场

在完全垄断型的物流市场中,相关的物流业务被垄断型组织完全掌控,并且对这类业务的定价拥有完全的控制权,表现为价格变化不影响物流业务量。

应用实例:我国的铁路系统的物流市场基本属于完全垄断型。由于我国的铁路运载基本属于垄断运营,在技术及价格上都处于垄断地位。所以相应的物流业务也被垄断。因为行业外部对垄断的铁路运载技术缺乏了解,所以很难承揽铁路系统的物流业务。

2.寡头垄断型的物流市场

在寡头垄断型的物流市场中,相关的物流业务被少数寡头企业瓜分,并且对这类业务拥有定价权,或是引领价格的"旗舰"。在这类市场中,物流服务价格与物流业务量符合基本的需求规律。由于进入这类市场的技术门槛、资金门槛都比较高,所以容易形成寡头垄断型市场。

应用实例:远洋系统的物流业务、大型枢纽港的物流业务,由于专业性强、规模大,所以大多掌握少数寡头企业。如国际集装箱班轮积载业务、远洋船舶租赁业务,大多被大型的船代公司、集装箱公司掌握,所以这类业务具有明显的寡头垄断型的市场特征。

3.垄断竞争型的物流市场

在垄断竞争型的物流市场中,相关物流业务的主要部分被多家大型物流企业分享,这些公司采取联合定价或联盟协议定价的方法。这类市场的物流业务,技术含量相对比较低、业务标的额比较低、利润比较低,所以必须将业务做到一定规模才有效益。

应用实例:大型运输公司、大型仓储公司、大型批发公司、大型超市、大型物流配送中心等基本都在垄断竞争型的物流市场中开展业务、挖掘客户,由于各自掌握着不同的渠道资源,依附于这些资源而形成的物流业务,具有相对的稳定性。

4.完全竞争型的物流市场

在完全竞争型的物流市场中,相关的物流业务被众多中小型物流企业竞争,物流业务的价格完全按照市场的基本规律变化或变动。这类市场,物流业务处于散、小、杂的状况,业务的连续性、稳定性都比较差,按需求层次划分,属于基本需求的层面。

应用实例:大量的"第三方"物流公司,如各类中小型货代、快递、物流软件开发、物流信息处理公司等,基本都在具有完全竞争型的物流市场开展业务。这个市场的业务以底端物流业务为主,服务价值和价格都比较小。

(二)现代物流市场的特征

从上面的分析可以看出,在当代各类物流市场并存,物流业务空间巨大,价格要素异常活跃,但垄断的力量也十分强大。在这样的背景下,现代物流市场具有如下特征。

1.物流市场结构比较复杂

由于四类物流市场结构并存,各类市场的资源要素必然会产生相互碰撞、相互替代、相互兼并、相互融合,这使物流市场整体仍处在一种不稳定的状态下,还使物流市场结构的复杂性表现为一种动态的复杂性,而且有向更复杂结构演化的趋势。

应用实例:物流企业对资源的控制、资源的竞争呈现多元化特征。物流市场的主要要素,如服务对象(客体)、服务手段(流动载体和静态设施)与服务者等,并不是每一个物流企业都能完全控制的。例如,铁路系统可以对它的服务手段,无论是流动载体还是静态设施都能进行比较好的控制。而汽车运输企业就无法对服务手段进行完全控制,因为它不能控制公路设施使用状况。由于不同类型的物流企业对资源的控制并非单一模式,因此对可控的资源类型也各不相同,这也就导致物流市场结构的复杂性。

2.物流市场价格体系繁杂

由于现代物流市场并存着四种市场结构,每类市场都有自己的定价体系,再由于物流市场的需求价格交叉弹性比较大,所以不同价格之间的相互影响还是比较大的。

应用实例1:从表面上看,物流市场中的垄断价格相对稳定,但实际上要取决于垄断供给与需求是否能够基本平衡。当需求大于供给时,垄断价格将会主导物流市场的价格,并成为均衡价格;相反,当供给大于需求时,市场竞争价格将影响物流市场。因此,物流市场的价格波动有比较复杂的原因与背景,值得深入研究。

应用实例2:一方面,在我国,由于提供物流服务的资源有相当一部分是国家或政府的公共投入,因此,在物流市场竞争的企业,并不能站在同一条起跑线上,如国家投资建设的铁路与企业投资建设的铁路,经营成本不一样。另一方面,在对公共投入的占用上,又可分为隐性与显性两类。因此,对公共资源占用的形式、多寡以及在营利性组织中所发挥的作用,都值得深入研究。

3.物流市场服务的多元性

由于物流需求具有多层次性,所以必然需要多元性的物流服务。但从前面的分析可以知道,物流供给的使用价值体现在"物"的空间流转过程。这是每一个物流企业需要提供的基本服务,是一种可替代性的服务。

由此,也再一次证明物流需求的交叉价格弹性比较敏感。反之,也证明仅仅依靠价格策略,无法满足物流需求的多层次性。拓展物流服务的功能,使物流服务向多元化发展,并不断提高服务质量,是十分重要的。

应用实例:物流企业能否准确地把握不同客户的需求层次,是能否满足客户需求的关键,如对不同服务对象对于"损、差、错"值的控制,不同的客户会有不同的具体要求。根据客户的具体需求,制定个性化的服务就显得尤为重要。

五、物流发展

第三方物流:20世纪90年代以来,第三方物流(third party logistics,简称TPL或3PL)或称为合约物流,越来越普遍地成为新的物流服务方式。

中国国家标准《物流术语》将第三方物流定义为:"由供方与需方以外的物流企业提供物流服务的业务模式"。这一定义明确了"第三方"的内涵,即物流服务提供者作为发货人(甲方)和收货人(乙方)之间的第三方,代表甲方或乙方来执行物流功能。

美国对第三方物流的定义是:非货主企业通过合同的方式确定回报,承担货主企业全部或部分物流活动,所提供的服务包括与运营有关的服务、与管理相关的服务以及两者兼而有之的服务。

概括而言,第三方物流是由供方和需方以外的物流企业根据合作契约,部分或全面代理货主企业物流系统的设计运作管理,并取得回报的一种专业物流服务模式。特征表现为以下几方面。

1.以现代电子信息技术为基础

现代电子信息技术的发展是第三方物流发展的重要条件。信息技术实现了自动控制与快速、准确地传递数据,从而提高了订单处理、采购、订货、仓库管理、装卸运输、配送的自动化水平,使订货、保管、运输、流通加工等实现一体化。企业可以更方便地使用信息技术与物流企业在短时间内迅速进行交流与协作。各种应用软件的飞速发展,使繁杂的物流活动成本能被精确地计算出来,这就使得企业有可能把原来在内部完成的作业交由物流公司运作。

2. 以合同为导向提供系列服务

第三方物流企业与货主企业一般有长期的合作契约而非短期服务,通过契约形式来规范和明确各自的责权利和合作关系。第三方物流则根据合同条款规定的要求,提供多功能甚至全方位的、系统的物流服务。一般来说,第三方物流公司可能提供订单处理、仓库管理、运输管理、装卸搬运、产品回收、物流信息系统、产品安装调配、运送、报送、运输谈判等近30种物流服务。第三方物流有别于传统的只限于一项或几项独立功能的物流服务,如运输服务、仓储服务等。

3. 与客户发展为联盟关系

现代电子信息技术使第三方物流企业与客户充分共享信息。这就要求双方相互信任,从而取得比单独从事物流活动更好的效果。结盟的原则已经发展为长期合作、共担风险、共享收益。因此在合作中,各自并不完全采取自身利益最大化的行为,而是尽力寻求双方利益的最佳结合点,结成优势互补、风险共担、要素双向或多向流动的组织。

第三方物流服务可以划分为拥有资产基础和不拥有资产基础两种类型。其中,拥有资产基础的第三方物流服务的提供者,有自己的代理人、自己的运输设备和仓储设施,在现实中,它们实际控制物流作业的操作。不拥有资产基础的第三方物流服务提供者是一种物流管理公司,不拥有资产或不租赁资产,它们提供人力资源和专业管理等方面的物流功能。

第二节 产业政策

在现代物流行业培养及物流市场发展中,政府扮演什么角色?

众所周知,在没有政府监管下的市场经济,不能有效率地消除经济波动。而政府通常会采用货币、财政等普适性政策进行宏观调控;也可以针对某个行业制定税收方面的"集约"政策、政府的转移支付、银行的信贷政策来进行间接调控;还可以利用行政手段,直接监管或扶植。由于不同行业、不同产业有其自身的特殊性,就需要对上述政策进行研究,根据不同的外部环境和产业或行业特性,制定组合政策,以达到最佳效果。

现代物流业是新兴的第三产业,是第三产业中特性突出的一族。如何围绕其特性,制定产业政策及其政策组合?如何在不同的外部环境下,对政策或组合进行量化?如何进行结构比例上的配置?是需要政府部门进行深入研究的。

2009年,我国政府列出10个振兴产业,9个制造业,1个服务业——物流产业,这显然是经过深入研究后出台的产业政策。那么,产业政策的重要作用是什么呢?又如何振兴?依靠哪些具体政策给予扶植呢?这正是本节所要讨论的内容。

一、产业特性

随着经济全球化的迅速发展,现代物流业正在成为21世纪最具前景的产业。在欧洲各国和美、日等发达国家和地区,现代物流业已经成为不可或缺的支柱产业之一,产值在国民生产总值中的比重正在不断提高。另外,与之相关的建筑(包括材料)、机械、集装箱、包装、自动化、软件及光电子产业也因现代物流业的快速发展而繁荣。物流服务有以下几个产业特性。

(一) 部分物流基础设施是公共品

公共品的第一个特征就是非排他性。物流业中某些基础设施具有明显的非排他性,向社会开放,大多由政府投资修建。因此,提供物流的某些基础设施是政府的责任。

应用实例:物流交易中心、物流网络平台等既可以由营利性组织(企业)构建,也可由非营利组织构建。而非营利组织投资建设的物流交易中心、物流网络平台就属于公共品,一般都是由政府投资,或政府授权某些管理职能。

(二)物流服务兼有排他性和非排他性

从为消费者提供的使用价值来考察,物流服务提供的是实现流转的解决方案。这类服务可以满足两类需要:一是排他性的个别需要;二是非排他性的公共需要。在现代市场经济条件下,营利性组织满足个别需要,非营利性组织满足公共需要。

应用实例:物流服务可以只为单一客户设计流程,如为某客户包租运载工具;也可以为多客户设计非排他性的实现共同流转的方案,如航线班轮。

(三)非排他性物流服务仍有竞争性

根据公共产品理论,所提供的公共产品无论多少人消费,都不影响产品成本和产品消耗的,即边际成本等于零,就是完全的公共产品。例如,气象服务或路灯照明不会因消费者的数量而改变服务成本。而随着消费者的增加,公共产品消耗也增加,就是准公共产品。物流服务就具有准公共产品的性质,因为它很难以零边际成本为消费者提供利益或服务。

应用实例:物流服务的准公共性,主要表现在非排他性中的竞争性。如公共搭载,多一个人或一件物品,都需要增加能量消耗而使服务成本增加。

(四)物流是关系民生的基础性服务

衣食住行是关乎每一个人的事情。在现代经济社会中,满足前三者的需要基本上离不开物流服务,而"行"更是物流服务的核心,所以物流服务是基础性服务。因此,政府需要下大力量抓好基础性工作,制定适合现代物流业发展的法规。

应用实例:近些年,一些发达国家意识到物流是关系民生的基础性服务,所以政府主导规划,建设物流园区、搭建物流信息平台、优化物流网络等。

二、政府职能

任何一个产业或行业仅仅依靠市场的力量,都会产生一些问题,如行业垄断、不规范发展以及低水平竞争与重复建设等。因此,需要政府通过经济的、行政的、法律的力量进行干预与管理,如用准入条件、政策导向、行业法规等来约束与规范市场。

(一)体制机制建设

从现代物流服务产品的特性出发,建设相应的体制和机制是基本原则;从认识现代物流服务的发展规律出发,是建设相应体制和机制的基础。解决资源消耗多、服务效率低、低水平重复竞争的问题容易形成自然垄断、降低市场效率等问题,是物流服务体制机制建设的关键。

1. 研究提供最佳的物流服务模式

由于物流服务还有准公共性,显然不能完全依靠市场"孕育与催生";同时,由于物流服务兼有公共品与私人品的性质,不能完全依靠政府提供;所以,政府与营利性组织共同投入,形成兼而有之的混合方式,是比较理想的方式。但两者之间比例关系需要通过科学研究和不断改进,才能使物流服务逐渐接近最佳的提供模式。

应用实例:铁路价格听证会、民航系统限"扣"令、公路系统超载超限屡禁不止等问题,表面上看,都与收费标准有直接的关系,但实际上涉及"流程成本"是否准确测算问题。这里都涉及公共投资及其所占的比例、公共服务等敏感因素。因此,行政定价也应该建立在科学研究的基础上,不能仅依靠政府官员或隶属机构的调查报告。

2. 建立和完善物流服务的管理体系

一个行业或产业能否有完善的管理体制,除了看相关的体制机制是否顺畅外,还要看配套的管理体系是否到位。而这些管理体系,需要随着体制机制的改革、创新、调整进行相应的变革。由于现代物流行业或产业在我国还是一个新兴的领域,所以加强管理体系建设可不容缓。

应用实例:政出多门,是我国物流领域所面

对的管理环境。这就导致既有利益冲突区域的政策重叠、交叉管理问题,也有公共服务区域的空白点。因此,协调多个政府机构的政策,营造好的外部环境,建立统一协调的管理体系是工作的重中之重。

(二) 保护新兴产业

在开放经济条件下,政府对新兴的民族产业或行业需要建立相应的保护机制,使其能安全度过幼稚期,在激烈的市场竞争中生存下来,这是国际游戏规则的基本内容。如果没有适当的保护措施,新兴产业就会被大型跨国公司挤垮或兼并。

应用实例:对于我国来说,现代物流业是一个集多个行业而成的新兴产业,尤其在中国加入 WTO,关税壁垒逐渐消除以后。如何保护新兴的民族产业,是政府有关部门需要研究的问题。由于现代物流是基础性的、流通类的服务行业,所以如果没有民族产业的支撑,国家的整体经济就会受制于人。如从 2000 年开始,国际快递巨头纷纷抢滩中国,对民族快递的发展带来巨大压力。

(三) 干预物流市场

由于市场经济本身固有的缺陷,"市场失灵"在所难免,因此,政府的一项重要职能是干预市场。但对于不同类型的市场如何干预,需要进行科学研究。对于现代物流市场,由于其基础性与服务性等方面的特性,所以政府干预也应有相应的特殊性。

1. 对于垄断性的物流服务,政府应该建立公共管制

公共管制的内容,主要是根据市场供求状况、规模收益及物流成本等因素规定价格、控制产量,使物流服务的质量、效率及社会福利达到预期的目的。

应用实例:我国铁路系统是垄断性极强的行业,除了传统的铁路运输业务有极强的技术性外,铁路物流服务的技术门槛并不高。因此,政府相关部门应尽可能反对垄断力量在铁路物流服务领域的形成。如何在体制和机制方面发挥政府的作用,值得深入研究。

2. 对于竞争性的物流市场,政府重在规范市场秩序

对于现代物流业,规范市场的内容相当广泛:建立公开、公正、完善的物流信息平台;用法规对物流供求各方的行为加以规范;用财税政策调控市场的运行;对于公共性质的物流服务,政府应组织公共生产等。这些措施的实行才能促进现代物流业的健康发展。

应用实例 1:建立公开、公正、完善的物流信息平台,使相关的物流信息及时、准确、充分地显示出来,是政府的责任。由于有些企业物流信息平台,夹杂着营利性组织"逐利"的本性,政府有必要进行适当的处理,去伪存真,引导供求双方共同建立规范化的现代物流市场。

应用实例 2:物流业的经营存在外部效应,如运载工具使用过程中的污染排放,需要支付比较大的外差成本。而在竞争市场上,物流企业总希望尽可能地少支付外差成本。这就需要政府制定操作性强的法规手段规范物流供给行为。

应用实例 3:现代物流的基础设施,有相当一部分属于公共设施,如道路、机场、车站、码头等。对于公共设施的生产,应由政府预算拨款或由政府组织并通过公共支出补贴等形式来完成。但由于这些基础设施并不是完全的公共品,政府应如何扶植,需要认真研究。如公共投入不足,会导致现代物流的发展缺乏后劲;而公共支出过多,会降低市场效率,甚至会产生"挤出效应",影响或挫伤营利性组织的积极性。总之,政府职能不能越位来代替市场职能。

(四) 宏观物流调控

在经济理论中,宏观调控主要是从调节社会总需求与总供给的平衡出发,达到优化资源配置、协调公平与效率、控制收入分配的差距、稳定经济运行和促进社会发展等目标。现代物流业的宏观调控,首先是置于国家宏观大调控的框架之下,实现国家宏观调控的整体目标;其次是调控物流供求总量的平衡。

应用实例:国家宏观调控的重要手段是货币政策与财政政策,所控制的是资金流的流量;必要时,采取行政手段,除了明确的政令外,也多从资金控制上采取最严厉的措施。而物流调控则多采用价格政策调节物流供求的总体平衡；通过财税政策在不同区域的使用，来调节区域之间物流供求的不平衡，如选择性转移支付，重点扶植物流网络中的重要枢纽。

三、产业政策

政府及政府的职能部门，根据各自的相应职能，制定相应的产业政策，是政府工作中最重要的任务。对于现代物流的产业，政策大体可分为三类。

(一) 宏观调控政策

由于市场的运行存在着波动和失灵等问题，完全依靠市场自身调节供求平衡，一是要有相对比较长的时间周期；二是波动的幅度有时会过大，甚至是失控。因此，政府需要通过制定宏观调控政策，将供求的波动控制在一定的范围内。对于物流市场，政府的宏观调控主要是调节物流供给的总量或抑制物流需求的不合理增长。具体调节方法如下所述。

1. 调节税收

调节税收，一般可通过增加或减少税种和调整税率来实现。在实际操作中，应尽量避免税种、税率在政策上的重复或交叉情况。这主要是消除税收政策可能产生的不一致性，以及避免纳税人借政策漏洞逃税。

应用实例：在不同的行政区划内，相应的政府部门会根据自身的实际情况制定税收政策，但由于与邻近行政区域缺少沟通与协调，便会产生税收政策上的不一致性，结果导致一些物流企业经常变更注册地点。从表面看，这是充分利用不同区域的政策，实际上是在推动不公平竞争。

2. 财政政策

在宏观调控中，财政政策往往与税收政策联合使用，除了政府的财政补贴与转移支付具有明显的选择性外，更多的是对一些税种的"先征后返"。而返还的比例、返还周期是调控物流业规模、类型、总量的主要方法。

应用实例：在实际操作中，一些地方政府都有税收的奖励政策，往往根据纳税人的纳税累积额度，制定不同等级的奖励标准。这实际上形成了税率的级差，而这样的级差，将对不同经营规模的物流企业产生不同的影响，从而达到调整结构、调整效率的目的。

3. 金融政策

现代物流业的发展，离不开金融服务业的支持。国家在调控宏观经济中，主要通过调整银行利率、准备金率和公开市场业务等手段控制货币供给量，使货币供求趋于平衡。在国家总的金融政策的指导下，根据具体的宏观环境，使用这些金融工具（或手段）进行不同的组合，才能达到预期的效果。具体到现代物流业，在融资方面，政府可制定相应的政策调控物流行业的融资量，如贷款额度、门槛、担保条件等，都可以改变现代物流业的总融资规模。

应用实例：现代物流业的融资难题是传统的储运业没有达到现代物流业的基本标准，但具备了一些物流功能，所以这些企业想借国家振兴物流业的契机以获得融资。这种打"擦边球"的做法，增加了金融服务业的工作量，并可能使一些符合条件的物流企业融资困难。

(二) 产业促进政策

宏观调控政策是一把双刃剑，在促进现代物流产业发展的过程中，除了利用宏观政策中的积极因素外，还能够从以下几个方面进行推动。

1. 科学规划

由于现代物流业属于基础性的服务行业，它的发展必然依靠物流网络，因此，政府在促进物流业发展的过程中，首先要做好发展规划。在进行物流规划时，要注意以下原则：一是实用性；二是经济性与技术性的结合；三是发展的次序；四是可操作性。

应用实例：近几年，由于物流热，一些地方政府为了政绩，而做一些华而不实的物流规划。一些政府官员未经过有价值的论证和制定一些过于的"理想化"的规划设计是两种不良做法。这是在实际规划中要避免的。

2. 改善环境

任何产业能够得以生存和发展，必然要有

合适的环境,发展现代物流业也不例外。除了国家的宏观政策外,对现代物流发展影响比较大的有工商管理政策、通关环境、法律体系、政府机构的服务水平及其他优惠政策等。

应用实例:设在我国沿海大型港口保税区内的现代物流业发展得比较快,除了有"一关三检"明显的区位优势外,物流的快速发展主要归功于特有的政策、健全的法律体系和高效的服务机构等。因此,现代物流业在这些地区有比较强劲的发展势头。

3. 调整结构

现代物流有许多新的特征与新的要求,而传统结构,必然会在某些方面存在不足,或不能满足现代物流的需要。在这种背景下,政府需要主导调整物流网络的结构,主导传统物流向现代物流转变,主导自营物流向社会物流转变。

应用实例1:在物流网络结构中,枢纽与流径是两个核心要素,通过优化物流网络布局、削减无效物流量,可提高物流网络的流效。物流网络的调整影响重大,因此一要慎重,对全局做出理性的判断;二要有科学依据;三要考虑对整个物流系统的影响。

应用实例2:自营物流很难使各种资源实现有效配置。在全球经济一体化的背景下,自营物流向社会物流转变是物流发展的客观规律。因此,政府适时地推动这种转变,可加快现代物流以及第三方、第四方甚至是第五方物流的步伐。

4. 激励措施

为了能引导现代物流业向更高水平发展,政府需要在激励措施方面多做些文章。如建设现代物流的示范项目、评选优秀物流企业并给予奖励、推出扶植民族物流企业的具体措施和鼓励引进高水平国际物流项目,并对好的物流项目,政府有责任给予推广。

应用实例:在全球经济一体化的时代,酒香也怕巷子深。因此,做好宣传推广工作,是促进现代物流发展的一种手段,而且由政府组织宣传,宣传渠道畅通,还可以降低宣传成本,更重要的是,可以获得更好的宣传效果。

(三)规范行业管理

一个行业或一个产业要想健康地发展,必须要对此行业进行规范的管理,而对于现代物流业规范化的管理主要涉及全面推动物流的标准化,大力推广国际认证工作和不断完善市场管理体系。标准化的重要性在于它是提高物流效率与降低物流成本最有效的手段。这就要求现代物流业要大力推动、贯彻与实施标准化工作;国际认证是跨出国门、参与国际竞争的基本条件,也是提高现代物流企业自身实力的方法之一;而为了避免低水平重复建设和防止自然垄断,政府有责任研究与制定现代物流市场的准入条件和市场的"游戏"规则,而且这些条件与规则应与时俱进,适时调整。

应用实例:为使现代物流市场健康、规范地发展,建立与之相适应的市场监管机制是必须的,这样能够及时、准确地反映现代物流市场的动态。针对现代物流业的特性,对市场的有效监管,需要工商、税务、海关、卫生防疫、交通、信息及技术监督等多个职能部门进行高效协调。

四、案例分析

(一)欧盟的铁路系统及新运输政策

1)据欧盟委员会统计,截至2000年,欧盟货运市场中各运输方式所占份额分别为公路运输44%、海上短途航运41%、铁路运输8%、内河航运4%。1990—2000年,公路运输工作量增长了约20%,铁路运输工作量却下降了45%。

2)欧盟内地铁路运输的瓶颈问题,是在公路隧道连续发生了几次重大事故之后凸现的。如1999年位于法国—意大利的勃朗峰隧道内,卡车相撞并引发大火,死亡39人。

3)近年来,欧洲内陆货运量的快速增长,泛欧运输网络的进一步完善和发展势在必行。

(二)具体的措施

为保证欧洲社会、经济和环境的可持续发展,并增强多式联运网络的营运能力,欧盟各成员国政府决心改变当时的货运状况。一是要将更多货物由公路转向铁路,以矫正运输方式之间的严重不平衡状态;二是欲将更多的货物由陆路转向水陆,进一步降低物流的社会成本;三是更安全地完成运输任务。因此,欧盟委员会制定的"面向2010年的欧洲运输政策",将积极推行一系列全面振兴铁路运输战略和发展内河航运,确定为现有运输方式中的两个关键性发展因素。

1. 开辟新的流径

一方面,欧盟建议将一些海上航线营造成海上高速公路,以克服某些内陆运输瓶颈。为此,在2000年,意大利热那亚至西班牙巴塞罗那的12 h快速渡轮业务开通,专门运送货车,使众多货运公司成功地避开某些繁忙的高速公路路段。另一方面,法国、意大利、瑞士政府积极推行跨阿尔卑斯山脉铁路运输计划,重点建设一批铁路联运站点和多式联运码头,以应对这条线路上货运量的增长。许多正在建设的铁路新线也相应加快建设速度。

2. 将铁路企业推向市场

欧盟各成员国政府在进一步改善铁路基础设施的同时,削减了政府对铁路的补贴,而铁路的运输工作量与服务质量都在不断提高。例如,2000年,荷兰开始削减对铁路的补贴,并促成了荷兰与德国的两家铁路公司正式合并,并使年货运量增长5%~8%。合并后的公司现已成为一个完全不靠任何政府补贴的自立铁路企业。

3. 进一步开放市场,允许非铁路企业介入

截至2008年,泛欧铁路网络开放15万km以上,任何取得许可证的公司,均可参与开放线路的营运。将铁路所有者与基础设施使用者分开,不仅激发铁路网络和铁路运输的活力,且受到其他运输公司的普遍欢迎。如瑞典家具集团属于制造业,却堪称生产企业抢抓机遇、介入铁路市场的先驱,此集团已获铁路经营许可证,可按需求安排区间班列。在过去,集团货物运输在很大程度上依赖公路。此集团重新审视其经营战略,将今后的运输重点从公路转移到铁路。到2006年,集团将铁路运量由18%增加到40%,在之后10年,运量提高4倍,达到每年8 000万 m^3。

4. 推进标准化,提高铁路系统的通用性

欧盟各国的铁路网络缺乏通用性是阻碍市场开放进程的一个因素。就欧洲铁路网络而言,各国技术、规格、标准都不尽相同。为此,欧盟在积极采取措施开放铁路市场的同时,大力推进标准化工作。例如,2000年底,在法国里昂和意大利都灵之间,通用机车投入试验运行。新机车在边境的等候时间由原来的1.5 h缩短到15 min,但其应用潜力还受到多方面的制约:一是两国运输法规各异,如法国允许承载1 000 t,意大利为1 150 t;二是由于跨国经营,须配备两国人员,法国1名司机,意大利2名司机。诸多因素导致欧盟范围内通用机车的数量相当有限。

5. 加快港铁一体化,使铁路系统成为港口集疏运的核心

铁路系统的优势之一是可提供较大运能,因此是港口集疏运业务的主力。为此,完善港口的铁路系统是各国政府十分重视的一项工作。例如,铁路已是德国汉堡港必不可少的组成部分,其中进出港70%以上的长距离货运业务通过铁路完成。铁路运输不但巩固了汉堡港在欧洲最大铁路集装箱装卸中心的地位,而且以铁路为基础的多式联运成为汉堡港的核心业务,并使欧洲中东部贸易更加顺畅。汉堡港还成立了三家独立的列车区间班列公司,经营至波兰、捷克和匈牙利的铁路运输业务。

6. 加大投资力度

按照欧盟的新运输政策,欧盟各国都加大了对铁路系统的投资。例如,为确保未来十年国家铁路系统的改善与发展顺利进行,2002年1月,英国铁路战略管理局宣布了一揽子投资计划,用335亿英镑的公共基金建设铁路系统,将所筹集私有资金中的160亿英镑用于铁路基础设施条件的改善,70亿英镑用于增加新型列车。管理局明确指出,私有资金的支持将是这一投资计划的重要保障,并且还将从商业领域再寻求340亿英镑的资金支持。

第四章　现代物流系统

本篇主要介绍物流系统的基础知识和现代物流系统的基本结构、主要功能和特征，并侧重分析工业工程对制造业物流系统的作用以及精益物流系统的核心内容。

第一节　物流系统分析

一、基础知识

什么是系统（system）？长期以来没有统一规范的定论。我国著名科学家钱学森对于系统做出了如下定义："系统是由相互作用和相互依赖的若干组成部分结合成的、具有待定功能的有机整体。"这个定义反映出，系统由要素构成，并具有目的性、整体性、相关性、结构性、动态性与适应性等基本特征。

（一）构成要素

分析上述的系统含义可以推出，一个系统的构成需要三种类型的要素：一是构成系统组织的基础——元素；二是对系统产生影响的环境；三是系统中的"流"。

1. 元素

元素是构成系统的基本单位。若干不同类型的元素构建出具有一定功能和目的组织，而这种组织被称为系统部件。系统部件主要有三类，如表 12-4-1 所示。

表 12-4-1　系统部件的分类

系统部件	结构部件	系统中相对固定的部分	如物流系统中的流径
	操作部件	系统中执行动作的部分	如物流系统中的载体
	流动部件	系统内外所交换的部分	如物流系统中的客体

应用实例：一辆汽车，有成千上万个零部件。这些零部件经过有组织地装配后，组装成一个具有运行功能和可以承载旅客及货物的系统。汽车中相对固定的部分，如车身、底盘等属于结构部件；方向盘、车轮等属于操作部件；而发动机中的燃料属于流动部件。

不同的元素将构建不同属性、不同结构的系统部件，但不同属性、不同结构的系统部件却可能拥有相同的功能，达到相同的目的。也就是说，功能、目的相同的系统部件，属性、结构不一定相同。这就是为什么为了同一个目的，可能会产生多个系统设计方案。

2. 环境

环境是系统存在的条件，也是系统的约束。一个系统所处的环境，可以是天然的，也可以是人为构建的；可以是有形的，也可以是无形的；可以有清晰的界线，也可以是模糊的界线；可以是多重的，也可以是单一的。任何系统都要在一定的环境约束下运行，所以，研究系统必须对系统环境进行深入分析。

应用实例:在物流系统中,飞机航线是客观存在的,是人为设定的;而水运航道,既有天然形成的,也有人工挖掘的。对储运关系而言,系统界线是清晰的;而对于"装、运、搬、卸"动作而言,彼此之间的界线则是模糊的。对于物流市场而言,需求方面的约束是无形的,而政策方面的约束是有形的。

3."流"

如果一个系统始终不与外界进行诸如能量流、信息流、物质流的交换,则这样的系统是无生命系统。而现实中,大量存在的是有生命的系统。有生命系统的重要标志是系统内存在"流",并与外部进行能量、物质、信息的交换,即存在输入与输出,这样的系统被称为开放系统。当系统中各种形式的流,只暂时在系统内部交换、传递时,则系统处于封闭状态。

应用实例:现代物流系统是一个充分开放的系统,不仅内部存在大量的信息交换,还通过输入和输出,完成系统内外的能量、物质和信息交换。随着社会经济系统的日趋复杂化,现代物流系统也成为信息流、载体流、客体流等高速流转的复杂系统。

(二) 基本特征

根据前面对系统的定义可知,任何一个系统都具有目的性、整体性、相关性、结构性、动态性与适应性等六个基本特征。每一基本特征又包含具体的内容。目的性强调一个系统要有明确的目标;整体性强调追求整个系统的更优;相关性强调系统内各子系统或部件、元素之间实现更好的联系;结构性强调各子系统或部件所构建的逻辑关系;动态性强调系统在运动或运行中的最佳状态、表现及其演化规律;适应性强调系统对环境变化的适应能力和应激响应能力。

应用实例:现代物流系统通常是通过"牺牲"子系统的局部效益,而追求整个系统的更优。由于现代物流的子系统之间普遍存在着"效益背反"的客观规律,这导致系统内部的局部利益经常会产生矛盾。例如,在追求现代物流系统中储运的整体效率时,要掌握储运系统中的"效益背反"规律,衡量利弊,探索储存元素与运输元素的最佳组合。

二、物流系统

(一) 概念分析

现代物流系统是在一定时空内,以信息化、标准化与集装化技术等为基础,将装运搬卸、仓储配送、流通加工及信息处理等功能及其系统进行创新性的组织,用新的规则协调各个子系统,追求系统流程在时空效益的最大化,并孕育新功能的整体。现代物流系统的目的是通过各种物流环节的合理衔接,实现流程的时空效益,进而取得最佳的经济效益。对现代物流的描述,除了具有"系统"的基本特征外,更重要的是,突出特殊性。这种特殊性体现在:一是与抽象的理论系统进行比较;二是与传统物流系统的比较。现代物流系统的核心是以各类技术为基础,通过整合传统功能而拓展服务功能,并追求系统的整体效益。将传统物流的基本功能进行有机整合,而不是简单叠加;将物流要素进行有序耦合,而不是简单串联,是构建现代物流系统的核心。将若干个简单功能或简单的局部规则组合在一起,会呈现出整体的复杂性。现代物流系统恰恰是一个实体的、开放的和动态的复杂系统。

(二) 结构分析

由于现代物流系统以信息化、标准化和集装化技术为基础,以离散流系统为核心,并不断地整合与拓展,因此,现代物流系统是一个多模式的网络结构,如图12-4-1所示。

图12-4-1比较清晰地揭示了现代物流系统的内部结构。由于含有多个相互影响、相互作用与相互依存的子系统,所以现代物流系统是一个内部关系复杂的系统。在现代物流系统中,离散流子系统是核心,包含与支撑水陆空三个子系统,还与集疏子系统、配送子系统、物料搬运子系统有多层次的深度耦合,更是供应链系统的核心。

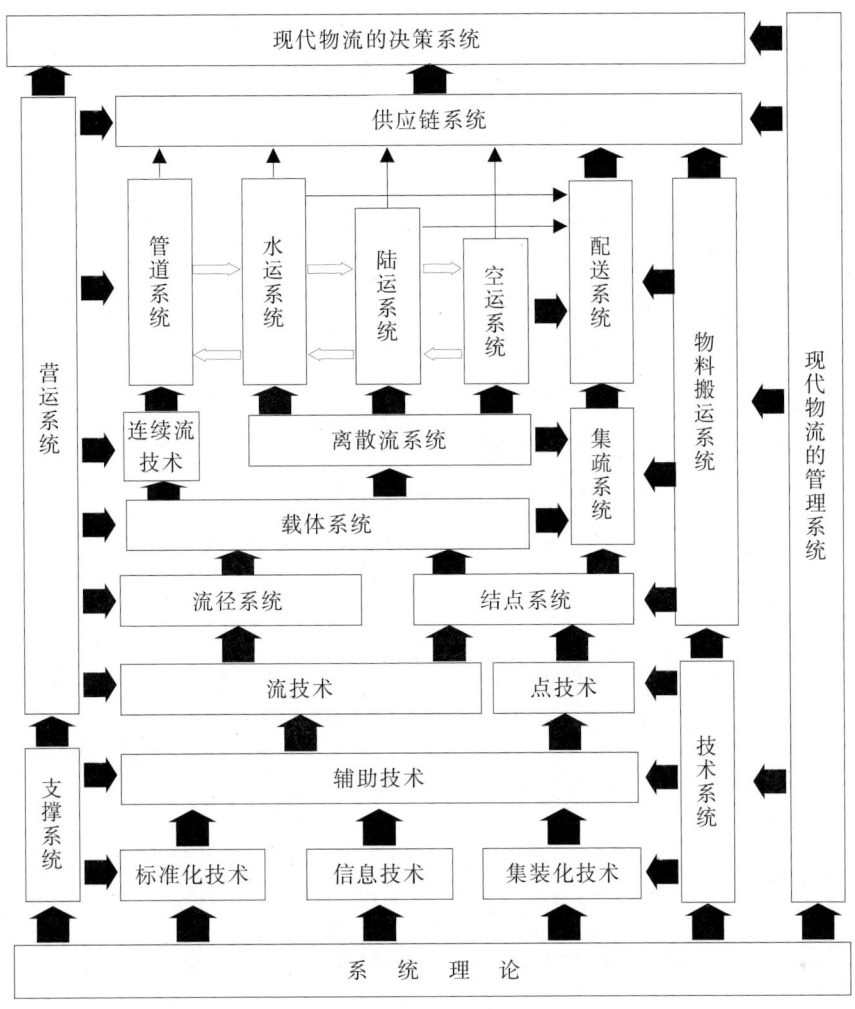

图 12-4-1 现代物流系统结构图

(三) 要素分析

依据系统分析的一般方法,在对现代物流系统进行分析时,主要从系统部件、环境以及"流"这三个方面展开。

1. 现代物流系统中的系统部件

图 12-4-1 描述了现代物流系统的基本结构和所拥有的子系统,以及各个子系统之间的相互关系。下面侧重分析现代物流系统中诸如载体系统、离散流系统及配送系统等具有核心作用的子系统。

(1) 离散流系统

离散流系统主要包括水运、陆运与空运三个子系统,以流径系统、结点系统与载体系统为基础,它在总的物流系统中具有操作部件的属性。因此,要提高现代物流系统的整体效率和效益,重点优化离散系统是成功的关键,也是系统工程思想的具体体现。

应用实例:离散流意味着对流径、载体的选择具有随机性,以及对流量、流时、流速等元素的控制,既受外部环境的影响,又取决于技术方案的选择。例如,由水陆空各类载体配置、协调而组成的国际多式联运,就属于离散流系统的核心业务。

(2) 载体系统

载体系统由四类运输系统组成。它是流径系统与结点系统之间"流"的实现系统,同样具有操作部件的属性。载体系统是现代物流系统中,"流"的承担者与完成者。在"物"实现"流"的过程中,如何使单位重物耗能最合理,就成为影响现代物流系统整体的关键因素。

应用实例:载体子系统是现代物流系统中耗能最多的子系统。载体子系统主要受流动技术的约束。流动技术决定载体的最高流速、能耗效率和流动方式等。因此,降低载体子系统的流动成本,是控制现代物流系统成本的关键要素。

(3)配送子系统

配送子系统是现代物流系统发展到较高级阶段的产物。这除了需要整合若干个子系统外,更重要的是系统的专业化程度更高,功能更强大,能适应更复杂的环境。配送的实质是多目标流径规划问题、载体配载问题、容器积载问题等。

应用实例:在经典运筹中,有著名的邮递员问题,即邮递员如何送信走的路径最短。而现代物流中的配送问题,除了研究类似邮递员的最短路径问题外,还要研究所配送的货物:在运载工具内的积载位置,以使运载工具的重心得到平衡;进出运载工具的次序,以解决后进先出、先进后出问题;还要测算完整流程的能量消耗,以提高流程效率。

2.现代物流环境

现代物流系统受外部环境的影响非常大,同时也对外部环境产生比较大的影响。这是因为现代物流系统是开放的、动态的,并且系统边界不总是清晰的。

(1)技术环境

现代物流产业之所以能在20世纪七八十年代迅速崛起,主要是由于技术环境的影响,而且这种影响,呈现出强的正相关性。在技术环境中,除了信息化、标准化、集装化技术外,系统理论的发展与应用,则是孕育与催生现代物流系统的关键因素。

应用实例:我国在现代物流系统整合方面的发展并不平衡,现代物流系统水平仍停留在较低的层面上。系统整合受到一些基础性技术瓶颈的约束,如信息化技术平台的落后。

(2)经济环境

经济环境对现代物流系统的影响主要来自需求方面,它表现为一种全面的拉动力。随着物流需求层次的不断分化,现代物流系统则不断升级,并派生出新的功能,以满足不同的物流需求。因此可以说,需求水平是刺激现代物流系统演进的外在动力。

应用实例:当代社会需求集中表现为"准时提供高性价比的优质产品和服务",而要满足这一核心需求,需要现代物流系统的全面支持。这是促进现代物流系统全面发展的动力,同时给予现代物流系统一种选择性的约束力。

(3)制度环境

制度环境从正反两方面影响现代物流系统。好的制度环境可以引导现代物流系统规范、健康、快速地发展;相反则会限制,甚至阻碍现代物流系统的发展。所以,制度环境既是一种外在的动力,又是一种外在的约束力。

应用实例:在制度环境中,体制与机制、宏观调控系统、行业法规和产业政策等是影响现代物流系统的核心内容。在我国,现代物流系统的制度建设相对落后,处在一个相对比较低的层面上,这成为制约我国现代物流系统演进的一个瓶颈。

3.现代物流系统中的"流"

由于现代物流系统是一个动态的和开放的实体系统,因此必然有系统内外的交换和系统内部各种"流"的流转。实际上,现代物流系统中存在多种性质的"流"。

(1)载体流

现代物流系统中的载体,由具有承载重物并可运动的装、运、搬、卸等工具组成。载体流实际上就是正在运动的载体的集合。载体流是现代物流系统中最重要的一种流。载体流的质量是整个物流系统质量的重要基础。

应用实例:现代物流系统中的载体是使系统能够流动的关键。为使物流载体能够运动,除需有操控者外,还需要能量作为动力,所以载体流中包括运输工具、能量与操控者三种要素。因此载体流的品质,由技术、管理与操控等因素决定。

(2)客体流

客体流是现代物流系统的服务对象,客体流依附于载体流实现共同流动,并与载体流共同构成现代物流系统中的有形实体流。现代物流系统的重要特征是以客体流为导向,以敏捷响应系统为支持,实现载体流与客体流的高效耦合、高效流转和平稳流动。

应用实例:现代物流系统主要通过研究分

析客体流的生成、波动以及增减规律等，系统地配置载体流，并服务于客体流。但这恰恰是现代物流系统的核心难题，难就难在必须全面掌握客体流的动态信息，并及时设计出系统化的敏捷流程。

(3) 信息流

现代物流系统中的信息流是一种在信息系统中传输的无形的、复杂的非实体流。信息流既有在现代物流系统内的流动，又有借用公共信息系统的流动。流入现代物流系统的信息，并不是都能被直接采用，还需要根据具体要求与目的，对信息进行处理。

应用实例：在现代物流系统中，信息流的复杂性有：一是由于采用不同的传递方式，信息流的速度不一致，稳定性不一致；二是由于不同属性的信息交织在一起，给信息的辨识与处理带来困难；三是由于现代物流系统是一个完全开放的系统，时刻要面对内容和本质基本相同，但结构化程度不同的信息，这就要求物流信息系统拥有处理复杂信息的能力。

由于信息分为历史信息、当前信息和预测信息，而且信息的准确程度也不一致，因此，协调好系统描述层次与信息量解析水准之间的关系，处理好信息流的速度与稳定性的关系，在迅速、准确处理海量信息，满足系统需要的同时，尽可能减少信息处理量，就成为以有形实体流为核心的现代物流系统所追求的支持系统。

(四) 功能分析

现代物流系统的基本功能可以分为两类：一类是与其他服务类营利性系统相类似的功能，如市场营销、客户服务、售后服务等内容；一类是现代物流系统所特有的基本功能，在前面叙述中，被归纳为移动、储控、整合、配置的选择。现代物流系统特有的核心功能，是基于系统整体效益的择优行为。

应用实例：移动择优是现代物流系统在三维空间内选择更有系统效率的流程方案。由于移动"物"的方式主要有"装、运、搬、卸"等形式，则减少系统流程中无效流、提高时间利用率和控制整个系统的总移动成本，就需要发挥移动选择的功能。

应用实例：储控选择是现代物流系统的基本功能之一，如何对需要存储的物品进行合理分类、安全堆码和有效利用存储空间；如何控制，实现安全存储、合理库存量和保证存储物的品质，都需要利用功能软件、硬件帮助制定储控方案。

(五) 特征分析

现代物流系统与一般系统一样，都具有目的性、整体性、相关性、结构性、动态性和适应性等六个特性，只是每个特性在现代物流系统中有各自的内涵与特征。

1. 现代物流系统的基本特征

一般系统的六个基本特性，在现代物流系统中所表现的特定内涵，是认识和熟悉现代物流系统的关键。下面给予简要介绍。

(1) 目的性

在客户规定的时间范围内，按客户要求的数量，以客户允许的费用，把满足客户需求的内容与物流服务送到客户指定的地点，是现代物流系统的目的。

应用实例：现代物流系统的目的性与运输的目的性容易被混淆，运输的基本功能与目的是实现服务对象（客体）在空间位置的改变；而在改变过程中，满足客户的需求是物流的功能与目的。前者是一个执行过程，后者是一个选择过程，在实现过程中耦合在一起。

(2) 整体性

现代物流系统的整体性表现为"牺牲"子系统的效益最优，换取整个系统的更优。由于现代物流的子系统之间存在着"效益背反"（也称"二律背反"）的客观规律，因此，系统内部的局部利益有时会相互排斥。

应用实例：在现代物流系统中，"效益背反"现象比较多，如高架库提高空间利用率，却需要多消耗搬运能量；提高库容利用率与仓库通道面积减少呈"背反"关系；零售商希望按销售流量多批次少量配送，而运输商希望按额定载重量进行大批量少批次送货。因此，在追求现代物流系统的整体效率时，要掌握系统中的"效益背反"

规律,衡量利弊,寻求物流要素的最佳组合。

(3) 相关性

现代物流系统的相关性,体现在各个物流子系统的联系方式、相互作用程度以及相互协调的能力上。通过不同方式的联系、作用与协调,整个系统呈现新的功能或子系统的原有功能得到完善是系统相关性的具体体现。

应用实例:现代物流系统将信息处理、采购、运输、仓储、流通加工、配送等环节整合在一起,最重要的因素就是利用现代物流系统的协调机制,解决各环节之间的冲突,如利益上的冲突、时间上的冲突、作业方式的冲突等。

(4) 结构性

结构性是系统内各个子系统或部件之间的逻辑关系和有机联系的反映。图12-4-1是现代物流系统的结构形式。其中,各个子系统之间的逻辑关系与本质联系,决定了现代物流系统的结构特征,也决定了现代物流系统的特定功能。

应用实例:对现代物流系统结构的认识,还有待进一步的研究,尤其是不同子系统之间的逻辑关系,既不可能一成不变,也不可能是唯一固定的模式。它随着社会系统的演化,而不断优化与拓展,并产生不同的功能与效果。

(5) 动态性

现代物流系统的动态性表现在波动性大、稳定性差,因此,需要系统有灵敏的响应来弥补。这就需要有灵活且处理能力强的信息系统支持。

应用实例:现代物流系统的波动性表现在系统要与多客户连接,由于需求层次、供给能力的影响,供求都存在波动。现代物流系统是社会系统中的子系统,受上位系统的影响而产生波动;现代物流系统内部存在各个子系统的交互影响,如交叉价格弹性的影响。

(6) 适应性

现代物流系统能承受巨大的物质流、能量流与信息流的流入,并经过内部整合、处理后,按不同层次的需求及时、准确、安全、可靠地输出增值的"物"与信息等。正是由于现代物流系统对环境有极强的适应性,它才得以在复杂多变的全球经济中崛起并迅速壮大。

应用实例:传统运载方式具有明显的供给刚性,如航空运载是点对点模式;轨道列车是沿线多点模式;水运只能在水陆交界并适合停靠船舶的点上装卸货物;而汽车运载虽然辐射面广,但运能较低、能耗效率较差。现代物流系统将不同运载方式整合后,就显现出广泛的适应性。

2.现代物流系统的目标特征

根据目的包涵内容,现代物流系统是一个具有多目标的系统,所以需要建立起此系统的目标体系,并且必须对多目标进行科学合理的协调。因此,了解现代物流系统的目标特征就显得尤为重要。

(1) 面向客户的目标特征

现代物流系统首先要保证服务对象在系统内整个流程中的安全,不能出现品质上的"损"、量上的"差"和规格型号等方面的"错";其次要在客户规定的时间范围内,按客户要求的数量,以客户允许的费用,把满足客户需求的内容与物流服务送到客户指定的地点。因此,现代物流系统的目标可以概括为流程安全、品质可靠、数量准确、送达适时。

应用实例1:送达适时包括两层含义。一是在规定时间内(包括提前)送达。这也是传统运输的目标之一"及时性"目标,它追求的是尽可能快。二是在规定的时刻送达。这是现代物流的目标。它追求的是"准"。所以现代物流系统有更高的目标。

应用实例2:一些珍稀物品,如濒危动植物、名贵花卉、古董等,除了要尽量保证全程安全外,还应使服务对象在理想的环境下,完成全流程。因此,要控制容器的环境,防止振荡、摆动过度,并进行全程监控和必要的养护等。只有这样,才能确保品质可靠。

(2) 面向系统内部的目标特征

不断规范系统的物流流程;不断改善系统的功能水准;不断优化系统的运行效率;不断拓展系统的服务领域是现代物流系统面向内部的子目标。以上四个子目标实际上是反映现代物流系统的四个内在特征,即不断规范才能提高安全性;不断改善才能提高服务水平;不断优化才能提高运行效率;不断拓展才能扩大现代物流的服务领域。

应用实例1:一方面,现代物流系统拥有大量重型装、运、搬、卸设备,在动态下,稍有不慎,就会危及社会、员工,并使客户蒙受损失。另一方面,这些设备在使用中,会对环境造成污染,给社会带来安全隐患,所以要不断地对流程中的各个环节进行规范。

应用实例2:现代物流系统的功能水准体现的是提供现代物流服务的基准。如果系统功能存在缺陷,就不可能提供一流的物流服务。在改善系统功能的过程中,并不是要对每一个基本环节都进行改善,而是注重改善影响系统整体功能的环节,这也是系统思想的重要体现。

3.现代物流系统的动态特征

现代物流系统是一个实体的、开放的、动态的复杂系统,而且尚未演化成为一个稳定的系统。所以,现代物流系统的动态特征表现为以下几方面。

(1)系统内部结构向更复杂的方向演化

图12-4-1是现代物流系统的结构。但这样的结构,尚未演化为系统的稳定结构,主要是由于市场(经济方面的动力)对现代物流的需求还在不断分层。为了适应这种多层次的需求,现代物流系统也一直在调整自己内部的结构,而这种调整整合了更多的资源要素,在要素之间建立起更多维度的关联,在关联程度上趋向更强的耦合,在关联方式上,由简单的线性相关演化为非线性相关等一系列的转化,向复杂的结构演变。

(2)系统运动仍然表现为多样化的状态

虽然现代物流系统与其他系统有相对稳定的关联,使系统的主体处在稳定的、有序的状态。但不可否认的是,现代物流系统还存在着大量随机态或随机事件,甚至是混沌态。因此,物流系统仍是一个多态共存的系统。

(3)系统功能仍在不断地完善过程之中

从对现代物流系统结构的分析知道,系统的层次结构因为需求动力而变得越来越复杂。系统理论表明,层次结构越复杂,系统的开放程度就越高。系统的开放程度越高,系统与外界的交流,无论是在数量上,还是在性质上,都会大大增加。这些都迫使系统要不断地调整自身的功能,以适应外界的要求。

应用实例:几千年前,"移动选择"基本只有路径选择;随后的不断演化,发展为不仅要选择路径,而且还要选择运载工具;到了近代,由于工业革命带来的变革,增加了航线、航班、车次及相关各方面的选择,因此物流系统所处理的问题越来越复杂。

三、系统分析

现代物流系统的结构模式分析:现代物流系统具有一般系统的结构、要素和特点,但由于现代物流系统作为一种具体的应用性系统,具有自身的特殊结构和特点。

(一) 基本结构分析

一个具体的物流系统因各自的功能不同,可分为各种性质的物流系统,但不管是哪种类型的物流系统,都有基本的结构模式。从大的方面看,现代物流系统都处在相似的环境中。所以,物流系统的环境决定物流系统结构模式中不可缺少的组成部分。现代物流系统结构模式包括:系统处理、输入输出、信息反馈等。现代物流系统的结构模式如图12-4-2所示。

1.输入输出

一是通过受理获得客体流的输入;二是通过资金流的输出获得生产要素的输入;三是输出物流服务;四是输出诸如污染、噪声、交通事故等具有负效用的附属品。

2.系统处理

指物流系统内把输入转化成输出的过程。基本功能是通过移动、储控、整合、配置以及信息处理等活动对输入赋予时空效用、形质效用,使之变成输出品或物流服务。

3.环境约束

指现代物流系统外更大的系统。具体包括客体条件、能源限制、资金限制、价格影响、需求

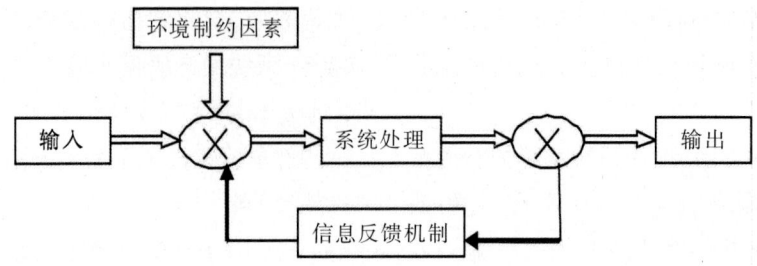

图 12-4-2　物流系统的结构模式

变化、政策变化等。

4.反馈系统

一个系统需要对执行计划有所反馈,如把执行信息返回,以便对工作做出评价,这被称为信息反馈。信息反馈的内容包括各种物流活动的分析报告、统计数据等。

(二) 真实环境分析

在急剧变化的环境中,提高系统的响应能力,成为继生产、销售之后,企业发展的第三大支柱和第三利润源。具体来说,环境要素的变化体现在消费行为的分化,如个性消费多样化,不断产生新的多样化物流需求;技术革命与创新,如现代信息技术、标准化技术、集装化技术、生产控制技术等,影响现代物流系统优化的基础;市场环境的变化,如物流需求层次的增加,多品种、少批量的生产模式,以及越来越开放的市场,迫使现代物流的经营不断转型。

第二节　物流应用系统

费雷德里克·泰勒(Frederick W. Taylor 1856—1915)被誉为工业工程之父。

泰勒曾考取哈佛大学法学院,后因听力、视力下降而辍学进工厂学徒。1878 年,泰勒到米德维尔钢铁公司工作,从普通工人到技工、工长、总技师,并于 1884 年被提升为总工程师。这期间,泰勒还在夜校学习,并于 1883 年获得史蒂芬学院机械工程专业学士学位。

泰勒不断思考生产管理中的问题,他认为,工人缺乏训练、操作方法不正确及没有建立科学的管理程序都影响生产率,于是系统地研究了工场作业和衡量方法。他创立了"时间研究",改进操作方法,制定劳动定额,采用标准化等,由此,提高了工作效率,降低了生产成本。

泰勒一生获得 100 多项专利,可以说是一位发明家,但更是一位"科学管理"的创始人。1895 年,他在全美机械工程师协会上发表第一篇论文《计件工资制》;1903 年出版《工场管理》;1906 年发表一篇有巨大贡献的论文《论金属切削术》;此后陆续发表《论传送带》《大学和工厂中纪律和方法的比较》《制造业者为什么不喜欢大学生》《效率的福音》《科学管理的原理和方法》《科学管理》等。其中,《科学管理的原理和方法》和《工场管理》是其代表作。

那么,泰勒的研究都涉及哪些具体内容?与物流有哪些关系?这正是本节要讨论的。

一、工业工程简介

人类在生产活动中,运用数理化等基础科学,结合实践经验改造自然为人类服务,所形成的各种专门知识,被称为工程学,如土木工程、机械工程、化学工程等。这些最初都是从解决某些具体问题开始,随着人们对客观规律认识的逐步深入,被归纳提炼升华,逐步形成理论,形成专门学科。工业工程也不例外,也是从实践中总结经验开始的。

(一) 工业工程的产生

工业工程(industry engineering,简称 IE)是

工业化生产的产物。一般认为起源于20世纪初的美国,实际上可以追溯到工业革命之初。它实际上也是制造业物流系统的产物。

应用实例:18世纪中叶,蒸汽机的发明是制造业发展的历史性转折点,并且成为第一次工业革命的标志。但当时的工业生产和今天的方式不同,那时很少有生产计划,生产第一线的管理人员对工人的作业只是口头发布,工作方法缺乏科学性和系统性,主要凭经验作业。在此时期,改进作业方法一般都源于工人自己为找到更容易和更简便的方法完成所承担的任务,完全是一种分散的个人行动,几乎没有人注意一个工厂或一个工艺过程的改进和总体的协调,因而效率低且浪费大。

随着发电机和电动机的发明、电气化时代的来临和19世纪末内燃机的发明,制造业得到迅速发展。到20世纪初,汽车制造业进入批量生产时代,引发制造业的一次革命。

泰勒(Taylor)在1895—1903年首先提出以劳动分工和计件工资为基础的科学管理理论。

福特(Ford)在1921年率先推行零件可互换的标准化技术。

甘特(Henry L. Gantt)提出一种预先计划和安排作业活动、检查进度以及更新计划的系统图表方法——"甘特图"(Gantt Chart),为工作计划、进度控制的检查提供十分实用的方法和工具。

吉尔布雷斯(Frank B. Gilbreth)夫妇创造了与时间研究密切相关的"动作研究"(motion study)。

休哈特(W. A. Shewhart)在1924年研究得出统计质量管理的基本原理。

在上述的进程中,以泰勒为代表的一大批科学管理先驱者,进行了卓有成效的工作,降低了生产成本,提高了工作效率,开创了科学管理,为工业工程的产生奠定了基础。实际上,还有许多科学家和工程师对科学管理和早期工业工程的发展做出了贡献。

应用实例:1776年,亚当·斯密(Adam Smith)在《原富》一书中就提出劳动分工概念;1817年李嘉图(Richardo)的《政治经济学及田税原理》、1848年穆勒(Stuart Mill)的《政治经济学原理》等都对劳动分工进行论述,并对上述IE先驱者产生影响。

应用实例:美国人福特(Ford)是美国福特汽车公司的创始人。在制造汽车中,他率先推行零件可互换的标准化技术。福特汽车于1931年建立了具有划时代意义的汽车装配生产线,实现了以刚性自动化为特征的大批量生产方式。

总之,社会需求、科技成果促使生产力发展,并使生产规模越来越大,管理系统越来越多样化。这从客观上要求必须存在分析、设计、改善这些系统和管理的技术体系,由此产生了工业工程。

(二)工业工程的定义

随着工业技术的发展及生产水平的提高,工业工程的内容也在发生变化,因此,在不同时期,不同国家及学术组织对工业工程的理解不尽相同,定义也略有差异。

1.美国工业工程协会(AIIE)的定义

1955年,AIIE定义:"IE涉及把人员、物质和设备组成综合系统的设计、改善及实际运用,它使用数学、物理和社会科学的专门知识和技能,并运用工程分析、设计的原理和方法对系统可获得的成果予以确定、预测和评价。"这是一个最为普及的定义。

2.日本工业工程协会(JIIE)的定义

1959年日本工业工程协会(JIIE)成立时对IE的定义,是在美国工业工程师协会1955年定义的基础上略加修改而制定的。由于在日本,工业工程属于经营工学或经营管理,被认为是一门以工程学专业(如机械工程、电子工程、化学工程、建筑工程等)为基础的管理技术。随着IE长期在日本的广泛应用和取得的成果,其理论和方法都取得了很大发展。日本工业工程师协会深感美国的定义已不适用于现代生产,故对IE重新定义:"IE是这样一种活动,它以科学的方法,有效地利用人、财、物、信息、时间等经营资源,优质、廉价并及时地提供市场所需要的商品和服务,同时探求各种方法给从事这些工作的人们带来满足和幸福。"此定义简明、通俗、易懂,不仅清楚地说明IE的性质、目的和方法，并且还特别把对人的关怀写入定义之中，体现了"以人为本"的思想。

3.英国工业工程协会的定义

英国工业工程协会对IE的定义："IE研究由人力、物资、信息、设备和能源组成的集成系统的设计、改善和实施。它利用数学、物理学和社会科学的专门知识和技能，并运用工程分析和设计的原理及方法，来说明、预测和评价从上述系统中所获得的结果。"

4.中国学者对工业工程的定义

中国学者对IE的定义："IE是以系统科学和运筹学为理论基础，从技术角度对各种系统（主要是生产系统）进行分析、规划、设计：优化、评价和实践，以达到不断提高生产率和整体效益的目的。"

以上是美、日、英、中四个国家的主流定义。尽管表述不完全相同，但基本都表达以下几层意思：一是与其他工程学科不同，尽管身处工业领域，却是管理问题；二是随着现代科学技术的发展，能源和信息作为物质的一种形态，也可作为综合系统的要素；三是强调系统性，是以系统科学为基础，以工业系统整体为对象进行系统研究。

应用实例：一些学者为IE下了一些新定义，用以反映现代IE的内容和职能。如IE是综合运用工业专业知识和系统工程的概念与方法，为把人力、物资、装备、技术和信息组成更有效和更富于生产力的综合系统所从事的规划、设计、评价和创新的活动，它也为管理提供科学依据；IE是质量和生产率的技术和人文状态；IE是用软科学的方法获得最高的效率和效益等。

关于IE的定义还有很多，这里不一一列举。各种IE的定义都旨在说明：IE的目标任务，IE的学科性质，IE的研究对象，IE的研究方法，IE的主要功能等。

（三）工业工程的内涵

IE的内涵主要包括上面提及的目标任务等五个方面。

1.IE的目标任务

通过预测、规划、评价整体系统的效果，合理设计和改善系统，达到以较少的输入得到相对较多的输出的目的，并适当配置各要素以使其相互关系合理化，从而使系统处于最佳状态。

应用实例：对于生产系统而言，IE把生产体系看作是由人、机、料、能源、信息等既互相独立，又相互关联和制约的五个要素组成的统一有机整体。这是基于系统工程的思想原则和分析方法来研究解决问题，追求的是生产率的提高和效益的增长。

2.IE的学科性质

IE是一门技术与管理相结合的交叉学科。但在一些国家和大学里，IE被看作是一门工程技术，所以IE专业被设置在工学院。

应用实例：IE的首要任务是对人、机、料等五要素组成的生产体系进行设计，也包括生产线及物流系统等工程活动的设计。为达此目的，就必须对生产系统各组成要素及其相互关系进行详尽的观察和实验分析。等待生产系统运行后，IE要对系统本身及控制方法进行模拟、试验和分析研究，提出最佳改进方案等。正因为没有脱离生产背景，IE才会被误认为是工程技术。

3.IE的研究对象

IE研究的是生产系统或生产经营系统中人、机、料等五要素进行设计、改善和运用的问题，它把五要素作为有机统一的整体来系统地考虑。

4.IE的研究方法

IE的研究是以数学、物理及社会科学和工程学中的分析、规划、设计等理论为基础，与系统工程理论、方法和计算机系统技术关系特别密切。

5.IE的主要功能

IE的主要功能是对生产系统进行规划、设计、评价和创新。IE源于科学管理，这一历史渊源使IE与科学管理有一种相互交叉和相互依存的关系，然而二者的主要功能却不可混同。

其一，IE与科学管理的职能不同。IE的功能包括：①管理作业研究，直接为管理部门提供决策依据，如作业测定、绩效评价等；②工艺流程研究,直接与生产相关,如研究加工工艺过程、物料搬运等;③设施规划研究,直接与工程项目相关,如研究工厂布置、运输系统等。上述三项职能都包含有规划、设计、评价和创新等内容。而科学管理的职能是运用行政、组织、人事、财政、金融、贸易、法律等手段来保证生产、技术开发和各项生产活动的顺利进行,从而达到提高工效和经济效益的目的,所以,科学管理的职能包括决策、组织、领导、协调、控制等。

其二,IE的效果通过本身的作业来实现,管理的效果则通过别人作业来实现。管理是实现生产资料所有者的利益和意志,根据客观经济活动进行的计划、组织、指挥、协调、控制、教育、鼓励、挖潜、创新等行为的总称。目的是保证生产经营活动的正常进行,以取得最大经济效益,实现工业企业的既定目标。管理的效果是通过组织、指挥、协调其他人的工作来实现的。

(四) 工业工程的体系

IE在美国工程学科中是一个大学科。据美国工程教育协会(ASEE)的报告,美国工程中的十大学科是:机械工程、电机工程、土木工程、化学工程、工业工程、计算机科学与工程、材料科学与工程、航空工程、环境工程、生物医学工程。IE属于第五大工程学科。

对于IE学科所涉及的范畴,有多种不同的表述方法。迄今为止,比较有影响和代表性的是美国国家标准ANSI-Z94(1982年修订)对IE体系的分类方法,它从学科角度将IE知识领域分为十几个分支,如表12-4-2所示。

表 12-4-2 美国国家标准对 IE 的分类

组织规划	工资管理	销售与市场	设施规划(含工厂设计、维修保养、物料搬运等)
系统设计	成本管理	实用心理学	生产计划与控制(含库存管理、运输调度、发货等)
工程经济	安全管理	人因工程学	应用数学(含运筹、统计、统计和数学应用等)
生物力学	人体测量	职业卫生与医学	材料加工(含工具设计、工艺研究、自动化等)

除了美国国家标准分类外,还有其他一些分类方法,例如,日本从应用角度将IE技术分为20类113种,包括方法研究与作业测定、质量管理、标准化、工厂设计、能力开发等。

应用实例:美国普渡大学教授G.萨文迪,根据哈里斯(Neville Harris)对英国667家公司应用IE的实际情况调查统计,将IE常用的方法和技术归纳为32种。其主编的《工业工程手册》按照应用普及程度高低次序排列为:①方法研究;②作业测定(直接劳动);③奖励;④工厂布置;⑤表格设计;⑥物料搬运;⑦信息系统开发;⑧成本与利润分析;⑨作业测定(间接劳动);⑩物料搬运与设备选用;⑪组织研究;⑫服务评估;⑬办公设备选择;⑭管理的发展;⑮系统分析;⑯库存控制与分析;⑰计算机编程;⑱项目网络技术;⑲计划网络技术;⑳办公室工作测定;㉑动作研究的经济发展;㉒目标管理;㉓价值分析;㉔资源分配网络技术;㉕工效学;㉖成组技术(GT);㉗事故与可操作性分析;㉘模拟技术;㉙影片摄制;㉚线性规划;㉛排队论;㉜投资风险分析。

事实上,凡是符合IE定义的学科和技术,都可以说属于IE范畴,这也正是IE的技术不断发展、领域不断拓展的原因。

(五) 工业工程的应用

IE首先从制造业中产生,以改进生产方法、建立良好的作业程序和标准,提高效率等应用为核心。第二次世界大战结束以后,IE逐渐发展成为一门学科,目标从追求效率开始,发展至今,其应用领域逐步扩大到制造业以外的其他领域,如建筑施工、交通运输、市场销售、金融服务、医院学校、公共卫生、军事后勤、政府部门(主要是行业管理与规划)以及其他各种服务行业,范围极其广泛。可以这么说,大凡有运营活动的地方,就存在"人—机—活动"这样的系统,IE就有发挥才能的机会。

尽管IE的应用领域如此广泛,但制造业仍是最主要和最有代表性的领域。制造业具有生产活动的全部内容——包括技术和管理两个方面:围绕制造(或材料加工)技术研究工艺与设备,这是制造的硬件部分;关于制造系统,即对人、机、材等集成的系统进行控制和管理,这是制造的软件部分。IE 正是将两者有机结合起来的原理和技术。我国对 IE 技术的应用如下。

1.工作研究

工作研究是 IE 体系中最重要的基础技术,以提高生产率和整体效益为目的,利用方法研究和作业测定(工作衡量)两大技术,分析影响工作效率的各种因素,帮助企业挖潜、革新,消除人力、物力、财力和时间方面的浪费,减轻劳动强度,合理安排作业,用新的工作方法来代替现行的方法,并制定此项工作所需的标准时间,从而提高劳动生产率和经济效益的科学管理技术。

应用实例:动作研究之父——吉尔布雷斯夫妇。弗兰克·吉尔布雷斯(Frank B. Gilbreth,1868—1924)是一名工程师,是和泰勒差不多同一时期的另一位 IE 奠基人。他进一步扩展了泰勒的工作。他的夫人莉莲·吉尔布雷斯(Lillian Gilbreth,1878—1972)博士,是心理学家。他们的主要贡献是创造了与时间研究密切相关的"动作研究"(motion study),就是对人在从事生产作业中的动作进行分解,确定基本动作要素(称为"动素"),然后做科学分析,建立省工省时、效率最高和最满意的操作顺序。当时,按照他们的方法培训的砌砖工人平均作业效率由每小时 120 块提高到 350 块。1912 年,吉尔布雷斯夫妇进一步改进"动作研究"的方法,把工人操作时的动作拍成影片,创造影片分析法,对动作进行更细微的研究。1921 年,他们又创造了工序图,为分析和建立良好的作业顺序提供了依据。他们在技能研究、疲劳研究和时间研究等方面也有卓越的成就,尤其重视生产中人的价值、作用及人对工作环境的反应等。在吉尔布雷斯博士漫长的一生中,她见证了 IE 专业的诞生、发展和成熟,并为此做出了杰出的贡献,从而被誉为"IE 第一夫人"和"管理学第一大使"。她获得了来自世界各国政府、大学及专门机构的许多荣誉和奖章,她也是入选美国工程院的第一位女性。

2.设施规划

它是对系统(如工厂、学校、医院、商店等)进行具体的规划和设计,包括厂址选择、工厂平面布置与设备选择等,使各生产要素和各系统(设计、生产、制造、供应、后勤服务、销售等部门)按照 IE 要求进行合理的配置,组成富有生产力的集成系统。它是 IE 实现系统整体优化,提高整体效益的关键环节。因此,它涉及系统工程、运筹学、工业研究、成组技术、人因工程、工程经济学、计算机模拟等许多专业知识的综合应用,以解决系统优化设计的问题。

应用实例:工业工程师扮演怎样的角色?在工厂中,每位专业工程师专司其职。那么谁来与不同的专业工程师沟通呢?谁来考虑整个工厂的最佳运行(optimization)?显然,解决这些问题的最适当人选就是工业工程师。更详细地说,工业工程师在这里要做的事有设施规划和改善、产能计划与分析、物料管理、品质分析与管制、工厂布置、工业安全作业、工作评价与奖惩制度的设立、事务流程的改善、系统或制度的设计等。

3.物流分析

物流分析主要涉及生产工艺流程分析和物料搬运方法,具体涉及物料的最佳流程设定、搬运动作的设计、堆码积载的计算与分析、生产流程安全分析与管制等。

应用实例:IE 在快递行业中的应用。经过 30 年的发展,IE 技术可以说已经渗透到物流运作的方方面面,从宏观的物流模型设计,到微观的人员动作规范,如前面提到的吉尔布雷斯夫妇,曾将动作研究应用到物料搬运和配送中。可见现代物流中的许多领域都受到 IE 思想的深刻影响,这其中最为典型的是美国联邦快递(FedEx)和 UPS(United Parcel Service)。快递为物流行业的高端客户群服务,时效要求极高。因此,利用 IE 技术合理规划线路、运载工具、人员、时间、信息等各种资源,以达到快速、准确递送货件的目的,就成了快递业者最基本也是最重要的工作之一。

美国联邦快递采用的是"集中—分发"形式，即各地取到的快件集中到一个转运中心，并根据目的地统一分拣，然后再分发到各地进行派送。这其中需要进行工程规划的作业包括客服员工数的规划和排班，取、派件区域的划分，动态车辆路线设定，派送站的分拣系统设计和人员安排，车辆装卸作业规划，货件信息录入与传递，清关作业的流程设定和时间安排（适用于国际快递），航班装卸作业规划，航班计划，转运中心分拣系统设计和人员安排，等等。

为了完成这些工程规划，需要应用到的 IE 技术包括时间研究、动作研究、流程分析、线性规划、动态规划、排队论、系统分析与设定、信息系统、控制理论等。其中包括工业工程从经典到最新的所有理论、技术和实践。从这个意义上来说，快递业是 IE 技术应用之集大成者。

4. 计划与控制

此部分主要研究生产过程和资源的组织、计划、调度和控制，是保证整个生产系统有效运行的核心。内容包括生产过程的时间和空间组织、生产和作业计划、生产线平衡、库存控制等，分析研究生产作业和库存控制的理想方案，通过对人、财、物、信息的合理组织调度，加快物流、信息流和资金周转率，从而达到高效率和高效益的统一。

应用实例：甘特(Henry L. Gantt)也是 IE 先驱者之一，他的重大贡献是发明了著名的"甘特图"(Gantt Chart)。这是一种预先计划和安排作业活动、检查进度以及更新计划的系统图表方法，为工作计划、进度控制的检查提供十分实用的方法和工具。直到今天，"甘特图"仍然被广泛地运用于生产计划与控制 IE 的主要领域。

5. 工程经济

工程经济是 IE 必须应用的经济知识，即投资效益分析与评价的原理和方法。其任务是通过对整个系统的经济性研究、多种技术方案的成本与利润计算、投资风险分析、评价与比较等，为选择技术先进、效益最高或费用最低的方案提供依据。

工程经济涉及的内容主要包括工程经济原理、资金的时间价值分析、工程项目的可行性研究、技术改造与设备更新的经济分析，以及常用的年费用法、现值法、投资收益法(ROI)、内部收益率(IRR)和回收期法等分析方法。

6. 质量管理

质量管理是指管理、控制和组织的与质量有关的相互协调的活动，通常包括确定质量方针、目标和职责，在质量管理体系中诸如质量策划、质量控制(QC)、质量保证和质量改进等方式，使质量管理得以实施管理职能的所有活动。

应用实例：现代质量管理强调和推行一种基于组织全员参与的全面质量管理(total quality management，简称 TQM)，这是一种由顾客需要和期望驱动的管理哲学。TQM 是以质量为中心，建立在全员参与基础上的一种管理方法，目的是长期获得顾客满意，组织成员和保证社会的利益。

7. 可靠性技术

可靠性(reliability)技术或设计是为维持系统有效运行的原理和方法，包括可靠性概念、故障及诊断分析、系统可靠性、可靠性设计与管理等。

应用实例：可靠性问题的研究是于第二次世界大战期间发展起来的，处理电子产品不可靠的问题引起人们的重视。可靠性设计用在机械方面的研究始于20世纪60年代，首先应用于军事和航天等工业部门，随后逐渐扩展到民用工业。

8. 人因工程

人因工程亦称工效学或人机工程学等，是综合运用生理学、心理学、卫生学、人体测量学、社会学和工程技术等知识，研究生产系统中人、机器和环境之间相互作用的一门边缘科学，是 IE 的重要专业基础知识。它通过对作业中人体机能能量消耗、疲劳测定、环境与效率的关系等研究，在系统设计中，科学地进行工作岗位设计、设施与工具设计、工作场地布置、确定合理的操作方法等，为作业人员创造安全、健康、舒适、可靠的作业环境，从而提高工作效率。

应用实例：人因工程在日常生活中的应用。以前楼道里电灯的开关采用灯绳，缺点是灯泡坏掉需要更换时不知道电源是否切断,而造成危险。后来采用按钮开关,可一目了然,避免上述危险的发生。更先进的还有声控开关,这类开关仅在有声音的情况下自动接通电源,声音消失自动切断电源。这样省去了操作,而且更加节约能源。

以上从八个方面概要介绍了IE的应用。它不仅包括各种IE技术的广泛应用,还包括IE技术所应用的领域。尽管IE的应用范围已经非常宽泛,但借助计算机技术、现代信息管理技术和基于计算机辅助的现代制造技术等,IE技术也插上了"现代"的翅膀。

(六)工业工程的未来

IE的历史表明,它的形成和发展是大规模工业发展的必然结果,是人类控制和优化大规模工业生产活动所进行的成功探索;广泛研究和应用IE是工业化的成功之路。随着科技的新发展,工业生产的规模不断扩大、水平日益提高,社会需求不断变化,市场竞争愈演愈烈。客观环境要求IE学科不断发展,内容日趋革新和丰富。IE的发展趋势可概括为以下七个方面。

1.研究对象扩大到系统整体

在泰勒时代,IE主要研究单个作业、生产运作和改进现场管理,所以传统IE仍属于微观范畴;而现代IE则发展到包括研究开发、设计、供应和销售服务在内的广义生产系统,并进而延伸到整个经营管理系统,成为研究微观和宏观系统,追求系统整体优化和综合效益的工具。

2.应用范围遍及生产及其他领域

IE的应用扩大到制造业以外,如服务行业和政府工作流程的分析与评价、投资决策研究等。IE作为一种科学的思维与方法,扩大到工业生产以外的领域也有广阔的前景。

应用实例:现代企业为缩短生产周期,降低生产成本,提高产品质量,提高市场竞争能力,经常要根据市场情况调整产业结构和产品结构,以至于对工厂面积的使用重新安排,对工艺设计、平面布置、物料搬运、仓储、信息系统以及各种设备、建筑设施进行分析、规划与设计,这些活动都要应用IE理论与方法。

3.采用计算机和信息系统(IS)为工具

在现代生产环境和市场条件下,为实现信息的迅速传递、及时反馈,IE需要在生产系统设计中建立完善的信息网络,这是提高生产率必不可少的条件和手段。

应用实例:计算机系统能够高速处理数据,它是一个企业的经营、管理和决策的支持系统,包括应用计算机硬件和软件、操作程序、分析模型和数据库等。它是现代IE应用的重要基础和手段,是工业工程师应该学习和掌握的知识。

4.重点转向集成制造(integrated manufacturing,简称IM)

随着计算科学和自动化技术(含机器人)等高新技术迅速发展,传统的生产结构正经历着根本性的变革,出现单元制造、计算机辅助设计与制造、柔性制造单元和系统以及整个生产过程的计算机集成制造等。在这种新环境中,如何处理、协调、控制五个资源要素是新的方向。

应用实例:一些发达国家竞相推行IE新技术,如数控技术(NC、CNC)、成组技术(GT)、计算机辅助设计与制造(CAD/CAM)、计算机辅助工艺设计(CAPP)、柔性制造单元和系统(FMC、FMS)以及计算机集成制造(CIM)等,获得了很大成功,从而把IE这门提高生产率的技术推上一个新的高度。

5.更加强调和重视人的因素

现代IE对生产要素优化组合新规律的探索不断深化,中心问题是工人和其他生产要素之间关系的研究。在生产系统中,人始终是主角,提高生产率的问题归根到底要以人为中心来展开研究。

应用实例:研究在计算机控制的多机器环境中人的心理和生理因素,需要测定各种数据,寻求相应的人—机关系原理,为设计高度自动化的系统提供依据。所以,工效学(Ergonomics)的研究正在深入发展。IE下一个主要发展领域是生物学和生命科学的应用。

6.支持生产经营战略决策

现代企业为了生存和发展,都很重视企业的长远发展战略,因而企业生产经营战略研究成为重要的课题。企业在决策中要对外部环境和市场变化的动态情况进行预测分析,同时又要对内部的实际状况和已有成绩进行实事求是的评价,在此基础上才能做出正确决策,把握战略时机。因此,IE 中关于生产经营战略的理论与方法也在不断发展。

7.吸收相关学科最新成果以保持现代化水平

IE 要密切结合实际,不断地解决现代生产中的复杂问题,就必须融入各种现代科学技术理论和方法,如机电一体化技术、人工智能技术等,从而使 IE 不断充实、完善,日趋现代化。

应用实例:在生产上,除集成制造外,现代 IE 研究的另一个重点是同步工程(simultaneous engineering)或并行工程(concurrent engineering)。它是一种新管理模式,以用户需求为目标,使研发、制造、销售等阶段协调配合,缩短研制时间,提高效率,降低成本。

应用实例:有人形象地说,工业工程师如同工业界的一位全科医生,他可帮助工厂界定问题,然后协调各部门的专家去解决问题,使整个工厂正常运转。还有人认为,工业工程师是操作者的安全保姆,他们能帮助操作者避免工伤及工作量过载。工业工程师因接受管理、工程、统计、概率和可靠度等知识的训练,而成为工厂的计划者和协调者;他们还可成为品质管制人员和较佳途径的寻求者。

IE 的未来以现代技术支持为主要特征,因此,提前掌握和应用先进技术是工业工程师在现代生产条件下获得市场竞争优势的重要途径。从以上分析中,我们还可以了解到 IE 是现代制造业的物流系统。

二、系统仿真技术

仿真或模拟,是指按照客观实际,把要研究的问题或对象构造成模型,然后在模型上进行实验或试验,以观察一项设计或计划方案,在接近实际的条件下,工作或运行情况是否合乎主观要求,或是同时分析、比较几个设计或计划方案,以确定其中哪一个方案具有更好的技术性能或经济效果,从而确定选择其中一个较好的设计或计划方案。

(一)仿真技术简介

仿真技术是 20 世纪 80 年代末伴随计算机技术而发展起来的技术,最初主要应用于航空航天、核反应堆等价格昂贵、周期长、危险性大的少数领域,后来逐步发展到电力、石油、化工、冶金、机械等领域中的一些主要工业部门,再扩大到连接工商的物流系统以及今天的社会系统、经济系统、交通运输系统等一些非工程系统领域。特别是在高技术产业中,仿真技术成为分析、研究、设计、评价、决策和训练中不可缺少的重要手段,而且仿真技术的应用范围还在不断扩大。

早年,人们采用计算机高级语言,如 Fortran、C 语言等对系统进行仿真。用这种方式编制仿真程序,不仅要详尽描述各类基本时间的处理情况,还要规定各类事件的处理次序;而且为了统计必要的数据,在程序适当位置中要安插各种统计所需语句;最后还需要规定各种统计数据的打印格式。这样,即便是一个简单的系统,其程序很长,所以难以调试。一般来说,用这种方式编制出来的系统仿真程序,只适用于一个具体问题,只要仿真对象稍有改变,仿真程序就要重新编制。

随着计算机仿真技术的发展,人们开始将仿真程序中常用的程序段落编成子程序或过程,用于系统仿真的不同问题中。也有人将某一大类仿真问题,编写一个通用的主程序,用户只需要将必要的参数填进去,经执行就能够得到需要的结果。除了通用语言的基础和提供模型基本结构外,仿真技术还具有辅助运算、事件调度、数据收集、误差校验以及统计输出等功能。

计算机仿真语言与面向过程的计算机程序语言(如 Fortran、Basic 等)不同,仿真语言是一种具有适应系统仿真需要特点的、以问题为基础的计算机程序语言。正确选择和使用仿真语言,有助于分析真实的系统、构建系统仿真模型、简化编制、方便调试与执行仿真程序,从而提高系统仿真的质量和效率。

从20世纪60年代开始，人们为了不同的目的，研制出几十种计算机仿真语言。尽管各种语言在结构、逻辑关系、理解及使用的难易程度以及灵活性等方面有所不同，一般来说，仿真语言应还具有下述系统仿真需要的功能。

1. 数据结构及内存管理

仿真语言应能提供一定的数据结构和程序以描述仿真模型，描述系统模型的静态结构和动态结构。

2. 仿真时间管理

仿真时间一般是仿真模型的主要自变量，因此，仿真程序语言应具有仿真时钟子程序，它自动储存、排列以及按时间顺序选取仿真事件，从而将仿真时间向前推进。

3. 随机分布抽样

由于在系统仿真中，通常要涉及随机因素，因而要求仿真语言具有随机数生成函数和随机变量生成函数，以产生仿真所需要的随机数和各种分布的随机变量。

4. 计算能力

仿真程序语言必须具有代数的运算能力，对某些可以进行连续系统仿真的仿真语言，还需要具备积分运算的能力。

5. 数据收集、分析和显示

一个仿真系统是通过观察与分析统计数据，来研究系统、评价系统仿真的综合成果的。这就要求仿真程序语言具有数据收集、数据分析和数据显示的功能。

6. 调整程序和监测系统动态

为适应调整计算机仿真程序的需要，仿真程序语言应有检错、报错和诊断能力。

应用实例：约束理论（rheory of constraints, TOC）是以色列物理学家、企业管理顾问戈德拉特博士（Dr. Eliyahu M. Goldratt）在自己开创的优化生产技术（optimized production technology, OPT）的基础上发展起来的管理哲理。TOC的基本理念是限制系统实现企业目标的因素并不是系统的全部资源，而仅仅是其中某些被称之为"瓶颈"的个别资源。TOC表明，系统中的每一件事都不是孤立存在的，一个组织的行为由于自身或外界的作用而发生变化，尽管有许多相互关联的原因使其行为发生改变，但总存在一个关键的因素。找出制约系统的这个关键因素加以解决，能起到事半功倍的作用。运用TOC的目的是想找出各种条件下生产的内在规律和消除制约因素的一些规范化方法，或寻求一种分析经营生产问题的科学逻辑思维方式和解决问题的有效方法，以支持持续改进（continuous improvement）。

仿真技术不仅可以提供用于决策的定量信息，还可以帮助决策者提高对系统工作原理的理解水平；仿真技术为复杂系统的设计者提供技术性和经济性的最佳结合点，并提供最直观有效的分析方法。仿真技术已经成为管理科学与运筹学领域应用最广泛的技术手段之一，并且使得综合性仿真系统成为复杂系统。

（二）物流仿真系统简介

在物流系统或物流领域中，系统仿真技术为解决复杂的物流系统问题提供有效的手段，是决策者用于物流系统设计和系统操作最有力的工具之一，并广泛应用于各类复杂物流系统的规划设计、系统优化、方案比较、流程运作控制等领域。下面简要介绍生产物流系统仿真和一些物流仿真软件。

1. 生产物流系统仿真简介

(1) 生产物流系统仿真的含义

生产物流系统是一个复杂的综合性系统，生产物流系统仿真就是运用计算机仿真方法研究和解决生产及其物流过程中存在的各种决策问题，例如，生产物流系统重构、车间物流改造、确定瓶颈资源、库存管理仿真等。

(2) 生产物流系统仿真的目标

生产物流系统仿真的核心是解决生产物流系统中所需设备和工作人员的数量、操作流程评估和生产物流系统的绩效评估等三类问题。具体子目标如表12-4-3所示。

应用实例：在生产物流系统中，对系统耗时的绩效评估可以进一步细化，其中包括系统逗留时间；零部件排队时间；零部件等待运输时间；零部件运送时间；准时送达率，如延期订单

表 12-4-3　生产物流系统仿真的目标

总系统	设备和员工数量	操作流程评估	绩效评估
子系统	设备种类、数量及布局	生产调度策略评估	生产效率分析
	搬运设备及附件需求量	流程耗时策略评估	系统耗时分析
	缓存区的位置及其规模	库存水平决策评估	瓶颈问题分析
	生产规模以及结构布局	操作控制策略评估	投入替代分析
	新设备在生产线的分布	流程的可靠性分析	劳动效率评估
	劳动力需求规划与配置	质量控制策略评估	资本投资评估

比例;设备和员工利用率,如繁忙时间所占比例;机器故障时间、等待时间(即等待上游工作时间)、阻塞时间所占比例。其中,阻塞时间包括等待运送加工完工件的时间及维修维护时间等。

(3)生产物流系统仿真的作用。

管理人员或工程师可以清楚地了解一个参量的改变对系统的影响。在实际中,若某一特定工作点的某一参量发生变化,它对该工作点绩效的影响是可以预测的,但它对整个系统的影响人们很难甚至不可直接预测,所以要通过系统仿真来预测。

应用实例:假设一个只有一台机器的工作点,它的加工时间大于下一工件的到达时间,则增加一台机器可以缓解生产率不足的状况。但是,这样会同时提高这个工作点的出产率,也就是缩短向下一个工作点送达工件的时间,则可能带来新的生产率不足的问题。所以要利用系统仿真,对流水线反复协调,使整个系统中各环节空耗时间最少。

此外,生产物流系统仿真还有其他潜在作用,其中包括:①提高加工效率(单位时间内生产的零部件数量);②缩短生产周期;③降低在制品库存;④提高机器利用率和劳动效率;⑤提高准时送达率(产品到顾客的及时配送);⑥降低资本需求量(土地、建筑物、设备等)或操作费用;⑦能够保证设计的系统在实际运用中达到预期效果;⑧建立仿真模型时,采集的信息可加强对系统的认识;⑨促使系统设计者提前考虑某些重要的问题(如系统控制逻辑等)。

2.生产物流系统仿真类型

生产物流系统仿真能够解决的问题主要有生产物流系统重构、车间物流改造仿真、确定生产系统瓶颈、库存管理资源仿真等。下面简要介绍这几种类型的仿真。

(1)生产物流系统重构

要实现生产物流系统的重构,主要是寻求对物流资源进行科学控制和调度方法,可以考虑将物流控制系统独立起来,并将计划调度作用于控制系统,即在计划调度层就给予保证,并利用仿真技术验证调度方案。基于这一指导思想,有关学者提出一种基于时间的任务队列方法,建立面向可重构生产系统的物流仿真平台,在物流资源重构和调度策略重构的基础上,实时分析各种物流方案的性能,为生产物流重构提供有效的解决途径。

应用实例:长期积累的统计资料表明,大多数产品的生产过程,95%的时间都用于储运、装卸等流转过程中。市场需求越来越不确定,引发了制造业的一个新课题——如何适应?解决途径已经找到,即重构生产物流系统,"海尔流程再造"就是生产物流系统的重构,它是企业生产系统重构的关键。

(2)车间物流改造仿真

除了流体产品制造型企业外,一般的制造企业车间物流的仿真都可归类于离散事件的仿真。流行的做法是采用面向对象的方法对车间物流进行系统建模,并利用仿真软件完成从系统模型到仿真模型的构建,通过运行仿真模型后得到的数据图表、仿真画面及效果,可直观地发现车间物流系统中存在的问题,然后分析问题的产生原因,进而对车间物流系统进行改造。

应用实例:eM-Plant是用C++实现的关于生产、物流和工程的仿真软件。它采用进程交互法,是面向对象的、图形化的、三维可视化的集成建模系统和仿真工具。借助Petri网,仿真软件可远程应用,能模拟生产线并进行优化,并使其适应各种批量和混合产品的生产。

(3)确定生产系统瓶颈

目前确定系统瓶颈的具体方法主要有利用线性规划理论(依据定额数据计算,只适用于简单的生产物流系统,不适合按"订单"生产的模式)、依据产品生产类型(缺点是事后控制,在实际中常发生在制品大量堆积或物流延迟的情况)和根据TOC(基于统计数据或定额标准,虽然能在按"订单"生产的模式下,准确且尽早地发现系统瓶颈,能大大地缩短生产周期,并在时间上更好地满足订单要求,但不能很好地考虑随机变量的影响)建立模型来确定。很显然,以上方法都有各自的缺陷。使用仿真技术能很好地克服这些缺陷。通过建模,仿真技术能充分考虑和体现生产系统的复杂性和随机性,在生产之前较为准确地确定瓶颈工序,从而指导生产。

应用实例:有关学者提出一种利用Q-GERT(带有排队功能的图示评审技术)仿真技术来分析单一产品模式和多产品模式下确定系统瓶颈的方法。这种方法既能真实地体现实际情况,也能准确确定系统瓶颈,使企业生产在满足"订单"的同时,大大节省人力和物力。

(4)库存管理系统仿真

传统的库存管理往往是依靠预测来安排生产。由于预测与实际存在差距,常会造成不同程度的损失,如库存不足或过剩、仓库空间紧缺、设备超负荷工作等。使用仿真技术可以确定企业何时需要再订货,订多少货;仓库的选址、布局和容量大小;各种运输、装卸设备的数量及分配规则;货物配送方案等。具体应用时,可以先建立企业库存系统的模型,在此基础上对各种库存管理策略进行仿真,再对仿真结果进行分析评价,从而确定最优策略。实践证明,计算机仿真技术的应用有助于企业的库存管理水平的提升。

应用实例:使用仿真技术不仅可以动态地模拟入库、出库、库存以及各种设施、资源的使用情况,避免资金、人力和时间的浪费,最重要的是,它可以为库存管理提供科学依据,使企业根据需要正确掌握入库、出库的时机和数量,合理规划和安排仓库及各类设施、资源,实现库存成本的最小化。

3.物流系统仿真软件简介

在实际中应用的物流系统仿真软件主要有Vensim,Automod,Arena,Witness,Flexsim,AnyLogic,eM-Plant等。下面简要介绍其中的一些软件。

1)Vensim软件由美国Ventana Systems, Inc. 开发,是一种可将系统动力学模型概念化、文档化,并对模型进行仿真、分析与优化的图形接口软件。Vensim可提供一种简易而具有弹性的方式,以建立包括因果循环(casual loop)、存货(stock)与流程图等相关模型。使用Vensim建立动态模型,使用者只要用图形化的各式箭头记号连接各式变量记号,并将各变量之间的关系以适当方式写入模型,各变量之间的因果关系便随之记录完成。而各变量、参数之间的数量关系以方程式功能写入模型。通过建立模型的过程,使用者可以了解变量间的因果关系与回路,又可通过程序中的特殊功能了解各变量的输入与输出的关系。此软件既便于使用者了解模型架构,也便于模型建立者修改模型的内容。

2)AutoMod仿真软件是一款三维物流仿真软件,此软件能够对生产过程物流系统、自动化物流系统、配送物流系统等进行仿真运行,提供系统运行的基本数据;AutoMod还能提供三维图形界面,并对仿真结果进行自动分析。AutoMod作为商用软件包还可以被广泛应用于物流制造和物流分拨中,如美国邮政服务系统(USPS)就使用此系统。

3)Arena软件是美国Systen Modeling公司于1993年研发的可视化交互集成仿真环境,这款软件很好地解决了计算机仿真与可视化技术的有机集成,具有建模、调试分析功能强大、支持二次开发、界面友好、对系统要求低等几个突出的特点,已在供应链仿真方面有许多成功案例。

4)Witness 软件是英国 Lanner 集团在 20 世纪 80 年代末开发的一个关于生产、运输、规划等的仿真软件。将计算机图形学和系统仿真环境集成在一起,推出面向对象的仿真和基于知识的仿真,它可以显示生产系统仿真的全过程,让使用者清楚地了解生产过程中产生的问题,并通过及时调整仿真模型的参数,实现系统的优化。Witness 每套售价 4 万~5 万美元,是当前欧美最流行的仿真系统之一。

本节概要介绍了系统仿真的相关知识。系统仿真提供的是一种动态化的分析系统的工具,以计算机及其相关的计算机语言为基础,以系统分析提供的逻辑关系,对一个真实的、动态的、复杂的系统进行模拟,并从中获得更优的流程或更优的结果。

三、生产控制系统

随着全球化市场的形成,企业的竞争焦点集中在如何才能更好地满足客户的多样化需求。于是各种面向未来的,信息含量更高、知识与技术密集程度更高的生产控制系统不断涌现,其中具有代表意义的生产控制系统有物料需求计划(MRP)、制造资源计划(MRPⅡ)、企业资源计划(ERP)、计算机集成制造系统(CIMS)等。

(一)物料需求计划

20 世纪 20 年代以来,在生产计划和库存管理方面一直流行的是订货点法(在规定的时间,按计划订货)。订货点法在早期的大量型生产中行之有效,但不能按照各种物料真正需要的时间来确定订货日期,更无法预测未来需求的变化,所以不得不依靠比较大的安全库存来应对市场的变化。

当企业为了适应越来越多元化的市场需求,由大量型生产转入多品种小批量的生产时,订货点法以及许多传统的生产管理方法已经无法适应。于是,生产管理者开始探索怎样才能在多品种小批量的生产中,按照规定的时刻、规定的地点,获得规定的数量。

1975 年,美国的约瑟夫·奥里奇提出物料需求计划(material requirement planning,简称 MRP)的思想,核心是围绕物料转化组织制造资源,实现按需要准时生产。MRP 的内涵可概括为一种适用于多品种、多级制造装配系统的,可根据订单实现准时生产,并减少库存的管理技术。

MRP 通过对企业的制造资源进行科学、周密的计划和严格的控制,以保证其得到最充分、有效的利用,确保企业获得生产经营的最佳效益。MRP 不直接反映市场的供求关系,而表现为伴随产品生产的相关需求关系。下面简要介绍 MRP 的基本原理和工作流程。

1. MRP 的基本原理

MRP 的基本原理和运作机制可以概括为由客户订单(反映最终产品的需求)导出,主生产计划、零部件、原材料等相关的需求量、需求时间以及订货时间;并以此为基础导出,对各种制造资源的需要数量和需要时间。MRP 反映了按需定产的思想理念,体现了为客户服务的宗旨。

传统的管理强调以设备为中心来组织生产运作,即有什么样的设备就生产什么样的产品,反映了以产定销的思想理念。而 MRP 以物料为中心来组织生产运作,要求企业的活动必须以客户的需求为标准,要以客户需求(产品)的物料转化来组织一切制造资源。因此,MRP 与客户需求紧密联系,可以有效地避免计划和生产运作的盲目性,实现准时生产。

2. MRP 的工作流程

MRP 的工作流程是在企业经营计划和生产运作计划的基础上,首先根据客户的订单或需求预测生成主生产计划,明确特定时间内的产品生产数量;其次根据物料清单和库存状况文件,应用 MRP 软件自动处理,显示有关零部件、原材料等的需求量、需求时间、采购日程和生产流程等;最后确认和打印有关报告,并据此下达计划任务。具体工作流程如图 12-4-3 所示。

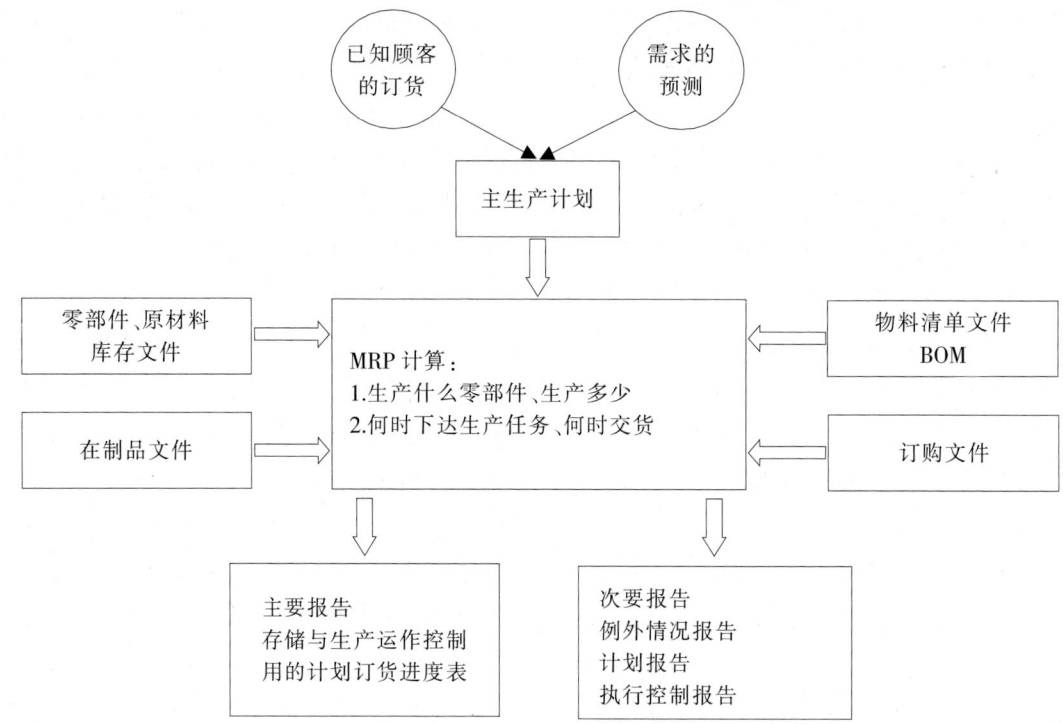

图 12-4-3　MRP 的工作流程图

应用实例：MRP 是通过计算机软件系统实现的。作为一种计算工具，MRP 可以计算出何时订购生产物料、订购多少、何时交货，可以从最终产品的需求计划计算出整个生产流程的相关需求。MRP 广泛适用于多品种、中小批量的加工装配式生产运作企业。

但需要说明的是：对生产复杂、昂贵、多变的产品和生产运作提前期难以确定的企业，运用 MRP 往往无法获得满意的结果。另外，MRP 实质上是一种计算过程，只是编制生产运作作业计划的手段，并不是计划本身，也不涉及能否实现的问题。

(二) 制造资源计划

制造资源计划（manufacturing resource planning，简称 MRPⅡ），是从物料需求计划（MRP）并经闭环 MRP 阶段的扩展而发展起来的。换句话说，MRPⅡ 是经历了 MRP 阶段和闭环 MRP 阶段后发展起来的。因为制造所需要的资源，远不止"物料"资源这一类。

1. 闭环 MRP

闭环 MRP 的本质仍然属于物料需求计划。但在现实中，仅仅给出相关需求的计算结果远远不够，还必须分析计算出计划的可行性，把计划编制与实施的科学性问题考虑进去。所以，需要对原有的 MRP 进行改造。引入系统协调、控制和反馈，并形成封闭循环是"闭环"的核心。

具体分析闭环 MRP：在 MRP 的基础上，引入资源保证计划；建立平衡物料需求与生产运作的协调机制，增加信息反馈与系统控制的功能。此时，MRP 升级为一种科学的生产作业计划管理系统。闭环 MRP 工作流程如图 12-4-4 所示。

应用实例：闭环 MRP 相对于 MRP 取得两方面的升级。一是不再单纯考虑物料需求计划，还将与之有关的生产能力需求、车间作业计划和采购影响因素等考虑进来，使整个问题形成闭环；二是从制订、实施计划到反馈信息、修改计划，与实行控制，形成闭环。

由于闭环 MRP 具有"计划—执行—反馈"结构，所以闭环 MRP 可以实现对生产作业计划以及实施过程的控制与协调。这种功能的产生，使闭环 MRP 向 MRPⅡ 过渡。

2. 制造资源计划（MRPⅡ）

在成功地实施了闭环 MRP 后，人们开始思考：既然库存记录足够精确，为什么不可以根据

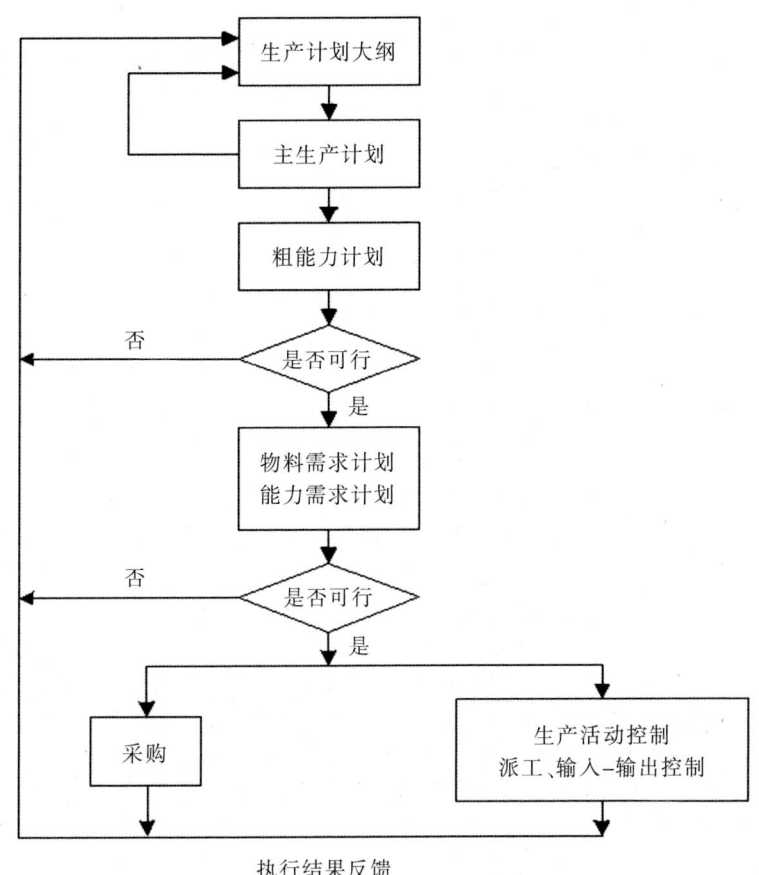

图 12-4-4 闭环 MRP 的工作流程图

它来计算费用？既然 MRP 得到的是真正需要制造和采购的零部件及原材料，为什么不根据它来做采购方面的预算呢？既然生产计划已被分解为确定要实现的零部件的投入产出计划，为什么不可以把它转化为货币单位，使经营计划与生产计划保持一致呢？

为了保证计划的成功，提高计划对企业战略与目标的支持程度，需要跳出生产作业计划和生产运作系统的范围，用企业整体的观点指导和处理生产作业计划的编制、实施和控制问题。这就要求对 MRP 进一步扩展，把物料需求与企业其他资源（如人力、资金）的平衡、生产运作计划与企业战略和经营计划的协调，特别是生产运作过程与财务分析及控制的结合等有关内容包括进来，而且企业其他部门要根据 MRP 提供的信息，编制和协调各自的计划。这种新的 MRP 促成企业内部制造资源的整合，统一了企业的生产经营活动，因此被称为制造资源计划，简称 MRP Ⅱ。

应用实例1：把生产活动与财务活动联系在一起，是从闭环 MRP 向 MRP Ⅱ 迈出的关键一步。在闭环 MRP 的基础上，围绕物料需求计划的分析思想，企业对财务管理、采购管理、库存管理、设备管理等方面提出全面规划、整体安排的要求，将它们与原来的物料需求计划、能力需求计划相连接，构成 MRP Ⅱ 的总体结构，具体工作流程如图 12-4-5 所示。

应用实例2：MRP Ⅱ 系统能够提出一个完整而详尽的计划，使企业内部各部分的活动协调一致，形成一个整体。各部门共享数据，消除了重复工作和不一致性，密切了各部门之间的关系，提高了企业生产经营的管理水平和效率，由原来对产品的管理进入到以零件为对象的管理，实现对企业制造资源的准确计算，避免库存的盲目性，做到准时生产，取得显著的经济效果。

MRP Ⅱ 是企业管理史上的一个里程碑，是管理思想与信息技术相结合的产物，也预示着信息技术在管理中发挥越来越大的作用。

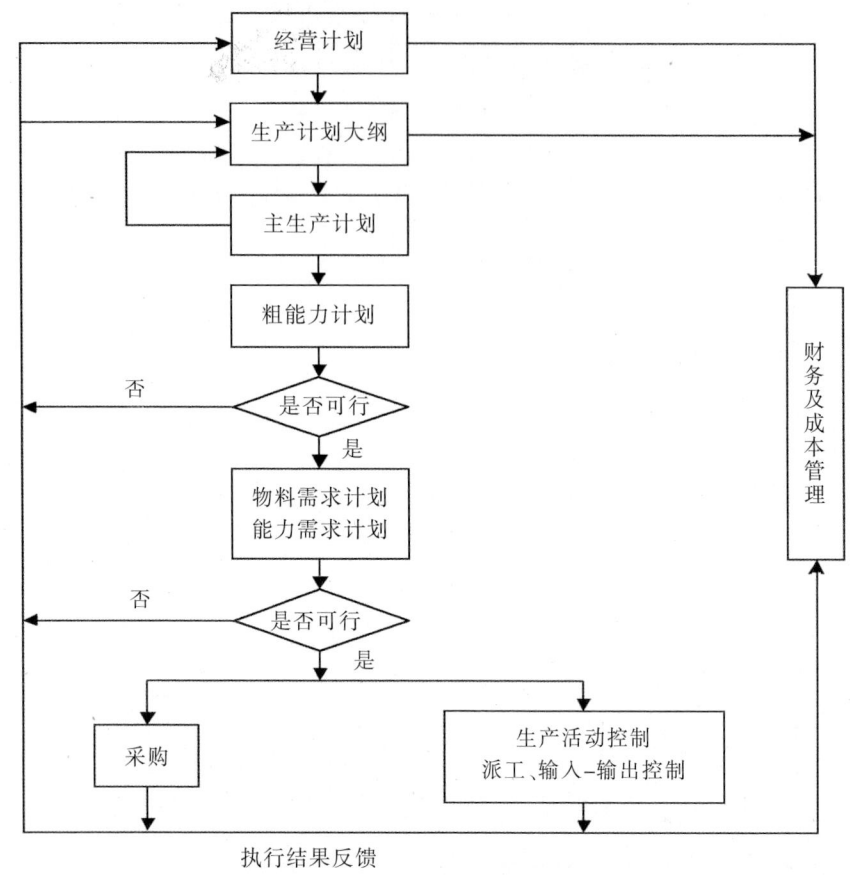

图 12-4-5　MRP Ⅱ 的工作流程图

(三) 企业资源计划

20 世纪 80 年代末,随着国际化经营的不断发展,一些跨国企业感到 MRP Ⅱ 软件的功能已经不能满足企业在全球范围内经营管理的需要。因此需要 MRP Ⅱ 不断吸收最新的管理成果,不断扩展所适用的范围。企业资源计划(enterprise resources planning,简称 ERP)就是在这个背景下产生的,它整合了企业外部的各种资源。

20 世纪 90 年代以来,管理技术的发展有两个相当活跃的方向:一是敏捷制造(agile manufacturing,简称 AM)、柔性制造(flexible manufacturing,简称 FM)和精益生产(lean production,简称 LP);二是供应链管理(supply chain management,简称 SCM)。ERP 就是按照全球市场化(多、快、变、准)的导向,迅速响应敏捷制造和精益生产的目标,对 MRP Ⅱ 改造的产物。

应用实例 1:如果说 MRP Ⅱ 解决的是企业内部的物流问题,ERP 则针对供应链管理的所有主导功能。它突破了企业内部范围的限制,集成不同企业的 MRP Ⅱ。与此同时,ERP 对企业内部的各项业务与关系按照能与各种外部资源高效衔接的原则实施流程再造,并采用更灵活的组织与管理方式,这对柔性制造(FM)提供强有力的支持。

应用实例 2:ERP 极大地扩展了管理信息集成的范围。除原有的 MRP Ⅱ 外,ERP 还集成了企业的其他管理系统,包括市场信息、电子通信、金融投资、项目、仓库、运输、质量、法规、标准、实验室、设备维修等管理以及过程控制接口、数据采集接口等管理,成为一种覆盖整个企业生产经营活动的管理信息系统。

ERP 系统使企业能够全面掌握企业内外部环境的信息,有效地支持企业在竞争激烈的市场环境下,面对复杂多变的情况及时应对,提高企业的经营成功率,因而受到大企业和"敏感"企业的重视,也成为当前管理信息系统开发的热点。

(四) 计算机集成制造系统

世界市场的形成和发展使国际竞争越来越激烈,企业的生存环境越来越严酷。企业利用各种先进的科技手段,追求在中、小批量的柔性生产中取得大规模生产的效率和效益。

应用实例:在上述目标的驱动之下,各种柔性加工设备出现了,如工业机器人;各种计算机辅助工具出现了,如计算机辅助设计(computer auxiliary design,简称 CAD)、计算机辅助制造(computer auxiliary manufacturing,简称 CAM)等;各种排产、规划、管理软件出现了,如 MRP、闭环MRP、MRP Ⅱ 等。

当一个企业的各部门应用上述系统后,虽然系统改善了各自的工作条件,但形成数个自动化孤岛,从全局看很难利用形成的信息达到整体更优。于是美国的约瑟夫·哈林顿(Joseph Harrington)博士在 1974 年针对企业面临的问题,提出组织企业生产的一种哲理:计算机集成制造系统(computer integrated manufacturing system,简称 CIMS)。它包括两个基本观点:①企业生产的各个环节,即从市场分析、产品设计、加工制造、经营管理到售后服务的全部生产活动是一个不可分割的整体,紧密连接,要统一考虑;②整个生产过程实质上是一个数据的采集、传递和加工处理的过程,最终形成的产品可以看作是数据的物质表现。

所谓 CIMS,是"通过计算机硬软件,并综合运用现代管理技术、制造技术、信息技术、自动化技术、系统工程技术,将企业生产全部过程中有关的人、技术、经营管理三要素及其信息与物流有机集成并优化运行的复杂的大系统"。下面就简要分析 CIMS 的三要素、功能结构和集成过程。

1.CIMS 的三要素

一般来说,企业的集成度越高,共享信息越充分,做出经营决策的质量越高,并增加在竞争中获胜的概率。只有集成,才能使"正确的信息在正确的时刻以正确的方法传到正确的地方"。CIMS 就强调人(或机构)、经营和技术三者的集成,如图 12-4-6 所示。

人(或机构)、经营和技术这三个要素互相作用、互相支持,使制造企业达到优化。根据这三个要素相互间的关系,可以解决四类集成问题。

1)用技术支持经营活动,即利用计算机、自

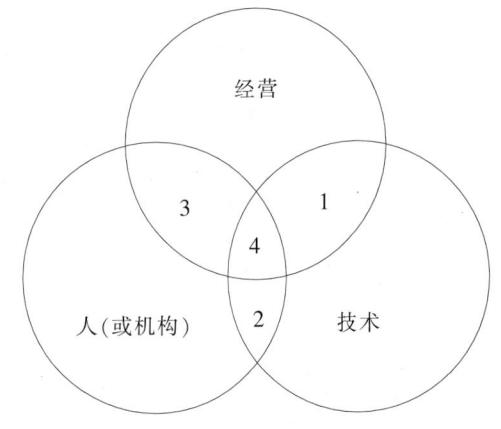

图 12-4-6 CIMS 的三要素

动化、制造及信息等技术,支持企业达到预期的经营目标,如缩短产品设计与开发周期、提高产品质量、减少库存量等。显然,经营目标是企业建立 CIMS 的目的,而技术仅仅是一种手段,如图 12-4-6 中的"1"。

2)聘用技术支持员工工作,即建立一定的技术基础或平台,为企业各岗位上的员工更好地开展工作而创造条件,以实现互相配合、协调一致、互动提高的目的。如通过共享的数据库信息,产品设计人员能及时了解产品制造的可行性,如图 12-4-6 中的"2"。

3)靠管理改善企业基础,即通过改进企业的组织机构、培训企业的员工,员工有了解企业经营状况的意识,并通过共享信息平台,了解企业经营状况,由此支持企业开展经营活动,使企业达到经营目标,如图 12-4-6 中的"3"。

4)靠配置优化系统资源,即企业通过对人(或机构)、经营及技术三者的高效集成,使得企业的全部资源实现科学、合理、有效的配置,并演化为基于 CIMS 的统一管理,如图 12-4-6 中的"4"。这也是计算机集成制造(CIM)的哲学思想。

2.CIMS 的功能结构

一般来说,CIMS 由四个应用分系统和两个支撑分系统组成。其中,四个应用分系统包括经营管理信息分系统、工程设计自动化分系统、制造自动化分系统和质量保证分系统,两个支撑分系统是指计算机网络分系统和数据库分系统,其功能结构模型如图 12-4-7 所示。

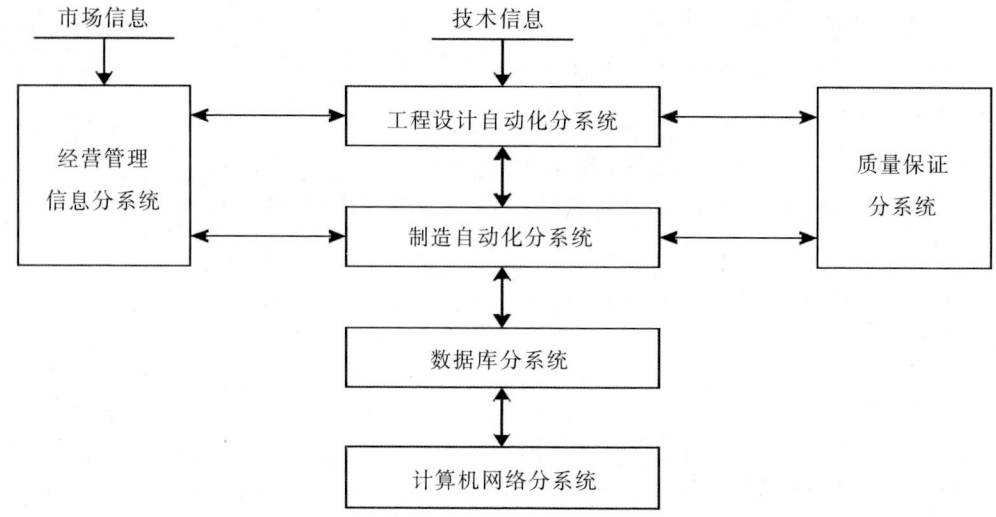

图 12-4-7　CIMS 的功能结构模型

3. CIMS 的集成过程

CIMS 的核心是"集成",包括对企业内各方面信息的集成、各种生产经营活动的集成、各个生产运作环节的集成、各种生产运作技术的集成、企业各部门组织和人员之间的集成,等等。一般可按照集成过程将 CIMS 分成三个阶段。

（1）物理系统集成阶段

物理系统集成阶段主要是建立系统内部的网络连通、配置和管理,将各个自动化"孤岛"联系起来,并制定相应的数据交换协议,以实现数据和信息的交换。如将 CAD 与 CAM 连接,零件设计结果可直接提供给工艺设计,并编出加工程序直接下达到柔性制造单元进行加工。

（2）应用系统集成阶段

应用系统集成阶段是指整个系统内各部分的应用软件集成以及客户信息、人和机器之间的控制信息等方面的集成。为此,必须建立一个技术上无冲突的基础结构和软件集成平台;相应地,还需要建立在全系统范围内存取所有生产经营信息所需要的公共数据库平台,并通过系统内或系统间的通讯,共享和处理各种信息资源。

（3）人机系统集成阶段

人机系统集成阶段是 CIMS 集成的最高阶段。在技术实现上包含三个方面:第一,生产运作和过程仿真,为决策提供依据,如对生产运作过程进行物理过程动态调度的仿真与优化,对生产计划的安排与调整进行仿真统计分析;第二,自动化经营过程监控,如利用全企业范围内的综合数据采集和统计分析系统,高层管理者能随时掌握采购、生产运作、销售等各个经营过程的情况;第三,基于知识的决策支持,高层决策者能进行科学决策,如借助 CIMS 建立全企业范围内的分布式数据库系统,以及专门的模型库、知识库和方法库等。

应用实例:在 CIMS 的集成中,最重要的是人的集成。据美国先进制造研究公司(AMRC)等的统计研究,在实施 CIMS 的障碍因素中,70%左右来自于人。因此,只有人的集成到位,才能真正掌握 CIMS 的哲理,也才能建立一个开放的、自发展和自完善的 CIMS。

四、企业物流系统

企业物流系统(internal logistics system)大体可以分为生产领域和流通领域两大类。需要强调的是,在现实中很难把生产领域物流和流通领域物流截然分开,完全是"你中有我,我中有你"的结构。这也引出另一个话题:企业物流与物流企业的区分。从行为学的角度看,它同样是一个无法分清的"模糊"问题。所以更多的学者,倾向将上述的两类"集合"统归于"供应链或供销链"中。下面将侧重从生产领域和流通领域的角度剖析这两类企业的物流系统基本模式。

(一)生产领域的物流系统

生产领域物流主要涉及供应物流(supply logistics)、生产物流(production logistics)、销售物流(distribution logistics)、回收物流(returned logistics)和弃物物流(waste material logistics)等。供应物流是起点,生产物流是创造价值的核心,销售物流是传统物流的终点。但随着可持续发展理念融入物流领域后,回收物流和弃物物流成为终点,甚至是与供应物流相衔接,从而形成一个完整的循环体系(图12-4-8)。

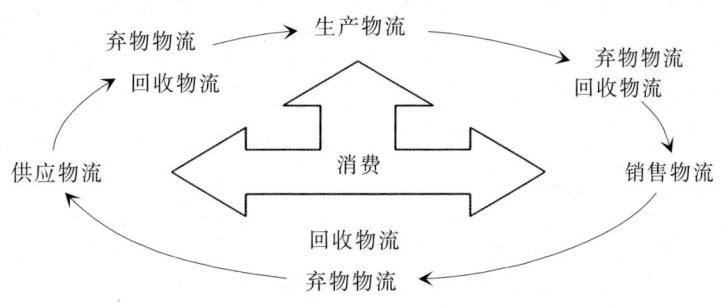

图 12-4-8　可循环的物流结构图

1.供应物流系统

供应物流系统是涉及供货企业的典型物流系统,除了有一般物流系统的基本特点外,还涉及选择供货单位、供货条件、供货信息、采购方式、协商价格、收货单位、验货标准、仓库、仓储方式、仓储经营者、运输通道、运输经营者、物资运输、装卸方式等。

应用实例:供应物流系统设计需要考虑供应商与生产商之间的关系。客户购买是为了生产需要,有极强的营利性动机。因此,侧重考虑的因素如下。

1)供货对象、品种、数量、渠道、成本以及供货系统运行机制、供应物流经营费用等。

2)供货仓库规划与布局、供货信息发布方式等。

3)供应物流服务项目设计与实现、物流信息网及支持技术、供应链设计等。

2.生产物流系统

生产物流系统除了一般物流系统的基本特征外,还具有生产企业的特征。生产物流系统主要包括厂地、设备、资金、信息、产品等要素,涉及从原材料、外协件采购,生产加工,装配,成品检验,入库到销售这样一个综合的物流过程,如图12-4-9所示。

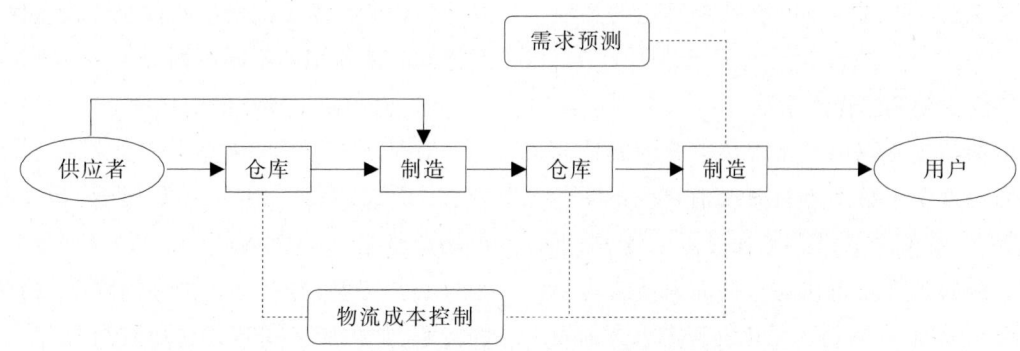

图 12-4-9　生产物流系统

应用实例:生产物流系统运作的主要内容有采购流、储运流、生产流(向车间搬运物料、半成品的流转和成品的组装、分类、拣选、检验、包装等)和销售流(从成品入库一直到消费者手中)。这一完整的(物流)作业过程贯穿于生产全过程的始终。

3.销售物流系统

销售物流系统是一种典型的开放模式,它所面对的大部分客户是各级销售商和最终客户,即消费市场。除了一般物流系统模式的基本特点外,它还具有销售企业的特点。销售物流系统一般包括物流结点,如仓库、物流中心、配送中心等。

应用实例:从商品的采购、装运搬卸、流通加工、储存、分拣、备货、验收和配送服务,一直到消费者手中,是销售物流的全部过程。销售物流主要依靠销售网络的结构和销售模式,如工厂直销模式,生产与销售是相互结合的,因此销售物流系统与生产物流系统结合在一起。

应用实例:销售物流系统的设计主要考虑的因素有以下七个。

1)商品仓库的选址、仓库规模的设计、仓库的结构与布局、固定设施的设置。

2)装、运、搬、卸工具的配置,分拣与传输(机械化与自动化)系统的设计。

3)销售物流功能的定位与开发,如货类的选择、配送方式的选择。

4)库存控制与配送系统、仓库服务系统、仓库管理系统与仓库保安系统的设计。

5)销售信息网络的构建、销售渠道的设计、客户关系的维系。

6)经营成本的测算、经营费用的控制、资金流的流程设计等。

7)各类现代化技术的应用,如商流、信息流与物流计算机集成管理技术等。

销售物流系统的形成,还要考虑这些因素之间的配套与协调运作等问题。销售物流系统更要根据服务对象的不同,形成专门化的物流系统。

(二)流通领域的物流系统

在市场的主导权由处于市场上游的制造商或供应商向处于下游的零售商或消费者不断转移的态势下,物流服务需要更加接近市场,贴近消费者。流通领域物流作为直接面向最终客户提供的物流服务,在满足多元化物流需求方面发挥着极其重要的作用。

在流通领域的物流系统中,最为核心的物流服务是移动选择、储控选择、整合选择和配置选择。而能够承载这些功能的主要载体是综合物流配送中心(distribution center)。下面就简要介绍综合物流配送中心的主要功能、主要类型、作业环节和主要作用。

1.综合物流配送中心的主要功能

综合物流配送中心的核心功能主要有检验、分类、积载、存储、保管、控制、拣选、加工、组货、分装、配货、包装、配送、订单处理、信息处理等。

应用实例1:由于配送中心处理的商品种类繁多,而且要面对众多的客户,因此,要在短时间内,高效率、准确地完成上百种甚至更多品种商品的拣选,是一项复杂的工作。拣选作业因难以完全采用机械完成,所以需要配合人工作业。为了满足高效、准确的要求,必须有一套科学的拣选方法。同时,要在信息系统的支援下,提高拣选的作业效率和拣选的正确性。

应用实例2:把客户需要的物品在指定的时间内,安全、准确地送到正确的地点,是配送中心的核心功能。它需要以下活动的支持:①配送计划的设定、配送服务标准的设定、配送车辆的选定;②分拣、组配货物,装、运、搬、卸货物;③配送费用、效率和绩效的评价。

2.综合物流配送中心的主要类型

综合物流配送中心是物流网络中从事综合物流配送活动的节点或枢纽;是接受生产商、批发商甚至是零售商的各种各类货物,再按照多家需求者的具体订货要求,迅速、准确、高效率地将货物重新组合配置,并配送到需求目的地的物流组织和场所。配送中心按照经营主体、服务对象和功能作用的不同可划分为多种类型。

(1)生产商主导型的配送中心

对于实力雄厚的大型生产商来说,设立配送中心,可实现"供产销"一体化经营,并以此增强市场竞争能力。这种配送中心以"供产销"一体化为核心与特色,有利于减少中间环节,精减产品的流程,加快资金周转并获得较高收益。通常,家电、汽车、化妆品、食品等生产商多采取这种配送中心。

(2)批发商主导型的配送中心

以商贸批发企业为主体建立的配送中心,强调充分利用公共资源和社会资源,"大规模"配送是这类配送中心的主要特色。通过规模化的货物配置、系统化的载体整合,大量多余、无效的流程被删减掉,如批量频、品种多、数量少的小商品大多通过这类配送中心完成流转。

(3)零售商主导型的配送中心

这类配送中心主要由连锁零售商和大型零售业主导。为了减少流通环节,降低物流成本,零售商把不同供货商的货物送到配送中心集中检验、分拣、加工、包装等,然后向所属的连锁店进行计划配送。这种模式的核心是流程的关键环节"完全可控",它大大提高了流程的安全系数。

(4)第三方主导型的配送中心

这种配送中心是由"第三方"物流企业建设的面向客户提供配送服务。其核心是"第三方"物流企业不参与或不直接参与商品的经营。"第三方"物流企业与客户签订长期物流服务合同,提供储运设施,代理企业开展配送业务,提供物流信息系统,帮助客户设计配送方案等是这类配送中心的主要工作内容。还有一种情况是配送中心的硬件设施属于客户或物流设施提供商的,配送中心的运营由物流企业负责,信息系统等软件由物流企业提供。

(5)共同主导型的配送中心

共同主导型的配送是指由两个或两个以上的企业相互协作共同开展配送活动的一种配送形式。其特色是优势互补,核心是提高物流活动的效率。共同主导型的配送中心一般由规模比较小的批发商或专业物流企业共同设立。

以上五个实例从经营主体的角度介绍了各种类型的配送中心,这便于学习者看清配送中心的经营者,以及各种配送中心的特色和优势。如果从服务对象的角度划分,则主要有以下三种。

(1)面向消费者的配送中心

在"商—物"分离的交易模式下,消费者往往在商店看样品,挑选型号并付款后,并不从商店取货,而是由配送中心将商品直接送达消费者手中。家具、大型电器等商品多采用这种配送方式。

(2)面向制造商的配送中心

根据制造商的生产需要,按照生产调度计划的安排,将原料或零部件直接送到生产现场或企业的仓库。这种类型的配送中心承担生产商大部分原料或零部件的供应工作,减少了企业物流作业活动,也为企业实现零库存创造了条件。

(3)面向零售商的配送中心

配送中心按照零售商的订货要求,将各种商品备齐后送到商铺,包括为连锁店服务的配送中心和为百货店服务的配送中心等。

一般来说,一个配送中心需要具备检验、分类、积载、存储、拣选、加工、包装、配送等功能。不同的配送中心,会根据实际需要,在功能选择上略有侧重。所以,如果从配送中心功能划分,配送中心大体上也可以划分为以下三种类型。

(1)通过型(分拣型)配送中心

这种配送中心的特点是商品在这里停留的时间非常短(如几个小时),商品进入配送中心的目的,就是为了将大批量的商品分解为小批量的商品,将不同种类的商品进行组合,以满足客户多品种、小批量的需求;通过拆分与组配,减少运输次数,提高运输效率以及理货作业效率等。这种配送中心大多具备高效率的商品检验、拣选、理货以及处理订单和信息的能力,作业的自动化程度高,信息系统发达,主要特色是库容小。

(2)集中型(库存型)配送中心

集中型配送中心具有商品存储功能,大量采购的商品存储在这里,制造商与零售商不再保留仓库,而是根据生产规律和销售需要由配送中心集货和组织配送。相对于分散库存,集中库存有利于降低库存数量,提高库存周转率。

(3)加工型(流通型)配送中心

这种配送中心主要从事诸如拣选、分装、贴标签、食品清洗、服装熨烫等作业,然后再根据客户的需要配送到各个店铺或客户手中。加工型配送中心通过集中加工有助于开展机械化作业,提高加工效率;通过散货储运,提高运输效率与容积效率。

3.综合物流配送中心的作业环节

综合物流配送中心的作业及业务流程主要包括入库、检验、保管、拣选、出库、捆绑、配送等环节,如图12-4-10所示。

4.综合物流配送中心的主要作用

(1)控制物流成本

通过在供应商与客户之间设置配送中心,

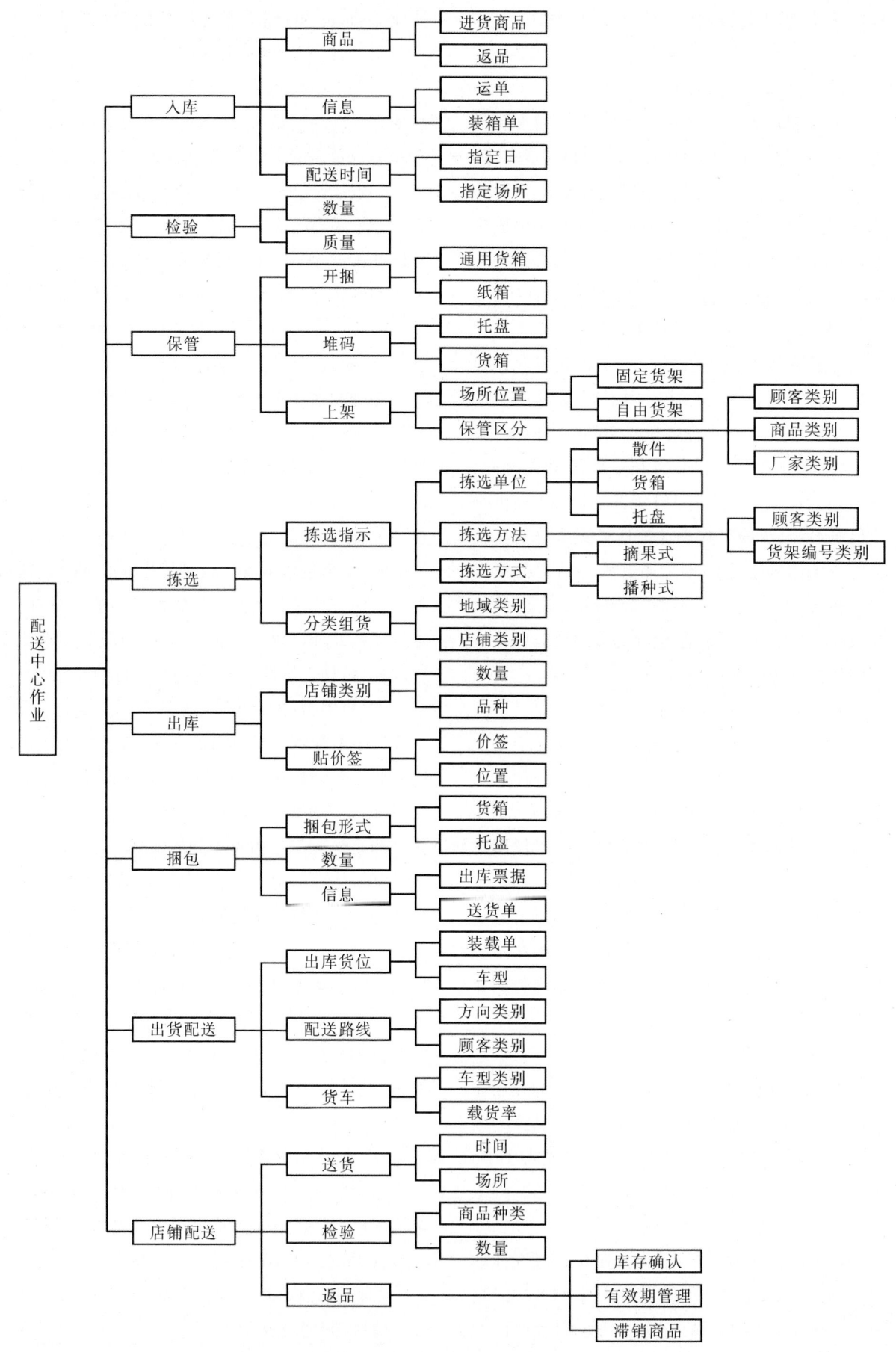

图 12-4-10　配送中心作业环节

可以减少交易费用,将干线部分的大批量、高效率运输与支线部分的小批量、快速配送结合起来,从而在保证物流服务水平的前提下有效地控制物流的整体成本。

应用实例:一对多的交易成本要小于多对多的交易成本。例如,S 个厂商同 T 个店铺分别交易的情况下,交易次数为 S×T 次,如果通过配送中心的中介,则交易次数仅为 S+T 次。显然,厂商和店铺数目越多,设置配送中心的节约效果就越明显。

(2)集约利用仓库

将分散在企业的仓库或营业仓库的商品集中存放到配送中心,有利于提高库容效率和降低缺货概率,提高库存控制水平;也有利于消减零售商的库存。

(3)缩短供货周期

将综合物流配送中心设置在合理的地方,可大大削减无效流径、压缩配送流程,使供货周期明显缩短,并可及时向订货的客户供货。

应用实例:配送中心的选址极其重要,配送中心的位置恰当与否,关系配送效率、物流成本以及客户服务水平,对企业的销售战略也会产生重要影响。配送中心的选址,首先要能够保证在一定的物流服务水平下满足客户的订货要求,必须在充分考虑配送距离、配送时间和配送成本的基础上,确定配送圈或配送中心的服务区域;其次根据经销范围,设置数量合理的配送中心。一般来说,配送圈越大,配送中心的配置数量就越少,平均配送距离就越长,配送成本相对越高;反之,配送中心的数量越多,平均配送距离缩短,配送成本降低,但配送中心的投资加大。所以彼此之间存在着效益背反关系。因此,供应商需要充分考虑各种因素对物流总成本的影响,并在此基础上确定一个合理的配送圈和配送中心的最佳数量。

(4)有利于把握动态销售信息

配送中心作为商品的分销中心、库存中心,连着供需双方,起着中介者的作用,成为供需双方信息交流的纽带,有利于促进供需双方的信息沟通。如通过直接掌握库存的变化状况而掌握各个零售商的销售信息,并可以向制造商和有关部门及时反馈相关信息。

(5)有利于实现"商—物"分离

利用配送中心的各项功能,可以完成商品实体从厂商到最终消费者的直接转移。它符合物流合理化的原则,减少了中间环节,节约物流费用。

应用实例:为了降低物流成本,生产商通过大批量的运输把货物送到配送中心,这一过程降低了运输成本;再从配送中心采用多品种、多频次、小批量的配送方式直接配送,把已经完成"商流"交易的货物以最优流径送达客户。在这一进程中,"商流"的流径并不一定经过配送中心;而"物流"流径并不一定经过零售商。

(6)有利于减少零售商的费用

综合物流配送中心利用各种集约化的软硬件系统,大批量采购,高效率检验、验收商品,大大简化各零售商的工作程序和费用支出。

应用实例:为生活消费品零售商提供服务的配送中心,主要从事的加工活动有贴标签、包装、组装、服装检验和整烫、蔬菜加工、半成品加工等;为生产企业从事配送服务的配送中心的加工活动有卷板剪裁、木材加工等。这些都大量减少了零售商的分散化的工作。

综上,我们可以看出实际上企业物流的内容相对繁杂,是现代物流中最主要的部分,它最突出的特征是与盈利有关。

五、生产物流案例

精益生产模式:精益生产(lean production,简称LP),是由美国的麻省理工学院数位国际汽车计划组织(IMVP)的专家、学者,花费 5 年时间,耗资 500 万美元,以汽车工业这一开创大批量生产方式和"准时制"(just in time,简称JIT)生产方式的典型工业为例进行研究,经理论化后总结出来的。它是当前工业界最佳的一种生产组织体系和方式。

精:少而准,即只在适当的时间,投入必需的生产要素,生产市场所需的必要数量产品。

益：优而值，即所有的经营活动，都要有益、有效、有价值，强调生产全程的合理性、经济性。

二战后的日本汽车工业受"资源稀缺"和"多品种、少批量"的市场制约，被迫以最大限度地减少企业生产所占用的资源和降低企业管理和运营成本为主要目标，LP 就是这种生产方式的产物。LP 追求七个"零"的终极目标，成为了一种理念和文化。

（一）LP 的基本原则

精益思想的关键是"价值"。LP 围绕价值进行构建，并以"价值实现"为主线构建生产流程。

1.精确核定产品价值

精确确定产品的价值是 LP 的重要前提和根本保证。传统思想认为产品的价值由生产者创造，多热衷于提高产品的性能和生产工艺水平（产品价值所在），然后向客户介绍和推销产品；另一种情况是为了满足国内社会对于长期雇佣和稳定零部件协作商关系的需要，更注意创造价值的地点，大多数的高级管理人员都是先考虑怎样在国内设计和制造产品。因此，价值被传统的组织、技术、未折旧的资产以及传统的经济思想扭曲了。

实际上，管理人员仅知道如何生产产品和降低成本远远不够。真正需要考虑的是站在客户的立场上，从根本上重新思考价值。因此，精益思想从一种自觉的尝试开始，通过与客户的对话，为具有特定功能、以特定价格提供的产品，精确定义价值。确定每个产品的价值是 LP 的第一步。

2.准确识别价值流程

在商务活动中，有三项关键性管理任务：一是从概念设想，通过细节设计与工程进度，到投产的全过程中，解决具体问题；二是从接受订单、制定详细进度到送货的全过程中，进行信息管理；三是从原材料制成最终产品，再送到客户手中，完成物质转化。

所谓价值流是通过商务活动的三项关键性管理任务，对完成一个特定产品所必须的一组特定活动。确定每个产品的价值流是 LP 的第二步。

通过价值流的分析，可显示出三种活动方式的流程：一是有明确的创造价值的步骤；二是明确在现有技术和生产条件下不可避免的步骤；三是确定不创造价值而且可立即去掉的步骤。LP 用上述方法检验生产过程，发现原来习以为常的生产方式，竟然存在很多浪费。

应用实例：现实中，企业外购项目逐渐增加而自制项目逐渐减少。真正需要做的是有共同利益的各方面自愿组成联合，一起去分析被分裂开的价值流。这种联合检验每一个创造价值的步骤，要持续到最后成品。但许多传统企业对此并不了解。

3.价值流动连续精确

使保留下来的、创造价值的各个步骤流动起来是 LP 中最精彩的阶段。而传统的管理认为，各种活动应该按照类型分组，以便能够有效地运作，也易于管理。最先认识到流动潜力的人是亨利·福特和他的助手们。例如，1913 年，美国福特汽车公司轿车总装生产转变为连续流动生产，使福特 T 型车的总装工作量减少了 90%。由此整个生产过程的生产率大大提高。但是，福特发现的只是特例，真正的挑战在于小批量、多品种的生产时期能否创造连续流动。

因此，LP 要重新定义职能、部门和企业的作用，使其能对创造价值做出积极的贡献，即说明价值流上每一点的真正需要，真正体现员工价值。这不仅要求企业为每种产品建立精益的流程，还应该重新思考传统的职能，重新考虑企业的战略。

应用实例：从"部门生产"和"批量销售"转化到"团队式生产"和"精确连续流动"，最主要的效果是从原材料采购、投产、销售、送货以及到客户所需的时间大大减少。在引进精确连续流动以后，原本需要几年才能设计出来的产品，几个月内就可以完成；需要若干天办完的订货手续，几小时就可以办完。LP 能降低库存量和加快投资回收速度并节省大量资金。

4.客户需求拉动生产

LP 可以使生产环节进行快速的任意组合，以应对需求上的差异，及时地使客户获得满足。

因为,一旦有了在客户需要的时候就能设计、排产和制造客户真正需要的产品的能力,就意味着供应商可以抛开销售预测,直接按客户告诉供应商的实际要求生产。这就是说,供应商可以让客户从供应商按照需求拉动产品的生产,而不是把客户不想要的产品"硬"销售给客户。

5.不断追求尽善尽美

当各种组织开始精确核定产品价值、准确识别整个价值流,使得特定产品创造价值的步骤连续流动起来,并且依靠客户的需求拉动产品生产时,奇迹开始出现。它表现为,在提供一个比以往都更加接近客户需要的产品时,付出的时间、场地、成本和错误也不断减少。不断追求尽善尽美,最重要的驱动力是透明度,也是LP的原则之一。

在LP中,从供应商、组装厂、员工、批发商到客户都可以看到全部流程,因而易于找到创造价值的较好方法。而且,员工做出的改进几乎立刻就可以得到积极的反馈。这是LP的关键特征,也是对不断努力寻求改进的强有力推动。当员工开始从产品开发、接单和生产流动中得到及时的反馈,看到客户满意时,传统管理中的"胡萝卜加大棒"也就没必要了。

6.精益理念转向行动

精益理念向LP转型是最具难度的一步,也是最重要的目标。需要从克服现存于组织中的惰性开始起步。为了迅速产生使企业不能小视的效果,需要有创新意识和掌握精益精髓的人,以某种类型的危机作为变革的杠杆,开展创造价值的活动,构建价值流程图等,一步一步地去实现变革。表12-4-4很好地诠释了精益转型。

表12-4-4 精益改进框架

阶段	具体步骤	时间框架
精益起步	通过抓住危机寻找一个"杠杆",绘制价值流程图,尽快开始,重要的是落实到行动,并扩展变革范围	第1年的前6个月
创建新的组织机构	按产品族或价值流程重组一个精益促进机构,针对多余人员反复改善,不断追求尽善尽美	第1年的后6个月和第2年全年
建立精益业务系统	创建精益会计系统,增加工资与业绩相联系的透明度,向每个人传授精益思想和技能	第3年和第4年
完成精益转型	按上述步骤,使供应商和客户发生转化,发展全球精益战略,又将"被动领导"变为"主动创造"	第5年

(二)LP的目标体系

"彻底排除浪费,防止过量生产,最大限度地获取利润"是LP的基本目标。在瞬息万变的市场,LP采用灵活的生产组织形式,根据市场需求的变化,及时、快速地调整生产,依靠严密细致的管理来实现企业的利润目标。为实现这一基本目的,LP必须能很好地实现以下三个子目标。

1.零库存

LP认为,库存是"万恶之源",是生产系统设计不合理、生产过程不协调、生产操作不良的证明,并提出"向零库存进军"的目标。所以,"零库存"成为LP追求的主要目标之一。

应用实例:一个充满库存的生产系统,表明系统中存在各种问题。设备故障停机;工作质量低,造成废品或返修量大;横向扯皮造成工期延误;计划不周造成生产脱节等,都表现为库存。表面上看,生产仍在进行,实际上整个生产系统可能已千疮百孔,更可怕的是,若企业对生产系统存在的各种问题熟视无睹、麻木不仁,长此以往,紧迫感和进取心将丧失殆尽。

2.高柔性

高柔性是指企业的生产组织形式灵活多变,能适应市场需求多样化的要求,及时组织多品种生产,以提高企业的竞争能力。面临市场多变这一新问题,LP必须以高柔性为目标,实现高柔性与高生产率的统一。为实现柔性和生产率的统一,LP必须在组织、劳动力、设备方面表现出较高的柔性。

在 LP 中，组织柔性表现为决策权力的分散下放，而不是集中在指挥链上，它不采用以职能部门为基础的静态结构，而是采用以项目小组为基础的动态组织结构。劳动力柔性表现为市场需求波动时，要求劳动力做相应调整。LP 的劳动力是具有多面手技能的多能工，在需求发生变化时，可通过适当调整操作人员的操作来适应短期的变化。设备柔性的表现与刚性自动化的工序分散、固定节拍和流水生产的特征相反，采用适度的柔性自动化技术（数控机床与多功能的普通机床并存），以工序相对集中，没有固定节拍以及物料的非顺序输送的生产组织方式，使 LP 在中小批量生产的条件下，接近大量生产方式所达到的高效率和低成本，但比刚性生产更加灵活。

3. 零缺陷

传统生产管理很少提出"零缺陷"的目标，只提出可允许的不合格百分比和可接受的质量水平。其观念是：不合格品达到一定数量是不可避免的。而 LP 的目标是消除各种产生不合格品的原因，在加工过程中每一道工序都要求达到最好水平，追求零缺陷。

应用实例："错了再改"得花费更多的金钱、时间与精力，而强调"第一次就做对"是非常重要的。这是每一个人在工作中应该养成的习惯，凡事先做好准备及预防工作，认真对待，防患于未然，在很多情况下就不会有质量问题了。因此，追求产品质量要有预防缺陷的观念，凡事第一次就要做好，建立"零缺陷"质量控制体系。过去一般企业总是对花在预防缺陷上的费用能省则省，结果却造成很多浪费，如材料、工时、检验费用、返修费用等。现在企业应该认识到，事后的检验是消极的、被动的，而且往往太迟。各种错误造成需要重做零件的成本，常常是预防费用的几十倍。因此，企业应多在缺陷预防上下功夫，也许开始时多花些费用，但很快便能收回成本。

将以上三个子目标进一步分解，分为七个方面（如图 12-4-11），也可以被视为 LP 的终极目标。

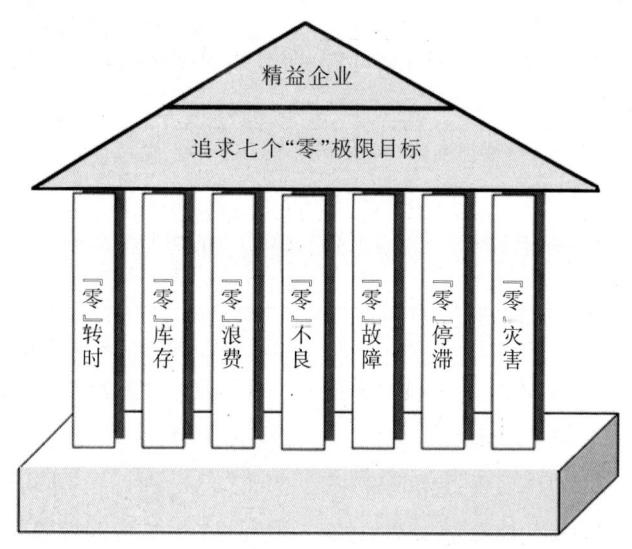

图 12-4-11 精益生产体系的终极目标

"零"极限目标为 LP 的终极目标，细述为以下七点。

1)"零"转时(production)，工序切换与装配线转产时间浪费降为零。

2)"零"库存(inventory)，变市场预估生产为接单同步生产，将产品或中间库存降为零。

3)"零"浪费(cost)，全面成本控制，消除多余制造、搬运、等待的浪费，实现零浪费。

4)"零"不良(quality)，在产生源头检出和消除不良，追求零不良。

5)"零"故障(maintenance)，消除机械设备的故障停机，实现零故障。

6)"零"停滞(delivery)，最大限度地压缩前置时间(lead time)，消除中间停滞，实现零停滞。

7)"零"灾害(safety)，人、工厂、产品全面安全预防检查，安全第一，实现零灾害。

(三) LP 的管理过程

1) 优化人事组织管理,大力精简中间管理层。如组织扁平化,减少非直接生产人员,撤除一切不增值的岗位,安排每个工人及其岗位的原则是必须增值。

2) 推行均衡化、同步化与柔性化生产,精简产品在开发设计、生产、管理中一切不产生附加值的工作。以最优品质、最低成本和最高效率对市场需求做出最迅速的响应。

3) 推行全生产过程,甚至是整个供应链的质量保证体系。

4) 减少和降低任何环节(人力、物力、时间、空间)上的浪费。

LP 与传统生产方式的区别主要表现为:改变品质控制手段,消灭(减少)各种缓冲区,仅在需要的地方采用自动化;组织结构精益化,协作厂商与资产的固有能力,构建综合哲学体系;培训职工并与职工交流,增加职工的参与感和责任感,最大限度地激励员工;产品品种能尽量满足客户的要求,满足客户对价格的要求。

(四) LP 的管理特点

1. 拉动式(pull)和准时化(JIT)生产

1) 以客户需求为生产起点组织生产运作,依靠看板(传递工序之间的需求信息的形式)进行。

2) 强调物流平衡,追求零库存,要求上一道工序加工完的零件可以立即进入下一道工序。

3) 生产中的节拍可由人工干预和控制,以保证前工序对后工序供应的准时化。

4) 采用拉动式生产,计划与调度实质上是由各个生产单元自己完成,在形式上不采用集中计划,但操作过程中生产单元之间的协调则极为必要。

2. 全面质量管理(total quality control)

1) 强调质量是生产出来的,不是检验出来的,由过程质量管理来保证最终质量。

2) 对每道工序进行质量控制的同时,重在培养每位员工的质量意识,以保证及时发现质量问题。

3) 在生产中发现质量问题,可根据情况立即停产直至解决问题,削减对不合格品的无效加工。

4) 对出现的质量问题,由相关技术与生产人员组成协作组织,尽快解决。

3. 团队工作法(teamwork)

1) 组织团队的原则并不完全按行政组织来划分,而主要根据业务的关系来划分。

2) 成员在工作中不仅仅是执行上级命令,更重要的是参与,起到辅助决策作用。

3) 强调团队成员一专多能,要熟悉团队内其他成员的工作,保证作业顺利进行。

4) 注重考核团队成员的工作业绩,对团队整体的影响以及对生产系统的影响。

5) 信任是团队的基本氛围,以监控为主,避免核查每一步工作,提高工作效率。

6) 针对不同的事物,建立不同目标的团队,同一个人可以属于不同任务的团队。

4. 并行工程(concurrent engineering)

1) 在产品设计开发期间,将概念、结构、工艺设计与最终需求等结合起来,保质而快速。

2) 各项工作由相关的项目小组成员各自安排并完成。按需反馈信息,并协调解决出现的问题。

3) 依靠信息系统反馈与协调项目,在产品研发期间,利用现代技术辅助项目进程的并行化。

(五) LP 的基本特征

1. 品质

及时查找问题、快速制定纠正方案和准确解决问题。

2. 柔性

根据需求批量的具体要求,快速调整流程。

3. 时间

开发产品的时间减至更短,尽快将产品投放市场。

4. 产品

生命周期越来越短、品种越来越多和规模效益越来越小。

5. 效率

减少无效动作、流径与流程,从而减少浪费,提高生产效率。

6. 适应

对新的、特殊的需求能快速理解,并及时做

出调整。

7.学习

不断思考、分析、积累与改善。

除了以上 7 个特征外，LP 的外部环境值得给予更多的关注。

1) LP 是人和人互相承担义务的物质利益关系。它包括工人和雇主、协作厂和总装厂、销售商和生产厂之间的同甘共苦。体制中的每个成员都应积极参与和拥有促进不断改善的愿望。

2) 科技发展与进步有可能使 LP 得到不断完善，发挥更大的作用。

3) LP 的客户关系是 LP 的重要组成部分，客户被 LP 厂商看成是生产过程的组成部分，甚至是生产过程的启动者。客户关系受到重视，是现代市场发展成熟、竞争异常激烈的结果。

应用实例：在成熟的市场竞争环境下，各企业产品在性能、质量、成本等方面相差无几。竞争则体现在交货时间、售后服务等工作上，而且互联网的发展，进一步促使技术、价格、市场等基本因素透明化。客户策略成为企业有特色竞争的重要基础，也是实现精益销售的前提。

（六）LP 的主要成果

与大批量生产方式相比，LP 的成果主要有以下 6 个方面。

1) 人力资源减至大批量生产方式下的 1/2。

2) 新产品开发周期减至大批量生产方式下的 1/2 或 2/3。

3) 生产过程中，在制品库存减至大批量生产方式下的 1/10。

4) 工厂占用空间减至大批量生产方式下的 1/2。

5) 成品库存减至大批量生产方式下的 1/4。

6) 产品质量可提高 3 倍。

以上从 6 个方面简要介绍了 LP 模式。作为一种在实践中取得成功、从环境到管理目标都是全新的管理思想，并非简单地应用新的管理手段，而是采用一套与企业环境、文化以及管理方法高度融合的管理体系。与大批量生产方式相比较，LP 的优化范围更广博，库存管理更系统，业务流程更精简，质量控制更全面，人文理念更深邃。

总之，LP 是不断追求生产的合理性、高效性，以及能够灵活地适应各种需求，而生产出高质量产品的工作方案、管理技术和系统模式。LP 的基本原则、目标体系、管理过程和具体方法，不仅对制造业的功能提升有促进作用，而且"七个零"的终极目标和柔性化生产的基本思想，对丰富和发展现代生产管理理论具有重要意义。

六、系统分析案例

从啤酒游戏看系统思考

彼得·圣吉（P. M. Senge）在其所著的《第五项修炼》一书中，以"从啤酒游戏看系统思考"为例，深入地思考了复杂系统变化背后的基本机制，并以此分析系统整体性和动态运作的结果，以及强调组织学习和组织重构是适应发展需要和防患于未然的关键。

"啤酒游戏"（beer game）以产销单一品牌的啤酒为例，模拟的是一个在所有工业国家都有的产销系统。系统中有三个主要角色：零售商、批发商和制造商的销售主管。参加游戏的三个人或三个团队，扮演不同的角色，且完全可以自由做出任何决定。各自的目标是尽量扮演好自己的角色，使利润最大。下面就分别从三个不同角色看模拟实验的发展。

（一）零售商

零售商在每周一次的订货中，要写明需要多少箱（某个品牌的）啤酒。零售商的订单很快交由啤酒批发商处理。假如零售商的订单处理平均需要四周，则零售商订购的啤酒大约四周之后送到商店。假如（游戏）初始阶段，每周平均销售 4 箱啤酒并随时保持 12 箱的啤酒库存量，则每周都要订购 4 箱啤酒。

【第 1 周】订购 4 箱啤酒，并拥有 12 箱库存。

【第 2 周】当啤酒销量突然增加一倍，增至 8 箱时，店里还剩 8 箱库存。为补充额外卖出的 4 箱，本周订单上的啤酒数量从 4 箱提高为 8 箱，为的是恢复 12 箱的库存。

【第 3 周】这一周又卖出 8 箱啤酒，而送来的是四周前订的4箱。这意味着目前只有4箱的库存了,下周将卖光所有啤酒。为了赶上销售速度,本周至少需要订购8箱。但为了安全起见,订购12箱可以重建原有的标准安全库存量。

【第4周】尽管本周与批发商协调,多补充了1箱啤酒,也只剩余1箱库存,所以马上将面临无啤酒可卖的境地。

虽然零售商知道从第2周开始多订了几箱,但想想需求可能进一步上升,最好再订购16箱。前4周零售商的库存,如图12-4-12所示。

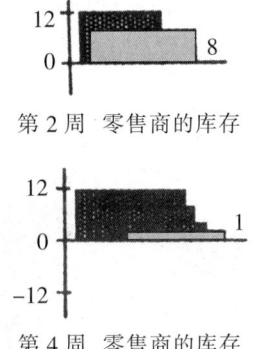

图 12-4-12 零售商第2~4周的库存变化

【第5周】本周一就卖光了仅存的1箱,幸运的是批发商已经开始回应零售商调高的定量,发给零售商7箱啤酒。但本周结束时所有啤酒销售一空,库存为零。空空的货架促使零售商再订16箱。谁都不想没货可卖,放弃获取利润的大好时机。

【第6周】果然,本周开始的时候,已没有啤酒了。但有零售商愿意等着购买:"提前购买2箱,来货通知我们。"第2周订购的8箱啤酒只送来了6箱(批发商无法在短时间内同时满足所有零售商增加的需求),扣除预先订购的2箱。零售商的啤酒周末之前又卖光了。此时,零售商面临困境:一边是周末空空的货架;一边是不知道什么时候才能交货的大订单。零售商内心挣扎,觉得不另外订购16箱是不对的。尽管缺货至少2箱,但还是克制住没有再下新订单。

【第7周】这周批发商只送来5箱。由于有5位客户预订,没等啤酒上架就卖光了。本周缺货至少5箱。零售商只能另外订购了16箱,并暗自祷告前几周的大订单将会开始到货。

【第8周】本周应该送来16箱啤酒。但仍只送来5箱,而且得到的信息是几周以后才能按照订单的数量供货。具体是几周?不论如何那时零售商都无法应付预订货的客户。而整个星期货架上连1瓶啤酒都没有。获取利润的机会正在流失,真想不通为什么批发商如此无能?难道他不知道这里的市场胃口有多大吗?订购24箱也许是最好的选择,这样比原订购计划多一倍。

在经历了第6~8周后,零售商缺货至少8箱。如图12-4-13所示。

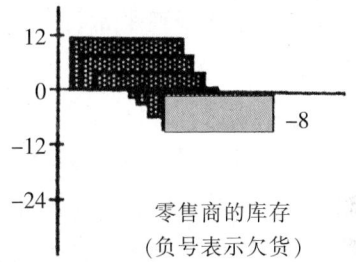

图 12-4-13 零售商第1~8周的库存变化

以上重点分析了零售商在前8周的库存变化。库存在不断减少,零售商从追求利润最大化的角度,不断追加订货数量,在几乎所有的零售商眼中这都是一种理性的行为。那么批发商如何应对来自零售商的需求变化呢?下面看一看批发商的情况。

(二) 批发商

作为一家啤酒批发公司,所服务的地区包括市区、郊区和偏远的乡村。但啤酒批发不是垄断行业,即此公司不是本地唯一的啤酒批发商。

批发商的订货方式与零售商一样,每周填写订货数量,并发给制造商。只是批发商订购的数量按卡车计算。现在同样假设,平均在4周以后,所订啤酒就会送到;并像零售商每周都向批发商订购4箱的啤酒一样,批发商每周都向制造商订购4卡车的啤酒;批发商所拥有的标准库存量是12卡车。有了这些基本假设后,来看一看批发商的库存如何变化。

从前面对零售商的分析,可以知道,啤酒销量从第2周增加一倍,订购批量也增加一倍。起初,批发商的库存可轻而易举地满足额外订单的需要,而且批发商很快意识到啤酒销量有增加的趋势,所以马上向制造商提高订购啤酒的数量。

【第6周】与零售商类似,批发商的库存为零。只有进一步提高订购量,大幅增加到每周订购20卡车。这是平常订购数量的5倍。之所以需要这么多,是从零售商的订货判断,啤酒需求呈二倍、三倍甚至四倍增加,即零售商第2周订8箱、第3周订12箱、从第4周开始订16箱。

【第8周】批发商从制造商那里获悉,制造商在两周前才增加生产量。而大部分零售商所订购的啤酒数量已经是平常的三或四倍,而且仍在继续增加。批发商只好把订购数量增加到30卡车。这已经是批发商平常订货数量的7.5倍了。

【第9周】上周结束之前,欠零售商的货又多了29卡车。而且每周从零售商接到的啤酒订单总和约20卡车。批发商现在期待着从制造商那儿收到一个月以前订购的20卡车啤酒。然而,制造商只送来6卡车,显然较大量的生产运转现在才开始出货。截至本周,批发商欠零售商43卡车啤酒。

图12-4-14反映了零售商和批发商从第1周到第9周各自库存的变化情况。

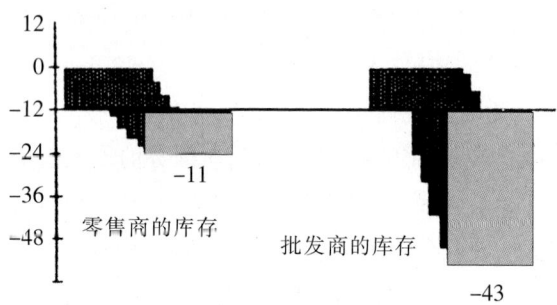

图12-4-14　零售商和批发商第1~9周的库存变化

【第10周】批发商预期的至少20卡车的啤酒(额外量)不见踪影,制造商只送来了8卡车。在此同时,批发商本周所接到的订单是26卡车。或许是零售商无法订购到足够的啤酒,所以加大了订购量;或许各零售商正疯狂地在销售啤酒。批发商现在能做的是必须跟上订单,才能保证自己的零售商客户不会转向竞争者。所以本周批发商向制造商订购了40卡车。

【第12周】制造商在本周只送来12卡车啤酒。已订购而未交货的是77卡车,再加上本周从零售商那里接到的28卡车订单,也就是说,批发商有超过100卡车的订单等待补货。批发商完全是出于理智上的判断,本周向制造商再订购了60卡车。

【第14周】本周批发商终于开始从制造商收到较大量的出货。同时,零售商的订购量下降了一点点,这也许是因为上周他们多订了一点儿。在这个节骨眼上,任何有助于降低欠货数量的事情都是受欢迎的。因为一想到假如有足够的存货,就可以赚到更多钱,批发商所希望改变的就是千万不要再陷入这种长期缺货的状况。图12-4-15显示了零售商和批发商第14周的库存情况。

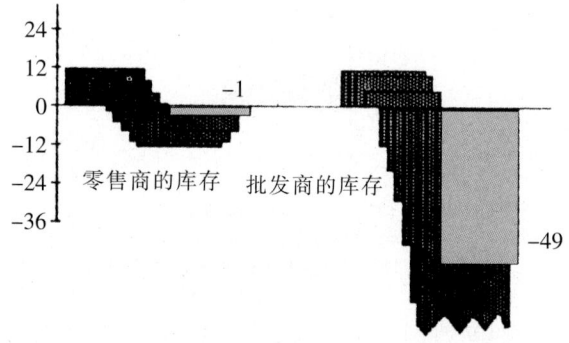

图12-4-15　零售商和批发商第14周的库存情况

接下来的一周,让批发商真正体验了"过山车"的感觉。显然,啤酒需求变化的程度远高于批发商的预期。第16周,当批发商几乎拿到前几周订购的所有啤酒——55卡车时,眼前浮现的本应是零售商的疯狂提货。但一周下来,零售商让卡车司机带回来的是一张接一张的空白订单。这些人出了什么问题?4周前还大声吼着要啤酒,现在甚至1箱都不要了。批发商把要送给制造商的订单追回,上面清楚写着订购24卡车。

【第17周】这周又送到60卡车啤酒,但零售商的订购数量自然是零。109卡车的啤酒堆在批发商的仓库里。批发商暗自思量,感觉这周零售商应该会增加订购。结果却是,零售商订购啤酒的数量又一次为零,自然批发商向制造商订购的数量也是零。更令他烦恼的是制造商还会继续把之前订购的60卡车啤酒送来。

实际上,到第17周时,无论是批发商还是

零售商,其库存都大大增加了。如图 12-4-16 所示。

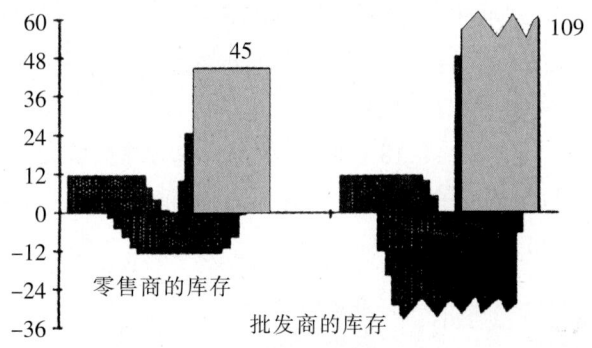

图 12-4-16　零售商和批发商第 17 周的库存情况

以上分析了批发商从第 1 周到第 17 周的库存变化。前 14 周批发商的库存在不断减少,到第 14 周时,库存达到 -49 卡车;然而仅仅过了 3 周,第 17 周时,批发商的库存就达到 109 车,某一零售商的库存也达到 45 箱。从追求利润最大化考虑,同样是批发商的理性行为,所以追加订货数量也就无可厚非。那么制造商又要面对怎样的需求变化呢?下面看一看制造商的情况。

(三) 制造商

前面分析所提供的信息是,到第 6 周,制造商收到的新订单和总需求量开始急速上升,订购的啤酒达 40 批。而第 1 周时,制造商收到的订单只有 4 批。由于和零售商、批发商的基本假设相似,在此不再重复,只是明确从酿制一瓶啤酒开始,到完成出货,至少需要两周的时间。

因此,大体上可以看到制造商的库存变化:到第 7 周,制造商库存为零;第 8 周有 9 批已订购而未交付的订单,还有 24 批新的订单,但制造商只能生产出 22 批。啤酒厂里呈现的是厂长给每一位员工奖励,把工作时间延长一倍,并兴奋地招募新的员工;到了第 14 周,工厂仍然赶不上已订购而未交付的订购量;第 16 周是个转折点,制造商终于赶上已订购而未交付的数量;第 17 周,批发商只订了 19 批啤酒;第 18 周,批发商不再订购啤酒;第 19 周,制造商的仓库里大约有 100 批啤酒存货,而啤酒的销售业绩等于零。

相同的模式从第 20 周到 23 周又延续了 4 周之久。订货再现高峰的希望日渐渺茫,制造商甚至认为批发商和零售商在胡闹,理由是上个月疯狂地要货,这个月突然什么都不订。但实际上,零售商、批发商和制造商各自的库存都已十分惊人。图 12-4-17 显示了第 21 周三者的库存,分别是 98 箱、220 卡车和 125 批。但对于制造商而言,这还不是最糟糕的时候。

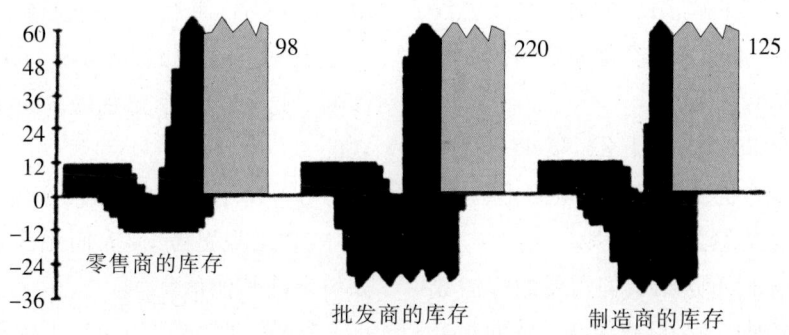

图 12-4-17　零售商、批发商和制造商第 21 周的库存状况

【第 24 周】制造商再不能坐以待毙了,因为库存已经达到 135 批。在周初,制造商就去拜访客户——啤酒批发商。这也许是制造商和批发商之间第一次真正意义上的会面,因为在这个危机发生之前,彼此之间实在没有什么好说的事情。

会面在彼此面色凝重的寒暄一下后,便直奔主题。制造商最想知道的是批发商连续几周都没有订购啤酒的原因。而批发商也不做任何解释,直接把制造商带到后面的仓库,这时批发商说:"你看,我还有 220 卡车的啤酒堆在这里!我也已有两个月没收到零售商任何一张啤酒的订单了,我也感到完全茫然不解。"

此时,制造商和批发商一起断定必然发生了需求暴起暴跌的现象,"大众的消费需求可能是反复无常的"。有了如此共同的结论,迁怒于零售商就成为十分自然的事了。他们认为如果零售商留意并把情况反馈给他们,就绝不会发生现在的情形。

制造商在回程的路上,脑子里一直在构思行销策略报告中的措辞。在途经一家零售店时,忽然有了进去看个究竟的冲动。

制造商自我介绍后,零售商的脸上勉强挤出笑容,然后随手拿起店里库存记录簿放在桌子上。

"你不知道几周之前我多想勒死你。"

"为什么?"

"你看,我后面还有90多箱啤酒库存,几乎占满了库房。依照现在售货的速度,我们再订购是10周以后的事了。"

图12-4-18反映了第24周零售商、批发商和制造商的库存情况,分别为94箱、220卡车和135批。

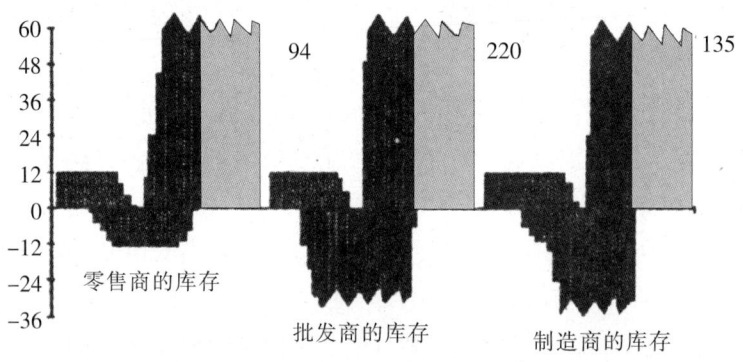

图12-4-18　零售商、批发商和制造商第24周的库存状况

然而,制造商仍然认为这个悲剧是零售商一手造成的。零售商反驳道:"那不是我们的错,我们之前一直都是每周卖4箱啤酒。是你们播出广告后的第2周才卖掉8箱。"

制造商接着说:"然后销售量迅速增加。但为什么现在销售量会减到连1箱都没有呢?"

零售商说:"你不了解,顾客的需求从来就没有迅速增加过,客户也从未完全停止购买。我们每周仍然卖出8箱啤酒。"

制造商接着问道:"你说什么?需求从来就没迅速增加过?客户也从来没有完全停止购买?这怎么可能?到底是怎么回事?"

零售商说:"你们不送给我们需要的啤酒数量。我们只好不断地订货,以确保有足够的数量来跟上客户的需要。"

制造商说:"但是我们都按照一定的速度把啤酒送出去了。"

零售商说:"那也许是批发商搞砸了吧,我在想是否该换批发商了。无论如何,我希望你举办一次赠券促销或其他活动,让我能够赚回一些本钱。我只想把那94箱啤酒卖掉。"

到此为止,基本情况已经清楚。但问题还没有解决,三个角色都不认为自己存在失误,不需要为这次危机负责,而且认为自己是受害者。然而,更严重的是,截至第24周所积压的啤酒,按照现在的销售速度,大约需要一年,甚至一年以上,才能消耗掉所有库存,这才是一个悲剧。

在上述的啤酒游戏中,实际上每个角色都暂时置身在一种很少受到注意但普遍存在的组织或系统中,而且每个角色所做出的决策或行为过程对三个角色所构成的组织或系统产生影响。这表明每个角色的决策或行为都不是孤立的。

(四) 啤酒游戏的发现

1)"局限思考"使人们无法看到自己的行动如何影响其他角色。

2)"归罪于外"是当重大问题突发时人们所做出最直接的判断。

3)"一厢情愿"地解决问题有时反而把原本并不大的事情弄糟。

4)"冷水煮蛙"一般的问题并没有使人们意识到情况的严重性。

5)"互相咎责"通常是在一个多人系统中每个角色都会想到的。

6)"未能学习"是很少有人从发生的系统问题中汲取经验教训。

啤酒游戏给人们一个深刻启示：在复杂情况下，人们习惯的思考方式和学习上的"智障"把人们限制在被动的应激响应上。

大多数人在玩完啤酒游戏的时候都会因感到单调而不满，因为他们只能做些被动的反应而已。其实大多数人后来也体会到，这种被动的反应源于自己只专注在一个又一个星期的事件上。参加啤酒游戏的人，大多数被库存及新送到啤酒数量的不足，以及订单的突然增加所震慑。当被问及为什么会这么做决定的时候，他们大多会针对事件做解释："我在第11周订购了40箱啤酒，因为我的零售商订购了36箱，清光了我的库存……"实际上，当我们把市场的真实需求，以及零售商、批发商、制造商的库存按照时间顺序绘制在一张图上时(如图12-4-19所示)，一切问题都一目了然了。

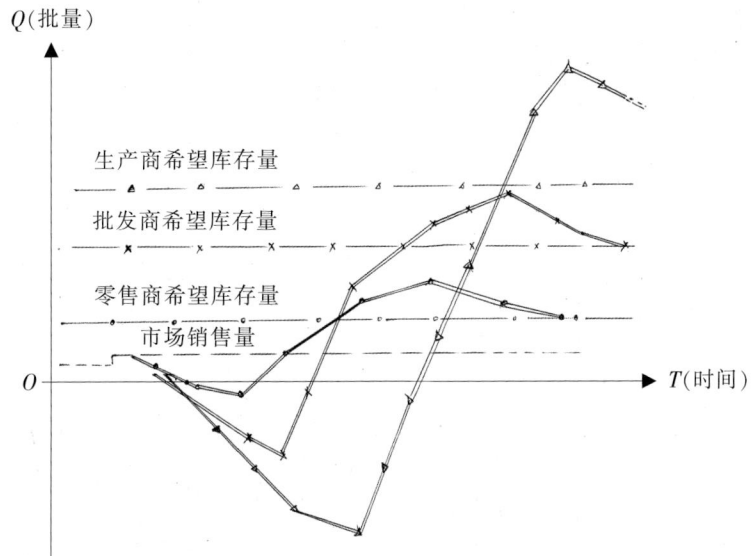

图12-4-19 零售商、批发商、生产商库存变化的整体情况

(五) 啤酒游戏的反思

通过啤酒游戏，人们最初认识到自身看问题的"局限性"，而更深入地"抽丝剥茧"，竟然是习惯性的思考方式和学习上的"智障"在作祟，这就不得不通过啤酒游戏进行反思。

1. 系统结构会影响人的行为

不同的人处于相同的结构之中，倾向于产生性质类似的结果。当问题发生或绩效无法如愿达成的时候，通常我们会怪罪于某些人或某些事情。然而这些问题或危机，却常常是由所处系统中的结构所造成，而不是因为外部的力量或个人的错误造成的。因此，要使自身的行为不受系统结构的影响，就必须掌握辨别系统结构的洞察力。

2. 人类系统结构微妙而复杂

人们倾向于只把系统结构看作是外在的限制，但在人类系统中，系统结构还包括主观决策时所根据的许多运作原则，人们依据这些原则诠释认知、目标、规范并将之化为行动。

应用实例：以系统观点解释复杂的状况，会有多个层次。在某种意义上讲，解决每个层次上的问题都同样有意义；但其效益则十分不同。如果以"谁对谁做了什么"的事件层次来解释事情，注定会采取反应式的立场。如前面所分析的，啤酒游戏中事件的解释，在当代的文化中最为常见，而这正是为什么反应式管理盛行的原因。而根据行为变化形态层次提出的解释，则专注于较长期的趋势，在啤酒游戏中，其中一种行为变化形态的解释是："产销系统本来就是循环而不稳定的，离零售商愈远，情形将变得愈严重。所以制造商迟早会有发生严重危机的可能。"

3. 有效创意解常来自新思考

在人类系统中，也许常隐藏着更有效的创意解，而且不止一个，但人们却不曾发觉。这是因为每个人都专注于自己的决定以及这个决定对自己的影响，而忽略了自己的决定对他人有怎样的影响。从系统的不同维度去思考一个问题，也许就会找到有效创意解。

应用实例：在啤酒游戏中，零售商、批发商和制造商三个角色在他们各自的能力范围内，都有消除"供给"大幅振荡的巧妙做法。但是他们谁也没有做，因为他们根本不知道自己是如何开始制造出"振荡"的。

(六) 游戏最后的小结

关于啤酒游戏的案例，介绍到这似乎可以告一段落了。对大多数参加啤酒游戏的人来说，最大的收获是深切体会到，自己存在的问题以及改善的可能，全都无可避免地受到自己思考方式的影响。在一个"以事件思考为主"的组织或系统里，真正具有创造性的学习是无法持续的。而真正地消除学习上的"智障"，需要一个结构性和系统性的思考架构，也就是要拥有找出行为背后所有结构性原因的能力。

参加啤酒游戏的人了解行为背后的结构后，他们能更清楚地看见自己改变这些行为的力量，也因此采取能在大系统中有效运作的订购决策。他们也印证了凯利(Walt Kelly)在他的漫画《扑高》(*Pogo*)中的一句名言："我们碰到敌人了，敌人就是我们自己。"

第五章 现代物流管理

本章主要应用管理学理论讨论对物流产业、行业、经营行为等进行管理,内容主要涉及与物流运营有关的采购管理、仓储管理、配送管理、运营管理、供应链管理等;还涉及物流行业或产业的战略管理、财务管理、质量管理和绩效评价等。

第一节 现代采购管理

采购的奥秘在哪里?

在全球网络化条件下,集中采购,共同发展购销业务,以规模优势降低采购成本,同时精简供应商队伍是大趋势。例如,中国某电器生产商,在全球的供应商数量,最高时达到2 000多家,经采购管理与整合,下降到800多家。如何才能实现这样的目标?

另一个问题,在采购控制方面,如何协调采购成本与库存成本之间的关系?如何实现准时制(JIT)采购?如何将供需双方简单的买卖关系,转型为战略合作伙伴关系,共同发展"双赢"模式?如何寻找更佳的采购模式?本节将针对上面的问题,进行系统而深入地分析。

一、现代采购概述

在现代经济环境中,为了应对全球竞争和技术进步所带来的挑战,采购的作用开始发生改变。采购职能的总体重要性正在提升,采购必须加强与客户需求、运营、物流、人力资源、财务、会计、营销及信息系统的整合,使整个供应链获取最大收益。而且,采购费用一直都是商业中花费最大的一项成本,这要求企业必须有提高采购效率的可靠措施。

(一)采购的意义

21世纪企业面临着前所未有的新的竞争环境,如全球范围内的竞争、降低价格的压力、消费者多样化和个性化的需求、交货期的不断缩短、信息爆炸等,这些变化促使企业意识到靠自身力量很难取得竞争优势,必须与其他优秀的合作伙伴携手合作才能取得整个供应链的竞争优势。因此,把非核心业务外包给专业供应商会对降低成本、提高质量、缩短交货时间和革新做出贡献。这就解释了在许多企业中,"采购"占销售额比例越来越高的原因。

1.采购的地位

进入21世纪以来,许多企业为了在未来的发展中取得战略成功,将整合全球供应商、产品设计师、广告公司、分销渠道、金融机构或其他外部资源视为核心元素。其中,把整合供应商作为首要因素,而且与供应商的关系从原来的博弈转变成合作。这使得采购行为发生了很大变化。只有实现这种战略性转变,才能满足新环境下的更高要求。

应用实例:某世界知名的运动品牌公司已逐渐将产品生产和原料采购等业务外包,而将自己的主要精力集中于研发、设计、营销、分销等方面。而业务外包的核心主要是供应商和生产商的选择,并共同签订采购—生产协议,然后不断将开发的新产品投入生产。这种模式被越来越多的企业所采用,并取得了突破性的成功。

上面的分析表明,采购已在企业中占据非常重要的地位。那么上述案例的核心又说明了什么?是"战略性采购"。所谓战略性采购考虑的不仅是当前的价格,还有能为买卖双方提供创新的、可持续的降低成本的能力。它把传统的只注重采购价格的行为上升到把采购作为一项企业战略考虑。

2.采购的价值

虽然采购行为已不仅仅是战术层面的问题,但企业更关注的是采购为企业创造的价值。为此,一个关键性的采购指标即"所有权总成本"就凸显出来。"所有权总成本"所关注的是供应商的经济情况和其他供应链的成本,如运输成本;买方获取和管理产品以及服务的成本;质量、存货、可靠性以及产品和服务寿命周期内的其他因素;产品或服务对外部和内部客户的价值等。这表明越来越多的企业已经意识到采购给企业带来的价值增值。

应用实例:根据多个行业对购进的原材料、零部件及辅助材料的统计,一般要占到最终产品销售价值的40%~60%,如表12-5-1所示。

表12-5-1 采购金额在各行业销售额中占的比例

行业	采购金额占销售额比例/%	行业	采购金额占销售额比例/%
工业企业	54	家具和室内设备	48
石油和煤炭	83	化学及相关产品	48
食品类	63	机械(除电器外)	48
木材类	60	石头、黏土和玻璃	46
运输设备	60	电气和电子设备	45
纸张类	54	印刷和出版	35
服装和纺织类	49	烟草	27

表12-5-1的数据表明,采购耗费对利润会产生比较大的影响,而且当今的趋势是采购对利润的影响要大于企业其他领域对利润的影响。那么,采购是如何影响的呢?

应用实例:采购影响企业利润的方式:表12-5-2是某企业各种费用的增减变化对企业利润的影响的统计表。从表中可以看出,为使利润从5百万元增加到1千万元,如果只改变一个因素(其他因素不变的情况下),销售额需要提高17%,售价提高5%,劳务费和工资减少50%,一般管理费用降低20%,才可以做到利润翻倍,而采购成本只须降低8%就可以做到。

表12-5-2 某企业各种费用的增减变化对企业利润的影响 单位:百万元

	当前值	销售额	销售价格	劳务费和工资	一般管理费用	采购
销售额	100	117	105	100	100	100
购入商品和服务	60	70.2	60	60	60	55
劳务费和工资	10	11.7	10	5	10	10
一般管理费用	25	25	25	25	20	25
利润	5	10	10	10	10	10

在现实中,由于销售额、销售价格(除了垄断行业)大多受市场的影响,企业很难如愿;而规范的企业,由于工资、劳务费的刚性以及一般管理费用可变化的幅度比较小,能压缩的空间也比较有限。但采购环节的贡献则不同,采购方式、采购季节的选择等,可以大幅度降低采购行为本身的费用和采购原料的费用,可以使企业利润翻倍,这就是采购利润杠杆原理。

资产回报率同样能说明采购的重要性。除了提高利润外,采购价格的降低还会降低企业资产的基数,同样会使资产回报率增长的幅度大于价格下降的幅度。

应用实例:设某公司的年销售额为1 000万元,总开支为950万元。公司拥有500万元的资产,其中200万元为库存。购入物料的成本占销售额的50%。我们使用标准资产回报率模型进行测算,如图12-5-1所示。

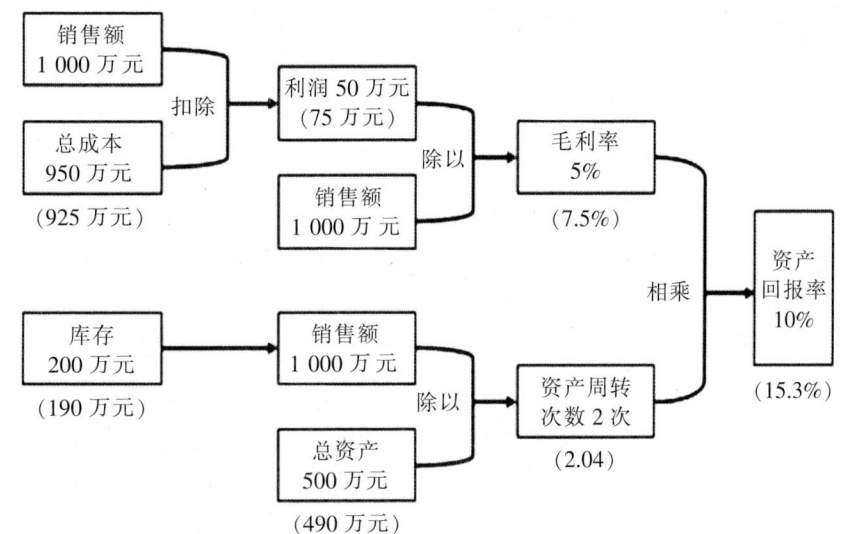

图12-5-1 标准资产回报率模型

由于杠杆作用,这样的价格小幅度下降5%,可以使利润增长50%。另一方面,价格下降使库存价值降为原来的95%,以此减少公司资产的基数,使资产周转率由原来的2.00提高到2.04。资产回报率从原来的10%增长到15.3%,提高了53%。

以上几个例子,都充分说明了采购的价值。所以,在一个公司里,采购与销售一样,同样是能够产生收入的部门,而其他任何部门发生的只是管理费用。

(二)采购的定义

所谓采购:"是从外部获得的,使某组织的运营、维护和管理等基本活动以及辅助活动处于最有利位置所必需的物品、服务、能力和知识等。"此定义描述的是组织的采购行为(此处所涉及的采购多为企业采购),追求的是经济效益,而不是社会采购或个人采购行为。此定义是采购的广义定义,涉及采购价值链的全过程,如图12-5-2所示,通过这些过程,为组织创造价值。

狭义的采购定义是:"通过商品交换和物流手段从资源市场取得资源或服务的过程。"即指的是图12-5-2中"采购物料和服务"的过程。这一过程可具体分为图12-5-3所示的几个环节。

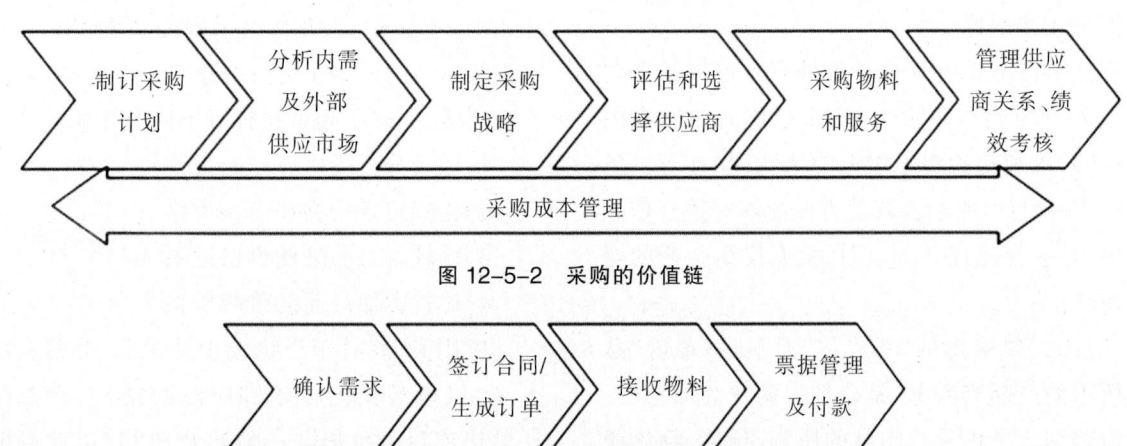

图12-5-2 采购的价值链

图12-5-3 狭义采购的流程图

从采购的概念可以看出,采购的作用范围包括组织间的业务、对等贸易协定、从外部机构雇用临时人员、缔结广告合同等。然而,许多企业采购货物的活动可能没有采购部门的介入,因此采购职能范围通常要比采购部门广泛得多。

(三) 采购的目标

采购是一个具有多目标的行为,目标可以用"5R"来概括,即 right supplier(从合格的供应商那里采购);right time(在准确的需求时间内采购);right price(以合理的价格采购);right quantity(采购正确的数量);right quality(采购符合品质要求的物品与服务)。

同时实现上述目标,是采购者需要破解的一道难题。它要协调与平衡不同目标的利益。

应用实例1:缺货会使经销商的经营中断,造成损失。因此需要合理的采购周期和相配套的物流服务,以便整个运营正常运转。大批量采购和规模化运输,都可降低物流服务成本,但库存量就会大幅度增加,这就需要平衡,即选择最佳的采购批量、运输规模和库存量。

应用实例2:某公司从某供应商那里以很优惠的价格采购了一套计算机设备及软件,但供应商由于经营不善倒闭了,无法为此公司进行系统维护和升级,从而导致此公司的计算机设备及软件无法正常使用。这表明价格只是采购的一个目标,而不是唯一目标。

应用实例3:采购标准化是提供采购效率的重要方法。标准化部件是减少总库存投资、降低库存量和节省维护费用的有效方法,也是平衡"5R"的主要手段。

应用实例4:一个企业能够有效地控制采购所有环节的成本和时间,从而避免诸如过多的库存、搬运和检验等不增值的活动,并且与供应商在产品设计、平稳物流等方面能够有效合作和管理,企业就能提升竞争力,从而提高企业的竞争地位。

总之,以最低的"总成本"而不是"单价"购买所需的产品和服务,是合理采购行为的核心。它需要综合考虑采购物品的质量、价格、物流服务和售后服务等方面的要求。同时,采购行为需要耗费企业的资源,应以尽可能科学的采购方式来完成采购目标。

二、基本采购行为

基本的采购行为主要包括研究市场、制定采购策略、选择与评估供应商,以及制定采购谈判策略等。下面对这些内容给予简要分析。

(一) 研究采购市场

在市场日趋全球化的背景下,市场的波动加剧,不确定因素使关键物品的采购决策过程变得复杂,这些采购决策会对全球市场产生"长鞭式"的影响。因此,在采购之前,需要评估现有供应商的基础竞争力,追踪汇率变化,还要考虑供应的不确定性、关键物品对稀缺货源的依赖性、关键商品的价格波动、生产周期的变化等因素。

应用实例:研究采购市场一般由买方自主进行,也可以请外部专门的市场研究机构进行。研究采购市场的关键,是获取第一手的详尽市场信息。这对买方选择采购策略、选择供应商、选择采购方案都是非常重要的。

(二) 制定采购策略

制定采购策略(purchase strategy or tactics)需要在分析采购市场的基础上,根据不同的供应商和采购的产品类型,划分出不同的策略,如图12-5-4所示。

1. 影响性较小的采购策略

对于一次性且影响比较小的采购(low impact purchase)主要选择快速的、低价格的分析(price analysis)方法,并以此作为采购的主要策略。不把采购物品的成本作为分析重点,是这类采购的突出特征,但需要侧重比较以下四个方面。

1) 比较分析各供应商的报价。
2) 比较目录价格和市场价格。
3) 比较过去的采购价格记录。
4) 比较类似产品的采购价格。

应用实例:对于影响较小的采购,金额虽然不高,但也必须比较各供应商的报价、行业指导价格或目录价格与一般市售价格,以此判断采购价格是否科学合理。采购人员需要牢记的

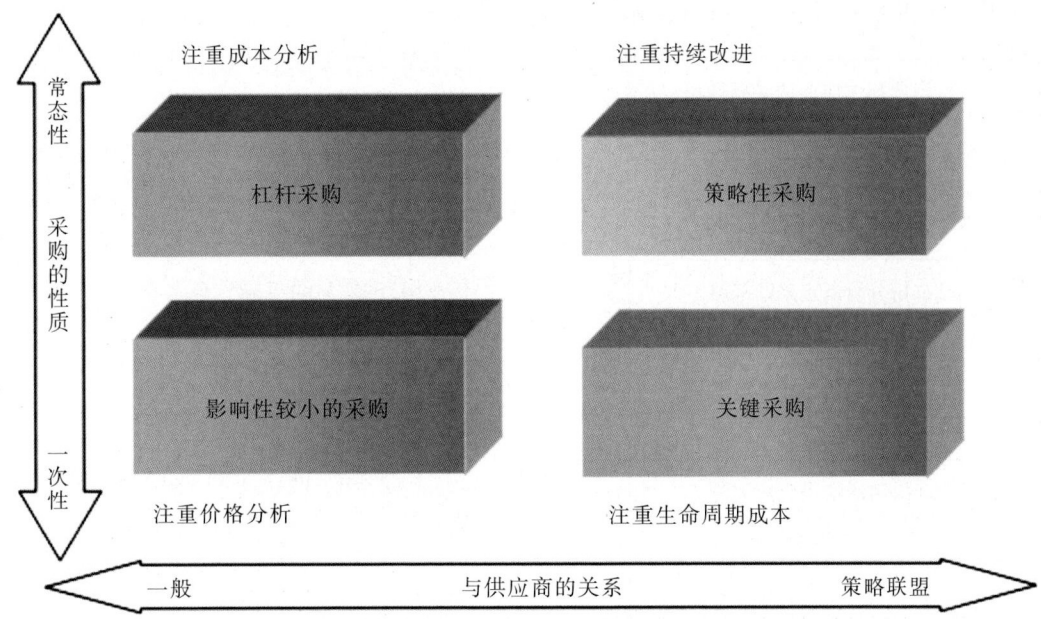

图 12-5-4 采购策略矩阵

是勿让花费在价格分析上的成本高于采购的实际金额。

2. 杠杆采购策略

杠杆采购（leverage purchase）策略主要用于一般产品长期的持续性随机采购，所采用的分析方法主要是成本分析。这种策略的关注点是在采购本身的成本和采购物品的成本变化之间，找到平衡，具体侧重分析以下内容。

1) 对采购策略和采购本身进行价值分析（value analysis）。

2) 分析供应商提供的成本结构（cost structure）。

3) 对采购全程及其物品进行成本估算（cost estimates）。

4) 计算"标的"所有权的总成本（total cost of ownership，简称 TCO）。

应用实例：当采购商不愿意与供应商维持比较密切的合作关系，或产品上市的寿命非常短，或采购对价格的波动特别敏感，使得采购方不得不随时寻找价格最低的供应商来应对时，采购人员多使用杠杆采购策略。这种策略需要采购人员花费较多时间来进行价格上的分析。

3. 关键采购策略

关键采购（critical purchase）包括一次性或非经常性的花费，通常采购金额都相当大，如主要机器设备、资讯系统或厂房设施等，其主要的策略是采用成本分析法。

应用实例：除了类似杠杆采购，要计算所有权总成本外，还要分析整个供应链的成本结构和采购品的生命周期成本等是关键采购的重要组成部分。如果重要计划的采购方案一旦变成重复性的例行采购，则需考虑使用策略性采购。

4. 策略性采购

策略性采购（strategic purchase）代表非常重要的持续性采购案，采购方希望与供应商建立长期或联盟性质的关系。策略是花较多时间在成本与价格分析上，成本分析仍是主要方法。所不同的是采购商注重采购全程的连续改进，以获取更大的收益。

应用实例：在实施策略性采购时，除了计算所有权总成本、整个供应链的成本结构外，还需要使用目标成本法（target costing）分析供应商伙伴的详细成本资料（open books），甚至参与供应商的早期新产品开发（EPI/ESI），并找出可能改善的部分。

（三）评估与选择供应商

对供应商进行评估，为的是降低采购风险并使采购方的整体价值最大化。但是，大多数采购专家认为，还没有一种公认的评估方法，可以准确选择供应商。总的来说，评估流程或过程主要包括以下几个关键步骤(如图 12-5-5 所示)。

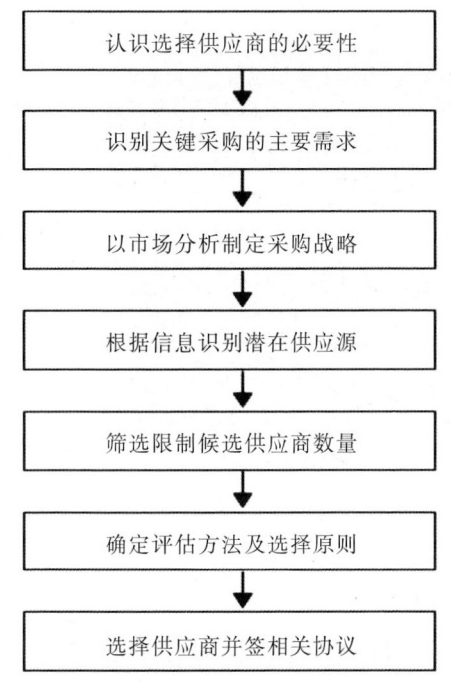

图 12-5-5　评估和选择供应商过程

下面就简要分析其中的五个阶段。

1.识别关键采购的主要需求

不同的组织或企业一般会采用不同的识别方法,但不管采用什么识别方法,总的目标就是明确哪些是关键采购,确定关键采购以及关键采购应该如何完成等。

应用实例:对于不同产品而言可能关键采购的主要需求不一样,比如有的追求精准的时间,有的追求很高的质量,但通常在每项评估中都包括质量、价格、交货期等需求,只是对于不同产品来说重要程度不同而已。

2.以市场分析制定采购战略

没有任何一种采购战略能够满足所有的采购需求。不同的采购战略,会影响评估和选择供应商流程中所采用的方法。采购商在制定采购战略时应考虑以下因素:①单一的与多个供应源的比较;②短期与长期采购的比较;③选择提供设计支持的供应商与缺乏设计能力的供应商的比较;④全面服务的供应商与非全面服务的供应商的比较;⑤国内供应商与国外供应商的比较;⑥密切合作关系的预期与正常的疏远的采购合作的比较。

应用实例:在制定采购决策时需考虑的变量如下。

* 提前期及提前期的变动性
* 按时交付的百分比
* 库存可获得性的百分比
* 订货及通信的方便性
* 加急的能力
* 由于卖方的差错、不完全发货和(或)延迟交货所引起的停工时间
* 产品可靠性
* 维修或操作的方便性
* 由于错误的零部件或原材料而引起的产品故障
* 质量不合格品
* 技术规格
* 提供的技术和培训服务
* 价格的竞争性
* 与供应商之间的以往经历
* 供应商的整体声誉
* 融资条款
* 购后服务
* 供应商适应买方公司需要的灵活性
* 工程和设计能力

3.根据信息识别潜在供应源

采购方往往依赖多种信息来源识别潜在的供应源。这些来源包括现有的供应商、行业展会、企业的信息数据库、行业名录、企业内部其他部门、互联网等。识别,是为了下一步有针对性地筛选供应商,以减少盲目性和采购成本。

4.筛选限制候选供应商数目

采购商需要在庞大的、繁杂的、可能的供应源里筛选出候选的供应商,缩小正式深入评估的范围。在裁减供应商名单的时候,主要从财务能力、合适的经营战略、强有力的管理支持、认证的制造能力和设计能力等五个方面入手。

5.选择供应商并签订相关协议

选择供应商的常用方法有评估供应商提供的信息、走访供应商、采用首选供应商以及利用外部或第三方信息对供应商进行评估等。

大多数对供应商的评估,主要按照三类标准进行:一是价格是否合理,报价体系是否清晰准

确;二是供应的质量是否有保证(包括工艺、材质和产成品保护等);三是供应物品的交付是否符合合同的相关规定。除了以上三个关键点外,采购商往往需要根据具体要求进行详尽的评估。

待评估完成后,采购商就确定了供应商,接下来就是与供应商签订供求协议。

应用实例:权重法在供应商选择中的应用。权重法的核心是将涉及供应商品质、能力和实力的指标进行分类,并根据不同类型的指标在具体的采购项目中的重要性,给予赋值。最终根据计算或专家(部门)主观打分对供应商给出评价结果,如表12-5-3所示。

表 12-5-3 权重法在供应商选择中的应用

指标	权重	子类别权重	得分(5分制)	权重得分	权重合计
1.质量体系	20				
流程控制系统		5	4	4.0	
全面质量保证		8	4	6.4	
零部件合格率		7	5	7.0	
					17.4
2.管理能力	10				
管理层与员工的关系		5	4	4.0	
执行能力的综合评价		5	4	4.0	
					8.0
3.财务状况	10				
基本债务结构		5	3	3.0	
资金的周转率		5	4	4.0	
					7.0
4.成本结构	15				
相对于行业成本的比较		5	5	5.0	
对成本构成的分解评价		5	4	4.0	
成本控制或降低的能力		5	5	5.0	
					14.0
5.交付绩效	15				
承诺水平判断		5	3	3.0	
前置期的要求		5	3	3.0	
反应能力判断		5	3	3.0	
					9.0
6.技术或加工能力	15				
产品创新能力		5	4	4.0	
流程创新能力		5	5	5.0	
综合研发能力		5	5	5.0	
					14.0
7.信息系统能力	5				
EDI的水平		3	5	3.0	
ERP的水准		2	0	0.0	
					3.0
8.一般类别	10				
少数供应商的支持		2	3	1.2	
环境服从能力体现		3	5	3.0	
供应商的库存管理		5	4	4.0	
					8.2
				总权重得分	80.6

(四)设计采购谈判策略

在采购过程中,采购方进行的重要活动之一就是通过与供应商进行谈判并订立合同。谈判是一种正式的交流过程,双方间有相互需求,为了达到彼此的需求,往往需要妥协或让步。谈判的流程分为五个阶段,如图12-5-6所示。

图 12-5-6　谈判的流程

1. 识别或预期采购需求

在采购周期开始前,采购方就需要掌握需求信息,如原料、组件、部件、成品等物料的需求;需要考虑的内容有库存量、订购点的设定、新产品的开发、采购申请等。

应用实例:在现代物流系统中,订购系统(软件)已得到广泛应用。采购人员的工作是根据生产周期、库存规律等,对订购点进行设定,如生产流程进行到某"时点"、库存减少到某"临界"就需要采购,这也是控制资金占用的有效手段。

2. 决定是否需要谈判

是否要谈判,取决于采购的物品类型以及市场状况。对于低价值或标准规格的产品等,一般不用谈判,多采用竞争性投标方式实现采购。但对于采购额度巨大、非价格因素影响重大的采购,通常需要通过谈判来完成采购流程。

应用实例:在实际采购中,非价格因素对采购品质和成本产生影响,如采购批次、包装规格、技术支持(安装调试、人员培训、软件升级等)、运输方式、交货时间以及免责条款等,都需要在谈判中给予落实,并形成合同条款。

3. 制订谈判计划和策略

制订谈判计划和策略是谈判流程中的核心部分。要想取得谈判成功,必须有周密的计划和正确的策略。谈判计划与策略的设计一般需要以下步骤,如图12-5-7所示。

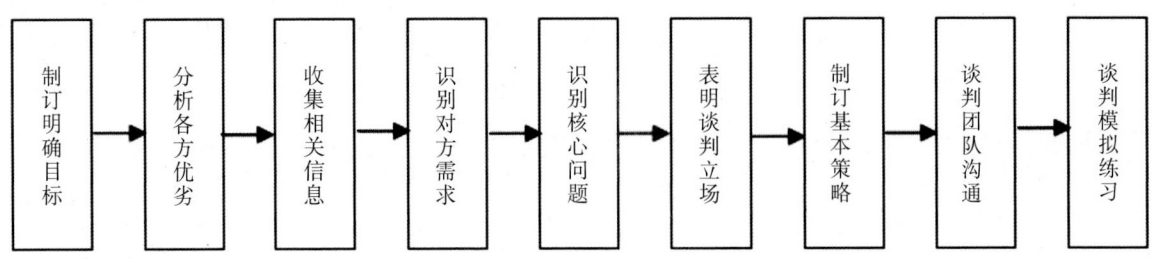

图 12-5-7　制订谈判计划与策略

应用实例 1:谈判前做好三项工作,是获得成功的关键。一是知己知彼,评估买方缺料风险,了解谈判对手,掌握市场信息;二是预设目标,确定谈判底线;三是团队合作。了解谈判对手主要包括对方产能及品质、交易内容与成本、销售状况及对买方的依赖度、价格承受能力、区位上的优势、在同行中的地位、谈判计划和策略,以及卖方的细节(如对方谈判人员的个性、嗜好及决策权限)和薄弱环节等。掌握市场信息主要包括多方询价,货比三家、未来供需状况、汇率变动趋势(涉及国际采购)等。

应用实例 2:实际经验表明,采购人员至少要花20%的时间准备谈判和实施谈判。这主要涉及确定主谈人选、分析降价理由、评估有利于卖方的环境和因素、选择有利的谈判环境和气氛、拟定议价议程、谈判培训(实际中,大量采购人员很少接受谈判培训)等。

总之,好的谈判结果可以实现"双赢",扩大参与者的价值,使资源实现更合理的配置。对买方而言可能意味着得到比竞争者更好的采购价格、更长的物料订购提前期、共同为减少双方的浪费做出努力,以及获得供应商的协助开发新技术或进行产品设计等。对供应商而言可能意味着获得更大的采购量,更多的未来业务,特殊优惠待遇或得到采购商的技术协助以降低运营成本等。

三、采购过程管理

不论是生产企业采购的物料还是商业企业采购的商品,除了在买卖双方间的商业谈判、签订合同和货款结算等工作之外,还存在大量的装、运、搬、卸、验收、分包等作业。采购特点决定了采购过程不同于企业内部流程,它对采购成本、库存和提前期等有具体要求,并且要与生产、销售等环节配合起来,因此需要连贯的、无缝的、可对接的物流服务。

(一)采购成本管理

采购成本在物流成本或供应链成本中,占有比较大的比重。所以,控制采购成本是控制物流成本或供应链成本的关键环节。以下简要介绍控制采购成本的方法。

1.ABC 分类管理法

ABC 分类管理法依据所谓的"80/20"法则,即以"关键的少数和一般的多数"为指导思想,将采购物品按品种和占用的资金量分为特别重要的(A 类)、一般重要的(B 类)和不重要的(C 类)三个等级,然后针对不同等级分别进行管理与控制。其中,A 类物品的价值最贵,占全部物品价值的 70%~75%,但物品数量仅占总数的 5%~10%;B 类物品数量占全部物品总数的 20%左右,价值上也约占到总价值的 20%;C 类物品数量上占全部物品总数的 70%~75%,价值却只占总价值的 5%~10%。

应用实例:对于 A、B、C 三类物品的采购,要制定不同的采购策略,以达到控制采购成本的目的。如有的组织把 A 类物品再细分出 AA 类等,对 AA 类物品实行更严格的管理。而对 C 类物品,则通过简化管理流程、减少采购次数或降低库存订购点来控制采购成本。具体控制方法,如表 12-5-4 所示。

表 12-5-4 ABC 分类管理法

物品	A 类	B 类	C 类
控制程度	严格控制	一般控制	简单控制
采购批量	详细计算	一般计算	简单计算
采购记录	详细记录	一般记录	简单记录
检查频度	密集	一般	较低
采购数量	较少	较多	大量

总之,采用 ABC 采购法,不仅从价格折扣方面降低运营成本,而且从降低库存、减少库存资金占压方面,达到降低运营成本的目的。

2.经济订购批量

经济订购批量(economic order quantity,简称 EOQ)模型,又称整批间隔进货模型,是大多数企业常采用的定购方式,适用于多周期独立采购问题。此模型假设,每次订货量相同,订货提前期固定,需求速率固定不变,不允许缺货,瞬时到货,没有数量折扣等因素。于是有:

经济订购批量 $Q^* = \sqrt{\dfrac{2DC_2}{C_1}}$

最佳采购批次 $N^* = \dfrac{D}{Q^*} = \sqrt{\dfrac{DC_1}{2C_2}}$

最佳订货周期 $T^* = \dfrac{1}{N^*} = \dfrac{Q^*}{D} = \sqrt{\dfrac{2C_2}{DC_1}}$

式中:D 为货物年需求量(件/年);

C_2 为单位订购成本(元/件);

C_1 为单位库存保管费用[元/(件×年)],$C_1 = PF$[P 为单位采购成本(元/件),F 为单件库存保管费用与单件库存采购成本之比(年储存费率)]

Q 为每次订货批量(件)。

根据以上参数,就可以计算出:

经济订货批量(Q^*);

最佳采购批次(N^*);

最佳订货周期(T^*)。

则经济订购模型如图 12-5-8 所示。

需要说明的是:上述的 EOQ 模型是建立在许多假定基础上的简单模型,如果考虑到实际情况的复杂性,则需要对该模型进行修正,如数量

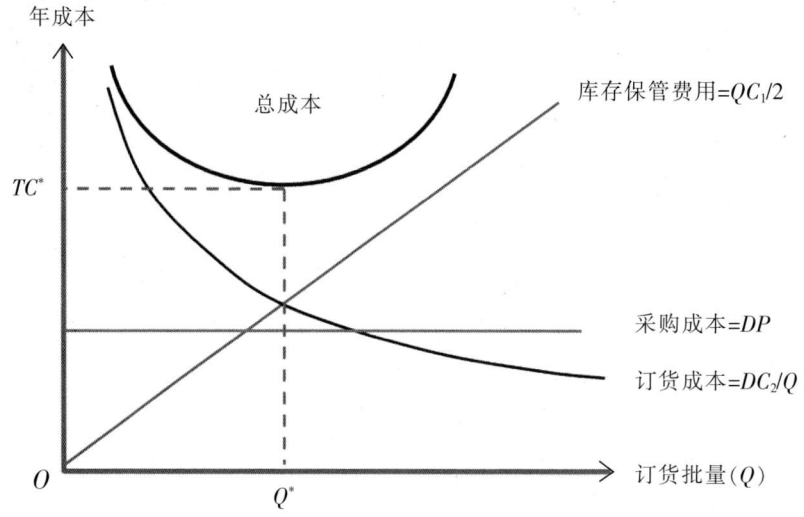

图 12-5-8　经济订购批量模型图

折扣、缺货、价格上涨、多品种等。

应用实例：使用 EOQ 模型实施采购，实际上是在采购成本和库存成本之间进行权衡（如图 12-5-9 所示），将"二律背反"效应降到最低。这就需要在采购批量、价格与库存量、库存成本之间通过计算并做出选择。

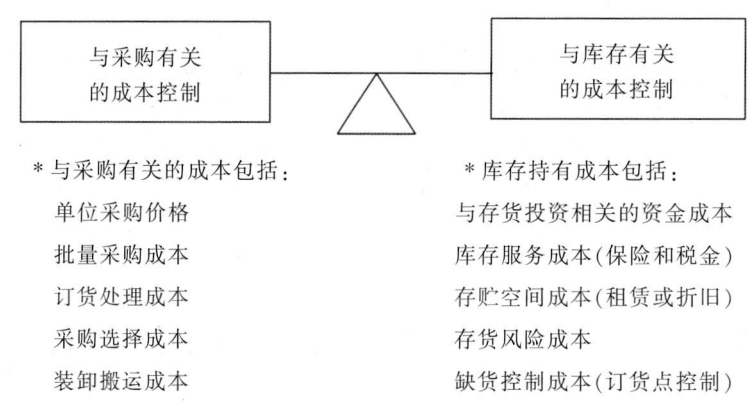

图 12-5-9　采购成本—库存成本权衡

3. "零"库存采购

所谓"零"库存采购，是指采购方所采购的物品直接进入生产或使用状态。也就是说，在采购流程的设计中，没有库存环节。需要说明的是，"零"库存并不意味着采购的物品没有积压，而是没有采购计划内的积压。要实现"零"库存采购，需要综合订单（也称系统合同，即针对某一段具体的时间内，为给定数量的采购安排的一种合同）的支持。

应用实例：在现实中，有时会出现采购费用、管理费用、库存持有成本的总和可能超过物品本身的成本。而系统合同可以获得更多的供应商折扣（供应商甚至提供高金额采购的延迟支付）、价格保护条款，提高产品的可获得性，从而降低采购处理成本等。

为了减少装、运、搬、卸、库存费用和降低相关的采购成本，采购方往往通过系统合同来实现"零"库存采购，它的目标在于追求更低的库存水平；不断压缩采购和管理费用；持续探索最佳供应商数量；尽可能推动采购物品标准化。

应用实例 1："零"库存采购的另一个重要功能是减少因库存而"多余"出来的"装、运、搬、卸"环节。这是因为"出入库"流程至少要包含"一装一卸"。因此，追求"零"库存意味着至少可以减少"一装一卸"发生的费用。

应用实例 2：为通用汽车公司（GM）代理采

购合同和提供物流支持的某物流公司,使用的就是"零"库存采购系统。它不仅要按 GM 的采购订单从选定的供应商处采购零配件,还负责对采购的零部件进行组配,然后直接配送到 GM 的生产线和装配线,并分担 GM 的零配件库存占用与损坏风险。此公司赚取的是采购费、物流运作费和一定利润的总体服务费用。

(二) 供应商管理

在采购过程管理中,管理供应商是十分重要的环节。虽然在前面的采购成本管理中也都涉及供应商的管理,但由于控制的核心是"采购成本",所以往往是围绕"采购成本"选择"适合"的供应商。通俗的说,就是好(适合)就选择,不好(不适合)就放弃。然而,供应商是否"适合"却是一个复杂的评价问题,这就引出供应商的管理问题。

1. 供应商绩效考核

任何管理中一个很重要的部分就是绩效考核,供应商也不例外。而绩效考核必然要涉及考核的内容、评价体系的选择以及使用的评价工具等。对供应商的绩效考核,除了最初的评估和选择供应商的程序外,更注重持续性、动态性的评价。

对供应商的绩效考核内容主要包括供应物品的品质、供应物品的价格、交货品质等;对供应商进行绩效考核的方法主要包括主观评价与客观评价、定性评价与定量评价、静态评价与动态评价,以及时间断面上的横向比较评价和历史时间轴上的纵向比较评价等。

应用实例1:考核供应商的供应品质,是绩效评价的核心,主要包括准时交货率、供应物品合格率、供应系统响应时间(如订单变化的修改时间、配送计划因故变更后的延迟时间等)、供应系统的变革速度、供应物品的"损、差、错"率等。

应用实例2:供应价格是最敏感的、动态的、定量的评价指标。所以,供应商的定价原则、定价方法以及成本结构就成为最核心的评价内容。除此之外,供应商对市场变化的敏感程度、报价方案、供应策略、付款方式等都应给予绩效考核。

应用实例3:在绩效考核中,常用的方法有优良中差的分类法、权重评分法和总成本评估法等。下面简要介绍美国联邦快递(FedEx)公司考核供应商的绩效计分卡,如表 12-5-5 所示。

除了以上涉及的考核内容外,服务、合作等内容也在绩效考核范围内,如解决问题的能力、技术水平、售后服务、参与买方新产品开发、沟通手段等。

2. 供应商关系管理

对于伙伴关系,是指基于相互信任、开放、共担风险、共享收益的一种特定关系。供应商伙伴关系已成为非常重要的战略关系。组织之间的关系可以在从保持距离的关系到两个机构的纵向一体化之间变动,如图 12-5-10 所示。

其中,保持距离的关系包括一次性交易或多次交易,卖方通常为各种顾客提供标准的产品或服务,客户接受标准的条款和条件。当交易结束时,关系也就随之结束。合资关系涉及双方的共同所有权,而纵向一体化则是投资于产业链的结果。所以真正意义上的伙伴关系主要有三种。

Ⅰ型:这种关系中的组织互相将对方看作合作伙伴,通常有一个短期的目标,在有限的基础上协调活动和计划。这种关系只涉及双方组织中的一个部门或一个职能领域。

Ⅱ型:参与的组织超越活动的协调,达到了活动的集成。虽然并不期望伙伴关系会永久持续下去,但这种关系是长期的。公司内有多个部门和职能参与伙伴关系。

Ⅲ型:组织共享高水平的集成。一方把另一方看作自己组织中的一个扩展,因共同的利益而集成在一起。通常,这种合作伙伴关系具有坚实而稳定的基础。

应用实例:通常,一个组织与外围有多种关系,大多数并不是合作伙伴关系,而是保持距离的关系。在属于合作伙伴关系的关系中,占的比例大的是Ⅰ型关系,Ⅱ型关系只占有限的一部分。Ⅲ型合作伙伴关系应该是那些对组织长期的成功具有关键作用的供应商或客户,如可口可乐和麦当劳的关系被认为是Ⅲ型合作伙伴关系。

表 12-5-5 美国联邦快递公司的供应商计分卡

供应商编号： FSC 码： 供应商名称： 地址：　　　　代表人：					评估周期： 日期： 评估人： 部门：			
类别	权重	得分	总计	类别	权重	得分	总计
1.准时交货 　准时交货次数 　总交货次数 　准时率	25			5.财政稳定(由 D&B 考核)	5		
2.周期改进时间(是/否)	5			6.成本 　A 价格竞争力 　B 成本趋势 　C 附加额 　D 成本削减方案的频率或价值 　E 供应商节约共享 　F 免费服务(无额外成本) 　G 联邦快递的质量成本(或者收益) 　　　　　(成本的平均得分)	20		
3.质量 　A 误差率 　　有问题的收据的数量 　　总收据数 　　误差率(收据的) 　　有问题的发票数量 　　总的发票数量 　　误差率(发票的) 　　总的误差率 　B 连续无故障时间 　C 库存损坏 　D 客户或质量抱怨次数 　E 保证条款数量 　F 保证条款的到期时间 　G 认证(是或否) 　　　　(质量的平均得分)	10			7.多元供应商发展(DSD)—协议 DSD 计分 　A 直接报告 　B 间接报告(由 DSD&Prime 完成) 　C 当地供应商的使用 　　　　(DSD 的平均得分)	10		
4.服务 　A 灵活性 　B 顾客服务反应速度 　C 经营一致性、覆盖范围、可进入性 　D 销售人员对产品的了解 　E 销售人员对联邦快递的了解 　F 售后服务 　G 技术升级或加强 　　　　(服务的平均得分)	15			8.可选的或特定的供应商或商品	10		
总体得分 100								

计分等级：5——优秀　4——较好　3——一般　2——较差　1——差　0——不可接受
绩效水平：500~400 白金级别　449~400 黄金级别　399~350 白银级别　349~300 青铜级别

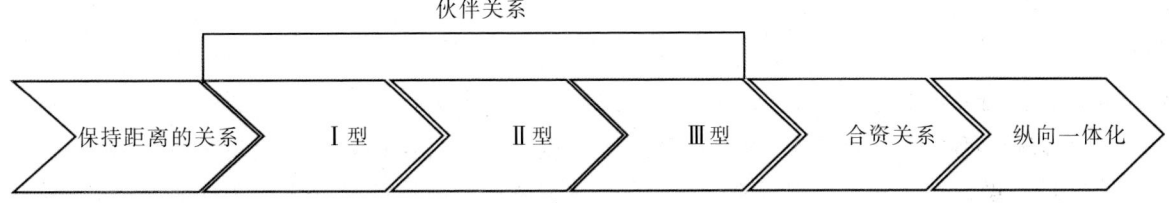

图 12-5-10 企业之间关系的类型

(三)早期供应商参与

所谓早期供应商参与(early supplier involvement,简称 ESI)是指一个企业在产品开发的定义阶段,甚至概念阶段就通过采购将伙伴供应商联系起来,让他们共同参与产品的设计,充分利用他们的专业知识和技术。供应商的作用在向产业链的前端移动。

应用实例:随着市场竞争的日益激烈,传统的产品开发方式不断受到挑战,企业为提高产品开发的竞争力,在设计阶段就开始发挥供应商的技术优势,将产品设计纳入供应链管理体系。其中比较典型的是采用通用件和标准件,利用供应商的技术设计制造有关的模具及设备等。

1.早期供应商参与的优点

早期供应商参与不仅有利于生产企业,还有利于供应商,也能为在他们彼此之间建立长期稳定的合作关系创造条件。

对于生产企业而言,早期供应商参与具有如下优点。

第一,降低开发成本。供应商的专业优势,一方面可以为产品开发提供成本更低或通用性更强的设计;另一方面可以简化产品的整体设计。

第二,缩短产品开发周期。大量研发统计结果表明,早期供应商参与的产品开发项目,开发时间平均可以缩短 30%~50%。

第三,提高产品质量。供应商参与设计从根本上提高了产品质量。一是供应商的专业化水平提供可靠的零部件,能够改进整个产品的性能;二是由于零部件可靠性的增加,避免随后可能产生的设计变更而导致的质量不稳定,从而更容易抵御供应链的不确定性。

对供应商而言,早期供应商参与有如下优点。

第一,充分体现竞争优势。早期参与开发的供应商,凭借作业技术的优势,自然比同类其他供应商更能得到客户的认可。

第二,充分体现研发的有效性。供应商可以很好地了解制造商的需求、企业文化及决策方式,帮助制造商更有效地满足预期需求,使自己的技术优势用于进一步提高开发水平,从而保持领先或独特的地位。同时,也使自己的研发成果直接获得效益。

2.早期供应商参与的层次

根据供应商参与程度和深度的不同,可以将早期供应商参与分为五个层次:第一层次的级别最低;第五层次的级别最高。

第一层次,提供信息。通常,供应商只是根据生产企业的要求提供共享所必需的信息资料。如原料价格、品种、规格和设备的技术参数、产能、维修条件等信息供企业参考。所以,这种早期参与的层次级别最低。

第二层次,设计反馈。针对生产企业的产品设计和开发情况,供应商会提出有关成本、质量、规格或生产工艺方面的改进意见和建议。如原材料的材质对新产品性能的影响;不同供应物品的性价比;供应物品对生产工艺的具体要求等。

第三层次,部件开发。供应商根据生产企业提出来的零部件要求,深入参与或独自承担相关零部件的设计和开发工作。这实际上,已经相当于将产品研发中的非核心技术进行"外包"。从生产企业的角度来说,对外,有利于零部件的标准化和通用化;对内,可将核心竞争力集中于关键技术。

第四层次,整体开发。在这一层次,供应商承担企业产品中较重要的部件或组件设计和开发的全部工作,这种开发必须建立在深度合作的基础上。因为采购商或生产商与供应商必须相互了解各自的研发系统,甚至是公用共同的研发平台。

第五层次，系统开发。供应商必须根据企业产品的整体要求，完全承担整个系统的开发工作。早期供应商必须拥有产品开发的专业技巧或技能，允许顾客独家享有或共用产品开发系统，并对顾客产品设计和开发过程中所涉及的问题承担责任。

应用实例：统计结果表明，在发达国家，有60%左右的供应商在"早期供应商参与"过程中停留在第一层次或第二层次，只有40%的供应商处于第三层次到第五层次。较高层次的供应商，大部分都是技术水平领先、国际合作能力强的生产制造企业。

四、科学采购模式

科学采购模式，是近20年逐渐发展并成熟的采购模式。其科学性在于采购方式借用大量的科学方法和工具，使采购目的更明确、计划更周密、方法更高效、数量更精确，从而大大降低了采购成本、缩短了采购时间、优化了采购流程。

（一）电子采购

所谓电子采购（E-procurement）是指在电子商务环境下的采购模式，俗称网上采购，简称网购。基于国际互联网的发展和支持，电子商务活动逐渐替代传统的商务活动，并使传统采购模式发生根本性的变革，而且电子采购将占有越来越大的市场份额。电子采购，主要是通过电子商务交易平台，发布采购信息，或主动在网络上寻找供应商、寻找产品；然后通过网上洽谈、比价、网上竞价、网上订货，甚至是通过网络支付货款，完成整个交易过程。

1. 电子采购优势

与传统采购比较，电子采购所面临的环境发生了巨大的变化。从封闭的谈判环境到开放的网络环境；从有限定时间、时段的约束到全天候的采购系统支持；从受困于空间障碍的阻隔到全球化的采购空间。这些都使电子采购从根本上摆脱了传统采购所受到的约束。

应用实例：电子采购环境为一个全天候、超时空、高度开放的采购环境。如传统采购在每年200多天、每天8 h的限定内，由购销双方选择特定的谈判地点，还不一定能一次性完成采购。而电子采购可以在每年365天、每天24 h，并不受地点限制的采购环境下，随时、随地进行谈判，并不受批量限制、次数限制地完成采购活动。

因此，与传统采购相比，电子采购具有以下优势。

一是缩短采购周期，提高采购效率。

应用实例：当今的电子采购实践和统计表明，在网络上讨价、竞价、还价、填写采购订单等需要1~2周，比传统采购平均要节省30%~60%的采购时间。另外，电子商务系统在单位时间内处理订单的能力要远远高于传统采购系统的处理能力，这使采购效率大大提高。

二是削减采购人员数量，节约采购成本量。

应用实例：通过电子化采购，某国际知名软件公司的采购部门，采购人员数量由29人减少到2人；采购的单位成本也由60美元降到5美元。一些大型跨国公司的总结报告都谈到：通过电子采购，可以大量削减采购人员数量。

应用实例：据美国供应管理协会称，使用电子采购系统可以为采购企业节省大量成本。传统采购方式生成一份订单所需要的平均费用为150美元，而基于互联网的电子采购方案可将这一费用减少到30美元。企业通过竞价采购商品的价格平均降幅为10%左右，最高时可达到40%。交易成本则减少约75%。如IBM公司一张订单的平均成本由35美元降到1美元。

三是优化采购流程，安全库存更合理。

应用实例：电子采购流程依靠计算机和网络技术简单替代传统采购方式，并依据更科学的方法重新设计采购流程，核心是摒弃传统采购模式中不适应社会生产发展的落后因素。某集团使用电子采购流程后，仓储面积减少一半，降低库存资金约7亿元，库存资金周转期从30天降低到12天，同时，提高了资金的使用效率。

四是实现信息共享，提高采购透明度。

应用实例：在电子采购平台上，不同的供应商可以共享信息，不但能够及时了解采购、竞标的详细信息，还能够查询以往交易活动的记录，这些记录包括中标、交货、履约等情况。这既可以帮助买方全面了解供应商，也可以帮助卖方更清楚地把握市场需求及成败得失。

总之，电子采购是供需双方可以实现"双赢"的采购模式。它实现采购信息的公开化，扩大采购市场的范围，优化采购流程，减少采购时间，降低采购成本，提高采购效率，加快资金流转速度，大大降低库存，缩短供需距离，避免人为因素的干扰，增进购销之间的关系，使购销双方易于形成战略伙伴关系。

2.电子采购平台

电子采购平台，是一个供应商之间以及供应商和采购商之间互不见面的网上竞价采购管理平台，这个平台使供应商可以远程参与竞价采购。所谓竞价采购，又称"反向拍卖采购"，是由采购招标和网上竞价两部分有机结合在一起的采购方式。它用电子商务取代以往的谈判公关，帮助采购商最大限度地拓展市场，并引进供应商之间的竞争机制，使采购流程发生本质性的变革。

竞价采购的基本程序是采购商会或采购商先确定筛选原则和方法（包括时间限制、竞价规则、每笔报价的下降金额或比例等，并在竞价系统中设定），遴选资质合格的供应商；参加竞价的供应商要先交一定的保证金；在采购商确定采购商品后，通知这些供应商，在约定的时间内，通过搭建的互联网平台，进行竞价采购。供应商登录互联网应用竞价系统，实现异地而集中竞价。

应用实例：在电子采购平台上，对供货方而言，竞争价格是透明的，博弈阵容并不透明，而且是异地竞标。在经过供应商之间的多轮竞争后，一条降价曲线会自动输出，竞价结果客观、公开，不再需要人为的议标过程。

电子采购与电子商务相比较，在本质上有更多的概念延伸，它不仅仅是采购行为，而且利用信息和网络技术对采购全程的各个环节进行管理，有效地整合企业的资源，帮助供求双方降低成本，提高双方的核心竞争力。这是一个全新的商业模式。随着买卖双方通过电子网络的联结，商业交易具有十分显著的"无缝"特征。电子采购平台主要有三种商业运营模式，分别为供应商卖方系统、采购商买方系统和第三方交易平台及门户。

（1）卖方系统(sell-side systems)

卖方系统是由一个或多个供应商建立的电子商务系统，它通常与供应商的内网相连，与供应商的客户关系管理(CRM)系统对接。卖方系统的优点是访问容易，可以接触较多的采购商，便于产品的网络推广和销售，节约大量销售费用，缺点是采购商难以查询交易记录、跟踪交易动态和有效控制采购成本。

应用实例：某跨国公司的产品有85%是用于互联网的网络设备，全天24 h，世界范围内的购买者都可以登录此公司的网站（卖方平台），按市场区域进行在线采购。每天通过此公司的卖方平台销售的产品超过4 000万美元，每年节约至少8亿美元的营销成本。

（2）买方系统(buy-side systems)

买方系统是由一个或多个企业联合建立的电子商务系统，目的是把市场的权力和价值转向买方。买方系统通常与采购商的内网相连，与企业资源计划(ERP)系统对接。一些跨国公司拥有自己的在线采购系统。

应用实例：美国三大汽车生产商，通用汽车公司、福特汽车公司和戴姆勒-克莱斯勒公司曾独自建立电子采购平台，以应对每年数百亿美元汽车零部件的采购。仅以戴姆勒-克莱斯勒公司为例，他们每天需要将3 000个供应商提供的22万个零部件，运送给在美国的1.5万个经销商，库存及流通成本巨大。而这三家汽车公司的零部件供应商共达3万多家。因此为降低成本，三家公司强强合作，建立了联合采购平台COVISINT，并取得成功，实现了更大的价值。

（3）第三方交易平台及门户(third-party systems & portals)

第三方交易平台及门户基本上是在互联网上由供应商、采购商以外的第三方建立。这类平台主要有两类门户：垂直门户(vertical portals)和水平门户(horizontal portals)。垂直门户是经营某个行业产品的网上市场,如钢材、化工、能源等,主要吸引本行业中的买主;水平门户集中多行业的产品,供不同行业的买主采购。

应用实例:中国粮食交易网是农粮领域的垂直门户;中电网是以电子元器件产品的在线采购和网上拍卖为核心业务的中文电子元器件垂直门户网站;亚商在线是办公用品采购专业的垂直门户。而新浪、雅虎等网站开通的采购频道是水平门户的代表。

电子采购平台的成功经验证明,电子采购在降低成本、提高商业效率方面,比在线零售、企业资源计划(ERP)更具潜力。电子采购平台的投资收益远远高于过去10年在企业中占主导地位的诸如企业流程再造、策略性采购等的任何商业革命。

3.电子目录采购

电子目录采购系统是一套集办公自动化、产品目录管理、供应商管理以及电子采购于一体的综合解决方案。它可以帮助客户快速高效地实现内部采购供应系统的任意商业运作流程及业务规则,搭建符合自身需求的涵盖招标采购、竞价采购、商务谈判在内的多种采购方式的在线采购平台,并有效地管理供应商和产品目录。

应用实例:电子目录采购的主要功能模块包括工作流引擎、可视化流程定义工具(WFVISIO)、流程监控工具(WFMONITOR)、流程节点定义、信息发布系统、视图定义、综合查询统计定义、文档自动生成、电子文档管理、组织结构管理、权限管理、供应商管理、专家管理、产品目录管理、在线投标、开标大厅、在线评标、竞价大厅、谈判大厅、合同管理、采购效果分析、项目任务管理、日志管理、在线编辑器等。如中国石化物资采购电子商务平台就已经成为信息共享、决策制定、过程实施、操作监管和供需协同工作的综合性采购业务平台,也是可以实时互动的大型B to B交易网站,8年累计成交5 860亿元,交易物资超过71万个品种,注册会员达到28 000个。

(二)招标采购

招标采购是通过招标方式寻找适合的供应商并完成采购的一种方法。招标采购是一种特殊的交易方式,是得到世界公认的一种采购方式,尤其是一些政府的采购活动,都首选招标采购。招标采购将"公开、公平、公正"的透明机制引入采购活动中。

1.招标采购方式

(1)公开招标

公开招标,也叫广义招标采购,是指招标方发出招标公告,公开邀请相应的供应商进行投标,最后招标方通过对各投标方提出的规格、质量、交货期限及该投标企业的技术水平、财务状况等因素进行综合比较,确定最佳的投标方为中标方,并与之签订合同的过程。

应用实例:公开招标采购是采购方以招标公告的形式邀请不确定的供应商投标的采购方式。交易完全在"阳光"下进行,所有的投标方都可以看到。这在很大程度上防止了采购活动中的暗箱操作,也把不符合招标方要求的商品拒之门外。

(2)邀请招标

邀请招标,也叫狭义招标采购或限制性招标采购,是指招标方根据自己的需要、标准和条件等,向指定的多个符合条件的供应商发出投标邀请、评标及最终选择供应商并签订采购合同的行为。招标与投标都有明确的对象,就属于狭义招标采购。

应用实例:邀请招标采购是采购方以投票邀请书的形式邀请多个特定的供应商参加投标的采购方式。对于技术含量高、需要后续技术及服务支持的商品,且限于有限供应商能够满足供货条件,多采用邀请招标采购形式。

(3)议标采购

议标采购,也称竞争性谈判采购,是指直接邀请多家合格供应商就采购事宜进行谈判的采购方式。

应用实例:在现实中,在公开招标采购,没有供应商投标或没有合格标的情况下,或是不可预见的急需采购,或是投标文件的准备和制作需要较长时间或需要高额费用才能完成时,而无法按公开招标方式得到的情况下采用议标采购。

2. 招标采购特点

(1) 公开性

整个采购程序都在公开的情况下进行,即公开发布投标邀请,公开开标,公示采购标的技术规格、投标商资格审查标准、投标商评选标准(事先公布)、投标截止时间、招投标结果等,程序非常规范,并接受社会监督。

(2) 竞争性

招标采购程序是一种竞争的具体形式。采购单位通过招标采购程序,最大限度地吸引投标方参与竞争,投标方根据招标方的目标和竞争对手的实力,编制有利于竞争及获得最大利益的标书,充分体现了现代竞争的特点和市场机制带来的经济效益。

(3) 公平性

招标的公平性体现在所有感兴趣的供应商、承包商和服务商都可以进行投标,并且本着平等、诚信、正当、合法以及法律地位一律平等的基本原则参加竞标。招标截止时,评选投标商将按照事先公布的评选标准进行。

(4) 程序化

招标采购有一个明确、严格的程序。整个招标过程需严格按照预先设定的程序操作,不能中途修改招标规则和招标程序。在招标过程中,如果发现原设计程序有明显漏洞时,需要暂时终止招标,对调整的招标程序必须向所有投标方详细说明。

应用实例:大多数招标采购采用"一次性"竞标,俗称"一口价",不容反悔,并且招标方不与投标商进行谈判。但有时会遇到无人胜出或多方旗鼓相当的情况。这就要参照体育比赛,进行复赛,优中选优。

3. 招标采购程序

一个完整的招标采购程序一般应包括策划、招标、投标、开标、评标、定标、签订合同等部分,如图 12-5-11 所示。

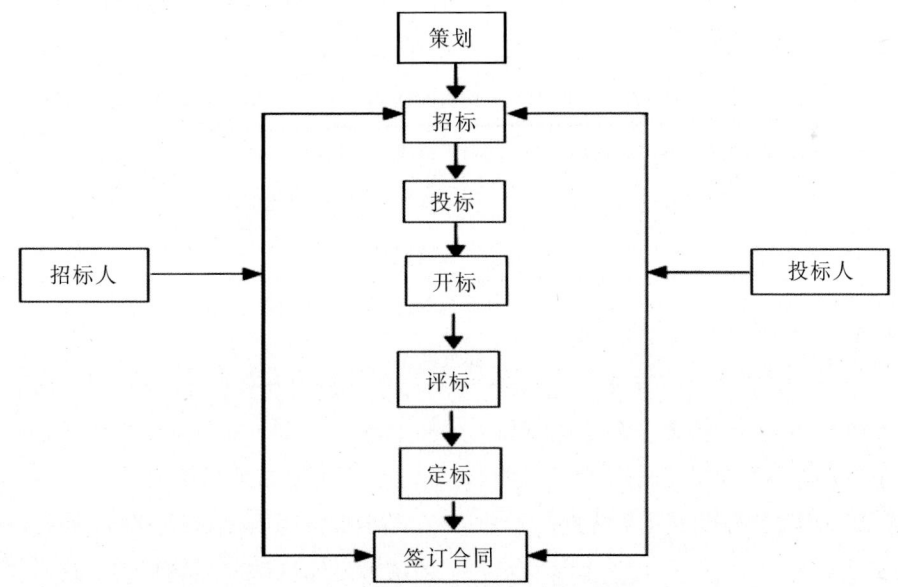

图 12-5-11 招标采购程序图

应用实例:中国政府的招标采购。中国政府主要的采购方式包括公开招标、两阶段招标、邀请招标、议标、询价、单一来源采购等方式。在实际工作中,由于公开招标采购的周期长、采购程序烦琐、采购机制缺乏弹性等问题,公开招标一般占政府采购的 30%~40%。其余 60%~70% 的采购则采用其他采购方式。如对大型复杂的计算机和通信系统等或技术升级换代快的软件系统,采购单位无法提出详细的规格或服务;再如,性质特殊的土建工程等,采购单位无法事先提供完整、准确的技术规格,因此需采用两阶段招标方式。第一阶段进行技术招标,第二阶段进行最终技术和价格招标。

以上内容简要介绍了招标采购的方式、特点和程序。在现代经济社会中,联合国及大多数国家将招标采购推荐为最先进和最适用的采购方式，同时招标采购也是机关企事业单位在采购中保证采购品质量、价格和服务的最佳手段。因此，招标采购应用越来越广泛，越来越受到社会的关注。但招标采购是一项比较庞杂的活动，牵涉面广、耗时间、费精力，有时采购成本比较高。因此并不适合所有采购工作，也不适合频繁使用，一般只适宜于比较重大的基础建设上，或者影响比较深远的项目。

(三) 准时制采购

准时制(JIT)采购源于准时制生产模式。JIT的原则是所有原材料和产品都应该在生产流程"恰好"需要它们时出现。"早"出现则产生库存，"晚"出现则生产中断。JIT表明过多的缓冲库存是一种浪费。不断减少流程中"隐藏"的成本是JIT基本的理念。

JIT的思维是一切库存都是浪费，而且除库存外，采购过程中有大量不增加价值的活动，如订货、修改订单、收货、装卸、开票、质检、入库及转运等。因此需要合理削减库存。

JIT采购模式大大精简了传统采购作业流程，因而消除了不必要的浪费，极大地提高了工作效率。那么，JIT采购与传统采购的区别在什么地方呢？

JIT采购的基本思想是把数量准确、质量合适的物品，在恰好的时间供应到规定的地点，100%满足用户的需要，并最大限度地削减库存、多余的流程与浪费。这显然和强调批量采购、大量库存的传统采购方式有着很大的差别。表12-5-6列出了JIT采购和传统采购的主要区别。

表12-5-6 JIT采购与传统采购的区别

采购活动	传统采购	JIT采购
供应商选择	供应商多，价格是中心	供应商少，通常有一个当地供应商；频繁出货
订货方式	特定配送时间和质量	可根据情况取消订货
改变订货	配送时间和质量常在最后一刻变化	配送时间和质量固定，数量可以根据情况调整
订单跟踪	需要通过多次沟通解决配送问题	很少出现配送问题
来料检查	几乎每个订单都要进行质量审查	初始样本审查，以后无需审查
供应商评价	合同履行能力	对合同履行、生产设计、物料配送、产品研发能力等评估
付款方式	每次订购时付款	按合同寄送发票和收款
信息交流	不对称	高度共享

从表12-5-6可以看出：传统采购是基于库存的采购，而JIT采购是面向需求的采购。与传统采购相比较，JIT采购具有以下几个特点。

1. 供应商数量较少

JIT采购使用"较少供应商"策略，甚至采用"单源供应"。这样有助于加强买卖双方的依赖关系、保证采购品的质量以及稳定价格。但这种策略存在一定风险。

应用实例："单源"供应商策略的风险主要来自供应商运营过程可能出现的问题，配送过程中的意外中断交货，以及配送流程可能出现的"损、差、错"。所以，不能对"单源"供应商过度依赖，而是要有备选方案，如与2~3个供应商同步合作。

2. 小批量采购策略

小批量采购是保证JIT的重要机制，但必然要增加运输次数和运输成本。这对供应商而言，是很为难的事，特别是供应物品距离配送点比较远的情况。

应用实例：在供应点远离配送点的情况下，实施JIT采购的难度大。而解决这一问题的主要方法是就近选择供应商、产地迁移和充分利用第三方的配送系统等。如第三方物流系统有许多"回程"空载，这是降低运输成本的有效方法。

3. 双方资源的共享

JIT采购机制的核心是购销双方建立长期

的战略合作伙伴关系,而非短期的交易关系。因此双方合作的重点不仅在于采购订单的处理,而更多的是资源共享。

应用实例:在 JIT 采购模式下,双方有大量的电子数据交换,这就需要信息资源共享,共享的内容包括产品计划、作业计划、工程数据、质量要求、成本控制、交货期等。为了实现这些信息的共享,现代物流信息技术,如 EDI、EOS 等为有效的信息交换提供了强力支持。

4.过程控制更严格

JIT 采购的质量指导准则是"零缺陷"。要从根源上保证采购质量,就必须对采购流程的每个环节采取有效的控制措施。所以,JIT 采购的过程控制更严格。

应用实例:JIT 采购的过程控制主要包括供应商的选择,长期合约的谈判,供应品质(包括处理订单、批量规格、残次品率、性能标准、交货周期、价格幅度、柔性幅度等),服务水准(包括技术能力、应变能力、协调能力等)。

以上简要介绍了 JIT 采购的思想、机制和主要特点,下面再从一个具体案例更深入地认识 JIT 采购包含的内容以及产生的效果。

应用实例:TNT(1946 年在荷兰成立的快递公司,现已覆盖全球 200 多个国家,1988 年进入中国)为美国福特(Ford)公司提供 JIT 服务。具体方案:Ford 在多伦多的工厂,每天生产 1 500辆小型客车。为保证 24 h 不间断运转,TNT 安排一天 800 频次的配送,确保把 300 多家配件商的零配件及时送达工厂。TNT 的配送管理系统与 Ford 的生产管理系统完全对接。配送件必须送达 Ford 组装线的 12 个不同的组装地点,时间误差在 10 min 之内。为了便于卸货,配送车辆的次序是事先排定的。合同期 7 年,Ford 支付 TNT 的费用每年减少 2%。如图 12-5-12 所示。

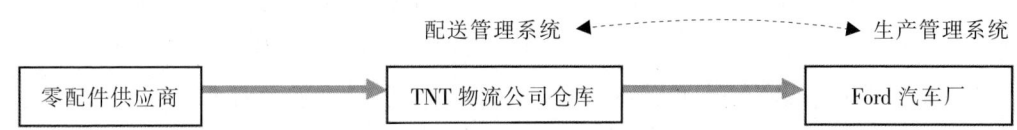

图 12-5-12 TNT 为 Ford 提供 JIT 服务的流程

以上案例表明:要进行 JIT 生产就必须要有 JIT 供应。而 JIT 采购是 JIT 生产管理模式下的必然产物。同时 JIT 帮助制造商提高劳动生产率和降低成本。总之,JIT 要求"供应"仅在需要的时候出现,使缓冲库存的数量大大减少。而 JIT 采购模式不仅对内部的科学管理提出严格的要求,而且对供应商的管理水平提出更高、更严格的要求。JIT 采购模式的运作,客观上将采购商和供应商整合在一起,是一种科学的管理模式、先进的采购模式。

(四)集中采购

集中采购(centralized purchasing)是相对于分散采购(decentralized purchasing)而言的。分散采购是一个组织将采购权分散到下属的各个分支机构,由分支机构在核定的商品资金定额范围内,直接向供应商采购。其特点是采购系统响应敏捷、采购方式机动灵活。但是随着原始设备制造商(original equipment manufacture,简称 OEM)、连锁店和特许经营的出现,分散采购在整合资源、降低成本以及谈判话语权方面的劣势逐渐显现。

所谓集中采购是指采购方在核心管理层建立专门的采购机构,统一组织系统内所需物品的采购业务。集中采购体现了采购方整体的权力和利益,是一种重要的管理机制和运营模式。集中采购将成为未来采购的主要方式之一,具有很好的发展前景。

应用实例:大型跨国公司、OEM、连锁店、特许经营大多采用集中采购,它是经营主体保护产权、技术和商业秘密的基本措施之一;是协调供需平衡、控制市场节奏,提高整体运营效率的主要手段之一;是取得最大利益的战略安排。

1.集中采购的主要优势

(1)降低采购成本,获得采购规模效益

由于集中采购可以将系统内各分支机构的采购数量累加,形成大批量采购和长期的采购计划。面对如此大的采购量和可能的长期客户，供应方愿意为此降低供应价格。采购的规模效益也由此而产生。

(2) 合并同类采购，减少重复性的采购

分散采购模式由于系统内各部门之间缺乏协调，出现大量重复性的采购工作，而导致系统整体的采购成本增加、效率降低。而集中采购可以最大限度地合并相同类型的采购，从而减少重复采购。

(3) 有利于整体战略，便于协调采购计划

在实施集中采购的系统中，采购部门不仅是一个职能部门，更是一个战略部门。集中采购计划就是一个整体性战略方案，因此，集中采购系统本身同时要突出体现能够全面协调采购计划的功能。

(4) 规范采购行为，维护健康合作关系

分散采购易发生采购过程不规范、责权不对等、监督难以落实等问题。而集中采购有利于规范采购行为，有利于与供应商之间形成健康的合作伙伴关系，并得到供应商的技术指导、专业培训及售后服务等方面的支持。

应用实例：惠普公司曾经是一家分散化管理的公司，强调放权，其下属的 50 多个生产制造单位在采购上完全自主。这种安排具有较强的灵活性，但采购成本居高不下。经过详细评估后，惠普决定调整采购战略，实行集中采购。惠普公司通过运用现代信息技术，重构采购流程，使公司总部与各生产制造单位使用同一个采购软件系统。这样，公司总部就能及时、准确地掌握公司下属各分支部门所需要的、相同规格或类型的物品，同时也能从公司整体效益的角度来评估供应商的绩效表现。与此同时，惠普公司的采购软件系统还能为全公司提供数据分析方面的支持，并预测未来的物料需求情况，帮助决策者做出正确的判断。惠普公司的这一流程重构，获得了非常好的结果：发货及时率提高 150%；交货期缩短 50%；潜在顾客丢失率降低 75%；由于集中采购带来的折扣，使产品的成本大为降低。

2. 集中采购的适用范围

由于集中采购使权力过分集中，从而丧失了采购的灵活性，因此，在实践中，是采用集中采购还是分散采购，应综合考虑以下因素。

(1) 通用程度

采购品的通用性越高，越适用集中采购。相反，向供应商采购个性化强的产品，而系统内的其他分支机构没有相同需求时，不宜采用集中采购。

(2) 地理位置

总部和分支机构在地理位置上越集中，越适合采用集中采购。相反，各分支机构在地理位置上相对分散，则适合用分散采购。

(3) 市场结构

如果供应商在行业中处于寡头垄断的地位，则集中采购可以提高竞争力，使供应商对采购方的重要价值给予重视，并获得优惠的价格以及更好的服务。

(4) 潜在节约

有些类型的采购品对采购数量非常敏感，当数量达到某一规模或等级时，采购方会得到价格上的折扣，并使采购成本随之下降。这类采购品宜采用集中采购。

(5) 专门技术

技术含量比较高的物料，如集成电路板、微芯片等高附加值的电子产品，其价格与需求量之间有比较大的价格需求弹性，宜采用集中采购。

集中采购已经成为集团型企业以及政府采购的主要采购方式。集中采购使采购行为更倾向于专业化、规模化、规范化。一些大的组织系统纷纷建立集中采购部门、采购中心或物资装备中心，并采取"统一管理，集中采购，统一储备"的模式。

五、采购案例分析

L 公司的采购战略

L 公司主要生产电脑、服务器、打印机、手机、MP3 等产品。在北京、上海等地有三个工厂，部分产品销量多年来位居国际国内市场的前茅。L 公司有三百多家供应商，国内的客户渠道

有5 000多家。采购战略在L公司的成功中起到了非常重要的作用。

L公司在认真分析了IT行业采购环节的特点后,总结出以下四点。第一,IT行业价格波动的程度非常大,影响因素也非常复杂。第二,部件更新换代非常频繁(根据统计,基本上每两天就有一个机型配置发生变化),产品降价速度非常快,难以准确预测。因此,当市场发生变化时,需要快速调整,以满足客户需要,避免库存带来的风险。第三,客户差异化需求日益增长,同时还要保证标准化。第四,原料和零配件市场属于寡头垄断模型,供应商为少数寡头,控制价格和逐利行为非常明显,并且对整个行业的影响非常大。L公司采取的是"一体化"的运作体系,即把采购、生产、分销以及物流配送等整合成统一的系统,公司集团负责指定从战略层到执行层的统一策略,并统一协调(包括生产制造系统的协调与管理)。L公司的物料采购主要分为国际和国内两部分,国际采购主要通过香港转到内地;国内采购则直接发到各个工厂。

在采购过程中,需要解决好四个问题:一是怎样保证预测准确;二是怎样保证在预测出现偏差时,能快速调整;三是怎样根据客户的差异化需求制定策略;四是怎样很好地完成与供应商在采购方面的协同。这四个问题也是其他企业需要面对的主要问题。针对以上几个问题,L公司的策略如下。

第一,基于历史数据对整个市场多维度的详细分析,保证比较准确的预测。L公司分析自身和代理商积累的历史数据,发现产品销量跟诸如市场的自然增长、季节因素、公司的优惠活动、新产品的推出等实践因素相关,并根据季节性的需求波动、代理商对需求的预测等,最后综合各方面的判断与预测,精确推算出用户需求状况。

第二,在预测出现偏差时,快速调整采购计划和生产计划。在采购方面,根据采购提前量、安全库存量、采购批量以及公司多个库存地的动态计划,确定调整内容。如2007年,L公司在销售发生变化和供应商状况发生变化时,可以做到在几个小时之内,把几十种产品、几千种物料面对几百家供应商的计划调整完毕。这体现的是对市场变化的反应能力和应对能力。

第三,采用客户定制式(客户根据自己的需要配置,系统可自动提供报价,这样客户就可以在网上选择产品,并可得到动态价格及供货时间)的订单系统。客户订制式的指导思想,一是能更好满足客户需求,从而达到高效决策;二是快速获得客户的订单信息。

第四,采购方与供应商在采购方面的协同。一是全程协同,从产品研发时就和供应商进行同步开发,并侧重在品质和供应弹性及成本等方面进行持续改善;二是全程监督,加强日常管理、解决突发问题以及持续改善的推进等。如2006年,L公司引入Ebidding电子采购竞价系统,投入使用后采购成本平均降幅15%左右,并显著缩短了采购项目的运作周期,使得L公司能够在非常短的时间内完成与供货商确定价格等复杂耗时的工作,极大提高了采购效率,实现了公司和供应商之间的"双赢"。

第五,根据采购金额和物料的风险进行分型处理。针对不同类型的供应商、不同的物料采取不同的策略,从而追求不同情况下采购资源效益的最大化。基于采购方与供应商协同的理念,L公司定期对采购策略进行调整,如"根据采购策略的实施情况,确定是否需要导入新的供应商"等。另外,对供应商的绩效定期进行评估(主要从研发、质量、服务、供应及成本五个方面进行)。

第二节　仓储配送管理

传统仓储，主要通过存储货物而获得保管货物的费用。由于传统仓储业的技术门槛低、投入要求也不高，所以传统仓储市场是完全竞争型的市场结构。因此，激烈的竞争使传统仓储业的获利十分微薄。而传统仓储引入物流技术和融入物流领域后，产生了如下变化。

一是获取了除保管货物外的收益，而且额外收益占据总收益的比重越来越大。例如，某公司这样描述从现代仓储物流配送管理中获得的收益：①顾客仓库中的库存量从19天降至6天；②年库存周转次数从19次增加到60次；③仓储配送中心的设施设备利用率提高了4%~12%；④库存货物的满足率从96.4%增加到99.2%；⑤客户订货数量增加了30%，市场份额增长了4%；⑥退货率降低了60%，货物残损率减少20%~40%。

二是降低了全社会的流转成本。根据前面的知识，在实物领域的社会流转成本包括两个部分：第一部分是流动状态消耗的成本；第二部分是相对静止状态消耗的成本。仓储配送涉及第一部分中的流动方案和第二部分的全部。

一、仓储管理

"仓"是仓库（warehouse），可以是房屋、洞穴、容器或特定场地等，具有放置和保护物品的功能；"储"是存储（storing），具有贮藏、储备物品的意思。"仓储"则为利用仓库放置、储备、保护物品等环节或行为。

（一）仓储管理的含义

如果产品不能被即时消耗而产生剩余，需要专门的场所存放，就产生了"积累性"仓储；当流通领域为满足社会需求，储备足够的产品时，就产生了"流动性"仓储。前者是一种静态型仓储，后者是一种动态型仓储。仓储管理伴生于上述两类仓储行为，对物品入库、分类、整理、保管、控制、出库等提供管理。

（二）仓储管理的价值

仓储在现代生产、流通甚至是消费领域中具有相当重要的作用：它是物质生产过程的延续，同样可以创造价值；它是物质流通过程顺利进行的保障，可以协调生产与消费之间的不同步；它是物质消费过程的质量保证。总之，它是社会再生产过程中必不可少的环节。

仓储管理是现代物流管理的重要内容之一，是现代物流系统中的重要元素之一，是优化、协调、控制现代物流系统正常运转的重要手段之一。仓储管理的价值具体体现在以下四个方面。

1. 仓储管理是协调产销平衡的手段

粮食生产受气候、地理等自然条件的影响，只能在特定的季节收获，而人类对粮食的消费基本是连续的。所以，仓储可以消除生产与消费节奏之间的差异，调节生产方式与消费方式之间的差异。

2. 仓储管理是保护储物价值的措施

许多农产品，如水果、蔬菜、肉、蛋、奶、鱼等，生产出来后，如果没有必要的存储场所，就会很快变质，失去原有的价值。只有采取了相应的仓储管理措施，才能保证这些农产品的原有的理化特性（使用价值）和投入（价值）不受损害。

3. 仓储管理是实现流程价值的关键

现代仓储与传统仓储的最大区别在于现代仓储以满足客户需求为导向，通过敏捷的动态响应和高效的物流流程创造时间效用。而控制物流流程的充要条件是要有仓储管理环节，如任何流程中的多余流量必须由仓储管理来调剂。

4. 仓储管理是现代物流价值的核心

通过控制物流成本获取"第三利润"，是现代物流的核心功能。而控制物流成本的两个重要环节,一个是"储",一个是"运"。如当代储运成本要占到现代物流成本的90%以上。所以,仓储管理在现代物流的价值体现中占有核心地位。

(三) 仓储管理的利益

仓储管理所获得的利益可分为经济利益和服务利益。经济利益是指通过诸如组织、整合、优化等仓储管理行为为经营者所带来的直接经济收益;而服务利益则是通过仓储管理,使管理对象在某个特定的市场有可能增加市场份额、收入或毛利等而实现价值增值。

1. 经济利益的获得

经济利益的获得,主要是仓库经营者通过组织、整合、优化等仓储管理行为,使仓储运营成本下降或运营效率提高而获得更多的收益。

(1) 组织

任何管理都需要精心组织,仓储管理也不例外。仓储管理的组织,主要包括物品入库前的组织、入库组织、存储过程组织、出库前的组织、出库组织以及出库后的组织等。而每个环节的组织都有各自十分具体的内容。

应用实例:物品入库前的组织主要包括物品容积测算;货场、货位、货架准备;承重量估算及复核;物品理化特性评估;消防条件检查;可能进行的物品分类;仓库存储环境检查;理货空间准备;理货时间测算;入库货物堆码方案(包括积载位置、堆码次序)等。

(2) 整合

仓储管理中的整合,就是将进入仓库的各种货物按照一定的管理规则进行分类、配置、积载等,并使仓库容积、货位等得到充分利用,搬运、进出库效率得到提高。最终使仓库运营成本得到控制,甚至是下降,从而获得经济利益。

应用实例:仓库接收的一系列物品,可能是多批次、小批量,如果按批次、批量存储,将占用大量货位,并使货位的有效利用率不足。而通过仓储管理对其进行整合,如按照同一货主的货物集中积载的原则,则可以提高货位利用,也便于提高搬运、出库效率。

(3) 优化

仓储管理中的优化,是围绕提高仓库管理效率而展开的。对于每一个具体的仓库结构、具体的存储物品,都会有一个最佳的存储方案。这个最佳方案可使仓储效率、安全性等得到充分体现。而要想得到最佳的存储方案,需要通过优化来实现。

对于大宗同类、不分型号批次的物品,多采用依次堆码的原则,如果考虑"先进先出",就需要对不同时间入库的物品进行标注;对于多类型、多品种的杂货进行存储,就需要对仓储结构进行设计或对原有的结构按照物品特性优化。

2. 服务利益的获得

根据前面对服务利益的解释,服务利益的核心是使存储对象得到价值增值。而通过仓储管理实现价值增值的方法主要有储备调剂、支持生产、延迟加工等。

(1) 储备调剂

在实际的生产过程中,有些生产是连续型的,但消费是阶段性的;有些产出是集中型的,而且产出品品质具有自然时效性,但消费是连续性的。即便产销都是连续的,产销量也不一定平衡。在遇到这些情况时,最好的解决方案是通过储备进行调剂。

应用实例:煤炭生产是一种连续性的生产,而居民采暖用煤则是阶段性的;农产品产出大多有季节性,而消费农产品基本是连续的,只是消费量上会有波动。在这些情况下,仓储的功能就不仅是保护物品了,还要通过储备调剂供需平衡。

(2) 支持生产

在全球生产越来越趋向一体化的进程中,按照瞬息万变的需求"拉动"生产,需要有更精准的支持系统来支持生产。在这个更精准的支持系统中,必不可少的是原材料、零配件的储备。这就需要仓储管理来辅助完成。

在精准支持生产的系统中,需要储备多少原材料、零配件才能保证正常生产或适应生产的正常波动,同时又尽可能降低库存,减少资金占压;尽可能及时补充储备,降低库存规模;尽可能协调同类储备联动,降低生产缺料风险。这些都要通过仓储管理来实现。

(3) 延迟加工

当今,全球的各层、各类需求总在不断变化,延迟加工是适应市场变化的产物。而且这种延迟加工已经离开生产领域,在流通领域内完成。它可以根据不同客户的最新需求,将工作转移到仓库中,对大批量产品进行分割、分装、染色、包装、贴标签等。

应用实例:许多农产品,由于田间地头不具备进一步加工的能力,往往送进保鲜仓库。在入库后,先要经过清洗、整理、保鲜处理、外包装、贴标签等工序;然后进入保鲜库,进行堆码、托盘积载、单元化存储等。

(四) 仓储管理的任务

仓储管理的基本任务就是满足客户需求,科学合理地做好物品的入库、保管、保养和出库等工作,为客户创造价值,为企业创造利润。具体来说,仓储管理包括仓储资源配置、经营决策、商务管理、作业管理、安全管理等一系列管理工作。

1. 配置仓储资源

配置仓储资源应根据市场供求关系,依据配置资源的经济原则、竞争优势,选择仓库位置;设计仓库结构与功能;确定仓库建设方案和仓储布局、配置相关设备等。功能定位要追求差异化;仓储运营要追求高效率。总之,要追求市场利益的最大化。

2. 设置管理机构

好的仓储管理机构是开展高效仓储管理的基本条件和保证。要围绕仓储经营目标和依据管理幅度原则,确定仓储组织机构,要因事设岗,建立结构简单、分工明确、责权对等的管理机构。最终形成互相合作、相互促进的高效率管理队伍。

不同的仓库管理模式需要设置不同的仓储管理机构。独立的仓储企业,一般都设有内部行政管理、人力资源管理、商务管理、库场管理、机械设备管理、安全保卫、财务以及其他必要的机构。而附属于生产或流通企业的仓储管理机构中,一些直接对外的机构的功能被弱化,甚至合并到一些内部管理机构中,如商务管理、财务管理、内部行政管理、人力资源管理等机构就会被消减、压缩或合并。

3. 组织仓储运营

仓储运营包括物品入库、验收、理货、堆码、存储、出库、交接等环节。在仓储期间,还需要保管控制、质量维护、安全防护等。组织仓储运营的原则是高效、低耗。

应用实例:运营管理的核心在于充分使用先进的运营技术和有效的管理手段,建立科学的运营作业制度和操作规程,实行严格的监督管理,采取有效的员工激励机制。提高仓储利用率,降低成本,消减"差、损、错"事故,保持连续、稳定的运营。

(五) 仓储管理的流程

仓储管理的流程,是指从接收物品入库开始,到按客户需要把物品完好地发送出去的全过程。按仓储管理的作业流程顺序来分,主要有货物入库、储控养护、货物出库三个阶段。

1. 货物入库阶段

入库作业主要由货物交接、检验、整理入库等环节构成,具体细节如图 12-5-13 所示。

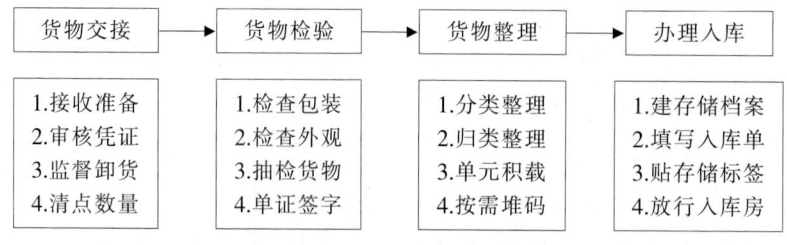

图 12-5-13 货物的入库阶段

下面对图 12-5-13 中涉及的内容做进一步的分析。

(1) 货物交接

仓储管理人员根据入库凭证或供货合同接

收货物：首先，要做好接收准备，核心是根据待接收货物数量，预留或清理出足够的存储空间，根据待接收货物的性质，确定合理的货位；其次，要严格审核随货物一同到达（或提前送达）的货物清单、运输提单、货物发票等凭证；再次，要按照凭证上的数量监督卸货；最后，一定要对卸下的货物进行清点。只有按流程完成了上述的四个步骤后，理货员才能在货物交接单上签字，表明货物品名、数量与单证相符。

应用实例1：仓库接到到货通知，应根据货物的性质和批量提前做好接收准备，主要包括以下内容：①文件准备，收集并熟悉待验货物的有关文件，如技术标准、订货合同等；②器具准备，准备好衡器、量具等验收用的检验工具并校验准确；③储位准备，根据预计入库货物的理化特性、体积、数量、质量和到货时间等信息，结合存储分区、分类和储位管理的要求，计算和规划储位，预先确定商品的理货场所和储存位置；④设备准备，大批量商品的数量验收，必须要有装卸搬运机械的配合，应做好设备的申请调用；⑤人员准备，安排好接运、卸货、检验、搬运货物的作业人员。此外，对于有些特殊货物的验收，如有毒的化工产品，有害的腐蚀品、放射品等，还要准备相应的防护措施。

应用实例2：货位的规划应遵循"三个一致"原则，即货物的自然属性、性能应一致，货物的养护措施应一致和货物的消防措施应一致。按照以货物的种类和性质分区分类存储、危险品分区分类存储、同产地集中存储、同销售地集中存储的经验，完成货物准备。

(2) 货物检验

对于有些货物，仅仅是品名、数量与相关的单证相符还不够，还需要对货物的外包装、外观进行检查，甚至对有些货物要拆包抽检，以避免货物的品质出现问题，避免货物的规格、型号、批号、批次出现错误。只有当这些检验完成，并且货物与凭证数据完全相符时，理货员才能签单放行（让承运人离开，让货物进入下一个环节）。

对货物进行的检验，主要有品质检验和数量复核。在品质检验中，主要包括货物的包装检验、物品的外观检验、物品的理化特性检验等；数量复核主要有三种形式，包括计件复核、重量复核、体积复核。

做好货物交接和检验的重要意义在于，防止把在运输过程中或运输之前已经发生的商品损害和各种差错带入仓库，减少或避免经济损失；验收记录为后续的换货、退货及索赔等提供依据；也为后续的货物存储创造良好条件。

(3) 货物整理

当货物交接、检验完毕后，需要将待存货物按照存储条件、要求进行有针对性的整理。首先，要将不同性质或属性的货物进行分类；其次，要将同类货物进行归类（客户有特殊要求的除外）；再次，要按照存储条件对货物进行单元积载；最后，要根据存储条件、货物性质以及客户要求等对货物进行合理堆码，以保证入库搬运、货位安置等的顺利进行。

应用实例：单元积载是现代仓储中一种集约化存储方式，它要求在货物入库之前就对可能实现统一管理、统一出库的货物进行单元积载，并按照货位空间的限制条件、货物的结构尺寸和理化特性等进行合理堆码，提高货位利用率和入库出库效率。

(4) 办理入库

办理入库是入库阶段的最后一个环节，也是最重要的一关。最核心的工作是核对各种凭证、建立存储档案、填写入库清单、印制存储专用标签（条码或点子标签）并贴在相应的存储货物或存储单元上。然后安排货物入库。

在办理入库手续之前，要重点核对入库通知单、合同副本、货物的材质证明书、装箱单、磅码单、发货明细表等。经核对准确无误后，才能建立存储档案、填写入库清单，同时印制专用的存储标签。如果核对有误，追索错误源，待更正后，再办理入库手续。

应用实例1：在安排入库作业时，要充分考虑入库流程的合理性，尽量避免货物在进库过程中多次搬移、倒装、回流，力争搬、卸、堆、码一次完成，提高作业效率；要充分考虑库容利用的合理性，在符合入库作业工艺的前提下，尽量减少无效的存储空间。

应用实例2：托盘积载堆码是现代存储中的重要形式，它以标准化托盘为基础，以标准存储单元为核心，大大提高了入库出库效率和库容利用率，而且配合托盘上专用的存储标签（一托盘上的各种货物信息，全部记录在存储标签内），实现高效存储。

以上概要介绍了货物入库阶段的基本环节。

它是仓储管理流程中最初的阶段，也是最基础的阶段。这一阶段的管理水平将直接影响后两个阶段的质量以及整个仓储管理流程的品质。因此，把好第一关是提高仓储管理系统质量的关键。

2.储控养护阶段

储控养护阶段主要由管理存储货物、控制存储质量、保养维护和盘点核对货物等环节组成，是对检验合格、入库货物的后续管理阶段。如图12-5-14所示。

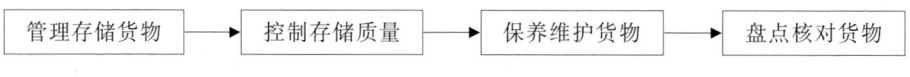

图12-5-14　货物的储控养护阶段

下面对图12-5-14中各环节涉及的内容，逐一展开进行分析。

（1）管理存储货物

货物存储管理主要是针对已经入库，并放置在规定货位上的货物进行动态化的管理。具体的管理内容包括检测存储环境或条件是否满足货物存储；存储货物的理化特性是否改变；是否需要调整存储货位；是否符合分类存储、集约利用有效库容等。

应用实例：对于通用型仓库，由于存储的货物类型多，理化特性差异比较大，所以需要随时检测存储环境。如仓库周边温差比较大时，要根据存储的货物类型，及时检测存储货物周边的温度是否满足要求，有时甚至要根据具体情况，临时调整存储货位。

（2）控制存储质量

存储质量控制主要包括存储品质控制和存储数量控制。存储品质控制主要包括仓库的温度、湿度、采光度等方面的控制；根据不同的货物类型，还包括防火、防洪、防雷击、防尘、防潮、防霉变、防虫、防鼠、防盗窃、防挤压、防坍塌、防理化特性改变（如氧化、脱水、干裂等）。存储数量控制主要包括最小库存控制、最大库存控制、最佳存储量控制等（有关存储数量控制的相关内容比较庞杂。

应用实例：仓库内部的环境状况是保证存储品质的基础条件。尤其是现代化的仓库越来越大，这就越来越强调控制条件和能够调控的幅度。

如现代保鲜库可以根据不同存储区间的货物类型设定不同的温度、湿度以及相应的防腐措施。

（3）保养维护货物

有些货物在存储期间需要进行必要的保养与维护，这是现代仓储的重要特征，也是提高仓储附加值的重要手段。这就需要仓储管理者掌握不同货物的理化特性，并根据不同性质的货物采取有针对性的保养方法和维护措施，使存储货物能够保值增值。

应用实例：鲜花、高档果蔬、观赏鱼等在储运过程中，需要给予有针对性的保养与维护。如有的鲜花需要按时喷水；有的水果蔬菜需要进行密封保鲜，并按时补充氮气；而大多数观赏鱼在储运途中，需要适时补充氧气。

（4）盘点核对货物

盘点核对仓库中存储的货物，是全面了解在某一时点仓库存储状态的主要方法，也是核对库存账面信息与实际存储货物是否一致的重要措施，更是检验仓储管理水平的手段之一。很显然，盘点"账—物"一一对应，是仓储管理的基本目标。更深入分析，可能发现诸多存储不合理的问题。不同类别的仓库经营者，可依据盘点情况，调整管理措施。

应用实例：在信息技术不发达的时代，盘点核对仓库中的货物是一项繁复的工作，真实差错率和虚假差错率相对比较高。而现代仓储中，仓储管理软件和现代仓储技术（如视频、摄像、RFID）的应用，可以让管理者时时掌握库存状况,并及时解决出现的问题。

货物的存储、控制、保养、维护阶段,是仓储管理的核心阶段。尽管绝大多数时间,货物处在静止状态,但"树欲静而风不止",仓储管理者在保证货物合理存储、安全存储的同时,还要考虑如何提高库容利用率、如何提高"账—物"数量的准确率,如何在保证上述目标实现的同时,能维持合理的运营成本,甚至能科学地降低运营成本。

3. 货物出库阶段

货物出库阶段是指仓储管理人员根据客户或业务部门的出库指令,对货物进行拣选拆分加工、组合包装集结、制单移出配货及审证复核出库等环节,如图12-5-15所示。

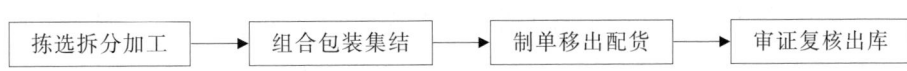

图12-5-15 货物的出库阶段

下面对图12-5-15中各环节涉及的内容,逐一展开进行分析。

(1)拣选拆分加工

拣选拆分加工是货物出库阶段的第一环节。包括根据业务部门的出库指令或客户提单的要求,从相应的货位上拣选相应的货物,再按要求(如果有)对大包装进行必要的拆分,对大规格货物进行必要的裁剪、机械加工等,并完成货物从存储区向加工区的搬移。

应用实例:拣选过程除了要保证数量、规格准确外,有时候还要注意产地批次、生产日期、适用范围等具体信息;有些货物是按照大批量规格生产和存储的,而客户需要的是小批量的规格,所以要按新的规格进行拆分、裁剪、加工等。

(2)组合包装集结

组合包装配货是货物出库前的必要环节。根据出库的具体要求,将拣选拆分加工的货物进行组合,完毕后按新的尺寸进行包装,最后按出库的具体要求把相同客户的货物进行集中,以便提高后续的出库效率和配送效率。

应用实例:现代家具的生产与存储,已经趋向标准化。在现代家具的半成品仓库中,是系列标准规格的板材。当客户订单发到仓库后,仓库按照具体的家具规格,从不同货位拣选不同规格的材料,按要求喷漆、组合及包装,并将同一客户整套家具集合在一起。

(3)制单移出配货

制单、移出、配货是货物出库阶段的第三个环节。当货物在出库阶段完成组合、包装并按照客户的具体要求集结后,就可以从加工区向出库作业区转移。在出库作业区,可将相同地区、相同方向上的货物进行合理的搭配,并等候装运。

准备移出货物时,需要填写并印制出库清单。详细填写品名、数量、规格等信息。而且填写的信息应与入库信息(或信息编码)一致,以便仓储管理系统能正常核减。出库清单一式三份,一份留仓库,另两份随出库货物一同搬移到出库作业区。

(4)审证复核出库

当需要出库的货物准备装运时,对原始的客户提单(或业务部门的出库指令)、出库清单进行审查、复核是十分重要的工作。它是仓储管理的最后一道关卡,如果发生错误,将会给仓库经营者带来难以挽回的经济损失。

在审证复核出库环节,首先要重点审查各种单证、凭证的真实性、可靠性,如有疑义,进行必要的机制审查;其次要详细复核各种单证上的品名、数量、规格等与实物是否完全一致,如发现错误,一定要按程序更正。

(六)仓储管理合理化

仓储管理合理化主要涉及管理流程、库容利用、设备利用、能源消耗、货物保护措施、仓储作业方式、货物周转周期等是否合理。所有这些方面又都需要围绕着具体的存储对象而展开。对于精细货物实施粗放管理是不合理的,同样,对粗放类的货物实施精细化的管理也不合理。

1. 影响仓储管理质量的主要因素

影响仓储管理质量的因素比较多,主要分为硬件因素和软件因素。硬件因素主要指仓库的设计结构、建筑材料和内部设施布局等是否合理;软件因素主要指货物存储方式、保护措施、仓储作业方式、管理流程等是否合理。如果有不合理的地方,将会影响仓储管理的质量。

应用实例:在设计冷藏库时,要以目标库容为参数,按照相关的设计规范,尽可能选择散热面积小的方案,入库出库的仓门结构也要力求减少热量消耗,同时还要保证冷藏库内部的库容利用率高、方便进出库作业等。

2.影响仓储运营效率的主要因素

影响仓储运营效率的因素,除了上述的质量因素的影响外,还有能源消耗是否合理、设备利用是否合理、库容利用是否合理、货物周转周期是否合理等。

货物因素是影响仓储运营效率的客观因素。对于储备型仓库,在安全存储的前提下,提高库容利用率是提高运营效率的主要方法;对于流通型仓库,除了提高库容率外,还要提高货物周转率。这是因为仓库固定成本相对较高,而纯存储费用相对较低所致。

现代仓储管理是现代物流系统的重要组成部分。为了能更好地适应现代物流系统,仓储管理所涉及的内容进一步拓展,仓储管理的价值进一步提升,仓储管理的流程更加复杂,方法也更加科学合理,最终整个社会系统因仓储管理而获利。

二、库存控制

所谓库存是指以支持生产、流通、经营和客户服务为目的而存储的各种物品(包括原材料、在制品、生产消耗品、成品)和维修、备配件等。从准确、严格的意义进行分析,库存控制应该包括库存品质控制和库存数量及其结构控制。本节仅涉及后一项。

(一)库存产生的主要原因

日常生产、经营、消费等在方式、周期方面存在不一致,为了协调供求双方的不一致,需要通过一定量的库存给予缓冲,于是产生了调节库存或周转库存;由于产销之间存在空间上的割裂,于是产生了在途库存;为了实现投机动机,获取更多利润,于是产生了投机库存;为了应对不确定性因素和可能的突发事件,便产生了储备库存或安全库存。

对于大多数制造商、批发商和零售商而言,库存是其资产比重中,比较大的投资。在大多数行业中,由于市场越来越被细分(客户需求的多层次性所致)和变化越来越快,经常会使企业在不经意间就增加了库存。在企业所拥有、控制的资金中,企业用于库存的资本和用于其他投资机会的资本有着竞争关系,库存占用资金是产品成本提高的主要原因之一。

(二)合理库存的总体要求

库存大量存在,存在就应有其合理性,那么,什么样的库存属于不合理库存?什么样的库存属于合理库存呢?下面就做一个简要介绍。

1.不合理库存的表现

不合理库存既有存储数量上的不合理,也有数量结构上的不合理;既有存储方式上的不合理,也有存储效率上的不合理;既有地域分布上的不合理,也有产销关系上的不合理;既有库存控制方式上的不合理,也有运营模式上的不合理等。

应用实例:存储数量过大,导致消费不足或消费成本上升显然不合理;但存储量不足,并导致大量产品损坏,无法满足消费也不合理。如水果是季节性产品,如果不及时存储,并且销售不完,就会因腐烂而产生损失;而存储量过大,到下一季节产品上市时还有剩余储藏,也不合理。

应用实例:存储结构不合理,表现为该存的没存或没存够;不该存的存了。如 A 类时令产品过量存储,使 B 类时令产品无法存储,并导致 A 产品的市场价格大幅上扬,B 产品的市场价格大幅下降,就属于存储结构不合理。

2.库存合理化的要求

库存合理化,对于仓库的运营而言,主要表现为:在能满足各类需求的前提下,仓位、货位等存储空间利用要合理;库存成本控制要合理;库存周转量和周期要合理。对于经济系统和社会系统而言,合理库存表现为:能促进经济有序发展、减小经济波动；能维持社会稳定、应对突发事件；最终，能降低整个经济系统和社会系统的运行成本。

应用实例：对于非营利性的公共储备而言，重点是维持社会稳定、应对突发事件。所以，相应的救灾物资储备，在一定区域内储备仓库要有合理的布局；在储备品种上，要有合理的比例；在储备数量上，要有科学的预判。

(三) 库存控制的基本内容

从某种意义上来说，库存是为了满足未来需要而暂时闲置的资源。所以库存可以是非营利组织的公共储备；可以是营利性组织的资源储备；也可以是闲置的社会资源。而在现代物流系统中，主要研究前两类库存应该控制的合理数量。

1. 非营利组织的库存控制

非营利组织的库存是一种公共储备，是为了满足国防、社会稳定等需要而进行的一种储备，主要是为了抵御非正常的经济波动、突发的自然灾害、传染性疾病大面积的扩散以及恐怖组织、敌对势力引发的动乱和战争。

非营利组织的库存是一种公益性的积累性储备。库存量一是取决于特定区域的人口数量、人口结构、生活水平；二是取决于自然灾害的概率、可能的危害程度；三是取决于区域结构的完善程度；四是取决于非营利组织的管理水平。

非营利性的公共储备主要包括能源、粮食、救灾物资（主要包括药品、食品、帐篷、衣服、被褥、救灾设备等）、军用物资（主要包括枪支弹药、运载工具、战略武器等），以及支持工业生产和经济建设的大宗原材料等。

2. 营利性组织的库存控制

营利性组织的传统做法是，在生产、经营之前，根据生产、经营计划进行原材料或产成品、生产经营用的备配件以及低值易耗品的储备，并为在制品、半成品、等外品、次品等提供存储空间。最传统的观念认为库存是财富，所以对库存控制并不重视。

随着全球经济逐渐趋向一体化，生产、经营方式发生了本质性的变化，由传统的"供给推动"转向"需求拉动"；随之带来的"引致性"变化是"刚性"生产向"柔性"生产转变，按能力生产向按需求生产转变，大规模统一生产向小批量个性化生产转变。这些转变对计划性库存提出"革命性"的挑战，引发对库存观念的本质性改变：库存不再是财富，而是包袱。

由于需求变化越来越快，价格随时间的变动频率越来越高、波动幅度也越来越大，这就导致提前采购的库存可能贬值，甚至因为没有任何需求而成为毫无价值的库存，但同时仍要耗用仓库运营成本，所以这时的库存越多，亏损越大。

既然现代生产、经营的库存观念是越少越好，那么是不是都去追求"零库存"呢？显然不是，对于"零库存"的追求，会有许多限制性条件，比如，需求预测足够准确、订单管理足够细化、运营流程足够流畅等。因此，现代生产、经营的一个核心问题是如何确定最佳库存量。

3. 库存控制的通用性指标

由于库存对营利性组织而言是资本占用，所以过高的库存水平会从两方面影响企业的营利能力。一是库存资本降低了资产周转率；二是与库存相关的支付，要进入成本。因此对库存进行有效管理，就需要侧重提高现金的流动效率和投资收益率。

1) 库存周转率是衡量库存管理水平的重要指标。库存周转率越高意味着占用资金越少，并且可以提高资金的流动效率和利用效果。

$$库存周转率 = \frac{年销售额}{年平均库存值}$$

$$\left(或 = \frac{一定期内出库金额}{一定期内平均库存金额}\right)$$

2) 平均库存值是指一定的统计时间内全部库存物品价值的总和。对于营利性组织而言，一般用企业全部资产与库存相关部分的比率来衡量一个企业库存状况是否合理。一般来说，制造企业库存合理时比率为25%左右，批发、零售企业库存合理时比率可能达到75%左右。

3) 库存的可供应时间是指现有的库存能够满足多长时间的需求。即：

$$可供应时间 = \frac{平均库存值}{相应时间段内单位时间的需求量}$$

以上指标表明，最佳库存量应该是维持正常生产、经营的最小库存量，同时也是资金占压的最小值，更是物流系统效率最佳的库存量。另一方面，围绕一项生产或经营所产生库存可能会涉及成千上万个品种，实现多品种的最佳库存属于库存数量结构控制问题，并同时诱发最佳订购批量问题。这些都是营利性组织在库存控制中要重点解决的问题。

(四)库存控制的常用方法

为获得最佳库存量，需要确定在什么样的库存水平时补货，一次补货量是多少，库存数量结构应该维持在怎样的动态幅度中。所以，库存控制的基本方法都是围绕这三个问题而设计的。经过不断实践与改善，成熟的库存控制方法有以下几种。

1.ABC 分类法与库存控制

应用于库存控制的 ABC 分类控制法与前面涉及的控制采购成本的 ABC 分类管理法的原理和内容基本是一致的，都是根据帕累托的财富分布存在着"80/20"法则（即 20%的人控制着80%的财富）来设计控制方法的，即控制好 20%的部分可以收到 80%的效果。

尽管库存与资金占用之间的关系和采购成本与资金占用之间的关系，在内容上有很多关联和一致的地方。所不同的是，ABC 分类控制法应用于库存控制，侧重于库存数量结构的控制；而 ABC 分类管理法应用于采购，侧重于采购成本的控制。

应用于库存控制的 ABC 分类法也采用"80/20"法则，即 20%的少数库存却占有 80%金额的 A 类物品要严格检查、重点控制；而对于 80%的多数库存却只占有 20%金额的 C 类物品，只进行低等级的简单控制；而介于两者之间的 B 类物品进行适当控制。

2.EOQ 模型与库存控制

关于经济订货批量(economic order quality，简称 EOQ)模型，在前面的采购管理中已经做了简要的介绍，根据 EOQ 模型可知，理想条件下的经济订货批量，即库存总成本最小时的订货量为：

$$Q^* = \sqrt{2C_2D/C_1}$$

式中：Q^* 为经济订货批量；

D 为货物需求量(件/年)；

C_2 为单位订购成本(元/件)；

C_1 为单位库存保管费用[元/(件×年)]，$C_1 = PF$ [P 为单位采购成本(元/件)；F 为单件库存保管费用与单件库存采购成本之比（年储存费率）]。

需要进一步说明的是，虽然涉及采购批量，但理论依据是基于库存理论，即库存分为独立需求库存和相关需求库存。所谓独立需求是指库存需求变化独立于人的主观控制能力之外，因而数量与出现的概率是不确定的、模糊的。而独立需求库存控制模型又根据其主要参数（如需求量、前置期等）确定与否，分为确定型与随机型两种。

所谓确定型库存控制模型是指需求量、前置期都是确定条件下的库存控制模型，其基本管理方法就是经济订购批量法。用经济订购批量法来制定库存策略，不但可以确定订货量，而且可以确定订货周期，既解决什么时候订货的问题，又解决订多少货的问题。

此模型有如下假设：①缺货费用无穷大；②货物存储量减少到零时，可以立即得到补充；③货物需求是连续且均匀的，即货物消耗速率(单位时间的提货量)为常数；④每次进货量不变，订货费用不变；⑤单位存储费用不变。

在上述假设条件下，不允许缺货、瞬时到货的确定性存储模型的存储量 Q 与时间 t 的变化可以用以下公式表示，则总成本为：

$$C(t) = (R/Q)C_2 + KD + QC_1/2$$

式中：R 为货物消耗速率；

K 为单位产品成本(元/件)；

Q 为订购批量；

D 为货物需求量(件/年)；

C_2 为单位订购成本(元/件)；

C_1 为单位库存年保管费用[元/(件×年)]。

但由于上述模型是在不考虑缺货情况下的理想模型，也就是在需求不变、提前期稳定（两者都已知）、成本确定已知的条件下成立的，现实中这种情况很难具备，缺货现象是不可避免的。所以在缺货状态下的经济订货批量公式修正为：

$$Q^* = \sqrt{2C_3D/C_1} \cdot \sqrt{(C_1+C_2)/C_2}$$

式中：Q^* 为经济订货批量；

C_1 为保管费用(元)；

C_2 为缺货费(元)；

C_3 为订货费(元)；

D 为货物需求量(件/年)。

3.MRP、MRPⅡ与库存控制

物料需求计划(material requirement planning，简称 MRP)是在库存管理的订货点法基础上提出来的，通过综合分析订单、当前库存以及生产顺序的信息，使正确的物料在正确的时间到达，以此来减少不必要的库存，从而削减仓库运营成本、提高按时发货率。

MRP 主要涉及：需求、需要量、需要时间。根据前面 EOQ 模型的分析可知，需求主要有两种，独立需求和相关需求。很显然，当一个库存项目的需求与其他库存项目的需求无关时，就是独立需求。它不能从上级需求派生出下级需求，如对成品、备配件的需求直接受市场等随机因素的影响。而当一个库存项目的需求与其他库存项目的需求直接相关时，就是相关需求。

EOQ 模型就系统地解决了独立需求的库存控制问题。而 MRP 则主要解决相关需求的系列问题。相关需求包含两方面：一是纵向的，即上一级需求派生出下一级需求；二是横向的，即某一产品需求派生互补品的需求。在库存管理中，需要搞清独立需求与非独立需求之间的区别。因为 MRP 系统决策的基础依赖于需求来自最终产品还是与此产品本身有关。

由于 MRP 系统是一种模拟技术，所以系统要根据主生产计划(要生产什么)、物料清单(用什么生产、需要用些什么)和库存余额(有什么)，对每种物料进行计算，指出何时将会发生物料短缺，并给出建议，以最小库存量来满足需求且避免物料短缺。

由于 MRP 系统只涉及物料需求计划，在实践中遇到最多的问题和瓶颈是不能及时掌握销售信息和财务管理信息，因此在制定物料需求计划之前，要了解最新的销售信息和财务管理信息。

但由于这两类信息随时间的变化率比较大，也缺少一定的规律，所以 MRP 系统的缺陷越来越明显。

所以，物料需求计划需要进一步扩展，将整个生产流程，甚至是销售过程中的一些相关因素纳入系统中，就成为必然选择。扩展后的系统发生了本质性的变化，它将市场预测、订单接收、生产计划、物料需求、能力需求、库存控制、车间管理直到产品销售的整个生产经营过程以及相关的财务活动都包括进来，这样不但解决了物流和信息流的统一，还集成了资金流，为生产、销售和财务分析提供有效计划、控制工具和决策支持，从而成为新的系统——制造业资源计划，即 MRPⅡ。

应用实例：MRPⅡ控制库存的特点是通过把企业中各子系统有机结合，形成一个面向整个企业的一体化系统，这样，企业的所有数据都来源于中央数据库，各子系统在统一的数据环境下工作。这时 MRPⅡ根据不同的决策方针模拟出的各种库存，就是生产、经营的动态需求。

4.JIT 与库存控制

前面叙述涉及准时制(JIT)生产以及准时制(JIT)采购，JIT 的核心是通过"拉式"和"看板"系统管理，有计划地消除浪费，追求零库存、零缺陷。其中，零库存是一种现代库存管理方法，它基于准确的时间把准确的数量送到准确的地点。

JIT 理念认为，库存是由于计划不周、能力不够、供应商过失、订单处理延迟和生产操作不规范、设备保养差等原因造成。JIT 要求备货时间短、补货频率高而批量小，有长期稳定的"伙伴型"供应商。所以 JIT 能够应对柔性生产。

5.ERP 与库存控制

企业资源计划(enterprise resource planning，简称 ERP)，以客户为中心的经营战略主要对整个供应链上的资源进行管理，同时也体现精益生产、同步工程和敏捷制造的思想。ERP 可以对客户需求迅速做出响应，并根据客户需求迅速重组业务流程，消除业务流程中非增值的无效活动，在最短的时间内向客户提供高质量和低成本的产品。

由于 ERP 追求并行作业和所有环节的高效率和动态响应,业务和生产流程需要重新组合。它在保留 MRP Ⅱ 的人、财、物等资源的基础上,把客户需求和企业内部的制造活动以及供应商的制造资源整合在一起,形成一个完整的企业供应链,并对供应链的所有环节如订单、采购、库存、计划、生产、质控、运输、分销、服务与维护、财务等进行有效管理。

ERP 能很好地支持混合型库存环境,满足企业多方位的经营需求。由于通过流程重组实现了信息资源共享,因此管理者可以准确地实时监控企业的库存状况。ERP 的本质变化在于由事后库存控制转向事前和对整个过程中的动态控制。

6.DRP 与库存控制

分销需求计划(distribution requirement planning,简称 DRP),是库存管理的一种计划方法,主要是制定分销物品的供应计划和调度计划,达到既有效满足市场需求又能节省配置费用的目的。DRP 是优化配置商品资源的核心技术之一,对商品流通过程有着巨大的影响和深远意义。

DRP 主要在流通企业和大型生产企业得到应用。它通过对需求(主要包括客户及下属的订单、提单、合同等)及预测、库存、生产计划等输入性文件处理,并迅速生成订货、进货、送货计划等输出性文件。DRP 的逻辑关系如图 12-5-16 所示。

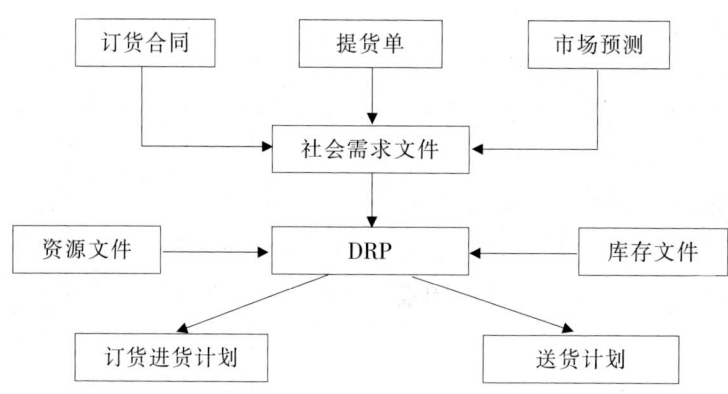

图 12-5-16 DRP 的逻辑关系

在储运配送、流通加工、商贸连锁等含有物流业务的流通企业中,大多会涉及储运、进货、配送、加工、销售等工序。DRP 可以对这些环节的信息进行统一协调、调度和处理,从而使商品流通中的总费用不断降低,运载工具、仓库、流通加工中心等资源利用率不断提高。其中,降低仓储费用、提高仓库利用率是工作重点。

大型生产企业一般都有自己的销售网络和储运设施,自己的产品多采用自销或部分由流通企业销售。这就要求企业既要面对市场组织产品生产,又要负责流通、销售。DRP 的分销功能和调度功能可将产品的产、储、运、销等业务进行合理的分配。

(五)订货法控制库存简介

由于库存目的不同,库存控制的方法也不同。除了已经介绍的六种控制方法外,定量订货法、定期订货法也是比较常用的方法。其中,定量订货法中,比较有代表性的是订货点法和定量维持法。下面将简要介绍这两种订货法。首先,通过一个订货法模型(图 12-5-17)来分析不同订货法的差异。

在实施订货法之前,首先要确定安全库存(Q_S)和为保证安全库存而设计的订货提前期平均消耗的库存(Q_{LP})。那么订货时的库存量(Q_K),被称为订货点时的库存量。很显然,$Q_K=Q_S+Q_{LP}$;其次要确定订货批量为 Q^*,Q_{max} 为设计的最大库存量。

$$Q^*=Q_{max}-Q_K$$

在系统开始运作(0 点)后,假设第一个周期,库存量以 R_1 速率下降,随着运营的进行,当库存下降到 Q_K(点 1)时,系统发出订货信息,订货量为 Q^*。

随后进入订货提前期 T_{K1}。提前期 T_{K1} 结束时,在 T_{K1} 期内消耗掉的库存数量为 Q_{L1},使库存水平下降到安全库存 Q_S。在 T_{K1} 周期结束,库存

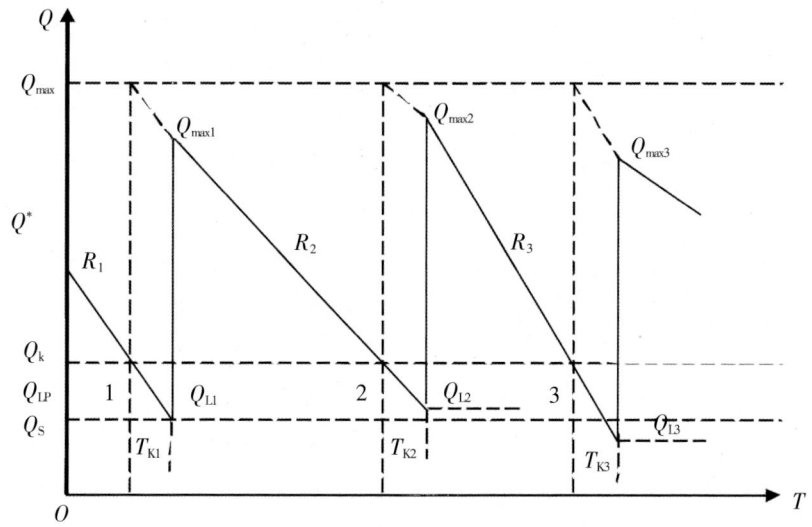

图 12-5-17 订货法模型

水平正好到达 Q_S。这时所订货物批量到达，实际库存上升一个 Q^*，达到之后进入第二个运营周期。

$$Q_{max1}=Q_S+Q^*$$

假设第二个周期的运营速率为 R_2（且 $R_2<R_1$），库存下降到 Q_K（点 2）时，系统又发出订货信息，订货批量仍为 Q^*。随后进入第二个订货提前期 T_{K2}。

提前期 T_{K2} 结束时，T_{K2} 内所消耗掉的库存数量为（Q_{L2}），由于提前期消耗量（Q_{L2}）小于提前期平均库存消耗量（Q_{LP}），所以，实际库存水平高于安全库存量 Q_S。

这时所订的货物批量到达，实际库存量又上升一个 Q^*，此时的最大库存 $Q_{max2}>Q_{max1}$，并进入第三个周期的运营。如此不断循环下去。

如果假设库存消耗是随机的，即：$R_1\neq R_2\neq R_3\neq\cdots$，则订货提前期内的库存消耗量 $Q_{L1}\neq Q_{L2}\neq Q_{L3}\neq\cdots$；如果订货提前期（$T_{KX}$）也是随机的，即：$T_{K1}\neq T_{K2}\neq T_{K3}\neq\cdots$，则订货提前期内的库存消耗量也不相等，即：$Q_{L1}\neq Q_{L2}\neq Q_{L3}\neq\cdots$。

1.定量订货法

所谓定量订货点法是预先确定一个订货点和订货批量，随时监控货物库存，当库存下降到订货点时，就发出订货单进行订货的一种控制库存方法。定量订货法在操作中有可能随时发生，主要取决于生产企业或市场对该物资的需求情况。

定量订货法假设库存消耗速率确定，即 $R_1=R_2=R_3=\cdots$；$T_{K1}=T_{K2}=T_{K3}=\cdots$。这样，提前期库存消耗量 $Q_{L1}=Q_{L2}=Q_{L3}=\cdots=Q_{LP}$。由于订货点、订货量和库存消耗量都是确定的，所以系统运行的结果，最大库存量不会超过 Q_{max}，即：Q_K+Q^*，实际最高库存不会超过 $Q_K+Q^*-Q_{LP}$。

定量订货策略要解决的三个核心问题：确定订货点，即什么时候订货；确定订货批量，解决一次订多少货；确定基本库存、安全库存，具体实施和控制周转率。

（1）确定订货的点

在定量订货法中，订货的点以库存水平作为参照点，是一个决策变量，也是控制库存水平的关键因素。当库存水平降到某个库存水平时就发出订货信息。在库存控制理论中，订货的点在实际物流管理中又称为"额定库存量"。

订货的点不能取得太高，如果太高，库存量过大，占用资金就大，导致库存费用升高，成本增加；同样订货点也不能取得过低，如果过低，则可能导致缺货损失，一方面是增加缺货成本，另一方面是服务率下降。一般情况下，影响选择订货点的因素主要有三个。①货物需求速率（R_P），也就是库存消耗速率，用单位时间内的平均消耗量来描述。显然，需求速率越高（斜率越大），订货点也越高。②订货提前期（T_K）是指从发出订单到所订物资运送入库所需要的时间长度，T_K 值的大小取决于路途的远近和送达速度。③订货提前期需求量（Q_L）或库存消耗量，是指按照已有的需求速率在订货提前期内发生的需求量或消耗量，公式为 $Q_L=R_P×T_K$。

因此，合理的订货量等于提前期需求量。如果用 Q_K 表示订货点量，即有 $Q_K=Q_L=R_P×T_K$。

(2) 确定订货批量

所谓订货批量就是每一次订货的数量。订货批量的高低，不仅直接影响库存量的高低，还影响货物供应的满足程度。因此，订货批量一定要合理。

订货批量大小的主要影响因素有两个。一是货物需求速率（R_P），速率越高，订货批量就越大。二是经营费用，它与订货批量相互影响，如订货量大，经营费用就可能低；反之，经营费用不足，订货批量就小。在定量订货中，对每一个具体品种而言，每次订货批量都是相同的，所以对每个品种都要制订一个订货批量，通常是以经济批量作为订货批量。

(3) 定量订货的特点

首先，定量订货法的每次订购量是相同的，即 Q 是固定的，这样操作较简单并可降低成本；其次，定量订货法的平均库存量较低，因此定量订货法有利于贵重物资的库存，可以对运营中潜在的缺货做出更快的反应；再次，由于要随时掌握库存信息和控制存货，所以每次补充库存或物资出库都要进行记录，这使维持定量订货模型需要的时间更长；最后，由于订货时间不能预先确定，所以定量订货法不灵活且要占用一定的人力和物力。

此外，在实际运营中以库存量下降到必须在此订货（Q_K）并实施订货时，就称为订货点法，特征是以订货点作为控制点或控制手段；而以实际订货量作为控制手段，则称为定量维持法。此法主要用于出库不规则，且一次出库量比较大的运行结构中。

2. 定期订货法

定量订货法是从数量上控制库存量，但工作量大。定期订货法则是从时间上控制订货周期，从而达到控制库存量目的的一种方法。所谓定期订货法又称定期盘点订货法，是每个固定时间周期的订货，但每次订货量不定。这种方法不必每天检查库存，只是在订货时检查。

定期订货法的原理是预先确定一个订货周期 T^* 和一个最高库存量 Q_{max}，周期性地检查库存，并根据库存情况进行订货。订货批量的大小取决于订货后的"名义"库存量（Q_K+Q^*）要等于最高库存量 Q_{max}。定期订货法的运行模型如图 12-5-18 所示。

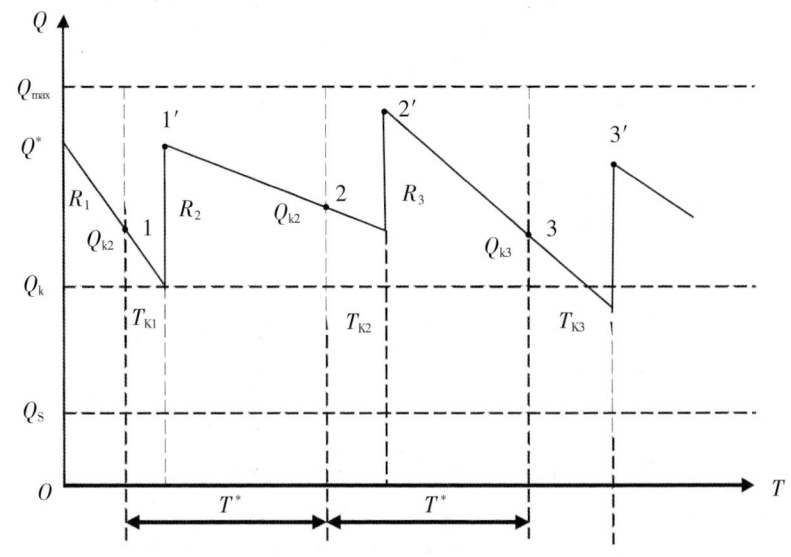

图 12-5-18　定期订货法模型

(1) 确定最佳订货周期

定期订货法确定订货周期遵循总费用最省的原则。根据经济订货周期公式和经济批量公式，有经济订货周期计算公式为：

$$T^* = \frac{Q^*}{D}\sqrt{\frac{2C_2}{C_1 D}}$$

(2) 确定最高库存量。

定期订货法的最高库存量 (Q_{max}) 是为了满足 $T+T_k$ 期间的库存需求的，并以此时间为基础，考虑到不确定因素，增加一个安全库存量 Q_S，这样，$T+T_k$ 期间的最高库存量为：

$$Q_{max} = R_P(T+T_{kP}) + Q_S$$

式中：R_P 为物品在 $(T+T_{kp})$ 期间单位时间的平均需求量；

T_{kp} 为平均订货提前期。

(3) 确定实际订货量。

每个周期订货量的大小按当时实际库存量大小确定。由于每次检查的结存库存不同，所以每次的订货量也不同。

(4) 定期订货法的运行

假设从时间 0 点开始执行定期订货法；在 1 点时刻检查库存量，库存量为 Q_{K1}，则开始订货。订货量取 Q_{K1} 与 Q_{max} 的差值，即第一次的订货量 $Q_1 = Q_{max} - Q_{K1}$。随后进入第一个订货提前期 T_{K1}。提前期结束，所订 Q_1 的商品到达，实际库存一下升高 Q_1，库存到达 1′点。

然后进入第二个周期，整个运营过程按 R_2 速率消耗库存。经过一个订货周期 T^*，又到了该订货的日子，检查库存量，此时（2 点）库存量为 Q_{K2}，又发出订货量 Q_2，Q_2 的大小等于 Q_{K2} 与 Q_{max} 的差值。随后进入第二个订货提前期 T_{K2}。

T_{K2} 结束，所订货物 Q_2 到达，将实际库存量提高到 2′点。随后进入第三个销售周期。到下一个订货日，又检查库存、进行订货，这样不断循环继续。

(5) 定期订货法的特点

一是每次订购量为变量，订购量的大小取决于各个时期物品需求量，由于每次订购量不同，所以运作成本相对较高；二是平均库存量较大，为的是防止盘点期发生缺货；三是在盘点期盘点库存，工作量相对较少，同时可以做到采购批量有计划，提高效率；四是安全库存量比定量订货法高，因此需要较大的安全库存做保证。

这种方法为何能起到既控制库存量又能满足需要呢？实际订货时，订货量加实际库存量就是最高库存量 (Q_{max})。但经过一个订货提前期 (T_K)，所订货物实际到达后，实际最高库存量比 Q_{max} 减少一个提前期平均需求量 (Q_{LP})，即 $Q_{max} - Q_{LP}$。所以，Q_{max} 实际上就是最高库存量的控制线，它是定期订货法用以控制库存量的一个关键性的控制参数。

定期订货法保证用户需求满足程度的方法、原理与定量订货法不同。定期订货法不是以满足提前期内的用户需求量为目的的，而是以满足订货周期内的需求量再加上满足提前期内用户的需求量为目的，即是以满足 $T+T_K$ 期间的用户总需求量为目的的。因为 $T+T_K$ 期间的总需求量也是随机变化的，Q_{max} 也是一个随机变量，其值由两部分构成。一部分是 $T+T_K$ 期间的平均需求量，另一部分是为预防随机性延误而设置的安全库存量。安全库存量的大小根据一定的库存满足率来设置。库存满足率越高，则安全库存量也越多，Q_{max} 也越大，库存满足程度也越高。

定量订货法以提前期用户需求量为依据，制定的库存策略、目的是保证提前期内用户需求量的满足，它的决策参数 Q_K 只能按一定满足程度来保证提前期内用户的需求量。对用户需求的满足程度主要取决于安全库存量大小的设置。应根据库存满足率要求的大小，来设计安全库存的数量，如在 T_{K3} 内提前期需求量大于提前期平均需求量 Q_{LP}，而使库存水平低于安全库存量 Q_S。安全库存程度越高，则库存满足需求的程度也越高，但是相应成本也提高。

库存控制的目的之一就是在库存成本和客户服务之间实现最优平衡。及时、准确的信息可以缩短执行订货周期的时间，从而提高现金流的利用效率。因此先进的信息系统，对于制定库存策略、改善库存管理是必不可少的。

三、配送管理

所谓配送，是在经济合理区域范围内，根据用户要求，对物品进行流通加工（包括拣选、分割、组配、包装等）、货物配置（包括理货、配货、积载等）、集装配载、流程优化、在途保管等作业，并按时送达指定地点的物流活动。下面对配送及其管理进行概要分析。

（一）配送含义分析

对配送的理解可从两个方面进行：第一，从配置资源的角度，配送是社会再生产中实现资源配置的经济活动；第二，从配送行为的角度，配送是按照用户的要求，通过科学合理的流通加工、货物配置、集装配载、流程优化、在途保管等形式，以最合理方式将货物配送给用户。从配送定义可以看出，它几乎包括了所有的物流要素。所以，配送是现代物流的核心功能之一。

那么，配送与物流、运输存在哪些差异？又有怎样的关联呢？从物流角度来说，配送是物流在小范围内全部活动的体现。但从商流角度来说，物流和配送有明显的不同。物流是商物分离的产物，而配送则是商物合一的产物。配送是"配"和"送"的有机结合体。

配送与一般送货（运输）的重要区别在于，配送以物流中心为条件，通过流通加工、货物配置等工作实现功能上的拓展；通过物流中心、配送中心的集约功能，使货物存储、送货达到一定规模，也使集装配载、流程优化有了更多的选择，并利用规模优势降低送货成本。

总之，配送强调以客户需求为出发点，客户的订货要求为目标，不断完善配送对于物流系统的提升，服务于企业的发展，以及整个经济社会效益的提高。

（二）配送演化简介

配送从最原始的运输行为演化而来。最初的功能重心在于"送"，它与运输的基本功能几乎是重合的。随着社会的发展，需要存储、调配的货物越来越多，单一的仓储功能、单一的运输功能越来越不能满足实际需要，在这种背景下，将储运功能有机整合的趋势越来越明显，在这一进程中，最重要的功能转移是从"送"逐渐过渡到"配"。

应用实例：1985年，日本颁布的《日本工业标准（JIS）物流用语》中将配送定义为："将货物从物流据点送交给收货人。"从当时这个定义可以看出，配送的功能只集中在从物流据点实施货物运送阶段。物流据点的其他功能未从定义中显现出来。

在随后的发展中，配送以储运为核心，从两个方面不断拓展功能：一是将流通加工的功能与仓储功能进行有机整合，使一些仓库变成了集存储和流通加工于一身的"存储—加工"中心；二是将运输功能与货物配载功能进行有机整合，使一些货栈变成集运输和货物配载置于一身的"运输—配载"中心。前者侧重内部整合，后者侧重外部整合。

在"存储—加工"中心，最初只进行诸如金属板材的分割、杂货的捆扎、件货的外包装（用于运输途中的保护）等，服务的附加值比较低，与存储费用相比，所占比重相对小，所以只作为仓库运营的辅助手段。

20世纪末，随着经济全球化浪潮的涌动和各种各类需求的进一步分化，货物流动呈现出"速度快、品种多、需求差异大"的特点。在这样的背景下，传统的储运方法，以及粗放的存储加工、运输配载已经不能满足经济与社会的实际需要，进一步整合就成为必然。在这一时期的突出特征是流通加工、集装配载和在途保管的功能得到强化、货物配置、流程优化功能显现。

到了1998年，对配送的典型描述已经演化为："从发货地到消费地之间，所有物品都是有计划、统一实施和管理。配送是以费用最低、服务最好的送货方式，有效地将原材料、产品送达，把采购、运输、仓库的功能有机地组合在一起。"

（三）配送功能分析

配送的重要功能体现在：可降低整个社会的物资库存水平；可有效节省运力，实现合理运输，降低物流成本；推动社会再生产的准时化；推动流通社会化，大幅度降低社会流转成本。

实施集中库存，必然使整个社会物资的库存总量低于各个分散的库存总量。发展大规模配送，可借规模经济的优势，集中进货，大批量发货，降低库存、运输及物流成本。同时，增加货物配置、运输配载、流程优化的选择性。

实行定时配送,一方面,可使企业大量压缩库存,甚至实现"零库存",降低生产储备,节约储备资金;另一方面,配送的本质是要求物流资源社会化,是打破我国流通体制条块分割,降低社会流转成本的重要元素。

(四) 配送类型简介

在长期的实践中,配送以不同的运作特点和形式满足不同的顾客需求,形成不同的配送形式。配送可以按不同的方法进行分类。

1.按配送时间及数量分类

按配送时间及数量进行分类主要有即时、定时、定量、定线配送,以及这几种方式间的组合配送。下面给予简要介绍。

(1)即时配送

即时配送是根据客户临时急需的货物,按规定的时间,将规定的数量、品种送达指定的地点。即时配送对配送速度、时间要求相当高。因此只有配送设施完备,具有较高管理和服务水平及作业组织和应变能力的专业化配送机构才能开展即时配送业务。

(2)定时配送

定时配送是按事先约定的时间间隔进行配送,每次配送的品种及数量可预先计划,也可以临时根据客户的需求进行调整。这种方式由于时间固定,双方易于安排作业计划。但也可能由于配送品种和数量的临时变化,增加管理和作业的难度。

(3)定量配送

定量配送是按规定的批量在一个指定的时间范围内进行配送。定量配送的品种和数量相对固定,备货工作相对简单,且由于没有严格的时间限制,所以可以将不同客户所需的货物拼车,并对配送线路合理优化,以节约运力,降低配送成本。

(4)定线配送

定线配送是通过对客户分布状况的分析,设计出合理的配送运输路线,并按照规定的运行路线进行配送。这种配送方式一般由客户事先提出货物需求计划,然后根据双方商定的接收地点、接收时间进行配送。这种配送易于有计划地安排接送,比较适于消费者集中的地区。

(5)组合配送

组合配送最常见的有定时定量和定时定线配送。定时定量配送强调按规定时间、规定数量进行配送。定时定线配送强调按规定时间、规定线路配送。组合配送兼顾两种配送方式的特点,对配送企业的服务要求比较严格,管理和作业的难度较大。

应用实例:即时配送服务可以使客户保持较低的库存水准,真正实现"推时制"生产和经营,是配送发展的趋势之一。但由于其灵活性突出,配送难度比较大;而定时、定量、定线配送,由于配送计划性强,准确度较高,所以比较适合于生产和销售比较稳定的企业。

2.按配送种类及数量分类

按配送种类及数量进行分类主要有按品种、按批量和按定制配送,以及品种与批量兼顾的配送形式等。下面给予简要介绍。

(1)按品种配送

按品种配送主要以配送的品种为依据,把保证配送品种是否满足客户需要作为评价标准。按品种配送分为单一品种、少品种、多品种配送等几种形式。单一品种和少品种配送的批量一般都比较大;而多品种配送,相对于每个品种而言,批量相对比较小。

(2)按批量配送

按批量配送主要以配送批量为依据,把保证配送批量是否满足客户需要作为评价标准。按批量配送分为小批量和大批量配送两种形式。小批量配送多与多品种配送结合在一起;大批量配送多与少品种配送结合在一起。

应用实例1:少品种、大批量配送方式是当代比较流行的配送方式,常见于为制造业和批发商配送。由于品种少,所以配送机构内部的策划、组织工作等比较简单;由于配送数量大,所以易于配载,甚至可采取直送方式,车辆使用效率高。因此可以降低配送成本。

应用实例2:多品种、少批量配送是按用户的要求,将多种货物通过流通加工、集货配货环节,少量而多次地配送给顾客。这种配送方式相对来说作业难度较大,技术要求高,设备投入比较大。这种方式常见于国内发达地区的制造业的零配件配送和连锁商业体系的商品配送。

(3)按定制配送

按定制配送是按顾客的具体要求,将所需要的多种货物(包括配套产品)配备齐全后直接运送到顾客指定的地方。按定制配送的核心是配送的货物是一个有机的整体,不能随意或随机拆分。从形式上看,尽管定制配送类似按品种或按批量配送,但本质是不同的。

应用实例:对制造业生产的某台设备或某个部件,将所需的零件配齐,再按生产计划的要求在规定时间送达指定地点,以满足企业的即时装配。这种配送方式强化了物流的服务功能,有利于企业实行"准时制"生产。

四、配送中心

我国国家标准《物流术语》(GB/T 18354-2001)给配送中心(distribution center)下的定义是:"从事物流活动的场所或组织,应具备下列条件:①主要面向社会服务;②物流功能健全;③完善的信息网络;④辐射范围大;⑤存储、吞吐能力强;⑥物流业务统一经营、管理。"

(一)配送中心的功能

根据上述的定义,配送中心与传统的仓库、堆场、货栈、货场等有明显的区别,配送中心主要具备五大功能。

1.流通加工功能

流通加工功能是传统储运所不具备的功能,主要开展的业务有货物分类、拣取、筛选、分割、裁剪、组配、计量、包装、打包、捆扎、贴标签等,它是将生产领域待完成的工序转移到流通领域来完成,或对完整的产成品根据客户需要进行再加工。

2.存储保管功能

存储保管功能与传统仓储功能基本相同,主要开展的业务有货物的存储、保养、维护等,并适时对货物堆码、仓储环境以及货物的理化特性等进行检查,发现问题及时调整,以保证存储品质的完好;适时核对账目、清仓盘点,以保证存储数量的准确。

3.货物配置功能

货物配置功能是将需要配送的货物,按照客户的具体要求进行理货、分装(包括换装、倒装等)、配货、积载等。理货是按具体要求分类、核对出入库货物;分装侧重按客户及理化特性等进行货物或容器装填;配货强调执行预定方案;积载强调次序与重心的合理性。

4.集装配载功能

集装配载功能主要是指为运载工具配载、为确定的运输线路配置运载工具或运输设施等。它的主要业务包括方案设计,以及具体的装、运、搬、卸、堆、码、垛的工艺(包括设备选择、工作次序、约束条件等)。集装配功能是实现合理配载与流程优化的关键。

5.信息处理功能

信息处理功能在现代化的信息手段支持下的革命性的开发与强化,是最重要的支持配送中心高效运转的辅助手段。它主要对进、出配送中心的各种单据以及存储状态下的货物进行全方位的信息化处理,甚至对存储环境的各种变量进行管理。

(二)配送中心的分类

对于不同的行业、不同的经营方式,需要有不同类型的配送中心给予支持。这就使得配送中心在作业内容、设备类型、营运范围等方面可能完全不同,按照不同标准,配送中心主要分为专业型、供应型、销售型、城市型、区域型、存储型、流通型、加工型等。

五、包装管理

我国国家标准《包装通用术语》(GB 4122-1983)中定义:"包装为在流通过程中保护产品、方便储运、促进销售,按一定技术方法采用的容器、材料及辅助物等的总体名称;也指为了达到上述目的而采用容器、材料和辅助物的过程中,施加一定技术方法等的操作活动。"

(一) 包装的基本内涵

从静态角度讲，包装是容纳物品的器具或对物品进行盛装捆扎以对内装物施予保护的材料。从动态角度讲，包装是一种技术、手段和方法，更是一个过程。包装在流通中可以使内装物处于稳定状态，使内装物在装、运、搬、卸、堆、码、垛、管的过程中减少损坏而便于销售。

国外主要强调包装的目的及构成。如美国认为，包装是使用适当材料、容器并应用一定的技术以便使产品安全到达目的地，并不论受到什么样的外来影响，都能保护其内装物。而日本认为包装在运输及保管物品时，为保护其价值和状态，以适当的材料和容器，施加于物品的技术和施加包装后的状态。

(二) 包装的主要功能

随着包装的发展，包装的功能要求越来越多，但包装最基本的功能有三个，即防护功能、方便功能和促销功能。其中，前两项功能是储运包装的主要功能。

1.防护功能

包装的防护功能主要体现在两个方面：一方面，包装能够防止内装物在流通过程中出现数量上的差错和减少理化特性的改变；另一方面，包装能够防止危害性内装物对接触的人、生物和环境造成危害或污染。因此，防护是包装最基本的功能。

具有防护功能的包装，一般要求能够保持内装物的化学成分稳定性或正常的生理活动(对鲜活物品而言)，防止其在流通中由于潮湿、光照、虫鼠等变质损坏；防止"装、运、搬、卸、堆、码、垛"中的振动、碰撞等各种外力所带来的损伤；防止由于密封不当造成散失、丢失和泄漏，尤其是对易燃、易爆、易腐、有毒、放射性物品，应采用特殊包装并打上"危险货物"标志和说明文字，以防止流通过程中污染环境，保护人和生物的安全。

2.方便功能

包装能为人们带来许多方便，这对于提高工作效率和生活质量都发挥重要作用。包装的方便功能应体现在方便生产、计量、储运、使用和处理等方面。

应用实例：对每件包装容器的质量、体积、形态等均应考虑便于"装、运、搬、卸、堆、码、垛"，尤其应考虑人工装卸能力，如单件包装总质量一般在 20 kg 左右；同时还要考虑便于传递(如生产线上)、入库、堆码、陈列以及消费过程中的保管等。

应用实例：合适的包装，应使消费者在开启、使用、保管、收藏时感到方便，如封纸箱口的胶带纸、塑封包装、易拉罐、便携式包装等，并以简明扼要的语言或图示，向消费者说明注意事项及使用方法，以方便使用。

应用实例：大部分包装材料都具有重复使用的功能，如塑料周转箱、铝合金易拉罐、镀锌铁皮(用于制作密封罐头)、玻璃瓶、各种规格的纸包装、发泡填充物等，这些包装材料都可以回收再生利用。这既保护环境，又节省资源。

3.促销功能

包装的促销功能体现在诱导购买者产生购买动机，从而促进商品销售，加速商品流转，并与包装的物品一起创造价值。但过度包装是一种资源浪费。

应用实例：形状或构造特异的包装，以及包装上的文字、图案、色彩等具有吸引顾客、激起购买欲望的作用，如装潢艺术的特有语言可在瞬间引起消费者的注意，起到推介作用；有些包装美观实用、造型独特，还具有潜在的收藏价值。

商品的包装是否属于过度包装，从不同的视角有不同的理解。但总的来看，如果包装本身的价值超过内装物的价值，基本就属于过度包装。如近几年，我国的月饼包装就出现过度包装，包装成本比月饼要高。如果能用更简洁的包装就达到包装的基本功能，就应该坚持使用。

一般而言，包装的三大基本功能是彼此联系、相辅相成的，它们通过包装容器联系在一起，并通过包装容器共同发挥作用。这三个功能是最基本的功能，但是不同用途的包装，功能侧重有所不同。如销售包装侧重于促销功能；而储运包装则强调防护、方便功能。

(三) 储运包装的技术

包装是以满足内装物的储运、促销为主要目

的,而在储运过程中,包装要侧重防护和方便功能。它既是保证储运安全的条件,又是提高作业效率的物质基础。下面将主要介绍储运包装的结构、材料、造型、技法和标志等方面的内容。

1. 储运包装的结构

储运包装的结构是指储运包装的空间特征,即它的各个组成部分之间相互作用、相互联系的内在方式,储运包装的结构通常要围绕内装物的结构进行设计,在实施包装后,结构对内装物起防护作用和便于搬运的功能。

2. 储运包装的材料

储运包装材料是指用于储运包装的各种材料,包括制作包装容器、制作包装标志以及应用包装技法采用的各种材料。这其中,包装容器所使用的材料相对比较多,占包装材料的主要部分,其次是在包装技法中所使用的各种材料,如各种填充料。

3. 储运包装的造型

储运包装造型是指储运包装所采用的实体形态,它包括包装形状和尺寸。通常,储运包装的造型主要有矩形、圆柱形和不规则形(如软包装袋)。进行储运包装的造型设计,需要充分考虑内装物的特点、包装材料、包装技法等。

4. 储运包装的技法

储运包装技法是指包装操作采用的技术和方法,是形成储运包装件的一个关键性要素。它包括包装操作中的一系列工作,如置放、排列、加固、捆扎等,以及进行缓冲、保鲜、防锈、防水、防霉等处理,并使小包装件与储运包装件成为一个整体。

储运包装技法往往与包装设备联系在一起,有时还需要一些辅助材料如衬垫材料、防潮材料、防锈材料、包扎材料等才能完成。随着科学技术的发展,很多先进的储运包装技法被应用,所以储运包装技法的作用也越来越重要。

5. 储运包装的标志

储运包装标志是指在储运包装外部制作的特定记号或说明,主要作用是便于在物流管理中识别或辨认。良好的储运包装标志能加快货物交接和点验。

任何储运包装件都需要考虑如何适应内装物的特点和具体物流需要后,将以上要素以不同方式巧妙地结合在一起,从而形成不同的储运包装。

(四) 储运包装的类型

最常见的储运包装主要有缓冲包装、防潮包装、防霉包装、防锈包装、保鲜包装、压力密封包装等。下面对前四种给予简要介绍。

1. 缓冲包装

缓冲包装又叫防震包装,是为减缓内装物受到冲击和震动,保护内装物免受损坏而采取的防护措施。内装物受到的损伤主要有物品表面受破坏或局部变形;物品的部件脱落或部件原有功能失效等。为防止损伤,需采用缓冲材料,使得外力最先作用在缓冲材料上,起到"缓和冲击"的作用。

在实践中,设计一个合理的缓冲包装应系统考虑内装物的特性、流通环境、包装容器及缓冲材料的性能、价格等因素。缓冲包装一般分为全面缓冲、部分缓冲和悬浮式缓冲三类方法。

应用实例:全面缓冲法是将内装物的周围空间用缓冲材料衬垫,对内装物进行全面保护的一种包装方法,主要包括压缩、浮动、裹包、模盒、就地发泡等包装法。部分缓冲包装法是指仅在内装物的拐角或局部地方使用缓冲材料衬垫。它的包装成本较低,广泛用于家电包装。

应用实例:悬浮式缓冲包装是对内装物先用柔软材料衬垫包裹妥当,再用弹簧或绳索从不同方向、位置将内装物悬浮在外包装箱内,形成柔性连接,实现高等级缓冲。这种方法适用于极易受损,且须确保安全的产品,如精密仪器、仪表等。

2. 防潮包装

防潮包装是为防止潮气影响内装物的内在品质所采取的防护措施。通常是采用防潮材料对内装物进行密封,以隔绝外部湿度变化比较大的空气,消除湿度对内装物的影响,使得包装内的相对湿度符合相关要求,从而保护产品质量。

应用实例:在流通过程中,货物不可避免地要受到大气中潮气的影响,从而引起货物的变质。有些易吸潮的货物,如医药、农药等会因受潮而变质;有些食品、皮革等会因受潮而发霉;有些金属制品会因受潮而发生锈蚀等。

防潮包装技术的选择主要根据内装物的形状、性质、防潮要求来确定。选择防潮包装技术的重要原则,是既防止包装不足,又防止过度包装。前者会使内装物在储运中损坏;后者会增加成本。为防止防潮包装过度,应根据内装物的性质、储运地区的气候条件和储运期限来确定防潮等级,并根据所选择的等级来选择防潮材料的透湿度和容器。

应用实例:包装形式、封口方法以及内装物的受力强度等是选择防潮包装材料的主要依据。选用保护性、经济性、操作便利等均优越的防潮包装材料是基本原则。但在具体操作中,还应注意:包装前是否清洁干燥;防潮材料是否有针孔、砂眼、气泡及破裂等;不规则内装物是否会损伤防潮层;储运中因震动和冲击是否可能使内装物发生移动、摩擦等而损伤防潮层。

在实施防潮包装时,应尽量缩小内装物的体积和防潮包装的总表面积,尽可能使包装表面积对体积的比率达到最小;应尽量做到连续操作,一次完成包装,若中间需要停顿,则应采取有效的临时防潮保护措施;包装场所应清洁干燥,温度不应有剧烈变化,且不高于35 ℃,相对湿度不超过75%,以避免发生凝露现象;防潮包装封口时,不论黏合还是热封合,均应良好密封。塑料薄膜包装的热焊或黏合封口强度应通过封口试验。

3.防霉包装

防霉包装是为防止内装物发生霉变而采取的防护措施。防霉包装除了防潮外,还有对包装材料甚至是内装物进行防霉处理。霉变是霉菌在一定条件下大量繁殖,并使内装物和包装材料的有机物产生生物化学变化,最终发生变质。

防霉措施主要有药剂防霉、低温防霉、低湿防霉、降氧防霉、气相防霉以及微波、电离、紫外线、远红外辐射防霉等。主要机理:一是通过不同方式进行杀菌;二是通过控制包装容器内部的环境,来抑制细菌的繁殖。有时,两种方法同时采用。

气相防霉是利用气相防霉剂挥发的气体杀死或抑制霉菌,起到防霉效果。使用气相防霉剂时,须将防霉剂与内装物一起放入包装容器,它要求包装容器或包装材料的密封性好,这样才能有效防霉。常用的气相防霉剂有多聚甲醛、环氧乙烷等。

降氧防霉是通过降低包装环境的氧气浓度抑制霉菌生长。降氧方法:一是先抽真空,再充入 N_2 或 CO_2;二是在包装内加入脱氧剂来消耗包装内的 O_2,以降低 O_2 浓度。当包装空间内 CO_2 浓度为10%~14%时,对霉菌有抑制作用;若浓度超过40%时,可杀死多数霉菌。

4.防锈包装

为防止内装物锈蚀,而采取一定防护措施的包装,称为防锈包装。金属和合金制品极易受水分 H_2O、O_2、CO_2、SO_2、盐类等影响而造成变色和各种腐蚀,统称为锈蚀或生锈。防锈包装应当在内装物投入使用时,防锈包装材料可以顺利地除去。另一方面,防锈包装的有效期要比较长,因为有些内装物即使送达客户手中,也可能会保存很长时间。

防锈包装比较常用的方法有:在内装物表面涂抹防锈材料,如在钢铁类制品表面涂抹润滑脂、防锈漆等;在内装物表面镀膜、塑封等。实践证明,上述的这些方法的防锈效果长达几个月到数年。这对金属或合金制品的生产、储运具有重要意义。

(五) 环境对包装的影响

在实际的储运过程中,环境对包装及内装物的影响主要来自气候和各种施加在包装及内装物上的作用力两大类。再具体点分,主要是包装及内装物在相对静止状态和运动状态受到外部因素的影响。下面给予简要介绍。

1.气候因素

在实际储运过程中,气候因素是影响包装品质的重要因素。气候因素主要包括下列各种子因素:温度、湿度、气压、辐射(包括电磁、各种波长的射线、核放射等)、气体污染(包括不慎外溢的各种酸性、碱性、有毒有害的气体)、液体污染、微尘、霉菌、虫害、鼠患等。除此之外,像雾、霜、雹、雨、雪、雷、风等恶劣气候,也会给储运带来不利的影响。

应用实例：SO_2对金属的腐蚀与湿度有很大关系。大气中只要微量的水汽存在,锈蚀活性会很快增加。在工业大气各种有害污染物质中,SO_2对金属的腐蚀影响最大。它很容易在金属表面氧化生成SO_3,并在液膜中生成H_2SO_4,加速金属的腐蚀。

2.受力因素

在包装及内装物处于相对静止状态时,受力方式相对简单,主要是承受由地球引力产生的重力,只要包装物上方的重力在包装结构允许的承重范围内,内装物就不会受到挤压而产生变形；而包装及内装物处于运动状态时,受力方式比较复杂,除承受重力外,还要受到离心力、向心力以及三维六个自由度上的无规则加速度,具体体现出来的,就是无规则的振动和冲击。

六、案例分析

多品种、小批量、高价值的物流配送模式

A公司是一家世界规模的化妆品及相关产品的企业,在物流配送管理方面有独特的方法,公司主要配送的是多品种、小批量、高价值的产品。此公司先进的物流配送模式,成为支撑其整个流通体系的重要支柱。下面将概要介绍A公司的物流配送模式。

(一) 早期的物流配送变革

A公司的化妆品生产规模为,月平均出货约5万箱(平均重量为25 kg)。年销售额达到了352亿元。涉及400多家日用品批发商,1万多家连锁店,10万多家零售店(A公司销售成员)。由于化妆品多为高附加值产品,需求量(指体积或重量)比较少,而且都要求能迅速地配送到零售店,所以90%的商品采用汽车进行小批量配送,其余部分,集中利用铁路运输。但由于一次出货量很难超过1 t,所以无法实行集装箱运输。

20世纪60年代初,公司在物流配送方面出现混乱,所以公司开始重视物流配送。60年代中期,A公司开始在工厂附近建立仓库,工厂和仓库之间铺设了150 m的装载线用来输送产品,设计了最大载重为250 kg的装载工具用于装卸。随后,又开发出了适合装载工具使用的小型平托盘,以追求装卸活动的合理化。

通过以上一系列的建设,该仓库基本上具备了商品保管、备货、打包和配送等物流职能,从而成为A公司的商品配送基地。可是,随着工厂生产能力的不断提高和市场需求的增长,公司仓库已不能满足大规模商品保管的需要。在这种情况下,A公司不得不利用外部资源,通过租借营业性仓库来满足不断增长的物流需求。

但是,这样一来不可避免地形成一些物流管理上的问题：从提高物流效率的角度上看,要避免在营业性仓库的商品向公司仓库回流的现象。然而,营业性仓库游离于公司的控制范围,所以经常出现配送方面的问题,如商品配送的"损、差、错"等各类事故平均每月发生30多起,配送延迟问题每月也有5~6起。

为解决上述问题,公司开始摸索在营业性仓库中建立自己的包装保管作业所和物流管理部门。从工厂来的商品都在这里集中,通过集中的流通加工,再配送到各地。这一改进规范了物流管理,降低了物流成本。自上述改进后,很长时段没有进行新的物流改革。其中商品出货流程沿用至今。这对公司的配送体系建设起着重大的推动作用。

但上述的物流配送模式,还有许多不完善的地方,新问题仍然层出不穷。首先,将物流活动完全委托给专业物流经营者,必然增加物流管理费用；其次,在"商物"合二为一的状况下,经常出现远程配送费用高,以及在商圈密集地配送,因交通阻塞而降低物流效率。为彻底解决以上问题,公司的物流企划部门开始探索如何全面改善企业的物流管理系统。在当时,这种变革的焦点主要集中在"商物分离"和"自有仓库与营业性仓库的比较"两点上。

然而,这一阶段物流管理的改革遇到了阻碍。首先,在商物分离的变革上,受到非难。主要原因在于销售公司确信他们应该拥有商流的控制

权，商品销售必然是物的销售，所以不能只有交易权而没有物权。正因为如此，商物分离一经提出就被否决。其次，在自有仓库和营业仓库的比较上，很多人认为建立自己的现代化仓库费用很高，而且难度太大。

尽管从20世纪60年代中期，公司就开始摸索现代物流管理，但并没有取得实质性进展，特别是物流费用过高的问题，被当时A公司业务急剧扩展和产品高附加价值带来的巨量销售额所掩盖，物流并不处于优先地位，物流问题还没有到非解决不可的地步。

(二)现代物流体系的确立

在当时，A公司的两种物流配送模式：一是根据连锁店的订货，经由销售公司实现配送，即工厂→销售公司→连锁店；二是专门针对新产品，主要是工厂根据连锁店的订货实行集中配送，即工厂→营业仓库→连锁店。前者约占60%，后者约占40%。

从当时的配送作业流程来看，各销售公司集中进货，然后通过手工作业开包、分类和指定保管地点。在接受零售店订货后，作业人员按照各店铺订单取货，将商品放置到拣货箱中，再发货。这种配送作业流程采用分段处理商品，配送效率相对不高的劣势逐渐显现出来。

1. 建立标准化的配送系统

20世纪70年代中后期，A公司已有2万多家零售店，且大多数是连锁店，如果不采用统一标准、集中配送，难以维持原有的物流服务水准，各种管理费用也会不断上升。所以建立标准化的商品配送中心，集中处理商品是A公司为发挥规模效益、提高效率迈出的重要一步。

在配送管理上，商品配送中心以统一规格的箱式托盘作为配送周转容器，配备与此相符的传送带、车辆和装卸设备等。并实行代码分类管理，将批量大的产品分别保管在平托盘自动化仓库和集装箱自动化仓库中，处理量较少的产品则保存在手工分拣区的周转架中。同时，对产品进行分类，A类产品用统一规格的箱式托盘和堆叠式货架管理，B类和C类产品用统一规格的小型货箱和产品货架管理。产品拣选则按类型进行，拣选完成后进行商检、包装和按配送对象分货，最后配送。

箱式托盘主要有两种标准规格：一是40 L型；二是专为少量配送而开发的30 L型。这两种箱式托盘侧面可折叠，折叠后的体积分别为展开时的1/5和1/3。正因为如此，当配送车辆从零售店返回时，车辆的装载效率大大提高。此外，这种货箱内部有10条沟槽，所以插入隔板将商品固定，防止商品因颠簸、相互磕碰而造成损坏。尽管箱式托盘的制造成本是普通货箱的10倍，但由于它能反复使用、不易损坏，仍然具有良好的经济效益。到目前为止，A公司大约有12万个箱式托盘，它们在多品种、小批量的物流配送中发挥着积极的作用。

从商品配送中心的物流作业流程来看，在各销售公司接到各零售店订货时（订货截止到每天下午5点），将本区域的订单汇总，并向商品配送中心输入配货指令。商品配送中心据此处理订单，先按店铺分拣(当日下午5点—第2天早晨)，将所需商品放入各店铺的配送箱中，然后各店铺进行商品检验。完成上述作业流程后，就可以在第二天执行发货程序。第三天实行配送。

从实际的运营效果来看，到1980年，配送中心每天配送1 000~1 200家店铺，出货量为3万~4万件。不仅销售公司能专心于客户需求的了解和服务，而且商品配送中心也通过整合配送系统，实施系统化、标准化、规范化作业及采用先进的管理流程和设备，使公司的各种费用削减20%，库存降低20%，缩减员工52名，每年节约运费222万元。

2. 自动化与集装化的应用

随着配送量的不断增加，商品配送中心建立了自动化立体仓库。仓库高度25 m，1 950个货架，可容纳标准化箱式托盘(1 100 mm×800 mm) 22 320个，并配有自动存取、堆码设备(巷道堆垛机)，能实现10 s 1个箱式托盘的出入库速度，并完全由计算机系统实现出入库的控制。

除了存储实现自动化和集约化，此中心还配有自动备货系统和人工备货线。此系统分为4段，950条作业线，进行全货架管理。自动备货系统主要根据订单自动配货，运作能力平均为1 s处理1件不超过150 kg的货物。全部950条流水线的处理能力，可同时处理600多个品种。

自动备货作业结束时，商品标签和出货单被放进箱中，然后，商品进入有22条流水线的再包装场所。在这个地方对配送用的箱式托盘进行包装，并在箱式托盘外侧贴上标签，商品配送中心读取该标签上的代码后，再决定货物的流径，一般的流径有三种：一是直接出货；二是流向小批量、袋装线；三是流向手工备货线（主要处理量较少的商品）。当所有备货作业结束后，箱式托盘被运到出货场，那里的自动分拣装置通过读取货物代码将货物分送到12个方向。

自动化程度极高的商品配送中心自建立后取得良好效果，运费削减6%，物流成本减少20%，手工备货量只占全部商品的5%，约250个品种。但是应当看到，随着社会经济的进一步发展，A公司的物流管理变革远没有结束，如多品种化的发展，改使手工备货商品如今又增加到1 000多个品种。此外，多品种化要求更高的物流配送水平，这些都是新的挑战。

第三节　供应链管理

"四高"策略是依靠什么来支持的？

W公司是加工三黄鸡的企业。公司面临一个难题：保证市场供应，就必须与对手竞争，根据对手情况，随时可能提高生鸡的收购价格，由此会使企业的采购成本上升，企业的利润降低。所以，W公司采取了独特的"四高"策略以保证生鸡的供应。

公司与养殖户签订收购三黄鸡的合同，同时规定，为保证生鸡符合要求，鸡苗、疫苗和饲料必须由W公司提供，W公司采取了"四高"策略，即收购价格高、鸡苗价格高、疫苗价格高、饲料价格高。此举加大了养殖户的养殖成本，只能把三黄鸡卖给W公司才有利润。W公司从而掌握和控制了生鸡的供应源。同时，W公司又采取措施，尽可能地降低三黄鸡生产过程中各个环节的成本。例如，原种鸡与某农科所合作开发；将祖代、父母代种鸡放在某县养殖，成本低；商品代（蛋），运回公司所在地孵化、养殖，保证收购。

"四高"策略，使W公司在经营过程中，比竞争对手更有优势，因此得到了快速的发展。

一、供应链基础知识

经济全球化的到来及进程的不断深入，主要表现在生产活动国际化，贸易和投资自由化，世界金融市场一体化，信息技术网络化。这使得企业间的竞争出现新特征，主要表现为产品寿命周期越来越短，产品品种数量快速膨胀，对交货期的要求和对产品和服务的期望越来越高。

在新的生存环境下，企业所面对的可以概括为"3C"：顾客（customer）、竞争（competition）和变化（change）。顾客需求不断提高；竞争越来越剧烈；外部影响范围越来越大，变化程度不仅是量上的，甚至是革命性的。

世界上越来越多的企业清醒地认识到，任何企业都不可能在所有的业务领域成为世界上最杰出的企业，只有优势互补，才能共同增强竞争实力。因此，世界上许多企业在选择性摒弃传统的"纵向一体化"经营模式后，转为发展"横向一体化"（同行或同业之间的联合）。这就要求企业由内部资源管理者转变为外部资源的整合者，以快速响应市场需求。

（一）供应链的含义

供应链是指围绕核心企业，通过对信息流、物流、资金流的控制，从采购原材料开始，制成中间产品以及最终产品，最后由销售网络把产品送到消费者手中，由此将供应商、制造商、分

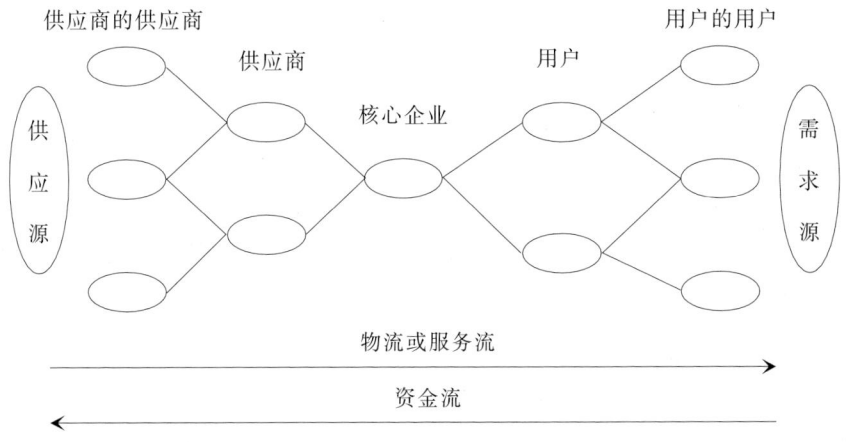

图 12-5-19　供应链结构模型示意图

销商、零售商、直到最终用户形成一个整体的"功能网链"结构(如图 12-5-19)。

(二)供应链的特征

从物流系统分析可知,供应链是一个系统,系统特征表现为导向性、复杂性、动态性、合作性、层次性和交叉性。

1.导向性

供应链的导向性是指供应链具有面向用户需求的特征。供应链的形成或重构,都是基于准确把握市场导向、满足特定的市场需求来完成的。

应用实例:在供应链的运作过程中,用户需求是拉动供应链中产品(服务)流、资金流的原动力。而以现代信息技术支撑的互联网提供的准确及时的信息,极大地扩展了企业的时空概念,因此实现了真正意义上的、更大范围的资源共享与整合,并能快速响应市场。

2.复杂性

供应链由多个企业构成,每个企业都是供应链上的一个节点。由于每个企业在法律上独立,它们之间形成的是基于供应、生产和销售的多极交易关系,并根据自身核心竞争力在供应链中扮演不同角色;还由于各企业在制度、技术、组织等方面的差异,以及经济上不可避免的冲突,决定了供应链系统的复杂性,而且供应链的动态变化更增加了供应链的复杂性。

应用实例:供应链的复杂性从类型看,有制造业、零售业、物流服务业等;从企业在供应链中的位置看,有上游与下游之分,也有核心层和非核心层的划分;从企业分布的地理范围看,可能来自不同的区域、行业,甚至是不同的国家。

3.动态性

供应链的动态性主要表现为成员自身不稳定性和供应链的成员之间关系不稳定性。供应链是在一定的市场目标和环境下建立的一种合作竞争模式,各成员在共同利益的引导下参与供应链,这必然导致成员因利益消失而退出供应链,而另一些"逐利者"因利益而加入。因此,供应链的成员总处在变动状态。同时,由于供应链的成员之间,既存在竞争关系又存在合作关系,一旦某成员出现变故,其在供应链中的地位也将随之发生变化,从而引发成员间关系的变动。

4.合作性

在信息技术网络化的支持下、在国际经济一体化和响应市场变化快速化的要求下,不同企业为适应形势,合理调整企业间的目标冲突和利益冲突,将不同地域、不同国度、不同形式的企业以一种协作组织的形式连接起来。供应链由此产生,这是合作的结果。

应用实例:供应链的本质是将竞争转化为战略合作,为的是及时应对市场的快速变化,实现供应链上成员的"多赢"目标。如在合作形式上借助虚拟经营,将各成员的"劣势"职能社会化,从而保证企业做自己最擅长的事情。

5.层次性

由于供应链的各成员的地位不同,所以发挥的作用也不同。层次的合理划分,能够保证供应链系统的相对稳定。按照成员在供应链中的重要性,有的成员是供应链的核心主体,有的是非核心主体,有的甚至是非主体,如紧密层企业和松散层企业。

6.交叉性

供应链的导向性、动态性和复杂性等,决定了某供应链中的成员同时是其他多个供应链的成员,而且在不同的供应链中扮演不同的角色。这样,不同的供应链就通过节点企业连接起来,形成相互交叉的网络结构。供应链的这种交叉性增加了供应链管理的难度。

应用实例:某供应链上的节点企业,在市场经营活动中不仅与"链"上的成员进行交易,还会与其他供应链上的成员进行交易,甚至该节点企业可能处于几个不同的供应链中,它既是这个供应链的成员,又是另一个供应链的成员。

(三)供应链的类型

供应链的特征决定了供应链不可能是单一类型。根据不同的分类标准,下面简要介绍几种供应链的类型。

1.按照供应链的稳定与否划分

按照供应链的稳定与否,可将供应链划分为稳态的供应链和动态的供应链。稳态的供应链是基于相对稳定、单一的市场需求而组成的供应链。动态的供应链是基于频繁变化、复杂的市场需求而形成的供应链。稳定与否是相对的,并可以相互转化。

应用实例:成熟产品,竞争相对平缓、处于朝阳产业的产品或垄断市场,一般相对稳定,以此为基础形成的供应链就相对稳定;而竞争激烈、产品处于更新换代时期,其市场需求变动频繁,且比较复杂,这种状态下的供应链就缺乏稳定性。

2.按照供应链的供求关系划分

按照供应链的供求关系,可将供应链划分为倾斜的供应链和平衡的供应链。当供应链的供给不能满足用户需求时,供应链处于不平衡态,被称为倾斜的供应链;反之,当供应链的供给能满足用户需求时,供应链处于平衡态,则被称为平衡的供应链。平衡的供应链可实现各主要职能间的均衡,如采购成本低、生产有规模效益、分销成本低、市场产品多样化、财务资金运转快等。

应用实例:每个供应链都有相对稳定的设备容量和生产能力(包括链上所有成员——供应、制造、运输、分销、零售商等的能力综合),能满足用户需求的不断变化时,供应链处于平衡态;而当市场变化加剧,造成供应链成本增加,并且不是最优运行状态时,供应链则处于倾斜态。

3.按照供应链的功能模式划分

按照供应链的功能模式,可将供应链划分为有效性供应链和反应性供应链。有效性供应链主要体现"链"的依次传递功能;反应性供应链主要体现"链"的市场中介功能。

应用实例:有效性供应链将原料转化为零部件、半成品、产品,完成链式传递,反应性供应链追求对市场变化的敏感性,将产品快速分配到满足用户需求的市场。两种供应链在许多方面存在不同,差异如表12-5-7所示。

表12-5-7 有效性供应链与反应性供应链的比较

内容	有效性供应链	反应性供应链
基本目标	以尽可能低的成本供应可预测的需求	以尽可能快的响应面对难预测的市场需求
主要功能	保持供应能力等具有高的平均利用率	有效协调缺货、库存量和价格变化的关系
库存策略	使整个链的库存最小化而获得高利润	配置必要的缓冲库存,以应对市场的变化
运营提前期	不增加成本前提下尽可能短的提前期	在短时间内,通过大量投资以缩短提前期
供应商标准	以成本和产品质量为核心选择供应商	以反应速度和柔性水平为核心选择供应商
产品设计策略	以绩效最大化和成本最小化进行设计	用模块化设计尽可能延迟产品之间的差别

二、供应链管理简介

供应链管理(supply chain management,简称 SCM)以现代信息技术为基础,对整个供应链系统的活动和过程进行计划、控制、协调和优化。并通过整合供应链上各成员或企业的资源,以尽可能小的成本迅速为客户提供尽可能大的附加值。从企业角度看,供应链管理是指企业通过改善供应链的上、下游关系,整合和优化供应链中的信息流、物流、资金流等以获得企业的竞争优势。

应用实例:供应链管理表现在战略、策略和战术三个层面上。供应链管理在战略上,侧重于根据外部环境和内部优劣状况,进行供应链的组建或重构;在策略上,侧重整合和优化供应链上的资源,提高供应链的效率;在战术上,侧重整个流程的优化,突出有效管理。

(一) 供应链管理的基本目标

供应链管理的基本目标是将顾客所需的正确产品(right product),在正确时间(right time),按正确数量(right quantity)、正确质量(right quality)和正确状态(right status),送到正确地点(right place)。即实现"6R"。

(二) 供应链管理的主要思想

供应链管理的主要思想是基于:供应链上的企业应该从供应链总成本考察供应链运营效果,而不是片面地追求诸如采购、生产及分销等单个功能的优化。供应链管理的主要思想可概括为三个方面。

1. 追求多流的集成,促进"横向一体化"

供应链管理的本质是追求物质流、信息流、资金流、工作流、组织流以及服务流等"多流"的有效集成,并追求集成后的"规模效应"和流转"加速效应"。而快速实现大规模有效集成的最佳途径是促进同行或同业的一体化,即"横向一体化"。而"横向一体化"实现后的整体运营效率的提高,有赖于供应链管理所具有的协调机制。

应用实例:企业在现实的运营中,上述各种"流"的流量存在间歇或中断,流速会时快时慢,因而影响企业运营的稳定性,并可能导致整体竞争力下降。供应链管理则强调跨企业的"多流"集成化与规模化,以便供应链协调,实现高效率的运营目标。

2. 非核心业务外包,竞争转向"竞—合"关系

供应链管理的核心是提高供应链的整体竞争力,而主要措施是要求供应链上的企业,将自己的非核心业务外包出去,以提高自身的核心竞争力,最终提高供应链整体的竞争力。基于这样的整合,调整资源配置,促进供应链上的企业由纯粹的竞争关系转向"竞争—合作"关系,即"竞—合"关系。维系积极、稳定的"竞—合"关系是供应链管理的核心。

应用实例:非核心业务外包,可与原来的竞争对象结成业务伙伴而形成战略联盟关系,即"竞—合"关系,从而促进供应链上的高度的专业分工与合作。"竞—合"关系,既可以共同研发新技术,共享成果;也可以合作参与竞争,实现核心竞争力的互补。

3. 借助各种新技术,提高"顾客满意度"

供应链管理的目的是借助各种可能的技术,来提高顾客的满意程度。高效率的供应链,需要依靠信息化、标准化、集装化等技术的串联与支撑。同时,各种新技术也是改变供应链生存方式、获利方式的主要手段,更是提高供应链服务品质的核心。

应用实例:高效率的供应链大多是成员之间有共同的战略目标,有系统的库存策略,有标准化的作业流程,有协调供应链各环节的功能,有集约化的处理能力,实现了供应链及系统信息的共享,为客户提供高附加值的服务。

(三) 供应链管理的运营原则

供应链管理是为了提高流程的运营品质、降低系统的运营成本、输出满足客户需求的服务。因此,对整个供应链系统的活动和过程进行计划、控制、协调和优化时需要遵循以下运营原则。

1. 全局观点

供应链管理要坚持用系统的、全局的观点分析在局部上看似合理的流程,并根据分析的结

果制定计划,设计控制程序,协调供应链上的各环节、各企业的利益,将解决问题、实现优化、共同提高、分享成功作为供应链的驱动力。

应用实例:在整个供应链中,某企业或某环节会在某段时间内出现局部收益下降,但这种下降能提高供应链的整体利益。因此,供应链管理要以全局利益为重。可以通过协调新增利益,在供应链成员之间的重新分配,或在未来给予收益弥补。

2.压缩时间

从供应链收到客户订单开始到供应链完成全部流程所耗用的时间,可以称为供应链的"流时"。在流程的耗时过程中,有些环节的时间很难压缩,但有些环节的时间是可以大幅度压缩的。压缩时间的本质是减少整个供应链中的非价值增值过程。

应用实例:从供应链收到客户订单到供应链开始流转,有一个准备期,这个周期越短,供应链全流程的耗时就越少。而在这个准备期内,涉及供应链组织、方案设计、调度设备、协调供应链成员等。所以压缩这段时间意味着供应链的流转速度加快、效率提高。

3.减少波动

前面介绍了"啤酒游戏",游戏的核心在发生信息曲解时,可能产生"长鞭效应"(bullwhip effect),即消费实际需求与预测存在偏差。零售商信息向批发商、制造商传递时,由于不同产品可能有不同的准备期,实际需求与订货的偏差随着向上游转移会变得越来越大。

一般来说,产生"长鞭效应"的主因有四个,对市场需求信息预测、分析失真;采购对策缺乏理性;销售策略不符合实际;价格波动。供应链管理,实际上就是充分利用现代信息技术削弱"长鞭效应"引起的波动。核心是信息在一定范围内、一定程度上共享,以此来提高整个供应链的竞争优势。

应用实例:实际上,减少"长鞭效应"产生的波动,需要供应链的成员理性传递信息和处理信息。因为供应链越长,能够共享的信息越少、信息共享的程度也越低。非价值增值的环节也越多。另外,消除供应链成员行为引起的"共振",也是减少波动的重要方面。

4.流程再造

当今市场上,成功的供应链是对末端客户的需求能够形成快速反应。这就需要对工业过程中的各个工作流程之间的相互关系进行再思考,要求供应链中的成员要根据客户需求不断调整合作方式。因此,根据需要实施流程再造就成为供应链管理的重要原则。

应用实例:越来越多的公司运用并行工程(concurrent engineering,简称 CE)的方法进行流程再造。它包括上游的供应商可以直接参下游的产品设计,下游的零售商可以参与设计生产过程的时间、成本和品质等方面的控制。

(四)供应链管理的重要特征

供应链管理超越了单一组织的职能管理范畴,与一般组织的管理相比,具有以下重要特征。

1.供应链流程的集成性

供应链的形成过程是由终端需求主导的、若干供需关系相关环节链接的集成化过程,所以供应链管理是跨企业范畴的流程集成化管理。在这一管理流程中,包含作业集成、信息集成、系统集成等内容,它需要工业工程技术、现代信息技术、系统科学技术的支撑。

2.供应链目标的共赢性

供应链是在共赢思想的指导下构建的,它也是维系供应链成员实现有效协同的机制。所以通过供应链成员的协同运作,除形成紧密关系外,还具有目标的一致性、行动的协调性,以实现供应链在各种竞争中保持足够的竞争力。

3.供应链成员的交叉性

一般来说,每个供应链上都有主导者、主要客户,而处于供应链节点上的一般成员(供应商、制造商、销售商或物流商)有可能是其他供应链的主导者或成员。这样,就有可能形成供应链成员占据多条供应链,而构成供应链网络,并增加供应链管理的难度。

4.供应链联盟的动态性

每个供应链的构成主体,要随着客观存在的市场需求、资源供给的变化,不断调整成员的组合,保证供应链在运营过程中有足够的竞争能力,以适应新的形势。这样,供应链原有的结盟或合作关系会时常发生变化。

5.供应链范畴的相对性

通常所认为的供应链范畴,是根据供应链供需地位、关联方式和重要程度等划定的范畴。但供应链联盟的动态性和供应链成员的交叉性,决定了供应链范畴只能是相对稳定、范畴的边界相对模糊、供应链成员选择有一定的随机性。

6.供应链管理的复杂性

相对一般的营利性组织管理而言,供应链管理不仅涉及一般企业的管理,还涉及供应链战略联盟的动态管理,如联盟成员的关系管理。由于供应链各成员在文化、技术、经营等方面存在差异,所以,供应链管理比单一企业管理要更为复杂。

应用实例:通常,设计部门负责开发产品,生产商负责制造,但它们都需要掌握市场信息与生产流程,并建立起紧密联系,以保证系统生产出令客户满意的产品。然而,面对瞬息万变的市场,还需要经销商对设计产品、工艺流程等提出明确的建议。这些都将增加管理难度。

(五)供应链管理的相关内容

供应链管理主要涉及诸如合作伙伴、供应商选择、系统规划等战略层面的管理;还涉及诸如信息、流程、库存、风险等与运营密切相关的日常管理;更涉及诸如客户关系、绩效评价等与管理机制密切相关的模式化或系统性的管理。

1.战略管理

从宏观层面上讲,供应链管理本身就属于战略层面的问题。这个问题涉及供应链的运作方式、经营思想、发展战略、组织战略等。如选择什么类型的合作伙伴?对不同类型的供应商、客户应该采用什么样的管理模式、管理机制等都需要在战略层面给予充分考虑(供应链的战略管理涉及的内容比较多,将在后面进行部分讲解)。

2.日常管理

供应链的日常管理,所涉及的内容与一般的工商管理所涵盖的内容基本相似,但其核心内容与重点,有明显的专业特征。供应链的日常管理,突出信息管理的品质和提高信息资源的合理共享,以及流程、库存、风险等方面的有效控制。

应用实例:处理信息的质量和速度是供应链获益的关键,也是实现供应链整体效益的关键。因此,信息管理是供应链管理的重要方面之一。信息管理的基础是构建信息平台,实现供应链的信息共享,如通过VMI(供应商管理库存)技术的应用,将供求信息及时、准确地传递到供应链的相关节点上,从技术上实现与供应链成员的集成化和一体化。

应用实例:信息不对称、信息扭曲、市场不确定性等因素,都可能导致供应链的运营风险,需要采取一定的措施尽可能地规避这些风险。如供应链成员相互合作,可减少不必要竞争,将主要精力集中于预防可能出现的不确定性问题。

3.机制管理

机制管理是供应链管理中,相对固化或在相当一段时间相对稳定的管理模式。每个供应链都有自己的供应链管理机制、管理模式,它也是提高供应链运营效率的基本保证。供应链的管理机制,是日常管理的基础,也是维系供应链内外关系、保证正常运营的手段。

应用实例:供应链源于客户需求,所以客户关系管理是供应链机制管理的起点,它以满足客户需求为核心,并在运营的过程中,不断降低供应链运营的系统成本,力求实现供应链与客户的双赢,以及供应链成员的多赢。

本部分概要地介绍了供应链管理的基本目标、主要思想、运营原则、重要特征和相关内容等。其中,要突出说明的一点,就是供应链必须建立在现代信息技术和信息网络平台上。供应链的竞争力体现在信息优势上,是把信息优势转化为节省时间、缩短流程、削弱"长鞭效应"、降低物流成本、快速拓展销售渠道的手段。从而,大幅度提高供应链在全球的竞争力。

三、供应链管理务实

经济一体化和市场全球化,要求有一个系统能满足这种全球化的需求,供应链管理就是以经营全球的思维逻辑,为全球客户提供满意的产品和服务。它通过统一采购、集中生产、规模经营来降低成本和扩大市场规模。但对于全球市场而言,却面临着市场需求存在更大差异、经济波动趋势更难预测、运营流程组织更加复杂。这些都是供应链管理所面临的挑战。

(一)供应链管理规划系统

供应链管理规划系统是指供应链成员根据共同设定的目标、设计和规划对需要运转的供应链流程进行全方位管理的系统。供应链管理规划系统能够收集市场需求信息,进行原材料采购、产品生产、产品库存、将产品运往客户指定的地点等。供应链管理规划系统都是以需求为向导的"拉"式系统。常见的规划系统如下。

1.需求规划

需求规划要知道市场需求什么,要对产品与服务流程进行预测。准确预测客户需求,改善客户服务,降低不正确预测需求所产生的成本。

2.制造规划

制造规划要知道企业生产什么样的产品,如何采购到生产产品所需的原料,如何进行生产过程的组织,它包括物料需求规划(material requirement planning,简称 MRP)、产能需求规划(capacity requirement planning,简称 CRP)和"排程"(scheduling),是按客户订单优化制造能力的强制性规划。

3.供应规划

供应规划要知道如何进行原料和产品的库存,是在库存和运输设施许可的情况下满足客户的需求。它包括分销需求规划(distribution requirement planning,简称 DRP)、销售方库存管理(vendor managed inventory,简称 VMI)规划、持续补货规划 (continuous replenishment planning,简称 CRP)。这些都是为了满足市场需求而建立的企业间的规划系统。

4.运输规划

运输规划要知道如何将客户需求的产品运达指定地点,是优化向客户交货、装运产品的流程,如交货日期、交货途径、运输方式等。运输规划必须按客户的要求,以最快速度将正确的商品运到正确的位置。

从以上四点可以看出,一个好的"规划系统"可以达到三个目标:有效收集客户需求信息;根据市场需求采用柔性生产;按市场需求信息进行库存、补货、供货等。为保证规划系统的正常运转,供应链管理还需要配套相应的执行软件和服务软件,常见应用软件有:①销售管理系统(point of sale,缩写 POS);②电子订货系统(electronic ordering system,缩写 EOS);③快速反应(quick response,缩写 QR,根据市场需求将产品早期投入市场的机制);④有效客户反应(efficient consumer response,缩写 ECR,优化库存量的一种机制);⑤订单管理周期 (order management cycle,缩写 OMC,订单管理的一种机制);⑥电子采购(E-procuration)系统;⑦持续补货系统(continuous replenishment system,缩写 CRS)。

供应链管理的各种应用软件注重提高诸如订单、制造、库存、物流作业的效率,降低运营成本;并不断与各种新技术、新方法相结合,提高供应链各种作业的自动化、合理化、智能化水平;使企业形成跨职能、跨行业的协作,形成供应链同步运作的局面,以提高生产力,并能快速地向客户提供高品质的产品,满足客户的需求。

(二)供应链合作伙伴选择

供应链合作伙伴关系的建立是供应链管理的核心之一。要建立起良好的合作伙伴关系,就必须了解供应链合作伙伴关系的含义、制约因素以及选择步骤等。

1.供应链合作伙伴关系的核心含义

供应链的合作伙伴关系是指供应商与生产商之间、生产商与分销商之间、分销商与零售商之间,在一定时期内的信息与利益共享、风险与责任共担、分工清晰明确的协议关系。供应链合作伙伴关系的主要特征就是以合作为核心,以供应链联盟或集成商利益为核心。

应用实例:传统运营方式以产品生产("推式")为核心,随着全球经济流转速度的不断提高,也由于"推式"向"拉式"转型,传统运营方式开始向以物流为核心过渡。这种转变要求供应商不断提高创新能力(如设计有创意)和控制能力(如交货时间准确、品质可靠)。然而,要不断提高创新能力和控制能力,对于一个独立的企业而言,到一定高度后就会遇到严重的"瓶颈",消除这种瓶颈的最好方法,就是以需求为导向,以需求链上聚集的供应商的共同利益为核心,通过优势互补来实现。共同利益、优势互补是合作伙伴关系形成的重要基础。

2.供应链合作伙伴关系的制约因素

影响供应链合作伙伴关系稳定的因素多种多样,而且由于供应链的类型不同,以及不同成员在供应链中的位置不一样,影响程度有所差异。对于众多的供应链成员而言,对于有些共同影响合作伙伴关系建立的因素,就必须给予充分的重视。

(1)成员间的依赖程度

由于资源的有限性和顾客需求的多样性,供应链成员为更有效地运营,就必须寻求与其他成员的协作,逐渐形成彼此的依赖。在不同的合作关系中,彼此的依赖程度不同,分为对称性和非对称性依赖。前者指合作双方实力相当,合作对彼此意义重大,失去对方意味着巨大损失。后者指合作中一方实力强大,而另一方非常弱小,彼此的依赖不对称。

应用实例:研究表明,在对称性的合作关系中,彼此的依赖性越强,越容易建立长期的战略合作关系,也越容易提高合作绩效;而在非对称性的合作关系中,由于合作方之间实力悬殊,则很难建立战略合作伙伴关系和长期稳定的合作关系。

(2)成员间的各种冲突

成员间的冲突是指其中任何一方的组织行为阻碍或影响另一方正常运营的程度。成员之间的冲突是多方面的,有战略规划方面的,有经营目标方面的,甚至有文化理念方面的。但归纳起来,主要是利益方面的冲突和非利益方面的冲突。研究表明,供应链成员间的利益关系紧张和矛盾重重是阻碍合作团队建立的主要原因。

应用实例:大型零售业在我国迅猛发展,但对其供应商,尤其是众多中、小供应商提出比较苛刻的供应条件,使供应商的利润空间不断缩小。这种合作模式虽然实现了零售商的快速扩张,但与供应商存在着长期的利益冲突,两者并没有真正建立长期的战略合作伙伴关系。

(3)成员间的相互信任

互信是指没有约束监督也不会采取利己的机会主义行为,并会考虑给对方的利益。成员间的相互信任不仅节约监督成本和交易成本,提高交易效率,更好地满足顾客需求,而且有利于合作伙伴关系从操作层面向战略层面过渡。战略合作伙伴关系是建立在高度的相互信任基础之上的。

应用实例:信守承诺是保证合作方之间保持长期合作伙伴关系的关键。为了共同目标和长期利益,供应链成员可能会牺牲短期利益。但任何一方的一次失信都可能会影响合作方对未来投资,甚至失去合作信心,给战略合作伙伴关系带来负面影响。

(4)成员间的相容程度

任何组织都有自己的管理模式、文化理念以及价值观念等,因此,当不同的组织需要一起构建供应链时,必然要面临不同组织的管理模式、文化理念等是否能有效相容。供应链成员之间相容程度高,供应链运营就会比较顺利。

应用实例:研究表明,合作伙伴在经营信誉度、工作稳定性、战略导向性、管理模式等方面和供应链目标不能很好相容,将不利于建立战略合作关系。因为这些方面的不相容,不会在短期内发生改变,也意味着合作伙伴之间会存在很多冲突。

(5)成员间的共同愿景

这对供应链价值观的形成和合作导向的确定起着重要的作用。如果合作方的愿景一致或偏差不大,则合作伙伴关系可以建立在战略层面,并得到积极促进;反之,合作方的愿景不一致或偏差较大,则合作伙伴关系只能建立在操作层面。

应用实例:供应链成员的高层管理者是供应链运营的决策者和管理者。所以,高层管理者的愿景能否一致,是供应链合作伙伴关系能否顺利建立的关键。因此,高层间需要不断进行战略对话、加深理解,使各自的愿景在面临不同的市场机遇时,逐渐趋于一致。

3.供应链合作伙伴选择的主要步骤

建立供应链合作伙伴关系,需要分析市场竞争环境、建立合作伙伴选择目标和评价标准、进行选择和评价,以及最终实施等,具体步骤如图12-5-20所示。

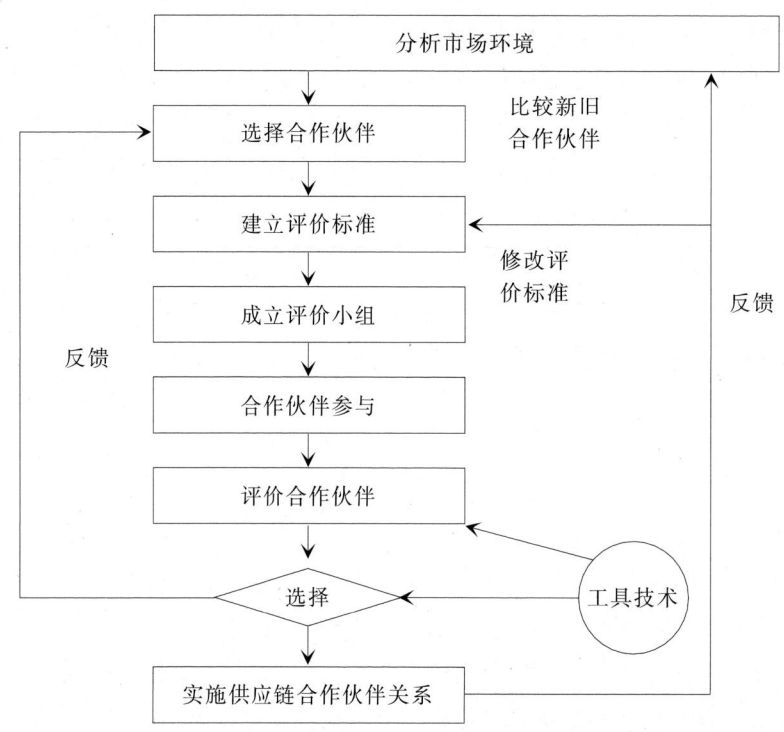

图12-5-20　合作伙伴选择步骤示意图

(1)分析市场环境

市场需求是供应链运营的驱动源,所以建立供应链,首先需要分析市场环境。目的在于找到供应链合作伙伴都适合的项目,确认是否需要建立供应链。如果已经建立供应链合作伙伴关系,则根据需求的变化确认供应链合作伙伴关系变化的必要性。

(2)选择合作伙伴

选择合作伙伴,涉及合作伙伴评价、设计选择过程、确定选择目标等。其中,合作伙伴评价,不仅是一个评价,还是企业自身,以及未来供应链成员之间的一次业务流程重构过程,这个过程实施得好,就可带来一系列的利益。

(3)建立评价标准

建立评价标准实际上是通过一系列由供应链成员都认同的指标体系,来反映成员所处的环境、自身系统运营的状况以及在供应链系统中可能产生的变化等。评价标准要既简明又全面;要具有稳定的可比性;要有严谨的逻辑和有序的结构层次。

(4)成立评价小组

供应链成员需要建立一个小组以控制和实施合作伙伴评价。组员应来自采购、质量、生产、工程等与供应链合作伙伴关系密切的部门,组员需要有团队精神和一定的专业技能。评价小组必须同时得到制合作伙伴成员最高领导层的支持。

(5)合作伙伴参与

评价小组实施评价时,须与初定的合作伙伴联系,以确认其是否愿意成为供应链成员,是否有获得更高业绩的愿望。评价小组应尽可能让合作伙伴参与评价的设计过程,一个成员力量和资源有限,只能与少数、关键的合作伙伴保持紧密合作,所以参与的合作伙伴不能太多。

(6)评价合作伙伴

主要是调查收集有关合作伙伴的生产运作信息,并在收集信息的基础上,利用一定的工具和技术方法进行评价。在评价过程中,根据评价结果选优。然后开始构建供应链合作伙伴关系;如果没有合适的合作伙伴,则重新评价选择。

应用实例：1997年，供应链合作伙伴关系(supply chain partnership，简称 SCP)正式提出。建立 SCP 的目的，在于通过提高信息共享水平，使供应链整体减少库存总量、降低成本和提高运营绩效。随着市场需求不确定性的增加，合作各方要尽可能削弱需求不确定性的影响和风险。SCP 的风险在于，一个伙伴的失败或不合作可能导致整个供应链处于非有效运作状态，造成巨大的损失。另外，SCP 绝不应该仅考虑企业间的交易价格，还有很多方面值得关注，如制造商期望供应商完善服务，搞好技术创新，实现产品的优化设计等。SCP 的潜在效益，往往在 SCP 建立后三年甚至于更长时间才能转化成实际利润或效益。只有着眼供应链管理的整体竞争优势的提高和长期市场战略，并忍耐一定时间，才能从 SCP 中获得更大效益。

(三) 供应链的供应商管理

供应链的顺利运营，是供应商的有效管理中十分重要的环节。它主要涉及供应商管理的目标、选择、评价等方面的内容。

1. 供应商管理含义

供应商管理是指供应链通过设计一种合理的供应结构，并遵循诚信、互利的原则，能够与供应商建立起长期合作关系。供应商管理的内容包括：供应商管理目标；供应商开发、选择与评价；供应商合作关系的建立与维护；供应商绩效管理等。其中，供应商选择与评价是供应商管理的关键环节，目的是使供应商能为供应链不断降低成本、提高质量做出贡献。

2. 供应商管理目标

供应商管理的核心是要取得供应商的支持与协助，确保在正常情况下，供应链都能以尽可能低的成本，及时获取所需要的产品。供应商管理的目标主要有：获得符合供应链品质和数量要求的产品或服务；以尽可能低的成本获得产品或服务；确保供应商提供最优服务和及时送货；发展和维持良好的供应商关系；开发潜在的供应商等。

3. 供应商选择程序

供应商选择程序主要涉及供应商调查、初步评审、可靠性分析等。其中，调查要全面、深入，重点要调查供应商的供应保障能力和供应质量体系；初步评审则是在对所有供应商完成调查后进行的资格审查与横向的质量体系比较，同时还要根据自身的发展状况，明确需要什么样的质量支撑；可靠性分析则是对供应商生产场地进行技术调研，确定调查样品的真实来源及工艺的可靠性。在了解市场价格、成本构成和利润水平的基础上，进行价格协商和谈判。

应用实例：对供应商完成调查和初评后，要对筛选出的供应商做进一步的考察。这时的重点就转向对供应产品的考察，如对产品样品品质进行评估；对样品来源进行评估；对样品的生产技术与工艺进行评估；对生产环境进行调研与评估等。

当完成全部的选择程序确定供应商后，将进入实施阶段，主要涉及签订合同，然后进入采购阶段。

应用实例：为了减少纠纷，与供应商签订的采购合同一定要详尽；另一方面，合同签订后，要建立档案，每年对供应商进行定期的考核，并在连续考核的基础上对供应商进行动态分类，并将考核结果归档管理。

4. 供应商选择标准

供应链选择供应商都有一定的标准，并通过具体的指标体系将供应商筛选出来。通常供应商选择标准有短期指标和长期指标之分。

(1) 短期指标

短期指标包括：商品品质是否适当；成本是否合理；交货是否及时；整体服务(包括安装、培训、维修、技术支持)水平是否满足客户需求；履行合同的能力是否符合供应链的要求等。

(2) 长期指标

长期指标包括：产品及加工的创新能力；可靠性(包括产品、技术、财务状况)；技术、信息分享与合作的意愿；供应商内部的组织与管理；沟通能力。

5. 供应商绩效考评

供应商管理是一个不断开发、选择、淘汰的过程，及时清除不合格供应商，寻求新的供应商，巩固与合格供应商的稳定关系,是一种工作常态。所以,总要对供应商进行绩效考评。考评的目的,就是要淘汰绩效差的供应商,促进供应商提高工作绩效。绩效考评的主要原则如下。

(1)持续性原则

对供应商的绩效考评应经常进行,使之成为管理工作的常态,这样既有利于供应商改进质量和服务,又有助于提升整个供应链的运营效率。考评分为定期与不定期两种,并应适当结合,以定期考评为主,在考评的频率上取得一种平衡。

(2)针对性原则

供应商的绩效受多种因素影响,既有供应链上相关节点的成员,又有供应链以外的影响因素。因此对供应商进行绩效评价时,需要确定真正属于供应商本身的影响范围和影响结果,对供应商的行为和结果做出客观公正的评价。

(3)整体性原则

对供应商的绩效考评,须从供应链整体运营效率出发,在整体运营效益指标的基础上,确立各方共同认可的考评规则和整体的评价指标,不能孤立地、单方面设定指标,单独衡量一个供应商的绩效。这样才能使绩效考核既科学合理,又严谨规范。

应用实例:供应商的绩效考评指标主要分为定量和定性两类,概括起来主要包括品质指标,如批次合格率;供应指标,如准时交货率、交货周期和订单变化接受率;经济指标,如价格水平、报价及时性、报价单透明度、付款方式等;服务指标,如沟通手段、合作态度、共同改进、参与开发和售后服务等。

6.供应商关系管理

供应商关系管理(supply relationship management,简称SRM)是企业供应链上的一个基本环节。它建立在对企业的供方以及与供应相关信息完整有效地管理与运用的基础上,对供应商的现状、历史,提供的产品或服务,沟通、信息交流、合同、资金、合作关系、合作项目以及相关的业务决策等,进行全面的管理与支持。供应商关系管理已开发成系统管理软件。

应用实例:实施供应商关系管理,能给企业带来好处。第一,优化供应商关系。供应商关系管理能够帮助企业针对供应商的性质及其对企业的战略价值进行分类,评出不同的优先等级,从而采取不同的对待方式。第二,强化供应商关系。企业扩展、加强与重要供应商的关系,与其建立合作关系,共享产品设计、信息资源和运营计划,并在运营方式上进行改进,只要有利,甚至都可以采取外包的方式。第三,建立竞争优势。供应商关系管理能够主动地帮助企业去建立、改变与供应商之间的战略联盟,不是被动地与供应商打交道,主动引导、改变和管理他们之间的合作关系与业务模式。第四,在保证产品品质的前提下,供应商关系管理能够帮助企业通过降低供应链与运营成本,来提升企业的利润。

(四)供应链的客户管理

供应链的客户管理是指企业在现代信息技术的基础上,收集和分析客户信息,掌握客户的需求动态,有针对性地提供产品和服务,通过提高客户的满意度,培养忠诚的客户,以实现客户价值最大化与企业收益最大化之间的平衡的管理方式。

1.客户管理内容

供应链客户管理主要涉及客户调查、开发、信息、服务及促销等管理内容。它与一般企业的客户管理有许多相似之处。

(1)客户调查管理

客户调查管理,主要是在了解客户各种特征的基础上,分析目标客户,了解客户需求,及时掌握客户信息,把握市场动态,通过调整、修正产品和服务,满足不同的需求,促进产品和服务的销售。调查内容包括客户基础资料、客户特征、业务状况和交易现状等信息。

(2)客户开发管理

客户开发管理的任务是通过各种方法,将潜在的客户转变成为现实客户。客户开发的前提是要确定目标市场,只有准确地选择了目标市场,才能很好地研究目标客户,进而采取有效的客户开发策略,如特定区域的特定人群的消费行为有内在的特征。

(3)客户信息管理

客户信息管理主要是指客户信息的搜集、处理和保存。客户信息管理是客户管理的重要内容，也是客户管理的基础。准确、及时、全面的客户信息，可以帮助供应链很好地区分准客户、新客户和老客户，区分重要客户和一般客户，并采取针对性的营销策略，进行有效的客户关系管理。

(4)客户服务管理

客户服务管理是了解与创造客户需求，以实现客户满意为目的，供应链全员全过程参与的一种管理方式。客户服务管理的核心理念，是供应链的全部活动要从满足客户需要为出发点，以为客户实现增值服务为核心。

(5)客户促销管理

是供应链的营销人员通过与客户进行商品或服务信息的沟通，使客户了解、信赖并使用供应链的产品或服务，达到稳定和扩大市场份额、提高客户忠诚度的目的。促销的实质是营销人员与客户之间进行的有效沟通。

应用实例：常见的促销方式有广告、人员推销、营业推广和公共关系四种。促销管理就是通过科学的分析，选择合理的促销方式和恰当的时机，对企业与客户之间的信息沟通实施计划与控制，以使信息传播更加准确、快速。

2.客户管理原则

供应链的客户管理原则，强调动态管理、突出重点、灵活运用和专人负责。最根本的是要减少已有客户的流失，挖掘潜在客户，培养客户对供应链品牌的忠诚度。

(1)动态管理

由于供应链客户的情况不断发生变化，使得客户信息具有很强的动态性，所以要及时、准确地掌握客户的信息，就要对客户变化进行跟踪，对客户资料不断调整，剔除过时的或已经变化的资料，及时补充新资料，使客户管理保持动态性。

(2)突出重点

供应链有很多客户，不同客户的需求也有差异，而供应链资源有限，这就决定了要通过客户资料找出重点客户。更关键的，不仅要重视现有的重点客户，还应该重视未来客户和潜在客户。这样可以开拓新的市场，为供应链创造发展机遇。

(3)灵活运用

收集和管理客户资料，为了用于销售过程，所以建立客户资料后，应以灵活的方式及时全面地提供给营销人员及其他有关人员，便于他们使用，使他们能进行更详细的分析，使客户信息变成有价值的资料，提高客户管理的效率。

(4)专人负责

由于许多客户的信息和资料只能供内部使用，不能向外部泄漏，所以，客户信息管理应有具体的规定和规范的操作程序，并应由专门机构保管，专人负责，严格控制客户情报资料的利用和阅读，特别要注意保护客户的权益免受侵犯。

3.客户关系管理

客户关系管理(customer relationship management,简称CRM)起源于20世纪80年代初的"接触管理"(contact managment)，即专门收集整理客户与公司联系的所有信息。到20世纪90年代初期，则演变成为包括电话服务中心与支援资料分析的客户服务(customer care)。

经过不断发展，客户关系管理日趋成熟，最终形成一套完整的管理理论体系。随着企业最重要的管理指标从"成本"和"利润"向"客户满意度"的转变，加之互联网技术的广泛应用，供应链逐渐推出客户关系管理软件系统。

(1)客户关系管理的思想

客户关系管理是管理客户与企业关系的动态过程，这个过程是客户选择继续与企业进行互利的商业交易关系，并阻止客户参与对公司不利的交易。客户关系管理的核心思想主要包括：①客户是企业发展最重要的资源之一；②对企业与客户发生的各种关系进行全面管理；③进一步延伸企业供应链管理。

(2)客户关系管理的目标

客户关系管理的目标体现在客户保留、客户获取和客户赢利方面。保留忠诚的和创利的客户以及渠道，从而带来利润的增长；基于已知和了解的客户特征，促进业务发展和增加利润收入，从而获得真正的客户；通过在正确时间提供正确产品,增加供应链利润。

(3)客户关系管理的实施

供应链及其成员实施客户关系管理的目的是有效地赢得客户的信赖。客户关系管理实施的基本步骤如下。

1)收集信息。供应链根据自身的管理需要、客户特征和收集信息的能力,按不同类型收集客户信息,以保证信息的经济性、实用性,收集方法包括阅读、座谈会、交谈等。要做好收集客户信息的工作,需要建立客户信息档案。客户信息档案包括客户原始记录、客户统计资料分析。

2)制订计划。此阶段需要做的基本决定包括需要做什么及由谁来做。为做出规定,要准备需求说明书和功能说明书。它们包括时间安排、成本估计、资源需求和对投资回报的明确估计。

3)执行计划。此阶段按计划确定的目标付诸实施。这要求做好以下基本工作:首先制定方案;其次是选择方案,从备选方案中选择最合适的管理方案,最终为确保方案的实施,需要供应链提高必要的支持条件,如围绕客户关系管理进行流程再造。

应用实例:供应链可以借助公共资源或专业咨询公司,多方面了解、获取客户管理资料。然后进行综合,总结出多套客户管理方案;供应链应该根据自身的实际情况,充分考虑软件、经销商和经费这三个重要因素,并对相关人员进行培训。

4)检查评估。实施客户关系管理,需要进行定期或阶段性的检查和评估,以便查找执行过程中出现的偏差,如每个部分的"子目标"是否能够完成?各"子目标"与总体目标是否一致?以及对总体目标的贡献程度等。

5)修正目标。当评估中发现目标出现偏差,要及时进行修正。修正的目的是为了有效地改进客户关系管理,为达到这一目的,要分清出现的偏差是否严重到必须做出改变,还是可以在以后的工作过程中能够得以解决。

四、供应链绩效评价

供应链运营品质和运营效率,通常是通过绩效评价显现出来。所谓绩效就是运营的成果、成绩与效率。所以绩效评价是一种综合性的、过程性的评价。

(一)评价概述

衡量一个项目、一个过程的好坏,关键要有一套评价标准,而评价标准则由相互关联的指标体系组成,好的评价指标体系能准确显示评价对象的特征。评价主要涉及评价指标类型、评价因素分析、基本评价步骤、选择评价方法等内容。

1.评价指标类型

对于在经济领域中运营的项目或运营过程,通常会对几个方面进行评价:①对是否符合政府的法律、法令、方针和政策进行规范性评价;②对运营技术、产品或服务的性能等是否先进,寿命是否合理,可靠性和安全性是否达到一定的标准等进行技术性评价;③对运营的投资、成本、收益、利润、效益、建设周期以及投资回收期等是否合理进行经济性评价;④对能源消耗、资源类型、耗费方式、排放物治理等是否可持续、是否节能减排、是否符合绿色循环进行生态性评价;⑤对是否能为社会福利、社会节约和社会发展做出贡献进行社会性评价;⑥对是否能够满足社会多层次的需求进行服务性评价。

应用实例:近些年,由于全球环境的不断恶化,所以对运营项目的评价加大了生态类评价的力度,并细化了评价指标,如污染物、废弃物排放量的测量与控制,非污染性排放(如CO_2)对生态环境影响的评价,再生性资源的可持续利用评价等。

2.评价因素分析

在选择评价指标时,要根据评价对象所涉及的因素进行综合分析,考虑评价因素之间的层次关系和相互制约、影响的程度,并抓住关键的评价因素。在评价因素确定之后,要把这些因素尽可能量化为评价指标,并使用标准的评价尺度。

但不是所有的评价因素都容易量化,因为影响因素可能涉及法律、技术、经济、社会和生态环境等诸多方面。所以,为使评价方法科学化,评价结果能准确反映评价对象的特征,还需要借助各种评价方法,建立关联合理的评价体系,对不易量化的评价因素进行科学评价。

应用实例:越复杂的评价对象,越是需要研究与分析因素之间的关系。如复杂的物流系统,评价因素有很多,物流成本和利润等经济性指标比较简单且容易量化,而物流系统对社会发展的影响,则是涉及国家政策、环境生态、资源消耗等方面的综合性指标,不易量化。因此,如何构建一个好的物流系统,就需要系统筛选评价因素,形成因素关联良好的评价体系。

3.基本评价步骤

对一个对象进行评价时,最重要的是把握住评价的次序和步骤。通常情况下,基本评价步骤主要包括明确评价目的、了解评价内容、分析评价因素、制定评价准则、设计评价体系、选择评价方法等六个方面。

应用实例:对从事危险品储运的物流企业进行评价,首要目的是评价系统流程的安全可靠性。在明确评价目的后,要对评价对象进行全面了解,关键是解析影响储运安全的因素,抓住能反映安全可靠特征的因素,并构建轮廓清晰、层次分明的评价路径。在完成上述工作后,需要根据安全储运的核心内容、因素特征及外部影响等,有针对性地制定科学合理的评价准则。评价准则过宽或过低,会降低运营的安全系数;过严或过高,会增加无效评价的工作量或加大评价工作量。在评价准则确定后,可以在评价准则框架下,设计安全储运的评价体系。这一环节的关键是协调指标之间的冲突,如储运系统效率与安全可靠在各环节如何平衡。

4.选择评价方法

当评价体系确立后,就要针对具体的评价指标,去选择具体的评价方法。这是比较难的一项工作,评价方法选择是否合理,直接影响是否能真实反映评价对象特征的问题。国内外使用的评价方法很多,从评价类型来看,主要有定量分析评价、定性分析评价和两者相结合的评价方法;从评价因素来分,主要有单因素评价和多因素评价;从评价标准来看,主要有规范评价(与国标或国家标准对照)和相对比较评价;从评价方式来看,主要有时间截面上的横向比较评价和时间轴上的纵向比较评价;从评价技术来看,主要有统计评价法、专家评价法、层次分析法等。因此,如何选择评价方法,需要根据具体的评价对象进行深入分析。

应用实例:实践表明,有些评价方法在使用后,甚至是多年后才发现并不合适。原因是不同评价对象的系统结构不同,功能不同,评价因素不同。因此,评价方法的选用要根据评价对象的具体情况而定。如何准确评价,是一个需要深入研究的问题。

(二)物流评价

随着我国物流产业的迅速发展,物流企业大量涌现。建立物流产业的评价体系越来越重要。为此,全国物流标准化技术委员会组织专门课题组,研究提出我国物流企业分类及评价的基本思路与框架,并将物流企业界定在供方与需方以外、能够提供物流整合服务的"第三方"物流范围内,以区别于物流活动中只在单个环节提供单项服务的其他社会企业,如仅从事运输、仓储的公司。根据不同类型物流企业在提供物流服务时的主要特点,初步提出七种类型的物流企业:运输服务型、仓储服务型、配送服务型、速递服务型、代理服务型、综合服务型、其他新类型。

对现代物流企业或系统进行评价是现代物流管理中的一项重要内容,也为管理决策提供科学的依据。要想对一个现代物流企业或现代物流系统有比较透彻的了解,就必须对其进行科学的评价,进而才能对企业或系统的运行实施有效的控制。在现代物流领域中,物流评价指标体系主要涉及物流运营效率、物流成本构成、物流品质体系等三类。

1.物流运营效率

物流运营效率是指物流系统投入产出的转换效率。物流系统的运行过程,是一定的劳动消耗和劳动占用(投入)完成某种服务(产出)的过程。物流系统的投入包括人力、物资和技术等各项在价值形态上统一表现的物流成本。物流系统的产出，就是为运营系统提供的服务。物流运营效率是物流指标体系的重要组成部分，通常包括投入产出率、资源利用率、预期产出率等。

(1)投入产出率

投入产出率是指物流系统实际消耗的投入与实际完成的产出之比，从整体上反映物流运营效率，如年均单位面积的货物存储量、周转量等。

(2)资源利用率

资源利用率是指物流系统的实际产出与设计能力之比，反映各种物流资源被有效利用的程度。它可以细分成若干具体的指标，如运载工具的吨位利用率、仓库的仓容利用率；运载工具每个载重吨位的年货运量等。

(3)预期产出率

预期产出率是指物流系统实际的产出与期望的产出之比，反映对物流系统各生产要素工作完成情况的评价，如每人每小时的实际完成件数与定额数量之比。有时也用完成工作的实际使用时间与规定时间之比等。

2.物流成本构成

物流系统的各项投入在价值形态上表现为物流系统的成本。物流成本构成能有效地反映物流系统的运行状况，是评价物流过程中各项活动的共同尺度。通过比较成本与产出，可以衡量物流系统的实际生产率；通过实际成本与成本定额的比较，衡量物流系统的运营水平。

3.物流品质体系

物流品质体系是物流指标体系的重要组成部分，它是对物流系统产出品质的评价。根据物流系统的产出，可将物流品质划分为物料流转品质和物流业务品质两方面。

(1)物料流转品质

物料流转品质是对物流系统在提供货物流转过程中的物品时间、数量、地点以及安全性、可靠性等进行科学合理的评价，主要评价指标如下。

1)时间的准确性：指物料流转过程中物品流向的实际时间与要求时间的符合程度，常见的指标如及时进货率、及时供货率等。

2)数量的准确性：指物料流转过程中物品的实际数量与规定数量之间符合程度，常见的指标如仓储物品盈亏率、错发率等。

3)地点的正确性：指物料流转过程中物品流向的实际地点与要求地点的符合程度，常见的指标如错误送货率等。

4)安全与可靠性：指物料流转过程中实际品质与要求品质的符合程度，常见的指标如仓储物品完好率、运输物品完好率、出库货物合格率等。

(2)物流业务品质

物流业务品质指对物流系统的物流业务在时间、数量上的正确性及工作的完善程度进行科学合理的评价，主要评价指标如下。

1)时间的正确性指物流过程中物流业务在时间上实际与要求的符合程度，常见的指标有采购周期、供货周期、发货故障平均处理时间等。

2)数量的正确性指物流过程中物流业务在数量上实际与要求的符合程度，常见指标有采购计划完成率、供应计划完成率、供货率、订货率等。

3)工作的完善性指物流过程中物流业务工作的完善程度，常见的指标有对用户问询的响应率、用户特殊送货要求满足率、售后服务的完善性等。

应用实例：在对不同方案评价时，需建立能衡量各个替代方案的统一尺度。它是系统评价的基础。建立一套完整的评价指标体系，有助于对物流系统或物流项目进行合理规划和有效控制，有助于准确反映物流系统或物流项目的合理化状况。

(三)绩效评价

绩效评价是指围绕评价对象及其目标，对评价对象整体、各个环节的运作状况和各环节之间的协作关系等进行的事前、事中与事后的分析评价。下面就以供应链及其管理作为评价对象，分析其在运营过程中，以及管理过程中的主要内容。

1.供应链绩效评价的含义

供应链绩效评价是围绕供应链管理的目标

进行的,评价客体是供应链整体及其组成成员,评价范围涉及供应链的内部绩效、外部绩效和供应链的综合绩效,内容涉及反映供应链的运营状况和运作关系的各种指标,它包括事前、事中和事后绩效管理。

2. 供应链绩效评价的特点

供应链的绩效评价主要是基于供应链业务流程和供应链整体运营状况展开的,所以供应链绩效评价特点体现在整体性、动态性和复杂性等方面。

(1) 整体性

供应链绩效评价是根据供应链管理运行机制的基本特征和目标,反映供应链整体运营状况和上下节点之间的运营关系,而不是孤立地评价某一节点的运营情况;它不仅要评价该节点企业的运营绩效,还要考虑此节点企业的运营绩效对上下节点或整个供应链的影响。

应用实例:某供应商所提供的某种原材料成本和价格尽管很低,但是其加工性能较差,不能完全满足生产节点的生产工艺要求,这势必会增加供应链的生产成本,影响生产效率,进而影响整个供应链的成本与运营效率。

(2) 动态性

供应链绩效评价是基于业务流程的绩效评价,目的不仅要获知供应链成员和供应链的运营状况,更重要的是找出优化供应链流程的动态要素,这明显不同于单个企业的绩效评价。单个企业的绩效评价主要是基于职能的绩效评价,评价对象是企业内部职能部门或资源要素。

应用实例:在供应链流转过程中,信息流、资金流、业务流等的动态要素流转状况可直接反映供应链的运营动态,所以对这些动态要素进行多维度的绩效评价就成为供应链绩效评价的必要环节,而这种绩效评价属于过程中评价。

(3) 复杂性

与单一企业相比,供应链的运营比较复杂,而且在某些方面,供应链绩效指标难以量化,难以建立简便、合理的绩效标准。更困难的是不同供应链类型之间,结构差异比较大,运营方式也有比较大的不同,所以难以建立可供比较的绩效评价标准。

应用实例:建立一套有效的供应链绩效评价体系对供应链的高效运营非常重要,但由于供应链运营的复杂性,比较成熟的供应链绩效评价体系并不多见,因此需要供应链绩效评价在理论上和实践上进一步探讨与完善。

3. 供应链绩效评价的目的

供应链绩效评价主要是基于三个目的:考察供应链动态盈利性;分析供应链盈利持续性;培养供应链盈利增长潜力。为实现供应链绩效评价的目标,必须明确供应链运营目标,这些目标包括压缩流程时间,提高流程柔性,减少流程浪费和获取流程利润等。

4. 供应链绩效评价的原则

供应链绩效评价原则主要包括全面性、兼顾性、可控性、经济性和平衡性等原则。

(1) 全面性原则

全面性原则有两层含义。一是评价范围要全面。不仅要反映单个节点的运营状况,还要反映整个供应链的运营情况。因此,应尽量将评价对象扩大到供应链的所有成员以及成员之间的关系上。二是评价指标要全面。即评价指标应该包括容易定量的技术经济指标,还包括难以量化的社会环境指标,定性与定量相结合,以便更加全面、客观地评价供应链绩效。

(2) 兼顾性原则

兼顾性原则对供应链业务流程进行动态评价,能起到事中控制的作用,同时也可以使评价过程和评价体系更加透明,在一定程度上规避主观评价因素所产生的风险。因此,不仅要重视定期的结果性绩效的评价,而且要重视基于供应链业务流程的过程性绩效评价。

(3) 可控性原则

在构建供应链的绩效评价体系时,应注意剔除不可控因素对供应链绩效的影响。绩效评价应集中于可控制因素,以提高评价的可操作性和实际效果。如供货商的可控体现的是供应效率,制造商的可控体现的是生产效率,零售商的可控体现的是销售业绩等。

(4)经济性原则

实施供应链绩效评价所获得的收益要大于评价成本。供应链绩效评价涉及信息的收集、整理和分析,需有相应的组织体系支持,这些都需要投入。另外,绩效评价是一个持续过程,应根据经济性原则,合理确定绩效评价实施的时间间隔。

(5)平衡性原则

为保证供应链能够持续健康地运营,在进行供应链绩效评价时,应注意使短期利益服从长期利益,局部利益服从整体利益,并注重长期利益与短期利益、整体利益与局部利益的平衡。尽量避免只注重短期行为和局部优化的绩效评价。

5. 供应链绩效评价的体系

供应链绩效评价指标体系的框架结构,可从财务状况评价、运营状况评价、合作伙伴评价和客户满意评价等四个方面来构建。

(1)财务状况评价

供应链的财务状况评价指标包括成本、资产与投资回报等。其中,成本指标包括订货完成、原材料取得、总库存运行、与物流有关的财务和管理信息系统、制造劳动力和库存间接成本等;资产指标包括应收账款、设备和库存等;投资回报指标包括各项目、各节点及供应链投资回报率等。

应用实例:供应链资产绩效是评价供应链财务状况的重要指标,这个指标是指供应链的销售额与总资产的比率,受到资产利用率和流动资产持有量的双重影响。供应链财务状况评价是通过资金流在供应链流程中的表现来反映供应链运营状况的。

(2)运营状况评价

运营状况评价指标主要包括订单阶段绩效评价指标、与产品相关的绩效评价指标、采购环节的绩效评价指标和配送环节的绩效评价指标等。

1)订单阶段绩效评价指标,包括订单生成方法(将决定客户要求转变成可以利用的信息,并沿着供应链向下传递的程度)和订单到货周期(收到客户订单至货物交付之间所需要的时间)。

2)与产品相关的绩效评价指标包括产品和服务覆盖范围、生产能力利用率、计划安排、产销率(一定时期内已售出产品与已生产产品数量的比值)、产需率(一定时期内节点企业已生产的产品与其下游节点对该产品需求的数量比值)、产品出产或服务循环期(供应链各节点产品出产的节拍或出产间隔时间)和供应链产品品质指标(包括合格率、废品率、退货率、破损率等)。

3)采购环节的绩效评价指标,主要包括采购价格及成本指标、采购产品及质量指标和采购物流尺度(包括对需求材料进行及时、准确处理的控制,供应商及时供货控制,交货数量控制)、采购组织尺度(主要包括采购人员、采购管理、采购程序和指导方针)和采购信息系统等。

4)配送环节的绩效评价指标,主要包括选择适当的配送渠道、车辆的安排、仓储位置的选择等。这三个方面是提高配送环节整体绩效的关键。

(3)合作伙伴评价

对供应商的绩效评价,一般分为产品层次、流程层次、品质保证系统层次和公司层次;对分销商的绩效评价,主要包括分销渠道运行状态、财务绩效、价值增值等。

(4)客户满意评价

有效的供应链绩效评价体系,要考虑客户是否满意,它主要体现在产品或服务是否灵活(产品和服务满足客户个性化需求的程度)、客户信息响应(供应链向客户提供所需信息以及应对客户需求所消耗的响应时间)是否敏捷以及客户服务水准等方面。

应用实例:敏捷制造系统、成组技术和计算机集成技术的开发,使得满足客户个性化需求成为可能,而信息和通信技术的发展又加快了响应速度。如客户可利用快速信息处理系统询问或要求告知订单状况或库存和配送方面的信息,并帮助客户安排他们的活动。

五、供应链案例分析

Z 公司的供应链运营

Z 公司创建于 1975 年,是世界著名的服装公司。Z 公司的品牌是时尚服饰业界的另类,在传统的顶级服饰品牌和大众服饰中间独辟蹊径,开创了快速时尚(Fast Fashion)模式。随着快速时尚成为时尚服饰行业的一大主流业态,Z 公司品牌也备受推崇,有人称之为"时装行业中的戴尔电脑"。表 12-5-8 的一组数据体现出 Z 公司 2005 年的经营业绩。

表 12-5-8 Z 公司 2005 年的经营业绩

	生产周期	库存周转	产品品种	销售数量	销售金额
Z 公司	7~14 天	12 次/年	约 12 000 种/年①	2.5 亿件/年	44 亿欧元/年②
国际一流公司	120 天左右	3~4 次/年	3 000~4 000 种/年	0.8 亿件/年	10 亿欧元/年
国内一流公司	6~9 个月	0.8~1.2 次/年	少数企业>1 000 种/年	0.1 亿件/年	4 亿欧元/年

注:①Z 公司每年开发 4 万多种产品,上市约 12 000 种;②Z 公司的销售金额超过中国服装企业前 10 强的总和。

大多数的研究分析认为,Z 公司成功的原因主要是以顾客为导向;实施垂直一体化的高效组织管理;强调生产速度和灵活性;采取不做广告、不打折的独特营销价格策略等。实际上至关重要的环节是 Z 公司的敏捷供应链系统,大大缩短了 Z 公司的生产周期。Z 公司最敏捷的生产周期只有 7 天,平均为 12 天。这是具有决定意义的 12 天。

Z 公司的全程供应链可划分为四大阶段,即产品组织与设计、采购与生产、产品配送、销售与反馈。所有环节都围绕着目标客户运转,整个过程不断循环和优化。

1. 产品组织与设计阶段

Z 公司给自己的定位是"不做时尚的领导者,做时尚的追随者",开发模式是基于模仿而不是一般服装企业所强调的原创性设计或开发。所以,Z 公司设计师的主要任务不是创造产品,而是在艺术指导决策层的指导下重新组合现成产品。

Z 公司主要利用高档品牌时装公司在巴黎、米兰、佛罗伦萨、纽约、伦敦、东京等世界时尚中心发布其新款服装的机会整合流行信息。Z 公司的设计师作为 T 型台旁边的观众,从这些顶级设计师和顶级品牌的设计中获取灵感。

Z 公司在全球各地都有极富时尚嗅觉的买手,他们购买当地各高档品牌或主要竞争对手的当季流行产品,并把样品迅速集中返回总部做"逆向工程"。

Z 公司有专人搜集时装展示会、服装交易会、咖啡馆、餐厅、酒吧、舞厅、街头艺人、大街行人、时尚杂志、影视明星、大学校园等场合或个人展示的流行元素和服装细节,如 2001 年,某歌星为期三天的演唱会还在进行中,台下已经有观众穿着此歌星在演唱会上穿的衣服。之后,在演出地更是迅速掀起了一股此歌星的时装热,而服装都来自当地 Z 公司分店。

Z 公司全球各专卖店通过信息系统反馈销售和库存信息,供总部分析畅销和滞销产品的款式、花色、尺码等特征,供完善或设计新款服装时参考。另外,各门店可以通过把销售过程中顾客的反馈意见或者他们自己对款式、面料或花色的一些想法和建议,甚至是来自光顾 Z 公司商店的顾客身上穿的可模仿的元素等各种信息反馈给 Z 公司总部。

以上信息被迅速返回总部后,会有专业的时装设计师团队马上分类别、款式及风格进行改版设计,重新组合成新的产品主题系列。Z 公司总部有一个 260 人的专业团队,由设计专家、市场分析专家和买手(负责采购样品、面料、外协和生产计划等)组成,一起探讨未来可能流行的服装款式、花色、面料等,并讨论大致的成本和零售价格等问题,并迅速达成共识。然后由设计师快速手工绘出服装的样式,然后进一步讨论修改。接下来设计师在CAD上进行细化和完善,保证款式、面料纹路、花色等搭配得更好,并要给出详细的尺寸和相应的技术要求。然后这个团队进一步讨论,确定成本和零售价等问题,决定是否投产,款式设计出来后决定投产比例,一般为1/4~1/3。

在产品组织与设计阶段,Z公司与大多数服装企业的不同点是:从顾客需求最近的地方出发并迅速对顾客需求做出反应,始终与时尚保持同步,而不去预测6~9个月后甚至更长时间的需求;设计师团队由设计人员、市场人员、采购和计划调度人员等跨部门的成员构成,不仅要不断改进当季产品,设计下季度的新款式,还要保证信息快速传递,保证计划可执行和易执行;整个设计过程开放,沟通非常频繁,不设首席设计师;直接整合市场上已有的众多资源,更准确地收集时尚信息,更快速地开发出相应产品,压缩生产周期,形成更多产品组合,大大降低产品开发的风险。

2.采购与生产阶段

某一设计方案确定并决定投产后,马上开始制作样品。由于Z公司仓库里备有各种面料、辅料和小装饰品等,所以制作样品只需要很短的时间。同时,采购人员和生产计划人员开始制定原材料采购计划和生产计划。首先依据产品特点、产品投放时间长短、产品需求数量和速度、专业技术要求、工厂的生产能力、综合性价比、市场专家的意见等,确定各个产品是自己生产还是外包出去。如果决定自己生产,且有现成的库存,则直接领料开始生产;如果没有现成的用料,则可以选择采购半成品,或采购原料(一般提前6个月采购,并保证足够的库存)。为防止对某个供应商的依赖,同时也鼓励供应商更快的反应,Z公司自备原料外的部分,来自附近的260家供应商,每家供应商的份额不超过4%。采购完成后,就可以进行原料、半成品的加工生产。

Z公司在公司本部所在地拥有22家工厂,约50%的产品通过自己的工厂完成。生产产品时,准备好面料就下达生产指令,一般内部工厂只安排生产下季预期销量的15%,这样为当期畅销产品补货预留了大量产能。另一方面,有50%的布料是未染色的,这样就可以应用供应链的"延迟"功能,迅速应对市场上花色变换的潮流。如果从公司内部的工厂不能获得满意的价格,或者产能有限、运输受限以及品质难以保证,则可以选择外包。Z公司50%的产品由400余家外协供应商完成,这些供应商有70%位于欧洲。外包的方式也不尽相同,其中一些当地的外协缝制厂,通过地下传送带(累计长达约200 km)与Z公司相连,Z公司用高速裁床按要求迅速裁剪布料,裁剪好的面料及配套的拉链、纽扣等被一同运送到外协缝制厂。Z公司为这些工厂提供一系列容易执行的指令,一般情况下,在一段时间内由一个外协缝制厂集中做一款服装,以减少差错。外协缝制厂把衣服缝制好之后,再送回Z公司做熨烫、贴标签和包装等最后处理并接受检查,然后送到物流配送中心。这种运作模式达到成组单元的效果,因此其他公司需要几个月时间的工作,Z公司在几天内就能完成。在采购与生产阶段,Z公司与大多数服装企业的不同点有三个。

1)Z公司的大部分生产是安排在附近区域进行,且很多都是在总部周围一个很小的辐射范围内,而其他中高档服装公司基本上是采用"第一世界的时装在第三世界的工厂里生产"模式,这种模式最大的优点就是成本低,但是缺点也同样明显——速度慢。

2)Z公司拥有染色、设计、裁剪和服装加工的一条龙的最新设备,采用延迟制造的策略,提前买来白坯布,标准化的半成品大大缩短了产品生产周期,而通过保持对染色和加工领域的控制,使得公司具有按需生产的能力,能为新的款式提供所需的布料;而中国绝大多数服装企业都没有储备面料的习惯,却因市场信息不准,造成大量成品服装积压。服装成品基本不具有可变性,一旦错过对位或对应的需求,将严重贬值。

3)Z公司并不拥有劳动密集型的生产环节,

如衣服缝制过程,而是将此环节外包给一些小加工厂来降低成本。正是这种垂直整合的模式,使得Z公司能够以比竞争对手快得多的速度、小得多的批量进行生产(10~15天即可);而中国的大服装企业多采用流水线生产,每批批量非常大,产品生产周期也就比较长,从采购面料到商店上架至少3个月;而且产能、面料达到充分利用的状况时,基本失去根据市场需求变化进行调整的弹性,因此成为制约整个服装响应周期的瓶颈。

3. 产品配送阶段

Z公司对产品完成检验后,按每个专卖店的订单进行装箱、包装,并通过大约20 km的地下传送带运送到配送中心。为确保每一笔订单准时准确到达其目的地,Z公司借用激光条码(出错率不到0.5%)分拣和挑选,它每小时能拣选80 000件衣服。

为加快物流周转,Z公司总部设有直通配送中心的高速通道。通常订单收到后8个小时以内货物就可以被运走,每周给各专卖店配货2次。配送中心的卡车都按固定的发车时刻表直接将货物运送到欧洲的各个专卖店,并利用附近的两个空运基地运送到美国和亚洲国家,再利用第三方物流的卡车送往各专卖店。这样,欧洲各国的专卖店可在24 h内收到货物,美国的专卖店可在48 h内收到,日本的专卖店在48~72 h之内收到。在产品配送阶段,Z公司与大多数服装企业的不同点有两个。

1) Z公司更强调的是速度,甚至有些不惜代价地抢时间,因为失去时间也就失去时尚,而其他服装企业更注重成本。所以Z公司的配送中心快速、高效运转,其主要功能不是服装存储中心,而是周转中心;而国内众多服装企业的配送中心越建越大,基本成了堆积成品的仓库。

2) Z公司基本上采用从配送中心直接配送到各专卖店的模式,并采用高频、快速、少量、多款的补货策略,因此保证了专卖店的丰富种类及少量库存;而国内大多数服装企业多采用异地设分公司建仓库,从而在各级中间环节积压了大量成品库存。

3) Z公司对各店长的考核重点是预测准确率、库存周转率、人均销售额、坪效(每平方米的平均销售额或利润)和增长率,而国内众多服装企业基本只考核销售额。

4. 销售与反馈阶段

通过产品组织与设计、采购与生产、产品配送环节的快速、有效运转,Z公司虽然不是时尚的第一倡导者,却是以最快的速度把"潜能"变成现实的行动者。有人称"Z公司是一个怪物,是设计师的噩梦",因为Z公司的快速模仿无疑会使他们的创造性大大贬值。由于大多数服装零售商的生产周期为6~9个月甚至更长,所以他们不得不努力去预测几个月后会流行什么、销售会有多大。但是一般情况下,提前期越长,预测误差越大,结果往往是滞销的商品剩下一大堆,畅销的又补不上,只能眼看着大好的销售机会流逝。而Z公司的各专卖店每天把销售信息发回总部,并且根据当前库存和近2周内销售预期,每周向总部发两次补货订单。为了保证订单能够集中批量生产,从而减少生产转换时间和降低成本,各个专卖店必须在规定时间前下达订单。如果错过了最晚的下订单时间,则只有等到下一次。Z公司对订单时间点的管理非常严格,因为它将影响供应链上游多个环节。总部拿到各专卖店的销售、库存和订单等信息后,分析判断各种产品是畅销还是滞销。如果分析结果为滞销,则取消原定生产计划(因为在当季销售前只生产下个季度出货量的15%左右,而大多数服装企业已经生产下个季度出货量的45%~60%),这样Z公司就可以把风险控制在最低水平;如果有产品超过3周的时间还没销售出去,就会被送到某专卖店进行集中处理。

在一个销售季节结束后,Z公司最多有18%的服装不太符合消费者口味,而行业平均水平约为35%。如果产品畅销,且总部有现存的面料,则迅速通过高效的供应链体系追加生产、快速补货以抓住销售机会;如果没有现存的面料,则会停产。一般畅销品最多补货两次,一方面为了减少同质化产品的产生,满足市场时尚化、个性化的需求;另一方面制造一些人为的"断货",因为顾客知道有些款式的衣服不会第二次供货，会在第一次看到时毫不犹豫地购买。Z公司完全打破了传统服装品牌惯例的运作模式，最根本的创新在于高效的供应链协同体系。

供应链管理主要涉及供应链基础知识、供应链管理务实和供应链绩效评价等内容。其中，供应链管理是现代物流中的核心部分，供应链绩效评价是供应链管理的核心内容。更重要的是，供应链运营模式和供应链管理提供了管理复杂系统的思想、原则和方法。而现代信息技术和互联网的广泛应用，是供应链产生和推动的重要基础，现代管理技术和系统科学是支持供应链管理的核心。所以，了解和熟悉供应链的相关知识，深刻认识与理解供应链管理的本质与内涵，是掌握现代物流理论与方法的关键环节之一。

第六章　综合运输基础

综合运输(integrated transportation)是消除不合理运载的一种主要方式。对于某一具体的"流动"需求,需要设计具体的运载方案,并给予实施。在这一过程中,经营者、管理者对合理运载或综合运输的认识就显得尤为重要。

第一节　运输基础与运载概述

"运输"(transport)一词在中、外不同的工具书中有不同的解释,其核心内容都是要改变"人或物原有的空间位置"。"运载"(carry)属于运输的一个子域。如何更安全、更有效率地改变"人或物原有的空间位置",恰恰是运输经济、运载技术及其管理所要研究的内容。运载是基于可以独立运动的运载工具(carrier)实现的一种运输行为。运载工具主要包括航空器(空间运载工具)、船舶(水中运载工具)和车(陆上运载工具)等三类。

【运输基础】

一、运输行为

本书认为,用运输行为来解释运输能比较好地揭示运输的本质与特征。基于这样的认识,本书将建立与运输行为相对应的认知体系。

(一)定义运输行为

运输行为是运输主体(运输行为的发出者)借用(也可以不借用)辅助手段,有目的地改变客体(运输对象或运输行为的接受者)空间位置的行为。

从以上定义可以看出,有目的地改变客体空间位置的行为,就是运输行为,也说明运输行为的本质,涉及主体、辅助手段和客体。社会发展至今,不借用辅助手段的运输由于效率十分低下,已经不再是主流。

(二)两个基本要素

根据运输行为的定义,再实际考察与分析运输的基本过程,可以发现至少需要两个基本要素才能完成改变客体空间位置的行为。这两个基本要素是:主体与客体。

1.主体——运输行为的发出者

在人类社会中,运输行为的发出者主要是人,人是行为意识的发出者和行为过程的操控者。需要说明的是,从脱离开人类社会的层面看,例如,地球引力、风能、水流等也能改变某物体的空间位置,但这些都不是运输行为。因为这种改变缺少目的性。只有这些现象被人类有目的地加以利用,才能转为运输行为。

2.客体——运输行为的受益者

运输行为的受益者是一个宽泛的概念。在运输过程中,具体的受益者是拥有丰富信息的实体。这种实体通常分为两大类,即旅客与货物。

旅客,在特定时间内,有目的(主动或被动)地改变空间位置的人。

货物,按所有者或支配者的意愿在特定时间内改变空间位置的物。

在不断追求更高效率的社会发展中,人力或畜力运输,远不能满足社会对运输的需求。因此,借助辅助手段提高运输效率就成了人类的必然选择。

(三) 两个辅助元素

为了提高运输效率,人类在漫长的社会实践中,已创造出丰富多样的辅助手段,这些辅助手段大体可分为两类。

1. 相对静止的支持系统

在当今,要实现高效率的运输,就必须要依靠诸如铁路、公路、航道、管道等组成的立体通道以及港口、车站、航站等枢纽来完成。因此,这样一个相对静止的实体网络支持系统,就成为实现运输的一个重要辅助元素。

2. 能够运动的输送工具

输送系统,尤其是具有机械动力的输送系统,已经在人类的驾驭下,统治并改变着世界。在各种输送工具的辅助下,复杂艰难的运输行为得以高效率地实现。因此,输送工具也是一个重要的辅助元素。输送工具主要分为两种类型:一是传输设备,整体相对静止、局部承载运动,如电梯、传送带等;二是运载工具,整体独立运动、局部静止承载,如汽车、船舶、飞机等。

以上内容表明,运载工具与运输工具存在差异,前者不包括传输设备。

(四) 认识第五元素

当两个辅助元素发展到一定程度,并对运输效率的贡献呈边际递减时,物流管理技术对运输效率的贡献就渐渐地显现出来。尤其是依托于标准化技术、现代信息技术和系统科学而发展起来的现代物流管理技术,已经从传统的辅助个体运输技术转向引导、优化甚至是控制整个运输系统的关键要素。因此,在现代运输中,物流管理元素既有服务于运输技术层面的辅助性,又有引导、优化与控制运输系统层面的主导性。

把物流管理称为优化运输的"第五元素",为的是从多个视角和多个层面去认识此元素的重要性。以"第五元素"为主线,是本书的特色与核心。

二、运输方式

按照国际国内多年的习惯分类,传统的运输方式(transportation way)主要有五类,即水路、铁路、公路、航空和管道运输。然而,当需要研究某一运输方式的特征或分析彼此之间在经济、技术等方面的差异时,就会发现原有的分类方法并不科学,不同运输方式之间的特征差异模糊不清。但从运输行为(或系统)特征分类,可以将探讨与分析引向深入。

(一) 传统分类的主要问题

传统或习惯分类基本是按照某一类运输的最初表现形式给予描述的。这种分类方法简单、直观,易于被人们接受。但是这种方法并不能准确描述某一运输方式的重要特征,往往会以偏概全。当我们系统地分析每一种运输方式时,就会发现,传统的分类没有真正认识不同运输方式的本质特征,并且缺失某些明确的标准,所以也就无法科学合理地解决当今运输中存在的诸多问题。因此本书认为,在研究运输管理问题时,有必要先分析不同运输方式的本质差别及各自的内在特征。

(二) 对运输分类的新研究

前面对运输行为的分析,已经知道运输服务对象是基本要素之一,同时也是产生运输行为的动因。所以当我们以运输服务对象为核心,考察某一运输服务对象的完整流程时,就不难发现任何运输服务对象只按照两种运动特征明显的方式流动,即连续流动和非连续(离散)流动。并且,不同的流动方式也需要借助不同的流动通道和不同的辅助手段来实现,如图12-6-1所示。

以上分析表明,基本运输方式主要由两类流动方式和六种运输通道构成。

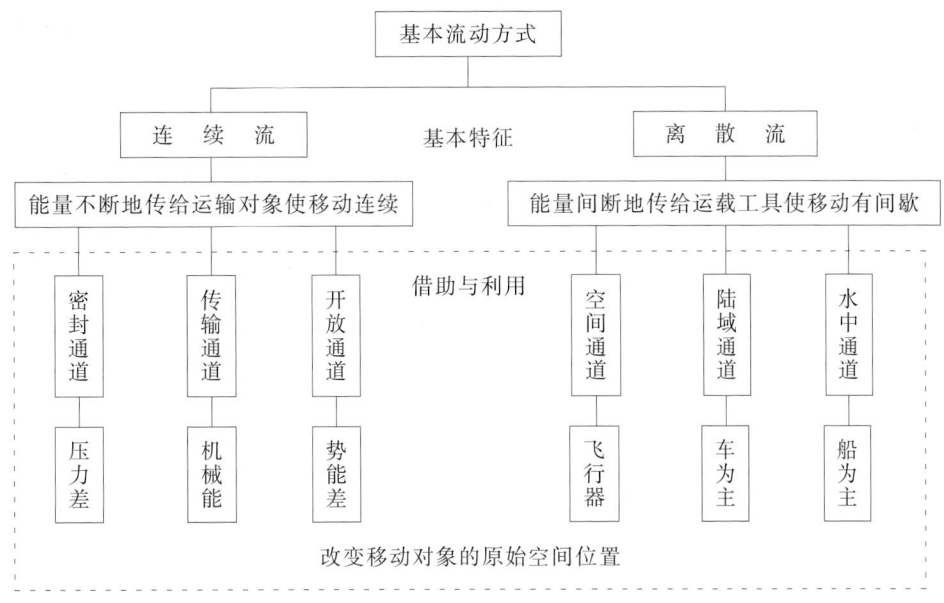

图 12-6-1 基本运输方式分析

(三) 研究运输分类的意义

研究运输分类的重要意义在于把每一类能够观测到的运输特征表达出来。这对科学地分析不同运输方式的内在规律,具有理论和实用的价值,更是满足在复杂系统中规范与管理运输行为的需要。

以离散方式中的陆域通道为分析对象进行分类,如表 12-6-1 所示。

表 12-6-1 离散方式中的陆域通道与主要运载工具

陆域运载	运载通道														
	有轨(有线)通道				无轨有路(以公路为主)通道							无人工通道要求			
运载工具	火车	地铁	缆车	磁悬浮	汽车	拖拉机	摩托车	三轮车	自行车	畜力车	人力车	轮滑	人力	畜力	雪橇	冰排

从表 12-6-1 可以看出,在陆域范围内使用的运载工具多达十几种。但在过去的分类和实践中,公路运输往往会直接与汽车运输画等号。出现这个问题的内在原因就是,人们通常以静态辅助元素的特征来表达一类运输方式。例如,铁路和公路都是静态的辅助元素,但在传统分类中则可以描述以火车和汽车为主的运输方式。

因此,传统的五大运输方式称谓,实际上是以飞机、火车、汽车和船舶等四类运载工具,以及利用管道系统实现传输的方式,这才是体现各自特征的运输方式,这种描述与传统描述最主要的区别是,以运输方式的动态要素或系统进行描述。这对认识、分析、规范与管理某种运输方式有重要的理论与现实意义。

三、运输产品

在分析运输产品之前,首先要明确这类分析是围绕运输产品的使用价值展开的。

(一) 基本属性

运输产品或称为运输服务,有其自身的特征,通过不同属性表现出来。

1. 与实物产品比较

当选择实物性产品这个明确的比较对象后,就有了可以比较的参照物。再分析运输产品的基本属性,就可以直观地看出它与实物性产品的不同。

(1) 非实体性

从存在形式考察,运输产品不具有实体性,

它提供的只是一种服务或劳务。这是运输产品与实物产品最重要的本质区别。由于这种非实体性,运输产品不能提前生产、储备;更不能像实物产品那样通过产品调剂,实现区域性的供需平衡。

(2)非理化性

从运输过程看,正确的运输行为,不允许改变运输服务对象原有的理化属性,只能改变运输服务对象的空间位置。这也是运输生产的基本功能。而在实物产品的生产过程中,运输行为不仅改变劳动对象的位置,还改变劳动对象的理化属性,创造出新的有形产品。由于运输产品拥有非理化性,因此,正确的运输行为:一是运输耗费不能消耗运输服务对象;二是不能改变运输服务对象原有的理化属性。非理化性既是运输的重要特征,又是对运输品质保障提出的基本要求。因此,运输过程中的品质评价重点是考察运输服务对象的动态状况及属性变化。

(3)非流通性

从流通过程看,运输产品不具有流通环节。一般的实物产品,在被生产出来以后,都要经过流通领域,甚至需要在流通领域停留一段时间才能进入消费领域。这种供、产、销的过程必须以产品的实物性为基础,即要有流通的实体。而运输产品的非实物性,使其缺失了流通的基础,也就少了流通环节。因此,运输产品的销售,在运输过程中实现或在运输行为发生前就已经完成。

(4)同产消性

从消费过程考察,运输产品的生产过程与需求者的消费过程(或运输产品的销售过程)同时进行,即"同产消性"。

一般实物产品的生产过程与需求者的消费过程是完全分离的,表现在两方面。一是时间上的分离,生产过程在前,生产过程结束后,进入流通时段,然后进入消费时段。这时,消费过程才能开始。二是空间上的分离,生产过程往往需要在封闭的场所内完成,消费者在一般情况下是不能进入生产领域的。当生产结束后,产品才能进入流通领域,再进入消费领域。而在运输过程中,由于没有实物性产品和流通过程,这使得供给方的生产过程与需求方的消费过程同时进行,即生产结束,消费也结束。因此,运输生产与运输消费都是一次性的、非实物性的。前者提供服务,后者获得消费。

综合以上分析,运输产品与一般实体性产品的差异已经清晰地显现出来了。这些差异,恰恰是在有明确比较对象时,运输产品的重要特征。

2.与服务产品比较

服务产品拥有通过服务使消费者得到满足的特性。但内容有很大的差异。因此,不同的服务行业,各自涉及的内容需要通过反映各自特征的指标来描述。运输服务产品与其他服务产品的不同之处在于以下两个方面。

(1)运输产品的基本构成要素不同

运输产品的基本构成要素是运距和运量。

运距(transportation distance)是由于运输服务对象要改变空间位置而产生的。需要说明的是,在三维空间中,实际的运距恒大于或等于任意两点之间的直线距离。在绝大多数情况下,任何一个运输系统都无法实现两点之间的直线位移,而只能完成两点之间的非直线移动。基于此,实际的运距只能是尽可能地接近两点间直线的位移。因此,运输方案的择优,只是在追求更优解,几乎不可能获得最佳解。

运量(transportation volume)一般指运送货物或旅客的数量(吨或人次)。运量本质上是运输服务对象需要移动的质量。在实际操作中,有不同的计量单位,例如,对货运量的计量,一般采用重量单位和体积单位两种计量方法,之所以有两种计量方法,这主要是由于运载工具受额定载重量与有效容积两方面的约束。而体积单位一般需要经过换算"折吨",再进行统计。

需要重点强调的是,运距和运量这两个统计指标,只单独使用其中的一个,无法准确地说明完成运输产品的实际工作量。因此,在实际应用中,通常用实际运距与运量的乘积——周转量(turnover volume)来表示运输工作量,即

周转量=∑ 运距×运量(t·km 或人·km)

周转量是反映运输企业、行业或某地区实际完成运输工作量的重要指标。它是一个绝对指标,只反映运输规模,无法反映运输效率。另一方面,仅仅依靠周转量这一个指标是无法描述运输工作量的特征的,因此还需要与运距、运量等指标进行协同描述。

(2)运输产品的基本供给特性不同

一种能够长期存在的产品,一定能够满足人类在某些方面的需求。因此,它的使用价值一定会以相应的供给特性表现出来。运输产品同样也是为了满足人类扩展的需求而发展的,但运输产品的使用价值有其供给特性。这主要表现在两个方面,即"可达性"与"可获性"。

所谓"可达性"是指为了满足人类不断扩展活动空间范围的直接需求而产生的运输供给。它使人获得实现空间移动的直接效用,这种效用可以使人到达更高、更远、更深的空间位置。"可达性"体现了人获得的直接效用或直接服务。

所谓"可获性"是指为了帮助人类满足不断获得各种物质而产生的间接需求或"引致需求",而派生的运输供给。由于直接需求是获得某种物质,所以此时,运输服务只是一种为满足间接需求或"引致需求"而派生的供给,提供的是一种间接效用。

无论"可达性"还是"可获性",都需要改变运输服务对象的空间位置。因此,运输产品的基本供给特征是运输主体借助运输工具,实现运输服务对象完好的、有效的空间位置改变。具有这种特征的使用价值与其他服务产品的使用价值有着本质的区别。关于运输产品在使用价值方面的量化(指标)表达将在后续章节中展开分析。

(二)品质属性

运输产品或服务的品质要以相应的技术为基础。不同的运输方式都可以提供基本的运输服务,但不同的运输方式在技术方面的差异,决定了不同运输产品在性能与质量方面的差异。本书将重点分析运载系统的品质属性。

1.性能方面

技术是决定产品性能的重要基础之一。在运载系统中,技术因素更成为影响运载性能的关键因素。技术评价主要有以下几个方面。

(1)敏捷性

所谓运输的"敏捷性"是指在非运输技术或相关环境的制约下,运输系统响应的灵敏性以及运输工具的速度性能与机动性能。它综合体现在能否灵敏快捷地将运输服务对象送达的能力。根据上述定义,运输的敏捷性:一是取决于运输系统的响应时间;二是取决于运输工具的技术速度和机动灵活的程度。前者反映运输流程的效率能力,后者体现运输工具的技术性能。

例如,在比较短的运距内,汽车的敏捷性要明显优于火车,尤其是在运载系统响应的灵敏性方面有比较明显的优势;但在比较长的运距范围内,综合评价两者之间的敏捷性,则需要判断评价标准的制定方式。

(2)便达性

所谓运输的"便达性"是指在非运输技术或相关环境的制约下,承运的便利性和运输工具的可达性。它综合体现在运输系统能否将运输对象方便地送达到某一特定位置的能力。根据上述定义,运输的"便达性":一是取决于运输系统能否为客户提供方便的运力并使服务对象便利地出入运输系统;二是取决于运输工具固有的通达性能。前者反映了进出运输系统的便利程度,后者体现了运输工具的技术特征。

例如,在陆域运输中,汽车比火车的"便达性"要好;在空间运输中,直升机的"便达性"优于其他飞行器;在水域运输中,气垫船要比其他船舶的"便达性"要强。从以上举例还可以看出,不同的运载工具在不同区域,显示出各自的优势。因此,在三维空间里评价运载工具的"便达性",需要预先制定约束条件与评价标准。

(3)选择性

所谓运输的"选择性"是指在非运输技术或相关环境的制约下,送达运输服务对象的方式。根据前面对运输方式的分类,基本的运输方式分为连续流动和离散流动两个大类,而这种分类又以不同的技术为基础,因此也就为运输服务对象提供了不同的流动方式。

连续流动,尤其是运输服务对象能连续平稳

地流动,是比较理想的运输方式,但由于受技术的限制,仅有少数液体或气体可以采用,如水、石油、天然气等。

在现实的运输中,大量存在的是离散型的流动。离散流动要解决的问题主要有五类:一是离散流的流动速度;二是离散流的波动程度;三是离散流之间的衔接;四是离散流的流动效率;五是运载工具的利用率。在实际的运输管理中,提高流速、减少波动、无缝衔接和追求效率,是实现离散型流动始终追求的目标。

2.质量方面

运输产品有自己的质量特征,其质量评价也自成体系,主要有以下三个方面。

(1)安全性是评价运输质量好坏最重要的指标

无论对系统外部还是内部,尤其是对客户,安全运输都是第一位的。技术上的缺陷、操作上的不当或管理上的失误,都会导致运输质量出现问题或引发事故,最终可能会使运输服务对象出现"损、差、错"。关于运输安全的一系列指标,将在后续章节中详细介绍。

(2)可靠性是评价运输系统质量的一个指标

由于运输生产大多数处在开放系统,系统内外的诸多随机因素影响运输过程的可靠性,如自然环境中的突变因素会影响运输流程的准时完成;再如,内部管理错误会将货物送错地点。因此,只有提高运输系统的可靠性,才能提高运输产品的可靠性。但这种提高必须以技术与管理为基础。

(3)舒适性主要是旅客运输的质量指标

舒适性的本质是提供柔性化的流程,即在运输过程中,避免运输服务对象受到比较强烈的振动、冲击或承受过大的加速度等。在改变运输服务对象的位置或改变运载工具速度的过程中,要尽量保持运输服务对象的平稳运动和柔性波动。有一点需要说明,不同的人对舒适的感觉并不一样。因此,对舒适性不要进行单一模式的量化。

另一个需要说明的问题是,在货物运输中,对有些货类,同样要考虑柔性化运输,并要根据运输服务对象的具体要求,设计柔性化的运输方案。例如,运送动物活体,就需要考虑动物在运载工具上的活动空间、防护措施以及结构本身的舒适程度等。再如,对于易燃易爆、易碎等物品,就要防止碰撞、过度颠簸或温度过高等。

(三)经济属性

运输产品的经济属性,主要应该从两个方面来考察分析:一是产品本身的经济属性;二是对外部的经济影响。

1.内在属性

在现实生活中,消费者在使用运输产品或运输服务时,从经济方面考虑的元素主要是费用、时间以及在两元素之间的权衡。

(1)费用构成方面的特性

消费运输产品或运输服务就要有相应的费用支出,这似乎与消费其他产品没有本质上的区别。但只要从运输供给的视角对运输产品特性和成本构成方面深入地分析,运输产品特有的经济属性就显现出来了。

首先,不同运输方式在相同时间内,完成同样的空间移动,所需要的耗费不一定相同。例如,不同运输方式在运输设施方面的投入差异比较大,而且它是决定运输成本的关键因素之一。即便是同一种运输方式,在不同的环境或约束条件下,运行耗费也不相同。这些都表明,运输的运营成本有其独有的构成。

其次,运输产品的非实物性、非储存性和非流通性,使运输产品"即产即卖",运输成本的构成有了明显的特殊性。最突出的特征是不存在运输服务对象的消耗。这与一般物质生产有本质区别。因此,运输生产彻底规避了投资生产原料(作为劳动对象)的风险,也彻底规避了一般实物产品在流通领域占用资本的风险。

(2)时间价值方面的特性

在运输过程中,时间元素是一个不能忽视的经济元素。人们常常会在性能与质量相同,而价格不同的运输产品中,选择价格较贵的,主要原因就是考虑时间元素。时间元素的价值体现在运输流程中节省的时间。总之,对于运输产品的内在经济属性,就应从以下两个方面去认知:一是运费高低;二是耗时多少。在实际中,供求任何一方都不会仅考虑单一元素,更多的是在费用与时间元素之间进行权衡。而这种权衡的科学性,需要通过不断的研究获得。

2.外部属性

考察运输产品或运输服务的外部属性,主要应该从其对外部的影响入手。

(1)经济价值的增加

从经济的方面分析,运输行为实现了运输服务对象的流动。这种流动对于物质生产而言是资源要素的流动,它使稀缺资源得到有效的配置;对于可以进入市场的运输服务对象而言,它可以使运输服务对象获得价值增值,同时使运输服务对象的互补品也获得增值,也可使运输服务对象的替代品贬值或价格向价值回归;对于物质商品的市场而言,运输服务对象的流动,扩大了原有的市场范围,获得了更多的市场机会,甚至开拓了新的市场。除此之外,运输对经济发展的乘数效应也是较为重要的一个方面。以上这些方面都表现出运输产品的外部经济性。

(2)经济价值的损失

从不经济的方面分析,运输行为会给整个社会带来各种各样的经济损失。例如,在使用运载工具的过程中,会产生污染排放、噪声、交通事故等。治理运载工具所带来的不经济问题,需要耗费大量的资金,甚至有些是不合理的耗费。这种消耗构成运输的外差成本。当然这种外差成本最终有相当一部分可以通过国家法规或行业的管理制度来进行削减。但毕竟会造成社会经济总成本增加。

(四)社会属性

运输产品的社会属性,主要是指在生产运输产品和消费运输产品的过程中,对社会发展的非经济性贡献、影响或表现出来的特性。

1.运输产品的公益性

运输产品除了满足消费者的生产或生活方面的需要外,还要满足军事、国防、救灾、社会稳定等方面的政治需要与社会需要。而这类需要的一个重要特征就是在满足实际需要的过程中要不惜一切代价。因此,这类需要突显了运输产品的公益性。

2.运输产品的混合性

一般的物质产品基本都属于私人品。私人品的重要特征是排他性。而运输产品除了表现出"排他性"外,在一定条件下还表现出"非排他性"。例如同一运输过程可以实现多位客户的同时消费。只是这种同时消费,一是受运载工具额定载重量或体积的限制;二是受运输系统中瓶颈部分的限制;三是伴随着消费需求的增加,运输成本也增加。

因此,运输产品是既有私人品属性又有公共产品属性的混合性产品,即具有准公共产品(公共产品的特征是不会随消费需求的增加而改变生产成本)的特征。

以上分析表明,运输产品在不同的外部条件下,会表现出不同的社会特征。把握好运输产品的这种特征,是运输管理的重要课题。

3.运输产品的负外性

所谓运输产品的"负外性"是指运输产品或运输服务对外部产生负面影响的具体表现。相对于交通基础设施、运载工具和运输过程而言,主要涉及社会安全和生态影响两个方面。

(1)社会安全

运输产品在安全方面的"负外性"主要表现在运输过程中运输行为对第三方的伤害。这类伤害主要来自交通事故或运输过程中的事故。需要特别强调的是,这里所指的"负外性",并没有包括运输系统内部的安全。但是,运输产品的品质保证与社会安全有比较强的正相关性,所以在经营管理中特别值得关注。

(2)生态影响

在运输系统的运转过程中,对生态或环境方面的负面影响是很复杂的,尤其是链式的放大和长远的影响。以往长期的动态跟踪与科学评价表明,能够分析出的直接影响主要有以下几类:一是运输系统排放类的直接污染,如CO、HC_x、NO_x、SO_x、铅尘、粉尘等;二是运输系统排放物带来的间接或二次污染,如光化学烟雾、酸雨、温室效应(CO_2的大量排放)等;三是电磁噪声类污染,如发动机、喇叭噪声,运载工具产生的电磁波等;四是运输系统产生的固体与液体废弃物,如浸泡在水中或沉没在水底的废船、废电池及电池液、废轮胎、废机油等。

分析运输产品的社会属性,主要是为了能够更深刻地认识运输产品对社会、经济及其发展的影响。这主要是基于运输系统是一个开放的系统。一个开放的系统必然会与社会的整体结构、组织、网络乃至细胞有着广泛的联系。因此,从多维度去认识运输产品的属性是十分必要的。

【运输系统】

认识运输系统,首先要了解系统的基本构成与主要属性;其次是分析系统的基本特征与活动状态;最后是要把握运输系统对人类社会系统、经济运行系统,甚至是生态系统的主要作用。只有在此基础上,才能逐步深入地认识这个领域。

一、对运输系统的基本认识

认识运输系统主要从系统的基本概念、构成要件、活动类型及主要特征等几个方面展开。

(一) 基本概念

运输系统(transportation system)由相互联系、相互影响的通道系统、运载系统和运输客体等部分集合而成。运输系统的运行目标是按照系统的品质标准改变运输客体的空间位置。运输系统,实际上是通过自身构建的综合交通网络,把不同运输形式联合在一起。运输系统发展到今天,已经是全世界最重要的、基础性的、开放性的子系统,因此,它与生物存在系统、人与自然系统以及人类社会系统等有着广泛的联系,并相互影响。

(二) 构成要件

上述定义表明,运输系统由实体的通道系统(corridor system)、人机配合的运载工具(carry vehicles)以及运输客体(transportation object)或运输服务对象等部分组成。这三个部分就是运输系统运行的构成要件。

1. 通道系统

通道在运输系统中属于结构性部件,是相对固定的实体部分。通道系统由可实现设计流量的通道和相互贯通的节点或交通枢纽组成,最终编织成立体化的实体通道网络系统(也可称运输网,英文为 transportation network;或交通运输网,英文为 communication and transportation network),并成为人类社会与经济系统中的有机组成部分。各类通道的集合统称为"流径"(flow routing)。通道系统的结构与容量,是整个运输系统的硬约束,主要表现在两个方面:一是通道的径向尺寸,决定交通量或流量的大小;二是通道及通道网络的结构类型,决定运输系统的效率。例如,港口集疏运系统的能力,受岸线、航道、后方堆场、装卸系统以及出入港口的通道等因素的直接影响,这既有总量水平,也有结构性因素。只要某一方面的能力不足,都会产生瓶颈效应。

2. 运载工具

运载工具是运输系统中的执行部件,是相对运动的实体部分。运载工具一般由操作者驾驭,向运载工具输入能量后,通过人机配合(有些智能化的无人操作机械通过人的指令或预设程序来完成)实现运载。运载工具的运行受到通道系统的约束,但运载工具的技术水平,又对通道系统的结构,提出技术性的要求。因此,两者之间需要相互配合。例如,汽车、火车的技术速度和经济速度在现代科学技术的引领下不断提高,这就要求通道系统不断改进。

3. 运输客体

运输客体或运输服务对象是运输系统的交换部件(也可称为流部件)。它是运输系统输入、改变空间位置和输出的对象。运输系统就是通过交换运输服务对象而存在的。

(三) 活动类型

由于运输系统是一个动态的系统,所以需要分析有哪些基本活动可以支持系统的正常运行,有哪些辅助活动可以拓展系统的服务功能,有哪些控制活动可以提高系统的运行效率。

1. 基本活动

运输系统的基本活动就是改变运输对象的

空间位置。但这种改变必须是有目的地、有计划地进行,而目的与计划均来自于外界对运输系统的输入。因此也可以说,运输系统的基本活动是系统受外部刺激所做出的响应。

2. 辅助活动

运输系统的辅助活动是为了保证基本活动能产生正确的响应,为运输系统提供各种所需要的帮助。需要强调的是,运输系统的辅助活动本身也是执行层面的一类活动,这是由辅助性所决定的。

例如,在改变运输对象空间位置的过程中,同时附带着诸如时间、地点、货物种类等相关信息,而这些信息,既是刺激系统做出响应的信号,又是需要系统进行处理的对象,而这些工作就需要辅助活动来帮助完成。

3. 管理活动

绝大多数复杂的社会系统、经济系统等都需要有管理活动。管理活动通过指令来支持或约束基础活动和辅助活动,并最终保证基本活动的正常开展。有关运输系统中管理活动的相关内容,将在后续的章节中给予分析。

(四) 主要特征

分析一个系统的主要特征,是认识一个系统本质的关键。前面对运输系统的基本概念、构成要件以及活动类型等进行了框架式的分析,在这样的分析基础上,下面侧重归纳运输系统的主要特征。

1. 人造的实体系统

相对于人类诞生之前的自然系统而言,运输系统是按照人类的目的而逐步建造的实体系统。这个人造系统为的是运输物质,主流形式是通过相对固定的通道系统和相对运动的载体系统来完成。这就决定了运输系统是按照人的意愿逐步建造的实体系统。强调实体,突出过程的有形和系统的有型。

2. 动态的开放系统

相对于没有活动性结构的静态系统而言(如房屋系统),运输系统存在相对运动的运载工具和流动的运输客体。另外,在运输系统的运转过程中,与运输系统外部有物质、能量与信息的交换,这就决定了运输系统的开放性。因此运输系统是动态的开放系统。强调开放,显现结构的联通和运行的便利。

3. 多维的复杂系统

随着人类社会的不断演化,科学技术的不断进步,经济需求不断分层,运输系统朝越来越复杂的方向建构。运输系统的复杂性表现在多个维度。

一是运输系统内部的结构越来越复杂。以铁路、公路、航道、航线与管道等为主构成的通道系统,形成多元、多层、立体交通网络。例如,自然条件的复杂性,决定了建立在自组织系统上的高效交通网络趋向更复杂的结构。

二是运输系统的运行过程越来越复杂。这种复杂性表现在流动形式的多种模式、不同运输方式之间的多种衔接、运输流程的多种组合上。例如,多式联运就需要对流径、运输方式及组合形式做出复杂的选择。

三是运输系统的边界构成越来越复杂。由于运输系统在不同的边界受到的约束不尽相同,有的约束相对比较硬,有的约束相对比较软,因此,使得运输系统的边界在有些地方是清晰的,在有些地方是模糊的。如铁路系统的边界相对比较清晰,而航道、航线的边界相对模糊。这使得系统控制的难度加大。

四是对运输系统的抗干扰越来越复杂。运输系统尤其是子系统的结构与运行方式的特殊性,决定了运输系统在受到外部干扰时,会表现出不同的抗干扰能力。自然环境中的各种突变,如台风、大雾、暴风雪、地震等都会对运输系统产生影响,但不同子系统的抗干扰能力不同。

本书对运输系统给予了基本描述,尤其是对运输系统的基本构成及其活动类型进行了比较系统性的描述,这对从整体上认识运输系统十分重要。

二、运输子系统的划分

运输系统是一个庞大而复杂的系统,在这个系统内,又有若干个子系统,但因以往不同的研究和管理目的,而有了不同的划分方法。常见的划分方法如图 12-6-2 所示。

图 12-6-2 仅从三个大类对运输系统进行了划分。从以上的划分可以看出,对于运输系统可以有不同的划分方法。而不同的划分,实际上是要用不同的视角探究运输系统在不同层面上反映出来的本质与特征。充分认识运输系统在这些方面的本质与特征,是深入研究运输系统的关键。

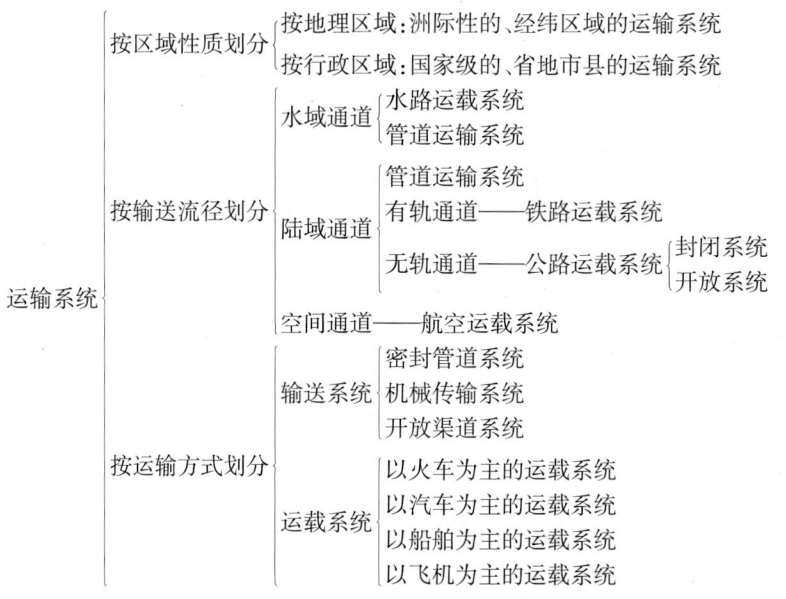

图 12-6-2 运输子系统的划分

三、运输行业的地位与作用

对于运输行业的地位与作用,应该从两个层面去认识:一是在国民经济系统中的地位与作用;二是在现代物流系统中的地位与作用。

(一)在国民经济系统中的地位与作用

国民经济系统是对一个国家或一个区域整体经济结构与状态的描述。在国民经济系统中,又存在着众多相互关联、相互影响、地位作用不同的子系统。

1.地位

在国民经济系统中,运输系统即是重要的组成部分,又是保证国民经济正常运转的基础与关键。这主要表现在以下两个方面。

(1)运输网络是国民经济的血脉

纵观世界(绝大多数国家)的演化,到 21 世纪的经济系统,如果把存在和正在运行的运输网络全部关闭,那么整个国民经济就会很快陷入瘫痪状态。所以运输网络已经成为大多数国民经济系统的有机组成部分,而且就像人类机体内的血脉,供输送物质的各种通道。由于它是国民经济系统的基础和有机组成部分,因此这就决定其主要通道是公共性质或准公共性质的服务设施。

以上内容表明,运输网络具有基础性的、准公共性质的特征(由于运输网络中也有属于私人品的部分,严格来说,运输网络是一种混合物品)。运输网络的准公共性表现在它不能满足完全的"免费搭车"。这主要是因为网络容量是有限的。

由于运输网络具有基础性与准公共性,再加上运输网络的始建投资大、建设周期长,因此运输网络的建设与拓展应该略先和略快于国民经济的发展。

(2)运输行为是国民经济的血液

只有运输网络,并不能使国民经济系统运转起来,还必须有在网络上运行的载体和物质流。而运输行为就是利用运输载体,通过运输网络实现运输对象在空间位置上的变化,而这一行为本身就成为国民经济正常运转的血液。

由于运输行为产生于消费者对实物或时空效用的获得,因此运输行为表现出明确的依附性或非独立性。也就是说,无论社会如何发展,运输行为都不可能独立存在。但人们往往会有一种误解,认为国民经济越发达,运输的社会化程度就应该越高。从社会分工的角度去证实,这似乎是正确的,但剖析开表象看问题的本质,就会发现这种错觉实质上是将运输行为与运输行业相混淆的结果。

运输行为的依附性与运输行业的社会化是两个不同性质的概念。运输行为的依附性主要表现在运输需求往往是一种引致需求。而运输行业社会化的核心是将依附某一产业的运输系统由该行业独占运输资源转向由社会化的形式占有运输资源,它体现的是充分发挥运输系统的运输效率。

从以上两个方面的分析表明,虽然运输产品也具有私人物品的属性,但运输系统担当着支撑起国民经济血脉的重任,其行为是通过"血液"的流转来实现国民经济的正常运转。当然,在实现"血液"高效率流转和国民经济正常运转的过程中,运输行为的社会化程度、服务水准和经济效益如何与国民经济的整体水平相适应,是一个须持续的、不间断的研究课题。

2.作用

如果说运输的"地位"体现的是运输系统的本质特征与重要性的话,那么运输的"作用"则更多地体现了运输系统的功能特征。运输系统最核心的功能作用主要有以下三个方面。

(1)支持经济活动

运输把各种经济活动所需要的能源、材料、产品等源源不断地送到各自的目的地,也把各种人力资源送到各自的岗位,使经济活动得以连续不断的循环。只有对经济活动进行高效率的支持,才能使经济活动实现高效率的运转。这也是当代经济的重要特征。

(2)促进社会发展

除经济活动外,当今社会发展的方方面面,如文化交流、探亲访友、旅游观光等都离不开运输行为的支持。恰恰是这些高效率的支持,才使各种交流更加频繁与广泛。这一过程促进了社会不断地向前发展。

(3)服务国家政权

任何一个国家,要想有健康稳定的社会环境,就必须要通过国家政权进行管理,在行使国家权力的过程中,运输行为是一种很重要的服务。如国防建设、社会治安、抢险救灾等都离不开运输的支持。

(二)在现代物流系统中的地位与作用

在人类所涉足的领域中,使目标"物"实现有价值的广义流动,是对现代物流的概括与诠释。现代物流的本质就是通过"移动、储控、整合、配置"等现代技术手段来实现客体流、载体流、金融流、服务流及相关的信息流等的有效协同,追求的是提高经济系统的运行效率,增加社会系统多维度的价值。

运输系统与物流系统有着广泛而深入的融合,而运输又串联起完整的物流流程。所以,运输行为是物流系统中所有流动实现的前提,运输功能是物流系统中不可或缺的环节。这充分地显示了运输在现代物流系统中的基础性的地位与流转实现的作用。另一方面,运输费用在物流成本中所占的比重始终超过一半,这也从实证的角度证明了运输在现代物流系统中的重要性。所以,也可以说,没有运输就没有物流。

总之,无论从物流系统的视角,还是物流流程的视角,运输都不可替代。由此可见,运输在现代物流业中的基础性、重要性与不可替代性就显现出来。

【运载概况】

对运载的含义给予了解释,下面将以"运载"为核心,概要地介绍演化的过程、基本现状(或当代水平)以及发展趋势等。

一、演化过程

"运载"技术随着人类的科技进步而不断发展。但在工业革命前,运载技术的发展速度相对缓慢。在工业革命后,尤其是20世纪的100年里,运载技术才有了突飞猛进的发展。回顾运载技术演化的历程,大体分为以下几个阶段。

1.原始技术阶段

原始技术阶段是最漫长的一个阶段,自从有

了人类,原始技术就伴随着人类的进化而不断发展,一直延续到公元前2500年左右。在这一阶段,运载技术,从人力运载发展到借助畜力;由人力车发展到畜力车(运载工具的诞生);由陆上逐渐延伸到水域,从竹木排筏(raft)发展到独木舟(dugout)、小船(boat)。在这个阶段,运载技术的生产力低下是主要特征,具体表现为承载能力小、运送速度慢、环境对运载工具的影响大。

2.扩大规模阶段

扩大规模阶段大约跨越了4 000年。由于生产、通商、生活以及战争等方面的需要,社会对改变空间位置的需求迅速扩大。在陆地上,畜力及畜力车运载逐渐占据主导地位;在水域中,船的体积逐渐增大,并在发明了船帆和罗盘针后,实现远洋航行。帆船逐渐成为这一时期水域中的主要运载工具。例如,从1405年开始,中国的郑和带船队七下西洋;1492年,欧洲的哥伦布带船队实现跨洋航行。

在这一时期,运载规模得到迅速扩张。加工技术的提高改善了运载工具的性能,并借助风力、水流,使运载能力得到一定程度的提高。因此,这一时期的明显特征是运载工具的承载量不断加大,运载速度有所提高。

3.快速发展阶段

在快速发展阶段,以1765年瓦特发明蒸汽机为起点,即工业革命的开始,到1945年止,经历了180年,一系列的发明创造使运载工具逐步实现机械化、电气化和机电一体化,最初的标志性成果有:

1769年,第一辆装有蒸汽机的动力车诞生;
1782年,第一只热气球升空,实现载人飞行;
1790年,第一辆蒸汽机公共车在法国使用;
1804年,第一部有轨蒸汽机车在英国诞生;
1807年,第一艘蒸汽机轮船在美国下水;
1825年,第一条公共铁路在英国伦敦建成;
1833年,加拿大蒸汽机船第一次横渡大西洋;
1850年,第一架无动力滑翔机在德国问世;
1852年,第一只蒸汽机热气球在法国诞生;
1865年,第一条封闭的输油管道建成输油;
1875年,第一台汽油发动机成功研制出来;
1886年,第一辆三轮汽车由卡尔·本茨发明;
1903年,第一架汽油机的滑翔机首次航行;
1914年,第一条飞机航班航线由美国开辟。

在工业革命最初的150年,各类运载工具相继使用煤炭、石油等能源作为机械动力,运载能力得到很大提高。然而真正刺激运载技术飞跃发展的动力是20世纪的两次世界大战。由于战时的军事需要是不惜一切代价的,所以战争促使各种运载工具的技术获得了极快的发展,而且很多用于军事需要的运载技术,逐渐从军事领域外溢,并被民用领域吸收。到1945年,第二次世界大战结束时,发达国家已经建立起相当规模的交通网络体系,各种运输方式和运载技术都获得了快速的发展。截至1945年,运载工具的机械化程度、电气化的普及程度已经达到了很高的水准;运载工具的承载能力也是工业革命之初的几十倍,甚至上百倍;运载工具的技术速度也获得成倍的增长。这些变化既是这一时期技术革命的重要成果,也是运载技术的显著特征。

4.技术完善阶段

1945年以后,新技术不断发展,如计算机、信息技术、标准化技术、管理技术等,并逐渐成熟应用到多个领域。所以运载技术的应用与研究也在不断地吸收这些新的技术,使自身的技术得到更新与完善,重要的标志是突出运载效率。因此,这一时期的运载技术特征由过去的突出承载量和速度等数量指标,转向突出运载效率和社会效益上(后续章节将主要以这一时期成型的技术为背景,对载运方面的相关知识进行深入分析)。

二、基本现状

反映一个国家或区域的运载现状,主要是对运载网络的规模与结构、运载工具的承载能力与速度以及管理水平等方面的量化指标进行描述。

1.运载网络

国内外对运载网络的描述与评价主要集中在网络规模与网络结构上,并最终在运载效率上给予验证。

(1) 网络规模

由于不同运载方式的网络结构不同,一般只统计运载网络的长度,因此每个国家对运载网络的长度都有明确的统计数字。例如:截至21世纪初,全世界共有各类运载网络的总长度约为2 500万 km,其中,美国约为720万 km,中国约为360万 km。但这只是绝对指标,它依托于一个国家或地区的面积。所以要描述一个国家或地区运载网络的发达程度,需要用一个可进行比较的评价指标,一般以每平方千米面积上的运载网络长度来衡量。如我国每平方千米陆地的运载网络长度只有美国的1/2,但美国平均每平方千米只有30人,而我国平均每平方千米约有136人,差距比较明显。

需要说明的是,由于不同运载方式的网络结构存在差异,所以仅用长度来反映网络规模,仍无法准确描述不同运载网络的流量水平(设计中的通过能力)。因此,准确评价综合运载网络的动态流量以及与效率的关系,还有许多研究工作要做。

(2) 网络结构

描述运载网络结构,主要从模式、类型及不同类型的网络在总运载网络中所占的比例等几个方面展开。不同国家或地区都有各自的比例。相对固定的比例,可反映一个国家或地区综合运载网络结构的一个侧面。例如,美国公路约占综合运载网络的87%,铁路为3%;中国公路约占综合运载网络的50%,铁路为2%,结构差异比较明显。

在实践中,如何评价综合运载网络是一项复杂的系统工程,因为一个国家或地区:首先受到地理与气候方面的约束,其次要受相邻地区的运载网络结构的影响,再次还与本地区的资源分布以及生产力的结构等有着多维度、多层面、多性质的关联。

国内外对不同运载网络的评价主要有:土地占用情况与利用率(包括土地集约利用情况),运载的便捷性、通达性、适用性及对外部环境的影响等。发达国家的综合运载网络基本可以满足本国的运载需求,运载系统的效率远远高于发展中国家。

2. 运载工具

反映运载工具特征的指标主要有最高速度(包括空载与满载状态)与最大载重量(对于管道运输则用流速和流量表示)。对于不同类型的运载工具,由于适用领域不同,技术要求也不同,因此有自己的技术特征值。

对于船舶类的运载工具,民用大型船舶的经济航速达到25 kn 左右;最大载重量方面,油轮(oil tanker)已经达到50万 t 以上,散货船达到10万 t 以上,集装箱船达到1万标准箱(TEU),载货能力也达到10万吨级以上。

对于轨道列车,国外动车的试验速度超过500 km/h,客运的正常运营速度可达到350 km/h,货运列车单列运载量在1万 t 左右,承载能力最大的线路,可达到2.5万 t。中国动车的试验速度超过350 km/h,客运的运营速度在高速铁路上也可达到350 km/h。货运的运载能力在单列3 500~5 000 t 的水平,个别线路达到1万 t 的水平。

对于汽车,我国控制小型车的时速一般在120 km 以下,普通运输车的时速一般控制在110 km 以下,而对于一些特大型的专业运输,速度限制已成为次要指标。运载工具的适用性、灵活性等成为满足社会最广泛需求的重要指标。因此,各式各样的专用车辆应运而生,成为"面"运输的主力。从吨位上看,普通运输车载重量一般控制在30 t 以下,车身长度控制在20 m 以下,而专用车则载重量更大,车身更长。

对于飞机,最大起飞重量、最大平飞速度以及巡航速度(最经济飞行速度)是飞机最重要的技术参数。大型飞机的巡航速度一般在1 000 km/h 左右。对于运营而言,经营者更关心的是机舱容量与载重量。大型商业飞机的单机承载重量已超过300 t,最大起飞重量达到550 t。

对于中国而言,运载工具的研发、运载网络的构建与世界发达国家还有比较大的差距。这主要体现在理论研究、设计思想、试验条件、设备工艺等方面的差距。虽然通用制造技术已经与发达国家持平,但核心技术和关键技术还与发达国家有一定的差距。经济实力上的差距,也使我国的运载网络规模与水平落后于发达国家。

3. 管理水平

衡量一个国家或地区在运载方面的管理水平,是以一系列的指标进行量化表达的。从大的方面来看,主要有运载系统对资源的综合利用程度、运载系统运行的安全程度以及运载系统的外部性等。这些是用来描述运载系统特征的量化指标。

在实际的建设中,除了大规模建设运载网络外,主要是通过兴建综合性运载枢纽、搭建公用平台以及构建运载方式之间的联络设备来完成运载网络硬件设施的建设。主要作用是提高运载网络系统综合利用资源的能力。然而,管理水平的提升,主要是借助通信、信息及网络技术支持管理技术的升级,使原有运载网络资源的利用程度不断提高,实现快速、安全、连续和长距离的综合运载。如综合运载或多式联运的送达速度、运载成本在GDP的比重以及运载网络投资效率与使用效率等都从不同的侧面反映出利用资源的程度。这也是体现管理水平的特征指标。运载系统运行的安全程度是另一类评价管理水平的特征指标,它由一组安全指标构成。这些指标能够反映系统运行中的缺陷、实际运行的状态以及系统的演化规律等。例如,我国的交通事故率远高于发达国家,主要是因为对系统运行的控制能力相对较弱,尤其是动态监控能力和应急系统存在的问题比较多。

总之,我国的运载系统仍然处于快速发展阶段,其中管理层面的问题不少,而且许多问题需要循序解决。许多标准、规则还需要逐步调整,以期与世界接轨。因此,真正管理好我国的运载系统,可谓任重道远。

三、发展趋势

运载系统的核心发展趋势是在进一步提高安全程度的基础上,追求更快的运送速度、更高的运载效益和更强的运载能力。具体内容从以下三个方面体现。

1. 运载网络将持续优化

运载网络的优化不再是单一运载方式及其网络系统的优化,而是综合运载网络的合理布局与有效率的衔接。而且这一优化进程将是一个持续性的过程。

要实现综合运载网络的优化,一是要从全局出发,系统地考虑各种流径的约束条件、可能的走向以及与社会需求趋势的有效结合;二是考虑综合性枢纽点的科学选择、功能开发配置以及充分兼容性。以上两点是优化运载网络系统的两个核心内容。

2. 运载工具将加快换代

随着科学技术的发展,运载工具的升级换代将不断加快,尤其是运载工具中的核心技术将会有新的突破。运载工具的升级换代主要表现在:一是燃油的节能技术,主要是提高石油类燃料的利用率,如燃料燃烧后转化成机械能的效率(热效率);二是替代能源的开发与利用,如乙醇与汽油的混合燃料逐步进入市场;三是提高运载工具的安全性能,尤其是飞机与船舶在恶劣环境下运行的可靠性;四是进一步降低运载工具的制造成本与运行成本;五是研究具有更广泛适用性的运载工具;六是研制技术速度更快的运载工具。

3. 管理水平将不断提升

运载网络与运载工具都属于运载系统中的硬件。硬件的合理使用与硬件使用效率的提高,都依赖以管理模式为主的软件系统。

未来运载系统的发展与优化,很大程度上取决于软件水平的提升:一是运载系统的安全性,除了取决于运载网络的结构和运载工具的性能外,更重要的是管理模式的选择;二是运载系统的使用效率取决于对已有系统的优化方案和执行策略;三是运载系统的运行成本取决于管理系统与软件匹配的程度。总之,要想使未来的运载系统向着更安全、更有效率的方向发展,就必须依靠先进的、能与之相适应、相配合的管理系统。这也是未来管理所追求的目标。

第二节 合理运载与综合运输

随着社会需要"流""动"的不断分层,运输的实践者和理论研究人员一直都在追求更合理的运载流程。由于在复杂的运载网络中,实施合理运载,本身就是一个复杂问题,所以很难找到复杂运载的最优解。但可以发现不合理的运载行为以及消除不合理运载的一些方法。综合运输(integrated transportation)是最主要的消除不合理运载的一种方式。对于某一具体的"流动"需求,需要设计具体的运载方案,并给予实施。在这一过程中,经营者、管理者对合理运载或综合运输的认识就显得尤为重要。

【合理运载】

理论上的合理运载(rational carry)是以最短运距、最省运力、最少环节、最快速度、最低费用、最好质量,使运载对象在起讫点之间实现移动。但它是一个相对概念,随着科学技术的发展,合理运载的内涵在不断演化,它的合理性表现为在特定的历史阶段与特定的技术约束下,追求更优解。

一、运载合理化的内在要求

要理解什么是运载合理化,首先要了解在现有的技术与管理水平约束下,合理运载的评价体系;其次要了解实现合理运载,应该从哪些方面获得支持。

(一)合理运载的评价体系

合理运载是一个多目标的运营体系,同时也是复杂的体系。对这样复杂的体系进行评价,主要应该考虑以下四个方面。

1.合理的运载流程

从理论上讲,单一运载流程的合理性应该是流动需求在完整的流程中,直线无波动地连续流动。很显然,在现实中基本上没有哪个运载方案能够实现这样的流动。这样的理想目标,只能成为追求合理流程的方向。

(1)优化流径与流径择优

使运载服务对象在现有的技术约束下,实现最短流径上的移动,是合理运载追求的目标之一。要实现这一目标,首先要设计、建设更优的流径,这主要是非营利性组织的责任,也就是政府和相关部门要对流径及其网络给予更好的规划;其次要在已有的"流径"中进行择优,这主要是营利性组织要做的工作。

(2)减少三种方式的波动

有合理的流径,并使运载服务对象在完整的流程中减少波动,是合理运载追求的又一个目标。要实现这一目标,一是要减少流体(运载工具与运载客体)质量重心的波动;二是要减少流体在运行中的速度波动;三是要减少流动过程中的衔接环节,如减少联运中的装卸次数。

(3)安全流动与流程安全

在追求前两个子目标时,还须保证运载服务对象的安全。要实现这个目标,一是不能改变运载服务对象原有的理化特性,即不出现"货损";二是要保证运载对象在完整流程中能够被有效控制,即不出现"丢失"。只有这样,才能保证运载服务对象不会"损""失"。

(4)消除"错""误"流动

在前三个子目标都比较理想地实现后,有时会发现搞"错"了运载服务对象,耽"误"了运载服务对象到达正确地点的时间。这也使前三个目标变得徒劳。因此,正确流动的具体含义,是要消灭"错"流,剪除"误"流。

2.合理的运载成本

从理论上讲,单纯的运载成本应该是实现运载服务对象正确流动后营利性组织的所有资源消耗。显然这样的消耗越小越好。在现实中,受客户需求、自然环境以及技术水平等多方面制约,只能是在满足客户需求的目标下,追求更低的运载成本。因此,合理的运载成本必须是在实际目标与约束下的资源耗费。

另一方面,在现代物流系统中,运载只是运输的一部分,而运输也只是一个环节,还有仓储、装卸、流通加工等环节。因此,合理的运载成本,应该以物流系统的成本最优为原则,并以系统成本更低为条件,设计出合理的运载方案。由于运载属于运输的一部分,因此运载成本是否合理,要从总体上看是否能够降低现代物流系统的系统运行成本。例如,在成品油供销链中,管道运输与汽车运载被联合使用,从独立环节来看,管道运输的运营成本比较低,而汽车运载成本比较高。但要将成品油供销链作为一个系统来看时,只要系统的物流运营成本可以降低,整个方案就是合理的。

3.合理的价值取向

现实经济社会对运载需求是多目标、多层次的,这也就决定了运载系统的多目标性与多层次性。在这样的系统中,合理运载主要取决于绝大多数客户共同的价值取向。运载需求的价值取向,大体可分为两类。

第一类是单一目标的诉求。如节约时间、节省费用、追求舒适等。

第二类是多目标的权衡。如在规定的时间里,选择比较低的费用支出;在规定的费用支出下,追求服务品质;在保证安全的前提下,控制运载成本等。

4.合理的系统效率

运载系统的效率主要用系统利用程度的量化指标进行衡量。从理论上讲,系统的利用程度达到100%,效率是最高的。但这也仅仅是针对运载系统本身,真正要体现运载系统的效率,应该从以下三个层面去评价。

一是系统本身的利用程度是否合理。一般可以通过运载系统内部的运营成本、收益状况以及效益水平等管理指标进行评价。

二是运载系统的正常运行是否能提高上一层系统的运行效率。例如,能否提高现代物流系统的运行效率,能否提高区域系统的经济运行效率,等等。

三是运载系统对社会发展乃至宏观经济的贡献。这时的运载系统不仅是社会系统中的子系统,它还与整个区域、社会系统融为一体。融合程度直接影响社会系统资源的利用程度。对这种效率的评价,一般是通过运载系统的经济成本、社会资源利用程度、对经济社会的贡献率等指标进行评价。

(二)合理运载的支持体系

在合理运载的评价体系建立后,合理运载的方向与目标就显现出来了,但把握正确的方向和有效地追求合理运载的目标,还需要一个比较完整的支持体系。一个科学的支持体系应该在理论与实践方面对合理运载给予充分的支持。

1.运载规律的解析程度

要想使运载过程在实践中不断趋向合理,就必须充分认识运载的发展规律和科学的运营流程。但这是一个漫长的认识过程,实际上也是不断地去解析运载的内在要求、合理的运行方式与客观的发展规律的过程。因此,解析程度越深,对运载本质特征的认识就越深刻,这将为运载合理化奠定科学基础。

2.运载网络的支持水平

现代化的运载网络已经是一个立体化的结构。但由于受自然条件、社会发展程度、科学技术水平以及对运载网络合理性的认识等方面的约束,现有的运载网络仍然是一个尚不完善的网络。这主要表现在以下几个方面。

(1)网络模式问题

运载网络的模式,主要是指网络系统内部,不同性质的"子网络"各自所占的比例,以及相互之间形成的关系等。

目前,全球已经形成规模的运载网络主要有陆域、水中与空间三类通道,以及公路、铁路、航路(空间)和航道(水路)等四种流径(管道运输是一种本质上有别于其他四种运载的方式,在此只将管道运输的终端看成是资源地,所以排除在运载网络模式的分析之外)。存在的问题是,这"三类通道、四种流径"所构成的运载网络、分布、层次、结构等还不能尽善尽美地支持合理运载。

例如,我国除了运载网络供给总量不足外,还存在网络疏密度与运载需求量之间的结构性矛盾;在网的密度与运载需求量相匹配的情况下,却因不同性质的运载网之间"络"的不畅而无法正常发挥原有的功能。在实际运营中,比较突出的问题是网络刚性无法满足峰值的运载需求量,这一问题公路、铁路以及内河航道组成的网络方面尤为明显。

因此,在运载网络模式上,加强有实用价值的应用研究就显得尤为重要。

(2) 资源配置问题

运载网络中的资源配置主要是指以四种运载方式为主各自形成的子网络,如何实现相互之间的有效衔接,以减少资源的重复投入与闲置的问题。

在中国,资源配置不合理这个问题比较突出。运载系统中四种流径的结合点(枢纽)基本独立或关联性不强,这就使得运载网络的全部资源不能充分整合。这往往会出现区域网络建设重复投资(包括隐性的)的问题,导致各自系统的利用效率低。

一些发达国家也曾走过弯路,由于运载网络建设大多属于公共投资,所以运载网络本身的利用效率比较低。例如,20世纪,一些国家把大量"国铁"下嫁"民间",就是由于"国铁"效率太低,政府背上了沉重的包袱。

总之,不同网络之间以及网络与运载工具之间的资源配置,是一个值得深入研究的课题。

(3) 系统协调问题

在运载系统的结构、运行模式等确定后,通过执行方案,系统就运行起来了。系统协调主要是监控系统运行,对发现的问题通过调整执行程序、改变管理方案甚至是改变局部的系统结构,使系统获得更有效的运行效率。

如果运载网络系统内部缺少合理的资源配置,则对系统整体进行协调就比较困难。例如,现代的运载网络,只是在枢纽点上完成不同运载方式的转换,但由于各自的网络系统依靠不同的技术支持,因此很难实现无缝隙的、无波动的转换。另一方面,在已经形成的综合运载枢纽中,同样由于各自系统的作业方式、流动形式以及技术标准等方面的冲突,无法很好地协调。例如,港口的集疏系统,实际上是水陆间货物流的协调问题。由于设计形式、外部约束,尤其是理念上的、认知程度上的差异,不同的港口集疏系统的协调能力大不一样。

3. 运载方案的设计水平

设计运载方案,已经进入微观层面。它需要运载技术、管理知识以及系统思想的支持;还需要熟悉运载网络的动态、外部环境的变化以及拥有丰富的实践经验。以上两个层面的综合实力,要在客户提出运载需求时才能基本形成,并体现在所设计的运载方案中。运载方案的设计水平是体现营利性组织经营能力的一个主要方面。

4. 运载过程的监管水平

俗话说:"天有不测风云。"对运载过程进行监管,监管水平体现对运载中"不测"的控制程度。实际上,就是体现分解不确定因素的能力和预测不可预知信息的水平。很显然,对运载过程进行监管,同样是一个微观管理层面的问题。

二、不合理运载的表现形式

不合理运载(irrational carry)是指不符合运载对象的合理流向和各种运力的合理分工,它会造成运力浪费、开支上升及运载时间增加的问题。

不合理运载只是一个相对的概念。随着时间的推移、运载科技的创新与进步,尤其是运载规律解析程度的提高,合理运载范畴的行为可能会在将来进行修正。因此,在认识不合理运载的表现形式时,要注意现有的约束条件。不合理运载的表现形式,原则上有以下两大类。

(一) 运载流程不合理

在分析不合理的运载流程时,首先要明确作为硬件部分的运载网络,在短期内无法进行调整与扩建。因此,在设计运载流程时,只有选择权,没有修改权。有了这样的约束,运载流程不合理主要表现在两个方面。

1.流径选择不合理

所谓"流径"选择不合理,一定是在两条或两条以上的"流径"中没能选择更优的流径。

在实际操作中,对于某一具体的运载服务对象预期流动的线路,如果能准确地描述出来,就可以判断其流径是否合理。

最常见的"流径"选择不合理的问题是迂回运载(circuitous carry),通俗地说,就是舍近求远的运载。当这种迂回运载在完全平行的流径上相向流动时,就成为效率最差的一种运载方式,即对流运载(convective carry)或倒流运载(back carry)。

2.流动过程不合理

首先假设某一流程所选择的"流径"是最佳的。在这种情况下,仍然会存在流动过程不合理的问题,这主要是由于流程设计或执行不合理。这种不合理性表现在整个流动过程的波动(离散)程度超出正常范围;流速过快、过慢或无法控制;产生不必要的中间环节甚至是无效的环节等,例如,重复装卸、重复运载、重复中转等问题。

(二)运载方式不合理

现代运载方式主要有船舶、火车、飞机和汽车四种及这四种方式的组合。在某些环境和条件下,除某种运载方式是必然选择外,其他运载方式及其组合的选择有很多种。运载方式及其组合的不合理性主要表现在以下两个方面。

1.运载工具选择不合理

在实际组织实施联合运载时,经常会遇到如何选择运载工具的问题。运载工具选择不当,会导致能源浪费、运载成本增加以及运载效率下降等。例如,在客户允许的时间范围内和具有水陆两条流径时,"弃船用车"就是一种不当选择;再比如,不根据运载服务对象的具体情况配置运载工具,就可能出现超载或亏载现象。所有这些不当的选择,不仅使企业的财务成本增加,还会使社会资源的利用效率下降,最终导致社会经济成本的增加。

2.运营方案设计不合理

运营方案设计不当,主要是指设计方案导致运载工具出现大量非经济运行里程和空驶里程不合理的现象。

每一种运载工具都有最经济的运行里程(区间)。因此,在客户需求的允许范围内,要尽量使运载服务对象移动的流程与运载工具的经济运行里程相匹配。例如,有轨列车的短途运载成本要高于汽车,而长途运载要远远低于汽车,因此,有轨列车与汽车在运载市场上竞争时,应该有自己的定位。

另一方面,运营方案设计不当,会使运载工具产生不合理的空驶里程。这是严重影响运载效率的行为。在运营方案设计中,产生空驶里程的原因很多,大体上可以分为外部因素与内部因素两种(具体原因,将在下面进行深入分析)。

三、影响运载合理化的因素

运载是否合理化,首先要分析与评价其能否满足消费者对运载的需求;其次是考核运载供给的合理性。因此,研究影响运载合理化的因素,主要从运载需求与运载供给这两个方面展开。

(一)需求因素

影响运载需求的因素,实际上是产生运载活动或物流活动的第一类因素。它主要包括以下五个子因素。

1.数量

运载服务对象自身的重量(或按照个数、件数折算)或体积。这一因素实际上提出两个需求维度,即重量维度和体积维度。在实际提供运载工具时,这两个维度都不能突破,否则运载工具将面临超重、超长、超宽、超高等超限行为。这些都是不合理的运载行为。

2.位移

运载服务对象改变空间位置的最小实际距离。这里的位移,有别于物理中两点间直线距离这个位移的概念。它是现有流径中的最佳选择。

3.时限

客户对运载服务限定的时间。这是需求因

素中的重要子因素。很多运载方案都因无法满足客户的时限要求而落选。

4. 偏好

客户对运载服务方式的选择或功能性的需求。它反映的是客户对某一子因素的价值取向，如对时间的要求、对支付价格的要求等。

5. 费用

客户对运载服务的支付。它是对不同运载方案权衡后的体现，也是对相应的运载劳务给予的肯定。

以上这五个因素，实际上是来自客户一方的具体需求目标，而且是有差异性的限制性需求。深入研究这些有差异性的限制性需求，是提供有针对性运载供给的基础，也是能够实现提供合理运载供给的关键。在运载实践中，这五个因素，并不是相对独立的，彼此之间有着比较强的相关性。除此之外，五个因素之间的不同组合还构成客户对运载的三个需求层次。如图12-6-3所示。

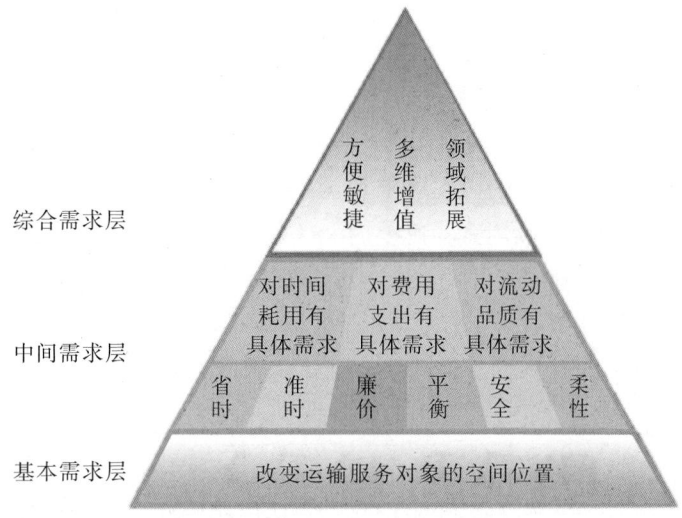

图 12-6-3　运载需求层次结构图

图12-6-3比较清晰地反映了运载需求的结构以及不同层次上的具体需求。只有深入地了解运载的不同需求层次，并想方设法地去满足不同运载的需求（合理的价值取向），再去设计合理的运载方案，才是有价值、有科学意义的合理运载。还需要强调的问题是，在运载实践中，需要设计的是可以运行的、具有可操作性的运载方案。然而，协调不同的运载需求，是比较复杂而棘手的问题（合理运载的一些原则将在后文中讨论）。

（二）供给因素

要实现合理运载，仅研究需求因素还不行，还需要研究供给因素。供给因素是实现运载活动或物流活动的基础，且同样包括以下五个子因素。

1. 载体

使运载服务对象改变空间位置的工具。在前面提到，最常用的载体主要有四种（汽车、船舶、飞机、有轨列车等），如何选择，要根据客户的需求和能够提供的载体方式进行择优。

2. 流径

可供运载服务对象选择的流动线路。在现实中，每一个具体的运载需求，基本上都需要多种组合的流径支持。能否使运载更合理，选择正确的流径是优质运载的重要内容。

3. 流程

为具体的运载需求制定的完整方案。在一个完整的运载方案中，应该包括载体及其组合的选择、流径及流径组合的选择、流速范围的控制以及中间环节衔接方式的设计等。

4. 执行

按照已经设计的运营方案组织实施的过程。这一过程主要包括运载工具的调度、各环节点的现场组织与实施过程中的控制。所以调度、组织与控制是运载流程中最主要的三个执行环节。

5.协调

对运营环节中遇到的问题进行处理,并对整个流程进行协调。在执行运营方案的过程中,经常会遇到意外因素(不可预知的信息),因此,要对原有的方案及时做出调整。这有赖于对运营动态的监控,尤其是与执行者保持信息上的无障碍交流是监控的重要内容。

以上五个供给子因素,从不同的方面影响运载的供给质量。因此,如何充分利用好这些子因素,也就成了决定运载合理性的关键。

四、消减不合理运载的原则

前文系统地分析了合理运载的内在要求和不合理运载的主要形式及其影响因素。以上的一系列分析,都是为了不断地减少不合理运载问题,从而提高运载系统的综合效率。要减少不合理运载问题,主要从宏观与微观两个方面展开。

(一) 宏观方面

从宏观方面减少不合理运载问题,主要由政府及其行业主管部门组织完成。也就是说,以非营利性的组织为主,营利性组织则有义务将运营信息及时反馈。因此,宏观方面主要有以下几个层面的工作要做。

1.构建合理的运载网络

在不同的科技水平支持下,对"合理"的认识存在差异。现代的科学发展观、合理的运载网络,应该是在技术层面上先进、可行的;在经济层面上,节约资源,不断提高整个运载系统的效率;在社会层面上,不断减少各种负面影响,如污染、各类交通事故,并能成为推动社会可持续发展的重要力量。从具体实施层面来看,构建合理的运载网络,主要涉及流径与运载枢纽两类问题。

(1)不断完善综合运载网络中的流径

完善运载网络的核心是"增、改、减"。增,即增加新的流径;改,即改造原有的流径;减,即消减不合理的流径。"增、改、减"的目的,是使不同类型运载网络能更好地衔接,使综合运载网络的结构更加合理,为综合运输体系发挥效率,贡献基础性的力量。

(2)科学设置综合运载网络中的枢纽

运载枢纽是综合运载网络中的关键节点。对不同流径上的交通量、运输量、运输工作量起到重要的调节作用。因此,运载枢纽的合理分布以及运载枢纽的功能,不仅仅是枢纽本身的事情,而是关系整体运载网络的功能与效率。例如,综合运载枢纽能否实现不同运载方式之间的快速、低耗衔接,是提高综合运载网络效率的关键。

2.协调资源与产业布局

改善运载网络,只能使运载服务对象在改变空间位置的过程中,按照更优的流程流动,但运载网络无法改变运载需求的原有位移。要缩短运载需求的空间位置,可以协调各类资源与产业的布局,使这种布局更加合理。

应用实例:"首钢"搬迁到河北省的曹妃甸港口,可使原有的铁矿石的运距减少大约 120 km,并至少减少一个装卸环节。

3.运载方式的合理配置

从宏观层面,主要是通过行业的行政管理部门制定相应的产业政策。通过减少不同运载方式之间的不合理竞争,提高运载工具的专业化程度和社会化程度等措施,来提高运载系统的综合效率。

应用实例:汽车机动灵活的"面上"运载与有轨列车大运量长距离的"线上"运载,恰好可以形成优势互补。因此,短途需求和一定区域内的货物集疏应该多由汽车承担,而大量的长途需求应多由有轨列车承担。

(二) 微观层面

消减微观层面的不合理运载现象,主要是营利性组织的责任。应该从以下三个方面展开。

1.研究开发新型的运载工具

随着科技进步,不断开发出节能效果更好的、运载效率更高的、运行更加安全的运载工具,可以提高技术合理化的水平,也是合理运载的技术基础。

2.提高运载工具的使用效率

提高运载工具的使用效率是减少不合理运输的重要措施之一。具体方法,是提高运载工具的时间利用率、里程利用率和载重利用率等指标。

3.科学设计综合性运载方案

实践证明,实施综合运载方案是减少不合理运载的最有效方法。它可以将不同运载方式、不同运载工具的技术优势充分发挥出来。因此,从系统的角度分析,制定或设计综合性的运载方案,可以最大限度地发挥运载系统的效率。

【综合运输】

综合运输(integrated transportation)既是一个集各种运输方式及相关运输网络为一体的(学科)体系,又是多种运输方式共同完成运输任务的组织运营形式,更是现代区域系统中一个十分重要的、综合性子系统。

实际上,综合运输是一个模糊集合。因此,要比较深入地了解什么是综合运输,首先要粗略地回顾综合运输的形成过程。

一、综合运输的形成

在工业革命之前,由于生产力水平比较低,可供人们选择的运输方式十分有限。不同运输方式相对独立,偶尔出现利用两种以上的运输方式,也并非供给的主观行为,而是客观需要促成的暂时性联合运输。

随着工业革命的演进,机械技术水平得到了突飞猛进的发展。在这一进程中,三种力量及其三种力量的组合,创造了新的运载工具,提升着运输水平,也就催生了综合运输行为和逐渐形成综合运输体系。

(一)运输技术的创新

随着运输技术的不断创新,运载工具的运行速度、载承能力、运行灵活性等的不断提高,这使得不同的运输方式,逐渐通过专业化进行技术上的分化,发挥各自的优势。运输方式之间的分工,逐渐清晰并显现出来。

(二)运输经济的驱动

由于各种运输方式逐渐独立,运输方式之间的竞争则无法避免,而且在运输的发展过程中,这种竞争是相当残酷的。在这种残酷的竞争过程中,降低运输成本是竞争者的必然选择之一。除了技术创新之外,要降低运输成本,只有实现规模经济,追求规模效益。

在这一过程中,每一种运输方式都在不断完善固有技术与经济的结合。与此同时,传统的五大运输方式确立自身的优势与领域,各自的运输体系也达到一定的规模并形成区域运输网络。此时,产生综合运输的基础已经具备。

(三)运输需求的分层

真正促成综合运输形成的动因应该是运输需求的分层。随着经济的发展与社会的进步,运输消费者对运输的需求在不断提高,在提高的同时,运输需求在不断分层。这种分层积累到一定程度,由变量诱发质变;而且这种变化明显比单一运输供给方式的变化速度要快。这一重要诱因,促使不同运输方式之间寻求协作,综合运输的、自觉协作的行为由此产生。

二、综合运输的含义

综合运输首先是一个集各种运输方式及相关运输网络为一体的(学科)体系,重点研究体系内部的技术组合、技术的综合利用以及系统的综合发展;其次它是多运输方式共同完成运输任务的组织运营形式,重点研究专业分工、组织协作以及系统协调问题;最后它是现代区域系统中一个十分重要的、综合性的子系统,重点涉及与区域系统的关系。下面仅从这三个方面对综合运输体系进行定性分析。

(一)系统构成分析

只有对运输子系统的认识比较清晰时,对综合运输的理解才能比较深入。根据前面的分析,综合运输体系由两种属性的流动形式(连续流、离散流)、三种类型的运输通道(水、陆、空)、四种主要的运载工具(船舶、列车、飞机、汽车)和五种传统的运输方式组成。可以从以上的分析看出,综合运输体系中既有"流"的差异,又有结构上的差异,还有执行要素的差异。

综合运输的本质是可以在具有差异类型的层面上,综合不同的运输方式或综合多种运载工具、协调多类运输通道的配合,形成综合的运输行为,也可以是一种综合的运输流程,甚至形成固定的、综合性的结构模式。最终实现技术或经济的优势互补,并使整个系统的效率得到提升。

以上分析表明,综合运输是一个比较复杂的集合。如果仅从体系的层面定义综合运输,应该是在系统的结构框架中多层面、多维度的综合方式或模式。因此,综合运输体系是为实现运输目标的模糊集合。这种集合包括多种通道、多种运载工具、多种运输方式、多种流程等方面的集合。

(二)组织形式分析

从考察运输行为入手,可以发现某一运输客体的完整流程是由单一运输方式或多种运输组合来完成的。了解了运输行为,再考察组织形式就比较容易了。下面重点剖析单一运输方式和多种运输组合。

1.单一运输方式分析

在现代运输体系中,仍然存在大量的单一运输方式,即某一运输客体完全由某一运输方式承担并完成全部流程,这是无争辩的客观事实。但在单一运输方式中,仍然存在综合运输。从运输行为分析,单一运输方式可以是单一的完整流动行为,也可以是单一运输方式多个流程的配合。

这里需要说明一个问题,综合运输与联合运输有时两者之间存在差异。根据综合运输的含义,单一运输方式不属于综合运输,但单一运输方式中却存在联合运输的行为;反之,使用多种运载工具的运输,不一定是联合运输。以上分析表明,要研究综合运输,从分析运输行为入手可以简化复杂问题。

2.多种运输组合分析

当某一运输客体需要两种或两种以上的运输方式共同完成时,显然需要对多种运输进行组织。如果只是从考察运输行为的视角做出判断,就是狭义的综合运输,它不能涵盖综合运输的全部内容。在这一类的综合运输中,除了多种运输配合外,体现的是运输方式的组合方式、运载工具的分工协作以及衔接协调等。实际上,每一个具体的综合运输方案,就是一个具体的组织经营形式。在实践中,好的组织经营形式被保留并反复使用。

以上分析表明,综合运输主要涉及运输方案、组织、运营及监管等方面。所以从这个意义上说,综合运输是一种管理模式,又是一种经营方式。它是发挥综合运输系统效率的机制保证,但在组织的角度上不能很好地诠释综合运输。因此,还需要从其他视角去分析综合运输所包含的价值。

(三)内外影响分析

综合运输系统不是一个孤立的体系。它既对包围它的区域系统产生影响,也受到来自区域的各种约束。例如,一个区域在宏观方面的运输产业政策、运输网络和产业发展规划,以及多层次综合运输体系的构建与协调等,都对区域和综合运输体系本身有着导向性的作用和约束性的力量。

从另一个视角看出,综合运输系统是一个模糊集合。这表明它与区域协调及区域内的其他子系统缺少清晰的边界,甚至有些组织被融合在一起。因此,研究综合运输问题就不能脱离所在的区域孤立分析,而是要把区域系统的相关参数作为研究综合运输系统的重要依据。

综上分析,综合运输应该是多种运输方式配合完成运输流程的运输行为;也应该是涉及运输体系、运输行为和组织行为模式的集合,并与所在的区域有着广泛而深入的联系。而综合运输的目的是追求更高的系统效率。

三、综合运输的内容

综合运输的内容,大体上可以分为宏观与微观两个方面。宏观方面的工作主要是政府及行业组织的责任;而微观方面的工作主要是营利性组织要研究的事情。下面就从宏观与微观两个方面概要地介绍综合运输涵盖的基本内容。

(一)宏观的综合运输问题

宏观的综合运输问题主要涉及综合运输网

络的设计与配置,综合运输政策的制定,综合运输产业的规划,综合运输管理模式的选择或调整等。

1. 设计与配置综合运输网络

综合运输网络是由可供运输的流径与具有组织、调度、处理等功能的枢纽组成。发达的综合运输网络,是由多个层次、多种流径和各类结构组成的复杂网络。综合运输网络的设计水平与配置状况,直接影响一个区域甚至一个国家的综合运输水平。而决定综合运输网络水平的基本元素主要有流径、枢纽及其结构模式。

(1) 网络中的流径

流径是各类运输线路的总称。在整个综合运输网络中,流径有主有次,有的是影响整个国民经济的关键性大动脉。如京广、京沪铁路线,长江运输通道就是我国经济大动脉。就流径本身而言,主要用设计流量能力来评价流径的运输能力。不同类型的流径有具体的评价参数,例如,航道的运输能力涉及水深、航道宽度、可通航的天数等。另一方面,流径的类型还可以反映其所具有的功能,例如,江、河、湖泊在承担运输的同时,还具有行洪排涝、调节湿度的功能。

(2) 网络中的枢纽

运输枢纽是综合运输实现的基础,也是综合运输的核心。换句话说,没有运输枢纽就没有综合运输。运输枢纽有多种类型,每种运输方式都有自己的运输枢纽,但这种单一运输枢纽的效率与规模有时有局限性。两种或两种以上运输方式构成的枢纽被称为综合运输枢纽或复式运输枢纽。在综合运输中,运输枢纽的作用十分重要,所要研究的东西比较多,是内容十分丰富的大课题。在我国的综合运输体系中,除了大型的港口有比较好的集疏系统、仓储加工系统和多功能的服务系统外,公路、铁路、航空等枢纽的功能比较单一,彼此之间缺少无缝衔接、联系通道不畅,也缺乏有效的协调。

(3) 网络中的模式

综合运输模式,既有网络模式,又有组织模式和体制模式等。在综合运输网络中,主要是指综合运输网络的模式。它是指流径与综合运输枢纽所组成的运输网络结构。不同的结构有不同的效果。模式研究是综合运输系统中基础性的大问题,它甚至可以直接影响国民经济的发展。对综合运输网络模式的选择,首先,取决于对区域综合运输网络布局理论的研究深度及应用的广度;其次,取决于对所在区域未来综合运输演化的判断,并在此基础上提出的发展思路;再次,取决于规划原则、框架以及方法的选择。当然,综合运输网络模式的选择,更离不开战略与政策的支持。

2. 研究与制定综合运输政策

综合运输政策对综合运输的健康发展具有引导性的作用与规范性的约束。这表明政策可以从两个方面发挥作用:一是引导性,主要通过示范、资金支持、技术支持、服务支出等手段推动更先进合理的综合运输技术、经济、管理等项目;二是约束性,主要通过行政的、法律的、经济的甚至是思想道德方面的手段限制落后的技术、落后的运输方式、落后的管理模式等。

但综合运输政策的制定,必须建立在大量的实证分析和深入的理论研究的基础上。另一方面,对已经执行的政策,要根据经济发展的需要、外部环境的变化以及技术水平的提高等适时做出调整。

3. 选择与规划综合运输产业

政策侧重"通",而规划侧重"专";政策的前瞻性、引导性给出范围,指出方向,而规划需要确定路径和目标;政策的约束性体现的是制度层面的限制,而规划则是具体的安排或选择,是对具体内容的限制。综合运输产业规划涉及综合运输网络的规划、综合运输产业发展的规划、不同运输方式之间一体化协调发展的规划等。而在每个大类中,又有若干个子规划或分规划。另一方面,从区域结构来看,综合运输产业规划又可分为全国规划、分省规划以及具体区域的详细规划。不论是哪种类型的规划,无法回避的核心问题都是如何选择路径。这是规划能否成功的关键问题之一。

4. 设计与构建综合管理模式

综合运输管理模式,是一组相对稳定的管

理方法集成,是一个关联相对清晰的结构,是一部运转流畅的机器。一个好的综合运输管理模式,可以使综合运输网络的效率得到更好的发挥,使综合运输政策得以充分贯彻,使综合运输规划得到更好的执行。一个好的综合运输管理模式:一是要与具体的综合运输体系有很好的匹配;二是要为综合运输的健康发展正确导航;三是要使运输管理模式自身具有不断创新、不断完善的机制。

宏观层面的综合运输问题,是关系到交通运输体系乃至国民经济发展的大问题,是一个需要持续不断进行深层次研究的领域。对宏观层面综合运输问题的研究,更多的应该是政府部门主导,并与研究单位进行有实用价值的结合。

(二)微观层面的综合运输

微观层面的综合运输主要涉及综合运输的组织工作,确定与规范具体的运营模式,设计具体的综合运输方案以及建立完善的监督与反馈机制等。下面将侧重从联合运输入手,分析微观层面的综合运输。

【联合运输】

所谓联合运输(combined transportation),简称"联运",是采用两种或两种以上的运输方式(或两程以上同一种运输方式),按照统一的协议或章程,联合完成某项运输的形式。随着综合运输体系的不断完善,联合运输不断发展壮大。

联合运输有不同的分类方法。按照运输服务对象分类,主要分为货物联运和旅客联运;按照运输范围分类,主要分为国际、国内、干线、支线等联运方式;按照提供的运载工具分类,主要分为海陆空、公铁、水路干支联运等。在上述的这些分类中,最复杂的是国际货物多式联运。

一、国际货物多式联运的基本特征

所谓国际货物多式联运(international multi-modal transport of goods),是按照多式联运合同,联运经营者以一张联运单据,负责将货物从一个国家或货物接收地送到另一国家或货物交付地的运输组织形式。

国际货物多式联运的特征可以用五个"一"来描述。

1. 签订一份合同

国际货物多式联运经营者将对货物运输的全程负责。

2. 实施一次托运

托运后的所有中间环节由多式联运经营者组织安排。

3. 实行一次付费

参与经营的企业按彼此约定或合同在内部分配收益。

4. 采用一票到底

国际货物联运单据从签订后随货物完成全部的流程。

5. 事故统一理赔

有货损货差或未按时交货等情况时,由联运经营者负责理赔。

二、国际货物多式联运的主要优势

根据国际货物多式联运的特征,可以分析出多式联运的诸多优势,其中最主要优势表现在以下几个方面。

1. 可实现全球范围内的"门到门"的运输

海洋与航空运输呈现出"点到点"的特征,江河与铁路运输则突出"线"的特征,而公路运输体现"面"的特征。这种点、线、面的关系,决定只有多式联运才能更多、更快、更好地实现全球范围内的"门到门"运输。

2. 充分发挥多式的综合利用与高度灵活性

国际货物多式联运,是根据客户的具体需要,对多种运输方式进行有针对性的组合。

因此,在节约时间、减少多余环节、充分发挥不同运载工具效能等方面比单一运输方式更有优势、更具有灵活性。

3.减少不必要的资源消耗,降低物流成本

国际货物多式联运的核心优势,是技术标准化、运营的连贯性和管理的协调性,大量减少装卸次数,减少货物的库存时间,走更优的运输线路。因此,多式联运可节约多项费用,使"第三利润"得到增加。

4.提供更优的服务品质,极大地方便客户

由于国际货物多式联运必须按照国际通用的标准为客户提供服务,因此理货程序、技术操作、服务流程等很多细节都必须按照诸如《多式联运国际公约与规则》(International conventions and rules for multimodal rransport)、《联合运输单证统一规则》(Uniform rules for combined transport documents)等国际化的法规实施。

因此,客户只需将托运货物的类型、目的地和时间要求等告诉多式联运经营者,后者就可以迅速测算出业务量与联运成本,并与客户沟通、协商,最终签订联运合同。由于有"五个一"的保证,客户不再去操心诸多中间环节,也因此获得了极大地方便。

三、国际货物多式联运的技术支持

国际货物多式联运,虽然是一种运输组织形式,但同样对诸如标准化、集装化、信息化、系统化等相关技术有很高的要求。换句话说,与多式联运相关联的一些关键技术,是开展多式联运的基础。

1.标准化技术是开展国际多式联运的重要基础

由于国际货物多式联运需要多种运载工具相互配合,共同完成运输任务,因此,要求一些必要的装卸设备及其工属具实现标准化。只有这样,才能满足多式联运的技术需求。例如,国际集装箱联运,在技术层面是集装箱、装卸工具、工属具的标准化,只有这样才能提高装卸效率。

2.集装化技术可提高国际多式联运的利用效率

集装化技术涉及物流基础模数尺寸与集装单元基础模数尺寸的配合关系,直接影响包装、拼箱、配载等环节。因此,包装尺寸的设计、拼箱方法的研究和计算机模拟的配载等内容,是集装化工作要解决的一系列问题。例如,拼箱方法不合理,会增加装卸工作量、降低集装箱的利用率和产生多余的环节。

3.信息化技术是发展国际多式联运的必要条件

要快速实现全球"门到门"的运输,就必须要有全球化的信息系统支持。只有信息技术的高度发达,才能为国际货物多式联运提供强有力的技术支持。例如,高科技的信息系统,能够迅速准确地跟踪、监控被运货物的动态,并能及时发出各种指令,以确保货物的全程安全。

4.系统化技术是国际多式联运优化的资源保证

随着大型化、高速化的国际货物多式联运方式的日益增多,国际货物多式联运系统已经成为一个越来越复杂的动态系统。仅仅依靠传统的尤其是静态的处理方法,很难控制这样一个大型化的复杂系统。另一方面,国际货物多式联运的外部环境也变得更加复杂,要使国际货物多式联运系统更好地适应外部环境,就需要用系统化的技术进行分析与处理。

我国对国际货物多式联运系统的研究,还不够深入,仍有很多工作要做。只有在系统理论的有力支持下,系统化技术才能不断被应用到国际货物多式联运系统中,为国际货物多式联运的升级与优化提供服务。

四、国际货物多式联运的发展空间

运送速度更快、运营时间更短、经营成本更低、服务内容更全,是国际货物多式联运的发展方向与目标。要实现这样的目标,需要一系列的专业技术与管理方法的支撑。

另一方面,国际物流业的迅速崛起与快速扩张,需要国际货物多式联运的全面支持。因为国际货物多式联运是国际物流中的核心组织技术与重要的经营模式,也就是说,国际物流是以国

际货物多式联运为核心而展开的。

1. 以标准化为基础的技术内容需要进一步推动

由于标准化技术是开展国际货物多式联运的基础,所以在综合运输体系中的标准化程度就决定了系统效率。发展中国家的综合运输体系,标准化程度还比较低,如港口、机场、车站等集疏运系统的标准化改造与完善,装卸搬运设备的标准化改进等在技术层面上都有很大的发展空间。

2. 以信息化为平台的运营模式将会进一步扩展

当今国际化企业在经营实践中,纷纷应用精益物流、ERP、供应链等多种模式,共同的特征都是以信息系统为平台,实现多模式间的信息交流与协调。所以,信息化的功能与水准就成为决定运营模式的关键。由于信息化功能与水准处在不断开发与提升的过程中,而且已经开发出的功能也并未都得到广泛的应用,因此基于信息化的国际货物多式联运模式将会进一步扩展。

3. 以系统化为核心的升级优化将发挥主导作用

将国际货物多式联运进行系统化的深度整合,是未来发展的重要内容。它将决定国际货物多式联运系统的升级与优化。国内外的一些大学与研究机构正在这个领域中投入人力、物力等进行研发。毫无疑问,在这一领域的一些重大研发成果,将在未来国际货物多式联运的运营中发挥主导作用。

第三节 运载工具的技术性能

随着科技的不断发展,运载工具已经成为一个庞大的家族,从而也就构成一个庞杂的知识体系。由于不同类型的运载工具,其技术特性存在着比较大的差异,因此有很多专业书籍分门别类地详细地介绍了相关知识。本节根据运载工具的技术共性,重点剖析核心技术并系统地概括运载工具的技术体系。

【动力系统】

运载工具的动力系统为运载工具的运动提供动力。基本原理是不同形式的能量通过动力系统转换成机械能做功,并按照人的主观意愿驱动运载工具进行移动。本节主要介绍动力系统的基本类型、工作原理、基本构造及评价指标等。

一、动力系统的耗能类型

自1765年英国工程师瓦特发明蒸汽机(steam engine)以来,人类不断研制出多种类型的动力系统。其中,民用的动力系统所使用的能源主要有四个基本类型。

1. 以煤炭为燃料的蒸汽机

蒸汽机是早期的动力系统,以煤炭为燃料,通过燃烧煤炭对水进行加热而提供水蒸气。当水蒸气进入蒸汽机汽缸内推动活塞做往复运动,并带动曲柄连杆机构进行旋转时,蒸汽机完成热能向机械能转变的过程。蒸汽机向外输出动力,再经过一系列的机械传递,就可以驱动运载工具运行起来。

由于大多数蒸汽机属于外燃机,并且煤炭产生热量的方式相对缓慢,这使得在热能转换成机械能的过程中,热量损失比较大。因此,用煤炭做燃料的结果是燃烧热效率比较差。运载工具的动力系统基本不用蒸汽机做动力了。

2. 以油气为燃料的内燃机

内燃机(diesel engine)主要以汽油、柴油、煤油、天然气、煤气等作为燃料。有一些地区开始在汽油中添加一定比例的乙醇,制成混合燃料。在上述的燃料中,汽油和柴油的应用最为广泛,占所有油气燃料的90%以上。在现有的技术条件下,大中型的内燃机基本上都使用柴油作为能源,如轮船、火车和大型的汽车等;中小型的内燃机以使用汽油为主,如小汽车、飞机、汽艇和摩托等。

3.依靠电能驱动的电动机

电动机(electric motor)是将电能转换成机械能的装置。由于效率很高,而且对环境的负面影响比较小,因此一部分陆域的运载工具依靠电动机运行。由于依靠电动机的大型运载工具要受到输电网络的约束,机动性相对差一些,而且适用的区域受到一定的限制。

科研人员不断对不依靠输电网络的运载工具进行研究与开发,核心是应用储能大的蓄电池来提供能量。但由于受技术、材料、成本等方面的约束,已经研发出来的蓄电池所能储备的能量还比较小,充电过程还比较长,蓄电池本身的重量比较大。因此,蓄电池只是在小型运载工具上使用,还不能广泛使用在比较大型的运载工具上。

4.依靠混合动力的发动机

所谓混合动力(mixed power)是指依靠两种或两种以上的能源混合使用,共同为同一种运载工具提供动力。混合的方式有不同的类型:一是燃料混合使用,如汽油与乙醇在油箱中混合在一起,共同注入发动机燃烧;二是发动机可以使用不同性质的燃料,如既可以烧天然气又可以烧汽油的发动机,但汽油与天然气并不混合,而是独立储存在各自的容器中;三是完全独立的动力系统共同驱动同一种运载工具,如油电混合动力系统,是分别通过内燃机和电动机驱动运载工具运动。

二、四行程内燃机的构造

截至2008年底,用于商业和民用的动力系统主要有往复活塞式发动机(reciprocating piston engine)、旋转活塞式发动机(rotary piston engine)和喷气式发动机(jet engine)等几种类型。其中,往复活塞式主要用于汽车、有轨列车和船舶等水陆运载工具;而喷气式发动机主要用于各种飞行器。

往复活塞式发动机主要有四行程和二行程内燃机等类型(外燃机已经基本淘汰)。其中,大型汽车、有轨列车和水陆运载工具大都使用柴油内燃机,而小汽车主要使用汽油内燃机;旋转活塞式发动机,又称三角转子式发动机,是德国的费·汪克尔(Felix Heinrich Wankle)在1954年发明的,只有少量在小汽车上使用过。本书将比较详细地介绍四行程内燃机的基本构造与工作原理。

(一)四行程内燃机的工作要件

四行程内燃机(又称四冲程内燃机),是指曲柄连杆机构与活塞共同完成一个工作循环,需要进气—压缩—做功—排气四个行程,故称为四行程内燃机。四行程内燃机整体结构如图12-6-4、图12-6-5所示。

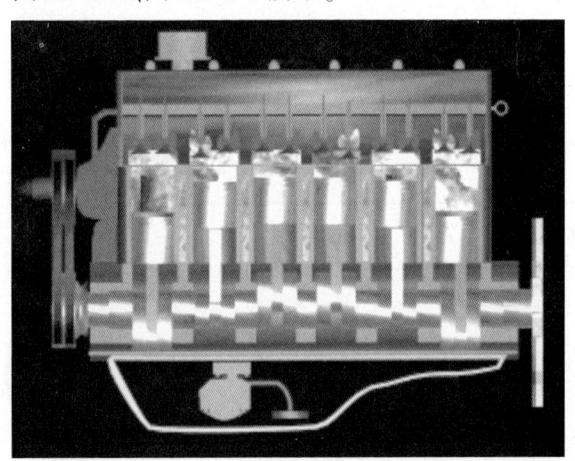

图12-6-4 直列6缸四行程内燃机的示意图

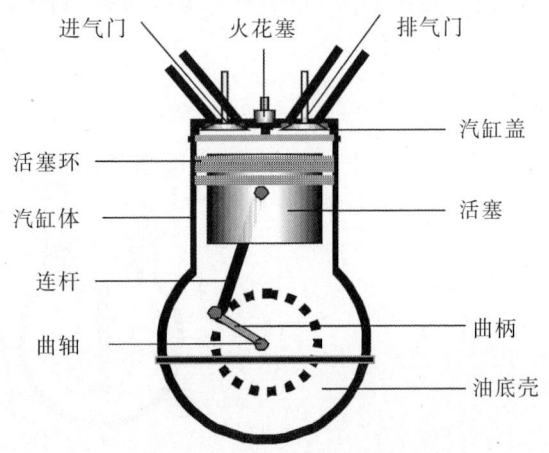

图12-6-5 四行程内燃机的结构图

从图12-6-4、图12-6-5中可以看出,四行程内燃机的工作要件由汽缸体、曲柄、连杆、活塞、进气门、排气门等组成,这些零部件是实现四行程内燃机工作的必要零部件。

(二) 四行程内燃机的基本术语

1) 活塞上止点是活塞顶端距离曲轴中心最远的时点。

2) 活塞下止点是活塞顶端距离曲轴中心最近的时点。

3) 活塞的行程是活塞从一止点移到另一止点的距离。

4) 汽缸排气量是活塞扫过两止点间的实际汽缸体积。

5) 燃烧室容积是活塞在上止点时,活塞顶端的体积。

6) 汽缸总容积是活塞在下止点时,活塞顶端的体积。

7) 汽缸压缩比是汽缸总的容积与燃烧室的容积之比。

8) 内燃机排量是内燃机汽缸数与汽缸的排气量之积。

图 12-6-6、图 12-6-7 和图 12-6-8 是四行程内燃机基本术语的图示。

(三) 四行程内燃机的工作原理

四行程内燃机的基本工作过程如图 12-6-9 所示。

1. 进气行程

在图 12-6-9(a) 中, 活塞处在上止点,是进气开始(同时也是上一个工作循环,排气终止)的时刻。此时进气门开、排气门关。随着曲柄的旋转,带动连杆并牵引着活塞向下运动,到图 12-6-9(b) 的位置,汽缸的容积逐渐增大,在负压的作用下,汽缸内逐渐进气。当活塞运行到下止点,到图 12-6-9(c) 的位置,进气过程结束。在此过程中,活塞移动的距离恰好等于曲柄旋转半径(R)的两倍,而汽缸体积的变化量就是汽缸排气量,用 V_h 表示。在图 12-6-9(c) 位置,活塞顶端的总体积就是汽缸总容积。

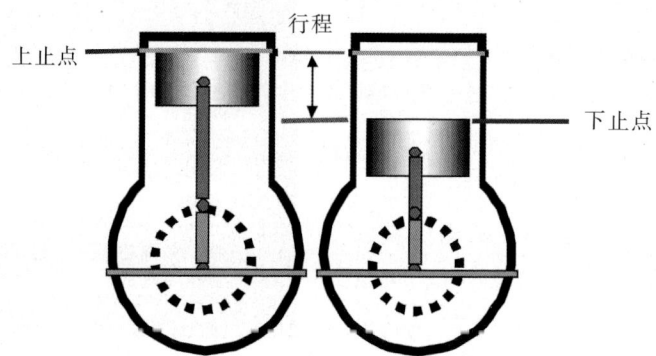

图 12-6-6　四行程内燃机基本术语图示(一)

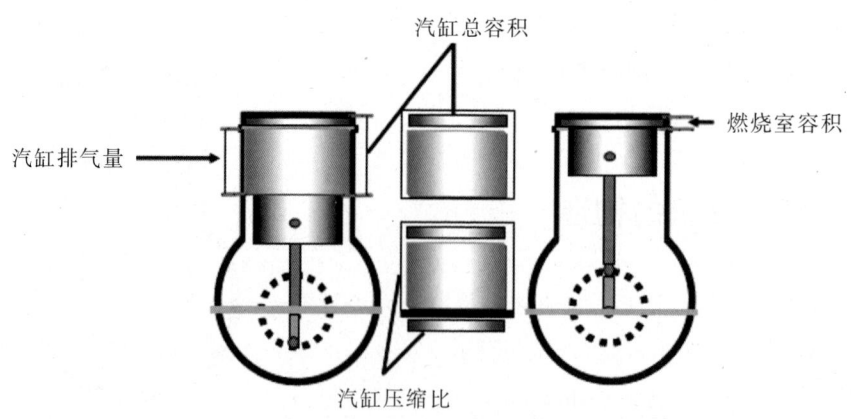

图 12-6-7　四行程内燃机基本术语图示(二)

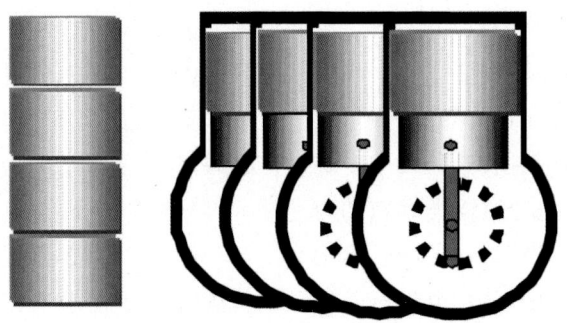

图 12-6-8　直列四缸四行程内燃机的排量

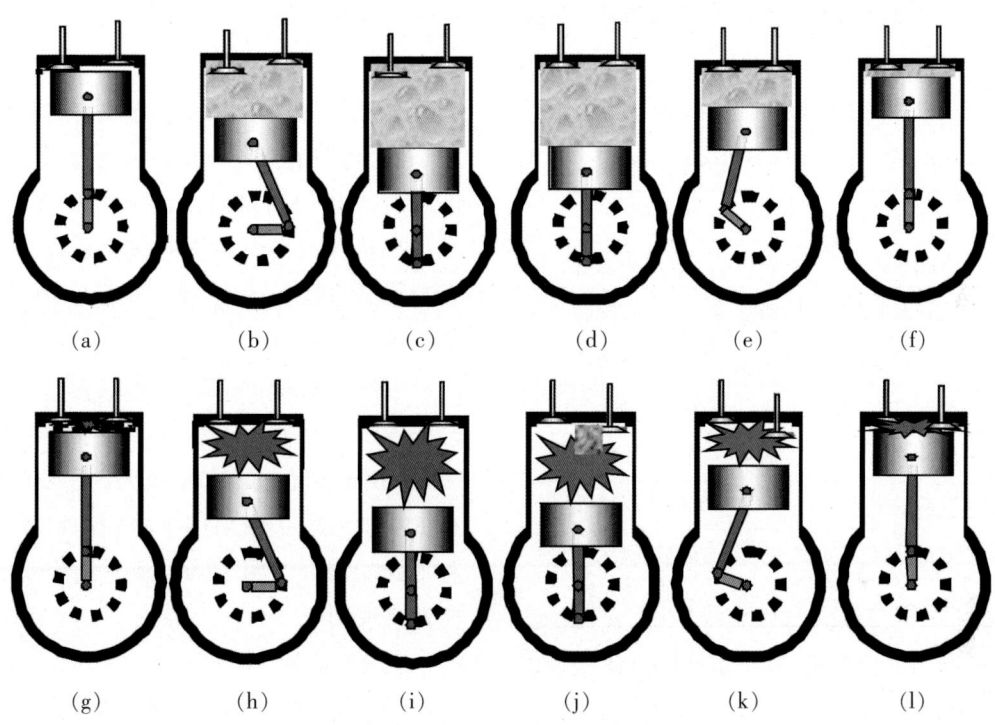

图 12-6-9　四行程内燃机工作原理图

2.压缩行程

活塞到下止点,即图 12-6-9(d),进气门关闭。当曲柄继续旋转,活塞开始向上运动,并逐渐压缩汽缸里的气体,如图 12-6-9(e)的位置,随着活塞再次运行到上止点,即图 12-6-9(f)的位置,压缩行程结束。此时活塞顶端的容积就是燃烧室容积,用 V_e 表示。汽缸总容积(V_h+V_e)与燃烧室容积(V_e)之比就是压缩比,用 ε 表示。ε 是反映内燃机性能的一个重要评价参数,计算公式为:

$$\varepsilon = (V_h + V_e)/V_e$$

3.做功行程

当压缩过程结束时,通过不同的点燃方式,燃烧室内的高温、高压状态的可燃混合气被点燃,此时燃烧室内产生剧烈的燃烧,气体急剧膨胀,推动活塞向下止点运动。这一过程就是四行程内燃机的做功行程,即 12-6-9 图(g)—(i)。当活塞再次运行到下止点时,做功行程结束,并完成一次做功。图 12-6-9(i)是做功结束的时刻。

4.排气行程

在这一过程开始时,排气门打开,即图 12-6-9(j)。曲柄在惯性的作用下,继续旋转,逐渐推动活塞向上止点运动,并不断地将汽缸内燃烧过的废气排出,即 12-6-9 图(j)—(l)。当活塞再次回到上止点时,又一次回到图 12-6-9(a)的位置,排气过程结束,同时意味下一个循环的开始。

在上述的循环过程中,活塞经历了两次往复运动,即:进气—压缩—做功—排气,共四个行程。与此同时,曲柄旋转两周。以这种方式工作的内燃机称为(往复活塞式)四行程内燃机。

(四)四行程内燃机的基本构造

不同类型的内燃机使用不同的燃料,除了具有四行程的基本构造外,在其他构造方面也存在着不同程度的差异。即使是使用同类燃料的内燃机,在构造方面也会有一些不同。因此,本书只介绍(往复活塞式)四行程内燃机中具有共性的基本构造和各个零部件的一般特征。

虽然四行程内燃机的结构类型很多,具体的构造差别很大,但基本的组成大同小异,表12-6-2是四行程内燃机的主要部件与零件。

表12-6-2 四行程内燃机的主要组成

	主要部件	主要零件
四行程内燃机的组成	汽缸总成	缸体、缸盖、油底壳等
	曲轴总成	曲轴、轴承、正时轮等
	连杆总成	连杆、活塞、活塞销等
	配气机构	气门、推杆、凸轮轴等
	供油系统	油箱、油泵、过滤器等
	冷却系统	风扇、水泵、节温器等
	润滑系统	油泵、油道、过滤器等
	起动系统	开关、电池、起动机等

不同类型的内燃机,其子系统的具体构造千差万别,但每个子系统的基本结构基本相同,基本原理大同小异。图12-6-10、图12-6-11、图12-6-12、图12-6-13、图12-6-14、图12-6-15、图12-6-16概括性地介绍了不同的子系统。

1.汽缸总成

图12-6-10是内燃机的汽缸总成图。它主要包括汽缸体-曲轴箱、汽缸盖、汽缸垫、密封垫、油底壳、缸盖罩、气缸套等。汽缸总成是内燃机的基础。

2.曲轴总成与连杆总成

图12-6-11是曲轴与连杆总成的分解效果图。两个总成经过精密配合组装成曲柄连杆机构,这是内燃机中关键的运动部件。曲轴总成决定着内燃机的构造类型,因为运载工具所使用的内燃机由多个汽缸组成,而汽缸数一定与曲轴上的连杆轴数相等。图中所展示的是直列6缸内燃机的曲轴,连杆总成由连杆、活塞等组成。由于是高速运动的部件,因此要求材料抗冲击和耐磨、耐高温等。

3.配气机构

图12-6-12是配气机构的结构示意图,配气机构是控制气门开启和关闭的机构,一是通过凸轮控制气门的开或关;二是通过正时齿轮控制不同气门的开或关。

4.供油系统

内燃机的燃料供给系统因内燃机使用的燃料不同,在构造上存在比较大的差异。大多数水陆运载工具的内燃机使用柴油和汽油,因此柴油内燃机和汽油内燃机的供给系统是最常见的燃料供给系统,图12-6-13是汽油内燃机燃料供给系统示意图。

5.冷却系统

内燃机在使用过程中会产生高温和大量的热量。因此要通过冷却系统为内燃机降温。内燃机的冷却系统一般采用水冷式和风冷式或者两种形式的结合。图12-6-14是水冷式的内燃机冷却系统图。

6.润滑系统

内燃机在工作中,运动部件高速运转,相互配合、相对运动的零件之间会产生剧烈的摩擦,如果没有润滑系统,零部件会很快被磨损坏。因此,润滑系统是保证内燃机正常运转的重要系统,具有润滑、清洁、冷却、密封和防止零部件发生化学腐蚀等方面的作用。图12-6-15是内燃机润滑系统的结构示意图。

7.起动系统

内燃机由静止过渡到工作状态,必须要先借用外力转动内燃机的曲轴,带动活塞做往复运动。只有汽缸内的可燃混合气体燃烧膨胀,推动活塞做功,才能推动曲轴自动旋转,工作循环才能进行,内燃机才能正常运转。这一过程需要由起动系统来完成。起动系统是内燃机的辅助系统,如图12-6-16所示。

第十二篇　现代物流与综合运输基础在生态工业系统中的作用与现状 | 1261

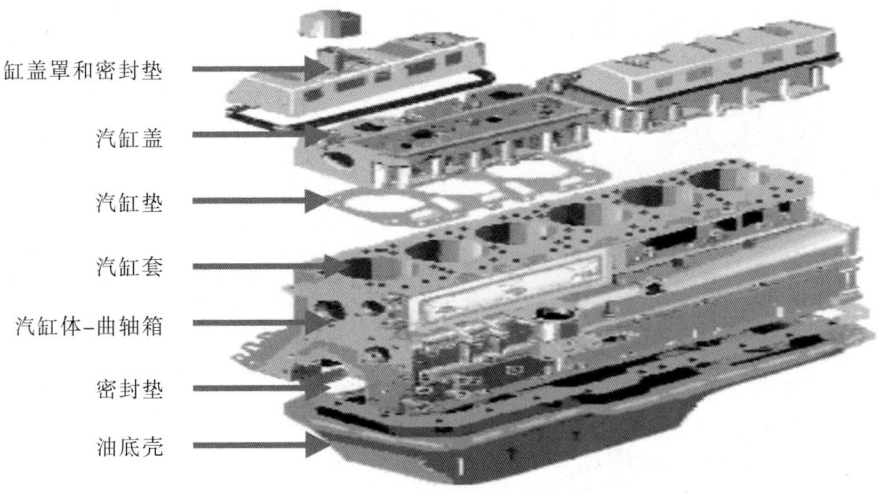

图 12-6-10　汽缸总成

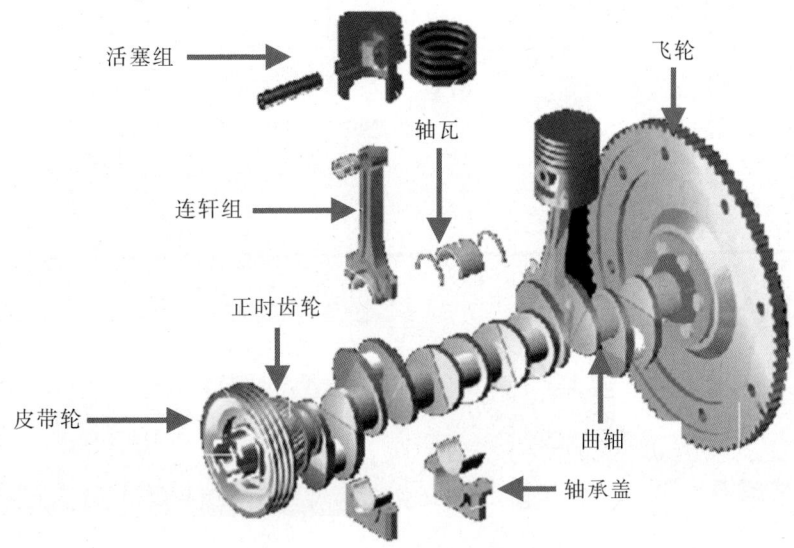

图 12-6-11　曲轴与连杆总成

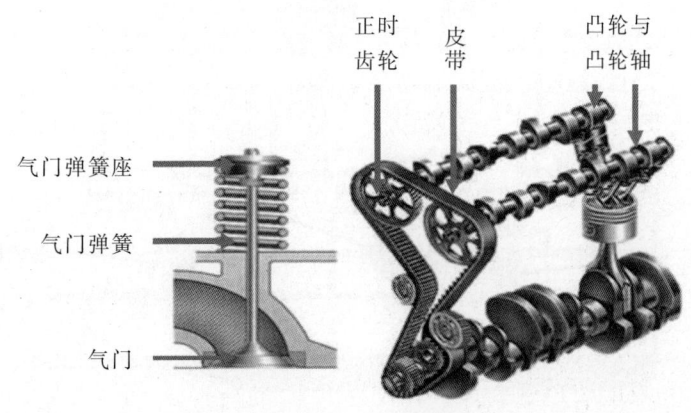

图 12-6-12　配气机构

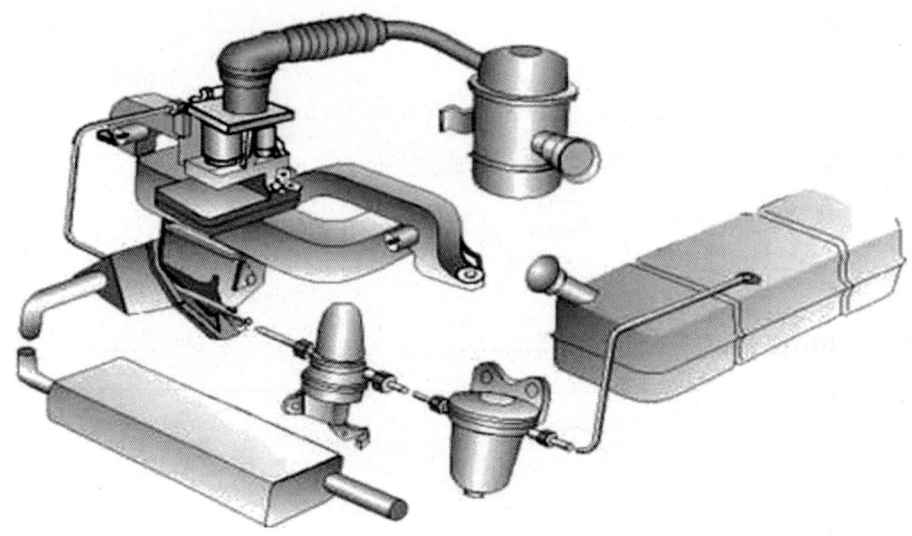

图 12-6-13　汽油内燃机燃料供给系统

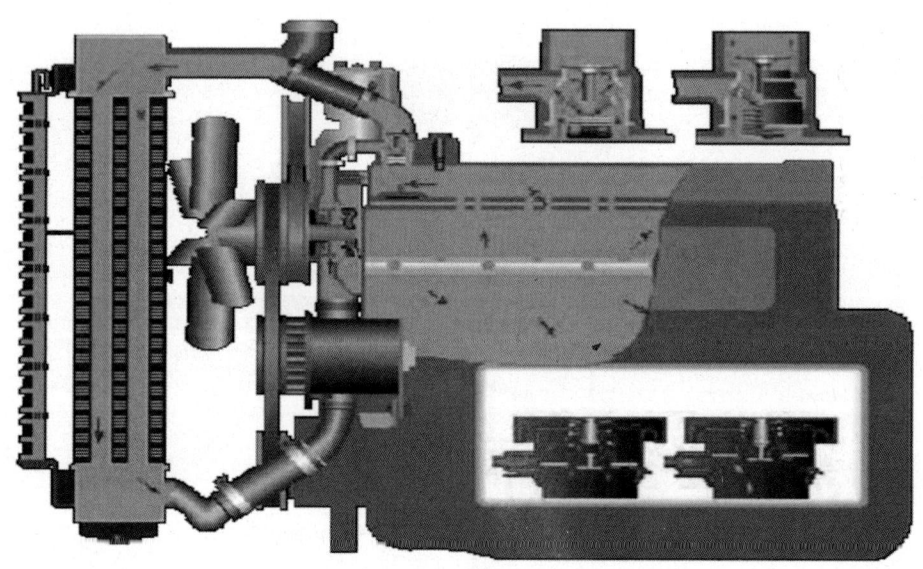

图 12-6-14　水冷式的内燃机冷却系统

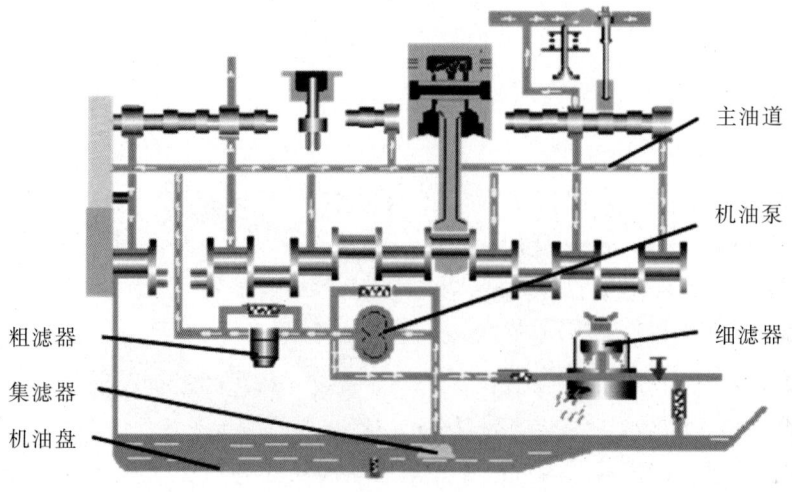

图 12-6-15　内燃机的润滑系统

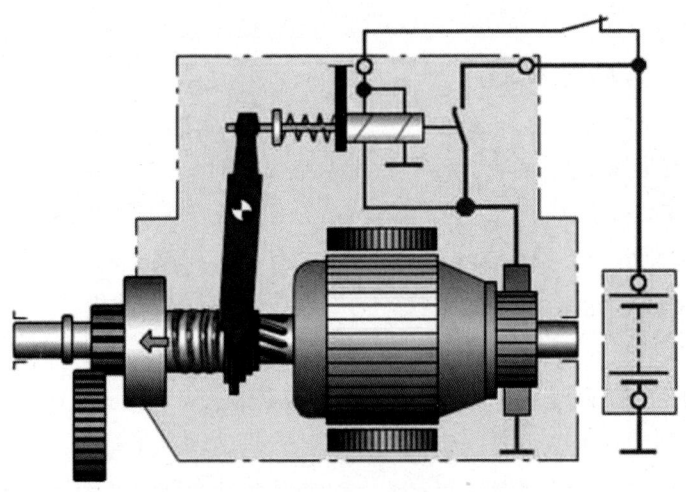

图 12-6-16　内燃机的起动系统

以上七个部分的分析基本揭示了内燃机的基本构造。但要详细剖析一台具体的内燃机,还需要关注更多的构造特征。

(五) 四行程内燃机的构造特征

每一台内燃机都拥有自身的结构特征,了解这些特征,对全面认识与掌握内燃机的技术特性是十分有益的。

1.汽缸缸数与布置方式

用于运载工具的内燃机,一般拥有三个以上的汽缸。一台内燃机的各汽缸工作容积(汽缸排气量)之和,就是内燃机的排量,即

$$\sum V_h = i \cdot V_h$$

式中:i 为汽缸缸数;

V_h 为单个汽缸的工作容积。

内燃机排量是反映内燃机动力性的基础性指标,它决定内燃机的功率。

通常,内燃机的汽缸缸数越多,载重量就越大。汽缸缸数越多,内燃机的体积就越大。因此内燃机的设计者为了使内燃机的结构布局合理而且紧凑,设计了不同的汽缸布置方式。常见的布置方式主要有直列型、V 型和对置型等,如图 12-6-17 所示。

图 12-6-17　内燃机的布置方式

2.燃料体系与点火方式

供内燃机使用的燃料主要有柴油、汽油、煤油、酒精、可燃气和混合燃料等。其中应用最普遍的是柴油与汽油,通常使用柴油的内燃机被称为柴油机,使用汽油的内燃机被称为汽油机。燃料本身的理化特性决定了不同内燃机在构造上的差异。

在应用最广的柴油机与汽油机中,柴油机主要应用于大中型的运载工具,汽油机则主要应用于中小型运载工具。两者之间的特征比较,如表 12-6-3 所示。

表 12-6-3　柴油机与汽油机的特征比较

	技术特征				外部特征				工作特征		
指标	升功率	经济性	压缩比	转速	体积	造价	噪声	废气污染	混合气的形成方式	混合气的临界状态	混合气的燃烧方式
柴油机	比较小	比较好	14/22	比较低	比较大	比较高	比较大	比较少	柴油直接喷入燃烧室后混合	温度较高压力较高浓度较低	一边喷入一边雾化一边自燃
汽油机	比较大	比较差	6/12	比较高	比较小	比较低	比较小	比较多	吸入式、喷入式进气管或汽缸	温度较低压力较低浓度较高	用火花塞点燃燃烧室混合气

三、动力系统的动力特征

对于任何一种运载工具来说,动力方面的特性指标都是反映运载工具最基本、最重要的性能指标。熟悉和理解动力性指标是工程管理人员的必要任务。下面简要介绍动力系统的动力指标。

1. 发动机的有效功率

发动机的有效功率是指从发动机输出轴得到的净功率。有效功率的最大值就是发动机的最大功率,它是保证运载工具动力性能的基础性参数。在实际应用中,发动机的最大功率应该与运载工具的承载能力相匹配。这样是为了避免发动机长期处于中低负荷的工作状态,就是人们常说的,要避免"大马拉小车"的现象;同时也可以避免发动机超负荷工作。

2. 发动机的有效扭矩

在发动机的实际运转过程中,发动机的有效功率指的是瞬时功率,反映的是发动机在一瞬间做功的能力。它是一个复合型指标,是瞬时速度与力的乘积(或者是瞬时角速度与力矩的乘积)。因此要全面反映发动机的动力性,还必须通过发动机的最大有效扭矩来进行更深刻的描述。

发动机的有效扭矩是指从发动机输出轴得到的扭矩。不断调整发动机的转速,可以得到发动机的最大有效扭矩。发动机的扭矩越大,通过运载工具输出的驱动力(在传动系统速比相同的情况下)也越大,这样可以使运载工具获得更大的加速、起动和克服阻力的能力。例如,汽车与有轨列车的爬坡能力,飞机的最大起飞重量等,都取决于发动机的有效扭矩。

3. 发动机的最高转速

发动机的最高转速是发动机的动力性指标之一。它是指发动机在标准的外部条件下,达到的最快角速度。需要说明的是,一般情况下发动机达到最高转速时,输出的有效功率、有效扭矩并不是最大值。

4. 发动机的加速能力

发动机的加速能力,实际上是指发动机克服阻力的能力,需要发动机在比较短的时间内,迅速提高原有的转速。测定发动机的加速能力有两种方法:一是测定从 v_1 到 v_2 所需要的加速时间;二是规定加速时间,测出速度变化量。需要说明的是,无论哪种测定方法,必须使发动机原有的各种参数一致,并在同一环境条件下进行。并且只有在质量相同、类型相同、环境相同的情况下,测定的发动机之间才有可比性。很显然,加速时间短或升速快的发动机具有比较好的加速能力。

以上四个指标是反映各类发动机动力性的重要特征参数。发动机是运载工具的心脏,也是最复杂的运转系统,同样也是最容易发生故障的系统。因此,熟悉动力系统的构造,理解动力系统的特征参数,是深刻认识运载工具的重要前提,也是相关技术管理中不可缺少的环节。

四、其他发动机构造简介

除四行程内燃机被广泛应用外,还有二行程内燃机和喷气式发动机。二行程内燃机主要用于轨道列车、大型船舶、直升机和摩托车等运载工具;喷气式发动机则主要用于飞机、汽艇、气垫船、航天飞机等高速运行的运载工具。下面将简要介绍二行程内燃机和喷气式发动机的基本工作原理和主要类型。

(一)二行程内燃机

二行程内燃机的全称是活塞往复式二行程内燃机。它的一个工作循环仅需要曲轴旋转一周、活塞运行两个行程,因此被称为"二行程"。二行程内燃机使用的燃料主要有汽油和柴油。燃料不同,内燃机的构造有所不同,但工作原理基本相同。下面将简单介绍二行程内燃机的工作原理。

1. 二行程柴油机的工作原理

二行程柴油机的基本构造和工作原理如图 12-6-18 所示。

如图所示的二行程柴油机,只设有排气门,而进气孔设在汽缸壁上。当活塞处在下止点[图 12-6-18(a)]的位置时,进气孔和排气门均处于开启状态,这时汽缸处于进气、扫气、换气和排气的状态。当进气过程开始后,进气气流冲入汽缸,并将汽缸内上一循环的废气驱除出去,即扫气、换气和排气。

当活塞向上运行到超过进气孔[图12-6-18(b)]的位置时,进气孔和排气门都关闭。此时进气过程终止,开始进入压缩过程。当活塞运行到上止点[图12-6-18(c)]的位置时,压缩过程结束,燃烧室内充满高温高压的空气;在压缩过程结束时,喷油泵通过高压油嘴向燃烧室内喷油,形成高温高压的可燃混合气,同时被点燃,做功过程开始。通过燃烧气体的膨胀,推动活塞向下运动,将热能转化成机械能。

当活塞向下运行到接近进气孔[图12-6-18(d)]的位置时,排气门打开,排气过程开始;当活塞再一次到达下止点时,曲轴恰好旋转一周,完成一个工作循环。

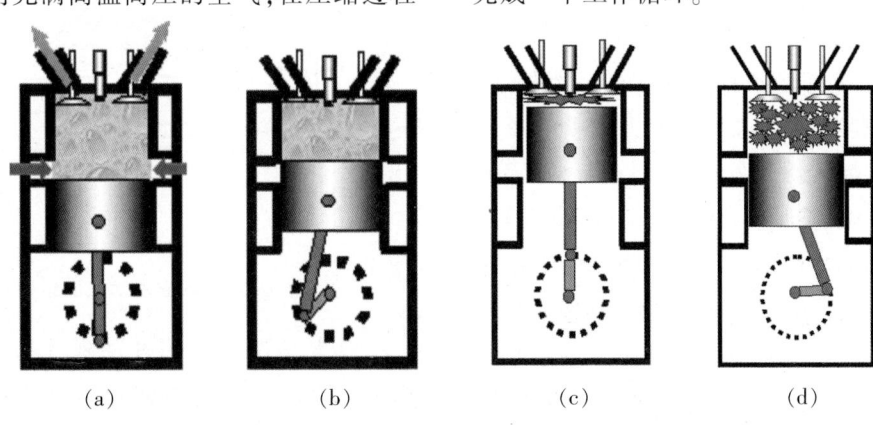

图 12-6-18　二行程柴油机的基本构造和工作原理

2.二行程汽油机的工作原理

二行程汽油机的工作循环与二行程柴油机基本相同,只是汽油机吸入的是可燃烧的混合气,所以不能用来扫气与换气。因此,在结构上与二行程柴油机有所不同:二行程汽油机一般没有进、排气门,而是在汽缸上设有进气孔和排气孔,如图12-6-19所示。工作原理如下。

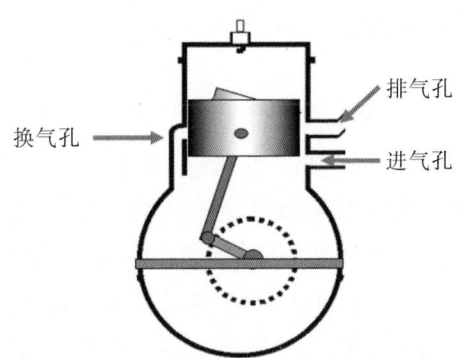

图 12-6-19　二行程汽油机

当活塞在上止点时,在汽缸壁下部的进气孔处于打开状态,可燃混合气预先进入密封的曲轴箱;随着活塞下移,进气孔关闭,进气过程结束。

活塞继续向下移动,曲轴箱里的混合气被压缩,汽缸壁上部的排气孔打开,上一循环的排气过程开始。活塞继续下移到下止点,换气孔图12-6-19打开,在废气排出的同时,曲轴箱里的压缩混合气进入汽缸,并帮助清扫废气。

当活塞开始上移,排气孔、换气孔关闭,可燃混合气被压缩,到上止点时,火花塞点燃混合气,混合气燃烧推动活塞做功。与此同时,活塞下部的进气孔打开,下一循环的进气过程开始。

(二)喷气式发动机

喷气式发动机(jet engine)是一种依靠喷管高速喷出的气流直接产生反作用推力的发动机。其工作原理是由压气机将高压空气送入燃烧室,并与喷入的燃料混合后燃烧,产生高温高压气体。这种气体转换成动能的方式有以下几种。

1.涡喷发动机

"涡喷发动机"(turbojet engine),全称涡轮喷气发动机,其构造是在燃烧室后紧跟尾喷管(图12-6-20)。使高温、高压的气体进入尾喷管后,加速膨胀,并高速喷出,从而产生推力。但这种构造使大量的热能直接排出,能量损失比较多,燃料消耗率比较高。20世纪50年代前后的喷气式客机曾使用这种发动机,到了20世纪60年代初逐渐被耗油率比较低、噪声比较小的涡轮风扇发动机替代。

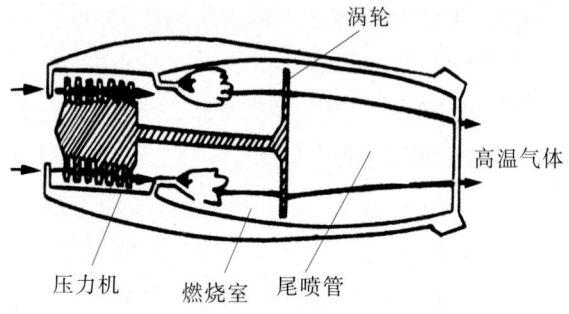

图 12-6-20　涡喷发动机的结构

2.涡桨发动机

涡桨发动机(turboprop engine),全称涡轮螺旋桨发动机,是由螺旋桨提供拉力和喷气反作用提供推力的燃气涡轮发动机。它解决了涡喷发动机耗能过大的问题。涡桨发动机(如图 12-6-21)利用高温高压的燃气在动力涡轮中膨胀并推动涡轮旋转做功,动力涡轮再带动螺旋桨转动产生拉力。经过涡轮的气流再进入尾喷管产生一部分推力。这种结构的排气能量损失小,推进效率比较高,燃料消耗比较小。但这种发动机受累于螺旋桨的尺寸(螺旋桨的半径越大,对旋转速度影响越大),使飞机的速度受到限制,一般的巡航速度不超过 800 km。

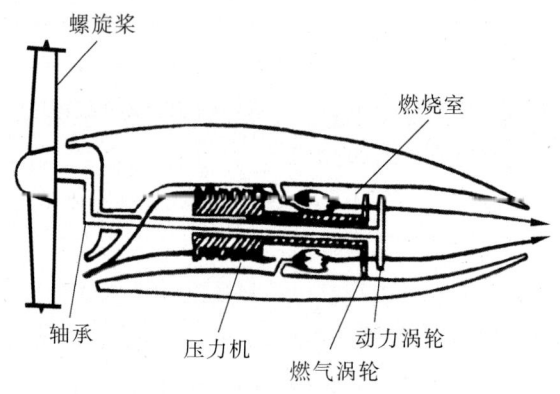

图 12-6-21　涡桨发动机的结构

3.涡扇发动机

涡扇发动机(turbofan engine)的全称是涡轮-风扇发动机。有风扇前置与后置两种。前置风扇式结构被广泛采用。其构造与工作原理(如图 12-6-22)是高温高压的燃气推动动力涡轮旋转并带动通过燃烧室中心的传动轴旋转,最终带动风扇旋转。这种构造将螺旋桨改为风扇:一是缩小了旋转半径,二是多风扇叶片,可使其高速旋转平稳;三是改变了直接获得推力(或拉力)的方式,而是在风扇后获得增压气流,并将增压气流进行内外分流,内外气流分别产生推力。涡扇发动机的起飞推力大、油耗率低,是大型飞机的主选发动机。

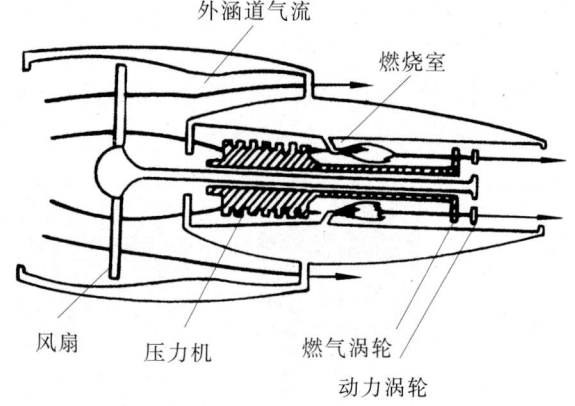

图 12-6-22　涡扇发动机的结构示意图

以上是用于民用和商业飞行器的几种发动机。除此之外,还有涡轮轴发动机(turboshaft engine),主要是用于直升机的动力;螺旋桨风扇发动机(prop-fan engine),是 20 世纪 70 年代研制成功,用于亚音速飞行的航空动力系统。

以上对运载工具的动力系统予以概要介绍,侧重介绍了活塞往复式四行程内燃机的工作原理和基本构造。这整体认识运载工具是十分必要的。

【操控系统】

前面系统地分析了运载工具的动力系统。它是运载工具的核心,在运载工具运行中发挥重要作用。然而只有动力系统,运载工具还无法正常运行。面对复杂的外部环境,运载工具必须能够迅速、及时地调整自身的状态,这就需要有一个系统来承担这一重要使命——这就是本节所要讨论的内容:运载工具的操控系统。

运载工具的操控系统主要包括动力的传递机构,即传动系统;改变运载工具方向的机构,即转向系统;控制运载工具运行速度的机构,即制动系统。这三个系统在实际应用中,还经常需要协调使用,最终实现完全控制运载工具的目的。

一、传动系统的基本构成与工作原理

传动系统最基本的功能是将动力系统的动力传递给驱动系统、运行系统或行驶系统,因此,运载工具都拥有一套传力装置。

(一)基本构成

在运载工具的正常使用中,发动机不能频繁启动或熄火,但运载工具却要根据外部环境,在动—静、快—慢之间做出经常性的调整。因此,传动系统一般需要有离合装置与变速装置。这是传动系统的两个核心装置,也是最基本的构成。除此之外,动力传递装置、差速装置等在不同类型的运载工具上采用。

运载工具的传动系统主要有机械传动、液压传动、电磁传动以及混合传动等多种形式。下面概要介绍机械式的传动装置。

1.机械式离合器的构成

图12-6-23、图12-6-24是摩擦式离合器的基本构造与工作原理。摩擦式离合器(12-6-23)主要由飞轮、从动盘、压盘、膜片弹簧、外罩和离合器分离轴承等组成。

离合器一般处于"常合"状态,带有摩擦衬片的从动盘,在压紧弹簧的作用下,与发动机曲轴上的飞轮压紧,发动机输出的动力,通过飞轮依靠摩擦力传递给紧压的从动盘,再经过从动盘(上的齿套)将动力向后传递。

发动机的动力与传动系统分离后,操作者通过分离杠杆(如图12-6-24的箭头所示),向离合器分离轴承施加向左的推力,分离轴承向左移动,解除膜片弹簧的压力,使从动盘在没有压力的状态下,不随飞轮转动,也就不再将作用力向后传递。此时,发动机处于空转状态,不能把自身的动力向后传递。

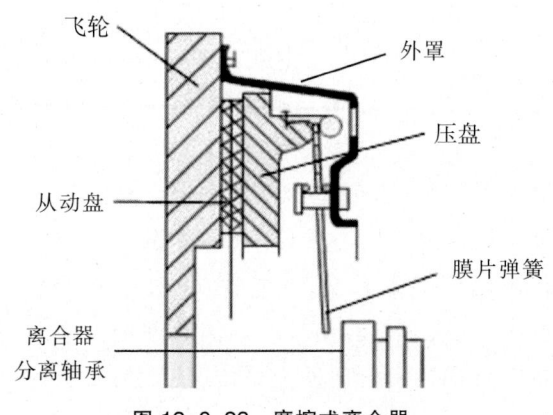

图 12-6-23 摩擦式离合器

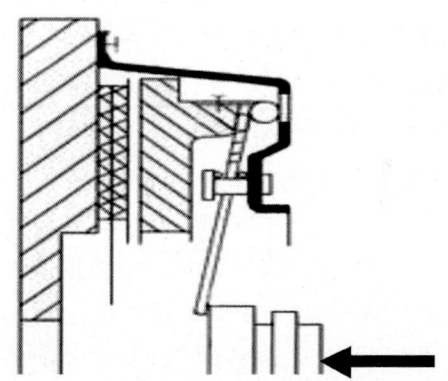

图 12-6-24 离合器的分离状态

2.机械式变速箱的构成

变速箱是用来改变输出扭矩和转数的。变速箱主要有机械式和液压耦合式两种结构形式。图12-6-25是机械式变速箱,是主要由齿轮组、主动轴(第一轴)、从动轴(第二轴)、中间轴(第三轴)等构成的变速机构,还包括由改变速

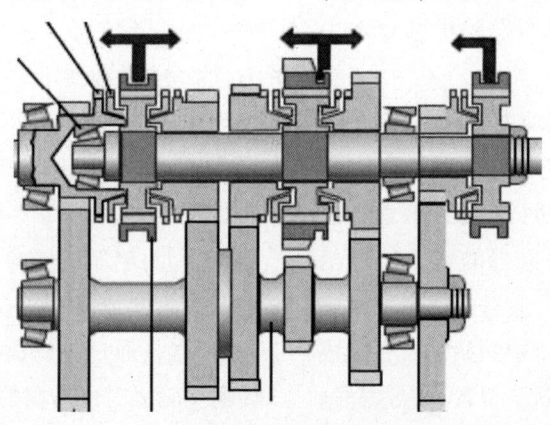

图 12-6-25 机械式变速箱

比的变速杆(或换挡机构)、自锁装置、互锁装置等组成的操纵机构。

机械式变速器的基本工作原理：主要是通过主动轴上的齿轮与从动轴或经过中间轴上的齿轮进行啮合，将动力传递出去，主动齿轮与从动齿轮的轮齿比，决定着主动轴与从动轴之间相应的速度比。其比例关系为

$$Z_1:Z_2 = n_2:n_1$$

式中：Z_1、Z_2 分别表示主动齿轮、从动齿轮的齿数；n_1、n_2 分别表示主动轴、从动轴的转速。

有了这样一个反比关系，就可以通过齿轮的齿数比，计算出主动轴与从动轴之间的转速比。例如，如果 $Z_1:Z_2=1:4$，那么 $n_2:n_1=1:4$，则 $4n_2=n_1$，即主动轴转速是从动轴转速的 4 倍。同样，从动轴输出的扭矩是主动轴输出扭矩的 4 倍(功率损失忽略不计)。因此，改变速比可以改变扭矩比。

由于这样一个反比关系，变速器可以实现"减速增扭"或"增速减扭"。

传动系统的其他装置，由于不同运载工具之间存在较大的差异，在此就不一一介绍了。

(二) 工作原理

由发动机输出的功率，有时不能直接用于运载工具。操控运载工具的人要根据运载工具所处的工作环境随时调整发动机的功率、运载工具的驱动力以及运行速度。这些工作由传动系统来完成，具体的工作原理如下。

一般情况下，发动机输出的动力通过离合器传递给变速器。为了使运载工具可以在发动机不熄火的情况下处于静止状态，所以变速器都设有空挡，空挡的作用就是切断发动机输出动力的传递。

当运载工具需要改变驱动力时，先要操控离合器，使其处于分离状态，这样就暂时切断发动机与变速器的联系。在这期间，再操控变速器按照运载工具的具体要求，将适当的速比传递给运载工具的驱动装置。例如，通过变速器把输出轴的转速降低，同时增加输出轴的扭矩。在完成速比选配后，操控离合器回到结合状态。这样运载工具获得要求的输出动力后，便可改变运动状态。

不同运载工具存在结构差异，因此各自的传动系统在布局、结构以及动力传递等方面也不尽相同，甚至还存在比较大的差异。这些需要具体结构具体分析。

二、转向系统的基本构成与工作原理

转向系统是运载工具上重要的执行性部件，只有通过它才能控制运载工具的运行方向。并且它与传动系统、制动系统一起控制运载工具的运动状态。转向系统在不同类型的运载工具上有不同的名称，在构造方面也存在较大的差异，但基本的构成以及工作原理基本相同。

(一) 基本构成

转向系统主要由转向操纵系统、转向动力传递系统和转向执行系统三个子系统组成。但不同的运载工具之间存在较大的差异。

任何类型的转向系统，最终都需要具体的操控者驾驭。因此，转向操纵系统，尤其是大中型运载工具的转向操纵系统必须具有操纵轻便灵活的特征，也就是要求转向操纵系统能将操纵者施加的作用力放大(即减速增扭)。这一过程虽然能够省力，但不能省功，对作用力增加过大，又会影响转向效率。因此许多大中型运载工具都装有转向助力系统，甚至是完全的电控系统。

(二) 工作原理

转向系统的基本工作原理，主要是操纵者通过改变操纵系统的特征参数(相当于输入改变方向的数值)，来实现改变运载工具的运行方向。这种改变由一系列转动装置组成的转向机构把转向参数传递给转向执行系统，最终实现转向。不同的运载工具拥有不同的转向控制。

例如，船舶的转向执行系统是通过改变舵的角度或推进器的推进方向来改变船舶的运行方向；汽车是通过方向盘的转动将转向力矩传递给转向车轮来完成转向的；飞机的转向则比较复杂，这主要是因为飞机除了水平方向的转向外，还

需要调整飞行高度、飞行姿态等,甚至要进行复合型的操控。

三、制动系统的基本构成与工作原理

制动系统是操控运载工具运动状态的三个子系统之一,与传动系统、转向系统不同的是,制动系统是为了降低运载工具的运行速度。因此,制动系统是运载工具安全运行的重要保证之一。

(一) 基本构成

制动系统一般由三部分组成:操纵系统、力传递系统和执行系统。这三个子系统因运载工具的不同,在主要组成与结构布局上存在比较大的差异。

制动操纵系统一般有操纵杆、操纵按钮、操纵踏板等形式,主要作用是把制动参量输入制动系统。制动操纵系统的内部构成一般有机械式、液压式、电磁控制等形式。对制动操纵系统的要求是响应灵敏、操纵方便效率高。

制动力传递系统一般分为机械式、液压式、气压式或混合式等多种形式,目的都是将制动力或制动力矩传递给制动执行系统。对于大中型的运载工具,需要有助力装置辅助制动,需是采用电磁控制系统来完成操控过程。

制动执行系统因运载工具不同而存在差异。例如,飞机在执行制动时,通过调整机翼的迎风面积、反推力刹车系统实现制动,在地面时,通过机轮刹车系统,以及采用阻力伞来实现制动;而陆上运载工具,除对车轮内毂增加摩擦阻力,迅速降低车轮的转速而达到制动目的外,也采用轨道反向电磁制动、发动机内阻制动等;船舶制动有时也采用反向推进、反桨等方式。

(二) 工作原理

制动系统的工作原理,基本上是应用制动操控系统来控制机械式传递系统、气压传递系统、液压传递系统或电磁控制系统等,把必要的外参量或外力及时传递给执行系统。执行系统在获得外参量(如电磁控制指令)或外力后,迅速改变制动执行系统原有的状态,使运载工具突然获得很大的、与原有运动方向相反的阻力,

伴随而来的是消耗运载工具的大量动能,并使运载工具原有的运动速度降低。这就是制动系统的主要功能与作用。

前面主要介绍了传动、转向、制动三个系统的基本构成与工作原理,这三个子系统组合在一起就构成了运载工具的操控系统。任何运载工具只有具备以上三个子系统,才能完全控制处在运行状态的运载工具。这三个子系统的基本构成与工作原理在不同的运载工具上,但具体的构造与作用机理却存在着较大的差异。由于不侧重分析技术结构,有兴趣的读者,可以查找相关的技术书籍,对细节进行深入研究。

【运行系统】

运载工具的动力系统负责提供机械动力,而操控系统负责传递动力以及对运载工具的运动状态进行控制。下面介绍的运行系统,负责把操控系统传递的动力转化成为能够克服外界阻力的驱动力,从而使运载工具运行。

不同的运载工具在外形、结构类型等方面存在差异,尤其是运行系统,同样存在诸如构造方面、原理方面的较大差异。例如,仅飞机这一类运载工具,就有喷气式、螺旋式及直升机等不同结构的运行系统。

各种运载工具的运动系统存在差异,但它们可以归纳为几种类型,并且同类的运行系统有一些相似的结构特征与相近的工作原理。

一、运行系统的基本构成

从系统角度分析运行系统的构成,可简化局部构造上的差异。运行系统主要分为三类,即车辆的运行系统、船舶的运行系统和飞行器的运行系统。

(一) 车辆运行系统

按照车辆运行方式分类,运行系统主要分为车轮式、履带式和磁悬浮结构。其中,应用最为广泛的是轮式结构,主要用于汽车、有轨列车、

拖拉机等。

1.车轮式结构

轮式结构主要是通过车轮的旋转驱动运载工具行驶,基本构成有驱动轮、从动轮以及与车轮相连接的悬架系统。图12-6-26是普通汽车的运行系统。

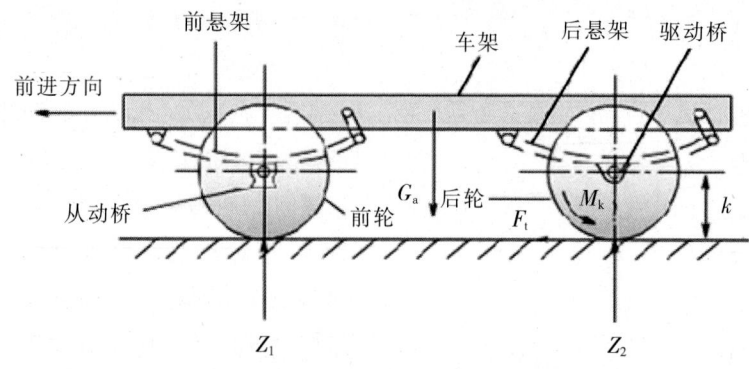

图12-6-26 轮式结构的运行系统

在轮式结构的运行系统中,驱动轮为运行系统的核心。运载工具的动力通过驱动轮传递给路面或轨道,并在反作用力的作用下,使运载工具运行起来。运行系统中的悬架结构是保证运行平顺性的关键。好的悬架结构能使高速行驶的运载工具减少波动幅度或颠簸程度,使运行达到平稳状态。

2.履带式结构

履带式的运行系统主要用于工程车辆和军事车辆,如推土机、挖掘机、坦克、装甲车等。由于履带式运行系统与地面呈面接触,且呈平面的平铺式移动,对地面的压强就比较小,所以能够在松软的泥土上行走。由于履带式运行系统的专用性、特殊性与复杂性,本书不再介绍相关的内容。

3.磁悬浮结构

磁悬浮,全称磁力悬浮,是通过电磁铁之间的异极吸力或同极排斥力,使运载工具悬浮在空间运行的系统。由于整个行程都离不开电磁铁,所以使用磁悬浮作为运载工具,只能把电磁铁作导轨,运载工具自身必须浮在导轨上运行。磁悬浮有超导电磁铁相斥方式和常导电磁铁吸引方式。超导方式是利用运载工具上的超导电磁铁形成的电磁场与导轨上的电磁场间的排斥力,使运载工具浮起;常导方式是让运载工具实体绕过电磁导轨下方,使运载工具"跨在导轨上并包住导轨,通过控制电磁铁线圈的电流使导轨对运载工具产生吸引力,并与运载工具所受的重力相平衡时,运载工具浮起。磁悬浮运行系统可以实现高速运行,试验速度达到500 km/h以上。2003年,中国上海引进的磁悬浮列车,其设计速度为430 km/h。

(二) 船舶运行系统

船舶运行系统的核心是船舶推进器(propeller),主要包括人力结构(篙、桨、橹)、风帆式结构和机械式结构。下面主要介绍后两种结构。

1.风帆式结构

风帆式结构是船舶运行系统中最古老的运行方式之一,它借助风力推动船帆,从而实现船舶的运行。只是在现代化的大型运输中,风帆式结构由于受风力的制约与风力变化的影响,不能很好地适应实际需要。因此在船舶经营性运输方面基本被淘汰出市场,只是在娱乐、运动等方面还有用武之地。

2.机械式结构

机械式结构主要有螺旋桨推进器(screw propeller)、明轮推进器(paddle wheel propeller)、喷水推进器(hydrojet propeller)、导管推进器(ducted propeller)等几种形式。在上述这些推进器中,螺旋桨推进器被广泛用于商船。

螺旋桨推进器的结构比较简单,主要由传动轴与螺旋桨组成,安装在船舶的尾部。一般情况下,船舶是通过螺旋桨的旋转产生推水的压力,在水压的反作用力下推动船舶行驶。螺旋桨推进器主要用于大型船舶。

明轮推进器一般安装在船舶两侧(称为旁

轮)或尾部(称为尾轮),是一种一部分浸入水中,另一部分露出水面的桨轮。通过桨轮的旋转,在水下部分的蹼板旋转拨水,类似桨的划水功效,在水的反作用力下推动船舶行驶。

喷水推进器是通过喷射水流产生反作用力驱动船舶行驶的运行系统,主要由吸口、管道、水泵和喷管等组成,一般用于浅水航道的船舶。

导管推进器主要由螺旋桨式叶轮和控制水流的导管共同组成,主要是为了减少侧向水流对叶轮的干扰。导管推进器大多用于工程船舶。

(三)飞机运行系统

飞机运行系统主要由地面运行系统和空中飞行系统组成。下面简要介绍这两个系统。

1.地面运行系统

飞机的地面运行主要通过起落架(landing gear)来实现。起落架由机轮、减振器、受力支架和收放机构等构成,它帮助飞机完成滑行、起飞、降落和停放等动作。一般情况下,飞机拥有前后两个起落架,分别称为前起落架(nose gear)和后起落架(tail gear),两个起落架呈三点式布局,支撑在飞机重心附近的起落架是主起落架(main gear),多为左右平衡的两点布局。

小型飞机一般采用"后三点式"布局,即主起落架在飞机的重心之前,飞机尾部安装尾轮或尾橇(tail-skid,保护飞机尾部的缓冲器)。尾轮可以对飞机的转向进行控制;大型飞机一般采用"前三点式"布局,即主起落架在飞机重心之后,飞机头部下方安装前起落架。此时,前起落架除支撑少部分重力载荷外,主要控制飞机的转向。

起落架分为固定式和可收放式两种。固定式起落架结构简单、重量小,但飞行阻力大,主要用于低速飞机;可收放式起落架结构复杂,相对重量比较大,但收起后可减少飞机的飞行阻力,所以主要用于高速飞机。

2.空中飞行系统

空中飞行系统主要由推进系统(propelling system)、机翼(wing)、尾翼(empennage)等组成,这些部件共同完成飞机或飞行器的空中飞行。

推进系统为飞行器提供推力,推进方式主要分为非直接喷气和直接喷气两类。前者由发动机和推进器组成,一般都是由发动机将燃料的热能转变为机械能带动推进器做功;后者既是热力机,又是推进器,能够直接产生推力。

机翼是空中飞行系统的重要组成部分,是飞机产生升力的主要部件。按照机翼形状可分为平直翼、后掠翼、三角翼等。机翼是重要的承载系统,现代的大型飞机发动机基本都挂在机翼下部。机翼还与飞机操纵系统一同控制与稳定飞机,这主要是通过安装在翼面上的副翼(aileron)、襟翼(flap)、缝翼(slat)、扰流板(spoiler)等来实现的。

尾翼,顾名思义就是装在飞机尾部的机翼,一般由垂直尾翼(vertical tail)和水平尾翼(horizontal tail)两部分组成,是保持飞机航向和纵向稳定性的重要部件。垂直尾翼包括固定的垂直安定面(vertical stabilizer)和可活动的方向舵(rudder),它是保持和控制飞机航向与纵向稳定的核心部件;水平尾翼包括固定的水平安定面(horizontal stabilizer)和可活动的升降舵(elevator),它是保持和控制飞机纵向俯仰角及稳定性的关键部件。

二、运行系统的工作原理

运载工具的运行原理都是根据牛顿第三定律而设定的。当运载工具通过运行系统向外输出动力时,受力对象会将大小相等、方向相反的反作用力施加给运载工具。运载工具就是在这个反作用力下,克服运载工具所受到的各种阻力而运动起来。

不同的运载工具结构类型不同,需要克服的阻力也有很大的差异。例如,飞机要飞离地面,就必须要获得足够的升力。这就需要机翼这样特殊的构造来保证。因此飞机运行系统的构造就与其他运载工具的运行系统有较大的差异。

了解、熟悉甚至掌握运载工具运行系统的基本构造、技术特征与工作原理,对于管理好运载工具是十分有益的。它可以帮助管理者及时发现运载工具的事故隐患和排除故障。但这一过程需要在实践中不断积累经验。

【技术特性】

运载工具的技术特征,主要从动力性、经济性以及安全性等方面体现。

一、运载工具的动力性

运载工具的动力性是反映运载能力的一种技术指标,一般由一组指标构成。本书重点介绍三个指标。

1. 最大输出功率

很显然,功率越大的运载工具,运能越大。在实践中,从事物流管理,尤其是运输管理的人员,要注意功率与运能的匹配,应使运载工具留有适当的后备功率,但不能过大,否则会影响运载工具的输出效率。

2. 最大输出扭矩

最大输出扭矩,是反映运载工具技术性能的物理量,是测算运载工具克服运动阻力的重要指标。它主要由运载工具的运载动力系统决定,是运载工具在设计制造时已固有的技术指标。

3. 最大运行速度

速度指标,是反映运载工具技术性能的重要物理量。很显然,运载工具的运行速度越快,运载效率越高。一般来说,大功率是提高速度的基础。但在实践中,不能片面追求运载工具的最快速度。因为速度越快,耗能越多。因此在实际应用中还应充分考虑运载工具最经济的运行速度。

还有一些反映运载工具的动力性指标,只是不同类型的运载工具,侧重的方面有一定差异。在此就不详细介绍了。

二、运载工具的经济性

对于从事经营生产的运载工具,经济性是考核运载工具技术性能的重要指标。应当强调的是,从运载工具的技术层面来分析经济性,是指运载工具在设计制造时确定的经济性。例如,配有柴油发动机的运载工具,在燃烧效率方面就比汽油机要高。反映运载工具经济性的指标主要有以下三个。

1. 燃油经济性指标

燃油经济性指标主要有以下两种表示方法:一是运行单位距离消耗的燃料,单位 L/km;二是消耗单位燃料运行的距离,单位 km/L。这两种指标没有本质的区别,只是前者的值越小,经济性越好;后者则反之。

在我国,常用第一种方法来标示各种运载工具的燃油消耗情况,例如,汽车一般以每百千米耗油量(L)来标示汽车的经济性能。很显然,在具有相同承载能力的情况下,指标值越小,经济性能越好。对于不同承载能力的汽车,则需要用每百千米耗油量除以额定的载重量,算出每吨的耗油量后,再进行比较(此时才具有可比性),才能判断不同承重量的汽车的经济性能。

一种运载工具,燃油消耗量取决于多个自身的技术因素,其中,最主要的是发动机的耗油特性。如果发动机的能量转换效率比较高,那么此运载工具的单位能耗就会比较低。当然,运载工具整体设计也很重要。

2. 自重与载重之比

自重与载重之比是指某一运载工具的设计自重与设计载重量的比值,即:

$$自重与载重之比 = \frac{设计自重}{设计载重量}$$

从定义不难看出,此指标反映了某种运载工具的设计水平。此指标值越小,同类型运载工具的设计制造水平越高。例如,设计载重量比较小的汽车,自重与载重之比在 1.0 左右,大载重量的汽车在 0.8 左右;而载重量在 10 000 t 左右的船舶,其自重与载重之比为 0.2~0.4,即为 2 000~4 000 t(关于自重与载重之比,不同的教科书中,有不同的名称,但并无本质上的区别,所以本书从直接意义来定义)。

3. 运载工具的外形

在运载工具高速运行时,外形产生的运行阻力,是消耗能量的重要因素之一,因此外形应尽可能设计成"流线型"以减少运行阻力。

从事物流工作的人员应对此有所了解。运载工具的外形虽然由设计者来完成,但装载上货物后,仍应符合减少运行阻力的原则,这是从事运输与物流管理的人员需要建立的意识。

三、运载工具的安全性

对于任何运载工具,进入运行状态之后,最重要的是运行安全。而运行安全,取决于运载工具的构造、使用中的状态、操作人员的操控和运载工具的配载合理性等四个重要方面。在运载工具的技术层面上,主要分析由运载工具构造决定的因素。

1. 制动的有效性

任何一种运载工具,一旦运行起来,它的速度必须加以控制。加速依靠发动机,而减速需要制动系统,因此制动的有效性,就显得尤为重要。例如,一列高速行驶的火车,一旦刹车失灵,就会在巨大的惯性作用下处于失控状态,危险与发生事故的可能性将大大增加。对于制动有效性的评价,不同的运载工具有不同的指标体系。不过各种运载工具的制动有效性,都可以从制动系统提供的最大减速度,来评价它的有效性;也可以从制动的有效时间,来评价制动效能的持续性。

2. 转向的灵活性

任何运载工具运行起来,不能一遇到情况就减速,这样做既不科学,也不经济。因此,运载工具必须配有灵活的转向系统,与制动系统配合使用,才能确保运载工具的运行安全。转向系统的结构在设计时完成,只要正确操纵,使用者无须过多考虑。但是,在运载工具运行中,必须正确使用与调整转向系统,否则,仍可能引发运行事故。例如,满载货物且高速行驶的汽车,突然急转弯,就可能发生甩货、侧滑甚至侧翻的情况。

3. 运行的稳定性

任何运载工具的设计,都必须考虑在不同的外部环境中,保持相对的运行稳定性,不至于出现失衡、侧翻及纵翻等问题。运行稳定性的核心,是要保证运载工具在运行过程中,重心位置合理,在允许的范围内变化。从理论上讲,运载工具的重心在制造完成后,就已经确定了,但在实际使用中,由于运载工具要承载重物,因此重载运行的运载工具,实际重心与制造时确定的重心不一定重合,而且有时会出现较大的偏差。这种偏差越大,运载工具的运行稳定性就越差。了解这一点是十分重要的。例如,在远洋船舶的配载时,就必须充分考虑这一因素,否则就需要加装压载水,调整船的左右舷和前后吃水差的平衡,来保证船舶行驶中的稳定性。

4. 动力的可靠性

有些类型的运载工具,如飞机,在运行中,突然失去动力,只能在一段时间内依靠惯性速度滑翔,一旦速度过低,就会坠毁;再如,远洋船舶一旦失去动力,只能飘航,很难抵御洋流与飓风。相对来说,航空与航海类运载工具对动力的可靠性要求比较高,对可靠性的程度进行排序,依次是航空、远洋运载、内河运载、火车和汽车运载。因此,在实际使用中保证运载工具动力系统具有高可靠性,是十分重要的。

【性能分析】

对运载工具进行性能分析,需要结合运载工具的具体类型而展开。下面将简要介绍船舶与飞机的性能,并比较详细地分析汽车的技术性能。

一、船舶性能分析

了解船舶的技术特征,是进行船舶运输管理的基础。船舶技术主要包括船舶配置、技术参数、船舶标志与技术性能等四部分内容。

(一) 主要配置

现代船舶,尤其是远洋船舶的装备相当复杂且种类繁多。下面将系统地介绍各类船舶所共有的装置以及各类装置的基本构造与工作原理。

1. 动力装置

现代船舶基本上以柴油机为主要动力装置,它不仅要保证船舶的正常航行,还要为全船的动力设备提供动力。

(1) 推进装置

船舶的推进装置主要由柴油机或燃气轮机、传动设备、轴系和推进器(螺旋桨)组成。大型船舶一是采用中低速、往复式柴油机;二是采用回转式燃气轮机,特点是热效率高、功率范围大。

(2) 其他设施

船舶动力除保证船舶航行外,还需要为全船的其他设施提供动力。因此,每条船上都有若干个非动力耗能系统,如船舶电站、甲板机械、船舶管系和辅助设备等。这些设备是保证船舶正常航行的必需品。

2. 转向装置

转向装置是控制船舶方向的装置,主要由船舵、传动装置及操纵装置组成。在转向系统中,船舵是核心、是执行者。船舵一般安装在船尾螺旋桨的后面,螺旋桨排出的水流作用于舵上,增加舵效。操纵室中的舵轮,将操作者的动作或指令通过传动力装置传递给船舵。

3. 停泊装置

停泊装置,概括地说是"缆""锚"。"缆"指系缆设备(mooring gear),是用于靠泊系桩的;"锚"指锚设备(anchoring gear),主要有锚机、锚链与船锚。锚链将锚机与船锚相连,锚机用于起锚或抛锚。船舶"抛锚"后,除可以防止船舶漂移外,还可以协助船舶制动或辅助操控船舶的运动状态。

4. 导航装置

为了保证船舶安全、准确地航行,现代船舶多配有罗径、雷达、GPS和水下声呐系统等。罗经是每条船必备的设施,由磁罗经和陀螺罗经两部分组成。磁罗经受不同地理位置磁场变化的影响,误差较大。陀螺罗经是精确跟踪地理子午面的指北仪。它随着地球自转自动指北,一经校正,误差被控制在比较小的范围内,罗经主要用于确定船舶的航行方向。

雷达主要是通过无线电脉冲信号来测定船舶位置的。由于依靠雷达定位,必须要有参照目标,且主要是岸上的目标,因此雷达定位属于岸基定位。船载雷达既可用于船舶定位,又可用于导航,还可以用于防止避碰。但只是定位精度有一定的误差,需要进行动态修正。

GPS是以人造地球卫星为参照目标的一种星基定位。传统的星基定位利用太阳、月亮以及其他恒星或行星与船舶的相对位置来确定船舶的具体位置。但目标物相对遥远,系统响应时间较长。而GPS可以直接利用已知卫星的信息进行迅速的三星定位,并可准确标出船舶的三维位置。

(二) 技术参数

由于大多数国家的港口与航道都以国际标准(或国家标准)为依据进行规划与设计。因此,船舶的基本尺寸、载重吨位、主要容积等也必须要有相应的技术标准,以配合港口标准提高各种效率。

1. 尺寸规格

船舶主要由船壳、船架、甲板、船舱和船面建筑等组成。

船壳,即船的外壳,是将多块钢板铆钉或电焊结合而成的,包括龙骨翼板、弯曲外板、上舷外板及球鼻首等部分。

船架是指支撑船壳的部分,分为纵材和横材。纵材包括龙骨、底骨和边骨,横材包括肋骨、船梁和舱壁等部分。

甲板是铺在船梁上的钢板,作用是加固船体和便于分层配载及装货。大型船舶的甲板数可多至六七层。

船舱是指甲板以下的各种用途空间,包括首尖舱、尾尖舱、货舱、机器舱和压载舱等。

船面建筑是指主甲板上的建筑,供船员工作起居及存放船具等,它包括船首房、船尾房及船桥等。

涉及船舶尺寸的特征值主要有以下六个。

1) 船长:船体首尾两端间的最大水平距离。

2) 型宽:船体最宽横剖面内两侧舷的最大水平距离。

3) 型深:上甲板内表面经中横剖面到龙骨的垂直距离。

4) 吃水:处于水面以下的船体深度(多标注满载吃水)。

5) 船高:自船底基线到船舶最高点的垂直距离。

6) 桅高:船高减去空载吃水。

2. 重量吨位

重量吨位,又称排水量吨位,是船舶在水中所排开水的吨数,也是船舶自身重量的吨数。在运营时,排水量吨位可以用来计算船舶的载重吨;在造船时,依据排水量吨位可知船的重量。在实际使用中有若干种排水量,需要运输管理者分清各种排水量的真正含义。

1) 空船吃水:制造完成时的船舶排水量(未添加诸如燃油、淡水、粮食及其他任何附属设施)。

2) 轻排水量:是空船重量加上船员和必要给养三者重量的总和,是船舶最小限度的重量。

3) 净载重量:允许船舶承运的最大重量(基本等于船舶登记吨位),又称载货重吨。船舶的载重吨位可用于对货物的统计;作为期租船月租金计算的依据;表示船舶的运载能力;也可用作新船造价及旧船售价的计算单位。

4) 总载重量:允许船舶装载的最大重量(达到吃水上限或载重线时的装载量)=轻排水量+净载重吨-空船排量。

5) 重排水量:船舶满载时的排水量(达到吃水上限时的排水量)=空船排量+总载重量。又称总排水量。但是,船舶在不同区域受到的地球引力和水的浮力是不相同的。例如,高纬度地区的地球引力要大于低纬度地区;海水浮力要大于江河湖泊;同一地点,冬季浮力要大于夏季。因此,在不同季节、不同地区,船舶的总排水量是一个有一定差异的变量(在后面的船舶标志中给予更详细的分析)。

3. 容积换算

有些船舶是按照船舶的容积吨位来标记吨位的,又称注册吨,是各个国家为船舶注册而规定的一种以吨为计算和丈量的单位。方法是按照船舶内部的密封容积以 2.83 m³ 为一注册吨。容积吨分为容积总吨和容积净吨两种。

(1) 容积总吨

容积总吨,又称注册总吨,是指船舱内及甲板上所有密闭场所的内部空间(或体积)的总和。容积总吨的用途很广,可以用于国家对商船队的统计,表明船舶的大小,船舶登记,政府确定对航运业的补贴或造船津贴,计算保险费用、造船费用以及船舶的赔偿等。

(2) 容积净吨

容积净吨,又称注册净吨,是指从容积总吨中扣除那些不供营业用的空间后所剩余的换算吨位,也就是船舶可以用来装载货物的容积折合成的吨数。容积净吨主要用于船舶的报关、结关,作为船舶向港口交纳的各种税收和费用的依据,作为船舶通过运河时交纳费用的依据。

(三) 船舶标志

船舶标志是指表明船舶承载水平、运营类型和基本属性等方面状况的标志,船舶标志主要有以下几类。

1. 承载标志

船舶的承载标志主要标注在船体上。这些标志是海关、港监、船代、货代、船员等掌握船舶承载状态的重要参考指标或标准。

(1) 甲板线

甲板线是一条与干舷甲板(主甲板)相平行的水平线。甲板线长 300 mm,宽 25 mm。甲板线位于船舶中部的两舷上。

(2) 吃水线

吃水线是位于船舶前后两端(左右两舷)的刻度标尺,可以表明船舶的承载情况。最顶端的吃水刻度线是允许船舶装载的最大重量。吃水线标注在船的两端,各类相关人员可以通过吃水差了解船舶的装载分布情况和间接了解船舶中各舱的装载情况。

(3) 载重线

载重线是一根位于船舷两侧与甲板线平行且被同一根垂直中心线平分的水平线。载重线长 450 mm,宽 25 mm。从干舷甲板线的上边缘向下量到载重线上边缘的垂直距离,被称为干舷高度。实际上,这条载重线是夏季温带海域允许最大装载的警戒线,船舶吃水达到此线的上缘,表明船舶已经达到夏季温带海域的满载状态,所以此时的干舷高度也被称为夏季最小干舷(亦称安全干舷)。由于船舶在不同季节、不同区域的载重量有差异,因此现代的远洋船舶上都标有一组完整的载重线,如图 12-6-27 所示。

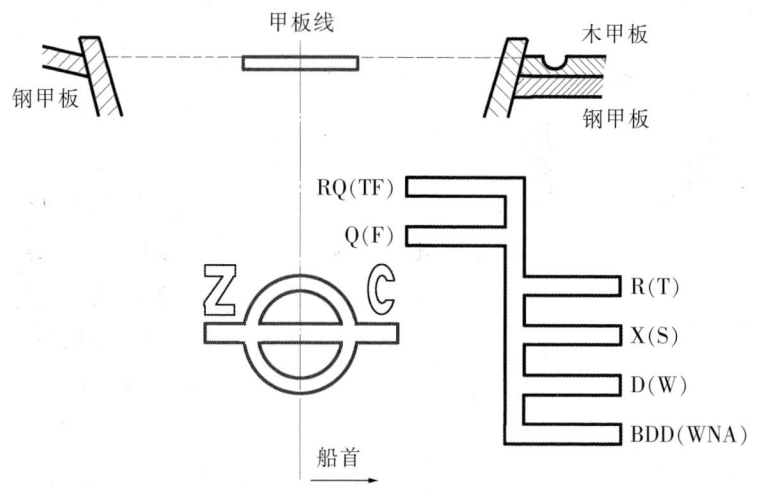

图 12-6-27　载重线圈

在图 12-6-27 中,以载重线中心为圆心,绘有外径为 300 mm、线宽为 25 mm 的圆环,此环被称为"载重线圈"。在圆环两侧,绘有英文字母"Z、C",它表明是中华人民共和国船舶检验局勘定。

在"载重线圈"指向船首的一侧(距离载重线圈中心 540 mm),有一组 230 mm 长、25 mm 宽的平行线,是船舶在各个航区的载重线。不同的载重线上分别标有汉语拼音首字母或英文缩写 RQ(TF)、Q(F)、R(T)、X(S)、D(W) 和 BDD(WNA)。它们分别表示热带淡水、淡水、热带、夏季、冬季和北大西洋(北纬 36°以北)冬季载重线。标有 L 的为木材载重线。

以上分析表明,船舶在不同季节、不同地区相同质量物质的排水量不同。解决办法通常有以下三类。

(1)规定排水量的计量

例如,在统计军舰和舰队中,一般以轻排水量为准,但巴拿马运河对军舰的通过,以实际排水量作为征税的依据。

(2)按照船舶的容积吨位计量

这是船舶另一种重要的计量方法。

(3)按照季节、区域设定船舶载重线

例如,北大西洋冬季载重线是指船长为 100.5 m 以下的船舶,冬季航行经过北大西洋时,总载重量不得超过此线。在租船业务中,期租船的租金习惯上按船舶夏季载重线时的载重吨来计算。

2.运营标志

运营船舶,尤其是进行国际化运营的船舶,应该采用国际上通用的标志,来表明船舶的属性、技术状态和运营情况等。主要的标志有以下几类。

(1)船舶属性,表明船舶属性的主要是船籍和船旗

船籍是指船舶的国籍。商船的所有人向本国或外国有关管理船舶的行政部门办理所有权登记,取得本国或登记国国籍后才能取得船舶的国籍。

船旗是指商船航行中悬挂所属国国旗。船旗是船舶国籍的标志。按国际法规定,商船是船旗国浮动的领土,在公海或他国海域航行均须悬挂船籍国国旗。

船舶有义务遵守船籍国法律的规定并享受船籍国法律的保护,但为了经营上的方便,船舶公司还使用方便旗船。所谓方便旗船是指在外国登记、悬挂外国国旗并在国际市场上进行营运的船舶。例如,二战后,一些海运较发达的国家和地区,像美国、希腊、日本和韩国等船东将船舶转移到外国去进行登记,大量使用方便旗船,目的是逃避国家重税和军事征用,自由制定运价不受政府管制,自由处理船舶与运用外汇,自由雇佣外国船员以支付较低工资,降低船舶标准以节省修理费用,降低营运成本以增强竞争力等。

而公开允许外国船舶在本国登记的所谓

"开放登记"(Open Register)的国家和地区,主要有利比里亚、巴拿马、塞浦路斯、新加坡及百慕大等。通过这种登记可为登记国增加外汇收入。

(2)船级标志,表示船舶技术状态的一种标志

在国际航运界,凡注册总吨在100 t以上的海运船舶,必须在某船级社或船舶检验机构监督之下进行监造。在船舶建造之前,船舶各部分的规格须经船级社或船舶检验机构批准。每艘船建造完毕,由船级社或船舶检验局对船体、船上机器设备、吃水标志等项目和性能进行鉴定,发给船级证书。证书有效期一般为4年,期满后须重新鉴定。

船舶入级可保证船舶航行安全,有利于对船舶进行技术监督,便于租船人和托运人选择适当的船只,以满足进出口货物运输的需要,便于保险公司决定船、货的保险费用。

世界上比较著名的船级社有英国劳埃德船级社,符号为LR,创建于1760年,它是世界上历史最悠久、规模最大的船级社。此社由船东、海运保险业承保人、造船业、钢铁制造业和发动机制造业等各方面委员会组成并管理,其主要职责是为商船分类定级。其他的还有德国劳埃德船级社、挪威船级社、中国船级社等。中国船级社,符号为ZC,是中华人民共和国交通部所属的船舶检验局,1996年第一次被选任国际船级社协会理事会主席,任期一年,这标志着中国验船技术的权威性受到国际认可。

船级证书[①](certificate of classification)主要记载船舶的技术性能,并绘制出相应的船级符号。各国船级社对船级符号的规定不同。除此之外,每条船上还必须准备船舶国籍证书[②](certificate of nationality),船舶吨位证书[③](tonnage certificate),船舶载重线证书[④](certificate of load line),船舶所有权证书(certificate of ownership),船员名册(crew list),航行日志(log book),还有轮机日志和无线电日志等。根据我国现行规定,进出口船舶必须向港务管理机关(港监)呈验上述所有文件。

(四)技术性能

船舶的技术性能主要是指与船舶运载有关的技术性能和与船舶航行直接有关的技术性能。

1. 运载性能

船舶的运载性能是指船舶在承载过程中所表现出的特性,主要包括船舶的结构特性与船舶的适用特性。

(1)结构特性

船舶的结构特性是指船舶整体在承载过程中表现出的结构约束,这类技术特性在实际使用中以各种形式的技术参数来表示。

从大的方面说,船舶构造是决定船舶结构特性的基础。它包括船体强度、船型(长、宽、高及比例等)、干舷高度、吃水深度、三维重心等。

从小的方面说,船舶结构涉及船舱结构,包括容积大小、形体、舱门的尺寸、位置等;甲板结构,主要包括主副甲板的位置、负荷能力以及功能等;装卸结构主要包括装卸设备的布局、能力(最大重量和效率)以及装卸流程等。

(2)适用特性

船舶承载中的适用特性是指船舶在具体的

---

① 船级证书:是船舶检验机构根据一定标准划分的等级规定结合船舶的结构和技术状况确定船舶的船级所签发的一种证书。它是船舶技术和性能状况的标志,也是表示船舶是否具有适航性的重要条件。船级在我国由交通部船舶检验局根据船舶入级规范进行监造检验确定,国外一般由公认的船级社承办。船级证书有效期一般为四年。期满后,需重新予以鉴定,换取新的船级证书。

② 船舶国籍证书:是船舶登记机关在办理完船舶所有权登记手续后,向船舶签发的国籍证书。船舶国籍证书在中国由主管机关统一印制,分中文本和中英文对照本两种。中英文对照本发给航行国际航线的船舶。船舶国籍证书的有效期为自登记之日起5年。有效期届满,船舶所有人持原国籍证书到登记机关换发新的船舶国籍证书。

③ 船舶吨位证书:是证明国内航行船舶所具容积规模的证书。按《海船吨位丈量规范(1985)》有关国内航行船舶的规定进行丈量核定总吨位和净吨位后,由中国海事局签发,证书长期有效。当船舶的布置、结构、容积、处所的用途、乘客定额证书中准许的乘客总数、勘划的载重线或准许的吃水等方面发生变动,致使船舶总吨位或净吨位变动时,原证书失效。

④ 船舶载重线证书:是船旗国政府法定检验机构或其授权的船级社,根据《国际船舶载重线公约》的规定,对从事国际航行的船舶进行检验和勘划载重线标志后所颁发的证明该船的载重线和干舷符合公约要求的证书。

承载过程中表现出的状态变化。这类技术特性一是可以直观地反映出来，二是通过分配载荷进行控制。船舶的适用特性在装卸过程中具体表现出来，主要有船舶前后的吃水差、左右舷的平衡以及各承载舱(甲板)受力分布等。

在实际操作中，要尽量使船舶吃水差尽可能小、左右舷尽可能平衡以及船舱各部位受力均匀。当前两个方面差异过大且不好调整时，现代船舶通常用"压载水"进行协调，但这种方式消耗能量多，所以要尽可能少地采用或尽可能少地加"压载水"。

2.适航性能

船舶的适航性能(seaworthiness)是船舶在航行过程中所表现出来的技术特性。从技术角度分析，船舶的航行要考虑多项技术指标，包括设计特性与操纵特性两类。对于远洋客轮还需要有比较好的舒适性等，这些都需要在设计时给予充分的考虑。所以这一类特性被归为设计特性，另一类是操纵船舶的过程中表现出来的特性。

(1)设计特性

所谓设计特性，是指在设计船舶时，通过结构、工艺等方面的安排，使船舶所拥有的固有航行性能。主要有耐波性(seakeeping)、稳定性(stability)、抗沉性(insubmersibility)等。这些指标是一组具体的评价参数，可以充分说明船舶在不同的环境条件下表现出的运动状态。

(2)操纵特性

所谓操纵特性，是指在操纵运动中的船舶表现出的特性。由于船舶运动的轨迹比较复杂，因此描述其运动的表达方式就比较复杂。再在这一过程中去分析舵效、推进器的作用以及水流风速等影响，就需要根据系统的不同进行分析。

操纵船舶运动的设施主要有船舵与推进器。船舵是用来控制船舶航向的，一般有人工操舵和自动操舵两类。人工操舵主要用于狭窄水道和港区；自动操舵主要用于在海域航行的情况。自动操舵又分为航向保持系统和航迹保持系统，前者根据船首方向与设定航向的偏差，通过调整舵角，使船首保持在设定的航向上；后者根据定位信息测定航迹偏离程度，通过调整舵角与执行时间，使船保持在设定的航线上。推进器主要是用来控制航速的，一般是通过螺旋桨推进或制动船舶。航速一般以"节"(knot，简用 kn)表示，1 kn=1 mile/h=1 852 m/h。船舶的航速依船型的不同而不同，其中干散货船和油轮的航速较慢，一般为 13~17 kn；集装箱船的航速较快，目前最快的集装箱船航速可达 25 kn。现代的大型船舶有的装有横向推进器，因此具有调整船舶位置的功能。在实际操纵中，船舵与推进器经常要共同使用，主要是用来控制船舶的器转角。掌握船舶的适航性能，根本目的就是保证船舶高效、安全、正准的航行。除此之外，与船舶上的导航、定位及信息系统相协调，可以提前防范各种潜在的危险。

二、飞机性能分析

飞机的各种性能与自身的动力装置、机体、飞行系统和机载设备等密切相关。下面逐一分析。

(一)动力装置

飞机的动力主要由航空发动机提供。航空发动机主要有两大类：一类是活塞式发动机，以汽油机为主，通过带动螺旋桨产生推力，这种发动机主要用于时速低于 300 km 的轻型飞机；另一类是涡轮发动机，全称应该是航空燃气涡轮发动机，它由压气机将高压空气送入燃烧室，并和喷入发动机的航空煤油混合后燃烧，产生高温高压气体。有关航空发动机的构造，前面已经给予了比较详细的介绍。

(二)飞行系统

飞机的飞行系统主要包括操纵系统、燃油系统和防冰系统等。

1.操纵系统

飞机的所有动态都由操纵系统控制。飞机驾驶员的操纵动作或指令很多需要通过传动系统来完成。传动系统主要有机械传动与液压传动两类。传动系统把操纵动作或指令传递给终端的执行机构，例如，通过调控方向舵、升降舵等控制飞机的飞行姿态，收放起落架，控制飞行速度等。

2. 燃油系统

燃油系统主要由供油管路、油泵及油箱等组成。飞机的燃油系统复杂而重要,它要提供飞机所需要的燃料以确保飞行中的安全、可靠、准确。飞机在执行每一次航行任务时,都必须精确计算油量,要细化到计算出在不同气候条件下,各航段的耗油量和备用油量(到达备降机场航段、等候所需的油量);另一方面,飞机油箱多设置在机翼上,可以起到平衡飞机的作用。

3. 防冰系统

飞机的防冰系统(anti-ice system)是飞机特有的一个系统。飞机在高空高速飞行时,飞机的迎风部位,如发动机进气道、驾驶舱的窗户、机翼、尾翼前部的温度要降到 0 ℃ 以下。因此,现代化的飞机都设有防冰系统,用于防冰和除冰等。

(三) 机载设备

机载设备主要包括各种仪表、导航设备、通风设备及辅助设备等。动力仪表主要是将发动机的各项性能指标反映到仪表上,如润滑系统压力、发动机转速、各部位的温度等;飞行仪表主要记录飞机的飞行状态,如飞行高度、速度、姿态、加速度等;导航设备主要是帮助驾驶员准确定位飞机的坐标和标示飞机的航向。导航设备主要有全球定位导航系统、惯性导航系统、机载雷达等;通信设备主要是为了保证驾驶员与地面或其他飞机的联系,如与机场塔台、气象台的联系,通信设备主要采用无线电接收机,并设有备用系统。除上述设备外,飞机还备有飞行记录系统(俗称黑匣子)、自动检测系统、故障预警系统等辅助系统。

(四) 飞机机体

普通飞机的机体主要由机身、机翼、尾翼和起落架等组成。而对于直升机来说,一是没有机翼,取而代之的是旋翼;二是起落架可有可无。本书主要介绍普通飞机的机体。

1. 飞机的身机

飞机的机身是飞机的主体部分,主要由骨架和蒙皮组成。机身一般设计成左右对称的流线型,机头设计成流线体的整流罩,并装有雷达探针;中段分为上下两部分,对于客机上部是气密增压客舱与驾驶舱,下部是货舱、设备舱和起落架舱,尾锥主要安装尾翼及辅助设备等。

由于飞机飞行要克服地球的引力,同时还要保证不变形不断裂,所以飞机的骨架与外壳使用的材料要有足够的刚度、强度和抗疲劳性,同时还要重量轻。因此,飞机的机身以及机翼、尾翼等都采用铝合金与复合材料。

2. 飞机的机翼

飞机的机翼是飞机产生升力的地方。根据空气动力学的原理,机翼都被设计成上表面凸起、下表面平直。为了使发动机的结构布置更合理,现代飞机的发动机设计在机翼下。因此,飞机发动机是成对安置的,中小型飞机一般拥有2台发动机,大型飞机多为4台发动机。现代飞机为了更好地控制飞机的飞行状态,在机翼上设计了一些可调节部件,如襟翼、扰流板、前缘缝翼和副翼调整片等。通过这些可调部件的配合使用,可以容易地控制飞机的飞行姿态。

3. 飞机的尾翼

飞机的尾翼,由水平尾翼和垂直尾翼组成。水平尾翼上装有升降舵,主要用来控制飞机的俯仰稳定性;垂直尾翼上装有方向舵,主要用于保证飞机的航向稳定性。

4. 前后起落架

起落架主要是用于收放飞机的机轮。放下起落架后,飞机可以在地面上移动或停放,在跑道上滑跑,并完成起飞或降落。收起起落架主要是为了减少飞行阻力,并更好地控制飞行姿态。前起落架主要起导向作用,后起落架主要起支撑作用。前后起落架的位置与飞机的设计重心相关联。

(五) 飞行性能

飞机性能主要是飞机在起降过程和飞行中表现出的各种能力。飞机的用途不一样,对飞机性能的要求也不一样。对于民用飞机,重点考核以下几个方面的性能。

1. 起飞性能

考察飞机起飞性能的指标主要有滑跑距

离、爬升距离、起飞距离和起飞速度等。

滑跑距离是指飞机从静止到机轮离地滑行的距离;爬升距离是指从机轮离地到升至规定的安全高度(10.7 m),飞机沿水平线所经过的距离;起飞距离等于滑跑距离加爬升距离。起飞距离是评价飞机性能的一项重要指标。飞机动力越大,最小平飞速度(保持飞机平飞的最小速度)越小,起飞距离越短。飞机的起飞距离,除了受本身的性能影响外,还受起飞质量、气候条件(顺风、逆风、温度等)和海拔高度等的影响;起飞速度是指飞机机轮离地时的瞬时速度,也称离陆速度。正常起飞时,起飞速度略大于最小平飞速度。

2.爬升性能

爬升性能主要是反映飞机克服势能的能力和能够达到的极限高度。通常用最大爬升速率和升限两个指标来评价飞机的爬升能力。所谓最大爬升速率,是指飞机在单位时间内,能够飞行的最大垂直距离,性能越好的飞机爬升速率越大。但飞机的极限爬升速率受海拔高度的影响,海拔高度越高(空气越稀薄),发动机的推力就越小,爬升速率也随之减小。

所谓爬升高度极限,简称升限,是指飞机达到某一高度后,发动机推力只能克服平飞阻力,而不能继续爬升,此时的这一高度,就被称为飞机的升限。升限越高,飞机的发动机性能越好。

3.飞行速度

飞机的飞行速度是考核飞机性能的重要指标。但飞机在整个飞行过程中,有不同的飞行速度。对于民用飞机主要是考核最大平飞速度、经济平飞(巡航)速度和最小平飞速度等。

(1)最大平飞速度

最大平飞速度是指飞机能够飞出的最快速度。随着海拔高度的变化,发动机推力和飞行阻力也在变化,这使飞机在不同海拔高度上的最大平飞速度并不相等。因此,必须要说明飞机的平飞高度。例如,现代大型客机的最大平飞速度是指在海拔11 000 m高度上的速度。

(2)经济平飞速度

经济平飞速度,也称巡航速度,是指飞机油耗最少时的飞行速度。现代民用飞机通常标注的速度指标一般就是指巡航速度或经济平飞速度。

(3)最小平飞速度

最小平飞速度是指飞机能够保持平飞的最小速度。也就是说,如果飞行速度低于最小平飞速度,飞机将降低飞行高度。飞机的最小平飞速度越小,飞机的机动性能越好,这个速度使飞机在较小的半径内机动飞行。

4.续航性能

续航性能主要是指飞机不落地完成一次飞行的能力。这个性能主要是考核飞机的一次飞行的最大距离和使耗用的时间。

(1)最大航程

所谓最大航程,就是指飞机(中途不加油)一次飞行的最大距离。需要说明的是,最大航程是在最大起飞重量、最大载油量和以巡航速度飞行条件下实现的。因此,在现实中,实际起飞重量小于最大起飞重量时,最大航程还会延长。而以最大业务载重量飞行时,则不能实现满载油量起飞,因此,会牺牲部分航程。所以最大航程是在特定条件下实现的。

(2)续航时间

所谓续航时间,就是指最大航程的时间。在考核飞机的续航性能时,仅考核最大航程或续航时间,是无法综合评价飞机的续航性能的,尤其无法体现飞机的平均飞行速度。因此,通过航程、时间两个指标,可以比较客观地反映飞机的续航性能。

(六) 着陆性能

飞机着陆,是飞机在整个飞行过程中非常重要的环节,因此要准确地监控飞机在这一阶段的飞行状态。主要考核指标有着陆速度与着陆距离等。

1.着陆速度

飞机在着陆过程中,着陆速度是递减的,而且不一定是均匀的减速。通常要考核飞机的进场速度与接地速度。

(1)进场速度

所谓进场速度,是指飞机下滑至安全高度(15.2 m)时的速度。飞机降到这一速度时,也同时进入着陆区。随后,飞机以下滑、拉平、平飞和飘落等方式使飞机机轮进入着地时刻。

(2)接地速度

所谓接地速度,是指飞机机轮着地时的速度,所以有时也把接地速度称为着陆速度,飞机在着陆过程中,进场速度与接地速度的差值越大,飞机的飞行减速性能越好,这主要取决于升降舵、机翼可调部件的设计与使用。此外,就是附加装置,如减速板、反推力装置等的使用。飞机着陆后,机轮上的制动系统辅助完成飞机的减速。

2.着陆距离

飞机的着陆距离是指飞机从安全高度开始到飞机完全静止时所行驶的水平距离。它分为下滑距离和滑跑距离。

1)下滑距离是指飞机从安全高度开始,飞机下滑、拉平、平飞和飘落等环节飞过的距离。

2)着陆滑跑距离是指飞机机轮着陆时,飞机所行驶过的距离。飞机的着陆距离越短,飞机的机动性能越好。

(七)适航性能

适航性(airworthiness)是指航空器(包括各子系统及其部件)在预期的环境中与核准的使用限制下,应具备的整体安全性与物理完整性。

安全是航运之本,以往空难由环境因素、机械故障与人为差错三类因素引起。其中,机械故障又分为先天(设计与制造缺陷)与后天(不当维修与使用)故障。因此,适航性是为确保航空安全为航空器规定的具体标准。适航性包括种类适航的规章、标准、程序、通告、监管、审查、鉴定等一系列内容,是种类航空器制造、维修、使用等必须遵守的基本准则。

三、火车性能分析

基于火车运载的技术性与专业性比较强,再加上铁路运输的垄断性与特殊性,本书将略去对火车性能的分析。

四、汽车性能分析

汽车性能的分析,要比其他三种运载方式相对简单一些,但涉及的面比较广。本书将在后面进行比较详细的讨论。

【使用技术】

运载工具的合理使用,是降低运载成本和物流成本的重要因素。下面从五个方面介绍运载工具的使用技术。

一、动力系统的合理利用

前面已经概要地介绍了运载工具的动力系统,这个系统反映运载工具具有的运载能力。但在实际使用中,运载工具的能力利用效率,一般难以达到100%。它受到诸多因素的影响,因此要合理利用动力,必须要对主要因素进行深入分析。

(一)重载利用分析

分析运载工具的载重利用情况,主要围绕设计载重量(也称额定吨位)与实际载重量而展开。

1.设计载重量

设计载重量是设计运载工具时规定的或允许的载重量,即额定吨位。运载工具实际承载货物时,一般以吨(t)为单位;当运载工具实际承载的是人时,则按10~15人为1 t折算。

2.吨位利用率

当实际运量等于额定吨位时,重载利用达到100%,一般用吨位利用率来表示。所谓吨位利用率,就是实际载重量占额定吨位的百分比,即:

吨位利用率=(实际载重量/额定吨位)×100%

吨位利用表明运载工具重载利用的程度。很显然,实际载重量越接近额定吨位时,吨位利用程度越高,重载利用效率越好。从吨位利用率的定义来分析,吨位利用率是一个小于或等于1的效率指标。

在运输实践中,会发生超载超限的行为。此时吨位利用率超过了1,但这属于违规运载,也给运载工具带来了各种损伤与潜在的危害,所以应当杜绝。另一方面,运输组织不力,如适箱量不足的运载和"轻泡货"的运载会导致吨位利用率较小。因此,应注重研究运载工具的合理配载问题。

(二) 里程利用分析

运载工具承载重物运行时,被称为重载运行。重载运行的距离,被称为重载行程。运载工具未承载任何重物运行时,被称为空载运行。空载运行的距离,被称为空载行程。很显然,减少空载行程是降低运载成本和物流成本的有效手段。一般用里程利用率来评价运载工具的里程利用效率。里程利用率是指重载行程占总行程的百分比,即:

$$里程利用率 = \frac{重载行程}{总行程} \times 100\%$$
$$= \frac{重载行程}{重载行程 + 空载行程} \times 100\%$$

合理、科学的配载是提高里程利用率的有效手段,但重载不等于满载。因此,里程利用率无法反映运载工具的利用情况。

(三) 综合利用分析

从前面的分析可知,吨位利用率与里程利用率,只能从两个侧面反映运载工具的利用效率。在实践中,更多是要考核两者的综合利用情况,实载率就是这样的指标。所谓实载率是指在一定的考核期内,实际完成的周转量占总行程载货量的百分比,即:

$$实载率 = \frac{总周转量}{总行程载货量} \times 100\%$$

其中,总行程载货量(t·km) = 总行程 × 额定吨位。

实载率是实际完成的运输工作量与运载工具所具有的运能之比。它体现了运载工具的综合利用效率。在单运次中,实载率 = 里程利用率 × 吨位利用率,这也能很好地说明实载率的综合性。在使用运载工具的过程中,合理地提高吨位利用率、里程利用率与实载率,都可以提高运载效率,降低运载成本。提高的方法有合理选择运载工具、合理配载、合理配线等。

二、运行时间的合理利用

运载工具不可能像管道那样昼夜不间断地运输。从理论上讲,任何运载工具每年都可以运行365天,但实际上,这是不可能的,它受到诸多因素的影响。下面就从三个方面给予简要的分析。

(一) 理论工作日与实际工作日

理论工作日是计算期内某种运载工具最多可能工作的天数,它等于计算期内的实际日历天数。但在实践中,任何运载工具都会因维修、作业计划的安排以及气候环境等方面的影响而不能运营。因此实际工作日,肯定要少于理论工作的天数。

所谓实际工作日,就是计算期内,某运载工具实际工作的天数。很显然,实际工作日越接近理论工作日,运载工具的时间利用效率越高。因此,用实际工作日占理论工作日的百分比来反映运载工具在总时间利用方面的效率,即:

$$总工作时间效率 = \frac{实际工作日}{理论工作日} \times 100\%$$

从总工作时间效率的定义来分析,它是一个小于或等于1的效率指标。越接近1,表明效率越高。从理论上讲,这个指标不可能超过1。

(二) 可工作时间与实际运行时间

前面所涉及的指标,由于以天为考核单位,因此不能很好地反映运载工具的真实工作效率。例如,某运载工具某日工作 2 h 和工作 8 h 都统计为一个实际工作日,显然工作效率不同。因此,有必要将总工作时间效率的指标进行细化,将统计时间由天缩小到小时。

可工作时间是指实际工作日的总小时数,即:

$$可工作时间 = 实际工作日 \times 24(h)$$

引入可工作时间,将更准确地反映运载工具的实际使用情况。但在实践中,更多的是要关注运载工具的运行情况,因此有必要引入实际运行时间。

实际运行时间,是指运载工具在执行运营活动的过程中,所耗费的移动时间,即:

$$实际运行时间 = 运营移动时间$$

同样,将实际运行时间与实际工作时间相比较,可以反映运载工具在运行中的时间利用,即:

$$运行时间利用系数 = \frac{运营移动时间}{可以工作时间}$$

运行时间利用系数 ≤ 1,此系数越接近1,说明运载工具的运行效率越高。

需要说明的是,可工作时间被分解成实际运行时间与非运行时间。非运行时间包括诸如停泊装卸、集疏等待时间等。对不同的运载工具,在效率分析时,有不同的要求。因此,在实践中,有时会对实际运行时间做进一步细分。例如,图12-6-28是汽车运载的时间细分情况。

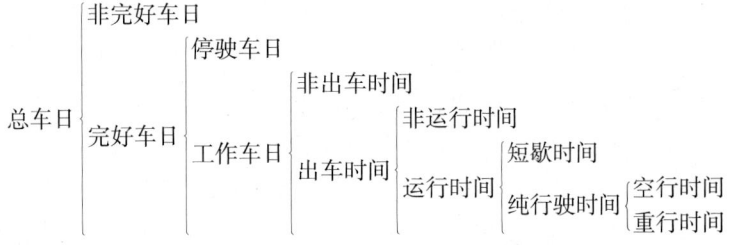

图 12-6-28 汽车运载时间细分

从以上的分析我们不难理解,运载工具的时间利用越多,相对来说就越有效率。但是我们不能忽略另一个重要的因素——速度。因为在完成相同里程的运载任务时,速度越慢,运行时间越长。从这个意义上讲,仅用时间利用指标是不能全面反映运载效率的。

三、运载速度的合理利用

在研究运载速度是否被合理利用之前,我们需要了解运载工具的三种速度。

(一)技术速度

技术速度是指运载工具在良好环境下满载运行的最高速度,即:

$$技术速度=\frac{满载行程}{移动时间}$$

技术速度是由运载工具自身的技术特性决定的。不同的运载工具,技术速度有很大的差异。技术速度是决定其他速度的基础。从理论上讲,在外部条件不变的情况下,技术速度是运载工具能提供的最高满载速度。

(二)运行速度

运行速度是指运载工具的实际行程与运行时间的比值,即:

$$运行速度=\frac{实际行程}{运行时间}$$

根据前面对运行时间的分析,运行时间包含运载工具的"短歇"时间。因此在相同运载工况下,同一种运载工具的运行速度要小于技术速度。

(三)运营速度

运营速度是指运载工具的运营行程与运营时间的比值,即:

$$运营速度=\frac{运营行程}{运营时间}$$

运载工具的运营时间包括装卸、业务等候时间等。很显然,在相同工况下,某一运载工具的运营速度小于运行速度。

从以上的三种速度分析中可知,技术速度由运载工具自身的技术特性决定,并且是运行速度和运营速度的基础。因此,从事物流管理的人员,在采购运载工具时,就应充分考虑运载工具拥有的技术速度。运行速度,是在技术速度与外部的环境条件限制下能表现出的品质。它反映操纵人员的技术水平。操纵人员的水平高、外部条件好,运载工具的运行速度相对较高;反之较低。运营速度,在受制于技术速度与运行速度的同时,还受经营、组织与计划等多方面的影响。总之,在实际工作中,非运行时间越长,运营速度越低,运载工具的综合工作效率就越低。

在这里需要强调的是,以上的分析只是对单一运载工具的简单分析,而在实际中,即多种运载工具、多段运距、多种载重量的情况下,则需要用统计的方法来计算平均运营速度与运行速度,并通过分析影响速度的主要因素,找出提高效率的措施,这是一项复杂而需要经验的工作。

四、主要耗材的合理使用

在运载工具投入使用后,能源燃料、润滑材料及其他易损材料等是主要的消耗材料。这些"耗材"的消耗状况既取决于运载工具一系列的结构性能,也取决于使用条件和对运载工具的组织与管理。

(一) 能源燃料的合理使用

在运载成本和物流成本中,能源(燃料)耗费占有一定的比重。在实际使用中,能源(燃料)的类型、品质以及气候条件等都对能源(燃料)消耗量有重要影响。

1. 能源的类型与发动机的匹配

动力系统的构造决定了使用能源的类型与规的范围。如果不按照动力系统的技术特征去选择能源的类型或规格,那么不仅会导致能源的异常消耗,还会导致动力系统的损伤。例如,高压缩比的汽油发动机,使用低标号的汽油,就会引起发动机的"早燃"或"爆燃"等问题。因此,在选择能源类型时,必须要了解动力系统的技术特征,避免因为选错而缩短动力系统的使用寿命。

2. 气候条件对能源使用的影响

在不同气候条件下,不同能源类型有各自的适用范围。例如,轻质燃料随气温的变化而改变挥发性,而重质燃料随气温的变化改变流动性,因此应选择相应性能的燃料。尤其是运载工具在长途运载中,气候变化范围大,应及时调整燃料规格,以减少不必要的燃料消耗和对发动机的损伤。

(二) 润滑材料的合理使用

运载工具能长时间地高速运行,主要归功于完备的润滑系统和符合要求的润滑材料。润滑材料主要包含润滑油、润滑脂、石墨及各种添加剂(如增黏剂、降凝剂、抗磨剂、防锈剂等)。一般来说,运载工具各部位的润滑方式,在设计时,就已经做过多次试验,并有严格的规定。在实际使用中,需要注意适时补充或更换润滑材料,定期检查润滑系统的使用情况,根据特殊情况调整润滑材料的使用规格等。

(三) 易耗损材料的合理使用

易耗损材料大体可分为两类:第一类是液体类耗材,例如,制动液、液压油及防冻液等;第二类是各种易磨损的零部件,例如,各类相对运动的配合(副)零件等。这些易耗损材料,正确使用可大大延长使用寿命。例如,汽车轮胎的使用,应该在一定周期内,对前后左右轮胎进行有规则的换位,尽量减少轮胎的偏磨。这样就可以减少轮胎的转动不平衡,并可以提高轮胎的寿命里程。

总之,能源(燃料)、润滑材料及易耗损材料的合理使用,是降低运载成本及物流成本的一项重要工作。但这又是一项十分复杂的与运载工具使用技术密切相关的工作。因此,要做好这项工作,除对运载工具的使用技术有充分的了解外,还应在实际工作中不断积累工作经验,甚至要不断总结各种失误的教训。

五、运载工具的安全使用

在使用运载工具的过程中,安全永远是放在第一位的。一旦运载工具在安全方面出了问题,轻则使被运的货物蒙受损失,重则使运载工具报废甚至危及人的生命。因此,安全使用运载工具,是管理工作中的重中之重。但是仅有安全意识是远远不够的,更重要的是涉及的内容能直至要害,方法要科学有效。在实际使用运载工具的过程中,有四个方面特别值得分析并重点掌握。

(一) 运载工具的实际状态

运载工具能否以完好的状态投入运营,是运载工具能否运行安全的关键因素之一。从技术层面分析,运载工具的诸多子系统,都会对运载工具的完好状态产生影响。如制动系统、转向系统、供油系统、润滑系统甚至传动系统、冷却系统等,都会影响运载工具整体的状态。

因此,在运载工具投入运营前,调整与维护,使运载工具保持在良好的状态是必须要做的工作。

(二) 运载工具的合理配载

对具体的某种运载工具,合理配载涉及五个方面的内容:一是防止超载、超限;二是货物安置要合理,使运载输工具的重心在允许的范围内变化;三是防止局部过载,导致运载工具的局部变形;四是必须考虑配载货物的禁忌;五是要考虑被运货物的特殊性,尤其是危险品类的货物。

(三) 运载工具的规范操纵

按规范操纵运载工具,是运载工具安全使用

的保证，越是大型的运载工具，规范操纵就越重要。不同的运载工具，规范的内容会有一些差异，但有些内容是相近或相同的。如防止运载工具碰撞，就是各种运载工具操纵规范的核心内容之一。因此，严格执行操纵规范，是运载工具运行安全的保证。

(四) 运载工具的特殊使用

首先，运载工具在实际使用中，总会遇到一些恶劣的运行条件，如高温、低温、风沙、台风、巨浪等恶劣的气候条件。因此在管理中，要预先考虑运行路线上可能遇到的环境条件，提前制定各种预防的方案，例如，对被运货物制定安全运送预案及燃润料使用预案。

其次，对超大超重货物的运送，要提前制定运送预案，复核运送线路、方案等，做到万无一失。

再次，对刚投入使用或刚完成大修的运载工具，制定合理的运载方案，防止因过载而造成运载工具内部的零件损伤。例如，刚投入使用的运载工具，由于其相对运动的零件的加工表面较粗糙，如果相对运动的速度过快，就会导致零件表面的损伤。因此，需要采取一定的保护措施。

使用技术，是在掌握运载工具特征基础上的应用技术，是掌握物流管理方法的技术基础，有很强的综合性与实践性。

第四节　运载方式的分析

按照传统的分类方法，承担运输的方式主要有水路、公路、铁路、航空和管道等五种。每一种运输方式都有自身的特征与优势，但前四种属于离散流，且与管道运输的归属和使用范围有较大的差异。因此本节主要比较前四种运载方式的特征、适用性和比较优势。这对于正确选择运载方式、合理组织运载具有十分重要的意义。

【基本分析】

在分析四种运载方式之前，先从整体上概要介绍使"物"流动的系统。

一、流的含义

目标"物"（运输对象或客体）的集群"移动"形成了"流"，而完成"移动"有不同的技术方式或不同的组合方式（如多式联运）。能使目标"物"在流径上产生移动的技术，统称为"流"技术。

二、流的结构

流的结构系统如表 12-6-4 所示。

表 12-6-4　流的结构系统

流的形式	基本运输方式		主要运载工具
连续型流动	连续传输		管道系统
非连续型流动	空间运载		飞机
	水域运载		船舶
	陆域运载	轨道运载	列车
		公路运载	汽车

流的结构系统也可以用"23456"来形容，即：

2——两类流动形式，连续型流动和非连续型流动；

3——三个可流领域，陆域维度、水域维度和空间维度；

4——四类运载工具，飞行器、船、陆域轨道与无轨运载类；

5——五种运输方式，公路、铁路、船舶、航空与管道系统运输；

6——六种可流通道，三种连续流通道与水陆空可不连续流动的通道。

下面对船舶、汽车、轨道列车、飞机四类运载工具进行比较，分析各自在实际应用中的优势与劣势。

在实际的运载系统中，运载工具、流径与枢纽是实现或完成运载的三个技术要素，更确切地说是三个子系统。但这三个子系统具有相对的独立性,尤其是流径与枢纽构成的运载网络具有比较高的公共程度,且拥有的经济特征与运载工具的特征存在比较大的差异。所以在比较运载方式时,为了将复杂的问题进行简化,不能将流径与枢纽问题展开,只侧重分析运载工具的特性。

【船舶运载】

水域运载系统主要由船舶、航道(或可航行的水域)与港口组成。在水域运载中,船舶是主要的运载工具。船舶运载有比较独特的方式与优势。下面将比较详细地介绍船舶运载的特点。

一、船舶分类

按照民用船舶运营的区域分类,船舶运载一般分为远洋、沿海与内河运载三类,对应的船员适任证书为A、B、C三类。按照民用船舶的用途可以分为货运、客运、混装与特种船舶等。下面概要地介绍船舶的分类。

(一) 货运类

根据不同的货物、装卸方式以及船体结构,货运船舶大体可以分为以下八类。

1.杂货船(general cargo ship)

主要用于运载成包、箱、捆等散件杂货,适用面比较宽,装卸效率较低,配载比较困难。

2.散货船(bulk carrier)

主要用于运载干散货物的船舶,适用于固体颗粒,运载批量较大,专用程度比较高。

3.液货船(liquid tanker)

专门运载各类液体的船舶,适用石化类的液体,危险等级比较高,专业性比较强。

4.集装船(container ship)

主要指运载国际标准化集装箱的船舶,装卸效率较高,甲板利用率高。

5.滚装船(roll on/roll off ship)

采用滚装方式装卸货物的船舶,适用于运载车辆,设有多层甲板,上岸船之间行驶。

6.载驳船(barge ship)

又称"子母船",是运载驳船的船,适用于母船载驳,驳船不设动力。

7.冷藏船(refrigerated ship)

主要用于运载冻结或低温条件下的生鲜食品,设有冷冻系统,船容率比较小。

8.专用船(special ship)

主要适用于专项运载,如邮船(ocean ship)、拖船(tug)、渡船(ferry)等,这类船舱结构特殊,用途相对单一。

(二) 客运类

客运船舶(passenger ship)主要是根据航行的区域和实际需求进行。有大与小、普通与豪华之分。大型豪华客轮或旅游船(cruise ship)要求具有更高的安全性与舒适性。远洋客轮需要有比较好的船舶稳定性(stability)、耐波性(seakeeping)、操纵性(maneuverability)、抗沉性(insubmersibility)以及防火性等功能。

(三) 混装类

混装类船舶主要是指客、货混装船舶,如汽车客船(auto-passenger ship)。混装类船舶的客舱与货舱分开,通常货舱设在甲板或水线以下。混装类船舶一般对运载的货物有比较严格的要求及货物装船的安全检查。易燃易爆、有毒有害的货物被禁止搭载。

(四) 特种船

本书将民用且非客货运载船舶归类为特种船舶。特种船舶大致分为以下三类。

1.工程船(working ship)

专门从事水上或水下工程的船舶,如挖泥船、打桩船、起重船、疏浚船、钻井船等。

2.服务船(serving ship)

专门从事水域中各种服务的船舶,如领航船、供应船、破冰船、消防船、救捞船等。

3.专业船(special ship)

专门从事各类研究工作的船舶,如测量船、科考船、勘探船、潜水船、环保船等。

以上这些船舶都有各自的技术特点。对于运载管理者来说,则应该以客货运船舶为重点研究对象。尤其是需要深入地研究客货运船舶在运营中的技术经济特征。

二、技术特征

从技术角度来分析,船舶运载比其他运载工具有明显的技术差异。

(一) 主要优势

船舶运载的主要优势为承载量大、运营成本低和续航时间长等。

1. 绝对承载量大

在所有的运载工具中,由于船舶充分借助了水的浮力,这使船舶的承载能力远远超过其他运载工具。目前,世界上最大的散货船、油轮都达到50万吨级;最大的集装箱船可承运1万TEU,且甲板上可以堆码九层集装箱。

2. 能源热效率高

目前的大型船舶(除采用核动力的军用船舶外)几乎都是通过内燃机燃烧燃料,把热能转换成机械能。在这一过程中,由于船舶,尤其是大、中型船舶采用大型中、低速柴油机或燃气轮机,其燃料的燃烧效率要高于其他运载工具(这已通过大量的实验与实测证明)。

3. 自重承载量大

任何运载工具都有自重,将自重与承载的重量进行比较,船舶的单位自重承载量在所有运载工具中是最大的。大型船舶的自重与载重之比只有0.2左右,而陆上交通工具在0.4~0.8,飞机则更高。这意味着在船舶运载中,消耗在自身的能量相对比较少。

4. 续航时间最长

由于船舶航行的条件比较苛刻,因此不能随时靠泊补充人员的给养、燃料等。这迫使船舶必须拥有远距离连续航行的能力,尤其是远洋船舶必须具备长达月余连续航行的能力。在实际中,这种储备要根据航程进行测算,过多的储备,会额外消耗能量,所以这并不是明智的选择。

(二) 技术劣势

船舶的技术劣势主要体现在受环境影响比较大、速度提高不经济等方面。

1. 受环境影响大

由于船舶需要依靠江河湖海做载体,因此当载体处在非常时期,将严重影响船舶的航行。例如,船舶遇上台风、暴雨、汛期、涸水期、凌汛期、冰冻期等,都会严重影响航程或航期,有时甚至会出现断航。

2. 受地理约束大

由于船舶只能在水域且具备航行条件的地方航行;另一方面,港口的建设也需要一定的自然条件,所以船舶的可达性比较差。远洋运载只能是点与点之间的交通。江河中只能沿线运载,且港口不可能随处而建;而湖泊多由于其封闭性而与外界交往不畅,所以只适用于较小的船舶。

3. 技术速度最低

在所有的运载工具中,船舶航行时的技术速度是比较低的。高速船舶的航速虽然可达到25节左右,约为36 km/h。但比汽车、火车和飞机的最高时速相差甚远。而且船速的提高使耗油率攀升比较快,经济速度难提高。

4. 集疏时间较长

首先,由于船舶的承载重量比较大,所需要的装卸时间与装卸货物量成正比;其次,由于船舶构造决定了其集约型货舱结构,而且集约度越高,集疏难度越大;第三,船舶配载既要考虑货物禁忌,还要考虑船舶的平衡以及沿途装卸货物的效率等。因此,为船舶集疏货物,首先,要提高港口的综合实力;其次,要制定科学的集疏方案;第三,在操作中要指挥有方,及时处理随机事件。

三、经济特征

与其他三种运载方式进行比较,船舶运载有一些比较特殊的经济性质或规律,充分认识这些特性对于管理者是十分必要的。

(一) 需求特性

消费者选择船舶运载,一是船舶的运费率最低,二是不容易替代。基于这两个方面的原因,船舶运载在需求方面有如下特性。

1. 船运需求的价格弹性比较小

由于物流需求是一种引致需求,而船运需求仅是物流需求的有机组成部分,且由于运费率最低,使得大宗必需品更多地选择船舶运载。必需品的需求价格弹性比较小,最终使船运这种引致需求的需求价格弹性也比较小。船运的这种需求特性,使得船运需求量也比较稳定(有比较强的正相关性)。

2. 船运需求的交叉弹性比较小

由于船舶运费率远小于其他运载方式,因此其他运载方式的价格变动对船运需求量的影响不大。另一方面,船运的部分需求具有不可替代性,这使这类需求缺乏交叉价格弹性。

(二)供给特性

无论是船舶承运人或代理人,还是消费者,真正认识船舶的供给特性是了解和熟悉水运行业的捷径。船舶运载与其他运载方式比较,在供给方面有以下几个明显特征。

1. 供给的非完整性

公路运载可以实现"门到门"的运载;铁路运载对于大客户可以通过铁路专用线,也可以在一定条件下完成供给;航空运载在特殊情况下,也可通过机种的调配完成"门到门"的运载。唯独船舶运载不能提供完整的运载供给。它必须依靠其他运载方式的配合,才能提供完整的货物流程。

2. 供给的二元结构

船舶运载大体可分为远洋运载、沿海运载和内河运载三类。

远洋运载的投入大、技术要求高,在追求规模经济的过程中容易形成自然垄断。从国际海运市场的历史演化和现状来看,远洋运载领域呈现寡头垄断的市场结构。

而沿海运载与内河运载进入门槛低、技术要求低以及受自然条件的限制比较小,所以比较难以形成规模经济与垄断。因此,沿海与内河运载市场呈垄断竞争或完全竞争的市场结构。

这种混合的二元结构成为影响船运价格的两类因素。但这两类因素在船运价格中的权重、相互间的博弈以及幅度还有待深入研究。

3. 船运的主导作用

无论是追溯历史(纵向考察运载的发展过程),还是考察现代运载系统达到的水平,船运都是主导一个城市或一个区域的重要因素。尤其在工业革命后,船运的发展一直主导着区域的发展。例如,在国外有新加坡,在国内有香港、深圳、上海、天津以及珠江三角洲、长江三角洲和环渤海,这些都是最好的实证。这些地区的繁荣与海运的发达,密不可分。

在微观物流链中,船运流程也同样对时间因素、价格因素等有着重要的主导作用。

4. 成本的离散性大

仅以单一船舶满载状况来分析,船运成本无疑要比其他运载方式的运载成本低很多。然而船运成本的构成,不能以满载状态的船舶运载成本来核算。在实际的船运成本中,涉及许多方面,且变动幅度有时会比较大。综合评价,船运成本在不同的区域、不同的经营方式下会有很大的离散性,例如,班轮航线的选择、停靠港口的选择、经营货类的定位、投资策略、市场分析与判断等有很大的差异,这也使综合船舶运载成本产生很大的差异。

【汽车运载】

在陆域的无轨道运载中,主要涉及表12-6-5中的各类运载工具。在这些类别中,汽车是主要的运载工具。下面将从分析汽车运载的类型入手,再逐步深入分析汽车运载的技术特征与经济特征。在此需要强调的是公路运输不等于汽车运载。

表 12-6-5 陆域无轨道运载工具的分类

机动车			非机动车	
汽车	拖拉机	其他	畜力车	人力车(推、拉、踏)

一、汽车分类

按照不同的分类方法,汽车运载有不同的类型。按照汽车用途,可以将汽车分为客车、货车与专用车三大类。表12-6-6是客车与货车的细分。

表 12-6-6 客车与货车的按用途分类

客 车						货 车					
共用		包车		租车		普通车		危险品车		大件	集装箱
公共	长途	随机	预订	短时	长期	零担	包车	有毒有害	易燃易爆	超长、超宽 超高、超重	6.1 m (20 ft) / 12.2 m (40 ft)

上述分类表明，每类汽车都有各自的应用领域、适用范围与技术特点。下面将分别介绍各类汽车的主要特征。

(一) 客车类

客车，顾名思义就是承载旅客的汽车。对于客车的分类，一般有两种分类方法。

1. 按发动机排量分类

按发动机排量分类（见表 12-6-7），是客车分类的主要方法。

表 12-6-7 按发动机排量分类

类型	微型	普通型	中级	中高级	高级
排量/L	≤1.0	1.0~1.6	1.6~2.5	2.5~4.0	>4.0

这种分类的目的是通过发动机来表示汽车的动力水平。很显然，汽车发动机的排量越大，汽车的功率就越大，相对的动力性越好，轿车基本采用此分类。

2. 按客车的长度分类

按客车的长度分类（见表 12-6-8）。

表 12-6-8 按客车的长度分类

类型	微型	轻型	中型	大型	超大型	
					铰接式	双层
长度/m	<3.5	3.5~7	7~10	10~12	13~23	10~12

备注：通常将 9 座以下称为轿车；9 座（不包括驾驶员）以上直接称为客车。

(二) 货车类

货车，顾名思义就是承载货物的汽车。对于货车，主要有两种分类方法。

1. 按额定载重量分类

按货车的额定载重量进行分类，货车可以分为微型、轻型、中型和重型等四种类型（见表 12-6-9）。

表 12-6-9 按货车的载重量分类

类型	微型	轻型	中型	重型
载重/t	≤1.8	1.8~6	6~14	>14.0

2. 按货车的功能分类

按照货车的功能，货车主要可以分为八类。

1) 普通箱式车，配有普通敞开式车厢的货车。

2) 自卸式货车，可以纵向与侧向倾翻的货车。

3) 集装箱货车，专门用于承运集装箱的货车。

4) 罐装型货车，运载液体或固体的密封货车。

5) 大型平板车，用于运送长、笨货物的货车。

6) 特种货运车，为运送专用货物设计的货车。

7) 温控保鲜车，承运需要冷藏或保鲜的货物。

8) 全挂半挂车，要与牵引车配合使用的货车。

(三) 专用车

除了具有一般用途的客车与货车，在一些特殊场合或专门的领域，需要一些具有专门用途的车辆。按照各自的功能，可以分为以下八类。

1) 牵引车，用于牵引挂车的汽车，主要分为承载与不承载两种方式。

2) 特需车，用于特别需要的汽车。如消防车、救护车、指挥车等。

3) 越野车，用于特殊路况的汽车，特征是多桥驱动或履带结构。

4) 农用车，用于农业方面的机械，如拖拉机、收割机、播种机等。

5) 工程车，用于工程方面的汽车，如推土机、挖掘机、筑路机等。

6) 科研车，用于科研方面的汽车，如监测车、勘探车、实验车等。

7) 装卸车，用于装卸搬移的机械，如叉车、各种起重车、铲车等。

8) 军用车，用于军事目的的机械，如坦克、装甲车、火箭发射车。

汽车的分类，基于不同的目的还有其他分法，关键在于分类目的。本书的重点是研究货物运输，所以分类研究也是按货车的功能而展开的。

二、技术特征

汽车的技术特征是由汽车的装备和所应用的技术决定的。与其他运载工具的技术性能进行比较，汽车有自身的技术优势，当然也有技术劣势。

(一) 主要优势

汽车的技术优势主要集中在机动性能、适用性能、操控性能以及短途运载的便捷等几个方面。

1. 机动性能最好

在所有的运载工具中，汽车的体积最小，且功率配备的范围比较大，再加上本身的构造特点，因此汽车是机动性能最好的运载工具。从转向、加速、制动等方面来评价，汽车的机动性仅次于特种飞机，要明显优于其他运载工具。综合评价，汽车的机动性能是所有运载工具中最好的。

2. 适应性能最强

其他运载工具必须在一定的条件下才能运行。例如，飞机要有机场和一定的能见度才能飞行，船舶需要航道与港口才能航行，火车需要轨道与调度才能行驶。而汽车可以在自然的陆地上行驶。因此，汽车成为最好的集散与疏运的运载工具。

3. 操控简单易学

在所有的运载工具中，汽车的操纵是最简单易学。任何符合国家规定的人，只要体检合格和心理测试合格，都可以考取驾驶执照。尤其是现代化的汽车，许多操纵技术被智能化替代，这使操控更加简单。例如，倒车防避碰雷达、雷达测距提示系统、自动导航系统等都可以帮助驾驶者更好地完成操控。

4. 短途运载便捷

一般情况下，在 200 km 以内，汽车除了本身固有的技术速度比较快以外，还有启动的准备时间很短的优点。其他运载工具都需要有一个比较长的准备时间。尤其是在接到紧急任务时，汽车的优势最明显。另一方面，短距离的急件多是小批量的调运，其他运载工具的运载成本，因"亏载"而比较高，更重要的是无论多短的运距，最终都需要汽车集散与疏运。

(二) 技术劣势

由于构造上的局限性，汽车也有技术上的劣势。与其他运载工具比较，汽车的相对技术劣势表现为以下四个方面。

1. 单体承载最小

根据我国及欧美国家的规定，汽车的长×宽×高一般限制在 $(18\sim19.8\ m)\times(2.5\sim2.6\ m)\times(4\sim4.3\ m)$。在这样的容积限制下，汽车单车的总载重量一般在 30 t 以下，组合货车(挂车)的总载重量一般在 50 t 以下。这样的承载水平无法与其他运载工具承载量相比。

2. 自重载重比大

由于汽车的单体承载量小，每辆汽车都需要配备发动机，因此汽车的自重载重比要远远高于船舶，也高于火车。例如，轻型货车(二轴四轮)的自重约为 2 t，载重 2.5~3 t，自重载重比为 0.67~0.8；中型货车(二轴六轮)的自重为 2~5 t，载重量 3~8 t，自重载重比为 0.62~0.67；重型货车(三、四轴)的自重为 10~15 t，载重量为 20~50 t，自重载重比为 0.3~0.5。总的来看，随着载重量的增大，自重载重比在下降。

3. 连续性能较差

汽车能够连续行驶的距离，比其他运载工具都短。这主要是因为汽车的油箱比较小。另一方面，汽车是在开放且环境多变的条件下运行的，驾驶条件相对较差，因此驾驶员容易疲劳。所以，汽车的连续运行的能力比较差。

4. 安全性能最差

由于汽车处在车流密度大、速度快的环境中，且道路状况复杂多变，因此随机因素会导致大量的交通事故。无论以何种方法评价运载工具的安全性，汽车的安全性能都是最差的。另一方面，汽车对第三者的伤害频率也是最高的。但由于汽车是比较小的个体且在陆上行驶,因此不会像飞机、火车和船舶的交通事故那样会带来比较集中的伤害。

三、经济特征

与其他运载工具比较,汽车有一些比较特殊的经济性质与规律。下面就对汽车运载在经济方面的一些特性,做比较深入地分析。

(一)需求特性

消费者对汽车运载的需求是多方面的,具体表现在:一是基本空间的位置改变;二是改变的时效;三是改变的方便性;四是改变的综合效率;五是改变的灵活性;六是改变的舒适性。正是由于有多层次的需求,汽车运载需求有两个比较明显的特征。

1. 汽车运载需求价格弹性的离散度较大

汽车运载的需求,既有只追求改变空间位置的基本需求,也有追求舒适性,甚至是个性化的奢侈性需求。因此,汽车运载需求的价格弹性表现出很大的离散度。另一方面,汽车运载需求是一种具有多层次的引致需求,因此它的价格弹性还取决于原需求的类型与性质。例如,文物、艺术品和普通消费品的运载需求,其价格弹性的差异很大。对于汽车运载需求价格弹性的量化研究还比较少,但它对经营汽车运载的企业具有重要的理论指导意义。例如,汽车运载如何进行科学的分类定价,价格弹性就是重要的参考依据。

2. 基本运载需求的交叉价格弹性比较大

由于运载的基本需求只是追求单纯的改变空间位置,因此价格因素成为主导因素。另一方面,面对运载的基本需求,运载供给表现出同质性,这使基本运载需求的交叉价格弹性比较大。由于汽车的综合运营成本明显高于轨道列车与船舶,因此汽车运载受这一特征的影响最大。在经营汽车运载时,深入研究需求的层次,制定相应的经营对策,是一项十分重要的工作。

(二)供给特性

汽车运载供给,提供的是一种非实物性的服务。与其他运载服务相比,汽车运载服务有比较明显的优势,同样也有明显的劣势;了解与认识汽车运载在供给方面的优劣和劣势,可以帮助管理者提高经营与管理水平。

1. 运载供给的完整性

由于汽车运载可以实现"门到门"的运载,因此汽车在一个完整的陆域可以提供全程的运载服务,可以省略中途的倒乘、换装、滞留等环节,可最大限度地压缩装卸与仓储费用,还可以减少因装卸、换装等带来的"损、差、错"率。这一突出的优势,是汽车运载参与竞争的重要法宝。

2. 运载供给的竞争性

汽车运载的投入条件比较低,使得作为供给方进入与退出运载市场比较方便,所以汽车运载市场表现为完全的竞争性。因此经营汽车运载的企业只能是市场价格的接受者。完全竞争的市场模型,是很多经济专家所倡导的市场模型,它能使资源得到充分利用,市场效率最高。但是运载市场并非如此,完全竞争的运载市场,会使运载效率、能源利用效率、投资效率下降,最终使运载成本上升。由此,政府在管理运载市场时,应当发挥宏观调控的作用,总的原则是使社会资源,尤其是不可再生能源的利用最大化。

3. 短途运载效率最高

汽车短途运载效率最高,是由汽车运载的一系列技术特性与经济特性决定的。高机动性、高适应性以及供给的完整性等都决定了汽车短途运载比其他运载工具更高的效率。汽车运载的综合性在于消费者和供给者将时效价值、方便性以及投入产出的比值等进行系统的评估。当然,对汽车短途运载效率进行动态性的量化评价是一个值得深入研究的课题。

4. 单纯运行成本较高

汽车的自重与载重之比要比火车与船舶高,这使完成单位周转量消耗的能源更高。

汽车运载市场的完全竞争性,使汽车在使用中的各种利用率相对比较低,能源空耗或浪费的现象比较严重。

面对复杂多变的道路状况,汽车经常要进行起步、加速与停车等操作,行驶状态难以稳定,必然要多消耗能量。

基于以上三个方面的分析,再加上分摊到单位周转量上的人力资源(成本)也高于其他运载方式,导致汽车的单纯运行成本比较高。

5. 支付外差成本较高

外差成本,是指某种生产或服务给环境或社会带来的负面影响以及治理成本。汽车在使用过程中,给环境与人类带来三大公害:一是环境污染,包括噪声污染、排放污染和废弃物污染等;二是交通事故,包括对司乘人员、被运货物及第三者带来的伤害或破坏;三是交通拥堵,造成社会价值严重浪费,同时还加重排放污染。

基于以上原因,治理汽车带来的三大公害,需要付出昂贵的外差成本。当代的环保理念是"谁污染,谁治理",这就成为汽车运载方式要支付昂贵外差成本的原因。

6. 运行的可控性较差

汽车运行的环境是复杂多变的路况,并且很多路况处在完全开放的状态,以致管理者很难对汽车的运行过程进行完全控制。

因此,在制订汽车运行计划中或实际调度运行车辆的过程中,要把可能影响汽车运行的随机因素考虑进去。即使是这样,也不能完全保证汽车的实际运行过程能够符合运行计划。

在开放条件下,管理者把经营线路上的信息了解得越详细,对汽车实际运行的控制就越好。

【轨道列车运载】

轨道列车运载主要是指沿固定轨道运载的陆上运载工具。这是现代运载系统中非常重要的一种运载方式。下面将深入分析轨道列车运载的主要类型、技术特性以及经济特性。

一、列车类型

有轨列车一般按照动力类型、轨道类型和应用类型进行分类。

(一) 按动力分类

自1765年瓦特发明蒸汽机,揭开工业革命的序幕以来,在240多年的历史进程中,蒸汽机车(steam locomotive)曾作为"火车"(有轨列车)的主要动力(也是火车名称的由来),为工业革命的发展做出了重要贡献。蒸汽机车是一种"外燃机",热效率较差。随着内燃机车(diesel locomotive)、电力机车(electric locomotive)的发明与使用,蒸汽机车逐渐走向没落。2005年12月9日,世界上最后一辆蒸汽机车永久地退出了历史舞台,成为博物馆中的文物与古董。这也标志着蒸汽机时代的结束。目前,有轨列车使用的动力类型主要有内燃机车与电力机车两类。

1. 内燃机车

有轨列车使用的内燃机车主要是柴油机,它是大吨位运载的主要动力,主要特点是燃烧热效率比较高(一般可以超过30%),独立性强,单位功率均摊的自重比蒸汽机车轻很多,还可以实现多机联挂牵引。但内燃机车的噪声比较大,不太适合在城市区域内使用。

2. 电力机车

有轨列车采用的电力机车,基本都是通过外部电力向电力机车提供电能,然后再由电力机将电能转换成机械能驱动列车行驶。由于直流电机允许在短时间内通过较大的过载电流,因此,电力机车的加速性能与爬坡性能非常好。另外,电力机车噪声小,几乎没有排放污染,所以在城市或山区等地方普遍用电力机车做动力。但电力机车依靠外部供电,就带来两个问题:一是通过地面的第三轨供电不安全(一般只用于地铁或完全密封的轨道系统,而且必须将输电电压调为低压);二是通过空中架线提供高压电,但会严重影响城市的空间布局,也有一定的局限性,而且投资也会相应增加。

(二) 按轨道分类

轨道的作用一是导向,二是减少摩擦力。有轨列车使用的轨道主要有两类,一类是双轨,另一类是单轨,其中双轨应用比较普遍。

1. 双轨

有轨列车使用的轨道基本都采用"工"字形

钢轨,平行铺在路基上;双轨之间的距离被称为轨距。目前,采用的轨距大体有三类:一类是标准轨距,轨道的宽度为 1 435 mm;二是宽轨,主要是在苏联时期的俄罗斯和加盟共和国使用;三是窄轨,宽度并不太统一,主要在煤矿和局部使用,例如,我国东北地区过去使用的小火车就属于这种类型。

2.单轨

单轨(也称独轨),是一种比较新型的有轨形式。单轨分悬挂式与跨坐式。所谓悬挂式就是列车挂在铁轨上运行(图 12-6-29)。所谓跨坐式就是列车骑在独轨上(图 12-6-30,磁悬浮列车)。单轨结构最大的优势是节约土地,尤其是悬挂式,能节约大量的土地资源。

图 12-6-29 悬挂式列车

图 12-6-30 跨坐式列车

(三) 按应用分类

按照应用类型进行的分类方式,应该说是一个比较模糊的概念。因为很难对应用类型定义,所以这种分类,只是按照约定俗成来解决。本书将轨道列车分为两大类:一类是用于城际间的中长途轨道列车,另一类是用于城郊区域的中短途轨道列车。严格地说,这两类轨道列车在构造上没有本质的区别,但为了实现不同的目的,对材料、尺寸、局部结构进行了调整。

1.普通列车

普通列车基本上就是传统的在铁路上运载的列车,基本采用标准的双轨运载。普通列车在平原地带以内燃机车为主,在山区以电力机车为主。普通列车发展到今天,逐渐分出了两个发展方向。

(1)高速列车

高速列车的最高车速一般要超过 200 km/h,这要求机车、车辆、轨道等必须满足高速运行的需要。例如,我国为提高客运列车的速度,需要将有些路段(轨道)的最小转弯半径扩大,这样才能适应列车提速;再例如,机车提速,需要通过更换新型的动力系统才能实现。

(2)重载列车

重载列车是指列车满载时的整车质量超过 5 000 t。长期以来,我国铁路系统的承载能力比较低,一列标准货车的整车质量在 4 000 t 左右(自重约 1 000 t,载重 3 000 t)。目前,发达国家的单列列车的整车质量可达到1万t,个别线路达到2.5万t。

2.轻型列车

由于轻型列车主要应用于城区或城市郊区的客运,站与站之间的距离短,且在人口比较密集的地带穿行,为了保证列车拥有良好的加速性能,尽可能节约能源消耗,减少排放污染及降低噪声,轻型列车一般以电力为动力。

轻型列车主要用于客运,所以在设计制造时更追求结构的合理性与使用的舒适性,并在车用材料等方面进行改进,使整车装备质量更轻。国际上按照额定的车厢容量来测算人均车重:轻型列车为 0.16~0.18(t/人);普通列车为 0.33~0.38(t/人)。由此可以看出,轻型列车的人均车重,只有普通列车的1/2。轻型列车根据城市特点、城市客运需求,设计有多种形式,主要有地铁(美国称 subway,英国称 underground)、轻轨(light rail transit,LRT)和磁悬浮列车(maglev train)等形式。其中轻轨又有高架轻轨、悬挂轻轨、地面轻轨、沟槽式轻轨等多种形式。

二、技术特征

轨道列车运载有比较独特的技术系统。与其他运载工具比较,轨道列车运载同样有比较突出的技术优势和比较明显的技术劣势。

(一)主要优势

轨道列车运载的技术优势主要集中在能耗低、安全可靠两个方面。

1.能耗最小

首先,需要澄清一个问题,在以往的运输经济分析中,一直都认为,单位周转量能耗最小的是船舶。对此,以往的研究有两个结论:一是船舶与轨道列车的环境不一致,缺乏直接比较的基础;二是在相同速度下(以船舶的经济船速比较),有轨运载的能耗要小于船舶运载。有了上述结论,也就有了轨道列车是所有运载工具中,单位耗能最小的运载方式。

轨道列车运载的耗能最小,主要是轨道列车的运行阻力最小。由于轨道列车采用钢轨与钢制车轮,滚动摩擦系数很小,因此运行阻力小;另一方面,其他运载工具的单位载重量分摊到的迎风面积都远远大于轨道列车。因此,按照单位载重量获得的迎风阻力来评价,轨道列车的风阻最小。

2.安全可靠

由于其他三类运载工具的运行环境大多数处在开放状态,而轨道列车的运行环境是封闭或基本封闭的。因此,轨道列车运载的不可控随机因素最少。所以,轨道列车的运行可以得到最有效的控制。

(二)技术劣势

轨道列车,由于要受运行线路的约束,包括技术水平方面和线路本身的约束,因此在技术方面比其他运载工具有明显的劣势。

1.可达性差

轨道建设周期长,技术难度大,且轨道列车属于大量型运载工具,就决定了轨道网络密度远远低于公路网络。另一方面,轨道列车只能沿轨道运行。所以在运载工具中,轨道列车的可达性比较差。

2.机动性差

轨道列车的机动性差表现在以下三个方面:首先,轨道网络是一个复杂系统,系统中的任何列车,都必须严格执行运行计划;其次,在同一轨道上的列车,后车无法超越前车,只有到中间站或枢纽站,才能根据调度的调整(一般是前车驶入岔道,让出主行驶轨道)完成超车;最后,轨道列车属于大量型运载工具,承载量比较大,尤其是始发、终到列车必须完成集结、编组或分解、甩挂等作业,因此需要比较多的作业时间。据有关资料统计,轨道列车的运行时间只占总作业时间的35%左右,而作业与技术停留时间则达到65%左右。

三、经济特征

分析轨道列车运载方式的经济特征,同样是在与其他运载方式进行比较后,发现其与众不同的地方。

(一)需求特征

在陆上运载的两种方式中,轨道列车运载是

运载成本比较低的方式。消费者选择轨道列车运载，运费率比较低、价格便宜是主要因素。但快速、安全、可靠与舒适同样是不可忽视的因素。

1.货运需求的价格弹性比较小

运费率比较低是轨道列车的优势，所以，价格便宜是选择轨道列车运载的主要因素。因此，具有这类需求的货物，多为生产、生活的必需品，需求价格弹性比较小。但这类需求与船运需求有一些差异，其中，时效需求是主因。实际上，对轨道列车的运载需求是追求低运费率与时效性的复合需求。

2.客运需求的层次多离散度大

旅客对轨道列车的需求远比货运需求复杂。随着消费者生活水平的提高，客运需求不断分层。因此离散度也不断扩大。例如，有人追求轨道列车的长途倒乘少；有人追求准时、安全、舒适、价格便宜等。虽然有些诉求可能是消费者的主观预期，但轨道列车确实可以提供满足不同需求的服务。

(二) 供给特征

轨道列车在运载中呈现的供给特性主要表现为自然垄断、成本结构倒挂与速度差异等几个方面。

1.列车运载系统易形成自然垄断

首先轨道列车运载系统是由轨道网络、枢纽(或结点)和列车三部分组成的，而且系统相对封闭，因此系统一旦形成，就构建起网络壁垒；其次轨道列车运载系统属于大系统，需要达到一定规模，才能大幅度降低成本，形成规模经济。正是这些因素促成了轨道列车运载系统的自然垄断。这种垄断不仅表现在价格方面，还表现在决定供给的方式、数量、时间等方面。

2.列车运载系统的成本结构倒挂

由于轨道列车运载自成系统，所以运载成本要将整个系统的投资分摊进去。根据我国多年的统计表明，轨道列车运载系统的可变成本只占40%左右，固定成本高达60%。在可变成本中，系统维护费用又占有一定的比重。所以，与其他运载方式进行比较，轨道列车运载系统的可变成本与固定成本出现倒挂现象。轨道列车运载系统的这一供给特性，迫使系统始终处在运转中。当然由于自然垄断性，在追求系统效率的同时，系统会通过提高运费获得收益。只不过运费率的调整有时是"显形的"，有时是"隐形的"。

3.送达速度与技术速度的差异大

轨道列车的技术速度是比较快的，如投入运营的高速列车，技术速度已达300 km/h。但轨道列车的技术与结构约束，使轨道列车的装卸、集结、编组、分解、摘挂、甩挂、会让车等占用大量的时间，最终使列车运载的送达速度存在比较大的差异。这一供给特征，会影响轨道运载系统满足高附加值且对时间价值要求高的运载需求。

轨道列车运载系统无论是在综合运输系统中，还是在国民经济系统中，都有举足轻重的地位。这一系统的发展、改革与管理属于专业性比较强的问题，与系统内部的关联程度高。如何熟悉轨道列车运载系统的运营模式，充分利用其优势，为降低社会物流成本服务，是一个十分重要的课题。

【飞机运载】

作为航空器中最重要的一类，飞机主要是利用空气的升力及反作用力来托起、支撑和推进(或拉动)自身，实现空中飞行的。

一、飞机类型

自从1903年人类发明飞机以来，经过100多年的发展，飞机的种类、性能、用途等发生了巨大的变化。按用途分，飞机大体可分为军用与民用两大类。本书只讨论民用飞机。下面就简要介绍民用飞机的分类。

(一) 按飞机的机型分类

按飞机的形体可分为大、中、小三种。实际上，这三种机型主要是在最大起飞重量、飞机质量和飞机外形尺寸等方面存在着差异。其中，飞机的外形尺寸参数主要有飞机翼展（左右翼尖的垂直投影长度）和机身长(总长)等。

1.大型飞机

大型飞机的最大起飞重量一般超过300 t，最大的可达到550 t。翼展普遍超过60 m，机身总长在70 m以上。这种飞机采用的动力系统，基本上是喷气式发动机。大型民用飞机主要用于远程国际航线。

2.中型飞机

中型飞机的最大起飞重量一般为100~200 t，翼展为40~50 m，机身长46~60 m。所采用的动力系统，主要有螺旋桨推进系统和喷气式推进系统。这种机型主要用于一定区域的干线飞行。

3.小型飞机

小型飞机的最大起飞重量一般在100 t以下，翼展一般为20~40 m，机身长度一般不超过45 m。另外，直升机多属于小型飞机。但直升机没有翼展，而是用主旋翼直径代替翼展。一般的民用直升机的最大起飞重量不超过30 t，最大装载重量10 t左右；主旋翼直径不超过25 m，全长一般不超过30 m。小型飞机主要用于短途飞行，多用于地方支线。

(二) 按航程与航速分类

航程是指飞行距离，而航速是指飞行速度。

1.按航程分类

按照飞机最大可以飞行的距离，大体可分为四类：

短途：1 000 km以内，主要是小型飞机能够飞行的半径；

近程：1 000~3 000 km，主要是中型飞机能够飞行的半径；

中程：3 000~5 000 km，主要是大型飞机能够飞行的半径；

远程：5 000 km以上。目前最远的航程能够达到12 000 km以上。

2.按航速分类

按照飞机的巡航速度进行分类，大体可分为四类：

低航速：航速在500 km/h左右，一般是活塞式发动机的航速；

经济航速：航速为700~900 km/h，是相对耗油比较合理的航速；

亚音速：航速仅次于音速，一般为900~1 000 km/h；

超音速：航速大于音速，如法国的协和式飞机，航速达到2 320 km/h。

二、技术特征

飞机是在空中飞翔的运载工具。与其他运载工具相比较，有以下几个显著的技术优势和明显的技术劣势。

(一) 主要优势

飞机的主要技术优势，突出地表现在一个"快"字上。这主要是依靠飞机的技术支撑，也是其他运载工具无法比拟的。

1.技术速度最快

在四类运载工具中，飞机的技术速度最快。目前，主流民用飞机的巡航速度平均为900~1 000 km/h，是陆上运载工具速度的3~8倍，是船舶速度的25~30倍。这种速度优势十分明显，其他运载工具的速度水平与飞机的速度相比，完全不在一个数量级上。

2.技术效率最高

体现运载工具能力的指标有运量、周转量。虽然飞机单机的承载能力远不如船舶与轨道列车，但如果用单位自重和单位时间完成的周转量来衡量，飞机的效率是最高的。表12-6-10是对四种运载工具的效率比较。

表12-6-10 运载工具的技术效率比较

运载工具	自重/t	载重量/t	时速/(km/h)	小时周转量	吨·时周转量
飞机	100	500	900	45 000	450
列车	1 000	3 000	120	360 000	360
船舶	50 000	500 000	30	15 000 000	300
汽车	20	50	100	5 000	250

由表12-6-10可以看出,飞机的吨·时周转量是四种运载工具中最高的。

3.技术性能可靠

虽然飞行技术相对复杂,但飞机也配置了技术水平最高的设备,以确保飞机的安全航行。正是这些完备的技术体系,才使飞机比其他的运载工具有更高的技术可靠性,例如,机载导航定位系统要比船舶有更高的精度。

(二)技术劣势

运动方式决定了飞机的明显劣势。

1.单位耗能最大

由于飞机要克服地球引力或势能阻力,因此单位周转量的燃料消耗是所有运载工具中最高的。另一方面,飞机的自重载重比也是所有运载工具中最大的。因此,分摊到实际周转量的燃料消耗也比较多。

2.飞行限制较多

雾、霜、雹、雨、雪、雷、风这些自然现象都对飞机航行有影响,尤其是对起降过程的影响大,航班因此不能正点起降,甚至有时需要到备降机场降落。另一方面,有些地域由于复杂的环境尚不被人类完全认识,因此,飞机运营者要正确判断飞机"能不能飞"和"能不能安全飞"的问题。

3.事故损失率大

从近些年各国的统计数字来看（一般以一定时期完成的相同周转量作为比较的基础）,飞机的事故率是最低的。但是一旦出现飞行事故,损失却非常大。而且飞机在飞行中出现致命的故障后,能够排除故障的时间非常有限。所以,飞机的事故损失率是所有运载工具中最大的。

三、经济特征

飞机运载的经济特征主要从需求与供给两个方面来体现。与其他运载方式相比,飞机运载的经济特征表现在以下两个方面。

(一)需求特性

除具备一般运载共有的需求特性外,飞机还能满足消费者对运载的其他需求。消费者对航空运载的独特需求恰好可以反映飞机运载需求的特性。

1.空运的需求层次最多

在一个完整的大陆上,有人居住的地方,绝大多数情况下,消费者对于运载或运输的需求至少有四种选择。但要实现跨越大陆的运载,运载方式只剩下飞机与船舶,而且由于两种运载方式在技术与经济方面的极端表现,船舶承担了绝大多数的货运,飞机承担了绝大多数的客运。究其原因,绝大多数的乘客都有时间上的要求。因此,搭乘飞机实现空间位置的改变就成为唯一选择。从这一层面看,对飞机运载的需求也是改变空间位置的基本需求。

在有选择的情况下,追求时间价值的消费者,追求安全预期的消费者,追求享受的消费者,都可能选择飞机运载。这几个层次的需求,多为非价格因素下的需求。但由于需求层面的不同,需求价格弹性的差异比较大。例如,追求时间价值需求的弹性相对会比较小,而追求享受这样的奢侈需求,需求价格弹性比较大。而在价格因素的影响下,消费者会追求时间价值与运载费用的综合价值,甚至是运费率的直接比较。

以上分析表明,不同消费者对飞机运载有不同的需求,这种需求的多层次性是飞机运载需求中比较明显的特征。

2.交叉弹性的离散度大

当乘飞机是唯一选择时,如越洋航班、国际商务、政务之旅,这时需求价格的交叉弹性相对比较小;对于追求时间价值的消费,需求的交叉弹性要大于前一种;对于追求舒适、享受的消费,需求价格的交叉弹性则比较大;对于以运费率为依据且伴有时间价值的综合需求的消费,需求交叉弹性则非常大。所以飞机运载的交叉价格弹性的离散度比较大。因此,对于飞机运载服务的营销,应该采取分类营销的策略。

(二)供给特性

飞机运载在供给方面的独特性在于时效性最好与运营成本高。

1.时效性最好

由于飞机的绝对飞行速度是其他运载工具无法比拟的,所以飞机运载的时效性,尤其是远程的时效性最好。这是以飞机的技术水平为基础的,即飞机的"吨·时周转量"可能实现值是所有运载工具中最高的。

2.运营成本高

如果以运载工具每个额定载重量为投资单位进行测算,毫无疑问,飞机的投资成本是最高的;同样,以完成单位周转量来测算运营成本,飞机也是最高的。所以,在成本方面飞机没有任何优势。因此,提供空运服务的策略,更多的是考虑非价格因素。

第五节　货物运输组织与管理

货物运输工作,在实施之前需要根据货物类型选择运输形式,需要根据客户的要求进行组织;在实施的过程中,需要根据实际情况对运输工具及辅助设施进行调度;在实施之后,还需要进行统计与财税方面的分析。

【运输形式】

对于运输形式,主要有两个分析视角:一个是基于供给者(承运方)的运输特征,另一个是基于需求者(客户)的货物类型。

一、运输分类

常用的运输分类主要是按行业性质、按组织形式和按运输工具进行分类。

(一)按行业性质分类

按行业性质分:主要有工业运输(industrial transportation)、农业运输(agricultural transportation)、商业运输(commercial transportation)、邮政运输(postal transportation)及军事运输(military transportation)等。按行业性质分类,主要是为了统计各行业的运输工作量,并将此作为判断某一行业供求状况的重要信息。一般由各自的行业,对自己的全行业完成的运输量进行统计分析。

(二)按组织形式分类

按照运输的组织形式进行分类,基本上是主次之分和大小之分。

1.干线运输与支线运输

干线运输(trunk line transportation)是指在运输网络中起骨干作用的流径或线路上进行运输的行为。在不同的网络体系中,干线的内涵并不一定相同。如某省的国道可能是省内的干线,但不一定是国家网络体系中的干线。

支线运输(feeder line transportation)是指在运输网络中的次要流径或线路上进行运输的行为。一般情况下,支线运输主要是发挥为干线"集疏"的服务功能。所以,管理者需要充分认识这一问题,协调好主次之间的关系,避免支线运输冲击干线运输,甚至喧宾夺主;也要合理安排支线运输,避免干线运输过多地向支线延伸,导致运输效率下降。

处理好干线与支线之间的关系,是管理者综合管理能力的体现。在实践中,一般是通过政策、财税、法规等形式来协调。

2.整批运输与零散运输

整批运输(whole entire transportation)是指托运货物按重量或体积租赁某一运输工具,实现"独占式"运输的方式,也是一种运输业务方式。对于不同的运输工具,除了批量大小存在明显差异外,名称上也略有不同。例如,对于汽车被称为整车运输,对于飞机运输就被称为包机运输等。

零散运输(less than whole entire transportation)是指所托运的货物按重量或体积不足以单独使用某种运输工具,而为客户开展的一项运输业务。这需要经营者将不同客户的零散货物根据货类、流向等进行分类、编组、托盘化、集装化或拼箱等,集中组织运输。零散运输在不同的运输方式中,称谓有所不同,例如,在陆运中被称为零担(less than carload),在水运中被称为拼箱(less than container load)。

(三) 按运输容器分类

为了提高运输效率,除在运输工具上进行技术革命外,运输容器发展则突出专业化的分工。比较有专业代表性的,并广泛适用的有集装箱类、干散货物类和密封罐类。下面简要介绍这三类容器。

1. 集装箱类的容器

集装箱(unitary standardized container)是一种单元化的、标准化的容器。其中,单元化与标准化是按照国际标准化组织(International Standard Organization, ISO)及欧洲各国共同认定的600 mm×400 mm为基础模数尺寸的。并在此基础上,确定托盘尺寸标准化、箱容积标准化。

需要特别强调的是,集装箱并不是普普通通的容器(把集装箱翻译为container并不准确),而是必须符合基础模数尺寸倍数的标准化容器。所有集装箱外部的标准宽度为2 438 mm(8 ft),箱内允许宽度2 100~2 300 mm,而集装箱的长度和高度有不同规格。最常用的标准集装箱主要有6 096 mm×2 438 mm×2 438 mm(20 ft×8 ft×8 ft)和12 192 mm×2 438 mm×2 438 mm(40 ft×8 ft×8 ft)两种,简称20标尺与40标尺集装箱。

根据不同的用途,集装箱已经发展出多个专业系列,如杂货集装箱(break bulk container)、散货集装箱(bulk cargo container)、液散货集装箱(liquid bulk cargo container)、冷藏集装箱(refrigerated container)、保温集装箱(thermal container)等。

集装箱的主要优势在于可广泛适用机械化装卸,大大提高装卸效率;封箱运输,可彻底消除差错和减少货损;标准箱可全球周转,极大地缩短了货物集疏时间,压缩了运输工具的停泊时间,提高了运输工具的使用效率;由于箱体本身是可以反复使用的外包装,因此节省了大量的内包装材料,降低了包装材料的消耗,并提高了运输工具的容积利用率;由于集装箱可以实现整箱装卸、一关三检等,所以简化了各种手续,这样既节约了时间,又节省了各类费用。因此,集装箱在近二三十年得到了飞速发展。

2. 干散货类的容器

对于承载干散货(bulk cargo)的容器,主要是根据干散货物的特性而设计的。由于干散货物都是块、粒、粉等形式的固体物质,并且适合裸装运输(可以充分提高容器的容积效率),所以用于承载干散货物的容器,都尽可能地挖掘运输工具可利用的空间,并根据货类尽可能扩大容器的进出口(或舱门)。

为了提高干散货物的装卸效率,有些运输工具上的干散货物容器被设计成可以自卸的形式,如自卸汽车、用于卸下列车上煤炭的翻车机等。最大的干散货物容器是专门用于运输干散货物的专用船舶,如矿砂船(ore carrier)、粮食船(food carrier)、散装水泥船(bulk cement boat)等。

干散货物容器单体体积也不是越大越好,要考虑承载强度,每个单体会根据实际可能承受的载荷,设计间隔板、加强筋等。但这些设计如果不合理,就会影响装卸效率,还可能导致清仓困难等。

3. 密封罐类的容器

密封罐类的容器主要用于运输液体货物和气体货物。大多数液体、气体货物属于有毒有害、易燃易爆物品,所以密封罐类的容器必须有非常好的安全保护措施,如抗冲击、抗变形的能力,防腐蚀、防静电的能力,耐高温、耐高压的能力等。

另外一类密封罐是用于运输诸如水、巧克力酱、饮料、啤酒等方面的。这类密封罐,除要求有良好的密封性外,还必须保证不被有毒有害物质污染。这需要在加工、使用、检修等多个环节有规范的措施来保障。

以上简要介绍了三种不同类型的容器。为不同的运输服务对象提供最适合的容器,是管理者必须要掌握的专业知识。

二、货物分类

关于货物分类,可谓是五花八门。但不管如何分类,作为管理者都必须要清楚所承运的货物的基本类型。根据作者多年的实践,最简单实用的分类,是将货物分为两个基本大类:一类是普通货物,是指在运输与保管中没有特殊要求的货物,对经济社会、生态环境不会产生负面影响;另一类是特种货物,是指对运输、装卸、保管等有特殊要求的货物。

(一)普通货物

根据中国交通运输部的规定,普通货物(general cargo)划分为三个等级。具体分析如下。

1.一等货物

一等货物一般是指可以堆积的货物,多为块、粒状的散货,如煤炭、砂石、矿石以及建筑垃圾等。这类货物单位体积的货值比较低。这类货物的储运,多采用露天堆积和使用干散货类的容器进行运输。

2.二等货物

二等货物多为普通的工农业产品和加工过的矿石产品。这类货物的特点是品种繁杂、性质各异、包装不一、批量差异比较大等。通常也把这类货物称为"件杂货"(break bulk cargo)。这类货物单位体积的货值要比一等货物高,因此货物的保险金额也相对提高。

3.三等货物

三等货物是指各种价值比较高的工业制品和农林牧渔业产品,如禽蛋肉奶等。这类货物对储运的安全性要求比较高,并要求送达的准时性。这些都加大了运输的难度,因此运价率也比较高。

(二)特殊货物

特殊货物(special cargo),按照货物性质分为四类,主要有危险有害类、鲜活易腐类、贵重易碎类、超限运输类等。具体的分类如表12-6-11所示。

表12-6-11 按照运输对象的性质分类

特殊货物	危险有害类	易燃、易爆、有毒、腐蚀
	鲜活易腐类	新鲜、活体、腐烂、变质
	贵重易碎类	金银、币券、文物、精仪
	超限运输类	超长、超宽、超高、超重

根据表12-6-11的分类,下面概要介绍每类货物的运输特点。

1.危险有害类

危险(dangerous)有害(hazardous)类货物,主要是指在运输过程中容易引起燃烧或爆炸的物品,以及可能产生毒素、放射性污染或强烈腐蚀的货物。我国对这类货物的运输有严格的规定(参看《危险货物运输规则》)。

在《危险货物运输规则》(以下简称《危规》)中,将危险有害类货物分为爆炸品(explosive goods)、氧化剂(oxidant;oxidizing agent)、压缩和液化气体(compressed and liquescent gas)、自燃物品(self-combustible goods)、易燃液体(combustible liquid;inflammable liquid)、易燃固体(combustible solid;inflammable solid)、遇水燃烧物品(watercontacted combustible goods)、毒害品(poisonous goods;poisonous substances)、腐蚀物品(corrodible goods;corrosive goods)、放射性物品(radioactive goods)等十类。需要特别强调的是,以上十类危险货物不包括诸如海洛因、冰毒以及剧毒品等禁运物品(embargo goods)。

在危险品的运输过程中,必须按照《危规》的要求进行分类,办理托运与承运手续,严格执行装卸、搬运、保管、交付等环节的规范流程。同时要在整个运输过程中,备齐危险货物品名表、包装表、配装表以及危险货物技术说明书、沿途检查记录等,并在运输工具或运输容器上标明危险货物标志。如果是承运放射性货物,还必须备齐放射性货物运输包装等级表、装载限额表、容许作业时间表以及空容器检查证明书等。除此之外,对承运过危险货物的运输工具,还要进行清洗、消毒等。

2.鲜活易腐类

鲜活(live)易腐(corruptible)类货物,主要是指新鲜的动植物产品和活体动植物产品。前者在常温下容易腐烂变质,后者在非正常的生长环境中(在储运过程中)因温度、湿度、生存空间剧烈变化而容易死亡。对鲜活易腐类货物的运输,需要根据不同货物理化特性方面的要求,采取保温、保鲜、冷藏、冷冻等方法。例如,对新鲜的"果蔬"产品一般采用适当的温度控制和真空或氮气保护措施;而对活体的海鲜产品则采用适当的温度控制和增加氧气浓度的方法给予保护。

3.贵重易碎类

贵重(precious;valuable)易碎(fragile)类货物,主要是指金银货币、文物古董、精密仪器等物品。这类货物属于单位体积价值极大,且有一些是机械强度低的脆弱性货物。

对贵重易碎类货物的运输,一要量身定做相应的包装,能保证所运输的货物防潮、防火、防挤压、防碰撞、防震动,甚至防爆破。二要制订周密的运输方案,主要包括运输工具的选择、运输线路的勘察、备选方案或调整方案的制订等。对贵重货物的运输方案,大多数是保密方案,所以要注意保密性。三要组织押运人员,重点是落实分工与责任。

4.超限运输类

超限(over-limits;exceptional clearances)运输类货物,主要是指超过正常运输工具允许的最大几何尺寸和重量的货物。在几何尺寸方面,主要是超长、超宽和超高三类。

一般情况下,轻泡货物(light and puffy cargo)容易在几何尺寸方面超限,因为相应的容器体积在装满轻泡货物(不同运输工具对轻泡货物的认定标准有差异)时不能达到规定的载重量(或严重亏吨)。常见的是在开放式容器上的堆码出现超高、超宽。

另一类超限货物属于整体过于"大笨"(over large and heavy)的货物。这类货物一般需要特殊的运输工具承运。由于这类货物多是集超长、超宽、超高、超重于一身,因此对运输工具和运输条件提出了比较高的要求。例如,在公路上进行大件运输,就需要提前考察道路,尤其是桥梁的承载力、涵洞的高度与宽度、运输线路上的最小转弯半径等。

【运输组织】

货物运输组织需要一系列的工作环节,如受理运输业务、签订运输合同、制订运输方案等。下面研究的运输组织是指行为并非机构。它是运输经营者或组织者,在实施具体的运输过程中要完成的一系列工作。

一、运输的供给者

提供运输服务的自然人或法人(单位)是实现运输的供给者。由于从事正规运输经营的,必须要有营运资质,所以多是以企业形式(营利性组织)出现。运输的供给者大体上分为三类。

(一)运输工具的经营人

所谓运输工具的经营人,是指拥有运输工具并通过提供相应运输活动的经营者。通常承担旅客和货物运输的航空公司、船舶公司、汽车公司等就是这种经营者的具体形式。

这类经营者大体上可分为两种:一是单一运输方式经营人,即仅经营一种运输工具,并提供相对应的运输服务;二是多种运输方式经营人,即经营两种或两种以上的运输工具,并提供组合或选择性的运输服务。

需要说明一点,多种运输方式经营人并不一定等于联运经营人。应该说,经营多种运输方式或运输工具不一定每一次都须形成联合运输,需要不同运输联合运输时,才可能形成联运。

(二)运输服务的承运人

所谓运输服务的承运人,是指使用运输工具从事运输并与有相应运输需求的客户建立运输合同关系的经营者。运输服务的承运人与运输工具的经营人有以下两点明显的差异。

1.承运人通常是运输合同的实施者

提供运输服务的承运人只是在合同期内,相对于签订合同的客户而言的,是一个以合同时限为前提的概念。在正常的经营中,合同终止,具体的承运行为结束。而运输工具的经营者不论是否与运输客户签订合同,都是客观存在的实体。

2.承运人不一定是运输工具经营者

按照定义,提供运输服务的承运人可以只是运输工具的使用者。换句话说,承运人可以自己经营运输工具,也可以租赁运输工具。因此,提供运输服务的承运人可以是无运输工具的经营人(但必须具备法定的承运资质)。这与运输工具的经营人有一定的区别。

(三)运输业务的中介人

运输业务的中介人,是指为客户或承运人办理运输业务的经营者,如运输代理人、经纪人等。中介人也称中间人或中间商等。

1. 代理人

代理人(freight forwarder),是指依靠相关专业知识或资源优势为客户或承运人办理各种运输业务,并收取报酬的经营者。运输代理人有不同类型。

1)根据代理人所处的法律地位,一般分为两类:一类是以被代理人的名义从事业务活动;另一类是独立的代理机构。前者依附于被代理人,构成的代理关系,多以委托或代理合同形式出现,代理完成后收取佣金;后者构成的多为比较稳定的合作关系。

代理人必须面对诸如要垫付运输过程中发生的各项费用等情况,所以代理人的实力或能力就成为竞争代理业务的关键。例如,前者一般代理揽货、托运、办理装卸及其清点等业务;而后者则代理定舱、定船、定车皮、包机、包车、包线路以及代理运价谈判等。

2)根据代理对象的不同,代理人分为为客户代理和为承运人代理两类。有时代理人会成为供求双方的共同代理。因此,代理人即可以代表客户成为托运人或接收人,又可以代表承运人理货和办理全部的单证手续等。

3)根据代理业务与性质的不同,代理人可以分为运输工具租赁代理、运输工具业务代理、运输服务对象代理、运输咨询代理等。

2. 经纪人

经纪人(broker)是指将所服务的运输经营者营销给客户。运输经纪人与运输代理人的不同之处在于:经纪人营销的是服务的价值,并力求使这种价值最大化;而代理人代理的是运输业务。因此,经纪人的核心业务是代表所服务的对象,进行议价谈判和办理相关的法律手续等。

二、运输组织工作

运输组织工作可分为实施运输方案前的组织工作和完整运输流程的组织工作。前者包括受理运输业务与制订运输方案;后者包括安排运输作业和实施运输调度。下面重点分析实施运输方案前的运输组织工作。

(一)受理运输业务

受理运输业务是确立供求关系的过程,包括确定运输形式、测算运输费用、订立运输合同、制作运输单证以及签订运输保险等。具体分析如下。

1. 确定运输形式

根据客户的具体要求,供给方要帮助客户选择运输形式,或提供多种运输形式供客户选择。在这个环节中,运输服务对象的数量、性质、起讫点、时限要求、费用约束等成为选择运输形式的主要因素。

(1)按照运输对象的数量选择运输形式

待运数量的多少,决定着运输形式。主要分为两类:一类是数量少或批量小,不足以单独租用运输工具;另一类是批量比较大,可以单独租用运输工具或独立的运输容器。前者多采用零散运输形式;后者实际上是一种租赁运输工具或运输容器的行为,相当于运输客户在要求的时间内,租用某一运输工具或运输工具的一部分。在这期间,被租用部分被独占,如租用汽车、列车车皮、船舱、机舱以及集装箱等。

以上这两种形式只是相对的。例如,公路、铁路上的零担运输(是指运输工具按照规定的线路、规定的时间间隔运行,客户根据运行计划搭载的一种形式。运输费用按照里程、重量计价)有时也根据需求状况进行调整;租赁也不一定都是独占形式,如集装箱的拼箱租赁、船舶的拼舱租赁等。最为关键的是,在实际中,以上两种方式的变化与组合,再加上代理机构的加入,衍生出一些新的组织形式,如长期的、固定的完整租赁与临时拆租的组合形式等。

(2)按照运输对象的性质选择运输形式

在前面给出了比较详细的货物分类方式,往往运输形式的确定,需要根据货物类型来决定。

2. 测算运输费用

基本的运输形式确定后,按照不同的运输工

具的运价率、收费标准以及各业务环节的收费规定,测算出整个运输流程所需要的费用,这是在签订运输合同前必须要做的工作。

3.订立运输合同

运输合同是依据《中华人民共和国合同法》(后称《合同法》)制定的专用合同,是指承托双方签订的、明确双方责权利关系的、具有法律效力的文件。

《合同法》第288条规定:"运输合同是承运人将旅客或者货物从起运地点运输到约定地点,由旅客、托运人或收货人支付费用的合同。"运输合同一经签订,即具有法律效力,是处理承运人和托运人、接收人之间责任的依据。运输业务,必须以书面形式签订托运单或运输合同。有时托运单也属于运输契约,同样具有法律效力。

4.制作运输单证

运输单证又称为运输单据,是一种具有契约性质的凭证。不同运输方式的单证名称、内容及法律性质存在差异。运输单证主要有水运单证、铁路单证、空运单证、道路单证、集装箱单证和多式联运单证等六大类。

在上述单证中,涉及国际运输的单证以及水运、集装箱和多式联运的单证比较复杂。其中,水运单证包括搬动单、装货单、收货单、大副收据、提单、提货单、装货清单、载货清单(危险品清单要单独列出)、载货运费清单、积载图、过驳清单、卸货报告、货物残损单、货物溢短单、理货计数单、日报单、现场记录、待时记录、理货证明书等。关于运输单证的内容比较多,很多教材对此有比较详细的介绍。想要比较熟练地制作单证,只有通过实践才能完成。另一方面,需要强调的是单证的制作并不只是在受理业务时进行,有时要贯穿在运输流程中。

5.签订运输保险

签订运输保险是受理运输业务中的重要环节,也是一项比较复杂的工作。不同性质的运输对象,保险的品种不同,因此保险费用也就不同。例如,海运保险的险种有海难险(又分为自然灾害与意外事故)、附加险(包括短量、串味、锈损、受热、受潮、渗漏、碰损、玷污、混杂险等)以及特殊附加险(包括拒收、关税、舱面、罢工、战争、货物不到以及黄曲霉素险等)。以上表明,根据货物的性质选择险种尤为重要。

(二)制订运输方案

制订运输方案是制订一个完整的运输流程。运输流程的制订,实际上是根据运输客户的具体要求和运输工具所固有的技术、经济特性,将不同的运输形式进行合理组合的过程。

当制订出运输流程后,也就意味着一个可以实施的运输方案产生。当某一类运输方案,经实践检验证明,是比较理想的运输方案时,就可能成为一种固定的流程模式。因此,在实际的运输组织中或制订运输方案的过程中,有时只是选择已经存在的流程模式。流程模式主要有以下两种。

1.单一运输模式

单一运输模式主要是以汽车作为承运工具,实现"门到门"的运输。这是由汽车的技术特性决定的。单一运输模式可以是整车运输组织,也可以是配载组织。在这种运输模式中,主要做好以下几项工作。

(1)选择车辆类型

要合理选择车辆,一是保证有较高的车辆载重量利用率;二是保证有较高的装卸效率,如运输砂石料等选择自卸汽车;三是保证货物运输有较高的安全性;四是提高运营速度,缩短运送时间;五是提高运营效率,降低成本。

(2)安排车辆配载

车辆配载的内容主要有两个方面。一方面是车辆的额定载重量与待运数量的匹配。这种匹配,除了匹配好动力外,还需要确定车辆承载部分的额定吨位的搭配与组合。目前,汽车所采用的搭配与组合主要有全挂运输、半挂运输、单车运输以及组合列车运输等,如图12-6-31所示。

另一方面是待运货物的装、码(堆)、捆(固定)、卸方案。设计合理的方案,可以提高运输工具的空间利用效率,减少"配载式亏吨",同时也可以提高装、码、捆、卸的效率。在实施方案时,

图 12-6-31　整车和组合货车示意图

要由现场调度指挥或监督执行。必要时做出合理的调整。

(3) 选择运输线路

在制订运输方案阶段选择运输线路，只能是框架性的初选过程。主要目的是为了测算运费。真正要落实具体的运输线路，则是运输调度的工作。

2. 组合运输模式

组合运输模式主要是指需要通过多种运输方式配合来完成运输的方式。常见的组合模式有"一长一短""一长二短""二长二短""二长三短""三长二短"等。例如，汽车—船舶或船舶—汽车，汽车—飞机—汽车，汽车—船舶—列车—汽车，汽车—列车—汽车—船舶—汽车，列车—船舶—列车—汽车等。在这类模式中，汽车主要用于短途运输，起集疏作用；飞机、有轨列车与船舶多用于长途运输。

确定具体的运输模式后，根据运输客户的要求，选择具体的承运组织形式。如多式联运、集装箱运输等，并将相关的手续，转给组织运输生产的调度部门，以便安排运输工具和执行方案等。

【运输调度】

运输调度(transportation dispatching)是根据承接的运输任务与具体运输方案来安排运输作业的过程。它是整个运输过程中，承上启下的核心环节，同时又是调控整个运输生产的枢纽。要实施已经制订的方案，核心是调度工作，如安排运载工具、搬运机械、装卸机械等，还要现场指挥装、运、卸、堆、码等工作。

一、调度机构

运输调度机构分为两类：一类是由政府或行业主管部门设置的运输调度机构，主要负责落实国家或区域的运输计划，宏观调控运输能力的生成与分布，以满足对运输的整体需求；另一类是营利性组织设置的运输调度机构，主要负责组织、落实、指挥、监控、协调运输生产过程。运输调度机构一般设有计划调度、指挥、现场调度、统计等岗位。同时，应该建立健全值班、报告、通信等制度。

二、调度责任

运输调度的主要责任是保证运输方案安全地、顺利地按计划实施。具体的责任主要有以下几个方面。

1. 根据制订好的运输方案，安排具体的运行作业计划

这一工作的核心是必须掌握运输供求的动态。例如，运输服务对象具体的时限要求、运输数量的分布与频率方面的具体要求；运输工具的实际供给能力、使用情况及被调用的可能性等。只有掌握以上这些信息，才能制订出比较准确的运行作业计划。

2. 根据运行作业计划，下达执行运行作业计划的命令

这一过程是按照运行作业计划的要求，将

运输流程的各个环节所需要的设备调度到位。例如,某一运载工具在调度到达指定的某一作业现场时,如果装卸设备没有到达,将影响运输作业计划的执行。这是现场调度的核心职责,重要的是保证调度指令及信息反馈的畅通与准确。

3.根据外部环境变化,调整运行作业计划并现场指挥

在实施运行作业计划时,受外部环境变化的影响,有时需要调整作业计划,甚至要进行比较大的改动。在这种情况下,现场调度的作用就十分重要。因此,现场调度的综合业务素质,诸如判断能力、应变能力、协调能力以及积累的实践经验决定着调整或协调的品质。

4.监控与统计作业执行情况,并将结果报送调度中心

监控环节是为了及时反映运行作业计划与计划实际执行情况之间的差异。监控过程的质量,直接影响运行作业计划的执行情况。例如,有轨列车在运行期间,沿途的每个监控节点,都会将通过的列车相关信息及时报告调度中心。这些信息包括停留时间、出发时间、运行道次、车辆代号等。

运输调度工作的责任重大,任何调度失误都有可能导致重大事故。因此在从事运输调度时,除了要有认真负责的工作态度外,还必须按照规定的调度原则与制度开展工作。

三、调度原则

运输调度的核心是保证运行作业计划的落实。因此,按计划的步骤、次序逐步落实就显得十分重要,但是在具体执行计划的过程中,总会出现意想不到的问题。在此时,按照调度原则进行处理是顺利完成调度工作的保证。

1.统一指挥、逐层分解、落实到人(制度保证)

俗话说:"家有千口,主事一人。"这句话用在调度工作上比较合适。因此,各级调度人员在没有特殊的情况下,诸如各类突发事件,必须按统一部署的方案执行,不得擅自改变调度方案。

遇特殊变故,应该及时向总调度反馈相关情况,切莫自作主张。

2.系统思考、综合分析、安全第一(目标明确)

在制订运行作业计划时,把各个层面的相关信息进行充分解析,是必须要做的一项工作。在此基础上,才能制订出合理可行的运行作业计划。但在上述过程中,必须始终树立安全第一的思想,其次才考虑效益问题。也就是如何降低运输成本,提高运输效益,必须在安全运行的前提下。

3.顾全大局、先重后轻、协调缓急(原则清晰)

在执行运输调度时,尤其是执行多种运输方式联合调度时,一定要有全局观,局部调度必须服从全局。在具体执行中,要优先执行重要的和紧急的调度环节。例如,大型船舶在有些港口需要乘潮进出港,因此,整个调度应以大型船舶为核心而展开,其他运载工具、集疏系统都应该配合船舶调整,甚至其他船舶在必要时须让出航道、港池等。

4.重视计划、结合实际、灵活调度(方法得当)

运输调度工作有比较强的计划性,并以科学理论为依据。但在变化的实际作业中,会出现不合理的地方。在这种情况下,既要避免机械、教条地执行计划,又要避免随意、盲目地调整作业计划。此时,现场调度的水平就显得尤为重要。将计划与实际进行有原则的结合,是灵活调度的体现。

四、调度方法

运输调度的方法涉及很多内容,不同的运输方式有各自比较庞杂的调度体系。以下只是介绍不同运输方式中原则一致的一些调度方法。

(一)运载工具的调度

运载工具的调度,重点要解决三类问题:第一类是安排运载工具的运行时间;第二类是安排运载工具的运行密度;第三类是安排运载工具的运行线路。具体分析如下。

1.运行时间安排

安排运载工具的运行时间,主要是依据运行

作业计划的要求,细化运载工具具体的装卸作业时间、始发时间、中途停留时间、终到时间、返程时间以及遇到意外情况的调整时间等。在这一过程中,需要重点关注的是"时刻"和"用时"两个变量,尤其对班车、班列、班轮和班机而言,"时刻"与"用时"是调度工作必须重视的两个重要的参数。

2.运行密度安排

在一些有容量密度限制的运载通道上,运载工具依据技术要求,要保持一定的距离间隔。所谓运行密度(operational density)是指单位时间内通过某一运载通道(流径)的运载工具的数量。它反映的是运载工具对某一运载通道的利用情况,但运行密度不能直接反映运载效率。

运行密度与运输密度(transportation density)有本质的区别。运输密度是指一定时期内平均每一营业千米流径承担的换算周转量,主要是针对服务对象(客体)所进行的测量,只是从一个侧面反映被测流径(区段)客体的流量强度和流径的利用程度。

在实际中,运行密度又分为安全密度(safety density)与效率密度(efficity density)。前者表明,如果实际的运行密度超过规定安全密度的标准,就可能诱发交通事故或使运载工具出险的概率提高;后者表示,当实际的运行密度超过规定的效率密度标准时,运行效率就大幅度下降。例如,高速公路上的车辆达到一定密度后,每辆车的运行速度都可能降到规定时速以下,甚至会造成公路的阻塞。

3.运行线路安排

运行线路(operational line)的安排分为两类:第一类是设计固定的运行线路,主要是根据货源分布,选择停靠的枢纽,再将各个枢纽按照一定的顺序串联起来,这种方法多用于班车、班轮与班机等;第二类是线路选择,主要是根据客户的具体要求以及技术、环境的约束做出选择。

对于第一类,在设计时要充分调研,一旦设计完成,调度人员必须按照设计方案规定的具体线路安排运载工具,并组织实施;第二类则主要是调度人员经常要做的工作。例如,出租汽车公司要根据不断出现的即时性客户需求,及时调动在途车辆,以满足客户的具体需要。涉及这类的调度方法比较多,例如,表上作业法、三角循环法、多边封闭循环法等。在实际调度中,运筹学的一些方法可以应用于线路选优,例如最短路问题、最大流问题等。除此之外,共同配载、串联配送等方法在调度中也被广泛使用。

(二)辅助设施的调度

辅助设施是指除运载工具外的其他相关设施。辅助设施的调度是为了配合运载工具共同完成任务。调度辅助设施要注意以下几点。

1.辅助设施要与运载工具匹配

辅助设施的工作能力要与承担运载任务的运载工具相匹配。如果辅助设施的工作能力不能与运载工具相匹配,就会降低作业效率,也有可能使相关作业无法进行。例如,调度的差错,会使大型集装箱船靠错泊位,而此泊位的集装箱岸桥有可能无法实施装卸作业。

2.辅助设施要与运载对象匹配

辅助设施与运载服务对象不匹配,是在实际作业中经常遇到的问题。最常见的问题是调用的装卸机械,或过于庞大,或额定动力不足。这些问题都将严重影响作业进程。例如,20 t 吊车要面对 30 t 的物体时,根本无法进行操作。另一类问题是辅助设施在配合运载工具作业时,没有足够的作业空间,严重影响作业效率,甚至无法作业。

3.辅助设施要与作业时间匹配

辅助设施要与运行计划中的作业时间相匹配,并形成默契,否则将严重影响运行作业计划的落实。例如,在某一货场,运载工具早已到达现场,而装卸机械不见踪影,则运行作业计划将无法实现。因此,辅助设施也必须在规定的时间内到达规定的地点。

4.辅助设施要与作业方式匹配

在制订作业方案时,要针对不同的服务对象,采用不同的作业方式。而不同的作业方式,又需要不同的辅助设施。例如,铲车对于装载散货可谓是得心应手,但面对件杂货则显得无能为力。因此,辅助设施的选择一定要与需要的作业方式相匹配。

5.辅助设施要与自有设备匹配

有些运载工具自身带有装卸设备(在大中型船舶中比较常见),这就需要在制订装卸作业方案时,给予充分的考虑,以保证在装卸作业过程中辅助设施与自有设备不相互干扰、不发生冲突。并且还要在没有干扰的基础上,尽可能提高装卸效率和保证运载工具均匀受力等。例如:在码头装卸作业中,为提高集疏效率,要详细制订码头装卸设施与船舶装卸设备的配合装卸方案、装卸次序以及各船舱装卸量等。

【运输统计】

运输统计(transportation statistics)是运用一整套科学的指标体系和各种统计调查方法,从数量方面描述或说明运输经济活动全过程的基本特征。从统计内容来看,基本分为两大类:一类是对完成量及其价值量进行统计;另一类是对所有消耗量及其价值量进行统计。

运输行业的统计数据除描述或说明运输活动的基本特征外,更重要的是通过统计分析揭示运输活动中所存在的问题。因此,下面就围绕以上两类统计指标展开分析,并从绝对统计量转向比较分析的相对统计量,最终对相对量的统计指标进行效率方面的比较分析。

一、总量统计

总量统计反映的是所统计的单位或区域的规模、能力和消耗等方面的总水平。下面将从完成量和消耗量两个方面展开分析。

(一)完成量的统计

运输行业所完成的总量,一类是不包括装卸搬运距离的单一数量统计,主要有运输量、吞吐量、装卸量等;另一类是考虑运距与运量的复合统计,主要有周转量以及换算周转量等。

1.单一数量统计

运输行业中,单一数量统计指标主要有三类:第一类是运输量的统计,主要是运载工具完成运输工作情况的统计;第二类是吞吐量的统计,主要是码头、机场、车站、仓库等枢纽进出数量的统计;第三类是装卸量的统计,主要是装卸机械完成装卸搬运工作情况的统计。下面对各类统计指标进行比较详细的介绍。

(1)货物运输量

货物运输量(cargo traffic volume 或 freight volume),简称"货运量",是指一定时期内(通常按照日、旬、月、季、年统计),某统计范围(企业或特定区域)运送的货物数量。一般都需要进行"折吨(t)"处理。不同货类在实际运输中,并不都是按重量统计,所以需要把按照体积或标准件(如集装箱)计量的货物折算成"吨数"。

另一方面,有些运载方式存在客货混装、共同运载的情况,也需要把按人次统计的指标转换成按重量统计的指标。需要强调的是,不同的运载工具在换算时并不一致。例如,在汽车运载中,10 人折 1 t,而飞机的国际航线和国内航线分别按 13.33 人和 13.89 人折 1 t。

(2)货物吞吐量

货物吞吐量(cargo throughput)是指进出诸如码头、机场、车站、货场、仓库等枢纽(节点)的货物数量,一般按重量(t)进行统计。与货物运输量的统计有类似的问题,这也需要对按体积、计件的货物进行"折吨"统计。

货物吞吐量是衡量各类货物交换枢纽的综合能力与实际完成工作量的重要统计指标。货物吞吐量还可以进行分类统计,不同类型货物的统计量能反映不同枢纽的结构或运营特征。例如,秦皇岛港的吞吐量主要是向外运出的煤炭,是典型的能源港,而天津港的集装箱、散杂货、煤炭、油气等的吞吐量各占一定的比例,所以是典型的综合性枢纽港口。

(3)货物装卸量

货物装卸量(cargo load and unload volume)一般是营利性组织在核算装卸机械工作量时所使用的统计指标。但有一些企业并没有对货物装卸量进行单独统计,而是用发生的货运量代替,装卸费用也含在运费中。

实际上,对货物装卸量进行独立统计,能及

时发现装卸搬运环节中的许多问题,如装卸效率问题、装卸安全问题、装卸成本独立核算问题等。在现代物流中,由于货物的流程系统越来越复杂,要使各种流程更加流畅,重视装卸搬运环节是十分重要的。

2. 复合统计指标

运输行业涉及的复合统计指标,主要有周转量和换算周转量。在货物运输中,运输工作量的统计,一般都换算成货物周转量。

(1) 货物周转量

货物周转量(cargo turnover 或 volume of cargo turnover)是反映一定时期内(通常按照日、旬、月、季、年统计)货物运输工作总量的指标。从前面章节叙述中已经得出:

周转量 = Σ 运距 × 运量(t·km 或 人·km)

所以,货物周转量的统计单位一般是以吨公里(t·km)表示。用总的货物周转量除以总的货运量得到的是货物平均运距(average freight distance)。一定时期内货物的平均运距,是反映一个组织或区域运载状况的统计指标,也为统计分析提供量化数据。例如,某一种运载工具在一定时期内的平均运距与此运载工具的经济运距(economic freight distance)进行比较,就能分析出此类运载工具的实际经营状态。

(2) 换算周转量

换算周转量(conversion turnover volume)是将不同计量单位的周转量折合成同一单位的周转量。货物换算周转量的国际统计标准是"换算吨公里"。一般是将吨海里、人海里、人公里等换算为吨公里,还有将计件运载、按体积运载的周转量换算为吨公里等。

(二) 消耗量的统计

对于运输行业而言,消耗主要来自燃料(能耗)、耗材(低值易耗品、易损件等)、固定资产折旧、人力资源等方面。

1. 燃料

对于燃料消耗的统计,除统计实际消耗的燃料总量外,主要将绝对指标换算成相对指标。在换算过程中,有以下两点要特别注意。

1) 不同运载工具使用的燃料不同,所以要换算成所含热量相同的标准计量单位。我国采用每千克燃料含热量 7 000 kcal (1 kcal ≈ 4.19 kJ)的标准煤作为统一换算尺度,来统计燃料消耗情况,即换算成消耗多少标准煤。

2) 用换算吨公里来评价燃料消耗的标准。尽管在不同的运载方式中,换算系数不一样,但在统计时,都按照换算吨公里的燃料消耗作为统计值。在实际中,"1 个换算吨公里"的燃料消耗数值比较小,一般采用每万换算吨公里能耗(energy consumed per 10 000 conversion ton-kilometer)作为统计和评价指标。计算公式为:

$$每万换算吨公里能耗 = \frac{所耗燃料折合标准煤}{万换算吨公里}$$

在上述分析中,燃料的真实消耗是实际统计值;用标准煤表示的是标准化的统计值;用每万换算吨公里能耗表示标准化的相对统计值,它具有可比性和评价意义。降低每万换算吨公里能耗是降低运输成本的重要途径之一。

2. 耗材

耗材是运输流动成本中,除燃料消耗外的重要组成部分,主要有低值易耗品、易损件等。在运输行业中,由于耗材在流动成本中所占比重比较大,一般也进行专项统计。例如,在各类运载工具中的润滑料,汽车运载中的轮胎消耗,船舶运载中的通信导航器材消耗等,都在各自的运营中,占有比较大的流动成本。所以,大都进行专项统计。

对耗材的统计,一是对实际使用量进行统计。但由于耗材种类五花八门,无法用于比较分析,所以还要统计耗材的价值量;二是对实际用量的货币价值进行统计,也要转换成每万换算吨公里的价值消耗这样的相对统计指标,才具有分析与比较的意义。

3. 折旧

对于运输企业或某一区域而言,统计各种运载工具的折旧,是对运载工具在所统计的固定资产范围内所占的比重进行分析的需要。关于各种运载工具的折旧统计,将在后面的财务分析中展开。

4. 人力

对于运输企业或某一区域而言,人力成本

的价值及其消耗,是反映统计范围的一个重要特征指标。单从消耗的角度分析,一是总的人力成本统计,它反映统计范围内的人力消耗规模兼水平;二是每万换算吨公里的人力成本统计,这是有比较意义的分析指标。这一指标并不是越低越好,例如,每类运载工具及其装卸搬运机械的机械化、自动化程度高,此指标就可能低。但单位运营成本就可能比较高。所以不同的经济条件下,单位营造成本有相对合理的范围。

人力消耗的统计,是分析统计范围运营效率的重要基础,也是一个非常重要的特征指标。

二、统计分析

统计分析是统计工作中非常重要的一个环节。当各类统计报表、统计调查(全面的、重点的、随机的等)的结果出来之后,就需要进行有针对性的统计分析。结合运输统计的特点,主要是进行统计资料的整理、统计数据的统一以及统计指标的比较等。

1.统计资料的整理

在获得各类统计报表、统计调查后,首要的工作是对这些资料进行有针对性的整理。所谓有针对性的整理,就是要根据统计分析的目的,将统计调查得到的原始资料进行加工,为统计分析准备系统化的综合资料。

统计资料的整理,要根据统计整理的原则、步骤、方法进行,如数据的分组、计算、汇总、复核等。总之,整理出的统计资料要能准确描述统计对象的真实特征。

2.统计数据的统一

经过整理的统计数据,有些是绝对指标,有些是特定实物量指标,所以不具有可比性。为了使统计数据具有可比性,还需要对统计数据做进一步的处理。其中,最重要的一步是对指标进行协调与统一。

对统计指标进行协调与统一的核心是指标标准化。其中,最重要的是指标口径的协调与统一。例如,在运输统计中,都以每万换算吨公里作为指标口径来统计产出与消耗方面的数据。其次要在分组方法、计算方法、记录方法、统计时间等方面进行协调与统一。例如,统一统计时间断面(截止时间)和统计周期(统计时间段)等。

只有将统计数据进行各类的协调与统一,才能使处理过的指标或数据具有可比性。这样统计数据才能发挥其重要的功能。

3.统计指标的比较

用统计指标进行比较分析,主要有三种方法。

第一类是不同区域之间、不同企业之间在同一时间断面或同一时间段内进行比较,这类比较一般被称为横向比较,可以反映同一时期不同区域或企业之间的差距。这种比较是一种相对比较,所以,这取决于比较对象的水平。例如,比较的对象是世界上最好的区域或企业,则能反映被比较的对象的现实水准;反之,所比较的对象比较差,则是在"矮子里面拔将军"。如果把统计指标与国际标准或国家标准进行比较,则被称为规范的横向比较。但国际标准和国家标准往往是必须达到的最低标准,所以只是一种限制性标准。但这类比较足以说明优势或缺陷存在于哪些方面。

第二类是统计对象或统计范围在时间轴上的纵向比较。这种比较多是通过回顾统计指标的演化,来分析演化的趋势,并依此趋势来推断或预测未来的走势。这类比较,往往是通过各类"图表"进行比较的,图可以直观地比较出不同时间段或时间断面的水平;表可以用量化的指标反映相对变化量,例如,港口吞吐量的增长率。

第三类是将前两类指标进行综合比较,如把我国沿海港口近30年的吞吐量的演化趋势放在一起进行比较分析,就可以根据所研究的目的,发现规律性的演化特征和所存在的问题等。

三、效率分析

对统计区域、统计对象的统计比较分析,最终要落到效率分析方面。从大的方面来分,主要的效率指标有运输劳动生产率、每万换算吨公里能耗、每换算吨公里成本等。具体到某一种运载方式,还有更详细的分解指标。

(一)效率指标设计

效率分析的基础,源于效率指标的设计。按照统计指标体系,运输效率指标属于运输质量考核指标(transportation quality assessing index)的范围,反映的是总体内部的数量关系。另一方面,效率指标要能够真实、简要地反映统计对象的性质、特点、关系及运动过程等。

1.技术性指标

在运载工具上,技术性指标集中体现在各种速度指标、时间指标和期限指标上。下面将逐一展开介绍与分析。

(1)速度指标

速度指标是体现效率的重要指标,由于速度的实现需要以技术做基础,所以把速度指标归类在技术性指标当中。主要速度指标如下。

技术速度(technical speed),运载工具在运行时间内能够运行的里程,是衡量各种运载工具技术性能高低的重要指标之一,即:

$$技术速度 = \frac{运行里程(km)}{运行时间(h)}$$

在通常情况下,运载工具的技术速度,尤其是最大的额定技术速度,在实际运行时,各种环境及条件的限制,一般很难达到这个速度。

营运速度(operational speed),运载工具在执勤时间内平均运行的里程,是衡量各种运载工具技术性能与营运作业水平的效率性指标,即:

$$营运速度 = \frac{运行里程(km)}{执勤时间(h)}$$

在执勤时间中,除了运行时间,还包括中途的会让等候、停站靠泊、装卸搬运、正常检修等的时间。

送达速度(delivery speed),运载对象的运行里程与在途时间的比值,是衡量各种运载方式综合效率的指标之一,即:

$$送达速度 = \frac{运行里程(km)}{在途时间(h)}$$

在途时间,除了执勤时间,还包括运行距离两端的始发、终到作业时间,中途换装、配载等候时间,以及各种非技术、管理原因的等候时间。

(2)时间指标

对时间指标的统计主要是运载对象的实际送达时间和平均送达时间,都是从时间上考核运载质量和运输组织工作的统计指标。

货物送达时间(cargo delivery time)是货物自承运到交付所延续的总时间。但货物送达时间是绝对指标,缺乏分析与比较的价值。所以要考核货物平均送达时间(average cargo delivery time),它是衡量运行与非运行时间利用情况的统计指标,即:

$$货物平均送达时间 = \frac{\sum 送货时间(h)}{运载总量(t)}$$

缩短货物平均送达时间与提高送达速度是提高运送效率的两个方面,都是通过提高技术、管理等环节的工作效率来实现。

(3)期限指标

运输行业主管部门规定货物运载各个环节所需要的时间标准,被称为期限指标。这是根据不同历史时期的技术水平而制定的,是企业参考的重要依据。

期限指标或标准是根据不同运载工具的技术特性分类制定的,主要有装卸搬运作业时限、始发终到作业时限、中途换装配载作业时限以及停站靠泊作业时限等,被统称为货物运送期限(cargo delivery deadline 或 time-limit for delivery)。这使时间统计指标有了比较的标准。

2.生产性指标

生产性的效率指标,是以各种单位投入所获得的产出来衡量。主要有运输劳动生产率、标准单位能耗获得的产出、单位投资获得的产出等。

(1)运输劳动生产率

运输劳动生产率指"统计期(日、旬、月、季、年)内"运输工作量与劳动消耗量的比值。它是衡量运输劳动生产力发展水平的量化指标。公式为:

$$运输劳动生产率 = \frac{统计期运输工作量(t \cdot km)}{统计期劳动消耗量(人)}$$

按照劳动者的类型,主要有全员劳动生产率和运营人员劳动生产率两种。运营人员的劳动生产率还可以进一步分解。如装卸搬运劳动生产率、司乘人员劳动生产率、业务人员劳动生率等。

(2) 标准能耗生产率

标准能耗生产率指"统计期(日、旬、月、季、年)内"运输工作量与标准能耗的比值。它是衡量营运生产力发展水平的量化指标。公式为：

$$标准能耗生产率 = \frac{统计期运输工作量(t·km)}{统计期标准能耗量(t)}$$

标准能耗生产率可以细分为运营能耗生产率、运载能耗生产率、装卸搬运能耗生产率等。由于不同运载工具在技术上的差异，因此不直接进行能耗生产率的比较。

(3) 单位投资生产率

单位投资生产率指"统计期(日、旬、月、季、年)内"运输工作量与单位投资的比值。它是衡量投资水平的量化指标。公式为：

$$单位投资生产率 = \frac{统计期运输工作量(t·km)}{统计期全部投资(元)}$$

3. 经济性指标

经济性的效率指标，主要是将各类效率统计指标换算成用货币衡量的经济价值。它是运输工作量的货币价值与各种投入的货币价值之比。

4. 安全性指标

安全性效率指标，主要分为两大类，一类是对运载对象(客户)造成的"损、失、差"；另一类是对非运载对象(第三方)带来的伤害。这两类事件都会给企业、客户以及社会带来意外损失，将其列入安全性统计是十分必要的。

(1) "损差"率

在货物运载中，货损(damage to cargo)、货失(cargo lose)、货差(cargo error)率是指统计期(日、旬、月、季、年)内货物"损失差"的数量与完成总运量的比值。它是考核运营质量的重要指标。公式为：

$$损失差率 = \frac{统计期损失差量(t)}{统计期总运量(t)} \times 100\%$$

损失差率可以分解为货损率(rate of damaged cargo)、货失率(rate of losed cargo)和货差率(cargo error rate)。对指标的细化，可以更科学地分析所存在的问题。

(2) 运营事故率

运营事故会给非载运对象(第三方)带来伤害。运营事故率(operational accident rate)是指统计期(日、旬、月、季、年)内事故次数占总运营次数的百分比。它是考核运营事故频率的质量指标。公式为：

$$运营事故率 = \frac{统计期事故数(次)}{统计期总工作次数(次)} \times 100\%$$

运营事故率只能反映事故的频率，不能反映事故的真实损失。所以仅仅用运营事故率指标不能评价统计对象管理水平。因此，还需要通过事故损失率来考核统计对象对非运载对象及自身所带来的损失。

(3) 事故损失率

事故损失率(accident damage rate)是指统计期(日、旬、月、季、年)内，因事故赔偿的经济价值占总承运收入的百分比。它是考核统计对象控制事故的质量指标。公式为：

$$运营损失率 = \frac{统计期事故赔偿(元)}{统计期总承运收入(元)} \times 100\%$$

5. 综合性指标

综合性效率指标的设计，主要是根据不同的运载类型、不同的效率指标以及实际作用等，构建评价体系、制定等级、分配权重等。

(二) 效率指标分析

对效率指标进行分析，为的是充分利用量化的统计信息，及时发现统计对象的好的方面和存在的问题。由于各种统计报表可以及时反映每一天的真实情况，所以它可以随时掌握统计对象的动态特征，尤其是正常的动态规律发生比较大的波动时，可以及时发出变化的信号。

但是，只有一个个具体的统计数据是远远不够的，虽然它能比较直观地反映一些问题。如果要真正找出产生问题的深层次原因，还需要对统计指标进行科学的分析，甚至对"统计指标群"进行有针对性的处理。

1. 单一指标分析

对单一统计指标的分析，除了应用统计学的一些分析工具外，还要对统计数据产生的条件给予充分的认识。另一方面，要分析影响数据的因果关系，尤其是在多因素影响下的因果关系。

(1) 条件分析

在什么条件下获得的统计数据，是统计分析

的前提。不同的外部条件会产生不同的统计结果,如不同气候条件下高速公路的车流量存在比较大的差异。所以,在对不同统计数据进行比较时,要首先考虑条件是否一致。条件不一致的前提下,就缺少了分析比较的基础。

(2)因果分析

在分析统计数据时,不同数据的产生不同的原因。例如运载工具耗油量的统计,可能会出现比较大的波动,如何分析这些数据,就需要调用行程日志,看运载工具所处的环境(海拔高度、经纬度、温度等)。所以,对统计数据进行因果分析,是发现导致问题原因的最好方法。

2.综合指标分析

综合指标分析的目的是用有代表性的指标来说明统计对象的主要特征。例如,港口综合实力就用吞吐量和集装箱吞吐量来表示。

不同的运载方式,都有各自的统计指标体系。但随着经济系统的日益复杂,总存在不再能准确描述统计对象特征的问题存在。不断地根据实际情况和出现的问题,设计有针对性的统计指标,尤其是能够反映系统综合特征的指标,是运输管理工作者时时要思考的问题。

例如,如何利用不同的统计数据,推断出统计对象的实际效益,又如何将效益指标进行更科学、更合理的分解,统计出不同方面的量和及时发现存在的问题。所以,对统计指标进行创新性的研究是一个十分重要的课题。

【运输财务】

运输财务(transportation finance)是管理运输或物流企业资金的形成、运用和分配的业务。运输财务工作要根据国家在运价、税收、补贴等方面的政策与法规,结合企业在实际运营过程中收入与支出的情况而展开。

一、运价体系

运价(traffic tariff)是客货运输价格的统称。根据本节研究的内容,在此只分析货运价格及其形式。

(一)主要形式

对于货运而言,距离与重量是影响运价的两个基本因素。通常是把两个因素结合起来考虑,以吨公里(或吨海里)作为计算单位。但有些货物不易计重或已经标准化,所以在实际运营中,也有按照体积或件数作为计算单位的情况。主要的价格形式有以下几种。

1.普通运价

普通运价(common traffic price)是把吨公里作为标准计算单位的方式。它是货物运价的基本形式。一般情况下,国家对普通价格的标准,在不同时期给出不同的指导价格。处在自由竞争状态下的运载方式,指导价格是一种市场参考价格;处在垄断状态下的运载方式,指导价格就是一种限制性价格。不同运载方式有各自的普通运价,它发挥着基础性的作用。

2.特定运价

特定运价(specific traffic price)是针对特定货物、特定地段、特定季节、特定条件下的运价。特定运价主要是根据可能的货物需求而设计的运价体系。最常见的特定运价有以下几种。

递远递差运价(freight price differential progressively by distance)是运价率随里程不同而存在差别的一种运价制度。它包括递远递减运价(freight price decrease progressively by distance)和递远递增运价(freight price increase progressively by distance)。还有差别运价(differential traffic tariff)、货物分等运价(cargo classify freight tariff)、优待运价(preferential traffic price 或 preferential tariff);以及联运运价(transit traffic price 或 transit freight tariff)、零担运价(less than car-load freight tariff)、整车运价(full car-load freight tariff)、集装箱运价(container traffic price)等。

(二)运价分析

严格讲,运价分析是围绕运价率是否合理而展开的。所谓运价率(traffic price rate)是指单位运输产品的价格。具体到货运的普通运价率,就是每一换算吨公里的运价。运价率是分析运价的重要标准。

在对运价体系(traffic tariff system)进行分析时,经常使用的分析手段主要是利用运价指数和运价比价等数据和方法而展开。

1.运价指数

运价指数(traffic price index)是用来反映不同时期运价水平、变动趋势以及动态波动程度的相对数。通常选择一个特定的时间断面作为基准,对应的运价被称为基期运价。把其他时间断面的运价与基期运价进行比较,就可以求得各个时期的运价与基期运价的对比百分数。这个百分数就是运价指数。例如,基期运价为1元,5年后的运价为1.2元,则5年后的运价指数就是120%。

从时间轴来分析,不同时期的运价指数,基本揭示了运价的动态变化。它对预测未来运价的走势、不同运载方式之间的运价协同等具有重要意义。

2.运价比价

运价比价(traffic tariff comparison)是指各种运载方式之间运价的比例关系。某一种运载方式的运价是否合理,关键要看与其他运载方式的运价比例。例如,一般情况下,水运价格要低于陆运价格,这样可以通过价格杠杆,优先安排水运,使综合运输呈现更合理的分布。

对于运价比价的确定,既受各种运载方式运营成本的制约,也有行业调整不同运载方式之间产能平衡的需要。所以,深入研究运力、运量(周转量)和运价比价之间的内在关系或规律,对于管理好运输企业、运输行业和协调好运载方式的共同发展,都有重要的意义。

二、收入分析

运输收入(transportation revenue)是运输企业或统计范围内,因运输及其相关业务所获得的全部货币收入。对于货运而言,货运收入主要包括运输营运收入、装卸搬运收入、代理服务收入以及国家按照有关政策给予的各种运输补贴等。

(一)构成

在最基本的运输收入中,最主要的收入有以下四个部分。

第一是来自运输营运收入(transportation operational revenue),主要是来自不同运载工具通过运营或运行而获得的收入。它是直接按照标准换算吨公里获得的收入。

第二是装卸搬运收入(handling and carrying revenue)。绝大多数从事运载的企业都配有装卸搬运设备,帮助运载工具完成停驶期间的货物转移或换装,尤其是在愈来愈复杂的现代物流系统中,装卸搬运的收入额度在提高,附加值也在提高。

第三是服务代理收入。很多运输需求不能通过某一种运载方式来实现,而是要求不同运载方式的协同工作,这需要在技术层面和业务层面相互配合。但这不是客户或消费者熟悉或擅长的,因此,通过服务代理可以解决这些问题,实际上各种代理服务是运输服务的衍生品。

第四是国家按照有关政策给予的各种运输补贴(transportaton subsidy),例如,我国对运输企业在燃油价格方面的补贴。国家给予的各种运输补贴,有的是财政拨款,有的是减免税收,有的是政策性亏损补贴等。

(二)分析

对运输收入进行深入分析,除比较清晰地了解收入的主要来源,更重要的是根据收入结构、收入演化趋势以及收入的水准等,判断或预测未来收入的主要来源、总量等。这对任何企业来说都是至关重要的。

三、支出分析

运输支出(transportation expenditure)通常是指运输企业为获得收入或盈利而支出的一切费用。下面予以简要的分析。

(一)构成

对于运输支出的构成有不同的分类方法,如按支出要素分类、按支出用途分类、按会计法则分类等。本书只按运量有无关系进行分类。

1.与运量有关的支出

与运量有关的支出(freight-volume related expenditure)是指随运量增减成正比例变化的支出。如燃料、润滑料、运载工具的易损件、一线司乘员工的奖金以及各种道桥使用费、港口使用费、营业税等，这些都与完成运量的多少有直接的关系，通常情况下，运量越大支出越多。与运量有关的支出，就是经济学中描述的可变成本。通常用科学的方法节约这类支出，可以通过降低可变运输成本，并使总运输成本降低。在评价与运量有关的支出时，多与货物周转量进行关联分析。

2. 与运量无关的支出

与运量无关的支出(freight-volume irrelated expenditure)是指不随运量增减变化或变化很小的支出。如各种建筑物、机械设施以及电器设备等固定资产，还有企业员工的各种保险、基金等都与运量无关。

与运量无关的支出，就是经济学描述的不变成本。在通常情况下，企业完成的运量越大，在每个运量单位中，摊到的与运量无关的支出就越小。所以，降低运输企业的不变成本是在运量一定时，压缩与运量无关的支出；还要在与运量无关的支出一定时，想办法提高运量。

(二) 分析

由于运输支出有不同的分类方法，所以分析运输支出首先要明确分析的目的，并在此基础上选择运输支出分类；其次是按照所选择的分类，对可分解的指标进行系统的统计分析；第三是进行有针对性的纵横比较，找到存在的问题和导致问题的主要原因等。

参考文献

[1] 王侃. 现代物流学[M]. 北京:中国商务出版社,2005.

[2] 王侃,吕向丽. 运输与运载[M]. 北京:中国物资出版社,2009.

[3] 彭云飞,邓勤. 现代物流管理[M]. 北京:机械工业出版社,2009.

[4] 陈唐民. 汽车运输学[M]. 北京:人民交通出版社,2004.

[5] 齐二石,霍艳芳,刘亮. 物流工程与管理概论[M]. 北京:清华大学出版社,2009.

[6] 鲁晓春. 仓储自动化[M]. 北京:清华大学出版社,2002.

[7] 孙宏岭,武文斌. 物流包装实务[M]. 北京:中国物资出版社,2003.

[8] 宋伟刚. 物流工程及其应用[M]. 北京:机械工业出版社,2003.

[9] 王之泰. 物流工程研究[M]. 北京:首都经济贸易大学出版社,2004.

[10] 秦明森. 物流技术手册[M]. 北京:中国物资出版社,2002.

[11] 汝宜红. 物流学[M]. 北京:中国铁道出版社,2003.

[12] 王耀斌,简晓春. 流装卸机械[M]. 北京:人民交通出版社,2003.

[13] 真虹,朱云仙. 物流装卸与搬运[M]. 北京:中国物资出版社,2004.

[14] 张晓川. 现代仓储物流技术与装备[M]. 北京:化学工业出版社,2003.

[15] 叶怀珍. 现代物流学[M]. 北京:高等教育出版社,2004.

[16] 姜大立. 现代物流装备[M]. 北京:首都经济贸易大学出版社,2004.

[17] 季建华,邵晓峰. 物流案例[M]. 北京:高等教育出版社,2008.

[18] 刘凯. 现代物流技术基础[M]. 北京:清华大学出版社,2004.

[19] 王明智. 物流管理实例与实训[M]. 北京:机械工业出版社,2003.

[20] 菊池康也. 物流管理[M]. 丁立言,译. 北京:清华大学出版社,2000.

[21] 李晓龙,李锦谨,孙慧. 现代物流企业管理[M]. 北京:北京大学出版社,2004.

[22] 夏文汇. 现代物流管理[M]. 重庆:重庆大学出版社,2002.

[23] 赵刚. 现代物流基础[M]. 成都:四川人民出版社,2002.

[24] 现代物流管理课题组. 物流成本管理[M]. 广州:广东经济出版社,2002.

[25] 杨希怀. 企业战略管理[M]. 北京:高等教育出版社,1999.

[26] 马士华等. 供应链管理[M]. 北京:机械工业出版社,2000.

[27] 黄福华,袁世军. 现代企业物流运作管理案例选评[M]. 长沙:湖南科技出版社,2003.

[28] 圣吉. 第五项修炼[M]. 郭进隆,译. 上海:上海三联书店,1996.

[29] 顾培亮. 系统分析与协调[M]. 天津:天津大学出版社,1998.

[30] 许国志. 系统科学[M]. 上海:上海科技教育出版社,2000.

[31] 李怀组. 管理研究方法论[M]. 西安:西安交通大学出版社,2000.

[32] 蓝仁昌. 第四方物流[M]. 北京:中国物资出版社,2009.

[33] 翟光明. 采购与供应商管理[M]. 北京:中国物资出版社,2009.

[34] 齐二石,周刚. 物流工程[M]. 天津:天津大学出版社,2003.

[35] 光昕. 物流服务营销[M]. 北京:中国物资出版社,2008.

[36] 孙元欣. 供应链管理原理[M]. 上海:上海财经大学出版社,2003.

[37] 杨赞. 国际多式联运与现代物流理论与务实[M]. 北京:中国对外经济贸易出版社,2003.

[38] 中国国际货运代理协会. 国际货运代理基础知识[M]. 北京:中国对外经济贸易出版社,2003.

[39] 王转,程国全. 配送中心系统规划[M]. 北京:中国物资出版社,2003.

[40] 王成. 现代物流管理务实与案例[M]. 北京:企业管理出版社,2001.

[41] 翁心刚. 物流管理基础[M]. 北京:中国物资出版社,2003.

[42] 赵国杰,于海洋. 企业发展战略的选择[M]. 天津:天津大学出版社,2000.

[43] 吴清一. 物流管理(中级)[M]. 北京:中国物资出版社,2003.

[44] 王国华. 供应链管理[M]. 北京:国防工业出版社,2005.

[45] 上海朗域供应链管理中心. 21世纪供应链管理实务[M]. 北京:中国海关出版社,2004.

[46] 马士华,林勇. 供应链管理[M]. 北京:高等教育出版社,2003.

[47] 王昭凤. 供应链管理[M]. 北京:电子工业出版社,2007.

附　录

附录一
中华人民共和国海洋环境保护法

(1982年8月23日第五届全国人民代表大会常务委员会第二十四次会议通过 1999年12月25日第九届全国人民代表大会常务委员会第十三次会议修订 根据2013年12月28日第十二届全国人民代表大会常务委员会第六次会议《关于修改〈中华人民共和国海洋环境保护法〉等七部法律的决定》第一次修正 根据2016年11月7日第十二届全国人民代表大会常务委员会第二十四次会议《关于修改〈中华人民共和国海洋环境保护法〉的决定》第二次修正 根据2017年11月4日主席令第81号《全国人大常委会关于修改〈中华人民共和国会计法〉等十一部法律的决定》第三次修正,2017年11月5日起施行)

目 录

第一章 总 则
第二章 海洋环境监督管理
第三章 海洋生态保护
第四章 防治陆源污染物对海洋环境的污染损害
第五章 防治海岸工程建设项目对海洋环境的污染损害
第六章 防治海洋工程建设项目对海洋环境的污染损害
第七章 防治倾倒废弃物对海洋环境的污染损害
第八章 防治船舶及有关作业活动对海洋环境的污染损害
第九章 法律责任
第十章 附 则

第一章 总 则

第一条 为了保护和改善海洋环境,保护海洋资源,防治污染损害,维护生态平衡,保障人体健康,促进经济和社会的可持续发展,制定本法。

第二条 本法适用于中华人民共和国内水、领海、毗连区、专属经济区、大陆架以及中华人民共和国管辖的其他海域。

在中华人民共和国管辖海域内从事航行、勘探、开发、生产、旅游、科学研究及其他活动,或者在沿海陆域内从事影响海洋环境活动的任何单位和个人,都必须遵守本法。

在中华人民共和国管辖海域以外,造成中华人民共和国管辖海域污染的,也适用本法。

第三条 国家在重点海洋生态功能区、生态环境敏感区和脆弱区等海域划定生态保护红线,实行严格保护。

国家建立并实施重点海域排污总量控制制度,确定主要污染物排海总量控制指标,并对主要污染源分配排放控制数量。具体办法由国务院制定。

第四条 一切单位和个人都有保护海洋环境的义务,并有权对污染损害海洋环境的单位和个人,以及海洋环境监督管理人员的违法失职行为进行监督和检举。

第五条 国务院环境保护行政主管部门作为对全国环境保护工作统一监督管理的部门,对全国海洋环境保护工作实施指导、协调和监督,并负责全国防治陆源污染物和海岸工程建设项目对海洋污染损害的环境保护工作。

国家海洋行政主管部门负责海洋环境的监督管理,组织海洋环境的调查、监测、监视、评价和科学研究，负责全国防治海洋工程建设项目和海洋倾倒废弃物对海洋污染损害的环境保护工作。

国家海事行政主管部门负责所辖港区水域内非军事船舶和港区水域外非渔业、非军事船舶污染海洋环境的监督管理，并负责污染事故的调查处理；对在中华人民共和国管辖海域航行、停泊和作业的外国籍船舶造成的污染事故登轮检查处理。船舶污染事故给渔业造成损害的，应当吸收渔业行政主管部门参与调查处理。

国家渔业行政主管部门负责渔港水域内非军事船舶和渔港水域外渔业船舶污染海洋环境的监督管理，负责保护渔业水域生态环境工作，并调查处理前款规定的污染事故以外的渔业污染事故。

军队环境保护部门负责军事船舶污染海洋环境的监督管理及污染事故的调查处理。

沿海县级以上地方人民政府行使海洋环境监督管理权的部门的职责，由省、自治区、直辖市人民政府根据本法及国务院有关规定确定。

第六条　环境保护行政主管部门、海洋行政主管部门和其他行使海洋环境监督管理权的部门，根据职责分工依法公开海洋环境相关信息；相关排污单位应当依法公开排污信息。

第二章　海洋环境监督管理

第七条　国家海洋行政主管部门会同国务院有关部门和沿海省、自治区、直辖市人民政府根据全国海洋主体功能区规划，拟定全国海洋功能区划，报国务院批准。

沿海地方各级人民政府应当根据全国和地方海洋功能区划，保护和科学合理地使用海域。

第八条　国家根据海洋功能区划制定全国海洋环境保护规划和重点海域区域性海洋环境保护规划。

毗邻重点海域的有关沿海省、自治区、直辖市人民政府及行使海洋环境监督管理权的部门，可以建立海洋环境保护区域合作组织，负责实施重点海域区域性海洋环境保护规划、海洋环境污染的防治和海洋生态保护工作。

第九条　跨区域的海洋环境保护工作，由有关沿海地方人民政府协商解决，或者由上级人民政府协调解决。

跨部门的重大海洋环境保护工作，由国务院环境保护行政主管部门协调；协调未能解决的，由国务院作出决定。

第十条　国家根据海洋环境质量状况和国家经济、技术条件，制定国家海洋环境质量标准。

沿海省、自治区、直辖市人民政府对国家海洋环境质量标准中未作规定的项目，可以制定地方海洋环境质量标准。

沿海地方各级人民政府根据国家和地方海洋环境质量标准的规定和本行政区近岸海域环境质量状况，确定海洋环境保护的目标和任务，并纳入人民政府工作计划，按相应的海洋环境质量标准实施管理。

第十一条　国家和地方水污染物排放标准的制定，应当将国家和地方海洋环境质量标准作为重要依据之一。在国家建立并实施排污总量控制制度的重点海域，水污染物排放标准的制定，还应当将主要污染物排海总量控制指标作为重要依据。

排污单位在执行国家和地方水污染物排放标准的同时，应当遵守分解落实到本单位的主要污染物排海总量控制指标。

对超过主要污染物排海总量控制指标的重点海域和未完成海洋环境保护目标、任务的海域，省级以上人民政府环境保护行政主管部门、海洋行政主管部门，根据职责分工暂停审批新增相应种类污染物排放总量的建设项目环境影响报告书(表)。

第十二条　直接向海洋排放污染物的单位和个人，必须按照国家规定缴纳排污费。依照法律规定缴纳环境保护税的，不再缴纳排污费。

向海洋倾倒废弃物，必须按照国家规定缴纳倾倒费。

根据本法规定征收的排污费、倾倒费，必须用于海洋环境污染的整治，不得挪作他用。具体办法由国务院规定。

第十三条　国家加强防治海洋环境污染损害的科学技术的研究和开发，对严重污染海洋环境的落后生产工艺和落后设备，实行淘汰制度。

企业应当优先使用清洁能源，采用资源利用率高、污染物排放量少的清洁生产工艺，防止对海洋环境的污染。

第十四条　国家海洋行政主管部门按照国家环境监测、监视规范和标准，管理全国海洋环境的调查、监测、监视，制定具体的实施办法，会同有关部门组织全国海洋环境监测、监视网络，定期评价海洋环境质量，发布海洋巡航监视通报。

依照本法规定行使海洋环境监督管理权的部门分别负责各自所辖水域的监测、监视。

其他有关部门根据全国海洋环境监测网的分工，分别负责对入海河口、主要排污口的监测。

第十五条　国务院有关部门应当向国务院环境保护行政主管部门提供编制全国环境质量公报所必需的海洋环境监测资料。

环境保护行政主管部门应当向有关部门提供与海洋环境监督管理有关的资料。

第十六条　国家海洋行政主管部门按照国家制定的环境监测、监视信息管理制度，负责管理海洋综合信息系统，为海洋环境保护监督管理提供服务。

第十七条　因发生事故或者其他突发性事件，造成或者可能造成海洋环境污染事故的单位和个人，必须立即采取有效措施，及时向可能受到危害者通报，并向依照本法规定行使海洋环境监督管理权的部门报告，接受调查处理。

沿海县级以上地方人民政府在本行政区域近岸海域的环境受到严重污染时，必须采取有效措施，解除或者减轻危害。

第十八条　国家根据防止海洋环境污染的需要，制定国家重大海上污染事故应急计划。

国家海洋行政主管部门负责制定全国海洋石油勘探开发重大海上溢油应急计划，报国务院环境保护行政主管部门备案。

国家海事行政主管部门负责制定全国船舶重大海上溢油污染事故应急计划，报国务院环境保护行政主管部门备案。

沿海可能发生重大海洋环境污染事故的单位，应当依照国家的规定，制定污染事故应急计划，并向当地环境保护行政主管部门、海洋行政主管部门备案。

沿海县级以上地方人民政府及其有关部门在发生重大海上污染事故时，必须按照应急计划解除或者减轻危害。

第十九条　依照本法规定行使海洋环境监督管理权的部门可以在海上实行联合执法，在巡航监视中发现海上污染事故或者违反本法规定的行为时，应当予以制止并调查取证，必要时有权采取有效措施，防止污染事态的扩大，并报告有关主管部门处理。

依照本法规定行使海洋环境监督管理权的部门，有权对管辖范围内排放污染物的单位和个人进行现场检查。被检查者应当如实反映情况，提供必要的资料。

检查机关应当为被检查者保守技术秘密和业务秘密。

第三章　海洋生态保护

第二十条　国务院和沿海地方各级人民政府应当采取有效措施，保护红树林、珊瑚礁、滨海湿地、海岛、海湾、入海河口、重要渔业水域等具有典型性、代表性的海洋生态系统，珍稀、濒危海洋生物的天然集中分布区，具有重要经济价值的海洋生物生存区域及有重大科学文化价值的海洋自然历史遗迹和自然景观。

对具有重要经济、社会价值的已遭到破坏的海洋生态，应当进行整治和恢复。

第二十一条　国务院有关部门和沿海省级人民政府应当根据保护海洋生态的需要，选划、建立海洋自然保护区。

国家级海洋自然保护区的建立，须经国务院批准。

第二十二条　凡具有下列条件之一的，应当建立海洋自然保护区：

（一）典型的海洋自然地理区域、有代表性

的自然生态区域，以及遭受破坏但经保护能恢复的海洋自然生态区域；

（二）海洋生物物种高度丰富的区域，或者珍稀、濒危海洋生物物种的天然集中分布区域；

（三）具有特殊保护价值的海域、海岸、岛屿、滨海湿地、入海河口和海湾等；

（四）具有重大科学文化价值的海洋自然遗迹所在区域；

（五）其他需要予以特殊保护的区域。

第二十三条　凡具有特殊地理条件、生态系统、生物与非生物资源及海洋开发利用特殊需要的区域，可以建立海洋特别保护区，采取有效的保护措施和科学的开发方式进行特殊管理。

第二十四条　国家建立健全海洋生态保护补偿制度。

开发利用海洋资源，应当根据海洋功能区划合理布局，严格遵守生态保护红线，不得造成海洋生态环境破坏。

第二十五条　引进海洋动植物物种，应当进行科学论证，避免对海洋生态系统造成危害。

第二十六条　开发海岛及周围海域的资源，应当采取严格的生态保护措施，不得造成海岛地形、岸滩、植被以及海岛周围海域生态环境的破坏。

第二十七条　沿海地方各级人民政府应当结合当地自然环境的特点，建设海岸防护设施、沿海防护林、沿海城镇园林和绿地，对海岸侵蚀和海水入侵地区进行综合治理。

禁止毁坏海岸防护设施、沿海防护林、沿海城镇园林和绿地。

第二十八条　国家鼓励发展生态渔业建设，推广多种生态渔业生产方式，改善海洋生态状况。

新建、改建、扩建海水养殖场，应当进行环境影响评价。

海水养殖应当科学确定养殖密度，并应当合理投饵、施肥，正确使用药物，防止造成海洋环境的污染。

第四章　防治陆源污染物对海洋环境的污染损害

第二十九条　向海域排放陆源污染物，必须严格执行国家或者地方规定的标准和有关规定。

第三十条　入海排污口位置的选择，应当根据海洋功能区划、海水动力条件和有关规定，经科学论证后，报设区的市级以上人民政府环境保护行政主管部门审查批准。

环境保护行政主管部门在批准设置入海排污口之前，必须征求海洋、海事、渔业行政主管部门和军队环境保护部门的意见。

在海洋自然保护区、重要渔业水域、海滨风景名胜区和其他需要特别保护的区域，不得新建排污口。

在有条件的地区，应当将排污口深海设置，实行离岸排放。设置陆源污染物深海离岸排放排污口，应当根据海洋功能区划、海水动力条件和海底工程设施的有关情况确定，具体办法由国务院规定。

第三十一条　省、自治区、直辖市人民政府环境保护行政主管部门和水行政主管部门应当按照水污染防治有关法律的规定，加强入海河流管理，防治污染，使入海河口的水质处于良好状态。

第三十二条　排放陆源污染物的单位，必须向环境保护行政主管部门申报拥有的陆源污染物排放设施、处理设施和在正常作业条件下排放陆源污染物的种类、数量和浓度，并提供防治海洋环境污染方面的有关技术和资料。

排放陆源污染物的种类、数量和浓度有重大改变的，必须及时申报。

第三十三条　禁止向海域排放油类、酸液、碱液、剧毒废液和高、中水平放射性废水。

严格限制向海域排放低水平放射性废水；确需排放的，必须严格执行国家辐射防护规定。

严格控制向海域排放含有不易降解的有机物和重金属的废水。

第三十四条　含病原体的医疗污水、生活污水和工业废水必须经过处理，符合国家有关排放标准后，方能排入海域。

第三十五条　含有机物和营养物质的工业废水、生活污水，应当严格控制向海湾、半封闭海及其他自净能力较差的海域排放。

第三十六条　向海域排放含热废水，必须采取有效措施，保证邻近渔业水域的水温符合国家海洋环境质量标准，避免热污染对水产资源的危害。

第三十七条　沿海农田、林场施用化学农药，必须执行国家农药安全使用的规定和标准。

沿海农田、林场应当合理使用化肥和植物生长调节剂。

第三十八条　在岸滩弃置、堆放和处理尾矿、矿渣、煤灰渣、垃圾和其他固体废物的，依照《中华人民共和国固体废物污染环境防治法》的有关规定执行。

第三十九条　禁止经中华人民共和国内水、领海转移危险废物。

经中华人民共和国管辖的其他海域转移危险废物的，必须事先取得国务院环境保护行政主管部门的书面同意。

第四十条　沿海城市人民政府应当建设和完善城市排水管网，有计划地建设城市污水处理厂或者其他污水集中处理设施，加强城市污水的综合整治。

建设污水海洋处置工程，必须符合国家有关规定。

第四十一条　国家采取必要措施，防止、减少和控制来自大气层或者通过大气层造成的海洋环境污染损害。

第五章　防治海岸工程建设项目对海洋环境的污染损害

第四十二条　新建、改建、扩建海岸工程建设项目，必须遵守国家有关建设项目环境保护管理的规定，并把防治污染所需资金纳入建设项目投资计划。

在依法划定的海洋自然保护区、海滨风景名胜区、重要渔业水域及其他需要特别保护的区域，不得从事污染环境、破坏景观的海岸工程项目建设或者其他活动。

第四十三条　海岸工程建设项目单位，必须对海洋环境进行科学调查，根据自然条件和社会条件，合理选址，编制环境影响报告书(表)。在建设项目开工前，将环境影响报告书(表)报环境保护行政主管部门审查批准。

环境保护行政主管部门在批准环境影响报告书(表)之前，必须征求海洋、海事、渔业行政主管部门和军队环境保护部门的意见。

第四十四条　海岸工程建设项目的环境保护设施，必须与主体工程同时设计、同时施工、同时投产使用。环境保护设施应当符合经批准的环境影响评价报告书(表)的要求。

第四十五条　禁止在沿海陆域内新建不具备有效治理措施的化学制浆造纸、化工、印染、制革、电镀、酿造、炼油、岸边冲滩拆船以及其他严重污染海洋环境的工业生产项目。

第四十六条　兴建海岸工程建设项目，必须采取有效措施，保护国家和地方重点保护的野生动植物及其生存环境和海洋水产资源。

严格限制在海岸采挖砂石。露天开采海滨砂矿和从岸上打井开采海底矿产资源，必须采取有效措施，防止污染海洋环境。

第六章　防治海洋工程建设项目对海洋环境的污染损害

第四十七条　海洋工程建设项目必须符合全国海洋主体功能区规划、海洋功能区划、海洋环境保护规划和国家有关环境保护标准。海洋工程建设项目单位应当对海洋环境进行科学调查，编制海洋环境影响报告书(表)，并在建设项目开工前，报海洋行政主管部门审查批准。

海洋行政主管部门在批准海洋环境影响报告书(表)之前，必须征求海事、渔业行政主管部门和军队环境保护部门的意见。

第四十八条　海洋工程建设项目的环境保护设施，必须与主体工程同时设计、同时施工、同时投产使用。环境保护设施未经海洋行政主管部门验收，或者经验收不合格的，建设项目不得投入生产或者使用。

拆除或者闲置环境保护设施，必须事先征得海洋行政主管部门的同意。

第四十九条 海洋工程建设项目，不得使用含超标准放射性物质或者易溶出有毒有害物质的材料。

第五十条 海洋工程建设项目需要爆破作业时，必须采取有效措施，保护海洋资源。

海洋石油勘探开发及输油过程中，必须采取有效措施，避免溢油事故的发生。

第五十一条 海洋石油钻井船、钻井平台和采油平台的含油污水和油性混合物，必须经过处理达标后排放；残油、废油必须予以回收，不得排放入海。经回收处理后排放的，其含油量不得超过国家规定的标准。

钻井所使用的油基泥浆和其他有毒复合泥浆不得排放入海。水基泥浆和无毒复合泥浆及钻屑的排放，必须符合国家有关规定。

第五十二条 海洋石油钻井船、钻井平台和采油平台及其有关海上设施，不得向海域处置含油的工业垃圾。处置其他工业垃圾，不得造成海洋环境污染。

第五十三条 海上试油时，应当确保油气充分燃烧，油和油性混合物不得排放入海。

第五十四条 勘探开发海洋石油，必须按有关规定编制溢油应急计划，报国家海洋行政主管部门的海区派出机构备案。

第七章 防治倾倒废弃物对海洋环境的污染损害

第五十五条 任何单位未经国家海洋行政主管部门批准，不得向中华人民共和国管辖海域倾倒任何废弃物。

需要倾倒废弃物的单位，必须向国家海洋行政主管部门提出书面申请，经国家海洋行政主管部门审查批准，发给许可证后，方可倾倒。

禁止中华人民共和国境外的废弃物在中华人民共和国管辖海域倾倒。

第五十六条 国家海洋行政主管部门根据废弃物的毒性、有毒物质含量和对海洋环境影响程度，制定海洋倾倒废弃物评价程序和标准。

向海洋倾倒废弃物，应当按照废弃物的类别和数量实行分级管理。

可以向海洋倾倒的废弃物名录，由国家海洋行政主管部门拟定，经国务院环境保护行政主管部门提出审核意见后，报国务院批准。

第五十七条 国家海洋行政主管部门按照科学、合理、经济、安全的原则选划海洋倾倒区，经国务院环境保护行政主管部门提出审核意见后，报国务院批准。

临时性海洋倾倒区由国家海洋行政主管部门批准，并报国务院环境保护行政主管部门备案。

国家海洋行政主管部门在选划海洋倾倒区和批准临时性海洋倾倒区之前，必须征求国家海事、渔业行政主管部门的意见。

第五十八条 国家海洋行政主管部门监督管理倾倒区的使用，组织倾倒区的环境监测，对经确认不宜继续使用的倾倒区，国家海洋行政主管部门应当予以封闭，终止在该倾倒区的一切倾倒活动，并报国务院备案。

第五十九条 获准倾倒废弃物的单位，必须按照许可证注明的期限及条件，到指定的区域进行倾倒。废弃物装载之后，批准部门应当予以核实。

第六十条 获准倾倒废弃物的单位，应当详细记录倾倒的情况，并在倾倒后向批准部门作出书面报告。倾倒废弃物的船舶必须向驶出港的海事行政主管部门作出书面报告。

第六十一条 禁止在海上焚烧废弃物。

禁止在海上处置放射性废弃物或者其他放射性物质。废弃物中的放射性物质的豁免浓度由国务院制定。

第八章 防治船舶及有关作业活动对海洋环境的污染损害

第六十二条 在中华人民共和国管辖海域，任何船舶及相关作业不得违反本法规定向海洋排放污染物、废弃物和压载水、船舶垃圾及其他有害物质。

从事船舶污染物、废弃物、船舶垃圾接收、船舶清舱、洗舱作业活动的，必须具备相应的接收处理能力。

第六十三条　船舶必须按照有关规定持有防止海洋环境污染的证书与文书，在进行涉及污染物排放及操作时，应当如实记录。

第六十四条　船舶必须配置相应的防污设备和器材。

载运具有污染危害性货物的船舶，其结构与设备应当能够防止或者减轻所载货物对海洋环境的污染。

第六十五条　船舶应当遵守海上交通安全法律、法规的规定，防止因碰撞、触礁、搁浅、火灾或者爆炸等引起的海难事故，造成海洋环境的污染。

第六十六条　国家完善并实施船舶油污损害民事赔偿责任制度；按照船舶油污损害赔偿责任由船东和货主共同承担风险的原则，建立船舶油污保险、油污损害赔偿基金制度。

实施船舶油污保险、油污损害赔偿基金制度的具体办法由国务院规定。

第六十七条　载运具有污染危害性货物进出港口的船舶，其承运人、货物所有人或者代理人，必须事先向海事行政主管部门申报。经批准后，方可进出港口、过境停留或者装卸作业。

第六十八条　交付船舶装运污染危害性货物的单证、包装、标志、数量限制等，必须符合对所装货物的有关规定。

需要船舶装运污染危害性不明的货物，应当按照有关规定事先进行评估。

装卸油类及有毒有害货物的作业，船岸双方必须遵守安全防污操作规程。

第六十九条　港口、码头、装卸站和船舶修造厂必须按照有关规定备有足够的用于处理船舶污染物、废弃物的接收设施，并使该设施处于良好状态。

装卸油类的港口、码头、装卸站和船舶必须编制溢油污染应急计划，并配备相应的溢油污染应急设备和器材。

第七十条　船舶及有关作业活动应当遵守有关法律法规和标准，采取有效措施，防止造成海洋环境污染。海事行政主管部门等有关部门应当加强对船舶及有关作业活动的监督管理。

船舶进行散装液体污染危害性货物的过驳作业，应当事先按照有关规定报经海事行政主管部门批准。

第七十一条　船舶发生海难事故，造成或者可能造成海洋环境重大污染损害的，国家海事行政主管部门有权强制采取避免或者减少污染损害的措施。

对在公海上因发生海难事故，造成中华人民共和国管辖海域重大污染损害后果或者具有污染威胁的船舶、海上设施，国家海事行政主管部门有权采取与实际的或者可能发生的损害相称的必要措施。

第七十二条　所有船舶均有监视海上污染的义务，在发现海上污染事故或者违反本法规定的行为时，必须立即向就近的依照本法规定行使海洋环境监督管理权的部门报告。

民用航空器发现海上排污或者污染事件，必须及时向就近的民用航空空中交通管制单位报告。接到报告的单位，应当立即向依照本法规定行使海洋环境监督管理权的部门通报。

第九章　法律责任

第七十三条　违反本法有关规定，有下列行为之一的，由依照本法规定行使海洋环境监督管理权的部门责令停止违法行为、限期改正或者责令采取限制生产、停产整治等措施，并处以罚款；拒不改正的，依法作出处罚决定的部门可以自责令改正之日的次日起，按照原罚款数额按日连续处罚；情节严重的，报经有批准权的人民政府批准，责令停业、关闭：

（一）向海域排放本法禁止排放的污染物或者其他物质的；

（二）不按照本法规定向海洋排放污染物，或者超过标准、总量控制指标排放污染物的；

（三）未取得海洋倾倒许可证，向海洋倾倒废弃物的；

（四）因发生事故或者其他突发性事件，造成海洋环境污染事故，不立即采取处理措施的。

有前款第（一）、（三）项行为之一的，处三万元以上二十万元以下的罚款；有前款第（二）、（四）项行为之一的，处二万元以上十万元以下的罚款。

第七十四条 违反本法有关规定，有下列行为之一的，由依照本法规定行使海洋环境监督管理权的部门予以警告，或者处以罚款：

（一）不按照规定申报，甚至拒报污染物排放有关事项，或者在申报时弄虚作假的；

（二）发生事故或者其他突发性事件不按照规定报告的；

（三）不按照规定记录倾倒情况，或者不按照规定提交倾倒报告的；

（四）拒报或者谎报船舶载运污染危害性货物申报事项的。

有前款第（一）、（三）项行为之一的，处二万元以下的罚款；有前款第（二）、（四）项行为之一的，处五万元以下的罚款。

第七十五条 违反本法第十九条第二款的规定，拒绝现场检查，或者在被检查时弄虚作假的，由依照本法规定行使海洋环境监督管理权的部门予以警告，并处二万元以下的罚款。

第七十六条 违反本法规定，造成珊瑚礁、红树林等海洋生态系统及海洋水产资源、海洋保护区破坏的，由依照本法规定行使海洋环境监督管理权的部门责令限期改正和采取补救措施，并处一万元以上十万元以下的罚款；有违法所得的，没收其违法所得。

第七十七条 违反本法第三十条第一款、第三款规定设置入海排污口的，由县级以上地方人民政府环境保护行政主管部门责令其关闭，并处二万元以上十万元以下的罚款。

第七十八条 违反本法第三十九条第二款的规定，经中华人民共和国管辖海域，转移危险废物的，由国家海事行政主管部门责令非法运输该危险废物的船舶退出中华人民共和国管辖海域，并处五万元以上五十万元以下的罚款。

第七十九条 海岸工程建设项目未依法进行环境影响评价的，依照《中华人民共和国环境影响评价法》的规定处理。

第八十条 违反本法第四十四条的规定，海岸工程建设项目未建成环境保护设施，或者环境保护设施未达到规定要求即投入生产、使用的，由环境保护行政主管部门责令其停止生产或者使用，并处二万元以上十万元以下的罚款。

第八十一条 违反本法第四十五条的规定，新建严重污染海洋环境的工业生产建设项目的，按照管理权限，由县级以上人民政府责令关闭。

第八十二条 违反本法第四十七条第一款的规定，进行海洋工程建设项目的，由海洋行政主管部门责令其停止施工，根据违法情节和危害后果，处建设项目总投资额百分之一以上百分之五以下的罚款，并可以责令恢复原状。

违反本法第四十八条的规定，海洋工程建设项目未建成环境保护设施、环境保护设施未达到规定要求即投入生产、使用的，由海洋行政主管部门责令其停止生产、使用，并处五万元以上二十万元以下的罚款。

第八十三条 违反本法第四十九条的规定，使用含超标准放射性物质或者易溶出有毒有害物质材料的，由海洋行政主管部门处五万元以下的罚款，并责令其停止该建设项目的运行，直到消除污染危害。

第八十四条 违反本法规定进行海洋石油勘探开发活动，造成海洋环境污染的，由国家海洋行政主管部门予以警告，并处二万元以上二十万元以下的罚款。

第八十五条 违反本法规定，不按照许可证的规定倾倒，或者向已经封闭的倾倒区倾倒废弃物的，由海洋行政主管部门予以警告，并处三万元以上二十万元以下的罚款；对情节严重的，可以暂扣或者吊销许可证。

第八十六条 违反本法第五十五条第三款的规定，将中华人民共和国境外废弃物运进中华人民共和国管辖海域倾倒的，由国家海洋行政主管部门予以警告，并根据造成或者可能造成的危害后果，处十万元以上一百万元以下的罚款。

第八十七条 违反本法规定，有下列行为之一的，由依照本法规定行使海洋环境监督管

理权的部门予以警告,或者处以罚款:

(一)港口、码头、装卸站及船舶未配备防污设施、器材的;

(二)船舶未持有防污证书、防污文书,或者不按照规定记载排污记录的;

(三)从事水上和港区水域拆船、旧船改装、打捞和其他水上、水下施工作业,造成海洋环境污染损害的;

(四)船舶载运的货物不具备防污适运条件的。

有前款第(一)、(四)项行为之一的,处二万元以上十万元以下的罚款;有前款第(二)项行为的,处二万元以下的罚款;有前款第(三)项行为的,处五万元以上二十万元以下的罚款。

第八十八条 违反本法规定,船舶、石油平台和装卸油类的港口、码头、装卸站不编制溢油应急计划的,由依照本法规定行使海洋环境监督管理权的部门予以警告,或者责令限期改正。

第八十九条 造成海洋环境污染损害的责任者,应当排除危害,并赔偿损失;完全由于第三者的故意或者过失,造成海洋环境污染损害的,由第三者排除危害,并承担赔偿责任。

对破坏海洋生态、海洋水产资源、海洋保护区,给国家造成重大损失的,由依照本法规定行使海洋环境监督管理权的部门代表国家对责任者提出损害赔偿要求。

第九十条 对违反本法规定,造成海洋环境污染事故的单位,除依法承担赔偿责任外,由依照本法规定行使海洋环境监督管理权的部门依照本条第二款的规定处以罚款;对直接负责的主管人员和其他直接责任人员可以处上一年度从本单位取得收入百分之五十以下的罚款;直接负责的主管人员和其他直接责任人员属于国家工作人员的,依法给予处分。

对造成一般或者较大海洋环境污染事故的,按照直接损失的百分之二十计算罚款;对造成重大或者特大海洋环境污染事故的,按照直接损失的百分之三十计算罚款。

对严重污染海洋环境、破坏海洋生态,构成犯罪的,依法追究刑事责任。

第九十一条 完全属于下列情形之一,经过及时采取合理措施,仍然不能避免对海洋环境造成污染损害的,造成污染损害的有关责任者免予承担责任:

(一)战争;

(二)不可抗拒的自然灾害;

(三)负责灯塔或者其他助航设备的主管部门,在执行职责时的疏忽,或者其他过失行为。

第九十二条 对违反本法第十二条有关缴纳排污费、倾倒费规定的行政处罚,由国务院规定。

第九十三条 海洋环境监督管理人员滥用职权、玩忽职守、徇私舞弊,造成海洋环境污染损害的,依法给予行政处分;构成犯罪的,依法追究刑事责任。

第十章 附 则

第九十四条 本法中下列用语的含义是:

(一)海洋环境污染损害,是指直接或者间接地把物质或者能量引入海洋环境,产生损害海洋生物资源、危害人体健康、妨害渔业和海上其他合法活动、损害海水使用素质和减损环境质量等有害影响。

(二)内水,是指我国领海基线向内陆一侧的所有海域。

(三)滨海湿地,是指低潮时水深浅于六米的水域及其沿岸浸湿地带,包括水深不超过六米的永久性水域、潮间带(或洪泛地带)和沿海低地等。

(四)海洋功能区划,是指依据海洋自然属性和社会属性,以及自然资源和环境特定条件,界定海洋利用的主导功能和使用范畴。

(五)渔业水域,是指鱼虾类的产卵场、索饵场、越冬场、洄游通道和鱼虾贝藻类的养殖场。

(六)油类,是指任何类型的油及其炼制品。

(七)油性混合物,是指任何含有油份的混合物。

(八)排放,是指把污染物排入海洋的行为,包括泵出、溢出、泄出、喷出和倒出。

(九)陆地污染源(简称陆源),是指从陆地向海域排放污染物,造成或者可能造成海洋环境污染的场所、设施等。

（十）陆源污染物，是指由陆地污染源排放的污染物。

（十一）倾倒，是指通过船舶、航空器、平台或者其他载运工具，向海洋处置废弃物和其他有害物质的行为，包括弃置船舶、航空器、平台及其辅助设施和其他浮动工具的行为。

（十二）沿海陆域，是指与海岸相连，或者通过管道、沟渠、设施，直接或者间接向海洋排放污染物及其相关活动的一带区域。

（十三）海上焚烧，是指以热摧毁为目的，在海上焚烧设施上，故意焚烧废弃物或者其他物质的行为，但船舶、平台或者其他人工构造物正常操作中，所附带发生的行为除外。

第九十五条　涉及海洋环境监督管理的有关部门的具体职权划分，本法未作规定的，由国务院规定。

第九十六条　中华人民共和国缔结或者参加的与海洋环境保护有关的国际条约与本法有不同规定的，适用国际条约的规定；但是，中华人民共和国声明保留的条款除外。

第九十七条　本法自2000年4月1日起施行。

附录二
海水水质标准

(UCD 551463　GB 3097-1997　代替 GB3097-82)

1　主题内容与标准适用范围

本标准规定了海域各类使用功能的水质要求。

本标准适用于中华人民共和国管辖的海域。

2　引用标准

下列标准所含条文，在本标准中被引用即构成本标准的条文，与本标准同效。

GB 12763.4-91　海洋调查规范　海水化学要素观测

HY 003-91　海洋监测规范

GB 12763.2-91　海洋调查规范　海洋水文观测

GB 7467-87　水质　六价铬的测定　二苯碳酰二肼分光光度法

GB 7485-87　水质　总砷的测定　二乙基二硫代氨基甲酸银分光光度法

GB 11910-89　水质　镍的测定　丁二酮肟分光光度法

GB 11912-89　水质　镍的测定　火焰原子吸收分光光度法

GB 13192-91　水质　有机磷农药的测定　气相色谱法

GB 11895-89　水质　苯并(a)芘的测定　乙酰化滤纸层析荧光分光光度法

当上述标准被修订时，应使用其最新版本。

3　海水水质分类与标准

3.1　海水水质分类

按照海域的不同使用功能和保护目标，海水水质分为四类：

第一类　适用于海洋渔业水域，海上自然保护区和珍稀濒危海洋生物保护区。

第二类　适用于水产养殖区，海水浴场，人体直接接触海水的海上运动或娱乐区，以及与人类食用直接有关的工业用水区。

第三类　适用于一般工业用水区，滨海风景旅游区。

第四类　适用于海洋港口水域，海洋开发作业区。

3.2　海水水质标准

各类海水水质标准列于表1。

表 1 海水水质标准   mg/L

序号	项目	第一类	第二类	第三类	第四类
1	漂浮物质	海面不得出现油膜、浮沫和其他漂浮物质			海面无明显油膜、浮沫和其他漂浮物质
2	色、臭、味	海水不得有异色、异臭、异味			海水不得有令人厌恶和感到不快的色、臭、味
3	悬浮物质	人为增加的量≤10		人为增加的量≤100	人为增加的量≤150
4	大肠菌群≤(个/L)	10 000 供人生食的贝类增养殖水质≤700			—
5	粪大肠菌群≤(个/L)	2 000 供人生食的贝类增养殖水质≤140			—
6	病原体	供人生食的贝类养殖水质不得含有病原体			
7	水温(℃)	人为造成的海水温升夏季不超过当时当地1℃,其他季节不超过2℃		人为造成的海水温升不超过当时当地4℃	
8	pH 值	7.8~8.5 同时不超出该海域正常变动范围的0.2pH 单位		6.8~8.8 同时不超出该海域正常变动范围的0.5pH 单位	
9	溶解氧>	6	5	4	3
10	化学需氧量≤(COD)	2	3	4	5
11	生化需氧量≤(BOD_5)	1	3	4	5
12	无机氮≤(以 N 计)	0.20	0.30	0.40	0.50
13	非离子氨≤(以 N 计)	0.020			
14	活性磷酸盐≤(以 P 计)	0.015	0.030		0.045
15	汞≤	0.000 05	0.000 2		0.000 5
16	镉≤	0.001	0.005	0.010	
17	铅≤	0.001	0.005	0.010	0.050
18	六价铬≤	0.005	0.010	0.020	0.050
19	总铬≤	0.05	0.10	0.20	0.50
20	砷≤	0.020	0.030	0.050	
21	铜≤	0.005	0.010	0.050	
22	锌≤	0.020	0.050	0.10	0.50
23	硒≤	0.010	0.020		0.050
24	镍≤	0.005	0.010	0.020	0.050
25	氰化物≤	0.005		0.10	0.20
26	硫化物≤(以 S 计)	0.02	0.05	0.10	0.25
27	挥发性酚≤	0.005		0.010	0.050
28	石油类≤	0.05		0.30	0.50
29	六六六≤	0.001	0.002	0.003	0.005
30	滴滴涕≤	0.000 05	0.000 1		
31	马拉硫磷≤	0.000 5	0.001		
32	甲基对硫磷≤	0.000 5	0.001		
33	苯并(a)芘≤(μg/L)	0.002 5			
34	阴离子表面活性剂(以 LAS 计)	0.03	0.10		
35	*放射性核素(Bq/L) ^{60}Co	0.03			
	^{90}Sr	4			
	^{106}Rn	0.2			
	^{134}Cs	0.6			
	^{137}Cs	0.7			

4 海水水质监测

4.1 海水水质监测样品的采集、贮存、运输和预处理按 GB 12763.4-91 和 HY 003-91 的有关规定执行。

4.2 本标准各项目的监测,按表 2 的分析方法进行。

表 2 海水水质分析方法

序号	项目	分析方法	检出限,mg/L	引用标准
1	漂浮物质	目测法		
2	色、臭、味	比色法 感官法		GB 12763.2-91 HY 003.4-91
3	悬浮物质	重量法	2	HY 003.4-91
4	大肠菌群	(1)发酵法 (2)滤膜法		HY 003.9-91
5	粪大肠菌群	(1)发酵法 (2)滤膜法		HY 003.9-91
6	病原体	(1)微孔滤膜吸附法[1,a] (2)沉淀病毒浓聚法[1,a] (3)透析法[1,a]		
7	水温	(1) 水温的铅直连续观测 (2) 标准层水温观测		GB 12763.2-91 GB 12763.2-91
8	pH值	(1) pH值计电测法 (2) pH值比色法		GB 12763.4-91 HY 003.4-91
9	溶解氧	碘量滴定法	0.042	GB 12763.4-91
10	化学需氧量(COD)	碱性高锰酸钾法	0.15	HY 003.4-91
11	生化需氧量(BOD_5)	五日培养法		HY 003.4-91
12	无机氮[2](以N计)	氨:(1) 靛酚蓝法 (2) 次溴酸钠氧化法 亚硝酸盐:重氮-偶氮法 硝酸盐:(1) 锌-镉还原法 (2) 铜镉柱还原法	0.7×10^{-3} 0.4×10^{-3} 0.3×10^{-3} 0.7×10^{-3} 0.6×10^{-3}	GB 12763.4-91 GB 12763.4-91 GB 12763.4-91 GB 12763.4-91 GB 12763.4-91
13	非离子氨[3](以N计)	按附录B进行换算		
14	活性磷酸盐(以P计)	(1) 抗坏血酸还原的磷钼兰法 (2) 磷钼兰萃取分光光度法	0.62×10^{-3} 1.4×10^{-3}	GB 12763.4-91 HY 003.4-91
15	汞	(1) 冷原子吸收分光光度法 (2) 金捕集冷原子吸收光度法	0.0086×10^{-3} 0.002×10^{-3}	HY 003.4-91 HY 003.4-91
16	镉	(1) 无火焰原子吸收分光光度法 (2) 火焰原子吸收分光光度法 (3) 阳极溶出伏安法 (4) 双硫腙分光光度法	0.014×10^{-3} 0.34×10^{-3} 0.7×10^{-3} 1.1×10^{-3}	HY 003.4-91 HY 003.4-91 HY 003.4-91 HY 003.4-91
17	铅	(1) 无火焰原子吸收分光光度法 (2) 阳极溶出伏安法 (3) 双硫腙分光光度法	0.19×10^{-3} 4.0×10^{-3} 2.6×10^{-3}	HY 003.4-91 HY 003.4-91 HY 003.4-91
18	六价铬	二苯碳酰二肼分光光度法	4.0×10^{-3}	GB 7467-87
19	总铬	(1)二苯碳酰二肼分光光度法 (2)无火焰原子吸收分光光度法	1.2×10^{-3} 0.91×10^{-3}	HY 003.4-91 HY 003.4-91
20	砷	(1)砷化氢-硝酸银分光光度法 (2)氢化物发生原子吸收分光光度法 (3)二乙基二硫代氨基甲酸银分光光度法	1.3×10^{-3} 1.2×10^{-3} 7.0×10^{-3}	HY 003.4-91 HY 003.4-91 GB 7485-87
21	铜	(1) 无火焰原子吸收分光光度法 (2) 二乙氨基二硫代甲酸钠分光光度法 (3) 阳极溶出伏安法	1.4×10^{-3} 4.9×10^{-3} 3.7×10^{-3}	HY 003.4-91 HY 003.4-91 HY 003.4-91
22	锌	(1) 火焰原子吸收分光光度法 (2) 阳极溶出伏安法 (3) 双硫腙分光光度法	16×10^{-3} 6.4×10^{-3} 9.2×10^{-3}	HY 003.4-91 HY 003.4-91 HY 003.4-91

续表

序号	项目	分析方法	检出限,mg/L	引用标准
23	硒	(1) 荧光分光光度法 (2) 二氨基联苯胺分光光度法 (3) 催化极谱法	0.73×10^{-3} 1.5×10^{-3} 0.14×10^{-3}	HY 003.4-91 HY 003.4-91 HY 003.4-91
24	镍	(1) 丁二酮肟分光光度法 (2) 无火焰原子吸收分光光度法 [1.b] (3) 火焰原子吸收分光光度法	0.25 0.03×10^{-3} 0.05	GB 11910-89 GB 11912-89
25	氰化物	(1) 异烟酸-吡唑啉酮分光光度法 (2) 吡啶-巴比土酸分光光度法	2.1×10^{-3} 1.0×10^{-3}	HY 003.4-91 HY 003.4-91
26	硫化物 (以S计)	(1) 亚甲基蓝分光光度法 (2) 离子选择电极法	1.7×10^{-3} 8.1×10^{-3}	HY 003.4-91 HY 003.4-91
27	挥发性酚	4-氨基安替比林分光光度法	4.8×10^{-3}	HY 003.4-91
28	石油类	(1) 环已烷萃取荧光分光光度法 (2) 紫外分光光度法 (3) 重量法	9.2×10^{-3} 60.5×10^{-3} 0.2	HY 003.4-91 HY 003.4-91 HY 003.4-91
29	六六六[4]	气相色谱法	1.1×10^{-6}	HY 003.4-91
30	滴滴涕[4]	气相色谱法	3.8×10^{-6}	HY 003.4-91
31	马拉硫磷	气相色谱法	0.64×10^{-3}	GB 13192-91
32	甲基对硫磷	气相色谱法	0.42×10^{-3}	GB 13192-91
33	苯并(a)芘	乙酰化滤纸层析-荧光分光光度法	2.5×10^{-6}	GB 11895-89
34	阴离子表面活性剂 (以LAS计)	亚甲基兰分光光度法	0.023	HY 003.4-91
35	放射性核素 Bq/L ^{60}Co	离子交换-萃取-电沉积法	2.2×10^{-3}	HY/T 003.8-91
	^{90}Sr	(1) HDEHP 萃取-β 计数法 (2) 离子交换-β 计数法	1.8×10^{-3} 2.2×10^{-3}	HY/T 003.8-91 HY/T 003.8-91
	^{106}Ru	(1) 四氯化碳萃取-镁粉还原-β 计数法 (2) γ 能谱法 [1.c]	3.0×10^{-3} 4.4×10^{-3}	HY/T 003.8-91
	^{134}Cs	γ 能谱法,参见 ^{137}Cs 分析法		
	^{137}Cs	(1) 亚铁氰化铜-硅胶现场富集-γ 能谱法 (2) 磷钼酸铵-碘铋酸铯-β 计数法	1.0×10^{-3} 3.7×10^{-3}	HY/T 003.8-91 HY/T 003.8-91

注:1.暂时采用下列分析方法,待国家标准发布后执行国家标准。

a.《水和废水标准检验法》,第15版,中国建筑工业出版社,805-827,1985。

b. 环境科学,7(6):75-79,1986。

c.《辐射防护手册》,原子能出版社,2:259,1988。

2.见附录 A。

3.见附录 B。

4. 六六六和滴滴涕的检出限系指其四种异物体检出限之和。

5 混合区的规定

污水集中排放形成的混合区,不得影响邻近功能区的水质和鱼类回游通道。

附录 A(标准的附录) 无机氮的计算

无机氮是硝酸盐氮、亚硝酸盐氮和氨氮的总和,无机氮也称"活性氮",或简称"三氮"。

在现行监测中,水样中的硝酸盐、亚硝酸盐和氨的浓度是以 μmol/L 表示总和。而本标准规定无机氮是以氮(N)计,单位采用 mg/L,因此,按下式计算无机氮:

$$c(N)=14\times10^{-3}[c(NO_3-N)+c(NO_2-N)+c(NH_3-N)]$$

式中:$c(N)$——无机氮浓度,以 N 计,mg/L;

$c(NO_3-N)$——用监测方法测出的水样中硝酸盐的浓度,μmol/L;

$c(NO_2-N)$——用监测方法测出的水样中亚硝酸盐的浓度,μmol/L;

$c(NH_3-N)$——用监测方法测出的水样中氨的浓度,μmol/L。

附录 B(标准的附录) 非离子氨换算方法

按靛酚蓝法,次溴酸钠氧化法(GB 12763.4-91)测定得到的氨浓度(NH_3-N)看作是非离子氨与离子氨浓度的总和,非离子氨在氨的水溶液中的比例与水温、pH 值以及盐度有关。可按下述公式换算出非离子氨的浓度:

$$c(NH_3)=14\times10^{-5}c(NH_3-N)\cdot f$$

$$f=100/(10^{pK_a^{S,T}-pH}+1)$$

$$pK_a^{S,T}=9.245+0.002\,949\,S+0.032\,4(298-T)$$

式中:f——氨的水溶液中非离子氨的摩尔百分比;

$c(NH_3)$——现场温度、pH 值、盐度下,水样中非离子氨的浓度(以 N 计),mg/L;

$c(NH_3-N)$——用监测方法测得的水样中氨的浓度,μmol/L;

T——海水温度,K;

S——海水盐度;

pH——海水的 pH 值;

$pK_a^{S,T}$——温度为 $T(T=273+t)$,盐度为 S 的海水中 NH_4^+ 的解离平衡常数 $K_a^{S,T}$ 的负对数。

附加说明

本标准由国家海洋局第三海洋研究所和青岛海洋大学负责起草。

本标准主要起草人:黄自强、张克、许昆灿、隋永年、孙淑媛、陆贤昆、林庆礼。